《近代史研究》编辑部◎编

《近代史研究》40年文存

（2007—2012年）

中国社会科学出版社

图书在版编目（CIP）数据

《近代史研究》40年文存.2007—2012年/《近代史研究》编辑部编.—北京：中国社会科学出版社，2019.10

ISBN 978－7－5203－4837－9

Ⅰ.①近… Ⅱ.①近… Ⅲ.①中国历史—近代史—文集 Ⅳ.①K250.7－53

中国版本图书馆CIP数据核字(2019)第171417号

出版人　赵剑英
选题策划　赵剑英
责任编辑　安　芳
责任校对　张依婧
责任印制　李寡寡

出　　版　中国社会科学出版社
社　　址　北京鼓楼西大街甲158号
邮　　编　100720
网　　址　http://www.csspw.cn
发 行 部　010－84083685
门 市 部　010－84029450
经　　销　新华书店及其他书店

印刷装订　北京市十月印刷有限公司
版　　次　2019年10月第1版
印　　次　2019年10月第1次印刷

开　　本　710×1000　1/16
印　　张　51.75
插　　页　2
字　　数　819千字
定　　价　258.00元

目　　录

新文化是如何"运动"起来的*

——以《新青年》为视点

王奇生

新文化运动以1915年《新青年》（首卷名《青年杂志》）创刊为开端，以"民主""科学"为旗帜。这一说法，早已成为学界一致认同的经典表述。然而，在"新文化运动"这一概念最初流传之际，时人心目中的"新文化运动"多以"五四"为端绪，而且身历者所认知的"新文化""新思潮"，其精神内涵既不一致，与后来史家的惯常说法亦有相当的出入。后来史家所推崇、所眷顾的一些思想主张，在当时并未形成多大反响，而当时人十分关注的热点问题，却早已淡出了史家的视野。

数十年来，史家对以《新青年》为代表的新文化运动之历史叙事，日益趋同。① 与此同时，学界对《新青年》文本的诠释仍不绝如缕，更有历久弥新的趋向。② 依据留存下来的《新青年》文本解读其思想意蕴，是既存研究较普遍的范式。而思想演变与社会发展的互动关系，则多为研

---

* 本文原载《近代史研究》2007年第1期。

① 陈平原即注意到，中外学界对五四运动和新文化运动历史的叙述，差异最小的是关于《新青年》部分。他举美国学者周策纵与中国学者彭明的研究为例，说明即使是政治立场迥异的学者，对《新青年》历史功绩的描述也颇为接近。见陈平原《触摸历史与进入五四》，北京大学出版社2005年版，第116页。

② 参见杨士泰《近二十年国内"新文化运动"研究综述》，《廊坊师专学报》2000年第3期；董秋英、郭汉民《1949年以来的〈新青年〉研究述评》，《近代史研究》2001年第6期。

究者漠视。《新青年》并非一创刊就名扬天下，景从如流；“新文化”亦非一开始就声势浩然，应者云集。《新青年》从一“普通刊物”发展成为“时代号角”，“新文化”由涓涓细流汇成洪波巨浪，实都经历了一个相当的“运动”过程。过去较多关注“运动”的结果，而不太留意“运动”的过程。对“运动家”们的思想主张非常重视，对“运动家”们的文化传播策略与社会环境的互动则甚少注目。本文以《新青年》为视点，试从社会史的视角描摹“五四”人所认知的“新文化”的面相和内涵，并考察这样一种“新文化”是如何被以陈独秀为代表的《新青年》同人“运动”起来的。

一　早期《新青年》

今人的视线，早被“一代名刊”的光环所遮蔽，甚少注意陈独秀于1915 年创办《青年杂志》时，其实并没有什么高远的志怀和预设路径。《青年杂志》没有正式的“发刊词”。创刊号上只有一简单的“社告”，内中除申言“欲与青年诸君商榷将来所以修身治国之道”，以及“于各国事情学术思潮尽心灌输”外，其他均属于编辑体例的具体说明。[①] 创刊号首篇是陈独秀撰写的《敬告青年》一文。该文虽有几分“发刊词”的意味[②]，但其所揭示的六条“新青年”准则（“自主的而非奴隶的”“进步的而非保守的”“进取的而非退隐的”“世界的而非锁国的”“实利的而非虚文的”“科学的而非想象的”），论旨其实十分空泛。创刊号中另有陈独秀答王庸工的信，声称“改造青年之思想，辅导青年之修养，为本志之天职”[③]。一年以后，杂志改名为《新青年》，陈独秀遂撰《新青年》一文。[④] 该文常被后来史家当作“准发刊词”解读，其实除了要青年树立正确的人生观外，更无多少实际内容。可以说，早期《新青年》是一个

---

① 《社告》,《青年杂志》第 1 卷第 1 号，1915 年 9 月，第 1 页。

② 有人将《敬告青年》视作《青年杂志》的正式发刊词。参见唐宝林、林茂生编《陈独秀年谱》，上海人民出版社 1988 年版，第 68 页。

③ 《王庸工致记者》,《青年杂志》第 1 卷第 1 号，1915 年 9 月，第 2 页。

④ 陈独秀：《新青年》,《新青年》第 2 卷第 1 号，1916 年 9 月。

名副其实的以青年为拟想读者的普通杂志。[①] 在郑振铎的回忆中，《青年杂志》是一个提倡“德智体”三育的青年读物，与当时的一般杂志“无殊”。[②]

就作者而言，《新青年》第 1 卷几乎是清一色的皖籍。第 2 卷虽然突破了“地域圈”，但仍局限于陈独秀个人的“朋友圈”内。[③] 杂志创刊号声称“本志执笔诸君，皆一时名彦”[④]，大抵类似自我张扬的“广告”。论者常以《新青年》作者日后的成就和名望来评断其撰作阵营。实际上，早期《新青年》作者大多是在“五四”以后才逐渐成名的（有的则一直名不见经传）。如第 1 卷的作者有高一涵、高语罕、汪叔潜、易白沙、谢无量、刘叔雅、陈嘏、彭德尊、李亦民、薛琪瑛、汝非、方澍、孟明、潘赞化、李穆、萧汝霖、谢鸿等人。内中高一涵当时尚在日本留学，1918 年才进北京大学任教。高一涵在“五四”前后的知名度，可举一小事为证：1924 年，高撰文发泄对商务印书馆不满，原因是他觉得商务只知敷衍有名人物，自己因为没有大名气而受到薄待。[⑤]

陈独秀本人在民初的知名度其实也不可高估。1915 年 10 月 6 日，陈独秀之同乡好友汪孟邹致函在美国留学的胡适，介绍陈独秀与《青年杂志》说：“今日邮呈群益出版青年杂志一册，乃炼（引注：汪自称）友人皖城陈独秀君主撰，与秋桐（章士钊）亦是深交，曾为文载于《甲寅》者也。”[⑥] 可见两人此前并不相知。1916 年年底，吴虞第一次与陈独秀通信并给《新青年》投稿时，亦不知陈独秀何许人也。次年 1 月 21 日，吴

---

① 有论者称，《青年杂志》采取锋芒内敛和平易近人的低姿态，是为了尽可能地吸引读者和作者。参见张耀杰《〈新青年〉同人的经济账》，《社会科学论坛》2006 年第 5 期。这一说法从常理上很难成立。

② 郑振铎：《中国新文学大系·文学争论集·导言》（1935 年），收入《郑振铎文集》第 4 卷，人民文学出版社 1985 年版，第 413 页。

③ 参见陈万雄《五四新文化的源流》，生活·读书·新知三联书店 1997 年版，第 1—12 页。

④ 《社告》，《青年杂志》第 1 卷第 1 号，1915 年 9 月，第 1 页。

⑤ 《朱经农致胡适》（1924 年 11 月 30 日），中国社会科学院近代史研究所中华民国史组编：《胡适来往书信选》上，中华书局 1979 年版，第 280 页。

⑥ 引自《陈独秀年谱》，第 69 页。

虞才从朋友处打听到陈独秀的情况，并记在日记中。①

陈独秀与蔡元培相知较早。当蔡元培决意聘陈独秀任北京大学文科学长时，陈独秀因“从来没有在大学教过书，又没有什么学位头衔”而缺乏足够的自信。② 为使陈独秀能够顺利出任北京大学文科学长，蔡元培在向教育部申报时，不但替陈独秀编造了“日本东京日本大学毕业”的假学历，还替他编造了“曾任芜湖安徽公学教务长、安徽高等学校校长”的假履历。③

据汪孟邹之侄汪原放回忆，陈独秀自主创办杂志的想法可以追溯到“二次革命”失败之后：“据我大叔回忆，民国二年（1913），仲甫亡命到上海来，‘他没有事，常要到我们店里来。他想出一本杂志，说只要十年、八年的功夫，一定会发生很大的影响，叫我认真想法。我实在没有力量做，后来才介绍他给群益书社陈子沛、子寿兄弟。他们竟同意接受。’”④ 汪孟邹于 1913 年春天到上海开办亚东图书馆，原本是陈独秀“怂恿”的。陈独秀最初有意与亚东图书馆合作出刊。而汪孟邹以“实在没有力量做”为托词拒绝了陈独秀，却接受了章士钊（秋桐）创办于日本东京的《甲寅》杂志。汪孟邹之所以在章、陈之间做出厚此薄彼的选择，显然是基于章的声望以及《甲寅》杂志已具之影响。当时陈的名气固不若章氏，新刊若需“十年、八年功夫”才能开创局面，显然是一个处于初创阶段的书局所不敢冒险投资的。⑤

---

① 吴虞日记载：“陈独秀，安徽人，年四十余，独立前看《易经》，写小篆，作游山诗，独立后始出而讲新学，人之气象亦为之一变。长于英文，近于法文亦进。曾游日本，归国后充当教习。盖讲法兰西哲学者。住上海一楼一底，自教其小儿，其长子法文极佳，父子各独立不相谋也。”《吴虞日记》上，四川人民出版社 1984 年版，第 281 页。

② 参阅《陈独秀年谱》，第 76 页。

③ 参阅庄森《一份特别的履历书——陈独秀出任北大文科学长的前前后后》，《社会科学战线》2006 年第 1 期。

④ 汪原放：《亚东图书馆与陈独秀》，学林出版社 2006 年版，第 33 页。

⑤ “二次革命”中，章士钊曾任黄兴的秘书长。“二次革命”失败后，章流亡日本，于 1914 年 5 月创办《甲寅》杂志，抨击袁世凯政府。《甲寅》杂志总共出了 10 期（1915 年 10 月终刊，历时一年零五个月），前 4 期在日本出版，后 6 期由亚东图书馆在上海出版。汪原放认为，“《甲寅》杂志在当时的中国知识界获得很大的声望，发生了相当大的影响”。一个仅出版 10 期的杂志，其影响度恐不可高估。汪孟邹与章、陈两人的交情不相上下，而汪之所以厚此薄彼，恐更多出于章士钊名望的考量。有论者认为，汪孟邹的选择，乃基于《甲寅杂志》一时中外风行的金字招牌（参见张耀杰《〈新青年〉同人的经济账》，《社会科学论坛》2006 年第 5 期），笔者不敢苟同。因《甲寅》在日本仅出版过 4 期，不可能达到其广告所称的“一时中外风行”的程度。

1916年9月，《青年杂志》改名为《新青年》。改名的原因，是上海基督教青年会指责《青年杂志》与他们的刊物在名称上有雷同、混淆之嫌，要求改名。[①] 作为办刊者，陈独秀显然不便直白地将改名的真实原因告诉读者。他向读者解释说："自第二卷起，欲益加策励，勉副读者诸君属望，因更名为《新青年》。"[②] 后来史家据此推断说："添加一个'新'字，以与其鼓吹新思想、新文化的内容名实相符。"[③] 这一推断正中陈独秀的圈套。为了扩大杂志影响，陈独秀刻意声称：自第2卷起，将得一批"当代名流"相助撰稿。[④]检视名单，尚在美国留学的青年胡适也赫然在列，显有虚张声势之嫌。一年之后，陈独秀故伎重演，将第1、2卷作者汇列于《新青年》第3卷第1号上，并夸大其词地署上"海内大名家"数十人执笔。吴虞见自己也列名其中，不无惊诧。他感叹说："不意成都一布衣亦预海内大名家之列，惭愧之至。"[⑤]

因陈独秀协助章士钊编过《甲寅》，早期《新青年》的作者与《甲寅》有渊源，刊物形式亦继承了《甲寅》的风格。如其借以招徕读者的"通信"即是《甲寅》的特色栏目。[⑥] 《新青年》在形式上借鉴《甲寅》本不足怪。但陈独秀有意将《新青年》打造为《甲寅》的姊妹刊物，在"通信"栏中通过真假难辨的读者来信，反复宣传《新青年》与《甲寅》之间的传承关系[⑦]，就不无"假借"之嫌。

既无鲜明宗旨，又少有真正"大名家"执笔，早期《新青年》没有多大影响亦在情理之中。每期印数仅1000本。[⑧] 承印的上海群益书社每期付编辑费和稿费200元。以当时商务印书馆的例规，在不支付编辑费的

---

① 汪原放：《亚东图书馆与陈独秀》，第33页。

② 《通告》，《新青年》第2卷第1号，1916年9月，无页码。

③ 参阅萧超然《北京大学与五四运动》，北京大学出版社1986年版，第38页。

④ 《通告》，《新青年》第2卷第1号，1916年9月，无页码。

⑤ 《吴虞日记》上，第310页。

⑥ 参阅杨琥《〈新青年〉与〈甲寅〉月刊之历史渊源》，《北京大学学报》第39卷第6期，2002年11月。

⑦ 《新青年》第2卷第1号"通信"栏中，有"贵阳爱读贵志之一青年"的读者来信；第2卷第2号"通信"栏中，有署名王醒侬的读者来信；第3卷第3号的"通信"栏中，有"安徽省立第三中学校学生余元浚"的读者来信，均强调《新青年》（《青年杂志》）乃继《甲寅》杂志而起者。

⑧ 汪原放：《亚东图书馆与陈独秀》，第33页。

情况下，至少需销售 2000 本以上，出版商才有可能赚钱。[①] 群益之出《新青年》，显然勉为其难。

鲁迅首次接触《新青年》并与陈独秀联系，大约在 1916 年年底或 1917 年年初。其时鲁迅在北京任教育部社会教育司第二科科长。可能是陈独秀赠送了 10 本《新青年》给他。他看完后，将 10 本《新青年》寄给了远在绍兴的弟弟周作人。[②] 鲁迅的这一举动，应可解读为对《新青年》甚为看重。然而鲁迅后来在《〈呐喊〉自序》中却称：那时的《新青年》“仿佛不特没有人来赞同，并且也还没有人来反对”[③]。周作人晚年也回忆说，印象中的早期《新青年》，“是普通的刊物罢了，虽是由陈独秀编辑，看不出什么特色来”。“我初来北京，鲁迅曾以《新青年》数册见示，并且述许季茀（引注：即许寿裳）的话道：‘这里边颇有些谬论，可以一驳。’大概许君是用了民报社时代的眼光去看它，所以这么说的吧。但是我看了却觉得没有什么谬，虽然也并不怎么对。”[④]

周作人到北京的时间，是 1917 年 4 月。3 个月前，陈独秀刚到北京就任北京大学文科学长。此前《新青年》已经出版了两卷。在后来史家眼中，前两卷《新青年》中，颇不乏思想革命的“经典”之作，如陈独秀的《敬告青年》《法兰西人与近世文明》《东西民族根本思想之差异》《吾人最后之觉悟》《驳康有为致总统总理书》《宪法与孔教》，高一涵的《民约与邦本》，易白沙的《孔子平议》，李大钊的《青春》，吴虞的《家族制度为专制主义之根据论》等文章，多为后来学界引述。胡适的《文学改良刍议》和陈独秀的《文学革命论》更被称作新文学运动之“元典”。然而这些在后来史学家看来颇具见地的文章，在当时周氏兄弟眼中，既不怎么“谬”，也不怎么“对”。整个杂志就是一个既无人喝彩，也无人反对的“普通刊物”。对此，张国焘晚年的回忆亦可参证。张说：

---

① 《胡适致高一涵（稿）》（1924 年 9 月 8 日），《胡适来往书信选》上，第 259 页。

② 参见《陈独秀年谱》，第 79 页。

③ 鲁迅：《〈呐喊〉自序》，《鲁迅全集》第 1 卷，人民文学出版社 1981 年版，第 419 页。

④ 周作人：《知堂回想录》，（香港）三育图书有限公司 1980 年版，第 333—334 页。值得注意的是，周作人所称“虽是由陈独秀编辑，看不出什么特色来”，而其潜台词亦以为陈独秀早已是“大名家”。

《新青年》创办后的一两年间，北大同学知道者非常少。[①] 既往有关《新青年》早期就已“声名远扬”以及有“壮观的作者队伍”之类言说[②]，多半是后来史学家的“后见之盲”。

《新青年》随陈独秀北迁后，编辑和作者队伍逐渐扩大。第 3 卷的作者群中，新增了章士钊、蔡元培、钱玄同等资深学者。但也有恽代英、毛泽东、常乃德、黄凌霜等在校青年学生投稿。恽代英是私立武昌中华大学的学生，毛泽东是湖南省立第一师范学校学生。两人就读的学校，以当时恽代英的说法是“内地一声闻未著之学校”[③]。恽代英投给《新青年》的文章是《物质实在论》和《论信仰》，毛泽东投给《新青年》的文章是《体育之研究》。两人的文章平实无华，在当时不可能产生多大的阅读冲击力。此类在校学生的课业式文章也能在《新青年》发表，大体可佐证周作人的“普通刊物”之说。

1917 年 8 月，《新青年》出完第 3 卷后，因发行不广，销路不畅，群益书社感到实在难以为继，一度中止出版。后经陈独秀极力交涉，书社到年底才勉强应允续刊。[④] 陈万雄在《五四新文化的源流》中写道：《新青年》自第 2 卷起接连发表反孔文章，胡适、陈独秀又进而提出了文学革命的要求，“新文化运动因为有这两个具体内容而引起了舆论的重视，也带来了强烈的反响”[⑤]。这一结论显然与实际不符。

二 《新青年》的“复活”

1918 年 1 月，《新青年》在中断 4 个月之后重新出版。与前 3 卷不同的是，第 4 卷起改为同人刊物。《新青年》4 卷 3 号登载编辑部启事称：

---

① 张国焘：《我的回忆》第 1 册，东方出版社 1991 年版，第 39 页。

② 可参见陈平原《触摸历史与进入五四》，第 52—60 页。

③ 中央档案馆等编：《恽代英日记》，中共中央党校出版社 1981 年版，第 264 页。

④ 1918 年 1 月 4 日鲁迅致许寿裳信中提到：“《新青年》以不能广行，书肆拟中止；独秀辈与之交涉，已允续刊，定于本月十五出版云。”见《鲁迅全集》第 11 卷，第 345 页。

⑤ 陈万雄：《五四新文化的源流》，第 19 页。

> 本志自第四卷一号起，投稿章程，业已取消。所有撰译，悉由编辑部同人，共同担任，不另购稿。

《新青年》如此自信地对外宣示，一个关键的因素是陈独秀出掌北大文科学长。杂志主编被教育部任命为全国最高学府的文科学长①，本身就是一种无形的“广告”。那时的北大文科学长有多大分量，可引胡适的话为佐证。胡适后来分析文学革命成功的因素时指出：陈独秀担任北京大学文科学长后，其文学革命主张乃成了“全国的东西”，成了一个“严重的问题”。② 当时北大在全国读书人心目中的地位由此可见。

当然，并非陈独秀一出掌北大文科，杂志即随之改观。更为实际的是，陈独秀入北大后，一批北大教授加盟《新青年》，使杂志真正以全国最高学府为依托。除第 3 卷有章士钊、蔡元培、钱玄同加入外，第 4 卷又有周作人、沈尹默、沈兼士、陈大齐、王星拱等人加入。与此同时，杂志的编务，也不再由陈独秀独力承担。第 4 卷开始采取集议制度，每出一期，就开一次编辑会，共同商定下期稿件。大约自第 5 卷起，编辑部开始采取轮流编辑办法。第 6 卷由陈独秀、钱玄同、高一涵、胡适、李大钊、沈尹默 6 人轮流编辑，6 人均为北大教授。《新青年》遂由一个安徽人主导的地方性刊物，真正转变成为以北大教授为主体的“全国性”刊物。如果说之前的“名彦”“名流”“名家”执笔，多少有些虚张声势的话，如今由“货真价实”的北大教授担任撰译，对一般青年读者之号召力，当不难想象。一位署名“爱真”的读者给陈独秀写信说：“我抱了扫毒主义已有七八年了。无如帚小力微，所以收得的效果很小。先生等都是大学教授，都是大学问家，帚大力大，扫起来自然是比人家格外利害。”③ 正是北大教授的积极参与，使《新青年》大壮声威，以致“外面

① 教育部的任命函，转见《陈独秀年谱》，第 77—78 页。

② 胡适：《陈独秀与文学革命》（1932 年），引自中国社会科学院近代史研究所编《五四运动回忆录》上，中国社会科学出版社 1979 年版，第 166 页。

③ 爱真：《五毒》，《新青年》第 5 卷第 6 号，1918 年 12 月，第 629 页。

的人往往把《新青年》和北京大学混为一谈”①。《新青年》编辑部为此大加“辟谣”。此举虽有减轻校方压力的考量，但也不排除有反用“欲盖弥彰”策略之意。《学衡》派后来对《新青年》很不服气，除了理念不同外，认为《新青年》及其同人之“暴得大名”，在很大程度上是“借重”北大的教育权威和文化资源。②

除了作者队伍、思想主张以及社会时代环境之变动外③，《新青年》影响的扩大，与陈独秀等人对媒体传播技巧的娴熟运用亦大有关系。《新青年》以前，陈独秀曾独自主办过《安徽俗话报》，又与章士钊合办过《甲寅》杂志，按理积累了丰富的办报办刊经验。没想到《新青年》办了两年还无声无臭，一度面临关门的局面。这实在大大出乎陈独秀的意料。

陈独秀对舆论“炒作”早有一套自己的看家本领。办《甲寅》杂志时，他就采用过“故作危言，以耸国民”以及“正言若反”等手法。④《新青年》创刊伊始，即仿照《甲寅》开辟了一个“通信”栏目，发表读者来信。陈独秀开辟此栏目固然有激发公众参与讨论的考量，同时也是刻意营造“众声喧哗”的氛围，带有相当的“表演”成分。1917 年 7 月，刚从美国留学归来的胡适在日本东京读到《新青年》3 卷 3 号，即在日记中写道：“《新青年》之通信栏每期皆有二十余页（本期有二十八页）。其中虽多无关紧要之投书，然大可为此报能引起国人之思想兴趣之证也。”⑤ 刚从美国回来的胡适难免被陈独秀“忽悠”，但在鲁迅这样目光老辣的读者面前，《新青年》“不特没有人来赞同，并且也还没有人来反对”的本相实在难以掩饰。面对这样一种冷清的局面，《新青年》编者们竟大胆而又别出心裁地上演了中国近代报刊史一曲前所未有的“双簧戏”。

---

① 《编辑部启事》，《新青年》第 6 卷第 2 号，1919 年 2 月，无页码。

② 如梅光迪指出：“彼等之学校，则指为最高学府，竭力揄扬，以显其声势之赫奕，根据地之深固重大。”梅光迪：《评今人提倡学术之方法》，《学衡》第 2 期，1922 年 2 月，第 7 页。参阅陈平原《触摸历史与进入五四》，第 105 页。

③ 学界对《新青年》之思想主张，已有较为深入的研究。本文不侧重思想史考察，并不意味着漠视和否认其重要性。下节有关《东方杂志》角色转换的论述亦同。

④ 《陈独秀年谱》，第 64 页。

⑤ 曹伯言整理：《胡适日记全编》第 2 卷，安徽教育出版社 2001 年版，第 615 页。

“双簧戏”上演的时间是 1918 年 3 月，主角是钱玄同与刘半农。先由钱玄同化名“王敬轩”，以读者名义致一长函于《新青年》，肆意指责《新青年》排斥孔子，废灭纲常，尤集矢于文学革命。再由刘半农代表《新青年》逐一批驳。拟态的正方反方各尽意气之能事，指责者百般挑衅，批驳者刻薄淋漓，极具戏剧性和观赏效果。胡适将此事内情告诉好友任鸿隽后，任氏担心伪造读者来信将有损《新青年》信用，而任妻陈衡哲则认为此举具有“对外军略”的意义。[①]“双簧戏”显然取得了一定的“炒作”效果，聚集了受众相当的注意力。胡适最初提出文学“改良刍议”时，曾学究气地表示“甚愿国中人士能平心静气与吾辈同力研究此问题”。而陈独秀以“老革命党”的气势将其提升为你死我活的“文学革命”，并以十分决绝的口吻表示“必不容反对者有讨论之余地，必以吾辈所主张者为绝对之是，而不容他人之匡正也”。[②] 从“双簧戏”的表演来看，陈独秀当初的决绝表示，大有“正言若反”的意味：故意挑衅反对者出来论辩，以激发公众舆论的关注。“双簧戏”显示《新青年》同人对于媒体传播的技巧运用得相当娴熟。

“王敬轩”来信发表后，真的引来了一批反对者。值得注意的是，当真的反对者出来辩驳时，《新青年》同人却表现出无法容忍的态度。如北大学生张厚载批评《新青年》所发表的白话诗及对中国旧戏的看法不当时，不仅陈独秀、胡适、钱玄同、刘半农四人群起围剿，钱玄同甚至对胡适刊发此信十分生气，扬言要因此脱离《新青年》。胡适则认为“无论如何，总比凭空闭户造出一个王敬轩的材料要值得辩论些”[③]。因《新青年》同人态度十分决绝，落笔时只求痛快，语调不无刻薄，遂激起部分读者反感。如一位自称“崇拜王敬轩”的读者来信说：“王先生之崇论宏议，鄙人极为佩服；贵志记者对于王君议论，肆口侮骂，自由讨论学理，固应又〔如〕是乎!”[④] 胡适的好友任鸿隽也劝《新青年》同人“勿专骛眼前攻击之勤”，更不应“徒事谩骂”，立论“勿太趋于极端”。任鸿隽

① 《任鸿隽致胡适》(1918 年 9 月 5 日)，《胡适来往书信选》上，第 14 页。

② 胡适、陈独秀：《通信》，《新青年》第 3 卷第 3 号，1917 年 5 月。

③ 《新文学及中国旧戏》，《新青年》第 4 卷第 6 号，1918 年 6 月，第 620—622 页；《胡适致钱玄同》(1919 年 2 月 20 日)，《胡适来往书信选》上，第 24—25 页。

④ 《崇拜王敬轩先生者致独秀》，《新青年》第 4 卷第 6 号，1918 年 6 月，第 627 页。

还特意提醒：“趋于极端与 radical（激进）不同。”[①]

事实上，致函《新青年》表达不同意见者，态度尚属平和；而激烈的反对者已开始借助其他报刊加以攻击。其中以林琴南的攻击最为恶辣，也最具影响。1919 年 2、3 月间，林琴南于上海《新申报》接连以小说形式诋毁《新青年》同人[②]，继而在北京《公言报》以公开信的形式致书蔡元培[③]，攻击《新青年》与北大。

林琴南的公开信发表后，蔡元培亦借助媒体复信驳辩。因林、蔡均系学界名流，两人的论辩迅速引发舆论关注。一时间，京沪各大报刊在转载林蔡往还书牍的同时，竞相发表评论。各报且将“林蔡之争”冠以“新旧之争”“新旧思潮之冲突”“新旧思潮之决斗”等火药味浓烈的标题。尽管当时以刘师培为首的“正统”旧派并不认同林琴南，新文化诸人也指称林氏“不配”代表旧派，却仍无碍媒体在“新旧之争”的名义下加以炒作。[④] 当时就有人指出，所谓“新旧之争”完全是媒体虚拟出来的：“从《公言报》登了一篇《北京学界思潮变迁之近状》的新闻及林琴南致蔡孑民一信，京内外各报都当此为极好资料，大家发抒意见，至再至三……各报所藉以评论的资料，只是靠着一篇《公言报》的新闻和林蔡来往的几封信（林也不是旧的，蔡也不是新的，信中也没有新旧的话），都不能算做事实……今林琴南来了一封责难的信，我们看来虽然是胡闹，但在大学方面却不能当他胡闹。所以蔡的回答罢，也是尽大学一分子的责任。奈偏偏被一般无知识的人给他一个‘新旧战争’的名词。”[⑤]

为了吸引读者，夸张的笔法，过激的言辞，本是大众传媒的惯用伎俩。深悉大众传播心理和传媒特点的陈独秀又趁机将这些报道有选择性地转载于《每周评论》，无异火上浇油。仅《每周评论》第 17、19 两期

① 《任鸿隽致胡适》（1918 年 9 月 5 日、11 月 3 日），《胡适来往书信选》上，第 15—17 页。

② 如广为人知的《荆生》《妖梦》两篇小说分别发表于《新申报》1919 年 2 月 17 日、3 月 19—23 日。

③ 林琴南致蔡元培函，发表于《公言报》1919 年 3 月 18 日。

④ 有关“林蔡之争”的深入探讨，可参阅罗志田《林纾的认同危机与民初的新旧之争》，《权势转移：近代中国的思想、社会与学术》，湖北人民出版社 1999 年版，第 263—289 页。

⑤ 《辟北京大学新旧思潮之说》，转引自《每周评论》第 19 号，1919 年 4 月 27 日，第 1 版。

就转载了14家报刊的27篇社评。[①] 在新闻媒体的大肆煊染下，原囿于学界的思想分歧，顿时喧哗为大众关注的公共话题。

令林琴南始料未及的是，他对《新青年》的攻击诋毁，招来媒体的广泛报道，无形中为《新青年》做了一次声势浩大的广告宣传。在此之前，新闻报纸几乎没有关注过《新青年》。陈独秀苦心孤诣未能实现的目标，无意中竟由林琴南一手促成。

“林蔡之争”之所以会有如此大的社会反响，还与《申报》的两篇报道有关。1919年3月6日《申报》报道说：“日前喧传教育部有训令达大学，令其将陈（独秀）钱（玄同）胡（适）三氏辞退，并谓此议发自元首，而元首之所以发动者，由于国史馆内一二耆老之进言，但经记者之详细调查，则知确无其事。此语何自而来，殊不可解。”[②] 3月31日，《申报》又有消息说，参议院议员张元奇拟弹劾教育部，理由是北京大学教授“有离经叛道之鼓吹”，而教育部总长傅增湘并不过问。傅因此乃致函北京大学校长，“令其谨慎从事”。[③]

第一则消息《申报》虽然明示系不实之传闻，但仍为不少媒体辗转报道。第二则消息确有其事，更有媒体进一步透露张元奇之弹劾案系受林琴南幕后指使。一时间，舆论纷纷指责林琴南等人“欲借政治的势力，以压伏反对之学派，实属骇人听闻”[④]。《时事新报》描述说：“自《申报》电传大学教员陈胡诸君被逐之耗后，举国惊惶，人人愤慨。”[⑤] 恰在这样一种情景下，林琴南致蔡元培公开信，立即使人联想到“旧派”有意借官方力量打压“新派”。[⑥] “新派”一时竟成了令舆论同情的“弱

---

① 《特别附录：对于新旧思潮的舆论》（一）、（二），《每周评论》第17、19号，1919年4月13、27日。

② 静观：《北京大学新旧之暗潮》，《申报》1919年3月6日，第6版。

③ 《京华短简》，《申报》1919年3月31日，第7版。

④ 《酝酿中之教育总长弹劾案》，原载《顺天时报》，《每周评论》第17号，1919年4月13日，第2版转载。

⑤ 匡僧：《大学教员无恙》，原载《时事新报》，《每周评论》第17号，1919年4月13日，第4版转载。

⑥ 如《时事新报》称：“北京大学新派教员，屡被旧派学者之掊击。近复闻旧派藉某军人与新国会之权力，以胁迫新派文科学长陈独秀先生，有愿辞职以自由主张新学之说。”匡僧：《威武不能屈》，转引自《每周评论》第17号，1919年4月13日，第4版。

者”。其时黄宗培致函胡适说：“弟非谓新党无可反对也，实以言论自由天经地义，旧党不循正当轨辙辩论真理，乃欲以黑暗手段取言论自由之原则而残之，此实世界之公敌，有血气者安可与之同日月耶。”①

民国初年，中国知识界的思想环境，在趋新与守旧两端，其实很难断言何者更具市场。“新派”“旧派”亦非泾渭分明，更多的是新中有旧，旧中有新，新旧杂陈。② 如柳亚子对陈独秀的“倒孔”主张十分推崇，对文学革命却甚不以为然，申言“《新青年》杂志中陈独秀君巨著，宜写万本，读万遍也”。“唯近信胡适之言，倡言文学革命，则弟未敢赞同。”吴虞在反孔方面比陈独秀更激进，但对文学革命则持保留态度。他曾为此写了一篇《论文学革命驳胡适说》的文章，柳亚子读后“拍案叫绝”。③可见对于新文学，反对者并非全是旧派，新派亦甚有持异议者。

对于《新青年》的其他主张，胡适在美国的一帮朋友也不乏异词。④如张奚若即不客气地批评《新青年》同人的学问强半是“无源之水”，《新青年》的言论“有道理与无道理参半”，其中有些“一知半解、不生不熟的议论，不但讨厌，简直危险”。后来备受称赞的李大钊之《Bolshevism 的胜利》一文，在张奚若看来，不过“空空洞洞，并未言及 Bolshevism 的实在政策”。⑤

《新青年》同人自然十分在意外界的反映。1919 年 1 月，陈独秀在《本志罪案之答辩书》中坦承：“本志经过三年，发行已满三十册；所说的都是极平常的话，社会上却大惊小怪，八面非难，那旧人物是不用说了，就是咶咶叫〔呱呱叫〕的青年学生，也把《新青年》看作一种邪说、怪物，离经叛道的异端，非圣无法的叛逆。”⑥ 连“新青年”都未能普遍接纳《新青年》，难怪胡适的朋友朱经农要为“新思潮的潜势力单薄得很”而担忧了。⑦

---

① 《黄宗培致胡适》（1919 年 4 月 12 日），《胡适来往书信选》上，第 36 页。

② 此点罗志田教授曾反复论及。

③ 参阅《陈独秀年谱》，第 72 页；《吴虞日记》上，第 300、309 页。

④ 胡适致函朱经农说：“美国一班朋友很有责备我的话。”转引自《朱经农致胡适》（1919 年 8 月 9 日），《胡适来往书信选》（上），第 108 页。

⑤ 《张奚若致胡适》，《胡适来往书信选》上，第 30—31 页。

⑥ 陈独秀：《本志罪案之答辩书》，《新青年》第 6 卷第 1 号，1919 年 1 月，第 10 页。

⑦ 《朱经农致胡适》（1919 年 5 月 21 日），《胡适来往书信选》上，第 44 页。

令新旧双方都有些始料未及的是，自大众媒体介入并炒作后，《新青年》与“新派”“新文化”的声名与日俱增。其时有人投书上海《中华新报》说，听到陈、胡、刘（半农）、钱四君被逐的消息后，并不消极悲观，“至少言之，我知从此以后之《新青年》杂志发行额必加起几倍或几十倍”①。成都《川报》亦发表评论说：北京政府驱逐陈、胡、傅（斯年)、钱四人出校，“从此《新青年》的价值，愈增高了！陈、胡、傅、钱的声名，也是愈增高了！”② 《申报》最初报道的是陈、胡、钱三人被逐，经辗转报道后，三人变成了四人，而新增的一位，又有刘半农和傅斯年两说，可见传闻之甚。③

当时读书界显已洞悉“越受打压越出名”的社会传播心理。正是1919 年初春的这场“新旧之争”，使《新青年》及其同人声名大震。杂志的最高印数达到一万五六千份。④ 对于这一变化，经营亚东图书馆的汪孟邹具有职业性的敏锐感受。他在 1919 年 4 月 23 日致胡适的信中写道：“近来《新潮》、《新青年》、《新教育》、《每周评论》，销路均渐兴旺，可见社会心理已转移向上，亦可喜之事也。各种混账杂乱小说，销路已不如往年多矣。”⑤

汪孟邹以“渐兴旺”三字较为慎重地表达了《新青年》在“五四”前夕的社会影响。1919 年 5 月，《新青年》决定重印前 5 卷。这无疑是《新青年》销路大开的一个重要表征，也是《新青年》真正成为“名刊”

---

① 志拯：《谁的耻辱》，转引自《每周评论》第 19 号，1919 年 4 月 27 日，第 4 版。

② 因明：《对北京大学的愤言》，转引自《每周评论》第 19 号，1919 年 4 月 27 日，第 4 版。

③ 陈独秀终究被撤职。事情的原委是：1919 年 3 月 26 日，蔡元培开会商讨学校事。会上，汤尔和以外间传闻陈独秀嫖妓事，猛烈攻击陈“私德太坏”。蔡元培为汤议所动，决定撤销陈之文科学长职。胡适后来致函汤尔和说：“当时外人借私行攻击陈独秀，明明是攻击北大的新思潮的几个领袖的一种手段，而先生们亦不能把私行为与公行为分开，适坠奸人术中了。”胡适还评论说：“独秀因此离去北大，以后中国共产党的创立及后来国中思想的左倾，《新青年》的分化，北大自由主义者的变弱，皆起于此夜之会。”见《胡适来往书信选》中，第 281—283、289—291、294 页。

④ 汪原放：《亚东图书馆与陈独秀》，第 33 页。作为一份思想文化类刊物，一万五六千份的印数在当时甚为可观了。据称《东方杂志》的最高销量也是 1.5 万份［参见李欧梵《上海摩登》，毛尖译，（香港）牛津大学出版社 2000 年版，第 48 页］。

⑤ 《汪孟邹致胡适》，《胡适来往书信选》上，第 40 页。

的重要标志之一。

三 《新青年》与《东方杂志》

清末民初的报刊，基于不同的运作模式与风格，大致可分为商业报刊、机关团体刊物与学界同人杂志三类。[①] 像《东方杂志》一类注重商业效益的刊物，立论力求“平正通达”，尽量关照各个层面不同观念的读者；像《新民丛报》《民报》一类刊物，因代表党派团体立场，立论力求“旗帜鲜明”，甚至不惜“党同伐异”；而学界同人杂志，既追求趣向相投，又不愿结党营私，立论多据学理，运作不以营利为目标。

《东方杂志》始创于 1904 年，为商务印书馆所经营。该刊的栏目与内容十分广泛，包括新闻报道、时评政论、文化批评、学理文章、文艺作品以及翻译、图片等，形式既不拘一格，观念亦兼容并蓄，虽然缺乏鲜明特色，销量却相当可观，在都市文化界甚具影响。

五四运动以前，《东方杂志》在一般文化人群中流行的程度，可能大大超乎我们的既有认知。吴虞、恽代英等人在 1915—1919 年的阅读记录，也许可以提供一些个体例证。

清末民初的吴虞是一个甚不得意的读书人，被成都士绅界目为“大逆不道”的人物。吴虞之“发迹”并上升为全国舞台上的知名人物，与《新青年》杂志密切相关。查吴虞 1911—1916 年的阅读记录，他常年订阅的杂志有《东方杂志》《法政杂志》《进步杂志》《小说月报》《国民公报》《学艺》《甲寅》等。其中《东方杂志》又是吴虞最常订阅者。据吴虞日记，他最早知道《新青年》并首次与陈独秀联系，是在 1916 年 12 月。[②] 吴虞向《新青年》投稿之际，亦开始订阅《新青年》。

吴虞反孔非儒与批判家族制度的文章，成都当地报纸多不敢登载，而陈独秀将其连载于《新青年》。吴虞大为感奋。[③] 之后不久，他便开始

---

① 参阅陈平原《触摸历史与进入五四》，第 53 页。

② 《吴虞日记》上，第 272—273 页。

③ 同上书，第 295 页。

嫌《东方杂志》“精神上之文字少也”[①]。到 1917 年 7 月，吴虞即明确表示以后不再续订《东方杂志》《青年进步》《小说月报》等刊[②]，独钟情于《新青年》。

与吴虞相似，恽代英的阅读兴趣也有一个由《东方杂志》转向《新青年》的过程。青年恽代英十分爱看杂志。1917—1918 年，恽氏常年订阅的刊物有《东方杂志》《妇女杂志》《教育杂志》《科学》《大中华》《教育界》《学生界》等数种，此外还零星购买过《进步杂志》《青年进步》《中华教育界》《中华学生界》《妇女时报》《小说海》等刊。[③] 恽批评当时的青年学生多“不肯买正当杂志”，“亦多不明看杂志之利益”[④]，而自己大量订阅杂志，显属特例。从订单看，恽代英的阅读兴趣与吴虞颇有不同，唯有《东方杂志》是两人都常订阅的刊物。

恽代英最早接触并投稿《新青年》，与吴虞几乎同时。但与吴虞不同的是，恽代英一直到 1919 年 3 月才开始订阅《新青年》。在此之前的两年间，恽代英仅零星购买和偶尔“杂阅”过《新青年》。[⑤] 1919 年恽代英不再订阅《妇女杂志》《教育杂志》《科学》等刊，只有《东方杂志》仍在续订中。

恽代英坚持不懈地订阅《东方杂志》，却迟迟不订《新青年》，有些匪夷所思。1917 年 9 月，恽代英在日记中对《新青年》有过如下一番议论：

> 《新青年》杂志倡改革文字之说。吾意中国文学认为一种美术，古文、骈赋、诗词乃至八股，皆有其价值。而古文诗词尤为表情之用。若就通俗言，则以上各文皆不合用也。故文学是文学，通俗文是通俗文。吾人今日言通俗文而痛诋文学，亦过甚也。[⑥]

---

① 《吴虞日记》上，第 298 页。

② 同上书，第 328 页。

③ 《恽代英日记》，第 31—32、445—446 页。

④ 同上书，第 263 页。

⑤ 同上书，第 50、128、149、287 页。

⑥ 同上书，第 153 页。

恽代英对《新青年》印象最深的是其“改革文字之说”，而他显然不认同这一主张。次年4月，恽在给一位朋友的信中仍坚持认为“新文学固便通俗，然就美的方面言，旧文学亦自有不废的价值，即八股文字亦有不废的价值，惟均不宜以之教授普通国民耳”[①]。不仅如此，恽代英甚至对《新青年》同人的“激进”倾向，亦整体不予认同。1919年2月10日，恽代英郑重致函陈独秀，“劝其温和”。[②]

不过到“五四”前后，恽代英对《新青年》与《东方杂志》的态度在逐渐发生变化。4月24日，恽代英在日记中写道：“阅《新青年》，甚长益心智。”[③] 6月25日，恽代英又在日记中转引好友的话说：“旧日以为《时报》与《东方杂志》最好，现在仍作此语，有耳无目，可怜哉！”[④] 9月9日，恽代英在致王光祈的信中明确表示：“我很喜欢看《新青年》和《新潮》，因为他们是传播自由、平等、博爱、互助、劳动的福音的。”[⑤]

“五四”前后数月间，《新青年》与《东方杂志》在恽代英的阅读兴趣中，发生了一次角色转换，只是这一转换，比吴虞大约晚了两年。吴虞是《新青年》的重要作者，而恽代英虽然也给《新青年》投过稿，其身份更倾向于“读者”一边。从《新青年》“读者”的角度来看，恽代英的情形可能更具代表性。

《新青年》与《东方杂志》的角色转换，除了思想取向和社会时势的契合外，也不应忽视《新青年》同人在大众传播层面的策略运作。1918年9月，《新青年》发表陈独秀的《质问〈东方杂志〉记者——〈东方杂志〉与复辟问题》一文。[⑥] 在此之前，《新青年》与《东方杂志》的思想文化主张虽有不同，但两刊从未正面交锋过。陈独秀此次直接“质问《东方杂志》记者”，单刀直入，显得十分突兀。事缘于《东方杂志》译载日本《东亚之光》杂志上一篇名为《中西文明之评判》的文章。因该

---

① 《恽代英日记》，第439页。

② 同上书，第483页。

③ 同上书，第528页。

④ 同上书，第568页。

⑤ 同上书，第624页。

⑥ 陈独秀的文章发表于《新青年》第5卷第3期，陈崧编《五四前后东西文化问题论战文选》（中国社会科学出版社1985年版）一书有收录。

文征引了辜鸿铭的大量言论，陈独秀乃借辜氏维护纲常名教与复辟帝制的关联，趁机将《东方杂志》一并推上“复辟”的审判台。陈独秀在正文中虽然没有以“复辟”相责问，却以“《东方杂志》与复辟问题”为副标题，十分醒目。在当时国人对“复辟”记忆犹新且深恶痛绝的时候，陈独秀将“复辟”这顶沉重的黑帽子扣在《东方杂志》头上，无疑极具杀伤力。陈独秀全文以 16 个“敢问”相串通，甚少学理论辩，却充满浓烈的挑衅意味。这种轶出学理规则，甚至带有“诋毁”“攻讦”意气的做法，在当时杂志界显属违背常规，极为罕见。

学界对“东西文化问题论战”已有相当细致的描画，此处无意否认两刊在思想层面的严重分歧，只是对陈独秀以非常手段“对付”《东方杂志》的“非观念”动机，做一点考察。对《新青年》主编陈独秀而言，刊物办了两年多，影响仍然有限，而商务印书馆所经营的《东方杂志》却在都市文化人中甚为流行，难免心生嫉羡。如何与《东方杂志》争夺读者市场乃至全国读书界的思想领导权，陈独秀不可能不加以考虑。《东方杂志》以迎合读者，推广销路，确保商业利益为第一考量。《新青年》显然不可能像《东方杂志》一样循商业模式来运作。《新青年》要与《东方杂志》竞争，必须以思想主张去吸引读者。就办刊宗旨而论，《东方杂志》力持“平正”，《新青年》则一味激进。但在民初的中国文化界，响应激进者毕竟是少数。恽代英于 1919 年 4 月 6 日的日记中，尚认为办刊物“若取过激标准，则与社会相去太远，易起人骇怪之反感，即可以长进的少年，亦将拒绝不看”[①]。张国焘也回忆说，1919 年以前，在他的北大同学中，尊重孔子学说、反对白话文的还占多数，无条件赞成新思潮、彻底拥护白话文者占少数。[②]

陈独秀借“复辟”做文章攻击《东方杂志》，如同使出一个“杀手锏”，大有立竿见影之效。《东方杂志》的声望和销量很快受到冲击。商务印书馆不得不以减价促销来抵制。[③] 但陈独秀仍不罢休，于 1919 年 2 月再次撰文诘难《东方杂志》。无奈之下，商务印书馆在报纸上以“十大

① 《恽代英日记》，第 517 页。

② 张国焘：《我的回忆》第 1 册，第 40 页。

③ 张元济：《张元济日记》上，河北教育出版社 2001 年版，第 670 页。

杂志”为题，大做广告，力图挽回影响。《东方杂志》列名商务“十大杂志”之首，其广告词称：“《东方杂志》详载政治、文学、理化、实业以及百科之学说，并附中外时事、诗歌、小说，均极有关系之作。”①

“十大杂志”广告刊出不久，北大学生罗家伦在《新潮》杂志上发表《今日中国之杂志界》一文，一面对陈独秀主导的《新青年》与《每周评论》大加赞美，一面对商务旗下的几大刊物痛加批贬，如称《东方杂志》是“杂乱派”杂志，《教育杂志》是“市侩式”杂志，《学生杂志》是“一种极不堪的课艺杂志”，《妇女杂志》“专说些叫女子当男子奴隶的话，真是人类的罪人”等，用语十分刻薄。其中对《东方杂志》的具体评价是：“毫无主张，毫无选择，只要是稿子就登。一期之中，上至天文，下至地理，古今中外，诸子百家，无一不有……忽而工业，忽而政论，忽而农商，忽而灵学，真是五花八门，无奇不有。你说他旧吗？他又像新。你说他新吗？他实在不配。”② 罗家伦的批评虽有合理的成分，但言词充满火药味，褒贬之间不无意气夹存。《新潮》是在陈独秀、胡适指导下由北大学生傅斯年、罗家伦等人所创办。罗家伦之文是否受过《新青年》同人之“指导”不得而知，但与此前陈独秀的“质问”文章无疑起到了唱和的作用。③

《东方杂志》连遭陈、罗的炮轰后，声望暴跌。商务印书馆不得不考虑撤换主编，由陶惺存（又名陶保霖）接替杜亚泉。④ 1919 年 7 月，尚

---

① 商务印书馆的“十大杂志”是指：《东方杂志》《教育杂志》《妇女杂志》《学生杂志》《少年杂志》《英文杂志》《农学杂志》《小说月报》《英语周刊》和《留美学生季报》。见 1919 年 3 月天津《大公报》各期。

② 罗家伦：《今日中国之杂志界》，《新潮》第 1 卷第 4 号，1919 年 4 月 1 日，第 625—627 页。

③ 时任《东方杂志》编辑的章锡琛后来回忆说：当时高举新文化运动旗帜的刊物，首先向商务出版的杂志进攻，先是陈独秀在《新青年》上抨击《东方杂志》反对西方文明，提倡东方文明，接着北大学生组织新潮社的《新潮》发表了罗家伦的《今日中国之杂志界》一文，把商务各种杂志骂得体无完肤。章锡琛：《漫谈商务印书馆》，《商务印书馆九十年》，商务印书馆 1987 年版，第 111 页。

④ 张元济日记中有关撤换主编的记载：1919 年 5 月 24 日：“与梦、惺商定，请惺翁接管《东方杂志》。”8 月 5 日：“《东方杂志》事，惺翁告，亚泉只能维持现状。又云外间绝无来稿。”10 月 22 日：“惺言，《东方杂志》投稿甚有佳作，而亚（泉）均不取，实太偏于旧。”10 月 27 日：“惺存函商《东方杂志》办法，自己非不可兼，但不能兼做论说，先拟两法：一招徕投稿，二改为一月两期。余意，一月两期既费期，又太束缚，以不改为是。”10 月 30 日：“惺存来信，辞庶务部，担任《东方杂志》事。”《张元济日记》下，第 778、828、889、891、893 页。

未正式接任主编的陶惺存以“景藏”为笔名，发表《今后杂志界之职务》一文，算是回应罗家伦。[①] 1920 年 7 月，陶惺存逝世，《东方杂志》主编一职由钱智修接任。

与时代潮流渐相脱节的《东方杂志》，在都市文化界独占鳌头的地位显然受到冲击，至少在青年读书界不得不暂时让位于《新青年》。[②] 张国焘回忆说，他在 1916 年秋入北大后，和当时的许多青年一样，以不甘落伍、力求上进的新时代青年自命，除了功课而外，还经常读《东方杂志》《大中华》等刊物，希望从此探究出一些救国治学的新门径。后来看到了《新青年》，觉得它更合乎自己的口味，更适合当时一般青年的需要，转而热烈拥护。[③]“五四”前后，像张国焘这样的“新时代青年”大都经历了一个从爱读《东方杂志》到爱读《新青年》的过程。郑超麟也回忆说，他在法国勤工俭学的时候，羡慕那些在《新青年》《新潮》《少年中国》等“新思潮”杂志上写文章的人，而对《东方杂志》则已没有敬意。[④]

在恽代英、张国焘、郑超麟这一代五四新青年的阅读史上，《新青年》与《东方杂志》有过一段此起彼伏的“权势转移”过程。

四　新文化形成“运动”

《新青年》由一个“普通刊物”，发展成“新文化”“新思潮”的一块“金字招牌”，经历了一个相当有趣的历史过程。正是在这一过程中，“新文化”由涓涓细流逐渐汇成洪波巨浪。1918 年 12 月和 1919 年 1 月，《每周评论》和《新潮》的相继创刊，结束了《新青年》孤军奋战的局面。三刊同声协唱，同气相求，很快产生了群体效应。

与《新青年》相比，《每周评论》直接以“谈政治”为宗旨，言论

---

① 景藏：《今后杂志界之职务》，《东方杂志》第 16 卷第 7 期，1919 年 7 月。

② 《新青年》转向宣传社会主义以后，读者群迅速出现分化：一批人重新回归《东方杂志》（如吴虞又重新订阅《东方杂志》，见《吴虞日记》上，第 561 页），另一批人则进一步成为《向导》的热心读者。此点将另文探讨。

③ 张国焘：《我的回忆》第 1 册，第 39—40 页。

④ 郑超麟：《怀旧集》，东方出版社 1995 年版，第 165 页。

更趋激烈，煽动性也更大。相对每月一期的《新青年》，以小型报纸形式出现的《每周评论》更显灵活，也更具时效性。

《新潮》的创刊，意味着学生辈正式以群体的形式加入“运动”中来。在此之前，虽有青年学生给《新青年》投稿，但均是个体行为。《新潮》因系北大学生所创办，更能迎合青年学生的口味。时在浙江第一师范就读的施存统致函《新潮》编辑部说：“自从你们的杂志出版以来，唤起多少同学的觉悟，这真是你们莫大之功了！就是‘文学革命’一块招牌，也是有了贵志才竖得稳固的（因为《新青年》虽早已在那里鼓吹，注意的人还不多）。”① 施存统的这一说法颇值得注意。因《新青年》自1917年开始倡导“文学革命”，先后发表讨论文章数十篇。在《新青年》所有话题中，以“文学革命”的讨论最为热烈。但在施存统看来，在1919年以前，注意新文学的人还不多。直到《新潮》加盟鼓吹，“文学革命”的招牌才竖得稳固了。

1922年，胡适应《申报》创办50周年纪念之约，撰写《五十年来中国之文学》一文。文中写道：虽然自1916年以来就有意主张白话文学，但白话文真以“一日千里”之势传播，是在1919年以后。白话的传播遍于全国，与1919年的学生运动大有关系。因为五四运动发生后，各地的学生团体办了约400种白话报刊。②

胡适的观察，实际上也是对整个新文化运动进程的描述。换言之，新文化真正形成为全国性的“运动”，与五四运动大有关系。施存统仅注意到《新潮》的加盟鼓吹，而胡适更重视各地数百种报刊的响应。数百种报刊的群体响应，意味着“新文化”由少数精英的鼓吹，发展为士庶大众的参与。正是在这一层意义上，“新文化”才真正成为一场空前规模的“运动”。

就《新青年》本身的传播而言，五四运动也是一个重要的契机。湖南要算是《新青年》较早进入的地区之一。但直至五四运动前夕，《新青年》在湖南仍“销行极少”。“自五四运动霹雳一声，惊破全国大梦，于

---

① 《施存统来信》，《新潮》第2卷第2号，1919年12月，第368页。

② 胡适：《五十年来中国之文学》，《最近之五十年——申报馆五十周年纪念》，上海书店1987年影印版。

是湘人亦群起研究新文化。”[①] 《新青年》的销量才大增。1919 年 8 月，长沙文化书社成立。半年之内，该社销售《新青年》达 2000 本。[②]

据吴虞称，1916 年年底《新青年》初到成都时只卖了 5 份[③]；3 个月后，销数超过 30 份。[④] 但此后销数未见大的起色。直至五四运动爆发后，《新青年》在成都的销售才顿然改观。1919 年年底，吴虞在成都销售新书刊最有名的华阳书报流通处，翻阅其售报簿，内中有两处记录令他讶异：一是守经堂亦买《新青年》看；二是成都县中学一次购买《新青年》等杂志 22 元。[⑤] 吴虞感叹说：“潮流所趋，可以见矣。”[⑥]

在浙江，新思潮虽在五四运动之前便进入浙江省立第一师范学校，但当时杭州的其他一些学校“无论什么杂志都没有看的”[⑦]。新文化刊物在杭州的集中出现，是 1919 年夏秋以后。仅杭州一地，在短短半年间，便出版了 16 种以教师学生为主要对象的刊物，总期数达到 120 余卷。[⑧]

湖南、四川、浙江是全国新文化运动比较发达的地区。即使是这些地区，新文化真正形成为“运动”，也是“五四”以后的事。相对而言，其他地区就更滞后一些。据恽代英称，“五四”以后，武汉学生“看杂志的风气才渐开”。1920 年年初，利群书社成立后，武汉才有了专卖新书报的场所。[⑨] 由于书社规模不大，以至于成立半年多后，在汉口明德大学读书的沈均还不知道有此书社。沈是湖南新民学会会员，1920 年 10 月，他致信毛泽东抱怨说：“学校（引注：指明德大学）除了几份照例的报纸

---

① 宫廷章：《湖南近年来之新文化运动》，湖南《〈大公报〉十周年纪念特刊》，1925 年 9 月，转引自湖南省哲学社会科学研究所编《五四时期湖南人民革命斗争史料选编》，湖南人民出版社 1979 年版，第 305—306 页。

② 《文化书社社务报告》第 2 期，见张允侯等编《五四时期的社团》（一），生活·读书·新知三联书店 1979 年版，第 64 页。

③ 《吴虞致胡适》（1920 年 3 月 21 日），《胡适来往书信选》上，第 87 页。

④ 《吴虞日记》上，第 301 页。

⑤ 《新青年》全年定价 2 元。

⑥ 《吴虞日记》上，第 511 页。

⑦ 《施存统来信》，《新潮》第 2 卷第 2 号，1919 年 12 月，第 368 页。

⑧ 引自叶文心《史学研究与五四运动在杭州》，郝斌、欧阳哲生主编：《五四运动与二十世纪的中国》下，社会科学文献出版社 2001 年版，第 1102—1103 页。

⑨ 恽代英：《利群书社》，《互助》第 1 期，1920 年 10 月，转引自张允侯等编《五四时期的社团》（一），第 124—132 页。

外，想看看什么丛书杂志，那是没有的。最可怪的，以一个天下驰名的汉口，连贩卖新书报的小店子都没有，真是好笑又好急呢。”①

新文化运动在福建又是另一番景象。据郑超麟回忆，1920 年春，福建的学生才开始闹“五四运动”，开始接触新思潮。1919 年 11 月，刚从福建省立第九中学毕业的郑超麟前往法国勤工俭学。在上船以前，他“不知道五四运动有爱国以外的意义”。在船上，他第一次与“外江”学生接触，发现那些“外江”学生流行看《新青年》等“新思潮”杂志，而此前他只熟悉礼拜六派杂志，对《新青年》一类杂志闻所未闻。与他同船赴法的 30 多名福建学生也都是到法国以后，才开始阅读从国内寄来的《新青年》等杂志，在抵法半年乃至一年之后，才学会写白话文，学会谈新思潮。②

新文化运动在省际之间不同步，在县际之间更不平衡。作家艾芜、沙汀、何其芳均是四川人。艾芜的家乡新繁县，距离成都只有三四十里路程。他就读于新繁县立高等小学，校长吴六如是吴虞的侄子，五四运动前，学校图书馆就订阅了《新青年》等刊物，故艾芜较早接触到了新思潮。沙汀的家乡安县，地处川西北。直到 1921 年夏，沙汀还不知陈独秀、胡适、鲁迅是何许人也。1922 年秋，沙汀入成都省立第一师范学校，才开始接触新思潮和新文学。与沙汀比，何其芳接触新思潮的时间更晚。直到 1927 年，在四川万县上中学的何其芳还不知道五四运动，当地教育界依然视白话文为异端邪说。③

新文化运动在全国各地的进程既不一致，新文化刊物在各地的流行也不尽相同。在浙江，《星期评论》就比《新青年》更流行。如浙江第一师范有 400 多名学生，订阅《新青年》100 多份，订阅《星期评论》400 多份。④ 后者几乎人手一份。

---

① 湖南省博物馆编：《新民学会文献汇编》，湖南人民出版社 1979 年版，第 59 页。

② 《郑超麟回忆录》，东方出版社 1996 年版，第 5—21 页。

③ 本段叙事转引自申朝晖、李继凯《〈新青年〉在中国西部的传播——以川陕为考察中心》，《湘潭大学学报》第 30 卷第 2 期，2006 年 3 月。

④ 施复亮：《中国共产党成立时期的几个问题》（1956 年 12 月），中国社会科学院现代史研究室、中国革命博物馆党史研究室编：《“一大”前后》（二），人民出版社 1980 年版，第 33 页。

在湖南，最畅销的新文化刊物是《劳动界》。长沙文化书社在1920年9月至1921年3月间，共计销售杂志40余种，其中销量最大的是《劳动界》周刊（5000本），其次为《新生活》半月刊（2400本），再次才是《新青年》（2000本）、《少年中国》（600本）、《平民教育》（300本）、《新教育》（300本）、《新潮》（200本）等刊。《劳动界》于1920年8月创刊于上海，是上海共产主义小组向工人进行宣传的通俗小报。在长沙，一般新文化刊物主要限于学界购阅，唯有《劳动界》除学界外，工人购阅者也不少，故其销量颇大。[①] 销量排在第2位的《新生活》亦是小型通俗刊物，创刊于1919年8月，编辑李辛白是北京大学出版部主任，办刊宗旨是想将新文化普及于民间，以“平民”为对象，文字通俗简短，定价又十分便宜（1元钱32本），故而销路也很好。[②] 排在第3位的才是《新青年》。《新青年》能销2000册已相当可观，但在湖南仍不及《劳动界》与《新生活》之畅销。刊物的销售情形，反映了湖南新文化运动有由精英走向平民的趋势。

当“新文化”真正被“运动”起来后，“新文化运动”这一概念也应运而生。以往多认为“新文化运动”一词是孙中山于1920年1月29日《致海外国民党同志函》中最早提出来的。[③] 实际上，在1919年12月出版的《新青年》第7卷第1号上，陈独秀已多次提及“新文化运动”。[④] 1920年3月20日，陈独秀在上海青年会25周年纪念会上以《新文化运动是什么》为题发表演说。[⑤] 演讲稿随即同题发表于4月出版的《新青年》第7卷第5号上。陈独秀在演讲中提到“新文化运动这个名词现在

---

① 《文化书社社务报告》第2期，转引自《五四时期的社团》（一），第64页。

② 中共中央马恩列斯著作编译局编：《五四时期期刊介绍》第1集上册，生活·读书·新知三联书店1978年版，第297—395页。

③ 《致海外国民党同志函》，《孙中山全集》第5卷，中华书局1985年版，第207—212页。有关孙中山最早提出说，见金耀基《五四与中国的现代化》、冯天瑜《新青年民主诉求特色刍议》，两文均载《五四运动与二十世纪的中国》上，第62、170页。

④ 该期有4篇文章提到“新文化运动”。其中3篇是陈独秀写的《随感录》（《调和论与旧道德》《留学生》《段派曹陆安福俱乐部》），另一篇是《长沙社会面面观》，注明是由上海《时事新报》和北京《国民公报》《晨报》摘出，内中有一节标题是“新文化运动”。此标题很可能也是陈独秀所拟。

⑤ 《陈独秀演说新文化运动是什么》，《申报》1920年3月21日。

很流行”。周策纵由此推断：“新文化运动”这一名词，大约是在五四运动之后半年内逐渐得以流行的。①

对于这一名词的来历，鲁迅曾有过解释。1925 年 11 月，他在《热风·题记》中说：五四运动之后，革新运动表面上“颇有些成功，于是主张革新的也就蓬蓬勃勃，而且有许多还就是在先讥笑、嘲骂《新青年》的人们，但他们却是另起了一个冠冕堂皇的名目：新文化运动。这也就是后来又将这个名目反套在《新青年》身上，而又加以嘲骂讥笑的。”② 依照鲁迅的说法，“新文化运动”最初实出自讥笑、嘲骂《新青年》的人之口。虽然如此，陈独秀显然坦然接受了。而胡适最初称“新思潮运动”③，是否有意回避“新文化运动”这一称呼则不得而知。

对新文化运动与五四学生运动的关系，向来有不同的说法。与后来史学家以《新青年》创刊为开端不同的是，20 年代初，知识界所认知的“新文化运动”多以“五四”为端绪。1920 年 6 月，郑振铎在《新文化运动者的精神与态度》一文中写道：“中国的新文化运动自发端以至于今，不过一年多，而其潮流已普遍于全国。自北京到广州，自漳州到成都，都差不多没有一个大都市没有新的出版物出现，没有一个地方没有新文化运动者的存在。这个现象真是极可乐观的。”④ 同年 8 月，陈启天在《什么是新文化的真精神》一文中，也申言“新文化运动已有一两年”⑤。1923 年 4 月，陈问涛在《中国最近思想界两大潮流》一文中更明确指出：“凡稍能看报纸杂志的人，大概都知道从‘五四运动’以来，中国发生了‘新文化运动’，随着新出版物一天多一天，所鼓吹的，一言以蔽之，是新思想。”⑥

---

① 周策纵：《五四运动史》，岳麓书社 1999 年版，第 280 页。

② 引自《鲁迅回忆〈新青年〉和文学革命》，见《五四运动回忆录》上，第 153 页。

③ 见胡适《“新思潮”的意义》，《新青年》第 7 卷第 1 号，1919 年 12 月，第 5—12 页。

④ 郑振铎：《新文化运动者的精神与态度》，《新学报》第 2 号，1920 年 6 月；收入《郑振铎文集》第 4 卷，人民文学出版社 1985 年版，第 34 页。

⑤ 陈启天：《什么是新文化的真精神》，《少年中国》第 2 卷第 2 期，1920 年 8 月，第 2 页。

⑥ 陈问涛：《中国最近思想界两大潮流》，《时事新报》“学灯”副刊第 5 卷第 4 册第 29 号，1923 年 4 月 29 日，第 1 版。

就《新青年》和“新文化”在全国各地传播的进程而言，“新文化运动”以五四运动为开端，大体代表了当时人较为普遍的看法。亲身参与过运动的周作人在晚年回忆时仍坚持这一看法：“‘五四’运动是民国以来学生的第一次政治运动，因了全国人民的支援，得了空前的胜利，一时兴风作浪的文化界的反动势力受了打击，相反的新势力俄然兴起，因此随后的这一个时期，人家称为‘新文化运动’的时代，其实是也很确当的。”[①]“五四”以前，孤军奋战的《新青年》显然尚未形成“运动”的声势。在郑振铎的语意中，新出版物的大量出现，是“新文化运动”的一大重要表征。郑振铎专门就 1919 年中国出版界的情形做过分析，认为 1919 年中国出版界的成绩，亦乐观亦悲观。乐观的是定期出版物的发达，悲观的是大多数文人还不够觉悟，中国思想界没有长进。后者主要指有价值的书籍出版太少。他说他看见许多朋友，每见一种杂志出版，都去买来看，他们的案头却不见有别的科学的书籍。[②] 杂志繁荣而书籍冷寂，大概是五四新文化运动的重要景观之一。

五　各方视野中的《新青年》

今人谈论新文化运动和《新青年》，印象最深的莫过于“德先生”和“赛先生”。但值得注意的是，自 1915 年 9 月问世至 1926 年 7 月终刊，《新青年》总计发表各类文章 1529 篇。[③] 内中专门讨论“民主”（包括“德谟克拉西”“德先生”、民本、民治、民权、人权、平民主义等）的文章，只有陈独秀的《实行民治的基础》、屈维它（瞿秋白）的《自民主主义至社会主义》和罗素的《民主与革命》（张崧年译）等 3 篇。论及“科学”的文章也不过五六篇（主要讨论科学精神、科学方法以及科学与

---

① 周作人：《知堂回想录》，第 393、394 页。

② 郑振铎：《一九一九年的中国出版界》，《新社会》第 7 期，1920 年 1 月，收入《郑振铎文集》第 4 卷，第 303—305 页。

③ 此数据由北京大学未名科技文化发展公司、北京大学出版社 1999 年出版的《新青年》光盘检索得到。内中包括“通信”“随感录”、编辑部通告等各类文字。

宗教、人生观等）。①

后来史学家认定“科学”与“民主”是五四新文化运动两个最基本的口号，其主要依据是1919年1月陈独秀发表于《新青年》第6卷第1号上的《本志罪案答辩书》。“答辩书”中有这样一段话：

> 本志同人本来无罪，只因为拥护那德莫克拉西（Democracy）和赛因斯（Science）两位先生，才犯了这几条滔天的大罪。要拥护那德先生，便不得不反对孔教、礼法、贞节、旧伦理、旧政治；要拥护那赛先生，便不得不反对旧艺术、旧宗教；要拥护德先生又要拥护赛先生，便不得不反对国粹和旧文学。大家平心细想，本志除了拥护德、赛两先生之外，还有别项罪案没有呢？若是没有，请你们不用专门非难本志，要有气力、有胆量来反对德、赛两先生，才算是好汉，才算是根本的办法。

这段文字被后来史家反复征引。细察陈文之立论，意谓拥护德、赛两先生是《新青年》同人的基本立场，反对旧伦理、旧政治、旧艺术、旧宗教、旧文学等具体主张，均以此为原则。事实上，自晚清以来，民主（民权、立宪、共和）与科学等观念，经过国人的反复倡导（各个时期的侧重点不尽相同），到“五四”时期已成为知识界的主流话语。1923年，胡适为《科学与人生观》一书作序时，曾说过这样一段话：

> 这三十年来，有一个名词在国内几乎做到了无上尊严的地位；无论懂与不懂的人，无论守旧和维新的人，都不敢公然对他表示轻

① 金观涛、刘青峰曾对《新青年》杂志中“科学”“民主”两词的出现频度作计量分析，统计结果显示，“科学”一词出现了1913次，而“民主”只出现了305次。此外“德谟克拉西”（包括“德先生”）208次，“民治”194次、“民权”30次，“平民主义”53次。参见金观涛、刘青峰《〈新青年〉民主观念的演变》，香港《二十一世纪》总第56期，1999年12月。笔者根据同一光盘版检索，所得结果略有出入：“科学”1907次，“赛先生”6次，“赛因斯”2次；“民主”260次，“德谟克拉西”（包括“德莫克拉西”“德先生”）205次，“民治”70次，“民权”30次，“平民主义”3次。在总字数超过541万字的《新青年》杂志中，“民主”系列主题词的出现频度极低。

视或戏侮的态度。那个名词就是“科学”。①

“民主”在国人心目中的地位，也与“科学”相似。正是在这样的语境下，陈独秀才敢向“非难”《新青年》者“叫板”说：“要有气力、有胆量来反对德、赛两先生，才算是好汉！”

陈独秀高悬“民主”“科学”两面大旗，主要想震慑和封堵那些“非难”者，其潜台词是：《新青年》是拥护民主、科学的，谁非难“本志”，便是反对民主与科学。正因为民主与科学的威权在中国早已确立，在无人挑战其威权的情况下，《新青年》甚少讨论民主与科学，自在情理之中。后“五四”时期的“科学与人生观论战”和“九・一八”后的“民主与独裁之争”，恰是有人试图挑战“科学”与“民主”的权威而引发。

当“新文化运动”这一名词流传开来后，对于什么是“新文化”，知识界竞相加以诠释，却没有形成大体一致的看法。1919 年 12 月，胡适在综览各种解释后指出：“近来报纸上发表过几篇解释‘新思潮’的文章。我读了这几篇文章，觉得他们所举出的新思潮的性质，或太琐碎，或太笼统，不能算作新思潮运动的真确解释，也不能指出新思潮的将来趋势。”胡适所称的“新思潮”“新思潮运动”，与时下之“新文化”“新文化运动”同义。胡适认为，陈独秀以“德、赛两先生”概括“新文化运动”的性质和意义，虽然简明，但太笼统。② 可能是回应胡适的批评，陈独秀又专门撰写了一篇《新文化运动是什么》的文章。在这篇文章中，陈独秀将“新文化运动”限制在“新的科学、宗教、道德、文学、美术、音乐等运动”③ 之狭义范围内，而且完全将“民主”排除在外。阐述虽然具体，却远没有“拥护德、赛两先生”那样具有决绝的气势。亦因为此，陈独秀这篇专门诠释“新文化运动”的文章甚少为后来史学家所提及。

由于不满意陈独秀的诠释，胡适提出了自己的看法。他说：“据我个人的观察，新思潮的根本意义只是一种新态度。这种新态度可叫做‘评

---

① 胡适：《〈科学与人生观〉序》，收入蔡尚思主编《中国现代思想史资料简编》第 2 卷，浙江人民出版社 1982 年版，第 108 页。

② 胡适：《“新思潮”的意义》，《新青年》第 7 卷第 1 号，1919 年 12 月，第 5 页。

③ 陈独秀：《新文化运动是什么》，《新青年》第 7 卷第 5 号，1920 年 4 月，第 1 页。

判的态度’。”而“‘重新估定一切价值’八个字便是评判的态度的最好解释”。“这种评判的态度，在实际上表现时，有两种趋势。一方面是讨论社会上、政治上、宗教上、文学上种种问题，一方面是介绍西洋的新思想、新学术、新文学、新信仰。前者是‘研究问题’，后者是‘输入学理’。这两项是新思潮的手段。”①

就学理而言，胡适用“重新估定一切价值”来概括“新文化运动”，比陈独秀的“德、赛两先生”更为精当切要。然而，胡适的诠释似乎也没有得到一致的认同。1920 年 8 月，陈启天在《少年中国》撰文指出：

> “新文化”，这三个字，在现在个个人已看惯了，听惯了，说惯了；究竟什么是新文化的真精神？现在的时髦，几乎个个人都是新文化运动家，究竟运动的是什么新文化？这个问题，如果自己不能解释出来，那不但不能消除反对派的误解，和疑虑，就是赞成的人，也惝恍不明真相，终究不能得什么好效果，甚至于厌倦，自己抛弃了。所以我们爱想的人，都有这个“什么是新文化的真精神”的疑问，很希望那些提倡新文化的学者说个明白才好。然而闹了新文化运动已有一两年，说明新文化是什么的却很少，只有胡适之的《新思潮的意义》一篇，较为切要……可以稍解我们的烦闷了。却依我的推想，这个新思潮的意义，似乎偏重思想和方法一方面，不能算文化的完全界说。思想和方法，固然在新文化里面占很重要的位置；而人生和社会方面的新倾向，也是新文化里面的一种真精神。所以我解答这问题的意思，分两方面：一、是人生的新倾向；二、是思想的新方法；合起来，才是新文化的真精神。②

当年新文化的“运动家”们对什么是“新文化”虽未形成一致的看法，后来史学家们却相当一致地认同了陈独秀“拥护德、赛两先生”的说法。1946 年，郑振铎在纪念五四运动 27 周年时即明确指出：“五

① 胡适：《“新思潮”的意义》，《新青年》第 7 卷第 1 号，1919 年 12 月，第 6—7 页。

② 陈启天：《什么是新文化的真精神》，《少年中国》第 2 卷第 2 期，1920 年 8 月，第 2—3 页。

四运动所要求的是科学与民主。这要求在今日也还继续着。我们纪念‘五四’，我们不要忘记了五四运动所要求而今日仍还没有完全达到的两个目标：‘科学与民主’。我们现在还要高喊着，要求‘科学与民主’!”①“科学与民主”（尤其是“民主”），显然比“重新估定一切价值”，更具有历久弥新的现实意义，因而最终凝固为对《新青年》和新文化运动的永久记忆。

实际上，后来史学家们在考察《新青年》杂志后发现：“《新青年》上发表的文章，涉及众多的思想流派与社会问题，根本无法一概而论。”②《新青年》涉及的论题包括孔教、欧战、白话文、世界语、注音字母、女子贞操、偶像破坏、家族制度、青年问题、人口问题、劳动问题、工读互助团、易卜生主义、罗素哲学、俄罗斯研究，以及马克思主义宣传与社会主义讨论等众多话题。陈独秀创办《青年杂志》时，显然不曾预想四五年后将引发为一场全国规模的“新文化运动”。故上述诸话题不可能是预先设计好的，而是在办刊过程中逐渐“寻觅”“发掘”和“策划”出来的。话题中有的产生了重大反响，也有的并未获得成功。③

对一个刊物而言，何种主张最为反对派攻击，往往意味着该主张在当时最具反响。蔡元培总结林琴南对《新青年》的攻击集中于两点：一是“覆孔孟，铲伦常”；二是“尽废古书，行用土语为文学”。④ 这两点，当时新闻媒体的报道亦可得到印证。如《顺天时报》报道称：“自大学校教员陈独秀胡适之等，提倡新文学，旧派学者大为反对，于是引起新旧思潮之冲突。”⑤《北京新报》报道称：“近时北京大学教员陈独秀、胡适之、刘半农、钱玄同诸君，提倡中国新文学，主张改用白话文体，且对于我国二千年来障碍文化桎梏思想最甚之孔孟学说，及骈散文体，为学

---

① 郑振铎：《五四运动的意义》，《民主》第29期，1946年5月4日；收入《郑振铎文集》第4卷，第187页。

② 陈平原：《触摸历史与进入五四》，第63页。

③ 如《新青年》曾计划邀请“女同胞诸君”讨论“女子问题”就未能落实。参见陈平原《触摸历史与进入五四》，第81页。

④ 此两点为蔡元培驳复林琴南时所归纳。林、蔡往还书牍收入陈崧编《五四前后东西文化问题论战文选》，第103—116页。

⑤ 《酝酿中之教育总长弹劾案》，原载《顺天时报》，《每周评论》第17号，1919年4月13日，第2版转载。

理上之析辨。"①《民治日报》报道称："今日新旧之争点，最大者为孔教与文学问题。"②

《申报》的两次报道最值得注意。1919 年 3 月 6 日第一次报道称：

> 国立北京大学自蔡孑民氏任校长后，气象为之一新，尤以文科为最有声色。文科学长陈独秀氏，以新派首领自居，平昔主张新文学甚力，教员中与陈氏沆瀣一气者，有胡适、钱玄同、刘半农、沈尹默等，学生闻风兴起服膺师说者，张大其辞者，亦不乏人，其主张以为文学须应世界思潮之趋势，若吾中国历代相传者，乃为雕琢的阿谀的贵族文学，陈腐的、铺张的古典文学，迂晦的、艰涩的山林文学，应根本推翻，代以平民的、抒怀的国民文学，新鲜的、立诚的写实文学，明了的、通俗的社会文学。此其文学革命之主旨也。自胡适氏主讲文科哲学门后，旗鼓大张，新文学之思潮，益澎湃而不可遏。既前后抒其议论于《新青年》杂志，而于其所教授之哲学讲义亦且改用白话文体裁，近又由其同派之学生组织一种杂志曰《新潮》者，以张皇其演说。《新潮》之外更有《每周评论》之印刷物发行，其思想议论之所及，不仅反对旧派文学，冀收摧残廓清之功，即于社会所传留之思想，亦直接间接发见其不适合之点而加以抨击。盖以人类社会之组织与文学本有密切之关系，人类之思想更为文学实质之所存，既反对旧文学，自不能不反对旧思想也……寄语新文学诸君子，中国文学腐败已极，理应顺世界之潮流，力谋改革，诸君之提倡改革，不恤冒世俗之不韪，求文学之革新，用意亦复至善，第宜缓和其手段，毋多树敌，且不宜将旧文学之价值一笔抹杀也。③

1919 年 11 月 16 日第二次报道说：

---

① 遗生：《最近之学术新潮》，原载《北京新报》，《每周评论》第 17 号，1919 年 4 月 13 日，第 1 版转载。

② 隐尘：《新旧思想冲突平议》（一），原载《民治日报》，《每周评论》第 17 号，1919 年 4 月 13 日，第 2 版转载。

③ 静观：《北京大学新旧之暗潮》，《申报》1919 年 3 月 6 日，第 6 版。

> (《新青年》提倡白话文) 其初反对者，约十人而九，近则十人之中，赞成者二三，怀疑者三四，反对者亦仅剩三四矣，而传播此种思想之发源地，实在北京一隅，胡适之、陈独秀辈既倡改良文学之论，一方面为消极的破坏，力抨旧文学之弱点，一方面则为积极的建设，亟筑新文学之始基，其思想传导之速，与夫社会响应之众，殊令人不可拟议。①

综而观之，当时新闻媒体对《新青年》关注的焦点多集中于文学革命，其次是反对孔教。其他“新思想”甚少进入新闻媒体的视野。

三四年后，章士钊发表《评新文化运动》一文，其批评所向，仍集矢于白话文学。② 一个以政论为中心的思想文化杂志，真正引起社会强烈关注的，却是其关于文学革命的主张，恐怕也出乎陈独秀等人的意料。《新青年》同人似乎更看重杂志在传播“新思想”方面的价值和意义。1919 年年底，《新青年》编辑部为重印前 5 卷，发布广告称：“这《新青年》，仿佛可以算得‘中国近五年的思想变迁史’了，不独社员的思想变迁在这里面表现，就是外边人的思想变迁也有一大部在这里面表现。”③ 1920 年 1 月，《新青年》在《申报》刊登广告，其广告词亦强调《新青年》是“新思想的源泉”④。1923 年 10 月，胡适在其主编的《努力周报》发表他写给高一涵等人的信，信中写道：“二十五年来，只有三个杂志可代表三个时代，可以说是创造了三个新时代：一是《时务报》，一是《新民丛报》，一是《新青年》。而《民报》与《甲寅》还算不上。”⑤ 胡适虽然没有具体解释《新青年》何以能代表一个时代，但从思想史的角度立论则是明显的。

---

① 野云：《白话文在北京社会之势力》，《申报》1919 年 11 月 16 日，第 6 版。

② 章士钊：《评新文化运动》，原载《新闻报》1923 年 8 月 21—22 日，收入《中国现代思想史资料简编》第 2 卷，第 440—448 页。

③ 《〈新青年〉第一、二、三、四、五卷合装本全五册再版》，《新青年》第 7 卷第 1 号，1919 年 12 月，无页码。

④ 上海群益书局刊登《新青年》杂志广告，见《申报》1920 年 1 月 1 日，第 2 版。

⑤ 《胡适之的来信》，《努力周报》第 75 期，1923 年 10 月 21 日，增刊第 1 版。

1926年，戈公振撰写了中国第一部《中国报学史》。戈氏著书的时间，正好是《新青年》终刊之际。该书对《新青年》的介绍十分简约：“初提倡文学革命，后则转入共产。”① “五四”以后，《新青年》转向提倡社会主义，1920年9月改组为上海共产主义小组的机关刊物，1923—1926年成为中共中央的理论刊物。戈公振看到了《新青年》发展的全过程。在今天看来，戈氏的归纳显然不太全面，但其简约概括，很可能代表了北伐前后人们对《新青年》较为深刻的记忆。

又过了10年，郭湛波出版《近五十年中国思想史》，内称“由《新青年》可以看他（引注：指陈独秀）个人思想的变迁，同时可以看到当时思想界的变迁”②，正式坐实了《新青年》同人的自我期待和自我定位。从此以后，从思想史的角度评述《新青年》，日益成为学界的主流话语，而最为时人关注、也最具实绩的文学革命，则渐渐淡出史学家的视野。迟迟未能实现的目标常常为人们所眷念，迅速达成的目标也迅速被人们所淡忘。

同一个《新青年》，办刊人的出发点，反对方的攻击点，与局外人的观察点既不尽一致，新文化人的当下诠释与后来史家言说的“运动”亦有相当的出入，更不用提后来各方政治力量有关“五四”的种种叙事。微拉·施瓦支在《中国的启蒙运动——知识分子与五四遗产》一书中说过这样一段话：“每当救国的压力增强时，他们更多地回忆政治方面的内容；每当社会气氛有利于实现知识分子解放的目标时，他们就回忆适应启蒙的需要开展的文化论战。”③ 时至今日，仍有研究者倡导“根据现代化建设形势发展的需要，选择那些具有现实意义的问题和方面，进行更加深入的研究”④。当事人的“选择性回忆”既属难免，史学家再刻意“选择性研究”，有关“五四”的叙事势必与其历史原态愈趋愈远。本文

---

① 戈公振：《中国报学史》，中国新闻出版社1985年版，第158页。

② 郭湛波：《近五十年中国思想史》，山东人民出版社1997年版（据1936年北平人文书店版重印），第82页。

③ ［美］微拉·施瓦支：《中国的启蒙运动——知识分子与五四遗产》，李国英等译，山西人民出版社1989年版，第307页。有关五四新文化运动的历史“记忆”与历史“再造”，可参阅罗志田《历史记忆与五四新文化运动》，《近代中国史学十论》，复旦大学出版社2003年版，第144—174页。

④ 董秋英、郭汉民：《1949年以来的〈新青年〉研究述评》，《近代史研究》2001年第6期。

综合考察《新青年》同人、对手及局外各方的不同认知，尽可能“重返”五四运动前后的历史现场，从新文化运动“过程”的描述中着力“还原”其本相。尝试虽然粗浅，做法或不无意义。

本文原为提交“一九一〇年代的中国”国际学术研讨会（中国社会科学院近代史研究所民国史研究室、《近代史研究》编辑部、四川师范大学历史文化学院主办，2006 年 8 月，北京）论文

一部没有"近代"的中国近代史

——从"柯文三论"看"中国中心观"的内在逻辑及其困境*

夏明方

引　言

大体而言，20世纪以来大陆的中国近代史研究主要是在两大范式的交替主导之下展开的，这就是以冲击—反应论为核心的近代化范式和以反帝反封建论为主要内容的革命范式。[①] 在中国革命胜利之后，这两种范式起初既相互对立又各行其道——一种以发展资本主义为目标，另一种则以最终走向社会主义的新民主主义为核心——的局面，以后者全面统治地位的确立而告终。改革开放以后，经过学术界多次异乎寻常的激烈争论，一种以反帝反封建为手段、以发展资本主义或工业化为核心的"近代化范式"，逐步打破了已经教条主义化的"革命范式"根深蒂固的影响，并位居中国近代史研究的主

---

* 本文原载《近代史研究》2007年第1期。

① 学术界对这两种模式的表述不尽一致，如"现代化叙事"与"革命史叙事""近代化史观"与"革命史观"（或"阶级斗争史观"）、"'冲击—反应'论的西方话语模式"与"'侵略—革命'论的苏俄话语模式"等。参见杨念群《中层理论——东西方思想会通下的中国史研究》，江西教育出版社2001年版，第195—198页；许苏民《中国近代思想史研究亟待实现三大突破》，《天津社会科学》2004年第6期，第130—136页。

流地位，以至于包括政治史在内的历史研究，也“必须紧密地联系社会经济的变动进行考察”，才能“找出那些能够集中反映历史趋向的标志”。[①]

到了20世纪90年代，曾经被视为中国历史学的“剩余学科”、分支学科或交叉边缘学科的社会史研究，又一跃变为“新的研究方法、新的研究态度和新的研究视角”，即“史学研究的一种新范式”。[②] 在实际研究过程中，这一更新的研究范式，似乎并不像其倡导者所说的那样仅是一个取代传统史学的政治史范式的新范式，实则大有“一统宇内，并吞八荒”的恢宏气象。诸凡政治史、经济史、思想史、宗教史、文化史、法制史等，如果不具备社会史的视野或者与社会史相结合，在越来越多的青年学者眼中几无不带有一种异样的色彩。它更不甘于上述近代化范式的附庸地位，而是开启了对这一模式的解构过程。一方面，它在“将历史的内容还给历史”的口号下，极大地拓展和丰富了近代化模式的研究领域与研究内容；另一方面，它又高举反西方中心论的大纛，采用后现代、长时段、地方史乃至“世界体系”等研究取向，在向中国内部寻找历史真相的同时，力图接续出一条绵延五六百年乃至两千余年的所谓内发原生的中国近代化谱系，或者至少是建构一种与西方对等并行的东方文化的演变图景。结果，习惯意义上的以1840年鸦片战争为开端的中国近代史，就被这样一股重新发现的历史洪流不知不觉地淹没掉了。

何谓中国近代史？在21世纪的序幕拉开不久的今天，我们这些素来以中国近代史研究为职志的史学工作者们将不得不对自己的研究对象做出新的界定、新的调整或者给予新的解释。

毫无疑问，从20世纪90年代开始的对过往近代化模式的解构过

---

① 李时岳：《近代史新论》，汕头大学出版社1993年版，第34页。

② 参见赵世瑜《狂欢与日常——明清以来的庙会与民间社会》，生活·读书·新知三联书店2002年版，第438—468页。马敏在总结中国近代商会史研究的范式转变过程时明确支持赵世瑜的观点，认为与“总体史”紧密相连的“社会史”是目前我们所能预见到的新史学的根本范式，是现代史学潮流的代表与指归，它必然要对政治史、经济史等进行改造。参见马敏《商会史研究与新史学的范式转换》，载杨念群、黄兴涛、毛丹主编《新史学——多学科对话的图景》下，中国人民大学出版社2003年版，第487—504页。

程，是对教条化的马克思主义历史观的进一步反动，但其结果看来既非唯物史观的复原，亦非真正中国气派和本土特色的新范式的确立，而是逐渐走上了另一种新教条主义的道路。因为其解构的目的固然是要彰显中国内部独特的历史发展动力，可是用以解构的武器却是地地道道的西方理论，概括地说，是以70年代以来经由美国学者柯文的总结与概括之后而被名之为“中国中心观”（或“中国中心取向”）为代表的美国的中国学理论。既然如此，我们若要真正建立自己的研究范式，显然不能仅仅凭借对中国内部之近代史研究的学术梳理，我们还必须对一贯拿来就用的西方理论展开自觉而清醒的批判与反思。从一定意义上来说，“中国中心观”的教条化——姑且简称为“柯文教条”，亦即从中国中心观走向中国中心主义，不单是中国学者对它的教条式运用的产物，同时也是其理论体系的内在逻辑推演扩展的必然结果。恰如德里克所言，美国汉学界这种所谓的“新范式”（他称之为“现代化范式”），固然“提供了脱离以往的意识形态立场并重新思考历史问题的可能性”，但其弊病与旧范式——“革命范式”一样，都“在于对中国历史采取了非历史的态度”，它们的意识形态化与其所抨击的革命史学相比实际上毫不逊色。①

当然，这样的批判与反思再也不能局限于以往的两种范式所限定的时段了。往前，我们需要把它追溯明清时期，甚至更早，最晚也要从16世纪开始；往后，则应延伸到中华人民共和国成立之后，及至改革开放的今天。这也是柯文的“中国中心观”及其衍生的一系列解构理论所指涉的时期。但我们这样做，并不是赞同其中一些学者的观点，即把这五六百年的时间统统叫作中国近代史。这正是此处所要竭力加以驳难的。就中国而言，我并不认为这一段时间都可以冠之以“近代”一词，因为其间已经发生了太多的变化，这些变化绝非任何一个均质的概念所能统括。我们不妨换一种说法，即采纳柯文的建议，用“resent

---

① 参见［美］德里克（Arif Dirlik）《革命之后的史学：中国近代史研究中的当代危机》，吴静研译，《中国社会科学辑刊》1995年春季卷，第135—141页。需要说明的是，德里克此处所说的“现代化范式”是将柯文所指的“中国中心观”之类的研究都包括在内的，而“革命范式”则是指20世纪六七十年代至80年代中期美国汉学界出现的，以革命史为中心、以革命成就为标准、对中国革命基本上予以正面评价的历史解释范式。

history” 替代 “modern history”，也就是用 “中国近世史” 这样一个相对单纯的时间性概念把这么长的时段都包括进去，而不对它进行价值判断，如所谓 “传统” “前近代” “近代早期” 或 “近代” 等。[①] 同时，为了叙述上的方便，也出于自身的学术立场，对于 1840 年前后的两个历史时期，这里仍袭用 “传统中国” 和 “近代中国” 的用法。如此这般，或许就不至于像以往那样将活生生的历史人为地割裂开来，以致遭人诟病，同时也有可能以多重变化的历史变迁的张力凸显近代中国的发展历程，进而在批判性地反思各种理论模式的基础上抽绎出一种更新的理论范式来，以期对迄今尚未完成的中国现代化历程有更为确切的把握和反思。

需要说明的是，对于国内外学术界在前近代中国寻找 “现代性” 的努力，笔者已有专文予以概要式的总结。[②] 此处不妨深入 “中国中心观” 的内部探其究竟，力求从这一理论自身潜在的逻辑矛盾着手，对其进行批判性的解读。也就是说，本文的重点并不是要赘述柯文对中国近世史具体问题的看法和主张，更不是与这些具体的观点和结论一较短长，而是旨在从柯文对 20 世纪 70 年代之前主导美国的中国近代史研究的三大模式的批评入手，进一步分析他是如何得出这些观点和结论的，以期揭示其文本背后的真正意蕴。至于其后 “中国中心观” 的进一步演变以及我们对有关近代中国研究方法论的正面探讨，姑俟另文再陈管见。

一 柯文的“条块分割法”与“去冲击论”

事实上，无论是强调西方列强冲击和推动作用的冲击—反应模式，还是突出外国资本—帝国主义的侵略所带来的阻碍和破坏作用的侵略—

① 参见［美］柯文《在中国发现历史——中国中心观在美国的兴起》，林同奇译，中华书局 2002 年中译本，“前言”，第 41—43 页。该中译本初版于 1989 年，2005 年再次修订重印。除特殊情况外，本文所据版本均为 2002 年版。

② 参见拙文《十八世纪中国的 “现代性建构” —— “中国中心观” 主导下的清史研究反思》，“西学与清代文化国际学术研讨会” 论文，中国人民大学清史研究所，2006 年 8 月 24—26 日。

革命模式，二者都强调外部因素在中国近代社会转型过程中的决定性影响，但是其最后的着眼点却都落在中国社会自身的内部反应或中国人民的革命诉求之上（这一点往往被论者所忽视），其结果或是从传统社会走向近代社会，或是从封建社会沦为半殖民地半封建社会，通过反帝反封建运动，逐步走向国家独立和资本主义（或新民主主义）的发展道路。就中国几千年的历史演变轨迹而言，这无疑是社会变迁过程中发生的一次巨大的断裂，但同时又是一次伟大的革命，体现了人类社会发展的共同趋势。一旦抹去其间的断裂与鸿沟，把近代中国纳入16世纪开始的所谓内发原生的近代化道路之中，至少就其客观效果而言，必然要在很大程度上淡化外来冲击的影响，凸显近世中国历史变化所谓的自主性和延续性，同时有意无意地模糊对帝国主义的认识。这正是柯文“中国中心观”体现于近代中国史观的三大核心内容，根据我们的总结和概括，就是在历史变化动力上的“去冲击论”，在历史变化方向上的“去近代（化）论”以及在历史变化主体上的“去帝国主义论”。为了简便起见，不妨称之为“柯文三论”。

但是，与中国学者的预期截然相反的是，柯文的“中国中心观”对中国史自身之“剧情主线”的探索和揭示，其原意并非把中国近代史的开端从鸦片战争前移至18世纪甚或更早的16世纪，而是通过一种看似超然的历史连续性把人们习惯上理解的中国近代化过程化解于无形，亦即在打破“传统”与“近代”的界限的同时，又将“近代”与“传统”一起从现实与理论中统统抹掉，进而建构一部新的既非“传统中国”亦非“现代中国”的“中国近世史”。中国自16世纪以来发生的一系列巨大变化所形成的“内在的结构与趋向”在很大程度上决定了19、20世纪中国历史的基本格局，今天的中国不过是“过去”的中国的一种延续而已，是一部“过去”的历史。在我看来，他对传统中国历史变化的积极连续性的“发现”，其实是为说明近代中国历史变化的消极连续性埋下伏笔。因此，将柯文以接近于某一种“后现代”的立场提出的“在中国发现历史”的命题转换为对中国现代化历史自主性的探讨，显然就像杨念群所说的，是对柯文的“误读”①。

柯文的这一思路，是从他对费正清“冲击—回应”模式的尖锐批评首开其端的。可能让很多中国学者感到意外的是，柯文锋芒所向首先竟然是肢解其自身所处的西方社会。他认为，所谓的“西方”，既是一个变化的概念，也是一个相对的概念。从时间上来说，近代西方也不是停滞不前的，而是随着时间的推移不断地发生变化，近代中国在各个不同时期遭遇的西方实际上存在着巨大的差别。从空间上来说，西方内部的各个国家和地区之间同样存在着巨大的差异，相异的程度不亚于如今的中国和西方，其中的任何一个都不能作为整个西方文化具体而微的代表，“正如纽约城不能作为整个北美文化的具体而微的代表一样”。因此，“‘作为整体的西方’从来没有对任何社会产生过任何冲击”，更何况就中国内部所接触到的西方来说，它也只是“整体中的一部分”，而且就是这一部分也在与中国的接触过程中因为“杂交”而逐步蜕变了。例如，19世纪远离西方来到中国的传教士，与其说是一个纯粹的西方人，不如说已经变成了“在中国的西方人”，还需要对中国的异国环境作出回应。另外，任何西方概念的引进，也“只有通过中国语言及其思想方式的过滤才可能实现”，而“这种过滤不可避免地会造成对原义的歪曲”，所以，“使大多数人做出回应的正是这种经过歪曲的本土的说法，而不是外国原有的说法”，也就是说，是对中国人所认知的西方作出的回应，而不是对实际的西方进行回应。另一方面，“中国回应”这个词同样是以一种过分抽象的简化符号去代表一个错综复杂的历史情境，忽视了中国在种族、语言、地区等各方面千差万别、多种多样的变异性和复杂性，因为不同

① 参见杨念群《“后现代”思潮在中国——兼论其与20世纪90年代各种思潮的复杂关系》，《开放时代》2003年第3期。按：该文是出于对“后现代”思潮的肯定立场发表这番议论的，而且作者认为中国学者之于“中国中心观”，不过是将“革命史叙事”转换为“现代化叙事”的一种托词，从而强化了“冲击—回应说”在中国的合理位置。这样的理解，从某种意义上来说，却是对中国学者的误读。此外，“托词”的说法，有可能使人误以为这些中国学者对柯文的原意还是了解的，不过是加以利用而已，因而与“误读”有矛盾。事实上，包括译者在内的大多数中国学者都把“中国近世史”理解为“中国近代史”，故而既属于“误读”，又是“利用”，是误读之后的利用。另，罗志田用“移情”来概括一些中国学者如何从自身的立场出发去体会柯文在书中提出的问题，颇为允当。参见罗志田《发现在中国的历史——关于中国近代史研究的一点反思》，《北京大学学报》第41卷第5期，2004年9月。

的地区，每一地区不同的社会阶层，每一阶层内部不同个人的气质、性格、年龄、性别及其独特的社会、宗教、经济和政治关系，等等，它们对各种情况作出的回应通常都是不同的，仅仅用"中国回应"来概括这些复杂的情况，实际上是将复杂的情况予以平均化，"在最好的情况下，只能使我们对历史现实有一个均匀、单一的理解；在最坏的情况下，由于我们鲁莽草率地从特殊上升到一般，就很可能把现实完全歪曲了"①。

一个千变万化的西方，一个复杂多样的中国，使冲击—回应取向的理论局限在柯文眼中显露无遗：它阻碍了人们去研究与西方入侵没有关联的历史侧面；它忽视了那些有可能主要是对中国本土力量作出回应的与西方关联的事项；它还聚焦于有意识的回应，偏向思想、文化和心理的解释方法，削弱了采用社会、政治和经济的解释方法。为了修正被这一理论"歪曲"了的历史，柯文建议把19世纪的中国历史划分为三个不同的层带，即最外层带——地理和文化意义上显然受影响的地区或社会事项，中间层带——经由西方催化或赋予某种形式与方向而非西方冲击直接影响的事物，最内层带——最少受影响的文化与社会层面。如此这般条块分割之后，在冲击—回应论中视为最重要的具有决定性影响的"西方冲击"，只具备了"首次相撞"的含义，由此引起的一系列效果则构成了一个错综复杂的冲击—回应网络，其中不论是冲击还是回应，"都应该既是中国的又是西方的"。尽管柯文也承认各层带之间并非互不关联，而是相互流动，相互作用，变动不居，但是由于他并不认为随着受西方影响而变化的最外层带越来越重要，"包含本土变化的最内层带就不可避免地越来越小"，而正是最内层带很可能"对晚清历史产生决定性作用"②，所以，这种层带划分方法，事实上是试图对冲击—回应取向从根本上予以颠覆，而不仅仅像某些论者所说的那样只是对外力冲击的作用进行"范围的限定"③。

例如太平天国运动，在柯文看来，并非像某些西方学者认为的那样

---

① 参见［美］柯文《在中国发现历史》，第4—8页。

② 同上书，第41—44页。

③ 陈君静：《大洋彼岸的回声：美国中国史研究历史考察》，中国社会科学出版社2003年版，第249页。

是一次在西方影响下想把中国弹射入“近代世界”的尝试，而是对西方冲击到来以前中国内部情势——这里的内部情况显然不具备“近代世界”的特征——作出的回应，是“一支按照中国主旋律演奏出来的带有西方情调的变曲”。不仅如此，它反过来还严重影响了中国对西方的回应，因为它一方面“玷污了西方宗教在中国的形象”，一方面又“永远削弱了中央权力，使清廷从此无力对西方入侵做出有力回应”，并且“使中国领导人将注意力转向内部”，所谓“内部事物万分火急，至于西方则可以暂缓一步”。①

同样，从 19 世纪中叶开始的晚清改革思想与活动，尽管越来越受到西方的影响，但“同时也是具有悠久历史的改革传统的一部分”，其渊源、风格甚至许多内容，“很少，乃至完全没有受到外国的启发”②，因而在很大程度上是一种向内看和向后看的复旧运动，而非近代化的革新③。这一时期虽然也实施了一些西方式的改革，但主要局限于军事与外交等领域，其目标不过是为了维护儒教秩序，“使之完好无缺”④。柯文坚决不同意芮玛丽、李文森（亦译列文森）等人的观点，即将 1860—1900 年重建和维护儒教秩序的同治中兴及自强运动看作“对西方冲击所作出的大规模的（尽管是否定的）回应”，也不同意将其失败的原因归结为中国改革者的近代化要求与儒教稳定性的要求背道而驰、水火不容。他认为，就改革者而言，其中的大部分都“不愿意（或不可能）理解近代化对他们自认为已经熟知的老问题有何关联，能起何作用”⑤；就大部分反对派（包括老百姓这一级）来说，他们反对西方影响带来的革新，并不是因为他们根本反对这些革新本身，反对近代化，而是反对革新所带来的某些在政治上无法接受的变化，唯恐某项改革会危及他们的仕途（或民众自身的利益）⑥。也就是说，他们反对的只是改革的结果，而非改革的过程。

至于戊戌维新和辛亥革命，也在柯文对相关研究所作的选择性陈述

① ［美］柯文：《在中国发现历史》，第 12 页。

② 同上书，第 13 页。

③ 同上书，第 21 页。

④ 同上书，第 22 页。

⑤ 同上书，第 16、18 页。

⑥ 同上书，第 18、26、27—28 页。

之中改变了模样，失去了光彩。他以一种赞许的态度援引了波拉切克的研究，而根据后者的论证，康有为、谭嗣同一类的维新人物，其思想上激进主义的根源，与19世纪后期家庭及社区拥有的财产不断下降存在直接的联系，因为这种现象给广东与湖南某些地区的中下层绅士带来了生涯危机，并促使他们力图获取新的发迹机会，而“对新发迹机会的追求，又促使他们中许多人变成所在省份的改革运动的领导人”①。以同样的视角来考察辛亥革命，则孙中山及其同人的作用“退居次要地位”，整个革命“似乎较少的是一场受西方影响的激进分子对保守的满清政治体制发动的反抗，更多的是进行改革的清廷和某些方面相当保守的地方上层社会之间矛盾冲突的产物”。因此，这场革命“并不是‘近代’势力战胜了‘传统’势力，而是中国社会内部长期以来持续未断的权力斗争发展的结局”。②

源自中国社会各阶层的排外运动，照样被柯文塞进了同一类型的篮子中。他认为，那些来自上层社会的与改革派分庭抗礼的“清议”势力，尽管“和西方表面上有那么多的关联，它主要还是中国人自己的事，它涉及的是某些中国人对另外一些中国人的行动与政策所产生的回应”。就其性质而言，“清议只可能是阋墙之争：他是向儒教的信奉者，而不是向夷人，要求维护儒教的纯洁性”③；它还是上层社会内部斗争的一种强有力的政治工具，其中的西方是被“拉来充当一个不知情的合伙者，共演一台戏，而这台戏即使没有西方登场，也会以这种或那种形式开锣上演的”④。

即便是像反洋教这样“初看起来更显然地是西方入侵造成的回应”，如果“不仅从思想与心理着眼，而且从当地社会与政治力量相互激荡的具体情势出发来理解这种抗拒，则一幅更加复杂的行为动机的画面就会

① ［美］柯文：《在中国发现历史》，第174—175页。

② 同上书，第176—177页。

③ 同上书，第32页。

④ 同上书，第32—33页。另见该书第173—174页所引石约翰的相关论述。石约翰认为，清议集团与维新派一样都是“受过高等教育的，年轻的官场局外人”，他们主要是因为太平天国以后科举名额增多、求职队伍扩大、卖官之风盛行以及在太平天国运动和同治中兴时期大批得到提升的新贵长期垄断高位，以致仕途坎坷，无缘参政，牢骚满腹，才向朝廷的绥靖政策展开激烈的批评的。

呈现在我们眼前”。[①] 根据柯文的分析，中国在 19 世纪下半叶出现的各种排外主义，并非都是真正的排外主义，而有可能是一种被操纵的排外主义，是直接对中国政治情况作出的回应。即使是真正的排外主义，也应该区别对待：那种由各阶层共有的以愤怒为核心的排外主义，是出于人类天性对某种不公平进行的反抗；那种受教育阶层的以蔑视为核心的排外主义，则是对非中国文化造成的威胁的反应，而不是专门针对西方文化；至于没有受过教育的阶层以恐惧为核心的排外主义，至少部分的是某一个地区对于陌生人的出现做出的反应，只不过这些陌生人恰巧是西方人而已；只有为数较少但日益增多的中国雏形民族主义者以自愧为核心的排外主义——在反对西方侵略的同时，赞同按西方的道路进行改革——才称得上是与特定的西方冲击有关联的真正的排外主义。柯文在这里似乎忘记了他刚刚做出的判断，即不存在一个所谓特定的西方，一个“作为整体的西方”。

除此之外，柯文进一步指出，对各种排外主义运动发生的根本原因也往往需要从其他方面进行探索。例如义和团起义，根据巴斯蒂—布鲁盖尔和周锡瑞的研究，就不是发生在受西方经济侵略影响最大的广东或江苏，也不是发生在山东沿海地区，而是发生在“显然没有外国经济活动”的鲁西地区，所以，“义和团的这股反西方敌意，主要是受中国农村情况迅速恶化的制约——各种社会、经济、政治因素相互作用、交错相连的结果。新的外国势力的入侵则通过各种方式，往往是间接地影响这些因素”。[②]

可以看出，柯文的“条块分割”方法颇类似于后来由美国学者罗威廉等倡导的“要素分解”策略[③]，但后者旨在从 18 世纪中国的文化整体之中寻找类似于西方的近代性因素，而柯文的目的则刚好相反，即首先把这一文化整体切成碎片，化整为零，然后从 19、20 世纪中国一系列看起来与西方有关联的重大政治事件中尽可能地剔去西方的影子，使其连

---

① ［美］柯文：《在中国发现历史》，第 34 页。

② 同上书，第 37—41 页。

③ 参见拙文《十八世纪中国的“现代性建构”——“中国中心观”主导下的清史研究反思》，“西学与清代文化国际学术研讨会”论文，中国人民大学清史研究所，2006 年 8 月 24—26 日。

缀成一幅在我们看来颇具阴郁色彩的中国社会各阶层内争不已的历史长卷。更令人惊讶的是，在柯文接下来展开的超越“传统”与“近代”的逻辑进路之中，这部灰蒙蒙的晚清史居然又与18世纪的辉煌奇妙地结合在一起，共同谱写出一曲中国近世历史变化的主旋律来。

二 “去近代化论”与中国的“剧情主线”

时值美国思想界对近代化理论的幻灭情绪日益增长，受其影响，柯文对盛行于美国的中国史研究领域的传统—近代模式或近代化取向先是表示怀疑，继而采取了“直接迎战”的态度。① 他认为，从19世纪初叶的孔多塞，到20世纪五六十年代的费正清、李文森、魏特夫等，无不以西方的近代化作为评价一切历史变化的标准，非此则只能属于“传统范围内的变化”；包括中国在内的非西方社会，只有在与西方接触之后，才能摧毁旧秩序，并在一片废墟之上按照近代西方社会的面貌建立新秩序，从而发生“根本转变”。这样一种历史发展“单向集聚”观点，在柯文看来，是建立在一种以文化整体论为前提的“传统”与“近代”二元对立、截然两分的理论基础之上，对于人们比较全面公平地理解中国近世史，只能带来“灾难性的影响”。第一，它“迫使我们对现实只能严格地按两极来划分，排除任何中间的可能”，使类似史华慈提到的“在人类经验里可能存在着的一些极为重要的超越时空的领域”“没有容身之地”。第二，它还固守着赫克斯特所说的“历史能量守恒的假设”，在传统与近代之间设定一种严格的此消彼长的反比例关系，排除了传统与近代这对立的两极因素共同增长的可能性。第三，它采用一对整齐匀称的概念来描绘和解释“根本上不匀称的现实”，从而掩盖了传统社会的多样性和不同一性。特别是“近代”一词，更是对历史进程抱有固定的封闭的看法，认为历史是严格按照直线不可避免地向前发展的，其中的每一个新的阶段都比前一阶段更加复杂，也更加美好，因而带有浓厚的目的论性质。此外，该词还意味着强烈的西方种族中心主义，“由于我们是第一批进入近代的人，我们就认为自己对近代状况的了解已着先鞭，其自然倾向是把

① ［美］柯文：《在中国发现历史》，“前言”，第45页。

自己的经验普遍化”，而实际上“我们对近代世界的理解与感受是具有很大独特性的”，“我们被囚禁在自己的近代经验的狭隘的牢笼中”。鉴于以上认识，柯文最后建议“根本放弃近代化理论的整套术语，寻求另外一种西方中心较少的方法，来描绘一个世纪来席卷全球的各种大规模历史过程”。①

就中国而论，柯文竭力主张把她“从一种由外界强加的无变化之看法中解放出来”②，赋予其历史变化的自主性与方向感。他对 20 世纪 70 年代以来美国的中国学领域中出现的一种从中国传统社会中寻找近代性的努力大为欣赏③，他也赞同放弃“把 1840 年作为总的分期标界”（近代史分期），或者把 1644 年与 1911 年当作“异常重要的界标”（朝代分期），力求贯通鸦片战争前后的历史，充分展示 16—20 世纪中国历史“内在的连贯性”。④ 他总结道：

> 19、20 世纪的中国历史有一种从 18 世纪和更早时期发展过来的内在的结构和趋向。若干塑造历史的极为重要的力量一直在发挥作用……呈现在我们眼前的并不是一个踏步不前，“惰性十足”的“传统”秩序，主要或只可能从无力与西方抗争的角度予以描述，而是一种活生生的历史情势，一种充满问题与紧张状态的局面，对这种局面无数的中国人正力图通过无数方法加以解决。就在此时，西方登场了。他制造了种种新问题，但是他也制造了一个新的情境，一个观察理解老问题的框架，而且最后还为解决新、老问题提供了一套不大相同的思想与技术。但是，尽管中国的情境日益受到西方影响，这个社会的内在历史自始至终必然是中国的。⑤

但是，这种被柯文“解放”出来的历史，如果我们把它读为属于中国的另一种“内发原生”的近代性蓓蕾渐开直至蓬勃绽放的历史——就

---

① ［美］柯文：《在中国发现历史》，第 61—65、87—92 页。
② 同上书，第 54 页。
③ 同上书，第 87 页；另见第 206 页。
④ 同上书，第 205—210 页。
⑤ 同上书，第 210 页。

像目前许多学者正在努力追求的那样，我们就会极大地误解，至少是不能够完整地理解柯文的原意。他之所以对“寻找近代性”表示欣赏，主要还是因为后者对历史变化的看法与近代化取向有关中国无变化的观点相对立，而不是因为他把中国发生的变化看作一种类似于西方近代化的根本转变。[①] 诚如他自己所说的，“对于趋向摒弃将中国历史划分为传统与近代两阶段的人说来，根本就不存在近代中国从何开始的问题”[②]。存在的只是那些用“过去”“以往的”或其他一些中性概念才可能加以概括的现象。[③] 在十多年后为该书英文新版所作的序言中，柯文一方面对美国史学界在“中国中心观”的方向上出现的新发展和“好的趋势”表示欣慰，同时又针对罗威廉、罗斯基（Evelyn Rawski，又译罗友枝）等人的研究中出现的“潜在危险”表示担忧：“这就是在克服了一种视中国无力自我转变而要靠西方引进现代化的偏见之后，我们是否无意中又对中国历史形成了另一种偏见，即中国历史中只有那些符合西方现代化定义的发展轨迹才值得研究?”[④] 当然不可否认的是，柯文在打破“传统”与“近代”二元对立的界限时，自然也会认为“传统的社会有潜在的现代性的现象”，“现代社会还延续有传统性的包涵的现象”，但是他真正的意图——或者至少在客观上给人的感觉——是要把那种包括政治民主化、经济工业化、社会平等化和自由化等在内的全盘的“现代性”还原为“西方性”，而其他社会迄今为止大多只是在军事等某一方面、某一部分实现现代化，也就是说“现代化并不一定包括民主化，也不一定包括其

① 柯文自己的解释最能说明这个问题，他说：“虽然我认为西方人把中国视为停滞不变反映了一种关于那种变化才算重要的狭隘的（Parochial）假设，但我却无意把另一套同样以西方为中心的，同样狭隘的，同样反历史的假设暗中引进中国的历史，即认为变化本身就是件好事，一个社会经历的变化越多这个社会就‘越好’，因此为了使中国和西方显得平起平坐必需认为中国是一个充满各种变化，精力充沛的动态社会。我特别强调我绝不相信变化本身就是件好事；我相信有些变化是好的，有些则是不好的。”参见［美］柯文《在中国发现历史》，“序言”，第57—58页。

② ［美］柯文：《在中国发现历史》，第206页。

③ 参见周武、李德英、戴东阳《中国中心观的由来及其发展——柯文教授访谈录》，《史林》2002年第4期。

④ ［美］柯文：《〈在中国发现历史〉新序》，《历史研究》1996年第6期。同样，对一些中国学者的类似做法，柯文也表示非其本意。

他的各种各类的社会现象"。[①] 根据我的理解，柯文多次谈到的这种"有选择的现代化"[②] 现象倒是和许多中国学者所主张的"多元现代性"有几分相像，但从最好的方面来说，它只是那种"一元扩散"的现代性，而非"多源发生"的现代性，更不是"多元并行"的现代性，因为柯文始终认为西方是第一个采取现代化的地方；从最坏的方面来说，它无异于一种彻头彻尾的"伪现代化"。[③] 所以，我们或许可以作出这样的理解，柯文真正要超越的只是中国等非西方社会的"传统"与"近代"，而西方社会则可能是一个例外。[④]

毋庸讳言，柯文对他所揭示的中国历史变化的自主性总是热情洋溢地给予正面的积极的评价，但是当他把"西方救世主"从中国本土社会驱逐出境之后，也不可避免地淡化甚至抹去了西方社会对近代中国的巨大影响——这正是他在下文"去帝国主义神话"时所要"谨慎描绘"的，于是，这样一种活生生的历史自主性，从根本上来说，就只能体现于对中国内部历史变化所作的积极回应，而由于早在 18 世纪，"即西方进攻开始以前，中国主要的社会、经济变化已经开始"[⑤]，因此，用柯文的逻辑类推，我们只能进一步得出这样两个结论，而这两个结论恰好都是柯

---

① 参见周武、李德英、戴东阳《中国中心观的由来及其发展——柯文教授访谈录》，《史林》2002 年第 4 期。

② Dean C. Tipps, "Modernization Theory and the Comparative Study of Societies: A Critical Perspective"，转引自［美］柯文《在中国发现历史》，第 89 页。

③ 参见吴冠军《多元的现代性：从"9·11 灾难"到汪晖"中国现代性"论说》，上海三联书店 2002 年版，第 171 页注①。

④ 必须强调的是，此处把柯文本人的观点与罗威廉等乐观派学者区别开来，并不意味着柯文的"中国中心观"与它的教条化过程无甚瓜葛，它反映的只是"中国中心观"内部的差异，而不是与"中国中心观"的对立，正如柯文所说的，这"实际上更多的只是一组趋向，而不是某种单一的，界限分明的趋向"（柯文：《在中国发现历史》，第 170 页）。事实上，他们都坚决反对把中国看成是一种无变化的停滞不前的世界，而且，尽管柯文极力把他所揭示的在中国发生的"根本变化"与近代化这一西方式的根本变化区别开来，但由于当时他并没有给它一个确切的名称，总是含糊其辞，所以人们至少也会从中得出有两种不同的"根本变化"并行不悖的结论。从本质上来说，这与乐观派中的"多元现代性"只有五十步之遥。再加上有时候他又不自觉地把这两种"根本变化"混为一谈——例如他在批评李文森的"文化整体论"时即暗示，中国过去的文化实际上包含着一些重要的特征，它们"不仅绝不会阻碍中国向近代社会转化"，"反而会帮助这种转化，并在指导转化中起重要作用"（［美］柯文：《在中国发现历史》，第 75 页）——有学者因此而误解也就不足为怪了。

⑤ ［美］柯文：《在中国发现历史》，第 73 页。

文逻辑所要大加挞伐的对象：一是近代中国历史运动的自我封闭性，因为它太专注于自己内部的矛盾和冲突，以至于对外来世界的威胁从没有清醒的认识，至多是把后者当作自我斗争的工具而已，结果，在咄咄逼人的西方力量面前，它依然是那么“惰性十足”。只要检视一下柯文就同时期的日本和中国对同样的西方冲击所作的不同反应进行比较时秉持的立场，这一点就再清楚不过了。① 二是近代中国历史运动的保守性。由于在柯文看来，近代中国的历史自主性只能植根于前近代中国之中，也只有通过“朝后看”的方式才能搜寻得到，所以，近代中国人面对一系列现实困境（实即18世纪中国内部的老问题）时所采取的应对方略，从积极的方面来说，早在18世纪就已经由老祖宗做好了妥当的准备，打下了坚实的基础，从消极的一面来看，19世纪后期的中国人从事的一切非同寻常的努力，几乎都可以从18世纪的锦囊中找到现成的思想资源和力量源泉，同一时期改革运动都应看成是“国内改革传统的产物”②。这在很大程度上不正应了龚自珍的一句老话：“药方只贩古时丹”吗？事实上，这种“消极连续性”始终是作为一条暗线隐藏在柯文笔下从不吝惜的溢美之词当中。从这一意义上来说，辉煌的18世纪——中国历史变化的上行线和灰色的19世纪——中国历史变化的下行线，在柯文的逻辑之中，不仅不是互不相容，而恰恰是紧紧拴在同一条“剧情主线”上的蚂蚱，只是这些蚂蚱多少类似于鲁迅小说中“九斤老太”的子孙，一代不如一代罢了。

有人可能会以为上述推论是对柯文的苛求，我们不妨再来看一看这条“剧情主线”都包含有什么样的具体内容。其中当然不乏当今的“明清近代化论者”仍在喋喋不休地谈论的诸多近代性因子③，如疆域的扩大、区域性贸易的发展、城市化水平的提高、绅士队伍的扩大、地方管理工作的商业化，以及“某种和近代经济发展比较相符的价值观念和特点”、男女平等的思想、与当时的日本和17世纪中叶的英国旗鼓相当

① ［美］柯文：《在中国发现历史》，第120—123页。

② 同上书，第171页。

③ 在该书的中文版前言中，柯文明确地把罗威廉和艾尔曼1984年各自出版的著作视为对自己提出的“中国中心观”这一“命题”的有力支持。参见［美］柯文《在中国发现历史》，“中文版前言”，第3页。

的民众识字率，等等，但同时还有人们不大愿意正视的“前所未有的人口压力的增长”“社会各阶层在政治上遭受的挫折日增”以及清代君主制的中央集权趋势对帝制后期乃至帝制以后中国国家的作用等。[①] 他甚至暗示，20 世纪中国农村生活的崩溃，也就不可能不是“诸如人口爆炸，阶级冲突加剧，官僚腐化盛行”这些“在与外国发生较多接触前早已存在”的“内在力量起作用的结果”；他还在孔飞力的相关研究的基础上进一步指出，“在中央控制与地方自治之间寻求适当的平衡，则是从明朝直到共产党时期使中国统治者伤尽脑筋的问题”，而这个问题在其历史环境已几经更迭的情况下仍然持续数百年，在很多方面批驳了“传统”与“近代”截然两分的老观点。[②] 显而易见，延续至今的东西并非都是近代性的或者充满活力的东西，而很有可能是某种可以称为“消极连续性”的事物。[③] 仅仅把“中国中心观”与“近代性”联系在一起，势必会把它引向一条封闭的死胡同，窒息了其本应具备的多元的开放的理论活力。

事实上，随着历史的脚步从 19 世纪移至 20 世纪，又从 20 世纪上半叶进入下半叶，中国历史连续性的消极色彩在柯文心目中也变得越来越浓厚了。1988 年 8 月，柯文在美国《亚洲研究杂志》刊发了一篇不大为大陆学者所知的长文，题为《历史视野下的后毛泽东时代的改革》，可以说这是他的《在中国发现历史》的续篇。[④] 这篇旨在打破 1949 年这一历史分期界标的论文，主要围绕着国家政权内部或国家与社会之间的权力分配问题——确切地说，就是中央集权与地方分权之间的张力——这个中心线索，把从清末（甚至更早）到 20 世纪 80 年代末各个不同历史时

---

① ［美］柯文：《在中国发现历史》，第 208、210 页。

② 同上书，第 80 页。

③ 汪熙在一篇与柯文商榷的文章中，把上述中国内部的消极现象称为“内部因素”，并与柯文的“中国中心观”（汪归结为“内因论”）相区别，认为前者是作为对西方冲击的一种反应而出现的，是消极的、被动的、无所作为的；而后者则是积极的、主动的，不取决于外部冲击而能自我运动前进的，与前者有本质的区别。参见氏著《研究中国近代史的取向问题——外因、内因或内外因结合》，《历史研究》1993 年第 5 期。这种区分显然误会了柯文的真实意图。

④ Paul A. Cohen, “The Post-Mao Reform s in Historical Perspective”, *The Journal of Asian Studies*, Vol. 47, No. 3 (August 1988), pp. 518 – 540.

期中国国家政权建设过程（the process of state building），以及所谓的“极权主义改革”（authoritarian reform）现象联系在一起，以发掘其中的一些相当显著而又少为人知的历史连续性。以国家政权建设为例，柯文明确地放弃仅仅适合于近代西方的国家—社会二元对立的分析框架，主张采用国家—社会连续统一体内部的权力分配模式作为理论视角，因为在柯文看来，尽管中国历史上一直不乏持不同政见的个体异端，这些异端还得到儒家道德传统的认可甚至鼓励，但是从来也没有作为一个受到国家政权保护的个人权力体系而建立起来，所以，只有后一视角——集权与分权之间的权力拉锯（the rug of war，原意为拔河比赛）——才能真正切入多少个世纪以来中国政治议题的核心。这种权力拉锯，在跨越清代后半段与中华民国这长达两个世纪的时间内，因为中央集权的持续衰弱与地方精英的政治参与要求不断增长的压力而大大地恶化了，由此引起的从中央到基层的权力分散化趋势与中央政府恢复集权的阶段性努力，构成了整个时期一系列改革的重要内容之一。从康、梁的戊戌维新到慈禧的君主立宪，从孙中山的辛亥革命到袁世凯当政，从北洋军阀时期到蒋介石的南京国民政府时代，甚而至于在日伪统治时期，这一过程一直持续不断。① 直至1949年以后及至20世纪80年代，这一老问题才呈现出一种新的截然不同的形式。

不过，柯文强调指出，这一结果不仅不意味着中国的政治制度已经发生了具有深远意义的根本变革，反而显示了一个国家政权或者中央集权不断强化的过程。根据柯文的总结，自从清中叶中国人口不断增长以来，地方精英阶层的实际政治权力就一直处在不断扩张的过程之中。19世纪60年代太平天国运动之后，这种权力扩张还因得到了国家的承认而从此走向公开化和合法化的新阶段。其后历经波折，终于在1911年辛亥

---

① 袁世凯之后的中华民国时期一直被学界视为晚期帝制国家与共产党国家这两个统一政权之间的权力空位期，但是柯文指出，如果不是从国家权力的领土范围而是从其社会领域的角度——也就是从国家政权向基层社会的干预和渗透的过程来考察，那么，从不可否认的混乱和无政府状态之中，仍然可以看到断续进行的国家政权建设过程。他还引用了杜赞奇对华北农村的研究成果作为例证，后者认为，从晚清帝国到1949年共产党统治的建立，其间包括军阀统治时期、南京国民政府时期以及日本占领时期，国家的政权建设过程不仅没有中断，中央政府对地方社会资源进一步扩大控制的决心还日益增强。参见 Paul A. Cohen，“The Post-Mao Reforms in Historical Perspective”，*The Journal of Asian Studies*，Vol. 47，No. 3（August 1988），pp. 518 - 540。

革命尘埃落定之后，这些非政府的地方精英们（其中大部分是绅士，还有一些商人）从所有的方面来说都成了最重要的获益者，并在地方事务中担负着至为关键的作用。即使后来在诸如中日战争一类的政治事件中，这些地方精英曾经遭受过比较沉重的打击，但他们对地方社会资源的控制能力依然完好无损。也就在这一时期，自中华帝国晚期以来持续发生的移向地方精英的权力流动趋势，在上述国家政权建设的过程中开始得到有意识的遏制和逆转，终于在 20 世纪 50 年代中国共产党的土地改革运动中遭到毁灭性的打击。但是，由于国家与社会的关系并未发生根本转变，故而旧精英的毁灭虽然彻底扫除了国家政权建设的障碍，却未能使集权与分权之间的紧张关系得到持久的缓解。相反，这种紧张关系已经从国家与社会之间转入到了国家政权的内部，其主要矛头也不再是地方分权倾向，而是过度集中的国家政权本身滋生的问题，诸如官僚主义和行政效率低下等。权力下放或地方分权，在一定程度上成为一种用来调节或解决集权体制自身弊端的工具和手段，只是这种地方分权的动力在 1949 年以前表现为自下而上的形式，而此时却是自上而下。1978 年以后，这一下放过程大大加速了，但是决非全面而彻底，因为在教育和军事领域方面从事的改革实际上把中央集权的水平推向了一个更高的阶段；即使是在经济领域，国家随时可以采取行政干预的直接手段对权力下放政策予以限制或改变，而且还越来越多地采取宏观经济政策进行间接的调控。在改革过程中获得越来越多经济自主权的农民家庭、乡村干部以及地方政府，在某些方面，尽管已经变得像 1949 年以前的旧精英那样追求自我利益，但他们与其说是中央政府政治决策的障碍，还不如说是执行者更为确切。

此处无意于否定柯文话题的学术意义，亦姑且不论其表述和结论是否允当，及其背后的价值判断是否中立，仅从他给我们描绘的这一幅国家力量步步进逼，地方社会步步退缩的历史画面来看，就与罗威廉、兰金等乐观派所预期的近代中国市民社会的前景大异其趣，甚至截然相反。

这样一种总的倾向并非自柯文始，亦非于柯文终，甚而在柯文之后日趋明显。早在 20 世纪 70 年代初，孔飞力在其有关地方绅士研究的开创性著作中即已初露端倪，至少他对晚清地方能动性的揭示，不是像众多学者误以为的那样把中国近代史的开端提前到18世纪或更早，而是向后推延了20年，且不说到了民国以后，在他的前瞻性的结论中，这种地方精英的能动性又如何蜕变成了现代化的障碍。① 就连像艾尔曼那样在18世纪的中国思想领域之中积极发掘诸多“本土性和内在性的变化因素”的学者，也在其《经学、政治和宗族》刚刚杀青不到两年所发表的一篇论文中，即对20世纪80年代出现的现代新儒家学说提出了尖锐的批评。这些学者“把儒家的资产阶级化推回到朱熹”，把宋明儒学看作“既属于自由主义，又可开出一套道德规范”的，类似于西欧新教的一套精神价值系统，并“能决定现代中国的社会、政治与经济变迁”。在艾尔曼看来，此类“文化决定论”的腔调，“其错误和早先的经济决定论如出一辙”，实际上是一种新的意识形态的建构，或者叫作“新东方论”。② 尽管他有时也认为“儒学的资产阶级化在晚明时期的证据比较明确”，但是如果有人坚持把黄宗羲当作“中国的卢梭”，把颜元当作“杜威式的美国实用论者”，把王夫之当作“中国哲学的唯物论者”，乃至把魏源描述为一个具有“辉格党”形象的自由主义经世学者，艾尔曼是很不以为然的；他对一些美国的中国史学者将哈贝马斯的“公共领域”和“市民社会”的观念套用到中国历史上的做法同样持否定态度，认为“1900年以前中国宗族的发展，不是出自‘私人’对国家的对抗，反而是国家和士绅精

---

① 参见［美］孔飞力《中华帝国晚期的叛乱及其敌人：1796—1864年的军事化与社会结构》，谢亮生等译，中国社会科学出版社1990年版，第8、221—232页。事实上，孔飞力对明清以来中国历史变化过程中消极连续性的揭示，在他1990年问世的广为流传的一部新著中有更加深刻从而也更加隐讳的体现。他认为，在1768年这一盛世之际出现的“叫魂事件”所显示的一种冤冤相报的“受困扰社会”（the impacted society），迄今“仍然是中国社会的一个显著特点”。而且，他在对整个事件中那些出于文化道统的自信而对高度膨胀的君权施以力所能及之限制的官僚表示“谨慎的喝彩”之后，又深感遗憾，因为在中国帝制后期乃至帝制垮台之后中国政治生活中，具有这种胆识的人士已属凤毛麟角，而且日渐稀缺，往往无力阻止统治者做出类似乾隆的疯狂举动。参见氏著《叫魂：1768年中国妖术大恐慌》，陈兼、刘昶译，上海三联书店1999年版，第299—306页。正如高王凌指出的，孔飞力对“恐慌”起因的判断是以当代中国的文化大革命作为背景的，高曾戏称为“小文化革命”。参见高王凌《政府作用和角色问题的历史考察》，海洋出版社2002年版，第129—135页。

② ［美］艾尔曼：《中国文化史的新方向：一些有待讨论的意见》，见氏著《经学、政治和宗族——中华帝国晚期常州今文学派研究》，赵刚译，江苏人民出版社1998年版，“代中文版序”，第7—11页；另见《台湾社会研究季刊》第12期，1992年5月，第1—15页。

英之间‘公共’互动的演变结果”[①]。他之贬“龚、魏”，扬“庄、刘”，亦即把龚自珍、魏源视为“边缘人物”，把庄存与、刘逢禄推到“帝国晚期政治舞台的中心”，实际上与柯文一样，也抹上了一种浓厚的停滞论色彩。[②]

此外较有代表性的例子，要算是华尔德（Andrew G. Walder）的当代中国工业企业权力结构的“新传统主义”，以及弗里曼（Edward Friedman）、毕克伟（Paul G. Pickowicz）和赛尔登（Mark Selden）的中国乡村基层组织“封建社会主义”的研究。[③] 后者显然是对柯文要求打破 1949 年界标这一学术主张的积极响应，着意在河北饶阳五公村这个坐落在华北平原上的贫困村庄内部揭示深藏其中的历史连续性，如根深蒂固的农民传统文化、狂热的新民族主义、制度化的个人关系网络以及日趋恶化的人地关系比率和生态危机，还有农村经济的长期衰败、不可或缺而又混乱的地方市场，等等，并把其中一些连续性明确地称之为“消极的连续性”。[④] 他们得出的结论之一是，“文化大革命”时期中国农村贫困地区的经济萧条，“只不过是失败的两个世纪中的又一次失败而已”“毛的失败与十八世纪中国的清王朝很相似”。[⑤]

还有一种曾被柯文当作对“中国中心观”重要支持之一的连续性，这就是美国著名学者黄宗智在其“过密化”理论中揭示的明清以来中国农村经济持续五六百年的边际报酬递减的过程。颇具讽刺意味的是，黄的研究恰恰是当前在国内外中国史学界占有主导地位的“中国中心观”学派难以逾越的一座堡垒。由于这一理论对中外史界共同秉持的商品化

---

① ［美］艾尔曼：《中国文化史的新方向：一些有待讨论的意见》，《经学、政治和宗族——中华帝国晚期常州今文学派研究》，“代中文版序”，第 17—19 页。

② 正如刘大年的遗著《评近代经学》所说的那样，艾尔曼的这一说法，实际上是认为“鸦片战争以前和以后，中国社会的基本矛盾、社会结构没有两样。社会基本状况依旧，占支配地位的政治思想学说当然也就依旧”。参见朱诚如、王天友主编《明清论丛》第 1 辑，紫禁城出版社 1999 年版，第 3 页。

③ 参见［美］华尔德《共产党社会的新传统主义：中国工业中的工作环境和权力结构》，龚小夏译，（香港）牛津大学出版社 1996 年版；［美］弗里曼、毕克伟、赛尔登《中国乡村，社会主义国家》，陶鹤山译，社会科学文献出版社 2002 年版。

④ ［美］弗里曼、毕克伟、赛尔登：《中国乡村，社会主义国家》，第 7、14、371—398 页。

⑤ 同上书，第 382 页。

必然导致近代化的规范意识提出了强有力的挑战，以致被许多“十八世纪乐观派”当作过时的理论和批判的靶子。然而，从柯文在不同场合的多次陈述来看，正是过密化理论的基本前提，即明清以来前所未有的人口增长与有限资源之间日趋紧张的矛盾与冲突，才是这一时期中国社会发生前所未有的长期性变化的最重要的根源之一①；而且，至少就中国的政治制度来说，它依然是决定当代中国未来走向的一个重要因素。如果说在明清时期是人口增长催生了地方精英的权力扩张，那么现在更加恶化的人地比率，就与一种兼备1949年之前和现行制度这两者之中某些最坏特征的官僚主义一起，成为影响中国政治前途的双重制约因素。② 人口压力从中国历史内在发展的重要动力变成了当代中国继续繁荣难以逾越的障碍。事实上，就连黄宗智最强劲的学术对手彭慕兰最终也还是与被误解的黄宗智并道而行，甚至有过之而无不及。尽管近世中西发展道路的分岔点被彭的研究推延到了1800年，然而一经分岔以后，中国即迅速“关闭了可能会使任何地方的经济生活和人均资源利用出现更为彻底的变革的生态窗口”③。也就是说，无论是柯文，还是大多数所谓的“乐观派”，他们在共享了18世纪中国积极连续性的风光之后，又在19、20世纪中国的“消极连续性”道路上走到了一起。

三 “大象耳朵里的跳蚤”与“解放”帝国主义

赘述于此，我们不妨把目光从那些令人沮丧的历史图画中暂时移开，进而看一看柯文是怎样在赶走美国史学家“思想上的帝国主义”的同时，又将现实历史中的帝国主义视为“神话”而从中国社会中“解放”出去的。

一般来说，帝国主义总是与殖民主义联系在一起的，而“近代欧洲

---

① 彭慕兰的看法颇具代表性。

② 参见Paul A. Cohen，“The Post-Mao Reforms in Historical Perspective”，*Journal of Asian Studies*，Vol. 47，No. 3（August 1988），p. 537。

③ 参见［美］彭慕兰《大分流：欧洲、中国及现代世界经济的发展》，史建云译，江苏人民出版社2003年版，第226页；夏明方：《老问题与新方法：与时俱进的明清江南经济研究》，《天津社会科学》2005年第5期。

殖民主义不参照使它发生动态变化的资本主义是难以理解的，正如不参照殖民主义也不可理解欧洲资本主义的形成一样"[①]。所以，对近代性亦即资本主义的解构，从逻辑上来说，必然要引致对殖民主义和帝国主义的批判与反思。事实上，诚如柯文所云，美国学术界对于近代化日渐滋生的幻灭情绪，正是由那一场"把巨大破坏力量倾泄在一个比自己远为弱小贫穷的民族身上"的越南战争激荡而起的，而且也确实使一批美国的史学家"为自己国家在这场战争中的行为感到震惊、羞愧，从而用一种新的眼光来看待帝国主义"。[②] 反映在中国史领域，就是当时以詹姆斯·佩克（James Peck）为代表的激进派学者向费正清等美国老一辈的中国问题专家发起的大规模的挑战与"攻击"。按理说，同样是对费正清的冲击—反应论进行质疑的柯文，似乎应该与佩克站在同样的立场上，即使不去同声谴责帝国主义的侵略行径，也会对其"帝国主义模式"表示同情。[③] 可奇怪的是，柯文却从越南战争中领悟到别样的"第二层含意"[④]，即美国力量的有限性和美国神话的破灭，并进而把这一现实感受投射到过去。其言下之意或许是：既然处于顶峰时期的美帝国主义都不能够"随心所欲摆弄世界"，那么它的先辈在此前的 100 多年间不是要受到更大的制约吗？又如何能够执世界之牛耳呢？尽管柯文清醒地意识到，任何冲淡帝国主义影响的做法都可能招致"积怨未消"的整个中国史学界的质疑甚或"在公开场合的咒骂"，在学术上也可能从夸大西方作用的"老狭隘主义"蜕变为低估其作用的"新的狭隘主义"，尽管他对中国中心取向"并不包含任何导致这种后果的因素"有着充分的自信[⑤]，但是其论证方式本身，在很大程度上注定了这一理论内含的某些如德里克所批评的"后殖民主义"特征，至少客观上是如此。

首先从"柯文三论"的论证顺序和全书的结构安排来看，或许像作

① ［美］阿里夫·德里克：《殖民主义再思索：全球化、后殖民主义与民族》，《中国学术》总第 13 辑，商务印书馆 2003 年版，第 136 页。

② ［美］柯文：《在中国发现历史》，"序言"，第 59 页。

③ 柯文后来认为，这一模式更确切的说法应是"帝国主义—革命"趋向。参见氏著，程美宝译《变动中的中国历史研究视角》，载［美］柯文《在中国发现历史》（增订本），中华书局 2005 年版，第 250 页。

④ ［美］柯文：《在中国发现历史》，"序言"，第 59 页。

⑤ 同上书，第 154、209—210 页。

者自己介绍的，它们“虽然并非出于有意安排”，却也“体现了共同的主题，形成连贯的整体”①。不过，在我看来，这种连贯性不只是讨论内容上的各有侧重，如政治史、思想史、经济史和社会史等，更重要的还是其中潜藏着的某种三段论式的论证逻辑，这就是：既然外部力量对中国历史变化的影响是有限的（第一章，“去冲击论”），同时中国历史变化有自己内在的自主性与方向感（第二章，“去近代化论”），那么，由于帝国主义是一种外部力量，所以，帝国主义对中国历史变化的影响是有限的（第三章，“去帝国主义论”）。据此而论，费正清的“救世主”没有了，中国人民心中的“恶魔”消失了，马克思的“双重角色”和佩克的“双面人”也都难有立足之地。柯文援引萨义德批评东方学的理论，认为那些厕身于殖民侵略国家的西方中国史学家，包括上述所有三种模式的学者，就像一个拥有优先挑选权的切蛋糕者，在对中国历史进行表述时，都不足为怪地带有对被表述者实行思想支配的“文化帝国主义”性质，带有浓厚的西方中心论色彩，因而都“剥夺了中国历史的自主性”，都“把作为工业化的近代化描绘成一件真正的好事”，都“坚持认为19、20世纪中国发生的任何重要变化（按，即费正清的‘近代化’和佩克的‘中国革命’）只可能是由西方冲击造成的变化，或者是对它的回应所导致的变化”，结果都“使它最后沦为西方的思想附属物”。② 只有反其道而行之，从外在的“殖民史学”转向非西方社会的内部，亦即把中国历史的起点放在中国而不是西方，进而把中国近世历史变化的主动权归还给中国，才能最大程度地避免各种种族中心主义的倾向。③ 而为了体现这一主动权，就必须把中国说得一切美好（积极连续性）；如果不美好（消极连续性），那也得说成是中国自己的事。④ 既然主动权在你中国人手中，成也好，败也罢，干朕底事？于是，一个充满活力的中国历史内在的连续性，最终为作者“解脱”历史上的帝国主义铺平了一条华容间道。正如德里克所言，后殖民主义对欧洲霸权（它剔除了被殖民者的主体性）的

---

① ［美］柯文：《在中国发现历史》，“前言”，第47页。

② 同上书，第166—169页。

③ 同上书，“序言”，第59页。

④ 同上书，第136页。这是柯文对美国学者侯继明和马若孟在反驳帝国主义消极作用论时采用的两种策略所做的概括。这事实上与柯文本人的论证手法大同小异。

抵抗和消解，通常伴随着重新取得未受殖民主义污染的前殖民身份的呼声，“这固然有助于让受害者发出声音，但在将被殖民者从无声中拯救出来的过程中，也模糊了殖民主义侵袭其‘目标’的受害状况的深度”。①

“柯文三论”的逻辑连贯性更为鲜明地体现于其“切割”方法的无所不在。在其“去帝国主义神话”的过程中，他的用于切割的利刃不仅指向中国，也指向帝国主义本身。他认为，无论是马克思列宁主义者，还是中国的民族主义者，抑或经济学家，也包括争论双方，都把民族国家当作唯一重要的最适宜的分析单位，结果很可能把各种数字平均化，从而掩盖了这个单位内部极为重要的差异。特别是中国经济规模庞大，如果以整个中国经济作为唯一的分析单位，某些外国经济活动的某些方面，如贸易和投资，势必如同大象耳朵里的跳蚤，显得无足轻重。如果按照区域系统理论的主张，把中国划分为若干区域，然后针对不同的区域以及各个区域内的边缘及中心地带，就某些具体问题展开具体分析，只要不是按体积与大象相比，那么帝国主义这一跳蚤就会显得大一些。② 看起来，柯文似乎是在突出帝国主义的作用，但是如前所述，由于他的这种空间分解方法特别强调沿海与内地这两个“中国受外国影响的地区和未受外国影响地区之间的鸿沟”，而内地每个地区之间又是各具差异、几乎互不关联的区域性系统，所以，不管这只跳蚤在某一局部地区显得有多大，终究还只是跳蚤而已，不可能变成一头大象。

另一方面，或许正由于中国人长期生活在一个个相对封闭的区域性系统之中，由此形成的“地方认同”远远大于国家认同或民族认同，因而任何来自本地之外的外部力量，不管是广东人、四川人、湖南人，还是英国人，都会被无差别地当作“陌生人”而一视同仁。这样，即使在沿海地区如广东或者内地某区域出现了西方人的威胁，在这些地方人士的眼中，也不过被等同于以前或许出现过的其他什么省的“强奸犯”或“猪猡”而加以反对和抵制。这种抵制行为，与其说是民族性的，还不如

---

① 参见［美］阿里夫·德里克《后革命氛围》，王宁等译，中国社会科学出版社1999年版，第91、105页；《殖民主义再思索：全球化、后殖民主义与民族》，《中国学术》总第13辑，第126页。

② ［美］柯文：《在中国发现历史》，第151—152页。

说是地方性的。[①] 帝国主义对中国的冲击经过“地方性”的过滤或“内在化”之后，其作用显得更加复杂，甚至有可能要大打折扣。当然，“陌生人”理论是由魏斐德首先提出来的，柯文也只是在讨论中国的排外主义时提到过，但是其与帝国主义之间的不可分割的联系，使我们很难不作出这样的推论。甚至可以说，在荡开了民族国家的疆界之后，柯文的中国中心观实际上已经变成了地域中心观，即柯文自己说的“以区域、省份或是地方为中心”[②]。有学者从中进一步引申出“满族中心观”“中原中心观”或者“××村落中心观”等，也就不足为怪了。

进而言之，帝国主义这只跳蚤在中国的土地上也不是一个单一的整体。据柯文分析，帝国主义的最标准的定义应是“一个社会对另一个社会建立全面的殖民统治”，而中国的殖民地化格局不仅是“局部的”（半殖民主义）、“多国的”（受到好几个国家的侵略与部分统治），也是“有层次的”，亦即西方列强（后来包括日本）的局部殖民主义在 1912 年前一直嫁接在满族的全面殖民主义之上。因为和西方的殖民模式一样，清王朝也是通过武力征服建立起来的，并采取了类似于印度及其他更加“典型的”殖民地那种合作统治方式。[③] 如此纷繁复杂的殖民格局，显然不同于经典的帝国主义理论，而争论双方都未能对此进行仔细的描绘与分析，还不足以得出令人信服的结论。何况就连帝国主义这一概念本身也是“比较模糊，不够准确”的，应该像高家龙（Sherman Cohran，亦译谢尔曼·科克伦）在研究英美烟公司时所做的那样，对这一概念“加以分解，并且对各个组成部分作出详细界说”，然后才能确定究竟什么才是真正的帝国主义。[④]

那么，受到柯文高度评价的高家龙的研究，又是如何“分解”帝国主义的？此处不妨稍作赘述。高家龙于 20 世纪 70 年代开始研究中国近代企业史时，发现在这个“几乎未曾探讨过的广阔领域里”，处处可以见到

---

① ［美］魏斐德：《大门口的陌生人：1839—1861 年间华南的社会动乱》，王小荷译，中国社会科学出版社 1988 年版，第 56—61 页。

② ［美］柯文：《在中国发现历史》，第 178 页。

③ 柯文在此处采用了典型的双重标准，对于西方殖民者，他用的是最严格的定义，而对于所谓满族的殖民者，他用的又是最宽泛的定义。

④ ［美］柯文：《在中国发现历史》，第 153—154 页。

"值得研究的中外企业对峙的案例",而中外史学家对这类中外竞争的性质一直激辩不休:它们到底是平等的竞争,还是一种在不平等的基础上出现的一个体现帝国主义侵略的公司与另一个体现经济民族主义的公司相互之间的对抗?高于是对有关帝国主义侵略和经济民族主义的各种可能的定义进行归纳梳理,并从投资、劳资关系、原料问题、企业与政府的关系以及中外企业之间的关系等五个方面,将两者一一对应分为五大类型,然后选取烟草行业中最大的两家企业即美国的英美烟公司与中国的南洋兄弟烟草公司作为个案,逐一予以验证,结果"发现",帝国主义侵略和经济民族主义这两个概念都只是部分地适用于相关的案例,只有这两家企业的企业家创新精神,才是这两个相互竞争的对手各自取得成功与发展的关键因素。①

我们无意否认这部著作在中国近代企业史方面的开创性贡献,仅就其论证方法而言,高家龙的做法很显然正是柯文大力倡导的那种个案研究:一方面,通过概念的要素分解和对它们不分主次的并置无形中抬高了衡量帝国主义的标准,使现实之"脚"难以适履;另一方面,这五大类型的帝国主义概念几乎都回避了其时覆盖在中国领土上的不平等条约的框架,有意无意地荡开了国家的边界,从而在实际上是把两个企业置放于同样的竞争舞台上。应该说,抛掉上述概念不谈,高家龙并没有否认不平等条约赋予英美烟公司的特权与优势,也没有否认该公司使用强制性手段阻挠、压迫对手,但他同时认为南洋公司也在一定程度上"压迫过英美烟公司",因为后者可以利用其本土的一切优势,如公司主人熟悉故乡的情况、抵制外货期间销售额增加、工人具有民族主义忠诚感等,以抵挡对手的压力。于是,"帝国主义压迫论"就在中国企业的抵抗过程中失去了依据,得不到肯定的证实。②

回到柯文的立场上来,帝国主义概念的另一个重要困难是其政治意味比"近代化"概念还要浓,容易导致各方面特别是中国学者感情用事。由于柯文太看重经济史领域的帝国主义,以致他没有进一步深思这类感

---

① [美]高家龙:《中国的大企业——烟草工业中的中外竞争(1890—1930)》,樊书华、程麟荪译,商务印书馆 2001 年版,第 4—9、318—340 页。

② 同上书,第 340—342 页。

情用事的更深层次如心理上、文化上的原因及其与政治、经济方面的关联（从某种意义上来说，这也是他从政治、文化和经济等方面对帝国主义实施分解的结果），并追溯其中的历史连续性，而是走向另一条道路：即考虑在学术研究上是否应该弃用这一词语。即使保留这个概念，他个人认为，也只能“把它看成是各种各样具体的历史环境中发生作用的力量之一”，而不能把它“作为一把足以打开中国百年来全部历史的总钥匙”，否则，帝国主义本身就是一个“神话”而非现实。[①] 柯文的提议的确击中了一个要害，我们之于帝国主义，不能仅仅出于一种道德上的义愤，也不能停留于“明明白白的事实和清清楚楚的逻辑”而不再探究“深奥的理论”，但是理论的不成熟需要的是更加艰苦的探索，在这种探索之前就率尔断言某种理论不过是“神话”，实际上只能把我们的研究导向更加狭窄的“单向积聚”的道路。就此看来，柯文依然是一个切蛋糕者，依然拥有优先挑选权，但这一次他并不是将大的那一块收归己有，而是让给“缺席”或“不在场”的对方，也不管对方是否接受。道理很简单，因为他让出去的是中国历史的自主性，留给自己的那一小块却是帝国主义的影响力。

柯文之怀疑帝国主义概念有效性的另一个缘由，是他所说的“文化连累”。他认为，帝国主义模式与其对手之间，无论争论多么尖锐，实则拥有同样的意识，都把工业化和经济发展当作好事，因此，双方的分歧主要在于“为什么中国未能发达起来或实现近代化”这样一个本身就完全是以西方为中心的问题，“而不在于这种发达或近代化到底是否可取”。[②] 这句话实际上隐含着一个极其重大的理论问题，这就是近代中国仿效西方推行的近代化道路本身的正当性或合法性问题。以美国为中心的西方世界在20世纪60—70年代的国内环境危机和国际政治危机中滋生的对近代化的幻灭情绪，再一次被投射到100多年前的中国历史上。柯文没有就此而展开，但在柯文终止思考的地方，他的同伴或追随者却继续前进，展开了对中国近代化道路以及描绘该过程之现代化叙事的解构过程。原先在现代化视野下视为落后的、消极的传统或近代化之前的过去，

① ［美］柯文：《在中国发现历史》，第154—155页。

② 同上书，第155页。

现在则不再只是现代化（近代化）的动力，或者像德里克所说的被一些学者在争取另类的现代性或现代性以外的选择时“高高举起”[①]，它还进一步被当作受近代化的暴力强制压抑的一种力量或者集体记忆，“传统”与“现代化”的二元对立又从隐蔽处再次走到历史的前台。不过，此时的现代性已不再是高高在上的大法官，而是变成了一个受审的囚犯。而且，在经过一番“去帝国主义神话”之后，人们的注意力已从“民族根源”转向“主体位置”[②]，进而他们眼中的现代化暴力，其源头已不是西方，而是中国历史自身；其矛头所指，相应地也不是殖民者，而是反殖民的“民族国家”。“中国中心观”似乎正要迈向一个新的阶段。[③]

四 “中国中心观”的内在困境及其走向

平心而论，对于曾经长期浸润在冲击—反应论或革命史范式氛围之中的国内外中国近世史学界来说，柯文对上述三大模式的尖锐批评和对历史复杂性的揭示，的确“有助于清除遮蔽史家视野的条条框框，开辟研究中国近代史的新领域”，因而“起了真正的解放作用”。[④] 这样的批评，既顺应了欧美思想界日渐兴起的反欧洲中心论的潮流，又在很大程度上给予那些不愿意正视或刻意回避乃至忘却近代中国落后挨打之惨痛现实的中国学者一些心灵上的慰藉，因而一经传到国内，便引起了越来越广泛的响应。但是，从上面的概括中也可以看到，在整个论战过程中，柯文实际上采取了一种类似于拔河比赛的策略：你说是“西方冲击”，我偏要寻找中国历史的内在动力；你坚持传统与现代的二元对立，我则抹去两者之间的差异；你认为帝国主义发挥了决定性的作用，不管是好是坏，我就要淡化帝国主义的影响力。如此针锋相对，势必矫枉过正，从

---

① ［美］阿里夫·德里克：《后现代主义与中国历史》，《中国学术》总第 5 辑，商务印书馆 2001 年版，第 27 页。

② 参见［美］阿里夫·德里克《后革命氛围》，第 117 页。

③ 参见拙文《拯救什么样的历史——近代中国研究的后现代视野解析》，全国“区域史理论与方法”研讨会论文，安徽大学历史系，2006 年 11 月。

④ 林同奇：《“中国中心观”：特点、思潮与内在张力（译者代序）》，［美］柯文：《在中国发现历史》，第 10 页。

一个极端走向另一个极端，以致在激发人们历史想象力的同时，又严重束缚了人们的思想。事实上，柯文此书甫一出版，美国学者盖世德即指出类似的修正“往往导致新的扭曲”①。时至今日，随着“中国中心观”指导下的实证研究愈益丰富，其内在的逻辑困境与弊端也越发清晰地显示了出来。

如前所述，柯文此处最重要的目标，就是打破传统与近代二元对立的所谓欧洲中心论模式，从而谱写出一曲“中国近世史”内在的主旋律来，但是，他之用以破解这一模式的逻辑工具，却又是极其纯粹的导引近代化潮流的现代科学分析方法，即从各自孤立的部分而非相互关联的整体出发来考察问题的还原论方法，这实际上是以一种方法论上的现代性来消解现实历史中的现代性。从根本上来说，柯文逻辑中隐藏的这种奇特的悖论，正是他的理论目标所决定的。诚如柯文自己的分析，冲击—回应、传统—近代以及帝国主义三大模式，都是以社会文化（socio-cultural）对比为中心概念而建立起来的，都力图通过中国与西方在文化与社会方面的差异来解释中国，这样就容易把注意力集中在某一文化的比较稳定持续的属性和特征，即文化的固有特性上，容易使人们对历史采取相对静止的看法。柯文因之建议应该从历史而不是文化的角度来构想中国的过去，亦即把比较的重点从一个文化和另一个文化（中国与西方）的不同，转向一个文化（中国）的内部前后情况的不同。为此，他将前述层带划分方法进一步细化为对中国内部社会结构的纵向分解和对地域空间的横向分解——广义上均属于“空间切割”（前者可视为社会空间），同时将历史的眼光向后转，力图以空间上的纵横“断裂”来“扶植”一个时间上的动态变化的历史。②

对于批判性地反思文化整体论和文化相对论，“文化历史化”（德里

---

① Michael Gasster, “Discovering China in History: Some Comments on Paul Cohen's Discovering History in China”，转引自［美］柯文《〈在中国发现历史〉新序》，《历史研究》1996年第6期。

② ［美］柯文：《在中国发现历史》，第204—205页。按：纵、横分解和朝后看，均属于柯文提倡的“中国中心观”之方法论体系。后又各自演化为地方史、社会史、长时段，再加上从“局内人”观点出发引入的人类学，便构成了当今风靡中国史坛的区域社会史或历史人类学研究的四大核心法则。

克语）无疑是一种比较有效的分析途径。但是柯文所倡导的还原论方法却使他无法将这一路径贯彻到底。由于他强烈地排斥“传统”与“近代”的二元对立，排斥从传统到近代的根本性变化，以致他所要寻找的以变化为中心的历史反而变成了一部连续的历史，一部类似于布罗代尔的“长时段”历史，也就是说，完整的结构被打碎后体现于空间上的多样性又在时间上凝成一线。这样，他所强调的中国近世史上发生的另一种有别于西方近代化的“根本变化”，尽管曾经辉煌一时，却依然走向了历史的下行线，而其所谓“传统”与“近代”之二元对立或者其空间形态——东方与西方的二元对立，最终还是随之转移到了中国历史的时间之矢上。同样的道理，当他用这样一种地方性策略来反对文化整体论，反对中西之间的二元对立时，他实际上是以更隐蔽的形式与他的对手结成了同盟。因为强调地方性，就必然要寻求差异，而一旦如此，他要质疑的“凡是近代的就是西方的而西方的就是重要的”这类所谓思想偏见，就会更加牢不可破，近代性只能是西方永远的专利。否则，按照柯文的理解，你就是以西方的标准来衡量中国历史的种族中心主义者。他之批评“罗威廉路线”——在前近代中国寻找另一个近代化的西方或西方式的近代化——正是出于这样的担忧，只是他未曾意识到自己也掉进了这一自我预设的“特殊性”的牢笼。更严重的是，他还把这种他所反对的二元对立从外部的中西之间转移到中国内部的沿海与内地之间。[①] 于是，当他粉碎了国家的边界之后，近代中国有着内在统一性的西方化的沿海与多样性的封闭的内陆之间的空间对峙，反过来又在很大程度上粉碎了柯文的学术追求。

为了进一步批评那些过于强调中西文化差异的西方学者（如费正清、李文森、费维恺、芮玛丽等）所采取的历史研究方法，特别是其中的“文化本质论”，即“把某个文化极端地化约为某些价值观和特色，并相信其他文化不可能经验同样的价值观和特色”，柯文后来又越来越突出地强调“必须注意人类社会有许多共通的方面”，应该看到世界上各种文化群体的思想和行为之间许多“跨文化的、人类与生俱来的特性”，倡导“突破西方的中国历史学家以不同的理由、不同的方式为中国和中国历史

---

① ［美］柯文:《在中国发现历史》，第 179 页。

设定界限的做法”，并对王国斌、彭慕兰等美国“加州学派”在东、西方之间寻找相似性的比较研究表示赞赏。可是一旦涉及习惯意义上的“中国”境内的汉族群体和非汉族群体特别是不讲汉语的非汉族群体之间的关系时，他又反复强调两者之间“千差万别”乃至“大不相同”的特征，并坚持要求采用“空间切割”的方法以应付其中的复杂性和多元性，从而在中国内部的宗教、族群和社会群体之间设定了他所反对的“人造围墙”，进而由此上升到对“中国”及其“统一的‘民族意识’”的质疑。正是从这一立场出发，柯文非常认同美国的中国学研究中近年来兴起的“新清史”或者“满族中心观”以及其他突出中国境内民族差异的研究，认为这些研究构成了对“中国中心观”的质疑和挑战。[①] 柯文此处似乎再次矫枉过正，并采用了双重标准。过于夸大中西文化差异或者无视中国内部各族群之间的差异诚然不符合历史事实，而像“加州学派”那样过于夸大中西之间的相似性或者把中国内部的族群差异渲染到族群对立乃至国家认同之分裂的程度，同样值得进一步的推敲。而且，正如我们在前文的分析中指出的，所谓的“满族中心观”，其实正是柯文倡导的“地方性策略”在逻辑上的必然延伸，而非方法论的突破；而“加州学派”对欧亚相似性的罗列，其目的不过是把所谓的“早期现代性”赋予前近代中国，并视之为世界经济的中心，因而是一种典型的教条式的“中国中心观”。[②]

当然，无论如何，我们也应把柯文本人对于“中国中心观”的主张与罗威廉等“早期现代性”论者以及此处未及展开论述的以何伟亚、杜赞奇为代表的激进的后现代论者区别开来——尽管柯文也非常乐意把后两种趋向都收罗到自己的理论之筐中。毕竟就像柯文自己对读者的明确提醒，他所探讨的现象“实际上更多地只是一组趋向，而不是某种单一的界限分明的取向”，而且他“自己对这些趋向及其意义的理解在某些方

---

① 参见［美］柯文《变动中的中国历史研究视角》，《在中国发现历史》（增订本），第246—276页。

② 参见拙文《十八世纪中国的“现代性建构”——“中国中心观”主导下的清史研究反思》，“西学与清代文化国际学术研讨会”论文，中国人民大学清史研究所，2006年8月24—26日。

面很可能与其他学者不同”。[①] 这样的不同，虽然从本质上来说并非历史观的根本差异，但至少显示了“中国中心观”的复杂性、包容性及其蕴含的内在矛盾和张力，也告诫我们在批评这一史学潮流之时，不应过于简单化，乃至抓住一点不及其余。进而，我们也要将“中国中心观”理论本身和“中国中心观”的教条化运用区分开来，如果把一切极端化的研究不分青红皂白地统统归咎于前者，那显然是有失公允的。与此同时，我们还应该把柯文在《在中国发现历史》一书中表达的主张与其后来的研究区分开来，因为在学界不断质疑的过程之中，柯文本人的观点也发生了相当大的变化，比如从起初把历史研究的“局外性”或“局外人”立场视为一种认识历史的“负担”，到肯定其优势和长处，从先前一味地淡化帝国主义对近代中国的影响，到赞同把中国近代史“看成是内外因素相互交织相互作用的产物”，从“只着眼于小规模地区的地域性和地层社会的特殊性的研究”到认可对“通论性问题”的考虑，以及从“中国中心观”走向“人类中心观”或“以人为中心的研究取向”，如此等等，在很大程度上似乎都显示了柯文对激进的后现代立场的警惕和对先前之极端化观点的局部修正。[②]

有人或许会发出疑问：既然柯文本人的立场 10 年前就已有所改变，美国中国学内部当今也正酝酿着某种新的动向，此处对其 30 年前的旧论仍然“大动干戈”，岂非多此一举，毫无必要了吗？我们的回答恰好相反。因为一个人思想历程的变化并不代表他曾经的思想结晶就随之失去了影响，有时思想者自身转而走上了教条主义的道路，其早期的主张却可能依然熠熠生辉，抑或思想者本人已幡然改弦，而其先前的观点，却逐渐变成人们广泛信奉的共识乃至教条。时缘际会，柯文的“中国中心观”大概属于后者，而且由于过去长期存在的中外学术交流的时间差现象以及由此产生的延滞效应，这在今日中国的近世史学界表现得尤为明显，任何否认“中国中心观”对于国内外中国史学界特别是国内的青年学者或学子潜移默化的影响，不仅有悖于当前的学术现实，也是柯文本人曾经多次力加否认的。实际上，尽管柯文其时已经认识到“中国中心

① ［美］柯文：《在中国发现历史》，第 170 页。

② 参见［美］柯文《〈在中国发现历史〉新序》，《历史研究》1996 年第 6 期。

观”的诸多局限，却仍然坚信其学术生命力，认为“就学术的现状而言，上述批评显得有些为时过早”[①]。在其2003年出版的一部个人论文集的“序言”中，柯文一方面承认“中国中心观”对有些课题不一定直接适用，另一方面仍然坚持主张“不会改变这种说法的任何部分”，认为“有无数的中国历史课题还是适合和应该采取‘中国中心观’的研究取向”。[②] 更重要的是，柯文的种种改变，毕竟只是对研究方法的局部修正，其对于近代中国历史的认识，特别是其对中国近代化道路的看法一直未曾有丝毫的动摇。不管是罗威廉那样的从传统中国寻找“近代性”，还是杜赞奇等学者对所谓“民族国家”的批评，抑或他自己企图荡平“传统”与“近代”的鸿沟，其根本的目的几乎都是有意无意地对实际发生的中国现代化道路，或者准确地说，是对中国革命之合法性的质疑。当他们对那些被“现代性”或“革命”所冲击的“传统”与“过去”倾泄其“同情性之了解”的同时，却对曾经是受压抑、被迫害的人们及其行为投去了极为挑剔的眼光。我们这样说，并非完全否定这些探究的合理性，更不是要把中国革命及其相应的革命史范式特别是其曾经趋于极端的教条主义的形式神话化，而是以一种批判性继承的态度力求从这两种各走极端的理论模式互相对峙的张力中激发出新的活力。陈旭麓曾经把近代中国的社会变迁称为“新陈代谢”，事实上，人们对近代或近世中国历史的认识同样也有一个新陈代谢的过程。如果说“中国中心观”是当年的柯文及其同侪对其前辈的理论框架“东摇西晃一番”的结果，那么今日也该到了柯文本人预料中的对其理论框架“狠狠地摇晃一番”的时候了。[③]

---

① 参见［美］柯文《〈在中国发现历史〉新序》，《历史研究》1996年第6期。

② 参见［美］柯文《变动中的中国历史研究视角》，《在中国发现历史》（增订本），第251页。

③ 参见［美］柯文《在中国发现历史》，“前言”，第46页。

欧洲中心霸权和民族主义之间的中国历史*

阿里夫·德里克

过去10年间，中国和美国的史学家都在关注中国近代史中的范式问题。20世纪90年代，《近代中国》（*Modern China*）曾用了好几期版面来讨论范式问题。这股关于中国近代史研究新取向的热潮所产生的后果之一，是一个新刊物即《立场》（*Positions*）的出现，该刊鼓励人们运用一种源于所谓后殖民主义批评（并且暗含着后现代主义）的眼光进行东亚研究。当然不是所有人都在关注这个问题。绝大多数史学家的工作一仍其旧。可能公平一点的说法是，在那些具有左派倾向的、其工作贯穿着革命范式的中国史研究者之中，这种危机感最为强烈。随着革命式社会主义在中国被放弃，革命范式遭到排斥，而这又在研究者中引发了一种仍在继续的探索，至少其中有一部分人正在探索。

在过去几年中，美国学界对于范式的讨论业已平息，其中绝大多数人致力于一些新的研究取向，这些取向源自早先的现代化观念，或是诸如全球化之类话语的晚近版本，而中国学者仍在谈论这个问题，与此同时，革命的遗产在后社会主义社会中却有着更为持久的力量，甚至在那些力图将革命的过去置之脑后的人当中亦是如此。有趣的是，尽管有着极为显著的不同——我将在后文论述这一点——但就中国学界而言，范

---

* 本文原载《近代史研究》2007年第2期。

式争论也围绕着革命/现代化的问题——或许比美国中国学界更为明显。换句话说，非常明显的是，这场争论隐含着这样一个问题，即当史学家开始重写中国近代史，以便用过去来为自20世纪80年代起步的现代化努力提供支持的时候，他们如何处理革命的过去。更准确地说，我认为现代化范式代表了一种使中国与全球资产阶级现代化靠得更近的努力。在某种程度上，这种努力承认革命的范式作用，革命被包上了现代化的替代性选择道路的外衣。具有讽刺意味的是，这恰恰又贯穿了革命范式的拥护者的看法。可以肯定，与那些将现代化与革命对立起来的人的看法相反，历次社会主义革命其实是力图依靠其他方式来实现现代性，希望通过克服资本主义现代性的缺陷和自欺来超越它。可是，这些革命是参照着乌托邦式的渴望做到这一点的，而这种渴望又执着于使社会主义成为另一条通向现代化之路的工具（instrumentalization），至于这个现代化，正如其在当前全球资本主义统治下显现的那样，再次使资产阶级的现代性成为人类的宿命。这就是我在谈到“殖民性的现代性”时所想到的东西，因为当下所显现的那种现代性，以及作为其路径的现代化，暗示着对经济、社会、政治和文化诸方面权力不平等的屈从，而这种权力又是以殖民主义为基本成分的资本主义现代性的遗产。

在下面的讨论中，我打算变换讨论范式问题的基础。仅仅以“危机”为词来探讨这个问题可能过于狭隘，并且非常不适合用来谈论历史中的范式，因为其与自然科学甚至某些社会科学中的范式，可能都不具有同样的地位。尤其是，我认为必须在范式转换和范式扩散之间做出区分。后者表明了历史研究中的某些不连贯性，特别是如果我们在史学工作中从民族传统之外进行思考的时候，但它亦更加贴近史学工作中的真实情况。同样重要的是，在拒绝某个单一范式统治这一场域时，又有可能轻易地将批判性史学的资源转变为取悦于某种新权力结构的书写。下面，我将从对自然科学范式和历史范式的一些考察开始进行讨论。

自然科学与社会科学中的范式

我们对范式的思考，应归功于托马斯·库恩（Thomas Kuhn）通过探讨“科学革命”进程所做的开创性工作。库恩的目的是要揭示，科学并非简单地随着知识的积累而演进，更是通过一系列体现范式转换的，或是一个范式被另一个取代的“革命”所构成的辩证过程。“反常”（指那些无法根据现有范式来解释的现象）的积累引发了对新范式以及范式扩散的探索，这种探索直到科学共同体确认某个新范式能够更好地解释现有证据时才会结束。可是，到范式转换问题已解决时，科学共同体并不会抛弃现有范式，反而会反对其替代物。库恩之所以对社会科学家产生吸引力，部分原因可能是他证明自然科学家的头脑并不比社会科学家更为开放。另一方面，我认为库恩的看法也表明，实际上无须一遇到反常就从一个范式跳向另一个范式。只有缜密地追寻支持和反对的证据，才能保证科学探索的严格性。

范式转换中有两个方面是值得注意的。首先，新范式被接受的原因，是它既能解释那些引出被其替换的较早范式的现象，又能解释在旧范式下显得反常的东西。换句话说，新范式绝非仅仅是旧范式的替代物，它还能把旧范式作为一个特例而包容进来。它对旧范式的超越，是因为其能够解释更为广泛的问题领域（对于这一点，相对论和牛顿物理学的情况便是经典例证）。

其次，需要强调的是，库恩把整个过程视为内在于科学共同体而进行的。换言之，科学辩证法是一种处在解释和证据之间的辩证法，不受科学之外的因素的干扰。如果有政治，那也是科学共同体内部的政治。无论如何，这确实是一种很成问题的情况，并且已被如今出现在美国的反对科学的宗教斗争所证实。然而它也表明，自然科学在理想状态下是如何从事其工作的。

库恩赋予自然科学中范式演进的这些特征表明，当范式概念应用于社会科学时，就会生成这样一些当务之急的问题。首先是学术共同体的外部环境的重要性，即便存在使这种共同体隔离起来的努力（例如，经济学或是某些社会科学力图构建一种为非专业人士所不熟悉的新语言，并且至少在理论上帮助专家共同体提供一个基础）。虽然社会环境在自然科学那里也起着一定作用（如技术对科学的推动），但是在与政治和日常生活直接相关的社会科学那里，才形成了更大的作用。

其次，比自然科学更明显的是，共存于社会人文科学之中的竞争性范式，在“正常”情况下和危机时刻都会出现，这就使“危机”观念本身产生了问题。在社会科学中，很难说一个可以取代另一个范式的范式就能解释更多的事件。即便可能有这样的情况，一个范式也并不容易被另一个范式所取代，而无论其在解释证据方面的超越性要求多么有可能令人信服。尽管存在着诸如进化论对辩证发展、经济解释对社会解释、个人本位对社会本位的解释等之类的例子，然而更为常见的是，这些解释保持着作为竞争性范式的状态，它们可以解释某些现象的不同方面，或是对某些现象的强调超过对另外一些现象。对于学术组织来说，当然有可能压制某些范式而支持另外一些范式，或是将某些范式边缘化（例如在美国学界中的马克思主义，或是在1949年后中国学界中的自由主义）。我们当下所说的“剪边”（cutting edge）学术一语，更多地关涉专业化的和政治的意识形态而非对证据的解释，它强调范式具有超出学术共同体的重要意义，同时会影响到政治、社会和文化价值。例如，历史的重要性既在于它是理解过去的一项学术使命，对公民或共同体成员来说又是一种社会化方式。不仅史学家在这些问题上处于不同的立场以进行其工作，而且存在着从外界施加的压力，正如在美国出现的所谓“文化战争”那样。

如果各种范式在社会科学中往往共存的情况确凿，那么讨论历史中的“范式危机”又将有何意义呢？首先，各种范式的共存并不意味着它们具有同样的重要性。既有支配性范式，也有边缘化范式。只有出现对支配性范式的挑战时，才能讨论危机。事实上，随着“文化战争”带来的就是这样的情形，当时支配性范式遭到了替代性范式的挑战，后者力图把被长期忽视的群体或边缘化问题引入历史的主流。这种情况在中国史学中也出现了，其时，从革命的撤退也质疑了革命范式为了在历史解释中居于中心地位而提出的有效性——这场危机对海外中国学界也有深远的影响，虽然那里还有其他一些考虑（见下文）。但在上述任一情况下，危机都不只内在于史学界，而是关涉政治环境中的危机，并且后者已构成学界的内在成分。范式扩散同样反映了与可选择性的过去相对的社会与政治差异。相应地，范式冲突的解决亦意味着深层的政治和意识形态的冲突得到了解决。

中国近代史学中的范式冲突：美国与中国

过去 20 年中，在美国和中国学界，都出现了关于中国近代史研究的适用范式问题的论争。而发生在这两个地方的论争之所以在激烈程度和焦点问题上会有差异，是因其背景的不同，包括这两个地方在史学实践以及政治急迫性问题上的不同。不过，两者的相似性更加值得注意。在这两个地方，论争的中心问题都是现代化/革命。其间的差别则表现在对这两个范式的理解上。可以说，这些共性是中美学界自 20 世纪 80 年代以来加强交流的产物。公平地讲，我认为中国的史学实践向美国/欧洲式的解释靠得更近了，部分原因在于教育状况：在美国以及程度稍次的欧洲和澳大利亚，中国学生的数量都日益增加，另外就是在与外部世界在智识上相对隔绝 30 年后，随着对国外学术的关注在总体上的扩展而出现的对国外中国学的关注。国外中国学著作更容易被译为中文，而汉语著作却只能为那些对之专门关注的国外学者所用，同时甚少有中国的中国近代史研究被译成英语或其他外语。这与 20 世纪 60、70 年代的形势是相反的，那时是美国的史学家更加靠近中国式的解释（许多与《近代中国》有联系的史学家都受到中国史学家关于经济史和社会史研究的影响）。早先的这些交流促成了革命范式在美国学界的优势地位。在革命退却的情境下，当前的交流所起到的最重要作用，就是在中华人民共和国内部，援助了那些在中国近代史研究中支持现代化优先于革命的史学家。80 年代以来的这些变化也是全球意识形态状况的变化所造成的后果：其对社会主义的弱化或拒斥，造成中国史学家在反省早先形成的马克思主义正统学说的过程中，更容易接触也更容易被那些在美国和欧洲居于支配地位的范式所吸引。在欧洲和美国经受训练的新一代学者发现，吸收国外的那些支配性范式是件更容易的事情。就在许多中国学者继续坚持政治和学术上的中国独立道路时，目前的形势却表明，意识形态霸权仍是一个非常重要的问题。

不过，分歧持续的原因不仅在于对自主权的坚持，还在于中国和外国史学家领会了中国历史的方式上有着实质性的——智力上的和情感上的——差异。而在理解这些差异时，同样重要的是，这两种情境中包括学术组织在内的史学实践方面的差异。在这两种情境中，学科间以及学科内部实践之间的关系继续有着显著不同，从而造成了另外一些重要差异，即有关历史问题的界定和定义，以及历史的理解方法。可以说，后现代性和后殖民性所生成的问题，在美国史学家的著作中比在中国史学家的著作中远为重要。在中国，也有一些从事文化研究的学者写作历史，然而看起来史学家对其工作关注甚少。美国的情况则不同，那里的史学家乐于把文化研究的视野纳入自己的工作，而不顾及学科畛域。看来在某种程度上，中国的史学家——尤其是在国外工作的中国史学家——在利用文化研究的视角时，宁愿从欧洲和美国的文化研究者那里获取智力上的灵感。

对于学术组织方面存在显著差异的又一领域即学科内部的实践，人们可以得出同样的看法。我并不想夸大美国研究机构的任何跨学科活动，或是跨领域交流的能力，这与其说是现实，还不如说尚属愿望，因其在每一个步骤上都会遭到大学中科层制学术组织的削弱。不过，要是根据愿望，美国史学家会日益优先对待学科义务而非各个领域和时间段，因此，研究不同时间和空间的史学家之间就会稍多一点交流。美国中国学界中的变动也是随着历史学科中更广泛的变动而形成的，所以某个领域——如欧洲史——的问题和实践就会对中国近代史学产生转型性的影响。我的印象是，中国史学家之间沟通的障碍仍将主要来自学科内部，这样一来，甚至属于同一领域——如中国史——的史学家也往往难以跨过不同的时间段相互沟通，如近代中国史和前近代（或古代）中国史之间就是如此。这是一种具有重大智识和阐释意义的制度性差异，特别是关涉到范式问题的时候。

（一）范式转换：后革命时期的美国中国史学

我认为，近来美国的范式转换中有两个方面与这里的讨论相关。首先，过去10年中居于优势地位的范式并不是全新的东西，而是对直到20世纪60年代还在美国中国学中具有支配性的范式即现代化范式的重新表述。其次，这个范式的出现受到了历史研究之外的因素即新自由主义复兴的驱动，而新自由主义也有着就其定义进行修正的要求。尤为重要的是后现代主义和后殖民主义的要求，它们可能视自身为全球化范式的表达，并为资本主义现代性提供了一种新的元叙事。让我来阐述一下。

可以说，美国中国史学自 20 世纪 60 年代就处于范式危机之中，当时革命范式开始挑战从这个领域产生以来就居于支配地位的现代化范式。直到 60 年代，中国史学始终不言而喻地被以现代化范式为基础的、欧洲中心论式的自由主义所统治。例如，与日本史不同，中国史中很少出现对现代化进行理论化的努力，而其中的预设却非常之多，并且，这些预设还被关于中国社会拒绝变化的、东方学式的（Orientalist）前提所认定。共产主义本身之所以被视为对现代化道路的偏离，部分原因就在于这种所谓的中国历史特殊性。60 年代既见证了反对现代化范式的斗争，也贯穿了第三世界的解放斗争（中国革命是其中的基础性部分）。这些解放斗争甚至影响了自由主义的社会科学，迫使其认同革命和社会主义是通向现代化的替代性道路。这些斗争在学术界造成的一个引人注目的产物，便是《近代中国》的出现，虽然它创刊于 1975 年，却代表着作为 60 年代产物的那代学者在看法上向社会史和革命的转向。当然，革命范式从未彻底取代现代化范式，后者依然在研究机构中流行。只不过这两种范式处于一种并不融洽的共存状态。

革命在中华人民共和国的后撤（及其在第三世界的失败），以及随之而来的自由主义现代化话语的复活，再次将革命范式推向了后台。不过，现代化话语的复归因人们更加注意到其内在矛盾而复杂化了，这也许是革命话语留给当代的一份主要遗产。另一方面，新自由主义话语甚至对革命和社会主义问题持更为负面的看法。对革命的批判业已越出了 20 世纪（社会主义的或者第三世界的）革命的范围。自 80 年代起，从总体上质疑革命就已成为一种现代性现象，并追溯到了 1789 年的法国革命。在当下彻底消除革命与恐怖主义之间的所有区别时，这种做法可谓已是登峰造极。

鉴于现代性与革命之间的密切关系，可能无须惊讶的是，对革命的这些质疑迟早会带来从总体上对现代性的审查。具有讽刺意味的是，对革命和现代性的批判都从左派知识分子——如果确实可以这么称呼他们——那里获得了额外的动力，这些人脱离了激进的政治解决方案，又从 80 年代起求助于后现代性和后殖民主义，并对元叙事充满敌意。在精英之中，既拒绝资本主义的和现代化的叙事，也拒绝革命叙事，业已成为全球性的智识上的时尚。左派已在其自身话语的重压下四分五裂，无法找到可能有历史根据的共同目标。甚至谈论压迫尤其是阶级压迫，都已不再可能。在不顾反抗的情况下探讨压迫，其实是否认被压迫者的主体性，以及优先考虑其“受害性（victimization）”而非他们对压迫者的反抗与斗争。阶级本身已经消失在各个社会群体的重新定义过程（reconceptualization）之中，消失在各种形式的亚属性（subalternity）之中。我们并非不能引入在社会结构中位置不同的各个群体的不同经验（例如，在妇女以及种群/族群之间），可是结构分析恰恰已随着地方性的事件和经验的抬升而消失了。在这个过程中，偶然的、地方性的反抗替换了以革命为代表的那类集体行动，而革命因其定义而必需结构上的总体性和长时段的历史过程。在实现结构转型的行动中，为革命披上压迫性外衣看来是最为重要的。在这样一个时刻更是如此：此时，压迫和革命问题让位于认同和日常反抗问题，并且激进政治的可能性在公众意愿为诸种同一性的要求所取代时遭到了削弱，而这些同一性的要求又往往是生物学意义上的设想（坚持对诸如种族和性别等类型的社会建构，并未阻止它们向生物学退化的内在趋势）。这些转变在像《立场》这样的刊物中清晰可见，虽然该刊试图对新一代的要求作出回应，但是它在其影响范围内也反映了某些不确定性，而这些不确定性业已取代了先前或对革命范式或对现代化范式所具有的信心。

因此我们可以说，美国中国学中大致有三种竞争的范式：马克思主义的革命范式、现代化（全球化）范式和后殖民范式。第一种范式处于退却状态，如果要生存下去，它需要向别人阐明自己的解释能力。后殖民和后现代范式因其十足的偶然性、强调地方性，以及面对方法论上的个人主义和历史经验主义时的脆弱性而缺乏连贯性。唯有在全球化和跨民族主义话语中出现的对现代化范式的重新表述居于优势地位，因为它提供了一种适用于当前的元叙事，并且在其总体性的主张中还包含着后现代主义和后殖民主义话语。任何坚持革命范式的严肃努力，都将不得不解释根据这种范式所表达的各种问题。

另外，这还需要面对政治上向新自由主义的转向，以及全球化和跨民族主义范式从全球性重组——这也意味着根据全球化范式重写全部历史——的新自由主义主张中获得的说服力。与全球化作为范式的优势地位相一致，对世界史和全球史的诉求在过去 20 年中业已扩散。随着拒斥资本主义、殖民主义、革命等元叙事而支持没有宏大解释的地方性叙事的那种后现代/后殖民式态度，我们还见证了关于世界史、比较性资本主义发展、比较性帝国主义等方面的史学工作，90 年代以来日益得到强调。这两种趋势的共存，表明了全球化所生产的各种基础性矛盾（种种总体性的元叙事相对于各种现代性、地区主义、民族主义和地方主义的扩散，等等）。这既是我们要再次面对历史（各种地方性叙事）和结构（各种元叙事）问题的地方，也是在随着全球化、跨民族主义和跨地方主义而产生的预设之中被反映出来的东西。

（二）范式转换：后革命时期中国的近代史学家关于范式的论争

看来自 20 世纪 90 年代起，在美国和中国的史学家关于范式的讨论中，就存在着某种显著的相似性。两者的情况当然有所不同，但是在中国发生的讨论也是围绕着现代化和革命问题的。而在这里，关于其讨论背景，同样有两点需要强调。

从长时段的视角来看，关于革命和现代化论争的前例可以回溯到 30 年代，当时中国近代史学刚刚成形。并且，那时也有一个多种范式共存的状态。马克思主义对激进史学家有着巨大影响。不过，与马克思主义史学共存的还有自由主义派的中国近代史范式（蒋廷黻及其《中国近代史》是马上就能想到的例子），以及其他更为保守的可选择性范式，其主要代表是钱穆和像陈寅恪这样的世家后裔所做的传统主义史学。1949 年后，当马克思主义被树为正统学说时，这些可选择性范式便趋于消失了。或者更准确地说，它们再度立足的地方将是中国香港、台湾地区和美国，这也是那些不愿生活在共产主义之下的学者可以选择的三个地方。

马克思主义本身也将经历一次转型。在 20 世纪 30、40 年代，马克思主义自身还取决于如何进行解释，并且相互冲突的版本既出现于马克思主义之中，也出现于其在中国史的应用之中。正宗意味着马克思主义要被压缩为一个版本，这种做法在“文化大革命”期间登峰造极，那时根本不可能越出那种阶级优先于其他结构的解释所设定的界限。这一点在其与革命范式——那种随着共产党领导的革命而将在 1949 年后日益被认同的革命范式——引发的问题直接相关时尤需强调。这里我想指出，这并不需要什么实例。美国的中国史学家所运用的革命范式，有着远为广阔的范围——这包括甚至是对现代性作出保守反应的革命性后果，以及在社会中超越阶级问题的革命性转型；而最值得注意的，是性别。革命范式的另一个重要方面是反帝国主义，而它也包括除共产党行动之外的一些行动。例如，在1911年前，像梁启超这样的所谓保守主义者比革命者孙中山有更多的反帝国主义表现，或者，有关反帝国主义最早的明确阐释，是由刘师培这样的无政府主义者作出的。

现代化范式随着历史研究领域自80年代晚期的开放而复兴，但主要是在90年代复兴的。就中国史学而言，当然可以讨论范式的扩散；例如，始自1993年的重振“国学”的努力，就标志着坚持保守性的——或者更恰当地说是本土性的——态度，去寻找学术研究的“中国式”道路。然而，看来正是革命和现代化范式之间的对立，将会在史学家尤其是改革派史学家中间成为焦点。

如果我没有搞错，重振现代化话语已为绝大多数中国近代史学家热情接受。这里有一点很有意思，那就是中国的史学家把现代化话语当作一种解放性的、进步的话语来接受，这种话语有助于打破他们受到的限制，即狭隘的、意识形态上的正统学说在“文化大革命”期间就加诸史学工作之上所形成的那些限制。当然不可能不同情这种想法。现代化话语的复兴使得对一些重要现象和人物的研究成为可能，这些现象和人物曾不得不被排除在史学工作视野之外将近30年。这种复兴甚至对研究革命也颇有益处，因为这使革命的范围扩展到了共产党的历史之外。可以说，就连马克思主义都从历史视域的扩展中受益匪浅，因为这使之获得了理论上和分析方法上的复杂性。

另外，像我这样的历史学者，在另一个情境中曾不得不反对自由主义史学，以听到马克思主义启示下的革命范式的声音。而在我们看来，当代中国的史学从反方向提供了相当大的讽刺意味。最重要的是，现代化话语提倡者的独创性，至少在表面上，不过是在重弹曾在美国史学中盛行一时的老调。尽管这种老调重弹的情况只是部分的事实，但我想说，更有意思的是，这部分被重弹的老调或许恰恰就是现代化范式和革命范式。

可以肯定，即便是处于竞争之中，革命范式和现代化范式在一个后社会主义社会中的相互关系也与在美国情境下不同，毕竟美国有着敌视任何类似社会主义事物的政治传统。首先，在中国，马克思主义和革命范式仍然维持着它们的重要性，这或许出于政治原因，但也是因为它们是一个迄今约有 70 年的史学传统的一部分。除了一些例外，现代化范式的拥护者自身就认为，他们关于现代化的设想并非革命范式的替代品，而是能够解释革命以及其他更多方面的范式。他们也试图对现代化进行概念化把握，以说明中国社会的特殊历史环境，包括那些中国社会不得不在其中面对现代性，而最重要的是穿越以帝国主义为代理人的特殊道路。

对革命范式的马克思主义式的捍卫，展现了一系列的历史态度。马克思主义从单一正统学说中的解脱，与现代化引发的问题相协调的努力，以及作为中国认同的组成部分的本土化实践的复活，都使得马克思主义本身变得十分复杂，而且有时成了问题。1949 年以来的马克思主义史学始终把反帝反封建作为中国近代史的基本主题，而在向资本主义开放以及“传统”（最重要的是儒学）复兴的环境下，其主要信念已变得很成问题。同样成问题的还有那种努力，即力图通过强调马克思主义和共产主义革命对民族建设和发展的贡献来抢救它们，这就把这些革命工具化了，并且给其以次于民族主义首要目标的地位。这当然不是什么新东西，而是与中国革命的历史一样久远，乃至可以追溯到晚清时期寻求“富强”手段的努力，现如今又用民族主义的词汇进行了表达。美国史学虽然不愿意把社会主义真的当作一个纯正的政治替代品，却恰恰一直促进了 20 世纪中国对社会主义诉求所作的工具化解释。置身这种解释之外，意味着社会主义保证——无论多么乌托邦式——在实现某种不同类型的、中国在其中发挥主要作用的未来时将超越资本主义和民族主义，而这也是社会主义产生吸引力的主要资源。

换句话说，社会主义化约为民族发展的工具显示了它自身的问题，因为民族形式本身就是资本主义的产物（这就是“现实存在的社会主义”）。如今盛行的现代化就是资本主义的现代化，同时社会主义甚至在其工具化时都已无法提供一个替代品。在这种情况下，无论现代化范式和革命范式在强调重点上可能多么不同，它们都要面对按照欧洲中心霸权的要求来解释过去的困境。求助于诸如可替代性或多元现代性之类的观念毫无帮助，因为在它们极力坚持成为不同的现代时，它们却显示了现代性已要求归于自身的那种普世主义。无须多言，被资本主义界定的现代性是成问题的现代性，之所以成问题，正因其本性上就带着已成为欧美现代性特征的那些价值。这种现代性的全球化也意味着那些价值的全球化，即便是在它们与地方性价值发生互动及其呈现为这种或那种类型的地方化形式的时候。另外，如果对普世性的要求在目前尚能维持，只有以欧洲和北美为代表的现代性模式保留着某些说服力，而界定该模式替代物的努力则无可避免地停留在地方性的要求上。在这里，可以非常清楚地看到“殖民性的现代性”的遗产。

关于现代化和革命的论争仍在持续。尽管有人会全然拒绝革命范式，在我看来，就目前来说，最有可能的结果是两种范式的共存，或是在现代化之中包容革命。革命的范围也有可能被拓宽，以包括在共产党所代表的革命走向之外的革命走向。看起来，这种信号不仅已经存在于许多关于其他革命群体的出版物中，还存在于游离在区分两种“现代”即近代和现代的趋势上。范式的共存也许值得欢迎，因为这承认了过去和现在都有的矛盾。不过，这两种范式之间的关系有着过多的预设前提，这又有可能使它们的对立变成知识的禁闭室，从而使我们无视于当代的这些转型，而这些转型既将一种新视线投射在过去之上，又催生了超越旧式对立的新范式。

因此，我们要问的问题是，如果基础业已改变，这些论争在美国和中国的史学中是否都没有多少意义了呢？近年来，中国的史学中已经出现了范式的扩散。结构主义和后现代主义的影响同样引人注目。范式的扩散，以及貌似乐于将之认可为一个史学工作条件的意愿，至少间接地表明，这实际上顺从了后现代主义对史学工作要求真理和客观性的质疑。这种情况当然不意味着对客观性要求的拒绝（虽然它批判客观化，也就是把历史中的那些人当作分析对象而非历史主体）。它还意味着多样真理的可能性，而所有这些真理都主张立足于不同类型证据之上的真实。最后，承认生活在历史中的那些人的主体性，就要求更加注意史学家运用的范式，以及这类范式与生活在历史中的那些人（历史的主体）所运用的范式之间的关系。当前的论争常常回响着20世纪30年代论争的声音。如今的范式冲突是否重演着旧式的冲突，或者在后革命时期的中国这样一个不同环境下，前者是否带有什么不同意味？后现代主义所引发的问题，已随着全球化范式的出现及其重写历史的要求而复杂化了。作为元叙事的全球化既压倒了现代化范式也压倒了革命范式，从当代的视角来看，这两者似乎是同一种现代性的两个冲突方面。对于这个问题，我更愿到结论部分再转向它。这个问题是元史学式的，可是范式几乎无法避免地会引发元史学式的而非狭义史学上的问题。

全球现代性视角下的革命与现代化

鉴定当代关于现代化范式和革命范式的论争的重要意义，对于将它们放入历史视角之中可能颇有助益。在美国情境中，直到 60 年代早期，革命与现代化都被置于相互对立的状态。那时的现代化研究并不包括革命的社会主义政体。确实，现代化话语把社会主义视为一种偏离，而这种偏离迟早会回到正确的发展道路上来，并且认同资本主义（虽然更受偏爱的词汇是“民主”）。随着来自激进学者的压力，这种状况在 20 世纪 60 年代开始变化。到 60 年代末，社会主义革命已开始被视为通向现代化的替代性道路，不过即使在那个时候，仍然存在这样一种期望，即这两条道路未来将汇合，并更多地倾向资本主义而非社会主义。关于社会主义革命是现代化产物的看法，甚至还被保守主义的学者所认同。一个重要的调和看法来自亨廷顿（Huntington），他在《变动社会中的政治秩序》（1969）中提出，现代化和革命之间有密切关系。有一段时间，曾有这样一种观点，即承认皆为同一进程组成部分的现代化和革命之间有着辩证的关系：革命既是现代化的产物也是其代理人。

正是在 20 世纪 90 年代，随着社会主义在东欧和苏联的衰落，上述两种范式才被再次置于相互对立状态。在美国，研究革命实属过时。在极大程度上，从那时起发表的关于（中国或其他地方的）革命的研究经常持一种负面论调，谴责革命过分残暴并对落后负有责任。正如那些在中国领域中关于市民社会或上海的论著表现出来的那样，注意力已经转向了资产阶级的现代性。出于一些明显的原因，中国的学术界虽然更多地强调革命，但是那里也有一种制造对立的趋向。中国史学的主要选择看来将是，要么随着现代化与革命的对立而用一个范式取代另一个范式，要么用一种包容革命的方式来解释现代化，或者主张两个范式同时有效。革命可能不再是主流，可是这些范式仍会不太和谐地共存着。其间的差别不仅表现了在社会和政治方向上的差别，而且表现了中国社会中的不同看法。鉴于革命在一个狭窄意义上限制了学术和历史解释的可能范围的时刻刚刚过去，对革命的疏离是可以理解的。另一方面，现代化话语对帝国主义和霸权问题的掩盖是很成问题的，因为后者仍是中国社会的问题，同时从总体上看也是世界的问题。那种指责受害者其实使帝国主义获益的看法，对世界来说仍是一个问题。处于退却状态的帝国主义甚至可能比自信的帝国主义更为危险。而至关重要的是，现代化话语绝对不会为帝国主义合法性的持续提供帮助。

当我们进入全球现代性的一个新阶段时，革命和现代化也可能丧失它们作为范式的影响力。对于这个问题，我更愿意在结论部分再予以论述。

与资本主义的全球性胜利（全球化）相伴的那些文化复兴，如今已成为“多元现代性”诉求的基础，这种状况被我在一本书中（《全球现代性：全球资本主义时代的现代性》）描绘为“全球现代性”。现代性的扩散，至少在意识形态上产生了两个值得注意的问题。首先一个问题是某些传统再度被赋予重要意义（resignification）。这些传统在早先的现代化话语中是落后因素，而在一个全球化的现代性之中，它们已转变为现代民族认同的一种资源。这就使无目的的现代化成为从传统到现代的动力，并且是一种向现代化话语渗透的基础性历史目的论。其次一个问题是，现代性的全球化已向作为概念的现代性提出了质疑。一个具有讽刺意味的事实是，全球化的现代性业已转入了一个对现代提出竞争性要求的场所，这不仅对界定现代（除了在某种狭隘的技术意义上）的可能性提出了质疑，甚至还对其在任一地点都历史性地成为中心提出了质疑。一种相当有说服力的说法是，正是对现代的多元性要求构成了对普世性预设的默认，而这种预设从现代性在欧洲最初形成时，便一直对之起引导作用。更为明显的是，这种欧洲的（如今美国化的）现代性仍然能够要求普世性成为其他所有人的现代性的一部分，同时关于可选择的现代性的竞争性要求则主要停留在地方性的关注上。然而，新的形势呼吁重新思考现代性的历史，这种历史不仅吸收从外部引进的一系列实践，而且出现了要求许多人参与其生产过程的实践。

人们可以根据这些要求而推测，对现代性的诉求不是虚弱的产物，而是力量的产物，是在新的全球资本主义之中最重要的成功。就中国而言，在把现代性带入中国的过程中，在确保民族的政治和经济独立——这是革命的主要目标——的过程中，社会主义革命都发挥着重要作用。这当然是充斥着革命范式的东西，而它不仅关涉革命，还关涉革命对实现一个现代社会的贡献。另一方面，我们还可以指出，社会主义革命不仅关涉现代化，而且受乌托邦主义的驱动，这种乌托邦主义试图超越资本主义的现代性，并实现对另一种现代性的承诺，而后者看来已被资本主义所背叛，或至少被其所限制。对于从无政府主义者到马克思主义者在内的所有社会主义者来说，这都是一个灵感之源。作为民族建设和实现资本主义所界定的现代性的手段，社会主义的工具化已经证明自身很成问题，同时正如人们可以期望的那样，资本主义则证明自己在那些工作上做得更好，社会主义看来却没有履行其承诺。这到 80 年代已十分明显，在那个时候，资本主义现代性的全球化首次在东亚社会中清晰可见，并且暴露了现实存在的社会主义在其涉及实现资本主义现代性时的不足。历史中的现代化范式既贯穿着这种更为广泛的发展，也贯穿着这样一种需求，即克服革命范式在解释现代化无须拒绝革命范式问题上的不足。

在有关现代化的主张中所缺少的东西，是就现代化在全球现代性的当代环境下可能是什么的问题做出说明。现代化的拥护者认为中国环境下的现代化必然不同于欧/美的现代化，这实际上是把“多元现代性”的可能性当作了他们的参照框架。可是，这种主张患有所有关于“多元现代性”的主张都有的软弱性，并且往往建立在信念（多样且分歧的信念）而非证据的基础之上；因为这种证据表明了对一种与强调差异相伴的全球资本主义的融入，而根本既不管这种差异来自何方（过去、历史环境、求异的意愿，等等）的问题，也不顾它在未来面对全球化的资本主义文化（这种文化可能披着也可能不披着民族的伪装，尽管它目前是美式装扮）的袭击时能否维持的问题。换言之，现代化范式可能也不足以为目前提供一种恰当的历史。

如今，作为范式的全球化已取代了早先那种现代化范式，并展现了新的挑战和新的机会。这种机会位于按照革命和现代化的相互关系来为两者定位的可能性之中，而这种可能性又处于这样一种长时段的历史情境，即其可以使我们克服欧洲中心式的、任一范式都无法逃脱的资本主义的发展目的论。在推动长时段的历史视角时，作为范式的全球化对现代资本家本身也进行了历史化，而非使之成为既定的历史情境。同样地，它也可能有助于克服民族的目的论，这不是依靠否定其历史意义〔正如现在跟随一些像杜赞奇（Prasenjit Duara）那样的中国史学家成为时髦一样〕，而是依靠能够历史地分析民族国家。如果我可以借用一个萨义德（Edward Said）提出的概念，那么全球化的现代史就提供了使中国历史“世界化”的可能性：既把中国历史带入世界，又把世界带入中国历史。“世界化”与10年前柯文（Paul Cohen）提出的“从内部看中国历史”的观念相对立。它要求我们通过在民族之外的思考而对历史进行概念化把握，同时要把注意力放在也为民族的历史化提供了一种情境的跨民族性和跨地方性问题上。从这种视角出发，“从内部看历史”也许可以被解读为我的学生安娜·坎德拉小姐（Ana Candela）称为“欧洲/中国中心主义”的那种东西的回光返照。最后，作为范式的全球化要求密切注意结构与历史之间的辩证法：一种存在于这样两者之间的关系，也就是使现代世界结构化的多样性动力，以及特殊社会如何既塑造这个结构化过程又被其所形塑的问题。

前述挑战则是指批判性地对待全球化。尽管全球化避免了欧洲中心主义，它本身却随着资本主义目的论（如果不是欧/美式的发展）中的现代化话语而不断延伸，并且这种目的论还在全球化之中根深蒂固。全球化使得不平衡发展和不平衡的权力关系都永久化了（并且正当化了），而殖民现代性的遗产仍在建构着世界。在这种意义上，全球化或是其所生产的全球现代性可以被解读为殖民现代性的完成，这在意识形态上的发展主义霸权那里最为明显，并且这种发展主义霸权不仅是现代欧洲式资本主义的产物，而且形塑了社会主义对资本主义的反应。在某些史学工作中，全球化已被用作一种借口以抹去殖民主义的历史，并因此也抹去了在当代全球性中十分根深蒂固的现存的不平等。一种批判性史学要求的是，在全球化作为范式运用时，必须警惕不要抹去而是突出被殖民主义的过去所形塑的现在。

虽然尚未被赋予范式的地位，但是全球化业已在我们看待中国历史的方式中发生了某些影响。在纪念郑和下西洋600周年期间，他的那些远航被举为中国历史上就有全球化趋势的证据。全球化已激发了对世界史同时也涉及对中国史学的重新关注。在美国的中国史学家之中，中国对资本主义发展的贡献近年来日益受到关注〔如弗兰克（Andre Gunder Frank）和彭慕兰（Kenneth Pomeranz）的论著〕。另外，还有一种值得注意的趋向，是在中国历史中搜寻欧/美历史上诸如种族和族群之类的分析类型，以及作为参与全球化的证据的中国资本主义。尽管宣称朝反方向进行，可是许多此类论著通过把源于欧洲式发展的各种现象和类型普世化的做法，从而暗地里使得本就长期存在的欧洲中心主义的预设永久化了。有趣的是，在中国发现资本主义发展的做法，实际上是重新表述了马克思主义关于“资本主义萌芽”的观念，欧洲和北美的史学家曾长期拒绝认真看待这个观念，如今该观念却在所谓的拒斥欧洲中心主义的态度（这正在走向从总体上发现现代性）中享有一种新的敬意。同样地，种族和族群也在不顾历史情境的情况下而把那些类型普世化了。近来关于清朝帝国主义的论著，虽然在其正确的地方相当富于启发性，却也容易受到这样的批评，即无法区分现代资本主义与帝国主义所支持的那种帝国主义和殖民主义，以及世界帝国〔与之形成参照的是“世界体系”，正如沃勒斯坦（Immanuel Wallerstein）所区分的那样〕的政治和军事需要所激发的那种帝国主义和殖民主义。同样难以拒绝的一种印象是，近来中国在全球经济和政治上的成功，至少在一定程度上激励了对历史上所谓“中国帝国主义”的那种新近出现的关注，同时这种关注也与对中国民族主义的关注的扩散形成了平行态势。

现代性、资本主义、现代化与革命

中国的现代性始于何时？对于这个问题，支配性的取向是诉之于随着19世纪政治和军事遭遇而来的、外来的现代性，而这个世纪也是帝国主义、民族主义、反抗、文化转型和革命的起步之时。这样的阶段划分不仅被我们讨论中的两个范式（革命与现代化）视为理所当然，而且无论在中国还是在美国均是如此。

如果现代性与资本主义有关，那么我在这里宁可认为，对现代性的讨论需要进一步探求以下三者之间的关系，即资本主义的出现、世界的再度建构以及中国在这种建构中的位置。我所指的位置既是时间意义上的也是空间意义上的：中国在资本主义出现时的位置，以及中国在欧亚大陆（并且最终是全球）中的位置，后者对资本主义现代性的出现来说是不能化约的空间情境。

关于资本主义的出现，最令人满意的解释在这些空间和时间范围内确实有效：单一的资本主义世界体系出自横贯欧亚大陆的多元化世界体系，而欧亚大陆最终也将从18世纪起以欧洲为中心，同时在18世纪，全球都被带入这种世界体系的范围之中。尽管从人类起源开始就有横贯非—欧亚大陆的交流，然而公平地讲，我认为正是蒙古的侵略才把欧亚大陆塑造成我们所知的这个样子，也正是从蒙古的侵略开始，才能够确定我们现代所知的欧洲和中国（与从莫卧儿到萨法维再到奥托曼在内的其他帝国一起）的出现日期。

然而，在一个新的欧亚世界体系内，横贯欧亚大陆的跨地方交流产生了不同的形态。资本主义在西欧的出现，是这些交流在欧洲社会情境下的产物。这些交流的后果在亚洲的不同地区也各不相同，这取决于地方性环境的不同。在东亚，同一个阶段则见证了帝国的巩固——以及我们在明清两朝名义下所知的那个“中国”的形成。继明朝早期原先具有的、以郑和远航为明证的开放性之后，却是对边境更为强烈的控制，而这种控制又是在针对同时加诸沿海和腹地的、不断增强的外来压力作出反应的过程中出现的（这或许可以解释贯穿这一时期的“防御性扩张”）。不过，这种对世界的“闭关”并未阻止横贯东亚世界体系的那些意义深远的交流，其中包括文化交流。有趣的是，鉴于与中亚的交流在东亚形成过程中的重要性，明清两朝对这个地区（在中亚的蒙古人、俄罗斯人和其他群落）比对那些日益频繁且坚定地出现在沿海的陌生人表现出了更多的关注。然而，在中国的马克思主义史家从晚明所看到的“资本主义萌芽”之中，新兴的资本主义世界体系的影响业已明显起来（尽管是无形的）。到达中国沿海的欧洲人导致了进一步的防御性闭关，尤其是在欧洲人的行动从融入东亚空间转变为根据源自欧洲的各种需求来改造这个空间的时候。在这个时候，新兴的世界体系已不再仅仅是欧亚大陆，而且还包括以菲律宾为途径的美洲。不过，明清两代控制边境的努力既阻止了商品的流入，也阻止了向东南亚以及其他中国人居住区之外地方的移民，而这种移民的出现恰恰又可以回溯到这一时期。无疑，虽然新兴的资本主义世界体系所制造的转型，为同步发生的欧洲和中国的扩张提供了同一个情境，但是注意其间的差别也是颇为重要的：这两种扩张可能都是一个新兴的全球性世界体系的产物，可是其中一个是以资本主义为支撑的扩张，另一个则是防御性扩张，后者虽就其效果而言，在任何标准上都堪比以资本主义为支撑的帝国主义所制造的结果，但终究还是缺乏最起码的转型意义。

我认为，这些长时段的发展为理解 18—19 世纪的遭遇事件提供了一个必不可少的情境。从 18 世纪晚期起，以工业革命为支撑的欧洲式帝国主义已经能够迫使清朝向世界体系开放。到 19 世纪末，东亚式的世界体系已被纳入一个全球性的世界体系，从而完成了一个至少持续了 4 个世纪的进程。根据这种看法，现代化和革命看来是同一进程的组成部分，并标志着内在的各种社会差异和冲突，这些差异和冲突虽有其地方特性，可是不参照明清中国并入资本主义世界体系的情况可能就无法解释。同样地，民族建设也可以被视为这样一种努力的一部分，即其除力图避开帝国主义之外还力图容纳和操控这些新的力量（我们应记住，民族主义已被普遍化为政治形式，而这种形式既是欧洲式扩张的组成部分又是其导致的后果之一）。使社会主义革命合法化的是这样一种承诺，那就是，社会主义能够实现民族整合的目标，而处在依附性发展条件下的资产阶级无法完成这个任务。不过，使社会主义革命被激发起来的则是这样一种期望，即希望找到一条能够摆脱并超越资本主义世界体系的替代性发展道路。社会主义不能被化约为民族主义。如果它是民族主义形式的，那么它也是一种由它自己提出的、不同类型的民族主义，一种将世界主义作为内在部分的民族主义。

通过革命实现独立之后，中国目前已经放弃寻求现代世界体系的替代物，而代之以寻求这个体系内的可替代性选择，而后面的这种寻求又是通过如今披着“多线的现代性”外衣的现代化范式来表达的。然而，在资本主义世界体系内的成功，也要求付出屈从于资本主义、最突出的是发展主义的基本前提的代价。这不仅对作为范式的现代化来说是一个意识形态上的陷阱，而且对于工具化的社会主义革命范式来说同样如此。革命在目前还能被记忆，最主要的原因是其对发展所做的贡献。乌托邦主义和理想主义则已被“发展主义者”所放弃。不过，记住它们所表达的东西仍有重要意义：不仅仅是天真地渴望一种完美的生存方式，而且渴望以资本主义为动力的世界体系的替代物。毫不奇怪的是，现代乌托邦主义正是随着资本主义现代性的出现而出现的。

结论性看法

以上论述听起来像是要把中国近代史纳入一种资本主义的宏大叙事（或元叙事），而实际上这只有部分程度属实。我所说的这种叙事，其开端伴随着从许多欧亚大陆上的交流中脱颖而出的资本主义的形成，并且中国历史在这些交流中起着塑造作用。仅仅是随着新兴的、从 18 世纪开始明显起来的资本主义现代性霸权，中国历史才流入资本主义的元叙事之中，才成为后者的地方化叙事之一（这里的地方覆盖了从地区性民族的地方到以地理位置为基础的地方）。假如这看起来像是贬低了中国历史（从那些坚信其“特殊主义”的人的视角来看），那么值得强调的是，欧洲历史也是这种元叙事的地方化；是其在资本全球化过程中的空间形式之一，即便其在现代性出现过程中有着霸权地位。

在这种扩展了的现代性范式中，问题是如何调和结构与历史，或者是宏大叙事与地方叙事。我们现在所面对的范式问题已超越了某个范式的危机问题。根据其关于现代性的多元性假定，全球现代性也使得不同的历史叙事在各自承诺终结历史——至少是有某些连贯性的历史——的方式中相互对立了起来。其对民族作为历史叙事地点所做的攻击，也挑战了现代的历史概念化过程，而这个过程从一开始就与民族主义纠缠在了一起。

史学工作中的全球化可能代表了这样的努力，即力图通过一种新的元叙事来恢复与这种形势的一致性。它可能根据结果而生产出了一种新历史，或者它可能意味着历史的终结（在范式无止境扩散的意义上）。对于把事情复杂化的做法，目前存在着一种敏锐的意识，那就是，我们并非历史的终点，因此对于过去，即对有关历史真理的要求来说成为必要的过去，根本不具备综合性的看法。对目的论的拒绝，或者是对把不同的过去和现在联系起来的多元目的论的要求，也剥夺了未来的任何类型的一致性，而只有这种一致性，才能使针对竞争性解释作出令人信服的裁定成为可能。目前的危机绝不仅仅是某个范式的危机，而是历史本身的危机。正如后现代主义者可能会说的那样，过去正待价而沽。

不过，这场危机也可能提供了一个机会，一个因各种历史决定论的退却而生成的机会，从而突出了人们创造其自身历史的重要性；正如马克思指出的那样，这种创造当然不是任意的，而仍是在既定条件下的创造。在这方面，我在上面的论述可能有所助益。尽管它把作为现代性构造力量的资本主义置于中心地位，但是它拒绝把围绕特定历史的结构置于中心，而是关注进入现代性建构过程的历史多样性，以及从其衰败中再生的历史多样性。根据这种看法，有可能被再次看到的东西，就不仅是现代性所生产的各种现象，而且是在现代性统治下被抹去的多样历史，那些如今可以用来挑战殖民现代性霸权的多样历史。对于人类的继续生存以及随着资本主义现代性的全球化而来的各种危机来说，这种挑战也是至关重要的。最为急迫的是，这种对霸权性的、资本主义现代性的目的论的挑战还需要承担另一种挑战，即对驱动这种目的论的发展主义的挑战。

那么，何样的历史能克服现代化或全球化的霸权，并且成为解放的指南和一条没有现代性问题的道路呢？也许我们需要把问题拓宽，将历史本身就视为一个问题，这是因为，要求客观性的历史往往以重申过去如其所是而告终。这里我想提一下阿什·南迪（Ashis Nandy）的观点，他是一个深受甘地（Gandhi）的反现代主义影响的印度知识分子。南迪在他的许多论著中都提出，我们不仅仅要考虑可作替代性选择的现代性，而且要考虑现代性的替代物。在历史已经成为现代性的意识形态结构的一部分，并抹去前—现代和无—现代时，这种重思（re-consideration）也必须允许寻求历史的替代物。这就意味着，现代性的叙事化必须特别关注亦可削弱现代性叙事的地方性叙事，而要使这种做法成为可能，除非我们使自己的视线超越民族和地区，而重新投向也是资本主义现代性之所在的全球。

现在也已有某些迹象表明这样一种要求，即力图通过中国革命来超越现代性；不仅是通过共产党的革命，而且是回溯到革命运动的开端，一个与以康有为和谭嗣同的改制观为特征的、乌托邦式的要求相伴的开端。近年来，这种要求已失落在针对乌托邦主义的负面经验，尤其是“文化大革命”期间的经验而作出的反应之中。对乌托邦主义的拒绝还得到了这样一些情况的鼓励，那就是，为支持发展而出现的社会主义工具化过程，以及为了民族富强目标而对革命的挪用，而不幸的是，这种富强并未在全民族中得到平等分配。

事实上，对于一种摆脱了殖民现代性遗产的、能够自由书写其未来的民族发展来说，使得关于现代性的替代物的思考成为必要是否可能？在书写未来时谈论自由就将回到乌托邦主义，可我们确实需要一种乌托邦主义来取代当下那种伪乌托邦主义，那种渗透着所有——既有资产阶级的也有革命者的——现代化话语的伪乌托邦主义：那是一种迟迟不能兑现其承诺的资本主义现代性，而实际上其毁灭性影响给无数人带来了灾难，并且通过摧毁我们称之为家园的地球来决意摧毁人类。这种乌托邦主义所呼吁的不仅是重写历史，而且还要重新定义（reconceptualizing）社会和政治存在，而这种存在既提供了历史的基本单位，也提供了我们赖以组织过去、现在和未来的时空观念。而且，乌托邦主义并不要求我们拒绝历史。它所要求的是我们从过去拯救生活和生产的那些替代性样式，而在要么是资产阶级的、要么是社会主义的现代化者的（modernizationist）历史统治下，这些样式已经被抹去了。我们不会被乌托邦主义卷走。如果来自一个不同类型社会的眼光，能够使我们从过去看到已被现代化者的历史所抹去的某些替代物，那么这些替代物正如过去的事实一样，将有助于我们把某些真实性带入乌托邦主义本身之中，并且不会让其堕落为专断的主观任意性，而这种任意性可能与乌托邦主义意欲克服的那种现代性一样有害。

（朱浒译）

近代地方文化的跨地域性

——20世纪二三十年代粤剧、粤乐和粤曲在上海*

程美宝

今人论中国地域文化，都会从各种被标签为“文化”的现象寻找地方特色，其中，由于戏曲大多以方言演绎，并往往在音乐形象上最能贴近人们对“地方特色”的感受，自然而然被看成是最不容置疑的具有鲜明“地方性”色彩的“文化”，人们研究的视野，也就由此集中在特定的地域范围内。不过，由于戏曲一类的文化活动是由特定的人群在他们现实的生活中创造并传承的，这些人群活动空间的流动性，往往会让“地方文化”呈现出跨地域的意义，使研究者不得不沿着前人的足迹穿州过省搜寻线索。

本文将要讨论的粤剧、粤乐和粤曲，在音乐及演绎方式上都可说是别具岭南特色，自成一派的，它毫无疑问根植于本地的土壤。粤剧较早的历史，固然可以追溯到自明代起从外江吸纳的以梆黄为主要声腔的戏曲传统，但其浓郁的地方特色，却主要是在清季民初吸收了广东地方民间说唱艺术如南音、木鱼、粤讴和后来的广东谱子而变得越显突出的；也就是在这段时间，粤语逐渐取代官话成为唱念的主体，至20世纪30年

* 本文原载《近代史研究》2007年第2期。本文是作者承担之香港大学香港人文社会研究所资助项目“从全球文化史的视角审视香港”，以及参与中山大学桑兵教授主持的“近代中国的知识与制度转型”的项目成果之一。初稿曾在2005年12月由华东师范大学历史系、中国社会科学院近代史研究所民国史室、《历史研究》杂志社在上海共同主办的“现代中国都市大众文化与社会变迁国际研讨会”上报告，承蒙诸多师友示教，谨致谢忱。

代左右，今天我们所熟悉的粤剧也就基本定型了。“粤乐”又称广东音乐，是珠江三角洲的本土音乐与古乐、昆、弋牌子曲及江南小曲小调等外省传入的音乐互相融合发展的结果，约成形于1860—1920年，今天我们最熟悉的多首广东音乐，也主要是在20世纪20—30年代编撰完备的。“粤曲”既指从粤剧中抽取出来的包含各种曲牌的唱段，也可以是单独创作但仍依照粤剧习惯组合的曲子，自20—30年代开始，随着国语时代曲的流行，又出现了一些以广东音乐或国语时代曲的谱子填词、完全摆脱粤剧曲牌的小曲，这类小曲可说是后来的粤语时代曲的前身。粤剧、粤乐和粤曲的发展既各有蹊径，演变的过程不完全一致，但又彼此互为影响，你中有我，我中有你。

然而，从粤剧、粤乐和粤曲发展的历史来看，其“地方特色”并非只是在本地历史的脉络中形成的。“现代的”的粤剧、粤乐、粤曲都是20世纪上半叶才成型的，孕育它们的土壤固然离不开两广地区，但由于自19世纪中期以后，随着各通商口岸的开放，粤人经商流寓各商埠者日众，本来根植于岭南的戏曲、音乐活动也遍及粤人足迹所至之地。其中粤人寓居最众的上海，作为当时中国的经济和文化中心，汇聚了来自五湖四海的各色人等。不少人都希望在这个十里洋场的大舞台上一展身手，为练就出他们认为能够代表中国的文化而作出各种努力——不管这个“中国”意味着什么，不管这个“文化”包含了哪些内容，恰恰就在这个“制造中国”的过程中，各种“地方文化”也被重新拿捏与创造。本文通过考察20世纪20—30年代粤剧、粤乐和粤曲在上海的活动情况，指出粤剧、粤乐和粤曲虽被定位为“地方文化”，但其“地方性格”，却在许多方面是由一群寄寓上海、为追求“中国性”而吸取诸多外来元素的艺人和玩家塑造而成的。

沪上粤人与粤剧

近代广东文化认同的形成，是清末以后的创造。① 承接18、19世纪

---

① 详细的讨论可参阅拙著《地域文化与国家认同：清末以来“广东文化”观的形成》，生活·读书·新知三联书店2006年版。

经济繁荣而崛起的广东商人，是延续和强化这种文化认同的基础。鸦片战争以后，随着各大通商口岸开放，粤商的势力也得到空前的膨胀。在1843 年开埠的上海，为粤商谋求更大的发展提供了一个更广阔的舞台。正如林辉锋在其有关旅沪粤商的研究中指出的，19 世纪中后期粤商在上海经营着各式各样的生意，包括茶栈、杂货店、玻璃店、印刷店、机器花行，还有大量的押店等；当时上海的大洋行的买办和通事，也多为粤人；甚至一些社会地位较低的工种如工匠、船匠，以致“细崽”“西崽”等，都为粤人所盘踞。据估计，至 1934 年左右，旅沪粤人“大约有三十万余人之多”①。19 世纪粤人充斥沪上的情况，历任中国各地海关税务司的马士（H. B. Morse，1855—1934）的描述最是生动。马士在太平天国事变前后寓居上海，一个外国商人跟他谈到事变期间消息传递的情况说：“我的童仆是个广东人，他从一个掌柜听闻某个买办的职员的消息，他们也是广东人；后者的消息从东门旁的老银号老板处得知，他是个广东人；这个广东商人的消息乃从城内另一个广东人那里听来，那个广东人是三合会的成员。”② 可见，19 世纪中叶的上海，不论黑白二道，都堪称粤人的天下。

广东商人在上海势力日隆，陆续建立起各种同乡、同业和其他类型的组织。其中较有影响力的，是广肇公所与精武体育会。同治十一年（1872）由广东商人徐润、叶顾之、潘爵臣、唐景星倡建的广肇公所，是广州、肇庆两府人士在上海最有势力的商人组织。③ 精武体育会创办于

---

① 见林辉锋《广帮与潮帮：晚清旅沪粤商管窥》，《中山大学学报》第 44 卷第 5 期，2004 年，第 95—99 页，其 1934 年的旅沪粤人数字引自当年的《广东旅沪同乡会月刊》，林文对清末民国年间旅沪粤人的数量有比较详细的考察，估算也较谨慎。

② Hosea Ballou Morse, *In the Days of the Taipings, Being the Recol lections of Ting Kienchang, Otherwise Meisun, Sometime Scoutmaster and Captain in the Ever-Victorious Army and Interpreter-in-Chief to General Ward and General Gordon: an Historical Retrospect*, Salem, Mass.: The Essex Institute, 1927, pp. 40 - 41. “广东人” 在原文中的用词是 Cantonese。

③ 清代广州、肇庆两府，基本上涵盖了广东省操广府方言的县份，但广肇公所的成员主要来自广州府。广肇公所的创办情况见《上海广肇公所略历》（1950），上海市档案馆藏，上海市公所会馆山庄联合会暨各公所、会馆、山庄档案，Q118/ 12/ 140/ 9；又参见宋钻友《一个传统组织在城市近代化中的作用——上海广肇公所初探》，《史林》1996 年第 4 期；关于旅沪广东商人的活动和势力，可参考林辉峰《广帮与潮帮：晚清旅沪粤商管窥》，《中山大学学报》第 44 卷第 5 期，2004 年；顾德曼（Bryna Goodman）：《民国时期的同乡组织与社会关系网络》，《史林》2004 年第 4 期；张晓辉、孙利平：《民国前期粤商文化在上海的辐射效应》，《学术月刊》2004 年第 12 期。

1910年，尽管精武会奉河北人霍元甲为宗师，但其实在精武会创办前一年，霍已去世，精武会的创立及其活动，实际上由粤、沪商人主导，其中又以粤人为主。在长年主持精武会的三位核心成员——陈公哲、卢炜昌、姚蟾伯——当中，陈和卢都是广东中山人，在沪从事五金生意；姚是江苏吴县人，经营颜料业。他们三人被时人称为“精武三公司”，也是以当时广东人在上海开办的三家百货公司——永安、先施、新新“三大公司”——为借喻。[①] 清末民国时代上海的粤剧、粤乐和粤曲活动，多以这类组织为依托。这些组织的成员，又组成各类专门的团体，在沪上展开种种创作和演出活动。

精武会与广肇公所以及沪上其他团体关系密切，在人员方面互有重叠。广肇公所的部分董事同时也是精武会的董事。广肇公所在四川北路横浜桥约15亩房地产中，有小部分为精武体育会用地。[②] 1917年，广肇公学增授国技科，请精武体育会派员担任教授。1924年，广肇公学举行典礼，余兴节目也包括了由精武会成员司徒梦岩和吕文成演出的梵亚铃线琴合奏。[③] 为《广肇周报》长期提供粤曲曲谱的撰稿人“铁腥”（笔名），应该就是长年任精武会国文书记的陈铁生。1918年，上海工界协进会成立“粤乐部”，而1923年就任工界协进会会长的，就是精武三公司之一的卢炜昌。1919年在上海成立的“中华音乐会”，创始人是精武会的

---

① 关于卢、姚、陈三人的情况，见《精武本纪》（“序”作于1919年，编者及出版社不详），第9、171—175页，上海市档案馆藏，上海精武体育会档案，Q/410/10/48；陈公哲：《精武会五十年》，春风文艺出版社2001年版（1957年香港初版）；《精武体育会史料选》，《档案与史学》1998年第1期，第21页。卢、姚、陈三人均自称是霍元甲弟子，属精武会最早的会员。卢炜昌原在上海德国礼和洋行当文员，后任陈公哲开办的新瑞祥五金号经理，曾先后出任精武会的会计、书记、技击部的武器主任等职。姚蟾伯在精武会任过会计、总务主任、技击部的技击主任、游艺部部长等职。陈公哲（1890—1961）自幼生长在上海，是上海粤瑞祥五金号老板陈升堂之子，家世颇丰，1910年入读上海精武体操学校习拳；入民国后在精武会先后担任过总干事、坐办、庶务长、理事长、技击部的技击主任、文事部的摄影学教授、游艺部的畋猎主任等职。精武会位于上海倍开尔地段的会址是陈公哲父亲的产业，陈在该址前半段兴建精武会的会所，后半段辟屋自居（见陈公哲《精武会五十年》，第30—31页），可以说，陈公哲长年是精武会的领军人物。

② 见《上海广肇公所工作概况》（1950—1951），上海市档案馆藏，上海市公所会馆山庄联合会暨各公所、会馆、山庄档案，Q118/12/140/21。

③ 佚名：《名学校之毕业礼》，《申报》1924年7月15日，本埠增刊第2版。本文所引《申报》皆为上海书店1983年影印本。

陈铁生。[①] 支持中华音乐会的粤绅当中，又有卢炜昌。在1924年《申报》有关中华音乐会演出新剧的报道中，就提到该会由“粤绅”梁树棠和卢炜昌等赞助，且“多粤帮会员”；又宣传说在演出当天舞台上高悬粤侨商业联合会与粤商医院相赠之缎额。[②] 另一个需要交代的旅沪粤人组织是在1933年设立的“广东旅沪同乡会”，该会是在一些旅沪广东商人以及广肇公所与东华医院的资助下创建的。[③] 不论是广肇公所、精武会、上海工界协进会，还是广东旅沪同乡会，都可以说是代表广东商人在上海的议政场所，它们与广州、香港和其他地方的粤商组织，在人事上互有重叠，在许多事情上相互沟通，集结力量，经常与不同的政权讨价还价。[④]

粤商在上海既资源丰厚，其赞助的文娱活动，亦有声有色。据称，早在同治十一年（1872），就有一个叫“童伶上元班”的广东戏班来上海演出。[⑤] 宋钻友指出，时至清末民初，上海的粤剧演出逐渐增多，甚至有寓居上海的粤籍人士组织的粤剧新剧演出活动。时人陈无我在其《老上海三十年见闻录》中有谓：“光绪丁酉、戊戌间，宝善街有同庆茶园，系粤东富贵名班……惟系粤调，故座客亦粤籍居多。”[⑥] 宋钻友认为，1919—1937年间，堪称上海粤剧的高峰期，当时不但上演次数频繁，来沪演员和戏班名气之高，更是前所未有；而粤籍商人，每有著名戏班演出，经常会在戏院大量订座，延客观赏。[⑦] 有商人从中窥见商机，在上海投资相关的娱乐事业，兴建专门演出粤剧的戏院。1919年，上海四川北

---

① 广东炎黄文化研究会编：《粤韵香飘——吕文成与广东音乐论集》，澳门出版社2004年版，第50页。《中央》第17期，1923年3月15日，第54页，上海市档案馆藏，上海精武体育会档案，Q/401/10/36。

② 佚名：《中华音乐会昨演“爱河潮”》，《申报》1924年3月19日，本埠增刊第2版。

③ 卢涣泉：《广东旅沪同乡会创设记》，《广东旅沪同乡会月刊》，1933年10月1日，第1—2页。

④ 例如，陈公哲和卢炜昌都是广肇公所的董事；上海北区横浜桥福得里内一块空地为广肇公所的产业，陈公哲在出任广肇公所的董事时，将之租给精武会筹建精武中央大会堂之用，见陈公哲《精武会五十年》，第40、112页。

⑤ 姜斌：《旧上海的广东戏》，广州市政协文史资料研究委员会、粤剧研究中心合编：《粤剧春秋》（《广州文史资料》第42辑），1990年版，第107—108页；原载1988年12月19日的《广州日报》。

⑥ 陈无我：《老上海三十年见闻录》，上海书店出版社1997年版，第74页。

⑦ 宋钻友：《粤剧在旧上海的演出》，《史林》1994年第1期。

路上海大戏院聘请以李雪芳为台柱的广东戏班“群芳艳影”来沪演出，掀起热潮，使旅沪粤商看到了投资戏院组织演出有利可图，遂建立“广舞台”，于1920年竣工，自此粤班在上海有了一个固定的演出场所。[①] 在很长一段时间内，“粤剧在沪，仅广舞台一家演之”[②]。1928年，又有广东大戏院竣工。20—30年代，省港粤剧戏班到沪上演出者，多达20余个。[③]

此外，当时粤商在上海开设的百货公司，都设有自身的粤剧团或粤乐队。据1925年《申报》报道，先施公司组织的“先施职员粤剧团”，因利乘便地利用先施公司设置的乐园影戏场作为表演场地。[④] 从新新公司的档案所见，新新公司也设有粤乐组和粤剧组。[⑤] 寓居上海的广东商人以及他们支持的音乐活动，随着抗日战争爆发，上海沦陷而偃旗息鼓[⑥]，但迟至解放初期，上海仍有相当数量的粤剧和粤乐活动。永安公司的永安乐社，在总经理郭琳爽的支持下，解放初期仍然十分活跃。郭琳爽同时也是广肇公所筹募义务学校平民诊所福利经费委员会的副主任委员，在他的推动下，永安乐社在1950年和1952年为广肇公所筹募教育医药经费，在上海九江路的永安天韵剧场演出。[⑦] 从广东来沪上演出的粤剧团，会拜访永安乐社，有需要时甚至会请其出资帮助。[⑧] 从其为1950年这次

---

① 参见宋钻友《粤剧在旧上海的演出》，《史林》1994年第1期。宋文提及上海大戏院位于“四川路虹江路上”，疑“虹江路”为“虬江路”之误植。

② 草将：《粤坤班竞争之精神》，《申报》1925年2月17日，第7版。

③ “广舞台”邀请广东戏班到沪演出情况，可见于佚名《广东名角纷纷来沪》，《申报》1923年2月8日，第18版。更多的情况可参见宋钻友《粤剧在旧上海的演出》一文。

④ 安然：《先施职员演粤剧》，《申报》1925年1月15日，第8版。

⑤ 《私营上海新新公司业余社团——文体等组织，壁划队、足球队、篮球队、国术队、游泳队、同人〈旬报〉、话剧组、平剧组、歌咏队、消防队、青年会》（约1944—1949），上海市档案馆藏，新新股份有限公司档案，Q226/ 1/ 50。

⑥ 上揭宋钻友《粤剧在旧上海的演出》一文指出，1938年秋，香港的粤剧协会作出了一项决定，禁止剧协会员和剧团到沦陷区演出，从此便很少有剧团到沪，上海粤剧演出的高峰期由此结束。

⑦ 《公私合营永安公司永安乐社及广肇公所往来信件》（1948—1951），又见《上海广肇公所教育经费筹募委员会敦请永安乐社义演特辑》（1950年11月、1952年2月），上海市档案馆藏，上海永安股份有限公司档案，Q225/ 2/ 7。

⑧ 《公私合营永安公司永安乐社及广肇公所往来信件》（1948—1951），上海市档案馆藏，上海永安股份有限公司档案，Q225/ 2/ 7。

演出所做的筹备工作看，永安乐社的水平可能与专业的粤剧剧团不相伯仲。

汇集沪上的广东文人，每每会为粤班在当地的活动制造声势。上述广东戏班“群芳艳影”的花旦李雪芳在 1919 年首次在上海演出后，据说随即引起轰动。翌年，上海东亚书局即出版了我佛山人编撰的《李雪芳》一书，叙述李之生平及其 1919 年到上海演出的盛况，其中提到：

> 通衢张艳榜
>
> 雪芳初次到申之时，南海康有为，为书斗大之告白字，极龙蛇飞舞之妙，台主以南海宠锡倍加，异常感激。为精印其字（原文如此——引者)，印刷万张，彩色煊烂，炫人眼帘，命张诸通衢，一时李雪芳之芳名，万人争称，识与不识，皆赞书法之妙，而雪芳之声名，亦从此雀起焉。①

康有为且给李雪芳“加尊号曰雪艳亲王”②。当 1920 年 11—12 月李雪芳再次到上海刚落成的“广舞台”作赈灾筹款演出时，得到旅沪粤侨商业联合会的推动，“所有群芳影全班演剧之代价，均由南洋烟草公司简实卿捐资担任”③。李雪芳是南海西樵人④；康有为是南海人；简实卿是南洋兄弟烟草公司的董事兼协理，也是南海人，同时又是精武会会员⑤；至于撰写《李雪芳》一书的“我佛山人”，则很可能是一位袭用了吴趼人的笔名、原籍南海佛山的文人⑥。总之，简实卿的襄赞，康有为的书法，“我佛山人”的撰著，无疑都为他们的同乡李雪芳在上海优界扩大名声发

---

① 我佛山人:《李雪芳》，东亚书局 1920 年版，第 17 页。

② 光磊室主:《粤坤角短评》,《申报》1925 年 1 月 16 日，第 8 版。

③ 佚名:《李雪芳之临去秋波》,《申报》1920 年 12 月 12 日，第 11 版。在此报道中，“群芳艳影”写作“群芳影”。

④ 我佛山人《李雪芳》，东亚书局 1920 年版，第 1 页。

⑤ 中国科学院上海经济研究所、上海社会科学院经济研究所编:《南洋兄弟烟草公司史料》，上海人民出版社 1958 年版，第 753 页。简实卿在 1917 年 9 月加入上海中国精武会成为会员，见《精武本纪》，第 199 页。

⑥ 吴趼人卒于 1910 年〔见李葭荣《我佛山人传》（手稿），广东省中山图书馆藏〕，故此“我佛山人”不可能是吴趼人。

挥了一定的广告效应。1923 年，李雪芳下嫁居于上海虬江路的粤商韦渌泉的儿子韦伯贵，宣布从此息影。①

在 20 世纪 20 年代已经成为全国文化中心的上海，汇聚了来自不同地方的戏曲和音乐，时刻激发着各门各派艺术之间的交流，粤班在这个时候来到上海，也自然有更多机会让广东以外的人士加以观赏和点评。李雪芳至沪上演出时，“沪人观客居十之六”，后来另一个粤班坤角西丽霞莅沪时，“沪人亦多往观”。② 不过，相对于京剧和昆曲来说，粤剧毕竟属后起之秀，当时上海的戏曲活动又唯京剧马首是瞻，粤班被评比议论时，每每显得相形见绌。就连广东自身的剧评家亦云：“吾粤戏剧粗疏，久贻笑于外省。”③ 在《申报》上刊登的评说粤剧的文章中，也屡屡读到顾曲者对粤剧的批评，有谓“惟粤剧对于机关之设备，往往因陋就简，敷衍了事，以之点缀，转觉减色不少”④。也有人对粤剧在服饰方面殊不严谨而评曰：“粤剧为汉调枝流，故其服装，颇多相类……洎乎清季，乃改御旗装…… 鼎革后，凡百维新，潮流所趋，不可遏止，于是又由旗装再变为时装……故在粤剧，勿论表演何朝代之事迹，亦从不变换其服装，只顾衣饰之新奇，不计剧情之牴牾，滋可怪已。”⑤

上海也是当时中国出版报纸杂志最发达的城市，各色表演活动都会被放到印刷媒体上评头品足。20 世纪 20 年代出版的《申报》，不时载有粤剧的评说。⑥在上海出版的《戏杂志》，多论京戏昆曲，偶然有评论粤剧者，亦有褒有贬。例如，在一篇题为《粤班与京班之异同》的文章中，就有以下的评论：

---

① 佚名：《名女伶李雪芳昨日于归》，《申报》1923 年 4 月 10 日，第 18 版。

② 草将：《粤坤班竞争之精神》，《申报》1925 年 2 月 17 日，第 7 版。

③ 见刊载于《剧潮》第 1 期之“剧评”专栏，香港，优界编译公司 1924 年版，第 2 页。

④ 光磊室主：《广舞台观剧记》，《申报》1924 年 3 月 25 日，本埠增刊第 2 版。

⑤ 月池：《粤剧服饰之今昔观》，《申报》1925 年 3 月 9 日，第 7 版。

⑥ 20 世纪 20 年代在《申报》上刊登的粤剧剧评多不胜数，举隅如佚名《观演粤剧〈白芙蓉〉志》（1923 年 2 月 21 日，第 22 版）；佚名《观粤剧〈夜宴锦屏宫〉志》（1923 年 3 月 8 日，第 18 版）；光磊室主《广舞台之〈桃花扇〉剧记》（1923 年 3 月 10 日，第 18 版）；光磊室主《记粤剧〈聚珠崖〉及〈玉梅花〉》（1923 年 11 月 27 日，第 18 版）；光磊室主《评粤剧〈夜光珠〉》（1924 年 2 月 12 日，本埠增刊第 2 版）；佚名《广舞台编演〈珍珠钗〉》（1924 年 2 月 14 日，本埠增刊第 2 版）；洁贞女士《评粤剧〈万古佳人〉》（1924 年 2 月 15 日，本埠增刊第 2 版）；光磊室主《粤角小评》（1924 年 2 月 29 日，本埠增刊第 2 版）等。

> 李（雪芳）扮相仅中驷，艺亦平常，所恃者嗓音清亮，吐字较真……余稍知粤剧，眼光渐及于男班，若周丰年、人寿年、周康年、祝华年、咏太平、颂太平、乐其乐诸班。先后顾曲，各班固不乏名角，而余心目中最赞成者，则惟邝新华、福成二伶，盖邝福二伶，善能体贴剧情。惜粤班脚本，根本不如京班……粤班多重全本戏，原本结构不良，往往使顾曲者乏味……近因粤班常有来沪演唱者，故男伶福成、靓少华、千里驹，女伶李雪芳、林绮梅、黄小凤等，最近私置行头，大都摹仿京班，其剧本亦多窃取京班脚本，惜台步及武功终不如京班纯熟。①

诚然，李雪芳在上海的演出，要得到广东同乡的追捧也许比较容易，要获得上海顾曲者的认可，则可能往往会有较多争议。上述我佛山人所撰《李雪芳》一书有曰：

> 名士谑评量
>
> 雪芳第一次来沪演剧，在八年九月中，莅申之盛况，前已言之矣。一般观客，虽间有不满意者，然究属少数。海上文人，有谓雪芳不如苏州妹者，作小诗三章以评量之，然非实在情形也，亦非正当评剧。雪芳之技术与歌喉，究瑕不掩瑜。有陈小蝶诗云：
>
> 一曲低徊天上少，如何沦落在人间，断肠此是韩蛾节，莫作江城五月看。
>
> 一段行云出峡时，雪肤花貌认参差，休将梅雪评量到，此向旬郎尚不如。
>
> 齐人来听楚人咻，强把吴歈当越讴，只觉笑啼浑不似，满台猿鹤使人愁。②

“满台猿鹤使人愁”一语，大抵隐含了顾曲周郎对海上某些“捧角

① 无我：《粤班与京班之异同》，《戏杂志》第 6 号，1923 年 1 月，第 12—13 页。

② 我佛山人：《李雪芳》，第 8—9 页。

家”之不屑，我佛山人续说：

争来一棒雪

雪芳在粤，初红时，有棒雪者十余人，名曰棒雪团。然此辈每以著述诗歌，登诸报纸，艳称雪芳技术之精熟、品行之端正，以表示其敬爱之诚。不若海上一般下流捧角家，专于歌场中现身说法，每见所捧之人，搴帘初出，而“好吗”之声已脱口而出，如袁某之捧刘翠仙然，人皆讥之曰：“两岸猿声啼不住。”此种行为，令人憎恶，而棒雪团无此习气。记者在粤时，每见三四文人，方在属稿棒雪中，有予之交好曰：足下快来一棒雪，予虽却之，然此犹得谓之文人雅事，逢场作戏，固无不可耳。①

而“齐人来听楚人咻，强把吴歈当越讴”等句，似乎也道出了方言差别对欣赏地方戏曲有可能造成的障碍。不过，这里必须说明的是，20年代的粤班仍然有不少沿用官话演出，这或许也是当时的粤剧比较容易让非广东人理解和欣赏的原因。以1924年为例，多个粤班在上海演出，事后在《申报》都登有剧评，从这些剧评可见，当时粤剧仍然是官话和粤语混杂的。在《申报》上刊登之《评粤剧“万古佳人”》中，就有这样的描述：

张文侠去俞礼士……二簧一段，多用粤语，唱至“胡笳阵阵万马奔腾”及“我系英雄气短儿女情痴”二句，吞吐自如，字字咬线。②

---

① 我佛山人：《李雪芳》，第9—10页。原文“捧”“棒”二字混用。

② 洁贞女士：《评粤剧〈万古佳人〉》，《申报》1924年2月15日，本埠增刊第2版；其他例子如光磊室主《千岁鹤之〈拐卖庶母〉》一文（《申报》1924年3月3日，本埠增刊第2版），有议曰“是剧桥段甚短，不见若何佳妙，千岁鹤去张袋（原文如此，‘去’字疑为‘饰’字之误植——引者），为剧中之主角，唱情绝妙，仅拉车一场之二簧而已，予意末场，尽可加入一段白话慢中板，藉资劝世，实较拉车时，借题发挥之议论之为愈也”；另一篇剧评，光磊室主《千岁鹤演新粤剧（二）》（《申报》1924年4月11日，本埠增刊第2版）说明“豆皮元之梁上君子，出场所唱之慢板，词句绝长，全属白话，能将时事，谱入曲词，最为观众所激赏者，历诉年来军阀殃民祸国之种种罪状”，其中提到的“白话”，应该就是指粤语。

从“多用粤语”四字，我们可以想象，20 世纪 20 年代中期的粤剧正处于官话粤语混杂的阶段，并且已经开始有粤语成分逐渐凌驾官话之势。其实，除却语言的转变外，治粤剧史者早已指出，时至 20—30 年代，粤剧在剧本、唱腔和功架各方面也发生了重大的变革。① 我们相信，这些变革与广东戏班的伶人经常往来于上海和其他粤人聚居的城市，有更多机会观摩外省剧种特别是京剧和昆曲的演出，有相当密切的关系。宋钻友指出，粤剧在上海广泛传播，让不少戏剧界同行重新认识粤剧的价值，如在李雪芳莅沪时，好些京剧演员多次前往观摩；而粤剧演员对其他剧种也相当尊重，尝试把对方的技巧融汇到自己的演出之中。② 粤剧与其他剧种在上海交流的盛况，或可以 1926 年在上海举办的“伶界联合会十四班会戏”的会演活动为标志。据《申报》广告称：

> 更有一事为从来所未有者，则粤省同志，素不接近，今广东新中华班来沪献艺，虽仅数月，早已名满申江，近亦加入敝会，以资团结，此次会戏亦担任夜渡芦花一剧，此剧为粤剧之结晶，亦为新中华班之绝作。敝会此举实欲藉以联络南北名角之感情，饱餍各界人士之眼福。③

这类联合演出，无疑大大增加了地方剧种之间互相观摩的机会，这种跨地域的交流，也大抵只有在上海这类都会城市才能够实现。

如果说戏曲还可能会因为方言之不同而造成一定的交流障碍的话，纯粹的音乐就应该没有什么“省界”或“国界”之别，而更便于互相借鉴了。在以下的讨论中，我们会发现，汇聚在上海的粤籍音乐玩家，在与来自其他地方的乐手频繁交流，汲取诸多外来养分的过程中，同时也在改造和创制自身的地域文化，编撰出被认为“粤味十足”的广东音乐来。随着粤语在粤剧的唱腔和念白中应用日广，人们又在广东音乐甚至

---

① 参见赖伯疆、黄镜明《粤剧史》，中国戏剧出版社 1988 年版，第 2 章。

② 见宋钻友《粤剧在旧上海的演出》，《史林》1994 年第 1 期。

③ 《伶界联合会十四班会戏缘起》（广告），《申报》1926 年 3 月 19 日，本埠增刊第 4 版。

国语时代曲上填入粤语歌词，创作出一批独立于粤剧梆簧系统之外的粤语小曲，这些粤曲也许不像同时期的国语时代曲一样流行全国，但它们同样借靠了唱片灌制等技术手段，得以大量复制、留存和广播。这样的形式又逐渐与传统粤剧融合，为后来三四十年代渐以粤语为主体演绎的粤剧增添了新鲜的养分。这种种的尝试，都和粤人在上海的组织和经济力量是分不开的。

国乐改良运动中的粤乐革新

上文已经提到，自20世纪10年代伊始，各种旅沪的粤商，是粤剧、粤乐和粤曲活动的主要赞助人、组织者，甚至参加者。然而，要对粤乐20—30年代在上海的发展有更深刻的思考，我们就不能把眼光仅限在粤乐活动和粤人组织本身，而必须对当时上海的音乐和语言环境有更多的认识。

在这个五湖四海商人文士云集的城市里，在国语尚未普遍通行的年代，不同方言在同一场合中交相使用，是十分普遍的现象。上海广肇公所设立的书报社，经常举办演讲活动，在1920年1月的一次活动中，就有如下的安排：

> 胡君系以普通语演讲，由林颖超君用粤语传述；唐君系以粤语演讲，由周锡三君用沪语传述……本星期晚（二十五下午八时）主讲者乃温钦甫、罗伯夔二君，并有粤乐助兴，表演者多工界协进会会员。①

当时“多语传译”的文化活动在上海很可能是十分常见的安排，而音乐助兴更是像广肇公所的书报社一类组织的常有节目。② 事实上，当时

① 佚名：《广肇阅书报社演讲记》，《广肇周报》第43期，1920年1月25日，第9页。

② 广肇阅书报社经常举办粤乐活动，如该社在1920年1月25日举办演讲之余，就有“粤东音乐”演出，表演项目有“黄忠可君之《桃柳思》，吕文成君之《仕林祭塔》，刘北连君之三弦，黄桂辰君之提琴，杨贵熙君之二弦，杨藻荣君、鲍公勉君之月琴合奏，数君皆工界协进会会员”，见佚名《广肇阅书报社演讲记》，《广肇周报》第44期，1920年2月1日，第7—8页。

上海各种音乐活动，每每是“众乐齐鸣”的。我们只要一瞥各种“同乐会”的节目单，就仿佛可以聆听到当年丰富的乐音。1920 年 6 月，上海青年会举办音乐会，据说是“锣鼓喇吹笙箫管笛，无不齐全，集古今中外音乐于一堂，开海上从古未有之创举”。其节目内容包括：(1) 汪昱廷君琵琶独奏《淮阴平楚》《夕阳箫鼓》二大折；(2) 著名歌曲家豪立夫女士唱新歌；(3) 工部局乐队 32 音具合奏《春游乐》《好事近》《闺中怨》《生别离》《望夫归》《相思引》；(4) 福建榕庐乐社闽乐十锦；(5) 郑觐文君琴瑟合奏《欧鹭忘机》，琴操《平沙落雁》共六段，琵琶《新龙舟》，梅特铃用西洋乐器弹中国曲调；(6) 昆曲《絮阁》；(7) 广东群贤乐部粤乐《柳如金》；(8) 少年宣讲团游艺部合奏新薰风。①

粤人主导的上海工界协进会“鉴于多数工人向少高尚完善之娱乐方法，因特自行筹款组织”工界音乐部，“置有西乐、鼓乐、京乐、沪乐、粤乐种种”。1920 年 11 月，该会举办同乐会活动，节目次序为：(1) 摇铃开会；(2) 西乐（精武军乐队）；(3) 宣布开会理由；(4) 粤乐（合奏凤凰台谱）；(5) 演说；(6) 粤乐（《闺怨》，黄忠可扬琴并唱）；(7) 滑稽演讲；(8) 琵琶扬琴合奏（《到春雷》，音乐大家严老烈遗谱）；(9) 演说；(10) 沪乐；(11) 京乐；(12) 演说；(13) 粤乐；(14) 致谢来宾；(15) 茶会。②

同样地，以粤人为主的中华音乐会的演出活动，也不拘泥于粤乐。1923 年 4 月 8 日，该会举办春季同乐会，节目便包括“合奏粤乐”“京曲”“丝竹”“古调”“梵唱”“胡琴合奏”“弹筝”“铜线琴”“粤曲”等。③ 同年 12 月 15、16 日上海精武会举办的游艺会，15 日晚的节目便有：(1) 铜乐；(2) 报告；(3) 粤曲《山东响马》；(4) 古乐《梅花三弄》；(5)《滑稽跳舞》；(6) 大同乐《三级浪》；(7) 国技；(8) 优秀舞；(9) 粤曲《闺怨》；(10) 韩江丝竹（由潮州音乐会演出）；(11) 西调《野玫瑰》；(12)《剑舞》（调拍《到春来》）；(13) 滑稽歌舞；

① 佚名：《青年会音乐大会秩序》，《申报》1920 年 6 月 12 日，第 11 版。据《申报》1920 年 6 月 13 日第 11 版报道（佚名：《青年会音乐大会纪》），此“豪立夫女士”原名 Myra B. Olive，是中西女塾音乐主任。

② 佚名：《工界音乐部之同乐会》，《广肇周报》第 53 期，1920 年 11 月 28 日，第 9 页。

③ 佚名：《中华音乐会同乐会纪》，《申报》1923 年 4 月 10 日，第 18 版。

（14）粤曲《潇湘琴怨》；（15）京剧《拾黄金》。中华音乐会的主导者实为精武体育会的成员，据精武会的官方刊物《中央》报道，在这两晚的活动中，“山东人江苏人，差不多占三分之一，亦无一不满意者，只听得那些非广东人说道：我们虽非广东人，然亦觉得殊为动听云云”[①]。

笔者之所以不厌其烦地列举几种20世纪20年代在上海举行的音乐会活动的节目单，是希望说明，在这些场合中，各种源自不同地方的音乐，一方面因为有了更多混杂交流的机会有可能发生变化；另一方面，其本来不一定十分明显的地域标签，也在这种更能意识到你我之别的情境中得到强化。据扬琴演奏家项祖华称，在他师傅任晦初活跃的20年代，上海除了“中华音乐会”外，还有“文明雅集”“清平集”“钩天集”“雅歌集”等丝竹乐社，这些乐社当时曾在上海城隍庙举行首次各地丝竹高手的空前盛会。项祖华说：

> 当时（指1920年代的上海——引者）在诸多国乐社团之间，惯用“清客串”的雅集方式，借此让各乐师之间和各种乐种流派之间得以互相交流。我少年时师从江南丝竹扬琴泰斗任晦初先生，1917年上海创办丝竹乐社《清平集》，云集了王昱庭、李廷松、王巽之等国乐名家，任老曾最早将江南丝竹《三六》与《中花六版》改编为扬琴独奏并在上海百代公司录制唱片，他和吕文成先生笃谊甚深，经常切磋交流。广东音乐的创作与演奏，也从江南丝竹中吸收借鉴，是和任老的传播媒介分不开的。同样吕先生也将《三六》、《欢乐歌》、《霓裳曲》丝竹乐曲引进广东音乐曲目，他还用扬琴独奏《三六板》和《汉宫秋月》两曲。吕先生创作的代表作品《平湖秋月》，取材于杭州西湖的著名景观而命名，受益于江南丝竹乐曲《中花六板》的启发，借鉴了该曲的内在元素，加以变化发展而成，取得异曲同工之妙，成为粤乐高胡的经典杰作。[②]

---

① 陈铁笙：《听歌杂记》，《中央》第36期，1924年1月1日，第39—40、42页，上海市档案馆藏，上海精武体育会档案，Q/ 401/ 10/ 36。

② 项祖华：《国乐瑰宝，星空灿烁——纪念吕文成诞辰105周年》，《粤韵香飘——吕文成与广东音乐论集》，第185页。

笔者对作曲是门外汉，只能根据音乐家的评说作出这样的假设：不少乐曲实际上是广汇百川地“编”出来的，而并非无中生有地“作”出来的。上述引文已经提到，广东音乐的经典作品《平湖秋月》是受益于江南丝竹乐曲的启发的，据曾经在香港跟过吕文成学习拉奏椰胡的何晃忆述，吕文成曾经当面向他证实：“《平湖秋月》不是我吕文成所作的，只能算我吕文成根据江南小曲加花变奏而成，说是我吕文成改编可以。”①

生于中山，长于上海，终老在香港的吕文成（1898—1981），就是在上海这个混杂的音乐环境中成长的近代广东音乐宗师。吕于 1901 年随父到上海，1908 年入读广肇义学，肄业后在龙凤饼店和冶铸金银首饰摊档当学徒工。21 岁时，吕文成即参加了上海精武体育会及俭德储蓄会的粤乐队，同时也是中华音乐会会员，与甘时雨、陈铁生、司徒梦岩、钱广仁、尹自重、何大傻等人，经常在上海中央大会堂、精武体育会、广东大戏院、虹口基督教青年会演出，又常到广州、武汉、北京、天津、香港等地表演。② 20 年代，吕文成便誉满粤沪，以擅长演奏二胡昭著。1925 年《申报》《游艺丛刊》辟“音乐号”，向吕文成约稿，吕即发表《铜线琴与二胡之奏法》一文，指出“铜线琴本产自扬州，今则成为重要粤乐之一矣”，并略论演奏铜线琴与二胡当注意的技巧。③

不论《平湖秋月》是吕文成“编”的还是“作”的，今天我们每听到《平湖秋月》，无不感觉到它“非常广东”④，但这个例子也充分说明，地方艺术的产生过程，往往充满着许多悖论——不少经典的“广东音乐”，是在上海孕育的。有论者甚至认为，“广东音乐”是上海的“外省人”首先叫出来的；也有人说，原来只有“玩音乐”“奏谱子”的说法，

---

① 何晃 1934 年生于广东开平，10 岁时，在抗日战争最后阶段参加乡团自卫队少年哨组，抗战胜利后到香港同济中学读书，跟堂兄学习理发手艺，在此期间认识吕文成。见余其伟《关于粤乐的一些“活史料”——何晃谈吕文成及其他》，《广东艺术》2002 年第 3 期，第 43 页。

② 林韵：《我国乐坛上一位杰出的民族音乐家》，广东省民间音乐研究室编：《吕文成广东音乐曲选》，人民音乐出版社 1990 年版，第 6 页；《粤韵香飘——吕文成与广东音乐论集》，第 57、263 页。

③ 吕文成：《铜线琴与二胡之奏法》，《申报》1925 年 5 月 18 日，第 7 版。

④ 有音乐研究者认为，就音调而言，粤乐的特色体现在其与人声发出的粤语音调贴切和谐，具有“近人声”的韵味风格，见黎田、黄家齐《粤乐》，广东人民出版社 2003 年版，第 128—131 页。

以“粤乐”冠名的曲谱，是后来才出现的。[①] 这些说法都有待进一步的考证，但从以下精武会会员陈铁生对1924年精武会举办的某次游艺会所作的评述看来，我们至少可以说，“粤乐”或“广东音乐”一词在当时已经是一个惯用语，而且逐渐得到上海人的认识以至认可。陈铁生对“广东音乐”采用了一个广义的定义[②]，将之分成“广州”和“潮州”两类，谓：

> 我们广东音乐，广州潮州，分为两派。从前上海人，不知我们广东音乐为何物，自甘时雨、吕文成、陈慧卿辈出，奏于精武各会场后，而非广东人乃知广州音乐之价值；自郭唯一辈出奏于市政厅，然后非广东人，知潮州音乐之价值。[③]

吕文成与当时许多在沪上的广东音乐玩家，都是精武体育会的成员，在这里必须强调的是，在20世纪20年代，精武体育会的业余玩家在发扬粤乐和粤曲方面扮演着一个举足轻重的角色。精武会除了是一个“提倡武术，研究体育，铸造强毅之国民”的武术组织外，也举办不少音乐活动，部分是因为精武会的其中一项锻炼是兵操，有演奏军乐的需要，而其设立的舞蹈班，也需要用各种“今乐”拍和，因此，精武会的游艺部下设音乐科，分西乐、京调、粤调三种，每周定期排练。[④] 解放前夕，精武会分会已遍布全国多个城市和海外东南亚各地；除自设分会外，还派技击员到各中学教授武术。[⑤] 精武会在推广武术和音乐活动方面，对当时中国年轻人所发挥的影响实不可小觑。

精武会的成员认为，音乐和武术活动是互为配合的，由于精武会为

---

① 《粤韵香飘——吕文成与广东音乐论集》，第100、173页。

② 在文化的层面上，如何划定“广东”或“粤”的范围，在历史上也有很多变化和论争，相关讨论可参见拙著《地域文化与国家认同：晚清以来“广东文化”观的形成》，第43—53页。

③ 陈铁笙（即陈铁生——笔者）：《听歌杂记》，《中央》第36期，1924年1月1日，“纪事”，第42页，上海市档案馆藏，上海精武体育会档案，Q/ 401/ 10/ 36。

④ 《精武体育会史料选》，《档案与史学》1998年第1期。

⑤ 仅就1919年出版的《精武本纪》（“职员教员表”第175—176页）所见，当时获精武会派遣技击员教授武术的学校和社团共有40多所，较知名者有广东省商团、上海复旦大学、上海青年会、上海商务印书馆、上海圣约翰大学等。

粤人主导，其演练的乐曲就自然以粤乐粤曲为主，精武会国文书记陈铁生就粤乐与技击的关系，便有这样的见解：

技击家多与音乐结不解缘……吾党有能兼唱京调者，谓京调须用丹田气，似难唱，然粤曲腔调最多，就比较上言之，粤调实难于京调云。①

除了兵操和武术之外，精武会也编排各种舞蹈，作游艺表演之用，这些舞蹈往往用配上歌词的粤乐伴奏，由少儿演出。饶有趣味的是，在精武会成员的眼中，这些舞蹈创作绝非仅仅以声色娱乐为目的，而是承担着弘扬中国文化的使命的。据精武会领导人之一陈公哲忆述，他们当时受青年会游艺会活动的启发，希望摸索一条适合国人的路子，创作一些适合国人的舞蹈。② 从这些今天看来稀奇古怪的舞蹈可以发现，在精武会创作的《武化舞》《剑舞》《凤舞》和《滑稽舞》等舞蹈中，尝试性地结合了粤乐、武术、舞步及精武会发明的“国操”。精武会的中坚分子像卢炜昌、罗啸敖等，在为这些舞蹈作序时，更赋之以“规复完全之国乐”的使命。在为《武化舞》作序时，罗啸敖说：

武化者何？本会所编之一种跳舞术也。我国古代教育，原有乐舞，故礼经有十三舞勺，成童舞象之文，自乐亡，而舞并亡，遂不复见此彬文之盛轨。迨近世倡言新学，乃采用欧西教化于普通学校中，并设音乐一科，然其所取材不特非我国原有之乐，即其所施教，亦只声歌而已，不能完成其为乐也……本会因此欲规复完全之国乐，即不能不注意讲求良好之舞法。现在国中所办之体育学校，其所教授之外国乐舞，一切手法，虽于体育微有所合，而态度柔靡，未免和而失之于流。本会欲以精武提振积弱之人群，故本其平日所习练之国操，融合手法数十种，编一庄严之跳舞术，名曰武化，拍以最艳丽之《到春来》粤调（此调为西人所最欢迎者，去年本会在沪市

---

① 陈卓枚（即陈铁生——笔者）：《粤乐拉杂谈》，《精武本纪》，“游艺”，第 118 页。

② 陈公哲：《精武会五十年》，第 30—31 页。

政厅开中西音乐会时，座中西人无不击节叹赏），洋洋盈耳，悦目赏心，令人神往我国二千年前之大武乐焉！①

即便是身穿西洋小丑服演出的《滑稽舞》，也被卢炜昌联系到“吾国固有之舞蹈”，说“稚子舞勺，成童舞象，是即滑稽舞之滥觞”，而用来伴舞调寄《柳摇金》的《滑稽舞歌》，其歌词看来是东拉西扯，杂乱无章，粤语平仄与粤曲《柳摇金》的音韵亦多不吻合，个中却原来隐含着“挽祖国学术将亡”的深意：

三星旗招展，盾形章堂皇大精武，为我邦家之光。据德依仁游艺，挽祖国学术将亡。跳舞名滑稽，嬉笑怒骂成文章，今日里，我们小孩子粉墨就登场，舞袖何瑯珰。君呀！你不见乌衣巷口剩斜阳，君呀！你不见高堂明镜鬓如霜。看衣冠优孟效东方，曼倩猖狂，此中意君知否？待我从头说端详。民之初生，含哺鼓腹乐熙攘，寿而康，可怜世人寻烦恼，名缰利锁梦黄梁〔粱〕。歧路亡羊，踽踽凉凉，枉用心肠，纵石崇汾阳，朝露无常，何处是故乡？何如徜徉，玩世栩栩学蒙庄，掉臂游行，真好一比大罗仙模样。莫笑荒唐，此是精武国操变相。②

那么，在精武会成员的眼中，到底何谓学术呢？至少从精武会的领袖人物陈公哲勾画的“学术系统表”看来，其理想的中国学术就包罗万象，涵盖了国术（即武术）、摄影、电报、书学、法帖、音乐、史地、文学、文字学、课本等范畴。③ 其实，自清末“国学”“国粹”等概念被提出以来，这些概念该如何定义向多争论。精武会的例子显示，企图定义何谓“国学”的，并不限于在大学或研究机构有正式位置的所谓学界中人。不论是舞乐歌词，还是陈公哲的“学术系统表”，在我们看起来可能

① 罗啸敖：《武化舞序》，阮原编辑：《怡保精武二周年纪念特刊》，南洋怡保精武会 1927 年版，“游艺”，第 13—14 页。

② 佚名：《滑稽舞歌》，阮原编辑：《怡保精武二周年纪念特刊》，“游艺”，第 21—22 页。

③ 陈公哲：《精武会五十年》，附页《陈公哲先生学术系统表》。

杂乱无章，甚至有点“猖狂”和“荒唐”，但都反映了社会上其他人士的政治甚至学术理念，值得进一步探讨。①

当时精武会等团体在上海的粤乐创作和实践活动，是在一个探索何谓“国乐”的大语境中进行的。这种探索，也是当时专业或业余的音乐家的共同愿望。正如韩国镄总结中国近代音乐初期的演进趋向时指出的，“随时都有人在尝试着西化后本土化的方法，以建立一个既现代又本土的新音乐传统”。早在 1916 年，蔡元培、萧友梅便在北京大学组织国乐部和西乐部，至 1919 年，更建立起北京大学音乐研究会，出版《音乐杂志》，所收入的乐曲是工尺谱、简谱和五线谱并陈，体现着“西化”和“本土化”同举的尝试。②

至于在上海，1923 年成立的“大同乐会”也是致力于国乐的研究与改良，企求达致中西音乐之大同。大同乐会的成员研究乐律、乐理和演奏技能，经常举办中西乐演出，致力研制仿古乐器。③ 有鉴于“笙箫管笛，粗细厚薄，皆无定率，而京腔丝竹社会等所用宫调之主旨，亦多随便高低，不知律准”，为求“定一正确之音度”，改良国乐，大同乐会曾作出十分具体的操作性倡议，包括（1）回复古法，融会西法，定十二律为一音阶；（2）无论何种乐器，皆以西琴之 C 音为基本；（3）改良中国乐谱，嗣后作谱，改直行为横行，调名与音号，通用中西二法对照，琴瑟笙琶，本多复音，用五线谱对照，箫、笛、胡琴、三弦等，本属单音者，则用阿拉伯字之简谱对照。④ 这些关于国乐往何处去的讨论在《申报》的副刊中，屡见不鲜。1925 年，某论者在《申报》刊载《改良我国音乐之意见》一文，就认为：

> 我国乐器，最大的弊病，就是音韵不完全，弦乐除了古琴三弦

---

① 这从精武会的军政背景，其成员的政治言论，以及精武会员的自我形象各方面均有所反映，笔者将另文讨论。

② 韩国镄：《从音乐研究会到音乐艺文社（新论）》，刘靖之编：《中国新音乐史论集（1920—1945）》，香港大学亚洲研究中心 1988 年版，第 245—287 页，引文出自第 260 页。

③ 有关该会研制古乐器的情况，见兰花馆主《大同乐会新制古乐器》，1925 年 1 月 8 日《申报》，第 8 版；相关研究见陈正生《大同乐会活动纪事》，《交响——西安音乐学院学报》（季刊）1999 年第 2 期，第 12—16 页。

④ 佚名：《大同乐会筹备修正中西乐》，《申报》1924 年 2 月 13 日，本埠增刊第 2 版。

二种外，其余如琵琶月琴，以及有律枕的乐器，和吹奏管的乐器，大都是全音进行的，并且出音的范围很小，音的出声也非常柔弱，因是作曲的人，都要受他规律，受他约束，设使编出一种惊人伟大的作品，这般范围狭小出声柔弱的乐器，所能配合演奏的，到现在仍是一种单调的声音，实在是一件憾事，所以我们要改良音乐，第一着先在乐器上改良，然后再从第二步着手。①

"改良中乐""力臻大同"等理念，就是在这个情况下用来涵盖当时中乐西化（或现代化）和西乐中化（或本土化）的各种尝试的。致力推广粤乐的精武会成员，也持这样的理想。上面提到的广东音乐大家吕文成在《申报》上发表的文章，就表达了"吾国音乐，种类之繁，冠于全世界，设能研究而整顿之，微特可以发扬国光，抑且保存国粹，勿令失传，固较竞尚西乐之计为得也"之愿望。② 1923年，精武会国文书记兼音乐部主任陈铁生编就了《新乐府》一书，也尝试把类似的主张付诸实践。在《新乐府》中，陈铁生将精武会和中华音乐会当时经常演奏的各种乐曲，分为"古乐""今乐"和"大同乐"三大类，其中，"古乐"似乎是指更早的时候已存在的如《梅花三弄》等乐曲；"今乐"大抵是指近人及今人创作或改编的乐曲，包括《到春来》《小桃红》《柳摇金》《浪淘沙》《凤凰台》等；在《新乐府》中，不论是"古乐"还是"今乐"，都是以工尺谱记谱的，但其中四首"今乐"，即《凤凰台》《柳摇金》《到春来》和《小桃红》，同时也被谱成五线谱，它们连同数首谱成工尺谱的西乐，就被归类为"大同乐"。对于"大同乐"这种说法，陈铁生有如下解释：

中西乐器虽然形式上不相同，但凡工尺上乙士合与独览梅花扫腊雪（即d r m f s l t七个音阶——引者）七个音，并无所异，连那西乐所谓半音复音，无不可以融会贯通。近日会中乐的人诋毁西乐，

---

① 玉崙：《改良我国音乐的意见》，《申报》1925年4月7日，第7版。另外一个例子是在《申报》1925年10月15日（本埠增刊第4版）上刊登的李炳星撰写的《国乐改良谈》。

② 吕文成：《铜线琴与二胡之奏法》，《申报》1925年5月18日，第7版。

会西乐的人诋毁中乐，通通不对。一个人须有世界眼光，当然知道互助，他日有人能读透中西各种音乐书籍，世界音乐自然大同，因此我便发了一个大愿，请自朕始，姑且做花和尚，求一求那些懂得西乐的朋友们布施十只八只中西互译的调子来装点装点，以后自然有人光大佛门，岂不是好么？①

《凤凰台》《柳摇金》的五线谱是由旅美归沪小提琴家司徒梦岩②负责译写的，《到春来》和《小桃红》的五线谱则出自精武会主持人陈公哲的手笔。陈通晓五线谱，大抵与他曾习小提琴有关。陈对小提琴情有独钟，也是因为小提琴在西方的发展，让他联想到中国音乐一直以来的局限。陈在《记梵玲 Violin》一文中说：

吾向所称羡于国乐之雅音者，梵玲殆无不备之。异其曲者同其工正，不必孰轩之而孰轾之也。余因之有所感矣，吾国之所谓雅乐者，自太古以于至今（原文如此，疑为“以至于今”之误——引者），知尊之而不知所以发扬光大之，故三代之琴瑟至于今，一也而无所损益。若梵玲则不然，始制之时，不过一弦乐已耳，与今之所谓胡琴者殆相似之。然自创制至今，代有损益，至史氏 Stradivarius 而其制益精备。苟取今之所谓梵玲者，与创制之器，比而观之，盖有不相侔者。夫岂独不相侔？其和于音而美于形者，犹有与日俱进之势，则因革之功为不可没也。吾国之善言乐者，必曰琴瑟不和，则改弦而更张之，而独于雅乐，则抱残守缺，更千百年不敢一议其制度，西乐之所以日行于世，而古调不弹，琴瑟钟鼓，乃日就湮没

① 陈铁生编：《新乐府》，上海，中央精武 1923 年版，第 4—5 页。在 1923 年之前，坊间不乏常用的梆簧小调曲谱，就粤乐而言，就有台山人丘鹤俦（1880—1942）编纂，在香港出版的《弦歌必读》（1916）、《琴学新编》（1920）和《增刻弦歌必读》（1921）等几种，但这些都是直排之工尺谱，而丘鹤俦编定的曲谱分类，是“小调谱”“过场谱”“大调”“班本之曲”等四种，陈铁生的做法显然有所不同，见丘鹤俦编《弦歌必读》，（香港）亚洲石印局 1916 年版，目录页；并见谢佩诗《粤乐研究先驱丘鹤俦简介》，《香港戏曲通讯》2003 年 12 月 1 日，第 9—10 页。

② 据称，司徒梦岩原在美国麻省理工学校念造船科，兼学小提琴于美国小提琴制造家 Walter Goss 等人，见陈公哲《精武会五十年》，第 34 页。

而不振者，未必不原于此也。余之执是说也，初非欲世之言乐者，必变夏而专取泰西也，夫亦曰不登其堂，不嗜其哉，则虽美备醕郁者，日陈于前，犹不足一动其心，况音乐之精微者，而欲以浅尝得之，不綦难乎？抑尤有进者，主奴之见太深，则惮于变易，而墨守准绳，将无改进之可言。吾是以欲取古今中外之乐，联贯研习，合其所长，交互损益之，俾成一统系之学，传诸无穷，梵玲云乎哉！①

"取古今中外之乐，联贯研习，合其所长，交互损益之"的实践结果，就是中西乐器合奏，也可以说是陈铁生所说的"大同乐"。在1922年中华音乐会的某次游艺会上，就有这样的尝试，在合奏《小桃红》时，乐器有钢琴、琵琶、胡琴、月琴和小提琴。② 1925年1月，精武会成员吕文成用子喉演唱《燕子楼》一曲，由司徒梦岩以小提琴伴奏，这种做法，颇得顾曲者之赞许，有人认为：

《燕子楼》一曲，词句典丽雅驯，既善写情，复善叙景，以视昆曲，未遑多让。顾唱此曲者，多用弦律拍奏，虽觉佳妙，然总嫌过于嘈杂而激越，远不及用洋琴清唱，较为雅韵响逸，而耐听也。昨聆中华音乐会会员吕文成君之唱片，即纯以洋琴拍奏清唱者，实获我心，复助以司徒梦岩君之梵亚铃拍和，尤觉清婉悦耳。③

用西乐演奏粤乐或伴奏粤曲，不仅别有一番风味，而且在某些方面弥补了中乐的不足。一位老唱片收藏家，解放初在福州一家旧货店里淘得一张百代唱片公司出品的广东音乐唱片，是粤乐名师尹自重用小提琴演奏的《柳娘三醉》，该收藏家认为，此曲可能是《柳青娘》和《三醉》两支小曲的联奏。据这位收藏家描述这首曲子的录音说：

---

① 陈公哲：《记梵玲 Violin》，《精武本纪》，"游艺"，第121页。

② 姚蟾伯：《中华音乐会游艺会心得》，《中央》第2期，1922年8月1日，第25—26页，上海市档案馆藏，上海精武体育会档案，Q/401/10/33。

③ 月池：《纪吕文成之"燕子楼"唱片》，《申报》1925年1月16日，第8版。

> 虽然音色是小提琴的，但那韵味却是中国的，而且是浓郁的南国味。虽像高胡用了钢丝弦的声音，却又比高胡更明媚浏亮。尤其妙的是，不难听出那弓法有新名堂。琴弓不再夹在两弦之中，便可以拉些顿弓、跳弓了。但最迷人的仍是二胡上原有的滑指、加花等装饰技法所造成的“如歌”的效果，都移植到提琴上了。①

小提琴除了被用作演奏粤乐和伴奏粤曲外，还启发了中国乐器的改良。一般认为，高胡是吕文成创制的。一个说法是，吕文成在1925年左右在上海“中华音乐社”结识了当时兼习小提琴的二胡演奏家刘天华，受小提琴、扬琴的启迪，把原来的丝线二胡改造成钢丝二胡；另一个说法是，吕文成在1926年带二胡到广州演出，受小提琴的影响，用钢线把二胡加以改良。② 由于这种钢丝二胡声调高昂，音域广阔，故称高音二胡，简称高胡。20世纪20年代以前，粤乐的乐器主要由二弦、三弦、竹提琴、月琴、洋琴、喉管、笛、箫、钹、锣、鼓等组成③，自20年代中期始，高胡和小提琴加入到粤乐的行列，其后更成为粤剧的领奏乐器。可以说，粤乐的“粤味”，是在为中乐寻求出路的过程中，在各地玩家云集的场景里，逐渐形成，并且通过小提琴这种西洋乐器和高胡这种新发明创造的乐器的演绎，得到充分的发挥，而当时的上海，就是这种种实验的一个重要场所了。

上海的唱片灌制事业与粤曲

同样是在20年代，灌制唱片和无线电广播等现代的技术手段进一步把已经逐渐形成自身特色的粤曲和粤乐加以发扬和流传，而由于当时广播的技术

① 辛丰年:《老唱片怀旧——百代老唱片中的珍品》,《视听技术》1997年第6期，第139页。关于尹自重如何改变小提琴的音调，以适应广东音乐的音色、调式和加花的要求，可参见梁锐祥《论乐器在广东音乐发展史中的地位与作用》,《星海音乐学院学报》1999年第3期，第28页。

② 前一个说法见赖伯疆、黄镜明《粤剧史》第106页；后一个说法见《粤韵香飘——吕文成与广东音乐论集》第53页。

③ 见光磊室主《谈粤乐》,《申报》1925年5月18日，第7版；黎田、黄家齐《粤乐》,第5章。

和人才都集中在上海，粤曲粤乐的录制，不少都在上海进行，并且在“国货”的包装下推广。本节的主要讨论对象——大中华留声唱片公司和新月留声机唱片公司，就是在这个背景下经营其粤曲唱片的制作与销售的。[①]

早在1905年，上海的英商谋得利有限公司就代理英美厂商出售“京调、徽曲、广调、昆腔、帮子、各省小曲、洋操时调”等唱片，这里的“广调”应该就是指广东戏班演唱的班本。1917年，东方百代公司在上海自设厂房，开始生产粗纹唱片[②]，百代与其他外国公司如美国无线电胜利唱机联合公司，都有灌录粤曲出售。[③] 这些唱片公司的外国背景，到了20年代中国反帝反殖的声音日益高涨的时候，往往就成为被攻击的对象。1923年，孙中山大力扶持并亲自命名的“中国留声机器公司”（后改名“大中华留声唱片公司”）在上海成立，该公司于1924年率领技师赴粤请孙中山灌录“教训国人演说片”，可说是专门为孙中山的政治宣传服务的[④]，其后更打起“国货”的旗号，标榜自己属“完全华商资本，所组织经向国民政府注册，现在中国工厂之能自行灌音及制造唱片者，只有大中华留声唱片公司一家”[⑤]。

---

① 关于这个课题，新加坡国立大学容世诚教授的研究尤为细致精辟，其已发表的文章有：《光绪年间的粤曲唱片——“谋得利”和“爱迪生”唱片公司的灌录制作》，《岭南学报》新第2期，2000年10月；《清末民初的粤乐唱片业与广东曲艺（1903—1913）》，《中国文化研究所学报》2001年新第10期（总第41期）；《二三十年代的粤曲唱片与唱片粤曲：一个音乐文化史的观察》，《中国文化研究所学报》2003年新第12期（总第43期）；《从业余乐社到粤乐生产：钱广仁及其新月留声机唱片公司（1926—1936）》，《东方文化》第39卷第1期，2005年6月。另外，安德鲁·琼斯（Andrew F. Jones）的研究也讨论到大中华唱片厂和新月留声机唱片公司的性质，认为它们表现了华人力抗外国势力垄断的爱国主义情绪，而新月制作的“混血”音乐，更让我们重新思考20世纪30年代“民族主义”和“地区认同”的关系，见安德鲁·琼斯《留声中国：摩登音乐文化的形成》，宋伟航译，（台北）商务印书馆2004年版，第94—98页；Andrew F. Jones，“The Gramophone in China”，in Lydia H. Liu（ed.），*Tokens of Exchange*：*The Problem of Translation in Global Circulations*，Durham & London：Duke University Press，1999，pp. 215－236。

② 东方百代公司始创于1908年；上海胜利唱片公司则在1930年由美国无线电公司设立；同年，百代唱片公司为英国留声机公司（即今之EMI）所收购，仍然保留“百代”的称号。相关研究见葛涛《声音记录下的社会变迁——20世纪初叶至1937年的上海唱片业》，《史林》2004年第6期。

③ 见《世界弦歌》，美国无线电胜利唱机联合公司，编者及出版年不详。

④ 上引葛涛文说“中华唱片厂”设于1917年，没有注明出处。“中国留声机器公司”成立于1923年之说及其演变情况，见邓颂角编《新月集》，（香港）新月唱片公司1930年版，第4页。

⑤ 邓颂角编：《新月集》，“广告”，第32页。

颇有政治背景的大中华留声唱片公司也灌制粤曲。1925 年，精武会会员钱广仁因事到上海，吕文成邀请他参观大中华留声唱片公司，钱在那里试唱了几首粤曲，获该公司的负责人青睐，请他灌录唱片。正如本文提到过的许多人物一样，钱广仁既是粤乐玩家，也是商人。他在香港、上海和广州都开办五金生意，1922 年前后在上海精武会任游艺主任，同时又是中华音乐会的成员，经常参与精武会和中华音乐会的演出。[①] 钱广仁小试啼声后，对唱片灌录这门生意也萌生兴趣，随即与大中华订了一个南方总经理的合同。1926 年，在当时身处上海经营电影事业的粤剧名伶薛觉先的鼓励下，钱广仁办起了自己的"新月留声机唱片公司"，与大中华留声唱片公司合作，灌制了大量粤曲。粤曲唱片有利可图还有另一个原因，1925—1926 年间，"适有省港罢工风潮之役，戏班不能来港演唱，而留声机一物，遂得挺然而露厥头角"[②]。可见，在无法亲临现场观赏的情况下，唱片成为解戏迷之渴的重要媒介，而由于唱片能够重复播放，戏迷也就更容易学习，进一步推动各新旧曲目的流行。

大抵是由于钱广仁和精武会的关系，更由于上文所述的粤曲在当时的中西乐并陈的实验场所汲取了不少新鲜的养分，在新月留声机唱片公司于 1926—1930 年间灌录的粤曲中，有不少是"中西音乐拍和"的。例如，由"九龄神童新马师僧"演唱的《生生猛猛》，何志强演唱的《柳摇词》，伴奏的乐器就有小提琴、喉管、秦琴、胡琴；广州女子歌舞团演唱的《快活生涯》，调寄《饿马摇铃》，也是西乐色士风（saxophone）、吐林必（即 trumpet，小号）和中乐二胡、秦琴并用；歌词夹杂广东方言和英语的《寿仔拍拖》，则全然用钢琴伴奏；描写"战争时代之真景"的《太平犬》，为了达到身临战地的效果，作者"蔡了缘于撰此曲之前，要灌音部答应于灌片时，除中乐拍和外，更能邀西乐能手拍和，及有物可能发出枪炮炸弹等声者，然后始肯动笔"。从曲谱所见，该曲表现的特别声效包括枪声、炮声、喇叭声、炸弹声以及"火船啤啤声"，很可能都是

① 见姚蟾伯《游艺会心得》，《中央》第 2 期，1922 年 8 月 1 日，第 25—26 页；佚名《乒乓比赛纪》，《中央》第 2 期，1922 年 8 月 1 日，第 27 页，上海市档案馆藏，上海精武体育会档案，Q/ 401/ 10/ 33。

② 是我：《论唱片之变迁与最近之要求》，邓颂角编：《新月集》，第 18 页。

用西乐奏出的。①

我们很难想象，没有像吕文成和尹自重这些长年在上海参与“众乐争鸣”的乐手做过的种种试验，后来的粤乐演奏家能够这样毫无顾忌地采用西乐演奏粤曲。今天伴奏粤曲的乐器，领奏者（在粤乐乐团中称“头架”）或奏小提琴，或用高胡，其他伴奏的乐器除了扬琴、笛子、洞箫、秦琴、中胡、电阮、琵琶以及锣鼓等“中乐”外，往往还有色士风、大提琴、木琴、班祖（banjo）、夏威夷吉他、电吉他等西洋乐器，“洋为粤用”已经成常规了。

当时粤曲唱片的制作，也主要得益于上海多年来在灌音方面累积的人才与技术。钱广仁的新月留声机唱片公司，名义上在香港开办，但其商标是向国民政府注册的，而第一、二期出品的唱片的具体灌音工作，则全部在上海进行。1927 年 8 月，上海精武会致函钱广仁，“叫兄弟约多几位钟声慈善社的同志到上海去，唱几天广东戏，给那里的同乡听，替他们筹点款子，兄弟便再约蔡子饶君，尹自重君和大傻君，一同前去”。1928 年 5 月，该公司进行第三次灌音，也是在上海进行。同年冬季，钱又和吕文成到上海会同几位旅沪的朋友。翌年 6 月，钱再去上海，适值广州著名女伶梅影也在沪上。这些频繁地往来于上海、广州和香港之间的乐师和伶人，都是钱广仁的公司在上海进行灌音的主力。到了 1930 年，钱筹备第五期的录音，决定在香港进行，“但港中适宜之地甚难其选”，几经波折，才向私人借得“名园”这个地方，而大抵因为香港缺乏熟练的录音师，需要“特请沪厂派技师到港来”，才能够完成该期的灌音工作。②

20 年代末在上海兴起的时代曲，也为粤曲注入了新的调子。这种做法本来并不新鲜，从现存的清末民初广东戏班班本所见，较早期的剧本，在梆簧系统之外，偶然也会插入外江小调，常见者有《仙花调》（有时又写成《鲜花调》）、《送情郎》《红绣鞋》《茉莉花》等。③ 因此，在 20 世

---

① 邓颂角编：《新月集》，“曲谱”，第 8—9、15—16、28—29、30 页。

② 同上书，第 13—15 页。

③ 见《百里奚会妻》卷下，第 2 页，五桂堂版，出版年不详。据粤乐研究者黎田说，《百里奚会妻》属清末民初“八大曲本”之一，其中第三段的开头，连续使用了《仙花调》《送情郎》和《红绣鞋》三首小调（见黎田《正本清源，还粤乐本来面目——对粤乐三个问题的剖析》，《粤韵香飘——吕文成与广东音乐论集》，第 160 页）。笔者所见的五桂堂（总局设在广州市第七甫，分局在香港文武街）版的《百里奚会妻》，则只有《鲜花调》。

纪 10—20 世纪 20 年代出版的各种粤曲曲谱中，这些外江小调也会被收录进去。[①] 清末梁启超在撰作“通俗精神教育新剧本”《班定远平西域》时，主要用“粤剧旧调旧式”，但为了抖擞士气，在剧中也插入《从军乐》和《旋军歌》等调子和“吹喇叭”“奏军乐”“用兵式礼操喝号”等表演形式。[②] 不过，根据现存的《仙花调》乐谱，以及梁启超附在其剧本后的《从军乐》和《旋军歌》的乐谱，我们知道，早年用外来调子谱写的歌词，是不符合粤语平仄的。这种不合声韵的现象，至迟在新月唱片公司于 1926 年灌制的用旧曲谱填新词的《快活生涯》和《柳摇词》中，仍然存在。

从 20 世纪 30—40 年代配合当时推出的粤曲唱片印制的曲谱可见，秉承过去吸纳外江小调的传统，新兴的国语时代曲也被大量地引进粤曲之中。其中，黎锦晖（1891—1967）在上海创作、被卫道之士认为属“黄色歌曲”的国语时代曲《毛毛雨》，在 30—40 年代创作的粤曲中屡被采用。翻阅 1944 年出版的《播音名曲选》，顺手拈来，就至少有三首粤曲是加入了用《毛毛雨》谱就的小曲的[③]，而其他采用了 20—40 年代创作的广东音乐和国语时代曲的粤曲的例子更是不胜枚举[④]。从其歌词所见，此时谱入国语时代曲的粤语歌词，是按照粤语的平仄音律来填写的。[⑤] 粤曲的粤方言特色，也在这个时候得到前所未有的发挥。

---

① 例如 1924 年上海百代公司出版的《粤伶秘本 · 名曲大全》里，就有《仙花调》《剪剪花》等曲目，见该书第 71、75 页。

② 梁启超：《（通俗精神教育新剧本）班定远平西域》（原载《新小说》第 19—21 号，1905 年 8 月至 10 月），收入梁启超著，夏晓虹辑《〈饮冰室合集〉集外文》下，北京大学出版社 2005 年版，第 1300—1304 页。

③ 这三首小曲是《闺怨》《忆王孙》和《长生殿》，见胡泽枌主编《播音名曲选》（广州，协荣印书馆出版，序于 1944 年），第 61、65—66、109 页。

④ 如《杜宇啼红》一曲，便用了《平湖秋月》和《何日君再来》；《富士山之恋》采用了《月儿弯弯照九州》；《笼中小鸟》采用了《何日君再来》；《还君娇子在龙城》用了《秋水伊人》。见胡泽枌主编《播音名曲选》，第 52 页；另见《最新录音粤曲皇上皇》，编者、出版者、出版年不详，第 159、220、463 页。

⑤ 例如《闺怨》一曲采用了《毛毛雨》的音乐填上粤语歌词，歌词曰：“雨纷纷，蝶蜂无痕；绝花心，早教缔盟；苍发，渐老红裙；花开，蝶蜂争吻”，这是符合粤语平仄声韵的，见胡泽枌主编《播音名曲选》，第 61 页。

余论：超越地方的地方性

本文就20世纪20—30年代粤剧、粤乐和粤曲在上海的发展作出了一些初步的勾稽，一方面是为了对三者演变的脉络取得较精确之认识，另一方面则希望借此研究，对探讨近现代中国城市大众文化提出一些值得进一步关注的问题。近现代都会城市的兴起导致的人口流动和会聚，新媒体和技术的出现对艺术创作产生的影响，知识分子对民族身份和文化认同的探求，都在影响着中国城市大众文化的塑造。粤剧、粤乐和粤曲既可以说是"传统地方文化"——事实上，不少戏班除了在大城市如香港、广州和上海的舞台上表演外，更多的是下乡演出神功戏，而在乡村活动的戏班，有时会保留更多旧传统，与不时在城市演出的戏班在剧目、声腔、语言运用等各方面，有所分别；但同时，我们也应看到，在上海这种大城市中，粤剧、粤乐、粤曲更容易受西乐新风的熏染，借着留声机和无线电广播的技术，又以另一种形式得以保留和传播。这种"城乡差别"，往往会让一种"地方文化"在原生地以外得以突破传统，变革更新。

这种超越地方的地方文化的缔造，同时也是在清末民初以来中国知识分子努力创造一个理想的新中国文化的语境中进行的。在这个"创造中国"的过程中，新的、旧的、中的、西的，都被重新诠释和组合。不少以"国"为名的事物，诸如国学、国语、国乐，都先后在不同的人的手中拿捏塑造，并赖着政治和教育机制的逐步建立，使某些声音得到凸显或巩固，另一些则隐退消沉。[①] 罗志田在其有关国学的研究中强调，与

① 以"国学"概念为例，其出现与定义的过程是充满诡论意味的。桑兵认为，是"数百年间中西文化的交流融合，特别是晚清西学东渐之风的鼓荡，最终导致中国文化在学术层面上融入近代世界体系"（桑兵：《晚清民国的国学研究》，上海古籍出版社2001年版，第1页）。罗志田也指出，"清季国粹或国学概念的出现与西潮特别是西学的冲击直接相关"，并归纳了20世纪中国新文化人化解内心之中新旧思想资源混杂、竞争和互动而造成的紧张的策略，即"引入一个新的空间范畴'世界'而赋予传统与现代的时间区分以新的含义：世界常常代表'新'的未来，而中国则更多象征着'旧'的过去；空间上的'世界'虽约等于'欧美'，而未必包括'中国'，但只要时间上'现在'的中国割断与'已死的'历史的联系而认同于'正在生长'的世界，便可以成为想象中的'未来世界'之一部分"（罗志田：《国家与学术：清季民初关于"国学"的思想论争》，生活·读书·新知三联书店2003年版，引文出自"自序"，第11、17页）。

国学相关的一系列论争以至于史学研究中备受重视的清季民初新旧之争，其实都是充满士人关怀，主要是在精英之间展开的，不过，他也提出，这些论争“远远超出了‘学术’的范围，而形成了社会参与相对广泛的思想论争”①。本文论及的许多人物，在他们的天地里缔造出他们在感性上能够认同的地方文化，这多少反映了某些“学术”范围以外的人群，也如何参与了 20 世纪这场创造“国家文化”的竞逐，值得我们从不同的方面作进一步的探索。

① 罗志田:《国家与学术：清季民初关于“国学”的思想论争》,“自序”第 1 页。

王觉一与末后一着教新探*

韩志远

在晚清民间宗教史和社会史研究中，王觉一与末后一着教一直备受关注。与其他教派相比，末后一着教的神秘色彩更加浓重。教主来自何方？教派创立于何时？以及该教的源流、组织活动情况、使用的经书等等，人们一直如雾里观花，影影绰绰。尤其是在王觉一及其教派骨干神秘消失了十多年之后，即20世纪初，王觉一突然以义和团总首领的身份重新出现在历史文献中。其人是否为末后一着教首王觉一，引起后人的种种猜测。民国时期，一个称作“一贯道”的教派兴旺起来，并迅速成为全国最大的民间教派。在一贯道的经卷中，又出现了王觉一的名字。此时的王觉一，已被列为一贯道道统中的第十五祖。一贯道道统中的第十六祖为刘清虚，有人认为他就是末后一着教的三号头目刘至刚。王觉一不仅被一贯道尊为祖师，还以他的名义刊布了多种经书。这些多属于后人传说与演绎乃至编造的东西，真假难辨，其可信程度大打折扣。这也是造成长期以来末后一着教许多问题扑朔迷离，研究难以进展的原因所在。近年来，对于王觉一及其教派的研究成绩不菲，李世瑜、林万传、喻松青、马西沙、周育民、庄吉发、邵雍、秦宝琦、濮文起等民间宗教

---

* 本文原载《近代史研究》2007年第4期。

史研究专家做过不少工作。[①] 他们或收集民间所藏一贯道经卷抄本，或发掘利用清朝档案中相关奏折，使这一问题的研究取得了一定的成绩。然而，由于资料欠缺等原因，许多问题仍迷雾重重，有待进一步研究。最近，笔者有幸寻觅到一批有关王觉一和末后一着教的原始档案资料，其中有河南、湖北、江苏、山东等地方官府抓捕和审讯该教教徒所留下的口供等档案资料，涉案地区的官府往来公文，以及当时审理此教案的钦差大臣孙毓汶、乌拉布的原始提审记录等。同时，笔者又见到新发现的清抄本《末后收场宝卷》等民间秘密宗教的经卷。[②] 这些资料为重新探讨末后一着教问题提供了重要依据。兹将考察结果申述于下，敬请方家教正。

一　关于王觉一籍贯、生年与姓名问题

目前，有关王觉一籍贯和生年的说法，基本上都采用台湾学者林万传在《先天道研究》中所云：“山东益都县城东北八里阙家庄人，约生于道光元年（1821），谓水精子化身，年幼孤苦伶仃，三岁伤父，七岁母逝，幸蒙族叔收养。”[③] 如马西沙和韩秉方著《中国民间宗教史》、濮文起撰《中国民间宗教溯源》以及主编的《中国民间秘密宗教辞典》、谭松林主编《中国秘密社会》等著作均采用了林氏的说法。下面对王觉一籍贯、生年与姓名问题分述如下。

第一，籍贯问题。

王觉一的籍贯是山东益都县，据相关资料记载，并无差错。但所谓“阙家庄人”的说法，似乎有误。最近发现抄于光绪十年四月初一日的《王继太即王际太供》，为我们提供了新的证据。王继太在供词中说：

---

① 参见李世瑜《现代华北秘密宗教》，上海文艺出版社 1990 年版；林万传《先天道研究》，台南，靝巨书局 1986 年版；喻松青《明清白莲教研究》，四川人民出版社 1987 年版；马西沙、韩秉方《中国民间宗教史》，上海人民出版社 1992 年版；周育民《一贯道前期历史初探——兼谈一贯道与义和团的关系》，《近代史研究》1991 年第 3 期；邵雍《中国会道门》，上海人民出版社 1997 年版；濮文起《秘密教门——中国民间秘密宗教溯源》，江苏人民出版社 2000 年版；秦宝琦《清末民初秘密社会的蜕变》，中国人民大学出版社 2004 年版。

② 《末后收场宝卷》，一函两卷抄本，卷一末署抄于“雍正三年十一月初一日”，卷二末署“丁巳年正月初八日，抄卷人周正纯敬书”。中国社会科学院历史研究所王育成先生收藏。

③ 林万传：《先天道研究》，第 188 页。

山东青州益都县人，住阚家庄地方，年三十五岁。父亲王觉一，即希孟，又名养浩，现年五十岁。母亲李氏，现年五十四岁……①

有关《王继太供词》，以往我们只能从曾国荃奏折中见到摘抄的片断。这件新发现的《王继太即王际太供》，是当时湖北巡抚彭祖贤发给河南巡抚部院的公函附件。在收到《王继太供词》后，河南巡抚部院立即批复给本省主管刑法的按察司。批文云："札按察司光绪十年四月初一日。准湖北抚部院彭（祖贤）咨开，为咨复事，云咨施行。计抄《王继太供词》一纸等因，到本部院，准此。合就札，行札到，该司立即转饬开封府查照，毋违此札。"② 开封府在接到批文后，又分别向辖境内的总镇（总兵官）转发。我们目前所看到的《王继太即王际太供》，上面书有"光绪十年四月初一日，刑房张进宝承湖北咨会拿获教匪王继太，计开"。说明这是由河南巡抚部院刑房书吏张进宝抄录存档的。王继太是王觉一的长子，他所说家住"阚家庄"，应当不会有错。检索编纂于光绪年间的《益都县图志》，书中有翔实的乡村分布情况。该书卷三《道里表》中，明确记载有"阚家庄"之地。③ 当时，益都县辖境的村庄除阚家庄之外，周围还有郎家庄、吕家庄、傅家庄、夏家庄、韩家庄、崔家庄、田家老庄等。唯独未著录有"阙家庄"之地名。显然"阙家庄"，乃"阚家庄"之误。由此可知，王觉一的籍贯当为山东益都县阚家庄。

第二，生年问题。

王觉一生于何时？"约生于道光元年（1821）"的说法，显然是一种推测。王觉一的年龄，难道真的难以考定吗？根据《光绪朝朱批奏折》光绪九年四月记载："山东教匪王觉一等，往来各省传教，著有《一贯探原》等书。现在前往金陵、汉口、荆州等处，开明籍贯、年貌，饬令一

① 《巡抚部院刑房卷一宗·王继太即王际太供》（光绪十年四月初一日），中国社会科学院近代史所藏，孙毓汶档案，甲 267—5。以下只注档案号。凡档案资料引文，除明显错讹之外，一般原文照录，不作校勘。

② 《巡抚部院刑房卷一宗·河南巡抚部院兼提督鹿传霖札》（光绪十年四月初一日），甲 267—5。

③ 光绪《益都县图志》卷3《道里表》，《中国地方志集成》第33册，凤凰出版社2004年版。

体查拿。”① 说明当时官府已经发出过带有王觉一“籍贯、年貌”的通缉令。顺着这一思路，笔者果然在新发现的档案资料中，找到一则光绪九年六月初一日河南官府颁发的《为悬赏缉拿事》的文件。此文件上面列有通缉对象的籍贯、年龄、身高、相貌等特征，对我们解开王觉一生年之谜会有所帮助，现抄录于下：

为悬赏缉拿事。照得前因湖北省有教匪滋事，当准来咨，将匪首王觉一等，通行饬缉在案。兹本护部院钦奉上谕：饬将王觉一等各匪首严行查拿惩办，并准将获匪出力人员从优奏请奖励。自应钦遵，认真饬缉，除饬各州县整顿保甲，勒限严缉，分别咨行外，合将各要犯年貌籍贯、姓名，悬赏缉拿。为此格，仰军民诸色人等知悉。尔等如能拿获王觉一送案者，赏银三千两；拿获王继太、刘至刚送案者，每名赏银二千两；拿获陈二少爷即陈守照、邓玉亭送案者，赏银一千两。如探知王觉一等，各潜匿处所，密报文武各衙门，因而拿获者，亦必每名减半给赏，认系真正本犯，即行照赏。此项银两，本护部院业已饬局另款存储，人犯解到，随时即发。尔等各宜勉力从事，切勿观望，是为至要。须至赏格者，计开：

王觉一，又名养浩，又号王古佛，年五十二岁，山东益都县人，身长面黑，有嫩麻微须，项颈有瘰疬一块，左右手掌有纹，像日月古佛字样。

王继太，系王觉一之子，年三十二岁，山东益都县人。

上引通缉令的落款为“护理河南巡抚部院兼提督军门布政使觉罗成、开封府光绪九年六月初一日本护部院承准”②。根据这一资料记载，王觉一在光绪九年（1883）是 52 岁。按照中国传统计算年龄的方法，52 岁当为虚岁。从光绪九年上推 51 年，当为道光十二年（1832）。王觉一的生

① 中国第一历史档案馆编：《光绪朝朱批奏折》第 118 辑（光绪九年），中华书局 1996 年版，第 232 页。

② 《准两湖咨有教匪王觉一等滋事札饬各州县一体缉拿卷·为悬赏缉拿事》（光绪九年六月初一日），甲 267—4。

年是否就可以定在道光十二年呢？这还需要进一步论证。

记载王觉一年龄的还有两件重要档案资料：一件是《王继太即王际太供》。通缉令发出后，王继太随后被官府捕获，他在供词中说：其父“现年五十岁”。光绪九年，王觉一50岁。那么，他当生于道光十四年（1834）。另一件是流传于末后一着教中的经文《书帖》（亦称《庚辰年书帖》）。这一《书帖》出自王觉一之手，是以七言排律形式，阐述王觉一的出世、出身、教义等方面的内容（有关《庚辰年书帖》问题，下文将专题论述）。其开篇第一句即云：“六阳（爻）驭驾金蛇年，萍综百芒寄书篇。”[①]《书帖》这句话，正是暗示王觉一出生在蛇年。以夏历十二生肖纪年，癸巳年为蛇年，即道光十三年（1833）。三份资料对王觉一年龄的说法略有不同，哪一个更为准确呢？通缉令记载王觉一与王继太的年龄，乃依据教徒供词和在王氏原籍的查访，其所记载的年龄相差一二岁是很正常的。如通缉令说王继太“年三十二岁”。据王继太自己说，“年三十五岁”。说明通缉令上的王氏父子年龄稍有偏差。王继太记忆其父的年龄是否会出差错呢？这也很有可能。如他说：“兄弟王际和比小的只小几岁，记不起他实在年纪。”[②] 既然记不起兄弟的年龄，对父亲的年龄记忆出现小误差也不奇怪。综合上述证据，我认为《书帖》的说法更准确。因此，王觉一出生于道光十三年（1833）比较可靠。

第三，姓名字号问题。

关于王觉一的姓名字号，以往没有人进行过讨论。其实，通过对王觉一名号的考察，也可以发现一些有关王觉一史实的新线索。

王觉一还有王希孟、王养浩、王古佛等称谓。王觉一之名并非幼年所起，而是他传教时所用的姓名。光绪九年（1883）三月二十八日，王觉一组织领导的江苏、湖北起事失败，王觉一出逃。但俗话说，跑了和尚跑不了庙。四月初，青州府知府梅启熙、益都县知县李湊派人查抄王觉一在益都县阚家庄的家，并将王觉一的妻子王李氏，王继太的妻子王冯氏收监。随后将查抄结果奏报山东巡抚。山东巡抚陈士杰再上奏朝廷。

---

① 《汝宁府刑房卷一宗·周冠谨将逆词抄开具请折恭呈宪鉴》（光绪七年十二月二十九日），甲267—5。

② 《巡抚部院刑房卷一宗·王继太即王际太供》（光绪十年四月初一日），甲267—5。

陈士杰奏折云：

> 王觉一幼习算卦卜课，本名王希孟，又名王养浩。在家时并无王觉一之名，亦未诵经吃斋及传徒习教。光绪四年间，王觉一出外谋生。王李氏等不知其前往何省。王觉一如何在外省习教传徒，谋为不轨，王李氏等俱不知情。嗣王李氏因王觉一日久不回，先后令王继太、王继和上路前往寻找，亦未回家。八年九月，不记日期，有一人至王李氏家，自称姓张，名广叶，由江苏赴登州贸易，带回王觉一家书一封，并银二十四两。王李氏等并不识字，即挽张广业〔叶〕代看家书，只言现已改名王觉一，在三江两湖营生。①

以上资料说，王觉一原名王希孟，又名王养浩。光绪四年（1878）后，他改名王觉一。取“希孟”与“养浩”之名，显然与儒家的亚圣孟子有关。“希孟”，即希望成为孟子似的人物。“养浩”，取自《孟子》云“我善养吾浩然之气”②。依据古人称谓习惯，“养浩”似应是其表字。因此，王觉一原名叫希孟，字养浩。他改名叫“觉一”，其所寓何意？应与佛教禅宗有关。据《达磨大师悟性论》云：“佛者名觉也，人有觉心得菩提，道故名为佛。”③ 改名“觉一”，与其号“古佛”之意是相同的。显然，这是他已经将自己视作佛的化身了。《末后收场宝卷·皂罗袍》云：“弥陀出现，不知不觉。”④ 他自诩是古佛，自然是先知先觉的一个。改名“觉一”，是有其深刻的寓意的。⑤

---

① 《巡抚部院刑房卷一宗·山东咨会奏拿获教匪家属审明按例定拟一折》（光绪十年七月十二日），甲267—5。

② 孟轲：《公孙丑上》，《四书集注·孟子》卷2，上海沈鹤记书局1934年版，第6页。

③ 菩提达磨：《达磨大师悟性论》，河北禅学研究所编：《禅宗宝典》，全国图书馆文献缩微复制中心1993年版，第17页。

④ 《末后收场宝卷》卷2。

⑤ 关于王觉一的姓氏，还有一种说法。光绪九年三月，末后一着教在湖北起义失败后，其重要成员熊定国被湖北官府擒获。他曾有一个交代材料，即《职员熊定国供》，其中云：“王氏父子本姓朱，因山东青州府出示赏拿他父子与刘（至刚），故改朱为王。”〔《准两湖咨有教匪王觉一等滋事札饬各州县一体缉拿卷·职员熊定国供》（光绪九年五月十五日），甲267—4〕改朱姓为王姓的说法，未经其他资料证实。

《皇极金丹九莲经宝卷》云：无生老母差遣弥陀下界，“投凡入窍人难辨，古性弥陀落凡间，隐姓埋名暗钓贤，末后龙华总收源。”[①] 王觉一的教派是以无生老母为至尊神灵。他隐姓改名，暗示着他是由无生老母派遣来普度众生的。因此，王觉一的改名之举，看似小事，实际上标志着他传教生涯进入了一个新的阶段。

二 关于教派名称和创立的时间问题

王觉一创立的教派名称是什么？目前有先天无生教、末后一著教、末后一着教、一贯教、一贯道等多种说法。教派创立的时间说法也多有不同。周育民说：“始称先天无生教，后为末后一著教。该教系王觉一在四十岁时创立的，其确切年代没有记载。”[②] 马西沙说：“末后一著教即一贯教（后称一贯道）从青莲教教系中分化独立出来”，“清末一贯道创始人王觉一”，早在“同治年间就在山东、河南一带传授末后一著教”。[③] 濮文起说：“清同治年间，王觉一自称古佛降生，创立先天无生教，后改名末后一着教。由于他经常宣传天人一贯之说，并且在主要著述中阐释‘一贯’二字，所以该教也叫一贯教。”[④] 秦宝琦说：“咸丰初年，王觉一赴山西拜姚鹤天为师后，回到山东青州家乡，曾在山东、河南和淮海一带传授末后一著教。” “刘至刚即刘清虚逃回山东后，于光绪十二年（1886）将末后一著教改为一贯道。”[⑤] 专家们的观点大相径庭。

曾在光绪朝任两江总督之职的曾国荃说：“该犯王继太在逃之父王觉一，即王希孟，又名王养浩，在家卖卜持斋有年，四十岁后，因见左手掌纹形似古字，即自称系古佛降生，并言梦见菩萨，令其传道。当即设立教名，始称先天无生教，后为末后一著教，劝人入教持斋，每人出钱

① 《皇极金丹九莲经宝卷》卷上，《弥陀领法临凡品第三》，王见川、林万传主编：《明清民间宗教经卷文献》第4册，（台北）新丰出版公司1999年版，第927页。

② 周育民：《一贯道前期历史初探——兼谈一贯道与义和团的关系》，《近代史研究》1991年第3期。

③ 马西沙、韩秉方：《中国民间宗教史》，第1150、1156页。

④ 濮文起主编：《中国民间秘密宗教辞典》，四川辞书出版社1996年版，第311页。

⑤ 秦宝琦：《清末民初秘密社会的蜕变》，第175页。

数百文，或千文不等，收作用度，并用红色印出手纹给教徒收执，称可免灾，又做诸佛诸祖等句咒语，教人念诵。"[①] 曾国荃的这段话已被研究者多次引用。曾氏所说的王觉一40岁创教，其教名"始称先天无生教，后为末后一著教"，也被研究者普遍接受。曾氏的相关记载是否准确无误呢？我认为，曾氏的记载并不十分准确。曾氏这篇奏折，是在审讯俘获的王觉一之子王继太后，根据王继太的供词而写成的公文。奏折的特点是语言精练，有些内容因奏报者认为不重要而被省略掉了。换句话说，曾氏奏折中所引述的王继太供词并非原文，而是经过提炼加工后的文字。如王继太曾在供词中交代的其父的年龄问题，就被曾氏在奏折中略去。前文已经谈到新发现的《王继太即王际太供》，为我们了解曾氏奏折中的失真之处提供了重要依据。下面将《王继太即王际太供》中相关部分抄录如下：

> 父亲向来在家读书卖卜营生，吃斋多年。四十岁后，左手掌上生有古字纹痕，父亲就说梦见菩萨，叫他传道。因即设立教名，始称先天无生老母教，后称为末后一着教，劝人入教吃斋，每人出钱数百千文不等，作为盘费，并用红色印出手纹给教徒收执，说可免灾，另做诸佛诸祖咒语，教人念诵。[②]

王继太在供词中说：其父王觉一设立的教名，"始称先天无生老母教，后称为末后一着教"。不难看出，曾氏的奏折漏掉了"老母"二字，又将"着"字写成了"著"。据《辞海》云："着"，本作"著"。这二字在清代文献中混用是常见的。需要说明的是：在秘密宗教的经卷中所讲到"末后一着"时均作"着"，而清代官员奏折中却多用"著"。亦可以反映出，清代官员们对民间秘密宗教中的专用词汇并不熟悉。

无生老母是明代后期以还的许多民间秘密宗教教派崇信的至尊偶像。

---

① 曾国荃:《续获匪犯正法疏》(光绪十年五月初二日)，《曾忠襄公奏议》卷22，光绪二十九年刊本，第27页。

② 《巡抚部院刑房卷一宗・王继太即王际太供》(光绪十年四月初一日)，甲267—5。

她被视作创世主和人类命运的主宰，住在真空家乡（天堂）。[1] 成书于清顺治年间的《古佛天真考证龙华宝经》云："古佛出现安天地，无生老母立先天。"[2] 无生老母分世界为三个时期，即青阳、红阳、白阳三期。白阳末劫来临的时候，无生老母派古佛即弥勒佛下凡，最后一次普度众生。这在信仰无生老母的教派中称为"末后一着"。因此，在许多民间宗教的经卷中，常常都能看到"末后一着"的说法。如，"末后一着皈家去，九玄天上证无生"。[3] 又如，"收元法末后一着"[4]。再如，"无生莲台坐云宫，末后一着躲死生"[5]。显然，王觉一创立的教派名称，即由此派生而来。从他号"古佛"来看，也能反映其间的某种联系。

据王继太说，王觉一始立先天无生老母教是在其40岁后。前文我们考证说王觉一生于道光十三年（1833），那么他创教的时间当在同治十二年（1873）。至于何时改为末后一着教？我认为，王觉一在创教后不久，即在同治末年改名为末后一着教。严格说来，末后一着的教名并非他首创。据新发现的《张怀松即张华松供》说：

> 同治十年冬间，有湖南王国敬在我门口卖扣子，彼此闲谈，他劝我吃斋入教。他有修行功夫，能以延寿。我留他住了几天，拜他为师。他教我戒口，再点元传道。我从此吃斋。至次年春天，王国敬来铺，知我吃斋，他就给我点元……并告我说，这是传的末后一着教。叫我供无生老母轴像，并学练气守虚无功夫。王国敬住了几天走了。后来总未见着，想是死了……光绪四年春间，我赴风后顶烧香，见有卦人招牌上写"山东青州王觉一，敬占六爻神课"。我与他闲谈，他知我吃斋修道。他问我师傅是谁？我说王国敬，他说与他同教。他问我学的啥功夫。我说，守元关，习呼吸。他说这是头

---

① 参见喻松青《明清白莲教研究》，第100—108页。另参郑志明《无生老母信仰溯源》，（台北）文史出版社1985年版。

② 《龙华宝经》卷1《混沌初分品第一》，《明清民间宗教经卷文献》第5册，第649页。

③ 《皇极金丹九莲还乡宝卷·玄真证道品第八》，《明清民间宗教经卷文献》第4册，第887页。

④ 《末后收场宝卷》卷2《黄莺儿》。

⑤ 《佛说都斗立天后会收圆宝卷·末后一着品第十八》，黎青主编：《清代秘密结社档案辑印》第1册，中国言实出版社1999年版，第162页。

层工夫，还有二层工夫，须拜他为师，他才传授我……①

张怀松是末后一着教在河南汝宁府的首领，光绪七年（1881）十一月被捕后，在拘押的三年时间里，曾先后多次被清朝各级官府审讯，并留下多篇供词，这些供词原件几乎都完好地保存下来（其他案犯供词也是多份，前后供述内容不尽相同）。上面摘录的《张怀松即张华松供》，是光绪十年（1884）十一月十三日，由钦差大臣孙毓汶等人所审讯而留下的供词。上引张怀松说，他先后拜了两个老师：一个是王国敬，一个是王觉一。王国敬与王觉一仅是同教，似乎二王之间并无师承关系，否则张怀松会作交代。张怀松的另一篇供于光绪七年十二月初九，由汝宁知府周冠审讯的《张怀松供词》云：

他（指王国敬）的教，头目先是湖南人水祖。水祖死，故又归与西川人金公。金公死，故又归余姓、谢姓、韩姓。余、谢、韩三人死，故现在归与夏天公接管。他的教头夏天公现年八九十岁。②

张怀松的这份供词，不仅对了解王国敬的末后一着教传承有所帮助，还为我们提供了一个重要信息。民国时期一贯道内部传说："徐（守一）、杨（吉南）十三祖之后，道统混乱，系因众广争夺天盘，天命在隐显之间，特命先天五老及各仙佛圣真，倒装降世，暂理道统。"③这就是一贯道道统中所谓的火、木、土、水、金五老掌道时期。张怀松的说法，与一贯道的传说有相似之处。这也反映出一贯道的传说有其真实的一面。

根据张怀松所说，王觉一传授末后一着教时，王国敬等人也在传授同教。一贯道经卷所谓"道统混乱"，"众广争夺天盘"，可能就是指，这一时期教派群龙无首，互相争夺势力范围。王觉一将王国敬的徒弟张怀

---

① 《张怀松即张华松供》（光绪十年十一月十三日），17—1。此件末尾有张怀松的画押、"右手二指"文字及墨色手印。

② 《汝阳县禀访获奸匪张怀松等习教滋事一案卷·张怀松供》（光绪七年十二月初九日），甲267—5。

③ 参见李世瑜《现代华北秘密宗教》，第54页。

松收为麾下，反映了末后一着教初期教派的内部争夺的迹象。

据河南汝宁府教徒苏天爵说："光绪三年五月间，我在给学生讲书，他（萧灑仪）听见说讲的好。他还有奇书数种，名《三易探源》、《一贯探源》、《道八卦》、《一字经》等书。我想借他书看，他说不敬神入教，不能给看。我就应允他入教。学屋后有一间闲房，我就将学中香拿去烧上，望空叩头，说是供的无生老母。他口内不知念的什么。遂起来一揖，就说是入教了。并告诉我，他的老师是王觉一，是有道学的，所说的书都是王觉一著的。他的教名是末后一着教。我问他那年见的王觉一，他说二年前已拜过他为师了。后来将《三易探源》等书送来。"① 说明王觉一至少在光绪元年（1875）前，已用末后一着教之名广收徒众。据光绪九年（1883）湖北教徒熊定国说：王觉一他们"传教已有十七八年矣"②。亦是说，在同治四、五年（1865、1866）间，王觉一已经在传教，只是还没有自立教门。至独树一帜创教不久后，他及时打出了末后一着教的旗号，并以其"道教深奥"的才能征服了其他派系的成员，而成为公认的总教主。③ 此后王觉一则以末后一着教创始人和"总教首"的身份出现在民间秘密社会。④

关于"一贯道"的教名出现于何时，民国时期编纂的一贯道经书《一贯道理问答》说："王祖归空时，仍又请问，坛谕改名三极一贯，交付刘祖，道号清虚老人执掌。"⑤ 后人据此得出：末后一着教于十六祖刘清虚以后改名一贯道。甚至有学者明确界定："末后一著教改为一贯道"的时间为"光绪十二年（1886）"。⑥ 李世瑜先生对一贯道经书所说采取

---

① 《苏天爵供》（光绪十年十一月十三日），17—1。此件末尾有苏天爵签名和"十"字画押，上有"右手二指"文字及墨迹手印。

② 《准两湖咨有教匪王觉一等滋事札饬各州县一体缉拿卷·职员熊定国供》（光绪九年五月十五日），甲 267—4。

③ 《左宗棠奏折》（光绪九年六月十九日），中国第一历史档案馆藏，军机处录副奏折·农民运动类·秘密结社项档案，8888—19。

④ 左宗棠云："近时有总教首王觉一……倡立邪教，名为末后一着，刊布妖书，邀人入教。"见《左宗棠奏折》（光绪九年六月十九日），中国第一历史档案馆藏，军机处录副奏折·农民运动类·秘密结社项档案，8888—14。

⑤ 转引自李世瑜《现代华北秘密宗教》，第 36 页。

⑥ 秦宝琦：《清末民初秘密社会的蜕变》，第 176 页。

的是审慎态度，他说：“道中人承认刘某的传教年代是民国初年，那么严格说来，一贯道的创始应是民初。可惜这种传说不一定可靠，我们至多能说它是可能的罢了。”①

一贯道之名究竟产生于何时？新发现的末后一着教典籍《书帖》为我们提供了新的重要证据。据《书帖》中云：

千真万圣同追赶，大道三年满世间。通天撤〔彻〕地名一贯，无极至理包人天。②

这一《书帖》中所谓的“大道”“名一贯”，不正是说教名一贯道吗？《书帖》亦被称为《庚辰年书帖》，显然最迟在庚辰年，即光绪六年(1880)，已经有一贯道的称谓了。

光绪九年（1883）三月，末后一着教在湖北汉口的起义被镇压后，湖广总督涂宗瀛将事件的原委奏报朝廷，其奏折云：“王觉一称为太老师，王继太称为大老班（按：熊定国供词作‘板’），刘至刚称为老师。凡入教未久之人，皆不得见此三人之面。所以前获正法之王大启等，仅知邓玉亭等所传灯花教，不知另是一贯教也。”③

从上述记载中，亦可以说明王觉一时代已有“一贯教”的称谓了。“一贯教”，即“一贯道”，不言而喻。

综上所述，王觉一早在同治初年即进行传教活动，并于同治十二年（1873）创立先天无生老母教，不久改名为末后一着教，最迟在光绪六年（1880）又称一贯道。

三　关于该教派的典籍与图文问题

著书和编纂图文材料，是王觉一传播末后一着教的重要途径。据

① 李世瑜：《现代华北秘密宗教》，第 32 页。

② 《汝宁府刑房卷一宗·周冠谨将逆词抄开具请折恭呈宪鉴》（光绪七年十二月二十九日），甲 267—5。

③ 《涂宗瀛奏折》（光绪九年五月二十五日），中国第一历史档案馆藏，军机处录副奏折·农民运动类·秘密结社项档案，8888—30。

《历代祖师源流道脉》云：十五祖王觉一，号北海老人，“著书甚多”[①]。民国时期，一贯道内部刊印和传抄过多种署名和不署名的经书。李世瑜搜集整理后编辑《一贯道经典提要》，其中列于王觉一或北海老人名下的著作有：《一贯探原》《一贯圣经》《一贯概言》《三教重新》《三教圆通》《三易探原》《子曰解》《大学中庸解》《理性释疑》《理数合解》《谈真录》11 种。[②] 这些书籍是否真的是王觉一所著，很值得怀疑。历史上假托前代名人作伪书者并不少见，这种挟名人以自重，在一贯道经卷中也是很常见的现象。如《历代祖师源流道脉》，其中将盘古、太昊、黄帝、尧、舜、禹、成汤、文王、武王、周公、孔子、曾子、子思、孟子、释迦牟尼、摩诃迦叶尊者等，世俗与神道中贤者、尊者，统统编入一贯道的祖师道统。王觉一的北海老人的道号，从未见著录于清代历史文献，何以证明此人就是王觉一呢？即使署名王觉一的著作，又何以证明真正出于王觉一之手？对这类后人传闻或代笔的东西，应当采取审慎的态度，以免以讹传讹。我们下面探讨的是清代文献中确有记载的末后一着教派中流传的典籍和图文。

第一，王觉一的著作和该教其他经文流传情况。

民间秘密宗教的特点是通过经卷等形式宣传教义、发布指令，以达到从思想到身心完全控制教徒的目的。明清时期，民间秘密宗教的经书有被冠以“宝卷”“宝经”“宝赞”等名目者，如《销释接续莲宗宝卷》《古佛天真考证龙华宝经》《九莲宝赞》等。但是，王觉一的著作从未冠以宝卷的称谓，这可能与晚清政府的民间宗教政策有关。清道光时，巨鹿知县黄育楩说：“邪经为邪教根源”，“邪经尤当密查”。[③] 因此，当时清朝政府对收缴和销毁“邪教”经卷的工作相当重视，律令甚至规定“收藏经卷者，俱发边远从军”[④]。王觉一的著作不称宝卷，确实逃避了官府的打击。末后一着教起义失败后，教派中流传的包括王觉一著述在内的经卷才被发现和收缴。除少部分因审案需要存档外，大部分都被销毁

① 转引自李世瑜《现代华北秘密宗教》，第 55 页。

② 参见濮文起主编《中国民间秘密宗教辞典》，第 311 页。

③ 黄育楩：《破邪详辩》，《清史资料》第 3 辑，中华书局 1982 年版，第 125 页。

④ （清）祝庆祺等编：《邪教从犯核其情节拟以遣军》，《刑案汇览三编》（1），北京古籍出版社 2004 年版，第 380 页。

了。尽管如此，在各级政府审理此案的档案中，留有许多记述案犯经书的资料。这为我们了解末后一着教的经卷情况提供了便利。

据《王继太即王际太供》云：王觉一“又做《一贯探原》、《三易探原》各书，《采茶点元歌》，刊刻刷印，并三极图，一并送给教徒”[①]。《职员熊定国供》云：“王觉一有《大学中庸注解》、《易经注解》，刻书传送已多年。”[②]《田映堂供》云：“他（王觉一）说：他著有《三易探源》、《心经解》等书。”[③]《高勤即高配天供》云：王觉一“给小的《学庸解》书……《学庸》版是小的们照刻的，书上都有名字”[④]。《殷五供》云：“王觉一在小的铺里住了一天，给小的《一贯探源》、《三易探源》各一本，已被兵役起获。”[⑤]《苏天爵供》云：“他有《三易探源》、《一贯探原》、《一字经》、《道八卦》等书，系王觉一传授。”[⑥] 左宗棠奏折云：“王觉一授以《一贯探原》、《三易探原》、《圆明范格》三书。”[⑦] 光绪九年（1883）十二月至十年（1884）正月，河南省河北总镇官兵在裕州、舞阳、唐县等地，先后抓获逃匿的末后一着教徒多名，所起获的物品中有“《三易探源》、《一贯探源》、《学庸解》各书，并《学庸解》书版”[⑧]。山东青州府官兵在王觉一家，“起获书籍，虽尚无悖逆字句，惟《一贯探原》序文记言‘无生老母降乩所作’。抄录小书一本，亦托言无生老母劝事，均属荒诞不经，具应存库备查，俟缉获王觉一讯结，在行销［毁］”[⑨]。

通过以上资料统计，王觉一所著有《一贯探源》《三易探源》《大学

① 《巡抚刑房卷一宗·王继太即王际太供》（光绪十年四月初一日），甲 267—5。

② 《准两湖咨有教匪王觉一等滋事札饬各州县一体缉拿卷·职员熊定国供》（光绪九年五月十五日），甲 267—4。

③ 《田映堂供》（光绪十年十一月初十日），17—2。

④ 《按察司吏房河北镇获解教匪卷·高勤即高配天供》（光绪十年正月二十二日），甲 267—4。

⑤ 《按察司吏房河北镇获解教匪卷·殷五供》（光绪十年正月二十二日），甲 267—4。

⑥ 《苏天爵供》（光绪十年十月二十六日），17—1。

⑦ 《左宗棠奏折》（光绪九年八月二十六日），中国第一历史档案馆藏，军机处录副奏折·农民运动类·秘密结社项档案，8888—20。

⑧ 《按察司吏房河北镇获解教匪卷·河北总镇崔咨》（光绪十年七月十九日），甲 267—4。

⑨ 《巡抚部院刑房卷一宗·山东咨会奏拿获教匪家属审明按例定拟一折》（光绪十年七月十二日），甲 267—5。

中庸注解》《易经注解》《心经解》《圆明范格》《道八卦》《一字经》《学庸解》（又作《学庸圣解》）9 种。其中以《一贯探源》和《三易探源》流传最广。王觉一的著作，既有抄本也有刻本。这些著作均撰于光绪十年（1884）以前。从清州府官员所描绘的藏于王觉一家的《一贯探原》序言和小书一本（似为《三易探源》）的内容来看，该书并未脱出前代宝卷的窠臼。如《九莲宝赞》开篇第一句话云："普明古佛遗留《九莲宝赞》，普明如来亲传末后一着。"① 王觉一称他的书是"无生老母降乩所作"，其"托言无生老母劝事"的做法，与其他宝卷托名神旨的做法如出一辙。末后一着教以无生老母为崇信的偶像，王觉一是借无生老母之口而传播教义。王觉一本人对《一贯探源》《三易探源》二书情有独钟。他在《庚辰年书帖》中云："不信拆开新书看，三易一贯两探原。句句道理真空面，言言透彻无极天。"② 由此可见，《三易探源》和《一贯探源》是王觉一著作的精华。

末后一着教内部除了已知的王觉一的几种著作外，是否还流传其他书籍？以往因资料匮乏无人提及。在笔者新近发现的档案中，有一批是河南南阳府官军擒获"教匪"档案资料。这为我们考察这一问题提供了帮助。光绪十年（1884）正月十一日，经南阳府知府濮文进等审讯"教匪"后，"讯据该犯等供，为王觉一党羽不讳。除将供词抄呈鉴外，合将教匪高配天即高勤等五名，并伪造各执照、令旗、封条、图书、书版等，一并解送宪辕，饬发收管，委员审讯"③。随后，南阳将这批案犯和档案押解送呈河南巡抚。光绪十年正月十九日，河南巡抚鹿传霖又将人犯和物证批转给按察司，批文云："南阳府拿获教匪及各伪件，解呈缘由抄合移咨，为此移咨贵抚提部院，即希查照办理，赐复施行等，因到本部院，准此。查此案前经将人犯、伪件一并发司收查，饬审在案。兹准咨解邪书等件，合再札，发札到该司，立即查照。前此批解人犯、伪件，一并查阅。督饬开封府提集各犯，隔别严鞫，务得确情，禀候查核，毋稍刻

① 《九莲宝赞》（清抄本），不分卷，中国社会科学院历史研究所王育成先生收藏。

② 《汝宁府刑房卷一宗·周冠谨将逆词抄开具请折恭呈宪鉴》（光绪七年十二月二十九日），甲 267—5。

③ 以下引文均见《按察司吏房河北镇获解教匪卷·河北总镇崔咨》（光绪十年七月十九日），甲 267—4。

延。此件计发邪书三本，三极图一张，供招一折，限三日即缴。光绪十年正月十九日。”批文后面开列了查抄和收缴的末后一着教的物证清单。由于清单全文较长，现将清单有关经文的前半部分照录如下：

光绪十年正月十九日到，计开：

《四篇重订》一本、《恭近于礼》一本、《佛解八十一劫》一本、《法华宝忏》第三卷一本、《学庸序》一本、《圣贤实学》一本、《成道不远人》一本、《渡迷慈航》一本、《观世音经》一本、《长远两友相论》一本、《太上感应篇》一本、《新约圣书》一本、《新著觉世挽劫经》一本、《杂用表文》一本、《明圣真经》一本、《四篇重订》一本、《三易探原》一本、《渡人舟》一本、《学庸圣解》一本、《圣经三要》一本、《劝妇女词》一本、《文昌帝君劝孝文》一本、《兴家宝全》一本、《呈上表文》一本、《丹经作用法》一本、《黼寿宝堂》一本、《神课》一本、《祖师帖》一本、《寿生经》一本、《李宗敏玉历附记》一本、《上香五次每次三炷》一本、《当今皇帝万岁万万岁圣位》一本、《泛应曲当》一本、《今有众生》一本、《关圣帝君觉世经》一本、《秘云似罗》一本、《太上感应篇》一本、《四篇重订》一本、《指迷金箴》一本、《买卖歌》一本、《呈奏表文》一本、《小曲》一本、《幼仪直讲》一本、《金仙证论》一本、《观音菩萨解》一本、《一更里定了更》一纸、《玉皇心印妙经》一纸、《有吾当领旨急》一纸、《南方丙丁火》一纸、《保命延生种子戒期》一纸、《正发恩立嘱》一纸、《收圆赞》一纸、《正五叹人生》一纸、《正从来现希有之事》一纸、《行道格言》一纸、《一更里定了更》一纸、《无生父母开天门》一纸、《执礼知事谨慎修》一纸、《维南瞻部州》一纸、《遵矩内外调办》一纸、《云成图四遍一藏》一纸、《摩诃般若波罗密多心经》一纸、《甲乙丙丁戊己庚辛》一纸、《呈奏表文》一纸、《处世事》一纸、《请彭玉会銮曰》一纸、《每日晨昏一炷香》一纸、《吃斋人下诚心》一纸、《收圆鉴疏》一纸、《我去修行不做官》一纸、《万有之本原》一纸、《牖民心久欲奏续而无由及其亲聆》一纸、《性命归净土》一纸、《为人要修早些修莫等》一纸、《血湖经》一纸、《到春来》一纸、《今有众生》一纸、《灵霄官内》一纸、《为人要修早些修》一纸、《无极堂》一纸、《奉劝江湖会》一纸、《辛巳年》一纸、《血湖经》一纸、《辛巳年书帖》一纸、《龙华三会大相逢》一纸、《河图之解》一纸、《跪香坛手禀》一纸、《正今据》一纸、《龙华图》一纸。

从官府收缴的末后一着教徒的经文来看，有我们已知的王觉一的几种著作，但绝大部分未见著录于已出版的各类清朝档案。以上这一记录末后一着教经卷等资料的清单（其中有的原文已在档案中找到），对我们了解王觉一及其教派的教义、源流和活动提供了新的线索。

从这批书籍和经文目录中，我们能大致了解到末后一着教所使用的经卷情况。一部分是与佛教有关的经文，如《摩诃般若波罗密多心经》《佛解八十一劫》《观世音经》《观音菩萨解》《法华宝忏》等。一部分是与道教有渊源的，如《太上感应篇》《文昌帝君劝孝文》《玉皇心印妙经》《丹经作用法》等。另一部分是与儒教有关的，如《中庸圣解》《中庸序》《四篇重订》（似为前文提到的《大学中庸注解》《子曰解》，加上《孟子注解》）等。值得注意的是，还有天主教的《新约圣书》《圣经三要》等经书。[1] 其中更多是继承前代民间秘密宗教的经卷、经文，如目录中的《血湖经》，显然与红阳教的经文《混元红阳血湖宝忏》有关系。《血湖宝忏》云："阴间妇人生产男女，秽污不净之水集聚一处，名为血湖。妇人死后，个个执碗饮尽血水，方得出期。若请红阳道众启立血湖圣会，讽诵赦罪真经，即赦释前愆，归依大慈悲佛。"[2] 目录中的《龙华三会大相逢》与大乘天真圆顿教经卷《古佛天真考证龙华宝经》（简称《龙华经》）中的《龙华相逢品第二十》有关系。目录中的《收圆赞》《收圆鉴疏》，显然与《龙华经》中的《天真收圆品第二十》以及收圆教有干系。《南方丙丁火》《辛巳年》等也可以在《龙华经》中找到来历。《关圣帝君觉世经》，目前仍有传本，台湾王见川、林万传主编《明清民间宗教经卷文献》第10册中收录有该经卷。

① 参见［美］欧大年《中国民间宗教研究》，刘心勇等译，云："一贯道教义极为复杂，并受到基督教和伊斯兰教的影响。"上海古籍出版社1993年版，第120页。

② 转引自黄育楩《破邪详辩》，《清史资料》第3辑，第34页。

总之，末后一着教内流传的经书来源是多方面的，既有王觉一亲自动手编纂的，也有从其他教派尤其是民间秘密宗教中继承的。因此，末后一着教经书是融会了多种教派经书的产物。

第二，新发现的《庚辰年书帖》。

末后一着教派中曾流传被称为《庚辰年书帖》的文字东西。在教徒供词中以及官员的奏折中《书帖》常常被提及，抑或引述其中的一二句内容。例如，光绪九年（1883）八月二十六日，时任两江总督的左宗棠在其奏折中云：王觉一的徒弟张道符对晏儒栋说："伊拜师已久，从乩坛上钞有《庚辰年书帖》一纸，密付查阅。又云，王觉一推数，如遇手有日月印文之人，可成大事，与《书帖》句语符合。"① 又如，光绪十年（1884）十一月十四日，钦差大臣孙毓汶、乌拉布在奏折中云："王觉一托天津人刘汉鼎带给萧灞仪《三易探源》、《一贯探源》各一本，三极图一张并《书帖》一纸，上有'单等金鸡三唱晓，四十八龙入中原'等语。"②

显然，所谓《庚辰年书帖》，或称之《书帖》的东西，是末后一着教的重要经典。以往对《庚辰年书帖》知之甚少，仅知上述孙毓汶、乌拉布在奏折中的两句话。因此，周育民说："光绪六年的《庚辰年书帖》内容虽然不得而知，但显然是谋反的重要文件。"③ 马西沙、韩秉方说："教内流传着《庚辰年书帖》一类谶纬式读物。""王觉一所制《庚辰年书帖》已经暗示了自己的目的：'单等金鸡三唱晓，四十八龙入中原。'金鸡三唱晓系内丹术语，是指气满药灵，金丹结成产生的一种自然现象。是时头脑中出现轰鸣，民间宗教内丹家将其喻为金鸡唱晓……但在王觉一的书贴中则比喻时机成熟，各路英雄豪杰都要在中原地区起事造反。"④ 由此可见，《庚辰年书帖》是研究王觉一及其教派非常重要的文件。长期

---

① 《左宗棠奏折》（光绪九年八月二十六日），中国第一历史档案馆藏，军机处录副奏折·农民运动类·秘密结社项档案，8888—20。

② 《孙毓汶、乌拉布奏折》（光绪十年十一月十四日），17—2。此件外有带云纹黄色信封，封口处有"谨封"二字；信封正面上书"奏"，下书"臣孙毓汶、臣乌拉布跪封"；背面书"内一件片一件"。

③ 周育民：《一贯道前期历史初探——兼谈一贯道与义和团的关系》，《近代史研究》1991 年第 3 期。

④ 马西沙、韩秉芳：《中国民间宗教史》，第 1157—1159 页。

以来，人们一直以为失传的《庚辰年书帖》，最近已被笔者在近代史所藏档中寻觅到了。[①] 这一珍贵文献面世，对我们揭示末后一着教的历史将会有所帮助。

近代史所收藏之《书帖》，帖前并未冠有“庚辰”二字。但从内容等方面来看，与《庚辰年书帖》应当是同一个东西。《书帖》采用七言排律的形式，全文142句，共994个字。由于原文过长，现择要摘录，并在每段前作点简要的诠释。

其一，王觉一临凡出世。《书帖》云：

> 六阳〔爻〕驭驾金蛇年，萍综百芒寄书篇。是是非非不必辨，长长短短何须谈。
>
> 千不怨来万不怨，怨得无皇慈爱偏。天下英俊多多少，单单命俺觉一男。

其二，教主出身寒门与接续的道统。《书帖》云：

> 明咱替母把道办，重整三教命脉传。现今道统危如线，千真万圣困尘凡。
>
> 吾等皆是蓬荜士，无皇钦命玉帝宣。再三叮咛再三劝，寒门草舍掌道权。

其三，教名与真空信仰。《书帖》云：

> 千真万圣同追赶，大道三年满世间。通天撤〔彻〕地名一贯，无极至理包人天。
>
> 断港绝河归道海，歧路傍溪见本原。一合理相方方现，不坏真空在在原。

---

① 《汝宁府刑房卷一宗·周冠谨将逆词抄开具请折恭呈宪鉴》（光绪七年十二月二十九日），甲267—5。

其四，崇奉无生老母。《书帖》云：

继往开来真面脉，无极开天咱收圆。尽孝尽与无生母，尽忠尽道弥罗天。

事若有成乐其事，事若未成志不凡。颜子夭年终是寿，仲尼死不害圣贤。

其五，阐述教义与宗旨。《书帖》云：

天赶地催人缘凑，你看收圆不收圆。定与无皇了心愿，太极虚无洗尘冤。

定与三教整道统，定救九六还本原。不是男儿夸海口，愚公有志能移山。

其六，宣扬其天象观。《书帖》云：

自从伯阳参同卷，囿气执象埋理天。性本天理一作气，龙虎婴姹入象边。

天命谓性原一事，凿成阴阳为何缘。不信你上圣庙看，伯阳何曾受香烟。

其七，宣传未来属于末后一着教。《书帖》云：

末后一着儒家管，题目怎错是违天。四亿下凡各有愿，稍书传信度荒缘。

末后一着未来管，他晴现成古有言。今日领袖前辈祖，老年到庄变少年。

其八，宣传其著述及理论。《书帖》云：

不信拆开新书看，三易一贯两探原。句句道理真空面，言言透彻无极天。

融会三才归一贯，理气分明前后天。本然气执两显见，人心道心不混搀。

其九，暗示他将带领众人返回真空家乡。《书帖》云：

慈船揽在菩提案，一止能躲五殿阎。圣域贤关踏实地，才算末后一枝蝉。

三华五华诸前辈，慢慢想想那阴缘。若非无皇真天命，一手焉能遮青天。

其十，预示最后时机，即改天换地时刻的到来。《书帖》云：

丁丑岁月戊寅日，已卯大道遍二南。庚辰冬间天机现，前辈犹在梦中眠。

牢守死见不回转，老母把锚要开船。单等金鸡三唱晓，四十八龙入中原。

通过以上的介绍，我们对《书帖》的内容有了基本的了解。可以说，《书帖》实际上是王觉一亲自编撰的末后一着教的宝卷，包含教主王觉一的出世、出身、道统、教名、教义、宗旨、信仰等多方面的内容。

《庚辰年书帖》撰于何时？按通常理解，顾名思义，即写于庚辰年（光绪六年）的书帖。但我认为，王觉一著成《庚辰年书帖》应早于庚辰年。我们再看左宗棠奏折中有关《庚辰年书帖》的记载："从乩坛上钞有《庚辰年书帖》一纸。"① 扶乩是末后一着教的一项重要仪式，通过所谓的请神降乩，而显现坛谕文字。实际上是教派头目利用这种形式，以吸引信徒，传播教义。王觉一手下地位较高的头目，事先早已对《书帖》内容熟记在心，而借扶乩时将《书帖》内容默写坛上，以此迷惑信徒。

① 《左宗棠奏折》（光绪九年八月二十六日），中国第一历史档案馆藏，军机处录副奏折·农民运动类·秘密结社项档案，8888—20。

左宗棠奏折所记的坛上《书贴》之事，正是王觉一的重要弟子张道符导演的。王觉一的另一位徒弟张怀松被俘后曾默写过《书帖》。据《张怀松即张华松供》云：“那《书贴》上有‘单等金鸡三唱晓，四十八龙入中原’等语，我前已默写在卷。”① 而且张怀松还说，早在光绪六年(1880) 以前王觉一就已送给他《书帖》。这也说明，《书帖》在庚辰年推出是王觉一有预谋的。

第三，《点玄歌》与《进道文》等问题。

末后一着教派中不仅有经卷、书帖，而且还流传着不少祝文、经咒与歌词。它们不同于书面文字形式的经卷，大多是一种口头传授带有格言警句性质的经文。这种祝文、经咒和歌词以其言简意赅、易于念诵的特点，对传播教义起到了重要的作用。在末后一着教中流传最广的当数《点玄歌》和《进道文》。这两件东西的具体内容究竟是什么？由于清宫档案缺载，一直不为后人所知。然而，在新发现的档案中这两件重要的资料被找到，这对我们了解末后一着教的历史会有所帮助。

其一，《点玄歌》：

父母未生前，与母共相连。十月胎在腹，能动不能言。昼夜母呼吸，往来投我元。无情生有情，虚灵彻动天。斩断脐带子，一点落根源。②

其二，《进道文》：

性命归净土，此处迷真元。开荒阐大道，指关未指玄。末后这一着，出细来收圆。若遇明指示，冲破太极圈。点开玄中妙，透出天外天。干头进一步，真空广无边。中候无极理，即是天罗仙。老母来东震，万法归一阐。无在无不在，化亿万万千。读此二十句，端坐上青天。③

---

① 《张怀松即张华松供》(光绪十年十一月十三日)，17—1。

② 《张怀松供》(光绪七年十二月初九日)，17—1。

③ 《汝宁府刑房卷一宗为禀获事·进道文》(光绪七年十二月二十九日)，甲 267—5。

关于《点玄歌》，张怀松的几份供词中都录有原文。光绪七年（1881）十月间，河南汝宁府曾“访获教匪肖〔萧〕凤仪等九名，亦系王觉一教党，且据供认谋逆重情，默写王觉一所传《点元歌》等件中有悖逆词句”[①]。汝宁教徒默写的《点玄歌》也被汝宁府刑房存档。这使我们今天还能窥见其本来面目。《点玄歌》常被称作《点元歌》，这是因避康熙（玄烨）讳，清朝官吏改“玄”为“元”之故。末后一着教规定，教徒入道要点玄关，即所谓的“点玄传道”。点玄前，“先令念歌诀”，然后“用朱笔在我眉心一点”。[②]《点玄歌》即点玄关时吟诵的歌谣。佛教称入道之门为玄关。《嘉泰普灯录》云：“僧问：人天交接如何开示?”法师曰：“凡圣击透玄关时。”当“玄关大启，正眼流通”之后，人与天就可以融会贯通了。[③] 因此，玄关又俗称天眼。明清许多民间秘密宗教在教义中借用了佛教的玄关之说，如《佛说皇极金丹九莲正信皈真宝卷》云：“皇极一粒通天窍，金丹二字透玄关。”[④]《科意正宗宝卷·天眼开通品》云：“天眼是天门开放，当人灵魂出窍，游到九九八十一层天上，三万五千由旬。”[⑤] 末后一着教继承了玄关之说，并发展成一种入教的仪式。民国时期的一贯道仍采取点玄关的仪式，“由点传师用手向受点者的两眉当中地方一指，就叫点开玄关了，点开之后，将来死时灵魂即从此关直升理天，未受点者灵魂则由两目中散出，或游气天，或下地狱”[⑥]。末后一着教徒只有经过点玄关后，才算真正入道。

《进道文》，又称《进道表文》，是教徒要经常吟诵的阐释教义的经文。从《进道文》的内容来看，它是高度浓缩的末后一着教的纲领。虽然字数并不多，但几乎涵盖了末后一着教全部的教义和宗旨：一是阐述开荒阐道（传道）的目的是救渡迷失本原的老母儿女。二是推崇无生老

① 《开封府刑房一件缉究事·护理抚院觉罗成札》（光绪九年六月十二日），甲267—4。

② 《张怀松供》（光绪七年十二月初九日），17—1。

③ （宋）雷庵正受编：《南岳第十五世开福道宁禅法师嗣》，《嘉泰普灯录》卷18，蓝吉富主编：《禅宗全书》第6册，（台北）文殊出版社1988年版，第540、524页。

④ 《佛说皇极金丹九莲正信皈真宝卷·谒圣母品第六》，《明清民间宗教经卷文献》第5册，第291页。

⑤ 转引自黄育楩《破邪详辩》，《清史资料》第3辑，第28页。

⑥ 李世瑜：《现代华北秘密宗教》，第66页。

母、真空家乡信仰。三是宣扬开通玄关和划分三极的理念。四是宣传万法归一，统领一切教派的思想。五是预示最后一次收圆，完成回到彼岸世界的结局。六是指出其教主的来历，等等，不一而足。据说，民国时期一贯道内部流行有《阐道文》，但究竟与晚清档案中的《进道文》是否为同一个东西，还需要以后进一步考察。

值得注意的是：王觉一创立末后一着教（一贯道）之前来自何方？这一问题一直是研究者苦苦寻求解决的一个症结。据民国时期一贯道内部道统传说："王觉一祖，道号北海老人，山东青州人氏，乃咱道十五代祖师也，前为东震堂之祖师，著有理数合解，子曰解，一贯探原，阐道文等书在世。论大道之传，自古单传口授，天运道光初年，普渡始开，初是西乾堂，北海老人西乾之弟子也，西乾堂祖师辞世时，焚香请示，瑶池金母乩谕，改名东震堂，命王祖执领。"① 对于这样的一种传说，而且所出时代又较晚，连收集者李世瑜也认为矛盾很多。喻松青著《明清白莲教研究》一书，并未采信此说，仍坚持认为："王觉一为民间秘密宗教中重要人物，其谱系已难考定。"② 但是，晚清时期的《进道文》出现，为我们提供了一个新的证据。从《进道文》"老母来东震"这句话来看，王觉一确实是与东震堂有关。因此，民国时期一贯道内部的传说也有其真实可信的部分，不能一概否定。总之，《点玄歌》与《进道文》是研究末后一着教历史的重要资料。

第四，三极图、一贯图等图像问题。

末后一着教内部流传着一些与教义有关的图像类的东西。这类直观性的图像，对教徒的思想起到经卷不可替代的作用。尤其是在清朝档案中屡屡提及的三极图、一贯图、无生老母图等图像，被教徒虔诚地顶礼膜拜。然而，以往对末后一着教的图像研究不够，出现不少误解。如濮文起说："为阐述末后一著教的教义思想，王觉一撰写了《一贯探源》、《三易探源》、《圆明范格》等经卷，还绘有无极、太极、皇极三图与一贯图。"③ 周育民说：末后一著教刻印了"三极图（即无极、太极、皇极三

---

① 李世瑜：《现代华北秘密宗教》，第 36 页。

② 喻松青：《明清白莲教研究》，第 54 页。

③ 濮文起：《秘密教门——中国民间秘密宗教溯源》，第 351—352 页。

图）、一贯图等图纸”[①]。濮氏、周氏的说法是有所根据的。如左宗棠奏折云：“王觉一授（教徒晏儒栋）以《一贯探源》、《三易探源》、《圆明范格》三书，并令其供奉无极、太极、皇极三图。”[②] 曾国荃的奏折云：王觉一“并做《一贯探原》、《三易探原》等书，刊刻刷印，兼印无极、太极、皇极三图，令人供奉”[③]。涂宗瀛奏折云：末后一著教“教内规矩甚严，非派为大头目，不能得一贯图”[④]。卞宝第奏折云：末后一著教教徒“拜一贯图，并不供奉神道”[⑤]。从上述资料中，似乎可以得出“三极图”就是无极、太极、皇极三幅图。此外，还有一幅“一贯图”。然而，这种说法是值得商榷的。

左宗棠和曾国荃等人关于三极图的说法来源是王继太的供词。但是，《王继太即王际太供》中，仅作“三极图”，并未说“三图”。可见，左、曾二氏理解有误。据光绪十年（1884）正月十九日，河南巡抚鹿传霖批复按察司札云：“此札计发邪书三本，三极图一张。”[⑥] 又如，光绪十年十月，钦差大臣孙毓汶、乌拉布审理河南末后一着教案时，开封府呈送一批有关该案的档案资料，其中有一份文件云：“开封府谨将汝宁府教匪萧灏仪等滋事案内铜印等物，开单呈送，鉴查。计开：铜印一颗，铜佛一尊，三极图一张，红样布神幔一个，小刀一把（一个鞘），竹签一根，弓一张，箭七根（内有一根半截）。以上各件均存府库。”[⑦] 再据《张怀松即张华松供》云：“王觉一托天津卖带子人刘汉鼎带给萧灏仪《三易探

① 周育民：《一贯道前期历史初探——兼谈一贯道与义和团的关系》，《近代史研究》1991年第3期。

② 《左宗棠奏折》（光绪九年八月二十六日），中国第一历史档案馆藏，军机处录副奏折·农民运动类·秘密结社项档案，8888—20。

③ 曾国荃：《续获匪犯正法疏》（光绪十年五月初二日），《曾忠襄公奏议》卷22，第27—28页。

④ 《涂宗瀛奏折》（光绪九年五月二十五日），中国第一历史档案馆藏，军机处录副奏折·农民运动类·秘密结社项档案，8888—30。

⑤ 《卞宝第奏折》（光绪九年九月三十日），中国第一历史档案馆藏，军机处录副奏折·农民运动类·秘密结社项档案，8888—33。

⑥ 《按察司吏房河北镇获解教匪卷·河南巡抚鹿传霖札》（光绪十年七月十九日），甲267—4。

⑦ 《苏天爵存卷》，17—1。

源》、《一贯探源》各一本，刻的三极图一张，并《书帖》一纸。”① 孙毓汶、乌拉布在末后一着教终审后的奏折云：“苏天爵家起获铜印等件，萧瀰仪家起获三极图一纸。”②

根据以上资料记载，三极图是一张图，而并非三张图。这究竟是一幅什么样的图像呢？其实，在光绪十年（1884）九月二十二日河南巡抚鹿传霖的奏折中已经说得明明白白。鹿氏说：“萧瀰仪家起获三极图一轴，上书无极、太极、皇极，中书河图洛书，下画六十四卦，并无违悖字句。”③ 这句话的意思很清楚不过了。一幅三极图是由上、中、下三个部分组成，上部画的是无极、太极、皇极，中部画的是河图、洛书，下部画的是六十四卦。该图三部分自上而下组成一幅完整的图像。这一图像代表的含义是什么？这还需要做点阐释。

王觉一是深通《易》学的，曾著《三易探源》。三极图实际上以图的形式解释《易》学，并以此来阐释其一贯道理念。以图解《易》，古已有之。尤其宋以后，图解《易》成为热门之学。所谓的“河图、洛书”，实际上也是宋人附会并发挥前人注《易》之图而来。据说，宋以来，学者编制《易》图多达数千种。现仍留存于世的《易》图，如宋人刘牧曾作易数钩隐图，其中包括太极图、太极生两仪图、两仪生四象图、河图之数图等五十一幅图。宋人无名氏作周易图，其中由太极图、八卦本象之图、八卦生六十四卦图、皇极经世全图等上百幅图组成。《易》图所表达的理念虽各有不同，但有一个基本相同的观点是世间万物都是由太极演化来的。“太极未有象数，惟一气耳。一气既分，轻清者为天，重浊者为地，是生两仪也。两仪既分，则金、木、水、火四方之位列，是生四象也。水数六，居兑而生乾；金数九，居坎而生坤；火数七，居离而生巽；木数八，居震而生艮，是四象八卦也。”④ 八卦再生六十四卦，以此推演，生生不息，包罗万象。

王觉一绘制《易》图，不仅吸收了前人观点，而且借此以兜售其宗

① 《张怀松即张华松供》（光绪十年十一月十三日），17—1。

② 《孙毓汶、乌拉布奏折》（光绪十年十一月十四日），17—2。

③ 鹿传霖：《奏为提审重案》（光绪九年二月二十二日），17—2。

④ （宋）佚名辑：《周易图 · 太极图》，施维主编：《周易八卦图解》，巴蜀书社 2003 年版，第 34 页。

教观念。他所谓的无极、太极、皇极还分别代表过去、现在、未来三世。无生老母指派燃灯佛掌无极，释迦佛掌太极，弥勒佛掌皇极。王觉一自称古佛（弥勒佛）降生，其绘制的三极图，显然也具有上面的含义。“河图、洛书”，是采自儒家的“河出图，洛出书”的传说。“六十四卦”是由八卦演绎而来，当与崇尚阴阳五行的道教有关。三极图的上、中、下三部分，又分别代表了佛、儒、道三教。王觉一创建的末后一着教（一贯道），主张佛、儒、道三教归一。正如《书帖》云：“重整三教命脉传”，“定与三教整道统”，以及《进道文》云“万法归一阐”，等等。这正是三极图所描绘的核心教义。同时，亦是一贯道阐述的宗旨。由此不难看出，“三极图”与“一贯图”，应当是一回事。编制一贯图表明，王觉一要做统领天下所有教派的总教主。

关于三极图与一贯图的问题，还有一个值得注意的现象。检索清代有关图像的资料，凡讲到三极图或一贯图时，没有一则史料将二者同时并称。在新发现的档案中有一件湖广总督涂宗瀛与湖北巡抚彭祖贤联名写给河南省政府的咨文，其中云：“王觉一到处传教，凡授散头目者，各给印刷一贯图一纸为凭。”[①] 此件亦仅提到一贯图。这也从侧面说明，末后一着教中仅供奉一图，即“一贯图”，别称“三极图”。

末后一着教徒中，还崇祀无生老母像。《殷五供》云：“吴天明叫小的同他作伴，一同到詹沅慎家内，见他家供有无生老母图像。”[②]《谢尚奇即谢学天供》云：“见詹沅慎家有无生老母神像。”[③]《张怀松供》云：“王国敬教小的买一无生老母的轴子供奉，就是门口卖的观音像。”[④]《萧凤仪供》云：“去年小的到过吴何氏佛堂，见她敬的是菩萨合三极图，并铜佛。”[⑤] 说明，末后一着教徒中供奉的无生老母像，是借用佛教中的观音菩萨像。卞宝第所谓末后一着教徒仅“拜一贯图，并不供奉神道”的说法，显然有误。

---

① 《准两湖咨有教匪王觉一等滋事札饬各州县一体缉拿卷·湖广总督涂湖北巡抚彭咨文》（光绪九年六月初八日），甲 267—4。

② 《殷五供》（光绪十年二月初一日），17—2。

③ 《谢尚奇即谢学天供》（光绪十年二月初一日），17—2。

④ 《张怀松供》（光绪七年九月十一日），17—1。

⑤ 《汝宁府刑房卷一宗为禀获事·萧凤仪供》（光绪七年十二月二十五日），甲 267—5。

四 该教的组织及其活动情况

由于资料所限，以往研究末后一着教史的论著，对它的组织及其活动情况很少涉及。这成为研究末后一着教历史，乃至晚清民间秘密宗教史的一大缺憾。笔者根据新发现的档案资料，对该教的组织及其活动情况略作勾勒。

第一，成员的构成情况。

末后一着教的组织者与参与者，即教主与教徒究竟是怎样的一伙人？他们结合在一起的社会基础和共同利益是什么？这是需要我们加以考察的问题。

首先，考察教主王觉一的情况。据《中国民间秘密宗教辞典》“王觉一”条云：“大约生于清道光元年（1821），自幼孤苦伶仃，三岁丧父，七岁丧母，替人放牛为生。成年后，学会了算卦，还能扶乩、画符、‘治病’，别号半仙。”① 这段资料基本上是以成书于民国时期北海老人的《一贯探原》说法为依据。如果这一说法能够成立，还须证明北海老人就是王觉一，此《一贯探原》即晚清时期的王觉一同名原著。可惜的是，我们还没有直接的证据，因此只能存疑有待新资料的发现。我们还是回到晚清时期的资料中寻求答案。

前文已经说到，光绪九年（1883）三月，末后一着教在湖北组织暴动失败后，官府立即查抄了王觉一在山东的老家。其父母官山东巡抚陈士杰向朝廷奏报说：

> 王觉一家无田产，仅止住屋……王李氏（王觉一妻）、王冯氏（王继太妻）家并无亲属，夫家亦无近族。王觉一幼习算卦卜课。②

从这段资料来看，王觉一是在幼年时就学习了算卦卜课，而并非

---

① 濮文起主编：《中国民间秘密宗教辞典》，第 310—311 页。

② 《巡抚部院刑房卷一宗·山东咨会奏拿获教匪家属审明按例定拟一折》（光绪十年七月十二日），甲 267—5。

"成年后，学会了算卦"。直到光绪九年（1883）暴动后，王觉一还是家无田产，仅有住房，也无近亲，说明他不是望族富户。他究竟从事何种职业？他徒弟张怀松说以算卦为职业，"敬占六爻神科"[①]。清军参将田映堂说：他"摆卦摊"[②]。这些记载，均说明他的社会地位并不高。《书帖》所谓"寒门草舍掌道权"[③]，也可以印证王觉一出身寒门。

喻松青认为："明清时代的民间秘密宗教，大都具有浓厚反抗意识而以宗教迷信为纽带"，"秘密团体……在贫苦的人们中招收信徒，并组织起来"。[④] 末后一着教中确实有不少贫苦的社会下层人士，如，河南南阳教徒程明系"裕州官庄人，年四十三岁，父母、兄弟、妻子具没，向在母旧〔舅〕姚之光家种地度日"[⑤]。但社会地位相对较高的人员也占有一定的比重。下面选录几位被捕的教徒供词为证。

田映堂供："系（河南）归德府商丘县人，年五十二岁。父亲已亡故，母宋氏，年八十一岁。娶妻范氏、刘氏，生有三子。革员自十八岁取入武学。十九岁时，本地土匪滋闹，后经毛大人谕办团练，革员带勇保举把总。咸丰十一年，经前抚院严、郑、张各位大人，均派革员带马队在汝宁驻扎三年，攻打捻，围数十处，身受多伤。嗣后汝宁府平靖，队伍调回，又跟袁大人、乔大人、李宫保在陕西、直隶剿办捻匪，历保参将。同治八年十二月，投标河南补用。旋经部驳尽先字样，不能补缺。于光绪三年，告假回籍。"[⑥]

熊定国供："系（湖北）嘉鱼县人，由捐生投效震军，保举江西知县，尚未到省，在外卖字画符为生。"[⑦]

高配天供："现年四十四岁，祖籍镇平县，迁居南阳县城。道光年

---

① 《张怀松即张华松供》（光绪十年十一月十三日），17—1。

② 《田映堂供》（光绪十年十一月初十日），17—2。

③ 《汝宁府刑房卷一宗·周冠谨将逆词抄开具请折恭呈宪鉴》（光绪七年十二月二十九日），甲 267—5。

④ 喻松青：《明清白莲教研究》，第 73 页。

⑤ 《按察司吏房河北镇获解教匪卷·程明供》（光绪十年正月二十日），甲 267—4。

⑥ 《田映堂供》（光绪十年十一月初十日），17—2。

⑦ 《准两湖咨有教匪王觉一等滋事札饬各州县一体缉拿卷·职员熊定国供》（光绪九年五月十五日），甲 267—4。

间，先开连升斋，又开五福鞋铺。”①

陈本立供：“年四十四岁，安徽太平县人，向在汝宁当兵，经管银钱军装库，后因误操被革职。”②

王富供：“唐县人，年四十三岁，父母具故，家有妻子，行医为生。”③

殷五供：“舞阳县殷庄人，年四十三岁。小的居之向石城内开碎货铺。”④

张怀松供：“年五十二岁，父母具故，女人娄氏，生有一子，名九成。我系陈州府西华县下庄人，在许州郾城县五沟营地方开布行生理。”⑤

乔百金供：“祖居镇平县，移居南阳府，母雍氏，三个儿子，长名丙文，次丙寅，三天文，开客店为生。咸丰八年，报捐生守城，蒙保六品军功。同治十一年，又保五品军功。”⑥

据其他资料记载：教首之一的刘至刚是“卖京货”的货郎⑦，钱征元是“伏阳县董事”，未赴任的甘肃同知⑧，陈守照是出身官宦之家的“陈二少爷”⑨，邓玉亭“向做木匠”⑩，僧大通是“瓜埠镇太平庵主持”⑪，晏儒栋“先在直隶白云观出家”、后云游“算命测字”⑫，苏天爵在河南汝宁府“留盆店教书”⑬，吴何氏是汝宁府市民⑭，等等。

---

① 《按察司吏房河北镇获解教匪卷·南阳知府濮文进谨禀》（光绪十年正月初四日），甲267—4。

② 《陈本立供》（光绪七年十二月二十九日），17—2。

③ 《按察司吏房河北镇获解教匪卷·王富供》（光绪十年正月二十日），甲267—4。

④ 《按察司吏房河北镇获解教匪卷·殷五供》（光绪十年正月二十日），甲267—4。

⑤ 《张怀松即张华松供》（光绪十年十一月十三日），17—1。

⑥ 《按察司吏房河北镇获解教匪卷·乔百金即乔其中供》（光绪十年正月二十日），甲267—4。

⑦ 《田映堂供》（光绪十年十一月初十日），17—2。

⑧ 《准两湖咨有教匪王觉一等滋事札饬各州县一体缉拿卷·职员熊定国供》（光绪九年五月十五日），甲267—4。

⑨ 同上。

⑩ 《开封府一件刑房一件缉究事·两湖都堂涂咨》（光绪九年六月十一日），甲267—4。

⑪ 曾国荃：《续获匪犯正法疏》（光绪十年五月初二日），《曾忠襄公奏议》卷22，第30页。

⑫ 《左宗棠奏折》（光绪九年八月二十六日），中国第一历史档案馆藏，军机处录副奏折·农民运动类·秘密结社项档案，8888—20。

⑬ 《苏天爵供》（光绪十年十月二十六日），17—1。原件上有苏天爵签名，并有“右手二指”墨迹手印。

⑭ 《汝宁府刑房卷一宗·吴何氏供》（光绪七年十二月二十五日），甲267—5。

从以上资料来看，末后一着教人员当中，有商贩、农民、木匠、军官、士兵、官吏、医生、卜者、游民、市民、和尚、道士、教师等，形形色色，人员构成很复杂。曾国荃说，“教匪”头目“或贩布营生，或读书、种地”①。这不过是大致的说法。应当说，末后一着教的各级头目一般都由社会阶层相对较高，且年龄以中年为主的人员组成。为数众多的普通教徒，大都是社会底层的人士。他们入教不仅是精神上有所慰藉，也有改变现实处境的愿望。

第二，组织管理与传教活动。

王觉一及其教派具有地域分布广、人员众多的特点。据曾国荃说：王觉一“历年在直隶、山西、河南、安徽、江苏、江西、湖北等省地方传教，收徒甚众”②。湖北教徒熊定国说：“他们行教十八省。”③ 教徒分布 18 个省，如何管理则是一大难题。然而，王觉一不愧是精通易经八卦的高手。他按照八卦九宫之法，采用分区域、分等级、分乾坤等方式，进行管理。

区域制，即以教徒所居住之地为单位，分别任命教首进行管理。省有省的教首，府州有府州的头目。各省的教首一般都是王觉一直接任命。以王觉一重点掌握的湖北、江苏、河南三大教区为例。“湖北教头刘至刚”，由于升至仅次于王觉一、王继太父子的教派第三号教首，并需要常跟随王觉一奔走各地，筹划总教事宜，因此，王觉一曾先后物色过湖北人陈守照、熊定国“当湖北教头”④。江苏教区的教首可能是张道符。据左宗棠奏折云：光绪元年（1875），教匪华景沂在苏北与“从王觉一为徒之张道符即张相如会遇，张道符告以王觉一系古佛降生，掌纹有古佛二字，现传末后一著教，修持长斋可免灾害，劝令入教，并可赚钱。华景沂允从，即拜张道符为师。张道符给与《三师条》一纸，《圆明范格》伪

---

① 曾国荃：《续获匪犯正法疏》（光绪十年五月初二日），《曾忠襄公奏议》卷 22，第 27 页。

② 同上书，第 28 页。

③ 《准两湖咨有教匪王觉一等滋事札饬各州县一体缉拿卷·职员熊定国供》（光绪九年五月十五日），甲 267—4。

④ 同上。

书一本，并传授诸佛诸祖等句咒语”[①]。张道符在末后一着教中的地位仅次于刘至刚。他长期在江苏地区传教，被任命为江苏教首顺理成章。河南省的教首在档案中虽然未有明确记载，但根据一些旁证资料分析，很有可能是人称陈二少爷的陈守照。据《职员熊定国供》云：“陈二少爷，年三十余岁，人秀雅。（光绪九年）正月初三，过河南传教。据刘至刚们云：他系东王杨秀清的脉。他父亲陈大人陈国瑞之兄，闻他意欲谋反，二三年捉他不着，要处死于他。他跟王觉一有三四年矣。”[②] 官府通缉令也云：“人颇秀雅，在河南交传人最多。”[③] 河南汝宁府的教头应当是萧瀰仪、张怀松与苏天爵。光绪七年（1881），企图攻打汝宁府城的组织者就是此三人。苏天爵、张怀松被捕后，官军从苏天爵家搜出一些传道的东西，其中有一方篆刻铜印，被当时的审讯官员释为“秉教住持之印”[④]。这方印章很可能是苏天爵等人主持汝宁府教派事务的印信。据档案记载，末后一着教中还有多枚印章，有关问题将另文探讨。

等级制，即该教分为九品等级：“一品众生，二品天恩，三品正恩，四品引恩，五品保恩，六品顶行，七品十果，八品十地，九品莲台。”[⑤] 在我们看到的档案中，教徒被任命为三品以下的较多，且只有少数头目被封为正恩、引恩等。如河南汝宁教徒陈本立说：“王角〔觉〕一封萧凤仪为天恩，吴何氏为正恩。”[⑥] 王觉一曾封湖南桃源教徒朱行普“为天恩名目”[⑦]，授予江苏清江教徒晏儒栋为“众生”。南阳教徒谢尚奇被俘后

---

① 《左宗棠奏折》（光绪九年八月二十六日），中国第一历史档案馆藏，军机处录副奏折·农民运动类·秘密结社项档案，8888—20。

② 《准两湖咨有教匪王觉一等滋事札饬各州县一体缉拿卷·职员熊定国供》（光绪九年五月十五日），甲 267—4。

③ 《准两湖咨有教匪王觉一等滋事札饬各州县一体缉拿卷·为悬赏缉拿事》（光绪九年六月初一日），甲 267—4。

④ 鹿传霖：《奏为提审重案》（光绪十年九月二十二日），17—2。档案中存有该印的印模，据王育成先生考证，此印为“秉教加持之印”。王先生还在江苏见过同类印章实物。

⑤ 曾国荃：《续获匪犯正法疏》（光绪十年五月初二日），《曾忠襄公奏议》卷 22，第 28 页。

⑥ 《陈本立供》（光绪七年十二月二十九日），17—2。

⑦ 曾国荃：《续获匪犯正法疏》（光绪十年五月初二日），《曾忠襄公奏议》卷 22，第 29 页。

交代说："那天恩照、正恩照、引恩照，小的放在墙内。"[1] 说明每个等级都有证书为凭据。

乾坤制，即人员以乾、坤分道派。如汝宁教徒萧灜仪说："城内吴何氏也是末后一着，他是坤道，小的是乾道。"[2] 除乾、坤之外，末后一着教中可能还有震、巽、坎、离、艮、兑等道派。

王觉一与各地教徒联系一般都通过各地教首。他还常派遣手下人员传递指令，曾由江苏赴山东为王觉一往家中稍带书信的张广叶，替他送经书和书帖等给汝宁教徒的天津人刘汉鼎，基本上都是联络员身份。他们一般对外的职业都是商贩。张广叶的身份是做"贸易"[3]，刘汉鼎"卖带子"[4]。刘至刚也以"卖京货"的身份进行传教和联络活动。[5] 黄育楩说："邪教或充医卜，或充贸易，遍历各村，亲去传徒，而以敛钱论，则不甚多。"[6] 以从事商贸活动为掩护，四处传道授徒，这也是末后一着教常用的方法之一。

末后一着教组织的日常活动频繁，主要有聚会讲经、刻印和传抄经文、发展徒众、举行礼拜和扶乩等仪式。聚众讲经，一般由入道时间较长，领会教义深刻的教头担任。陈守照传授的是"一贯探源之道并易经妙法"[7]。"刘至刚敬神念文书，有大半个时候。"钱征元传教"挂一贯图敬神，并有黄表小字长篇文书一套"。王觉一也经常四处奔走到各地讲道，如光绪六年（1880）五月间，王觉一与张道符到河南汝宁"讲《易经》、《八卦》等书"[8]。同年十一月，王觉一又到南阳"讲《学庸解》"[9]。

---

① 《按察司吏房河北镇获解教匪卷·谢尚奇供》（光绪十年二月初一日），甲 267—4。

② 《萧风仪供》（光绪七年十二月二十九日），17—2。

③ 《巡抚部院刑房卷一宗·山东咨会奏拿获教匪家属审明按例定拟一折》（光绪十年七月十二日），甲 267—5。

④ 《张怀松即张华松供》（光绪十年十一月十三日），17—1。

⑤ 《田映堂供》（光绪十年十一月初十日），17—2。

⑥ 黄育楩：《破邪详辩》，《清史资料》第 3 辑，第 45 页。

⑦ 以下引文见《准两湖咨有教匪王觉一等滋事札饬各州县一体缉拿卷·职员熊定国供》（光绪九年五月十五日），甲 267—4。

⑧ 《田映堂供》（光绪十年十一月初十日），17—2。

⑨ 《按察司吏房河北镇获解教匪卷·吴天明供》（光绪十年正月二十三日），甲 267—4。

刻印和传抄经文是末后一着教的一项重要活动。山东官府曾在王觉一的家中起获“包袱一个，内包书籍板片”[①]。这显然是王觉一经书的雕版。光绪十年（1884）初，河南南阳府官军曾在教徒家搜到多种经书，其中有“《学庸圣解》木板九块”[②]。档案中还有江苏、河南等地刻印王觉一经书的记载。如南阳教徒高勤说：“光绪五年，王觉一在舞阳城内，小的与他在殷五铺内见的面，给小的《学庸解》书一本，传静心功夫。上蔡县吕还阳叫小的将书板翻刻。”[③] 江苏教徒朱行普“拜王觉一为师，帮同校对《一贯探原》等伪书，刊列姓名”[④]。

举行礼拜、扶乩和相互联系等是教徒经常性的活动。即使教徒间原来相互不认识，但只要同教的人就会被视为教友。大家可以一起礼拜，主人甚至免费提供饮食住宿。河南南阳教徒与湖北教徒经常往来。如光绪二年（1876），南阳教徒殷五“同谢学天过湖北到李家湾詹元惧家”[⑤]。不久，詹元惧又到南阳传递教派所用号符等。河南汝宁府城乡教徒经常聚在一起敬神练功。张怀松在一篇供词中讲了教内活动情况，对了解该教会有所帮助，现转引如下：

> 光绪五年冬间，王觉一带着王继太到我甫〔铺〕内，并约我到吴天明家去。我跟他行走。王晚在全寨住宿。次日，到的吴庄，王觉一见了吴天明，就与他讲《一贯探源》书，在他家住了一夜。次日，又同吴天明到舞阳县城殷五铺内，王觉一与殷五也讲《一贯探源》。又住了一夜。次日，我又同王继太、吴天明到姚庄高配天家，高配天没在家，是姚老八陪客。到了次日，高配天才回来。他家供着无生老母，我们就在那里礼拜，谈经讲道。后来，王觉一、王继

---

① 《巡抚部院刑房卷一宗 · 山东咨会奏拿获教匪家属审明按例定拟一折》（光绪十年七月十二日），甲 267—5。

② 《按察司吏房河北镇获解教匪卷 · 河南巡抚鹿传霖札》（光绪十年正月十九日），甲 267—4。

③ 《按察司吏房河北镇获解教匪卷 · 高勤即高配天供》（光绪十年正月二十日），甲 267—4。

④ 曾国荃:《续获匪犯正法疏》（光绪十年五月初二日），《曾忠襄公奏议》卷 22，第 29 页。

⑤ 《按察司吏房河北镇获解教匪卷 · 殷五供》（光绪十年正月二十日），甲 267—4。

太往南阳去了。我与天明就各自回家。[1]

从这份张怀松供词所反映的情况来看，末后一着教的活动相当频繁。通过相互联系、谈经讲道、礼拜无生老母等活动，使教内人员结成一个有共同信仰的团体。末后一着教尊称引领入教者为老师。老师在传授经文的同时，也教授气功等功法。如王觉一向张怀松传授气功的“二层功夫”，步骤是“甘露咽下丹田，随呼随吸，炼精化气，呼吸共三百六十口”[2]。这就是道教所谓的内丹之术。末后一着教吸引徒众的一个重要手段就是修炼气功。不少人并非是“具有浓厚的反抗意识”，而是想通过练气功治愈疾病、延年益寿。如河南汝宁教徒陈本立在供词中说：

我在本城守备衙当差十余年，看守钱粮库，又在南门内开设茶馆生理。这已故的萧凤仪他检字，经常在茶馆喝茶，因此熟识他。他劝人行善吃斋，人都叫他萧疯子。光绪六年间，他又在我茶馆喝茶，与他闲谈，我说多病，他就劝我吃斋，并说有张怀松吃斋修道，若拜他为师，可传运气工夫，不但好病，并可延寿。我因此允从。萧凤仪即与张怀松说明。正月二十九日，我同萧凤仪前往，走了两天，至二月初二日到五沟营张怀松家内，见有东房五间，有两个门，套间内供奉无生老母。我们买备果供，张怀松点灯，萧凤仪跪在前，我与张怀松跪在后，张怀松念的《进道表文》，我记不清，并教我赌咒，如败了教，双眼落地，身化脓血。我们向上磕头，起身彼此一揖，就拜张怀松为师。他告诉我说：这是传的末后一着教，他的老师是王觉一。并嘱我从此吃斋，俟戒口后点元，再传运气工夫。即在彼住了一夜。我回家，因在署当差，不能戒口。因此与城内入教的苏天爵、吴何氏，并已故的谢务本认识。七年三月间，谢务本曾约我到吴何氏家，见供有无生老母轴像，挂着红幔。我们说是同教的，所以来拜访。吴何氏问知我未戒口，就说没有戒

① 《张怀松供》（光绪十年十月二十七日），17—1。

② 《张怀松即张华松供》（光绪十年十一月十三日），17—1。

口不能点元，不能做工夫的话，坐一会各散。四月间，杨西杰到茶馆内，我问知他在杨家寨住，知他是萧凤仪徒弟，是同教，因此认识……①

陈本立是因参加预谋攻打汝宁城而被捕受审的。这件供词反映出，末后一着教是如何利用各种手段发展组织。人们一旦进入其中，就会越陷越深，难以自拔，最终成为教主所利用的工具。

第三，政治目的与军事准备。

黄育楩说："邪教传徒聚众，渔利渔色，瞒骗孰甚焉。"② 王继太等人也在供词中交代说，名为传教实为敛财。的确该教有些人以各种手段敛财，是不可否认的事实。"刘至刚传教，每人出进道钱一千。"③ 教徒高勤拜詹元懊为师后，"数次给过詹元懊银子七八百两"④。但是王觉一创立末后一着教，并非仅是为聚敛钱财和贪图美色。他传教有着深刻的政治目的。教徒熊定国说："名为传道，实则邀人谋反。"说的并不错。王觉一的政治图谋是显而易见的。据萧瀰仪供词云："王角〔觉〕一对小的说，以后洋人必定作乱，叫小的携同着与洋人讲理。还说，他是儒释道三教头目，同登圣域，谕贤关，成了青史留名；不成落万世骂名。《书帖》上是'单等金鸡三唱晓，四十八主闹中原'。小的教是末后一着，龙头蛇尾必有大乱。"⑤ 熊定国还说："王觉一相貌魁伟，手掌一边日一边月，不用印红，用纸一印，如有印红一搬〔般〕，日月二字不大明朗，合为明字。他术〔数〕动人说，明朝失天下，将归还伊家朱姓，故手有明字。又以其子两耳垂肩，两手过膝，为帝王相，走路故做龙行虎步。"⑥ 王觉一企图推翻清王朝取而代之的意向十分明显。

---

① 《陈本立供》（光绪十年十一月十三日），17—2。

② 黄育楩：《破邪详辩》，《清史资料》第3辑，第23页。

③ 《准两湖咨有教匪王觉一等滋事札饬各州县一体缉拿卷·职员熊定国供》（光绪九年五月十五日），甲267—4。

④ 《按察司吏房河北镇获解教匪卷·高勤即高配天供》（光绪十年正月二十二日），甲267—4。

⑤ 《汝宁刑房卷一宗·萧凤仪供》（光绪七年十二月二十五日），甲267—5。

⑥ 《准两湖咨有教匪王觉一等滋事札饬各州县一体缉拿卷·职员熊定国供》（光绪九年五月十五日），甲267—4。

王觉一为了实现他的愿望，长期做着积蓄力量的工作。他不仅在一般群众中发展教徒，更注意在军队中发展组织。据田映堂在供词中说："光绪六年五月间，王觉一同他徒弟张道符，是桃源人，说他们路过革员家，特来拜访。已晚了，革员就留他两人在家住了一夜，与他谈讲易经、八卦等书。次早，他们就走了。以后并未再见。七年，不记月日，又有卖京货的刘至刚，革员向他挑上买带子，他问革员姓名。他说，听老师王觉一说过，田大人学问甚好。他师现在天津李宫保营务处当差。问革员可愿往营里当差。"① 还有一个证据材料可证明王觉一此时正在天津活动。据光绪七年（1881）十二月二十九日，河南汝宁教徒陈本立供词云："今年正月间，小的在吴何氏家合萧灑仪认识，就从他入教。他的教名末后一着，就是白莲教。教主是山东青州府人王角〔觉〕一，现在天津。"② 这两条材料相互印证，说明王觉一已经打入清军内部，而且是在李鸿章营务处当差。

王觉一进入军营可能有两方面的考虑：一是提升自身的军事才能，一是在清军中物色为其所用的军事人才。因此有种种迹象表明，当时他本人或手下在千方百计地与军队的人员接触，并争取将他们拉入组织。除清军参将田映堂之外，末后一着教组织中还有多位军人出身的教徒。如湖北教徒熊定国曾是"震军"军官③，河南汝宁教徒陈本立是汝州城守备衙门的军人④，河南南阳教徒乔百金是有五品军功的军官⑤，山东教徒刘永贵是曹县带勇官⑥，等等。笔者在档案中还发现一份有关末后一着教与军队有联系的重要卷宗，这对了解王觉一等人的图谋会有所帮助。这件卷宗名为《涡阳县申盘获教匪韩文举六名案》，详尽记录了抓捕"教匪"韩文举等人情况。事情的经过是这样的：

光绪八年（1882）四月十五日夜间，安徽颍州府涡阳县官兵在盘

---

① 《田映堂供》（光绪十年十一月初十日），17—2。

② 《陈本立供》（光绪七年十二月二十九日），17—2。

③ 《准两湖咨有教匪王觉一等滋事札饬各州县一体缉拿卷·职员熊定国供》（光绪九年五月十五日），甲 267—4。

④ 《陈本立供》（光绪十年十一月十三日），17—2。

⑤ 《按察司吏房河北镇获解教匪卷·乔百金即乔其中供》（光绪十年正月二十日），甲 267—4。

⑥ 《陈本立供》（光绪十年十一月十三日），17—2。

查来往人员时，发现6名从河南过来的清军官兵，他们携带军械，其中还有“洋炮二根”，引起涡阳方面的怀疑。于是被收押盘问，他们自称是驻扎汝宁的蒋营官兵，奉上司之命出来执行剿匪任务。自报姓名分别是韩文举、邵步金、李永贵、赵李盛、周广恩、邵步德。涡阳县立刻将韩文举等人的口供行文到汝宁问询，汝宁府刑房秉承知府周冠之命回了一件公函云：

贵县移会以拿获韩文举等六犯，起出军械，供系攻剿杨家寨夺获之件，情节可疑，嘱即查案，移复等因，准此。查光绪七年十一月间，本府访闻汝阳县教匪滋事案内本有韩文举、刘永贵名目。厥后缉获张怀松等各犯，禀请提省审办。一面饬缉韩文举等，未获。嗣奉巡抚李分咨直隶总督部堂、山东巡抚院。暨……归德总镇饬拿田映堂解汝，讯供由府解省审办，仍一体严拿。刘永贵等迄未弋获，各在卷。兹准前因。本府阅韩文举、邵步金、李永贵等原供处称汝宁府来文调营去打杨家寨一节，查教匪案由要犯杨西振、杨西杰、杨西岱均住汝阳县属之杨家寨，该犯等闻拿远扬，至今尚未就获。当时本府并无调兵攻打之事。现在蒋营所部练军，一哨驻扎汝郡。系在案已破获之后，遍加查询，以无该犯等充勇。案据如谓营勇告假回籍，诚如来牍，应有护照为凭。乃该犯等身犯重案，迨经贵县盘获，复敢冒充营勇，诈称攻打教匪，巧饰欺朦，刁顽已极。因思本府前次访获滋事教匪，系差役营汛缉获，并非蒋营勇，丁捕拿解省审办者，确有九名。该犯等若非邪教党类探听消息，岂能如此灼见真知。其李永贵一名，更恐刘永贵控供假名，意图隐讳，或系本府前获案犯不吐真姓，实亦未可定。复查前据各犯供明，刘永贵在山东曹县衙门管带小队，起意欲举大事，情节尤为至重。细绎贵县现审供词，谚所谓营混子者，即是此辈，狼子野性，无所不为，断难任其掩饰。即同伙邵步金等四名，亦难保非教匪改易姓名，逸逃法网。案情重大，不厌精详。拟合照抄禀稿移复，为此合移贵县，请烦查照，迅即提集各犯，隔别熬审，务得确情，录取切供，据实通禀各宪，解豫归案讯办。仍祈将审出供情，照录示知，以便禀办。

幸勿稽延，望速施行至移省。①

从这件长篇公文所反映的情况来看，末后一着教徒已经打入了军队。文中所提到的韩文举就是汝宁教首萧灦仪的重外甥。文中所提及的杨氏三人，其中杨西振、杨西杰，不久也被抓获。② 这些人都是预谋在河南起事攻打汝宁府城的参与者。由此可见，王觉一等人一直想通过军事手段来达到其推翻清朝的目的。

第四，武装暴动及其失败。

王觉一经过多年的工作，于是准备实施武装反抗清朝统治的斗争。以往的研究者大都认为，光绪九年（1883），王觉一认为时机已成熟而起事，起义所选择的地点是江苏海州、武进和湖北汉口、荆州。③ 我认为，这种说法并不确切。王觉一在《庚辰年书帖》中云："庚辰冬间天机现"以及"单等金鸡三唱晓，四十八龙入中原"。说明早在庚辰年即光绪六年（1880），王觉一就发出了起义信号，而选择的起义地点是在中原，故有"四十八龙入中原"的暗示。王觉一既然是山东人，他主要传教地区也是在北方，又为什么会选择到江南发动起事？这有违常理的做法又如何解释呢？新发现的档案资料为我们提供了新线索。

光绪七年（1881）十一月间，河南汝宁府破获一起有人企图攻打府城的大案。此案抓捕了涉案人员多人。经审讯后，这些人留下大量口供和官府审讯记录。通过这些材料揭示出这是一起有组织、有预谋、有目的的事件。这次事件的直接组织者是萧灦仪、张怀松、苏天爵等人，参与者都是自称为末后一着教的教徒，教主是王觉一。据当时的组织者萧灦仪供称：

王角〔觉〕一说，癸未年洋人作乱，叫修道的人合洋人去说理。

---

① 《汝宁府刑房卷一宗·涡阳县申盘获教匪韩文举六名案》（光绪八年五月初一日），甲267—5。

② 《汝阳县刑房一宗·二快差役张金凤等禀获从教滋事之杨西振等到案卷》（光绪九年五月二十四日），甲267—5。

③ 参见邵雍《中国会道门》，第128页；濮文起《秘密教门——中国民间秘密宗教溯源》，第352页。

小的说，作乱必从东南动手，这是从八卦推下来的。去年十月间，陈本立给小的说起反的话。十一月二十二日，吴何氏着韩自立把小的叫来说，苏天爵、谢务本、陈本立要起反，小的允从。回去二十六日，小的萧黑家借他的房子请客约人，小的请有杨西振、杨西杰、韩文举、于成德，还有杨万世。小的对他们说："十一月三十日、十二月初一日这两天，天昏地暗，日月无光，天下大乱。"杨西振约人入伙，约定十二月初一日夜动手。起反的人头带〔戴〕白布扎巾、红头绳为记。十一月二十八日，小的就把孙子合儿媳都送进城来。张怀松并没有小人的烟土。请客起反的事合张怀松说过。小的请客，张怀松不知道。①

张怀松在供词中说：

去年正月间，萧凤仪领着陈本立到过小的家。到十月间，萧凤仪往小的家，对小的说，陈本立们要想起反，小的叫萧凤仪劝他。十一月初八日，吴何氏着韩姓把小的叫到他家，见谢务本、陈本立，说要动手起反。小的劝他们，现今时候不到，不能起反。谢务本们说，来的混家子一定要动手，已按不住。小的只有听着。这初一起反的事，陈本立、谢务本都对小的说过，小的并未报案。已知错了。而小的合苏天爵先并不认得。②

萧、张两人供词都交代了他们准备在光绪七年（1881）十二月初一日起事的情况。光绪八年（1882）七月二十八日，韩文举被俘后的供词说：

上蔡县人，邵店住。去年十一月二十六日，小的舅爷肖凤仪在肖黑家请客，有杨万世、杨西杰、杨西振两代，上蔡孙（庄）人余

---

① 《汝阳县禀访获奸匪张怀松等习教滋事一案卷·萧凤仪供》（光绪八年正月初八日），甲267—5。

② 《张怀松供》（光绪八年正月初八日），17—1。

成德合小的在场。肖凤仪说，他拜山东人王角〔觉〕一为师，吃斋习教念经。肖凤仪还说，这城内人苏先生，名叫天爵，会算定十二月初一日天昏地暗，天下大乱。叫小的把小的母亲送进城内。肖凤仪说，有城内人陈本立、南方人刘大人名叫永贵，带四个营头也到。十二月初一日，来破汝宁府城。他同吃斋的人过多是（相识），城内吃斋的人家，门首都挂红灯笼，就不伤害他。到进城时候，肖凤仪每人给白布一尺，顶头红头绳为记。①（肖凤仪即萧灜仪——引者注）

其他案犯不仅交代了起事计划，还供出军师是苏天爵。当时的主审官汝宁知府周冠在审讯后奏报云："王觉一说，天下要乱。萧灜仪等信以为真，倡言按照八卦算定壬午、癸未年天下大乱，光绪七年十二月初一日，天昏地暗。因与陈本立、苏天爵、杨西杰等商议起反，并令苏天爵为军师，定于光绪七年十二月初一日夜，先攻汝宁府城，相率北上。"②由此可见，当时末后一着教是准备在河南起事，占领汝宁后北上。这一时期，王觉一频繁出现在河南，从中也能反映出起事最初选择在北方。然而，由于"事机泄露，未能依期起事"③，此后，王觉一才将起事的中心转移到江南。

光绪九年（1883）三月初，王觉一携子王继太与门徒刘至刚等人，前往江南部署指挥徒众起事。他们定于三月二十八日，在江苏的海州、武进，湖北的汉口、荆州以及河南南阳等地同时起事。江苏方面以徐金洪任总头目，吴云山、万老四等协同指挥。湖北方面以邓老五、邓玉亭、熊老八等为首，熊定国为军师。河南方面以高配天、乔百金为首组织领导起义。江苏、湖北、河南三地起义先后被官军镇压。总教首王觉一和重要头目刘至刚、张道符等人逃走，王继太被捕获，众多教徒被捕杀。江苏、湖北起事的经过，已被两江总督左宗棠、曾国荃、湖广总督涂宗瀛、漕运总督杨昌浚等人写入奏折上报朝廷，后人著作多有论述，因此不再赘述。河南方面的起事至今未引起

---

① 《汝宁府刑房卷一宗为申请事·韩文举供》（光绪八年七月二十八日），甲 267—5。
② 《开封府刑房一件缉究事·护理抚院觉罗成札》（光绪九年六月十四日），甲 267—4。
③ 同上。

重视，下面做些阐述。

光绪九年末，河南南阳抓获了多名末后一着教徒众，通过他们的口供和起获的大批物证实物，使河南的起事内幕昭然若揭。河南教徒汝宁起事失败后，南阳府成为教徒的活动中心。王觉一在组织江苏、湖北起事前，曾几次到过南阳，名为讲经传道，实则在进行起事部署。江苏、湖北的起义迅速失败，使河南教徒未敢贸然举事，并试图隐蔽起来，保存实力。谢尚奇供述："乔百金说，王觉一在湖北闹事，板上有大家的名字，可以去了。"① 指示手下教徒赶紧远走逃避抓捕。参加湖北起事的有不少教徒都得到南阳方面的接应，取道南阳转逃各地。南阳教徒殷五被捕后曾供述：高配天"将他（王觉一）邀到小的铺内，高配天、吴天明都到小的铺内，过了一天，王觉一就走了。后（我）被官兵拿获了"②。河南官府在追问重要头目湖北人陈守照的下落时，乔百金供称："去年二月间，陈二少（守照）骑马带着跟班到监生店内，因此见面认识，并托卖过（烟）土。现在不知陈二少爷到何处去了。"③ 尽管南阳未能及时起事，但所发挥的作用并不小。官军在南阳教徒内部缴获了大量的用于起事的旗帜、印信等物品，其中有："命总部统领御林军扫清王李封一纸上印伪印二颗，学庸圣解木板九块，杏黄缎命选高配天一幅上印伪印一颗，白印花布命领千字号并天传大道一幅上印伪印一颗，白印花洋布大汉龙朝一幅上印伪印一颗，白花洋布命领千字号一幅上印伪印一颗，吴倖汉黄布令旗二件上印小方伪印各一颗，白洋布朱海佛国图二幅内一幅上印伪印一颗、一幅上印长伪印一颗，白洋布金寿图一幅上印伪印一颗，白洋布不显字句二幅内一幅上印伪印一颗、一幅上有模糊图书数块"④，等等。从这些起事用的物品来看，河南是末后一着教的重要基地。光绪十年（1884）二月十二日，清朝军机大臣奉上谕给鹿传霖等云："南阳等处，习教之风传染已久，亟应严密访拿，以遏乱萌。现获之高勤等八犯，

① 《按察司吏房河北镇获解教匪卷·谢尚奇即谢学天供》（光绪十年二月初一日），甲267—4。

② 《按察司吏房河北镇获解教匪卷·殷五供》（光绪十年正月二十日），甲 267—4。

③ 《按察司吏房河北镇获解教匪卷·乔百金供》（光绪十年正月二十二日），甲 267—4。

④ 《按察司吏房河北镇获解教匪卷·河南巡抚鹿传霖札》（光绪十年正月十九日），甲267—4。

著鹿传霖督饬臬司，严刑审讯，毋任狡展。”① 这也反映出，河南南阳等地是民间宗教的活跃地区。因此，研究末后一着教的活动情况，不可忽略了河南地区。

五 晚清政府对末后一着教的审理

末后一着教从立案到结案，前后整整三年时间。以往对末后一着教的研究，人们不太关注对该教的审理情况。其实，考察晚清政府对此案的审理情况，不仅对末后一着教的结局有所了解，而且通过该案可以看到晚清政体所存在的某些弊病。

清朝采用行政兼理司法的做法，司法与行政机构合而为一。因此，各级行政机构的长官为案件的主审官。审理末后一着教大案，实际上经过县级、府级、省级、中央四级层层审理。

最初接手末后一着教案的是时任河南汝宁府汝阳县令车鸿远。据车鸿远说：光绪七年（1881）十一月二十八日，汝阳县衙门外出现一张匿名告变揭帖，“经访查，亦查不出何人所贴，何人滋事”②。十二月初一日，有人到县衙举报说：有一伙人要造反。车县令不敢怠慢，命兵勇照举报的名单抓人。苏天爵、陈本立、郭振青、牛登科、萧灏仪、张怀松等人先后归案，韩文举等人逃逸。官兵在案犯家起获铜印、三极图等物证。于是，揭开了长达三年的审判序幕。汝阳县属汝宁府管辖，县治所在地在汝宁府城。经过车县令初审后，此案移送汝宁府。

汝宁知府周冠立即派员会审，这伙人交代了他们是末后一着教徒众，计划造反先夺取府城，然后北上。他们的教主是名叫王觉一的人，此次起事的领导者是萧灏仪和张怀松，苏天爵为军师。随后，周冠将此案及其审理结果奏报河南巡抚衙门。

---

① 《光绪宣统两朝上谕档》第9册（光绪九年），第77页；《巡抚部院刑房卷一宗汝宁第二号·同知衔候补直隶州汝宁府汝阳县知县车鸿远禀》（光绪九年五月二十八日），甲267—5；《汝阳令车鸿远自书亲供》（光绪十年十一月初六日），17—2。

② 《巡抚部院刑房卷一宗汝宁第二号·同知衔候补直隶州汝宁府汝阳县知县车鸿远禀》（光绪九年五月二十八日），甲267—5。并参见《汝阳令车鸿远自书亲供》（光绪十年十一月初六日），17—2。

河南巡抚李鹤年接到汝宁府奏报的案件后，立即委派开封府知府陈桂芬赴汝宁，与周冠等会审。陈桂芬不敢定夺，经请示李鹤年批准，光绪八年（1882）二月将案犯和各级审讯的记录、案犯口供、收缴的物证解至省府开封。但陈桂芬不久卸任，李鹤年再派新任开封知府王兆兰负责审理此案。由于案犯纷纷翻供，案件不仅未有进展，王兆兰却因卷入另一案黑幕，被朝廷查办。随后，“有控告王革守兆兰之子及其幕友王姓，勾串王觉一”[①]。光绪九年（1883）二月二十九日，内阁奉上谕：“王兆兰、马永修、马翥均革职，发往军台效力赎罪。”[②] 不仅审理该案的主要官员被革职，连李鹤年也不能幸免。同一上谕称：“李鹤年复以毫无根据之词，哓哓置辩，始终固执，实属有负委任。李鹤年、梅启照均着即行革职。”[③] 巡抚与开封府首脑同时被革职，末后一着教案无法审理下去了。尔后，朝廷任命鹿传霖为河南巡抚，但鹿传霖迟迟未到任。同年三月十一日，“上谕：河南巡抚着成孚暂行护理”[④]。河南巡抚也先后易人，致使末后一着教案的审理搁浅。

光绪九年（1883）八月，鹿传霖赴任，直到第二年正月才过问此案，并责令新任开封知府陆襄钺负责组织该案的审理。光绪十年（1884）正月初五日，鹿传霖行札与汝宁知府周冠，让他立刻赶赴开封参加汝宁末后一着教的复审。周冠于正月初八日，复函说明不能前去的理由：（1）此案当时已经审清楚，案犯“未就地正法”的原因是，“卑府以此案关教匪滋事，毗连数省，教首王觉一未获”。[⑤]（2）国家有律令规定：“各省督抚事关重大涉疑难，应行提审案件，率同司道亲行研讯，尚有仍发原问官收审，或仍令会审者，照违制杖一百公罪例，革职留任。又督抚藩臬，如有应行亲提讯究之案，发交原问官收审，或仍令会审者，照例议以革职留任各等语。此案至为重大，案情又涉疑难例，应大宪亲提。

---

① 《巡抚部院刑房卷一宗汝宁第二号・三品衔汝宁知府周冠谨禀》（光绪十年正月初八日），甲 267—5。

② 《光绪宣统两朝上谕档》第 9 册（光绪九年），第 77 页。

③ 同上。

④ 同上书，第 94 页。

⑤ 以下引文均见《巡抚部院刑房卷一宗汝宁第二号・三品衔汝宁知府周冠谨禀》（光绪十年正月初八日），甲 267—5。

卑府确系原问之官，例不应会同审问者。”（3）我这里下雪了，“当此麦芽出土，瑞雪应时荒之余”，我要去劝农了。周冠的复函等于说，此案我已经审理清楚了，你鹿传霖难道连原审官需要回避的律令都不知道吗？我这里很忙不能前去。周冠让鹿传霖下不了台不说，更有甚者还在信中说：“河南吏治之坏，至今而纪纲法度荡然无存。其故在案愈大，愈不敢办。刑幕以趋避为能，印官以讳匿为巧。与其获犯秉办，不惟解犯需费，且恐犯供翻复，经年屡月未能定谳，受累滋深。于是幕友为官运筹，相率灭迹。即有万不得已秉提之件，谳局各幕相视作难，又限于审期，设法舞文，曲为脱卸，非藉口于犯供游移，即托词于案证未集，或竟至延搁不理。不惟寻常命盗为然，即谋叛逆伦亦不问，例章概置高阁，心法授受，官幕相沿，历来已久。渠魁漏网，良善衔冤，昏烟霾雾之中，泣血者不知凡几！”周冠直言揭露河南吏治的腐败，这等于捅了主持河南政务的鹿传霖的心窝。上年二月初六日，皇帝曾谕令李鹤年：“该省吏治废弛，亟宜大加整顿。该府务当破除情面，督饬属员，力除积习，以期吏治日有起色。”[①] 当月李鹤年就被罢官。同年八月十二日，皇帝又上谕：“著鹿传霖按照（御史）所奏，督饬属员，实力整顿，以期吏治日有起色，毋得视为具文。”[②] 河南吏治问题，已经引起朝廷的注意。在这节骨眼上，周冠揭露河南吏治腐败，不正是火上浇油吗？这关乎乌纱帽之事，鹿传霖岂能容忍？于是上奏朝廷参了周冠一本。

光绪十年（1884）二月十二日，内阁奉上谕：“鹿传霖奏：知府刚愎任性，请旨革职等语。河南汝宁府知府周冠，于教匪要案原讯未能得实，经该抚饬调该员来省会审，复肆意禀渎，抗不遵调，且听信劣幕等情，实属荒谬。周冠著即行革职，以示惩儆。钦此。”[③] 鹿传霖何许人也？乃时任兵部尚书张之万的妹夫。周冠碰到枪口上，受到革职查办是自取其祸。鹿传霖遂调汝阳县令车鸿远前去参加复审。周冠“二十年京秩”[④]，曾出任过开封府知府，职级为三品，说拿下就拿下。车鸿远身为七品芝

① 《光绪宣统两朝上谕档》第9册（光绪九年），第45页。

② 同上书，第270页。

③ 《光绪宣统两朝上谕档》第10册（光绪十年），第42页。

④ 《巡抚部院刑房卷一宗汝宁第二号·三品衔周冠谨禀》（光绪十年正月初八日），甲267—5。

麻官，自然不敢犯刺，于当年五月二十五日到省，“二十八日，即随开封府询问，凡开封府提讯，均随同会讯”①。此案主审官陆襄钺不久又卸任，由新任开封知府鞠捷昌接审此案。案件在接力审理中，越来越复杂。正如后来接手该案的钦差大臣孙毓汶、乌拉布说：“案悬三载，承审官更数任，前后供词轇轕，猝难得其要领。”②

在末后一着教的审理过程中，先后有萧瀛仪、牛登科、杨西振、钱振元四名主要案犯暴死于监狱。据当时监狱官说：钱振元“清河县监患病身死”；死因“系痰喘旧病复发，喘急难受，多服烟灰作引子之戒烟丸，毒发所致”。③ 牛登科“三十余岁”，因患病而死。据当时捕快张敬逢说：光绪九年（1883）正月十日，“拿获教匪牛登科，前因在店患病，当经禀明医治罔效，延至本月十二日，因病身死”④。萧瀛仪、杨西振之死也很蹊跷，病因不明。随着四案犯之死，其他案犯纷纷翻供，而造成死无对证的结果。

正在清朝各级政府对此案一筹莫展之时，王觉一领导的末后一着教又在江苏、湖北等地起事。王觉一之子王继太被俘后，交代出汝宁萧瀛仪、苏天爵等曾谋划造反之事。王继太供词中说：“七年冬天里，河南教徒苏添爵、萧瀛仪、张怀松们在汝宁府地方传教，听见安徽亳州起有天主堂，苏添爵们因那理〔里〕同汝宁连界，想要纠人抢劫，焚烧天主堂，就此乘机起事。父亲说：‘上年彗星出见，曾经说过，彗星扫空天机变，怕的恶鬼起狼烟的话。见在时候尚早，不可就动。’向他们拦阻。苏天爵们不依，就被府县访闻查拿，苏天爵们就获，大众逃散。”⑤ 王继太等的供词使得对此案的审理又出现转机。

光绪十年（1884）九月，朝廷又派钦差大臣工部左侍郎孙毓汶、乌拉布重审此案。据清朝军机大臣奉上谕云：“钦差工部左侍郎孙、乌，光

---

① 《汝阳令车鸿远自书亲供》(光绪十年十一月初六日)，17—2。

② 《孙毓汶、乌拉布奏折》(光绪十年十一月十四日)，17—2。

③ 曾国荃:《续获教匪分别议拟疏》(光绪十年八月十九日)，《曾忠襄公奏议》卷24，第21页。

④ 《汝阳县刑房一宗为讯究事·张敬逢为禀请诣验事》（光绪九年正月二十二日)，甲267—5。

⑤ 《巡抚部院刑房卷一宗·王继太即王际太供》(光绪十年四月初一日)，甲267—5。

绪十年九月二十二日奉上谕：前有人奏，河南汝宁府破获王觉一教党张怀松等谋袭郡城一案，延搁过久，当令刑部查奏。旋经该部奏交鹿传霖讯拟。兹据该抚奏称，现将此案督同臬司反复究诘，坚称实未谋逆，与前讯供歧异等语。此案罪名出入甚重，必应确切研究，以成信谳。著派孙毓汶、乌拉布就近提集全案人证、卷宗，详讯确情，定谳具奏。"① 而后，孙、乌及刑部员外郎讷钦、主事周景曾、王联璧等人赴河南办案。十一月末，经过两个月的审理，孙毓汶、乌拉布将此案终审结果写成长达万言的结案奏折，上报朝廷。于是勉强将末后一着教案画上句号。然而，我们今天来看这份奏折，处处凸显出是一笔没有理清的糊涂账。奏折大量的笔墨耗费在细梢末节之上，而对于实质性问题极力回避。诸如，该教创立的时间，教主与骨干头目的身份，参加的成员及组织的分布，经书的种类和收缴的情况等，大都并未涉及。奏折对有关涉案人员的处理也令人疑惑。案犯获流放、罚没为奴等惩处，但无一人被处死。而且，尽力开脱像参将田映堂这样有身份的人，使其被无罪释放。② 于是这样一件惊天大案，顿时化为一般的习教小案。此案经过孙、乌的"葫芦僧乱判葫芦案"之后，末后一着教案再无人提及。逃逸的教主王觉一与该教众多的上层头目，从此逍遥法外。因而他们的下落，至今成为一个众说纷纭的难解之谜。

---

① 《光绪宣统两朝上谕档》第10册（光绪十年），第285页。

② 按：孙毓汶、乌拉布审案期间，汝宁府汝阳县6名耆绅写《具保状》，50名乡绅联名写《具甘结》，孙、乌可能受其影响。《具保状》《具甘结》（光绪十年十一月初十日），17—2。

傅斯年“史学只是史料学”再析*

桑　兵

自傅斯年提出“史学只是史料学”，虽然由此成就了历史语言研究所，使得中国的史学研究在国际上获得相当的地位，其本人亦被标举为所谓“史料学派”的盟主，却也因此惹来诸多争议。围绕这一观念，各方学人议论纷纷，赞成与反对者的态度尖锐对立，迄今为止，还是聚讼纷纭的公案。检视众多相关论著，似乎剩义无多，一些后来者的意见即使没有落入前人窠臼，也掉进傅斯年相当不以为然的“辩论”俗套。所以还要再析，原因有三，其一，近年来新见的相关史料渐多，为解读既有史料和史实，提供了必要的依据。其二，傅斯年“史学只是史料学”的主张本旨，究竟如何理解，与其史学思想的整体关系如何，似还有未尽之义。以时间为线索，探究事实联系，即用傅斯年的办法来研究傅斯年的想法，有助于厘清一些关键问题。其三，“史学只是史料学”对于历史研究的积极作用，还有在傅斯年的基础上进一步扩展的余地。有鉴于此，再析不仅必要，而且可能。对于时下学术风气的走向，不无借鉴意义。

一　近代的历史学只是史料学

傅斯年正式提出“史学只是史料学”的概念，始于1928年发表的

---

* 本文原载《近代史研究》2007年第5期。

《历史语言研究所工作之旨趣》，原文为：“历史学和语言学在欧洲都是很近才发达的。历史学不是著史：著史每多多少少带点古世近世的意味，且每取伦理家的手段，作文章家的本事。近代的历史学只是史料学，利用自然科学供给我们的一切工具，整理一切可逢着的史料，所以近代史学所达到的范域，自地质学以致目下新闻纸，而史学外的达尔文论正是历史方法之大成。”[①] 这一表达，傅斯年先后还使用过“便是”“本是”“即”等，意思大同小异。[②] 值得注意的是，傅斯年所认为“只是史料学”的史学，并非泛泛而言，而是指近代的历史学。这种近代的历史学不同于古典的史学，确切地说，是分科治学以后的史学。这样的史学虽然以近代以来的欧洲为典范，在中国历史上却早已出现过。中国的历史源远流长，史学也发达较早。所以，所谓“近代的历史学只是史料学”，绝不是故作大言，而是傅斯年对于中西史学历史变迁的理解与把握的浓缩。

要想完整理解“近代的历史学只是史料学”，最重要的文本是《史学方法导论》。该书不仅是傅斯年系统阐述其史学观念的主要体现，也是其一生教学讲授的基本教材。可惜全本迄未得见，目前各家引述的只是残篇。据傅斯年所拟目录，这份讲义共分七讲，依次为：第一讲，论史学非求结论之学问；论史学在“叙述科学”中之位置；论历史的知识与艺术的手段。第二讲，中国及欧洲历代史学观念演变之纲领。第三讲，统计方法与史学。第四讲，史料略论。第五讲，古代史与近代史。第六讲，史学的逻辑。第七讲，所谓“史观”。[③] 台湾联经版的《傅斯年全集》出版时，编者说明这是傅斯年任教北京大学时的讲义，仅存第四讲。湖南教育出版社 2003 年版的《傅斯年全集》，照联经版录入。

尽管目前仍无法得窥《史学方法导论》的全貌，从新出史料还是可以更多地了解该书的内容，而这对于全面认识傅斯年的史学观念，无疑相当重要。1995 年 12 月刊登于《中国文化》第 12 期的傅斯年未刊稿

---

① 欧阳哲生主编：《傅斯年全集》第 3 卷，湖南教育出版社 2003 年版，第 3 页。

② 参见侯云灏《“史学便是史料学”——记著名史学家傅斯年》，《历史教学》1999 年第 9 期。

③ 欧阳哲生主编：《傅斯年全集》第 2 卷，第 307 页。

《中西史学观点之变迁》，是从三个方面加以讨论的，第一，中国历代对于史学观点之变迁，第二，西欧历代对于史学观点之变迁，第三，近代数种史观之解释。与《史学方法导论》的拟目比较，至少应当就是第二讲的内容，并涉及第七讲的一部分。[①] 而据 1933 年度《国立北京大学一览》的《〈史学方法导论〉课程纲要》，傅斯年为北大历史系所开的这门必修课，只有三方面的内容，即“一、中国及欧洲史学观点之演进。二、自然科学与史学之关系。三、史料之整理办法”[②]。这与傅斯年的拟目差距较大，至少表明截至 1934 年，《史学方法导论》的框架仍不完整。

从其他蛛丝马迹看，傅斯年似未将该讲义完整写出，例如第三讲的统计方法与史学，傅斯年曾经说：“统计学应该是一个 mathematical discipline，不该一节一段的乱猜。中国现在好几本统计学，没有一本说它是 probabilities 之应用的，这样子的统计学不是科学……至于历史与统计，更是笑话。历史那里有许多可供统计（科学的统计）的事实？我好引 Rifferplaton 的方法，‘以字数统计证 Dialogue 之先后’。但这真是统计学的屑末而已。强谓统计与史学大有关系，亦幻想也。”顾颉刚指其“自谓算学很好，统计第一”，傅斯年以“名誉攸关，不得不辩”，还专门致函胡适，说是“此真笑话，我断不至妄到这一步也”。[③] 目前所见第四讲《史料论略》一开始就说：“我们在上章讨论中国及欧洲历史学观念演进的时候”，而据傅斯年的拟目，讨论中国及欧洲历史学观念的演进应是第二讲，按照北京大学 1933 年度《〈史学方法导论〉课程纲要》，中间则夹着一讲“自然科学与史学之关系”，均未提及统计方法与史学。另外，史语所与社会学所有明确分工，前者并不涉足近代史[④]，这恐怕不仅是职责

---

① 《傅斯年全集》（湖南教育出版社版 2003 年版）的编者已经指出该文与《史学方法导论》第二讲的关系。

② 欧阳哲生主编:《傅斯年全集》第 5 卷，第 29 页。

③ 《致胡适（残）》（1941 年 9 月 20 日），欧阳哲生主编：《傅斯年全集》第 7 卷，第 225—226 页。

④ 1943 年 1 月 15 日傅斯年致朱家骅函：“原来在此〔北〕平时，弟感觉社会所之亦治史学也，曾与孟和商量，二人同意如下：近一百年史，即鸦片战争起，由社会所办，其设备亦由社会所。明、清两代经济史，以其经济方面，或比史之方面为重，归社会所；明、清以前者，以其史学方面比经济方面为重，归史语所。”（台北，“中研院”史语所藏傅斯年档案，后文凡未注明出处的傅斯年函，均出自该档）

的差异使然，即使到20世纪50年代，迁移到台北的“中研院”筹建近代史所，史语所的一些先生仍持明确的反对态度。虽然那时傅斯年已经故去，但多少还是反映了这些有着相同或相近学术理念的学人的长期共识。

由此可见，傅斯年《史学方法导论》的若干讲，可能并未形成完整的文字。从上述情形判断，傅斯年拟定的七讲，应当不是平均用力，其中比较重要的是第一、二、四、七各讲。除第一讲外，其余各讲已经有了傅斯年本人所写的较为系统的文本作为依据，而第一讲的基本内容，从傅斯年的各种相关文字中，也可以窥见大体。这为理解傅斯年的史学思想的基本系统，特别是全面地解读一些近乎口号式的概念，提供了较为坚实的基础，能够有效地避免断章取义或隔义附会。

《中西史学观点之变迁》，也就是《史学方法导论》的第二讲“中国及欧洲历代史学观念演变之纲领”，可以说是从中外史学发展进程的角度来理解“近代的历史学只是史料学”的关键。按照傅斯年的认识，“客观史学方法，非历史初年产物，而为后起之事。大概每一个民族历史的发展，最初都是神话与古史不分，其次便是故事与史实的混合，经过此二阶段后，历史乃有单独的发展”。这一通例，中外大体一律，只是中国文化发达甚早，史学的成熟也相对较早。《春秋》以下，已出现纪事编年系统。但《史记》并非客观历史，司马迁非考订家而是记录家，将记事与记理融于一炉，寓褒贬于著述，加入主观思想，有其特殊见解，成一家之言，为综合史体。其长处在于：（1）比较编年学之观念之早现；（2）八书即中国古代的文化史；（3）纪传体成立，与编年成史学两派；（4）史始自成一派。所以《史记》为承前启后的一大部著作。但自汉迄唐，史学竞胜者只在文学与史法，到了宋代才风气大变。宋代史学最发达，“最有贡献而趋向于新史学方面进展者，《通鉴考异》、《集古录跋尾》二书足以代表。前者所引之书，多至数百余种，折衷于两种不同材料而权衡之，后者可以代表利用新发现之材料以考订古事，自此始脱去八代以来专究史法文学之窠臼而转注于史料之搜集、类比、剪裁，皆今日新史学之所有事也”。至于《资治通鉴》《五代史》《新唐书》等，虽然于《春秋》的正统思想有莫大的解放，仍不能廓清主观成分。尽管如此，北宋史学已远超前代，可惜南渡后无进展，元明时生息奄奄。清朝史学家为避文网，不敢作近代史料之搜集编纂，而趋于考订史料之一途，《廿二史札记》《十七史商榷》贡献最大。“然而有清一代始终未出一真史家与真史书。现在中国史料由于地下之发掘与考古学之贡献，日益加多，作史较易，加以近代西洋史学方法之运用与乎社会科学工具之完备，今后史学界定有长足的进展。”

这样的观点，在《历史语言研究所工作之旨趣》中已经出现：司马迁的《史记》传信存疑以别史料，能作八书，排比列国纪年，“若干观念比十九世纪的大名家还近代些”。欧阳修的《五代史》不是客观史学，而《集古录》“下手研究直接材料，是近代史学的真工夫”。欧阳修的《五代史》、朱熹的《纲目》代表中世古世的思想，司马光的《通鉴》则能利用无限的史料，考订旧记。“宋朝晚年一切史料的利用，及考定辨疑的精审，有些很使人更惊异的。照这样进化到明朝，应可以有当代欧洲的局面了。”不幸因为胡元之乱，以及清朝最忌真史学发达，不仅不能开新进步，反而退步。① 傅斯年和陈寅恪都十分推崇宋代史学，但具体标志，略有不同，《通鉴考异》是两人共同标举的代表作。《史学方法导论》称：“在中国详述比较史料的最早一部书，是《通鉴考异》。这里边可以看出史学方法的成熟和整理史料的标准。在西洋则这方法的成熟后了好几百年，到十七八世纪，这方法才算有自觉的完成了。”②

傅斯年虽然认为中国史学发达甚早，并将宋代史学的诸多特征指为新史学，实际上却是以欧洲近代的新史学作为标准，来反证中国的史学发展程度。他说：“中国学问，自古比西洋继续性大，但最近千年来，反不如西洋之有继续性，此亦中国近代文化落后之一原因。”欧洲希腊以前的史学，只是文学的附庸。罗马教会成立以后，未经外力扫荡，只有内部改革，不如中国经永嘉、靖康两次南渡，历代史籍，传少失多，专家之学，不得传承，许多学问，多成绝学。所以奥古斯丁以整齐方法叙述史实，以历史证明有系统之神学，文艺复兴时期，更由于对希腊古学的兴趣和探究，形成脱离宗教色彩的新文学新史学，只是仍不以史为谈事之对象，而以史学为表现文学之工具。近代欧洲史学的发展体现于两方

① 欧阳哲生主编：《傅斯年全集》第 3 卷，第 4 页。

② 欧阳哲生主编：《傅斯年全集》第 2 卷，第 308—309 页。

面，一是观点变化，“近代史学观点，与其谓为出于思想之变化，毋宁谓为事实之影响”。由于新大陆的发现等事实，从前上下古今一贯的学说根本动摇，“对于异样文明，发生新的观念、新解释的要求，换言之，即引起通史之观念、通史之要求”。二是方法改进，欧洲中世纪以来，各种类型的史料增多，“近代历史学之编辑，则根据此等史料，从此等史料之搜集与整理中，发现近代史学之方法——排比、比较、考订、编纂史料之方法——所以近代史学亦可说是史料编辑之学。此种史学，实超希腊罗马以上，其编纂不仅在于记述，而且有特别鉴订之工夫……过去史学与其谓史学，毋宁谓文学；偏于技术多，偏于事实少；非事实的记载，而为见解的为何。史学界真正有价值之作品，方为近代之事”。“此二种风气——一重文学，一重编辑史料——到后形成二大派别，一派代表文史学，一派代表近代化之新史学。”前者“不在史料本身之讲求，而惟文学、主观见解之是务”，相关作品对世界影响虽大，终以文学价值为多；后者则重视记载之确实性，因所见史料超过前人，记载也较前人更加确实。“此外史料来源问题，亦使新史学大放异彩……由于史料之搜集、校订、编辑工作，又引起许多新的学问。”尤其是考古学、语言学和东方学，近代均有大的发展。人们对于自身、世界以及其他文化历史的认识大为扩张。正是基于上述事实，傅斯年断言：“综之，近代史学，史料编辑之学也，虽工拙有异，同归则一，因史料供给之丰富，遂生批评之方式，此种方式非抽象而来，实由事实之经验。”①

周予同将现代中国史学区别为史料与史观两派的观点影响深远，傅斯年在被视为史料派代表的同时，似乎被剥夺了对于史观的发言权。这一划分后人大抵延续，且被不断简化和放大。实则尽管傅斯年对于史观不能说毫无成见，却的确下过功夫，加上长期留学欧洲的背景，了解的程度当在不少批评者之上，绝非一般的偏见。目前《史学方法导论》的第七讲“所谓史观”虽不可见，但《中西史学观点之变迁》的第三节“近代数种史观之解释”，还是提供了傅斯年关于史观的系统意见。他认为：“因人类接触，发生世界史要求，以解决新问题，同时一般哲学家以

① 《中西史学观点之变迁》（未刊稿），欧阳哲生主编：《傅斯年全集》第 3 卷，第 149—156 页。

为历史无非事实之记录，事实之演变，必有某种动力驱之使然，如能寻着某种动力之所在，则复杂之历史，不难明其究竟，因是而有史观之发生。所谓史观，即历史动力之观察，观点不同，推论即异。”傅斯年选择最有势力的三种史观加以概述，即进化史观、物质史观和唯物史观。

一般关于进化论的描述，都说源于达尔文对生物学的考察，后来赫胥黎用于人类社会，形成社会达尔文主义。傅斯年的看法有所不同，他认为达尔文学说不出自生物学，而得自马尔萨斯的人口论，将马氏的生存竞争思想用于生物界，得出自然淘汰的观念，优胜劣败，适者生存的思想由此生出。这一思想盛极一时，深深影响 19 世纪下半叶的学术界，连人文科学、物质科学亦大受其影响。进化论的优点，“在将整个时间性把握住，于史学演进给一新的观点，同时文化人类学、人种学之兴起亦有帮助”，其流弊则是文艺复兴以来的学术思想自由断裂，人道主义趋于淘汰，武力主义逐渐抬头。

所谓物质史观，主要是以地理环境解释人类的种族与文化发展差异，以英国的博克尔（T. H. Buckle）为代表，所著《英国文化史》包罗万象，在 19 世纪前中期相当流行。后来虽然渐衰，实则许多思想已经演变为不言而喻的常识深入人心。20 世纪法国的人文地理学派承其衣钵，仍然盛行。该派认为，人类进化与天然影响成反比，其解释对于历史有帮助，但常有例外，马克思对此曾有详细的批评。

进化论和地理影响说曾经在近代中国发生过广泛影响，在史学领域，夏曾佑的中学历史教科书和梁启超的一系列论著，可为代表。到了傅斯年的时代，这两种观念的影响已经内化为教科书的内容而趋于平淡，而唯物史观逐渐兴起并流行，尤其在青年学人和学生当中，渐成主导。傅斯年对此相当不以为然，他认为马克思在史观方面的贡献一是剩余价值论对于人文地理学派多所批评，二是共产主义宣言。其弊端则为：第一，将整个世界进展视作直线进程，各个历史阶段只是将黑格尔的横断发展变为纵断发展。这种将历史抽象化的做法，与天主教神学思想有关。第二，根据工业革命前后史料，以历史片断现象而欲概括通有之历史现象，是诚不可能。

傅斯年对于史观尤其是唯物史观的态度，不说是偏见，至少有些成见。不过，他的看法确有学理和时势两方面的思考。从学理的角度讲，那一时期以欧洲为中心（并非地理上的，而是思维方式上的）的人类社会历史认识，更倾向于整体上通盘解决，希望建立统一的系统，将各种文化排列其中。在进化论制导下，空间形态不同的文化被放置到同一时间序列中，而这样的观念被实践进化论的西方列强用行动张开世界体系的大网，注入一切被网罗其中的其他文化系统承载者的精神世界，并反过来扩大和强化着观念本身，认识几乎等同于真理。可是，这种由历史哲学发生出来的抽象化认识，并未得到历史事实的充分支撑。甚至可以说是在罔顾或大量牺牲史实的前提下做出的推论。只是欧洲的历史哲学与历史学，有着学科分界和文化差异的纠葛，前者对后者的影响有限，或者说，史学专家比较能够把握二者的分际。当李大钊将唯物史观引进中国时，就把历史理论与记述历史加以分别，只承认前者是历史科学。[①]后来被纳入历史学科的史学理论，也一般被认为与史学研究无关，因为既不能提供史学研究以利器，相关学人也往往不从事不擅长具体的史学研究。而将历史哲学作为史学理论，多少有点强扭的瓜不甜的味道。时至今日，随着研究的深入扩展和观念的调整，建立在进化论基础上的统一历史观及其发展阶段，越来越受到挑战。

就时势而言，好讲史观者的确存在概念化教条化倾向，强事实以就我的情形相当普遍，令掌握史实较多而解读史料能力较强的学人相当不以为然。1946 年，安志敏评翦伯赞的《中国史纲》第二卷，毫不客气地批评道："而于其内容，则觉错误累累，触目皆是，不禁大失所望……著者用力之劬，固令人佩服，惜依据资料太少，未能充分利用考古资料，兼以个人主见甚深，致歪曲事实颇多，对中外学者研究之结果既未充分利用，而个人之见解又多无所根据，遂致虚耗精力，徒费篇幅，此古人所以深戒'不知而作'欤？"[②]

史料与史观的对立冲突不仅在民国时期使得学人划分派系，即使到了后来，还演变为史与论的纠葛，长期困扰着史学界。无论是以论带史、论从史出还是史论结合等，虽有高下当否之别，都不能恰当解决二者的关系，反而在一定程度上影响了史学研究的深入，以及无助于史学研究的具体方法的探究。并不卷入史料与史观之争的陈垣曾批评专讲史

---

① 李守常：《史学要论》，河北教育出版社 2001 年版，第 22 页。

② 《燕京学报》第 30 期，1946 年 6 月，第 242—246 页。

法者史学往往不好，虽然所谓史法是刘知几、章学诚的编撰之法，并有暗射好讲史学方法的胡适等人之意，但不着边际的史观当也在其机锋所向。

在内心深处，傅斯年认为将全人类置于同一系统的抽象化过于主观，尽管史学能否客观尚无定论，但史料中可得之客观知识甚多，如果不能限制主观任意性，则无法求得客观知识。他认为："历史这个东西，不是抽象，不是空谈。古来思想家无一定的目的，任凭他的理想成为一种思想的历史—历史哲学。历史哲学可以当作很有趣的作品看待，因为没有事实做根据，所以和史学是不同的。历史的对象是史料，离开史料，也许成为很好的哲学和文学，究其实与历史无关。"① 在《〈殷历谱〉序》中又说："今固不乏以综合自许者，不触类而引申，凭主观以遐想，考其实在，类书耳，教条耳。类书昔无持论之词，今有之矣。教条家苟工夫深邃，亦可有艺术文学之妙，若圣奥古斯丁及其弟子之论史是也。而今之教条家初于其辨证教条并未熟习，而强读古史原料以为通论通史，一似《镜花缘》中君子国之学究，读'求之与抑与之与'竟成'永之兴柳兴之兴'。是亦可以哗众取宠于无知之人，亦正为学术进步之障耳。"② 这样的见解他甚至放大到相关学科，他反驳有人指责凌纯声理论较弱时说："彼不谈'理论'，亦唯其如此，方有实学；所谓'理论'，自然总有一部分道理，然至徒子徒孙之手，则印版而已，非实学也。"③ 等而下之者往往喜欢用总有道理来自我标榜，流弊匪浅。所以傅斯年在《史学方法导论》中声称：从中西史学发展历程看，"一、史的观念之进步，在于由主观的哲学或伦理价值论变做客观的史料学。二、著史的事业之进步，在于由人文的手段，变做如生物学地质学等一般的事业。三、史学的对象是史料，不是文词，不是伦理，不是神学，并且不是社会学。史学的工作是整理史料，不是作艺术的建设，不是疏通的事业，不是去扶持或推倒这个运动，或那个主义"④。

---

① 《考古学的新方法》，欧阳哲生主编：《傅斯年全集》第 3 卷，第 88 页。

② 欧阳哲生主编：《傅斯年全集》第 3 卷，第 343 页。

③ 1943 年 1 月 15 日傅斯年致朱家骅函。

④ 欧阳哲生主编：《傅斯年全集》第 2 卷，第 308 页。

二 近真与头绪

后人批评傅斯年，多从史料以外入手，虽然言之有理，却不一定能当傅斯年的本意。而在傅斯年的逻辑之内，也还有许多空间，若能善用，史料与史观其实相互连通而非彼此冲突。在将史料与史观对立的学人看来，史料不过是立说的基础或凭借，只有史料，或者只强调整理史料，至多是文籍史实的考订与编撰，何来史学？殊不知傅斯年的所谓史学便是史料学，史学的工作是整理史料，并非一般的考订排比，或者说，考订与排比远非一般所以为的那样简单，尤其不是批判者眼中的琐碎饾饤末学。的确，傅斯年对于考证相当偏爱，他甚至说："最近百多年来，文士的学问趋向于考证；诚然，考证只是一种方法而不是一种目的，但人类的工作，目的和方法是很不容易分别的。考证学发达的结果，小题大做，可成上品，大题小做，便不入流。"① 所以文史之学的文章的理想是精，而社会科学则是通。求通的社会科学在一定程度上还是不够发达的缘故。但是傅斯年并不认为史学的目的与功能仅此而已。

如前所述，傅斯年所谓近代史学为史料编辑之学，主要有两层意思，其一，因史料供给之丰富，遂生批评之方式。其二，此种方式非抽象而来，实由事实之经验。史料编辑之学，并非只是简单地机械地将史料排列一起，史学便是史料学，最重要的是如何整理史料以及如何认识整理史料之于研究历史的作用。具体而言，"史料学便是比较方法之应用"，而整理史料的方法，"第一是比较不同的史料，第二是比较不同的史料，第三还是比较不同的史料"。②

比较研究在今日已成时髦，而大都不能遵守基本原则，陷于望文生义的隔义附会。实则文史比较研究正是近代欧洲与中国古代文史之学的大道正途。今人关注傅斯年的史料学，着重于他所提出的八对范畴，即直接对间接，官家对民间，本国对外国，近人对远人，不经意对经意，

---

① 《"国立"台湾大学法学院〈社会科学论丛〉发刊词》，原载1950年4月《台大社会科学论丛》第1期，欧阳哲生主编：《傅斯年全集》第3卷，第368页。

② 欧阳哲生主编：《傅斯年全集》第2卷，第308页。

本事对旁涉，直说对隐喻，口说对著文，其实这八对范畴可以概略为一对，也就是直接史料与间接史料，其余均由此衍伸。而这样的观念，早在傅斯年任教于中山大学时已经形成并且实际讲授。写于那一时期的《中国古代文学史讲义》称："史料可以大致分做两类，一、直接的史料；二、间接的史料。凡是未经中间人手修改或省略或转写的，是直接的史料；凡是已经中间人手修改或省略或转写的，是间接的史料。"如《周书》《世本》《明史》是间接史料，毛公鼎、卜辞、明档案是直接史料。"有些间接的材料和直接的差不多，例如《史记》所记秦刻石；有些便和直接的材料成极端的相反，例如《左传》、《国语》中所载的那些语来语去。自然，直接的材料是比较最可信的，间接材料因转手的缘故容易被人更改或加减，但有时某一种直接的材料也许是孤立的，是例外的，而有时间接的材料反是前人精密归纳直接材料而得的，这个都不能一概论断，要随时随地的分别着看。整理史料是件很不容易的事，历史学家本领之高低全在这一处上决定。后人想在前人工作上增高，第一，要能得到并且能利用的人不曾见或不曾用的材料；第二，要比前人有更细密更确切的分辨力。"王国维利用新材料兼能通用细密的综合与分析，顾颉刚古史辨则专利用间接材料推陈出新。①

傅斯年强调整理史料的方法就是比较不同的史料，更重要的还在于以下两点，即"历史的事件虽然一件事只有一次，但一个事件既不尽止有一个记载，所以这个事件在或种情形下，可以比较而得其近真；好几件的事情又每每有相关联的地方，更可以比较而得其头绪"。这段文字虽然间有引用者，却并未给予足够的重视。而这两点既是"史学只是史料学"的两个层次，又是比较不同史料所能达到的两个目的，也可以概括为：近真、头绪。此言揭示历史记录与历史事实的关系，以及如何寻求历史事实的内在联系两大命题，可谓深得史学研究之真味。尽管单一的近真取向不足以发挥其最大能量，但若达到这一境界，疏通或许反而多余和无味。至于联系一层，更使得无数事实的关系无限延伸。

史学的本旨在于求真，这个本来天经地义的目标如今在不少人看来，是否存在，能否求得，大有疑问，甚至被根本否认。因为什么是

---

① 欧阳哲生主编：《傅斯年全集》第 2 卷，第 43 页。

真，如何证明，似乎仍不脱离主观。其实求真的意思有两层，首先，史实为曾经发生过的事实，如何发生，情形怎样，均为实有，不会因为任何后来因素而改变；其次，后人的求真，由于种种条件的限制，永远不会完全与事实重合，但是通过恰当的努力，可以逐渐接近。而作为史学，最主要的条件限制还在于史料，因为一个事件不止一个记载，将不同的记载加以比较，便可以接近事实的真相。为此，必须四面看山，避免以片面为整体，孤证不立毋庸置疑，所谓无征不信，实事求是，也是相对而言。

需要进一步探究的是，同一事件的不同记载如何发生，不同记载的主次轻重如何判别。傅斯年强调的是直接史料与间接史料的关系，讲究的是包括真伪在内的材料的可信度问题。其实，史学虽以求真为要，但是真伪是否的问题，相对简单。古史辨的层累叠加，为各民族上古史的普遍现象，若只疑及后来，且以为故意，则有失允当。而所谓直接史料与间接史料，或主料与辅料，又或者一手材料与二手材料等等分别，虽有价值差异，傅斯年还是不断强调只能相对而言，因时制宜。不过相对而言之下，八对范畴的区分，仍有一是非真伪的基本判断，或者说，对于史料的鉴别，仍然以相对于史实是否真伪的程度为标准。这样的判断一般而言固然不错，可是比照材料与事实之间的复杂性，还嫌表面。所有当事人关于本事的记录，由于各自利害有别，除了最简单的真伪是否之外，如何才是真的问题相当复杂。梁启超即认为：“不能谓近代便多史料，不能谓愈近代之史料即愈近真。”并指出近代史料不易征信近真的原因，一是“真迹放大”①，二是记载错误②。

将材料分为直接与间接，相当程度上与时间性相关。而深一层考虑，所谓第一手资料的真与对，也是相对而言。历史上所有当事人关于本事的记录，由于角度、关系、层面等客观条件不同，以及利害有别等主观因素，往往异同互见，千差万别，横看成岭侧成峰的原因，在于立足点的远近高低各不同，“罗生门”的现象因而具有相当广泛的普遍性。古史辨所谓以汉还汉，只能剔除后人的叠加，不能区分当时的异见。就此而

① 《中国历史研究法》，《饮冰室专集》第1册，（台湾）中华书局1972年版，第31、91页。

② 《中国历史研究法（补编）》，《饮冰室专集》第1册，第6、80页。

论，所谓真至少有两个层次，即史事的真与记述史事的真。史事的真只有一种，但人们必须根据各种相关记述来还原史事，而即使亲历者关于史事的记述也各不相同，甚至相互牴牾矛盾，间接材料的差异往往由此敷衍而来。当事人的记述无论由于客观条件还是主观因素的作用所产生的差异，间有放大或掩饰的故意，却不一定是有意作伪，不仅所记大都是真（当然也有不同程度的失真），更重要的是，他们如此这般或那般记载这一史事，同样是真。前者是他们的眼见为实，后者固然有部分隐晦，但他们如此记述，仍然是真实心境的写照。研究历史，一方面通过比较不同的记述逐渐接近史实，另一方面则要探究不同的当事人何以记述不同，尤其是为何会这样而不是那样记述。史事的真与相关人心路历程的真相辅相成，只有更多地了解所有当事人记述的心路历程，才有可能更加贴切地接近所记事件的真实。

具体而言，既然当事人的记述各异，不可能与事实完全重合，则所谓第一手资料的权威性其实难以断定，至少无法区分其中可信的程度以及在哪些方面较为可信。所谓第一手资料所能证明的问题，大体上只是时间、地点、相关人物、大体过程等比较简单的部分，至于更为复杂的人际关系以及相关作用的详情究竟如何，一般很难以哪一位当事人的记述为准。所以，所有类型的资料都只能部分地反映真实，只有尽可能完整全面地掌握相关记述，并且四面看山似地比较不同的记述，即所谓俱舍宗式地前后左右把握语境，理解文本，或许可以逐渐接近并且认识事实的真相。在此过程中，探究相关当事人何以如此记述与了解事实的真相相辅相成，史实永远不可能完全还原，但是，随着对相关史料的掌握逐渐增多以及了解各自记述差异的潜因逐渐深入，史实的真相可以多层面地逐渐呈现。就此而论，所谓重建史实，迄今为止，仍然既是科学又是艺术，缺一不可。一再强调要将历史学的研究自然科学化，尤其是生物学地质学化的傅斯年不得不承认："凡事之不便直说，而作者偏又不能忘情不说者，则用隐喻以暗示后人。有时后人神经过敏，多想了许多，这是常见的事。或者古人有意设一迷阵，以欺后人，而恶作剧，也是可能的事。这真是史学中最危险的地域啊!"① 正因为如此，高明的史学家

① 《史学方法导论》，欧阳哲生主编：《傅斯年全集》第 2 卷，第 341 页。

重建的史实，其实是重现历史场景，所有历史上的人时地再度复活，如演戏般重新表演一番，只是再现的途径是严谨的考证，以实证虚，而非文学的创想。

对于好讲理论者而言，比较不同史料的另一层次，即“好几件的事情又每每有相关联的地方，更可以比较而得其头绪”，或许更有意思。头绪实则史事的内在联系。批评傅斯年“史学只是史料学”口号者指责其否认史观，无视规律，使得历史研究只重视个别史实。这样的批评多少有些委屈了傅斯年。按照唯物辩证法，规律即事物发展的普遍联系，而所谓普遍联系，在自然科学的不同学科之间，在自然科学与社会科学之间，在社会科学与人文学科之间，以及在一般人文学科与史学之间，表现不一，不可一概而论。傅斯年 1935 年所写《闲谈历史教科书》，从编撰教科书的角度，对此有所阐述。他说：编历史教科书与编算学、物理等教科书有绝不同之处，“算学与物理科学是可以拿大原则概括无限的引申事实的。这个凭藉，在地质、生物各种科学已难，在历史几不适用……物质科学只和百来种元素办交涉，社会科学乃须和无限数的元素办交涉，算学家解决不了三体问题，难道治史学者能解决三十体？若史学家不安于此一个庞氏所谓‘天命’（庞加赉，Henri Poincare，认为可以重复出现的事实，如元素、种类，使科学得以发展），而以简单公式概括古今史实，那么是史论不是史学，是一家言不是客观知识了。在一人著书时，作史论，成一家言，本无不可，然而写起历史教科书来，若这样办，却是大罪过，因为这是以‘我’替代史实了。物质科学中，设立一个命题，可以概括无限度的引申命题……大约有三个领导的原则。第一项，列定概括命题，以包涵甚多引申的命题与无限的事实。第二项，据切近于读者的例，以喻命题之意义。第三项，在应用上着想。这些情形，一想到历史教科书上，几乎全不适用。第一项固不必说，历史学中没有这东西。第二项也不相干，历史上件件事都是单体的，本无所谓则与例。第三项，历史知识之应用，也是和物质知识之应用全然不同的”。“没有九等人品微分方程式和百行元素表，人物、行动只得一个个、一件件叙说。没有两件相同的史事，因果是谈不定的。因果二词，既非近代物理学所用，亦不适用于任何客观事实之解释，其由来本自神学思想出。现在用此一名词，只当作一个‘方便名词’，叙说先后关系而已，并无深意。”①

一般比较研究者，每每喜欢求同，落入隔义附会的俗套。而史学的比较研究，更加着重于见异。这并非排斥规律，历史事实均为特殊、个别，不等于没有联系，只是不能用自然科学或社会科学的原理来强求史料与史实的一律及连贯。1942 年 10 月 11 日，傅斯年复函好用社会学方法研究中国历史的吴景超：“历史上事，无全同者，为了解之，须从其演化看去，史学之作用正在此。如以横切面看之，何贵乎有史学？”② 演化重在梳理事实联系，且有多种可能趋向。将史实每每相关联的观念无限延伸，可以说，人类历史上没有孤立的事件，所有的人事都是无限延续地普遍联系着，通过比较相互联系的史实，可以发现变化和发展。这种事实联系的比较，本来就是比较研究的正宗。不仅可见异文化传通的联系与变异（如《赵氏孤儿》的西传），也可探究同一文化系统内部不同区域和不同历史时期的发展变化（如孟姜女等民间传说的流变和政治制度的演化）。从普遍的联系中见异，正是史学探究人类历史规律的重要形态。

认识求真与近真的多重含义，对于理解史学的本质，避免浅学者的所谓无法求真、没有本意等，颇有意义。历史上所有的真均为相对而言，后人的研究永远不可能与史实完全重合，但不等于没有真，无法求，求真的过程其实是对史家智慧能力的极大考验，也是提高人类智力的重要途径。注重事实联系，防止用后来外在观念任意剪裁取舍解释，这对于改变近代历史研究的隔义附会的任意性极有效益。当然，限于史料和自身的能力，学人往往难以无限延伸地看到历史事实之间的普遍联系，借助于某些规则定理，实际上是想冲过不连贯处的取巧做法。就此而论，治史犹如下棋，高手的段位差异，就在于所能预见的步数。看到的步数越多，能力则越强。只是治史要想看得远，还须落在具体史事的实处，揭示实际的内在联系，而不能凭借外力将事实牵扯到一起。事物的普遍

---

① 《教与学》第 1 卷第 4 期，1935 年 10 月 1 日，欧阳哲生主编：《傅斯年全集》第 5 卷，第 52—55 页。

② 欧阳哲生主编：《傅斯年全集》第 7 卷，第 267 页。

联系即为规律，联系有不同层面，史家注意事实联系，所有人类历史事实均可由无限延伸的联系纽带相连接。这与一般套用定义以填充事实，或隔义附会以生拉硬拽的所谓规律大相径庭。史学研究应于见异中探究事实联系的无限延伸，不宜脱离事实的联系随意连接比附。

诚然，史学只是史料学的说法亦有其局限，有的前人已经反复指出，有的虽经指摘，未必全是傅斯年的本意，有的则尚未道及。就本题应有之义而言，为害最大者，还是把一切文籍都当作材料。傅斯年明确宣称：“总而言之，我们不是读书的人，我们只是上穷碧落下黄泉，动手动脚找东西！”之所以如此，是因为“西洋人做学问不是去读书，是动手动脚到处寻找新材料，随时扩大旧范围，所以这学问才有四方的发展，向上的增高”。这一说法对于读过书或读完书的学人而言，或是从反对主观成见的角度立论，或许不无道理。陈寅恪即主张史语所以购新资料为急图，基本书籍从缓。但是对于一般后学者，遗患甚巨。傅斯年也承认：“西洋人研究中国或牵连中国的事物，本来没有很多的成绩，因为他们读中国书不能亲切，认中国事实不能严辨，所以关于一切文字审求、文籍考订、史事辨别等等，在他们永远一筹莫展。”只是“有些地方比我们范围来的宽些”。[①] 如果不读书只找材料，首先，势必使得中国人变成外国人，读不懂中国书，只能用外国观念来理解中国书；其次，将各种文献统统当作史实的客观记录，则作者的主观不可见，同样影响对文献的理解，尤其是无法探究作者的心路历程。再次，视所有文献为材料，势必导致否定书籍与学问的连带关系。

无论对傅斯年的评价如何，后来治史大都用其观念而无其底蕴，结果所有的文献在人们眼中只是史料。这虽然未必是傅斯年的本意，却很难说不是其主张的流弊。其实，书应作为书看，报应当作报看，日记当作日记看，书信当作书信看，不能仅仅作为史料看。作书看须看作者本来的完整意思，作史料看则容易以己意从中摘取片断，割裂作者原意，而组成另外的意思。此非原作者之本意，也不是历史的本相，而是研究者心中的历史。作书看还要由书见人，如吴宓日记反映其情感的偏执，朱自清日记可见其内心深处的自卑。同是日记书信，不同的人有不同的

---

① 欧阳哲生主编：《傅斯年全集》第3卷，第6页。

写法，不同的习惯，不同的目的。按照傅斯年的标准，日记、书信等无疑是第一手资料，尤其是当事人的相关日记书信，往往成为判断的依据。但也不可一概而论。有的日记写作时即为了给人看，或给皇帝看（李慈铭日记），或给上司看（驻外使节呈交刊刻的日记），或给后人看（胡适日记即是要留作史料）；也有的日记写给自己看，多记私密性琐事，公事大事要事反而疏于记录；还有的日记怕人看，所以只记事不议论，或事后加以删削。因此，要通过日记看清主人的风格习惯，有的不仅要看记什么，更要留意不记什么，为何不记。清季戊戌庚子间史料相对稀疏，日记尤为明显，显然因为清廷文网严密，朝野人士或事先留空，或事后处理。胡适则于日记中不记于其不利之事（或事后删削）。书信亦然。汪康年师友书札反映清季史事极多，但其人三教九流无所不交，给不同人写信态度各异，须将同一时期关于同一事件的不同信札前后左右看，才能把握汪康年本人的态度和作为。近代报刊多有党派背景，还有编辑者的立场。档案同样如此，外交档案涉及对方，常有夸张与掩饰，须将各方记录比勘。其实档案与其说是史料的一种类型，不如说是保存材料的一种方式。其中各类材料都有，官样文章尤多。如果不能善用，反易为所误。

以此为准，所有的史料都具相对性，傅斯年的区分可以提供基本的判断，当然他也一再强调这只是相对而言。但若仅以史书为史料，虽然不受前人主观影响，却也不见前人心思所系。如古史辨之于两汉以上，不无道理，因此而不见经学对两汉以下的作用，未免因噎废食。傅斯年对宋史的评价颇具代表性，他说："对于我们，每一书保存的原料越多越好，修理得越整齐越糟。反正二十四史都不合于近代史籍的要求的，我们要看的史料越生越好！然则此两书保存的生材料最多，可谓最好。"这与一般史家诟病《宋史》的紊乱眼界很不相同，而一般认为最能锻炼的《新五代史》《明史》，在傅斯年看来，因材料原来面目被改变，反而糟了。[①] 如此，则《史记》难入高明，著述的例法等，也完全不见其意义。这与中国无史论有着同样的意思，都是有材料无史书。著述当然不仅是客观叙述事实，同时也表达其主观意愿或期望，这样的主观对于所欲记录的事实或许不足为法，但是却能展现那时人们对于此类事实的看法及

① 欧阳哲生主编：《傅斯年全集》第2卷，第340页。

态度。而且，学人著述，心中潜在对象常有若干层面，究竟写给谁看，哪些意思希望谁能理解，确有讲究。

读书与找材料不同，须既见事又见人，通过人的言行揭示或展现其性格做派思维，不仅可见这类言行属于这一人物，而且可知这一人物才有这类言行。这在古代与晚近历史的研究中尤其关键。因为古代史材料疏失较多，多重文化，晚近材料丰富，多重人事。今人所写传记，往往见事不见人，与只找材料不读书不无关系。而人是历史的中心，人的有意识活动与社会的有规律运动，构成历史演化的内容。

读书不仅可以了解作者，更可见“书中有学”。宋育仁和钱穆都批评用科学方法整理国故仅仅将书籍当作材料，而非学问的对象。“古学是书中有学，不是书就为学”，“学者有大义，有微言，施之于一身，则立身行道，施之于世，则泽众教民……今之人不揣其本，而齐其末，不过欲逞其自炫之能力，以成多徒，惑乱视听。既无益于众人，又无益于自己。凡盘旋于文字脚下者，适有如学道者之耽耽于法术，同是一蛊众炫能的思想，乌足以言讲学学道，适足以致未来世之愚盲子孙之无所适从耳”。[①] 钱穆则指出不把书籍作学问的对象，其实是过于主观自信的表现。虚心读书，积累系统知识，才是向学的正道。

三　曲解与本意

在“史学只是史料学”这一宣言之下，傅斯年的一些相关主张多少有些口号式的意味，有时甚至故作惊人语，因而不免引起误解，滋生流弊。批判较为深入者，可见钱穆的《新亚学报发刊辞》等论著。然而，若全面理解傅斯年，不以只言片语立论，则可见傅斯年的许多主张，主要是为了标举史语所的学风，而不是针对一般史学的全体。除了发表《历史语言研究所工作之旨趣》，他还不断宣称：“研究所的宗旨，一、到处找新材料。二、用新方法（科学付给之工具）整理材料。”“敝所设置之意，并非求继续汉学之正统，乃欲以‘扩充材料，扩充工具’为方术，而致中国历史语言之学于自然科学之境界中……拙著《历史语言研究所

① 问琴：《评胡适国学季刊宣言书》，《国学月刊》第16期，1923年，第49—53页。

工作之旨趣》一文，意在标举此意，以求勿为正统汉学者误为同调。”①尽管他同时认为如此才算得上是高深的研究，才能在世界学术之林争胜，毕竟只是少数人“上达”而非“下学”②的事业。他承认：“近代史学，亦有其缺点，讨论史料则有余，编纂技术则不足。虽然不得谓文，但可谓之学，事实之记载则超前贤远矣。”③而在历史教育的层面，傅斯年认为意义有三，第一，把历史知识当作人学，了解人类及人性；第二，国民训练，培养爱国心民族性；第三，认识文化演进之阶段和民族形态之述状，中国史更应注重政治、社会、文物三事之相互影响。④如此，则“史学只是史料学”，虽然可以说是傅斯年史学的主导思想，却不能完整地表达其全部观念，至少有流弊匪浅的四点，未必缘于傅斯年的本意。

其一，扩张史料与新旧史料的关系。史学为综合，须先识大体，由博返约，在整体下研究局部。若由点及面，从局部看整体，甚至将局部放大为整体，则难免偏蔽，导致盲人摸象，以偏概全。傅斯年在《历史语言研究所工作之旨趣》中突出强调扩张新材料和扩充新工具，扩大旧范围，陈寅恪等人也主张以新材料治新学问的预流，影响了整个学界的风气，不少后来者一味扩张人所不见的新材料而不读基本书，引起有识之士的批评。贺昌群说：“大抵一时代有一时代的学风，一番新史料的发现，必有一番新学问的领域，能够占在新学问的领域中利用这番新材料，就是学术上的前驱者，陈寅恪先生称此为‘入流’，反乎此而不闻不问，自以为坐井可以观天者，谓之‘未入流’。但我想入流与不入流，有时亦不在以能获得新材料为目的。近来学术界因为争取发表新材料的优先权，往往令人有玩物丧志之感。所以尤在要明了学术研究的新趋向，然后才知所努力，在思辨上有深澈的眼光，文字上有严密的组织，从习见的材料中提出大家所不注意的问题，所以学术思考上也有入流与不入流的问

---

① 1929 年 10 月 6 日致冯友兰罗家伦杨振声、1930 年 9 月 13 日致王献唐，欧阳哲生主编：《傅斯年全集》第 7 卷，第 82、92 页。

② 钱穆：《发刊词》，《新亚学报》第 1 卷第 1 期，1955 年，第 6 页。

③ 《中西史学观点之变迁》(未刊稿)，欧阳哲生主编：《傅斯年全集》第 3 卷，第 155 页。

④ 《闲谈历史教科书》，《教与学》第 1 卷第 4 期，1935 年 10 月 1 日，欧阳哲生主编：《傅斯年全集》第 5 卷，第 55 页。

题。"①高明者应延续前贤未竟之业，若一味看前人未见史料，究前人未知问题，不仅细碎，所谓找罅缝，寻破绽，觅间隙，更可悲的是所得或许不过前人唾余。

其实，无论傅斯年还是陈寅恪，都并非主张一味扩张新材料，其着重强调扩张新材料的前提，是已经读过书并掌握了基本材料。《史学方法导论》明确指出："必于旧史史料有工夫，然后可以运用新史料；必于新史料能了解，然后可以纠正旧史料。新史料之发见与应用，实是史学进步的最要条件；然而但持新材料，而与遗传者接不上气，亦每每是枉然。从此可知抱残守缺，深固闭拒，不知扩充史料者，固是不可救药之妄人；而一味平地造起，不知积薪之势，相因然后可以居上者，亦难免于狂狷者之徒劳也。"②对此傅斯年很有心得。1931 年 2 月 18 日，胡适在日记中记到："孟真来谈古史事，尔纲也参加。孟真原文说：'每每旧的材料本是死的，而一加直接所得可信材料之若干点，则登时变成活的。'此意最重要。尔纲此时尚不能承受此说。"③陈寅恪教书也有类似主张。他说："必须对旧材料很熟悉，才能利用新材料。因为新材料是零星发现的，是片断的。旧材料熟，才能把新材料安置于适宜的地位。正像一幅已残破的古画，必须知道这幅画的大概轮廓，才能将其一山一树置于适当地位，以复旧观。在今日能利用新材料的，上古史部分必对经（经史子集的经，也即上古史的旧材料）书很熟，中古以下必须史熟。"④不同研究领域的新旧材料还有所分别，如金石学："自昔长于金石学者，必为深研经史之人，非通经无以释金文，非治史无以证石刻。群经诸史，乃古史资料多数之所汇集，金文石刻则其少数脱离之片段，未有不了解多数汇集之资料，而能考释少数脱离之片段不误者。"⑤只抄旧材料或只用旧材料而予以牵强附会的新解释，均不可取，"以往研究文化史有二失：旧派失之滞。旧派所作中国文化史……不过抄抄而已。其缺点是只有死材料而没

① 《贺昌群文集》第 1 卷，商务印书馆 2003 年版，第 180 页。

② 欧阳哲生主编：《傅斯年全集》第 2 卷，第 335 页。

③ 曹伯言整理：《胡适日记全编》6，安徽教育出版社 2001 年版，第 61 页。

④ 蒋天枢：《陈寅恪先生编年事辑（增订本）》，上海古籍出版社 1997 年版，第 96—97 页。

⑤ 《杨树达积微居小学金史论丛续稿序》，陈寅恪：《金明馆丛稿二编》，生活·读书·新知三联书店 2001 年版，第 260 页。

有解释。读后不能使人了解人民精神生活与社会制度的关系。新派失之诬。新派是留学生，所谓‘以科学方法整理国故’者。新派书有解释，看上去似很有条理，然甚危险。”①

识一字成活一片，至少也有两层，一是生材料得以连缀，二是旧材料得以重组。前者因其片断，无从联系解释，后者虽有解释，但加入主观，与本事不能贴切。前者可以发现，后者更能进而发明。

其二，整理材料与聪明考证的关系。既然史料是对历史事实的记录，具有不完整性和片断性，即使晚近史料繁多，对于事实的记载也不可能全面，不可能完整保存，不可能看法一致，那么，没有疏通，则难以连缀成篇。实事往往无实证，而有实证者又多为罗生门式的各说各话，只能前后左右，虚实互证。傅斯年在《历史语言研究所工作之旨趣》中说："我们只是要把材料整理好，则事实自然显明了。一分材料出一分货，十分材料出十分货，没有材料便不出货。两件事实之间，隔着一大段，把他们联络起来的一切设想，自然有些多多少少也是容许的，但推论是危险的事，以假设可能为当然是不诚信的事。所以我们存而不补，这是我们对于材料的态度；我们证而不疏，这是我们处置材料的手段。材料之内使他发见无遗，材料之外我们一点也不越过去说。”② 在《〈史料与史学〉发刊词》中他又说，该所治史学“不以空论为学问，亦不以‘史观’为急图，乃纯就史料以探史实也”，“史料有之，则可因勾稽有此知识，史料所无，则不敢臆测，亦不敢比附成式”。③ 傅的上述说法显然有所局限。陈寅恪也有类似表述，陈守实记：“师于史之见解，谓整理史料，随人观玩，史之能事已毕。”④ 那么，单纯整理材料，如何能够“合于今日史学之真谛?”⑤

或者误解，以为整理材料只是一般抄录拼凑，实则傅斯年对此批评

---

① 卞僧慧：《怀念陈寅恪先生》，引自蒋天枢《陈寅恪先生传》，北京大学中国中古史研究中心编：《纪念陈寅恪先生诞辰百年学术论文集》，北京大学出版社 1989 年版，第 4 页。

② 欧阳哲生主编：《傅斯年全集》第 3 卷，第 10 页。

③ 同上书，第 335 页。

④ 陈守实：《学术日录》（1928 年 1 月 5 日），《中国文化研究集刊》第 1 辑，复旦大学出版社 1984 年版，第 422 页。

⑤ 陈寅恪：《〈元西域人华化考〉序》，《陈寅恪史学论文集》，上海古籍出版社 1992 年版，第 506 页。

甚严。他所强调的，是“‘做实在工夫，勿作无谓辨〔辩〕论’及‘虚心整理事实，勿复盛气驰骋己见’”①，但反对笨伯的考证，而主张聪明的考证。他说：“天地间的史事，可以直接证明者较少，而史学家的好事无穷，于是求证不能直接证明的，于是有聪明的考证，笨伯的考证。聪明的考证不必是，而是的考证必不是笨伯的。”② 抗战期间，傅斯年先后为中英庚款董事会和中华教育文化基金董事会审查历史类的科学补助金，对于候选人的评议很能体现其史学观念：如龙沅“虽送来三册著作，然除绪论二叶外，皆抄撮成书，并无考辩。转徙中能抄撮成篇，固为勤勉，然其著作之能力如何，无从悬揣。列为备取，置之最末，亦无不可。然此等情形，似永无补入之望，或亦徒然也”。盛朗西“《中国书院制度》一书，于抄撮常见书外，亦无所表见也”。③ 列为乙等的李俊，“著作只是抄集，李剑农先生介绍之词，似言过其实。惟如此一长题目（《中国宰相制度》），纵二千年，精练之史学家决不敢为之。作者虽不了解此问题中各时代之细点，但抄撮尚勤，亦颇扼要，在今日一般出版水准中，此书不算坏。以此书为例，则彼之计划作‘中国选士制度考’，其结果亦必是此类之书，此虽不足名为研究，却可作为一般人参考之资也”④。可见傅斯年对于以抄撮代著述的做法极不以为然。

虽然傅斯年后来多用考证表示整理资料，其经典的表述还是比较。唯有善于比较才是聪明的考证，而陈寅恪可谓聪明考证的代表，卞僧慧称：“寅恪师史学之所以精深，在对隐曲性史料的发掘与阐发，开拓史学园地。盖史料向来有直笔、曲笔、隐笔之别，一般史家率多直笔史料的述证，限于搜集、排比、综合，虽能以量多见长，以著作等身自负，但因昧于史料的隐曲面，其实只见其表，未见其里。有时难免隔靴搔痒之讥。惟寅恪师于人所常见之史料中，发觉其隐曲面……遂使人对常见的史料，发生化臭腐为神奇之感，不仅提供新史料，亦且指点新方法，实为难能罕有之事。”⑤ 20 世纪 30 年代初，傅斯年听陈寅恪“告以近中发

① 1940 年 2 月 24 日傅斯年致孙次舟〔抄件〕。

② 欧阳哲生主编：《傅斯年全集》第 2 卷，第 341 页。

③ 1940 年 6 月（?）傅斯年致中英庚款委员会。

④ 1942 年 5 月 19 日傅斯年致中华文化教育基金董事会。

⑤ 翁同文：《追念陈寅恪师》，《纪念陈寅恪先生百年诞辰学术论文集》，第 61—62 页。

见杨隋、李唐帝室之非汉姓，倘佯通衢，为之大快。弟自国难起后，心绪如焚，月余之中，仅闻此事为之快意耳。弟当时最高兴者，为闻兄找到证据之确切而又巧妙。归来思之，此事关系极大，此一发明，就其所推类可及之范围言，恐不仅是中国史上一大贡献而已。吾等此日治史学诚不可定谈世代之升沉，然时代之 Gestalt 确有不可忽略者。弟常自觉得，中国之国体一造于秦，二造于隋，三造于元。汉承秦绪，唐完隋业，宋又为唐之清白化，而明、清两代，虽民族不同，其政体则皆是元代之遗耳。唐代为民族文化之大混合，亦为中国社会阶级之大转变，致此事件当非偶然”①。

按照严耕望的看法，证据确切而又巧妙的考证已经不是简单地整理史料：“论者每谓，陈寅恪现实考证史事，‘能以小见大’……此种方法似乎较为省力，但要有天分与极深学力，不是一般人都能运用，而且容易出毛病。”因而主张用人人都可以做到的“聚小为大”之法，即“聚集许多似乎不相干的琐碎材料、琐小事例，加以整理、组织，使其系统化，讲出一个大问题，大结论”。② 他还以陈垣、陈寅恪为例，谈及考证学的述证与辩证两类别、两层次。“述证的论著只要历举具体史料，加以贯穿，使史事真相适当的显露出来。此法最重史料搜集之详赡，与史料比次之缜密，再加以精心组织，能于纷繁中见条理，得出前所未知的新结论。辩证的论著，重在运用史料，作曲折委蛇的辨析，以达成自己所透视所理解的新结论。此种论文较深刻，亦较难写。考证方法虽有此两类别、两层次，但名家论著通常皆兼备此两方面，惟亦各有所侧重。寅恪先生的历史考证侧重后者，往往分析入微，证成新解，故其文胜处往往光辉灿然，令人叹不可及。但亦往往不免有过分强调别解之病，学者只当取其意境，不可一意追摩仿学；浅学之士若一意追摩，更可能有走火入魔的危险。援庵先生长于前者，故最重视史料搜集，至以‘竭泽而渔’相比况。故往往能得世所罕见，无人用过的史料，做出辉煌的成绩……前辈学人成绩之无懈可击，未有逾于先生者。其重要论著，不但都能给

① 1931 年底（?）傅斯年致陈寅恪（抄件，残）。

② 严耕望：《治史经验谈》，（台湾）商务印书馆 1997 年版，第 94 页。

读者增加若干崭新的历史知识，而且亦易于追摩仿学。”[①] 傅斯年对《资治通鉴》《建炎以来系年要录》的评价与陈寅恪间有不同，多少体现了两人史学观念的差别。[②] 而聪明的考证往往又能刺激丰富的联想，傅斯年本人也难免情不自禁。只是连缀仍须以解读史料为基础，不能抽离材料的具体时空关系任意牵扯。

其三，科学的东方学之正统在中国与虏学、全汉的关系。傅斯年在《历史语言研究所工作之旨趣》中提出“我们要科学的东方学之正统在中国”，尽管他同时指出着重四裔的汉学其实是“虏学”，其具体计划的求新材料，除考古发掘外，主要还是向西向南，要脱离纯中国材料的范围，借重虏学，考四裔史事，向四方发展。他宣称：“此研究所本不是一个国学院之类，理宜发达我国所能欧洲人所不能者（如文籍考订之类），以归光荣于中央研究院，同时亦须竭力设法将欧洲所能我国人今尚未能者而亦能之，然后国中之历史学与语言学与时俱进。”[③] 为了婉拒一些人事要求，他还不断强调史语所的不同路径：“入所一事，一时恐无办法。盖第一组之范围，一部分为史学，一部分为文籍学（经、子等），后者规定仅当前者三分之一，今乃过之，不复能加人矣，而前者之古史一门，本所不提倡文籍中之辨论，乃愿以甲骨、金文、器物及考古学解决问题也，故近十年中，未曾增治古史者一人。一机关应有其学风，此即本所之学风也。”[④] 这些都在相当长的时期内造成广泛的错觉，纷纷以向西洋人借来一切自然科学的工具，去做西洋的东方学者的拿手好戏为时趋。

不过，傅斯年骨子里其实很有本位文化意识，他对中国文化西来说不以为然，梦想中国的东方必有异于西方之古代文化系，而强调文化内层的纲领。他在《〈城子崖〉序》中说：“一个人思想的路途，总受其环境之影响，而其成绩正靠其特有之凭藉。请看西洋人治中国史，最注意的是汉籍中的中外关系，经几部成经典的旅行记，其所发明者也多在这些‘半汉’的事情上。我们承认这些工作之大重要性，我们深信这些工

---

① 严耕望：《治史答问》，（台湾）商务印书馆 1995 年版，第 85—86 页。

② 陈寅恪与傅斯年关于宋代史学观念的异同，另文详论。

③ 1928 年 5 月 5 日致蔡元培杨杏佛，欧阳哲生主编：《傅斯年全集》第 7 卷，第 61 页。

④ 1944 年 8 月 15 日傅斯年致杨向奎（抄件）。

作成就之后，中国史的视影要改动的。不过同时我们也觉得中国史之重要问题更有些‘全汉’的，而这些问题更大更多，更是建造中国史学知识之骨架。中国学人易于在这些问题上启发，而把这些问题推阐出巨重的结果来，又是中国学人用其凭藉较易于办到的。”①

这层意思不仅是傅斯年的理念，而且落实为他的工作计划。1929 年 9 月 9 日，傅斯年写信给陈寅恪，希望这位当时中国最有资格同时也正在研究东方学的学者改头换面，将主攻方向转移到宋代。函谓：“来函敬悉。此事兄有如许兴趣，至可喜也。此事进行，有两路：一、专此为聘一人，二、由兄领之。弟觉专聘一人，实难其选。此时修史，非留学生不可（朱逷先、陈援庵亦留学生也），粹然老儒，乃真无能为役。然留学生之博闻，而又有志史学，而又有批评的意□在，鲜矣。算来算去，不过尔尔！故如吾兄领之而组织一队，有四处寻书者，有埋头看书者，有剪刀□者……则五、六年后，已可成一长篇之材料有余矣。此时无论研究一个什么样的小问题，只要稍散漫，便须遍观各书，何如举而一齐看之乎？弟意，此一工作，当有不少之副产物，如全宋文（□诗词）、全宋笔记、全宋艺文志（或即为新宋史之一部）等，实一快事！目下有三、四百元一月，便可动手。若后来有钱、有人，更可速进。如研究所地老天荒，仍可自己回家继续也。且此时弄此题，实为事半功倍，盖唐代史题每杂些外国东西，此时研究，非与洋人拖泥带水不可；而明、清史料又浩如烟海。宋代史固是一个比较纯粹中国学问，而材料又已淘汰得不甚多矣。此可于十年之内成大功效，五年之内成小功效，三年之内有文章出来者也。”② 人员虽然非留学生不可，研究领域却不要与洋人拖泥带水。弄“半汉”之外国学人真正高明者屈指可数，且在整个西洋范围内仍是旁支，以此为标的，难免等而下之。心高气盛的傅斯年当然不会作茧自缚。

其四，考订与大事的关系。傅斯年自求通贯，而指示后来者断代，虽有专攻与博览之分，毕竟高下有别。加上以考证代比较，很容易误解

---

① 欧阳哲生主编:《傅斯年全集》第 3 卷，第 235 页。原载《国立中央研究院历史语言研究所中国考古报告集》，1934 年。

② 1929 年 9 月 9 日傅斯年致陈寅恪。

为识小不识大，以考据为学问。近代学人从新汉学、史料派、考据学派等方面总结利弊得失，矛头都指向傅斯年的口号。至少从傅斯年本人的学术实践看，有失允当。他对以乾嘉朴学为代表的清代学术的主要批评，正是精研专题而忘却整个立场，没有大题目：“弟以为近千年来之实学，一炎于两宋，一炎于明清之际。两宋且不论，明中世后焦竑、朱谋㙔、方密之实开实学之风气。开风气者能博不能精……若非有此诸君，亭林、西和诸人，亦焉能早岁便即从事朴学也？大约开风气者，必有大力，必多误谬，后人但执一件一件之事而评明贤，转忘其整个的立场，所系实大，斯后学者之过也。亭林、百诗谨严了许多，同时亦将范围缩小了许多（亭林尚不如此。百诗死于一物不知，实则百诗比其朱、方诸人来见闻陋矣）。然此时问题仍是大问题，此时材料仍不分门户也。至乾嘉而大成，亦至乾嘉而硬化，专题能精研之，而忘却整个的立场。至于王、段诸人，而朴学观止。此后如再开大路，非（一）有大批新材料使用不可；（二）或一返明清之际之风气，扩大其范围，认定大题目，能利用乾嘉朴学之精诣，而不从其作茧自缚之处。否则流为琐碎，而不关弘旨；流为今文，而一往胡说。琐碎固是朴学，今文亦是家法，然其末流竟如此无聊也……胆大的人，而能精细，思想驰骋的人，而能质实，诚可凭乾嘉之所至，一返明清之际所认识之大题目。”[①] 这与一般人们所描述的傅斯年反差相当明显。

要在精研与整个立场之间求得统一，避免琐碎与胡说，重要的原则就是陈寅恪所说既要具有统系又须不涉傅会，这也是整理史料与研究史学相一致的关键。[②] 傅斯年的态度，可以从他为中英庚款董事会和中华教育文化基金董事会审查历史类补助金申请窥见一二。对于早年在厦门大学做社会经济史，后来到中山大学跟随朱谦之鼓吹现代史学的陈啸江，傅斯年很不以为然：“此君之所计划，弟早已见到，并亲听其解释。觉其空洞无当，且不知何者为史学研究问题，故拟此怪题。”对于李文治，则

---

① 1931 年 4 月 20 日致王献唐，欧阳哲生主编：《傅斯年全集》第 7 卷，第 100—101 页。

② “近年中国古代及近代史料发见虽多，而具有统系与不涉傅会之整理，犹待今后之努力。”陈寅恪：《吾国学术之现状及清华之职责》，《金明馆丛稿二编》，上海古籍出版社 1980 年版，第 361 页。

认为“在此次送交审查全部著作中，仅此君之《晚明流寇》一书可称为‘史学的研究’。此君史学之训练尚非尽善，其中颇有可以改善之点。但就大体言之，确已抓到一‘史学的问题’，而其处理之法，亦大致得当”。① 其取舍标准，反对抄撮史料之外，问题把握的当否至为关键。

常言道：事实胜于雄辩。实际却往往相反，即使在首重求真的史学领域，人们似乎也倾向于将理论与事实分离甚至对立，觉得事实不如雄辩有力，总希望用雄辩压倒事实。而“史学只是史料学”，在一定意义上也是所谓“理论”，所以同样遭遇总有部分道理：其至徒子徒孙之手，便有了印版而已的尴尬。不过流弊毕竟不同于本意，批评前人，同时也是对自己见识功力的检验。要想超越傅斯年，也须先因而后创。若是但凭己见，发横通之议论，非但难以超越，很可能不及其思维的水准，甚至重蹈其批评的覆辙。评议前人或他人思想，须将其所有文字乃至言行全面了解，切勿以一篇文章一本书甚至只言片语、个别口号立论，以免误读错解。否则，畅所欲言变成胡言乱语，自曝其短、贻笑大方事小，误导众生可就罪孽深重了。

---

① 1942 年 5 月傅斯年致中华教育文化基金董事会；1942 年 5 月 19 日傅斯年致中华教育文化基金董事会。

“矛盾政策”中找寻出路：四届五中全会前后的胡汉民与西南时局*

罗　敏

近年来，随着海外所藏“胡汉民往来函电稿”的发现与利用，胡汉民晚年的相关史事渐为人所知。① 已有研究循单一线索演进的模式，分别揭示了胡汉民与蒋介石、张学良、冯玉祥等人的关系，及胡之创建“新国民党”“联日制蒋”等若干活动。在这样的叙述模式下，各条线索虽条分缕析，但将每条线索相加重叠，所呈现的似尚非胡汉民晚年活动的“全景图”。《胡汉民未刊往来函电稿》一书使“重回”胡汉民晚年的历史现场成为可能，同时也向学人提出挑战。这批以信札、函电为主的新资料不仅夹杂大量代码隐语，内容庞杂无序，解读起来有一定困难；最大的挑战是，若干史料价值极高的胡与其密友之间的信函，落款只有日，缺失的年与月，须根据函中所提及的人物行踪、史事内容，排

＊　本文原载《近代史研究》2007 年第 5 期。本文首次发表在中国社会科学院近代史研究所的青年学术讨论会上，承蒙评阅人金以林先生直言不讳地批评，令笔者深受启发。在修改过程中，得到王奇生、徐秀丽、刘巍、黄道炫等诸多师友的帮助与指正，特此致谢。

①　相关成果有：杨天石《胡汉民的军事倒蒋密谋及胡蒋和解》，《抗日战争研究》1991 年第 1 期，收入氏著《蒋氏秘档与蒋介石真相》，社会科学文献出版社 2002 年版；《30 年代初期国民党内部的反蒋抗日潮流》《李济深与胡汉民》《张学良与胡汉民》《冯玉祥与胡汉民》《曹任远与胡汉民的“新国民党”》《1935 年国民党内的倒汪迎胡暗潮》，均见氏著《海外访史录》，社会科学文献出版社 1998 年版；陈红民《函电里的人际关系与政治》，生活·读书·新知三联书店 2003 年版。

比各种已刊、未刊资料，逐一核实判定。[①] 正因前期“技术”工作相当烦琐、费时，数年来潜心于此的陈红民教授将之誉为“有待继续开发的史料宝藏”，慨叹很多重要问题仅“露出冰山一角”。

本文试图将散落各处的历史“碎片”，以时间的原始逻辑连缀拼合，通过细察隐秘于史料“丛林”间时隐时现的人与事的内在联系，勾勒出四届五中全会前后胡汉民及其周围相关人群的活动轨迹，呈现西南内部错综复杂的政治生态环境，力争展示胡汉民等人在矛盾处境下的尴尬心境。

对蒋无门

1931 年 2 月，胡汉民因“约法之争”遭蒋囚禁，同年 10 月获释后，即由沪赴粤，定居香港，成为西南政治领袖。福建事变后，受西南内部因素的影响和南京内部迎胡倒汪活动的推动，西南与中央从对立走向交涉。经过一番折冲后，西南虽保有半独立现状，但从大势看，已处于消极、被动的守势。[②] 面对西南困局，胡汉民虽一面感慨“支撑若干时，终于不救，至于术数上之命运如何，盖非所知也”；同时亦坦承“不能不作死马当活马（医）之想”。[③]

---

① 最早利用这批史料的杨天石教授已破译其中关键人物的代码，“随着化名的破译，有关函电的内容也就豁然贯通。终于从这批函电中发现了一个迄今为止不为人知的秘密——胡汉民曾几次准备发动军事起义，推翻以蒋介石为代表的南京政府”（杨天石《海外访史录》，第 694 页）。紧随其后的陈红民教授更是再接再厉，“利用各种可能的线索，开足想象力，苦思冥想，终于破解出了绝大部分的代号”（陈红民《函电里的人际关系与政治》，第 32 页）。

② 详见拙文《从对立走向交涉：福建事变前后的西南与中央》，《历史研究》2006 年第 2 期。

③ 《胡汉民致陈融函》（1934 年 4 月）1 日（括号内日期为笔者推定，下同），《胡汉民未刊往来函电稿》（下文简称《函电稿》）第 5 册第 14 卷，广西师范大学出版社 2005 年版，第 5 件。原函记有“敏记之行，非我代表”等语。邹敏初于 3 月下旬赴京，故判定该函日期为 1934 年 4 月 1 日。陈融为胡汉民的妻兄，时任西南政务委员会秘书长之职。胡在致陈融的这封长函中指出，西南被动局面的成因在内部。已故西南元老古应芬降乩所云陈济棠之“观望”、“将领不一致”二语“说得贴切”，同时密友萧佛成所谓陈之“赚钱贴钱两种心理”，亦是“根本之谈”。胡私下曾表示“悲观已迟，乐观太早”，但为对外号召，“以肥者应客之意义（客指从北方来），则姑作乐观耳”。为了不使西南重蹈闽方的覆辙，胡汉民认真思索“闽事”以资“取鉴”，认为“平时政治施设已使民心怨望，临时政治主张更使军心动摇，此为最重要之一点”。反观西南现势，“今民心要如何挽回已属不易，而平时主张未尝贯彻，所部一种游移态度，无以振作士气，临时纵决心抵抗，必是形见势绌。遇着三军未动金钱先行之门神（蒋介石，作者注），当有摧枯拉朽之象”。胡虽见微知著，但为不招陈之恶感，“又不便以笔墨”与粤陈深言，只能通过李宗仁婉转“提撕而拯救之”。

为应对西南不生不死的局面，胡一面力主采取攻势，欲以攻为守；一面顺势抬孙（科）倒汪（精卫），以求分蒋（介石），同时亦可借此与中央保持联系，为自己寻找出路。

福建事变后，中央方面欲借“地利”“人和”之机，积极推进统一进程。一时鄂、湘告急，纷纷遣使南来。胡见事有可为，1934 年 4、5 月间，主张由两广提召西南国防会议，“为对内对外预占地步”。胡汉民认为：蒋介石之为人“究竟不出欺善怕恶”，“我人既知一味敷衍示弱不能了事，即不能不于政治、外交等事，以攻为守”，而“提出国防，可以作士气而得人心，且即因此而启衅，亦非无价值之牺牲，胜于一味退膺者实多也”。[①] 胡此时可能受湘、鄂代表“组府”“出兵”等请求的影响[②]，一时心血来潮，重又提及开府问题。胡虽认为局势刚有起色，便谈及开府，“言之似过早”，然“凡事豫则立”，“开府之着，恐终不可少”。[③]

胡汉民虽从战略大势着眼，为打开西南局面积极筹划伐交伐谋之策，然落到实处，则因陈济棠“不敢为天下先，遂至着着失先”[④]。面对湘、鄂危情，陈不为所动，欲以不变应万变。李宗仁尽管力主出兵援湘，期待时任湖南省主席的何键能够成为当年响应北伐的第二个唐生智，但因经济上受制于粤，不得不唯陈是瞻，并退而求其次表示“但得有期，稍迟无碍”。

鉴于粤陈、桂李态度缓急不同，胡汉民、萧佛成转向后者，欲桂先当其冲。萧甚至突发奇想，认为“军事则最宜由桂先发，粤暗助以饷，

---

① 《胡汉民致陈融函》，原函无日期，《函电稿》第 6 册第 16 卷，第 5 件。国防会议之说于 1934 年 5 月见诸报端（见《西南与中央谋一致对外，拟请召开国防会议》《西南执行部推粤陈桂李负责规划国防军备》《粤军事会议决讨论国防设施》，《北平晨报》1934 年 5 月 8、9、10 日，均第 3 版）；《申报》“15 日香港电”有“是日陈济棠临时中止召集国防会议”之说（转引自广东资料选辑编辑组编《〈申报〉广东资料选辑》第 14 辑，广东省档案馆 1996 年版，第 42 页）。

② 《胡汉民致陈融函》（1934 年）5 月 31 日，《函电稿》第 6 册第 18 卷，第 2 件。

③ 《胡汉民致陈融函》（1934 年 5 月）31 日，《函电稿》第 6 册第 18 卷，第 16 件。

④ 《胡汉民致陈融函》（1934 年 5 月）26 日，《函电稿》第 6 册第 16 卷，第 4 件。函中有“昨早已晤鄂之代表，约今日再谈”等语，可推定该函日期为 5 月 26 日。

而为武装调停之形势，不可能时，则合力以向门神（蒋介石，作者注）”①。在李不得不以兵寡饷乏的实情相告后②，萧只得面对现实，承认“真无办法”，“桂诚力薄，不足以有为，只可设法再咻某兄（陈济棠，作者注），使之助饷，而桂得增兵，或尚有希望”。③ 看到陈济棠既无决心又舍不得钱的“老毛病”再犯，胡亦只得慨叹道：“今但冀其在程度上稍过得去耳”，“鸣翁（萧佛成，作者注）所主张真是要着，若连此无之，他人只有望之而去。唇齿相依者尚如是，其他更谈不到矣”。④

胡汉民筹谋军事倒蒋的同时，却通过时任立法院长的孙科，与蒋保持着若即若离的关系。孙科是南京政府内部迎胡排汪的主要力量之一。据时任中央党部秘书的王子壮观察：“孙（科）与汪同来京合作，行政院长既不得不去，于是迟疑甚久，始就立法院，其目的盖欲为梁寒操、马超俊等谋一二阔部，如铁道、交通是也。在汪方始仅得一实业部，后则铁道、外交及教育相继攫得，而孙无所获，于是衔汪甚。”⑤ 胡之所以借重孙科，是欲抬孙来倒汪，以达分蒋的目的。关于这一层意思，陈济棠和邹鲁有过精当的表述。陈云“对宁必须设法捣乱，一法不成，再设一法”。邹谓“攻汪之意，实在对○（蒋介石，作者注）”。胡认为这两种意见皆“极中肯綮”，“我人宜本此宗旨做去”。⑥

除抬孙倒汪这出公开上演的旧戏外，此时胡又欲通过孙秘密串演“出洋”的“新剧”。“出洋”是当时政治人物以退为进的惯用手法之一，官场上失意的时候低调出洋，休养生息，一旦时机成熟，便在国

---

① 《陈融致胡汉民函》，原函无日期，《函电稿》第 9 册第 29 卷，第 42 件。

② 李宗仁解释处境之艰危道：“从前门神给剿共费三省共五十万，桂得五份之一，皆某兄（陈济棠，作者注）经手，后某减去闽之五份一，乃并桂之五份一而减之，经许多唇舌，今始争回，因此望粤助饷之说，其难一也；桂共十六团，除了剿共四团，实得十二团，而系三三制，兵少若此，足发难耶？其难二也。”见《陈融致胡汉民函》，原函无日期，《函电稿》第 9 册第 29 卷，第 41 件。

③ 《陈融致胡汉民函》，原函无日期，《函电稿》第 9 册第 29 卷，第 41 件。

④ 《胡汉民致陈融函》（1934 年 6 月）3 日，《函电稿》第 6 册第 18 卷，第 19 件。

⑤ 《王子壮日记》第 2 册，1934 年 1 月 15 日，台北，“中研院”近代史研究所 2001 年版，第 8—9 页。

⑥ 《胡汉民致陈融函》（1934 年 3 月）25 日，《函电稿》第 5 册第 14 卷，第 12 件。据函中所记邹敏初行踪判定此函日期为 3 月 25 日。

内政坛的“千呼万唤”声中高调回国，东山再起。关于胡汉民的出洋，当时政坛屡有传闻。此类传闻有时是胡汉民方面为了试探南京政府对自己的态度，有意传播，但多是南京政府内部排汪势力故意制造的政治宣传，借以迎胡排汪。成就“出洋”的关键要素，一为名分，二为经费。经费尚可自行勉筹，而名分则万万不可“自封”，还须“名正”方能“言顺”。为此，胡指示亲信李晓生向孙科转达“条件”：“须有常委授权，须汪、蒋亲笔书来，有所表示，须秘密进行，须多筹费用等等。”①

胡筹划出洋一事，进行得极为机密。从胡与各方往来函电看，知晓此事的只有陈融、萧佛成和李晓生。胡在将相关进展情况通报陈、萧后，必在函中叮嘱“阅后付丙”。胡对“多疑多赖”“我人之受教训已多”的陈济棠自然秘而不宣，因其有意“出洋”，在某种程度上便是因对陈极度失望，转而他图，为自己找出路。胡在致陈融的私人信函中，坦率承认“此与某种事件实相矛盾”。从上下语境看，“此”应指通过孙科与蒋疏通，而“某种事件”则指运动西南倒蒋。在胡看来，通过孙科与蒋疏通一事，“不怕其假”。胡意拟候孙科等来，“有相当之程度，然后提出西南问题，看能负责否，看门等说什么话。如果仍说‘安内攘外’、‘要求统一’则可拒绝之。或装假话以愚我，则将来可并责其无信而讨之”，因此“都不与某件矛盾”。胡汉民真正担忧的是，蒋介石暂不用武，忍至年底，用代表大会轻轻解决西南政务委员会和西南执行部两机关，使西南失其政治立场。若事情发展到如此地步，陈济棠“只求自保”，李宗仁则因“势孤”，亦无能为力，于是“某件遂无由成立”。鉴于此，胡认为“吾人须于两个矛盾政策中”，“找出办法”。②

---

① 《李晓生致胡汉民电》，原函无日期，《函电稿》第6册第20卷，第38件。据函中“昨见超俊，藉知蒋定寒日飞京”等语，推定该函日期为1934年6月14日之前数日。

② 《胡汉民致陈融函》（1934年6月）21日，《函电稿》第6册第20卷，第33件。函中，胡借用处理国际关系时常用的“多元外交”来解释自己的处境：日俄战争以前，桂太郎当国，使伊藤联俄，林董联英，以便两者之间择其一，其后乃召还伊藤，而订立日英同盟。胡认为自己此时正须行“多元外交”之策，但“今之为难乃是一身而兼伊藤、林董两种工作耳”。

"新剧"尚在串演中，作为"主演"的孙科忽遭家事、国事双重"失意"，欲出国远行。家事的麻烦是其借口，真正原因是遭蒋冷落。原来蒋每次返京，必寻孙密谈，这次则一反常态，蒋于 6 月 15 日返抵南京后，孙曾三次谒蒋，而蒋却"未尝来访"①。政治高层人物间的一"谒"一"访"，决非日常的礼尚往来可比，而是寓意着彼此间关系的亲疏远近。孙科失意之余，只得借口家事，远赴檀香山。②

孙科失意后，"出洋"一事落入汪精卫的掌控中。27 日，汪向蒋通报称："顷哲生兄偕马超俊、李晓生来谈展堂赴欧美、日本事，一、希望中政常会给予一函，授以全权往欧美、日本，其任务于函中列明。二、此行带秘密性质，表面只称养病，不受政府任何名义，对外纯用个人资格说话。三、经费 15 万至 20 万元等语。"汪因不知蒋对此事态度的深浅，以"此事似属利多弊少，尊见如何"相询。蒋回复称："未知其所称任务如何？性质如为联络各国则较相宜，经费可由中央拨给也。"同时为表示对汪的推重，蒋以"未知尊意如何"相复。③

一经汪精卫插手，麻烦便接踵而至。首先胡汉民出洋的消息开始见诸报端。胡对此似并不在意，认为"上述空气制造与尧翁（李晓生，作者注）等之往来未必无关，虚虚实实，亦无大妨碍"。其次，胡汉民与上海方面的联络出现"迟延"。6 月 28 日，李晓生电胡称："容甫（汪精卫，作者注）接洽甚妥"，至 7 月 3 日，则电胡谓"门无复电"。这两则电报皆近一周才到达。孙科手下马超俊怀疑汪精卫从中"作梗"。有鉴于此，胡汉民电告李晓生："料彼等终无诚意，可不再谈。"④

交涉虽停止，风波却乍起。7 月 14 日，南京方面的中央通讯社，突然发表消息称："胡展堂先生即将出洋视察党务。"汪精卫亦发表书

① 《李晓生致胡汉民函》（1934 年）6 月 23 日，《函电稿》第 13 册第 40 卷，第 19 件。

② 蒋介石其实是有意冷落孙科。其一，与日方的通邮谈判正进行中，蒋须借冷落孙科来笼络汪精卫；其二，蒋已委派蒋鼎文、薛岳、何键等军方人物，前往广州，与两广实力派疏通，因此有必要冷落一下孙科与元老派之间的接洽。详见拙文《从对立走向交涉：福建事变前后的西南与中央》，《历史研究》2006 年第 2 期。

③ 《汪精卫致蒋介石函》（1934 年 6 月 27 日），台北"国史馆"藏，《蒋总统特交文卷·亲批文件》第 34 册，第 2458 件。

④ 《胡汉民致陈融函》（1934 年 7 月）12 日，《函电稿》第 6 册第 19 卷，第 6 件。

面谈话，证实其事。① 空口无凭，查无实证，何所畏惧！胡应对起来镇定、从容，措词“正大而容易”。他致函陈济棠、李宗仁解释称：宁方造谣“谓弟出洋一节”，“料其与宣传西南统一同一作用，意欲内外人受其欺，为筹款借债计也”。② 回复黔方的问询则谓“谣言不足信，其作用却甚显明：一粉饰欺人，为筹款借债地步；二分化西南，冀摇动革命之战线也。”③ 胡之出洋的“新剧”因汪的横生枝节而草草收场。④

转向借日⑤

在对蒋无门的情形下，胡汉民转向借助日援，欲通过解决金融问题，一举解除力扼西南发展的“瓶颈”。福建事变后，日本的华南政策发生变

① 《胡先生问题，兼论汪兆铭谈话》，《香港中兴报》1934年7月19日，“社论”，第1张第3页。

② 《胡汉民致陈济棠、李宗仁函》（1934年7月）22日，《函电稿》第6册第19卷，第4件。

③ 《郑先辛致胡汉民电（内附批注）》，1934年7月28日到，《函电稿》第9册第28卷，第98件。

④ 胡汉民最终于1935年6月9日出洋。本文叙及胡的出洋，只是为了引出胡对蒋政策之矛盾这一现象。关于胡汉民出洋的前因后果、曲折经过，本人将另文详论。

⑤ 陈红民先生的《“抗日反蒋”与“联日制蒋”：胡汉民与两广的“抗日”口号与实践》（见氏著《函电里的人际关系与政治》，第262—304页）一文利用《函电稿》，系统论述了胡汉民及两广方面的“抗日”口号与实践之间的矛盾。本文拟通过还原胡汉民及其左右与日方交涉成立“华侨银行”的具体过程，揭示胡等诸人在这一矛盾政策下的两难处境。值得注意的是，不仅胡汉民及两广方面的“抗日”口号与实践之间存在矛盾，其公开对日主张，也并非一成不变。通过考察胡在《三民主义月刊》所发表的相关文章，可以看出胡汉民公开对日主张的变化轨迹。其一，从横向看，《什么是我们的生路?》《从日本现势说到对日抗战》《为蒋日妥协正告友邦书》《英美俄协调与远东问题》《论中日直接交涉》《从国际现势观察远东问题》《华北之前途》等文章，多从世界大势，远东国家关系的角度，探讨中日问题的解决之道；而较少直接针对日本，谨慎避免与日直接交恶。其二，从纵向看，以《塘沽协定》为界，胡的对日主张经历了从要求直接对日宣战到间接攻击蒋日妥协的变化。《塘沽协定》以前，胡汉民公开宣称：“唯有对日抗战，是我们的生路。”在《三民主义月刊》前五期里，胡汉民等人从国际关系、世界经济的总体形势，乃至日本的内情上，反复历陈中国应该对日抗战的理由。《塘沽协定》后，当中日关系现状已通过条约形式确定后，西南方面宣传的重心发生变化，由主张对日宣战，转向攻击蒋日妥协，进而强调“讨蒋即所以抗日”。至此，“讨蒋”与“抗日”在逻辑上已一致了。

化，转向通过经济援助，扶植中方亲日势力，扩张日本在华商权。日方的经援工作由“台湾军”司令官松井石根、日本驻广州总领事馆的陆军武官和知鹰二等具体负责策动。[①] 来自日方的经援，对处于“财政与金融之艰涩”中的西南，极具诱惑。[②] 随着五全大会的日渐临近，无论届时助桂出兵还是自行开会，“所感最困难者，厥为财政问题耳”[③]。为济眼前一时之急需，西南方面开始与日方交涉筹组“华侨银行”。“银行政策”的提议者为胡汉民本人。1934年6、7月间，胡先后两次向日方相关人士提出由日本帮助设立西南贸易银行的要求。日方对此反应积极，专门拟定了《对于中国西南经济援助的文件》，称日本对胡汉民的要求将“以好意对待之，并为其实现而提供必要的帮助”[④]。

胡汉民的“银行政策”是一着险棋。胡本人为不落痕迹，即使私人信函中，对此事也讳莫如深。但从具体负责落实此事的萧佛成的疑虑中，可感知胡当时的两难处境。1934年8月3日与7日，萧佛成两次致函胡汉民，坦陈自己的担忧与不解。一则称：

---

① 臧运祜：《20世纪30年代前半期日本的华南政策》，《近代史研究》2003年第3期。

② 福建事变后，广东发生挤兑风潮，财政金融大受打击。为解决财政危机，1933年年底至1934年年初，西南方面有意向日借款。胡征引孙中山当年处理温树德、陈策谋抢北洋海舰时所定“成功则政府承认，否则汝等自承为海盗”的原则，表明自己的看法，谓“外交无定则，惟视本身利害如何而定”。为确保西南自身利害，胡认为在处理对日问题时，应以福建事变时陈铭枢等“未食羊肉先惹一身臊”为鉴，所持方针为：“不可遂失政治之立场一也”；“不可上当如跛哥（陈铭枢，作者注）二也”；“粤与英密切，不使猜疑而敌视三也”（《胡汉民致陈融函》，原函无日期，《函电稿》第5册第12卷，第17件）。胡又进一步指示：“无论如何，仍抱定收复失地之议，而地方局部之接洽。”（《胡汉民致陈融函》，原函无日期，《函电稿》第5册第12卷，第19件）胡并通过陈融，转告负责此事的广州市市长刘纪文，称“其无条件而可为物质之大助者，自不妨与之斟酌也”。西南方面与日接洽借款的经过，据刘纪文告知陈融称：此事起于桂，因“涎其可借款”。经过接洽，日方表示“可借六百万，以销煤及士敏土为条件”。陈融观察称：大抵此事，刘仅与日方“一谈，后未有进行”，陈济棠虽“急欲有所得”，但林云陔（时任广东省主席）“主张甚硬，恐稍松则上当”，刘纪文则“不欲断其路，以待必要时为之”。陈融还借用北洋海舰故事，戏言曰：“某兄尽有做小偷之身手，林、刘恐俱无做海盗之魄力耳”（《陈融致胡汉民函》，3日酉，《函电稿》第10册第30卷，第28件）。

③ 《萧佛成致陈济棠函稿》（1934年8月17日），《函电稿》第10册第32卷，第316页。原函无日期，通过与8月20日的《萧佛成致胡汉民函》（《函电稿》第11册第33卷，第18件）对读，可判定该函日期为8月17日。

④ 臧运祜：《20世纪30年代前半期日本的华南政策》，《近代史研究》2003年第3期。

至于弟个人愚见，则怀疑虑，诚以矮子久蓄志侵吞整个中国，何独爱于西南？纵谓吾人在此环境之无从发展，不妨暂假其力量以倒门。但倒门之后又将如何？吾人将与矮亲善而放弃华北主权、东北失地及承认伪国乎？如其不然，则孟赵所贵，赵孟能贱。矮子又何难勾结其他方面而与吾人为难，使我国永无宁日？不宁唯是，在此不久之将来，太平洋之大战决不能免。战事发生，中国决无中立之可能。但如我与世仇之矮子合作，与欧美为敌，不但为义所不许，亦且必归于失败。此就其大者言之。至其小者，如对彼借款以组银行，彼必设一监视用途之机关，及推扩其在华南之商务，皆为其题中必有之文章。苟若是，则门未倒，而吾人已为天下集矢矣。总之，此事关系极巨，想先生必已筹之熟矣。①

再则曰：

弟对于先生之银行政策，自当绝对服〔从〕，惟对于日〇方面则仍怀疑未已。因彼已深恨门之反复，且失民心，亦何所惮而不敢以重力加压，而必需于我之倒门，且彼方某派已利用东亚有事，造成非常时期，得以操纵其朝野，则何以肯助我之得人心者以握中央政权，使东亚得无事？故弟疑其欲分我国之南、北、中为三，而彼居高在上，操纵其间。然果如此，于我不生不死之西南局面，计亦良得，但视吾人能否善为应付耳。尤望先生深加以注意也。②

以胡之政治历练，对萧的上述疑虑不可能未尝虑及，肯定是早已深思熟虑过。之所以决定铤而走险，一方面实出于迫不得已，若任西南不生不死的局面继续发展，终将是一盘死棋；同时也是出于“知彼”，方有胆量出此奇招。在胡看来，日本国内对华政策堪称“多门”“多方”。少壮派志在“锄”蒋，外交派则意在“保”汪，“少壮连惟在攻门不择手段，独和记（和知鹰二，作者注）似知过度之行为，愈生中邦人之恶感，

---

① 《萧佛成致胡汉民函》（1934 年）8 月 3 日，《函电稿》第 11 册第 34 卷，第 26 件。

② 同上书，第 27 件。

而为合作之梗”。[①] 胡还通过专责对日事务的陈中孚和王季文了解到，此时日方之事“俱受和记等穿插把持”，外交派“将就和记等甚，凡三易粤领，今新来者乃和之同乡、同学，又屡与有吉（有吉明，时任日本驻华大使，作者注）冲突者”。[②] “和记路线”既然在日本颇受重视，而“和记”本人又志在倒蒋，且行为有度，何不暂时引为奥援，为了共同的目标而奋斗呢?

实力派对借助日援态度不一。李宗仁自始至终非常主动，积极促成此事，希望借机以解燃眉之急。陈济棠初则先冷后热，后又忽冷忽热，令人无从捉摸。这其中最感为难的，应是夹在中间、进退维谷的萧佛成。尽管自己对日疑虑重重，但因见陈济棠“恐矮言不可靠”，遂不得不根据胡所示“六要点”，违心为之解释：“在此情势之下，欧美已不足靠，而门又决计以华北媚日，得专力以图西南。吾人自救、救国之道，只有此一着。”“彼方倒门派望我甚殷，我若迟疑，使彼失望，彼必走扶门派一路，且将转而图我矣，请以速为妙。”萧欲速决，陈主缓定，认为“此事当漫漫斟酌之”。在萧看来，其实陈“意似已动，不过欲谋由己出，故貌为持重而已”。揣摩过陈的用意后，萧的担忧由对日，转向对内。为防范内部的“掣肘”于未然，萧不顾先前对日的疑虑，不禁大胆“妄拟”：若陈济棠“迟疑不决，则莫如由先生负责与和○（和知鹰二，作者注）等密商，先交三四百万树立银行基础，使绅（陈济棠，作者注）深信吾人确有办法，则彼自当孰〔就〕范”。[③]

8 月 7 日晚，陈济棠与和知面谈后，态度转趋积极。李宗仁于是催促萧佛成起草银行组织法，以便呈胡核定。陈愈积极，萧对之愈加防备。[④] 为防范内、外两方，萧函告胡，称想出了“两点最要办法”：“一、借款还借款，银行还银行，否则倒门不知何时。而我设立银行，势必有日○人参加，面上不好看，事亦不好办，故银行宜在借款外另为一事，我人自办之，不必牵涉对方。二、借款事，兄宜独作，对方现时最要是日人

① 《胡汉民致萧佛成、陈融函》，14 日，《函电稿》第 6 册第 19 卷，第 33 件。
② 《胡汉民手迹》，《函电稿》第 6 册第 20 卷，第 14 件。
③ 《萧佛成致胡汉民函》（1934 年）8 月 7 日，《函电稿》第 11 册第 34 卷，第 27 件。
④ 《萧佛成致胡汉民函》（1934 年）8 月 8 日，《函电稿》第 11 册第 33 卷，第 17 件。

之信任问题，既认定兄之下有两粤，则此问题当然解决，故如借款、签约等事，正不必有不（李宗仁，作者注）、绅等参加。"①

8月12日，和知拟好的相关文件，由胡汉民通过萧佛成转送陈济棠与李宗仁。萧看后，认为"某件所定各条，于我方实占便宜，似无修改之必要"②。但粤陈之态度，有如"广东气候，倏寒倏燠"，云"其中尚有疑虑数点，兹事体大，必须大用脑力，非得数天静思不可"。③ 萧见粤陈反复如此，只得勉为其难，长函致书，力为解释。④ 截至8月20日晨，"和事"依然前途未卜，萧佛成还因陈济棠态度冷热不定，懊恼地向胡汉民抱怨称："截至今晨，仍未见复，想系脑力未复之故""若循自然而为寒燠，则吾人尚有克服自然之希望，倘因有所为而故为寒燠则真倒霉矣"。⑤ 但至当日西南执行部例会后，陈济棠突然召集李宗仁、萧佛成，"表示赞成"，并将和知起草的草稿"略加修改"⑥，自行拟定原则⑦。对于陈济棠态度的一日三变，萧佛成深感茫然，只得致函胡表示"今日突然有此现象，或者绅士之脑力已复，抑吾人能克服自然，均未可知，后事如何，且看后回分解耳"⑧。

陈济棠态度明确后，"和记事项""大体已定直捷进行"。只是因西南方面须视其与中央关系发展的具体情形而定，而和知方面也须待本国政府对华政策的最终决定，故关于"时期问题""任何方亦不能确定"。⑨

---

① 《陈融致胡汉民函》（1934年8月）8日，《函电稿》第9册第29卷，第46件。参见《萧佛成致胡汉民函》（1934年）8月8日，《函电稿》第11册第33卷，第17件。

② 《萧佛成致胡汉民函》（1934年）8月13日，《函电稿》第11册第33卷，第27件。

③ 《萧佛成致胡汉民函》（1934年）8月20日，《函电稿》第11册第33卷，第18件。

④ 《萧佛成致陈济棠函稿》（1934年8月17日），《函电稿》第10册第32卷，第313—317页。

⑤ 《萧佛成致胡汉民函》（1934年）8月20日，《函电稿》第11册第33卷，第18件。

⑥ 《萧佛成致胡汉民函》（1934年8月20日），《函电稿》第11册第33卷，第19件。原函无日期，但该函内附录"宁方来电"，抄呈日期为"廿三年八月廿日"，故此推定该函日期为1934年8月20日，亦可与同日陈融函（参下一条注）对读。

⑦ 《陈融致胡汉民函》（1934年8月）20日，《函电稿》第9册第29卷，第4件。函中所列具体原则如下：（一）决定干；（二）两方不宜有所泄露，如"革新势力"之字样可不用；（三）须要防彼方复杂，大约如军事人材参加革命之类删去；（四）三时期每期若干要确定。

⑧ 《萧佛成致胡汉民函》（1934年8月20日），《函电稿》第11册第33卷，第19件。

⑨ 《萧佛成致胡汉民、陈融函》（1934年）8月23日，《函电稿》第11册第34卷，第29件。

身不由己

既欲从军事上攻蒋，又想向蒋找出路；既思倒蒋以抗日，又欲假日以倒蒋。胡身处矛盾之中，一筹莫展。从谋略的角度，胡亦知欲“便宜”成事，“并非两个极端，拉其一即须打其他”，相反，可施合纵连横之手段，“使两方俱有所顾忌也”。[①] 然而欲如此，首先须有说一不二的实力，否则只能受制于人，处处被动。随着五全大会的临近，胡不甘心西南局面于被动中束手就擒，决定转移其方向于“党”，从“党”找办法。

8 月 3 日，胡汉民对北平《法闻报》记者发表对国内外政治之谈话时，公开表明自己对五全大会的态度：“在南京军权统治下所召集之中国国民党第五次全国代表大会，我人将坚决反对之。因南京现时之一切措施，皆违反孙逸仙博士之遗教。我人要于该时期中，作极剧烈之反对运动，以维护党之真精神，使不为军阀所假借利用。”[②] 但空言反对容易，落实起来希望渺茫。

在胡公开高谈要“作剧烈之反对运动”时，其所倚重的文臣武将却都对前景深表担忧，甚至悲观。[③] 从当时西南所处的内、外环境看，胡的谈话有放言高论之嫌，倒是萧佛成、李宗仁等人的忧虑更为切近实际。西南局面开展之初，陈济棠对以胡汉民为首的元老派一直是“尊而不亲”。陈对胡等人的主张虽暗中掣肘，但面子上还算过得去，用陈自己的

---

① 《胡汉民致陈融函》（1934 年 6 月）21 日，《函电稿》第 6 册第 20 卷，第 33 件。

② 胡汉民：《为五全大会告同志》，《三民主义月刊》第 4 卷第 4 期，1934 年 10 月 15 日，第 10 页。

③ 8 月 1 日，李宗仁致函胡汉民称：“五全代表大会转瞬即至，仁估计某兄态度，积极做法固不敢行，即消极之进行，亦尚无一定之方策，殊为可虑耳。”（《李宗仁致胡汉民函》，1934 年 8 月 1 日，《函电稿》第 12 册第 36 卷，第 22 件）两天后，萧佛成也因陈济棠态度暧昧不明，悲观地表示：“近日弟常举五全代会问题以促之，见渠态度凉淡，似不如前此之紧张，弟意绅或者又与门敷衍，请其缓办，或即使开会，亦当留粤方中委地位，以为苟且之计，亦未可知。总之，弟个人去留已预定，得一日且尽一日之责。如果真到无可为之时，则唯有洁身而去焉耳，断不长久尝此苦味也。”〔《萧佛成致胡汉民函》（1934 年）8 月 3 日，《函电稿》第 11 册第 34 卷，第 26 件〕

话说：“以彼等年逾六七十岁，行将去世，如与难堪，反与大局不利。”[①] 但自1934年7月，驱逐中山县县长唐绍仪事件发生后，双方矛盾公开化、表面化。

7月3日，中山县民请愿团数百人前往西南政委会集会，控诉了唐祸邑殃民的“十二大罪”，要求撤换县长唐绍仪。[②] 萧佛成认为“此事甚为棘手”“人民之意似非去唐不可，一由唐治理不善，一由有力者嗾使，未知将闹至何种程度”。[③] 正当萧筹谋应对之际，4日，作为党报的《广州民国日报》突然发表社论，该社论在赞同驱唐的同时，将矛头直指“元老”，谓：“吾人诚尊重元老，惟吾人更知尊重党纪与法律。在党纪法律之下，无所谓元老，斯无所谓情面。”[④]

看过忽从天降的社论后，萧知此事“于西南大局极有关系”，不禁致函胡汉民感慨称：“长此不变，花样无穷，吾人真难与共事矣。”[⑤] 即晚，萧于灯下致函陈济棠，首述“控唐”一事对西南时局的影响及自己的考虑，继则借批驳党报社论之机，痛快淋漓地发泄了一番心中久积的愤懑：

> 今日社论有所谓元老派及实力派如何如何者，乃反动派之反宣传，欲以离间我忠实同志之团结耳。广州民国日报为西南党务最高之机关，乃其言一则曰“吾人诚知尊重元老”，再则曰“无所谓元老”，果胡为者！使唐氏在党有深长之历史，在国有伟大勋劳，足膺“元老”之徽号，则今因一县政而得罪，应按春秋议功议亲之条，何至不稍存其面目？如其非也，何必故作此说，予反动者以话柄？且党报不勉当局效法总理之伟大，而冀其步武专制魔王之希德拉，抑希德拉以酷辣手段对付政敌之国社党耳，非对其本党也。高级党报而为此，实令人不寒而栗。[⑥]

---

① 《杨永泰致蒋介石电》(1934年6月12日)，台北“国史馆”藏，蒋中正档案·粤桂政潮，第33卷。

② 《中山县民请愿撤换县长唐绍仪》,《广州民国日报》1934年7月4日，第1张第4版。

③ 《萧佛成致胡汉民函》(1934年) 7月3日,《函电稿》第11册第33卷，第22件。

④ 《如此之模范县长!》,《广州民国日报》1934年7月4日，第1张第3版。

⑤ 《萧佛成致胡汉民函》(1934年) 7月5日,《函电稿》第11册第33卷，第8件。

⑥ 《萧佛成致陈济棠函》(1934年) 7月5日,《函电稿》第11册第33卷，第9件。

见萧怨气冲天，陈当面示软，向萧表示：对于报纸之社论极度不安，欲亲诣唐寓道歉。萧谓："唐已离省且无日复返矣，吾人仅对事而言，并非对个人，故道歉与否绝无问题。若要补救党报之错谬，唯有使该报社长负责登报声明取消前日之社论，或可稍宽其咎耳。"① 陈当即答称："此文发表后销纸多逾二千，此告白万不能发，只可另作一文以为转圜。"可谁知陈出尔反尔，"第二篇发出，竟是多打一拳，并未见有甚转圜之处"，却振振有词称"此文即是认罪"。萧见状，"懊恼殊甚"，当即诘问陈关于驱唐一事的"种种困难问题"。陈"无以答"，只得搬出胡汉民作挡箭牌，称可请胡对唐解释。目睹萧、陈之争的一幕后，陈融向胡汉民称："（陈济棠）无赖至此，真令人作呕。"②

驱唐一事发生的背后深层原因，是西南内部对广东当地政治资源的争夺。萧佛成致函胡汉民称："此次三藏（唐绍仪，作者注）事件之发，虽由一群小妖作怪，然主其事者，乃爵绅（陈济棠，作者注）之介兄也。彼等怀恨三藏久矣，且涎其寺产之丰富，故必去之而后快。"但经"此回之兴妖作怪，不直于社会，故暂取镇静态度"。③

一波未平，一波又起，粤垣政海，波澜迭兴。15日，粤省参议会正式成立。18日晨，陈忽然召集常务会议，采用突然袭击的办法，提出改组省政府案，将省府高级长官大事调迁。④ 对陈之所以急急成立省、县参议会，萧早已洞悉其用意，"自谓为对门之好武器，即以为将来两机关虽废，而执此参议会尚可操纵一省政权，亦即欲以此会而代两机关者也"⑤。当时媒体更"预为臆断"："最近省参议会选举结果，议长一席，复为林翼中氏叔父所占有，异日省长选出之时，即为元老派之林云陔下台之

---

① 《萧佛成致胡汉民函》，《函电稿》第11册第33卷，第10件。

② 《陈融致胡汉民函》（1934年7月）7日，《函电稿》第10册第32卷，第32件。

③ 《萧佛成致胡汉民函》（1934年）7月9日，《函电稿》第11册第34卷，第5件。

④ 该案主要内容是，广东高等法院院长兼最高法院西南分院行政事务陆嗣曾呈请辞去本兼各职，由谢瀛洲（原教育厅长）代理；兼广东建设厅厅长林云陔呈请辞去兼职，派何启澧（省府秘书长）兼建设厅厅长；派黄麟书代理广东省政府委员兼广东教育厅厅长。广东省政府委员许崇清应予免职。见《西南任免本省高级长官》，《广州民国日报》1934年7月21日，第1张第4版。

⑤ 《陈融致胡汉民函》（1934年）6月22日，《函电稿》第13册第40卷，第33件。

日。”[①] 广东高等法院院长兼最高法院西南分院行政事务陆嗣曾的辞职，打破了陈融主持20余年的广东司法系统。“好好先生”广东省政府委员许崇智被免职，有些出人意料。当时媒体探访所得，是因为许氏“反对学校读孝经所致”，“尤以许氏反对读孝经之文章，不在别项刊物发表，而在某元老主编之三民主义月刊发表，致有此累云”。[②]

宦海人情，至无定向。看过陈济棠突然“内定”改组省府的一幕后，身为省主席的林云陔已岌岌可危，私下向元老同仁表示“不愿多作傀儡”[③]，并怀疑陈此举背后“另有作用”，“引以为隐忧”。萧只得无奈地劝解，“此无他，不过为欲清一色之作用耳”，同时不无自我安慰意味地表示：“吾人不妨多耐数个月之时期，看其如何动作耳，再定行止。苟有利于党国，固不妨枉身为道；苟不然者，洁身而去未晚也。”[④] 经历此番刺激后，林日渐消沉，累对萧嗟叹谓“看透为军佬者都是一而二，二而一。现在即非门，其实亦与门无异，将来得意，亦是门耳。究无甚意味，虽有新闻，我亦不甚愿听也。”[⑤]

为争夺省内政治资源，元老派与实力派的矛盾日趋激化，由原先向中央暗争，转为对内明夺。西南内部“相煎”正急，外部环境更是险象环生。继滇、黔告急后，蒋有事于川的消息日渐证实。[⑥] 对蒋之“谋川”“谋黔”，西南方面喜忧参半。所喜的是，蒋若攻川，则川、滇、黔西南诸省共同抗蒋局面，成功有望。[⑦] 所忧的是，在具体应对上，元老派与实

---

① 《五全代会西南提案》，《北平晨报》1934年9月8日，第4版。

② 《五羊城里宦海升沉记》，《北平晨报》1934年8月11日，第5版。

③ 《陈融致胡汉民函》（1934年7月）18日，《函电稿》第13册第40卷，第26件。

④ 《萧佛成致胡汉民函》（1934年）7月20日，《函电稿》第11册第33卷，第30件。

⑤ 《陈融致胡汉民函》（1934年8月）28日，《函电稿》第10册第31卷，第34件。

⑥ 《萧佛成致胡汉民函》（1934年）8月13日，《函电稿》第11册第33卷，第27件。函中，萧称：“前日桂方得上海情报，谓宁方派胡宗南、杨虎臣（城）分道入川，而鹤、毅（陈群、何世桢，西南驻沪代表，作者注）来电，又言蒋筹款对舟（龙云，作者注）等事，似蒋将有事于川，已无疑义，即不然亦必入滇、黔，以摇我后方。”

⑦ 在陈济棠看来，“门一打四川，即是我们好机会，且此机会万万不可放失”，“若我之意见，则以为对滇、黔、川宜即速设法联络，其目的要达到三省共同抗门。我联络之而三省能听我话，则西南之局成矣”〔《陈融致胡汉民函》（1934年8月）16日晚，《函电稿》第10册第31卷，第33件〕。萧佛成“更恐蒋氏对于西南有所顾虑，而中辍攻川之举”，因此，怂恿陈济棠应蒋之邀，“遣使面蒋，表示无他，以坚其攻川之心”〔《萧佛成致胡汉民函》（1934年）8月20日，《函电稿》第11册第33卷，第18件〕。

力派又出现分歧。萧佛成、邹鲁等欲借援川，向外拓展。① 陈济棠对元老们的“宏图伟业”不屑一顾，称：“我意欲不求甚远，只要巩固我西南基础。现时，我认为跟我走者惟一湖南，此是可决的，惟万不可枝枝节节，至到搅坏浑水。”②

对蒋无门，日援可望不可及，“内忧”（对实力派而言）相煎益急，“外患”（对蒋介石而言）又侵逼不已，胡汉民于重重矛盾环绕纠缠中，身不由己。

初伸“虎头”

西南局面因系遵依粤四全大会决议所成立，因此，从法理上言，只有五全大会方有权决定其最终归宿。按照党章的规定，五全大会本应于 1933 年 11 月召开。但因西南方面的反对，已经展期一次，据惯例，再无延期之可能。西南诸元老，身处内外夹攻的逆境中，多视五全大会的召开为不祥之兆，已欲届时“洁身而去”。8 月初，胡汉民振臂高呼要“作极剧烈之反对运动”，西南方面却沉寂无声，陈济棠的态度于此可见。直至宁方促粤选派代表出席五全会的“巧电”到粤后，8 月 20 日，陈济棠才首次公开与元老面商五全大会事宜。元老方面显然有备而来，邹鲁先将胡之电文示人，但“各人均无附和者”。因陈不表态，云“仍须用脑”，会议了无结果。③

28 日，陈济棠就全会问题再次与元老进行磋商。陈开门见山说：“关于此事，对外仍不宜有所表示，盖不宜使对方知我人的意思也。”在陈济棠看来，在此情形之下，西南执行部和政务委员会两机关“当是安然无恙”；其所“最担心者”，是目前西南军队的编制“最难想得

① 邹鲁认为“现在我们工作宜注意陕、川、黔三省，三省能为我联合，再加以山西，则局且伟大而形势亦可观”〔《陈融致胡汉民函》（1934 年 8 月）16 日晚，《函电稿》第 10 册第 31 卷，第 33 件〕。萧佛成也主张：“援刘之道，惟有效围魏救赵之法，出兵长岳，号召天下，以诛讨独夫。计各省必有起而应者……若此者，不但可以救川省而安西南，并可收倒蒋之效，而安中国矣。”〔《萧佛成致陈济棠函稿》（1934 年 8 月 17 日），《函电稿》第 10 册第 32 卷，第 316 页〕

② 《陈融致胡汉民函》（1934 年 8 月）16 日晚，《函电稿》第 10 册第 31 卷，第 33 件。

③ 《萧佛成致胡汉民函》（1934 年 8 月 20 日），《函电稿》第 11 册第 33 卷，第 19 件；《陈融致胡汉民函》（1934 年 8 月）20 日，《函电稿》第 9 册第 29 卷，第 4 件。

出必要存在之理由”，“盖在军制内讲话，不易善为说辞也”。为此，陈欲与李宗仁商一电稿，以“勿开此会”相要求，试探宁方的态度。而此时，元老方面不仅要暗防陈济棠以军难政易为辞，撇开元老派单独与宁方妥协①；更令他们担忧的是，素来“倒蒋之志极坚”的李宗仁，近来对粤陈也有所迁就，“不似向来之强毅”。② 对李宗仁近期的种种“软化”表现，胡汉民分析：“当由预备未完成，恐遂以此挑战，则乐得将顺绅意，免其藉口撒赖，徒失交情，而趁此分些实惠，谓之手腕亦无不可。”③

陈济棠因与蒋“交换条件未议妥”，故“对于五全会应付办法，至今尚未决定”；李宗仁则因与日方接近，“沾其实惠，故对于外交多不欲涉及”。④ 此时西南的政治气候，如 8 月间的岭南天气，闷热难耐。密云不雨之中，一方面，胡汉民感受实力派方面吹送的一丝“凉风”：粤陈“果能使门又来一个缓期亦好……在我方则亦算减些麻烦也”；但另一方面，胡又虑凉风过后，骤雨不至：“门于大会有大欲存焉……我人若毫无准备，临时益僵”，“专望某一着棋以求和局，而全不算及对方之攻势进行，

---

① 《陈融致胡汉民函》（1934 年 8 月）28 日，《函电稿》第 10 册第 31 卷，第 34 件。在函中，邹鲁对陈济棠军难政易的说辞颇持异议，认为“此问题总之亦连带关系者”，“能通则无样不可通，门神殊非讲法，而名目尤其次者”。陈济棠将邹鲁的看法归为“政治眼光观察”，而“军事观察则有不同”，“用军事眼光观察，最近则不能不注重此点”，“且此名义国际上亦大有关系也”。

② 《萧佛成致胡汉民函》（1934 年）8 月 23 日，《函电稿》第 11 册第 34 卷，第 29 件。李宗仁态度的“软化”，在其准备提交五全大会的“提议稿”中表露尤为明显。胡汉民对李稿非常不满，批评道：“不稿措辞和缓亦未可非，惟太松疏，如对法西斯无一言，对外交亦无一言，则孙哲生（孙科，作者注）之流优为之，不待西南发言矣。故万不得已而必须用不稿，亦非加以补充不可。”胡汉民之意，如果能用萧等之稿，“固大佳，否则两稿并提（亦指既修改之后）”，“亦有讲价还价之作用”。若不然，胡欲不顾一切，独上“梁山之顶”，“临时作一宣言发表”，“不虑触起两方之战端，令人于预备未完时棘手”〔《胡汉民致陈融函》，《函电稿》第 6 册第 16 卷，第 20 件〕。萧佛成知李颇深，分析认为：李对法西斯不欲言者，是因李曾云，“蓝衣是秘密性质，举而攻之何以证实?”对外交问题避而不谈，是鉴于西南对日交涉，“尤不愿提出对门攻击”。陈融巧妙化解上述疑虑，指出：第一点空讲造党毁党，不提出蓝色名目；第二点可攻击其以前之失败，似乎无碍〔《陈融致胡汉民函》（1934 年 8 月）30 日，《函电稿》第 10 册第 31 卷，第 13 件〕。李之所虑果如萧之所料，李只得含糊表示“似此则无不可”（《陈融致胡汉民函》，《函电稿》第 10 册第 31 卷，第 14 件）。

③ 《胡汉民致萧佛成、陈融函》（1934 年 8 月）31 日，《函电稿》第 6 册第 16 卷，第 21 件。

④ 《萧佛成致胡汉民函》（1934 年）9 月 1 日，《函电稿》第 11 册第 33 卷，第 16 件。

若何招架？高棋者必不如是也”。[①]

正当胡汉民犹豫难决之际，时局急转直下。9 月 3 日，驻粤中委于中山大学石牌新校舍开会，商议如何应对五全大会。此时由于宁方在闽、湘方面增加重兵，陈济棠担心宁方意在威胁两广，于是对五全大会的态度转而积极，坚决表示：两广武装同志唯知正义之所在，决不为利诱威胁所动。唯对于党政之进行，则请诸中委发挥意见。黄季陆当即提议：在参加五全会之前，西南应将所主张者先行电宁及国内外各党部，如宁方拒绝西南主张，则西南可以不派代表出席。于是“众皆赞成”，特联署具函，推黄赴港向胡请示。看到陈济棠的态度忽然由阴转晴，一向消沉的萧佛成也禁不住兴奋起来，谓：“此举乃出讨价还价之外，乃进而为下战书之作用，无论对方如何应付，我方已先占大便宜矣。”[②] 对粤陈态度突变，胡却仍心存疑虑：“何以忽能一鼓作气，岂真见门最近诸多掣肘不甚足畏，而敢于为此耶？抑仍是讲价还价之说耶？”但不管原因为何，结果皆大欢喜，“吾人与其进也，不问其将来”，“就事论事，则惟有迅速执行，使不至夜长梦多”。[③]

为防止粤陈态度生变，9 月 8 日，西南方面提案一经签署，未及留沪中委列名，便急速发表。“齐电”发表后，陈融致函沪方解释道：“此间提案本应待沪委电来加入方发表，但粤中天气冷热不齐，寒暑表易升亦易降，一经某某签署，即不宜稍搁，以免有夜长梦多之患，故即日对海内外及宁方全数发表。”[④] 为事后弥补，陈融电请留沪中委联名通电加入。此时，西南驻沪代表刘芦隐、李晓生等，因未知粤中局势已变，受沪上空气的影响，正极力主张“联孙攻汪”[⑤]。西南局势好不容易才初伸“虎头”，怎可再任其成“蛇尾”呢？萧、邹二老严词反对：“此时正欲大刀

① 《胡汉民致萧佛成、陈融函》(1934 年) 9 月 2 日，《函电稿》第 5 册第 15 卷，第 5 件。

② 《萧佛成致胡汉民函》(1934 年) 9 月 4 日，《函电稿》第 10 册第 32 卷，第 1 件。

③ 《胡汉民致陈融函》(1934 年) 9 月 7 日，《函电稿》第 6 册第 16 卷，第 22 件。

④ 《陈融致何世桢、陈群、刘芦隐、李晓生电稿》(1934 年 9 月 8 日) 齐申，《函电稿》第 10 册第 32 卷，第 309 页。

⑤ 《胡汉民致陈融函》(1934 年 9 月) 10 日，《函电稿》第 6 册第 16 卷，第 25 件。函中，胡汉民认为西南驻沪代表刘芦隐等之所以主张“联孙攻汪”，是因为刘芦隐“行时看不到绅士等等忽能兴奋，而沪上则时时看得倒容甫易于倒门神”。

阔斧，此问题似不合时宜。将来为蛇尾与否未可知，此时总宜为虎头也。”①

“齐电”虽将矛头直指蒋、汪，要求“问责”“清党”，观其言辞，声色俱厉，似有与中央决裂之口吻，实则不然。胡判断宁方断不会因此而与西南决裂，“果有此虞，绅士必不冒昧，不亦并不愿一触即发，当由绅讲价未妥，不可无小剧以示威，两方为难，渠又可从中说话。门辈当略洞其情，我方所持理由甚正，为门方计，只有避重就轻，答应增加议题而酌改用语（即议题字眼），再俟开会时施其手段耳。”② 由此可见，“齐电”之发，虽属投机成功，但并非孟浪行事，其用意还是欲以攻为守，借此造就一盘和棋。

迫陈“上虎背”

西南局势虽暂时转晴，但阴霾未散。齐电虽发，但陈济棠以下粤军四大将领——余汉谋、李汉魂、香翰屏、缪培南——“均未签”，李宗仁“对此件大为不怿”。③ 9 月 17 日，萧佛成致函胡汉民谓：“此间有大力者（指实力派，作者注），对于应付门神尚无若何决，虎头蛇尾之诮恐难免。但吾得齐电一伸〈伸〉虎头，使天下知有正义，亦沉闷中一快事。”④

陈济棠借“齐电”之发，两方为难之际，果然开始讨价还价。对外积极主动，一方面向蒋解释称“齐电为逼于环境，求其谅解”⑤；同时，借口对中央有事，开始主动向日接洽军援⑥。对内则热过转冷，始以发电

---

① 《陈融致胡汉民函》（1934 年 9 月）11 日，《函电稿》第 9 册第 29 卷，第 7 件。参见《萧佛成致胡汉民函》（1934 年）9 月 13 日，《函电稿》第 11 册第 34 卷，第 30 件；《邹鲁致胡汉民函》，1934 年 9 月 12 日，《函电稿》第 11 册 35 卷，第 62 件。

② 《胡汉民致陈融函》（1934 年）9 月 7 日，《函电稿》第 6 册第 16 卷，第 22 件。

③ 《陈融致胡汉民函》（1934 年 9 月）11 日，《函电稿》第 9 册第 29 卷，第 7 件。

④ 《萧佛成致胡汉民函》（1934 年）9 月 17 日，《函电稿》第 11 册第 33 卷，第 24 件。

⑤ 《陈融致胡汉民函》（1934 年 9 月）22 日，《函电稿》第 13 册第 40 卷，第 28 件。参见《胡汉民致陈融函》（1934 年 9 月）21 日，《函电稿》第 6 册第 16 卷，第 23 件。

⑥ 《陈融致胡汉民函》（1934 年 9 月）26 日，《函电稿》第 13 册第 40 卷，第 27 件。陈融在函中称，陈济棠向日方表示：“门现时如何对付西南，我西南尤其是广东应以全力应付，故必求器械充足”，“飞机外，并要求大炮，求最新式，求全帮一齐到达，以免不能敌门及或为门所乘”，“会之前后必有事发生，如可，应要求请快快决定”。

引起纸币跌落为辞，遣人埋怨元老[①]；继则干脆称病休假，避而远之[②]。

鉴于中央方面未有回应，陈济棠又消极怠工，元老诸人遂备以软、硬两手：一方面向中央“争党籍”“争代表”；同时，准备争之不得，自行开会，迫陈“上虎背”。[③]

9 月 25 日，西南以“自齐电发出后，中央竟置而不议，受而不答，其在各地，并严禁报纸登载”为由，再发“有电”。“有电”之发，因其重在宣传、挑战，言辞虽依然严峻，但具体要求，已较“齐电”不可同日而语，实为向中央“争党籍”“争代表”。时论颇能洞穿此层：

> 查有电之第二项厉行民主集权制度，有大会召集之前，应充分予党员以选举代表之完成〔全〕自由权，杜绝过去一切指派之卑劣举措，及过去效力革命致被中央一二人假借权利非法剥夺党权之党部党员，亦应准其一体选举代表出席大会。此外凡因抗日救国而受非法处分，致被开除党籍，及其被拘禁之本党党员，应一律恢复其党权与自由等郑重披露，足见西南主旨，期在五全代会中，力争维持西南局面之准备。盖西南各省及同情西南之各方同志，其系上开之党员不少，为增厚西南出席代表人数力量，自非出此办法不可，故再发有电以补齐电之不足……关于措辞方面，已不若齐电之严峻，不无商讨之余地。[④]

“争党籍”“争代表”，进退两宜。宁方若应之，可增大己方的活动力量与效能；不应，则堂而皇之，自行开会。诸元老意在后者。萧佛成称：“此争一为名义上法律上起见，二使各地振奋，断非希望其出席。”邹鲁

---

① 《陈融致胡汉民函》,《函电稿》第 13 册第 40 卷，第 31 件。

② 据《申报》10 月 1 日“香港电”：陈济棠自 9 月 27 日起请假，至 10 月 1 日始返总部办公。转引自《〈申报〉广东资料选辑》第 14 辑，第 74 页。

③ 9 月 27 日，萧佛成向胡汉民报告称：“关于经济上之筹备，咳翁（林云陔，作者注）已答应负担……咳翁要弟预扣数目，弟先就极小数量就目前所需告之，俟过一二星期，待五全会短兵相接之时，再行设法，迫其上虎背也。”《萧佛成致胡汉民函》（1934 年）9 月 27 日，《函电稿》第 11 册第 33 卷，第 25 件。

④ 《有电发表后之西南党政军当局联络及准备》,《香港工商日报》1934 年 9 月 27 日，“粤闻”专栏。

因有自开西山会议的往例，态度更为坚定，谓"吾人争代表，非在出席，而在不出席。争之不应，吾人则宜有最后之应付。我之西山其例也，然非此则不能争得吾人之立场，即万一无地盘开会，亦要寻一处如碧云寺者为之。"① 胡汉民亦极为赞同，云："争代表，争党籍，争之不得，则自行开会皆是也。"②

自行开会，意味着突破体制内的争斗，自立门户，与中央分庭抗礼。胡汉民虽知"军事准备未周，挑起战争只是强人所难"，但仍不愿轻易放过重为"虎头"的机会，欲"为之取得政治立场，留作军事讨伐之张本"。③ 但陈济棠以恐"国际上不同情""国民意思反对""财政问题"为由，坚持"军事上但主守而不主攻"。除了"老三样"借口外，陈更以桂方调返四团为托词。④ 从陈济棠"称疾而又有影响金融之说"等种种借口中，胡已感知到"寒暑又有些不同矣"。⑤

胡的打算是，既欲自行开会，占得"政治立场"；同时又"绝不可做出内部枝节"，使陈济棠过于为难，"若果使负完全责任，并无伸缩余地，人将更加退却不前"。⑥ 胡之苦心，能细谅而曲达者，真不易得其人也！就连萧、邹这样的"志同道合"之辈，也对陈济棠的一再"延宕"，忍无可忍，不惜以"散伙"相争。萧称："为吾人立场，不得不干，如绅意不合我人，自当走开，以免阻碍其进行。"邹表示："此事可一言决之，会若不开，则吾人失却立场，开与不开，其断在我。总而言之，开则有办法，不开则无办法，绅犹同意则固佳，即不同意，甚至于无地点可容，则总理故乡亦要干去。"⑦

胡得函后，"苦思良久，几于失眠"。经过一番冥思苦想，于5、6两日，接连三次致书陈融，以防事态激化，引发内部纷争。胡一方面表示要坚持开会，"我人常忧'虎头蛇尾'四字，今只从党找办法已非上乘，若并

① 《陈融致胡汉民函》（1934年9月）22日，《函电稿》第13册第40卷，第28件。
② 《胡汉民致陈融函》（1934年9月）23日，《函电稿》第5册第15卷，第23件。
③ 《胡汉民致陈融函》，《函电稿》第6册第18卷，第15件。
④ 《陈融致胡汉民函》（1934年10月）1日，《函电稿》第13册第40卷，第29件。
⑤ 《胡汉民致陈融函》（1934年10月）2日，《函电稿》第5册第15卷，第19件。
⑥ 《胡汉民致陈融函》，《函电稿》第6册第18卷，第15件。
⑦ 《陈融致胡汉民函》（1934年10月）4日，《函电稿》第9册第29卷，第47件。

此无之，则立场全失，敌方全胜，天下其谓之何?”同时，将萧、邹二人的意见，由对陈决裂，“折衷”为“抽象的征其意思，便已尽我人对同志之义务”。胡汉民判断，事到临头，陈“必无明确极端之表示，不过不敢负责耳”，“得其完全赞成固佳，得其含糊默认或含糊推宕都无问题”，只要“开得成会，则任渠与门之一方如何说法”。[①] 针对陈济棠“不忘情于对门讲话”，同时与自己“亦正有商量讲价的意思”，胡指示了处理对陈关系的“四项原则”:“1. 不太外视之；2. 不使负全责；3. 不须费巨款；4. 仍留讲话余地。”为化解萧、邹二人的焦虑，胡一再强调称：陈之性格素来是“小心太过，优柔寡断的毛病，必不至于极端拒绝。而临时以老辣简便之手续行之，且多归责于弟，事当可能，亦不至弄成内部意见。”[②]

“原则”问题解决后，胡更详拟了具体操作办法，认为“一切当取以简驭繁之手段”。关于代表问题，胡主张：“人不求多，来粤不求其早”，“其实即不必招呼远地而只由在粤之本省外省同志集会，已可以充数而为全国之代表。且虑外来者不尽可靠与能听话，反为啰嗦”。[③] 此外还须“留意”：军队党部似不必邀其推选代表，“因料绅属必难派人参加，不属来而绅属不来，更比齐电署名为难看”。[④] 对已选举到省的代表，因尚未知晓在粤开会的真相，“彼等目的原本为到宁出席者，则不如趁早遣之”；“若为忠实同志，将来真堪派定者，或系南洋美洲从远道来，既无毛病又不便令其往返徒劳者，则可假借公共地方，如中大旧址为招待处，自可较为省费”。代表的招待规格，胡强调“穷人有穷的做法”，“往例之日须招待费若干元，此不能援为成例，而我人于此亦一试金石也”。关于经费问题，胡认为“既要其勉强将就种种，又要其大破悭囊，则事必败坏”，因此“须力求节省，须以十数万为标准，过此以往，则无从筹措”。胡反对铺张声势，告诫称：“开口奶一吃错，开盘过大，即费大款仍无益于事，仍无以满拉杂分子之欲望，万不宜贪图热闹，至于实际受亏。”时间问题，胡强调：“开会亦不在乎几多日，愈捷速完事愈佳也”，“至准备要

---

① 《胡汉民致陈融函》(1934 年) 10 月 5 日早、午两函，《函电稿》第 5 册第 11 卷，第 9 件。

② 《胡汉民致陈融函》(1934 年 10 月) 6 日，《函电稿》第 5 册第 11 卷，第 11 件。

③ 《胡汉民致陈融函》(1934 年) 10 月 5 日早，《函电稿》第 5 册第 11 卷，第 9 件。

④ 《胡汉民致陈融函》(1934 年 10 月) 6 日，《函电稿》第 5 册第 11 卷，第 11 件。

好，要干净，而开会须在宁方之后，不必急之”。时机的把握至关重要，为达出奇制胜之效，胡主“实者虚之”，暂为沉默。对内“进言不可太早”，“非畏绅也，畏人有太愚拙不谙事理者，令我人内部闹出笑话也”①；对外不可随意发电，因“如我人不更进行，则电报谈话多多不碍。今我人已确定进行办法，严厉批斥彼方，无以过于齐、有两电所云，若火气转逊，人且疑为想与彼方讲价”②。

万事俱备，只欠“东风”。若日方借款得手，形势将更为主动。③ 为确切了解日方的态度，胡决定趁和知返国之际，派陈中孚偕行前往接洽，指示：“此行重在联络，促进其实际行动，由事实合作达到平等友善。倒〔例〕如俄、土、奥不取外交传统政策，亦即大亚主义之真谛也。”④

骑虎难下

胡汉民精心“设局”，只待时机一至，迫陈“上虎背”。可谁知，世事有如白云苍狗，变化莫测。出奇制胜的一招，最终反令自己骑虎难下。

“齐电”“有电”交相发表后，面对西南咄咄逼人的气势，宁方不与争锋，“埋头实干”⑤。为达分化西南的目的，蒋一面令中央党部秘书处

① 《胡汉民致陈融函》（1934年）10月5日早、午两函，《函电稿》第5册第11卷，第9件。

② 《胡汉民致陈融函》，《函电稿》第6册第18卷，第15件。

③ 胡汉民此时对日援非常看重，借白崇禧“只要拖得住爵绅，大事可办”，“外交有办法，即操胜算也”诸说，力劝萧“果此事须即着手，不可萌消极之意态”（《胡汉民致陈融函》，《函电稿》第5册第15卷，第6件）。萧与和知晤面后，表示“断无消极意”，且认为“此事吾人自应破釜沉舟”。萧担心的是，陈济棠这个“恶佬眼热要钱”，自“欲一手揽尽”，否则“多方阻挠”，因此建议：陈“果不来，则尤佳，渠不来，则不、香（李宗仁、白崇禧，作者注）亦足为之。一有办法，渠当要来求我，岂不甚善?”此段叙述根据下列两函穿插整理而得：《陈融致胡汉民函》（1934年10月）6、7日，《函电稿》第10册第30卷，第25、26件。

④ 《胡汉民致何世桢、陈中孚电稿》，1934年10月17日译发，《函电稿》第8册第25卷，第50件。

⑤ 10月3日，蒋介石致电汪精卫，商议五全大会展期事宜，电称：“查此次大会虽格于党章规定，不能再展，然曩岁三全大会实际固照党章已逾期两年之久，始行召集，业有先例，本届大会去岁亦以陈（济棠）李（宗仁）等一电之请求，而延期一年，倘今年西南方面仍可正式申请，似以勉徇其意，继续展缓为最宜。但使党内党外咸知此举非出之中央，则各方当无可责难，将来彼辈亦无法反唇相讥。且开会早迟，于党国一切大计之进行，毫无影响，而不授以隙，则赖以安定人心，完成剿匪者所裨实多。”见秦孝仪总编纂《总统蒋公大事长编初稿》卷3，台北，1978年版，第105页。

复电敷衍，同时派与胡关系较睦的王宠惠前往疏解；另又派驻赣剿匪北路军第 18 军军长罗卓英南下晤陈。蒋不仅专意“西南”，更具全局战略眼光。10 月 4 日起，蒋开始出巡汉口、洛阳、北平、西安等地。胡汉民分析其对手道：“门到汉、到豫、到平、到西安，俱必有作用，盖不止双管齐下。其对西报谈话，欲以戎首归咎西南。”① 对延期一事，胡深恐蒋“用对闽时之故智”。胡对当时的情形记忆犹新：“记得当时中全会再三展期，而一到十九路军被打破，则哲生等望其稍延数星期而不可得，故蒋曾公开的说：‘闽变未定，西南有许多说话，闽既取得，即便寂然。’今兹必因布置未周，或运用上尚无把握，故又欲延会耳。”②

明知蒋之用意若此，诸元老因在“内耗”中透支过度，身心疲惫，已无可奈何。③ 在萎靡困顿中，当“和平使者”王宠惠问及“延会”意向时，萧表面“故作忙语”，答曰：“今日两广军事当局之积极备战者，所为何事，固不待言。吾人固渴望和平，惟视宁方之能否彻底觉悟焉耳。”其内心实求之不得，致函胡道：“以弟近日之观察，绅士中怯已甚，苟非和记货件到手，则在此紧要关头决不敢再示强硬，若藉五会延期数月，俟货件到手再行寻衅，亦未始非计。”萧所担忧的不是对蒋，而是担心陈济棠“假使五会延期，货物得手，而彼仍拥兵自重，则将若之何，此则深可虑也”。④ 胡汉民甚至一度担心“延会”之议落空，谓“今已距开会不过旬余，若尚未闻延会之确讯，则恐连延会一句话亦系缓兵之计”⑤。

延会之举，宁方收获好评如潮。时论谓：“今兹展期开会，实出

---

① 《胡汉民致陈融函》(1934 年 10 月) 15 日，《函电稿》第 5 册第 15 卷，第 10 件。

② 同上书，第 7 件。

③ 萧致函胡称：“弟月来受时局之刺激，致患失眠病，每夜只能入眠三四小时，一日三餐仅恃糜粥，精神极其困惫……弟近感于国事及社会现状，忧闷已极，所以未即行者，徒以有先生在，且党国一线之生命尚未至〈未〉绝望耳。每宵入眠仅三四小时便醒觉，既不能读书消夜，复不能僵卧待旦。”《萧佛成致胡汉民函》(1934 年) 10 月 17 日，《函电稿》第 11 册第 33 卷，第 33 件。

④ 《萧佛成致胡汉民函》(1934 年) 10 月 17 日，《函电稿》第 11 册第 33 卷，第 33 件。

⑤ 《胡汉民致陈融函》(1934 年 10 月) 22 日，《函电稿》第 5 册第 15 卷，第 16 件。

中央委屈顾全之意，苦心灼然可见。"[①] 经历此番开会与延会之争后，西南局面更加分化。陈济棠指使林翼中明白告诉诸元老，其欲与宁方妥协，并抱怨元老谓："前日齐、有两电发出，惹起金融恐惶，致省行须输出现金三百万云。"见粤陈态度如此，萧佛成失望至极，只得密对同志言："君等欲求出路，须待讨贼军到达长岳或四工先生（胡汉民，作者注）得握权，在此时不宜有所活动，以自取罪戾。"在萧看来，粤陈之为人虽不能如蒋之为恶，"但亦奸而不雄，且自诩智略"。总之，陈与蒋皆"一丘之貉，但知保一系之贵富尊荣，而恐为他人知其内幕，故对于有主张、有气节之士，皆在必排之例"。萧佛成绝望宣称："吾人利用此种人，使与门斗，是何异刘玄德欲藉袁本初之力以讨曹也。"[②]

陈济棠对桂方的托词是，湖南方面何键"尚无若何表示，倘门以数师兵来犯，甚难应付"。据元老观察：见粤陈如此"中怯"，李宗仁"极为惋慨，无怪其不如月前之奋兴"。[③] 21 日，李宗仁乘车赴河口转轮返桂，回粤日期未定。桂李的突然离粤，令胡汉民心生忐忑。桂方驻粤代表王季文虽力言李并不信种种谣诼，但胡依然疑虑重重："三人成虎，门平素已极分化之能事，况绅态度向来难测耶。故不何以必于此时返去，若无他种必要，则大可寻味矣。"粤陈的态度经林翼中之口已"情见乎词"，值此内外交困之际，桂李又蹊跷离去，胡不禁忧叹道："事更棘手矣。"[④]

---

① 《五全代会延期以后》，天津《大公报》1934 年 10 月 29 日，"社评"，第 2 版。外电亦称赞有加，谓："中央政府此举，殊为聪明。因此项延期，可消灭粤方之不满，避免五全代会中提出特别问题，使胡汉民等一派人事之面子，得以保全。同时努力于调和冲突意见之工作，并使西南政务委员会寿命延长，如大会开成，该政委会势必取消。各政治家均认此时非召开五全代会之时，故此项延会，使有关系之政客，得稍告慰。故延会之举，京粤双方，殊表欢迎。"《美学者谈西南近况》，《北平晨报》1934 年 11 月 19 日，第 3 版。原文刊载在北平英文《时事日报》上，为美国"世界现势研究会"研究主任杨瓦特游粤后向该报记者发表的谈话。

② 《萧佛成致胡汉民函》（1934 年）10 月 20 日，《函电稿》第 11 册第 33 卷，第 34 件。胡汉民、萧佛成、邹鲁等人在私下通信中，经常借用传统的"三国"政治资源，在某种意义上说，战前中央与地方间博弈可以说成是民国版的"三国演义"，这是一个非常值得注意的政治文化现象。

③ 《萧佛成致胡汉民函》（1934 年）10 月 20 日，《函电稿》第 11 册第 33 卷，第 34 件。

④ 《胡汉民致陈融函》（1934 年 10 月）22 日，《函电稿》第 5 册第 15 卷，第 16 件。

令胡汉民“棘手”之事，远不只此。大会宣布延期后，胡欲由执行部出面，召集开一“代表同志联合会”，表示“团结其精神”，而后“分别资遣之”。然代表们怎可“招之即来”“挥之即去”？11 月初，各代表连日在中大开讨论会，大肆攻击邹鲁“包办”（因邹鲁具体负责西南党务）。[①] 萧佛成对此事非常焦虑，“恐这班人终归闹出乱子”。邹虽受到攻击，态度“极为坦然”，认为代表的要求“皆属善意”，因此对于代表们应妥善安置，“不宜仅以遣散名目行之，宜作为因党务或军事派出各人往各方办事”。萧佛成认为邹鲁的办法“甚不斩截”，“既由军党各事派出，则必有工作，将来此班大贪继续要求，则如何能够继续供给，故此点切须考虑”。[②]

萧、邹虽对遣散代表意见不一，但皆为代胡受过，胡不好再说长道短，只得未置可否，称：“各省市代表事，鸣老忧虑之，衣兄乐观之，皆是也。”对邹遭受“不平之鸣”尤能“处处坦然”，胡在大加颂扬后，提醒其注意“一切善遣”，否则“人多而杂，既无使负何等责任之可能，又不能保持秘密。甲得请则乙怨失望，得满意者少，不平失望者转多”。最后，胡以“闻亦有多数明白者不肯乱闹”自慰，并以“已是一场试验”作结。[③]

“试验”过后，“真金”无几，“泥沙”翻涌，此时此刻，胡汉民内心之甘苦，可想而知！

决于川黔

大会延期，政治解决的隐忧刚刚解除，军事进攻的警报频频传来。西南军情恶化，起因于“剿共”形势的突变。本来，西南与“共”并存，一时无忧，“有共产党拦住”，蒋“因共不能即来”。面对元老“岂非我以共为缓冲”的困惑，陈济棠得意宣扬：“共岂能剿灭哉，我整理巩固我

① 1934 年 11 月 8 日，各省市代表前往执行部请愿，要求三件事：请开五全大会、贯彻齐、有电主张、代表要公推。见《陈融致胡汉民函》（1934 年 11 月）8 日，《函电稿》第 9 册第 29 卷，第 49 件。

② 《陈融致胡汉民函》（1934 年 11 月）8 日，《函电稿》第 9 册第 29 卷，第 49 件。

③ 《胡汉民致萧佛成、陈融函》，《函电稿》第 6 册第 20 卷，第 10 件。

之边围耳”①，“我非合力剿共，实则我欲占地盘耳”②。1934 年 10 月下旬，“赣南赤军被中央军所迫，使其突走”后，西南形势骤然恶化，一方面不得不与共敷衍，更时刻“须防蒋军藉追击共军为名，乘机跟踪而来，使我猝不及备”。③

面对危局，患得患失的陈济棠已应对乏术，焦头烂额之际，只得密派林翼中“赴港问计”。因担心自己态度前倨后恭，遭人见笑，林之赴港神神秘秘，对萧亦“不敢实告”。萧在函胡笑谈此事的同时，也据实告称：“毋论如何，观门方现在之用意，似对粤实干，而放弃前此先图湘图桂之战略，如门方对粤果用实干，则甚可虑也。”④ 胡毕竟有过“说不尽从来积惨”之经历，政治经验丰富。他函告陈融：“为今之计，最宜扩大剿共宣传，要促内外舆论迫到门非移其主力，亲自督师入川，而我军则与湘、桂、鄂扶同而进，正面之压迫可缓，军事上自无危险。”“促蒋入川”确是妙计，“即属正义，亦是难题”，但“恐门不肯为之耳”。⑤

“迫蒋入川”首须发动宣传战，制造舆论。由于粤方“缩短防线”，红军乘机西撤，陈济棠这才“忧容顿宽”，但宣传一事却因此“弄得无限波折”。陈融致函胡汉民，详述原委道：宣传一事“初则由翼记（林翼中，作者注）语弟，谓绅赞成此举，故报告于兄，得兄覆函后乃再商于翼，可否在省港各报尽量发表且加以批评，翼记答允照办。弟乃做好新闻后再交翼记阅过，于即日交报发表，而即晚尽被检去。翌早鸣翁愤甚，乃面质翼记，翼记乃枝梧其词。弟觉得已中猫尾计划，此后乃不再发现，只有《中兴报》谆谆而已。昨日鸣翁再做文章，交省南风社，而各省报仍不见登，则又被检去也”⑥。萧佛成为此“极愤”，寻着李汉魂连连质问道：“党政军何故不能一致，吾人事事为拥护该绅，而该绅何故而不开诚？如宣传一事，新闻由执部、政会发出，而又经该绅允许，而结果如是，部、会要来何用耶？”“门神于与粤为仇者，无不延纳，而该绅则偏

① 《陈融致胡汉民函》（1934 年 5 月）24 日，《函电稿》第 10 册第 31 卷，第 16 件。

② 《陈融致胡汉民函》（1934 年 3 月）24 日，《函电稿》第 10 册第 31 卷，第 18 件。

③ 《萧佛成致胡汉民函》（1934 年）10 月 30 日，《函电稿》第 10 册第 32 卷，第 2 件。

④ 《萧佛成致胡汉民函》（1934 年）11 月 3 日，《函电稿》第 10 册第 32 卷，第 3 件。

⑤ 《胡汉民致陈融函》（1934 年 10 月）27 日，《函电稿》第 5 册第 15 卷，第 13 件。

⑥ 《陈融致胡汉民函》（1934 年 11 月）13 日，《函电稿》第 9 册第 29 卷，第 48 件。

对于同乡者忌之、远之，岂非失败之一端耶?”①

事已至此，胡不由得羡慕对手道：“客有自金陵来者，谓门派报纸极力宣传和平合作之调，而水云派（汪精卫，作者注）则极力挑拨攻击西南，真各言其是耶？抑会意之扯猫尾耶？惟电报言门已回行营，则第二说为近。所可叹者，他人之猫尾以对外，此间则对内耳。”② 胡见陈济棠不愿公开向蒋示威，只得借准备出席五中全会之机“别授训条”，“使能避开本身”，“如运动四川人要求入川之类，与绅无直接关系”。③ 陈济棠这次果然欣然同意，西南执行部例会得以顺利通过“请宁方移兵剿川匪”，具体办法均由他人代言。④

时局危急，外力自然关键。但此时为胡所重的“和记路线”却在日本方面遭受质疑：一是蒋未必即于此短时期内动手解决西南；二是陈济棠似未下大决心联日倒蒋。胡于是“力为和言”：“门已进兵，稍触即发，此点须详为报告。至乡绅决无变心，但恐其气馁，渠最注重两事：一得机械则军心安，一得款固金融则民心安。金融事尚可从长计较，机械则须速成，以壮其气及一般将士之气。此时只要乡绅不怯，能保守得住，吾事即济，不必奢望其出兵中原。”为打消日方的疑虑，胡授函王季文，安排和知与粤陈会晤。⑤

11 月 25 日晚，在胡的引介下，陈济棠与和知晤面。陈一反原先的冷热无常，将和知“当自己人一样”诚心言道：“十九年以来始终一贯，所缺者惟械与力、衣（指枪械与物资，作者注）”，恳请和知告知“日方进行实在到如何程度，及力、衣有无切实办法”。和知明确表示：日方对援助西南“已十分决定”，请陈“万宜决心讨门”，“十二月中〇行可成立”，飞机则劝陈“必买为佳”。陈济棠怀疑日机速度不及蒋的意大利飞机，和知极力辩驳，谓最新日机注重升降。西南对日的秘密交涉，自然

---

① 《陈融致胡汉民函》（1934 年 11 月）13 日，《函电稿》第 9 册第 29 卷，第 35 件。

② 《胡汉民致陈融函》（1934 年 11 月）14 日，《函电稿》第 6 册第 20 卷，第 5 件。

③ 《胡汉民致陈融函》，《函电稿》第 6 册第 20 卷，第 16 件。

④ 《陈融致胡汉民函》（1934 年 11 月）26 日，《函电稿》第 10 册第 31 卷，第 41 件。函中所列具体办法如下：“其一，由川籍中委在五中全会提请宁方移兵，专办川匪。其二，造成内外川人请愿运动，其办法则以非正式之方法出之。其三，应把握全国商人、工业家、银行界畏共与不愿内战心理，在津、沪各地造成请求移剿川共及防止内战运动，以督促宁方移兵剿办川共。”

⑤ 《胡汉民手迹》，《函电稿》第 6 册第 20 卷，第 14 件。

影响到其公开的对日主张。在商议对付五中全会办法时，西南决定对日只用笼统的“救国”“收复失地”等名词。①

党事延缓后，宁方借剿共战事“大功告成”之机，将“安内”重心转向地方实力派。11月27日，蒋、汪联名发表“划分中央与地方权责宣言”（即“感电”），公开宣示“和平统一”的政治立场。同时，又以“短兵相接”姿态，调整军队编制，下令撤销赣、粤、闽、浙、鄂剿匪战斗序列之东西南北各路军总司令部，仅委任顾祝同为驻赣绥靖主任，蒋鼎文为驻闽绥靖主任。② 对陈济棠的出处则虚位以待。为表明合作“诚意”，以示形式“郑重”，蒋一面派遣孙科、王宠惠南下“劝驾”，一面亲笔手书，并联名中常会诸常委，致书胡汉民，“深盼先生驾临京沪”。

对宁方借“均权”之名行“统一”之实的一套说辞，胡汉民认为，从学理上“推倒其说并非难事”③。但若事实上加以驳斥，一则要冒天下之大不韪，甘愿充当“和平统一”的破坏者，正中宁方“嫁祸于人”的圈套；二则还须看实力派脸色行事，“以实力者之立场”，“不欲速寇敌之至，即不能为正面之反对”。④

“和平统一”政治立场一失，西南即刻陷入“集体失语”的尴尬境地。其公开宣传只得在承认“和平统一”的前提下，循着宁方预先铺设的“合作”轨道，发出“一个最简单的先决问题”、“我们最低限度的期望”之类乞怜般空洞、乏力的呼吁。⑤ 鉴于公开立场已失，12月6日，西南在回应汪、蒋“感电”时，只能重提旧事，要求立即实行上海和平会议及四全代会所制定的“和平统一成案”。但另一方面，胡汉民在进行幕后交涉中，不仅条件先行，且定求“事实之证明”。胡在与王宠惠、孙科会晤时，驳斥宁方空谈笼络感情，仅注重形式上的握手言欢，不恶而严地声明其主张：“根本则接受二十年成案与齐、有两电，而治标则凡三

① 《陈融致胡汉民函》（1934年11月）26日，《函电稿》第10册第31卷，第41件。

② 《总统蒋公大事长编初稿》卷3，第134页。

③ 在胡汉民看来，均权之说“本由西南提出，本意并不如是。政本既定，乃可言法制形式”。见《胡汉民致陈融函》（1934年11月）28日，《函电稿》第6册第20卷，第24件。

④ 《胡汉民致陈融函》（1934年11月）28日，《函电稿》第6册第20卷，第24件。

⑤ 《一个最简单的先决问题》，《香港中兴报》1934年12月4日，“社论”，第1张第3页；《我们最低限度的期望》，《香港中兴报》1934年12月7日，“社论”，第1张第3页。

事：其一须即开放人民言论集会之自由；其二须确定入川剿共，对两广不作大兵压境之威胁；其三对于此间朋友同志不得敌视，而猖獗杀人之组织须即解散之。”胡之主张，宗旨虽严正，但措辞和缓，不会被蒋“指为绝人已甚，而为种种之藉口”，又“可试其诚意之有无，而得事实之保障”[①]，确是识透了对手的心思。

胡汉民对蒋的担忧并非杞人忧天。时任中央党部秘书的王子壮曾亲历此事，在其日记中详述“请胡来京”的经过：

> ……请胡来京之函由各常委署名，汪先生起草，经余于上星期四缮正者。辞意委婉，有五中全会期近，务恳先生即日来京……定策决疑等语。叶先生（叶楚伧，时任中央党部秘书长，作者注）持请各常委签字后，又嘱余另缮第一张。因蒋先生对以上诸语，似嫌过火，均用红铅笔涂去，改数字为务恳先生驾临京沪，商洽一切等字。于此应注意者，蒋先生只希望驾临京沪，是不欲其重掌政权，形迹至显。[②]

胡深知欲处于强势的对手证明其“诚意”，关键不在“得理”，而在“得势”，因此“军事布置尤为重要”。“粤桂湘须先有军事之统筹办法，融成整个的力量，勿使寇敌施其各个击破之谋”，同时“宜具体的确定对滇、黔方略”。[③] 12月11日，陈济棠、李宗仁、白崇禧联名发表“真电”，以追击“共匪”为由，请缨入黔。“追剿”只是借口，实际意图为协助黔军驱共入川。[④] 胡虽对“真电”的形式颇有微词，“有疑为太过就范之表示”，但“精神实质所关者重大，且惟

---

① 《胡汉民致陈融函》，《函电稿》第6册第20卷，第20件。以函中“孙昨搭船”一语，判定其时间为12月9日。

② 《王子壮日记》第2册，1934年12月5日，第173—174页。

③ 《胡汉民致陈融函》（1934年12月）5日，《函电稿》第6册第20卷，第23件。

④ “真电”发表的前一日，李宗仁在会晤贵州省主席王家烈驻粤代表时，沟通双方意图称：“匪志在入川，绍兄（王家烈，字绍武，作者注）虽亲出防堵，然众寡悬殊，关于黔东方面仅可放弃，任其通过入川，只须注重南北两路防务，拱固省垣，藉免无谓牺牲”，“一方可与桂联”。见《广州俭良致王家烈鱼电》，1934年12月10日，台北“国史馆”藏，阎锡山档案，缩微胶卷，第66卷。

如此，更得内外之同情”，蒋虽已“占不少便宜，然彼亦因此更难应付”。在黔局未定的情形下，胡认为“即宜作一切准备，能急速与彼争黔最为要着”。

胡在着力“争黔”的同时，不放松“觅争立场”。孙科返京后，迟至五中全会闭幕，宁方一直未有回复之意。胡于焦急不安中，决定将幕后交涉条件公之于众，以候舆论的裁判。“盖此番来往，我们已被人占便宜不少，再迟则彼和平统一之假口号成，借债之举亦成矣。且久久无言，不审渊如（孙科，作者注）与夫己（蒋介石，作者注）说些什么，夫己氏且可以言行不践者归责于我。”① 鉴于此，胡汉民决定单方面公布交涉条件，再为难一下宁方。

胡对“主张”的执着绝非单纯意气用事、固执己见，而是出于对政治形势的准确预判。宁方的答复含糊其辞，确无诚意。滞留在粤继续交涉的王宠惠对胡之举动，由“大惊疑”转而“大欣佩”。胡则借机“微讽”：“欲门之就轨范，须先不入其牢笼，即阁下亦宜知所自处。”② 王宠惠再次致电的结果，蒋的态度依然暧昧，但预留转圜余地，邀请王于圣诞节前面商。王临行前，胡告诫三点：“一、彼方不宜辄及见面事，有种种理由；二、实事胜于雄辩，如我宣言；三、无论彼方对君若何推重，总以先返欧洲一行，至不得已而后返。如此，则东西洋政治家道德都说得过去。”③ 不欲轻易见面、要求事实之保障、欲调人暂时离去，显然，胡之“争立场”实为应对西南危局的缓兵之计，欲借机配合争黔的军事部署，主动逼迫宁方表示“诚意”。

胡虽在“相当范围内”，“以西南利害为前提”④，而同时也为自己的出路问题忧虑不已。蒋之“拆术”极其毒辣，陈济棠却偏“知之而自蹈之”，态度忽左忽右，从“不以其秘示人，俾门有以操纵其间也”。胡在概叹“合纵之难过于连横数倍”的同时，更感苦闷的是，对此“自顾其私不尽开诚相与者”，自己不仅“仍不可率然识破”，同时更要“维系之

① 《胡汉民致陈融函》（1934 年 12 月）15 日，《函电稿》第 6 册第 20 卷，第 26 件。
② 《胡汉民致陈融函》（1934 年 12 月）17 日，《函电稿》第 6 册第 20 卷，第 25 件。
③ 《胡汉民致陈融函》（1934 年 12 月）18 日，《函电稿》第 6 册第 20 卷，第 27 件。
④ 《胡汉民致陈融函》（1934 年 12 月）4 日，《函电稿》第 6 册第 20 卷，第 22 件。

不失”，否则便“同上门之大当”。[①]

胡对粤陈“倾向已定”的担忧也不幸应验。陈为获取实惠，于五中全会开幕后，12 月 10 日，忽然决定派财政厅长区芳浦参会，向宁交涉在沪发公债、粤糖运沪，并报告兵工厂等。见粤陈“皆为降之表现”后[②]，邹鲁无奈地向胡感叹称：“我辈以暗驭明，虽有张良、陈平之谋，亦何补于刘璋？故我辈此时先求立场，庶进退裕如。在此时机一经放过，少老（唐绍仪，作者注）前车为可鉴耳。”[③] 据此可知，胡等积极“觅争立场”，同时也是为了防止遭陈暗算，欲通过与中央的交涉，为自己“争出路”。

宁粤双方表面相互试探“和平”诚意，暗中积极部署夺黔，五中全会于“平静”中落下帷幕。对今后时局之发展，双方竞相对外言“和”。[④] 深思之士则对和平的前景忧心忡忡。王子壮通过细心观察事实，怀疑孙科、王宠惠的乐观论调为“文饰”，惋叹“在社会方面于不知真相中，仅聆得孙王之言论，以为欣然可喜，讵知事有不然者在也”[⑤]。胡汉民一语道破时局之症结所在：“僵局能否打开，专视剿共之能整军以出与否为断。”[⑥]

为应对西南的被动局面，胡汉民欲于“矛盾政策”中，找寻出路。因无武力可恃，胡身陷矛盾之中，进退失据。无奈之中，胡欲借五全大会召开之机，“从党找办法”，“以党取攻势”。未料，“自行开会”之举，锋芒所向，未曾伤及中央，却几令西南“散伙”。这一情形应是西南反蒋“表象”背后的真实底蕴。

---

① 此段叙述根据（1934 年 12 月）8 日、9 日胡汉民致陈融两函穿插整理而得，《函电稿》第 6 册第 20 卷，第 21 件、第 19 件。

② 《陈融致胡汉民函》（1934 年 12 月）10 日，《函电稿》第 10 册第 31 卷，第 12 件。

③ 《邹鲁致胡汉民函》，1934 年 12 月 10 日，《函电稿》第 10 册第 32 卷，第 30 件。

④ 《萧佛成谈宁粤合作问题告一段落》，《广州民国日报》1934 年 12 月 17 日，第 2 张第 2 版；《孙科在中央纪念周之报告，真正统一即和平》，天津《益世报》1934 年 12 月 19 日，第 1 张第 2 版；《王宠惠昨由港抵沪谈，团结工作已达第三步》，天津《益世报》1934 年 12 月 22 日，第 1 张第 3 版。

⑤ 《王子壮日记》第 2 册，1934 年 12 月 18 日，第 180 页。

⑥ 《胡汉民致陈融函》（1934 年 12 月）17 日，《函电稿》第 6 册第 20 卷，第 25 件。

全国代表大会，从法理上言，当为国民党之最高权力机关。面对来自反对派的质疑，中央以“延会”之举，巧妙避其锋芒。以政治手段而言，此举可谓明智，凸显中央委曲求全之姿态，亦令对手无辞应对。“延会”之所以如此轻而易举，因从实用角度来看，“开会早迟，于党国一切大计之进行，毫无影响”。可见，在当政者心目中，党之最高权力机关的地位，远不如其法定意义般至高无上。作为权宜之计，五全大会自可延之又延。待标志着“团结统一”的五全大会最终得以召开，国民党内的忧时之士已对“党”失去信心：“本党之民众的基础渐渐失去，此为不可讳的事实，而能发挥党的效用者只有政治的作用，如此次五全大会其最著者也。以中央与广东之对立，乃以党内大会之故，挽其来京，相聚一堂。蒋先生亦欲利用此会使各方利益均沾，如中委之分配等俾各满意以归，党的作用亦不过如此而已。即此些许作用，亦未尝不因外交压迫之严重有以致之。蒋乃利用时机，促成团结，合力以对外。”①

开会与延会，“和平”与“剿共”，西南与中央间表面之文字战争，均为缓兵之计。最终决定时局走向的，是川、黔局势的尘埃落定。

① 《王子壮日记》第2册，1935年11月16日，第508页。

流动的土地与固化的地权

——清代至民国关中东部地册研究*

胡英泽

一 鱼鳞册地权研究与“关中模式”

鱼鳞图册简称鱼鳞册，是一种经过实地测绘的地籍图，是明清时期的一项基本土地制度，又有地册、地亩册、丈量清册等名称。官府通过编制鱼鳞图册进行地籍管理，据以征粮征银。民间亦有小规模的修造鱼鳞图册、地册之举，用于村庄、宗族、家户的土地清丈、管理、赋税征收。鱼鳞图册保存了田块形态、土地面积、土地占有、租佃关系等丰富内容，为社会经济史研究提供了不可多得的资料。

国内外有关鱼鳞册的研究，基本经历了从制度史角度的平面型介绍、考证，到充分利用鱼鳞册本身所记载的各项史料进行统计与分析的多维度研究的发展过程。学界已有鱼鳞册研究成果的述评①，兹不赘述，仅重

---

* 本文原载《近代史研究》2008 年第 3 期。在本文写作、修改过程中，笔者就有关问题曾先后向刘建生、夏明方、杨念群、江太新、栾成显等教授请教，另外，乔增光同志在数据分析方面助益不小，谨此致谢，当然文责由本人来承担。本文曾提交中国社会科学院近代史研究所等主办的“晚清以降的经济与社会”——第二届中国近代社会史国际学术研讨会（乌鲁木齐，2007 年 8 月）。

① 笔者所见有：栾成显《鹤见尚弘关于清代鱼鳞图册的研究》，《中国史研究动态》1983 年第 3 期；栾成显《日本所藏鱼鳞图册及其研究》，《中国史研究动态》1989 年第 2 期；梁敬明《鱼鳞图册研究综述——兼评兰溪鱼鳞图册的重要价值》，《中国经济史研究》2004 年第 1 期；胡英泽《营田庄黄河滩地鱼鳞册及相关地册浅析——一个生态史的视角》，《中国史研究》2007 年第 1 期。

点检讨鱼鳞册与地权研究方面。

20 世纪 80 年代以来，学界日益注重利用鱼鳞图册、地册等资料进行社会经济史研究，尤其通过地权研究讨论不同历史时期的土地制度，体现了鱼鳞图册研究的深化、细化。第一，散见于南北各地明、清、民国残存下来的地籍册档得到重视和利用。学界利用较多的有直隶获鹿县康熙四十五年（1706）至乾隆三十六年（1771）的编审册①，安徽休宁县保留下来从清顺治四年（1647）至民国时期的鱼鳞图册②，浙江兰溪清代鱼鳞册③，中国社会科学院经济研究所收藏的安徽休宁县、江苏长洲等地的鱼鳞图册。上述这些鱼鳞图册多为官府管理地籍、征收赋税之用，而一些民间修造的鱼鳞图册也被研究者发现和利用，如清代至民国时期关中东部的地册，主要是陕西省黄河沿岸华阴、朝邑、韩城三县一些村庄的地册。④ 第二，借鉴经济学洛伦兹曲线、吉尼系数的分析工具⑤，通过对鱼鳞图册的定量、定性分析，进行土地占有、买卖、租佃等方面的地权研究。第三，通过鱼鳞图册的地权研究，形成对相关历史时期土地制度的新认识。如章有义先生认为地主所有制支配下地权不断集中的必然性，在长洲鱼鳞簿所载的地权状况中没有得到证实，而小土地所有一直占有相当大的比重，乃是中国封建土地制度的一个特色。⑥ 赵冈教授在对南北各地不同时期的鱼鳞册、租谷簿、地籍档案等资料进行统计分析的基础上，发表了系列论著⑦，提出中国传统社会非“地主经济”的观点。

---

① 潘喆、唐长孺：《获鹿县编审册初步研究》，《清史研究集》第 3 辑，四川人民出版社 1984 年版。

② 周绍泉：《徽州文书与徽学》，《历史研究》2000 年第 1 期。

③ 梁敬明：《鱼鳞图册研究综述——兼评兰溪鱼鳞图册的重要价值》，《中国经济史研究》2004 年第 1 期。

④ 秦晖、苏文：《田园诗与狂想曲——关中模式与前近代社会的再认识》，中央编译出版社 1996 年版。

⑤ 洛伦兹曲线是美国统计学家洛伦兹提出的用以反映国民收入分配平均程度的一种曲线；吉尼系数是意大利统计学家吉尼根据洛伦兹曲线提出的一个衡量分配不平等程度的指标。关于地权研究如何运用洛伦兹曲线、吉尼系数，可参见赵冈《中国传统农村的地权分配》，新星出版社 2006 年版，第 59—60 页。

⑥ 章有义：《康熙初年江苏长洲三册鱼鳞簿所见》，《中国经济史研究》1988 年第 4 期。

⑦ 赵冈：《历史上的土地制度与地权分配》，中国农业出版社 2003 年版；赵冈、陈钟毅：《中国土地制度史》，新星出版社 2006 年版；赵冈：《中国传统农村的地权分配》。

章有义和赵冈比较一致的立场，是对主流派学者所谓的地权“不断集中论”或“无限集中论”提出了质疑。但二人对地权分配的长期趋势持有不同观点，章有义先生认为，“在长期上、整体上，形成地权的阶级分配的某种常态，即地主和农民占地的比率大体稳定”①，而赵冈教授则主张，清代至民国的地权分配不断改善，到民国时期，全国各地的吉尼系数普遍降到很低水平。②

秦晖教授在20世纪90年代利用关中地区的土改资料，对土改前（40年代后期）关中农村经济社会进行研究，提出封建社会的“关中模式”。此后，他又运用“最有力的证据”即原始的关中地籍文书，发表了《“关中模式”的社会历史渊源：清初至民国——关中农村经济与社会史研析》（以下简称《“关中模式”的社会历史渊源》）一文，认为清初至民国较长时期内关中地区的经济社会状况和土改前一致，即“关中无地主”“关中无租佃”“关中有封建”。③

“关中模式”提出以后，在学界影响较大，这里暂且不论其理论的类型学意义，仅从资料角度而言，“关中模式”依据清初至民国关中东部地籍文书计算的地权分配吉尼系数多次被研究者引用，支撑了一些重要的学术观点，甚至一些相互对立的观点。过去就一直质疑“地主经济”论的美国学者赵冈教授，在其著作中引述了《“关中模式”的社会历史渊源》地权分配数据来为中国传统农业非地主经济论作补充说明。④ 他运用关中地权分配数据是要说明中国没有地主，地权分散。李文治、江太新教授则认为中国传统封建土地关系是地主制经济，在研究中也引用关中东部地册反映的土地分配吉尼系数，作为清代地权占有分散化的区域性证据。⑤ 其用意在于说明清代是地主经济，只是地主占地不像传统观点认

① 章有义：《本世纪二三十年代我国地权分配的再估计》，《中国社会经济史研究》1988年第2期，第9页。

② 赵冈：《中国传统农村的地权分配》，第149—150页。

③ 秦晖：《“关中模式”的社会历史渊源：清初至民国——关中农村经济社会史研析》，《中国经济史研究》1995年第1期。论文后来收入秦晖、苏文《田园诗与狂想曲——关中模式与前近代社会的再认识》。

④ 赵冈：《历史上的土地制度与地权分配》、《中国传统农村的地权分配》。

⑤ 李文治、江太新：《中国地主制经济论——封建土地关系发展与变化》，中国社会科学出版社2005年版，第308—310页。

为的那样多，地主占地缩小，地权呈分散趋势。

在关中地权分散观点被接受的同时，有学者对“关中模式”研究的某些方面提出了质疑。如夏明方教授对关中地区民国年间土地买卖率低下的结论表示怀疑，认为仅一本地册并不具有代表性，而且与关中其他地区民国时期的调查资料不符。① 行龙、杨念群教授在反思区域社会史研究时也指出，不仅区域内部历史状况和社会环境十分复杂，而且就某个特定研究区域而言，其边界和空间的确定仍存在争议，这就使得以某一区域命名的研究框架，其学术内涵的合理性仍有待讨论和确认，如“江南模式”“关中模式”等表述，均有进一步检验的必要。② 笔者也曾从环境史的视角对“关中模式”所用的黄河滩地资料进行过解读，认为滩地田块规则、地权平均、买卖率低，具有独特的生态与经济社会背景，在研究时要充分考虑上述背景。③

在肯定学界利用鱼鳞册推动地权研究不断深化的同时，其中存在的一些问题也值得我们注意。第一，要把鱼鳞册置放在当地的生态与社会背景中去理解。由于地域差异、土地类型不同，生态压力与社会限制可能对地权产生若干影响。若忽略这一点，单纯依据地册的统计数字进行研究就可能产生某些偏差。第二，要采取实事求是的科学态度，统计、评估、分析鱼鳞图册所反映的地权状况。“这就要求对数据所代表的概念判断准确，对数据的完整性认识清楚，对数据资料的价值评估恰当。”④ 第三，要处理好局部与整体的关系。从小处而言，有的鱼鳞图册仅仅记载了某一田块或某一类型的土地；就大处而言，有的鱼鳞图册仅局限于某一地域，从局部性的统计数据推论出整体性的结论必须慎重。

基于上述认识，本文结合新发现的地册以及田野访谈，对“关中模式”所运用过的清初至民国年间关中东部的地册进行再研究，认为从这

① 夏明方：《近代华北农村市场发育性质新探——与江南的比较》，《中国乡村研究》第3辑，社会科学文献出版社2005年版。

② 行龙、杨念群主编：《区域社会史比较研究》“导言”，社会科学文献出版社2006年版，第1—2页。

③ 胡英泽：《营田庄黄河滩地鱼鳞册及相关地册浅析——一个生态史的视角》，《中国史研究》2007年第1期。

④ 栾成显：《中国古代农村土地制度研究述评》，http：//www. cass. net. cn，2006年6月8日。

些地册资料出发不能推导出清初至民国的“关中模式”。

二　黄河滩地册的生态与社会背景

(一) 流动的土地

先从黄河小北干流说起。小北干流指龙门—潼关间河段，黄河自龙门而下，从山陕大峡谷流出，河身骤然展宽，水流速度减慢，穿行于汾渭地堑，河道宽 4—19 公里。两岸为高出河床 50—200 米的黄土阶地、台塬，黄土土质疏松，易受河水冲刷。黄河含沙量高，当水沙条件发生变化时，会引发河道的移徙，乡民把河道周期性的摆动俗称为“三十年河东，三十年河西”。

明清至民国时期，小北干流区域以河道变迁为主要特征的生态环境变化，可视为上游水土流失地区生态环境变化的延续，或者说大区域生态环境变化在小区域的流播、扩散与影响。[①] 王元林的研究显示，在明代小北干流各河段开始大规模决徙改道，冲蚀崩塌，游荡性增强。延至清代，河道宽、浅、散、乱状况继续发展，河道变迁仍以摆动决徙、侧蚀崩塌为主，同时河道泛溢和泥沙淤积的幅度也不断加大，各段河道均有大规模变迁。[②] 明清至民国时期小北干流河道变迁有两个方面较为突出：一是河道游荡性显著，东西摆动，在蒲州、朝邑间河段，黄河已是“无定所，河有数十年而一迁所，有数年一迁所”[③]。二是不同河段的河道呈单向持续发展趋势，程度剧烈，趋势明显，持续时间长。河津、荣河、韩城间河段，虽间有摆动，但河道持续向东拓展趋势明显，崩蚀东岸村庄、房屋、田地，居民露处。蒲州、朝邑间河段河道，自隆庆四年(1570) 至民国十八年(1929)，长达 359 年的时间里，黄河河道在两岸时有东西摆动，但总体向西发展趋势明显。

河道变迁对山、陕沿河两岸土地产生了若干影响。

---

① 史念海：《历史时期黄河中游的森林》，《河山集》(二)，生活·读书·新知三联书店 1981 年版，第 232—305 页。

② 王元林：《清代黄河小北干流河道变迁》，《中国历史地理论丛》1997 年第 2 期。

③ 乾隆十四年《滩地碑记》，现存于山西省永济市韩阳镇独头村。

首先，河道变迁导致沿河两岸的土地形态、土地面积发生变化。据《史记》记载，西汉时期河东滩地约有5000顷[①]，唐武德七年（624）河西龙门以下的滩田多达6000余顷[②]，这种特殊的土地资源，由于面积广阔，收益可观，引起政府重视并组织大规模的开发利用。明清时期受河道变迁影响，蒲州、朝邑间滩地面积发生变化，总的趋势是面积有所增大。明初蒲州为保城筑堤，阻河西移，“近河膏腴滩地数千顷，民藉耕牧”[③]。受河水泛溢、河道移徙影响，滩地属于一种不稳定资源，东坍西涨，此出彼没，伸缩挪移。虽然河道处于动态变化，但相对而言滩地还是有短暂、稳定的耕种期，在此意义上，滩地与常田相较是“流动的土地”。河道移徙伴随的冲崩侧蚀导致大面积稳定的常田转化为滩田，造成常田面积减少，滩地面积增加。据光绪五年（1879）《河津县志》记载，河津县民田原额为4811顷26亩，由于黄河坍失等因素，实在成熟地减至4528顷10亩。[④] 荣河县民田原额5014顷48亩，自顺治四年（1647）至乾隆八年（1743），共蠲免河冲荒地1332顷24亩，土地减损面积达27%。[⑤] 朝邑县原额民田8654顷31亩，至康熙五十一年（1712）实在地共7367顷47亩，面积减少了近13万亩，占全县耕地面积的15%。光绪时期，朝邑县民田又减至6283顷23亩，相对康熙五十一年又减少了1084顷24亩，和原额相比减少了2371顷8亩，可见黄河冲坍侵蚀造成了大面积常田转化为滩地。[⑥] 民国年间河滩面积有所变化。民国十八年（1929），河道东移，永济、朝邑、华阴三县间广阔的黄河滩地荒草丛生，成为土匪藏身之处，狼虫出没之所。主政陕西的冯玉祥决定在黄河滩成立平民县，据统计平民县滩地面积达47万余亩。[⑦]

其次，河水泛滥、河道变迁、滩地变化，引发人口流动以及人地关系的变化。一方面，部分村庄内靠迁移，但仍临河而居；有的居民则远

① 《史记》卷29，“河渠书·第七”，中华书局1959年版，第1410页。
② 《新唐书》卷41，“志·地理一”，中华书局1975年版，第965页。
③ 王崇古：《重修黄河石堤记》，乾隆《蒲州府志》卷20，“艺文”，第29页。
④ 光绪《河津县志》卷4，“田赋”，第15页。
⑤ 民国《荣河县志》卷5，“略一·赋税”，第1页。
⑥ 光绪《同州府续志》卷8，“田赋志”，第5页。
⑦ 民国《平民县志》卷1，“田赋志”，第13—16页。

迁至数十里外的塬上，成为迁出性移民。在河津、荣河河段，自河津县连伯村至荣河县南寨子的 20 多个村庄经历了由河滩迁往崖底，由崖底迁至塬上的向内迁居过程。河津县张家崖人洪武二年（1369）居于河津县葫芦滩，“大清雍正年间，黄河渐渐东流，人民迁居崖下。又至乾隆十三年（1748），河水尽归崖下，人民不能安居，遂迁于原上，村庄田地尽为水占”[①]。在蒲州、朝邑间河段，陕西省朝邑县东北乡沿河一带村庄基本经历了三次迁移。雷村原系黄河岸边一个占地较广的村庄，旧与辛村、乌牛等村为邻，西距老崖下南延寿等村十余里，此间土地多属雷村祖业耕种之地，“自明万历年间，河从县属之大庆关绕西而南流，自后陆续西坍，雷村等村西迁者三次，渐与延寿等村相近，南北间处”[②]。遭受河灾后，不少村民投亲靠友，形成外迁性移民。道光年间华阴县沿河寺南里三社有千余户，因受河灾，村人四散逃亡，所留者不过三百余户。[③] 部分灾民外迁，使迁出地的人地关系得以缓解。另一方面，河道移徙，滩田现出，滩地资源又吸引着人口迁入。如，民国十八年平民县向全国发出招垦告示，有 15 省人民前来领垦，黄河滩建立了移民村庄。[④] 然而，人口迁入在一定程度上又加剧了迁入地人地关系的矛盾。

其三，人口流动和迁移引发以滩地资源为中心的社会冲突。一类为区域内后靠迁移村庄和原住村庄的冲突。后靠性移民由于村庄空间的位移，在动态迁移过程中形成了“滩”“塬”村庄之间的空间格局，可能产生土地纠纷与村际冲突。一类为来自区域外的移民和区域内原住居民的冲突。如平民县向全国招垦，使得较多人口流入该区域，他们通过各种形式获得了占有部分滩地资源的权利。这就意味着沿河村庄利益受到减损。加上移民与土著在生产、生活上的矛盾，更加激化“主”“客”冲突，使得滩地资源的纷争更为复杂。

河道移徙带来山、陕两省行政区划界线变动和土地权属的混乱不清。

---

① 山西省河津县张家崖《民国六年张户滩地册》，第 1 页。本文所用山西省地册均为笔者收集，不再一一注明。

② 陕西省朝邑县雷村《乾隆五十三年归田拨补地册》，第 1 页。本文所用陕西省地册，现收藏在陕西省大荔县档案馆，不再一一注明。

③ 道光二十四年《黄河滩阡图》，现存陕西省碑林博物馆。

④ 民国《平民县志》卷 1，“建置志”，第 9 页。

山、陕两省以黄河为界体现了“山川形便”的原则，然而，黄河具有一定宽幅，是一个疆域地带，所谓“秦、晋以黄河为分域，然实共之”①。省际边界线是等级最高的行政区划边界线，边界线应具有稳定品质，河道在稳定的状态下，能够满足边界线条件。当它频繁改迁，日益呈现不确定性时就丧失了界的稳定品质，打破了原有的地域关系和空间格局，对行政区划、行政管理、社会生活产生了连锁效应。② 河道变迁，边界线、滩地资源相随而动。此外，黄河常出现汊流，一河分为二河，中间形成夹滩，“河沙涨淤，洲潭之生其中者，亦两县均属，在晋人固不得独有也”③。河道变迁常常引发山、陕黄河两岸滩地资源和边界之争，暴发大规模的械斗，酿成“滩案”。

滩地与常田相较，具有几个明显不同的特点。其一，受河水泛溢、河道移徙影响，耕作滩地不稳定，投机性、风险性较大。田野访谈过程中沿河居民常常说：“种滩地，养老牛，老丈人门前攒体己。”“滩地收了穿皮袄，滩地没了光股子（屁股）。”其二，河水泛滥、河道移徙，沙滩泥涂，四至边界难以确定，常诱发边界争执，引起社会冲突。所谓“河滨之地忽坍忽涨，坍则民受赔累之苦，涨则户食增亩之利。每遇丰年，获利甚广，而沿河居民争之者亦甚众。各据其断烂故纸，不可考信之册，影占结讼，连年不休”。④ 其三，滩地一般较肥沃，收益颇丰。民国《临晋县志》曾对本县田地状况加以比较，“邑地可分为平地坡地，土质粘垆，尚宜树艺，因缺水故种常田者居多（种麦者曰常田），种邪田者绝鲜（种杂粮者曰邪田），近稍种棉，然失收者十常八九，其较腴之壤，则惟河滨滩地，可以种稻，岁收渐增”⑤。朝邑县河滩广阔，当地乡谚形容滩地肥沃：“黄河三年不涨水，给狗也要行（娶）媳妇。”其四，滩地较塬地抗旱。部分滩地受风沙、碱化影响，收益较小，多数滩地耐旱，虽遭受干旱仍有七八成收益，沿河有“旱收滩，涝收坡”之谚。其五，滩地

① 乔光烈：《鸡心滩记》，乾隆《蒲州府志》卷21，“艺文”，第26页。

② 胡英泽：《河道变动与界的表达——以清代至民国的山、陕滩案为中心》，《中国社会历史评论》第7卷，天津古籍出版社2006年版。

③ 乔光烈：《鸡心滩记》，乾隆《蒲州府志》卷21，“艺文”，第26页。

④ 民国《荣河县志》卷5，“略一·赋税”，第8页。

⑤ 民国《临晋县志》卷4，“生业略”，第2页。

较塬地耕作简易。滩地耕作不施肥，耕作简单却能获得和塬地相同甚至更高的收益，因而沿河乡民对滩地非常重视。

概而言之，滩地属于特殊的土地类型，面积不稳定，易于产生边界纠纷，具有现实及潜在利益，可谓“流动的土地”，为了控制资源、维护地权、管理和分配土地，村庄内部也有修造地册的需求。

（二）土地控制与滩地册修造

长期以来，关中东部黄河沿岸地区处于河水泛滥、河道游荡、滩田变易、村庄迁居的动态、混乱的环境之下，而区域社会的发展需要相对静态、稳定的秩序。区域社会在环境的动态回馈中形成了一套相对完善的土地制度，大量的黄河滩地鱼鳞册、地册及相关文献充分体现了环境与社会间“流动”与“固化”的张力。

沿河村庄十分重视滩地鱼鳞图册及地册的攒造。荣河县志记载：“沿河一带，间有地册，原〔塬〕上俱不概见。”① 说明沿河村庄和塬上村庄对于地册攒造的重视程度不同。笔者在山、陕沿河村庄的田野考察以及发现、搜集到数量可观的黄河滩地鱼鳞册的事实表明，重视黄河滩地鱼鳞册的攒造是该区域社会的一个普遍现象。

从笔者发现、搜集的滩地鱼鳞册及地册来看，村庄修造地册的时间多在河道移徙、滩地淹没或复出之际。地册修造时间应当是沿河村庄对地域生态时间节奏的一种社会反应，滨河居民在生产实践中认识了河道东西摆动的规律，在河道移徙滩田被淹之后，对将来河水远退、滩田复出抱有期望的心理，并预先准备未来划分、耕种滩地工作，因而修造地册显得非常重要。有地册记载：

> 我庄之地而为波涛者十之五六，倘地册若失，异日复为桑田，则亩之东西、土之所属，茫然而不可考矣。继吾侪僻居山麓水涯之间，戎马□□奔驰而亦不得不早为之计也……里人曾志尹详加考核，细为查究，然后畛域井井，花名罗列，令人一批阅而了然于目，虽临村侵越疆界，屡兴词讼，亦赖有是册而不失其地……而后我村众

① 民国《荣河县志》卷 20，“传六·方技”，第 1 页。

所有之地可以按籍分给，即河伯西来，河东无溷淆之虑，河伯东去，河西有分晰之明，其东作西成，毫无争端者，实赖乎地册也。家由是而给，户由是而丰，礼仪由是而兴，地册之所系顾不重哉！[①]

对外而言，地册为处理村际间的地权纠纷和社会冲突提供合法依据；对内而言它是村庄内部社与社之间、家户之间田主地权明晰的重要凭证。由此看来，滩地鱼鳞册的修造不仅仅是为了厘正地亩、确定田赋，地册在控制滩地资源权属、维护清晰边界、解决村际冲突、平息内部纠纷、维持地域社会秩序等方面的功能更为突出。

为了维护地权，便于管理，沿河村庄十分重视滩地鱼鳞册的修造，主要体现在以下几个方面：

其一，修造鱼鳞册需要花费一定的人力、物力，牵涉面较广，体现出组织性，而且村庄权力人物领导、负责地册的修造，其中一些具体事项分工明确。营田庄同治五年（1866）滩地册记载，乡约、保长、社长、耆老、誊写人等共计 33 人参与修造。[②] 荣河县南寨子村乾隆三十五年（1770）地册显示，有乡约、公直、首事人、书写、清算、草算等 25 人参与修造。[③]

其二，修造鱼鳞册有一些基本原则。首先是严格遵循旧规，以旧造新。其次是要不偏不倚，公正无私。永济县小樊村道光二十五年（1845）《阖村滩地簿》载："兹簿之设，非易制也，第因时移世迁，有欲讳先人之名号者，有更换他人之姓氏者，由是重立新簿以便考稽，至于前规旧制，宁敢损益只字乎！"民国二十年（1931），朝邑县营田庄因为河水冲崩，修造地册时，对于旧册所载"不敢妄改一字"，表明了制度传承的稳定性。

参加修造滩地册的成员需要秉持公正，一些村庄为保证地册修造，甚至举行仪式，约束参与者去私意、存公心。

---

① 陕西省朝邑县同治五年《营田庄存北社地册》，第 2—3 页。根据地册所载判断，《营田庄存北社地册》和《营田庄垦地减名册》属于同年修造，从内容来看地册名称应为《新崩场垣、新崩滩地册》，文中仍用档案目录所标地册名称。

② 陕西省朝邑县同治五年《营田庄存北社地册》，第 5—7 页。

③ 山西省荣河县乾隆三十五年《南寨子村地亩官册》，第 1—2 页。

> 合村公议，定于梅月初一日，我等同在玄天老爷面前共为盟，愿出公无私，依旧造新。我同盟之人既盟之后，使能者坐理于内，无能者效力于外。固不得以怠惰自甘，有废事之责，尤不敢以偏倚居心遗违盟之咎。其所以小心翼翼者，虽尺寸厘毫之微，亦非有厚此薄彼之念。夫私意不存，已操无愧无怍之权；公心克尽，又立有始有终之机。是以功虽大而不见其阻滞，时虽久而止形其顺利。数月之内，大功因而告竣，闾里之中，皆心悦而诚服。①

其三，村庄修造滩地鱼鳞册之后，一般呈送官方，经官员认可用印之后具有权威性、合法性。朝邑县营田庄乾隆二十年（1755）《营田庄东西北三社地界碑记》载，该村滩地册即经“县主用印”。永济县辛营村光绪二十一年（1895）《口岸步数总册》显示，该村修造新册后，呈报官府，地册每页均盖上官印，将老册存案备查，“如或后人耕地者，免其争狡霸占而已”②。

其四，村庄对于滩地鱼鳞册的保存和管理制定了严密的制度，以保证地册完整无损、内容不得随意改动，并制定了对违反规约者的惩罚措施。田野考察中发现的地册显示，同样的地册，一式几本、分存各处、专人保管是村庄保存地册常见的方式。如永济县辛营村地册记载：“造写一样三本，三街各执一本，以为后凭，将退河之日，依册分地。”③ 永济县大鸳鸯村地册叙述，该村“重录鱼鳞册为用，村有三角，各执一本，庙存一本”④。地册分存各处，除有保护作用外，同时兼具互为比对、彼此限制、相互监督的作用，防止私自篡改内容的行为。朝邑县营田庄同治五年（1866）地册限定，“誊写地册，四社各藏一函，即有鱼鲁之差、蠹鱼之患，可取而正之，强梁者既不得肆其侵凌也。惟每岁中秋之日，集于官所，准换各册姓字，奸谲者又无所施其乖巧也”⑤。

村庄对于地册内容的修改有时间、程序等方面的严格限定。朝邑县

① 山西省荣河县乾隆三十五年《南寨子村地亩官册》，第 3—4 页。
② 山西省永济县辛营村光绪二十一年《口岸步数总册》，第 3 页。
③ 同上书，第 1 页。
④ 山西省永济县大鸳鸯村民国八年《滩地鱼鳞清册》，第 1 页。
⑤ 陕西省朝邑县同治五年《营田庄存北社地册》，第 3 页。

营田庄规定，“每岁中秋之日，准买卖兑换者改换，五册姓名一册不换，仍归旧主。买卖兑换者需要两家同来，一家不到不改换姓字”①。

地册由专人保管，负责收藏地册者若有违规行为将受到惩处。据朝邑县营田庄同治五年地册记载，该村设有“司柜”，当是负责保管地册者之名称，同时制定了严厉的惩罚措施，“不宝藏地册，私意涂抹及失遗者重罚。遇填换姓名之日，不挟地册于官所者亦重罚”②。

游荡的河道、移易的土地、流动的人口、迁居的村庄编织了一幅“动态”的、混乱无序的图景，组织有序、制度严密的黄河滩地册攒造“地方性知识”则显示了区域社会追求“静态”的、有序的社会秩序的努力，这两者之间的张力对于理解黄河滩地地权的固化特征具有重要的意义。

三 黄河滩地册及其土地制度分析

在充分认识了地册性质及其生态背景的基础上，我们进一步集中分析“关中模式”曾运用过的清代至民国关中东部地册。这些地册资料基本为黄河滩地册，涉及华阴、朝邑、韩城三县沿河一些村庄，其中韩城张带村、华阴县寺南里各有一册，其余均为朝邑县沿河北乌牛、南乌牛、雷村、加里庄、营田庄、赵渡镇、广济村清初至民国时期的黄河滩地册，仅有步昌里八甲下鲁坡村的鱼鳞册非滩地册。③

（一）耕地面积

耕地面积主要包括两方面，一为沿河村庄滩、塬土地的比例，一为滩地自身的面积。

地册所载，基本为滩地，但滩地并非沿河各村全部耕地，除滩地外，塬上土地占有一定比重。例如，据当地村民回忆，下鲁坡村民国年间的土地为7000余亩，其中塬地3000余亩，滩地3000余亩。④ 另据记载，光

---

① 陕西省朝邑县同治五年《营田庄存北社地册》，第5页。

② 同上。

③ 笔者从鱼鳞册所载田块零碎的现象推测，该地册可能为与滩地有密切关联的“护岸地”。

④ 访谈对象：杨来泉，男，74岁，陕西省大荔县步昌乡下鲁坡村第2组。访谈时间：2007年8月2日。

绪十五年（1889）朝邑县对全县土地进行清丈，下鲁坡村有银地 3998 亩余，铁地 5 亩余，磁地 3898 亩余，滩地面积无载。[①] 银地、铁地、磁地系粮银田则，就土地形态而言，此处银地、铁地指塬地，磁地为滩地，下鲁坡村土地面积和田野考察相符，即村庄的土地由塬地、滩地构成，二者比例大致相当。

一些调查资料反映了土改前沿河村庄的耕地结构。1952 年陕西朝邑县二区一乡包括上辛庄、下辛庄、南岐、北岐、建龙、北干 6 个村庄，共有土地 25597. 5 亩（包括官田 4320. 12 亩在内），其中塬上地 12740. 5 亩，滩地 12857 亩，滩、塬土地面积比约为 1 ∶ 1。[②] 陕西省韩城县 1952 年对沿河 16 村农户所做的调查报告显示，相里堡、谢村、河渎村、丁家村、渔村、南周原、北周原、史代村、王代村、张代（带）村、梁代村、二化村、建农村、薛村、昝村、留芳村等 16 个村庄共有滩地 7537 亩，塬地 22289. 96 亩，滩地、塬地面积比为 1 ∶ 2. 95。[③] 这些村庄的耕地包括黄河滩地、塬上耕地两类不同性质的土地，而黄河滩地册仅反映了滩地的面积、分配状况，较少涉及塬上耕地。

耕地性质不同，地权状况遂具有明显差异。塬上耕地家户私有比重大，滩地则村庄所有占有一定比例，因此其地权分配、土地买卖、租佃、地权状况变化等方面存在显著区别，如果不考虑塬上常田，仅以滩地来说明这些村庄的地权状况是不全面的。另外，下文将要谈到，滩地全部或部分从清初至民国以固定的“户”平均分配，这种“户”并非人类学意义上的“户”，新立的家户和增长的人口仍然在一“户”名义下分种土地，新增人口对土地提出了需求，但滩地不许买卖的制度又限定了获得滩地的渠道，势必引起以家户私有为基础的塬上土地地权的转移。这恰恰是整体理解沿河村庄地权状况所必不可少的部分。

滩地面积不稳定，地册所载与实际面积有出入。受河道移徙、河水泛滥影响，滩田出没无常，此盈彼缩，面积处于动态变化，而非固定不

---

① 光绪《朝邑县幅员地粮总说》，第 16 页。

② 《朝邑县二区一乡与一区八乡土地问题处理的报告》，陕西省档案馆藏，198/3/625，第 79 页。

③ 《韩城县三、五区耕种滩地农民情况调查报告》，陕西省档案馆藏，198/3/624，第 50—53 页。

变。笔者通过对一些地册资料的梳理，大致勾勒出沿河一些村庄土地面积盈缩变化的概貌（见表1）。康熙八年（1669）以前，村庄土地原额较大，因河水西侵，康熙八年豁免了部分土地，之后继续坍失地亩至康熙五十三年（1714）。雍正七年（1729），山、陕两省民众争种滩地，经政府勘界划分，大庆关西北沿河9村分得新垦滩地，各村滩地面积较大。乾隆十七、十八年（1752、1753），黄河东徙，朝邑县政府向沿河各村划拨无粮滩地，村庄滩田面积广阔。光绪十五年（1889）朝邑县对全县耕地清丈，“凡地之在外者纳粮，流水者豁免”，当时河道西侵，因此沿河部分村庄滩地面积较少。①

表1　　朝邑县沿河部分村庄不同时期土地面积　　单位：亩

村庄	康熙八年以前原额地	雍正七年河东新垦滩地	乾隆二十年拨补无粮滩地	光绪十五年清丈面积
广济				4443
下鲁坡				7902
营田庄	7497	4235	8234	3660
雷村	5713	3035	10617	3340
加里庄	6026	3541	5645	3803
北、南乌牛	7721	1230	3263	1664
赵渡镇				2579
赵渡镇、街子村				5262

资料来源：（1）康熙八年土地原额，见雷村《中华民国二十一年照抄雍正七年山陕定界河西、河东六转减明清册》。（2）雍正七年河东新垦地面积、乾隆二十年无粮滩地面积，见《雷村河东减明、河西鱼鳞册》。（3）光绪十五年清丈面积，见光绪《朝邑县幅员地粮总说》。

不同时期的土地面积有所变化。康熙、光绪时期的数据反映了村庄全部耕地面积，雍正、乾隆时期的数据则仅为滩地面积。通过康熙、光绪时期耕地面积对比，征收粮额的地亩面积减少近一半，个别村庄更甚。乾隆时期仅滩地面积就已超过或接近康熙八年前的面积。这说明沿河各村耕地面积尤其是滩地面积自康熙初年至光绪年间并不固定。

① 陕西省朝邑县民国二十年《营田庄滩地新旧崩簿》。

具体而言，乾隆元年（1736），朝邑县令对沿河各村滩地勘查清理的数据显示，这些村庄新垦滩地面积由两部分构成，一为在滩地，一为入水地即河水淹没的滩地。乾隆二十年（1755）营田庄河西界内计地南北阔 1356 步，后被黄河冲崩入水多年，至嘉庆二十一年（1816）地复滩在河东。[①] 同治五年（1866）村庄滩地“为波涛者十之五六”，受其影响村庄在分配滩地时，部分田块的面积没有定数。[②]

在这样的生态环境下，形成了独特的土地计算和分配原则。一些村庄的滩地采取东西通畛，不计东西长短，只论南北之阔，“一尺之地，种十数里”[③]。一些村庄滩地田块分为几区，部分田块有定数，但临河田块俱无定数。由此可见，地册所载村庄的滩地面积只是一个理想状态，实际面积与地册所记有较大出入。

此外，滩地面积数量受地方官员立场的影响，存在虚报现象。嘉庆二十五年（1820），朝邑、永济发生滩地纠纷。在勘查过程中，上下辛庄、营田庄出现地多粮少、粮地不符现象。按照相关制度，此事要报垦升科，以使粮地相符。然而陕西地方官员却利用了黄河滩地出没无常、类型复杂、垦种程度不同、田赋状况不齐的生态特征给勘丈土地面积、确定田赋等级等提供了较大的操作空间，将上下辛庄、营田庄两村多余垦种的滩地进行了弹性处理，在滩地类别方面，把可种之地捏报为不可耕种的沙丘，在滩地面积方面，把土地的长度缩短，使该村的滩地面积和原征粮额相符。县、府地方官员捏报的钱粮之数，通过行政系统层层上报，以达北京户部，成为国家征纳田赋钱粮的依据。[④] 从地方官员虚报来看，部分村庄滩地实际面积在一定时期可能大于地册所载。

需要强调的是，滩地地册不仅未能反映村庄滩、塬土地的实情，而且有的未能反映滩地全貌，一些地册仅反映了滩田的某一地块。以营田

---

① 陕西省朝邑县同治五年《营田庄垦地减名册》，第 1 页。在雷村的一些地册中，有“减明”称谓，当和“减名”意思相同。雷村《中华民国二十一年照抄雍正七年山陕定界河西、河东、六转减明清册》记载了雷村等 9 村的土地、粮银原额及黄河坍失的土地、豁免的粮银，“减明”在这里指减免粮银。

② 陕西省朝邑县同治五年《营田庄存北社地册》，第 1 页。

③ 李朴：《审编议》，康熙《朝邑县后志》卷 8，“艺文”，第 33 页。

④ 陕西省朝邑县清代《雷村河东减明、河西鱼鳞册》，第 8 页。该地册记载了雍正七年至道光十六年朝邑县雷村等 9 村的滩地事务，内容主要集中于乾隆、嘉庆时期。

庄为例，该村地册有10卷，包括《新崩场垣地册》《新崩滩地册》《旧崩滩地册》《一步桃园地册》《新分四百三十步地册》《河东垦地册》《简明清册》《鱼鳞册》《垦地简明册》《大粮地册》，而今天所能见到的仅有《新崩场垣地册》《垦地简明册》。[①] 各个地块具有不同的“土地身份”，仅从字面理解，《大粮地册》与其他地册在地权占有、分配原则上存在差异。雷村《乾隆五十三年归田拨补地册》也存在同样问题，该地册仅仅反映了“黄字十一号”九畛滩地分配状况。

综上所述，这些地册存在塬地面积缺失、滩地面积动态变化不准确、所录滩地田块不全面等问题，据此研究沿河村庄的地权会有很大的局限。因为不同田块所造的地册及其包含的历史信息，对认识当时的经济社会及地权状况有着重要意义，若不详虑，则会导致地权统计以偏概全。

（二）地权状况

黄河滩地权状况较为复杂。根据清代官荒开垦升科的规定，滨水迁涨新开地属官地，由政府分给军、民耕种，六年起科。[②] 清代律例对于一般官荒，在升科之际，“督抚委员复加履亩丈勘，果有坍塌冲涨，或成硗确者，概免升科”[③]。

黄河滩地在形态上一为滨河滩地，一为河中夹滩。乾隆年间，永济、朝邑、华阴三县滩民争种山陕两省间新涨“鸡心滩”，经两省大员会勘，认定该滩“界于两河，定为官产，就其已开者，岁征其租谷，令潼关、永乐两司马牧贮收之”[④]。嘉庆年间，荣河、韩城滨河乡民争种滩地，嘉庆十二年（1807）钦差刑部侍郎瑚素通阿履勘后，奏将河西滩地490顷作为“官地”平分给荣河、韩城乡民耕种，除去荒坡沙积，勘明可种地亩分别高下，每亩征租谷5升至3升不等。[⑤] 这说明，国有滩地一部分经过农民开垦成熟后属于垦者所有，政府向他们征收田赋，还有一部分则只是划归附近农户耕种，农户向政府交纳地租，耕种这部分滩地的农户

① 陕西省朝邑县同治五年《营田庄存北社地册》，第11页。

② 乾隆《大清会典》卷10，第11—12页。

③ 乾隆《大清律例》卷9，第7页。

④ 乔光烈：《鸡心滩记》，乾隆《蒲州府志》卷21，“艺文”，第28页。

⑤ 《晋政辑要》卷1，“户制·杂赋附”，第1页。

相当于国家的佃户。

滩地在土地形态上看似相同，其实它在黄河变迁的环境中经历了动态的转化过程。山西省荣河县北屈村（现为大兴村）民国年间的地册显示，“本村村西坡下地，自龙王庙官地至小腰道，道宽一丈，是为民地。由小腰道以西至湖广大道，以为民地，道宽一丈五尺。由湖广大道以西至阡，是为晋地。由晋地西至汾河，是为卫地。综合而言，此地因河水浸崖，年深日久，崩落成地，总名曰‘护崖地’，而地主年年仍照例完纳皇粮，是以又名‘大粮地’”①。由此可知，滩地并非皆为官荒地，而具有不同的“土地身份”。它显现了滩地地权在黄河侵蚀下动态转化而又复杂、混乱、交错的特点。正缘于此，形式相同的滩地具有不同的地权性质。如村庄迁移后，旧村庄的“院子地”“场院地”虽变为泥滩荒涂，但地权仍属私人所有的“文书地”“红契地”，即不属于官荒之地，也不属于村社公地。

通过对鱼鳞册的分析，沿河各村滩地地权可分两类：一类为村社公有；一类为家户私有。前者在雷村、营田庄、加里庄、上辛庄等村的地册中表现突出，后者则在赵渡镇、东林、广济等村的地册中反映明显。

村庄土地形态转化为滩地的过程，同时是村庄不断迁徙重建、对滩地耕作权利延伸拓展的过程。人、聚落及其周围土地是构成村庄最重要的部分，水逼人退、村庄迭次内靠重建，土地却水冲泥淤，成为河水所经之道；水退河移，出露为滩地，滩地不仅仅是土地，而成为一种家园的象征与记忆。雷村原来是黄河岸边一个占地较广的村庄，旧与辛村、乌牛等村南北为邻，西距老崖下南延寿等村十余里，此间土地多属雷村祖业耕种之地。明万历年间，黄河从朝邑县大庆关北绕西而南流，自后陆续坍塌，雷村等村经过三次西迁，渐渐与南延寿等村相近，南北间处，雷村始终维持着村庄以东滩地的耕作权。② 营田庄同样如此，据同治五年地册记载，该村地册类型达 10 卷，表明河道西侵，冲蚀土地，村庄西迁，但村庄延续、维持着对于被河水侵蚀而转化为滩地的各类土地的耕作权利。从国家来看，可能大部分滩地蠲免了田赋，根据国家律例它属

① 山西省荣河县北屈村民国年间（年代不详）地册，第 1 页。

② 陕西省朝邑县雷村《乾隆五十三年归田拨补地册》。

于国家所有的“官荒”，垦熟之后，又成为升科之地。对于村庄而言，不论入水成河还是淤出成滩，滩地是村庄土地权利自然的延伸。

生态环境与社会冲突使黄河小北干流沿岸村社共同体在滩地事务中的作用十分强大。自明代以来，由于河道大幅度移徙，山陕黄河两岸滩地东坍西涨，此出彼没，经常发生村庄内部，以及省内、省际村庄间滩地资源、界线的争执、冲突。村庄内部滩地的冲突，据田野考察和文献资料分析有三种类型：一类为滩民之间的纠纷与冲突，村庄内部权力可解决此类冲突；一类为滩首因滩地事务与乡民发生的冲突，属于和权力运行密切相关的个体冲突；一类为村庄内部分化的较大单元如社与社之间的群体冲突，社与社之间的冲突有时体现为家族间的群体冲突。

山、陕两省的荣河、河津与韩城县，永济与朝邑、华阴县均发生过大规模的滩案，经朝廷勘界，无论河道东西变迁，双方均可过河耕种界内之地。界线划定后又会因为保守界线、耕作生产而发生冲突。维持内部秩序、协调内部纠纷、应对外部侵界等对社会组织提出了需求。如无村社组织，个体家户甚至一个宗族在滔滔黄水与潜在的强大侵界压力下顷刻间会土崩瓦解。

村庄公有滩田面积较大，环境与社会因素使得沿河滩地部分或全部为村庄共同体所有，村社在土地的占有、管理、分配中发挥着重要作用。乾隆二十年（1755），朝邑县营田庄“垦地”（滩地）有 8234 亩。嘉庆二十五年（1820），村中滩地有东、西两号，由村中 217 户平分，东号每户种地 5 步 1 尺 4 寸 7 分 4 厘 6 毫 5 丝，按地块长度约算，每户种地 20 余亩，面积达 4660 余亩。西号每户种地 6 步 1 尺 2 寸 4 分 4 厘 2 毫 3 丝，按其地块理论长度约算，每户种地 30 余亩（受河水西侵影响，实际未达此数）。东、西两号每户各种地一份，二者合计每户耕种滩地 50 余亩。[①] 嘉庆二十五年的滩图显示，东号“垦地”面积仍保持 4660 余亩，西号则受河道西移影响而有所减少。[②] 仅从滩图来看，东、西两号“垦地”为村庄全部滩地，也就是说滩地仍由 217 户平分。同治五年（1866），营田庄“垦地”仍维持东、西两号由 217 户平分的旧制，但受河道摆动影响，村

---

① 陕西省朝邑县同治五年《营田庄垦地减名册》，第 1 页。

② 陕西省朝邑县清代《雷村河东减明、河西鱼鳞册》，第 13 页。

庄历经迁居，滩田位置、面积有所变化，从划分滩田的记载可知，头百步、二百步、三百步“官地”东西长达600步，此外还有“小官地”，官地至少占全村滩地一半以上。其中“六百三十步地从中截为两段，各长三百一十五步，照阖村烟户排列，余地属于村中”①。上辛庄和营田庄相邻，该村光绪年间有“垦地”277 份，“垦地”当属滩地。② 延至民国年间，上辛庄6 社所耕滩地仍维持 277 份，每份 40 亩，称为“份子地”，明确规定只能耕种，不许买卖。加之滩地定期重新分配，每个家户的份子地届时要收回村中，更无法进行买卖，但其间可以出租。③ 滩图显示，南、北乌牛村滩地第四、五畛为“三十六分门分地”，顶河为各家之“烟甬（桶）地”，若将龙王庙、观音堂之地计入，官田占全村滩地面积的一半以上。④

朝邑县雷村地权状况和营田庄、上辛庄相类，田野访谈中，乡民对土改以前滩地制度是这样讲述的：

> 我雷村滩地属于村上集体所有，土改以前，土地都不能买卖，属于村上的，有的地长期分给你不动了，有的地年年还变，抓号咧，我雷村是这，我村全部是村所有，这一户没人了，绝户，村里把地收回来。比如这一户弟兄分了家，等于报了户口，批准后，顶一户，给你一份地，一份地三四十亩地，有了这一份地，你就饿不着。⑤

南北乌牛、雷村、营田庄、上辛庄比邻而居，南北相望。各村滩田官地面积占有较大比重，保守估计均在一半以上。滩地官地包括庙田、祠田、村庄公田，村庄公田比重最大。村庄处置公有滩田，一是采取出租的形式，交由佃户耕种；一是以“份地”形式，长期由村庄固定家户分种，如营田庄、上辛庄分别有 217 户、277 户的“份子地”。在村庄公

① 陕西省朝邑县同治五年《营田庄存北社地册》，第 2 页。

② 光绪《朝邑县幅员地粮总说》，第 20 页。

③ 《朝邑县二区一乡与一区八乡土地问题处理的报告》，陕西省档案馆藏，198/3/625，第78—80 页。

④ 陕西省朝邑县清代《雷村河东减明、河西鱼鳞册》，第 24 页。

⑤ 访谈对象：张俊峰，男，73 岁，陕西省范家镇雷南村。访谈时间：2005 年 5 月 24 日。

有、家户分种“份子地”的情况下，地权平均。

营田庄自清代乾隆至民国年间始终以217户平分东、西两号垦地；上辛庄缺乏清前期的地册资料，但至少从光绪至民国年间，村庄“垦地”277份，每份40余亩滩地，由各家户耕种。笔者推测这种土地分配制度，早在村庄原住居民初始土地分配时已经确定，经久而传承不变。以固定不变的户而不是以不断滋生的人为单位分配土地，在很大程度上避免了人口增加、个体农户分家析产导致的地权分散，也没有导致土地的零细化。地册上男性户主的后代可以在共同祖先的名义下耕种一份滩地，它在村社共同体内只是一户，这样就保持了村社共同体滩地地权状况长期的稳定性。村社共同体对滩地地权的强制和约束，也使得村庄每个家户享有最基本的生存基础，防止了滩地村社公有制的解体。

地册所载村庄的“户”和现实村庄的“户”并不一致。一些地册从乾隆至民国年间始终以固定不变的“户”分配滩地，如营田庄长期以217户平分东、西两号垦地，上辛庄则为277份。这些固定不变的“户”最初可能就是村庄内部人类学意义上的“户”，但经过长期的家庭人口规模变迁后，村庄墨守陈规仍然以初始之“户”分配滩地，“户”由原来人类学意义上的家户已经演化为滩地分配单位，这些“户”有可能是人类学意义上的“户”，也有可能已经由一户扩大为一个家族了。这种以固定“户”分配滩地制度在山西沿河一带也存在，如永济县上源头村雍正十二年薛、武两户滩地口岸按61户划分①，民国年间仍依61户旧制，地权表现出静态、凝固的特征。

土地村社公有、家户分耕的社会经济制度，为村庄家户提供了基本的生产资料，也为村社组织的活动尤其是滩地事务提供了必要的费用，促进了村庄组织的发展。村社土地公有的经济社会结构，使村庄所有家户具有同等的权利和义务。它使村庄更易于在面对环境、社会等外来冲击时采取集体行动。它能够对村庄的土地进行统一的管理和分配，为村庄所有家户提供生存需要的“份地”，因而其地权表现出平均性、分散性。村社公有滩地、农户平均分获滩地具有传统的稳定性。

地方社会控制了滩地资源，滩地资源也束缚了地方社会。村庄家户

① 山西省永济县上源头村《雍正十二年薛、武两户护岸鱼鳞册》。

“份地”耕作犹如一张精心编织的网络，长久地笼罩在流动的滩地上，而这条无形的网络也牢牢地把这些村庄的家户束缚在流动的土地上，使得村庄避免了离散和瓦解。

在讨论了滩地村社公有类型后，再看滩地家户私有类型。在研读赵渡镇《道光八年滩地册》、赵渡《滩地事务公所民国十七年东滩丈册》、民国（年代不详）《赵渡镇各姓所占地册》、赵渡镇道光二十六年(1846)《东街关帝庙南韩家畛官册》、清代（年代不详）赵渡镇《北韩家畛丈册》、民国二十一年（1932）《东林村、东王庄地亩丈册》、道光五年（1825）《广济村抄录丈簿》等地册时，家户占有滩地多寡不均，地册所载业主地块面积亩、分、厘、毫单位繁杂，这与村社公有滩地所反映的滩地面积平均、地册记载简洁等反差明显。

根据地册中有关文字判断，这些地册所载为滩地无疑。对于滩地家户私有类型，笔者的理解是，在流动的土地和固化地权的张力下，区域社会出现了不同的实践类型。同时，滩地的家户私有也固化或附着了常田的地权状况信息，为研究者提供了推测常田地权状况的可能。那么，这些家户私有的滩地册反映的地权状况究竟如何呢?

笔者对黄河滩地鱼鳞册土地分配吉尼系数计算的结果表明（详见表2)，村庄滩地若为家户私有，其地权分配不平均，吉尼系数大。根据赵渡镇《道光八年滩地册》、道光二十六年（1846）《东街关帝庙南韩家畛官册》、嘉庆十年（1805）《李加才置北畛丈册》《赵渡镇各姓所占地册》《滩地事务所民国十七年东滩丈册》、民国二十一年（1932）《东林村、东王庄地亩丈册》、道光六年（1826）《广济村抄录丈簿》所计算的土地吉尼系数在 0. 6 左右。

民国年间的常田地册和家户私有滩地册地权状况相近。民国三十四年（1945）《乌牛乡第二保田赋底册》记载了店干、南干、寨子、北结草 4 村,《和衷乡第一保田赋底册》记载了仓头、北吊庄等 4 村家户占有土地状况，其中乌牛乡二保 4 村既有滩地，也有常田①，应当说土地类型及分配的资料较为全面，据其所载计算的吉尼系数为 0. 637437、0. 539305，和上述滩地册土地分配吉尼系数相近。参照家户滩地私有的地权分配，

① 光绪《朝邑县幅员地粮总说》，第 26—30 页。

说明滩地地权在不受某些制度约束的场景下，地权分配不均，流动性强、土地集中趋势明显。

表2　　地册所见陕西省沿河村庄土地分配吉尼系数统计

村名	年代	吉尼系数1	吉尼系数2	计算依据
赵渡	道光八年	0.60687	—	《道光八年滩地册》
赵渡	道光二十六年	0.598643	0.2366	《东街关帝庙南韩家畛官册》
赵渡	嘉庆十年	0.512918	0.4409	《李加才置北畛丈册》
赵渡	民国年间	0.634767	—	《赵渡镇各姓所占地册》
赵渡	民国十七年	0.559727	0.4763	《滩地事务公所民国十七年东滩丈册》
赵渡	年代不详	0.474540	0.3290	赵渡镇《北韩家畛丈册》
雷村	乾隆五十三年	0.282703	0.3006	《乾隆五十三年归田拨补地册》
东林村	民国二十一年	0.639243	0.3647	《东林村、东王庄地亩丈册》河西地亩
东林村	民国二十一年	0.165927	—	《东林村、东王庄地亩丈册》河东滩地
下鲁坡	光绪十六年	0.496188	0.4809	《步昌里八甲下鲁坡村鱼鳞正册》
广济村	道光六年	0.632766	0.4029	《广济村抄录丈簿》
加里庄	乾隆二十年	0.295137	0.2892	《加里庄口岸丈册》
营田庄	同治五年	0	0.2756	《营田庄垦地减名册》
张带村	嘉庆十四年	0.385971	0.3558	《张带村黄河滩地鱼鳞册》
寺南里	道光年间	0.365033	0.3237	华阴县《寺南里滩地册》
乌牛乡第二保	民国三十四年	0.637437	—	《乌牛乡第二保田赋底册》
和衷乡第一保	民国三十四年	0.539305	—	《和衷乡第一保田赋底册》

说明：(1) 吉尼系数1为笔者计算的数据，吉尼系数2为《“关中模式”的社会历史渊源》的数据。(2) 表中所列吉尼系数为按家户计算，未按人口折算、修正。(3)“—”表示《“关中模式”的社会历史渊源》未计算数据。(4) 民国二十一年，东林村河东滩地缺乏明确的地亩数，因此吉尼系数是按照地册中所载五畛地的“分”数计算，不是按亩计算。(5) 同治五年《营田庄垦地减名册》记载了部分畸零田块和217份垦地，由于有些田块面积无法计算，所以，笔者仅计算217份垦地的地权分配，每份垦地数量相同，因而土地分配吉尼系数为0。

在两类土地所有、分配、管理的不同场景下，我们再讨论滩地的买卖及地权变化。珀金斯曾提出假设，凡是自然的或人为的灾难频繁的地方或者极其贫困的地方，土地的转让就应该最大。但在华北有很多地方缺乏灌溉，黄河的泛滥又很频繁，农民常陷于饥馑状态，因此他们更可能借助于举债渡过难关，这样也就更可能丧失他们的土地，然则华北的租佃数是最少的。[①] 华北的事实否定了“农家负债”与“高租佃率”的线性关系，但并未否定“灾荒是土地兼并的杠杆”这一经典命题。[②]

沿河村庄的滩地受河水季节性泛滥、河道东西摆动影响，水冲沙淤，耕作不稳定，给黄河滩频繁转卖提供了条件，土地兼并与集中的程度很大。朝邑县部分鱼鳞册说明，黄河泛滥并未导致农民因举债而转让、买卖土地，也未形成土地兼并的局面。笔者认为，导致此种情形的原因有两方面，第一，灾害与地权转化过程中存在“土地的丰度制衡机制”[③]，土地投资者在购卖土地时，会考虑滩田耕作条件不稳定因素，不愿将投资付诸东流。第二，宗法关系、村社共同体的约束、凝固作用。秦晖教授针对沿河长条地畛、村庄土地分配现象曾指出其中“传统宗法共同体对土地所起的凝固和调节作用”[④]。在黄河小北干流沿岸，环境、社会因素对土地制度的影响远较其他因素为重。

在村社管理下，“份子地”只许耕种不能买卖，其他村庄公有滩地亦严禁买卖，限定了滩地地权转移。不唯滩地，就是与滩田有密切关联的面积较小的“上岸地”“护岸地”，因其不易受河水侵蚀冲刷，是确定滩地阔尺的重要依据，为维护滩地边界，一些村庄甚而规定“上岸地”也不许买卖，俗称“舍梢不舍金（根）”。[⑤]

地册显示，有的村庄部分滩地田块是可以买卖的。营田庄地册记载：

---

① ［美］珀金斯：《中国农业的发展（1368—1968 年）》，宋海文译，上海译文出版社 1984 年版，第 116—117 页。

② 夏明方：《民国时期自然灾害与乡村社会》，中华书局 2000 年版，第 221 页。

③ 夏明方：《对自然灾害与旧中国农村地权分配制度相互关系的再思考》，见《自然灾害与中国社会历史结构》，复旦大学出版社 2000 年版。

④ 秦晖、苏文：《田园诗与狂想曲——关中模式与前近代社会的再认识》，第 94 页。

⑤ 访谈对象：王龙玉，男，63 岁，陕西省大荔县范家镇雷北村。访谈时间：2006 年 7 月 13 日。

从来本庄滩地买卖者，册内改换姓字无法尽美，未尽善矣。倘不限期对证，或有买地多年而不换姓字者，或换姓字而卖主不到者，失误错落，遗害非小。日后两家因地相争，与事与情，是非难辨。今合庄公议，凡我庄以及邻村买卖者，准于当年八月十五日大庙内改换姓字，若一年二年以至三年内不换者，永远不能改换。本庄法规即立，特列册首以示共知，若邻村之人改换姓字，无论亲友，每亩出钱二百文，以备每年排地劳费耳。①

翻阅该地册，确实发现有滩地买卖情况。据营田庄同治五年地册显示该村土地买卖有 33 例，册中田块共 287 份，买卖块次占田块总数的 11.5%，若仔细分析，买卖滩地的田块为各家的崩落河中的场垣地，属于家户私有。场垣地田块较小，因而滩地买卖总量不大。对于村庄 217 户均分的东、西两号垦地，却没有一例买卖的情形，因为它属于村社公有，农户个体根本无权转让、出卖。

在滩地家户私有的村庄，地权流动则较为频繁。道光八年（1828）赵渡镇地册所载土地类型为滩地，其中记载了滩地交易情况，分析该地册有助于了解滩地地权更易状况。地册显示“贴”的地块有 138 例，“买卖”的地块有 175 例，“换”的地块有 15 例，“当”的地块有 7 例，“过”的地块有 1 例，地册所载地块总数为 2669 块，地权变易达 337 块，约占地块总数的 12.59%，可见在滩地允许买卖的具体场景下，地权更易还是较为频繁的。② 另外，同一地册中不同地畛的土地交易状况亦存在差异。道光八年赵渡镇地册显示，第四畛、七畛无一例地权变更，南、北韩畛仅有 8 例地权变易，第六畛仅有 4 例买卖，而头畛、二畛、三畛、五畛的土地交易频繁，买卖、贴、换、当、过的情形较多，其中头畛、二

① 陕西省朝邑县同治五年《营田庄存北社地册》，第 7 页。

② 陕西省朝邑县赵渡镇《道光八年滩地册》。“贴”是指用写有新业主名字的纸条把旧业主名字遮盖，存在两种情况，一为继承祖业贴换姓名，一为业主把土地转移给另一个业主。同姓的“贴”可能是继承，异姓的“贴”可能是一种交换、买卖。“换”指业主之间交换土地，分为对等、不对等交换，不对等的交换属于买卖。“当”指业主以典当的形式把土地转移至其他业主，但地权仍属原业主。“过”指土地买卖以后，卖主把地权转移到买主手中。

畛、三畛地权变易最为集中，这与其他地畛形成明显反差（详见表3）。

表3　　赵渡镇《道光八年滩地册》地权变易统计

项目	田块总数	买卖	占田块百分比	贴	占田块百分比	换	占田块百分比	当	占田块百分比	过	占田块百分比	各项占田块百分比
南、北韩畛	367	3	0.82	3	0.82	2	0.54					2.18
头畛	658	22	3.34	26	3.95	3	0.46	2	0.3	1	0.15	8.21
二畛	486	71	14.61	2	0.41	6	1.23					16.26
三畛	431	67	15.55	58	13.46	2	0.46	4	0.93			30.39
四畛	279	0		0		0						
五畛	174	7	4.02	32	18.39	2	1.15	1	0.57			24.14
六畛	119	5	4.2	17	14.29							18.49
七畛	155	0		0		0						
合计	2669	175	6.56	138	5.17	15	0.56	7	0.26	1	0.037	12.59

资料来源：朝邑县赵渡镇《道光八年滩地册》。

考虑到当地生态、社会背景对滩地买卖的影响，第四畛、七畛滩地买卖可能受到生态环境与社会方面的限制，不受禁约的其他地畛地权变易较为频繁，如第二畛、三畛的土地买卖块次达到该地畛总块数的15%左右，第三畛地权变易块次占该地畛总块数百分比高达30%以上，说明在家户私有的情况下，滩地部分田畛地权流动性较大。

营田庄同治五年（1866）、赵渡镇道光八年（1828）地册均为滩地册，下鲁坡村光绪十六年（1890）地册则记载了塬上土地，其地权变易状况可与滩地参照。需要指出的是，该地册所载地亩仅有284亩，而全村土地达7902亩，所以地册反映的地权状况很不全面。对于地权变易，笔者统计的结果为“换”39例、“贴”31例、“买”10例，其中同时标明“换”与“买”的4例，“换”与“贴”的1例，重复计入“换”“买”“贴”。笔者对于“贴”的处理方法是一人只能“贴”一次同姓之人的地块，视为继承，有13例；其他同姓而非同一人以及异姓之“贴”则归属买卖，计18例。“贴”之买卖与标明之“买”合计28例。

此外，对于“换”的理解关系甚大。地册明确显示所换地块等级、面积与所标之处田块面积不符的有 8 例，可归入买卖一类。那么剩余的 31 例之“换”该如何处理。笔者在田野访谈中了解到，在民国年间当地的土地买卖中，“换”也属于土地买卖，如以 10 亩差地换 3 亩好田，反之亦然。[①] 当然，同类等级的“换”也属土地买卖，第 874 号业主忽长龄银地 2 亩 6 分 5 厘，“换忽凤明银地一亩六分五厘”[②]。这样的话，严格计算下鲁坡村鱼鳞册买卖有 36 例，按乡老所言，依地册所载，排除同时标有“换”与“买”的4 例，将35 例“换”归入买卖，那么买卖之例则达 63 项。该地册总计 400 块地亩，买卖的田块总数严格计算达 9%，把“换”归入买卖一类，则达 15. 75%。

根据道光八年赵渡镇、同治五年营田庄、光绪十六年下鲁坡村三本地册记载，在可以交易的田块，其土地买卖率分别达 15%（二畛、三畛）、11. 5%、9%—15. 57%，前两册所载为滩地，后一册为塬地，如果视其为常态地权流动，笔者保守估计道光、同治、光绪年间当地土地买卖率在 15% 左右。

（三）田块形状

不论是有序的长畛制，还是不规则的田块制，清代至民国年间朝邑县沿河村庄地权分散、田块组合稳固的现象令人印象深刻。

土地买卖可能影响田块形状，但并非唯一因素。马克·布洛赫对法国农田状态的研究表明，法国农村长形敞地等农田状态“形成一种由技术方法与社会组织原则组成的复杂的网络”[③]。黄河滩地规则长形地畛、田块组合固定不变的原因当从沿河居民的生存技术策略、村社管理滩地的社会制度等方面去理解。

在有的地方，规整的田块经过自由买卖、频繁易手会变得畸零散漫。黄河滩地则恰恰相反，黄河冲崩改变了村庄的土地状况，村庄需要对各个家户的土地进行调整和重新划分。滩地田块经历了从畸零散乱到整齐

---

① 访谈对象：杨来泉，男，74 岁，陕西省大荔县步昌乡下鲁坡村第 2 组。访谈时间：2007 年 8 月 2 日。

② 陕西省朝邑县光绪十六年《步昌里八甲下鲁坡村鱼鳞正册》，第 34 页。

③ ［法］马克·布洛赫：《法国农村史》，余中先、张鹏浩、车耳译，商务印书馆 1997 年版，第 50 页。

划一的规整化过程。家户原来的土地形态一般而言较不规则，东西南北参差不齐，还相互插花。在稳定的环境下，其边界的划分要容易得多，但受河水泛滥、河道游荡影响，村庄农户分散的田块地界时常湮没，当洪水消退、滩地复出，常常因为家户土地畸零不整，插花散乱，造成村庄整体划分土地的障碍。为了适应环境，村庄便对各个家户零乱的土地进行重新整合、划分，以方便在河水消退、滩地出露后边界的划分和土地的重新分配，减少村庄内部的争执与冲突，简化划界的操作技术，降低划界成本。道光七年（1827）朝邑县《加里庄滩地册》记载：

> 考昔黄河未崩之先，庄东俱属良地，凡居是庄者皆有地亩，其中多寡固自不同，彼此鱼鳞相搀，迨其后黄河西侵，场垣俱为水占，良田尽为河道，所遗灾粮自明至清无不赔纳。皇清太宗登极，轸念艰难，县主罗老爷清廉爱民如子，二次蠲免，凡赔纳数十年者，始得复生矣。然其分亩未尝不显，长阔未常无数，不意至康熙二十年以后，水退地出，争夺之端起，伯〔侵〕吞之事兴，三社不合，相打相告十有余年，赖有营田庄公直党永息、党中伟、赵加佐、党中持系亲友，不忍坐视，忠告善道，冒风雪而不避，从容和解，至数月而始平，于是按蠲免之数，除租粮之实，折下剩之余，将三社鱼鳞相搀、多寡不同、长短不齐之地，照数算清，兑为一段，各占一所，永息争端，自此三社复和，誓遵界畔，永不违约。①

由此可见，在河水泛溢、河道游荡的环境下，村庄土地性质经历了由大粮地转化为滩田的过程，滩田形状也经历了由零乱细碎、长短不齐转化为形状规则的动态演变，正是环境与社会的共同作用，而非买卖率高低的经济因素，形成了滩地规则的农田状态。清代《雷村河东减明、河西鱼鳞册》所绘各村滩图显示，乌牛村、雷村、北延寿、南延寿、辛村、加里庄、营田庄、岐村、上辛庄 9 村的滩地田块形状均十分规则。

田块形式规则、地畛采用长地畛，除应对环境因素外，也使边界划分、土地分配易于操作。村庄土地在经受河灾之后发生变化，原来界址

---

① 陕西省朝邑县道光七年《加里庄滩地册》，第 1 页。

清晰、位置固定的田块，变为模糊不清、界址难考的滩地了，若要按照原来各社家户田块的分布状况来划分滩地，具体操作技术较为烦琐困难，且不便于各个家户耕种，易于引发纠纷。经过兑换、调整，村庄的滩地整齐划一，井井有条，方便了耕种，平息了冲突，减少了划分界线的难度。

并非所有的滩地都是规则的。营田庄牛王道西之地南北各犬牙相参，畛域不齐，南则有北岐村之地，北则柏林道之北有“庄廓地”一段，此地俗名“卓郭地”；北顶加里庄胥姓场院地、文书地，且长短参差不齐，东至牛王道，西连本村老岸地。滩地类型中有场院地，从民国二十年（1931）的滩册地图来看，场院地比较规则。[①] 结合同治五年（1866）的滩册，可证场院地是一些短小的地块，最初不太规则，其间可能经过了一些调整，地块变得规则了。

采取长畛制是滩地农田状态的另一特征。土地的肥沃程度、稳定系数可能是农民最关心的，土地形式即耕种方向、田畛长短、田块形状等体现了乡民在特定环境中的经营策略。

降低风险。就土地形式而言，沿河之村庄耕种滩地，东西纵向的田畛与自北而南的黄河垂直交叉，一定程度上缓解了黄河东西摆动所形成的东西纵向的漫溢或冲蚀。地畛选择为东西方向，体现了风险均担的精神，如果采用河势平行的南北地畛，当河势变化时，近河耕种的田亩有可能完全冲没，而距河较远的家户则不受损失或损失较小。相反，采用东西地畛，河水漫溢或崩岸时，它会自东而西或自西而东整体推进，耕种之家户均遭受河灾，承担风险，而不像南北地畛耕种那样，只有近河耕种的家户遭受河灾了。

土地等级平均。地畛确定东西方向，适应了黄河滩涂碱滩、沙滩、泥滩等壤质肥瘠不一、高低不平、复杂的土地状况，东西地畛使耕滩家户分种滩地达到肥瘠搭配，好坏调和，相对公平。[②] 所以，在沿河村庄耕作滩地多采用东西长畛，只讲南北之阔，不论东西之长，“一尺之地种十

① 陕西省朝邑县民国20年《营田庄滩地新旧崩簿》，第9页。

② 访谈对象：刘应来，男，77岁，陕西省大荔县安昌村。访谈时间：2005年5月19日。

数里”①。

滩地耕种采用“长畛”是一个突出的特征。营田庄鱼鳞册所载地块长度较长，如同治五年垦地册中，河东垦地长973步2尺8寸，按1步为5尺折算，合计1623米，竟达1.6公里。地册载每户种地5步1尺4寸7分4厘6毫5丝，以1步5尺约算，每户分配地块合20余亩，西号垦地每户种地6步1尺2寸4分4厘2毫3丝，《营田庄垦地减名册》中没有记载其长短，但从《河东与上辛庄未兑换直地图》来看，西号垦地长度从理论上讲有1200余步之长，达2000余米，这样长的地畛在塬上是非常罕见的。② 同样，同治五年《营田庄存北社地册》中所记：“头百步官地二十分，又排二百步官地二十分，中间余地排为三百步官地，无定分，俱长六百步。”600步折合3000尺，长达1000米，就是一步桃园地、南北桃园地，其地畛东西也长达300步，计500米。③

便于划界。选择东西长畛除趋利避害、利益均衡的原因外，还便于村庄家户划分滩地，减少东西、南北方向地畛交错相杂带来的划界困难。

规则、稳定的田块组合在确定地界、划分田块、分配土地中具有重要作用。地册在描述一个地块时，先叙述田块的名称、位置及其四至，这样就确定一个田区。在大的田块界线划分后，每个田块再根据家户占地多少划分土地。村民根据界线首先将主要的东西向、南北向大道排开，然后再依次安排各块地畛，是沿河村庄通行的做法。营田庄地册记载，“排滩地法，先将东西柏林道、吃水道排开，再将南北郃阳道、牛王道排开，则层次井井，可按籍而给之”④。参照笔者搜集的其他滩地册，以东西、南北大路作为确定村庄间的界畔及村庄内部各地块的分界具有普遍性，尤其是黄河自北向南而流，东西向的大路与河势相垂直，河流东西游荡，道路虽有侵蚀，一般不会完全冲没，东西大道对于滩地划界尤显重要。

将主要道路划分清晰后，再依次划分地块。据其他地册记载：“营田

---

① 李朴：《审编议》，康熙《朝邑县后志》卷8，“艺文”，第32页。

② 陕西省朝邑县同治五年《营田庄垦地减名册》，第1页。

③ 陕西省朝邑县同治五年《营田庄存北社地册》，第2页。

④ 同上书，第5页。

庄河西滩地，自牛王道以东，自北往南，先排一步桃园地，桃园地东西长三百步，排毕完以东又排四百三十步，排毕完以东又排六百步。六百步阔内北边包加里庄租粮地四顷七十一亩四分，南北阔一百九十五步，东西长六百步（又名烟火册）。烟火册以东外再排垦地，无长，东西至黄河。"①

以此观之，滩地田块规则，土地形态采取长畛制，是技术与社会组织编织成的网络，它有利于村社统一管理滩田，来应对出没无常的滩地可能带来的划界争执，减少划界成本，降低风险，追求土地质量均衡。

四 《"关中模式"的社会历史渊源》资料运用问题

在《"关中模式"的社会历史渊源》中，秦晖教授所运用的"最有力的证据"就是本文介绍的清初至民国时期 13 个村庄的黄河滩地册。经过上述各项分析，笔者认为《"关中模式"的社会历史渊源》资料运用存在问题，以下逐条分析。

首先是土地类型。秦晖教授研究土改前"关中模式"运用的土地资料为常态土地，而《"关中模式"的社会历史渊源》所用资料基本为黄河滩地资料，二者可比性值得检讨。

其次是土地面积的计算。"关中模式"未注意村庄的土地构成，给读者造成的印象是地册所载即为村庄全部土地面积，其实沿河村庄耕地由滩地、塬地构成，滩地仅为一部分。滩、塬土地性质有别，地权状况当不同。滩地村社公有占有较大比重，而塬地以业主私有为主。分析村庄的地权分配应综合考虑滩、塬两类土地，给两者以充分关照，避免偏颇。

这些地册有的并不能反映村庄滩田面积、土地分配的全貌。如营田庄据地册所载，该村地册有 10 卷，现在所存仅为 2 卷。雷村《乾隆五十三年归田拨补地册》仅记载了该村"黄字十一号"九畛的田块 509 亩滩地，而乾隆二十年（1755）拨补该村无粮滩地达 10617 亩。同样，下鲁坡村光绪年间鱼鳞册所载 284 亩土地，根据同时期《朝邑县幅员地粮总

① 陕西省朝邑县清代《雷村河东减明、河西鱼鳞册》，第 20 页。

说》记载，该村土地面积为7902亩。所以根据这些地册计算出的地权分配的吉尼系数有很大的局限。

《“关中模式”的社会历史渊源》对这些地册统计分析的结论是地权分散、吉尼系数低，并据此认为与土改前关中土地分配状况相同。这些地册确实反映了地权分散现象，但“关中模式”并未分析地权分散的原因。本研究表明，地权分散、吉尼系数低的主要原因是滩地村社公有比重较大、村庄固定家户分耕“份子地”现象较为普遍，在此基础上计算的土地分配吉尼系数较小，地权平均度高，且保持长期稳定性。“关中模式”根据滩地地册计算的吉尼系数普遍较低，个别地册相对更低，如同治五年《营田庄垦地减名册》、民国二十年《营田庄滩地新旧崩簿》、雷村《乾隆五十三年归田拨补地册》的吉尼系数分别为0.1388、0.1556、0.1448①，三本地册计算出的吉尼系数低、地权平均度大的原因，是这些地册记载的正好是“份子地”田块，如营田庄的“垦地”由217户平均分配，上辛庄的“垦地”则分为277份。笔者在对民国二十一年（1932）东林村地册分析时发现，河东“份子地”滩地分配吉尼系数为0.165927，而河西包含滩地在内的土地分配吉尼系数为0.639243，二者差异较大。这说明村庄全部或部分滩地公有、家户耕种“份子地”导致了低吉尼系数和高平均度地权。

《“关中模式”的社会历史渊源》地权分配吉尼系数的计算还有一些令人不解的问题。

突出的问题之一是，有些吉尼系数与地册实际出入较大。通过表2笔者与“关中模式”所计算的两组吉尼系数对比可知，根据雷村《乾隆五十三年归田拨补地册》、光绪十六年（1890）《步昌里八甲下鲁坡村鱼鳞正册》、乾隆二十年（1755）《加里庄口岸丈册》、嘉庆十四年（1809）《张带村黄河滩地鱼鳞册》、道光年间《寺南里滩地册》计算得出的两组吉尼系数稍有出入，但误差不大。这说明二者运用相同的分析工具、研究相同的地册资料，所得出的计算结果也是基本一致的，所以本研究从分析工具、计算方法来看，似无较大问题。然而针对相同地册计算的数据有的则差别较大，如道光六年（1826）《广济村抄录丈簿》、道光二十

---

① 秦晖、苏文：《田园诗与狂想曲——关中模式与前近代社会的再认识》，第77页。

六年（1846）赵渡镇《东街关帝庙南韩家畛官册》《北韩家畛丈册》《滩地事务公所民国十七年东滩丈册》、民国二十一年（1932）《东林村、东王庄地亩丈册》的吉尼系数则相差甚大。

突出的问题之二是，地权集中、吉尼系数高的地册在“关中模式”的研究中未加以利用。如赵渡镇《道光八年滩地册》、民国年间《赵渡镇各姓所占地册》、民国三十四年（1945）《乌牛乡第二保田赋底册》土地分配吉尼系数均在0.6以上，《和衷乡第一保田赋底册》吉尼系数也在0.5以上，需要说明的是，民国年间《赵渡镇各姓所占地册》仅记载了村中各姓所占地亩，缺乏各家各户地亩分配信息，可以除外，其他三本地册所记包括滩地和常田，土地类型更为全面。朝邑县乌牛乡第二保有北结草、店干、南干、寨子4村，和衷乡第一保有仓头、北吊庄等5村。也许是没有看到这些地册的缘故，“关中模式”没有利用这些吉尼系数高的地册。

突出问题之三是，根据一些地册无法计算出吉尼系数。地权分配吉尼系数的计算当有耕地面积、家户占有状况，然后根据农户占有土地比重分组排列，由亩数累积百分比、户数累积百分比纵横轴间显现的洛伦兹曲线与对角线之间的空间即体现了地权分配的不均度，两线所夹空间越大，分配不平均的程度越大。[①] 笔者翻检了“关中模式”根据地册计算的地权分配吉尼系数，发现一些地册只是一个村庄甚至多个村庄的滩地“口岸”总丈尺，并未显示按户分配的相关信息，在缺少农户地权状况的情形下，如何计算出精确的吉尼系数，殊感疑惑。如雷村《中华民国二十一年照抄雍正七年山陕定界河西、河东六转减明清册》记载了乌牛村、北延寿、雷村、南延寿、辛村、加里庄、营田庄、岐村、上辛庄9村康熙八年（1669）前的土地原额、康熙八年豁免地、康熙八年以后续坍地、康熙五十二年（1713）以后续坍地，还有9村河西口岸地步尺、河东新垦地步尺，地册记录了9村的耕地步尺，并未显示各村内部家户的地权状况。同样，《雷村河东减明、河西鱼鳞册》记载了南北乌牛、北延寿、雷村、南延寿、辛村、加里庄、营田庄、南北岐村、上辛庄9村滩地口岸丈尺演变历史、村庄滩界纠纷、官府勘界碑文、滩地粮额、滩地口岸

① 赵冈：《中国传统农村的地权分配》，第59—60页。

图等内容，其中未载农户地权分配信息。雍正七年（1729）《南北乌牛等九村地亩阔尺册》、道光十九年（1839）《南乌牛村河东口岸花名册》所载也是9村滩地口岸阔尺，没有各个农户滩地占有、分配的内容。这些地册仅从字面名称来看，似为某一村庄的地册，其实内容所载皆为沿河9村滩地口岸总体概况，对于一个村庄内部具体家户滩地占有详情只字未提。《“关中模式”的社会历史渊源》由此而计算出某个村庄的以户为单位、并根据一定的参数转化为以人为单位的地权分配吉尼系数，其计算依据的户数不知从何而来。笔者推测，对于没有显示按户分配的地册，“关中模式”可能参借了该村其他年代载有家户土地占有状况的地册，年代不同，村庄的户数亦当有所变化，以此代彼，虽可计算出吉尼系数，但这些数字与实际地权状况可能出入较大，甚而不符事实。

《“关中模式”的社会历史渊源》在数据统计分析时按“户”计算土地分配状况，依据土改档案所成的《封建社会的“关中模式”》则按“人”计算，为取得一致，参照土改前以人计算的吉尼系数对清初至民国以“户”计算的吉尼系数进行了修正，其计算结果值得推敲。资料显示，营田庄自乾隆至民国年间，东、西两号垦地一直由217户分种，上辛庄垦地自光绪至民国年间维持277份的分配制度，显然地册所显示的“户”其实是一个静态、固定的分配单位“户”，并非清初至民国年间农村家庭自然发展、动态变化的“户”，与村庄实际户数不符，当然经过一定参数折算的土地分配吉尼系数，也就距离地权分配状况的事实较远了。

吉尼系数低、地权平均是否就说明农户占地面积小、没有地主呢?“一个村庄有三户业主，各占地10000亩、5000亩、2500亩；而另一个村庄也有三户业主，其占有土地量分别是1000亩、500亩、250亩，算出的两个吉尼系数，应该是相同的。这时，相对的比较就掩盖了绝对量的差异。”[①] 道光年间华阴县寺南里各村滩地分配吉尼系数不高，但各家户所占地亩面积却大（见表4）。

一些村庄也存在类似情形。上、下辛庄共277份滩地，每份40亩。营田庄东、西两号垦地各217份，每份亦在40亩以上。滩地固然是一种特殊的土地类型，遭河水泛滥、浸崩，受沙化、碱化影响，但在相对稳

① 赵冈:《中国传统农村的地权分配》，第62页。

定时期，其收益未必较常田差。若以各类土地粮银额折算，1 亩铁地粮银额为滩地的 1.46 倍，仅从占地面积来看，寺南里各村家户所占滩地折算为铁地、面积在 50 亩以上的有 258 户，占总户数的 60.58%，100 亩以上的有 50 户，占总户数的 6.69%，这些村庄呈现出“地权平均，地主不少”的特征。

表 4　　道光年间华阴县寺南里各村家户滩地分配统计

类别	家户	地亩	类别	家户	地亩
5 亩以下	3	9.97	80—99.9	90	8184.068
5—9.9	14	105.8	100—149.9	97	11727.26
10—19.9	52	767.88	150—199.9	29	4873.138
20—29.9	82	2023.856	200—249.9	8	1801.15
30—39.9	89	3113.326	250—299.9	3	830.83
40—49.9	79	3535.985	300—399.9	2	752.4
50—59.9	81	4415.492	400 亩以上	1	504.55
60—79.9	118	8182.77	合计	748	50828.475

资料来源：道光年间华阴县《寺南里滩地册》。

地权吉尼系数高是否就说明地主占地比例大呢？这一问题可分为两个类型。第一种类型为地权不均，土地集中，地主占地比例较大。赵渡镇道光八年（1828）滩地册土地分配吉尼系数为 0.60687，地权分配不均，据统计，地册所载 1214 户，其中占地 1 亩以下的有 228 户，1—5 亩的 281 户，5—10 亩的 283 户，10—15 亩的 160 户，占地 15 亩以下的家户占总户数的 78.42%，占土地总面积的 35%，其余 22% 的家户占有 65% 的土地。这 22% 的家户再细分，其中占地 15—50 亩的共计 216 户，占总户数的 17.79%，占全部土地面积的 37.97%。占地 50—100 亩的有 37 户，100 亩以上的有 9 户，50 亩以上的家户占总户数的 3.8%，而占土地总面积的 26.8%。统计结果显示，虽然我们应该注意占地在 15—50 亩、17.79% 的家户占有 37.97% 的土地这一事实，但是大多数家户占地面积较小、少数家户集中占有了较多土地是地权分配不均的根本原因，也就是说“地权不均，地主不少”。

第二种类型为“地权不均，地主很少”。民国三十四年朝邑县《和衷乡第一保田赋底册》记载4个村庄522户的常田土地占有状况，其中1亩以下的30户，1—5亩的209户，5—10亩的133户，占地面积不到10亩的家户占总户数的71.26%，占全部耕地面积的31%。占地10—30亩的家户有124户，占总户数的23.75%，占全部耕地面积的43.02%。30—50亩的16户，50—100亩的9户，100亩以上的仅1户。地权分配不均的原因是大多数家户占地面积较小。

地册资料说明，导致地权集中，土地分配吉尼系数高的原因，有可能是地主占地比例大，也有可能是大多数家户占地面积小，判断有无地主应从村庄的具体情况出发。

地权制度研究较为一致的观点是，人口增加促使土地分配趋向平均，人口增加可产生两种作用：第一，使土地市场更趋活跃；第二，使土地变得零细化。[①] 营田庄乾隆至民国年间村社分配滩地资料则显示，在一定的场景下，上述认识需要重新检验。该时段内营田庄始终以217户平分东、西两号垦地，上辛庄缺乏清前期的地册资料，但至少从光绪至民国年间，村庄“垦地”277份，每份40余亩滩地，由各家户耕种。笔者推测这种土地分配制度，早在村庄原住居民初始分配滩地时已经确定，经久而传承不变。以固定不变的户而不是以不断滋生的人为单位分配土地，新增人口只能在祖先名义下的“户”下耕种一份滩地，而无权在村庄层面对份地进行再分割。这类似于科大卫对明代珠江三角洲宗族控产的认识，即祖先变成了控产的法人。[②] 科大卫探讨的是宗族如何控制产权，如果把宗族转化为村庄，村庄特定家户的祖先实际上是一个个控产的法人，村庄的家户借此而实现了对村庄公有滩田的控制。在村庄公有、家户分耕的滩地制度下，滩地的产权是一种公产、私产混合的不充分产权，由于产权不充分，地权流动和转移受到限制，避免了人口增加、分家析产导致的地权分散以及地块零碎化，因而地权分配保持了长时期的稳定特征。

---

① 赵冈：《中国传统农村的地权分配》，第27—28页。

② 科大卫：《国家礼仪：宋至清中叶珠江三角洲地方社会的国家认同》，《中山大学学报》1999年第5期，第71页。

《“关中模式”的社会历史渊源》认为田形规整、地块组合长期保持不变，导致了当地租佃制不发达。因为传统的观点是，“自唐宋以后中国土地‘自由买卖’，频繁易手，以致耕地经不断分割组合后变得‘畸零散漫，不成片段’”。土地交错插花适于分散出租。据此，秦晖教授认为“关中土地的规整布局就应当是‘关中无租佃’的原因之一了”。①

田形规整、地块组合固定不变和租佃制不发达没有必然的对应关系。这些村庄滩地田块经历了由畸零散乱、交错插花到整齐划一、井井有条的规整化过程，这与租佃制发达不发达缺少必然联系，而是地域社会控制、管理滩地资源的一种经营策略。

土地买卖率低是《“关中模式”的社会历史渊源》的又一结论。秦晖教授只注意到土地买卖率低，却未深究其原因。在滩地村社公有、家户分耕“份子地”的土地制度下，滩地不许买卖，在此情况下，讨论买卖率高低意义不大。当然地册所记部分田块允许买卖，如营田庄同治五年（1866）地册所载买卖的田块，形式上为滩地，其实原来为村庄各家户的场垣地，即私家文书地。赵渡镇道光八年（1828）地册部分田畛也有滩地买卖的记载。

令人不解的是，“关中模式”在计算土地分配吉尼系数时运用了营田庄、赵渡镇的地册，但在有关土地买卖的研究中却舍而不用，忽略了这两本地册部分田畛频繁的土地交易状况，而是选择了土地买卖率低的朝邑县下鲁坡村光绪十六年（1890）地册。本文对下鲁坡村鱼鳞册的统计则说明，其实下鲁坡村塬上土地买卖率并不低，而道光八年（1828）赵渡镇的地册则显示，在滩地买卖不受禁约的情况下，滩地部分田畛地权流动性较大。

在计算过程中，对于地权变化名目如“贴”“换”等的理解和处理不同，导致了对土地买卖率高低看法的分歧。综合道光八年赵渡镇、同治五年营田庄、光绪十六年下鲁坡村三本地册，说明在可以交易的田块，其土地买卖率分别达 15%、11.5%、9%—15.57%，前两册所载为滩地，后一册为塬地，如果视其为常态土地流动，笔者保守估计道光、同治、光绪年间当地土地买卖率最低在 15% 左右。虽然“从这批地籍中还可以

① 秦晖、苏文：《田园诗与狂想曲——关中模式与前近代社会的再认识》，第 82 页。

得知，关中地区的土地买卖远远没有传统观点所设想的那么频繁”[①]，但至少不是“关中模式”认为的那样低。

理论上讲，研究农村地权状况，应该只限于农户完全私有之田地，而排除共有的族产。[②] 黄河滩地册村社公有土地比例较大，不宜与民国年间关中地区家户私有地权相比较。章有义先生有关长州地区的研究认为当地地权集中程度较高。[③] 秦晖教授据此和关中地区沿河村庄的情况比较，持南北两地地权分配迥异的观点。对此，赵冈教授指出，长州地册显示族产与义庄的设立，严重高估了私有田地的集中程度，永佃制一方面高估了地主的产值，将田底权算成主业，另一方面又将享有田皮产权者列为无地之户产，严重夸大了地权分配曲线的左边尾端（无地户）。[④] 赵冈教授修正、推估的结果是，所谓“太湖模式”的说法并不能成立，长州与关中地区的地权分配吉尼系数相差不大。赵冈教授注意到长州地册所载土地中，族田、义庄占有较大比重，却未能对关中地册所载土地性质、村社公有滩地所占面积大的状况加以详察，顾此失彼，殊不知南北两地地册均是相对于农户“私产”的族产、村社共同体的“公产”。虽把南高北低的地权状况修正为南北同低，但对关中黄河滩地册性质仍尚欠深入分析，若能再进一步，也许就会发现所谓“关中模式”的社会历史渊源及其地权平均或有他因。

结　论

本文属于“就事论事”，由历史研究的基础资料入手，从生态环境、经济社会的角度，对支撑“关中模式”最重要的地册资料进行解读，指出这些地册基本为黄河滩地册。土改前的“关中模式”的学术观点正确与否，不是笔者讨论的要点。本文主要阐明的是，清初至民国关中东部的地册，仅仅是沿河 13 个村庄的黄河滩地册，滩地是独特类型的土地，

① 秦晖、苏文：《田园诗与狂想曲——关中模式与前近代社会的再认识》，第 82 页。
② 赵冈：《中国传统农村的地权分配》，第 75 页。
③ 章有义：《康熙初年江苏长州三册鱼鳞簿所见》，《中国经济史研究》1988 年第 4 期。
④ 赵冈：《中国传统农村的地权分配》，第 78 页。

地册的攒造、滩地制度等是生态环境、技术选择、社会控制形成的复杂网络，规则田块、长形地畛、地权平均、买卖率低正是这复杂网络限制的反映，并非家户私有制下土地自由买卖的结果，生态与社会等“非经济”因素远比经济的因素强大，属于一种“非常态”地权状态。

研究表明，滩地地权存在两种类型，其一，村庄公有，家户分耕的“份子地”，地权平均，吉尼系数低，地权变化呈现出停滞、固化特征。其二，家户私有的田块或滩地全部家户私有，其地权不均，吉尼系数高。根据新发现的能较全面反映村庄土地状况的地册，其土地分配吉尼系数也较高，并且与滩地家户私有地权分配吉尼系数相近。这说明清初至民国，关中东部既有特殊背景的地权平均，又有家户私有的地权不均，地权分散与集中现象并存，这和“关中模式”地权分散的观点相矛盾。另外，地册所载的土地买卖率也不像“关中模式”所认为的那样低，因而从这些地册出发，不能推论出清初至民国的“关中模式”。若要论证清初至民国年间关中地区的经济社会和土改前“关中模式”一致，除河滩地资料外，需要搜集反映其他土地分配、买卖等地权状况的史料，才有充分的说服力。

皖南事变之后国共两党的政治较量*

邓　野

抗日战争时期，国共两党分别遵行各自的政治学说，并且严格守护各自的核心利益，因此，两党合作关系的建立，绝对是有条件的。这是一种具有双重性质的合作关系。一方面，双方对各自所持的合作条件相互承认、相互接受；另一方面则又互为拒绝、互为抵制，既合作又对立。皖南事变的发生，说到底，其实就是两党之间的这种双重关系与生俱来的结构性矛盾，在一定条件之下的一次集中展现。

皖南的军事冲突发生之后，接下来便是它在政治上的反映，最后，全部问题归结为一点：皖南事变在政治上如何了结。

国共关于皖南事变的政治处理大体分为四个部分：其一，各自发出的政治信号，这个问题的实质就是各自的基本立场；其二，两党关于事变性质的定性，这个问题的实质就是事变的责任应由何方承担；其三，两党对事态的控制，这个问题的实质就是为回旋留出余地；其四，双方开具的条件，这个问题的实质就是双方将以怎样的条件和方式妥协，从而继续保持合作。

由于皖南事变是对国共合作的一次严峻考验，其正反两方面的经验，长期以来被各类论著反复提出。相关论述基本上是在这样一个范围内展

---

* 本文原载《近代史研究》2008 年第 5 期。

开：中国共产党是如何打退国民党的第二次反共高潮的。围绕中国共产党一方的判断、决策、方针、措施等，做出了较为系统的政治总结。[①] 其局限在于，对于国民党一方的材料很少采用，并且缺乏具体分析，因而不能反映问题的全貌。

本文将依据信号、定性、控制、条件四个要点，采用多方材料，反映多方意图，力求展开一次真正意义上的综合研究。

两道命令与两个信号

皖南事变始于1941年1月6日，14日基本结束。从1月15日起，重庆军政高层人士开始磋商新四军问题的处理方案。

军事委员会的会商时间定于1月15日上午。是日会议之前，参谋总长何应钦造访军令部长徐永昌，徐记载："早间敬之来，研讨对新四军善后问题……敬之主消灭原来之新四军，另为叶［挺］编一新四军，余极赞同，盖可藉此得以暴共党阴谋，使叶挺有地位……"

何应钦字敬之。所谓另编一新四军，就是保留新四军之名，而去除中共领导之实，留名而去实，这是蒋对付地方军阀通常采用的手段之一。何的这个意见得到徐的赞同。这个意见有两个要点：其一，何与徐此时尚无取消新四军番号之意；其二，何与徐此时亦无惩办叶挺之意。何应钦所以于军委会会议之前私访徐永昌，就是要事先取得一致，然后使该意见在会议上得以通过。

接下来徐记载："九时半往军委会会商该问题。"然而会议召开之后，何与徐早间商谈的这个意见未能成为主导性意见，主导意见出自副参谋总长白崇禧。徐记载："健生主张宣布新四军不服从命令，及其谋窜扰后方等之经过，即取消该军番号，叶挺交军法。"白崇禧字健生。白之意见其核心也是两点：取消新四军番号，惩办叶挺。这两点与何、徐早先"另为叶编一新四军"的拟议正相反。

从徐永昌的记载看，会议基本围绕白崇禧的意见展开争论："贵严恐

---

① 胡乔木《皖南事变和打退第二次反共高潮的总结》一文，对毛泽东的处理过程做了系统研究。详见胡乔木《胡乔木回忆毛泽东》，人民出版社1994年版，第99—120页。

与共党全面破裂，主妥协怀柔。文伯相当附合之。余与敬之、为章则同意健生主张。”贺耀祖字贵严，时任侍从室第一处主任。张治中字文白，时任军委会政治部部长，文伯为笔误。刘斐字为章，时任军令部次长。这个记载表明，围绕白崇禧方案，重庆军委会形成两派意见，贺耀祖、张治中主张妥协怀柔，而何应钦与徐永昌则放弃了自己早间的意见，转而与刘斐一道支持白崇禧。

蒋当时居住于重庆郊外的黄山官邸，15 日下午，军委会诸人前往黄山向蒋汇报，何应钦、张治中因故未到。徐永昌记载：会议“仍为研讨对共军处理方案。余与程颂云、白健生、刘为章仍主公开正面宣布之，贺贵严仍恐破裂”。程潜字颂云，时任副参谋总长。所谓公开正面宣布，指撤销新四军番号和惩办叶挺这两件事应公开宣布，此即白崇禧上午的主张。尽管贺耀祖仍持异议，但加入程潜的支持之后，白之意见已明显居于主导地位。

在黄山官邸会议上，徐永昌的立场不仅已远离其早间的态度，甚至超出白崇禧意见范围。如果说白案还仅限于军事，而此时的徐则将问题引向政治，主张在政治上与中共全面破裂。徐说：“政治上全破裂与国家有利。一、共党今日系以国民党打国民党……尤其能公开活动其阴谋与煽惑青年，破裂则当难再假借利用矣。二、共党两年来之行动早不因未破裂而少有顾忌，彼不以大兵加于中央军者，正为其假借中央法令也，正为其假借抗战以争取民众也。三、果不破裂再假以一二年假借利用时间，其势力必至可以接受俄国正式接济……再迟恐至不堪设想。”

所谓政治上全破裂，就是主张终止国共合作。徐之三点意见，其核心就是国共合作被中共利用于发展自身势力，因此合作对国民党不利，而破裂则有利。

这样，在 1 月 15 日下午的黄山官邸会议上至少提出三种意见：其一，白崇禧的意见，主张撤销新四军番号，将叶挺送军法审判，并公开宣布。但仅限军事，不涉及政治。其二，贺耀祖的意见，担心与中共破裂。其三，徐永昌的意见，主张在政治上与中共全面破裂。

从徐永昌的记载看，蒋对三种意见均未明确表态，其唯一的表态是：

“蒋先生主再考虑一夜。”[①] 亦即蒋还要做进一步的权衡。

经过1月15日上下午两次会议，尽管蒋尚未做最后裁决，但白崇禧方案已经成为主流意见。由于白案主张公开宣布新四军事件，这就涉及宣传问题。1月16日，重庆党政军高层会商此一问题，王世杰时任国民党中央宣传部长，参加了这次会议。王记载：“今日军委会约集党政各有关机关，研讨关于新四军问题之宣传方案。白健生、程松〔颂〕云等均主发布命令取消新四军番号，叶挺交军法审判，通缉项英，并宣示新四军之罪状。予主张不作公开声明，白健生反对。”[②]

王之记载表明，继是否取消新四军番号的争论之后，在是否公开发布命令的问题上重庆高层再度形成两派意见，这一回对立双方以王世杰与白崇禧为主。看来，两次争论的主角都是白崇禧。

重庆高层连续两日的争论于16日晚尘埃落定，是日晚蒋做出最终裁决。徐永昌记载：“晚饭在蒋先生处，有李德邻（今日来）及□、程、刘、张、白等，决定公布新四军不服从命令（扰乱行为等），及处理经过。”[③] 也就是采纳了白崇禧的意见。15日下午，蒋曾表示“再考虑一夜”，以上决定即考虑的结果。李宗仁字德邻，时任第五战区司令长官，李专程来渝参加这次会议，并且会议所采纳的又是白崇禧的意见，表明在新四军处理问题上，桂系起到了核心作用。

这一回王世杰是一位温和派的主要代表，尽管蒋已于16日晚做出公开发布命令的决定，但王仍未放弃其努力。1月17日，王记载：“今晨予往蒋先生寓邸，面述关于处置新四军问题之意见。予力主不将处理命令公布，如有必要，仍应以密电通知各军政机关。予所顾虑者，此种公开宣示，有促成共产党军队叛变，造成大规模内战之危险，国际方面观感及沦陷区域人心亦应顾虑。”

王要求以密电方式处理而非公开宣布，就是要尽可能地减少此事的影响。王之意见未被蒋接受，但却促使蒋就处理新四军问题的限度做出

---

① 以上均见《徐永昌日记》，1941年1月15日，台北，“中研院”近代史研究所1991年编印。

② 《王世杰日记》，1941年1月16日，台北，“中研院”近代史研究所1990年编印。

③ 《徐永昌日记》，1941年1月16日。徐记诸人当指程潜、刘斐、张治中、白崇禧，另一人待考。

明确表态，蒋说：“公布文件中应不涉及共产党或第十八集团军，而以指斥新四军为限。”①

这是两条重要的设限。不涉及共产党，这是一条政治设限，也就是仅限军事不涉及政治。不涉及第 18 集团军（八路军），这是一条军事设限，也就是新四军不牵扯八路军。事后证明，如果没有这两条设限，国共合作便不能维持了。

当王世杰力求限制事态的同时，徐永昌却力求扩大事态。王于 17 日上午向蒋进言，徐则于当日下午向蒋进言。徐记载：“午后五时在蒋先生处研讨对新四军处理之命令及其他宣布等事（关于十八集团军在黄河南之违反命令部分，余以在新四军问题解决后，应有警告该军之处置……）。”②

警告 18 集团军，就是要将国共纠纷由新四军扩展至八路军。徐没有记载蒋的答复，但根据当日上午蒋对王世杰的表态，徐的这个意见不可能为蒋接受。

总括而论，面对重庆党政军各方人士的多种主张与进言，蒋采取了一个折中的处理方式。一方面赞成取消新四军番号，另一方面又不赞成涉及八路军；一方面否决了王世杰不公开发布命令的意见，另一方面又否决了徐永昌“政治上全破裂”的意见。也就是说，蒋一方面赞成打压中国共产党，另一方面又不赞成放弃国共合作。这是一个两手政策。

经过三天紧张磋商，1 月 17 日傍晚重庆军委会发布命令：“该新编第四军抗命叛变，逆迹昭彰……着将国民革命军新编第四军番号即予撤销，该军军长叶挺着即革职，交军法审判。”同时发表军委会发言人谈话：“此次事件，完全为整饬军纪问题。”③

所谓军纪问题有两个意思，定性与设限。也就是仅限军事不涉及政治（中共），仅限新四军不涉及八路军。这两点也是重庆向延安发出的信号。

本文以上论述，第一次较为系统地研究了重庆军政高层处理皖南事

---

① 《王世杰日记》，1941 年 1 月 17 日。

② 《徐永昌日记》，1941 年 1 月 17 日。

③ 《军委会通令》，《大公报》1941 年 1 月 18 日，第 2 版。

变的磋商经过，从而第一次为重庆军委会这道命令的由来及其内涵，提供了较为清晰的注解。

皖南事变发生之后，如果说重庆方面曾有人提出全面破裂的意见，同样，延安方面也曾有过类似意见。据胡乔木说，事变发生之初，毛泽东一度认为：国共的全面破裂已经开始，中共与蒋之合作已经完结，目前不是打退反共高潮的问题，而是如何推翻蒋介石统治问题，提出在政治上和军事上同时全面大反攻的方针。①

既然考虑推翻蒋，必然提出军政全面反攻，尤其是军事反攻。1 月 13 日，毛泽东致电刘少奇："如皖南部队被蒋介石消灭，我应坚决彻底干净全部消灭韩德勤、沈鸿烈。"② 韩、沈当时分任江苏、山东省主席。

毛泽东关于军政全面反攻并消灭韩、沈两部的意见，1 月 15 日同时收到内外两方面的劝告。刘少奇于当日致电延安：国民党"在皖南消灭我军，蒋亦曾下令制止，即证明蒋生怕乱子闹大。在此时，我党亦不宜借皖南事件与国民党分裂"。这是指政治。关于军事，刘认为彻底消灭韩德勤部甚为困难。基于以上两点考虑，刘建议："以在全国主要的实行政治上全面反攻，但在军事上除个别地区外，以暂时不实行反攻为妥。"③

刘电的核心就是不赞成国共分裂，在此原则下，反攻是必要的，但必须是有限的，以政治为主而基本不涉及军事。

同样是在 1 月 15 日，苏联方面提出了与刘少奇几乎完全相同的劝告。根据苏联档案披露，1 月 15 日周恩来与叶剑英在重庆造访了苏联大使潘友新。周称：中共中央已指示发表对国民党政府的抗议书，并下令中共所有武装力量在 10 天之内向曾经打过新四军的沈鸿烈和韩德勤将军的部队发起攻击。

周恩来所以向潘友新通报延安的军政部署，尤其是军事攻击部署，无疑是奉延安之命，征询苏方意见。潘友新这样回答："我认为，目前中共的主要敌人依然是日本，倘若中共对国民党主动展开进攻，这只会促使中国内战扩大，于抗战不利。必须千方百计保持合作，但这并不意味

---

① 《胡乔木回忆毛泽东》，第 120 页。

② 《毛泽东军事文集》第 2 卷，军事科学出版社、中央文献出版社 1993 年版，第 610 页。

③ 中共中央文献研究室编：《刘少奇年谱》上卷，中央文献出版社 1996 年版，第 326 页。

着你们应该自甘受辱，必须继续进行业已开始的对国民党的政治进攻。”①

潘友新的核心意思就是应全力维护国共合作，在此前提下，他赞成政治反攻而不赞成军事反攻。这个意见与刘少奇惊人的相似。

毛泽东对来自内外的两个劝告是如何考虑的，尚无具体材料披露，总之，结果是毛泽东迅速改变了推翻蒋的原方针。1 月 20 日，毛泽东致电周恩来等：“目前我们在政治上取猛烈攻势，而在军事上暂时还只能取守势。”② 将政治与军事加以区别，一攻一守，其实质无疑就是设限，必须有此设限，才能做到既有反攻又不破裂。

1 月 20 日，延安中共中央军事委员会发布命令：“兹特任命陈毅为国民革命军新编第四军代理军长。”同时命令：“着陈代军长等悉心整饬该军……实行三民主义，遵循《总理遗嘱》……”

当日，延安军委会发言人发表谈话，就新四军事件的解决提出 12 条办法，其中包括取消 1 月 17 日的反动命令，惩办何应钦等，同时重申实行三民主义，服从《总理遗嘱》，等等。③

延安的命令有两个要点。其一，由重庆军委会明令撤销番号的新四军，延安军委会则明令重建军部，两个军委会的两道命令，说明两者互不隶属。其二，由延安重新任命的这支军队，其名称与序列仍然隶属于国民革命军，既然保持这一序列，那么，延安与重庆之间，至少在名义上仍然具有一定的隶属关系。既是互不隶属，又是互为统属，此即延安向重庆发出的信号：既要独立，又要合作。

同样，延安军委会发言人的谈话核心也是两点，一方面将重庆军委会 1 月 17 日命令称为“反动命令”，这是一个否定；另一方面又重申实行三民主义、服从总理遗嘱，这又是一个肯定。否定与肯定所传递的也是一个信号：既要反攻，又有限度。

综上所述，国共党内都曾提出全面破裂的意见，但都被各自迅速制止。重庆与延安的两道命令，相互传递出两个信号，一方面双方均摆出

---

① 《1941 年 1 月 15 日全权代表潘友新与周恩来和叶剑英谈话记录》，转引自［俄］A. M. 列多夫斯基《斯大林与中国》，陈春华等译，新华出版社 2001 年版，第 291、292 页。

② 中共中央文献研究室编：《毛泽东年谱》中卷，人民出版社、中央文献出版社 1993 年版，第 260 页。

③ 《毛泽东军事文集》第 2 卷，第 614、618 页。

强硬的对抗姿态，另一方面，双方又都在对抗的范围上做出限制。国民党基本限于军事，不涉及政治；共产党则基本限于政治，不涉及军事。双方的行动范围正好相互错开。正因为双方都做出了各自的设限，从而避免了全面破裂。从这个意义上讲，重庆与延安的两道命令所发出的两个信号，可以理解为一种政治的默契。

定性与控制

重庆军委会于1月17日命令发布之后，皖南事变随即公开化。1月18日，《新华日报》发表了周恩来那首著名的挽诗。当日，王世杰记载："新华日报于报端题'千古奇冤，江南一叶，同室操戈，相煎何急'十六字，由周恩来署名，且系于检查局检查完毕后插入，自系故意违检，以示反抗。予通知检查局，勿就此事对该报施行压迫。"①

周诗早为人们熟知，但周诗违检发表之后《新华日报》为何未遭报复，这个问题长期以来不甚清楚。王世杰的日记解开了这个疑团，原来是在王的节制之下，新闻检查局没有采取报复行动。

王世杰在新四军问题上原本力主低调，在摸到蒋不愿扩大事态这一底线之后，王便在其宣传部长职权之内，对所属各部门采取了一定的限制措施。在通知新闻检查局勿对《新华日报》施行压迫之后，1月19日王又记载："予于今晨复告中央通讯社，对于新四军事，不宜再发消息，刺激共产党人。"② 王的上述措施，在一定程度上使两党关系没有进一步恶化。

由于皖南事变已经公开，从1月18日起，重庆各方舆论开始介入评论。当日《中央日报》发表社论："我们相信这次军事最高当局处理这事变，一定比我们更痛心、更惋惜。其心理与诸葛孔明挥泪斩马谡，正复相同。新四军擅自行动，是反抗军令，破坏军纪的重大问题……这不但与政治问题无关，而且与其他部队也风马牛不相及，责任完全在叶挺、项英几个人身上。"③

---

① 《王世杰日记》，1941年1月18日。

② 《王世杰日记》，1941年1月19日。

③ 《抗战的纪律》，《中央日报》1941年1月18日，第2版。

社论实际上就是为重庆军委会 17 日的命令做解释，与政治无关（中共），与其他部队无关（八路军），仅仅是一次维护军纪的行动，所谓“斩马谡”。

官方舆论的两条解释徐永昌并不接受，1 月 20 日徐记载：“午后会报。关于十八集团军不服从命令问题，诸人皆主不发表任何宣示（日前在蒋先生［处］谈话，诸人即系如此主张，蒋先生亦然）。余以为不当，一、今时正是与［中］共绝裂之时（迨至战后使人民误会）。二、军事的绝裂限于冀省以南地区，政治绝裂要全面的……”①

从徐的记载看，其关于政治上与中国共产党全面破裂，以及将事态扩大到八路军的意见，至少提出两次。但包括蒋在内的军委会“诸人”均不予采纳。但徐反复提出中国共产党与八路军问题，表明在这两个问题上其党内仍存在分歧。

或许为统一党内意见，1 月 23 日，国民党对外对内采取了两个动作，重申其不涉及中国共产党和八路军的方针。当日，军委会政治部机关报《扫荡报》发表社论，集中从军纪的角度解释新四军事件。内称：“诸葛武侯斩马谡，则以马氏违反军令”，“韩复榘、石友三等辈破坏军纪……天下皆曰可杀”，“这次苏皖境内有一部分军队违反军令，擅自移动，罪在该军少数负责将领身上”。②

《中央日报》和《扫荡报》的两篇社论，其核心都是为皖南事变定性，即军令军纪问题。所谓军令军纪的定性则有两个意思：其一，事件的责任，称新四军违令移动，责任便在新四军，“斩马谡”便是维护军纪的正当处置。其二，事件的范围，既然是军纪问题，事情也就到此为止，不涉及政治（中共）和其他部队（八路军）。

官方在公开的谈话和宣传中，有关新四军问题的设限所采取的是暗示方式，但在内部则明确了这一设限。1 月 23 日，国民党中宣部、军委会政治部、三青团中央团部联合对各级党部下达一道宣传指示，共两点：其一，新四军问题“乃纯粹军纪问题绝不含政治的或党派斗争的意义”。

---

① 《徐永昌日记》，1941 年 1 月 20 日。

② 《贯彻军令整肃军纪》，《扫荡报》1941 年 1 月 23 日，第 2 版。转引自瞿韶华主编《中华民国史事纪要》（1941 年 1—6 月），台北，“国史馆”1990 年版，第 76、77 页。

其二，“各言论机关，如有评述，应以新四军为范围予以评述，对中共及十八集团军可勿涉及”。[①]

王世杰时任宣传部长，张治中时任政治部长兼三青团书记长，这道宣传指示很大程度上体现了王与张的立场。

避免军纪成为政治问题，此一设限涉及若干具体问题。1 月 24 日，王世杰记载：“今午与蒋先生谈共产党军队事。予力主勿封闭新华日报。蒋先生亦云：对于共党，在军事方面须严，政治方面不妨从宽。”[②]

封闭《新华日报》，大约指周恩来挽诗违检发表之后，有人主张封闭该报。然而《新华日报》一旦被封，军纪问题必然演变为政治问题。蒋称对中共政治上从宽，等于认可了王“勿封”的意见，这与早些时候蒋对王表示“不涉及共产党”的态度是吻合的。

新四军问题既然公开，蒋本人便必须公开表态，从而向国内外表明其立场。蒋选择 1 月 27 日在国府纪念周发表演说，此举无疑是皖南事变以来，重庆当局最具权威性的一次政策宣示。1 月 26 日，王世杰记载：“今日午后予与蒋先生商讨明日纪念周中之演说。对新四军予力劝蒋先生务于坚决严厉之中，透示慈祥□□之心理，并劝其勿涉及苏联。”[③] 严厉与慈祥，无非两手之意，王之建言就是力求保留与中共的回旋余地。当然，王世杰这位温和派人士能够事先参与演说的商讨，这一点本身就是蒋的倾向性的反映。

1 月 27 日，蒋在国府纪念周发表长篇讲话，为皖南事变定性定调。蒋的基调是淡化事件的政治性质，从而淡化事件的政治色彩。蒋把事件定性为军纪问题，认为：“性质很明白，问题很单纯，事件也很普通。”蒋也是把解决新四军与解决韩复榘、石友三的抗命问题相类比，表示：“并无其他丝毫政治或任何党派的性质夹杂其中。”“现在新四军番号既已取消，这个问题自然是完全解决，再没有其他问题了。”[④] 蒋称新四军问题很单纯已完全解决，可以从两方面理解。其一，不涉及中共与八路军；其二，要中共

---

① 《皖南事变资料选》编选组：《皖南事变资料选》，上海人民出版社 1983 年版，第 376 页。

② 《王世杰日记》，1941 年 1 月 24 日。

③ 《王世杰日记》，1941 年 1 月 26 日。

④ 秦孝仪主编：《总统蒋公大事长编初稿》卷 4（下），台北，财团法人中正文教基金会 2002 年版，第 619—636 页。

接受取消新四军番号的既成事实，吞下这枚苦果，事情就此了结。

蒋的意思毛当然读懂了。1 月 29 日毛致电周恩来，判断：“蒋二十七日讲演已转入辩护（防御）态度。”① 皖南事变国民党是进攻一方，由进攻转入防御，此即事态的转换。在此判断的基础之上，中共早已部署的政治反攻继续展开。当日，毛在政治局会议发表讲话：蒋介石“现在宣称目前的问题是军事问题非政治问题，是局部问题非全局问题，是内政问题非外交问题。我们必须全部揭破他的这种阴谋……必须指出目前的问题是政治问题，是全局问题，是与外交分不开的问题”②。外交问题指这件事要闹到国际上，引起苏美的关注。

总之，蒋称军纪问题，毛称政治问题，蒋称单纯问题，毛称全局问题。此即毛对事变性质的定性，也就是拒绝接受既成事实，拒绝吞下这枚苦果，拒绝就此了结。

在进一步明确反攻的同时，中共的底线亦更加明确。如前所述，1 月 17 日蒋曾对王世杰明确表示不涉及中共与 18 集团军，而毛为国共合作是否破裂所设置的底线恰恰就在这里。1 月 27、28 日，毛致电周恩来、刘少奇等：“在蒋取消八路军番号，宣布中共叛变之前，我们暂不公开提出反蒋口号”。③ 反蒋即决裂，而是否绝裂，则取决于蒋在这两个问题上是否触及中共底线。

蒋在 1 月 27 日演讲中公开表示，新四军番号取消之后“再没有其他问题了”，此言等于公开承诺不涉及八路军。为此，毛亦迅速作出反应。1 月 30 日毛致电八路军、新四军各级政治部，指示：“除中央军委及新四军表示与蒋介石尖锐对立的态度外，八路军将领暂时对外保持沉默态度，不发表宣言、通电、演说等文件。”④ 要求八路军保持沉默，限制八路军介入，就是有意识地避免新四军牵扯八路军。

总之，经过一段时间的观察，蒋介石关于不涉及中国共产党与八路军的这两点意思，毛泽东已意会，为此，毛亦做出相应的规定，表示：

---

① 《毛泽东年谱》中卷，第 262、263 页。

② 南方局党史资料征集小组编：《南方局党史资料 · 统一战线工作》，重庆出版社 1990 年版，第 59 页。

③ 《毛泽东年谱》中卷，第 261、262 页。

④ 同上书，第 263 页。

“蒋尚未提及八路军与中共，我们亦不提及整个国民党与中央军。”① 蒋与毛在这两个问题上的各自设限，同样可以理解为二人之间的政治默契。

综上所述，皖南事变发生之后，国共分别对事变的性质做出各自的界定。重庆判定为军纪问题，延安则判定为政治问题，而如何定性，其实质就是事变的责任应由何方承担。如果是军纪问题，其责任便在新四军，理由是新四军违抗北上命令，擅自向南移动。如果是政治问题，责任便在国民党，理由是国民党排斥打击中共。此后，国共将围绕此一定性展开长期的争论。

毛泽东将皖南事变定性为“全局问题”，但又排除了八路军的介入，也就是说，问题是全局性的，但反击的范围则又是局部的。在这里，全局与局部的关系，就是既要有原则性，又要有灵活性。

总括而论，重庆与延安两个军委会的两道命令发布之后，双方的政治对立达到顶点。尔后，双方均以多种方式释放出一定的缓和信号，这一点集中表现为各自对八路军的设限，而这一设限则标志着双方关系已转入可控状态。

外部力量对重庆政府的牵制

国共皖南冲突的发生，最大的受益方之一无疑是南京汪伪。1 月 18 日周佛海在日记中写道：“报载重庆解散新四军，并扣留军长叶挺，通缉副军长项英。国共火并，恐从此开始矣。甚盼从此宁渝两方国民党同志能渐趋接近，以至于完全合作，当日夜馨香顶祝以求之。”② 把国共火并视为宁渝接近乃至完全合作的一个转机，这是周佛海本能的第一反应。

1 月 22 日，汪精卫宴请日本中国派遣军总参谋长板垣征四郎，周佛海作陪。周记载：“席间告板垣，对于重庆解散新四军，吾人不可表示幸灾乐祸，使重庆立场因之困难，最好仅载事实，不作过分宣传。众皆赞同。”③

---

① 转引自《胡乔木回忆毛泽东》，第 110 页。

② 蔡德金编注：《周佛海日记》上，1941 年 1 月 18 日，中国社会科学出版社 1986 年版。

③《周佛海日记》上，1941 年 1 月 22 日。

周的意思是，汪宁“政府”处于国共的对立面，汪宁方面如果表示幸灾乐祸，将被中国共产党抓住把柄攻击国民党。周要求低调处理以减少重庆困难，就是帮助重庆过关之意。周的这个意见“众皆赞同”，表明得到汪精卫和板垣的认可，这种认可反映了宁渝之间在中共问题上的政治默契。

汪伪在宣传上采取了低调，但日军并未停顿其进攻，1 月下旬，日军发动豫南战役，以汤恩伯部为主要打击对象。那么，日军为何恰于此时打击国民党军？这是国共日三方战略利益的反映。

皖南事变的直接起因是国民党强令新四军开往华北，这就触犯了日军的利益。2 月 7 日，毛泽东致电周恩来，就豫南之役的起因这样判断：“日本人不愿意我们去华北。东条公开说：‘华北是日本的根据地，蒋介石要驱逐华中共产军去华北，破坏日本利益’。这一点我们过去却没有估计到。”① 毛的意思是，日军所以打击国民党军，就是要阻止国民党将新四军调往华北。

国民党方面也有人在研究是役的深层原因。任职于侍从室的唐纵这样研判：“豫南战事，有人判断敌人企图在打通平汉路，我认为敌人无打通平汉路之企图。其目的不过在打击我汤恩伯部……使 N4A 依然残留于长江流域，操持国共两军摩擦之态势。”② N4A 即新四军。必须将新四军留在长江流域，才能保持国共摩擦，从中渔利，这是唐纵对日军豫南战役意图的判断。

国共对日军具体意图的判断不尽相同，但对日军出发点的判断则相差不多，此即日军不愿新四军离开现区域。日军的真实意图究竟如何，尚待研究，但仅就结果而论，日军在蒋反共之际对其实施此一打击，实际上对蒋起到了一定的牵制作用。

豫南之役前后，苏美两国开始介入国共纠纷，从而对蒋形成另一牵制。

此时，美国驻华大使詹森即将离任，由高思接替，但此一消息尚未宣布。1 月 24 日，在重庆军委会会议上，苏联驻重庆军事总顾问福尔根

---

① 《毛泽东军事文集》第 2 卷，第 634 页。

② 公安部档案馆编注：《在蒋介石身边八年——侍从室高级幕僚唐纵日记》，群众出版社 1991 年版，第 189 页。

提出此事，并与国共纠纷联系起来。福尔根说：美使即将回国，“归去不来矣”。徐永昌问：“是否调换新使”，福尔根肯定地回答：“是撤使，非调换也。且云美国极关心国共团结，今之撤使与中国太不利，更谓此种消息无讹，彼敢负责。”在披露此一消息之后，福尔根对参加会议的白崇禧、徐永昌、刘斐等明确要求：“应予十八集团［军］以攻击敌人命令，并迁就事实，划给其作战地境云云。”

福尔根要求重庆军委会对18集团军下达作战命令，实际上就是以一种曲线的方式对国共关系的过问，意即新四军不能牵扯八路军。福尔根关于美国撤使的消息，意在施压。但是，作为苏联军事总顾问，传递一些未经证实的消息则是不合适的，也是极易被识破的。当日会后，心存疑虑的徐永昌特地向外交部长王宠惠核实此事，结果，福尔根这一“敢负责”的消息立即被证明为讹传。徐记载：“电话询王亮畴美使事，据称美国曾有电调换使节，我已同意其新使高斯矣。”① 也就是说，美方是换使而非撤使。此一消息的澄清，福尔根的施压很难说起到了积极作用。

数日之后福尔根被苏联方面解职，其军事总顾问一职由新任驻华大使馆武官崔可夫兼任。关于福尔根被解职的原因，王世杰记载：“苏联撤换其在华军事总顾问，拟以武官崔可夫代之。此事显亦与新四军问题有关（据张冲云，苏联政府对于现任总顾问之不满，系因其未将新四军事件事前详报）。”② 未能事前详报指事前失察。张冲的消息表明苏联方面是相当认真地看待皖南事变的。

1月25日，苏联大使潘友新当面向蒋提出了新四军问题。不过，来自美国方面的意见对蒋的施压作用更为明显一些。

2月8日，蒋在官邸会见罗斯福私人代表居里，居里首先转达了罗斯福这样一个口信：“予自万里外观察中国之共产党员，似与我等所称之社会党员，无甚区别。彼等对于农民、妇女、以及日本之态度，足值吾人

---

① 《徐永昌日记》，1941年1月24日。王宠惠字亮畴。福尔根又作沃尔根，即卡恰诺夫的汉名。

② 《王世杰日记》，1941年1月30日。张冲时任国民党中央组织部代理副部长，并兼任军委会顾问处处长，负责与苏联顾问的日常联络。

之赞许。故中国共党与国民政府相类者多，相异者少。”所谓相类者多，意即国共合作是有基础的。

蒋称中国共产党为第三国际服务，意即中国共产党并非罗斯福所说的社会党。蒋还称中国共产党在宣传上能将一分说成百分。居里说：“共党为宣传能手，本人同意此言……复有美人史诺及史沫特莱等为之撰著专书，以广流传，一般自由主义倾向之美人，受其影响甚大，因此闻中国内部发生摩擦，有发生内战之虞者，咸感不安，因而影响其援助中国之热诚。”① 谈话结束时，居里提出与周恩来见面的要求，蒋表示同意。居里是以考察中国财政经济的名义访华的，以为美国的援华拨款做准备。然而与蒋的头一次谈话主题却是国共合作，并提出与周恩来见面，居里的这种方式事实上构成一种暗示：美援与国共合作互为联系。

2 月 10 日，蒋第二次会见居里。蒋首先问：阁下已开始研究中国经济现状否？而居里仍将话题导入中国共产党问题，他说：中国共产党的宣传在国外造成两种印象，“史诺在报端发表，谓新四军在皖死伤九千人之多，此其一。共党对一般农民则爱护备至，此其二。以此二者，美国一部分人心理受其影响而发生同情之反响”。这一回居里直接提出了新四军问题。由于居里一再提到国共纠纷，蒋亦明确表示：“余可向罗斯福总统保证……中国绝无发生内战或内部分裂之危险。”② 另外，居里反复提及斯诺等人，表明其在美国的宣传活动收到成效。

由于已征得蒋的同意，2 月 14 日居里会见了周恩来。据载：居里表示美国赞助中国统一，不愿内战扩大。周则表示蒋若不改变反共政策，将引起国内战争，使抗战熄火，日本南进。③ 二人谈话的详细记录未见披露，但以上几句话足以反映全部问题的实质。

所谓南进，指日军向南进攻东南亚英美殖民地。苏联所以支持中国抗战，其意图是要将日军拖在中国战场使之不能北进（进攻苏联），同样，美国所以支持中国抗战，其意图也是要将日军拖在中国战场使之不

---

① 秦孝仪主编：《中华民国重要史料初编——对日抗战时期》第 3 编（1），台北，中国国民党党史会 1981 年版，第 542—545 页。

② 《中华民国重要史料初编——对日抗战时期》第 3 编（1），第 546—552 页。

③ 中共中央文献研究室：《周恩来年谱》，人民出版社、中央文献出版社 1989 年版，第 492 页。

能南进。而日军能否由中国战场抽身，很大程度上取决于中国战场的抵抗力度，而中国战场的抵抗力度，很大程度上又取决于国共合作。

以上关系弄清楚之后，周恩来的意思也就读懂了。此即美国必须迫使蒋改变反共政策，防止国共内战，如此才能避免抗战熄火，从而使日军不能由中国战场抽身南进。周将国共合作与日军南进联系起来，也就是将中共问题与美国的最高利益联系起来，促美压蒋。

居里在与周恩来谈话之后，的确曾进一步过问国共关系。2 月 21 日，居里会见徐永昌，徐记载了二人的谈话要点："午前九时，居里偕麦克猷来。居曾询：一、近二年中国游击队似不若抗战第一年有成绩（告以因中共军队妨害国军所致）。二、关于新四军之解决，美国所闻以为事件颇大影响，亦严重（告以中共行为只能增加我抗战之困难，决不危及我抗战……）。三、可否划与区域（告以正因其不就指定区域而解决其一部）。四、是否尚发给饷弹（告以必待其服从命令方能发给……）。"① 在这里，居里对中共问题的提出较之与蒋的谈话更为直接、更为具体。徐之答复并不重要，重要的是，一位考察财经问题的美国总统私人代表，其所提问题却远远超出了财经范围，不仅直接提出新四军问题，而且具体提出中共的作战区域与饷弹问题。居里的提问等于再次告诉重庆当局，其来华考察的范围并不仅限财经。

归纳起来，皖南事变发生之后，日军随即对蒋发动军事打击，苏美两国先后出面干预，从不同角度对蒋构成多种牵制。来自各方的牵制其出发点各不相同，但说明的问题却可归结为一点：至少这一回蒋的反共行动未能得到任何一方的鼓励与支持。另一方面，蒋本人的确也还没有彻底破裂的打算，这样，在两党关系下滑的态势得到控制之后，接下来的问题便是双方如何转圜，而转圜的核心实际上就是一点：双方开具的条件。

开价与还价

成立于 1938 年的国民参政会，既无立法权更无执行权，仅有一定的

---

① 《徐永昌日记》，1941 年 2 月 21 日。麦克猷时任美国驻华大使馆武官。

议政与建言权，因此，参政会从来不是中国政治的聚集点。根据章程，一届参政会在召开五次大会之后，于 1940 年 10 月届满，二届一次参政会定于 1941 年 3 月 1 日召开。

参政会尽管职权有限，但却是一个各党派政治聚会的场所，因而也是一个展示各党派政治关系的场所。二届一次参政会的召开，恰逢皖南事变之后，国共裂痕到底能否弥合，将通过此次参政会接受公开的检验。由于此次参政会恰好具备了这样一个特殊功能，为此，参政会自成立以来头一次成为中国政治的聚集点。

作为一个眼观全局、未雨绸缪的政治家，毛泽东早已注意到此次参政会将有文章可做。2 月 7 日毛泽东致电周恩来：蒋介石“军事反共事实上既已终结……请注意蒋介石诸人如何处理国共关系。依我观察，他们非求得个妥协办法不可……参政会又快要开了，非想个妥协办法”[①]。毛泽东的意思是，蒋在军事行动结束之后，接下来便是政治上如何收场，而政治收场很大程度上则取决于蒋能否在参政会获得一个圆满结果，因此，为应付参政会，蒋“非想个妥协办法”。

基于以上研判，中国共产党迅速锁定参政会，展开新的一轮政治反攻。2 月 15 日，毛泽东、陈绍禹等七位中共参政员联名致电参政会秘书处，重申延安军委会发言人所提惩办何应钦等 12 条要求，然后表示：“在政府未予裁夺前，泽东等碍难出席。”[②] 此即删电。删电的核心是，将国民党是否接受 12 条，与中国共产党是否出席参政会直接挂钩。2 月 19 日，周恩来将删电送交参政会秘书处。通过删电，中国共产党再一次就皖南事变的政治了结，正式提出自己的条件。

中共 12 条最初提出于 1 月 20 日延安军委会发言人的谈话，1 月 25 日由周恩来面交张冲。但中共条件提出近一个月，国民党方面没有任何反应，证明中共的方式方法未能击中要害。删电的提交等于表明，国民党如拒绝 12 条，中国共产党将拒绝出席参政会，而中国共产党如拒绝出席，将使国共裂痕向国内外进一步公开，重庆当局将遭受更大的内外压力。这一回删电击中了要害，国民党方面立即躁动起来。

---

① 《毛泽东军事文集》第 2 卷，第 634 页。

② 《毛泽东等七参政员致参政会秘书处删电》，《新华日报》1941 年 3 月 10 日增刊。

王世杰此时除担任宣传部长外，另一重要职务即参政会秘书长，主持参政会日常工作。2 月 19 日王世杰记载："毛泽东、陈绍禹等七参政员致电参政会秘书处，谓彼等对于新四军事件，已提有惩罚何应钦、顾祝同及取消中央处理此事命令等主张十二款，在政府未予裁夺以前，不能出席参政会。毛等此种表示，似系借此要胁〔挟〕。予托张冲转告周恩来，告以如此做法，只促成破裂，决不能威吓中央，盼其将来电撤回。"①张冲与刘斐此时担任与中共的日常联络。

2 月 20 日周恩来致电延安："张冲从昨晚至今午，接连以电话及公函请我暂行收回此公函（按：指删电）两天，以便他从中奔走，请蒋约我谈话，我均严词拒绝。"② 然而张冲传回王世杰的则是一出入较大的消息，2 月 24 日王世杰记载："午后张冲来参政会，谓共产党有撤回毛泽东等致参政会删电……之意。"③ 张冲的此一消息究竟是对周恩来意思的误解，还是为争取斡旋时间而编造的善意的谎言，尚待考证。总之，王世杰获此消息之后，随即与蒋磋商关于中共出席参政会的开价。

参政会原采议长制，由汪精卫与蒋先后任议长。一届会议于 1940 年 10 月届满之后，决定将议长制改为主席团主席制，由五位人士共同担任主席。改制的意图是，接纳其他党派和无党派人士参加，以改变国民党的独裁形象。关于五位主席人选，蒋是其中之一，另有一人内定为无党派人士，而剩下的三位党派人选尚未确定。

2 月 16 日王世杰记载："今晨与蒋先生谈及参政会主席团事。蒋先生嘱先征左舜生、张君劢意见。"④ 左、张时任青年党、国社党领导人，先征左、张意见，也就是二人已被列入主席团候选人。现在，仅剩一个党派人士席位尚未确定。

当张冲 24 日传回中共可能撤回删电的消息后，参政会主席团所剩下的一个人选亦随之明朗起来。2 月 25 日，王世杰与蒋磋商此问题，并向蒋提出一个大胆的建议。王记载："今晚与蒋先生商参政会主席团人选。

---

① 《王世杰日记》，1941 年 2 月 19 日。

② 《毛泽东年谱》中卷，第 275 页注①。

③ 《王世杰日记》，1941 年 2 月 24 日。

④ 《王世杰日记》，1941 年 2 月 16 日。

予谓周恩来表示共产党希望有一人加入主席团，是否可将毛泽东列入。”但王关于毛的提名立即被蒋否决，“蒋先生谓如选共产党党人，仍以周恩来为宜”①。

蒋在毛与周之间的这一选择，其深层的考虑本文暂不论及。总之，蒋与王的此一磋商，实际上就是国民党方面为中共出席参政会而准备的开价。也就是说，中共如果撤回删电而出席参政会，中共人士即可列入主席团人选。

2 月 26 日晚王世杰约见周恩来。王记载：“今晚予约周恩来在参政会秘书处面谈。予告以（一）国共关系，不能善化则必然恶化；（二）参政会行将集会，可使局势善化，亦可使局势恶化；（三）共产党毛泽东等参政员致秘书处删电提出十二款并表示不能出席，是使局势恶化。故予盼其将原电稿撤回。周答称国民党正加紧反攻，故共产党党出席参政会亦无益。但彼愿电延安再答复。”②

王的核心意思是要求中共撤回删电而出席参政会，但二人显然未谈拢。王似乎未向周透露交换条件，即中共撤回删电便可入选主席团，不过王此次出面见周的意图，无疑是开价内定之后，亲自评估成交的可能性。

参政会数日之后即将开幕，而中共是否出席仍不确定，在此情况下，蒋启用了一位说客，游说中共，此即第三方面。

关于第三方面在本次参政会期间展开政治斡旋的经过，当年，梁漱溟在香港撰文予以详细披露。据梁记载，皖南事变发生之后，为调解国共纠纷，由梁执笔起草了一个四条方案，2 月 24 日，经张澜、黄炎培、左舜生、张君劢等多人签名之后，成为第三方面正式的调解方案。

该四条核心是两条：其一，此次参政会中共参政员之出席必不可少；其二，由各方面组成一个委员会，解决国共纠纷和其他问题。委员会又称特种委员会或党派委员会，由国共和第三方面共同组成，一旦成立，第三方面便可在中国政治中发挥实际作用，因此组建特种委员会才是第三方面真正的着眼点，因为这才是他们的实际利益所在。

---

① 《王世杰日记》，1941 年 2 月 25 日。

② 《王世杰日记》，1941 年 2 月 26 日。

2 月 25 日，梁漱溟等就该案与周恩来磋商。梁记载，周恩来表示："四条主张甚好，若得当局接受，则他们出席，亦即不成问题。"① 周未经请示延安即明确表示当局若接受四条中共即可出席参政会，周所以敢于做此承诺，无疑是基于一个判断：当局不会接受四条，尤其是特种委员会。

在从中共方面拿到此一承诺之后，2 月 27 日，黄炎培、张君劢、张澜等见蒋，向蒋面交四条。黄炎培记载：与蒋"谈组织特种委员会事，甚洽"②。这就是说，对于第三方面所提条件，尤其是特种委员会，蒋采取了相当爽快的合作态度。

以蒋的政治经验而论，他完全明白第三方面的核心利益在特种委员会，蒋所以满足其此一要求，就是要以此抓住其核心利益，从而将其吸引过来。在蒋做出此一承诺之后，问题也就回到中共一方。现在，形成这样一个局面：中共如不出席参政会，特种委员会也就难以成立，为此，第三方面必然全力动员中共出席。

以 2 月 27 日为标志，第三方面成为蒋的说客。蒋的此一策略，就是将中共是否出席参政会与是否成立特种委员会互为挂钩。此一挂钩事实上成为蒋与第三方面的交换条件。

在与蒋"甚洽"的谈话结束之后，梁漱溟等随后约见周恩来、董必武，"与周董切实商讨，请其撤回那不肯出席的通知书。周董二君迄未同意，仅允电延安请示"③。通知书指删电。这就是说，在蒋满足第三方面要求之后，其立场立即发生变化，反过来要求中共撤回删电。

27 日，周、董致电延安，报告与第三方面的商谈情况，表示：蒋介石现用一切力量骗我们出席参政会，我们决不上当。他想以各党派委员会作为我们出席参政会的交换，我们也决不交换。④ 周将党派委员会（即特种委员会）视为蒋与中共的交换条件，此时，周尚不知蒋已安排了与

---

① 梁漱溟：《我努力的是什么》，中国文化书院学术委员会编：《梁漱溟全集》第 6 卷，山东人民出版社 1993 年版，第 163 页。梁文于 1941 年 9—11 月在香港《光明报》连载。

② 《黄炎培日记摘录》（中国社会科学院近代史研究所中华民国史研究室编：《中华民国史资料丛稿》增刊第 5 辑），1941 年 2 月 27 日，中华书局 1979 年版。

③ 《梁漱溟全集》第 6 卷，第 164 页。

④ 《毛泽东年谱》中卷，第 277 页。

中共的另一交换，即选举周为参政会主席团主席。如前所述，蒋与王世杰25日晚已基本内定此一安排，但并未向外披露，因为，同样一个方案，提出的方式不同，其效果与作用也就不同。蒋还在待价而沽。

2月28日，参政会开幕前一日，各方斡旋达到最高点。是日上午，褚辅成、黄炎培等见蒋，王世杰在座。王记载："今晨褚辅成、黄炎培诸人复向蒋先生提议，选举周恩来为参政会主席团主席之一。蒋先生应允，□以共产党参政员出席大会为条件。予亦力赞其议。"[①] 这就是说，关于周恩来的此一安排，出自第三方面"提议"，然后蒋再予以"应允"。既然蒋接受了此一条件，这样，蒋也就有足够的理由提出反条件：中共必须出席参政会。按照交易规则，蒋明确开出与中共的交换条件。

黄炎培也记载了当天的谈话：上午"十一时再进见委员长……委员长对特种委员会完全同意，嘱起草规程，并拟议人选，容纳各党派，内包中共。惟对中共参政员出席问题，如决定不出席，惟有根本决裂"[②]。

王世杰与黄炎培均为当日在场的直接当事人，王仅记载了周恩来列入主席团一事，而黄则仅记载了特种委员会一事，反映了二人不同的关注点。其实，两者都是蒋针对中共走出的两步棋，不同的是，一步走直线（主席团），另一步则走曲线（委员会）。

这样，2月27日、28日两日之内，蒋接连开出两张支票：其一，同意第三方面的提议，设立特种委员会；其二，同意第三方面的提议，将周恩来列入主席团候选人。二项承诺的直接对象都是第三方面，从而最大限度地将其吸引。

蒋要求黄炎培等起草特种委员会章程并拟议人选，愈是催促此事，愈具诱惑作用。在将对方的欲望充分调动起来之后，蒋再变换一个面孔，厉言中共如不出席"惟有根本决裂"。显然，国共如果根本决裂，特种委员会也就没有意义了。先哄后吓，一拉一打，在蒋的恩威并施的两手政策之下，第三方面的立场开始转向。28日由蒋处辞出之后，黄炎培等随即约见周恩来等，"告周、董、邓，认为此是分水岭关头，促其最后注

---

① 《王世杰日记》，1941年2月28日。

② 《黄炎培日记摘录》，1941年2月28日。

意”①。所谓分水岭，就是把蒋的“根本决裂”一语换句话说出。

关于第三方面此次立场的动摇，中共南方局统战委员会后来在一报告中这样指出：第三方面最初“提出四项意见，其中主要者为：参政会必须共党出席，要求设立各党派委员会，以调解国共关系与商讨国家大计……他们原来准备万一当局不能接受，即不出席参政会，后见当局极表同情，并请他们来劝我出席，故他们转而来劝我出席。”②

由准备不出席转而劝告中共出席，第三方面的立场都是以特种（党派）委员会成立与否为依归。由于蒋抓住了其核心利益，这样，至少在本次参政会，第三方面未能成为中共的同盟军。

2 月 26 日，毛曾致电周恩来，判断：国内外形势日益对我有利，“蒋介石手忙脚乱之时快要到了”③。这一回毛低估了蒋，蒋并未手忙脚乱，而是为中共布下圈套。

参政会对弈

蒋于 28 日上午明确开具交换条件之后，国民党方针随之明确。当日下午，国民党籍参政员召开党团会议，黄炎培记载：“是日下午，国民党召集党员为参政员者提出主席五人候补——蒋委员长、张伯苓、张君劢、左舜生、周恩来，如共党不出席，则改选吴贻芳。”④ 由于国民党在参政会居于绝对多数，国民党这个方案，实际上就是参政会方案。

3 月 1 日上午，二届一次参政会在重庆开幕。当日大会的一项主要议程，就是选举主席团主席。是日清晨大会召开之前，周恩来告诉通宵在中共办事处坐候消息的黄炎培和梁漱溟，由于延安复电未到，中共不便出席。梁记载：二人正欲前往参政会，“忽于电话上，蒋公亲语黄先生，嘱我们代表他，敦劝董、邓两参政员速即出席……我们只得再跑去劝驾，他们自然不肯来”。反复辗转两党之间，第三方面的情绪肯定要发生变化。

---

① 《黄炎培日记摘录》，1941 年 2 月 28 日。周、董、邓指周恩来、董必武、邓颖超。

② 《南方局统委关于争取中间分子之经过及其经验》（1942 年 7 月），《南方局党史资料·统一战线工作》，第 76、77 页。

③ 《毛泽东年谱》中卷，第 277 页。

④ 《黄炎培日记摘录》，1941 年 2 月 28 日。

当黄、梁二人到会时，大会已经开幕，由于中共参政员未到，“蒋公当表示可以等待他们一天。于是由黄炎培、张君劢等四十二人临时动议，将下午大会停开，所有主席团的选举改在第二天举行。为是等到他们出席后，便可选出周恩来参加主席团”①。

停开大会以候中共的建议出自王世杰，王记载：大会“开幕后，本拟即时举行主席团之选举。予以共产党参政员既尚称方待延安回电，遂临时商得蒋先生同意，将选举延至明晨举行”②。

参政会停开，意味着国共围绕参政会的对决即将摊牌。延期动议通过之后，当日中午黄炎培等再见周恩来，黄记载：“及决议展期，复偕君劢于十一时半转达周等，作最后之劝告。”③ 所谓最后之劝告，意即第三方面的调停将告结束。

3月1日周恩来致电延安：“此次参政会我们得了大面子，收了大影响。蒋亲提主席名单，昨夜今朝连续派两批特使迎董、邓……最后延期一天，蒋被打得象落水狗一样，无精打采的讲话。全重庆全中国全世界在关心着、打听着中共代表究否出席，人人都知道延安掌握着团结的人是共党中央。”④ 周称得了大面子，表明周估计时局仍然是有利的。

3月2日毛复电周恩来：“昨夜书记处会议讨论来电，反复讨论，认为蒋介石正发动一切压力迫我屈服，我若出席，则过去有理有利的政治攻势完全崩溃，立场全失，对我一切条件他可完全置之不理，一切文章不能做了，因此决不能无条件出席。”⑤ 毛的意思是，中共如果无条件出席，等于自动放弃12条，以后的文章便不好做了，因此必须有条件出席。

为表示让步，3月2日，中国共产党又向参政会秘书处提出一新12条，以此作为出席条件。其中包括第18集团军之外再编一集团军，发还皖南所有被捕人枪等，最后一条是中国共产党代表加入参政会主席团。中国共产党将此一要求列在最后一条，这是在告诉蒋，中国共产党并不

① 《梁漱溟全集》第6卷，第164、165页。董、邓指董必武、邓颖超。

② 《王世杰日记》，1941年3月1日。

③ 《黄炎培日记摘录》，1941年3月1日。

④ 转引自中共中央文献研究室《周恩来传》，人民出版社、中央文献出版社1989年版，第497页。

⑤ 《毛泽东年谱》中卷，第279页。

看重此一职位。

梁漱溟记载："3 月 2 日黎明，我同黄先生又用电话询问周君。复言延安电报已到，我们正色然而喜，却不料其又有十二条的提出。""同人皆感失望，不能赞一词。"① 另一当事人黄炎培记载：3 月 2 日晨"七时二十分，送到周、董、邓函，提出新十二条，在未接受未得保障以前不出席……此事遂告一段落。我认为此是中共政策改变之故。否则条件亦已优厚，在往时求之不得了"②。

从"促其最后注意"，到"作最后之劝告"，再到"不能赞一词"，第三方面倾向与情绪的变化是清楚的。总之，当周恩来认为中国共产党得了大面子之际，由于第三方面转向，参政会的局面正在发生逆转。

3 月 2 日上午，参政会选出蒋中正、张伯苓、张君劢、左舜生、吴贻芳五人为主席团主席。

3 月 5 日毛在政治局发表讲话："蒋动员所有小党派向我们要求出席参政会……这一次我党周恩来、董必武、邓颖超三个战士坚持了党的立场……我们的孤军奋斗是有极大的意义。"③ 从数日之前的"大面子"骤变为"孤军"，此即情况变化的反映。

3 月 5 日晚，张群告诉梁漱溟一个消息："蒋公定于明天（6 日）亲自代表国民政府，向参政会宣布共产党事件。"张群所以向梁透露此一消息，就是要将梁再一次调动起来。当晚梁再访周恩来并提出两条意见："一、当局决定明日作一宣布……所以我来请教你，要赶在今夜明晨洽商一结果，俾大局从此转圜。二、最好集中到一个委员会问题来商量。"④

所谓委员会就是特种委员会。梁要求中共集中商讨委员会，意即劝告中共放弃 12 条，此一要求再次反映了第三方面与中共之间不同的政治利益。中共的双 12 条，其核心都是新四军，问题在于，新四军与第三方面没有直接的利益关系。相反，特种委员会由于第三方面可以参加，因而在一定程度上直接体现了第三方面的现实利益。正因为蒋抓住了这一

---

① 《梁漱溟全集》第 6 卷，第 165 页。

② 《黄炎培日记摘录》，1941 年 3 月 2 日。

③ 《毛泽东年谱》中卷，第 280 页。

④ 《梁漱溟全集》第 6 卷，第 167、168 页。

点，不仅将第三方面吸引过来，并且将其反复调动起来。由于梁之要求不可能为周接受，因此第三方面与中共的距离将进一步拉开。

3 月 6 日，蒋在参政会发表讲话，集中攻击中国共产党的双 12 条，同时攻击中共向参政会提出出席条件这一方式，称此要求是“要在国民参政会有特殊的地位与特殊的权利，而政府在参政会中对各党派和无党派的参政员，不得与中共有一律平等的待遇”①。在这里，蒋把中国共产党的出席条件与各党派的平等联系起来，以平等的名义孤立中国共产党。

在蒋的诱导之下，本次参政会最具看点的一幕发生了。3 月 6 日下午，针对中国共产党的出席条件，由无党籍参政员王云五领衔提出一项议案，表示：“本会为国民参政机关，于法于理，自不能对任何参政员接受出席条件，或要求政府接受其出席条件，以为本会造成不良之先例。”②该提案当即被参政会全票通过。

由无党籍的王云五领衔提出该案，意在体现该提案超党派的中立性质，其实，王云五在提出之前曾与国民党方面磋商。王世杰记载：“此项决议案系王云五提出，事前经予与商洽。”③ 可见该案并非超党派。该案被中共称为反共决议。

中共的双 12 条，其条件本身是向政府提出，本来，接受与否只应由政府回答。但是，中共双 12 条所具体提交的单位，则又是参政会秘书处，因此也可以理解为向参政会提出。王云五提案之巧妙便在于，将一个本应由政府回答的问题以参政会的名义接过来，然后，依据参政会章程，再以参政会的名义予以拒绝。因为，参政会作为一个各党派和无党派人士的议事机构，当然不能接受任何党派的出席条件。况且，18 集团军之外再编一集团军等要求，也是参政会无权解决的。

参政会此一议案的通过，将新四军问题复杂化，也使国共对峙的态势复杂化。

中国共产党的双 12 条其实质是新四军问题政治解决的条件。王云五

---

① 《中华民国重要史料初编——对日抗战时期》第 5 编（2），第 553—559 页。

② 《参政会通过重要决议　盼望共产党参政员出席》，《中央日报》1941 年 3 月 7 日，第 2 版。

③ 《王世杰日记》，1941 年 3 月 6 日。

提案从现象上看，它所否决的并非中共条件本身，而是向参政会提出出席条件这一方式，但实际上两者很难截然分开。因此，参政会的否决，等于否决了中国共产党的双12条。问题在于：中国共产党的双12条如果仅仅被国民党拒绝，那么，只是一对一的局面，现在则是被各党派和无党派人士全体拒绝，这就在一定程度上改变了国共对峙的态势，把蒋从一度十分孤立的状态下解脱出来。更为重要的是，中国共产党的双12条，它是中国共产党为皖南事变所发动的政治攻势的主要体现，而参政会的否决，等于为蒋抵挡并化解了这一攻势。

向参政会提出出席条件，仅就方式方法而论确有不妥之处，此后，中共不再采用这一方式。

中共对时局的观察与评估

参政会临近闭幕之际的一项主要议程是选举驻会委员，所谓驻会委员，亦即具有一定的常委性质。先前，在中国共产党拒绝出席的情况下，周恩来被排除主席团人选，这一回又将如何？

3月8日王世杰记载："今午予与蒋先生商参政员驻会委员人选，予力主仍应令共产党参政员董必武选入。蒋先生应允。"① 这项安排显然是保留余地之意。

3月9日参政会选出25位驻会委员，其中包括董必武。10日，二届一次参政会闭幕。

3月12日，毛在政治局发表讲话，认为此次参政会已变为反共的反动的舆论机关。政治局会议决定，中共对此次参政会采取不理态度。② 所以不理而不是反击，显然是投鼠忌器，避免伤及第三方面，从而避免为渊驱鱼，为丛驱雀，把这批人推向国民党。

当然，不理并不等于完全沉默。3月16日延安《新中华报》发表社论："现当国民党及政府当局决心反共之时，无论共产党参政员出席与否，国民党及政府当局利用参政会作为破裂反共工具的政策绝不会有所

① 《王世杰日记》，1941年3月8日。

② 《毛泽东年谱》中卷，第281页。

改变……就是说，参政会此次绝不能不成为政府实行反共计划的御用工具。”① 反共的御用工具，此即中国共产党对本次参政会的政治定性。

第三方面这一回充当了蒋的说客。黄炎培对中国共产党坚拒出席参政会甚为不解，认为蒋之开价“条件亦已优厚，在往时求之不得了”。问题在于，蒋之优厚条件是在皖南事变的背景下开出的，目的是要将国共裂痕敷衍过去。而中共所以提出蒋不可能接受的双 12 条并坚拒出席参政会，就是不能让蒋把皖南事变敷衍过去。毛的总体意图是这样的：“只要此次高潮下降，‘剿共’停顿，将来再发动高潮，再举行‘剿共’就困难了……”② 黄与毛之区别便在于，黄着眼于局部与眼前，毛则着眼于全局与将来，因此双方对问题的认识必然产生差异。

王云五的提案所以能够全票通过，关键在于第三方面投了赞成票。③所以出现此一局面，关键又在于蒋满足了其核心要求，同意设立特种委员会。也就是说，蒋对第三方面的开价，这才是“往时求之不得”的。这一回蒋充分运用现实利益的杠杆作用，不仅将第三方面吸引过来，而且将其反复地调动起来。

尽管如此，中国共产党对第三方面的基本定位并未改变。3 月 22 日，中共中央在一政治情报中指出：“中间阶层在这次斗争中的立场，是动摇不定的，但依然处在中间地位。”“这些中间派可以大体分为三类：一是小资产阶级的代表，如救国会及第三党，与我最接近，是最同情我们的；一是民族资产阶级的代表，如黄炎培、张澜等，对大资产阶级不满，但在紧要关头，便成和事佬；一是失意政客，如张君劢、左舜生等，希望从国共纠纷中谋自己升官发财的利益，得了参政会主席团时面目就变了。但因他们都反对国民党的一党专政……所以仍是一种中间地位。”④

这些话的核心意思是，无论第三方面如何动摇，但其作为具体的政治党派，天然具有反对国民党一党制的政治本质，因此从本质上讲，第

① 《拥护我党七参政员拒绝出席本次参政会》，《新中华报》1941 年 3 月 16 日，第 1 版。

② 《毛泽东年谱》中卷，第 270 页。

③ 中共中央党史研究室《中国共产党历史》一书称，中共 12 条提出之后，“赢得中间势力的拥护和支持”（第 1 卷下册，中共党史出版社 2002 年版，第 729 页），不知根据何在。

④ 《中央一九四一年三月政治情报》，中共中央书记处编：《六大以来》（上），人民出版社 1981 年版，第 1159 页。

三方面不可能完全倾向国民党，而仍然居于中间地位。

国共各自开具的参政会出席条件，其实质就是各自开具的皖南事变政治了结的条件。双方在这场条件对决过程中，由于中国共产党的条件被参政会全票否决，从现象上看，蒋似乎成为胜出的一方，但毛并不这样看问题。

国共的出席条件，其实质之一就是各自为皖南事变的定性，亦即军令问题还是政治问题。中共如果无条件出席参政会并接受主席团主席一职，只能证明国共之间没有重大的政治裂痕，这样，皖南事变实际上便归结为蒋之定性——军令问题，与马谡或者韩复榘等性质相同。

中国共产党的双 12 条，其真正的意图就是要将皖南事变的政治性质暴露出来。3 月 12 日毛致电周："我们的攻势（双十二条及不出席）结果，迫得蒋介石作正面回答，却把问题公开了……蒋原欲把问题缩小，现在却扩大了（由军事问题扩大到政治问题、党派问题）。"① 把蒋对问题的定性改变过来，此即中共的收获。

其实，还在中国共产党的条件提出之际，毛就根本没有指望蒋能够接受。2 月 14 日毛向周恩来交底："我们目的不在蒋承认十二条或十二条之一部分，他是不会承认的……而在于以攻势打退攻势。""对于一个强力进攻者把他打到防御地位，使他不能再进攻了，国共暂时缓和的可能性就有了。"② 把蒋打到防御地位，此即毛对全部问题的着眼点。

那么，经过参政会的较量，毛对国共之间的攻防态势怎样评估？3 月 12 日毛致电周："蒋六日演说及参政会决议仍是一打一拉的两面政策，我们七参政员齐电，亦是一打一拉的两面政策，这种拉锯式的斗争将延下去，就是所谓拖。"毛继续分析道：蒋 3 月 6 日的演说是"一种阿 Q 主义，骂我一顿，他有面子，却借此收兵，选举必武为常驻委员及近日西安放人似是这种收兵的表现"。③

在董必武拒绝出席的条件下，却选举董为驻会委员，毛将此举视为

---

① 《毛泽东年谱》中卷，第 282 页。

② 中共中央文献研究室编：《毛泽东文集》第 2 卷，人民出版社 1993 年版，第 330 页。

③ 《毛泽东年谱》中卷，第 282 页。齐电指参政会否决中国共产党出席条件之后，3 月 8 日毛等复参政会秘书处电。

“收兵”。收兵标志着蒋已被打到防御地位，这样，国共暂时缓和的可能性已经产生。

结束语

皖南事变是抗战时期国共之间最为严重的一次政治危机，两党合作能否继续，成为中国政治的焦点。周佛海在参政会闭幕之际写下这样一段日记：“渝方与共党已公开决裂，共党代表不出席参加〔政〕会，则提出要求多种，蒋向不公开指责共党，此次在参政会演说，竟公开攻击。此时渝共决裂，两均不利。”① 从汪伪的视角看问题，周佛海尚且懂得渝共决裂两均不利，这就足以说明，合作仍然是国共的最高利益。周佛海尚且明白这个道理，当然，毛与蒋更能体察其中的利害。

皖南事变发生之后，苏美均进行过干预，但是，国共合作所以没有破裂，说到底，还是因为两党的两位主帅实际上都没有彻底决裂的打算与决心。正因为如此，双方在摆出强硬姿态（两道命令）的同时，又都采取了相应的设限措施（八路军），从而为合作留下余地。

重庆当局在皖南事变的善后处理过程中，蒋的身旁始终围绕着两个集团，一个是以何应钦、白崇禧、徐永昌、刘斐为主的强硬派，另一个是以王世杰、张治中、贺耀祖、张冲为主的温和派。蒋则居中，反复地运用这两派力量，对中共实施两手政策，一打一拉，再打再拉。

但是，正如中共中央所指出的那样：“蒋介石在这次斗争中，遭遇到真正的劲敌与攻不开的堡垒。”② 蒋所以能够局部攻开第三方面的堡垒，但却始终攻不开中共的堡垒，根本原因便在于，毛泽东同样采取了两手政策，以打对打，以拉对拉。

3 月 18 日，毛泽东为书记处起草了一份关于时局的通知，对第二次反共高潮的全过程做出总结。毛泽东指出：“从何白‘皓电’（去年十月十九日）开始的第二次反共高潮，至皖南事变和蒋介石一月十七日命令达到了最高峰；而三月六日蒋介石的反共演说和参政会的反共决议，则

---

① 《周佛海日记》上，1941 年 3 月 11 日。

② 《中央一九四一年三月政治情报》，《六大以来》上，第 1160 页。

是此次反共高潮的退兵时的一战。时局可能从此暂时走向某一程度的缓和。”①

在这里，毛泽东将第二次反共高潮的全过程分作三个阶段：开始、高峰、退兵。总括而论，从1月17日重庆军委会的命令到3月18日毛泽东的通知，历时两个月，这是皖南事变政治收场的阶段。在此期间，双方围绕新四军问题的解决条件，展开了反复的较量，最终，互有胜负，国共对峙转入“拖”的局面。此后，双边关系仍将在既合作又对立的双重架构之下，实行长期的“拉锯式”合作。

---

① 《毛泽东年谱》中卷，第283页。

蔡锷与小凤仙

——兼谈史料辨伪和史事考证问题*

曾业英

一 缘起

首先要说明一下我为什么写这篇文章，因为比较严肃的历史论著似乎都不愿深谈或者回避这个问题。

1914—1915 年蔡锷任职袁世凯北京中央政府期间，结识了南城陕西巷云吉班一位自称“小凤仙”的风尘女子。这在那个年代本是一件无足挂齿的寻常小事，据时人说：“北人视狎妓为极平常之事，父子兄弟可以同往，不过借之以销长昼，未必尽有醉翁之意，故人人趋之若鹜。”① 但因这事正好发生在蔡锷京津脱险，海天万里，间关入滇，发动反袁称帝的惊天大事之前，于是便成了各种社会媒体长盛不衰的热门话题。

就我所接触的资料来看，蔡锷这时确与小凤仙有所交往，而且还有迹象表明，当时无论民间还是官场，对于此事均有传闻。不过，在蔡锷逝世以前，却没有发现关于此事的任何直接记载，甚至连“小凤仙”三个字也不见于各种报刊，仅仅偶尔见到事态明朗化以后，才能理解的零星半点暗示性记载而已。如与蔡锷暗中有联系的欧事研究会成员 1915 年

---

* 本文原载《近代史研究》2009 年第 1 期。

① 梦余：《都门忆语》，《小说新报》第 1 年第 4 期，1915 年 11 月。

10 月 10 日创办的、公开反对袁世凯称帝的上海《中华新报》，就曾在蔡锷逝世以前含糊其词地报道过蔡锷是“变服乘骡车出京”的。[①] 稍后，《香港时报》也在一篇时评中提及：蔡锷终于“天相豫州，犹能脱离曹阿瞒之圈套，蛟龙得云雨，终非池中物。吾为蔡氏个人庆，吾为吾党前途贺也。雪巾车之耻，鞭平王之尸，勖哉。”[②] 两则报道都没有直接说出小凤仙的名字。据蔡锷留学日本士官学校时的同学哈汉章后来说，前者是他和刘成禺、张绍曾、丁槐等人在蔡锷离京后为洗刷他们与此事有关的嫌疑，故意“以小凤仙坐骡车赴丰台，车内掩藏松坡”，向袁世凯政府报告的假消息。[③] 如无哈汉章这事后的说明，后人很难明白这两则报道的真正含义，更难以知晓后者所云“巾车之耻”，实际指的也是上述《中华新报》所报道的假消息。所谓“巾车”，就是“有车衣遮盖的车子”，暗指蔡锷当日离京乘坐的是小凤仙的骡车。

但是，自 1916 年 11 月 8 日蔡锷逝世以后，小凤仙的名字和形象便开始频繁出现在当时的报刊和戏剧舞台上了，并由此引起社会的广泛注意。个人迄今所见，在报刊上第一次明确提到小凤仙三个字及其与蔡锷关系的文章，是署名戒甫的作者撰写的《蔡公松坡之轶事四则》，它发表在蔡锷逝世后的第四天，即 1916 年 11 月 12 日《长沙日报》的《文艺丛刊》上；在戏剧舞台上第一部涉及蔡锷与小凤仙关系的剧目《再造共和之大伟人蔡锷》，也是 1916 年 11 月 12 日这一天，在上海《申报》刊出民鸣社的大幅广告，说“十七夜准演双出好戏，《再造共和之大伟人蔡锷》”，其广告词曰：“共和民国得蔡先生而更生，洪宪皇帝为蔡先生而竟死，凡我国民方冀先生身任艰巨，利民福国，不料先生从此去矣，痛哉。本社因即择先生如何反对帝制，如何寄情声色，如何摆脱侦探，如何出险起义，如何被刺不成，如何血战入川，如何再造共和，一一演诸舞台之上。我人〔国〕之人痛先生之死，若人人见蔡先生之事，而人人志先生之志，民国不死，则蔡先生虽死犹生，得不死矣，可不观乎？”紧随其后，民兴社也预告“念一（二十一日）晚准演双出好戏《蔡松坡》”，表示会“将

① 《蔡松坡变服出京之详情》，上海《中华新报》1915 年 11 月 29 日，第 2 版。

② 军魂：《时评二：蔡锷》，《香港时报》1915 年 12 月 6 日，第 5 页。

③ 刘成禺、张伯驹：《洪宪纪事诗三种》，上海古籍出版社 1983 年版，第 170 页。

蔡先生在京如何被帝制派监视，如何遣眷脱身，如何入滇举义，如何得病，一一演将出来”。[①] 而笑舞台则推出新编歌剧《筱凤仙哭祭蔡锷》，说：“筱凤仙与蔡锷究有何等关系，筱凤仙何以哭祭蔡锷，恐知之者甚鲜，本舞台访得实情，编成斯剧……定于（十二月）十一夜开演。”[②] 蔡锷家乡湖南新剧社也不甘落后，随即于《长沙日报》刊出广告，说准于 12 月 16 日在长沙育婴街上演“政治新剧《蔡松坡》”，剧中人物包括袁世凯、袁克定、蔡锷、唐继尧、小凤仙、小凤仙的母亲、云吉班主等数十人。[③] 小凤仙的名字就是从这时起开始出现在各地戏剧舞台和报刊媒体上的。而蔡锷与小凤仙的故事，能如此神速搬上舞台，也说明他们的交往，早已引起社会各界的注意，否则，何能在蔡锷去世仅仅四天，至多也不过一个月，就写出剧本，完成排练，公开上演呢?

蔡锷的逝世，揭开了他与小凤仙话题的历史序幕，此后几乎每个历史时期，都有文艺工作者和历史研究者依据新的价值观，重提他们这段往事。20 世纪二三十年代，有人以《英雄美人》为题再次将其搬上舞台。[④] 1948 年，又有人写就三幕历史剧《袁世凯》，述及蔡锷如何逃出北京。[⑤] 50 年代以后，我国内地虽一度失声，而台港澳地区却热度不减，1953 年香港推出电影《小凤仙》，饰演小凤仙的李丽华一炮打响，成了耀眼的电影明星。1981 年 10 月，大陆在改革开放中隆重纪念辛亥革命 70 周年，北京电影制片厂将蔡锷与小凤仙的故事拍成电影《知音》，在全国各地上映，风靡一时，扮演蔡锷的王心刚还因此荣获第五届《大众电影》百花奖最佳男演员奖。与此同时，以此为题材的各类戏剧节目，如话剧《一代风流》、同名京剧与越剧《蔡锷与小凤仙》、其他剧种《大将军与小凤仙》，等等，也在各地纷纷上演。稍后，刘晓庆又集资拍摄了由其亲自饰演小凤仙的电视连续剧《逃之恋》，长达 30 集。这些戏剧影视节目，以其特有的传播方式和感染力量，不但使蔡锷

---

① 《申报》1916 年 11 月 16 日，第 4 张第 16 版。

② 《申报》1916 年 12 月 4 日，第 4 张第 13 版。

③ 《长沙日报》1916 年 12 月 16 日，第 1 张。

④ 熊月之、周武编：《陈旭麓文集》第 3 卷《思辨留踪》，华东师范大学出版社 1997 年版，第 370—376 页。

⑤ 《蔡锷如何逃出北京》，《宇宙文摘》第 3 卷第 2 期，1948 年 2 月。

的英名重放光彩，也使小凤仙成了家喻户晓的人物，时至今日，仍有众多蔡锷“粉丝”，对这一历史话题津津乐道，谈论不休。打开 Google（谷歌）网页，输入“蔡锷与小凤仙”6 字，竟可搜寻到数万条相关信息。学术界的状况似较影视戏剧界略显寂寞，检视当今各种严格意义上的历史著作，如《辛亥革命史》《中华民国史》等，对蔡锷与小凤仙这桩历史公案几无只字提及。① 但也有多种离不开这一话题的论著问世，仅 20 世纪 80 年代以后就有多家出版社推出《蔡锷传》，并首次出版了专题著作《护国运动史》，至于相关文章就更多了，著名历史学家陈旭麓为让观众在欣赏电影《知音》和戏剧之余，能观其戏而知其人，“就历史写了《小凤仙其人》”、《再谈小凤仙》两文，可说是这方面的代表作。②

这些戏剧影视节目和学术论著意在告诉人们什么？娱乐之外还有没有共同的思想指向？除少数学术论著对个别问题存在不同意见的讨论外，多数舆论在主要问题上的认识似已取得一致，那就是小凤仙是“爱国名妓”，云南护国起义的“幕后人物”，蔡锷“最后靠了小凤仙掩护的力量，终究脱离藩笼”，“从北京到了……云南”，论起小凤仙“对于国家的功勋”，实在不下于当时的蔡锷，堪称“造时势的巾帼英雄”。③ 对于蔡锷与小凤仙的关系，则普遍认为他们的“相恋”，“并非乌有，确是中国人民反帝反封建斗争史上的一则佳话，富有传奇色彩”。④ 经过众多戏剧影视节目的渲染，这些基本看法更得到了充分的认可，几乎成了社会的共识，以为这就是蔡锷和小凤仙的真实历史。

---

① 王天奖、刘望龄主编的《辛亥革命史》说：“蔡锷即以赴日就医为由，躲过袁世凯的监视，辗转绕道日本、台湾、香港、越南，历时一月，于 12 月 19 日潜抵昆明。”只字未提“小凤仙”事（该书下册，人民出版社 1981 年版，第 502 页）。张宪文等人所著《中华民国史》说：“1915 年 11 月初，蔡逃离北京，到达天津，接着又于 11 月 18 日乘轮离津赴日。”也只字未提“小凤仙”事（该书第 1 卷，南京大学出版社 2006 年版，第 168 页）。朱汉国、杨群主编的《中华民国史》说：“一切部署停当后，蔡锷、梁启超以治病为由摆脱袁世凯的监视，逃离京津。”同样只字未提“小凤仙”事（该书第 1 册，四川出版集团、四川人民出版社 2006 年版，第 58 页）。

② 陈旭麓仙逝后，其弟子编辑纪念文集《陈旭麓文集》时，将上述两文删订联缀成《小凤仙其人》一文。参见《陈旭麓文集》第 3 卷《思辨留踪》，第 370—376 页。

③ 邢鹏举：《赛金花和小凤仙——中国近百年史中的两个名妓》，《天地》1944 年第 6 期。

④ 《小凤仙其人》，《陈旭麓文集》第 3 卷《思辨留踪》，第 370 页。

然而，这些共识有可靠的事实根据吗？历史的真相是这样吗？小凤仙和蔡锷究竟是什么关系？是她掩护蔡锷脱险京津的吗？既然蔡锷与小凤仙一事历来是社会的热门话题，近年来更是被互联网炒得沸沸扬扬，真假难辨，那么，作为历史研究者便不能无动于衷，一味三缄其口，采取回避态度，或者模棱两可，搪塞了事，而应努力追求历史的真实，对其做出符合或者接近历史真相的解释，否则，任凭那些似是而非的所谓“社会共识”不胫而走，久而久之，就会为某些好走偏锋，轻视有案可稽的文献资料，片面强调应从“历史传闻”中寻找“历史真相”的所谓“创新”高手提供更多的依据，使这桩历史公案成为更加离奇复杂、难以破解的历史之谜。这是我所以步人后尘，也来凑个热闹，谈谈蔡锷与小凤仙这个热门话题中的是是非非的主要原因。需要说明的是戏剧影视作品并不是历史著作，作为艺术自有其追求票房价值，吸引观众眼球，进行虚构、加工、美化的理由，本文对此不予置评，仅从历史学求真求实角度，对蔡锷与小凤仙这一话题作一探求，权当抛砖引玉的个人意见，呈请专家学者批评指正。

二　小凤仙的身世

小凤仙这个名字，今天虽已家喻户晓，但人们对她的了解并不多，直到 1981 年 10 月，陈旭麓写了《小凤仙其人》一文，在上海《文汇报》发表后，经过多种媒体的传播，才使更多的人有了如下的印象：（1）“她是杭州旗籍武官的女儿”；（2）她在北京云吉班时的年龄，“当是一个 17 至 19 岁的姑娘”；（3）“她通文字，能阅书报，这是她比一般妓女较有身价的地方”。[①] 但到底是不是这样，可信度如何，还有什么新情况，并未深入探究过。陈旭麓这三个推论，基本来源于地理学家、佛学家张相文《南园丛稿》中的《小凤仙传》和曾孟朴之子曾虚白所撰《曾孟朴年谱》。有学者指出陈旭麓所据两种“史料可以引用”，理由是张相文《小凤仙传》发表时间“最早，出版于一九一八年”，张相文又是“一位治学严谨的学者，绝非‘稗官者流’”。而曾虚白则为“孟朴公之哲嗣，子写

---

① 《陈旭麓文集》第 3 卷《思辨留踪》，第 371 页。

父传，应不会作假”。况且“著名报人陶菊隐也承认《曾谱》为‘着实之笔’……所以，三者互证，可以结论”。[①]

这位学者的史料辨伪意识值得赞赏，但认为依据上述史料就可以下“结论”了，则不敢完全苟同。以最早的史料作为选用标准当然有一定道理，遗憾的是他未对张相文的《小凤仙传》是否真是发表“最早”，作进一步的调查，仅仅因它发表于1918年[②]，便轻率宣布为“最早”的。实际上此前的记载多了去了。据我查考，张文其实来源于江苏毗陵（今武进）早期鸳鸯蝴蝶派著名作家李定夷的《英雄儿女各千秋》，而李文又来源于前述署名戒甫的《蔡公松坡之轶事四则》一文，请看三文所介绍的小凤仙的身世何其一致。

张相文之文说：

> 小凤仙，钱塘人。父某清季为武官，落职后，贫不能自活，携家卖饼上海。久之，益困，遂质凤仙于妓寮，以凤仙齿稚，英警厅靳不许。复携家至北京，张艳帜于云吉班。凤仙性慧，款接间，时从诸文士执经问字，久之遂能通大义，阅书报，翩然闺阁名媛也。[③]

李定夷文说：

> 京妓小凤仙者，杭产也。其父亲任前清武职，以案褫职，家道中落，乃携妻女至沪，市果饼以为生活。旋以食指太多，质女入乐籍。又因女尚年稚，为捕房干涉，禁止营业。遂举家北上，仍张艳帜，名小凤仙。凤仙貌殊美，面作瓜子形，容光白润，态度轻盈，临风玉立，遥望若仙，且工谈吐，精戏曲，解史书。[④]

---

① 余力文：《桃花颜色亦千秋——蔡锷与小凤仙的因缘情》，台北《历史月刊》2001年1月号，第67—68页。

② 此说有误，实际是“1929年冬月”，见《南园丛稿》一书封底，北美印刷局民国十八年承印。

③ 张相文：《南园丛稿·小凤仙传》卷7，第47页。

④ 定夷：《墨隐庐漫墨·英雄儿女各千秋》，《小说新报·谈荟》第3年第7期，1917年7月。

戒甫文说:

> 小凤仙，杭产也……据谓（其父）曾任有清武职，以家道中落，携妻女鬻饼沪上，旋质女妓籍。已而，凤仙年过幼，见逐于英捕，遂举家北上。初至，客寥寥……凤仙面作瓜子形，色纯白，体态轻盈，远望若仙子。惜上颚左右有二牙外露，开口颇损美观。然近询之自京来者，则云已易金牙矣。又谓凤仙去岁眷于蔡公，名始大噪，盖其时年已二八，玉立翩翩，且工谈吐，精戏曲，解书史。①

以上三文发表的时间，分别为：张相文之文，1929 年“冬月”（即农历十一月）；李定夷文，1917 年 7 月；戒甫文，1916 年 11 月 12 日。发表最早的恰恰不是张相文一文，而是戒甫之文。可见，说张文发表“最早”是没有根据的，以此作为评判张文可信的理由自然不能成立。由此也说明研究历史，必须充分占有史料，否则，即如张相文《小凤仙传》是否“最早”问世这样一个小小的结论也要出纰漏。综观三文内容，不仅意思基本相同，连文字表述也大同小异，其陈陈相因的关系，一目了然。唯一不同的是谭、张两文对小凤仙父亲如何“落职”未作交代，而李文却添油加醋，说是“以案褫职”，至于因何案而“褫职”则不得而知。需要指出的是，以上三文均无只字提及或透露小凤仙的父亲是“旗籍”，陈旭麓仅依据曾虚白后来撰写的《曾孟朴年谱》中的说法，便断定小凤仙为杭州“旗籍”武官的女儿，似有存疑的必要。

作者治学严谨，又是否能成为判断史料可信的条件呢？也须具体分析。一般说来，治学严谨之作，就像名牌产品一样，易让人放心。但严谨作者也只是不会有“造假”的故意而已，毕竟还要受到个人治学时间、精力、情感、环境等外部条件的影响，因此，出现某些不依作者意志为转移的偏差也并非不可能。就张相文《小凤仙传》而言，除有关小凤仙的身世外，个人以为绝大部分内容都不能轻信（详见下文）。至于说《曾孟朴年谱》因其作者为“孟朴公之哲嗣，子写父传，应不会作假”，则更

① 戒甫:《蔡公松坡之轶事四则》，1916 年 11 月 12 日《长沙日报 · 文艺丛刊二》，第 3 张第 9 版。

有讨论余地。为贤者讳，是中国修史的传统，“家丑不可外扬”，至今仍相当有市场，子写父传，就一定不会作假？曾虚白写他的父亲如何对后来名声在外的小凤仙施救，乃是一桩好事、善事，当然不可能隐而不书，但夸大其词则未必不可能。所谓蔡锷对小凤仙有“金屋之议，因小凤仙不易就范，始终没有办法”，蔡知曾孟朴“跟小凤仙夙有渊源，因设法与先生交，以撮合的重任相托，卒经先生从中劝解，成立了这段英雄美人的撮合，也可说是千古佳话了”。[①] 个人以为就是十足的杜撰（详见下文），全然不可信。

这么说来，张相文所述小凤仙的身世，是否意味着不可信呢？倒也不是，只是在辨析方法上存在缺陷而已。其实，张相文所述小凤仙的身世还是相当可信的。因为，第一，不是他杜撰的，有其史料依据，而且来源于堪称发表“最早”的《蔡公松坡之轶事四则》一文；第二，事实证明，《蔡公松坡之轶事四则》的记述多数还是比较可信的。

首先，从文中所介绍的蔡锷的处事待人方式看，这位自署“戒甫”的作者似对蔡锷比较关注和了解，甚或还有过直接交往，起码是见过蔡锷。所谓“戒甫”，实际就是后来非常著名的武汉大学历史系先秦诸子、楚辞、金文学者谭戒甫，亦名作民，字介夫。他出生于1887年3月，小蔡锷5岁，湖南湘乡（今涟源市）人。1905年入湖南游学预备科，1909年考入上海高等实业学堂，1911年投身辛亥革命，10月11日加入提倡革命的文学团体南社。[②] 民国成立后，在长沙当过记者，办过报。他在文章中开篇即说：“蔡松坡生性静默，与人谈论，辄扼要数言，和易容众，未尝有迕色。然遇事认真，为广西干部学堂监督时，诸生好辨者，常恶语怒斥之，甚或掴之以掌。其严烈如此。貌清癯，身仅中材，颇不称其志气，且两额薄削。已！窃虑其不永年也。而竟阏折，惜哉。”[③] 谭戒甫既清楚蔡锷“貌清癯，身仅中材，颇不称其志气，且两额薄削”等外貌特征，又熟悉他的性格、脾气和处事行为方式等内在气质，可见，对蔡锷

① 曾虚白：《曾孟朴年谱》，转引自《陈旭麓文集》第3卷《思辨留踪》，第372页。

② 杨天石、王学庄编著：《南社史长编》，中国人民大学出版社1995年版，第208页。

③ 戒甫：《蔡公松坡之轶事四则》，《长沙日报·文艺丛刊二》1916年11月12日，第3张第9版。

的了解还是比较深的。

其次，谭文所记小凤仙以外诸事，除个别事实，如说蔡锷“阳与夫人反目，令携其二子出都”①，属道听途说之词，与事实大相径庭外（详见后文），基本都经得起事实的检验。如以上所说蔡锷“生性静默”，“和易容众”，就不仅仅是他的个人看法。与蔡锷一起发动 1911 年 10 月 30 日云南“重九”反清起义的李根源说过，蔡锷“沉默寡言，若有渊识”②。新共和党发起人、国会议员胡鄂公也有类似说法，蔡锷“居恒默默而寡言笑兮，大智渊乎其如愚”③。说明蔡锷的性格的确比较内向，话语不多。又如说蔡锷“爱才如命，随处留心。吾县龚君铁铮，深沉宁静，大蒙奖借。三年冬，为亟筹千元，先容与滇省某公，促其经营矿业。惜龚以他故作罢。迄去冬滇、黔事起，即连致三缄，嘱其在湘省响应。龚故以攻督署死。论者谓不负公特达之知焉。然亦足以见公之照奸熟计，殆预料有讨袁之一日也。伟矣哉”④。经查，龚铁铮与谭戒甫确系同乡，同为湖南湘乡人。所谓“去冬滇、黔事起……在湘省响应，龚故以攻督署死”，更是一点不假。乃指 1916 年 2 月 21 日，龚铁铮等数十人为响应 1915 年 12 月 25 日云南护国起义，身怀炸弹，冒死攻击长沙汤芗铭将军署，龚与杨王鹏等 27 人被执，惨遭杀害一事。⑤ 再如说蔡锷平时喜下“围棋，精思妙著，眉色飞舞。观其作势，已知其娴韬略，而善战伐矣”⑥。也得到追随蔡锷多年的蒋百里的证实：“公身不魁伟，而绝有力。好弈，终夜不肯休，艺之强者，常以精神不继而负。”⑦ 这些事实足可说明谭戒甫评人

① 戒甫：《蔡公松坡之轶事四则》，《长沙日报 · 文艺丛刊二》1916 年 11 月 12 日，第 3 张第 9 版。

② 李根源（贺竺生先生代）：《祭蔡督军墓文》，《曲石文录》卷 4，苏州葑门曲石精庐 1932 年版，第 26 页。

③ 《胡鄂公祭松坡先生文》，《丙辰杂志》第 1 期，1916 年 12 月。

④ 戒甫：《蔡公松坡之轶事四则》，《长沙日报 · 文艺丛刊二》1916 年 11 月 12 日，第 3 张第 9 版。

⑤ 湘乡县志编纂委员会：《湘乡县志》，湖南出版社 1993 年版，第 985 页；《1916 年谭延闿清理汤芗铭任内各案文件》，《汤芗铭祸湘录》，《近代史资料》1980 年第 2 期。

⑥ 戒甫：《蔡公松坡之轶事四则》，《长沙日报 · 文艺丛刊二》1916 年 11 月 12 日，第 3 张第 9 版。

⑦ 蒋百里：《蔡公行状略》，曾业英编：《蔡松坡集》，上海人民出版社 1984 年版，第 1464 页。

论事，忠于客观事实，值得信赖。

再次，谭文所记小凤仙的身世，乃出之于小凤仙的父亲（实际是养父）之口，当有一定可信度。据作者谭戒甫说，他得知小凤仙身世的经过是这样的：“癸丑，予寓都门时，凤仙住陕西巷云吉班，豆蔻年华耳。亡友向君决庵，貌颇寝，为之制衣物百元，即膺殊睐。其母一日邀决庵至私室，晤其父，瀹茗谈身世。”而且还“劝决庵纳女为侧室，以终二者余年为请。决庵勿遽却之，未几南返。亡友喻君小南继往，每当游客疏阔时，能座谈数时取乐也”[①]。谭在这里清楚地告诉人们，小凤仙的身世，并非他闭门杜撰，是他1913年在北京时，一位叫向决庵的亡友亲口告诉他的，而这位亡友不但亲自接触过小凤仙，而且所述小凤仙的身世还得之于小凤仙的养父之口。虽不能绝对排除小凤仙的养父有意打悲情牌，对小凤仙的经历，添油加醋，以博取听者的同情，但在辛亥革命前后这种大动乱的年代，像小凤仙这样因家道衰落而堕入风尘的事并不稀奇，因此，也不能完全否定其所言具有真实性的一面。

最后，更为重要的是还有其他史料可为佐证。谭文发表后不久，有人投书《盛京时报》，对小凤仙的身世，作了如下介绍：

> 凤仙张氏，河南人也，其父某粗习文墨，而不得入仕途。从增子固（按：浙江巡抚增韫，字子固）中丞充文书吏，在杭州数年。其母带携凤仙谒增太夫人，夫人甚宠爱之。辛亥革命事起，抚署被焚，增太夫人因惊惧逝世，增中丞已解职北归。凤仙一家遂贫无所依，于烽火兵燹之余，谋生无路，其母贷凤仙于杭州某伶学戏，乃凤仙坠落风尘之始。彼时才十二龄之雏女也。凤仙年幼音弱而色佳，某伶辗转之间，诱凤仙来北京营妓女业，隶云吉班，其父母均不知也。[②]

此文与前引《蔡公松坡之轶事四则》，虽有一大不同点，前文说小凤

① 戒甫：《蔡公松坡之轶事四则》，《长沙日报·文艺丛刊二》1916年11月12日，第3张第9版。

② 《英雄美人之风流佳话》，《盛京时报》1916年11月26日，第1版。

仙父亲任的是“有清武职”，而此文说是“从增子固中丞充文书吏”，但所述小凤仙堕入风尘的经过，却与前文大体一致，如说在“杭州数年”，辛亥革命后“一家遂贫无所依”，辗转到了北京，沦为云吉班“妓女”等，均佐证了前文的记载。值得一提的是，此文还提到小凤仙姓张，河南人，为其身世提供了新的情况。经查，时人的确认为她姓张，北京《国风日报》在一篇报道北京各界追悼黄（兴）、蔡（锷）大会的文章中就说过：“会中最可传为笑话者，为张氏小凤仙之挽联。”① 可见，小凤仙姓张，而且是河南人，已是当时众所周知的事。

至于小凤仙何以姓张，数十年后的1951 年，小凤仙本人在沈阳拜见京剧大师梅兰芳时，曾作过如下自我介绍：

> 我的父亲姓朱，母亲是偏房，大老婆瞧我们不顺眼，母亲带我离开朱家单过。母亲死了，姓张的奶妈抚养我，所以我姓张。辛亥年，奶妈在浙江抚台曾〔增〕子固将军家帮佣，革命军炮轰曾〔增〕府，奶妈带我逃到上海，把我押给姓胡的学戏，到南京卖唱为生。十三岁那年，正遇张勋攻打南京，我跟胡老板逃回上海。以后到北京陕西巷云吉班卖唱做生意，就认识了蔡将军。这时，奶妈从江西来京，找着胡老板……老蔡就出钱替我赎身，我才回到奶妈身边，仍在云吉班做生意。②

数十年后的自我介绍，竟与当年报刊称她为“张氏”不谋而合，而且所述家庭与浙江巡抚增韫的关系，由杭州至上海再到北京的历程，蔡锷舍得为她花钱等情节，也与前述诸文的记载颇相类似，说明她自我介绍的身世当基本可信。

至此，似可对小凤仙的身世给出一个较为可信的说法了。她祖籍河南，大约1899 年出生于父亲做官的浙江杭州。本姓朱，因母亲为侧室，备受家庭歧视，后随母脱离朱家单过。不久，母亲也去世，被江西籍张姓奶妈收养，所以改姓了张。辛亥杭州宣布独立后，随养父母逃至上海，

---

① 《追悼大会纪事》，北京《国风日报》1916 年12 月2 日，第2 版。

② 许姬传：《许姬传七十年见闻录》，中华书局1985 年版，第106 页。

因生活无着，辗转北京，堕入风尘。与蔡锷相识时，尚是“二八”佳人，也就十六七岁而已。

三　蔡锷与小凤仙“相恋”吗?

如前所说，除了戏剧影视作品将蔡锷与小凤仙写成是一对情侣外，有些历史学家也明确提出他们的“相恋”，“并非乌有”。真是这样吗?

在回答这个问题之前，首先要考察一下小凤仙的所谓“名气”问题，因为一直以来，无论民间还是学术界都认为小凤仙是“名妓”[①]，在此之前我也人云亦云在相关著述中作过这样的判断。此其一。其二，此事或许还与小凤仙能否结识蔡锷有关，因为小凤仙若在认识蔡锷以前就是“名妓”的话，说不定早就成了哪个达官贵人、豪绅巨贾的“独占花魁”，反而搭不上蔡锷这艘“客船”了。

据一位1913年4月至11月逗留在北京的文化人说，当时的北京城共有妓院“七十余家”[②]，妓女“不下千余名”[③]，主要集中在南城的“八大胡同”，“即石头胡同、陕西巷、韩家潭、百顺胡同、王广福斜街、小李纱帽胡同及东西皮条营是也”。又以“石头胡同、陕西巷、韩家潭为最多”。“陕西巷、韩家潭多南妓，石头胡同、百顺胡同多北妓。”石头胡同、陕西巷、韩家潭等三地虽“狭小湫隘，而游人则如蚁附膻”，热闹非凡。每当“入夜，则憧憧往来，络绎如市，一遇雨时，则车塞于途，挤拥不开，虽数十警察，亦目相视而无术。故警厅定章取缔，凡交下午六时，某胡同只准车入，不准车出，某胡同只准车出，不准车入”，可见“趋之者之众矣”。妓院大致分为三等，“最上者曰小班，次曰茶室，又次曰下处，惟茶室以下，非上流人所往”。[④] 小凤仙既委身陕西巷的云吉班，自然也属于专供上流社会行乐的小班了。

但是，并非身处小班的都是“名妓”。按当时的标准，起码也要能跻

---

① 丁凤麟、施宣圆:《护国运动主将蔡锷》，上海人民出版社1984年版，第73页。

② 梦余:《都门忆语》，《小说新报》第1年第4期，1915年11月。

③ 《都门闻见·花》，北京《民主报》1913年4月15日，第10页。

④ 梦余:《都门忆语》，《小说新报》第1年第4期，1915年11月。

身“学士”，甚至“博士”行列吧。清旧例，北京花界“每岁春季，必经词客骚人将八埠胡同之花姐妹，遴其出类拔萃者，分为才、情、色、艺四科，品其优誉之次第，冠以状元、榜眼、探花等名称”①。民国成立后，1913 年 2 月下旬，北京《民主报》有感于“上下五千年，纵横九万里”，“足以令人崇拜，令人倾倒者”，“一曰豪杰，一曰名花。革命风云起后，英雄豪杰已出现于新中国，而予吾人以崇拜之资矣”，而名花却“暗寂消沉，黯然无色”，表彰无人，湮没不闻，决定为北京八大胡同的花界举办一次选秀活动。这是民国成立后的首次选秀，为凸显“万类革新”的民国新风，举办者决定不再沿袭前清旧制，褒扬胜出者为状元、榜眼、探花，而仿照西方现代制度，改称为“博士、学士”。对于“例当给予赠品”的博士、学士，也不“惟旧例鼎，甲类奖匾额”，而依“东西洋各国，凡得博士、学士学位者，均有证书，以彰荣誉”之义，“议定分别赠以徽章，以作证书”，并郑重声明“贿赂报酬，一概谢绝”。② 但是，选秀标准，仍沿袭前清惯例，分才、情、色、艺四科，每科评出博士 1 名，学士若干。评选结果如下：才科博士金秀卿，学士 7 名，分别为洪月楼、马喜凤、沉香仙馆、花小芳、花湘容、金小红、金镶玉；情科博士彭月楼，学士 7 人，分别为石曼君、周金仙、苏巧云、花逢春、杨月红、姚蓉初、翠凤楼；色科博士花元春，学士 10 名，分别为洪红宝、刘俊芬、金牡丹、墨林轩、张玉凤、刘桂宝、李小青、鸿云仙、洪小云、万里红；艺科博士王子茹，学士 9 名，分别为张金福、花丽云、王金福、小菊仙、洪小素、鲍飞云、小阿凤、陶小翠、李翠喜。③ 总计各科博士 4 名，学士 33 名。据说，这次选秀还得到花界相当认可和好评，认为比较透明、廉正。3 月 2 日，《民主报》在醉琼林举行颁奖大会，才科博士金秀卿在答词中说：“秀卿忝居才科之首，在贵报虽秉至公，在秀卿不免自恧。至品评各花姐妹，允称平允的当，洵足为花界昭明是非，以视彼挟爱憎敲诈为甲乙者诚霄壤也。”艺科学士鲍飞云也发言说：“从前花榜有状元、榜眼、探花之名，腐败不堪。其操品衡者又全无公道，挟一己之

---

① 《都门闻见·花榜》，北京《民主报》1913 年 2 月 25 日，第 10 页。

② 《都门闻见·花》，北京《民主报》1913 年 2 月 27 日，第 10 页。

③ 同上。

爱憎犹其小端，索花丛之贿赂实为大弊，故其品花榜，即敲竹杠之代名词。又复书其令人鄙厌之匾，分送各花，不酬以金钱，劳以酒宴，又恐彼捏造雌黄，多方诬毁，故我花姐妹一闻花榜，无不攒眉恐惧，以当选为大不利。而今日《民主报》则品第既无偏私，颁赐谢绝报酬，公允光明，一洗从前恶风，谁不乐当选？故我花界以前之花榜为辱，而以今日之花榜为荣。飞云敢劝我花姐妹将从前所复之腐败匾额一概除去，尽带《民主报》所赠徽章，非但涤除旧污领新典，亦所以彰公道进文明。"[①] 金秀卿、鲍飞云"金榜"题名，都是这次选秀的受益者，所言选秀如何公正，或许未必客观，但不管怎么说，小凤仙榜上无名总是事实。胜选名单中倒的确有一位陕西巷云吉班的，但并非小凤仙，而是色科学士洪红宝[②]，可见小凤仙此时还只是云吉班中的一般风尘女子。

当然，也不排除选秀之时小凤仙尚未到京，或虽已到京而因资历太浅，尚无参选资格[③]，但如以才、情、色、艺为衡量标准，即使小凤仙已到北京，也参选了，其落选似乎也是正常的。所谓才、情、色、艺四科，归纳起来实际也就是才艺、情色两大类。先来看看她的才艺，如前所说，最早介绍小凤仙的谭戒甫说她"工谈吐，精戏曲，解书史"，张相文虽然全盘接受谭的某些说法，但对此说却似有一定保留，仅说"时从诸文士执经问字，久之遂能通大义，阅书报"。显然降低了调门。现在看来，张的保留是有道理的，有小凤仙如下唯一留世的 1951 年的一通《致梅兰芳函》手稿影印件为证。该函全文如下：

梅兰芳同志：闻已来沈，不胜心快。今持函拜访。在三十四年前，与北京观音寺某饭店（名字记不住了），由徐省长聚餐一晤，回忆不甚〔胜〕感慨之至。光阴如箭，转瞬之间，数载之久，离别之情，难已〔以〕言述。兹为打听家侄张鸣福，原与李万春学徒，现已多年不见，甚为怀念。梅同志：寓北京很久，如知

---

① 《都门闻见》，北京《民主报》1913 年 3 月 3 日，第 10 页。

② 《都门闻见·花》，北京《民主报》1913 年 4 月 16 日，第 10 页。

③ 谭戒甫《蔡公松坡之轶事四则》提到：他"癸丑"年寓都门时，小凤仙已"住陕西巷云吉班"了，可见 1913 年小凤仙已到达北京。

其通讯地址，望在百忙中公余之暇，来信一告。我现在东北统计局出版部张建中处做保姆工作，如不弃时，赐晤一谈，是为至盼。此致敬礼。

原在北京陕西巷住。张氏（小凤仙），现改名张洗非。

来信通讯处：南市区大西街德景当胡同门牌21号李振海转交张洗非。[①]

从这封信的语言表达和书写功底看，小凤仙的文化素质明显有限，不仅文笔谈不上漂亮，甚至还有错别字，诸如“不胜心快”“回忆不甚感慨之至”“望在百忙中公余之暇”等说法，也与“工谈吐，精戏曲，解书史”的评价相距甚远。的确如张相文所说，应只有能“通大义，阅书报”的水平。如此文化素质，所谓才艺如琴棋书画说唱等，虽因迄今未能发现其他任何记载，不敢妄议，但云不致出类拔萃，大体不过分。

再说情色。从此次选秀者所公布的情科博士花元春、色科博士王子茹的评语，分别是“一片情肠涴〔宛〕如蚕茧，善用情，而不滥于情，诚为情科独秀”；不“纤小”，不“悴憔”，“体态丰神，婀容妙曼，枕波流媚，眉语传情，尤足令人颠倒，故以为色科之冠”看[②]，所谓情色，主要是指外在的形态美和内在的精神气质。小凤仙在这方面也并无优势。接触过小凤仙的谭戒甫的亡友虽称其“面作瓜子形，色纯白，体态轻盈，远望若仙子”，但也遗憾地指出“惜上颚左右有二牙外露，开口颇损美观”。[③] 可见，小凤仙其实姿色平平，并不漂亮，如是又岂能在选秀中胜出？

在那个年代，名妓不但是各路军阀、政客争相追逐的“猎物”，还常常要为“割靴”的事儿惹上麻烦。色科学士洪红宝就遇到过这样的事。据当时报载，有一人在云吉班洪红宝屋里“大闹不休，其凶横情状，不

---

① 《小凤仙致梅兰芳函》（影印件），许姬传：《许姬传七十年见闻录》，第105页。原文系中文繁体字。

② 《都门闻见·花榜》，北京《民主报》1913年2月25日，第10页。

③ 戒甫：《蔡公松坡之轶事四则》，《长沙日报·文艺丛刊二》1916年11月12日，第3张第9版。

可言喻，致使红宝痛哭流泣，其同伴友人皆以中酒解释，然聆其詈骂之词”，闻“系因割靴不遂”。[1] 所谓“割靴”，就是“暗挑友人所识之妓也”[2]。小凤仙本不是“名妓”，争风吃醋者少，反免了不少这方面的麻烦，成就了她后来因蔡锷的关系而赢得“名妓”的美名，这就是历史的辩证法。小凤仙初识蔡锷也属“割靴”性质，不过不是“暗挑”，而是“明挑”，且是经友人同意的。据辛亥革命时期蔡锷的老部下、原云南第二师师长，当时同在北京的李鸿祥后来回忆，小凤仙与蔡锷的交往是这样开始的：“一日在妓馆设筵，有客挥条召来扬州班（按：实为云吉班）雏妓小凤仙，年方十四五，貌非甚美，而歌喉宛转。伴媪自称女母，临行殷勤请我召女。越日，我叫条，蔡锷见小凤仙能唱，征我同意转条。”[3] 原来是蔡锷与李鸿祥一起去陕西巷云吉班听歌，发现小凤仙唱得不错，经李同意“割靴”于他的。从此，“小凤仙”三个字就和当时社会各方密切关注的人物蔡锷发生了联系，和蔡锷为之奋斗的反袁护国大业有了关联。这是小凤仙由一般风尘女子变成“名妓”的根本原因。

如前所述，小凤仙在 1951 年的自述中曾说过，她和蔡锷相识后，蔡锷曾出钱为她赎过身，使她得以回到奶妈身边，继续在云吉班做生意。证诸其他史料，我以为小凤仙这一说法有一定的可靠性。理由是：（1）蔡锷是个心地善良，有爱心，而又不爱钱的人。这方面的事迹很多，不一一列举，仅以 1913 年 11 月蔡锷入京后，追随蔡锷三载的赵默的陈述为证：“甲寅春，先生赴津养疴，袁氏以金钱笼络之，特赠医药费千六百元，先生却之，再来再命仆璧返［还］，乃仆竟携之远飏。迨督办经界，自定筹办期内（六个月）概不支薪，后给属员以津贴，而自身竟不支车马费。迨后脱险，乃以六千元分给助义同志作为旅费。平时每月薪金多半散给旧部之赋闲者。松宅预算极严，其夫人居京时，曾质金饰资遣佣工，而先生绝不顾〔过〕问，每月馈赠故交、资助学费数达千金，以是

---

① 《都门闻见·花》，北京《民主报》1913 年 4 月 16 日，第 10 页。

② 贫血：《京师八大胡同通用名词解》（续），上海《时报》1914 年 10 月 26 日，第 4 张第 8 版。

③ 李鸿祥：《增补云南辛亥革命回忆录》，《辛亥革命回忆录》（六），文史资料出版社 1981 年版，第 149 页。

家苦不给。"[①] 正因如此，有人说蔡锷一生，"自主讲军校以至总绾军符，经历之事多矣"，却"家无储财，身无长物"。[②] 这是不是事实呢？经查，还真不见得都是谀词。如赵默所言袁世凯馈赠的"千六百元"养疴费被仆人"携之远飏"，就不是没影儿的事。据北京内右二区警察署长查裕报告，1914年9月3日，"蔡锷声称，伊仆人王松发夜内回宅，行止不定，至天明，伊账房查看屋内失去皮箱一支，洋元票一千六百三十五元，寻找王松发，已不知去向"[③]。经警署侦察，于月底将化名为李玉生潜逃至汉口的王松发抓获。蔡锷虽未明言这1635元洋元票是否袁世凯签发给他的养疴费，但从确实发生了袁政府相当重视的"仆人"携款"远飏"案来看，蔡锷这位部属所言，大体还是可信的。又如，所言蔡锷自定"经界筹办期内（六个月）概不支薪，后给属员以津贴，而自身竟不支车马费"，也有蔡锷逝世前的其他记载可为佐证："兹探得蔡督办原呈，于局中各员薪俸均经拟定，惟督办应支薪俸独未提及，且自开局至今，并未领一文薪俸公费。"[④] 此外，云南护国起义后，湖南将军汤芗铭、巡按使沈金鉴奉命查抄蔡锷财产的报告，更可证明蔡锷一生的清廉："当即饬查去后，旋据宝庆、新化知事先后查复称：两县境内，该逆并未置有不动财产……惟关于新化华昌炼矿分公司占有股份。查据该公司协理刘廷举等禀称：蔡锷所占实只二百股，计洋一万元。确由总务干事曾广轼向总理杨度处借得，代蔡锷交纳，现在股券尚未发给。请将此项股份即由杨度承领，以免债务者犯罪致累及于债权者。"[⑤] 袁世凯政府这份官方文书，应可证明赵默等人所言，并不仅仅是为尊者荣的浮夸虚词，而是有一定事实依据的。(2) 小凤仙本有不甘沉沦，期待他人为其赎身之意。如前所述，谭戒甫的亡友向决庵就曾被小凤仙的养母邀至私室见她的养父，其养父"劝决庵纳女为侧室，以终二者余年为请。决庵匆遽却之，未几

---

① 赵默述：《蔡松坡先生逸事》，北京《民苏报》1916年12月1日，第3版。

② 筠园：《悼蔡松坡先生》，《长沙日报》1916年11月11日，第1张第2版。

③ 《内右二区警署详警察厅总监文》（1914年9月3日），北京市档案馆藏，J181/19/3681。

④ 《经界局薪俸之核定》，北京《群强报》1915年6月20日第1080号，第2版。

⑤ 《致统率办事处真电》（1916年2月11日），《汤芗铭祸湘录》，《近代史资料》1980年第2期。

南返”。尽管这一请求是小凤仙养父提出来的，也没有收到效果，但很难想象这仅仅是小凤仙养父的意思，而和她本人无关。（3）有1916年一位不署名的人士的类似说法为佐证。这位不署名的人士刊文说：“近日京中报纸既盛传小凤仙事，沪报且并刊松坡与凤仙小像以传之，此亦英雄美人之风流佳话也。兹详述其真相……民国三年，其母（按：指小凤仙养母）寻之北京，在云吉母女相会，抱头相哭，知受其（按：即后文所言‘某伶’）诱拐。然一贫如洗，无以偿还其所贷之身价，某伶亦居凤仙为奇货，其难不得解。蔡君识凤仙而悯其遇，且怜其苦，慨出一千元代偿身价，凤仙母女始得团圆。”① 此文说的也是蔡锷为小凤仙赎了身，竟与小凤仙35年后的说法几乎一样，似乎不仅仅是巧合。蔡锷对小凤仙既有如此大恩大德，在那个容许一夫多妻的年代，小凤仙对蔡锷产生一定“恋情”，是符合感情发展逻辑的，完全有此可能。

但是，蔡锷与小凤仙不同，小凤仙面临的是生活的窘境，而蔡锷面临的是政治的压力，他日思夜想的是怎样挣脱袁世凯的羁绊，回到云南昆明发动武装起义，反对袁世凯称帝的问题。考察历史，不能离开当事人所处的具体环境，二人所处环境如此不同，所思所想当然不可能一样。因此，对于蔡锷是否也对小凤仙存在“恋情”的问题，就不能像小凤仙那样仅看感情逻辑，而应着眼于更广阔的历史逻辑了。众所周知，1915年8月14日筹安会出笼之后，蔡锷曾于25日约集“军界要人会议”②，首先签名“主张中国国体宜用君主制”③，表明他这时唱的是“黑”脸，直到12月19日京津脱险，回到云南昆明后才改唱“红”脸，电请袁世凯“迅予照准”唐继尧、任可澄所陈各节，“立将段芝贵诸人明正典刑，并发明令，永除帝制”。④ 但是，以往史学界普遍忽略了一个细节，那就是蔡锷对于袁世凯称帝，在筹安会出笼之前，原也是唱“红”脸的，早在1914年11月20日，他便在参政院与多名参政员共同上书袁世凯，表

---

① 《英雄美人之风流佳话》，《盛京时报》1916年11月26日，第1版。

② 《统率办事处通电》（1915年12月24日），《阎锡山档案要电录存》第1册，台北，“国史馆”2003年版，第189—190页。

③ 《关于帝制问题的签名》，《蔡松坡集》，第813页。

④ 《致袁世凯电》，《蔡松坡集》，第851页。

示既反对“总统称帝之说”，也反对“清主复辟之说”。[①] 可见，蔡锷对于袁世凯称帝，实际经历了一个由唱“红”脸，到唱“黑”脸，再到唱“红”脸的变化过程。为什么有这种变化，特别是中间几个月要扮演唱“黑”脸的角色？那是因为他这时已摸准了袁世凯的脉搏，“总统称帝之说”不但确有其事，且是不可逆转的，而自己反对“总统称帝”之志，又同样坚定不移，于是不得不来个180度的大转弯，表面附和帝制，以保证不会因此前唱的是“红”脸而遭不测。1916年10月，蔡锷为纪念《盛京时报》出版十周年所题的祝词，应可说明这一点。他借用《老子》一书的话，题词曰：“知其白，守其黑。”[②] 知白，就是明辨是非，守黑，就是故装糊涂。这是主张“无为”的道家的处世哲学，即对于是非黑白，虽心知肚明，也当如暗昧无所见，方可全生免祸。[③] 这一题词，实际是借纪念《盛京时报》出版十周年而说自家事，暗示他对袁世凯称帝的是非明白如镜，只是迫于袁氏的压力，不得不“守其黑”，安于暗昧，故装糊涂而已。原来，蔡锷这时扮演“黑”脸角色，不过是为了掩饰他反对袁氏称帝的政治谋略。而发生在同一时期的蔡锷与小凤仙的交往，应该说也是这一政治谋略链条中的一环。诚如以上谭戒甫所说：蔡锷自寓所被搜后，开始“逗留凤仙家，品茶奏曲为乐，间亦同乘马车驰骋阛阓间”，实际是“效刘备后园种菜之故事”。所谓刘备后园种菜的故事，指的是《三国演义》中刘备被曹操软禁后，为防不测，在其许昌相府“就下处后园种菜，亲自浇灌，以为韬晦之计”的故事。不同的是刘备自明原委：“吾之学圃，正欲使操知我无大志。”[④] 而蔡锷不曾道破罢了。

退而就感情而言，也不存在“恋情”的可能性。蔡锷当时已有两位夫人，且一度同居北京。他的第一位夫人叫刘森英，湖南武冈（今洞口县）人。后因刘夫人“十余年苦不育男，老母黄太夫人抱孙心切，屡劝其置媵。适清宣统二年冬，有云南混成协统之命，滇中潘先生者，巨绅也，见先生，奇异之，愿妻以女，先生固辞不获”，于是又娶了第二位夫

① 《各方面辟谬详情·参政院建议书》，《申报》1914年11月24日，第2张第6版。

② 《盛京时报》1916年10月1日，第7版。

③ 参见刘叶秋等编《成语熟语词典》，商务印书馆1995年版，第350页；陈鼓应：《老子注释及评价》，中华书局1994年版，第178页。

④ 罗贯中：《三国演义》上册，作家出版社1953年版，第178、180页。

人潘蕙英。[1] 蔡锷与两位夫人相处和洽，对如夫人潘蕙英尤恩爱有加。1916 年 5 月 16 日，蔡锷在四川前线养病期间给潘夫人写下的这封充满柔情蜜意的信可为见证："与君别久，相忆殊深。月来养疴来永（按：永宁），公务较简，而回溯远道之思，时潮涌于胸臆。假使能仗飞机，驶赴五华，图片时之良晤，予病当不药而瘳矣。"[2] 潘夫人当时身居后方昆明五华山，蔡锷说如能依仗飞机，"驶赴五华，图片时之良晤"，他的病就会"不药"而愈。可见，他对潘夫人的感情之深。再说，蔡锷与小凤仙的交往，对家人也是公开的，20 世纪 80 年代蔡锷的女儿蔡淑莲曾说过："妈妈以前有小凤仙的照片。有一次父亲带着母亲去看戏，还远远指给她说那就是小凤仙，母亲说长得端端正正，穿得朴朴素素，是个像样的女孩子。"[3] 这一事实说明蔡锷对小凤仙处之泰然，彼此之间不可能、也没有什么不可告人的秘密，小凤仙对蔡锷纵有什么想法，也只是剃头挑子一头热。

总之，不论从蔡锷当时的具体环境，还是他与两位夫人的相处看，说他与小凤仙"相恋""并非乌有"，都是说不通的，只是小说家言，不宜当真。蔡锷是个包藏宇宙，吞吐天地，胸怀大志，腹有良谋的有志之士，他在身陷袁世凯牢笼、只求插翅高飞的特殊历史时期，一度与小凤仙有所交往，并不表示他对小凤仙存在什么"恋情"，只是他反袁称帝谋略中的一个环节而已。

四　小凤仙"主动助蔡"出京说不可信

长期以来，人们普遍认为蔡锷所以能离开北京，逃出袁世凯的牢笼，乃是小凤仙协助的结果。即如一向追求科学、严谨的学术界也不例外。如有学者说，蔡锷"以醇酒妇人的消极态度，瞒过了袁世凯及其爪牙，得乘机潜离北京，走天津，赴日本……取道香港、河口，达昆明，联络旧旅，组织护国军，把袁皇帝拉下了马。其间小凤仙实有

---

① 谢濂：《蔡松坡先生遗族纪略》，《法政学报》第 9 期，1919 年 2 月 25 日。

② 蔡端编：《蔡锷集》，文史资料出版社 1982 年版，第 227—228 页。

③ 冯焰：《访蔡锷的女儿蔡淑莲》，《辛亥风云》，中国展望出版社 1982 年版，第 83 页。

主动助蔡得脱羁绊之功”[1]。还有学者说，在小凤仙和蔡锷“亲昵的日子里，她不顾袁世凯的威势，千方百计掩护蔡锷，并与蔡锷相互谋画出逃的计策”[2]。有的学者虽未明言小凤仙“主动助蔡”出京，却大肆渲染这一见解的立论依据，说蔡锷如何与夫人打闹不休，如何送母亲、夫人离京，如何被袁世凯讥为“风流将军”，如何常去八大胡同解闷，而暗中却以此为秘密机关接洽地。[3] 如此等等。虽时有学者对此提出不同意见，但也仅仅借此提出另有其人的新说而已（详后），始终未见有人对这一说法的立论根据进行必要的辨正，因而不能有效澄清这个有争议的问题。

小凤仙“主动助蔡”出京说的主要立论根据有两个，一是如前所说张相文的《小凤仙传》[4]，二是小凤仙本人的自述。先来看看《小凤仙传》的记述是否可信。此传约 1300 字，除篇首百余字交代小凤仙的身世，如前所述尚属可信外，其余大多采自街谈巷议，基本不可信。[5] 因为它涉及的全部事实，不但与历史事实不符，也与情理逻辑不合。

先看蔡锷与小凤仙的接触频率及其变化过程。《小凤仙传》说蔡锷初识小凤仙时，便“每三五日必一至，至辄以夜半”。后来蔡锷听小凤仙说妓院里有袁世凯的耳目，“君之一言一动，袁氏莫不闻知”，蔡锷表示“不可来也”，但小凤仙不以为然，自是蔡锷“益与凤仙亲狎，击剑吹箫，嬉游无度，时或同乘摩托车，招摇过市，旁若无人者”。这与蔡锷当时的实际工作状况和生活态度相悖。蔡锷作为一名留日士官生，又在江西、湖南、广西和云南从事六七年军事教育，且是带过兵、打过仗的职业军人，虽对袁世凯任命他为一文职性质的经界局督办心存不满，但他是个认真做事的人，对待自己接手的工作总是勤勉有加，从不消极怠慢。原经界局员公祭蔡锷文中有言：“彼（按：指袁世凯）锲不舍，策出羁縻，

① 《陈旭麓文集》第 3 卷《思辨留踪》，第 373 页。

② 丁凤麟、施宣圆：《护国运动主将蔡锷》，第 74 页。

③ 谢本书等：《护国运动史》，贵州人民出版社 1984 年版，第 140 页；谢本书：《讨袁名将——蔡锷》，兰州大学出版社 1997 年版，第 149 页。

④ 如有学者说：“‘张传’对小凤仙如何窥知蔡锷的反袁心思，告以袁世凯的侦探如何活动，更为蔡设计如何脱身，言之甚详。这些都说明小凤仙是一个既具慧眼又有侠心的姑娘。”《陈旭麓文集》第 3 卷《思辨留踪》，第 373 页。

⑤ 《小凤仙传》全文见张相文《南园丛稿》卷 7，第 47—48 页。

使正经界，用意可知”，但蔡锷仍“任事从容，不因疑废，搜采外籍，朝夕砺淬，伍田伟画，实十不一”。[①] 曾在“滇南冀北五载相从”[②] 蔡锷的原经界局秘书兼评议委员会委员的周钟岳也说：“袁世凯任松坡督办经界，原为羁縻松坡计。然经界为中国历代要政，总理平均地权主张，亦须由整理土地入手，故松坡对于经界，极为重视，开办伊始，即广延□人，设评议委员会，筹议经界事宜，拟具方案，制订法规数十种，曾印有经界法规一巨册。又指定人员，研究中国田赋制度，并派员出国考察，搜讨中西书籍，详加编辑，成为《中国经界概要》（按：实名《中国历代经界纪要》）、《各国经界概要》（按：实名《各国经界纪要》）两巨册，时值倭寇提出‘二十一’条件，以胁迫袁政府，松坡感愤国危，力请备战，著《军事计划》数十篇，其中有数篇，为蒋百里协作。予时在松坡先生幕府，见其治事甚勤，安有如公弢[③]所言，惟逛娼赌博，以求消遣之事！”[④] 其实，蔡锷与小凤仙的接触，初识之时尚“犹抱琵琶半遮面”，真正频繁起来是寓所被搜以后的事。诚如最早公开谈及此事的谭戒甫所说：“时公已移京棉花胡同，犹惜身份，去辄以夜半。及以嫌疑被搜检时，始连日逗留凤仙家，品茶奏曲为乐。”[⑤]

再看蔡锷寓所被搜一事。《小凤仙传》认为蔡锷寓所被搜是蔡“以就医为名”，潜往天津会议，引起军政执法处长雷震春的怀疑所致。搜查事件发生后，蔡锷夫人曾“闻而惶恐，遽令仆役闭关拒之，不听入。蔡适与友人对弈，推之起，笑语出迎，且命婢仆大开箱箧，恣其搜检”。蔡锷寓所被搜，的确有其事，但所述搜查时间、原因和过程，皆与当时的真

---

① 《前经界局员公祭蔡公志盛》，北京《中华新报》1916 年 11 月 28 日，第 3 版。

② 《周钟岳挽蔡锷联》，北京《民苏报》1916 年 12 月 2 日，第 7 版。

③ 即昆明《朝报》主管王公弢。为纪念云南护国讨袁起义 29 周年，他自 1944 年 11 月起在该报分节刊出连载长文《民国四年十二月二十五日云南护国起义之史实》，在 12 月 28 日《蔡松坡入京后为袁世凯所监视》一节中说到：“蔡就经界局后，袁即暗令步军统令〔领〕衙门密探监视蔡之一切行动。经界局原系空头之冷衙门，何来公事可办？故蔡住京，每日除与友逛娼寮、赌博饮酒，以求消遣外，其余皆受密探之监视，其生活已与遭囚之犯人实一样。”由此引发周钟岳的批驳。

④ 周钟岳：《斥王公弢妄言》，昆明《正义报》1944 年 12 月 31 日，第 3 版。

⑤ 戒甫：《蔡公松坡之轶事四则》，《长沙日报·文艺丛刊二》1916 年 11 月 12 日，第 3 张第 9 版。

实情况相距甚远。据当时报载，蔡锷寓所被搜，发生于 1915 年 10 月 14 日上午 10 时。他这时住在“棉花胡同，乃租自旗人福姓者”。搜查过程，大体如下：“有着军服者五人贸贸然来，声称系军政执法处卫队奉处长谕：有大总统令命查抄盐商何姓寄存之赃物。蔡宅家丁方欲拦阻，已排闼而入，翻箱倒笼，颇极骚扰，其势汹汹，不可理论。后阍者约集多人，壮胆向前语之曰：此系昭威将军蔡大人住宅，汝等奉命，有何凭据？何得无故动蛮，速言其故。斯时吴（按：指此次搜查行动的首领吴宝鋆）始知错找门户，急想下台，云系奉总统令，查抄福宅寄存之何姓赃物。既现在为蔡宅，我等另向旁处搜查可也，遂相率驰去。阍者以其着军服，又称大总统，不敢鸣警逮治，而觉其无凭无据，乱七八糟之状态，断不足信，乃遣人暗地尾追，则见若辈已蜂拥而至德胜门大街蒋养房胡同东口吴宅。”① 请看，搜查者仗着袁世凯的尚方宝剑，根本没把蔡锷放在眼里，不等其“家丁”“拦阻，已排闼而入”了。随即便“翻箱倒笼，颇极骚扰，其势汹汹，不可理论”。直到守门人“约集多人”，壮着胆子上前告诉他们这是昭威将军蔡锷的家，“汝等奉命，有何凭据？”这才因搜查无所获，借口“奉总统令，查抄福宅寄存之何姓赃物”开溜。而守门人“以其着军服，又称大总统，不敢鸣警逮治”，但又“觉其无凭无据，乱七八糟之状态，断不足信，乃遣人暗地尾追”。压根儿就不存在“蔡夫人闻而惶恐，遽令仆役闭关拒之，不听入。蔡适与友人对弈，推之起，笑语出迎，且命婢仆大开箱箧，恣其搜检”之事。蔡宅被搜这天是星期四，又发生在上午 10 时，正是上班时间，对于一贯认真治事的蔡锷来说，能在家吗？何况蔡锷还说过，他“寓局”不回家是常有的事。② 再说，搜查者又何至如此傻到家，明知是暗中策划的阴谋，却专挑一个蔡锷在家的时日，倘若搜不出证据，何以收场？岂能不预留退路？

至于引发这次搜查的原因，也非如该文所说，是蔡锷“以就医为名”，潜往天津会议，引起军政执法处长雷震春怀疑的。因为：第一，蔡锷“以就医为名”，离开北京，前往天津，是蔡宅被搜近一个月后的 11 月 11 日的事（详见后文）。第二，蔡宅被搜前，两位天津会议的重要参

---

① 《北京新发现之大劫案详记》，上海《时报》1915 年 10 月 25 日，第 2 张第 3 版。

② 《蔡松坡集》，第 820 页。

加者原贵州巡按使戴戡和应袁政府之命、被贵州省推为入都“会议帝制事”的军界代表王伯群也未必在京。据参加过天津会议的王伯群说：与会者还有梁启超、蔡锷、戴戡、汤觉顿、蹇念益、陈国祥等人。“初议以梁任公往日本办报鼓吹，蔡、陈、戴、蹇与伯群或往云南，或往两广运动起义。讨论多时，佥谓办报东京，袁不许入口，无益于事，不如分头运动，宜先由滇、黔起义。蔡自担任云南，戴与伯群担任贵州，后虑中途危险，命群先赴云南与唐督商议，蔡暂往日本就医。”① 而戴戡、王伯群两人是9月10日自贵阳启程赴京的。10月5日，他们“由常德搭汽船前进”②。历时20余天，始抵达湖南常德，很难想象他们能在距蔡宅被搜不到9天的时间内由湖南常德赶到北京。两位重要与会人尚未抵京，何来他们参加的天津会议？第三，蔡宅被搜的真正原因是袁世凯怀疑蔡锷涉嫌唆使云南反对帝制。据周钟岳后来回忆，“一日，蔡公自统率办事处归，愁然谓予曰：‘蓂督（按：唐继尧，字蓂赓，时任云南督军）反对帝制，现有人来京告密。袁氏已令川督防制。’予问告密者为谁？蔡公谓曾在云南陆军第一师充参谋长之路孝忱也。既而北京对于各方函电检查甚严。适得滇中致蔡公书，遂密令军政执法处派人至护国寺街棉花胡同蔡公住宅搜检”③。1915年11月27日，袁世凯陆军训练总监蒋雁行致冯国璋的一封信也佐证了这一点，他在信中说：“风闻云南人云，有重要人物致密电该省，唆使人民反对帝制。经详细调查，据电报局云，数十日之前曾有人用经界局关防发一密电往滇。云云。”④ 所以，当时就有人指出：“政府因君（按：指蔡锷）所发密电过多之故，深用疑虑，因由军政执法处搜其寓宅。”⑤ 可见，天津会议恰恰不是蔡宅被搜的起因，而是被搜的结果。

关于蔡锷夫妻反目一事，《小凤仙传》指证蔡锷知袁世凯忌己已深，

---

① 《王伯群演说云南起义经过》，李希泌等编：《护国运动资料选编》，中华书局1984年版，第91页。

② 《张协陆致陈国祥函》（1915年10月6日），未刊稿，原件藏中国社会科学院近代史研究所图书馆。

③ 周钟岳：《云南护国首义之历史谈》，田伏隆主编：《忆蔡锷》，岳麓书社1996年版，第397页。

④ 《蒋雁行致冯国璋函》（1915年11月27日），《护国运动资料选编》，第92页。

⑤ 《蔡松坡先生历史》，北京《国风日报》1916年11月16日，第6版。

“又念妻子落陷阱”，为了“自脱”和送走妻子，曾“扬言将纳凤仙为侧室，大治筵宴，遍柬诸友朋来贺。届期，蔡夫人乃谬为狮子吼，与蔡大哄，相欧〔殴〕打。蔡怒，斥令夫人大归。夫人亦怒，誓言与蔡绝，即携子女归母家”。这是一个文人墨客反复炒作的话题，不但张相文《小凤仙传》有此记载，蔡锷逝世后涌现的众多蔡锷“轶事”及“传略”，也无不对此津津乐道。如前所述，谭戒甫《蔡公松坡之轶事四则》可说是开了这一说法的先河，紧随其后的《清华周刊》也刊文说：“某日，袁氏亲信人至，公故与夫人反目，夫人求离婚，公许之，以故公家属得离北京。”[①] 数十年后更有人言之凿凿，说蔡“曾布烟幕，请其夫人在京津假登一报以离婚，其离婚之理由，则由报上指明‘不顾家庭，日与小凤仙相眷恋’，情到‘眷恋’，必有些时”[②]。遗憾的是迄今仍找不到令人信服的事实根据。我逐日查阅过留存至今的北京《群强报》《爱国白话报》和天津《大公报》等报纸，虽见刊有《王揖唐启事》[③]《黄远庸启事》[④]《净地出售》《聘请华人》[⑤] 等启事，唯独没有发现蔡锷夫妇离婚的所谓《启事》。当然也不能排除发表这个《启事》的报纸迄今未能发现或已失传，但已为蔡锷本人所否认却是不争的事实。1915 年 8 月，蔡锷在致友人的一封信中，对其夫人刘森英及长子离京一事是这样说的：“张介素〔寿〕君护敝眷返梓，晤台端时，当能将此间情形摅告一切也。此次内子及小儿南归，系遵家慈迭次函嘱，兄亦以家慈独居寂处，乏人伺奉，早欲于内子或小妾两人中，任以一人南归也。四小女于其母濒行前患痢，因入院稍迟，致遭不治（兄近来少在宅，寓局时为多，及归视病状，乃知其危。随命入院，已来不及，越二日而殇）。昙花偶现，可伤也。内子看视儿女，不甚经心，以端生付之，甚不放心，然以慈命，无可说也。”[⑥] 可见，蔡锷母亲早已回到湖南老家，他的妻子刘森英也在 8 月就带着长

① 渠：《蔡公松坡事略》，《清华周刊》第 90 期，1916 年 12 月 7 日。

② 公甠：《上周副院长书》，昆明《朝报》1945 年 1 月 1 日，第 3 版。

③ 北京《群强报》1915 年 9 月 9 日第 1161 号报头广告栏；又见天津《大公报》1915 年 9 月 19 日，第 1 张。

④ 天津《大公报》1915 年 9 月 8 日，第 1 张。

⑤ 天津《大公报》1915 年 9 月 24 日，第 1 张。

⑥ 《蔡松坡集》，第 820 页。

子端生南归了，并不是寓所被搜的 10 月 14 日之后才走的。而南归的原因则是奉母“迭次函嘱”，因其“独居寂处，乏人伺奉”，他也“早欲于内子或小妾两人中，任以一人南归也”。根本不存在什么“夫妻反目”之事。1981 年仲秋，蔡锷女儿蔡淑莲接受记者采访时也证实：“《民国通俗演义》和所演的戏里都写着父母有反目的事，母亲说实际生活并没有过。”①

最后，看看小凤仙是不是那么见多识广，足智多谋，以至留过洋、领导过云南“重九”起义、任过都督，身为陆军中将的蔡锷反而傻呆如白痴，时时事事以其计谋为策，唯其主意是从。据《小凤仙传》所述，当蔡锷为袁世凯称帝忧虑得“谈燕无欢”时，小凤仙问他：“袁氏练兵小站时，君曾挂名尺伍乎？蔡曰：未也。辛亥革命与君同时起义诸人，今尚有居要地操兵柄者乎？蔡曰：无也。凤仙附耳低语曰：即此以观袁氏之用心，昭然可见矣。”当蔡锷因“筹安会起，袁党时以意探蔡。蔡愤而思逃”时，小凤仙告诉他：“今网罗四伏，逃将焉往？行见君与赵秉钧、应夔丞等同膏毒刃耳。”对于袁世凯编练新军的历史及辛亥革命以来的政治情势，一个十六七岁的风尘女子可以随口道来，而身居军界要职十余年的蔡锷反而懵然无知，可能吗？又如，小凤仙点拨蔡锷说：“袁以君为参政，非欲君参与国事也，欲君与腐鼠同化，为其作器械也。今复以君为经界局督办，非真欲君清理经界也，不过欲以虚职縻君，重禄诱君，使君以醇酒妇人，销磨其壮气耳。蔡闻而颔首者再。”小凤仙如此聪慧，蔡锷却那么愚钝不堪，符合历史实际吗？更加匪夷所思的是蔡锷还是一个毫无主见，一切依小凤仙之计而行的痴呆傻人，当小凤仙告诉他对于袁世凯称帝一事，不可操之过急，“亟宜将顺其意，徐思他图”时，他“从其言，因与袁之部下，发起军人劝进会，首自签名，以释其疑。密遣亲信人，分赴滇、沪、东京，与党人要约”。当蔡锷妻儿南归后，小凤仙告诉他：“可行矣。蔡遂乘间出东交民巷，登车赴天津，转航东京。”小凤仙岂不成了蔡锷回滇发动护国讨袁之役的总设计师了？这符合蔡锷和小凤仙的身份和智商逻辑吗？

随着时间的推移，1985 年又出现一份小凤仙本人的自述，它的出现立

① 冯焰：《访蔡锷的女儿蔡淑莲》，《辛亥风云》，第 83 页。

即成了小凤仙“主动助蔡”出京说的又一立论根据。这份小凤仙自述，实际是许姬传对已经过去30多年的一段往事的回忆，他说：1951年，梅兰芳剧团到沈阳演出。有一天，交际处传达室送来一封求见京剧大师梅兰芳的信。求见者竟自称是今已易名张洗非，当年与护国讨袁英雄蔡锷相识的小凤仙，于是，他和梅兰芳会见了她。在会见中，小凤仙极其详细地讲述了她当年如何在“北京陕西巷云吉班卖唱做生意”时“认识了蔡将军”，如何觉得他的“举动与别的客人不一样”，如何询问他是否“革命党”？蔡锷又如何向她“说了实话”，坦承自己是反对袁世凯做皇帝的“革命党”，并“郑重其事”地请求她帮助自己“逃出北京城”。她又如何被“老蔡的话”所打动，表示只要“办得到的，一定尽力而为”。最后，她趁妓院“掌班生日”摆酒庆贺之机，巧作“布置”，帮助蔡“趁院中乱轰轰时，出了云吉班，直奔车站”而去的亲身经历。① 小凤仙的自述尽管异常具体、细致，但我认为基本不可信。历史经验屡屡证明，对于仅凭记忆形成的陈年旧事的个人回忆录，说得越具体，越细致，往往越不可信。

别的不说，蔡锷从来就不自称“革命党”，可小凤仙硬说蔡锷向她“说了实话”，坦承自己是反对袁世凯做皇帝的“革命党”，并“郑重其事”地请她帮助自己“逃出北京城”。仅此一点，就足可证明小凤仙的自述不具可靠性。因为：第一，这不符合蔡锷的性格。如前所说，蔡锷“生性静默，与人谈论，辄扼要数言”。熟悉他的人都说他“居恒默默而寡言笑兮，大智渊乎其如愚”。第二，蔡锷身居袁世凯权力中心的北京，前有1912年8月，湖北革命党人张振武、方维突遭袁世凯以所谓“怙权结党，桀骜自恣”，“破坏共和，图谋不轨”的罪名逮捕、杀害的惨剧，后有同年8月和1914年2月，章太炎、尹昌衡先后被袁世凯软禁和构陷下狱的暴举，血雨腥风，险恶不已，岂能不倍加小心、谨慎。第三，蔡锷反袁称帝心迹，事实上连他的母亲、妻子都没有告诉过。1916年1月27日，蔡锷在写给夫人潘蕙英的信中说过这样一段话：“堂上以下，闻余此次举动，初当骇怪，继必坦然，盖母亲素明大义而有胆识，必不以予

---

① 此段文字记载很长，为节省篇幅，不详引，有兴趣者可检阅许姬传《许姬传七十年见闻录》，第106—110页。

为不肖，从而忧虑之也。”① 所谓“此次举动”，当指 1915 年 12 月 25 日的云南护国起义，“堂上以下”听到此消息，竟会“骇怪”，表明她们在此之前对此毫无思想准备，这不正好说明蔡锷反袁称帝的内心秘密，在云南护国起义爆发前始终是深藏不露的，连自己的母亲、妻子也未透露过一言半语吗？此事也进一步说明，所谓蔡锷夫妻佯装反目，纯属子虚乌有。第四，梁启超的以下说法，也可作为蔡锷家人不知其反袁称帝秘密的佐证。他说：“蔡公走了，他家里完全不知，倒天天打电话来问我要人，我只好拿别的话支吾过去。”② 既然如此，怎能想象蔡锷会将自己内心深藏的秘密，轻易告诉一个萍水相逢的风尘女子，甚至要请求她的帮助。可见，小凤仙自述，只是一面之词，不足为据。至于小凤仙何以口出此言，因无直接证据，不敢妄评，或许与以下情况不无关系：一是借此自我炫耀，因为蔡锷自护国讨袁去世后，成了举国上下，一致颂扬的“再造共和”的伟人；二是争取梅兰芳的好感和信任，以解决她甚为窘迫的生活问题。

综上所说，既然两个主要立论根据张相文《小凤仙传》和小凤仙自述均靠不住，那么，小凤仙“主动协助”蔡锷出京之说是否可信也就不言而喻了。

五 蔡锷京津脱险真相

蔡锷究竟怎样离开京津，回到云南昆明的？究竟得到小凤仙的协助没有？由于在小凤仙之外，还有多种另有其人的说法，因此，在回答这个问题之前，有必要先对其他不同说法的真实性作一考察。

不同说法之一是“袁世凯批准”说。有学者认为“实际上蔡锷由北京到天津，由天津到日本都是经过袁世凯批准的”。其理由是蔡锷自 1915 年 10 月下旬至 11 月下旬先后四次呈文请病假，就医地点由北京到天津到日本，袁世凯均一一照准，而且在最后一个呈文上批示：“呈悉，一俟调

① 《致潘蕙英函》（1916 年 1 月 27 日），《蔡松坡集》，第 884 页。

② 梁启超：《护国之役回顾谈》，云南省社会科学院历史研究所、贵州省社会科学院历史研究所编：《护国文献》，贵州人民出版社 1985 年版，第 307 页。

治就愈，仍望早日回国销假任事，用副倚任。”于是，“12 月 2 日，蔡锷便动身去日本了”。又说：这四个呈文体现了“蔡锷高超的斗争艺术，他巧妙地摆脱了职务，他请假的时间一次比一次长，‘病势’一次比一次严重，要求调治的地点一次比一次远，终于使狡猾多疑的袁世凯相信了他确已病入膏肓，蔡锷在这场智斗中胜利了”①。

对此新说，已有学者提出质疑，说：“蔡锷的离京，不是也不可能是先请示报告，经批准后才行动的，事实上是‘先斩后奏’，走脱了才托人补送报告的。”理由是：(1) 袁世凯的《政府公报》“是官样文章”，“不可不信，也不可全信”，“如果对袁世凯北京政府的《政治公报》(按：实际是《政府公报》，下同) 上的东西什么都信以为真，那会上当的”。(2) 蔡锷不是 1915 年 11 月下旬才离京去津的，“而是在 11 月 11 日逃离北京，然后托人向袁世凯连上第二、三、四个请假报告的。袁世凯一方面无可奈何，只好照准，并交《政治公报》刊登，给人造成这样的印象：似乎蔡锷仍在其掌握之中；另一方面则派人加紧对蔡锷的监视”。“12 月 2 日，蔡锷偕戴戡 (按：实际没有戴戡)，穿上日本的和服，改变姓名，乘日商山东丸东渡日本。蔡锷上船时，给在北京的周钟岳打一电话，要他将请假报告送交袁世凯。”②

我赞成这位学者对此新说提出质疑及所提蔡锷离津是“先斩后奏”的新结论，遗憾的是尽管其所持第一条理由有一定道理，但总体说来还是没有抓住问题的关键。对于所持第二条理由，除其认为蔡锷南下回滇存在离京、离津两个不同过程可以认同外，其他如认为蔡锷离京是“逃离”、离津日期为 12 月 2 日则不敢苟同。前者理由详后，这里先讨论蔡锷离津的日期问题。其实，“袁世凯批准”说不能成立的关键并不在袁世凯《政府公报》不能全信，也不在蔡锷南下回滇存在离京、离津两个过程，而是所说蔡锷离津的日期与事实不符，导致不能自圆其说。质疑者未能对此加以纠正，反而以讹传讹，认同 12 月 2 日为蔡锷离津之日，并称蔡锷这一天上船后才“给在北京的周钟岳打一电话，要他将请假报告

---

① 以上引文均见魏明《蔡锷出京与袁世凯的智斗及史实订正》，《中州学刊》1986 年第 1 期。

② 参见谢本书《讨袁名将——蔡锷》，第 152—156 页。

送交袁世凯”的。如果真是这样，那么，又如何解释袁世凯在接到蔡锷的“请假报告”之前的11月30日①，便批准他“赴日就医”了呢？岂有呈文未到，准假批示先办之理？

唯一合理的解释只能是，蔡锷离开天津的时间不是12月2日，而是11月30日袁世凯批示之前的某一天。事实正是这样，蔡锷11月18日就离开天津了。理由如下：（1）袁世凯陆军训练总监蒋雁行11月27日在给冯国璋的私人密信中明确提到：蔡锷由天津德义楼“茶役夜间送其登火车站”②。可见，蔡锷已于11月27日之前离津。（2）11月28日上海《申报》报道：“经界局督办兼参政蔡锷氏因病续请辞职，奉令给假两月，兼派员署理经界局及参政等缺，已见昨日命令。兹悉蔡氏请假后即赴天津，总统尚命蒋方震前往慰留，但蒋氏抵津时，蔡已于十九日起程南下矣。故派署之命，即行发表。”③ 这一报道有两点值得重视：一是蔡锷11月19日已离津南下；二是袁世凯所以“即行发表”经界局督办及参政“派署令”，是他从回京复命的蒋百里口中得知蔡锷已离津南下了。（3）11月18日，梁启超致函云南财政厅长籍忠寅等人说：“松（蔡锷）、循（戴戡）诸公，联翩南迈，贱子亦已俶装，将从此逝。”④（4）湖南财政厅长袁家普在蔡锷逝世后两天接受《长沙日报》记者采访时也说：“公乃于十一月十一日出京，十九日余追至天津，则公已于先日乘山东丸赴日矣。”⑤ 这些事实足可证明，蔡锷11月18日便已离津“南迈”，而不是12月2日。经查，蔡锷自称病体未痊，仍需续假三月，迁地调养，请“遴员署理经界局事务暨参政院参政两职”的呈文确“系托人递上者”⑥，这个人就是周钟岳，具体时间是11月22日⑦，纯属“先斩后奏”。袁世凯这时明知蔡锷已远走高飞，为掩盖真相，蒙蔽舆情，稳定内部军心，也给自己留个面子，只好故装糊涂，准给蔡锷两个月假期，并于两天后

---

① 《蔡锷呈袁世凯文》（1915年11月30日），《政府公报》第1283号，1915年12月3日。

② 《蒋雁行致冯国璋函》（1915年11月27日），《护国运动资料选编》，第92页。

③ 《梁蔡两参政之辞职》，《申报》1915年11月28日，第2张第6版。

④ 梁启超：《盾鼻集·函牍第二》，商务印书馆1917年版，第12页。

⑤ 袁家普：《蔡公遗事》，《蔡松坡集》，第1460页。

⑥ 《蔡将军又出洋养病》，《盛京时报》1915年12月1日，第3版。

⑦ 《呈袁世凯文》（1915年11月下旬），《政府公报》第1283号，1915年12月3日。

“即行”发表“派署之命”，以龚心湛兼署经界局事务，张元奇署理参政院参政。[①] 紧接着，周钟岳又代蔡锷上了最后一个呈文，请求赴日就医，袁世凯黔驴技穷，除了自欺欺人，再次照准外，已无他法。看来，袁世凯的骗局，还真蒙蔽了一些善良的人，否则，不致迟至今日，还会出现所谓“袁世凯批准”说。

不同说法之二是“曾鲲化”说。1981 年电影《知音》播出后，有曾鲲化女儿曾龙珠的乘龙快婿站出来说：最近，曾龙珠老人“与我闲谈时”，说到了“她父亲曾鲲化当时筹划蔡锷逃离北京，并在她家化装出逃的真相”。并转述了曾龙珠所讲的蔡锷出逃经过：曾鲲化早年与蔡锷同在日本留学，加入同盟会，后经孙中山提名，担任民国政府交通总长。为了帮助蔡锷摆脱袁世凯对他的软禁，精心策划了蔡锷逃离北京的方案。按照计划，蔡锷携小凤仙将密探引至中央公园（今中山公园）“来今雨轩”露天茶社，蔡锷与小凤仙对面而坐，抽烟品茶，极为悠闲。跟踪而至的密探坐在不远处，注视着他们的动静。“少顷，蔡锷起身对小凤仙说：‘我去解手即来，你不要离开！’密探见蔡锷身穿短衫，口衔香烟去厕所”，桌椅上又留有他的衣物，便没在意。“这是蔡锷和曾鲲化事前分析了密探的心理，采取的金蝉脱壳之计。”蔡锷“绕过厕所，出了园门，直奔府右街石板房二十号曾鲲化家里，随即迅速换上了曾龙珠之母刘灿华的蓝衫和黑裙，男扮女装，由曾家的厨师（新化县人）和马车夫（北京人）两人用轿子抬着，放下轿帘，并故意将绣花鞋尖露在帘外，径直抬往崇文门火车站……曾鲲化利用交通总长职务之便，将蔡锷从崇文门火车站送上早已准备好的直达天津的专车，终于逃出北京”。[②] 此段“真相”陈说，尽管生动、具体，富有故事性，但除了最后一句提供了一个重要的新情况外，其余可说均是电影《知音》情节的复述。遗憾的是恰恰这最后一句露了马脚，证明它仅仅是毫无事实根据的信口开河而已。经查，1912—1916 年 10 月之前，曾鲲化除任过交通部“技正”[③] 外，从

---

① 韩信夫、姜克夫主编：《中华民国大事记》第 1 册，中国文史出版社 1997 年版，第 402 页。

② 贺舜田：《蔡锷将军逃离北京的真相》，《邵阳日报》1984 年 9 月 12 日，第 4 版。

③ 《呈奉准组织经界评议委员会文》（1915 年 2 月 8 日），《蔡松坡集》，第 791 页。

未任过交通部的其他职务，“交通总长”何从谈起？直到袁世凯称帝覆亡后的1916年10月14日，北京新政府才任命他为交通部路工司长。[①] 既然不是交通总长，何来权力准备“直达天津的专车”？又何能将蔡锷送上这列“专车”，从崇文门火车站“逃出北京”？可见，此说也是不可信的。

不同说法之三是“张宗祥”说。有学者依据浙江图书馆所藏张宗祥的未刊手稿《记一幕猴戏》，于1986年5月16日在天津《今晚报》发表《关于蔡锷脱险的新解》一文，称：“真正帮助蔡锷脱险的是现代著名学者、画家、书法家张宗祥。”这位学者认为正是这位“富有爱国之心的张宗祥”，在得知袁世凯“追蔡”的信息后，“毅然决然自动要求担当起去送信给蔡锷的重任。蔡锷乘火车逃离北京，直往天津，也是由张宗祥一手安排，并亲自陪同前往的”[②]。不过，已有学者撰文指出这是对张宗祥原意的“误解”。[③] 依我看，与其说是“误解”，不如说是缺少根据的演绎，因为张宗祥压根就未谈及蔡锷离京一事。有张宗祥以下不同地方的三段原稿为证：

> 袁氏知蔡遁，命陈仪追之。蔡之同谋者亦与陈至稔，知此事。陈仪又木强，忠于所事，不能说之纵蔡。于是，赶陈前先至津，嘱蔡迁寓，俟有船即行。追陈至津，历访蔡之友人，均不得踪迹，废然以返。
>
> 予向不参加任何党会，因百里（按：蒋方震，字百里）识松坡，二人皆进步党，往还意气间皆相得。公侠（按：陈仪，号公侠，后改公洽）追蔡之信既得，他人皆袁氏注目，予时一冷曹，且无政治色彩，乃自任之。速蔡行外，兼在津市赁一宅。
>
> 世凯帝制时，予与松坡熟，其至天津也，袁氏使陈仪追之。予与蒋百里先得信，急足赴津，嘱松坡速避速行。或语予出入宜慎，似有便衣警蹑君。予乃与许君季茀、张君燮和携眷至津，留一室待

---

① 刘寿林等编：《民国职官年表》，中华书局1995年版，第51页。

② 转引自李性忠《蔡锷天津脱险的新史料》，《思想战线》1988年第2期。

③ 同上。

周君预材（按：即周豫材，鲁迅）。至袁死，始回京寓。①

张宗祥在这里介绍的全是他自告奋勇赶往天津促蔡迁寓速行的缘由和经过，并无只字道及他曾送蔡出京。事实是他和蒋百里得知袁世凯已命陈仪去天津追回蔡锷的消息后，感到陈本性“木强，忠于所事，不能说之纵蔡”，决定赶在陈仪之前“先至津，嘱蔡迁寓，俟有船即行”。又因他人皆为袁氏所“注目”，唯他是“一冷曹”，“向不参加任何党会”，“无政治色彩”，“乃自任之”，“急足赴津”。果然，“追陈至津”，因蔡“旋移德义楼”②，转移了住处，历访友人，均不见蔡的踪迹，只好“废然以返”。可见，张宗祥所做的只是赶在陈仪之前去天津向蔡锷报警，并无“一手安排，并亲自陪同”蔡锷“乘火车逃离北京，直往天津”之事。所以，说张宗祥为蔡锷离津助了一臂之力尚有一定依据，而据此演绎出他也是助蔡出京的功臣便是无中生有了。实事求是是历史研究的生命线，若想真实“重现”历史，此风不可长也。

值得顺便一提的是，及至 1960 年张宗祥再度撰写回忆录时，他却将陈仪当时的政治态度和表现写成了另一个模样，说蔡锷离京后，“袁世凯派陈公洽（仪）追之，公洽语百里及予，且商进止，盖公洽亦不满帝制者。予曰：‘若自赴津可耳，松坡恐已走，未必能见到。’公洽悟，别去即派人赶至津速松坡乘日本轮行。公洽至津，果未遇蔡而返”③。前述未刊稿《记一幕猴戏》，说陈仪“木强，忠于所事，不能说之纵蔡”。对其至津未能寻得蔡锷的行踪，也使用了具有贬义的“废然以返”一词。这里却说他“语百里及予，且商进止”，并明确说他“亦不满帝制者”，“别去即派人赶至津速松坡乘日本轮行”。两相比较，差别何其大，说明张宗祥的记述，随着时代的变迁，发生了变化。同样一件事，张宗祥何以有此前后不同的说法呢？想必与陈仪的生命结局及传统的史学书写原

① 以上引文见张宗祥未刊稿《记一幕猴戏》（第 9 页），《铁如意馆碎录·宣南闻见》卷 1，《记一幕猴戏·后记》，均转引自李性忠《蔡锷天津脱险的新史料》，《思想战线》1988 年第 2 期。

② 《蒋雁行致冯国璋函》（1915 年 11 月 27 日），《护国运动资料选编》，第 92 页。

③ 张宗祥：《蒋方震小传》，《文史资料选辑》第 10 辑，《文史资料选辑》合订本第 3 册，中国文史出版社 1986 年版，第 93 页。

则的影响不无关系。1949 年 2 月 23 日，陈仪因策动京沪杭警备总司令汤恩伯起义事泄，在上海寓所被捕。6 月 18 日，以“勾结共产［党］，阴谋叛乱”罪，被蒋介石杀害于台湾。[①] 对于这样一个晚节可风的人士，在传统史学“为贤者讳”的书写原则的影响下，对其历史的记述与前有所不同是不难理解的。但它却再一次提醒历史研究者，对于前人的口述史料一定要慎加甄别，绝不可不问青红皂白拿来就用，对于那些看似有助于支撑自己观点的资料尤应如此。

不同说法之四是“端纳”说。有学者在一个杂志的《史事辨析》栏刊文指出：“帮助蔡锷安全出京的不是小凤仙，而是澳大利亚新闻记者端纳。”据这位学者说端纳助蔡出京的过程是这样的：1915 年 12 月 1 日，端纳邀约他的美国好友、时任北京美孚煤油公司经理的孙明甫前往演乐胡同拜访蔡锷，讨论南方起兵讨袁等问题。两人走后不久，袁世凯的密探便出现在蔡宅附近。蔡锷随即将其险恶处境电知端纳。端纳听完电话后，当即吩咐仆人，赶到演乐胡同蔡家，将“蔡锷藏在洗衣篓里”，亲自送上火车直达天津。在天津，端纳又与当地一位船工谈妥，由他将蔡锷送上东渡日本的轮船，然后才打道回府。[②] 作者的依据，主要来自 1946 年春，由端纳口述、美国人厄尔·艾伯特·泽勒记录整理的《中国的端纳》（中译本为《端纳与民国政坛秘闻》）一书。据该书记载：孙明甫获知云南护国起义消息后，与端纳有过如下一场对话：“我认为蔡锷还在北京。”“显然不在这里。”端纳说：“怎么？”“我警告过你和其他人，南方人会起兵反抗。”“噢——呵。”“有天晚上，他藏在洗衣篓里，由我偷偷地送出去。过后，我同一位船工讨价还价，让其将他带走。至于怎样去到云南，那是他自己的事情。”[③]

此说显然也难以成立。一是有两个明显破绽：（1）如上所说，蔡锷离津日期不是 12 月 1 日，而是 11 月 18 日，而且离京、离津并不是同一天实现的，至于离京的时间就更早了，是 11 月 11 日（详后）。（2）蔡锷

① 严如平：《陈仪》，熊尚厚等主编：《民国人物传》第 11 卷，中华书局 2002 年版，第 113—114 页。

② 符致兴：《蔡锷离京并非小凤仙之助》，《民国春秋》1993 年第 4 期。

③ 符致兴编译：《端纳与民国政坛秘闻》，湖南出版社 1991 年版，第 174—175 页。

离京时的住所不是演乐胡同，而是“棉花胡同门牌 13 号”[①]。时人称：蔡锷初入都，租住的是西安门内惜薪司胡同，“以随从人众，后迁居丰盛胡同陈昭常住宅（按：即丰盛胡同门牌 41 号[②]），陈宅较宽，惟赁金过昂，乃迁居护国寺棉花胡同”[③]。二是尽管作者极力从“端纳其人以及他同蔡锷的关系”两方面论证“端纳帮助蔡锷出京讨袁是很自然的事”，从而证明端纳所说“是真”[④]，但毕竟只是一条孤证，况且也只能证明端纳反对袁世凯称帝的立场与蔡锷一致，并因与蔡锷关系良好，具备“帮助蔡锷出京”的可能性，而不能证明他的确送蔡出了京。三是端纳所说是否属实也值得怀疑，因为他所述助蔡出京的过程明显与事实不符。如端纳说是他将蔡锷放在洗衣篓里连夜送出北京，到津后交给“一位船工”带走的，可如上所述，蔡锷出京后其实在津又待了一周，方由德义楼的“茶役夜间送其登火车站”，然后乘船东渡的。再如，端纳说他夜里送蔡出京，于“次日早上”回到北京。可当时京津间不可能有高速公路，来往主要靠铁路。据查，当时晚上由北京开往或经过天津、塘沽的车次只有两趟，一是每星期三由北京开往奉天（今沈阳）的“特别通车”，二是每星期一、星期五开往奉天的“寻常通车”，均晚上 9 时 45 分由北京前门发车，约次日晨 1 时抵天津总站，1 时 20 分左右抵天津东站，2 时 30 分左右抵塘沽。也就是说至塘沽登船，即使乘火车，至少也需 5 小时，除非同日有合适的车次，否则是不可能于“次日早上”回到北京的。而据当时京奉路局车务处公布的“行车时刻表”，每周只有星期日、星期三两天才有这种可能性。这两天晚上 9 时 31 分均有一趟由奉天开往北京的 102 次列车，深夜通过塘沽、天津，赶上这趟车，就可于次日 8 时 44 分返回北京。[⑤] 可是，如上所说，蔡锷是 11 月 18 日夜离开天津的，这天是

① 《京师警察厅各区署报告绺窃案件表》（1915 年 5 月 2 日），北京市档案馆藏，J181/18/5034。

② 《内右二区警署详警察厅总监文》（1914 年 9 月 3 日），北京市档案馆藏，J181/19/3681。

③ 赵默述：《蔡松坡先生逸事》，北京《民苏报》1916 年 12 月 1 日，第 3 版。

④ 符致兴：《蔡锷离京并非小凤仙之助》，《民国春秋》1993 年第 4 期。

⑤ 《交通部直辖京奉铁路管理局各大站客车开行时刻》（民国三年五月一日新订），天津《大公报》1915 年 11 月 14 日，第 2 张。该列车时刻表只列到站后的开车时间，而无到站时间，姑且估计在站内停车 5—10 分钟。

星期四，并无102次列车开行，怎能于“次日早上”回到北京？这些事实皆可说明端纳所说不足信，由此得出的“端纳助蔡出京”新说显然难以服人。

此外，还有原滇军师长李鸿祥也否认蔡锷出京系小凤仙所为，而是他和韩凤楼送走的。据他回忆：“适蔡患喉疾，发音嘶哑，乃托辞拟赴天津入日人所办共立医院治病，向统率办事处请假一星期。韩凤楼在家为蔡饯行，饭毕，韩与我送蔡至前门车站，登火车赴天津。”① 不过，并无学者据此提出新说。

既然以上各种新说疑点重重，难以置信，那么，蔡锷出京是否还存在别的可能性？比如说自行出京的，与小凤仙及其他人均无直接关系。以往学术界，包括本人在内，多倾向于这种意见，主要依据是黎元洪亲信陆军中将哈汉章的记载。据哈汉章说，蔡锷离京，大体过程如下：1915 年 11 月 10 日，“为予祖母寿辰，宴客北京钱粮胡同聚寿堂”。“蔡松坡同学往还素密，是日早至，谓予曰：今日大雪，可在此打长夜之牌。予知松坡有用意，即托刘禺生代为召集。”是日，蔡锷与刘成禺、张绍曾、丁槐四人“聚博终夜”。次日 7 时，“松坡由予宅马号侧门出，直入新华门，门卫异之，意以为受极峰所传。侦探抵府门，亦即星散，未甚置意。松坡抵总统办事处，侍者曰：将军今日来此过早。松坡曰：我表快两小时矣。随以电话告小凤仙，午后十二点半到某处同吃饭，故示闲暇”。“乃密由政事堂出西苑门，乘三等车赴津。”“松坡走后，予受嫌疑最重，从此宅门以外，逻者不绝。刘成禺、张绍曾次之，丁槐则佯无所谓。小凤仙因有邀饭之举，侦探盘诘终日，不得要领。乃以小凤仙坐骡车赴丰台，车内掩藏松坡上闻。予等亦宣扬小凤仙之侠义，掩人耳目。明日，小凤仙挟走蔡将军之美谈，传播全城矣。”② 如上所说，蔡锷离津的时间是 11 月 18 日，这次出京应是他最后离开北京的时间，此后再也没有回京了。哈汉章所说表明，由于袁世凯这时对蔡锷的监视越来越严，而蔡锷自知这次出京后也不会再回来了，因此，为防万一，

① 李鸿祥：《增补云南辛亥革命回忆录》，《辛亥革命回忆录》（六），第 149—150 页。

② 哈汉章：《春耦笔录》，转引自刘成禺等《洪宪纪事诗三种》，上海古籍出版社 1983 年版，第 169—170 页。

他有意采取了一些必要的防范措施，先是故意在哈汉章家打了一夜牌，然后提前去统率办事处画卯，又电约小凤仙“午后十二点半到某处同吃饭”，但他这次出京毕竟和小凤仙没有直接关系。所谓小凤仙“助蔡出京”，不过是袁世凯的侦探和哈汉章等人为开脱各自的责任，有意向袁世凯上报和全社会散布的虚假消息，实际就是往一个弱女子小凤仙身上“栽赃”。

不过，虽然多数学者皆倾向哈汉章之说，却不见有人申说所以倾向此说的理由，似有补充的必要。个人认为，哈汉章此说值得信赖的理由，主要有以下几点：（1）所说蔡锷出京日期有其他史料可以佐证。在北京充当过蔡锷反袁称帝活动联络人的袁家普在蔡锷去世后不久就明确说过：蔡“公乃于十一月十一日出京”①。另一位原北京经界局工作人员赵默所说的时间虽然差了一天，说是“十二（日）晨”出的京②，但不排除只是记忆上的小误差。（2）当日天气符合实际情况。哈汉章说，蔡锷一到，就说“今日大雪”，他要在此打“长夜牌”。经查，1915 年 11 月 10 日夜，北京果然下了一场雪。次日，一个叫杨曼青的人发表文章说：“昨天鄙人说了一篇阳春白雪，想不到夜间真就下了一场雪，虽然不大，总算应应卯儿。”③ 清末皇族内阁协理大臣那桐的日记也记有：“十一日，午后谢客七家，酉初归。早微雪，晚甚凉。宝儿乘晚车赴津。”④（3）当时的头等妓院的确装有电话。哈汉章说 11 日早 7 时，蔡锷在总统府给小凤仙打了个电话，约她“午后十二点半到某处同吃饭”。经查，当时的头等妓院还真有电话。一个当时居京的作者，在一篇反映筹安会时期，一个叫史宜的四川人为谋取一官半职，如何以 1000 两烟土行贿军政高官的文艺性作品里，就有这样的描写：“史宜正待说话，这个当儿，电话机当当响，可亭连忙走到电话箱边去接电话。却是将军在韩家潭春艳院玉英的屋子摆酒，约可亭即刻便去。”⑤ 这个叫可亭的人接的电话，正是从韩家潭妓院打来的，说明当时的小班的确

---

① 袁家普：《蔡公遗事》，《蔡松坡集》，第 1460 页。

② 赵默述：《蔡松坡先生逸事》，北京《民苏报》1916 年 12 月 1 日，第 3 版。

③ 杨曼青：《快雪初晴》，北京《群强报》1915 年 11 月 11 日第 1224 号，第 1 版。

④ 《那桐日记》下册（1890—1925 年），新华出版社 2006 年版，第 811 页。

⑤ 星若：《洪宪轶闻 · 新华幺麽》，《小说新报》第 3 年第 3 期，1917 年 3 月。

装有电话。（4）乘车时刻与当时的车次相当吻合。哈汉章说蔡锷是11月11日早上乘火车离京赴津的，经查，北京每日上午有两趟开往天津方向的火车，一是上午8时30分开往山海关的快车，抵津时间是11时30分左右；另一趟是10时15分开往唐山的慢车，抵津时间是下午3时左右。[①] 赶不上8时30分这趟，还有下一趟。（5）哈汉章坦承是他们为洗刷嫌疑，故意“嫁祸于人”。侦探“以小凤仙坐骡车赴丰台，车内掩藏松坡上闻。予等亦宣扬小凤仙之侠义，掩人耳目”。这种光明磊落的态度，恰好说明他说的是实话。试想，有谁会在是非曲直已明朗化的事后向全社会自揭疮疤和短处呢？这些事实，应可证明哈汉章所言不虚。

蔡锷既属自行出京，为何事后总不断有人标榜自己曾协助蔡锷出京呢？仅凭一个“分享荣誉”说就可解释一切吗？难道没有别的情况？是否也应听听蔡锷自己的说法呢？其实，对于蔡锷往返京津间的情况，蔡锷本人也是有过交代的，只是少有学者注意和重视罢了。1916年9月9日，蔡锷或许也听到了社会上有关他与小凤仙的某些传言，所以，他借为梁启超《盾鼻集》作序、肯定他的恩师对护国战争的特殊贡献的机会特地指出：“当去岁秋冬之交，帝焰炙手可热，锷在京师，间数日辄一诣天津，造先生之庐，谘受大计。及部署略定，先后南下。”[②] 所谓“秋冬之交”，就是农历的九、十月之间，也就是阳历的10月中下旬至11月，蔡锷出京东渡前的一两个月。在此期间，他“间数日辄一诣天津”，说明他往返京津相当频繁。如此频繁，能保密吗？是“逃离”吗？总不能“逃离”一次，“间数日”又回来再“逃离”一次吧，除非神经“有病”，或者傻瓜。可见，蔡锷往返京津是公开的、自由的，不存在“逃离”的问题。既然这样，作为当时一个在京享有一定声望的人，出行时有亲朋好友送送也是正常的，或许前面提到的曾鲲化、端纳、李鸿祥、韩凤楼，还有其他什么人，甚至小凤仙，的确都送过，只是没有那样离奇、富有故事性罢了。依我看，这或许就是事后可“分享荣誉”时，总免不了有

---

① 《交通部直辖京奉铁路管理局各大站客车开行时刻》（民国三年五月一日新订），天津《大公报》1915年11月14日，第2张。

② 《蔡松坡集》，第1224页。

人自我标榜如何助蔡出京的缘故。

那么，蔡锷又何以能够公开、自由往返京津呢？这是因为：首先，蔡锷早早就公开表态支持袁世凯称帝了，袁找不到限制其自由的借口。筹安会出笼后不久，就有袁世凯内部人士看破铁幕，指认“此事肇议之初，虽由于下面之鼓动，亦实因上峰已暗示主张，故一经发布，即有沛然莫御之势”。不过，袁世凯还是很不放心。据此人说：“前因江苏军帅、省长主持态度不甚明了，要津诸人甚为廑虑。”因此，他建议冯国璋：“此事既已不能挽回，则无宁直捷发布己意，极表赞成，以祛疑虑。”① 蔡锷显然远较冯国璋了解袁世凯，他清楚袁世凯此时的心态，就像法治社会里杀人越货的江洋大盗，为了防止手下“反水”，一定要亲眼见到他们手上沾血才会放心一样，因而早在 8 月 25 日，就如上所述亲笔签了名，“主张中国国体宜用君主制”。袁世凯以为有了蔡锷这纸签字在手，何愁他日后不“效忠”？果不其然，蔡锷回滇宣布反袁称帝后，袁世凯政府就曾利用这纸签字，指责他为“反复之人”②。其次，如前所说，10 月 14 日，袁世凯派人搜查了蔡锷的寓所，但是，偷鸡不着蚀把米，什么证据也没有找到，反而被京沪报纸曝了光，让世人看到了他袁大总统搜蔡锷之家却一无所获的窘境，以致不能不多少顾及一点社会民情，未敢在北京“首善”之区对蔡锷过度“出手”。再次，蔡锷向来在天津“养疴”，袁世凯难以拒绝其赴津就医的要求。蔡锷赴津，常以“养疴”为词，如 1914 年 5 月 16 日，《申报》北京专电就报道过：“蔡锷患肠室扶斯病甚重，大总统特派侍卫武官方咸五前往安慰，并赠珍贵食品多种。”据时人说蔡锷这次“养疴”就在天津，时间是“甲寅春”。③ 蔡锷也证实，其长子诞生在这次“在津养疴”的“端午日”。④ 蔡锷此时赴津，所持理由同样是“养疴”，10 月下旬，他在给朋友的信中言及：“兄近患感冒，经月不愈，拟出京养疴。”⑤ 接着，他先

① 《恽宝惠致冯国璋函》(1915 年 9 月 7 日)，《护国运动资料选编》，第 10—11 页。

② 《统率办事处通电》(1915 年 12 月 24 日)，《阎锡山档案要电录存》第 1 册，第 189—190 页。

③ 赵默述：《蔡松坡先生逸事》，北京《民苏报》1916 年 12 月 1 日，第 3 版。

④ 《致潘蕙英函》(1916 年 1 月 31 日)《蔡松坡集》，第 891 页。

⑤ 《致曾广轼函》(1915 年 11 月)，《蔡松坡集》，第 846 页。

是呈请袁世凯："近患喉痛，日久未愈，恳请给假五日，俾资调养"[①]；获准后又提出："拟请续假一星期，赴津就医。"[②] 事实上，蔡锷当时也的确身体欠佳，非如官场常见的"政治病"。蒋百里证实：蔡锷"以病辞，真也，非饰也。公不病，未必能成行，公不行，病未必即死也"[③]。蒋百里此言，不无道理。可见蔡锷出京，的确不存在严格意义上的"逃离"问题，而是在袁世凯不得不暂许其自由往返京津的情况下，借口"赴津养疴"自行出京的；唯有离开天津才称得上"逃离"，自称曾"忝列宫墙"，"渥承"蔡锷"教泽"的湖南督军署军务课员杨鹗等人，在《蔡松坡诔》中称颂蔡锷"不动声色，津门暗度，脱离虎口"[④]，而不说"京门暗度"或"京津暗度"，似也可证明这一点。

原来，蔡锷京津脱险，经历了离京、离津两个过程。他以超人的政治智慧和谋略，有效掩饰了自己反袁称帝的心志，利用身染喉疾，需赴天津就医的机会，在袁世凯所许的自由度之内，于 11 月 11 日自行出京，安抵天津。之后，又在朋僚的多方协助下，通过"时赴病院，时或不往，旋移德义楼"[⑤] 等措施，巧妙避过袁世凯的耳目，于 18 日夜登船东渡，成功踏上了回滇反袁称帝的征程。

六 蔡锷出京后的小凤仙

蔡锷出京后，如前所说，小凤仙因有蔡锷"邀饭之举"，曾被袁世凯"侦探盘诘终日"，并蒙受侦探为自我开脱而强加给她的所谓"坐骡车掩藏蔡锷赴丰台"的不白之冤。不过，总算万幸，没有影响她继续在八大胡同从事卖笑生涯，唯一不同的是由先前所属陕西巷云吉班改隶韩家潭武升班了。[⑥]

---

① 《呈袁世凯文》（1915 年 10 月），《政府公报》第 1252 号，1915 年 11 月 2 日。
② 《呈袁世凯文》（1915 年 11 月），《政府公报》第 1271 号，1915 年 11 月 21 日。
③ 蒋百里：《蔡公行状略》，《蔡松坡集》，第 1463—1464 页。
④ 《长沙日报》1916 年 12 月 2 日，第 3 张第 9 版。
⑤ 《蒋雁行致冯国璋函》（1915 年 11 月 27 日），《护国运动资料选编》，第 92 页。
⑥ 竞存：《红颜也解哭英雄》，北京《民言》1916 年 11 月 18 日，第 2 版。

11 月 11 日下午，蔡锷抵达天津，初入住于日租界的日本共立医院[①]。有关当局获悉他的“所有书籍、行李等已于数日内由其家属陆续搬运出京”[②]，陆军训练总监蒋雁行又证实蔡锷家眷“亦由京乘火车去矣”[③]。于是杨度提醒袁世凯：“此人一去，无异纵虎归山，放鱼入海，从此我华无宁日矣。”[④] 袁随即“饬令派人察视”，但“察视”回京者均说没有发现什么异常，蔡锷“时赴病院，时或不往”。实际上，蔡锷正在紧张而有序地做着离津前的各种准备。为消除袁世凯的疑心，他一面向新闻界放风，表示在津养病，颇有成效，“日内将回京”[⑤]；一面指示北京经界局上呈袁世凯，请“派员先行代理帮办，以资助理”，表示他要对经界局事务负责，不能因他在津“养疴”造成工作上的损失。袁世凯很快批准了蔡的要求，15 日就下令“准以卫兴武暂行兼代”。[⑥] 他还计划继续在“养疴”问题上做文章，请袁世凯准予续假三月，赴日就医。就在这时，如前所说，得知陈仪将奉命赴津追蔡回京的张宗祥经与蒋百里商量后，自告奋勇赶在陈仪之前赶到天津，通知蔡锷立即转移地方，以免陈仪纠缠。蔡锷随即转移至同在日租界旭街的“德义楼饭店”。这是一个比较高级的饭店，每日均派有人役在轮船码头和火车站迎接客商，搬运行李。[⑦] 据蒋雁行所获情报，11 月 18 日蔡锷离津之时就是“由该楼茶役夜间送其登火车站”的。蔡锷京津脱险后，迄今未发现他与小凤仙有什么直接联系。1951 年，小凤仙与梅兰芳等人见面时的谈话也证实：“蔡将军到云南后，没有来信。”[⑧]

---

① 另一说法是“共和医院”。承蒙广东发展银行谢正升先生指点：据来新夏主编、杨大辛编著的《天津的九国租界》一书的记载，1917 年以前日本人在天津日租界创办的医院主要有 3 所，分别是日本共立医院、天津医院、井上医院，而没有以“共和”命名的医院。日本共立医院由日本居留民团创办于 1901 年，位于福岛街（今多伦道），与梁启超意租界四马路（今河北区民族路）的寓所相邻（天津古籍出版社 2004 年版，第 112 页）。谨此致谢。

② 《要闻·蔡将军辞职已决》，天津《大公报》1915 年 11 月 21 日，第 1 张。

③ 《蒋雁行致冯国璋函》（1915 年 11 月 27 日），《护国运动资料选编》，第 92 页。

④ 《蔡灵到埠后之续闻》，北京《晨钟报》1916 年 12 月 12 日，第 5 版。

⑤ 《北京十三日酉刻专电》，上海《时报》1915 年 11 月 14 日，第 1 张第 1 版。

⑥ 《卫兴武呈袁世凯文》（1915 年 11 月 21 日），《政府公报》第 1275 号，1915 年 11 月 25 日。

⑦ 《德义楼饭店》，天津《大公报》1915 年 11 月 7 日 ，第 1 张。

⑧ 《许姬传七十年见闻录》，第 110 页。

对于蔡锷出京后小凤仙的相关情况，迄今可供征引的资料甚少，唯《盛京时报》一篇题为《英雄美人之风流佳话》的报道可供参考：

> 云南起义后，京沪相传蔡君由凤仙处逃出，凤仙却不知政治革命为何物，惟彼时京中乃帝炽纷热之时，凤仙亦甚隐匿其事，凡有叩问蔡君，苟非至熟之人，则绝不道出只字，恐祸及也。及帝制取销，共和再造，凤仙始稍露其大致，且曰吾所见之人虽多，但蔡君乃天下第一人也。其感佩英雄，固别有心肠。某日，其母携其游东安市场，见小说中印有蔡君其妻妾儿女之小照，即购一册密藏妆阁中，无人时相对神往，珠泪系之。夏间，云南代表萧堃君来北京凤仙处告知蔡君病状，凤仙且惊且忧，悬念之情则愈切，但贮望其病速愈，且早日来京耳。蔡君噩耗至，某君电达武升，告知凤仙，凤仙惊惧之余，却疑为不确。翌日报纸喧［宣］传，而凤仙始信为真。既感蔡君之清〔情〕，复感蔡君之恩，形容憔悴，万念俱灰，痛苦不可仰〔抑〕者竟日。近日服必素衣，食必素餐，发系白丝一缕，以报蔡君，并另制素服拟于中央公园追悼会时膜拜遗像，一哭恩人。①

这则报道表明，小凤仙的政治觉悟并没有当时各种传闻所说的那么高，即使云南起义爆发后，她也还是“不知政治革命为何物”，仅仅恍然明白，蔡锷当日所作所为不过是“辱以军国，谋及妇人”② 而已，自然难以对袁世凯称帝的是非曲直有什么认识。至于人们普遍关注的她与蔡锷的关系问题，甚至还经历了一个由惧祸回避到引以为荣的过程，算不上什么“侠妓”。小凤仙这时虽对蔡锷产生了“感佩”之情，但由于袁世凯余威犹在，她本能地采取了“隐匿其事”的自我保护态度，“凡有叩问蔡君，苟非至熟之人，则绝不道出只字”。直到帝制取消，袁世凯败局已定，才“稍露其大致”，明言蔡锷“乃天下第一人”，并对这位曾对她有大恩大德的护国英雄的健康及随之而来的病逝，毫不掩饰地表现出深深

---

① 以上引文均见《英雄美人之风流佳话》，《盛京时报》1916 年 11 月 26 日，第 1 版。

② 血痕（按：即王血痕）：《纪实短篇 · 哀凤声》，《寸心》杂志第 1 期，1917 年 1 月 10 日。

的忧虑和悲痛。

那么，怎样评估这则报道？其记述真实可信吗？是全部真实可信？还是部分真实可信？我以为就上述所引之外的内容而言，也有个别不实之处，如说蔡锷“乘车南下”时，小凤仙曾于当日“十一时亦赴津送蔡君行，在津分手时，情重万千，不忍遽舍，蔡君以政治为重，斩断情丝，抛手不顾”云云①，就没有事实根据。如上所述，现已查明，蔡锷“南下”时，所乘交通工具不是“车”，而是“船”，即日本的山东号。送蔡锷离津的也不是小凤仙，而是德义楼的茶役。所谓小凤仙与蔡锷“在津分手时，情重万千，不忍遽舍”云云，纯属杜撰，不足为据。不过，总体而言，这则报道的记述还是基本可信的。

首先，《盛京时报》虽未明言何以刊发这则报道，但种种迹象表明，它是为了纠正该报此前的不实报道，即社会广泛流行的不实传闻而刊发此文的。何以见得？这要从该报刊发的另一则报道说起。三天前，该报曾刊发一则题为《侠妓筱凤仙》的报道，说：

> 蔡松坡氏前在北京因欲避袁世凯之疑忘〔忌〕，特效信陵君醇酒妇人以自掩。当时曾狎北京韩家潭武升班之小凤仙校书，然彼此亦惟神交，不及于乱，松坡之放纵花营柳窟间，本非初意，故眉宇间多不豫色。筱凤仙察知其必有隐忧，苦诘之，松坡知其无他意，具以告。小凤仙乃为之画策，松坡与夫人大哄后，即挟筱凤仙赴津，皆小凤仙之计也。松坡脱离北京，创滇、黔革命之大事业，系一女子为之助，而始告成功亦云奇矣。筱凤仙闻松坡病逝，于本月十日自刃图尽以殉，如筱凤仙者可以风世矣。②

这则报道，除强调蔡锷与小凤仙“彼此亦惟神交，不及于乱，松坡之放纵花营柳窟间，本非初意”外，还特地突出蔡锷在小凤仙的“苦诘”之下，将自己反袁称帝的实情通通告诉了小凤仙，并经其“画策”协助，终于脱离北京，创立了“滇、黔革命之大事业”。需要指出的一个细节

① 《英雄美人之风流佳话》，《盛京时报》1916年11月26日，第1版。

② 《盛京时报》1916年11月23日，第7版。

是，这篇报道依据惯例安排在该报第 7 版。

但是，仅仅过了三天，该报便一反常规，破例在第 1 版的显著位置，刊出上述《英雄美人之风流佳话》一文，并加编者按说明：“昨接某君函云：近日京中报纸既盛传小凤仙事，沪报且并列松坡与凤仙小像以传之。此亦英雄美人之风流佳话也。兹详述其真相，投诸大报，倘大主笔以其事为可传耶，刊登为幸。”就其内容而言，除了较三天前刊发的那则报道更加丰富、详尽外，主要不同之点是所强调的重点恰恰相反，特地突出蔡锷始终不向小凤仙吐露一句反袁称帝的实情：“去年帝制发生，蔡君每造凤仙妆阁，神色憔悴，凤仙叩之，则亦不详答。某日，云吉开市于管弦歌舞之中，蔡君忽至，密告凤仙，吾今日将出京矣。凤仙急问其故，蔡君亦不告其真情，殆恐小妮子不设〔涉〕政治中事，倘一露出，恐有不测。”① 由此可见，该报编者虽未明言三天前那则报道有悖事实，但通过版面安排、编者按和突出相反的内容等方式，已向读者明确传达一个信息：唯后面这则报道才是事实的真相。

其次，所述蔡锷出京后，小凤仙随着袁世凯势力的消长，对涉及蔡锷的话题，经历了一个从“隐匿其事”的自我保护，到引以为荣的思想变化过程，除了因它符合人们的一般心理变化逻辑，而具备一定可信性外，还有时人的证言可为佐证。如该报道说蔡锷病逝后，小凤仙“痛苦不可仰〔抑〕者竟日”“拟于中央公园追悼会时膜拜遗像”，就有时人证明其言不虚。据王血痕说：“蔡松坡之丧耗至京师，有蔡君所眷妓名小凤仙者，哭之大痛，减食谢容。予闻而唁之。至，凤仙鸨母数呼凤仙，告以意始出。凤仙素衣蓬首，貌消瘦，泪莹莹如结晶。与言蔡君事，凤仙咽不成声。鸨母曰：凤仙闻中央公园追悼有期，欲往祭之，联已具，请代属文可乎？予曰：可。”② 王血痕，湖南衡州（今衡阳）人，1915 年 5 月任上海《爱国晚报》主笔，极力鼓吹反对帝制。11 月，《爱国晚报》被袁世凯查封。袁世凯称帝败亡后，与何海鸣同任北京《寸心》杂志主笔。他以亲见亲历证实了小凤仙对蔡锷英年早逝的确十分“悲伤”，并拟亲往中央公园追悼会吊唁。王血痕感其有情有义，不仅答应，而且确实

---

① 以上引文见《英雄美人之风流佳话》，《盛京时报》1916 年 11 月 26 日，第 1 版。

② 血痕：《纪实短篇・哀凤声》，《寸心》杂志第 1 期，1917 年 1 月 10 日。

为其代拟了一篇 400 余字的祭奠“诔辞”。顺便指出，有研究者称王血痕还为小凤仙“代撰”了以下这幅迄今流传颇广的挽蔡锷联：不幸周郎竟短命，早知李靖是英雄。[①] 这是没有根据的，因为如前所述，王血痕已清楚交代，在他答应为小凤仙代撰诔辞之前，“联已具”。所谓“联已具”，就是已经准备好了上述挽蔡锷联。而且，他附录此联于自己代撰的“诔辞”之后时，也不像“诔辞”那样标明“附拟诔辞”，而仅云“附联曰”，明白交代了此联非其“代撰”。[②] 此外，北京警署也证实：因时有小凤仙为感念蔡锷“私情，必欲以身殉”的传言，他们传唤小凤仙到署，叩以此说之“有无”。小凤仙也明确回答过：“儿与蔡先生感情殊笃，比闻其死，不胜悲痛。”“警官乃言生命至重，万不可轻萌短见。凤仙答谓：‘个人之事，可不必管。’”[③] 对警署的传询表示了强烈的反感。

最后，更为重要的是小凤仙此后的行动，也证明这则报道所言小凤仙将于中央公园追悼会上“一哭恩人”，乃是一个无比准确的预言。她先是致函黄（兴）、蔡（锷）“筹备追悼事务所”，恳请“许其披麻带〔戴〕孝祭蔡”[④]。到了 1916 年 12 月 1 日，北京各界在中央公园隆重举行黄、蔡追悼大会这天，大总统黎元洪、副总统冯国璋的代表，国务总理段祺瑞、内务总长许世英、农商总长谷钟秀、外交总长伍廷芳等政界要人均前往拜祭，民众与祭者，男女老幼，“自早八钟至下四钟，络绎不断，总若千万众”，“较之追悼袁氏之国民大会直别天渊”，而在追悼黄、蔡的人群中，果然就有小凤仙的身影。当时北京各报对此均有报道，如《国风日报》报道说：记者“方踌躇间，忽友人拍予肩曰：君何思？予曰：无他，感想旧游耳。友人曰：礼堂中有女泣声动人，是松坡所识妓所谓小凤仙者是也。素冠素裙素履，悲不自胜，几欲以泪浴面。予曰：果尔，则此女亦历史中人物矣。今何在？曰：已出礼堂。记者欲一识其人，惟不知何往，嗒然欲返。有自外来者曰：适遇小凤仙垂涕泣于签名处。乃知其含哀去矣。归路中述其悲状者盈耳。”[⑤]《民主报》也说：“侠妓小凤

① 华而实：《宗师绝唱》，《黄河》2006 年第 3 期。

② 血痕：《纪实短篇 · 哀凤声》，《寸心》杂志第 1 期，1917 年 1 月 10 日。

③ 《警署传询小凤仙》，《长沙日报》1916 年 11 月 30 日，第 2 张第 6 版。

④ 胡我生：《筱凤仙生死之疑问》，《申报 · 自由谈》1916 年 12 月 7 日，第 4 张第 14 版。

⑤ 胜公：《追悼会半日之感想》，北京《国风日报》1916 年 12 月 2 日，第 2 版。

仙布衣青裙，颈围白布，亲往致祭，未到祭坛，痛不自禁，即放声大哭，一时观者如睹〔堵〕。其挽蔡先生联曰：不幸周郎竟短命，早知李靖是英雄。”①《爱国白话报》记曰：“有妓女小凤仙，先与蔡公本有关系，今日一入公园，亦呜咽不能成声，举步难行，由其母拽之而行，到灵殿前，悲惨尤甚。”② 如此等等。可见，小凤仙说到做到，的确去了吊唁会场“一哭恩人”，从而证明《盛京时报》的这则报道基本可信。

对于小凤仙为蔡锷的英年早逝而悲伤不已的表现，时人评价，言人人殊，有人誉之为“项王帐下之虞姬”③，其品德远过于当年一度与惨遭暗杀的革命党人吴禄贞相识的小阿凤，说：“蔡将军之于小凤仙，人比之吴将军之于小阿凤。吴于清季暗谋革命，亦以流连阿凤处为掩人耳目之地。阿凤亦名妓，时人以与黄陂（按：指黎元洪）、老谭（按：指京剧大师谭鑫培）并称南楚三杰者也。后为武昌革命某将军梳栊，近某银行买办夫己氏以一万五千元之代价买小妮子为独有。烟花劫后，罗敷有夫，汽车呜呜，日驰逐于歌台舞榭，不知所谓吴将军者矣。等是凤也而相较竟若霄壤，吴将军其有知乎？地下遇松坡应道：凤兮凤兮，仙乎仙乎，当年走马章台，公何修而得此？而并自笑遇人不淑也。”④ 也有的不以为然，说：“会中最可传为笑话者，为张氏小凤仙之挽联，文云：不幸周郎竟短命，早知李靖是英雄。文虽不好，尚不太坏，惟下联未免自誉过甚。无论凤仙与红拂之境遇不同，即松坡死后情形，凤仙亦迥不及燕子楼头之关盼盼也。且凤仙来吊，虽着素衣，俯首而进，然睹其形态，似决非伤心人。吾观此种无谓点缀，不但不能为松坡添佳话，恐反为其盛德之累矣。并有人说小凤仙实拟借松坡英雄之名，而高其卖笑声价，思之甚有理也。”⑤ 但是，赞赏也罢，不以为然也罢，人们认识上的分歧，却掩盖不了一个基本事实，即小凤仙究竟为谁而伤而悲。不管怎么说，她是为蔡锷的死而伤而悲。而同年6月6日，北京还死了一个“大人物”，这就是蔡锷的对手、企图黄袍加身的袁世凯，当局宣布自6日起至27日停

① 《昨日之追悼大会·小凤仙之痛哭》，北京《民主报》1916年12月2日，第2页。
② 《纪中央公园之追悼会》，北京《爱国白话报》1916年12月2日第1184号，第1版。
③ 南迁：《残脂剩粉》，北京《中华新报·隽语》1916年12月19日，第8版。
④ 竞存：《红颜也解哭英雄》，北京《民言》1916年11月18日，第2版。
⑤ 《追悼大会纪事》，北京《国风日报》1916年12月2日，第2版。

灵 21 天，供各机关文武官员凭吊，而且还举办了一个所谓国民追悼大会，但迄今为止，尚未发现小凤仙去过这个追悼会，更没有发现她为此而伤而悲过，说明她支持的是民主、共和，是正义和进步的事业。这就够了，完全没有必要因为她是个风尘女子，便揣测她必有什么动机，从而对她追悼会上的"大恸"也要泼上一瓢污水。诚如当时一位评论者所说："余未尝识凤仙，沪报虽刊有凤仙小影，庐山真面究竟如何，姑不评论。就其行事言之，公园大恸，决非擦姜挥泪辈所可同日语也。假耶真耶，即空即色。至其崇拜英雄，愿附骥尾，不可谓非聪明女子矣。凤兮凤兮，妓界之可人矣乎。坡公有知，亦当含笑。"①

七 不能忽视史料辨伪和史事考证的优良传统

由上可知，蔡锷与小凤仙这段经历，其实很简单，也很平常，无非是蔡锷因袁世凯鼓动恢复帝制，导致人心思动，政局不稳，其富国强兵的梦想再次破灭，便在郁郁寡欢之余，"亦委随流俗，不岸然以立异"②，去了前门外的八大胡同，在陕西巷的云吉班里认识了这位年仅十六七岁的张姓风尘女子。起初，蔡锷尚"犹惜身份"，为避人耳目，往往"夜半"始往。及至 10 月 14 日棉花胡同寓所被搜，他意识到袁世凯已明显对他起了疑心，潜在危险正快速向他迫近，有必要"效信陵君醇酒妇人以自掩"，才将他和小凤仙的交往更加公开化和"扩大"化。至于小凤仙，不过是个普普通通的风尘女子，非国色天香，也无过人智慧，既不是什么"名妓"，更不是助蔡出京的"侠妓"，所谓小凤仙"挟走蔡将军"，不过是跟踪蔡锷的侦探及哈汉章等人为撇清自己与蔡锷出京一事的关系，故意给小凤仙栽的"赃"。而蔡锷对小凤仙也不存在什么"恋情"，既未向她吐露反袁称帝的肺腑，也不曾向她讨要什么逃出北京的锦囊妙计。蔡锷与小凤仙的交往，仅仅是他反袁称帝谋略中的一个环节。他们各依自己的现实身份，打着各自的算盘，走着各自的路，追寻着各自的

---

① 南迁：《残脂剩粉》，北京《中华新报·隽语》1916 年 12 月 19 日，第 8 版。

② 蒋百里：《蔡公行状略》，《蔡松坡集》，第 1463 页。

梦想而已，并没有在波澜壮阔的民初历史大潮中共泛涟漪，同兴浪花。小凤仙其人，对于蔡锷的成功回滇，虽不能说毫无掩护作用，但却是她始料不及的。

蔡锷与小凤仙如此平常的一段经历，何以竟能成为今日的热门话题？一个十六七岁的风尘女子何以竟能如此蹿红？成了不少人眼中智勇双全、成就蔡锷护国大业的“巾帼英雄”？英雄加美人的天然组合，既能吸引众人眼球，又具超强的生命力，固然是个重要因素，但就学术研究而言，根本原因还是忽视了史料辨伪和史事考证这一历史研究的核心和基础工作。至于为什么会忽视这一核心和基础工作，从多年来我国内地不少年轻学者甚为青睐“后现代”理论来看，似乎或多或少、有意无意与这一主要源自法国，而后流传到英语世界、东方各国的全球性思潮存在一定的关联性。

为什么这样说？以下现象或许可以说明一二。其一，风尘女子小凤仙的特殊身份，决定了这是一个涉及下层社会的选题，而这正是“后现代”理论所要求和提倡的。“后现代”理论影响下的所谓“新文化史”，不就极力强调要“研究与书写下层社会、弱势族群以及‘他者’的历史与文化”① 吗？其二，综观今人对蔡锷与小凤仙的研究，虽有观点和评价方面的分歧，但却有一个共同点，不论分歧何方，均只知引证于己有利的史料，而不问所引史料的可信度如何，即使有所质疑也是对人不对己，从不考虑自己所引用的史料是否真实可信。肯定小凤仙者选择张相文的《小凤仙传》及小凤仙自述等史料为依据，而否定者则选择助蔡离京另有其人的史料为依据，至于何以信赖此史料，而否定彼史料，便无意深究了。各方皆在自觉不自觉中，或多或少地抛弃史学界长期形成和遵奉的实证原则，忽视历史研究首重史料辨伪和史事考证的优良传统，而这恰恰是“后现代”理论所极力倡导的。“后现代”理论虽派系林立，但几乎无一例外地认为，根本无法以实证方法重现客观历史。他们普遍认为历史研究者“必须选用修辞来编制史实”，史书的叙事“无所谓虚实”。其代表人物怀特（Hayden White）就曾说过：“所有历史著作的内容，发明

---

① 汪荣祖：《后现代思潮下中国现代史学的走向》，《“中央研究院”近代史研究所集刊》第56期，2007年6月，第173页。

出来的不亚于发现出来的，直言史书与小说并无多大区别。”在他看来，“文本不可能反映真实的过去，任何史书，既无所谓真相，自毋须辨证文本真伪，无庸客观史事佐证，但求论述之一致、连贯与明白而已”①。蔡锷与小凤仙的研究者虽未必人人熟知“后现代”理论，但是，这种节时省力的“毋须辨证文本真伪，无庸客观史事佐证”的主张，却在不知不觉中悄然渗入其研究工作之中，或于有意无意中殊途而同归了。

“后现代”理论所以否定历史的客观性和真实性，最重要的理由是它认为史料本身就不客观、不真实，不但包含着记述者的偏见、局限和误解，还是一种与客观实际没有必然联系的语言形式。依据这样的史料撰写的历史，自然不会客观、真实，只是一种类似文学“想象”的产物。一位荷兰籍学者在谈到“后现代”历史学家与“现代”历史学家对待史料证据的不同态度时指出：“放在科学的世界图景中来看，并就我们最初都接受的历史观而言，现代主义者所理解的证据，在根本上乃是过去发生的事情的证明。现代主义历史学家遵循这样一条路线：从他掌握的资料和证据中，可以推导出隐藏在资料后面的历史实际来。另一方面，在后现代主义的观念中，证据所指向的并不是过去，而是关于过去的另一些解释，而我们事实上正是为此而使用证据的。”在“后现代”论者看来，这种史料证据并不“一定包含关于过去事件的真实信息，史家运用这样的史料来解释历史，只是一种语言层面上的‘智力游戏’”而已。②

当然，“后现代”理论也不是一无可取。比如，它强调研究者要眼睛向下，要研究和书写下层社会、弱势群体，尽管不是它的发明，早有马克思主义历史学家倡言和实践在先，尽管它的出发点和终极目标也与马克思主义不尽相同，甚至南辕北辙，但它毕竟主张扩大史学研究的视野和耕耘园地，呼吁加强以往忽略了的诸如性别史、儿童史、医药史，甚至情感、心态等领域的研究，对全面、深入了解历史，认识历史，自有积极意义。又如，它主张将生动活泼的文学性表现手法引入历史撰述，以弥补“现代”史书的枯燥乏味，也为众所周知的我国古代史学名著如

① 转引自汪荣祖《后现代思潮下中国现代史学的走向》，《“中央研究院”近代史研究所集刊》第56期，2007年6月，第165页。

② 参见李剑鸣《历史学家的修养和技艺》，上海三联书店2007年版，第249页。

《史记》《后汉书》《资治通鉴》，以及历史“戏说”所以能够成为当今的时尚所证明是可行的和必要的。但是，上述那种不加区分地否定史料的可信性，否定历史求真的可能性，否定历史知识的客观性，断言可以不必考证史料真伪和史事虚实，甚至企图将历史学家从学术纪律中“解放”出来，彻底颠覆史学传统方法和主流价值的反历史、反真相、反客观的倾向[①]，就不是以求真为要务的历史研究者所认同和接受的了。历史本是以往发生过的人和事，历史研究就是设法重现这些已经风云流散的人和事，为尽可能实现这一目标，就不能不借助以往留存下来的史料。诚然，往事已逝，留存下来的史料又有限，即使有幸留存下来的，也因记述者的立场、认识、目的、方法等主客观原因，不一定全面和真实可信。以蔡锷出京为例，如上所述，就有小凤仙、曾鲲化、张宗祥、端纳“协助”等多种记载，可是，经查没有一种是经得起检验的。又如，不少史料记有蔡锷夫妻反目一事，可深入一查也与事实大相径庭。由此可见，史料不客观、不真实的情况的确存在，欲求重现历史上已经风云流散的人和事，也的确如雪泥鸿爪，寒潭雁影，渺难追寻。但是，渺难追寻是一回事，以此为理由颠覆作为史学主流价值的历史真实性和客观性又是一回事，二者既无必然联系，更无因果关系。退而言之，即使由于史料不全，或者不客观、不真实，给追寻历史真相造成一定的困难，也只能是研究者更加努力搜求史料，考证史事，追求史学主流价值的动力，而不能成为无视史料的重要性和颠覆史学主流价值的理由。“后现代”论者执意反其道而行之，似已不是“武断”二字所能解释的了。

史料本身固然存在虚假不实成分，但也非如“后现代”论者所言全盘皆黑。如上述蔡锷与小凤仙的史事中，不就有哈汉章说蔡锷离开北京是自个儿走的，与小凤仙及其他人并无直接关系，所谓“小凤仙挟走蔡将军之美谈”，不过是袁世凯的侦探和哈汉章等人为开脱自家责任，而有意制造的虚假消息，被证明是一件具有较高可信度的史料吗？可见，留存至今的史料不一定每件都不客观、不真实，存在不客观、不真实成分的史料也不一定全部不客观、不真实，关键看是否坚持“论从史出”，是

① 参见汪荣祖《后现代思潮下中国现代史学的走向》，《“中央研究院”近代史研究所集刊》第56期，2007年6月，第157页。

否重视史料搜求，是否具备史料辨伪意识，是否能采取有效方法，对史料进行精审考订，细密推敲。倘能以此为前提和条件研究历史，历史是可以“重现”的，不能全面“重现”，可以局部“重现”，今日不能“重现”，可以逐步接近“重现”，总之，“重现”之时，并非完全无望就是了。诚如汪荣祖所说：“历史真相由于可信的资料不全，固然不可能完全重现；但并不足以否认史家可以凭其客观，依赖可获致的史料、证据以及想象力，写出接近真实、公平而周延的历史。历史真相若非绝对客观(objectivity)，至少可以合情合理(plausibility)。然则后现代理论否认追求历史真相之可能性，显然言过其实。”①

那么，怎样考证史料？有什么行之有效的方法吗？对此，不少卓有成就的前辈学者均有精彩的论述。如傅斯年就提出过系统的“比较研究法”，认为可从八个方面入手对史料进行比较，以确定其真伪及可靠性：一是比较直接史料与间接史料；二是比较官方的记载与民间的记载；三是比较本国的记载与外国的记载；四是比较事件亲历者或接近事件发生地、发生时间者的记载与非事件亲历者及远离事件发生地、发生时间者的记载；五是比较不经意的记载与经意的记载；六是比较本事与旁涉；七是比较直说与隐喻；八是比较口说史料与文本史料。② 就上述蔡锷与小凤仙的研究而言，个人以为，以下诸法，也不无可取之处：一是探源法，即追根溯源，查证记述者的最初来源，以确定其可信度。如有关小凤仙的出身，由张相文的《小凤仙传》，追寻到李定夷的《英雄儿女各千秋》，再追踪到谭戒甫的《蔡公松坡之轶事四则》，终于可以确定是基本可信的。二是证实法，即查证记述者所记是否属实。如哈汉章所述蔡锷出京这天下过雪，中午曾给小凤仙打过电话，那么，查清这天下雪与否，当时的小班妓院是否有电话，对核实哈汉章所述是否可信就很有意义。结果证明哈汉章所述不误，自然大大提高了这条史料的可信度。三是正误法，即查证记述者所记是否有误。如曾鲲化后人说送蔡锷出京的人不是别人，而是曾鲲化，是他利用时任交通总长职务之便，调来直达天津的

① 汪荣祖：《后现代思潮下中国现代史学的走向》，《“中央研究院”近代史研究所集刊》第56期，2007年6月，第172页。

② 参阅焦润明《傅斯年传》，人民出版社2002年版，第176—185页。

专车送走的。经查，曾鲲化当时根本不是交通总长，所言当然也就没有任何史料价值了。四是旁征法，即查证记述者所记是否有相互印证的类似记载。如小凤仙数十年后自述她随养母改姓张了，经查，1916 年确有报道称其为“张氏”，可见小凤仙所述不误。五是考异法，即查考同一人或事有无不同记载，以确定哪种记述更具说服力。如前述蔡锷夫人离京一事，不少记述皆云蔡锷为逃离北京，曾与夫人佯装反目，趁机送走妻儿，可蔡锷却说他是应母亲的要求而送走妻儿的，相对而言，后者显然更有说服力。这些当然不能涵盖史料考辨和史事考证的全部方法，但是，即便如此，也已证明史料辨伪和史事考证不仅必要，而且只要方法得当也是可能的，“后现代”理论认为任何史料均不客观、不真实，否定其对历史研究的重要性和考辨真伪的必要性，显然有失偏颇。

我国的历史研究者向来重视史料的搜求、辨伪和史事考证，可说是自古以来长盛不衰的优良传统，翻开我国现代史学史，许多卓有成就的历史学家几无例外都有这方面的精辟论述。傅斯年就说过：我们只要“把材料整理好，则事实自然显明了。一分材料出一分货，十分材料出十分货，没有材料便不出货”①。顾颉刚也说：“治史学的人对于史料的真伪应该是最先着手审查的，要是不经过这番工作，对于史料毫不加以审查而即应用，则其所著虽下笔万言，而一究内容，全属凭虚御空，那就失掉了存在的资格。”② 而吴承明则强调：“史料并非史实。所有史料（文献、文物、口碑）都是人为的，都不免失误、失真、夸大、隐讳以至伪造。都须经过检验或考证，才能代表（还不能说就是）史实。”为此，他断言：“不先在史料考证上下一番功夫，没有鉴别考证史料的经验和修养，径行下笔为文，不是真正的史家。”③ 这些论述，乃是前辈学者治史经验的科学总结，值得高度重视。史料是历史研究的核心和基础，依据史料写出的历史固然有某种局限性，但抛开史料和史事考证，便写不出任何历史。

---

① 傅斯年：《历史语言研究所工作之旨趣》，岳玉玺等编：《傅斯年选集》，天津人民出版社 1996 年版，第 180—181 页。

② 顾颉刚：《当代中国史学》，上海古籍出版社 2002 年版，第 36 页。

③ 吴承明：《治史要从考证开始》，《中国的现代化：市场与社会》，生活 · 读书 · 新知三联书店 2001 年版，第 363 页。

需要指出的是，这种不重视史料，不重视史料辨伪和史事考证的现象，并不仅仅限于蔡锷与小凤仙的研究，而是今日大陆史学界相当普遍的现象。若干年来，历史研究者，尤其是年轻一辈，谈论最多的是所谓“研究转型”问题，是如何追随西方，采用这个理论、那个方法，改写中国历史的问题。对于如何重视和辨析史料，考证史事，虽偶有空谷足音①，却难淹众声喧哗，且大多瞬息即逝，沉寂如故，这就不能不更加引起我国史学界的重视了。正如黎澍晚年所说：“目前有不少历史学家致力于历史方法的探索，但是，历史学的方法本身也是历史地发展起来的。搜求与考证史料，是最基本的工作。任何新的更高层次的工作，都是在这个基础上产生的。脱离这个基础，就只能是空中楼阁。”② 为推进我国新时期史学研究的发展，当然需要，也应当借鉴西方可取的史学理论和方法，但不能无视我国史学的优良传统，一味随西风起舞，不知所终。唯有不论刮什么风，东风也罢，西风也罢，皆能辨其利弊，知所采撷，方有希望。

---

① 如 20 世纪 80 年代中国人民大学韦庆远教授就有过这方面的感言，他说：“前一个时期，我们史学界存在过一股不正之风，其重要表现之一就是拒绝在反映历史事实的原始资料上下苦功，到写文章时现找几条二手、三手的资料点缀一下，于是便放言高论，好像煞有介事。其实，不论犹可，愈论愈加深混乱，离开历史真实愈来愈远。人们戏称这种学风为‘回锅肉史学’，因为它不过是在别人的成果上再加点佐料，回一下锅而已。”韦庆远：《利用明清档案进行历史研究的体会》，《文史知识》编辑部编：《学史入门》，中华书局 2004 年版，第 126 页。

② 《贺罗尔纲同志从事学术活动六十年》，徐宗勉、黄春生编：《黎澍集外集》，社会科学文献出版社 2003 年版，第 199 页。

农村革命展开中的地方领导群体*

何友良

本文是对农村革命早期地方领导群体（主要以赣西南为考察对象）的继续研究。地方领导者是农村革命中一个承上启下的特殊群体。笔者在前一文中①，曾从地方领导群体的构成、领导群体自身的革命思想源起和领导群体发动革命的行为优势与特点三个方面，考察该群体在农村革命兴起中的作用和地位。指出在中共决策层与农民群众之间，存在一个坚强的地方领导群体。他们位处中层，主要由返乡和在乡的当地革命知识分子所组成，其中不少人出身于地主、富农家庭，最终促成他们走向革命的是马克思主义理论、政治理想和社会现实而不是个人生活条件。他们发挥自身的优势，依靠对地方政治态势、权力关系和社会关系的深刻理解和把握，迅速地深入农村发动武装暴动，保证了中共战略决策在农村的快速实施，拉开了农村革命的大幕，在土地革命兴起之初，发挥了“起根发苗”的主导作用。在革命源起的诸多因素中，不仅存在深刻的阶级斗争的动因，而且存在更

* 本文原载《近代史研究》2009 年第 2 期。本文为国家社科基金课题“苏区制度、社会和民众研究”（04BDJ001）的阶段性研究成果。

① 《革命源起：农村革命的早期领导群体》，《江西社会科学》2007 年第 3 期。本文中所用“农村革命”概念即指土地革命；“地方领导群体”主要指奉派返乡和原在乡领导革命的当地籍贯的领导人。事实上，在农村革命的中层领导群体中，还有一小部分外地籍贯领导者。

为复杂的社会文化等因素。中国共产党在时局突变、战略转换的紧急时刻，能够迅速地走向农村、动员农民，在很大程度上是因为它拥有这样一批为革命理想和信念所武装，富有献身精神和社会文化多重优势的地方领导群体和中坚力量。

继革命源起之后是革命的展开。如果将1927—1928年的武装暴动和形成农村武装割据区域基本轮廓，大体界定为革命源起阶段，那么，从1929—1930年建立在武装割据基础上的赣西南革命根据地的形成，则为革命展开阶段。这一阶段，在暴动基础上形成了多个农村革命区，仅在江西，既有毛泽东等领导的由正规军队会合地方力量创建的井冈山革命根据地，也有由当地俊杰如方志敏等领导的赣东北、李文林等领导的东固革命根据地，以及一些更小的红色割据区域。最初领导了当地武装暴动的以知识分子为主的中坚骨干，当然成为各地武装割据区域的党政军领导人。革命由最初的暴动推翻国民党地方政权，走向建立工农民主政权、分配土地和扩大根据地，呈现向革命核心目标展开的趋势，而革命的形势因为敌军进攻的加剧，呈现较暴动时期更加起伏和严峻的特点。地方领导群体如何应对革命展开的新形势与新问题，推行中共中央制定的阶级路线与新的方针政策，推进革命的发展，成为继暴动之后的一个重大问题。

关于这一段历史过程的论述已经不少，而以地方领导群体为对象的专门研究则相对缺乏。在有关的历史论述中，大体在两个主要视点下涉及对这一群体的认识：一是党内路线斗争，最有代表性的是当年中共苏区中央局对江西地方党的结论性评论，认为江西党的路线可分为三个时期，在1930年二七会议之前是“机会主义的路线继续统治的时期”，主要是没有建立苏维埃政权、分配土地，地主、富农充满了党和革命团体；二七会议到1930年8月的赣西南特委第二次全体会议（以下简称“二全会议”），是转变机会主义、坚决执行土地革命的时期；从二全会议到年底，“立三路线完全统治了江西的党”，二全会议“就是立三路线领导的会议，实际上是AB团操纵向党进攻”。[①] 这个评论，对以李文林[②]为代表的江西地方革命领导群体，基本上是完全否定的。一是肃反扩大化，这是许多有关苏区史著述的共同表述，最有代表性的观点是认为赣西南各级党组织虽然也有缺点错误，李文林等主持的二全会议“产生了不好的影响”，但“主流是好的，是应该加以肯定的”，二七会议将出身于知识分子、背叛原来家庭投身革命，并且开创了武装割据大好局面的赣西南地方革命领导人，指斥为地主富农分子并加以打击，“显然是极其错误的，在江西苏区开了党内滥杀无辜的先河”，其后对他们进行的肃反更是严重的扩大化错误。[③] 这一观点比较客观，对李文林等地方领导者有一个辩证的认识，肯定其主流是好的。此外，也有的著作在论述中国共产党历史、涉及对江西地方革命领导人的不当处置时，简单地归结为毛泽东个人的原因。[④]

本文试图在一个更为宽阔的视野中，以农村革命地方领导群体为主体，考察这一时期他们在土地分配、阶级路线和发展目标等核心问题上的思考和行为，力图回答在革命展开时期，最初发动了农村革命的地方领导群体，发生了什么样的变化：他们如何在新的形势和任务下经营革命，如何面对被动员起来的群众源源不断的革命要求？在与中共前委和正规军队的聚合过程中，如何认识与对待新的政治领导及其发展思路？他们自身所具有的社会文化条件及行事方式，在革命展开过程中特别是

---

① 《接受国际来信及四中全会决议的决议——苏区中央局扩大会议的决议第一号》（1931年4月），江西省档案馆等编：《中央革命根据地史料选编》中册，江西人民出版社1981年版，第301—302页。

② 李文林（1900—1932），江西吉水县人。出身于小地主家庭。在南昌政法学校读书时接受马克思主义，后入黄埔军校第四期，1926年加入中国共产党，1927年到南昌任朱德部军事教官，参加八一起义。随即回赣西领导武装斗争，1928年任中共赣西特委委员兼秘书长，组建江西红军第二团，任团长兼团委书记，参与创建东固革命根据地，扩大武装割据，并领导组建江西红四团，任红二、四团行委书记兼团长，是江西红军的主要领导人。1929年2月在东固接应毛泽东、朱德率领的红四军。1930年2月任红四军前委委员、赣西南特委常委兼军委书记，赣西南苏维埃政府常委兼党团书记、秘书长。8月主持二全会议，改组赣西南特委，仍任常委。10月任江西省行动委员会书记，成为江西党主要负责人。11月底在宁都以“AB团重大嫌疑犯”遭扣押。1931年1月一度被派往下级党部工作，7月再次以AB团罪被捕，次年5月在万泰县古坪村被错杀。

③ 余伯流、凌步机：《中央苏区史》，江西人民出版社2001年版，第161、952、223页。

④ 如张戎、乔·哈利戴《毛泽东：鲜为人知的故事》，张戎译，香港开放出版社2006年版，等等。

在清一色的阶级政策下，遇到了什么样的困境和挑战？中共“六大”等中央精神的传达贯彻对他们造成了怎样的影响，对自身环境和局限的体察、革命形势与目标的不同认知，产生了什么样的党内矛盾与斗争，如何导致了当时赣西南革命不断推进与党内危机迭出相交错的独特情境？对这些问题的考察，有助于更为接近地还原历史真实，进一步理解革命的艰巨性和复杂性，全面地认识那一段惊心动魄历史的前因后果以及曾经为中国革命献出鲜血和生命的那一代革命精英。

一　革命兴起后的新形势与新要求

在革命源起与革命展开两个时期，地方领导群体面对的形势与任务，有着很大的不同。毫不夸张地说，他们在领导完成暴动、建立武装割据区域后，所面对的敌我攻防形势和推进革命的任务，不但不比暴动时轻松，其复杂性甚至较之暴动时期更甚，从而构成对他们的智慧、眼光和经验更为严峻的考验。

首先，是敌军的严重进攻。在暴动时期，一般来说，革命领导者面对的主要是县乡地方武装靖卫团、民团，或由县乡当局或有势力的地主请来的小部正规军，敌对力量并不大。而在暴动之后，国民党当局以“剿灭”革命力量为目标，显著地增加正规军来帮助地方防守，特别是加入对革命武装的进攻，“于是一次会剿以至二次三次会剿，一幕一幕的演来”。[①] 如进攻湘赣边界割据区域的国民党军队，既有湘赣两省的正规军，经常的有八九个团，最多时达 15 团之众，也有各县的保安队和地主武装。朱培德任国民党江西省政府主席时，曾采取屠杀与软化相结合的办法，用“进剿朱毛，包围弋横，清查人口，请立联保，各种民众指委会颁布共产党自首条例等，这种硬软并施、双管齐下的（办法）对付革命势力”[②]。1929 年 9 月，鲁涤平接替朱培德任江西省主席后，则誓言要

---

① 《杨克敏关于湘赣边苏区情况的综合报告》（1929 年 2 月 25 日），江西省档案馆编：《井冈山革命根据地史料选编》，江西人民出版社 1986 年版，第 110 页。

② 《中共江西省委赤字通告（第七号）——江西政治趋势与党争取群众的策略和方针》（1929 年 2 月 3 日），中央档案馆、江西省档案馆编：《江西革命历史文件汇集（一九二九年，一）》，1988 年内部印行，第 34 页。

“拿湖南的屠杀经验来肃清江西的共匪”①，刚上任即亲自兼任江西清乡总局主任，制定由城市到农村、第一步进攻赣西、第二步进攻赣南等所谓“分区清剿匪共”计划和清乡计划，并配合福建、广东、湖南、湖北等省实行数省“会剿”。这些“会剿”“进剿”虽最终因红军反击而被打破，但在敌军的严重进攻和烧杀中，也不时压缩着革命的地域范围，导致“今日苏维埃，明天又塌台”的变动不居局势，引发农民的严重恐惧心理，致使赣西南的革命力量“确实受了大的打击”，“党内外充满了悲观冷落的情绪，群众组织（农民协会）相继一步一步的坍台，甚至反水”②，对地方革命的展开造成严重的困难。事实证明，敌情的变化，对革命领导者的思想行为影响极大，敌军持续严重进攻时期是这样，敌军退守防御时期也是如此（如1930年国民党军中原大战、形势对革命有利时）。地方革命领导者或稳健或保守或激进的许多行为，都可以从中找到缘由。

其次，是中国共产党第六次全国代表大会精神的贯彻执行。中共六大1928年6、7月间在莫斯科召开。红四军前委1929年1月在永新接到大会的政治、军事、土地、政权、农民等6件决议案（尚少组织、宣传、职工等3件决议案），认为“非常正确，我们欢踊的接受”③。前委除在下井冈山前向红四、五军和湘赣边特委传达外，又先后油印500多本散发给红军下山转战沿途的地方党部，石印1000本供赣南赣西扩大组织之用。因此，到1929年上半年，地方党领导人对六大主要精神应已了然（江西省委也通过自己的渠道向全省各地党组织做了传达）。

六大是在土地革命兴起后决定党的路线政策的重要会议。如周恩来所说，“‘六大’的路线基本上是对的。但错误的方面也不少，就是说，在具体的实际的问题上犯了许多错误”。④ 大会正确地肯定“中国革命现

① 《中共赣西南特委刘士奇给中央的综合报告》（1930年10月7日），中央档案馆、江西省档案馆编:《江西革命历史文件汇集（一九三〇年，二）》，1988年内部印行，第64页。

② 《中共赣西南特委给江西省委的报告——一九二九年八月以后的赣西南》（1930年3月），《江西革命历史文件汇集（一九二九年，一）》，第58页。

③ 《红四军前委关于攻克汀州及四、五军江西红二、四团行动方针等问题向福建省委和中央的报告》（1929年3月20日），《中央革命根据地史料选编》中册，第69页。

④ 《关于党的“六大”的研究》（1944年3月3日、4日），《周恩来选集》上卷，人民出版社1980年版，第186页。

在阶段底性质，是资产阶级民主革命”，提出了驱逐帝国主义者统一中国、消灭地主阶级彻底实行土地革命、推翻国民党政权建立工农兵苏维埃政权的三大革命中心任务，以及民主革命的十大纲领，要求以争取群众作为党的总路线，扩大苏维埃，扩大红军，批判并纠正盲动主义、命令主义和惩办主义，发扬党内民主等。六大精神的这些正确内容，在红四军下山所发《共产党宣言》《红军第四军司令部布告》等文件及 1929 年 4 月帮助制订的《兴国县土地法》中，得到转达和传播。

由于六大过于依赖苏联经验，会议代表中又缺乏在国内各革命根据地从事武装斗争实际经验的人，对中国革命的实际了解既不多更不深入，因此在制定具体政策特别是苏区政策方面，大会也有一些“原则性的错误”。从其后对各革命根据地产生不良影响方面看，这类错误主要有：在发展战略上，仍然坚持以城市为中心，对农村根据地重视不够。在中间阶级问题上，对其两面性缺乏正确分析，导致在农村阶级关系上，既强调革命的“主要的敌人是豪绅地主，无产阶级在乡村中的基本力量是贫农，中农是巩固的同盟者，故意加紧反对富农的斗争是不对的，因为这就混乱了农民与地主阶级的主要矛盾”，但又说不要放弃“对于富农半地主的阶级斗争”，认为富农走入反革命营垒不可避免，要求在任何条件之下，要特别注意富农中的工作，防止富农夺取贫农组织的领导权。在土地问题上，会议将中共中央原来“没收一切土地”的政策，改正为没收豪绅地主阶级的土地，分配给无地少地的农民使用，但对于平分土地问题，则有些模棱两可，指出“应赞助平分土地的口号同时应加以批评”，认为如果这一口号为多数的农民群众所拥护，共产党应加以赞助，因为这是彻底肃清一切封建余孽的口号，并且是直接动摇私有制度的，但这个口号有一种小资产阶级的社会主义的幻想，党必须同时加以批评。江西省委在贯彻六大精神的指示中进一步指出：“平分土地和共耕口号，在原则上是不对的，这是小资产阶级社会主义者的意识行为”，但如果群众自发要求平分或共耕，也不可强硬制止。[①] 地方革命领导者后来在分配土地方法上发生错误即源于此。在组织问题上，虽然批评党内存在反知识

① 《中共江西省委给湘赣边特委工作的综合指示》(1929 年 9 月 6 日)，《江西革命历史文件汇集（一九二九年，二)》，第 175 页。

分子的错误倾向和做法（如批评“每个知识分子一定犯机会主义错误”，“知识分子拼命也是靠不住的”等观点），但又指出“知识分子充满了指导机关”，“在下级指导机关中亦有许多非革命分子混入”，而“工人成分少，吸收工人分子还不得法”，因此要“继续坚决的改造党”，“在苏维埃区域内，实行清党，以便肃清混进党里来的富农及奸恶分子”。在如何对待武装暴动时曾与自己结盟的会匪问题上，提出在起义后宜解除其武装并予以严厉镇压，其首领应当作反革命的首领看待，“即令他们帮助武装起义亦应如此。这类首领均应完全歼除……这些分子必须从革命军队和政府机关中驱逐出去”，同时夺取其群众。这一点，其后成为错杀袁文才、王佐和解决所谓地方党“绿林化”的政策根据。

以往关于中共六大精神对根据地的正负两面影响，在研究上尚有不足。从组织原则上说，地方领导者对六大精神必须执行。问题在于，地方领导者能否区分其正确与错误，能否根据和结合当时当地的实际情况，灵活地创造性地贯彻六大的基本精神，特别是防止大会的一些“原则性的错误”对革命产生消极影响，是他们面临的一大难题。后来的事实证明，六大精神的贯彻执行在农村革命中确实影响巨大，不论是其正确的内容，还是原则的错误，在地方领导群体身上都有突出的反映。实际上，在对待六大精神上，地方领导者不像毛泽东那样，既有对中国革命的精深思考和曾在中央高层工作的阅历，又有曾经因湖南省委的错误指示招致红四军重大损失的血的教训，因而具有坚持结合当时实际进行弃取的胆识见地和政策把握能力（如在没收土地和对待绿林首领上，毛泽东并未执行六大精神）。地方领导者所做的，基本上是完全信服和全面执行。

再次，是如何面对群众的情绪与要求。经过暴动动员起来的农民群众，在革命展开过程中继续承担着相当的风险与代价。面对敌军的进攻与根据地的建立，他们也很自然地提出了一些经济、政治和社会方面的新要求，诸如抗租抗债、没收一切土地平均分配、建立并参与政权、攻打城市、驱逐地富等。有的地方如吉安、吉水的农民自己起来议租减租，要求不遂则将豪绅地主捉拿或杀掉；兴国、于都等地的农民天天要求要地主的脑袋、缴白军的洋造快枪、分地主谷子及一切东西，斗争精神强烈。地方革命领导者实际上面临着如何继续动员农民群众的重大问题。其中，如何面对与处理两类群众的问题更具挑战性：一类是，如何面对情绪激昂的群众，适应他们的意愿。“当越来越多的平民百姓被推上政治舞台时，革命便随之变得更加激进。”① 激进的革命民众随之提出激进的要求，从而给那些当初动员和组织农民参加革命的领导者，提出新的问题与考验。另一类是，如何面对在敌军尤其是地主武装袭扰、报复下动摇甚至反水的群众，如何以比较稳健的政策团结而不吓跑这部分群众，也是地方领导者遇到的新问题。尤其复杂的是，对农民群众情绪和要求的应对，往往又同是否贯彻阶级政策、推进阶级斗争纠结在一起，形成对地方领导群体的强大压力。

最后，是与红军前委的关系。赣西、赣南革命根据地，最初是由地方领导者组织革命武装和地方红军开创的，但到 1929 年年初，赣西南与闽西一样，因为红四军下井冈山转战赣南赣西，而产生了与红四军前委（及其后相继扩大的红一军团前委、红一方面军总前委）的关系问题，以及与之相联系的发展方略问题。这个问题的核心，是赣西南地方组织与领导者，是否接受红军前委的领导和认可前委的发展方略。比较而言，这是对赣西南地方领导者更为敏感也更为严峻的挑战。

赣西南地方党组织，从组织暴动开始，相继有 1927 年 10 月建立的中共赣西特委、赣南特委和 1928 年 5 月建立的中共湘赣边界特委。1929 年时，三个特委均隶属于秘密驻在南昌、九江的中共江西省委。三个特委中，1929 年起又以赣西特委工作为最好。1929 年 5 月，中共赣西特委在东固召开第一次党代会，通过《加强政权建设和加速土地革命大纲》等决议，选举产生了以冯任为书记的新特委。会后，赣西各县党组织转入公开活动，并领导建立县区乡苏维埃政权。10 月，成立赣西革命委员会，11 月，正式成立以曾山为主席的赣西临时苏维埃政府。同月，驻在吉安城的党团特委机关遭到破坏，赣西特委转到吉安县陂头，由刘士奇代理书记。1930 年年初，以江西红军二、四、五团为主力编组成红六军，由黄公略、刘士奇分任军长、党代表。2 月，二七会议将赣西、湘赣和赣南三个特委合并成立赣西南特委，任命刘士奇为书记，受红四军前委指挥，统一领导赣西南地区的革命。同年 10 月，取消特委，成立以李文林为书

---

① ［美］塞缪尔·P. 亨廷顿：《变化社会中的政治秩序》，王冠华等译，生活·读书·新知三联书店 1989 年版，第 247 页。

记的江西省行动委员会，省行委成为江西根据地内的最高地方党组织。以上述组织为代表的地方领导群体，面对新的形势、问题和任务，以他们自己的思考和行动，坚定而艰难地承担起展开革命的工作。

二 地方领导群体在减租、分田上的犹疑与失误

暴动后实行没收和分配土地，是中国共产党领导土地革命的基本内容之一。在土地问题上，革命区域大体都经过了从减租抗租到没收分配土地的过程。期间，地方领导群体在要不要执行土地革命政策上没有疑问，但在减租抗租成数、分田时间和分田方法三个问题上，存在认识上的犹疑与行为的失误。

首先，是部分地主富农出身的领导者，囿于暴动时曾经利用过的亲缘关系，在减租抗租中发生不当行为。1929 年春夏，减租抗租斗争在赣西南各地“风起云涌”，同时在赣西出现两个很奇怪的名称，即“同志地主”“非同志地主”。所谓“同志地主”，指参加了革命的地主富农或出身于地主富农家庭的革命者；“非同志地主”，即社会上的地主富农。由于“同志地主”在地方领导机关中有一定比例，遂相应出现维护自身利益的行为：“在泰和、吉水、安福，将抗租的口号抑到减租，减非同志的地主的七成，同志地主的租减六成，吉水甚至发生保护革命同志家属财产的决议”[①]；吉水县委决定同志的租不准减，外延区委委员主张人家的租要 6/10、他的租要收 7/10；儒林区“地主阶级，因革命势力的镇压而自动的让步，所以致少数良心家、慈善家的同志觉得地主可怜，不可再向他们进一步的进攻，甚至反有小地主、富农出身的同志对佃农、贫农同志讨租并逼生谷”，即发生可怜地主以及同志逼同志的租、同志迫同志的债的现象；“延福许多知识分子负责同志表示消极，说是不得了，革命革到自己身上来了，今年租又没收到几担，利息又没有清还，一家人的生活怎么办”。还有的反对向富农实行抗租，认为抗租会违反富农的利

---

① 《中共江西省委会议纪录》（1929 年 11 月 28 日），《江西革命历史文件汇集（一九二九年，二）》，第 228 页。

益，促成他们反动，泰和甚至有人说，“会破坏了与豪绅地主靖卫团（斗争）的联合战线”。[①] 9 月底，中共江西省委根据中共中央 49 号通告的精神检查赣西南工作，称在赣西发现了“富农的路线”，对上述现象进行了严厉批评，进而采取了开除动摇者和“纠正同志富农观念”等措施，并对中共中央做了汇报，强调“现在最严重的就是富农路线问题”。[②] 这说明，赣西地方党部分出身地富家庭的干部，确实在革命涉及自身利益时有欠妥的行为，尽管这种行为被发现后，很快在 1929 年当年得到了纠正。

其次，是延迟分田或不愿分掉自己的田。当时普遍的现象是暴动割据一二年却不分田（但湘赣边界各县分田情况较好，是井冈山斗争时打下的基础）。延缓分田既有客观也有主观方面的因素。客观方面主要是：敌人进攻频繁，影响领导者的决心。如 1930 年 3 月毛泽东批评兴国建政一年还没有分配土地，陈奇涵对他解释说：“敌人张与仁一个师几团人马在屁股后头打我们，客观上处于动荡的游击战斗环境，因此县党政会议在讨论贯彻《兴国土地法》和政纲时，以农民土地部长钟祥元为代表，认为这种环境下不好分田，主张推延到春节后再分。”[③] 由于敌军进攻频繁，往往造成农民种田、敌人割谷，“今日苏维埃，明天又塌台”的现象，影响分田的效果，也有的农民由此不敢要求分田。但延迟分田的主观原因似乎更大。一是地主在暴动时被赶跑或吓跑了，其土地出产大半归了佃农，一部分归农协拿出来办公，没有进一步的明确处置办法。二是政权机关一部分领导权由富农或中农掌握，“因此于土地革命执行不力或故意延缓（如说要先调查人口造好册子，才能开会分田），或从中取巧用别的方法来搪塞来欺骗（如彼此是亲戚，大家沟通说田已经分了，或利用佃农暂时出头分田作临时应付，或将肥田留着自己用，将坏的分给

---

① 《中共赣西特委给江西省委的报告——目前赣西政局、秋收减租抗租斗争与特委改组问题》(1929 年 5 月 2 日)，《江西革命历史文件汇集（一九二九年，一）》，第 125—126 页。此文时间似误，文中载有 5 月之后发生的事，而另有一份注明时间为 1929 年 9 月 26 日的《中共赣西特委关于赣西游击战争与减租抗租斗争等情况给江西省委的报告》，内容与 5 月这份完全相同，后一份的时间更符合其内容。

② 《中共江西省委会议纪录》（1929 年 11 月 28 日），《江西革命历史文件汇集（一九二九年，二)》，第 228、229 页。

③ 陈奇涵：《赣南党的历史》，《回忆中央苏区》，江西人民出版社 1986 年版，第 10—12 页。

别人等），使乡村贫农得不着真正利益”。[①] 三是出身于地富家庭的革命领导者，利用自己的权威或地缘关系不及时分田。这一点，朱德、毛泽东在1929年2月率部进入东固时看得最清楚。朱德说，东固共产党领导人中间有个很特别的现象。这些人乃是地主的儿子，有的本身就是地主，他们“为革命做了一切，只有一样，就是没有把自己的田地分给佃农们。作为曾经给过小恩小惠的地主，又是本乡本土的人，他们也得到农民和他们自己的佃农的支持。”朱德认为，这表明“就在共产党内部和它所开展的土地革命中，在思想上和行动上都还有封建主义的明显残余”，朱、毛“因为当时强大的敌军正在集结起来，对红军虎视眈眈，所以不敢坚持限令东固地区的共产党领导人要依照其所献身的党的纲领和政策办事”。[②] 这种情况说明，曾经利用家族、家庭关系发动农村革命的领导者，在革命后受到亲缘、地缘关系的制约，对损害自身利益的分田曾有犹疑（但东固、延福的领导者，很快结束了犹疑，两地当年8月即没收一切土地，按人口进行了平均分配）。类似情况，在鄂豫皖等根据地也存在。[③]

再次，是在分田的方法上发生激烈的争论。争论主要围绕是没收一切土地按人口平均分配，还是没收豪绅地主反动派及富农剩余土地和祠庙土地以劳动力为标准分配，此外还有共耕之类的主张。两种意见的理由，前者认为没收一切土地已不成问题，分配方式如不平分则没有办法；后者认为没收一切土地，恐引起也有点土地的贫农的怀疑，同时会影响白色区域的农民，平分观念为私有制度的根本观念，且因此而会产生有

---

① 陈毅：《关于赣南、闽西、粤东江情况的报告》（1929年9月1日），江西省博物馆藏，抄件，第71号。

② ［美］艾格妮丝·史沫特莱：《伟大的道路——朱德的生平和时代》，梅念译，生活·读书·新知三联书店1979年版，第279—280页。陈毅前述报告谈到东固时也说，“利用家族关系”领导了革命的知识分子，“对于不反对共产党之地主、富户，仍然是同志的待遇，安然无恙”。

③ 如1929年9月何玉林报告中央说，“鄂东北特委不能坚决的深入和扩大土地革命，对于土地革命的中心口号、中心工作显然非常忽视。黄安赤色了八九月，土地只分了纵横三四十里的面积；麻城赤色了六七个月，土地至今一点也未分；光山也不同意下级党部请求分配土地的要求，以免影响斗争初期参加革命的富农甚至小地主”。《何玉林给中央的报告——鄂东北特委工作的弱点和缺点及对今后工作的意见》（1929年9月7日），中央档案馆等编：《鄂豫皖苏区革命历史文件汇集（1927—1934年）》甲5，第123页。

力者无田耕、有田者无力耕的问题，引起农村中因怠工而生产减少、经济恐慌。[①] 这个争论，主要发生在赣西特委领导者中，始于 1929 年 11 月刘士奇代理赣西特委书记，到 1930 年二七会议时达到极点。据时任赣西苏维埃政府主席的曾山回忆，二七会议时，“对土地分配问题争论不休，以赣西特委书记刘士奇和我为代表主张平分土地，以省委委员江汉波、特委委员李文林为代表，主张按耕作能力分配土地。争论很激烈”。[②] 会议最终认为，虽然没收地主阶级土地以劳动力为标准分配的主张，本来是根据六大的决议，但这一办法不利于争取群众，却有利于富农，不合目前斗争的需要，所谓共同生产、共同消费的主张更是帮助豪绅保持封建势力。会议决定按照毛泽东的意见，以争取群众为第一标准，没收土地不限于豪绅地主，只要是真实的群众要求，自耕农的土地亦得没收；土地没收后按人口迅速平均分配，会议并特别“限期责令各县区委负责同志领导分配完毕”，不能延迟。[③] 由于毛泽东等坚持从斗争实际出发，以人口为标准平分土地在二七会议后成为赣西南的统一做法，并被迅速全面地推开。

从现有文献看，虽然当时的批判对象主要是江西省委巡视员江汉波，但在特委报告中，则已经明确地指出“江汉波的思想确是代表了赣西南党内一部分右倾分子”[④]，即李文林等与江持相同意见的领导者。事实上，二七会议的组织安排，即在任命前委常委和赣西南特委书记时，均不用前一个月刚被毛泽东高度赞扬的“李文林式”根据地的领袖李文林，便很说明问题。如从发生争论的背景考察，则与中共六大关于土地问题的决议有关。前述六大和江西省委的指示，对地方领导群体显然影响极大，是他们主张没收地主土地按劳力分配或共耕的思想来源。

上述情况说明，虽然延缓分田及按劳力分田的主张，确实存在斗

---

① 《中共江西省委巡视员张怀万巡视赣西南给中央的综合报告》(1930 年 4 月 5 日)，《江西革命历史资料汇集（一九三〇年，一)》，第 92 页。

② 曾山：《赣西南苏维埃时期革命斗争历史的回忆》，《回忆中央苏区》，第 15 页。

③ 《中共赣西南特委刘士奇给中央的综合报告》(1930 年 10 月 7 日)，《江西革命历史资料汇集（一九三〇年，二)》，第 72 页。

④ 《中共赣西南特委给江西省委的报告——一九二九年八月以后的赣西南》（1930 年 3 月)，《江西革命历史文件汇集（一九三〇年，二)》，第 60 页。

争形势、理论策略方面的考虑，未可笼统予以否定，但在革命兴起之后，地方领导群体中的一些人，也确实遇到了革命展开而触及自身利益的问题，革命革到了自家的头上，对他们形成了新的考验。在这一新的考验面前，有部分领导者发生过犹疑和失误，引起了红军前委的不满，但总的说，他们较快地改正了失误，仍然跟上了革命的要求和步伐。

三　阶级政策的贯彻与出身认定的危机

土地革命从社会关系上说也就是阶级革命。地方领导群体在实行阶级革命上遇到的最大难题，不在于要不要贯彻阶级政策、推进阶级斗争，而在于如何处理与农民群众的关系，如何面对上级党部的精神与批评，改造清理指导机关与干部队伍。一方面，如前所述，认为“知识分子充满了指导机关”，要“继续坚决的改造党”，“在苏维埃区域内，实行清党，以便肃清混进党里来的富农及奸恶分子”，提拔重用工农分子等，是中共六大的精神，必须贯彻执行。况且六大后的中央在对江西省委的指示中，还有“党内对富农分子坚决的排除，不能有两个阶级对抗的分子存在党内”① 的明确表态。这就是说，清理阶级异己分子与提拔重用工农分子，是贯彻阶级政策的同等重要的内容。在政策与行为上如把握不当，很容易导致恶劣后果。另一方面，地方领导者中的许多人，确实来自地主富农家庭和知识分子，即如陈毅当时所说，赣西南“干部人员多半是知识分子”，其“社会关系复杂”，与富农、小地主有不解之缘。这一事实的形成，既由于革命源起时领导层的构成情况，也由于在其后的革命发展中，确实存在地富成分者在红军占领新区发展组织时，自己加入或由地方领导者介绍亲戚朋友入党的情况，以及党组织或红军办理筹款、运输、交通等事务时，暂时利用在地方有活动能力、更具地缘亲缘优势的富农来办事的情况。这些现象，后来被称为“容易混进地主富农流氓的成分”，或地方领导者“利用亲戚朋友封建关系去征收同志，结果使党

---

① 《中共江西省委会议纪录》（1929 年 11 月 28 日），《江西革命历史文件汇集（一九二九年，二）》，第 247 页。

脱离阶级"[①]，就是说，确实有地富成分者"混进"或被"利用""拉入"的事实。上述两种情况，就使得地方领导者面临被核查自身的阶级身份和去鉴定"混入"者的难题——他们既是阶级政策的执行者，又可能成为阶级政策的清理对象。

江西省委在 1929 年夏甚至更早就提出了提拔工农干部以"改造党的组织"的"治本的方法"[②]，将其作为江西党目前的主要任务。当时的主要理由，是不满地方领导者的出身及其与工农群众的关系，认为党的无产阶级基础薄弱，富农、地主、知识分子充满了群众斗争的领导机关，大多数犯了右倾机会主义的错误，政治、组织、宣传、军事、工运、农运、兵运、妇运等一切工作，都赶不上群众斗争的发展，违背了群众的利益和要求，帮助了反动派。[③] 具体来说，江西省委批评地方领导者在斗争方式、阶级关系、工作作风等方面，做得不好，没有满足上级党部与工农群众上下两个方面的意愿。在斗争方式上，省委批评"革命领导者、富农地主知识分子，大部分一般的要求保存灰色，反对分田、烧契约，打土豪要晚上去，杀反动派要秘密。群众没有饭吃，成群的起来要去打土豪，分地主的谷子，受不了豪绅地主一切反动分子的监视和压迫，要去杀反动派，他们指责群众还有盲动主义的残余"。敌人集结力量进攻时，领导者又指责不肯作殊死斗争的群众投机，以至挫伤了群众的斗争勇气。在阶级关系上，主要是批评地方领导者忽视作为乡村无产阶级的雇农的要求，一般没有组织雇农工会，不愿意去了解雇农的特殊要求和切身利益，尤其是忽略农村中的阶级分化关系，"没有个别的政策，信任个人，信任封建关系，信任知识分子，多半不信任无产阶级分子会有力量、可以支持政权，引无产阶级分子参加指导机关，结果是一个名"[④]，认为雇农人数少，争取大多数农民群众工作更要紧。"党的兴国、宁都、

---

① 赣西南特委：《赣西南的综合工作报告》（1931 年 9 月 20 日），《中央革命根据地史料选编》中册，第 423 页。

② 《中共江西省委通告——关于过去江西党组织的缺点及今后组织工作的主要路线》（1929 年 6 月 17 日），《江西革命历史文件汇集（一九二九年，一）》，第 271 页。

③ 《黎日晖关于赣南工作的综合报告》（1931 年 10 月 6 日），《江西革命历史文件汇集（一九三一年）》，第 146 页。

④ 陈毅：《关于赣南、闽西、粤东江情况的报告》（1929 年 9 月 1 日），江西省博物馆藏，抄件，第 71 号。

信丰县委也是这样做报告给特委"。[1] 在工作作风上，指责地方领导者实行"书记专政"和"秘书独裁"。前者指各级领导者中虽然引进了工农分子，但大权在握者还是"富农地主知识分子"出身的书记或委员，他们大多数自认在党的历史较长，更明了党内和社会一切情形，应对时局比工农更有办法，故"往往造成书记专政"；后者指形式上提拔了工农分子担任书记，却由知识分子担任秘书，因秘书能说能写，操持实权，于是出现了"秘书独裁的现象"[2]，"以至领导机关中的工农委员都垂头丧气，吃饭睡眠、参加会议、当交通、守机关、做伙夫……结果使党内无产阶级的意识和无产阶级领导工作非常薄弱"，不是把农村无产阶级"团结起来做革命的领导，却雇佣来做革命的奴隶"。[3]

由于出现这些情况，相当一部分地方领导者随之陷入农民群众和上级党部都不满意的窘境。在下，被处于革命激情中的农民群众认为"怕事""不敢斗争"，以至引起有的"群众对所在地方革命领导机关怀疑，而希望红军和革命高潮到来"[4]，"农村的农民有些也有自动主张不请于知识分子的"[5]。在上，则受到上级党部的指责，如江西省委，除前述批评赣西、赣南外，还批评湘赣"边界党的组织未曾彻底加以改造，保留着不少的小资产阶级、富农、流氓无产阶级的成分和意识的支配，特委负责同志多数是由上级党部从各方面调来的知识分子及本地找出来的农村上层优秀分子，他们没有接受到六次大会的精神……工作路线仍是旧的方法"，因此要"彻底改造边界的党"。[6]

---

① 《黎日晖关于赣南工作的综合报告》（1931年10月6日），《江西革命历史文件汇集（一九三一年）》，第179页。

② 《中共江西省委通告——关于过去江西党组织的缺点及今后组织工作的主要路线》（1929年6月17日），《江西革命历史文件汇集（一九二九年，一）》，第270页。

③ 《黎日晖关于赣南工作的综合报告》（1931年10月6日），《江西革命历史文件汇集（一九三一年）》，第158—159、179页。当时还有领导者自己穿长衫大饮大食、在群众中造成不良影响之类的批评。

④ 《黎日晖关于赣南工作的综合报告》（1931年10月6日），《江西革命历史文件汇集（一九三一年）》，第146—147页。

⑤ 刘作抚：《关于赣西情形的综合报告》（1929年9月6日），《中央革命根据地史料选编》上册，第136页。

⑥ 《中共江西省委给湘赣边特委工作的综合指示》（1929年9月6日），《江西革命历史文件汇集（一九二九年，二）》，第162—163页。

客观地看，上述批评并不完全正确，主要是将地方领导者在工作中的失误或不当，如较多保守性，不能满足群众的要求，不注意提拔重用工农干部，不及时分田等，归因于地方领导群体的出身成分和阶级意识。尽管不能完全排除确实存在这样的问题，但大部分指责显然或牵强或是过分，有的批评甚至是错误的。不过，这个时期地方领导者的思想行为，也确实涉及革命展开中的一个重大问题，即如何认识与满足群众的情绪和需要。在革命展开阶段，群众的斗争情绪越发激昂，要求更多，在斗争的目标、方法上都已超出领导者的设想，领导者设想的保持灰色、减少盲动的斗争方式，受到被动员起来的群众的质疑，不能满足群众持续的需求，引起群众的不满。在这里，问题具有相当的复杂性：在敌强我弱的总体形势下，在吸取前一阶段革命中盲动主义错误的基础上，地方领导者的思路是比较稳健地进行革命，不要太过暴露革命的力量，招引敌人的进攻，这有一定道理，需要具体分析，并非完全不对；请雇农贫农当交通、守机关、做伙夫而未更多地安置在领导岗位，即被认为是把他们当作革命的奴隶，也不符合实际，显然是把主人翁观念无限制的放大。革命兴起之后，在敌我各方因素的共同作用下，革命事实上很难平静地进行，更不可能止步，而被动员起来的群众，是一个激昂的群体，引导得法，可以形成改造社会的强大力量。地方领导者没有认识到群众运动的这一走势，不去站在他们前头主动领导斗争，也未能尽力满足群众的愿望和要求，因此不能得到上级党部和农民群众的双重认可。于是，不少地方领导者被革命抛弃的命运也就在这一过程中被决定。据巡视员张怀万（即江汉波）所言，二七会议的清除党内地主富农等决议，与地方领导者出现上述失误有直接关系。①

如果说，1929 年对阶级身份和改造组织的强调，还主要是在书面和口头上，那么，1930 年二七会议及其后，地方领导者中的失误和认识分歧，就被上升到“两个阶级思想的斗争”的高度了。领导者的出身认定被置入壁垒分明的阶级阵线，出身地富的大部分地方领导者工作中的失误被视为阶级敌人的有意破坏，农村早期革命的部分领导者开始受到怀

① 详见《中共江西省委巡视员张怀万巡视赣西南给中央的综合报告》（1930 年 4 月 5 日），《江西革命历史文件汇集》（一九三〇年，一），第 91—97 页。

疑和清洗。

二七联席会议是赣西南革命发展上的一次极其重要的会议。会议之前，在发展问题上，赣西南领导者中存在不同意见。以省委巡视员江汉波为代表，要求先进行充分的宣传动员然后再建立赣西南苏维埃，不赞成未经中央批准集中地方武装成立红六军，主张没收地主豪绅土地以劳动力为标准分配，而不是没收一切土地以人口为标准分配，批评赣西特委书记刘士奇[①]打吉安的主张是盲动主义的倾向。同时因为不满刘士奇粗暴的工作作风，也有一部分特委领导指责刘不应兼任赣西苏维埃政府常委，指责刘与中央巡视员彭清泉（即潘星元）狼狈为奸，等等。刘士奇因无法解决争论而派人向由闽返赣的红四军前委汇报，前委遂决定 2 月 6—9 日在吉安陂头村召开红四军前委、红五、六军军委、赣西特委联席会议（通称“二七会议”）。会议在前委“争取江西”的战略下，提出了扩大苏维埃区域、深入土地革命和扩大工农武装的三大任务，决定将赣西、湘赣和赣南三个特委合并为赣西南特委并由刘士奇任书记，将红四军前委扩大为指导红军和地方工作的“最高的领导机关”，从而明确了江西地方党的发展路线、当前任务和组织领导，对其后革命根据地的发展起了决定性的作用。但是，二七会议对于地方领导群体缺乏历史的、全面的正确分析，在支持刘士奇等当时更为正确的意见的同时，直接将领导者中不同意见的争论和工作中的失误，指斥为机会主义、取消观念，把党内争论认定为“实际是党内所代表的两个阶级思想的斗争”[②]，进而“指出赣西赣南党内有一严重危机，即地主富农充塞党的各级地方指导机关，党的政策完全是机会主义的政策”，决定要“打倒机会主义的政治领导，开除地主富农出党”。[③] 显然，这是继续不加区别地将出身与政治态

① 刘士奇（1902—1933），湖南岳阳人。早年曾到安源路矿、中共岳阳县委工作，大革命失败后到江西。1929 年 5 月从江西省委奉调到红四军工作，因交通阻隔留在赣西，11 月代理中共赣西特委书记。1930 年二七会议上被任为红四军前委常委、赣西南特委书记。8 月在赣西南特委二全会议上，因反对贯彻立三路线被撤销职务、派返上海分配工作。次年被派入鄂豫皖苏区，任红四方面军政治部主任，后在肃反中被错杀。

② 《中共赣西南特委刘士奇给中央的综合报告》（1930 年 10 月 7 日），《江西革命历史资料汇集（一九三〇年，二）》，第 70 页。

③ 《前委通告（第一号）——联席会议的结论并宣告前委成立》（1930 年 2 月 16 日），《中央革命根据地史料选编》中册，第 173 页。

度视为一体，是一个极为严重的原则性错误，是对赣西南地方领导群体的不公平认识。

二七会议后，分田、建立政权和扩大武装的工作，在各地迅速展开，但出身于地富家庭的领导者，也普遍陷入阶级出身的清洗危机。赣西南特委认为，“各地对二七会议的决议的执行仍是不积极”①，“赣南同志，尤其兴国县同志，大部分负责者、活动者，都为地主富农分子”，借口六大决议拖延土地革命②，故在 3 月举行的中共赣西南第一次代表大会上，决定继续“深切的”“提出无情的驱逐地主富农出党”的决定，并当即开除了从红四军分来的张恨秋等 6 人，处分了 10 多人。③ 4 月，赣西南特委继续将不积极分田、建立政权和武装工农，定为地主富农在党内压抑群众斗争的结果，进一步提出“肃清党内地主富农”和“赤色清乡”的政策，并将党内关于春耕农忙时群众要耕田、不要开群众大会妨碍生产的意见，指斥为近来发生的注重发展生产、忽视武装斗争的“另一机会主义路线”。④ 5 月，由对党内出身于地富家庭的干部的怀疑，发展成一个后来造成重大灾难的错误判断，即根据有的被开除出党的富农地主带领反动武装进攻苏区的情况，以及赣西南历来存在的 AB 团是地主富农反革命组织的看法，认定党内有 AB 团，决定进行所谓反党内 AB 团斗争。在群众大会上，首先将 AB 团与苏区内的地主富农成分者联系起来，用“苦肉斗”的“技术”，“破获 AB 团，捕杀 AB 团首领”。继而对赣西南干部群体产生更加严重的错误判断，不但称“地主富农占领党的领导机关”，而且各地“亦同时发现 AB 团的组织”，赣西南特委遂大张旗鼓地“举行赤色清

---

① 《中共赣西南特委给江西省委的报告——一九二九年八月以后的赣西南》（1930 年 3 月），《江西革命历史资料汇集（一九三〇年，一）》，第 62 页。

② 《中共江西省委巡视员张怀万巡视赣西南给中央的综合报告》（1930 年 4 月 5 日），《江西革命历史资料汇集（一九三〇年，一）》，第 94 页。恰恰是在张怀万的同一报告中，认为：“赣南各属党的工作最好者为兴国县，兴国除县城及南乡一隅尚在统治阶级手里，其余东北西都已成为赤色区域，即南乡亦已建立了很多的秘密农协。兴国城在去年十二月至今年二月初亦长期在革命委员会政权之下。”

③ 《中共赣西南特委给江西省委的报告——一九二九年八月以后的赣西南》（1930 年 3 月），《中共江西省委巡视员张怀万巡视赣西南给中央的综合报告》（1930 年 4 月 5 日），《江西革命历史文件汇集（一九三〇年，一）》，第 66、95 页。

④ 《中共赣西南特委通告——当前形势和我们的行动方针》（1930 年 4 月 29 日），《江西革命历史资料汇集（一九三〇年，一）》，第 124 页。

乡，肃清内奸”，“彻底肃清红旗下的奸细”，“打倒地主富农的领导”，“厉行洗党”，“将党内地主富农分子无情的洗刷出去”。[①] 短短几个月间，各地纷纷出现破获 AB 团组织的记载，仅吉安西区便说“AB 团有二千余人，自首的有七八百人”[②]。赣西南党内“开除的地主富农有一千余人”[③]。

令人遗憾的是，全赣西南到底清洗了多少人，在被开除、清洗者中，到底有多少真正的地富分子、多少真正的反革命者、多少出身于地富家庭的早期革命者和知识分子，至今无法得出确切的统计。其中肯定有真正的奸恶分子和反动的地主富农分子；但无疑，绝大部分人可以说是被错误处置的。据兴国革命的领导者陈奇涵说，兴国一批早期革命领导者，包括游击队长、儿童团书记、妇女部长、早期打入三点会的革命联络者，都被清除杀害，其中还有陈的两个弟弟，他自己也差点受害。在于都县，仅北区就有500多人被清除杀害，其中大批是知识分子，包括领导于都暴动、与陈奇涵一道创建桥头革命根据地的朱学玖、钟声楼等。[④] 著名的东固根据地与此相仿。曾经受到毛泽东高度称赞、对接应红四军出过大力的东固革命根据地的19名主要创建者、领导者（未计入李韶九）中，被清洗杀害的达13 人（其中一人被押后逃走），只有5 人是被敌人杀害（含作战中牺牲），1 人病逝。[⑤] 在对东固党组织的持续“洗刷”“改造”中，拥有400名左右党员的东固区委，“杀了五六十个，尚押二百左右”，但被认为还未完全转变，仍“不注意提拔工农干部，还依靠智识分子”。[⑥]

---

① 《中共赣西南特委通告——当前政治形势的分析和党的中心策略》（1930 年 6 月 12 日），《江西革命历史资料汇集（一九三〇年，一）》，第 198 页。

② 《中共赣西南特委刘作抚给中央的综合报告》（1930 年 7 月 22 日），《江西革命历史资料汇集（一九三〇年，一）》，第 245 页。

③ 《讨论赣西南组织问题的会议记录》（1930 年 10 月 13 日），《江西革命历史资料汇集（一九三〇年，二）》，第 104 页。

④ 《陈奇涵传》编写组：《陈奇涵传》，军事科学出版社 1997 年版，第 116—117 页。

⑤ 《人物传略及简介》，中共江西省委党史资料征集委员会编：《江西党史资料》第 10 集（东固革命根据地专辑），1989 年内部印行，第 182—204 页。当然，也不是所有出身地富家庭的领导者都遭到了清洗，如出身地主家庭的赣南东河行委书记黎日晖，受前委批评撤销职务后，被调到赣西南特委从事工运工作，后又到上海向中共中央汇报赣西南的斗争情况，写下一份很有价值的长篇报告。

⑥ 《赣西南苏维埃代表大会会议记录——决定建立吉安县委》（1931 年 6 月 11 日），《江西革命历史文件汇集（一九三一年）》，第 76—79 页。

可见，地方领导群体中的中下层干部，在组织“改造”中受到了严重的伤害。伤害的根源，与他们的出身密不可分，阶级政策是决定其去留的利剑。需要指出的是，这个时期阶级政策的执行者，主要是此时赣西南地方组织的上层领导者，即赣西南特委。

可以说，如何正确地坚持阶级路线、阶级革命与正确对待出身地富家庭的革命者、领导者，是革命斗争中一个长期没有解决好的问题，苏区农村革命展开时期尤其如此。

四 领导权的集中与发展路线的分歧

农村革命发生时，一开始就同时存在中国共产党领导的正规军队武装起义和农村武装暴动这样两种方式和两支力量，两支力量最后在农村汇合，形成政治、军事和社会资源的互补与聚合，创建出农村革命根据地。在这个汇合的过程中，产生了集中领导权和确定发展路线的问题。这两个问题的解决，关系到革命根据地的生存与发展。因此，如何认识处理与红军前委的关系，以及形成发展目标的共识，同样是地方领导群体面对的重要问题。

除中共湘赣特委和井冈山革命根据地外，赣西南地区地方领导者与朱、毛红军的接触，是从红四军 1929 年 1 月从井冈山下山转战于赣闽粤边界开始的。红四军在下山转战期间，因沿途无革命基础，国民党追兵又紧跟其后，反动民团到处袭扰，遭遇“我军最困难的时候”。朱、毛为安置伤兵、寻求有党有群众的休息之处和救援井冈山计，决定前往东固革命根据地。经大柏地一战打败追兵后，2 月进入东固，在东固休息并安置伤兵，消除了“从井冈出发以来的疲败精神，士气亦已振奋起来”，又因得悉井冈山失守，遂决定在赣闽边界进行游击战争，创建割据区域。朱、毛在东固的停留和思考，对红四军以及赣西南革命根据地的创建，都是一个重大的转折点。李文林等赣西地方党领导人及其创建的东固革命根据地，为红四军战斗力的恢复和革命战略的转折，做出了重要贡献，其斗争的经验，也受到朱毛的高度评价，毛泽东将其与朱毛式、贺龙式、方志敏式相并列，称其为“李文林式”的革命根据地。显然，这个最初的融合过程，比较和谐，促进了赣西南革命的开展。

红四军前委是由中共中央1928年6月4日指示信任命组建的。中央指示，前委所有管辖的范围，依据环境来决定，所有管辖区域内工作，完全由前委指挥。前委在江西时受江西省委指导，在湖南时受湖南省委指导。毛泽东认为，中央的指示“十分适当，合于斗争的需要。超地方性质的红军，不但不宜受县委与特委的指挥，亦不宜限定受某一省委指挥。五军在平浏，四军在湖南及湘赣边界，多次的失败在地方主义指挥下，超地方的红军必须在中央直接指挥之下，才能适应革命环境的需要，而不受地方主义的毒害。”① 毛泽东对前委性质和管辖范围的认识，是正确的，既是井冈山斗争时期血的经验教训的总结，也符合战争环境与革命发展的需要，因此，他在后来处理与江西地方党的关系时，也依然坚持前委指挥、管辖的原则。根据地的斗争主要是军事斗争，或者说起决定性作用的是军事力量，作为根据地主要支撑的红军及其前委，居于领导或主导地位，也是十分自然的。

首次明确前委对根据地党的领导地位的是二七会议。会议决定，将红四军前委扩大为红四、五、六军及赣西南、闽西、东江、湘赣边等赤区的斗争指导机关，三个军的军委及各地方各特委，均“受前委指挥”②。在此之前，红四军前委只负指导红四军之责，并不领导红五、六军；赣西南地方党组织原由江西省委领导，原湘赣边、赣西和赣南三个特委与红四军亦无统属关系，经二七会议调整后，赣西南党组织与地处白区的江西省委，实际上也就断开了直接隶属关系。这是一个很大的变化，对赣西南党的许多领导人而言，都有一个如何适应新领导新变化的问题。后来的事实证明，他们中的绝大多数人，缺乏现实斗争需要的认识，没有积极适应这个权力关系的转变。特别是在1930年8月二全会议后，特委更是强调与中央的关系而不尊重总前委（1930年8月，原红四军前委扩大成为红一方面军总前委，毛泽东为书记）的领导权。如在特委向总前委通报的一次决议中，便特别说到领导权问题，称自江西“省委被敌

---

① 《前委致中央的信》（1929年4月5日于瑞金），《中央革命根据地史料选编》中册，第76—77页。

② 《中共赣西南特委刘士奇给中央的综合报告》（1930年10月7日），《江西革命历史资料汇集（一九三〇年，二）》，第72页。

人破坏后，赣西南特委即直受中央指挥”，这是不承认总前委对特委领导权的最明确的表示。[①] 事实上，前委也很看重地方党的听不听指挥，因而没忘提醒地方党注意这个问题。即使在后来决定采取肃反措施解决江西地方党问题的前夕，总前委还在重申领导地方党委的权力：“为了斗争的需要，同时有中央通知一七四号的规定，总前委的职权必须在省行委之上，所有红军及地方一切军事政治党务均归总前委统一指挥，这种权力集中完全是革命的必需，我们相信省行委必定是同意（的）。”[②] 在革命与战争的环境下，权力的集中统一，既属必要，也属必然。江西地方党的领导者对此恐不会毫无认识，他们无视总前委领导权，最根本的原因，还是对前委组织和发展目标的不满。

地方领导者对前委的发展战略和行动方针在开始时是认同的。1929 年 3 月，红四军前委分析国内政治形势和赣南赣西割据斗争状况，决定红四军、五军及东固地区的江西红军二团、四团的行动方针是：在国民党军阀战争初期，以赣南闽西 20 余县为范围进行游击战争，“从发动群众以至于公开苏维埃政权，由此割据区域，以与湘赣边界之割据区域相连接”[③]。4 月 5 日，前委在瑞金正式向中共中央提出“争取江西，同时兼及闽西浙西”的战略建议，指出要在国民党蒋桂军阀战争期间，发动群众，扩大红军，深入土地革命，建立工农政权，造成公开割据，形成坚固的前进根基。争取江西，“波浪式推进、傍着发展”，成为红四军前委发展革命的基本战略与策略。赣西、赣南特委尤其是二七会议成立的赣西南特委领导者，对前委的战略和方针是认同和支持的，他们连续多次组织攻打吉安、赣州，相继升编地方武装组建红军 3 个军，建立苏维埃政权，按人口平分土地，在红军的支持下，形成了根基坚固的赣西南革命根据地。这个时期，前委与赣西南领导群体的关系仍相当融洽，毛泽东以前委名义所写信中，甚至称呼李文林为“文林兄”，要求特委成员

---

① 《中共赣西南特委决议——接受总委指示，派人建立江西省委与提议计划分特委》(1930 年 10 月 25 日)，《江西革命历史资料汇集（一九三〇年，二）》，第 127 页。

② 《总前委致省行委信》（1930 年 12 月 3 日），转引自戴向青、罗惠兰《AB 团与富田事变始末》，河南人民出版社 1994 年版，第 95 页。“省行委”即江西省行动委员会。

③ 《红四军前委关于攻克汀州及四、五军江西红二、四团行动方针等问题向福建省委和中央的报告》（1929 年 3 月 20 日），《中央革命根据地史料选编》中册，第 67 页。

郭贞、丛允中飞速到于都成立东河行委，并派伍中豪等 3 人组成前委巡视团，“代表前委指导于都、瑞金一带工作”。[①]

与前委的明显分歧起自 1930 年 8 月。5 月国民党蒋冯阎军阀大战爆发后，中共中央在有利的革命形势下，形成了“左”倾冒险的立三路线。5—6 月间，赣西南领导人李文林、曾山到上海出席了全国苏代会和红军会议。李文林在上海详细获悉了立三中央严厉批评红四军前委的信以及“左”倾冒险的指导方针与策略。8 月上旬，由上海回来的李文林主持召开赣西南特委二全会议，坚决、全面地贯彻立三中央的“左”倾冒险部署。会议错误地否定前委制定的波浪式推进、傍着发展的方针，认为“这都是农民意识的反映，没有积极猛力前进的精神”，提出“一切工作向北猛进”[②] 的口号，进攻中心城市；要求建立集体农场，在平分土地后发展社会主义的经济组织；认为富农任何时候都站在反革命地位，要无条件淘汰富农出党，造成反富农的深厚空气；改选特委，批评并撤销刘士奇特委书记的职务，并开除其党籍（刘不久离开赣西南到上海，中共中央并未批准开除其党籍，而是将其调往鄂豫皖苏区工作），改任曾山为特委书记（比较奇怪的是，李文林主持了这次会议，已是江西党事实上的主要领导人，但改选后的特委并不由他担任书记）。这次会议是地方领导者为贯彻立三中央路线而对赣西南工作的重新定位，基本否定了红四军前委此前对赣西南工作的部署，与以毛泽东为书记的前委形成对立。刘士奇是毛泽东十分信任的干部，也是坚决执行前委策略、主张“以农民力量包围城市”的领导人，会议对其进行严厉批评和处置，殊属不当，仍然是一种盲目的惩罚主义。会后为了避免其影响组织和干部，又不让他留在江西而是派往上海，要求中央对他进行处置。总前委对此显然有看法。9 月 17 日，率红一方面军由长沙返回江西的总前委即致信赣西南特委，指示派刘士奇、陈正人、黎日晖等 5 人，随部队在打下吉安后前往南昌组建江西省委（当时号称向南昌、九江进军）。特委讨论后接受总前委重组江西

---

① 《前委给赣西南特委的信》（1930 年 3 月 20 日），中共江西省委党史研究室编：《江西党史资料》第 7 辑，1988 年印行，第 68 页。

② 《中共赣西南特委工作报告——关于八次攻吉、五次攻赣、政权、组织、群众运动等问题》（1930 年 9 月 28 日），《江西革命历史文件汇集（一九三〇年，二）》，第 39 页。

省委的意见，认为建立江西省委是斗争的迫切需要，但在人选上，表示“除刘士奇同志因犯有严重政治错误”已派去上海党中央外，提议总前委增加曾山、李文林、郭贞3人①，这等于是拒绝了总前委的建议。

两方冲突加剧、相互责骂的直接对立出现在9—10月间。红一方面军由长沙回师赣西后，准备攻打吉安。9月26日，李文林等主持召开赣西南特委常委会议，毛泽东、朱云卿代表总前委参加会议并传达攻打吉安的计划。会上，毛泽东“反复申述”先打吉安的必要性和建立江西政权的主张，认为“要争取武汉胜利，必须建立江西政权，要能即刻建立政权，必须先打下吉安”。而李文林等反驳毛泽东的意见，指责这是“带游击式的伴着发展的”“错误见解”，忽视了争取武汉胜利和全国政权的紧迫性，以及打下南昌九江的“伟大的政治意义”，要求一、三军团将先夺取南昌、九江作为返赣后的第一步作战计划，吉安以后再打，并向中央写出了报告。② 事后，总前委并未接受特委的意见，坚持先打吉安，红军遂于10月4日攻占吉安。打下吉安后，总前委主持召开赣西南特委扩大会议，决定成立以李文林为书记的江西省行动委员会、以曾山为主席的江西省苏维埃政府，并决定在赣西、赣南、赣东、赣东北、赣西北各设行委，省行委、省苏政府随总前委行动。这些行动，在组织上是对中共中央7月有关决定的落实。至此，赣西南党政和红军的最高领导权，正式统一到总前委。

打下吉安后，攻打南昌的呼声再度高涨，而国民党大军云集准备对赣西南革命根据地进行第一次大规模“围剿”。在10月底决定应对方略的总前委与江西省行委罗坊联席会议上，李文林坚持己见，仍不同意总前委不打南昌九江、红军退入根据地准备反“围剿”的方针。据参加了罗坊会议的另两位江西地方领导人曾山、陈正人回忆，在会上首先起来反对毛泽东主张的是三军团政治部主任袁国平和李文林，“袁、李二人不仅不同意红军主力后撤，而且指责毛主席不打南昌是断送中国革命，是

① 《中共赣西南特委决议——接受总委指示，派人建立江西省委与提议计划分特委》(1930年10月25日)，《江西革命历史资料汇集（一九三〇年，二）》，第127页。

② 《中共赣西南特委报告——江西政治形势及一三军团来江西作战意见》(1930年10月25日)，《江西革命历史文件汇集（一九三〇年，二）》，第123—126页。

违背党中央的路线”[1]。李文林还“说毛主席提出的‘诱敌深入’是保守主义，把敌人引入根据地，人民要遭到很大损失”[2]。因彭德怀等人的说服，最后还是按毛泽东的意见，形成组织的决定，红军在 11 月间相继退入永丰、宁都等根据地内，江西地方党政组织开始配合进行反“围剿”准备。这个争论说明，作为江西党组织主要负责人的李文林，一是没有敏锐地觉察形势的变化和毛泽东的正确主张，错误地坚持立三中央攻打南昌的命令，指责总前委、毛泽东违背中央的路线；二是反对毛泽东提出的诱敌深入的作战方针，不同意把敌人引入根据地内，表现出浓厚的地方保护意识。[3] 这一切，显然让毛泽东对李文林产生了更大的反感，同时也明显地感觉到以李文林为代表的江西地方党政领导人，对总前委的权威并不尊重。

领导权集中和发展路线中的争论与冲突，显然恶化了总前委对地方领导者的认识。如前所述，对赣西南党组织历来存在失实估量。这种失实估量，以前主要来自以刘士奇为书记的赣西南特委，并由二全会议改选的特委继之；新特委改变了前特委的几乎所有路线，唯独保持了对组织状况的不正确估量，这可能是害怕被人怀疑为立场问题或本身也相当“左”倾。从 1930 年 10 月起，这个失实估量又被总前委接过来，在毛泽东的报告中，将平分土地中只有抽多补少没有抽肥补瘦，富农得了好田，规定的扩红数目没有达到，认定为“地方党部富农路线”，认为赣西南全党完全是富农路线领导，“党团两特委机关，赣西南苏维埃政府，红军学校，发现大批 AB 团分子，各级指导机关，无论内外多数为 AB 团富农所充塞领导机关”。所以，他认为“赣西南党非来一番根本改造，决不能挽救这一危机”，并对中央说：“目前总前委正计划这一工作”，请中央“须

---

① 《曾山给陈毅并转江西省峡江县委的信》（1962 年 1 月 30 日），中共江西省委党史研究室编：《江西党史资料》第 6 辑，1988 年印行，第 249 页。

② 陈正人：《回忆罗坊会议》（1967 年 12 月），《江西党史资料》第 6 辑，第 261 页。

③ 刘士奇在 1930 年 10 月给中共中央的报告中也说，赣西南党内的主要危机，“还是右倾机会主义、地方主义的倾向”。其实，说右倾机会主义，相当不符合实际，地方主义倾向则是有的。如在二七会议上被枪毙的“四大党官”郭士俊、王惠等，被宣布的主要错误便是“以地方主义观念、历史关系、小资产阶级感情结合，而排斥外地的工作同志”，以及在游击活动中不注意政策等。《中共赣西特委给江西省委的综合报告》（1929 年 8 月 13 日），《江西革命历史文件汇集（一九二九年，二）》，第 81 页。

大加注意和帮助”。[①] 在 10 月 26 日总前委与江西省行委联合召开的罗坊会议决议中，遂做出了改造和重新建立全部党、团组织，改选原有全部苏维埃政府，不使一个富农反革命分子（AB 团）留在党内、团内和政府内，以及“严厉的镇压 AB 团，处决 AB 团中一切活动分子” 等决定。[②] 这说明，到此时，总前委已将党内分歧错认为敌我矛盾，决定采用非常方法来解决。[③] 这直接决定了赣西南绝大多数中上层地方领导人的命运。

需要指出的是，过去认为，总前委的决断出于大敌压境的严峻形势。事实上，这是一个对内部危机的科学判断与处置方法的问题。处理危机的方法并非只有捉人杀人一途。仅是富田事变与第一次胜利的反“围剿”作战前后的历史，也足以提供使人警醒的经验：被错认为是 AB 团分子的赣西南地方领导者，面对生命危机所做出的选择，不是叛离革命队伍，而是继续坚持革命和虔诚地诉诸中共中央——革命和中央始终是他们心中的最高权威。同样，延安时期毛泽东之提出“大部不捉，一个不杀”的方针，以及建国初期他在中共八大预备会议上公开承认在苏区“肃反时我犯了错误，第一次肃反肃错了人”[④]，也显然蕴含着对江西经验的反思。

经过这一轮打击，赣西南革命的早期地方领导者所剩无几。有两个史料足资证明：一是在整肃中曾对地方领导群体有一个基本估计：江西省行委及以前赣西南特委充满了 AB 团分子，东西南北中各路行委大部以至全部负责人是 AB 团，县区委以至于支部都充塞着许多 AB 团，“这些

---

① 《毛泽东给中央的报告》(1930 年 10 月 14 日)，《江西党史资料》第 6 辑，第 165 页。

② 《红一方面军前委会、江西省行动委员会关于目前政治形势与一方面军及江西党的任务的指示》(1930 年 10 月 26 日)，《中央革命根据地史料选编》中册，第 263—264 页。

③ 关于地方党与前委的分歧和肃反、富田事变具有因果关系，不仅是参与事变的一部分地方领导者的看法，从广西进入中央苏区的邓小平了解情况后，也向中央指出：“过去总前委与省行委向来有冲突，如对军阀混战的分析，引敌深入的战术，开除刘士奇等问题，省行委常骂总前委是右倾，总前委常指省行委中有 AB 团的作用，故有富田事变之爆发……此事发生后，一般同志特别是干部非常恐慌，人人自危以致不敢开口，特别不敢批评总前委……我对总前委之反 AB 团的方式亦觉有超越组织的错误，这种方法事实上引起了党的恐怖现象，同志不敢说话。”〔邓小平：《七军工作报告》(1931 年 4 月 29 日)，中共百色市委党史办公室编：《右江风雷——邓小平与百色起义》，广西人民出版社 2004 年版，第 18 页〕这是除中共苏区中央局之外，当时中共领导人较早客观分析富田事变原因和批评总前委做法的言论，邓小平随后在出任瑞金中心县委书记时，能够迅速制止乱捕乱杀行为，转变瑞金斗争局面，正是他的这一认识与胆略的体现。

④ 《关于第八届中央委员会的选举问题》(1956 年 9 月 10 日)，《毛泽东文集》第 7 卷，人民出版社 1999 年版，第 106 页。

分子有十分之九是地主富农出身，很少真正贫苦工农，所以赣西南的党大部分为AB团篡夺了”[①]。这个估计，即被当作整肃的依据。如果说，赣西南清党改造中被清肃的对象，从1930年春到秋天，主要是一部分出身于地主富农家庭和知识分子的中下层干部，那么到1930年冬，则是包括中上层领导在内的绝大部分领导者了。二是1933年，苏区中央局曾对兴国等江西16县县一级干部情况进行过一次检查，结果在全部419名干部中，1927年及以前入党的干部仅剩13个，参加过暴动或游击的有185个，也不足总数的一半，“最大多数的干部是很年幼的”。[②] 这大体说明，当年领导地方革命的主要成员，绝大多数已经不在了。

五 几点认识

赣西南农村革命领导群体，是一批早年信仰共产主义的革命者，其中相当一部分人出身于知识分子和地富家庭。他们利用自身的政治、文化优势领导了地方革命，而在革命兴起后遇到了较之发动革命时更为复杂的形势和问题，更为具体的要求和任务。面对新的形势和任务，要求地方领导群体有更加开阔的视野、更加宽广的胸怀和更加合适的方法，把握大局，决定弃取，领导农民群众开创新的局面。在这个过程中，赣西南地方党组织及其领导者，在对敌斗争、建立政权、开展土地革命、扩大红军等根本问题上，总体上与红军前委的部署相一致，坚定地承担了在新形势下展开革命的任务，具有“肯干，无条件地干”的“共同优点”[③]，只是在对形势、任务和方法的认识及行为实践中，表现出正误相交、程度不一的差异。

赣西南地方领导群体中大多数人的最大失误，是在革命发展思路上。对于发展问题，以毛泽东为代表的红军前委，以对革命理论和实践的卓

---

① 赣西南特委：《赣西南的综合工作报告》（1931年9月20日），《中央革命根据地史料选编》中册，第420页。

② 《党的组织状况——全省代表大会参考材料之四》（1933年9月22日），《中央革命根据地史料选编》上册，第687页。

③ 《赣西南工作综合报告》（1930年10月5日），《江西革命历史文件汇集（一九三〇年，二）》，第58页。

越把握，提供了正确的思路与答案。但以李文林为代表的许多赣西南地方领导者，在革命理论和实践上稍逊一筹，其发展主张不合时势与实际。当然，发展思路的争执，性质上属于党内争论、党内矛盾。十分遗憾的是，这种内部矛盾最终未能妥善地得到处理，反而在敌人大军进逼的急迫形势下，被误认为是敌我矛盾，致使李文林等不少江西地方党领导人被错误地认定为肃反对象，并发动了对整个赣西南党、团组织和苏维埃政权的全面整肃，造成了江西各级党政领导者的重大损失。

地方领导群体的认识与失误，受到上下多种因素的影响，既与李文林在上海出席中央会议、得到中央精神和指示有关（李文林原本是一个相当稳健的革命领导人，这从毛泽东对其斗争经验即“李文林式”的总结中即可明了，但在他去上海出席会议、接受立三中央指示后，却表现得十分激进，显然与立三中央的影响关系极大)；也有他们受地域、经历、知识眼光与经验等局限，碍于地方文化、宗亲关系或革命后的补偿心理，有意无意地维护地方利益，害怕根据地内遭受损失等因素。对中央文件、上级精神缺乏结合地方实际的分析，教条式地接受，或只选择对一地一己有利的内容来定弃取，则是更为根本的原因。很明显，农村革命的部分地方领导者懂得革命后对自身的补偿，却不懂如何对待群众、回报农民。事实是，农民冒着生命危险参加革命，必须取得一定的经济或政治、文化的回报。对于动员起来的农民，革命领导者必须正确对待并认真及时地解决他们的合理需求，关心他们的日常生活，了解他们的真实负担，密切而不是疏远与他们的联系。毛泽东深谙此理，并在《关心群众生活，注意工作方法》中做了精辟的论述，而相当一部分农村革命的地方领导者，对此知之不深。同样，受知识与经验的影响，也带来工作方法的简单粗暴。口号式地重复城市中心论，批评所谓农民意识、保守观念，其实未必真懂其含意，至于在领导层中曾“通行一种惩办制度，同志犯错误时，不在思想上同他斗争，开首即用枪毙的手段对待”①，固然为革命时期所常见，却属明显的失当行为。

同样复杂的是，当时被批评认定为地方领导者的那些错误，有的实

---

① 《赣西南工作综合报告》(1930 年 10 月 5 日)，《江西革命历史文件汇集（一九三〇年，二)》，第 57 页。

则并不是错误。仔细考察，一方面，地方领导者在发动革命时所具有的社会、文化优势已失去作用，因严厉的阶级政策和新的社会政策，宗亲关系、社会关系即亲缘、地缘和人望等因素，被改造和消解，知识优势则因对知识分子的不正确观念而无法发挥更大作用，相反，他们中大多数人并不具备军事才能的劣势，因苏区军事斗争的日益重要却愈益凸显和加剧。在这种情境下，他们确实有左支右绌的窘困。另一方面，当时所指称的他们的不少错误，也并非均属准确，其中有的是出于对盲动主义的反省，有的是出于团结革命初起时积极投入者等方面的考虑，有的则属于正常工作程序或革命运动的一般规律。诸如对地方领导群体未能很快提拔和重用工农分子的批评，显然是受到当时机关工农化的政策影响，实属过当。事实上，农民的组织能力比其他社会阶级要低得多，这是由于他们所接受的教育训练和所掌握的专门知识太少造成的。“结果，在革命组织中农民就居于组织的下层，而学生、知识分子以及心怀不满的中产阶级成员则构成组织的上层。”① 刚被动员起来的农民需要组织和引导，是革命或社会运动发展的一般规律，违反这个规律，将曾经领导暴动并居于革命组织上层的“学生、知识分子以及心怀不满的中产阶级成员”（我们可视之为对原来统治秩序不满而参加革命的地主、富农成分者及其子弟）“洗刷”出去，贻害的不仅是这批当初的革命领导者，而且也是革命运动本身。

深入考察，我们不难发现传统力量和地缘、亲缘关系对地方领导群体行为的影响，这种影响在减租、抗债、分田等问题上，表现得最为突出。相反，在革命展开过程中表现得更为坚决，因而往往也被认为更正确的那些领导者，多是在当地无地缘、亲缘关系的外来者，即外来领导者。为什么在革命源起中曾经发挥过重要作用的地方文化、社会条件优势如地缘、亲缘等，在革命展开过程中不被继续看重，乃至通过强化阶级出身、清理会党、消解宗族势力等政策来进行“解构”？可以说，根本原因是将阶级路线、阶级革命过于纯粹化，同时也由于革命兴起与展开这两个阶段的中心任务、组织形式和动力构成发生了变化，导致原来的

---

① ［美］J. S. 米格代尔：《农民、政治与革命》，李玉琪、袁宁译，中央编译出版社 1996 年版，第 198 页。

地方文化、社会条件优势，有时反成了革命的对象。这是革命史研究中很值得重视的一个问题。

农村土地革命展开时期，是中国革命的一个极为重要的时期。上述考察说明，中国革命是一个十分艰难复杂的问题，在前期，即便是在革命队伍内部，人们甚至也需要付出沉重的血的代价，才能找到合适的道路与对策。

改革开放与中国近代史研究*

步　平

对当代中国的命运产生了根本性影响的改革开放，已经走过了30年的历程。同中国各个领域发生的日新月异的巨大发展变化一样，作为学术研究的中国近代史研究领域，也在这一期间获得了全面发展的机遇，取得了显著的进步。研究领域的大范围拓宽、研究资料的全方位深入发掘、研究方法的广泛吸收与创新、研究队伍的壮大和研究成果的目不暇接，这些都是30年来中国近代史研究繁荣与发展的证明。本文仅从改革开放与中国近代史研究的互动这一侧面对近代史研究的进展及方向予以阐述。

一　改革开放与中国近代史研究的繁荣发展

中国近代史作为中国历史学中独立的分支学科，是在承载了回答近代中国社会现实需求的任务、特别是将中国的救亡作为主要课题而在20世纪诞生的，正如许多学者一直强调的，中国近代史研究的是“中国向何处去”这一近代中国历史变迁的主题。① 所以，尽管在那之后时代在不断变化，但对中国现实社会发展的思考与探索始终影响着近代史的研究。

---

* 本文原载《近代史研究》2009年第5期。

① 参见张海鹏《20世纪中国近代史学科体系问题的探索》，《近代史研究》2005年第1期。

30 年前，当中国共产党通过十一届三中全会重新确立马克思主义的思想路线、政治路线、组织路线，开始了中国在新的时代条件下的伟大觉醒与向现代化目标的长征的时候，中国近代史研究同时开始了向新时期的迈进。可以说，30 年来中国近代史研究的发展与繁荣是在中国进入改革开放时代，发生巨大的社会转型、政治转轨的变革中，应对时代的思潮而出现的，这一发展当然还要继续下去。

改革开放之前，由于思想文化及学术领域受“左”倾教条主义的消极影响，过分强调政治立场的思想方法被注入学术研究，存在以政治或直接以阶级斗争覆盖一切的倾向，用生吞活剥的马克思主义的经典政治理论描述历史，取代具体的历史研究，学术研究被局限在极其狭窄的范围内，许多研究领域被视为“禁区”，因此难以用比较宽阔的视角对历史进行全方位的观察。虽然不能否认改革开放前近代史研究领域已经形成了许多带有指导性的理论概念：对半殖民地半封建社会性质的认定，对反帝反封建民主主义革命及农民革命、资产阶级革命的叙述，对民族资产阶级、官僚买办资产阶级的分析等，而且这些理论为多数研究者接受并用以指导对中国近代历史的认识与教学，但也不能不承认：这些理论形成于相当特殊的政治环境下，缺乏规范的论证和实践的检验，在来自反面的挑战面前，其科学性显得十分脆弱。特别是在“文化大革命”期间，政治、组织等方面的混乱和思想的禁锢更被扩大。在时刻窥测政治风向，小心翼翼避开禁区的情况下，研究者的创造能力从根本上被扼杀。表面上，当时的历史学领域似乎并不寂寞，但几乎都是对历史资料的任意剪裁和对现实问题的故意影射，毫无科学价值可谈。所以在国民经济濒临崩溃边缘的同时，中国近代史研究也陷入停滞的困境。然而，在中国发生动荡的那些年代里，世界范围内新科技革命蓬勃兴起，发达国家纷纷进行后工业革命，许多发展中国家也加紧向现代化社会转型，中国的学术研究被远远地抛在后面。

1978 年年末，针对当时国家所处的严重困境，以邓小平同志为核心的党中央领导集体从高度评价关于真理标准问题的讨论开始，确定解放思想、开动脑筋、实事求是、团结一致向前看的指导方针，果断停止使用“以阶级斗争为纲”的口号，做出了把党和国家工作中心转移到经济建设上来、实行改革开放的历史性决策，从而开创了我国历史上的新时期与新局面。改革开放在经济上的方针是摆脱高度集中的计划经济体制的长期束缚，摆脱闭关自守的封闭状态，顺应和平发展的时代潮流，赶上新科技革命的浪潮，实现在坚持独立自主的前提下参与国际经济合作和竞争的目标，而在思想领域，就是摆脱长期存在的“左”倾教条主义的桎梏，解放思想。实践证明，改革开放是决定当代中国命运的历史性决策和关键抉择，是中国共产党人在当时历史条件下的一个了不起的伟大觉醒。这一觉醒开创了当代中国的新局面，启动了当代中国的新时期，也带来了学术研究领域的繁荣与发展。

改革开放初期，针对近代史研究空气沉闷，史学工作者目标盲目的状态，中国史学会的重要任务是“拨乱反正”，即动员广大史学工作者破除被扭曲的历史与现实的“结合”，理直气壮地坚持马克思主义的历史研究，坚守历史唯物主义，清除唯心主义对历史的歪曲，用科学的历史知识武装人们的头脑。在1981年召开的中国史学会第二届理事会上，刘大年曾就历史研究工作与现实的关系进行阐述，严肃批评了近代史研究领域存在的问题：“文化大革命”以前，在学术、理论界就出现了将历史研究与现实的联系弄得相当狭窄的倾向，从而阻碍了近代史研究的继续发展；而在“四人帮”横行时期，那一倾向更发展到任意涂抹事实，以谈论历史为名，行篡党窃国之实的方向上，近代史研究成为一些人任意使用的工具。在批评这一问题的同时，他又强调：不要“因噎废食”，不能因此而怀疑、误解历史研究要结合现实需要的命题。他认为历史研究联系现实需要，有直接的有间接的，有间接又间接的，如何联系，“必须是科学的，而不是牵强附会的”，但有一条，那就是“要坚持马克思主义，要反对繁琐主义，要给人以科学的历史知识，要给人以前进的力量，看到光明前途，要能够通过了解过去，更好地洞察未来，掌握今天的现实”。① 不久，他又撰写了《当前历史研究的时代使命问题》，提出应“从社会主义的现实需要出发，研究古今中外的历史”，认为“割断历史，鲁莽、狭隘地对待前代人的成就，直接违反马克思主义观点”。② 在深刻阐述历史研究与现实关系的同时，他号召历史研究者应以新的观念、新

① 刘大年：《历史与现实》，《近代史研究》1981年第4期。

② 刘大年：《当前历史研究的时代使命问题》，《近代史研究》1983年第3期。

的风格、新的面貌得出新的结论，突破只用一种历史论述方式解释历史的局面，突破片面强调政治解释的框架和直接以阶级斗争观念覆盖中国近代史一切领域的狭隘视野。大年同志的这些意见反映了广大史学工作者的心声，也在近代史研究领域掀起了波澜。随着整个民族进入改革开放的新时代，中国近代史研究也迎来了全新的发展机遇，开始进入一个快速发展的新时期。这一时期近代史研究快速发展主要表现在以下几个方面。

第一，研究领域全方位拓宽。

从 20 世纪 80 年代开始，中国近代史学界对“文化大革命”前曾经有过热烈讨论并有相当多研究的领域再次进行深入思考，对太平天国运动、义和团运动、辛亥革命等许多领域开始了新一轮的实证性研究；在原有研究的基础上加强了对鸦片战争、洋务运动、中法战争、中日战争等过去比较薄弱领域的研究；传统的政治史及军事史、外交史等专史研究方面取得了突出成就，出现了多种意见争鸣的活跃局面，还开辟了近代经济史、文化史、社会史、思想史以及中国近代化史等新领域的研究。这些新领域虽然起步较晚，基础薄弱，但在研究者们的共同努力下，发展迅速，成就显著，骄人成果大批诞生，有些新课题甚至后来居上，成为学术界新的研究“热点”。特别是以前被忽视或被认为是禁区的一些研究领域，出现了令人瞩目且朝气蓬勃的发展，真正出现了“百花齐放、百家争鸣”的局面。进入 21 世纪后，中国社会科学院近代史研究所编写出版了《中国近代通史》，完成了几代史学家未竟的意愿。虽然政治史、革命史仍然是这部近代通史的主干，但已吸收了改革开放 30 年来的积极成果，尽可能依据史实复原社会各阶级的活动，反映他们的声音，复原各阶级和政党之间的互动，复原复杂的社会生活的本身内容，改变了以往把历史的多样性化约为单一线条的写法。①

第二，研究队伍素质迅速提升。

伴随着改革开放后教育事业的大发展，在焕发青春活力的老一代近代史研究者的队伍基础上，又增加了大量的新生力量。老中青几代学者

---

① 张海鹏：《中国近代史的新写法、新史识、新论断》，《北京日报》2007 年 5 月 28 日，第 20 版。

虽然具有不同的经历，但是对于历史研究来说，正好形成了能力、知识与经验的互补，成为整体素质提升的基础。特别是改革开放给几代学者提供了留学、出国进修以及与国外学者直接交流的大量机会，从而使研究者开阔了视野，素质得到提升。本来中国近代的历史就是在与西方、日本及周边各国交往的过程中发展，无论这一过程是和平的还是战争状态下的，都需要研究者对交往的双方从更宽的视角加以观察，不了解同一时期中国以外的情况以及同一事件中对方的决策过程，就无法对历史过程予以客观准确的描述。改革开放以前，研究人员对中国以外世界的了解，基本上只能靠有数的几种翻译过来的教科书式的著作，研究水平难以得到提高。而新时期培养的研究人员，不仅能够阅读国外学者的论著，更重要的是具有直接与国外学者对话的语言能力，所以不仅能够在第一时间把握对方的研究动态，也能够及时了解不同的研究方法与思路。具有能够与国外学者直接交流的能力与素质，是真正有可能造就近代史研究的“中国特色”与“中国气魄”的基本条件。

第三，史料发掘、整理与出版规模庞大。

史料的整理出版是中国近代史学科繁荣的起点和保障，而且其本身也是史学工作的重要组成部分。鸦片战争以来100多年间积累的中国近代史资料内容广泛，形式多样，数量庞大。当然，史料整理出版的规模其实在改革开放前就已经很可观，但近30年近代史资料的整理和出版工作，不仅是在原来规模上的恢复和发展，更重要的是开辟了许多新的领域，拓展了范围。如民国史研究是在改革开放后起步的，而在这一研究开始之际，一大批经过编辑或直接影印的史料便相继问世，促进了这一研究领域的繁荣。又如改革开放后编修新方志的工作在全国迅速展开，新出版了6000余部志书，成为储量巨大的信息资料库。尤其值得注意的是，改革开放后，大陆学者可以直接利用海外的中国近代史资料，甚至参与那里的资料发掘、整理与出版工作，从而极大地开阔了视野。

第四，学术刊物水平不断提高。

改革开放后，在雨后春笋般迅速出现的各种报纸杂志中，涉及近代史研究的部分所占比例虽然不大，但相对以前也不可同日而语。更重要的是，它们为30年来近代史研究的繁荣与活跃提供了重要的阵地。诞生在30年前、与改革开放的时代同行的《近代史研究》，从一创刊起就本着坚持唯物主义史观、关注中国社会发展的精神，就包括历史前进动力、历史人物评价、历史研究的阶级性和阶级斗争的历史作用、唯物史观与史学研究、中国近代史的基本线索、近代中西方关系的实质、革命史范式与现代化范式、中国近代史学科体系、中国近代社会性质、中国近代历史运动的主题、中国资产阶级的历史作用等问题开展了讨论，其范围几乎囊括近年来近代史领域学术争论的全部，其结果则“在很大程度上塑造了新时期近代史研究领域的面貌，影响了近代史研究的走向”①。以繁荣学术、推动史学发展为宗旨的《光明日报》史学专刊在改革开放后开展了关于历史发展动力、历史人物评价标准、封建主义批判和历史学科建设等问题的讨论，还围绕近代化、民族精神、爱国主义等问题开展了专题讨论，对许多重大历史事件，如资本主义萌芽、洋务派与洋务运动、太平天国运动、义和团运动、戊戌变法等都进行了重新评价，取得了新的进展。由于开展了这些讨论，史学界迅速地拨乱反正，回归到健康的学术发展轨道。②

近代史研究领域的学术刊物顺应时代潮流和学科发展要求，在弘扬传统中不断创新，成为热爱史学、关心近代史研究的作者和读者的挚友，培养、扶持了一批中青年史学才俊，同时也在变革和发展中形成了自己的风格和定位，为推动我国史学研究的繁荣发展做出了独特的贡献。

在改革开放逐渐深入的过程中，近代史研究的发展与繁荣是与中国学术界的知识革命同步发生的。在 30 年里，许多社会科学学科恢复或新建，如社会学、人类学等，对传统的人文学科从研究对象、方法、观念到分析框架等都有相当大的影响。历史研究逐步突破过去的政治史、革命史的单线式叙述，带来了新的气息和新的变化。在 30 年来近代史研究蓬勃发展的繁荣局面中，值得介绍的领域有许多，而经济史与社会史这两个相对新鲜的领域则更有特色。

改革开放初期的 1981 年 2 月，刘大年曾在《光明日报》上发表《中

① 徐秀丽：《与时代同行——〈近代史研究〉30 年》，中国史学会第八次代表大会论文（2009 年 4 月，石家庄）。

② 光明日报史学编辑部：《老树新花香益浓——改革开放 30 年中国史学发展繁荣中的“光明史学”》，《光明日报》2009 年 1 月 6 日，第 12 版。

国近代史研究从何处突破》一文，强调突破重大事件、战争和人物研究的框架，从近代史研究中“最薄弱、最繁难、而又最重要的内容”即中国近代经济史研究的角度寻找突破口的主张。而此后不久，以《历史研究》编辑部等为首，也在“把历史的内容还给历史”的题目下发起开展中国社会史研究的倡议。这是经济史与社会史成为中国近代史研究中两个最令人瞩目和最富有活力方向的重要契机。其实，中国近代经济史与社会史研究的繁荣并不是单纯学术发展的表现，它也是改革开放后转到以经济建设为中心的中国社会的迫切需求。中国近代史探索和回答什么是社会主义、如何建设社会主义的问题，自然需要从中国近代经济史与社会史的研究领域，从研究方法到研究范围实现突破、扩展与繁荣，改革开放后中国近代史研究的这两个重要的亮点，使中国近代史研究获得人们的认同与信任。

改革开放后近代中国经济史研究的重点从社会经济形态、生产关系和经济制度转移到与现代化有关的问题上。之所以出现这一转移，是由于随着改革开放的深入，实现现代化目标、建设中国特色社会主义的任务被突出地提了出来。在这样的情况下，迫切需要从实现现代化的角度对近代中国的历史加以重新审视，包括对近代中国各个领域现代化进程的经验的具体考察，对各种现代化理论和思想的总结，对中外现代化道路的综合比较，对中国共产党及其他各种政治派别对近代中国现代化道路的选择及制度、方针、政策和实施模式等方面的作用与影响的评价与分析，等等。

中国近代社会史的研究，也是在改革开放形势的鼓舞下，在对中国社会变革的反思、特别是在对旧有研究模式的反思的基础上，伴随国外社会史理论的引入而复兴与重建起来的。社会学产生于19世纪三四十年代西欧资本主义取代封建主义的社会大变革时期，而其于20世纪末活跃在中国，也适逢中国改革开放、社会转型，摸索走中国特色社会主义道路的大变动时期。所以，开展社会史研究不仅适应了学术发展的需要，更重要的是顺应了时代发展的潮流，而关注下层，打通文化史、思想史与社会史，也是20世纪以来国际史学界的一个新趋向。社会史复兴之初的主要目标是“把历史的内容还给历史”，其含义是指研究重心在以下三个方面的突破：一是从精英历史转向普通民众的历史，通过对社会大众日常生活的探讨，揭示出导致“英雄”辈出的社会内容；二是将政治的历史转向日常社会生活的历史，关注与社会大众日常生活相关的物质生活和精神生活内容；三是由一般历史事件转向重大的社会问题，从历史的纵向探索中为现实社会问题的化解提供历史借鉴。社会史研究要求治史者眼光向下，关注和研究基层社会。而这样一来，民众就真的成为历史研究的主体，从而带来了对习惯于自上而下观察社会的视角的挑战。倡导研究普通人历史的中国近代社会史研究则强化了史学的社会功能，能够进一步全面而深刻地揭示社会历史运动的必然规律和基本趋向。在近代社会史研究的推动下，中国近代史的研究理念、研究视角和研究方法均发生了根本性变化，简单化、教条化的“革命史”和“阶级斗争史”模式已经被突破，中国近代史获得了重新建构的新的知识体系，并由此丰富、深化、扩展了中国近代史的内容。这应该是具有时代性的变化。

近代史研究在上述经济史与社会史两个领域深化的意义，一方面在其本领域之中，而更重要的是带动了许多与当今经济社会有密切联系的问题的研究，从而促进中国近代史研究以新的观念、新的风格、新的面貌提出新的结论，确实突破了只用一种历史论述方式解释历史的局面，突破了片面强调政治解释的框架和直接以阶级斗争观念覆盖中国近代史一切领域的狭隘视野，其在研究视角和方法论的开拓方面的意义更值得重视。

在这方面，改革开放以来关于商会史的研究很有代表性。

正如有的学者指出的：“商会研究的早期兴奋点实际是政治性的，是一种政治性的关怀”，政治史研究领域中的商会研究是附着在近代中国资产阶级研究和辛亥革命研究之上的。尽管从政治史研究的角度可以并已经形成了许多比较成功的研究成果，但“在关心政治性问题的同时忽略了历史的其他方面，不能完全实现‘由革命转向社会’的初衷”① 也是事实。将商会研究限制在政治史领域，其作为“资产阶级社团组织”的一面自然被突出，而其作为商人联合体的一面则当然被忽略，这样一来又难以解释近代社会大变动中商会的实际作用。而将商会问题纳入经济

---

① 马敏：《商会史研究与新史学的范式转换》，杨念群等编：《新史学——多学科对话的图景》（下），中国人民大学出版社 2003 年版，第 493 页。

史的领域进行研究，当运用现代化理论把商会和中国早期现代化结合起来进行研究的时候，研究者发现“无论是对商会本身的研究，还是对早期现代化的研究，或是对资产阶级的研究，都将会产生一种‘柳暗花明又一村’的感觉”。[①] 而如果将商会问题放在社会史的领域加以观察，研究者更发现：“商会组织已经把自己的影响力渗透到城市社会生活的各个领域。以商会为核心，众多民间社团组织纵横交错，从而形成一个官府以外的‘在野市政权力网络’，通过这种‘在野市政权力网络’，城市绅商控制了相当一部分市政建设权、司法审理权、公益事业治理权、社会治安权以及工商、文教、卫生等多方面的治理权，在很大程度上左右着城市经济和社会生活。”这样，对商会的研究自然地进入到近年来中外史学界关注的市民社会与公共领域问题的研究范畴。虽然中国学者并没有完全遵循西方学者的研究思路，即由哈贝马斯等西方学者首先创建的“公共领域”与“市民社会”理论进行研究，但也发现了近代中国与国家力量对抗与制衡的市民社会的存在，这恰恰体现了中国近代社会的特色。[②]

近代史的研究从政治领域扩展到经济与社会领域，引起了学科的交叉研究与研究方法的变化。如对经济与社会问题的研究自然而然地将城市化纳入关注的课题。而在研究城市变化过程时，人们必然要关注随着都市化和城市空间及制度的变迁而引发的一系列重要的社会变革：城市居民形成中的农民的流动；新的社会关系与组织的建立；与城市经济相适应而与农村经济相区别的生活方式；社会变动引起的心态与观念的变迁；以及报纸、电影、电车、银行等具有西方色彩的事物的引进，等等。另外，社会史研究向下的视角既然要求改变早期片面关注精英政治的角度，自然不可能单纯依靠文献资料进行研究，于是田野调查被引入近代史研究领域，口述历史受到重视，多学科的交叉研究被提上日程，总之，出现了对历史过程新的探索与解释，出现了近代史研究的繁荣局面。

近代史研究从政治领域扩展到经济与社会领域，研究者的关注热点自然发生从“上”向“下”的转移，而视角的转移也顺理成章地带出了

---

① 虞和平：《商会与中国早期现代化》，上海人民出版社 1993 年版，第 8 页。

② 邓正来：《市民社会理论的研究》，中国政法大学出版社 2002 年版。

关于国家、社会关系互动的话题。虽然从研究政治史的角度也同样会涉及社会结构、社会生活、社会文化这些问题，也要考虑政府与民众的关系，国家与地方的关系，但是在经济史与社会史领域，更重视的是国家、地方与民众的相互关系，特别是从地方与民众的角度由下而上观察的对国家的关系。而当进入这一领域的时候，确实产生了近代史研究的新观念、新风格与新面貌。当然，在肯定这一转移的时候，也需要注意偏重于“描述性而不是解释性”，“实证性和经验性而不是科学性” 的把历史分割为互不关联碎片的倾向，这一倾向的危险性在于使历史学的功能仅限于“为其他社会科学提供研究‘原料’”。①

二　改革开放与中国近代史研究的思想活跃

邓小平同志在改革开放初期鼓励人们解放思想的时候曾说过：一个党，一个国家，一个民族，如果一切从本本出发，思想僵化，迷信盛行，那它就不能前进，它的生机就停止了，就要亡党亡国。改革开放初期以真理标准讨论为代表的思想解放运动对长期盛行的“左” 倾教条主义进行了深刻反思，带来了精神潜能的释放，为当代文化复兴进行了准备，也成为史学工作者走向精神自主的契机。从事近代史研究的史学工作者在思想解放过程中增添了追求真理的勇气，促使近代史研究领域思想活跃，这是近代史研究获得科学价值的不可缺少的前提，是当代学术拥有活力的重要条件。在列举改革开放以来中国近代史研究取得的丰硕成果的时候，不能不注意到，这一繁荣是与思想解放带来的近代史研究中的思想活跃密不可分的。

在改革开放的初期，中国历史学面临社会转型和史学自身发展过程中存在的问题，也曾遭遇了“危机”，近代史研究也不例外。这是因为在以经济建设为中心的改革开放过程中，人们的生活方式和价值观念开始发生转变，历史学一度受到冷落；而历史学本身在处理与现实关系上的重大而反复经历的教训及理论创新方面的“滞后” 性，也制约了其正常

---

① ［法］弗朗索瓦·多斯：《碎片化的历史学——从〈年鉴〉到“新史学”》，马胜利译，北京大学出版社 2008 年版，第 236 页。

的发展。但是，有的学者仅仅看到“文化大革命”中发展到极致的“影射史学”的恶劣影响和对史学传统产生的消极作用，就武断地否定了中国传统历史学历来强调的“经世致用”“鉴古知今”的功能，主张要进行学术范式的转移，认为只有以纯学术研究取代具有经世取向的应用研究，以价值中立的学术立场取代学术研究中的价值判断，以“问题”的探讨取代“主义”的阐释，才能使历史学摆脱危机的困扰。

其实，在社会的巨大转型时期，历史学都遇到过这样的“危机”。一百多年前，梁启超曾发表了著名的《新史学》，就是因为他发现欧洲之所以发达，之所以文明，“史学之功居其半焉”，而中国的传统史学则在研究方法上“能铺陈而不能别裁”“能因袭而不能创作”，即使对历史有所了解，也是“知有朝廷而不知有国家”“知有个人而不知有群体”“知有陈迹而不知有今务”“知有事实而不知有理想”。① 但是，他并不认为历史无用，而强调史学乃“学问之最博大而最切要者”，且为“国民之明镜”“爱国心之源泉”。② 梁启超有感于固有史学于时局无补，所以主张彻底改造，但他的批评针对的正是不关注民族与人民、不关心社会变化的倾向，他提倡的“新史学”的功能与传统史学的“经世致用”并不对立，而正是“新史学”的提出，导致了近代中国历史学活跃局面的出现。

30 年前由改革开放导致的中国社会大变革，比梁启超那一时代的变革要深刻得多，影响也更广泛，对历史学的要求也更加迫切。改革开放初期关于历史学的社会功能、史学家主体意识、史学危机及史学发展趋向等问题的讨论，再次使史学研究领域活跃起来。许多人意识到：新时期的历史学更要关注社会发展，努力体现时代特色，研究关系人类与民族命运的课题，发挥史学的社会功能。特别是中国近代史研究，本来就是在回答“中国向何处去”这一重大问题的过程中，从中国史研究中独立出来的，所以，关注社会发展、体现时代特色对近代史研究来说更是其发展的根基。到了 20 世纪 90 年代，在经济史、社会史日益活跃的基础上，关于建立什么样的新历史学的讨论再度活跃，这是在受到了来自西方的史学理论与方法的影响后，对中国历史学进行的再思考，而梁启超

---

① 梁启超：《新史学》，《饮冰室合集》文集之九，中华书局 1989 年版，第 3—4 页。

② 同上书，第 1 页。

的“新史学”此时再度受到关注与讨论。

改革开放大潮中的近代史研究，在把人们的关注目光引向思考社会大转型中的社会发展方向和发展规律的同时，也促使历史研究者思考这样一个重要的问题：要关注社会发展，体现时代特色，关心人类与民族命运，要正确地回答“中国向何处去”这一历史问题，需要对中国社会这一研究对象予以整体的把握。尽管从学科建设的角度，将中国社会分成古代与近代前后两段有助于研究的深化与细化，但也存在人为地将中国历史与社会这一研究对象割裂的问题。已有学者指出：将 1840 年的鸦片战争作为区分中国古代史与中国近代史的标志固然没有问题，但中国社会的演变，则并非以此为绝对的界限。如将这一标志绝对化，就难以从整体上把握和研究中国特有的国情和发展道路，近代史领域的思想活跃将困难重重。同样道理，对近代史研究对象的下限，也不应绝对化。

现在的人们已经接受了将中国近代史的下限划到 1949 年中华人民共和国成立的基本认识，弱化了“现代史”的概念。但是在以前的近代史研究与教学中，1919 年作为近代史和现代史的界限的认识曾经持续了很长的时间。之所以存在 1919 年的关节点，是马克思主义史学传入中国以后，接受了苏联历史学把十月革命作为划时代历史标志的分期原则，强调世界无产阶级革命和社会主义时代的意义。根据这一历史分期原则，所谓“近代”是资本主义战胜封建主义而形成、发展的时代，而“现代”指的是以无产阶级为中心的时代，是最近的，现今仍在发展中的历史阶段。以这一原则对照中国的历史，便将 1840 年鸦片战争后的属于资本主义体系的中国“半殖民地半封建的”历史作为中国的近代史，而将标志无产阶级及中国共产党登上历史舞台并影响时代主要方向的 1919 年五四运动到 1949 年中华人民共和国成立期间的中国历史作为中国的现代史，同时以此划分了旧民主主义革命时期与新民主主义革命时期。

但是在中华人民共和国成立之后，人们再回头来看那一阶段的历史的时候，发现随着时间的推移和对近代中国认识的不断加深，如果将 1840—1949 年的历史打通来研究，更能够从整体上把握中国近代历史趋势。于是近代史学界就是否“打通”的问题曾经进行了长时间的讨论。[①]当时，也有人坚决反对将近代史研究的下限放在 1949 年，甚至将其批评上升到“客观上贬低了中国新民主主义革命的地位”的高度。

当然，如果将这一问题放在 1949 年中华人民共和国成立之初，在人们的思想还不可能立即从刚刚过去的动荡时代跳出来的时候，加上研究最近的、仍在发展的历史尚存在诸多政治、学术方面的障碍，“打通”确实有一定的难度。但是随着时代的发展、学术的演进及人们视野的开阔，将中国近代史的下限划到 1949 年便是顺理成章的了。所以胡绳在编著《从鸦片战争到五四运动》一书的时候就没有采用《中国近代史》这样的书名，他认为“这只是中国近代史前期的历史”，明确主张将“进入社会主义时代的历史称为中国现代史”，因为“在中华人民共和国成立已经超过 30 周年的时候，按社会性质来划分中国近代史和中国现代史，看来是更加适当的”。[②]

改革开放后创刊的《近代史研究》把握了这一时代的演进与思维方式的转换，始终是注意“打通”的。胡绳同志在对该刊物发行第 100 期表示祝贺的时候，特地谈到了这一问题，认为：“把 1919 年以前的八十年和这以后的三十年视为一个整体，总称之为‘中国近代史’是比较合适的。这样，中国近代史就成为一部完整的半殖民地半封建中国的历史，有头有尾。1949 年中华人民共和国成立以后的历史可称之为‘中国现代史’，不需要在说到 1840—1949 年的历史时称之为‘中国近现代史。’”[③]

“中国近代史”这一概念的时限的演变表明：中国近代史研究是始终关注时代的发展并与时代的发展同呼吸共命运的学术研究，与中国社会现实有着密切的联系，因此“近代”是一个相对的概念。随着时代的发展和人们对时代特征的认识的加深，“近代”时限的演进是不可逆转的趋势。

历史发展到今天，在经历了中华人民共和国成立后社会主义革命的

---

① 胡绳在《从鸦片战争到五四运动》“序言”中曾说“提出这种建议的不止一个人”，并以荣孟源在 1956 年写的《关于近代史分期的意见》一文为例。

② 胡绳：《从鸦片战争到五四运动》，“序言”，人民出版社 1981 年版，第 1 页。

③ 胡绳：《祝辞》，《近代史研究》创刊 100 期纪念号（1）（1997 年第 4 期），第 1 页。

摸索及改革开放 30 年的成功之后，回顾中国近代的历史，我们会发现出现了新的视野与角度。胡锦涛在纪念党的十一届三中全会召开 30 周年大会上曾讲了这样一段话：“近一个世纪以来，我国先后发生 3 次伟大革命。第一次革命是孙中山先生领导的辛亥革命，推翻了统治中国几千年的君主专制制度，为中国的进步打开了闸门。第二次革命是中国共产党领导的新民主主义革命和社会主义革命，推翻了帝国主义、封建主义、官僚资本主义在中国的统治，建立了新中国，确立了社会主义制度，为当代中国一切发展进步奠定了根本政治前提和制度基础。第三次革命是我们党领导的改革开放这场新的伟大革命，引领中国人民走上了中国特色社会主义广阔道路，迎来中华民族伟大复兴光明前景。”① 这里将新民主主义革命与社会主义革命结合在一起作为近代中国的第二次革命，从时间上跨越了 1949 年这一近代史研究的下限。于是，我们看到了中国近现代历史的三个大体以 30 年为期的阶段，前 30 年是 1919—1949 年的民主革命阶段，是社会主义理想追求的 30 年；后 30 年是自中国共产党的十一届三中全会开始的改革开放阶段，是社会主义成功实践的 30 年；而处于中间的 30 年，则是从半封建半殖民地社会向中国特色社会主义的过渡阶段，是社会主义艰辛探索的 30 年。从这一角度对历史做分析与概括，可以更清晰地看到后两场伟大的历史性革命的关联性：前一革命是为后一革命奠定基础，准备条件，而后一革命则是前一场革命的继续与其目标的实现。两场革命紧密联系，其相同之处在于：“一是革命的领导主体都是中国共产党；二是都经过千百万人民群众的实践探索出一条成功的道路，并产生了伟大的理论成果。前者是农村包围城市、武装夺取政权的道路和毛泽东思想体系，后者是改革开放的道路和中国特色社会主义理论体系。”② 在经历了后 30 年的发展之后回顾前两个 30 年，我们对近代中国社会的变化、中国人民的变化和中国共产党的变化才有更深刻的理解：没有 30 年的理想追求和 30 年的艰辛探索就不可能有 30 年的成功实践。而从这一观察角度来看，研究中国近代史如果人为地割裂三个 30

---

① 胡锦涛：《在纪念党的十一届三中全会召开 30 周年大会上的讲话》，《人民日报》2008 年 12 月 19 日，第 3 版。

② 石仲泉：《三个 30 年与两场伟大革命》，《解放军报》2008 年 11 月 26 日，第 6 版。

年之间的必然联系，如果将近代史研究的下限严格限制在1949年，显然已经禁锢了近代史研究的发展。近年来，许多研究近代史的学者顺应社会的发展与需求，发表了若干看起来“超越”近代史下限的文章，其道理就在这里。其实，近代史研究既然要回答“中国向何处去”这一与国家、社会关系密切的问题，就需要随着时间的推移和时代的发展变化而扩展视野，与时俱进。从这一角度看，中国近代史的研究下限不应是一成不变的，其继续向下延伸的趋势应当是从事近代史研究的学者能够预料的。

近代史研究，特别是涉及理论问题的思想活跃，尤其表现在近年来关于近代史研究“范式”的讨论上。仅以一直关注近代史研究领域关于这一问题讨论的《近代史研究》为例，除了曾发表过直接讨论“范式”的文章外①，在关于中国近代史的分期问题的讨论中②，在关于近代中国社会性质的讨论中③，以及在大量的关于具体的历史问题及历史过程的分析探讨中，都不同程度地触及了“范式”问题。现在看来，“范式”问题的讨论对于活跃史学理论的意义是很大的。

“范式”（Paradigm）这一概念应用在中国近代史研究，是受到了托马斯·库恩（Thomas Kuhn）在《科学革命的结构》中阐述的理论的启发，而库恩的“范式”针对的是科学运作中的理论基础与实践规范，是指在某一时期内以一些特定学科的“科学家共同体”所接受的方式存在的理论假设及应用方法。这一概念近年来由国外的中国近代史研究界引入后，也带来了对近代中国历史解释体系的讨论，即关于“范式”的讨论。不过，近代史研究在使用“范式”概念时需要注意：首先，作为解

---

① 如《近代史研究》2001年第2期曾发表吴剑杰的《关于近代史研究“新范式”的若干思考》；2005年第1期曾发表张海鹏的《20世纪中国近代史学科体系问题的探索》；2007年第1期曾发表夏明方的《一部没有“近代”的中国近代史——从“柯文三论”看“中国中心观”的内在逻辑及其困境》，同年第2期又发表了阿里夫·德里克（Arif Dirlik）的《欧洲中心霸权和民族主义之间的中国历史》。

② 张海鹏：《50年来中国近代史研究的理论和方法评析》，《近代史研究》1999年第5期。

③ 如《近代史研究》1994年第2期曾发表刘振岚的《近代中国社会性质讨论述评》；1996年第4期曾发表陈金龙的《“半殖民地半封建”概念形成过程考析》；1998年第6期曾发表陶季邑的《关于“半殖民地半封建”概念的首次使用问题——与陈金龙先生商榷》和张庆海的《论对“半封建”“半殖民地”两个概念的理论界定》等文章。

释体系，“范式”是对历史过程进行的“现代阐释”，与不受主观意志影响的客观规律并非同一含义；其次，“范式”本来是以相对单纯的自然科学为对象，而库恩仍从不同方面、不同层次和不同角度对范式概念作了多重的界定和说明，因此将“范式”应用于社会科学，特别需要注意其复杂性；最后，库恩虽然不否认科学与社会存在的紧密联系，但他强调社会心理因素而相对忽视社会经济因素（社会物质生产）对科学活动及其发展的决定作用。

具体到中国近代史研究，“范式”讨论主要是指对近代中国社会演变过程的分析与概括使用“革命史范式”还是“现代化范式”的问题。由于在近代史学科形成之初的 20 世纪三四十年代就存在着将中国近代史视为在西方冲击下走向近代化过程的“近代化（现代化）体系”，和将中国近代史视为帝国主义入侵、变中国为半殖民地半封建社会过程和中国人民反抗外来侵略过程的“革命史体系”的不同角度，加上在美国（或西方）的中国近代史研究界在 20 世纪 60 年代也曾发生过“范式”问题的争论，因此新时期的“范式”争论有比较复杂的历史背景。

诞生在民族民主革命年代的中国近代史研究，在 20 世纪三四十年代就基于“帝国主义和中华民族的矛盾，封建主义和人民大众的矛盾”的中国近代社会基本矛盾的判断，由马克思主义史学家初步确立了以阶级斗争为基本线索的理论体系，也就是在后来“范式”讨论中的“革命史范式”。当时之所以建立以阶级斗争为基本线索研究中国近代历史的理论体系，正是中国共产党人对“中国向何处去”这一近代中国历史变迁重大主题的回答，特别是对在抗日战争爆发、“中华民族到了最危险的时候”，对是致力于抵抗日本帝国主义的侵略、挽救中华民族的危亡，还是不顾时局的危险仍推进“近代化”“西洋化”这一历史题目的回答。其实，实现中国的富强与现代化确实是近代以来志士仁人梦寐以求的共同目标，只是在面对列强压迫的环境下，人们对通过革命还是通过改良实现现代化有相当不同的认识。中国共产党人的回答是：在半殖民地半封建的近代中国，离开了反帝反封建斗争，离开了民族独立和人民解放，现代化是化不起来的。而从这一认识出发，根据马克思主义关于社会基本矛盾的学说建构起来的理论框架，认为在阶级社会里，两大对立阶级之间的矛盾，最集中地反映了该社会发展阶段的基本矛盾，考察和研究阶级矛盾、社会基本矛盾的运动发展，能够把握历史发展中的本质内涵，揭示历史发展的内在规律。马克思主义史学家建立的这一对中国近代历史的“现代阐释”，给中国革命当时所面临的问题提供了答案，对中国知识分子有巨大的号召力，其合理性是经过实践检验的，其对中国史学研究的贡献也是持久的。新中国建立后，老一代历史学家结合自己的革命经历，进一步将阶级斗争的线索归纳为太平天国运动、义和团运动、辛亥革命三次革命运动高潮，用“革命史体系”叙述帝国主义企图变中国为半殖民地半封建社会的过程和中国人民反抗外来侵略过程的中国近代史。由于这是一种能够合理阐释近代中国发展变化的历史过程、与时代精神极其吻合的理论“范式”，而且对于革命政党具有很强的资治功能，所以是革命时代的中国近代史研究理论框架的基础。即使在革命取得成功后的初期阶段，这一理论“范式”的阐释能力继续存在。当然，由于时代的原因，当时在运用马克思主义理论的时候不可避免地有“粗糙”的缺陷；也由于资料的原因，当时的阐释比较偏重于革命史与政治史，而对于社会、经济、思想、文化等方面的历史，则论述不足或没有引起足够的重视。

改革开放开始后，以民族解放为目标的革命追求代之以经济建设为中心的现代化努力，憧憬未来的浪漫激情代之以对世界先进国家现代化道路的冷静观察。中国社会发生了重要的转型，时代精神随之发生了改变。在这样的新形势下，主要的社会运动从原来争取民族独立与解放的反帝反封建斗争转为实现经济与社会全面发展与进步的四个现代化的努力，以前被激烈的阶级斗争所掩盖的新旧生产方式的矛盾和现代工业文明与农耕文明的矛盾被突出出来。由于实现社会的“现代化”成为主要的目标，开始有人提出从现代化的角度重新评价历史事件和历史人物的主张。这一主张逐渐从理论上被加以系统化，形成与传统的“革命史范式”相对应的被称为“现代化范式”的学派。而在中国近代史研究中，也同时出现了用“革命史范式”还是用“现代化范式”加以分析阐释的讨论。

进行学术层面的“范式”讨论，有两点值得注意。

首先，“范式”是对中国近代史上的各种过程的不同“现代阐释”，是对历史发展过程及传统从其历时性与即时性的交汇点进行的研究，是将恒久的历史发展过程中体现出来的规律与现实的社会需求有机结合起来，自觉地、积极地回应时代提出的问题与要求。由于“现代”是一个相对的概念，随着时代的变化，此“现代”已不是彼“现代”，“现代阐释”也会因应不同时代与不同的社会需求，伴随历史过程的演进而调整阐释角度。

鸦片战争后的一百多年中，中国社会的政治、经济、军事、外交、文化思想及社会变迁，无不与“革命历程”密切相关，革命进程、革命事业是影响这一时期中国基本趋势的根本因素，是规定社会本质内容的基本因素。人们对这一时期的阶级斗争、革命斗争予以更多的关注完全必要，十分合理。只有抓住了这一基本线索，才能够顺藤摸瓜，理清近代中国社会历史的各个方面。重视“革命历程”的“现代阐释”，并不意味排除对“革命历程”之外活动的关注，事实上，只有对诸如洋务运动、戊戌维新、改良运动、北洋军阀、资产阶级等历史现象进行研究，才能全方位地把握历史过程的整体，才是符合马克思主义唯物史观的研究。

在大规模的阶级斗争已经结束、实现现代化目标的障碍已经被基本排除的新的时代条件下，在提出建设具有中国特色社会主义的理论后，重视马克思主义现代化理论的重要性，即重视“现代化历程”的必要性，同样是时代的要求。在这一新的环境下，需要对“现代化历程”转换一个角度进行新的“现代阐释”，以适应生产力的发展是社会变革的根本动力这一命题。相对来说，这样的“现代阐释”弱化了“革命史范式”侧重于从政治史角度对历史发展的解释，而更重视历史与中国现代化之间的逻辑合理性的论证，关注经济史、社会史与文化史。从现代化视角看，鸦片战争以来中国发生的极为错综复杂的变革都是围绕着从传统向现代过渡这个中心主题进行的，因为那是不以人们意志为转移的历史大趋势。而在抓住这个中心主题进行分析的时候，也不能不正视近百年来在中国近代历史上已经实实在在发生了的“革命历程”，并应对其加以全面把握和准确说明，以厘清历史过程中的复杂线索。这样的思考同样是符合马克思主义唯物史观的。新时期强调“现代化历程”的重要意义，与 20 世纪三四十年代曾经发生过的革命与现代化的不同认识与主张的讨论在表现形式上有所相同，但并不是其直接的继续，因为时代大不相同，况且当时还不存在库恩提出的“范式”概念。

其次，将本来应用于自然科学领域的“范式”概念引入社会科学，能够在什么样的范围内保持其科学性，如何避免唯心主义认识论的影响，也是值得注意的问题。随着“范式”讨论的深化，人们逐渐发现，虽然“范式”是具有一定价值取向的理论框架，但被引入中国近代史研究中的“范式”可以是多元并存的状态，某种“范式”并不一定否认其他“范式”存在的价值，并不一定具有排他特征。在自然科学中，有新范式与旧范式之分，有范式更新或扩散的不同，也有支配性范式与边缘化范式的差异，而在新的科学理论蓬勃发展的当今，不同“范式”的相互补充共存则越来越被强调，实际上并非总是“从一个范式跳到另一个范式”，只有缜密地追寻支持和反对的证据，才能保证科学探索的严格性。在社会科学中，的确更难说用一个范式取代另一个范式就能解释更多的事件，何况一个范式也并不容易被另一个范式所取代，无论其在解释证据方面有多么令人信服的理由。被引入近代史研究领域的“革命史范式”与“现代化范式”也是一样，事实上并不存在以一种范式完全取代另一种范式的可能。既然“范式”作为普遍的规律性的认识，是对历史过程的“现代阐释”，所以一旦进入关于“范式”等涉及历史理论，甚至是历史哲学领域的问题的讨论，首先需要明确时间与空间范围，规范定义与讨论原则，即一是要对“革命史范式”与“现代化范式”的定义予以明确，界定内涵，二是对不同“范式”之间的互动关系的概念予以规范，避免一些概念被“滥用”。当这些规范被确立起来后，人们会发现不同“范式”认识其实是并不存在“排他”性的。

从这个意义上，需要对“范式”讨论中的一些概念加以梳理。

例如，在“范式”讨论的初期，有的学者将“革命史范式”定位为“旧范式”，而将“现代化范式”定位为“新范式”，或主张以“新范式”取代“旧范式”，或认为应从“旧范式”转换到“新范式”。其实，一方面，从现代化角度研究中国近代史的主张并不一定“新”，它与从革命史角度研究中国近代史的主张差不多同步发生；另一方面，在思想解放的时代，用“新”“旧”这一褒贬含义鲜明的定语定位两种“范式”，显然是不够科学的。如果这里的“转换”不带有否定他者或者排斥他者的含义，当然是可以转换的，但如果具有否定对方或排他的含义，其科学性便也被打了折扣。

又如，“范式”既然是对中国近代历史的现代阐释，而“革命史范式”本身是不容忽视的历史存在，因此“取代”是难以从学术角度予以科学证明的命题。尤其是在初期的讨论中，出现了借“范式”讨论来否定革命的“告别革命”论。这一理论首先给中国近代史上的改革和革命戴上制造社会动荡、破坏经济发展、阻碍社会进步的帽子，视为与现代化对立的消极力量，进而认为如果近代中国不实行改革和革命而只进行改良，现代化早就实现了。近代中国在实现富强之前是否需要首先争取独立、自由、民主、统一，其实已无须赘言，而将建立在马克思主义唯物史观基础上的中国近代史研究简单地归结为“革命史观”也是错误的。唯物史观可以研究革命，也应当研究现代化；革命是现代化最重要、最强劲的推动力量，没有革命不可能有现代化。将两者对立起来，那就不仅是非科学的问题，而是堕入了历史虚无主义的泥潭。20 世纪 60 年代发生在美国中国学中的关于“范式”的讨论，就是对中国近代历史从革命的正面评价到否定革命的负面批评的转变，所以有的学者警告：国内关于范式的讨论是 20 世纪 60 年代后美国中国学中具有支配地位的范式即现代化范式的重新表述。①

中国新时期“范式”讨论的主流是积极的，这一性质是不容置疑的。正如许多学者注意到的，被认为是建立了中国近代史研究的“革命史范式”基础的老一代马克思主义史学家，在战争年代不可能提出以生产力作为社会发展中轴的发展观的理论架构。当中国的独立解放还是第一位任务的时候，他们的主要精力当然是考虑中国革命的进程。而且当时的国际环境也并不像今天这样可以将近代中国社会的变动放在世界大变革的总进程中加以考察，更没有力量把握现代化世界进程的总趋势。而追随时代的变化，在大规模的斗争已经结束并进入建设时代之后，他们便开始思考重新建立一个包括革命在内而不是排斥革命的新的综合分析框架，综合现代生产力、经济发展、政治民主、社会进步、国际性整合等标志，对近一个半世纪的中国大变革重新给予历史定位，从新的视角对中国近代史进行研究的问题。也许他们并没有直接置身于“范式”的讨

① ［美］阿里夫·德里克：《欧洲中心霸权和民族主义之间的中国历史》，《近代史研究》2007 年第 2 期。

论中，但是他们对“范式”其实是采取了很开放的态度。

例如，胡绳同志的《从鸦片战争到五四运动》一书于1973年开始动笔，1981年出版第1版。这一时期跨越了中国“文化大革命”的动荡岁月，是改革开放尚在萌芽中的时期。所以在该书序言中，作者提出：“不认为有理由按照‘洋务运动’—‘戊戌维新’—‘辛亥革命’的线索来论述这个时期的进步潮流”①，也就是说尚未进行现代化角度的思考。而到了改革开放方兴未艾的1995年，胡绳同志在为同一著作所写的再版序言中则提出了以现代化为主题叙述和说明中国近代的历史的意见：“从1840年鸦片战争以后，几代中国人为实现现代化作过些什么努力，经历过怎样的过程，遇到过什么艰难，有过什么分歧、什么争论，这些是中国近代史的重要题目。以此为主题来叙述中国近代历史显然是很有意义的。”②

又比如，刘大年同志在指出“只有先争取民族的解放和国家的独立，才能谈得到近代化的政治、经济、文化的建设”的同时，也强调说：“中国人民百折不回追求民族独立，最终目的仍在追求国家的近代化。”他还特别在毛泽东提出的“夺取全国胜利，这只是万里长征走完了第一步”的论断基础上提出第二步、第三步是什么的问题，并回答说：“那就是解决近代化问题了。”当然，“民族独立是要改变国家民族被压迫的地位，推倒半殖民地半封建统治秩序。从根本上说是要解决生产关系的问题。近代化则是要改变中国经济、文化落后的地位，要发展以近代工业生产力为主干的社会生产力。从根本上说是要解决生产力的问题。两个问题的内容不同，解决的方法也就不一样。人们无法来实现两任务同时并举，或者毕其功于一役”③。

上述老一代的马克思主义历史学家虽然没有直接就近代史研究的“范式”问题发表意见，但其对中国近代史“现代阐释”的开放态度，足可以证明：对历史过程的不同“范式”的阐释，可以促使不同学术流派

---

① 胡绳：《从鸦片战争到五四运动》，“序言”，第4页。

② 胡绳：《〈从鸦片战争到五四运动〉再版序言》，《胡绳全书》第6卷（上），人民出版社1998年版，第8页。

③ 刘大年：《当前近代史研究中的几个理论问题》，《刘大年集》，中国社会科学出版社2001年版，第7—8页。

通过讨论发现自身的缺陷和纠正对方的不足，可以开阔眼界，避免研究结果的偏颇或误差，对中国近代史研究广度的拓展和深度的开掘，对于近代史研究中方法论及理论思维的发展，都是有积极意义的。他们关注学术界的思想解放和对中国近代历史的更科学和更准确的说明，而并没有陷入在概念上的空洞的争论，确实是“前辈大家的一种智慧”。①

改革开放以来，近代史学界在理论“范式”的讨论中逐渐发现：用现代化范式研究中国近代追求近现代化的过程固然重要，但是并不能取代以革命史范式对中国近代革命历程的研究，不能代替整个近代史。相反也是一样。关于中国近代史基本线索的探索和不同“范式”的讨论，其实是社会转型阶段的必然产物，反映了中国近代历史纷繁复杂、丰富多彩的实际状况，提醒人们通过不同的视角观察近代中国的历史，从而避免偏颇或误差。所以，中国近代史研究中关于“范式”讨论的直接结果是导致了思想的活跃和研究方式多元并存的状态，推动了学术界的思想解放。

三　改革开放与中外历史学界的对话

改革开放的 30 年，是中国近代史研究走向世界、开始中外历史学界对话新时期的 30 年。从事近代史研究的学者们开始将中国历史真正放到世界史学发展的大背景下来观察，同时与国外学者的研究进行比较，努力将近代以来中国近代史研究的“从中国看世界”和“从世界看中国”这两个角度密切结合起来，这一努力无论在当时还是在现在对于中国近代史研究的深入都具有特别重要的意义。

中国近代史的特征之一是中国与西方的接触、交流及抵抗，近代中国社会的变迁，特别是近代资本主义发展中受到的阻碍，均与同西方接触的历史密切相关。如何估价西方文明的作用，分析“先进文明”与“野蛮侵略”带给中国的影响，如何认识殖民主义的“建设”作用与“破坏”作用，这些问题在马克思研究西方殖民主义在东方的统治的成果

① 徐秀丽：《中国近代史研究中的“革命史范式”与“现代化范式”》，《中国社会科学院院报》2006 年 5 月 30 日，第 7 版。

中均有相当多的论述，中外学者就中国这一研究对象的具体分析，无疑会将经典论著的研究进一步深化与发展。近代以来，从林则徐和魏源那一代人的“睁眼看世界”开始，中国知识分子就开始了对世界的观察，稍后开始了中外学者间的交流与对话，梁启超提出“新史学”，主张研究历史要探求人群之进化现象，反映了中国历史学家求变求新的要求，是对西学影响的一种反应。[①] 20 世纪初，李大钊、瞿秋白、蔡和森、李达等人把马克思主义的历史研究方法与理论“作为一种新的西方社会科学理论”[②] 介绍到中国。从理论上说，这种交流与对话对于确立以世界为背景思考中国的视角，摒弃或盲从或封闭的文化心态，积极引进海外中国学的优秀成果，进而促进传统的历史研究理论与方法同马克思主义的科学唯物史观结合具有很重要的意义。但是，中外学者之间的交流过程也是曲折的，不平坦的。中华人民共和国成立初期，对外学术交流的对象主要为苏联学术界，而在“文化大革命”期间，几乎所有的中外学者的交流均被中断。然而，中国学者的近代史研究动态，却一直受到外国学者的关注。例如，费正清（John K. Fairbank）、刘广京、芮玛丽（Mary C. Wright）、邓嗣禹、房兆楹等早在 1957 年就分析评价了中华人民共和国成立后不久由中国史学会主编出版的《中国近代史资料丛刊》[③]，而费维恺（Albert Feuerwerker）在 1961 年主编出版了关于中国马克思主义史学研究的论文集《中国马克思主义史学》，对郭沫若、吕振羽、范文澜、翦伯赞、侯外庐、尚钺、华岗、胡绳、何干之、胡乔木、胡华、吴晗、刘大年、白寿彝等学者的著作都有详细介绍。[④] 这些相对来说并不缺乏中国近代史资料的外国学者，从世界看中国的角度发表了许多新的研究成果。19 世纪西方的“中国热”可能是出于对“东方睡狮”的好奇，20 世纪的

① 也有些学者分析了梁启超史学思想的渊源，认为他借鉴了日本历史学家浮田和民的《史学通论》，又根据中国的实际情况加以改造发挥，可见中外学术对话的意义。参见蒋俊《梁启超早期史学思想与浮田和民的〈史学通论〉》，《文史哲》1993 年第 5 期；陈平原《“元气淋漓”与“绝大文字”——梁启超及“史界革命”的另一面》，杨念群等编《新史学——多学科对话的图景》（上），中国人民大学出版社 2003 年版，第 87 页。

② 陈其泰：《中国马克思主义史学的理论成就》，国家图书馆出版社 2008 年版，第 38 页。

③ John K. Fairbank and Mary C. Wright, “Documentary Collections on Modern Chinese History Introduction,” *Journal of Asian Studies*, Volume 17, Issue 1 (Nov. 1957).

④ 朱政惠：《海外学者对中国史学的研究及其思考》，《史林》2006 年第 4 期。

“中国热”则意在窥探冷战中被封锁的中国的内幕，但国际历史学界对中国的关注及对中国近代史的研究毕竟给中国学者以启示，同时也提出了挑战。

在中国学者看来，国外的中国史研究者常常针对中国近代社会历史的发展大胆提出某些理论或模式。以费正清为首的美国中国史学界在20世纪40年代创造出所谓的“朝贡体系”理论就在各国的中国历史学界产生了巨大影响。嗣后，日本学界以滨下武志为代表，在强调清朝中国的通商制度仍然是“朝贡贸易”的基础上，对费正清的“朝贡体系”论中的“西方冲击”概念又进行了修正，认为当时来到亚洲的西方各国被收编进清朝的中华体制，又提出了“朝贡贸易体制”论。这些理论带来了国外中国史学界关于中国近代政治、外交史研究的活跃。从20世纪70年代起，建立在“西方冲击与中国反应”理论基础上的“朝贡体系”论在美国、欧洲以及日本的中国历史学界受到质疑，有的学者从传统朝贡体系与近代条约外交体系的矛盾角度对中国近代史乃至东亚近代史进行观察，从地域与时间的差别的角度看东亚受到外来压力的情况，强调东亚史的内在性和构造、基础的连续性，注重思考东亚各国在国际秩序重新组合过程中包括政府层面及知识分子与民众层面的相互影响，认为来自亚洲的冲击应比西洋的冲击更受重视。这就是在欧美及日本学界出现的中国中心取向，也就是被称为“中国中心观”的理论。在这一理论的影响下，产生了大量以中国社会史为中心的研究成果，而政治、外交史的研究则被冷落。有的国外学者解剖中国社会经济变迁状况，提出了分析传统农耕社会向现代工业社会转化的中国经济的种种理论。曾任美国亚洲学会会长的施坚雅（G. William Skinner）根据集市体系理论和区域体系理论对中国乡村社会与城市化进行研究，在吸收中心地学说、城市空间网络学说、等级—规模学说及许多相关研究成果的基础上，解剖中国社会经济变迁状况，提出了分析传统农耕社会向现代工业社会转化的中国经济模式——“施坚雅模式”。近几年来，后现代主义和新文化史对一些国家的中国学产生影响，妇女史、性别史、大众宗教、礼俗史、民族史、边疆史等新研究领域和研究对象的出现，都和这些思潮有关。对中国史学的研究也受这些学术思潮的影响。现在海外所出现的对中国古代史学叙事方式的兴趣、对中西史学比较问题的关注、对公众史学的推崇、对中国古代史学影响的再评价等，都和发展中的史学思潮有关。

从20世纪80年代开始，西方社会科学理论、方法和研究成果，包括西方史学理论被大量引进中国学术界，涉及近代史研究领域的如现代化史观、全球化史观、年鉴学派史学、计量史学、心理史学等，而此前中国历史学界对西方中国历史研究理论的认识，还基本停留在“朝贡体系”论的阶段。[①] 新的理论虽然也受到来自各方面的质疑，但客观上对开阔中国史学家的研究视野，促进史学理论的讨论也有积极意义，成为中国近代史学科理论建设发展的契机，使中国近代史研究进入挑战与机遇同在的复杂环境之中。因此，当中国的学术界在改革开放后再度向国外学术界敞开大门的时候，相互的了解与理解是最大的课题。

从世界看中国的角度，国外学者提出的关于中国近代史研究的理论与模式，其积极意义在于促使中国学者认识建立理论框架的重要性和突破实证研究方面的“缺口”。为什么外国学者针对中国近代社会历史的发展能够大胆提出某些理论或模式而没有太多的顾虑，中国学者提出理论或模式则比较谨慎？外国学者对中国社会发展提出的理论框架与模式是否真的言之有据，无懈可击？[②] 当然，中国学者也需要在研究中国自身历史的过程中保持主体意识，对国外历史学界的观点做出积极的学术回应，坚持中国的马克思主义新史学在历史学领域发挥主导地位与主流影响，这始终是中国学者所肩负的重要任务，因此需要对一贯拿来就用的西方理论展开自觉而清醒的批判与反思。[③]

在经历了20世纪90年代相对扎实的实证性研究阶段后，中国学者发现：运用国外学者提出的模式或者理论从事中国近代史研究，存在明显的局限性。如有的模式与历史实际并不完全相符，至少需要通过实证研

---

① 这一理论曾长期影响了中国历史学界，许多研究著作的理论架构建立在这一理论基础之上，历史教育也多以此作为中国传统与近代政治、外交史的分水岭。

② 当然，也不能说外国学者都热衷于理论推理，如有的外国学者也提醒人们不要落入所谓理论的“陷阱”，而强调自己关注理论是想“通过与理论的联系和对话来构造自己的一些基于经验发现的概念”，也就是说将其理论探讨建立在实证研究的基础之上。参见黄宗智《学术理论与中国近现代史研究——四个陷阱和一个问题》，黄宗智主编：《中国研究的范式问题讨论》，社会科学文献出版社2003年版，第102页。

③ 有的学者因此而反对历史学建立理论，甚至“不信任现有一切史学理论”，似大可不必。参见王尔敏《20世纪非主流史学与史家》，广西师范大学出版社2007年版，第10页。

究对其结论进行修正；有的理论在提出的时候有史料运用不当和数据统计误差的问题。这些问题只有在研究大量的历史资料和具体问题后才能够发现。由于外国学者充分利用中国历史资料的条件和能力有限，第一手材料相对缺乏，所以主要是将其模式或理论建立在较烦琐的理论推衍或逻辑推理上。但即使是在理性层面，其理论来源及该模式或理论本身的某些研究方法也值得质疑，所以那些模式或理论与中国历史的实际是有偏差的。在使用历史资料或文献方面，本土出身的中国学者当然比外国学者更加得心应手。历史学研究与某些学科研究的差别，在于对实证研究的重视绝不亚于对逻辑与理论思辨的重视。因为历史过程的生动性与复杂程度远不是任何理论架构所能完全概括的。无论设计何种精密的理论模式，都需要首先严格运用传统的历史学方法，尽量全面完整地把握史料，进行艰苦细致的考证，舍此不可能进行比较接近历史真实的陈述和理论概括。在这种情况下，当然不能以西方经验和西方诠释为唯一标准，而需要在引进西方理论解释模式的时候，建立起真正适合中国环境的自己的话语系统，也就是在学术研究领域中建立中国风格，体现中国气魄。

《近代史研究》曾在 2004 年第 4 期发表了对“施坚雅模式”进行讨论的一组文章。[①] 其中王庆成先生运用经过长期调查与资料收集而积累的丰富的华北地区的史料，证明华北地区各州县集市数量参差不一，甚至差距很大，集市数与州县人口数、村庄数及土地面积的关系，并无规则化的比率，不仅难以与施坚雅理论中理想化的“市场区域的正六边形模式”假说吻合，更重要的是，施坚雅主张的中国农村社会结构不是村庄而是基层市场的结论应受质疑。

当然，施坚雅的市场理论在中外学术界的影响相当大。尽管其理论模式与中国社会的实际相距很大，对历史的解释力有限，仍有不少中国学者认为那是从事中国近代史研究可以借鉴的有效资源。对于该理论模式的解读仍然见仁见智，这是客观现实，本文在此不予置评。作者想强调的是：王庆成先生发表这一文章，表明在经历了 20 世纪 80 年代对西方

---

① 王庆成：《晚清华北的集市和集市圈》；史建云：《对施坚雅市场理论的若干思考》；任放：《施坚雅模式与中国近代史研究》。均发表在《近代史研究》2004 年第 4 期。

学术成果的大量介绍、引进和学习的过程之后，特别是在接受了盲目引进西方理论的教训后，关于学术研究的自主性与本土化的话题越来越受重视。当社会越来越面对那些复杂而深层的难题的时候，当人们越来越迫切地需要破解难题的具有较高解释力的理论的时候，唯物史观越来越展示了其强大的功能。正如施坚雅《中国农村的市场和社会结构》一书的中文译者之一史建云所说，王庆成先生那篇文章“可以说是极少数能够站在同等高度与施坚雅对话的论文之一”。[①] 中国学者对施坚雅的理论或模式与中国历史的契合度进行的分析，即中外历史学者在近代史领域进行“同等高度”的对话，提出了一个值得我们深思的问题，那就是如何将产生于国外的具有一定普遍意义的分析模式、理论框架应用于中国实际。《近代史研究》之所以发表那一组文章，目的也是提倡国内外学者间的对话，其实也是对一些学者认为西方人文社会科学对中国人文社会科学存在“文化霸权”观点的一种回应。

2007 年，夏明方在《近代史研究》上发表了讨论柯文的“中国中心观”的文章。文章首先指出在以柯文的“中国中心观”为代表的美国中国学理论的影响下，有些学者的研究逐渐走上了另一种新教条主义的道路的问题，因为“中国中心观”表面上看来是在彰显中国内部独特的历史发展动力，但是用以解构的武器却是地地道道的西方理论。所以作者要“深入‘中国中心观’的内部探其究竟，从其理论自身潜在的逻辑矛盾入手而对其进行批判性的解读”。作者指出：如果按照“中国中心观”的逻辑，一旦把近代中国纳入 16 世纪开始的所谓内发原生的近代化道路之中，凸显近世中国历史变化所谓的自主性和延续性，至少在客观效果上会淡化外来冲击的影响，模糊对帝国主义的认识，成为在历史变化动力上的“去冲击论”，在历史变化方向上的“去近代（化）论”以及在历史变化主体上的“去帝国主义论”。[②] 当然，对于包括“中国中心观”在内的外国学者提出的理论加以质疑并非自此开始，对于其中理论问题的探讨还有较大的空间。但该文章表达的要建立“真正中国气派和本土

① 史建云：《对施坚雅市场理论的若干思考》，《近代史研究》2004 年第 4 期，第 71 页。

② 夏明方：《一部没有“近代”的中国近代史——从“柯文三论”看“中国中心观”的内在逻辑及其困境》，《近代史研究》2007 年第 1 期。

特色的新范式”的意图，表明进入 21 世纪以来中国学者在与外国学者进行学术对话时的心态，与改革开放初期相比，已经成熟和深刻了许多。这些年来，中国近代史研究注重从社会现代化的角度建立社会发展研究的区域体系理论，注重寻求推进中国近代史研究的方法，应当说与来自国外的影响不无关系。中国学者正在近代史学科理论建设方面，针对西方史学理论对以唯物史观为基本原理的理论提出的挑战进行挑战，这是中国学者不可推卸的责任。

最近十多年来，在中外历史学界的对话过程中，还出现了一件新事物，那就是围绕有争议的历史问题在中外学者间进行的共同研究，有单纯在学者层面进行的，也有政府出面组织历史问题对话的，这一情况被称为“跨越国境的对话”。从 2002 年开始，中、日、韩三国学者、教师建立中、日、韩三国共同历史编纂委员会，经过三年的共同研究与讨论，2005 年在三国共同出版了《面向未来的历史——东亚三国的近现代史》①；日本东京大学三谷博教授等与在日中国学者刘杰教授等成立“日中年轻历史学者会议”，讨论以历史问题为背景的中日两国的社会变动的情况，2006 年在日本与中国同时出版《超越国境的历史认识——来自日本学者及海外中国学者的视角》②，都是学者层面共同研究的结果。而经中日两国首脑达成一致，从 2006 年开始建立的中日历史共同研究机制，迄今为止进行的历史共同研究，则是政府出面组织的历史问题对话。另外，中国与韩国学者间有关于历史问题的定期对话，日本与韩国政府间也在组织共同历史研究。

跨越国境的共同历史问题的研究，其实在德国与法国之间早在 1951 年就开始了，当时两国共同组成了就“德法关于欧洲历史争议问题”进行研究的“教科书联合委员会”，经过半个多世纪的努力，终于在 2006 年夏季出版了向德法两国学生推荐使用的共同高中历史教科书——《1945 年后的欧洲与世界》，次年又出版了以两国更早期历史为对象的另

① 《面向未来的历史——东亚三国的近现代史》中文版发行 12 万—13 万册，日文版发行 7 万册，韩文版发行 5. 5 万册，在当时都产生了较大的社会反响。

② 《超越国境的历史认识——来自日本学者及海外中国学者的视角》中文版由社会科学文献出版社出版，日文版由东京大学出版会出版。

两册教科书。这被视为到目前为止关于历史共同研究及教科书国际合作的最高成就。但由于东亚与欧洲的政治文化等背景有很大的不同，而且东亚各国间的历史问题并不仅仅是学术层面的问题，有人对欧洲的这一经验是否适用于东亚抱有极大的怀疑。所以在东亚地区的历史学者间进行“跨越国境的历史研究”是更严峻的挑战。

跨越国境的历史研究与一般的交流对话的不同之点在于向历史学者提出了更深刻的“思维逻辑”的问题。建立在一定的文化主体基础上的一个国家和民族的思维逻辑，与别的国家与民族的思维逻辑之间肯定会有摩擦与冲突，如果不能进入对方的思维逻辑中思考问题，就难以在摩擦与冲突中建立对话的空间，这是“全球化”趋势下对历史学者提出的新的考验。东亚地区的中日韩三国的近代历史密切联系在一起，不了解对方其实也很难了解自己。已有学者指出：“研究近代中国，不仅要深入了解所谓‘前近代’的中国，至少还须参考三方面的外部历史，即 19 世纪以来的西方、日本和各殖民地（以及后人对其的研究）。”“只有对 19 世纪以来的西方和日本——特别是其发展变化的一面——具有较深入实在的了解，才能真正认识近代中国很多前所未有的变化。但过去的研究很少真正做到这一点，尤其在日本和中国的关联方面做得最不够（常见的不过是对比双方改革之成败）。”① 至于发生在中日之间的历史问题，由于存在政治外交、民众感情和学术研究三个层面，历史学者的责任是通过共同研究从学术层面进行冷静的分析，对政治外交与民众感情层面的问题予以积极影响。而在学者间进行的共同研究中，首先需要了解对方历史认识建立的“思维逻辑”，不了解对方的思维逻辑，甚至对这一问题根本不予理会，共同研究就难以取得成果。为了双方真正通过“认识的共同”而使历史问题得到解决，必须以“‘思维逻辑的共同’作为前提”。②

建立跨越国境的历史认识的过程，其实是对以往人们习惯的认识历史过程的超越。对于东亚地区的各国历史认识，都存在摆脱历史叙述中

---

① 罗志田：《近三十年中国近代史研究的变与不变——几点不系统的反思》，《社会科学研究》2008 年第 6 期。

② ［日］沟口雄三：《中国的冲击》，东京大学出版会 2004 年版，第 64—65 页。沟口雄三先生在谈到中日韩三国历史认识问题的时候使用的是日文汉字“文脉”，与汉语中“文脉”一词含义不同，故译为“思维逻辑”。

受西方中心论影响过大而亚洲叙述比重较小的问题，另外也都面临处理本国历史与东亚历史的关系，特别是思考能否建立“超越本国历史框架的地域史”的问题。在这里，“超越”是一个很重要的概念。超越本国史而建立地域史，值得警惕的是被归纳为“同心圆史观”的做法，因为提出所谓“同心圆史观”的人，其实仍然是在强调以本地区为单中心的民族主义的历史认识。① 那样的方法不可能在历史认识上实现“超越”。针对这一现状，有的学者提出的“地域视角”或“地域史观”具有建设意义。如有的韩国学者提出要从本国史的解体开始，首先废除国史的名称，将韩国史与世界史合一，思考“世界史中的韩国史”与“韩国史中的世界史”，而作为中间阶段，首先提出“东亚史”，或者再实际一些，先思考“中日韩三国关系史”。② 这些动向值得中国学者关注。

随着改革开放的继续深化，随着中国以加入 WTO 为标志进入世界体系，中国及其近代历史都成为国际社会关注与研究的对象，而中国近代史研究将更加自觉地关注世界及全球结构中的中国。这是当前中外学者关于中国近代史的对话十分活跃，促进相互了解与理解的学者层面的交流和政府主导的共同研究都在展开的原因所在。值得注意的是，现在的共同研究已经远远超越了改革开放初期追随外来学术理论的“知识移植”，也不是简单地套用西方理论研究中国现象，而是在保持自身“知识系统”正当性前提下的平等的学术对话。中外学者都在思考如何超越本国的历史视角、建立面向未来和更宽视界的历史认识。在频繁的国际史学交流过程中，中国学者将在保持主体意识的前提下对国际社会的种种观点做出积极的学术回应，发挥中国马克思主义的新史学在历史学领域的主导地位与主流影响。相信这一轮的中外历史学者的对话将进一步深化对中国近代历史的认识。

---

① 曾担任台湾“教育部长”的杜正胜为了突出所谓的台湾的认同，提出所谓的“同心圆史观”，见杜正胜《一个新史观的诞生》，《新史学之路》，(台北) 三民书局 2004 年版。但正如有学者批评的：这不过是强调台湾的“单中心”的民族主义的表现，实质上是与中国大陆保持距离的所谓“去中国化”的步骤。见王晴佳《当代台湾历史论述的双重挑战》，《思想》第 2 期，(台北) 联经出版事业有限公司 2006 年版，第 120—121 页。

② [韩] 白永瑞：《为构筑东亚和平而读史：几点建议》，韩国《黄海文化》2004 年冬季号；《关于东亚论述的可能性》，《书城》2004 年 12 月号；《东亚的地域秩序——超越帝国，走向东亚共同体》，《思想》第 3 期，(台北) 联经出版事业有限公司 2006 年版。

改革开放30年来中国近代史研究的发展成果确实令人感到兴奋，当然也不能不看到仍然存在的问题，如体现时代主题的研究需要关注；具体研究和理论思考的辩证统一值得重视；研究的“区域化取向”容易产生“碎化”趋势，割裂历史演进的整体性，等等。但30年来的进程也证明：社会的进步和时代的变迁是科学研究创新的原动力，只要我们坚持改革开放，坚持马克思主义唯物史观，一定会使既有中国特色、又融入国际学术主流的中国近代史研究取得更大的进步。

从“四林外”到大房：鄱阳湖区张氏谱系的建构及其“渔民化”结局

——兼论民国地方史料的有效性及“短时段”分析问题*

梁洪生

一 必要的说明和本文关注的问题

2004年春季，笔者指导两名历史系本科生做毕业论文，其中一位姓殷（以下简称小殷），家住江西星子县城。期间他回到乡村收集资料，在外祖父的遗物中找到一份“前清时期星子范围内各姓氏河港交叉承管顶纳湖课的册籍”手抄本，一共87页，毛笔书写，一笔不苟，是十分罕见的鄱阳湖区清代渔户湖课登记册抄本。其外祖父还手抄了7份鄱阳湖区管理部门和地方政府处理捕鱼纠纷的协议书，并保存了1946年和1988年修成的两部家谱。

当笔者进一步细读这批反映渔民生活变迁的文献资料时，感到内涵很丰富，涉及时段较长，很有深入探讨的空间。于是我在第二年春节由小殷陪同，去星子县蓼花乡濒湖村庄及新、老行船水道实地考察，并对

---

* 本文原载《近代史研究》2010年第2期。

小殷父母和舅舅们作了访问，最后还到星子县档案馆和渔政管理部门查阅档案。此后，笔者写成《“私业”与“官河”之辨——对新发现的鄱阳湖区渔户历史文书的解读》一文，2005年于芝加哥召开的亚洲研究协会（AAS）57届年会上宣读。该文后来几经修订和周折，最终于2008年在《清华大学学报》发表。①

该文及本文所依赖的主要资料来自民间的存藏，而这批资料的保存者同时也是一部分文字材料的生产者张绍强（即小殷的外祖父），就很有必要先加介绍。张1934年出生于星子县蓼南乡楢树咀村，其父即以捕鱼为生。到1949年家有水田4亩，旱地13亩，所以在50年代初“土改”时划为“上中农”成分。张绍强读过私塾，记忆好，会算术，颇有主见，所以在1950年就参加了配合土改的丈量土地工作。次年，17岁的他就担任了一个小乡的乡长。1953年因为和县政府下派的工作组长意见不合，加上账目不对，因而以“经济问题”判刑入狱3年。1956年出狱，不久又担任了村里的会计，并且会修柴油机，会唱歌演戏拉胡琴，在“文化大革命”时期留在宣传队里演了3年戏。1975年，蓼池村打造了一艘20吨的机帆船，由他担任驾驶员。1978年，他又被乡政府调任村主任（相当于人民公社时期的生产大队长）。到1981年退职，他打造了1条50吨的机帆船，用来搞运输。6年后，他将机帆船转售，移居老家楢树咀村，承包了一片湖面养鱼。1988年，星子县张氏新修家谱，张绍强在谱局主持日常事务，得以整理一批家族文献，熟悉乡族掌故。此外，还开始自学中医。张绍强去世后，葬于楢树咀村背山。

不难看出，张绍强不仅是一个渔民，还是一个粗通文化，有才艺，生存能力很强的乡村精英人物；有准官员资历，但又不是共产党员；另外，还是20世纪80年代初期率先在乡村发家致富的个体户。他晚年热衷家族事务，而且有显而易见的号召力。2000年8月和10月，他先后写了《关于三张整顿公共事业情况的汇报》（以下作《汇报》）、《关于三张传下祖业——河港和玉京山的综合材料》两份文字材料，交给自己的家

① 梁洪生：《捕捞权的争夺：“私业”、“官河”与“习惯”——对鄱阳湖区渔民历史文书的解读》，《清华大学学报》2008年第5期。该文对中国渔业史和渔民生活史研究的学术史有详细回顾，读者可以参考。

族——自称为“三张”的一批议事人。尤其是后一份材料，重点对张氏家族资料“证据不力”等问题提出一系列建议，包括开座谈会回忆，到政府管理部门查找正式的档案文件，以及“万一找不到原始材料，也可按祖传管理范围，通过仿置（制）正（整）理似原始材料，上谱”。最后，他还附上一份“祖传河港习惯作业区域沿岸地址”，一共写明 63 处地名，涉及鄱阳湖沿岸 4 个县范围，南北流经长度接近 70 公里。20 世纪以来鄱阳湖区一批渔民为获取更多的渔业资源，以捕捞区域为主的生存空间争夺跃然纸上。同时，也非常鲜明地映照出张绍强的性情和个人魅力。仅隔 5 个月，张即因心脏衰竭去世，终年 67 岁。

对于张绍强及其家乡一批族众的渔民身份确认，也是把握和解读这批民间文献的重要前提。所谓“三张”，是指居住在星子县东南蓼花池边的板桥张、楢树咀张、咀上张 3 个张姓村庄。蓼花池水面面积约 3.4 平方公里，现今为蓼南乡、蓼花镇、华林镇 3 个乡镇所环绕。在鄱阳湖区，所谓“池”就是一个小水面，平时有天然的沟渠与更大的湖面（即鄱阳湖）相连，每到雨季，“池”“湖”同时涨水，水位一高，“池”“湖”连成一片，即形成鄱阳湖区的洪水期。到秋冬枯水季节，“池”“湖”分离，相隔几百米到几千米甚至更远不等，中间是大片草洲和湖地，今人谓之“湿地”。濒湖各县都有一批“池”分布，“池”水有两个来源：一是上游来的溪水和降雨，二是鄱阳湖洪水过后留在池里的水。以“池”为其通名，的确非常形象和贴切地表述了鄱阳湖周边大大小小的水面及其调蓄江河水位的功能，蓼花池就是这批“池”中典型的一个。

据 1946 年修星子《张氏宗谱》“有诚公世系”记载，有谱名孔华字时茂者，为“板桥大尧公世系”59 代孙，生于明代天顺三年己卯年（1459），“弘治年入庠，授黉门太学，加捐员外郎，号爱池，承湖课头户一甲”。这是该谱中第一位被记载“佃蓼花池”“又带长河”等水面，并承担较多“课米”的祖先，人人皆知，所以张绍强在《汇报》中首先提到他。而在清代官府主修的方志中，第一次可以找到“三张”作为渔户与蓼花池之间有利益关系的资料，是同治十年《星子县志》所绘“蓼花池图”中一个相当重要而又有趣的标注，即在“板桥张”边上还画了 1 条小船，并写明“张姓取鱼舟”5 字，特别突出了板桥张姓的渔户身份和他们在池内捕鱼的事实，当然也是表示对其在此捕鱼的认可。而由张绍强保留下来的“前清时期星子范围内各姓氏河港交叉承管顶纳湖课的册籍”手抄本，其依据应是清末地方官府的档案，确切地说是一份由当年作为讼案一方的“板桥张”保留下来的清代湖课清册。其中不仅记载张姓在蓼花池承管产业，而且还在“长河”——也就是鄱阳湖大水面——有捕鱼的权利，其界限南起新建县吴城镇，北至湖口县境内的虾（蛤）蟆石。“长河”又谓之“官河”，即由官府管辖的属于“王土”的国有水面，凡在此有捕捞权者，“照章各管各业”，但必须缴纳渔课，而且还必须分担因为越来越多的死绝、逃亡而产生的“并带摊派长河逃绝”。自明代到清初，这主要是河泊官的职责所司，清中期大量裁革河泊所后，课钞均由当地官府带办。①

迄 20 世纪 50 年代初，张绍强一家所在的楢树咀村种田和捕鱼的人家约各占一半，存在专业渔民和兼业渔民的差异。但随着“反霸”和“土改”等政治运动的展开，原来对蓼花池有管理权的家族组织遭到根本性打击，蓼花池不再具有家族“私业”的性质。这样一种以新的国家法令来实施的制度建设，不仅改变了“三张”对蓼花池的经营和依存状态，而且一步步地引导以捕鱼为主业的人群转向更远的鄱阳湖，亦即由被其垄断的小水面转向众多县、乡渔民均沾其利的大水面，从而远比其先辈更为依赖这一片水域作为生存竞争的舞台。20 世纪 50 年代初以后的另一个变化，就是“三张”渔民越来越“专业化”，越来越成为制度化的“渔民”，而与“农民”区分开来。其“渔民”身份的确认和强化，与以下的生产组织密切相关：1954 年年底成为全县第一个初级渔业社；1960 年 7 月划归新成立的“国营蚌湖渔场”，吃国营粮站供应的粮油，并因为是“国营渔场的人”而深为当地农民所羡慕。1972 年，县政府开始在城郊兴建渔民新村，鼓励“三张”渔民举家搬迁，并于 1998 年大洪水之后彻底完成这一“城居化”过程。但从 1991 年发给张绍强女儿家的户口簿上，还可以清楚地看出这批渔民搬到城郊后，新村的名称就是从原来的

① 这在长江与黄河流域是一个变化趋势，并由明清国家制度所规定。参见尹玲玲《明清长江中下游渔业经济研究》（齐鲁书社 2004 年版），第九章“明清时期的渔政制度及其变迁”，第 300—306 页。

渔民村直接复制过来的；虽然开始吃县城粮站供应的商品粮，但供应证上仍注明为渔民身份。

因此，我对张绍强保存的这批渔民文献及其动机给出如下解读，并为本文解读其家谱资料铺垫一个基本线索和社会背景：这些自称“三张”的渔民，长期依赖村庄濒临的小水面捕鱼，并以之为家族“私业”；同时在更远的“官河”（即鄱阳湖）中有“习惯”捕捞区，并向官府交渔课。鄱阳湖与周边一批小的“池”“湖”相通，到洪水期（湖区民众习称“渺水”），大水面与小水面汇成一片，淹没和消除了平时制约乡土人群活动范围和行为方式的地界，造成湖区业权的“季节性模糊”。渔民因越界捕鱼而冲突，不得不由官府加以仲裁。“土改”之后，宗族产业被瓦解，渔民被组织起来，越来越依赖鄱阳湖捕鱼，遂与地域更广泛的渔民发生冲突。此时的矛盾已不仅是“渺水”期彼此越界，而是捕鱼者绝对人数的增加，进而采用无节制的极端捕鱼手段，对湖区原来的有序系统造成剧烈破坏，使以此为生的渔民感到很大的生存威胁和心理震撼。因此，由一位乡村精英人物保存下来并继续“生产”出来的这批湖区渔民文献资料，尖锐地反映出 20 世纪中期以来鄱阳湖区日益激烈的渔业资源争夺问题。

至此，本文论及的问题才完整浮出水面，即我们在鄱阳湖边生存和打鱼的一批乡民家里，找到他们 1946 年和 1988 年两次修成的家谱，其中不仅谱系昭然，而且的确有相当多的内容可以佐证他们的生活历程。但随着研读的深入，笔者对这两个谱本之间的关系产生了许多疑问，一个基本判断越来越明晰起来：在 20 世纪 20 年代，这两部谱牒的“前身”中还没有这批被称为“三张”的渔民，而是以星子县另一批自称“四林”并以诗书传家自诩的张姓家族为主角；到 1946 年，“四林”的谱牒才把“三张”接纳进来，一批渔民的谱系建构过程和动机由此留存；到 1988 年再次修谱时，这批渔民的代表成为修谱活动的倡导者和骨干，“渔业”的内容更被突出和彰显。作为修谱活动的最终产品和一个“结局”，这部家谱已经明显的“渔民化”了，变成主要在证明其拥有悠久的湖区捕捞历史和大范围捕捞区的文字载体。因此本文首先关心的问题是：这样一个变化过程是怎样发生的？其时代条件是什么？其中重点探讨 1946 年“三张”如何得以与“四林”认宗。然后是对研究方法的一个讨论：当我们逐渐明白民间文献自身也有一个不断“生产”和“更新”的过程，不同时代的人为了不同的目的在修谱，那么如何判断民国地方史料的有效性并作更准确的“短时段”分析？对此，笔者欲结合对江西民国史事的一些理解，略陈管见。

二 道光年间星子县张氏“四林”谱系的建构

张绍强在《汇报》中，非常明确地肯定“三张”有自成体系的“老谱”，原话如下：

> 建议把老谱找到（我们三张修的谱），那是我亲手整理过的，只要一见我就认识。即使是要花钱（买），也是合理的。

在民间，“老谱”一般是指1949年以前修的谱牒。星子县张氏在1988年修了“新谱”，此前一次修谱是在“民国丙戌”，即1946年；再前一次修谱是“民国壬戌”，即1922年。但张绍强所说的“三张”的“老谱”是哪一年修的以及有几卷等，都因为没有实物存在而无法知晓。笔者2005年春节期间在当地考察时，听到的说法仍是“有”但“不知去向”。

但从查阅1946年修《张氏宗谱》的宗支记载及对历修谱序的分析看，可以明确地知道：星子县《张氏宗谱》在1922年编修时，有自己的宗支系统，“三张”一系则不见任何记载。换言之，即使在当时“三张”已有谱牒，但与此修《张氏宗谱》的“张氏”没有关系，即使是“拟制”的宗亲关系也不存在。现存1946年修《张氏宗谱》共1册，为卷首。从其历修谱序中可以看出其修谱和宗支扩延的过程。其中，前两篇序分别署名由宋代吕蒙正、文天祥撰写，虽然其中也有“张氏”“珍修斯谱”等字样，但和其他江南族谱一样，这些所谓宋人之序屡见不鲜，绝大多数只是转辗抄袭而已，就连张氏后人也从来不把自己的谱牒始修时间定在两宋，而最早只追溯到清代顺治十五年（1658）。[①] 现存最早并题名为“松林十五世孙大章”撰写的谱序，成于“乾隆戊午”，全文如下：

> 我祖洽公奉提点袁甫公命，主讲（白）鹿洞（书院）。柽留居星诸，至元末播迁，转徙无定。祖均辅诸宗公自南昌大木山复族故土，卜宅四都横山，生子四，为四林祖。长嗣源，居松林；次嗣正，居竹林；三嗣献，居桃林；幼嗣中，居杨林。齿日繁，族日盛。雍正丙午，堂兄绍徽主修家乘，搜阅旧谱，悉皆残缺，为增次之。不幸堂兄谢世，以其事属予。乾隆丁巳冬月，聚族企庐轩，遂捐资以董其成。既竣工，序以志庆。

该序文风比较朴实，讲的还是一个模模糊糊的祖先迁徙故事，但重要的是四大宗支已经明确点出，即所谓“松林”“竹林”“桃林”“杨林”，并尊其父“均辅公”为“四林祖”，祖居地是“四都横山”。查同治十年修《星子县志》，“四都”中心在今星子县城南部 30 公里处的蛟塘乡，而作为一个自然村名称的“横山”，则在蛟塘乡稍北，现在的

① 按照目录记载，1946 年修《张氏宗谱》31 卷，首 1 卷。实际上，这部“卷首”就是星子县张氏 1946 年合谱联修时的总“谱头”，主要涉及远祖世系的“整合”，及其文化渊源的展示，参修的各个宗支都分发存藏，促进彼此的认同。而各宗支的世系内容（江西地区俗称“吊线谱”）则各自存藏，一般都秘不示人，以防“乱宗”及可能出现的族产纠纷。卷首共收 26 篇序言，除去所称吕蒙正、文天祥所撰二序外，其余全是清人撰写，计有乾隆戊午（四年，1726）1 篇，乾隆庚子（四十五年，1780）2 篇，嘉庆庚午（十五年，1810）1 篇，道光乙未（十五年，1835）5 篇，咸丰庚申（十年，1860）1 篇，光绪壬寅（二十八年，1902）2 篇，民国壬戌（十一年，1922）3 篇，民国丙戌（三十五年，1946）8 篇，计 23 篇。最后，又有 1 篇署名写于光绪壬午（八年，1882）的《重修家谱序》，作者身份未及详考。但从其摆放的位置推断，显然是 1946 年修谱者认为该文处于一以贯之的家谱撰修源流主系列之外。此类“另置”的谱序在江西谱牒中常见，一般都出现在后来合修的“通谱”中，某个宗支将其旧谱中的 1 篇（甚至若干篇）保留在合修的新谱里。这种做法自有其当时的道理和条件，至少反映了“立此存照”之意。在前面提到的 23 篇谱序中，乾隆戊午年序只是提到“雍正丙午，堂兄绍徽主修家乘，搜阅旧谱，悉皆残缺，为增次之”，但“旧谱”为何年所修并无具体说明。到道光十五年“良公六十七世裔孙虚堂奉书氏”写的一个序言中，提到“余相思岭自顺治以逮嘉庆，族谱几经重修，墓志碑铭昭然可考。乃竟碑谱各异，后先失次。”到咸丰以后，诸序皆持顺治（十五年）始修之说，使人又见到一个“前人语焉不详，后人越来越清楚”的“谱史”创造之例。

华林乡中心的陈家岭西。在上横山岽南 3 公里左右，即“桃林村”，为人民公社时期的 4 个生产大队，离“三张”之一的“板桥张”（村）只有 2 公里左右。“竹林”在今星子县境内有两处，一称“竹林张”，在星子县城西 2 公里处；一称“竹林村”，在县城南部蓼花乡境内。1983 年，星子县地名办公室的调查人员引用所见到的《张氏宗谱》记载称：“明中叶五十一世曜公由横山迁此定居，至今已传二十代”①，所以张氏“四林”之一的“竹林”应是后一个“竹林村”。“松林”“杨林”已不见于今星子《地名志》中，至少说明已不是独立的自然村或行政村的名称。②

《张氏宗谱》又在乾隆四十五年（1780）和嘉庆十五年（1810）两次编修，嘉庆任主修的宗长还“因旧祠敝坏，与族长同商各村捐费，复立新祠，冀妥先灵主位，每岁九月重阳，会族入祠致祭。我祖明禋享祀，佑启四林。”③

25 年以后的道光乙未年，《张氏宗谱》再修，并且很明显地经过一次大整合，目的是要拟制出一个源远流长的系世：“因思吾宗为星邑巨族，自均辅公而上，不知所自出，乃与诸族长搜辑大成省谱。”但在此过程中，碰到的问题是：

> 茫乎自（张）良公起一世，至十世（张）道陵公之长子衡公支下，引年公之后觉光公子均辅，初无所谓洽公也，亦无迁居星渚之祖。且均辅墓碑，“甫”字有“車”旁，大成所载觉光子均甫，无

① 见《星子县地名志》稿本，第 117 页，星子县地名办公室 1983 年 12 月打印，现存江西省民政厅地名规划处资料室。

② 但在明正德十年（1515）修《南康府志》中，有“杨林河泊所”的资料值得关注。其卷 4“公署”记载：“杨林河泊所：在府西南半里，吴元年河泊官陈善卿建”；卷 5“课程”记载：南康府的鱼课米总共只有 620 石稍多，全由建昌县承担，而在必须征收的鱼油、鱼鳔、各色课钞及杂翎毛等项中，均由星子、都昌、建昌、安义 4 县和杨林河泊所分担，其中杨林河泊所上缴的都是大头，可知杨林河泊所与当地渔业经济及渔户生活的关系都是很密切的；卷 6“职官”记载：当时的河泊所官员有李逢春、沈志 2 人。见 1964 年上海古籍出版社影印《天一阁藏明代地方志选刊》本，卷 4 第 8 页，卷 5 第 3—4 页，卷 6 第 9 页。此“杨林河泊所”与张氏所称的“杨林”一支是否有着某种联系，至今尚缺资料可考，存此备查。

③ “十七世杨林裔孙廪贡作舟”撰《嘉庆庚午重修宗谱序》，《张氏宗谱》卷首。

“車” 旁，因不敢强以为合。①

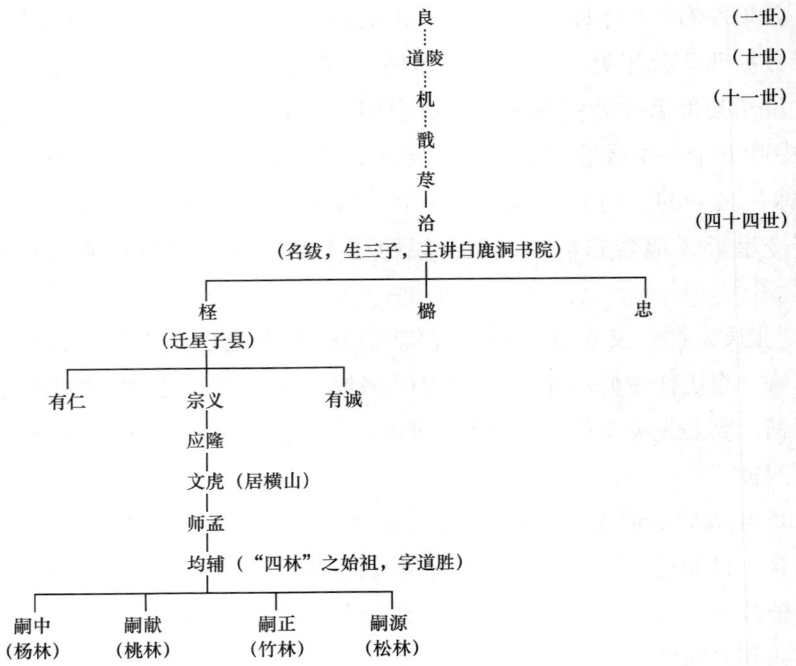

图1　道光十五年重修《张氏宗谱》建构的
张氏“四林”世系源流图

可知是星子县地方的张氏谱系，无法和省城南昌的张氏大成谱中的世系相对接。但修谱者总是要想方设法来解决现存问题：

> 一日，男庆璠忽于道陵公之次子机公支下得子荩公，讳绂，生洽公。洽公生三子忠、櫓、桎。而桎迁星渚，生均辅。辅生四子：嗣源、嗣正、嗣献、嗣中，以下缺而弗叙。谨按洽公生宋，登嘉定进士。至均辅，生元至元间，凡百七八十年矣，仅三世耳，安敢信以为是耶？乾隆间清墓，得均辅公碑。载公高祖宗义、曾祖应隆、祖

① “府城松林第六十六世裔孙善导香峰氏” 撰《道光乙未年重修宗谱序》，《张氏宗谱》卷首。以下引文凡未注明出处的，均见该序。

文虎、父师孟，合柽公计之，得相距五世，年代符合，似觉可信。因思南宋多乱，即元季时，亦戎马播迁。且均辅公少失怙恃，避乱豫章，旋复星渚，诸昆季逃亡者众，保无遗误失次者耶？省谱均辅为柽公之子，或以清江世系洽公与子柽迁居南康之星渚？又星渚四林子孙皆均辅所自出，因以柽公系之，倘非得墓碑详载高、曾，又谁知柽公之后有宗义公四代而至均辅公耶？

仅据现存谱牒的记载，我们已经无法对张氏提到乾隆年间清墓找到的“均辅公碑”加以甄别。但张氏清墓之举，倒是和乾隆年间江西各地家族大建宗祠，广泛修谱的做法很吻合。面对谱载阙失及其与墓碑所记世系时间不相吻合的问题，张氏子孙最后竟采用了据称是祈求祖先神灵认定的办法来解决：

予生也晚，见闻不广，不敢遽然妄更。焚香祷告于历代先远暨道陵公圣像前，作二阄：一书“道陵公长子衡公迄引年、党光而生均辅”，一书“道陵公次子机公迄洽公生柽公，而至均辅”。越日再拜，竟拈得机公所传一支。复求筊兆，得三胜，诸族老皆喜而言曰：吾祖有灵已！

正是经过这次修谱，产生了作为其族源定本的“张氏系派源流略言”。据此，可知张氏到道光十五年（1835）“确认”的世系源流（见图1）。

也正因为解决了远祖世系的建构问题，所以这一修主修张善导即自称为“第六十六世孙”。

道光十五年修谱“纂集家谱六十一宗”，此“宗”是指分处于不同地点的大小房支，房下有支，或支中又分出小房，颇为复杂，兹不详论。还值得注意的是：也是从此修开始，《张氏宗谱》强调“府城松林”（支）的概念，突出居住在南康府附郭县星子城中的一支。[①] “松林”一支的城居，不仅是说明其迁移地的变化，而且意在强调他们在“四林”

① 星子县是北宋初所置“南康军”的附郭县，元朝先后将“南康军”改为“南康路”和“西宁府”，明洪武九年（1376）改西宁府为“南康府”，府治一直附郭星子县未变。

中的长房地位和文化品位高，历代人才辈出。①

咸丰十年（1860），正值太平军与湘军在鄱阳湖区反复拉锯时期，张氏“祠屋两所，俱遭兵燹，设局无馆”，人心惶惶。修谱者迫不得已，“无所损益，但取法前人而已”。此修序第一次认定张氏谱始修于顺治十五年（1658），所以自称为第六届修谱。另外，对道光十五年主修者的作为作如下追述：“郡城香峰先生搜老谱，洗墓碑，寻流溯源；敬遵大成省谱，取法苏、欧，编年纪月，载及懿行，实单（殚?）厥心。”② 这些建设性的作为，在此后历修谱序中反复被提到，足见在张氏族人眼里，道光十五年修谱最终完成了正本清源的工作。

光绪二十八年（1902），由“松林府城门北支五品衔廪贡生”张廷魁主持，在星子县城张氏宗祠中修谱：

> 爰与……诸君商榷义例，以补所未备。曰“例言”，著体也；曰“郡望”，表族也；曰“宗法”，尊祖也；曰“图象”，尚思也；曰“传志”，表德也。至若考源流，纪诰命，志祠墓，立家规，刊谳约，列衔名，则皆踵前人之成宪，而无所事事也。③

可知张氏此次修谱，重在把一部“有文化”的谱牒样子做足，一些新立的例目，都颇有“仿古”的意味。另外，细读其谱序，还可感觉到其文化人的话里有话——当提及在清顺治之前是否还曾修过谱牒时，以下的话则不妨看作对晚清时局的折射了：

---

① 道光十五年《张氏宗谱》的主修和“张氏系派源流略言”的撰写者，均出自“府城松林”一支，“源流略言”的作者即为邑庠生张庆璠，对松林一支的蕃衍迁徙有如下详细工整的记载：“我松林祖嗣源公迁居化邑，生四子：友恭、友文、友元、友信。友文公复旋星邑九都，生子五：文达、文敬、文逵、文信、文思。达公生三子：觉美、觉义、觉善。觉义公自九都迁居府城，生伯达；伯达生萱侗，萱侗生三子：福庆、胜一、云二。云二迁兜率巷，生五子：钦、鉴、铭、铖、铎。铎公生景先，景先生孟贤、孟礼。迁北门巷，生四子：继成、继胜、继贤、继孟。我祖继贤公讳学荣，字德之，躬居市井，日以耕读勖诸子孙。迄今生齿日繁，人文蔚起，孰非我祖之遗泽孔长乎?!”其所谓“化邑”即指星子县北境相连的德化县（今九江县），一直是九江府的附郭县，所以今天在星子县找不到“松林”地名，或也可以从中找到解释和查寻线索。

② （六十六世裔孙）张喆撰：《咸丰庚申年重修宗谱序》，《张氏宗谱》卷首。

③ （六十八世裔孙）张廷魁撰：《壬寅重修宗谱序》，《张氏宗谱》卷首。

岂其先未之修耶？抑修之而厄于胜国之劫灰又不然？或当鼎革之际，无事不与以更始，遂与国运以维新耶？①

三　民国初期张氏家族的文化传承及其“收族”趋势

民国十一年（1922）张氏第八次修谱。20年以前参与过光绪壬寅修谱者中，有四人继续担任主修，并有三人留下新修序言。按其前后排列顺序，分别为：竹林支（漂线坂村）六十八世孙“邑庠生”张世清；桃林支（张家垱村）六十九世孙“岁进士，咨部候选县丞”张凤飏；松林支“前清中书科中书衔师范举人邑优增生”张起权。后者在署名时没有写出自己的辈分，但在序言中说明：“权今年五十有二，默想四人中，犹惟权生最后而行最卑”，可知其属“后生晚辈”无疑。但在三篇序中，也是张起权最对民国以来的时代变迁表示认同，盛赞“国体变更”后给张氏家族人才兴起带来的新际遇：

总计二十年间，国体变更，已由帝制而民主，改专制为共和矣。家乘之修，原本尊祖敬宗收族之要义，俾世世子孙相继相承，虽百代不变可也。岂若国运之应世界潮流而有所改革乎？然族运亦将随时势风会而有以光大焉。张氏自良公以来，宰辅公侯、忠孝节义、神仙理学人才辈出，光诸竹册者无论已。自迁祖均辅公肇基横山以后，大明迄清之科举时代，族中枕胙经史、功深制艺者代不乏人，而名列贤书竟绝无而罕有。科举废，学校兴，人才固尤是也，而族运乃一变。前清末造，（起）权毕业于两江优级师范学校农博科，最优等部奖师范举人，此其例也。迄前清亡而民国成，族中子若弟之俊伟雄特，卓绝倜傥者遂飚起而云兴。论进身，有毕业于高等师范者，有毕业于北京大学者，有毕业于法政专门者，有毕业于清华大学官费出洋者，今吾冢子闻骝留学美国工科大学是也。论官阶，族

① （六十九世裔孙）张凤飏撰：《壬寅重修宗谱序》，《张氏宗谱》卷首。

中有荐任职，有简任职。此后蒸蒸日上，或出为公使，或入为总理，或举为总统，其希望更有不可穷极而限量者焉！以较专制帝国科目时代，欲求一乡举者而不可得，直不啻霄壤之判也。

如此现身说法，非常形象地反映出这位生于鄱阳湖区，长在太平军战事之后社会经济恢复发展时期的两朝文人的骄傲心态。他所抨击的“专制帝国科目时代，欲求一乡举者而不可得”，并非单指自己家族，而是对两个时代人才培养制度的反观和比较。更具体地说，可以看出其所谓民国以后“族运”之变，乃是集中体现在其房派中一批读书子弟与晚清以来的新式学校制度“接轨”，不仅有了“出洋”的留美学生，而且有了读过新学堂且在民国为官者。后一点，在张凤飏所写的第二篇序言中，就比张起权所谓“论官阶，族中有荐任职，有简任职”说得更清楚：

至功名之破格简任，则有若斗辉君；高等文官，则有若文煊君；司法官，则有若谷民君。国立师范毕业，京师专门毕业，省立中学毕业，则有若醉心君、逸乔君及小儿鉒。

还有一个特别重要的信息从中透露出来，就是这两位两次主修家谱的精英家中都有新式学校培养的后代，即乡土社会中人们最为津津乐道的“出息”。由此可见，其序言中表现出对“族运”之变的骄傲，同时也是因其家庭成员找到新的发展空间而产生的一种正面“感觉”。在我见过的一批民国初期江西谱序中，星子张氏的以上论述和立场，算是比较“新派”与“平和”的一类，很可作为比较研究的材料。

以上两篇谱序中，还一再提及另一件事情，就是“收族”——将原本不属于这个张氏系谱中的张姓人群融合进来，用张凤飏的话说，“收族为此次特举”。基本情况如下：“收族得彭山支、西庙支、马鞍支、马头支，亦载入于谱系。”“又如收族为此次特举，德堂支则收入松林，贵七支则收入竹林，璲公支则收入桃林，希亮支则收入杨林。亦笔之，以明尊祖敬宗之意，非敢冒滥也。”① 可见此次新入谱的四个“宗支”，分别

① 分别见《张氏宗谱》卷首张世清第一序、张凤飏第二序。

认同于“四林”的大房派之下。

四　民国后期张氏宗谱的全县合修及“三张”的融入

民国三十五年（丙戌，1946），星子县《张氏宗谱》再次编修。从留下的八篇序言看，这次于抗战光复后不久开始的修谱很热闹，而且在名目上特别突出是“全邑合修”。但细读序文，又不难觉察貌似众口一词而实存杂乱之音。[①] 细加咀嚼，更可进一步体会“三张”的融入在当时曾引起一些负面的反应，而且可看到这批乍进“合谱”的渔民还存有戒心。

首先给人强烈印象的是，此次修谱的“理论阐述”中政治味特浓，这集中表现在主修者张耕夫撰写的《丙戌全邑合修家乘小引》中。《小引》开宗明义，引中外古今之例，阐释国家和宗族这两个“团体”之间的关系。从江西地区谱论的阐释历史看，张耕夫只是接过了民国以来世人已经反复讨论的一个话题而已，仅此一点并无新意。[②] 但细读下去，则可看出1946年一批地方文化人的政治心态，即为抗战胜利之大势而欢呼，“国家至上”的倾向空前强烈[③]：

---

① 1946年修谱时8篇新序分别是：松林支（汉岭村，六十九世裔孙）张桑云撰《丙戌重修家乘序》；松林支（府城北门，七十九世裔孙“前清优增生”）张耕夫撰《丙戌全邑合修家乘序》及《丙戌全邑合修家乘小引》；竹林支（柿树村，六十九世裔孙，“前清邑庠生”）张国宾撰《丙戌合修宗谱序》；（七十世）张匡南撰《丙戌合修宗谱序》；松林支张起禧撰《丙戌年续修家谱序》；（七十世裔孙）张起炤撰《丙戌年重修家谱序》；杨林支（马头，七十世裔孙，“前清邑庠生”）张选臣撰《丙戌重修宗谱叙》。

② 笔者在《辛亥革命前后江西谱论与社会变迁》一文中曾经说明：“从江西谱论看，辛亥革命前十余年，严译《天演论》的‘物竞天择，优胜劣败’理论为不少谱牒所申论。辛亥后数年间，谱论则在重点讨论‘家’、‘国’关系问题，即民国已经成立，家族是否还应该存在，谱牒还要不要修，以及要怎样修才有新时代意义等。”《中国社会历史评论》第3卷，天津古籍出版社2000年版，第115—131页。

③ 又如其他主修者张国宾、张匡南二人，所撰《谱序》中皆有“从此永永联络，由小团而结大团，以后世世增修，扩宗族而推国族，将来人才蔚起，势力膨胀，保障亚洲，为祖国放一特色，增我族莫大光荣”。“我张姓合邑之修，意为发迹于星子，永镇于华夏，雄望于世界，为开我国家谱之先河”云云，颇给人大话连篇，不着轻重之感。但由此也可悟到：这些话是当时许多人能懂也会说的“时代强音”。

> 国家一大团体也，宗族一小团体也。大团体不结，则外侮之来，等于散沙，非一呼而可麇集也。小团体不结，则强邻之逼，形同孤注，非乞怜而可幸免也。是故国于地球之上，莫不各有一团体，以争存于世界。国家团体之结，主之者国民政府，分而为军师旅团，教之以坐作进退之法，靡不服从；宗族团体之结，主之者正副主修，判而为总监协纂，勖之以亲上死长之，又罔不听命，非压迫防乱源也。盖国家团体之破坏，多半起于比庐族党与夫不孝不悌之人，创为邪说，号召徒党，以与国家为难。其初，盖一小团体也。清室发逆之乱，洪秀全以整个团体假烧香获福名义，愚弄无数团体，蹂躏东南，民膏斧钺，十室九空。悯彼兄弟，谁非手足？而执迷不悟一至于此，亦亲亲长长之义未明，而宗族团体未讲也。夫在家为令子，在国为良臣。宗族团体固结，扩而充之而社会，而州县，而国家，其团体牢不可破。彼族虽雄，未易窥伺，此自然之理也。今四万万同胞之声浪，高唱入云。弃而父子，坏而伦常。姓氏之团体危于一发，而姓氏之关系已潜消于无形。整而理之，则又时局相抵触，未敢以为然也。

宏论之中，微词已经显见，一套国家话语已是全文强调的重心。①

> 忧时者于省会举行大同，是隐寓全省收族团体之深意。西宁小邑也，无强宗大族为之保障。吾民聚族而居者四十余村，支分派别，未有统系。而又株守故乡，一出里门，尊卑长幼，多未识别。此皆离而不合之过，团体未结之由也。今文煊、靖安诸君子宦游海内，饱谙时务，知天下大势所趋，微结团体，无以救国。而庸俗之见，以为枭音不靖，国家自有大股团防，宗族团体何取焉？然春秋万法谨于始，体积万数起于点。宗族之团体，实国团

① 张耕夫此人此序很值得体味：其开篇即云“耕年七十有四矣”，并说明曾两次参与纂修《张氏宗谱》。又见卷首“贡举”松林系下有其记载：“叔尹：号耕夫，派（名）起莘，邑优增生，同治时（生）人。”可知他已是一个两朝为人、历经世乱的垂垂老者，尚能讲出这套话语，至少使我们从乡间谱牒这个层面，看到抗日战争的发生对普及和强化“国家”“民族”等观念有多么大的推进作用。

之起点。

其所谓“枭音不靖”，或可猜测是隐喻已经开战的国共两党两军之争。[①] 最后，张耕夫将其理论的落实点，放到星子全县张氏合修宗谱上，并且不加隐讳地对族中“老成”作了批评：

> 吾族家乘失修，自壬戌迄今二十有五年矣。虽曰时势变迁，亦任事者多半流亡。而一二老成，率由旧章。一语合修，均有难色。而未省爱国思想，重在合群；合群之道，莫如团体；若团体之注重，首先宗族；宗族之宗旨，在于合修；合修之意义，取诸团结。团结一固，对外有御侮之能力，对内有亲爱之诚心，非止一宗派联盛情而已也。

所谓全县“合修”，就意味着又有一批原本《张氏宗谱》无载的张姓人群及村落要融合进来。按此修谱序的排列顺序，可以看出一组颇有意思的表述，并令人揣摩其中的微妙之处。第一个提到新入谱者的还是张耕夫之《合修家乘序》，但说得含糊而巧妙：

> ……及均甫居星（子），子孙众多，光照谱牒者，四十有八宗。而贡树分香，亦代有传人。自幸世家之盛，未有超越吾族者。及博览柳林、板桥等世系，又发见成甫一脉，其先世贵盛，或为元公宰辅，或为御史大夫，而百里才尤其小焉者，未免见而增愧。然大夫不敢祖诸侯，礼也。世系所在，彼固出于自然，而又何愧焉？先正有言：人才多则发达自易，且明德之后，必有达人。吾均甫公积德，以遗子孙垂三百余年，有如潜龙勿用，积数之极，则卷水上腾，受日光摩荡，走雷霆，变风雨，上下于天，不难也。

---

① 前引张耕夫《家乘小引》中说明：“董事者五月十三日进局，推选众职，分担责任，越六月乃成。”其修谱正好处于国共两党从谈判到全面开战时期。另外还有地方上的乡、镇民代表会选举县参议员和成立县参议会，直到在南京召开的“国民大会”，都是在此期间发生的惊天大事，反映到修谱者笔下不足为奇。也正因此，本文作为基本资料的这部《张氏宗谱》，具有不容忽视的史料价值，弥足珍贵。

张耕夫引经据典，表达了对新“发见”和入谱的柳林、板桥等张姓的客气和承认，将其作为过去不知道而被“遗失”在外的宗支来看待。但笔锋一转，下面的话就应该主要是对业已归入“四林”派系的“四十有八宗”——其中也应包括民国前期“收族”进入的张氏——子孙说的了：

> 虽然，亲亲之义不在荣显；合修之义，取诸团结。不知出此一去里门，贼防贵，少陵长，小加大，淫破义，奚以合为？耕言及此，惧有不明大义者，长而傲，挟贵而骄，则不祥莫大焉。吾族孝友传家，说礼乐而敦诗书，尊卑之叙，长幼之节，夫亦各了然于胸中矣。

张耕夫所说的“长而傲，挟贵而骄”，应该是指四林家族中人还带有以诗书传家为重要文化资源的优越感和自傲，这些人看待“三张”的眼光是俯视的。虽然我们现在没有其他资料可以更直接地说明当年合谱之后，是否产生过不和与冲突，但只需从常情设想，即难免有一些颇为棘手却又不得不处理的具体问题无法回避。譬如：一旦合谱，对那些原非同宗的“乡巴佬”如何称呼？如何排列长幼？祠堂中如何放置木主？入席如何坐桌？等等。否则，我们就不好理解为什么在此之前的“一二老成”会“一语合修，均有难色”，而且张耕夫对“不知出此一去里门，贼防贵，少陵长，小加大，淫破义”的担心，也就没有了现实注脚——从中我们或已看到当时地方族群关系的某种紧张，对此容后再论。

而真正说明这次修谱如何“合”的细节的，是后面两篇序言。其一署名只称“七十世匡南敬序”，没有提到“四林”中任何一处，显然没有“地望”可以标榜。张匡南的名字，倒是作为主修者之一，在张耕夫等“四林”人士的序中屡屡提到。但因为我们至今只找到“三张”之一的“板桥张”的谱牒，从中没有查到张匡南的个人记载，不无遗憾，但经过比较，可以推断其属于“楢树咀张”或“咀上张”中的某一支。

张匡南所撰序言居前，首先即讲了一段有深意的模糊话：

家谱之所以修，合同姓而敦祖脉。其由来者远，蔚蓄者深，固由本；本相生支，支相茂。由盛极而迁，由迁徙而发，由发达而久，由久远而不知所自来。又或知其所自来，而不知祖原根本。则一以故曩作于谱，各述其支，各详其谱。其或代有其人则详，代无其人则缺。此故，我张姓合邑之修……

接下来，他着意说明新入谱的“板桥张”与“四林”人群之间的关系：

然考我始祖，则远自挥公，近自道陵，再迁则自庚九而迁星子。其居星子荷叶塘，则为开仕板桥支；其居梧坡坂，则为均辅四林支。外如张道观、窍塘等，已附属于四林。而板桥支并硕然挺茂，与四林之蕃衍千宗，固无俟乎预言。有诚其长，宗义其次，有仁其季。惟长、次蕃于星子，有仁则支祥异地。由此而上溯柽公父子，再上而溯至南北二派，更上而知我远祖有四大发源地……

对照前文张氏“四林”世系源流图，可见在“泛张氏”认同的前提下，此修谱为“四林”找到了“长房”——有诚一支——的后代。从修谱者都会宣称秉承的传统“宗法”意义上说，“板桥支”就天然地具有了“尊长”地位。这一点，对于他们日后一步步变成张氏宗族中的强势力量，奠定了非常重要的伦理基础，尽管这一基础的最后夯实是在四十多年以后，此为后话。

尽管如此，在此修谱中还是可以明显看出主修者很明白地将“张氏”分成“中（内）”“外”两部分，不相混淆。出于“四林”中桃林一支的张起炤，在另一篇序言中明显地作了这种表述：

吾族自壬戌岁，余父丹翁与族伯梅翁等主家乘以来，阅岁二十有四。生齿日繁，瓜衍益广。抗战军兴，丧乱迭乘，流离转徙，不一而足。向之亲爱笃厚，今已稍觉散乱疏离。此基层力之未固，遑以论国族天下？于是合族议重修家谱，与新合修之乌鸦塘、乌鸦塘之对面村张道观、窍塘村、上张村、张家河、坳上张、半边月等村，分别收入松、竹、杨三林中；板桥村、大塘张、油树嘴、康城等村，列于四林外。

于是在具体的操作上，皆可明显看见“内”“外”之分和枘凿不合的痕迹：首先是目录上的区分：在卷首之后，先有“卷之一”“卷之二”两卷，收录“有诚公遗像”及板桥各支系；其后，又另起编目，重新出现“卷之一”至“卷廿九”，卷之一单记“世系源流及松林世系表”——板桥一系和“四林”的不同源流分得明明白白！其次，因为“板桥”一支已被确认为长房之后，按修谱惯例，领谱也是居前，所以先给其一个位置，注明了是“板桥支领谱字号”，按“忠”“孝”“仁”“爱”四字排列，分别代表在老屋、板桥、大塘、油（楢）树（咀）四村的宗支。然而，这四个村名和领谱人名都用红色的木刻章作了调整和纠正，可以解释为主修者们对这些村落中张氏的陌生。另外在“板桥支领谱字号”之后，还有一套“领谱字号”，并有序言说明是祖先按《千字文》拈阄确定的发谱顺序，共有 79 宗——说明“三张”虽然进来了，但“四林”仍然自成体系。[①] 由此可见，至少在 1946 年修谱时，“三张”还是有条件地被纳入《张氏宗谱》内，而且从谱本上还可明显区分出“文化张氏”一族和“渔民张氏”一族。

而就“三张”一方而言，也有一个对这种新认同从担忧到逐渐适应的过程。读张匡南序言的后半部分，可以看出这些主体为渔民的“三张”在“合族”之后，还有财产归属和宗族活动的经费负担之虞，颇有意思：

余于合修之余，忝列斯职而不能尽（责?），固亦有烦族长之劳，诸君勷赞之力。缵隆祖考，昌发其时。至俗冗在身，斯亦有愧。但各支原有产业，仍应于各支私有权，不能藉公众合修而混争。对今后事宜，亦应另筹其款，尝端秋之礼，每年以睦族谊。俾有造就者

① 还有很重要的一个现象存此待查：查看其卷首所载历代先祖“遗像”，竟然发现“四林”祖先及其父“均辅公”均在，唯独无“三张”始祖“有诚公”的画像。究竟是当时就“有名无实”？还是只保留在三张自己的吊线谱中？或者这个“造像”过程最终到 1988 年再次修谱时才完成？还有待收集更多资料予以说明。

各得适其情，以互进而为永久结合之光。

“三张”所以在此时被“收入”《张氏宗谱》的原因，很值得探讨。首先，一个很有意思的称呼变化首先值得注意：在“宗长”一栏，记录民国壬戌年的与修者为“四林各宗长”，而称此次为“合修家乘各村宗长”——这种称呼的改变或许有意无意地透露出一个信息，即修谱宗支的不断增加，同时也意味着散居四乡的农村族众比重加大。如果考虑到包括星子县在内的整个赣北地区在1938年以后完全沦陷，原住人口（尤其是富有之家）或向国统区南迁，或逃往周边乡村躲避，迄光复之时，不仅其人数总量减少，而且居民的构成也有所改变，那么此时“四林”会与“三张”渔民家族联谱同修，也是在地方家族势力经过一次大洗牌之后的新举措，是原本无关的两个张氏家族系统面对新的时代问题采取的变通之法。虽然由此会带来新的问题，但积极进取的方面是不应忽视的。

其次，如果比照江西其他县份此时的类似情况看，很可推测一种大的推动力，是为当时正在进行的乡、镇民代表会选举县参议员和成立县参议会拉选票。我们在新修《星子县志》的相关记载中也可以找到佐证。[①] 另据三张渔民现今还流传的一些说法分析，“三张”此时已经出现了一些有影响和实力的头面人物，所谓“官”“白”“黑”三道上都有人：在官道者是张庆堂（音），在黑道者族长张正堂，武艺很好，是帮会中人。在此修《张氏宗谱》领谱名单中，我们的确看见“板桥支”中“孝”字号领谱者是“正堂”，住板桥村，留下一个将来查寻的线索。因此，还应进一步考察民国后期星子县地方的族群关系及其利益冲突等问题，譬如“三张”的总人数有多少？在1946年的星子县地方经济与财政收入中，渔业

① 据1990年新修《星子县志》卷八“党政群团志”第四章第一节“县参议会”记载，星子县第一届参议会于1946年5月召开。在14名参议员中，有3名产生于职业团体，另外从11个乡镇各选1名。在其所附“竞选国民代表始末”中还提到，1947年3月积极竞选国民代表的有7至8人，其中有名张文煊者（江西人民出版社1990年版，第314—317页）。而1946年主修星子《张氏宗谱》并留下第一篇序言的张荣云即“号文煊”，属“松林汉岭”支裔孙，毕业于北京大学理学科，曾在外地任教员多年，此时“任职省会，仅负空名”（《丙戌重修家乘序》）。前引1922年修谱的张凤飏序言中，已经提到其族内人才有“高等文官，则有若文煊君”。据此可以推测，此张文煊即彼张文煊。

占有多大的比重?[①] 等等。总的来说：到 20 世纪 40 年代中后期，在鄱阳湖濒湖地区，对“渔民”的经济实力和人群力量的考量，必须跳出“贫困化”等传统的定性和视角，给予充分的重视和新的估价。但由于星子县档案馆的民国档案封存不见，“三张”系统的家谱还有缺失，加之张绍强及其他知情的“三张”老人相继去世，使得本文仍然留下无法完全解答的缺憾，尚待日后继续关注和探讨。

五 《张氏宗谱》“渔民化”结局及其原因探讨

在乡村环境中搜寻和阅读家谱资料，往往会有比在图书馆中更多的发现和意外惊喜。笔者很幸运地在新修张氏谱本中，找到一份夹在其中的《关于谱局专职驻修人员基本条件要求的讨论意见》（以下简称《讨论意见》），系手刻钢板油印件，落款为“驻修组”，时间为“八八年五月”。因而知道张氏为修家谱于 1988 年农历四月初一日召开第二次会议，到会者共“四十一宗，六十多名宗系代表”，地点在杨家庄。另外，在张绍强家存谱本“领谱字号”一页，有他用毛笔记录的修谱活动如下：“戊辰年（梁按：即 1988 年）三月十八日第一次会，四月初一日第二次会，五月十八日开局，谱局设在下边张村。腊月初八出谱。”真是应该感谢这位有心人的记录，它除了使我们知道这次修谱从开局到发谱前后用了 260 天时间外，还知道在谱局人员开过四次会议，并在东渔民村——“三张”板桥支迁到星子城郊修建的渔民新村之一——开过一次“少数人会”，完

① 1937 年年初，江西省政府秘书处统计室曾发表《九江湖口等七县渔业调查报告》，其中估计星子县以渔业为主的户数为 500，人数为 1000；以渔业为副业者 2500 户，5000 人。其中还非常突出地提到蓼花池特产凤尾鱼以及蓼花池附近渔民颇具组织性：“星子之渔区：亦以鄱阳湖之西岸（为主），而蓼花池为凤尾鱼之特别渔场，旺年出产能达万担以上者。渔民资本：本省因遭受数年之匪患，人民经济，拮据异常，渔民更以近年渔获不丰，鱼价又受人民购买力薄弱而不能提高，故渔民之贫困更不堪言状，因之用大网之渔民，大都向渔行借贷……其如资本小而能自力经营者，为数亦甚少，大都告借于亲友之处。惟星子蓼花池附近之渔民，似另有组织，每集十二人为一组，合用大网一顶，对购置大网之费用，由十二人之中经济能力较为宽裕者垫用，称为网主，嗣后渔获所得，则网主应独得其半，其余二分之一，则由十一人平均分配。该处共有大网九顶，均系由此组织。”见《经济旬刊》第 9 卷第 1、2 期，都豪耕执笔，江西省政府秘书处统计室汇编，1937 年年初印行，第 31—40、17—25 页。这些调查使我们看到“三张”家族与带有“合股”性质的渔业组织相结合，使得“三张”渔民较其他渔民更有凝聚力、更强悍和更具进攻性。

全可以推测这是“三张”自己人的一次会议，议定的事情当然与修谱有直接关系。

《张氏宗谱》“渔民化”结局的呈现，突出表现在新修谱本中三个方面的明显变化①：

第一，在卷首新增的“公元一九八八年戊辰岁重修家谱简介”中，总共有15条内容，其中第9条仅为一句话：“考本届实修宗数为五十二宗。”而第11条则专作以下详细说明：“据丙戌年家乘有关记载：有诚公生仕贤，不求闻达，乐于耕钩，由竹林凹迁居板桥荷叶圹。生义富、义贵。生齿蕃衍，分居老屋、新村、咀上张、柚树咀，系我族一大支脉也，爰为纪之。”由此而对1946年修谱时“收族”而进入的“三张”一支再作肯定和强调，绝非无关痛痒之语。

第二，在卷首的后部附录了一张“张氏近代洽公世系源流支脉一览表”，用谱表格式第一次标明了“有诚公”的长子（长房）地位。这是对1946年合谱后出现的“有诚公世系”的进一步确认和强调。

第三，也是对旧版《张氏宗谱》改造得最明显的一点，即在新谱卷首的后部，附了一张大幅面的“张氏族落分布及有诚公裔孙捕捞区域略图”，而且图例规范，字体端正，明显可以看出是专业绘图人员制成。人们可以在这张“略图”上找到几乎全部的张氏宗支分布点，还可以对应地找到张绍强于2000年所记“祖传河港习惯作业区域沿岸地址”中的20个地名。更重要的，是明确标出了北至长江小姑山，南至永修县吴城镇，据称是属于“三张”传统捕捞区域的两个水界标志。这样，一部原本宣称富有诗书文化底蕴的《张氏宗谱》，被加入了未曾有过的渔业生产内容，十分明显而强烈地反映了“三张”渔民的生活内容和利益诉求。

是什么样的社会环境和现实条件促成《张氏宗谱》“渔民化”结局的呢？这是笔者试图回答并可能涉及鄱阳湖区近代社会变迁而更具普遍

① 另外，在其卷首祖先遗像部分，第一次看到“有诚公遗像”，并且放在“四林”支祖及“均辅公”像的前面。前文曾经提到1946年修谱时目录中有此图像但谱本中没有看到，也有可能“四林”张氏只允许其出现在“三张”一系的谱本中。如果是这样的话，那么1988年新修谱本从文字表述到谱系（吊线），再加上祖先画像，使“有诚公”（也就是“三张”）的长房地位得到完全确认。

意义的一个问题。对“三张”生活环境和社会地位变化的考察，应该是解读其生活行为的钥匙。前文所述《张氏宗谱》的演变，实际上已经展示了一个日益明显的变化趋势，即从民国年间起，以“三张”为代表的渔民势力和影响就在不断加大，而且越来越成为当地张氏“泛家族化”的重要力量。20 世纪 50 年代以后，从组织初级渔业社到归属国营渔场，不但使其“专业渔民”的身份得到确认和强化，并因为吃国营粮站供应的粮油，而成为农村社会中具有特殊身份的一批人。到了 70 年代，国家为了保证城市居民的淡水鱼供应，开始统筹安排“三张”的新生活，逐渐把这批在“乡下”居住和捕鱼的民众迁往濒湖的星子县城郊区，先后建起“县城东渔民村”和“县城西渔民村”，包括张绍强在内的一批渔民生活开始城镇化，持有县城户口，以商品粮油供应为基本保障。他们已经从“乡下人”变成了“准”县城人，这种新的社会身份在 70 年代，是很令吃“农业粮”的“农民”羡慕的。这样，使得“三张”更有资格和实力去影响其他的“乡下人”，包括增强他们修谱时的说话分量。

另一方面，则是“三张”渔民尽管已经城居，但仍采取了聚族而居的方式，从事同样的渔业生产，有着共同的利益要求，因而依然是一个特殊的强势群体。换言之，他们实际上还是住在县城边上的渔民。更为重要的是：自 50 年代以来，这批在水上讨生活的人群越来越依赖鄱阳湖，而湖面的生态环境的不断恶化，特别是人民公社制度瓦解之后，许多原本种田的农民也开始捕鱼，进入鄱阳湖捕鱼的绝对人数明显增加，并且缺乏传统的捕鱼技艺和水面生存规矩，日益采用如“迷魂阵”和电网一类无节制的极端捕鱼手段，对湖区原来的捕捞体系和秩序造成剧烈破坏，对以此为生的渔民造成很大的生存威胁和心理震撼。我们在张绍强写的多篇文字中，都可以深深地感受到他们身负的生存压力以及由此产生的焦虑和愤懑。如前文提到 2000 年 8 月张绍强整理了《关于三张整顿公共事业情况的汇报》，其“后话”部分提到他的几点担心，其中有：“大部份渔民都悲观失望，准备丢业解（改）行，外地渔民侵占我们的场所，我们无人争夺，包括干部也都退避三舍”；“外地新生渔民发展迅猛，自老池口往上，我们已经丢失，甚至向别人承包”。所以他最后发出“紧急呼吁：我三张后生，积极行动起来，坚守我们祖传的捕捞场所，为我们的后人生存而努力吧!”为此，“三张”越来越需要聚集力量捍卫自己的利益，需要比其他农业村落的人群更抱团，也更需要利用一切可以抓到手的资源来为自己服务。因而在他们那里，家谱已经不是一种可有可无的“文化”产品，更不是供人把玩欣赏的一部“书籍”，而是可以用来增强自身地位和影响，证明自己合法占有湖区渔业资源的历史依据。所以他们不仅最积极地参与，而且只要有发挥和“创造”的空间，他们一定会处心积虑地做够用足。

反观在民国年间仍是修谱主力的“四林”张氏，其近五十年来的发展则呈现出另外一种走势。我们从1988年新修《张氏宗谱》卷首的“一九八八年戊辰岁次新毕业志”中可以看出：“四林”各支仍因其旧，以“忠”“孝”“仁”“爱”为其谱本排序，其中“松林毕业志”出34人，另有民国时期大学生8人未计入此数；“竹林毕业志”出44人，“桃林毕业志”出8人，“杨林毕业志”，出3人，合计共有97人。这与1946年修谱中的“贡举志毕业志”之间，保持了一种既是体例上也是文化上的延续。[①] 而与此同时的“有诚公后裔”（集中在“板桥”和“柚（楢）树咀”两个村），可确切算出1949年以后只出了8个大中专学生，不及“四林”大专学生的1/10。但是，这种对比并不意味着“四林”可以在乡土留下更多的人才，而是恰恰相反：近几十年来中国大学毕业生的计划分配及“干部”的终身身份制，实际上加速了对乡镇知识群体的抽空，哪里的大中专学生考得越多，就意味着有越多的读书人远离乡土，而不大可能再参与其家乡事务的运作。如果我们再考虑到50年代以来历次政治运动（包括“划成分”“土改”“清理阶级队伍”等）对这些文化人多有影响，使他们对乡土社会的影响比本来可以发挥的要更小。另外还有一点政治因素对他们的抑制也不容忽视，即在80年代中后期，江西各级

① 在1946年和1988年两次修谱中，“四林”各支的文化人情况，皆有专门篇幅加以整理和反映，足可供另外成文论述。另外还应提到的是，20世纪30年代后的江西科学馆馆长张醉新，就是“四林”支族人，1888年生，1914年考入北京师范大学，毕业后曾在故宫任职，后由蔡元培推荐，担任江西科学馆馆长，至1952年去世。张醉新之弟也毕业于天津工学院，后来长期在高校任教。其子张闻韶学艺术，两个孙女都是南昌市中学著名的优秀教师（张起熙：《前江西科学馆馆长张醉新事略》，载《星子县文史资料》第3集，星子县政协文史委员会约1986年内部印行，第79页）。

政府对民间日益兴起的修谱建祠活动的担忧不断加强，且将之与地方械斗事件及“封建迷信”相联系，在报章上屡屡披露，在红头文件中不断批评和禁止，这些硬性的遏制对于体制内的“干部”来说，是不能不顾及的，所以即使参加了修谱活动，也是处于幕后，或是只捐款而不参加具体活动。① 因此从 80 年代开始，作为家族文化复苏之一的江西乡村修谱活动，主要是由一批长期生活在乡土社会，有一定文化、有历史记忆又有一定号召力的中老年人来操作，用前引《讨论意见》里的话说，就是“德高望重，心怀诚意，才智兼备而或有本项基础的知识分子，而且要有实干苦干能力”，即如张绍强这样的有经历、有见识和有心者，才是真正欲为、能为而有为者。② 所以，他们的利益要求也自然而然地反映于新修家谱中。因此，这份《讨论意见》中第一条便既表示尊重传统做法，又反对“平均化”，这显然话中有话，是要为“三张”争得话语权而张本：

> 除公推统一聘请主修外，其余驻修人员当首先比按四林为基点甄拔人才，但不能平均化，承认差距，面对现实，顾全大局，节约用人，以防抵制冗员，人浮于事。

从这个意义上说，《张氏宗谱》的“渔民化”结局，同时就是“四林”历来引以为荣的“诗书传家”文化的边缘化。这一变化，也可看作半个世纪以来中国传统文化在乡村衰落的一个例证或注脚，值得做更加

---

① 参见梁洪生《近观江西民间修谱活动》,《东方》杂志 1995 年第 2 期，第 59—62 页。

② 笔者 1995 年在《谁在修谱》一文中即提到：“60 岁以上的老人，是此次修谱的中坚和引导力量”，因为“他们既不能离土，也不可能离乡。分外依赖于生存的社区环境，特别看重族人群体保持一种和谐的人际关系和亲情氛围。他们的记忆中还有旧日家族组织管理乡村的映象，相当一批老人对目前的治安、自我治理状况不满，尤其对砍伐树木、道路失修、水源污染等生态环境的恶化痛心疾首。在这些变化面前，老人们是弱者。他们有所希冀，但没有新的武器，只有运用他们熟悉的修谱等家族文化形式，借以改善社区环境的秩序和文化氛围。他们深感年事已高，面临‘老成凋谢’的危机，他们独有的见闻和经验有可能失传，必须及早抢救。因此，他们在修谱时不辞劳苦，肯下气力。他们也最有时间”。不曾想在十余年之后，鄱阳湖畔的张绍强老人的修谱举动，再次证实了笔者这一观察和描述的普遍意义。参见《东方》杂志 1995 年第 3 期，第 39—41 页。

深入的考察和探讨。

六 民国地方史料的有效性及“短时段”分析问题

多年来，笔者一直把研究兴趣放在一些“地方”的研究上，而且多是从一个“点”上做开去，除了看文献“史料”外，还要去这个“地方”做实地考察。所见所闻，不一而足，引起的思考常常比读“史料”时更多更复杂。正因如此，所以对当代乡村社会生活的关照也日益增多，以致有越来越强烈的“做现代史”之感。这里想稍做讨论的民国民间文献有效性问题，也是有感而发，是想梳理一下自己遇到的民国地方史料在多大程度上“可以”说明民国地方的问题。笔者把这些话说在前面，是想避免在方法论上被质问如何面对那些通常认为是可以说明民国制度史、政治史等“大历史”的材料问题。经验告诉自己：越是到地方基层社会，“大历史”材料所能说明的具体问题就越少。而且从研究的过程看，一般都是首先花费大多数时间和精力去查寻“地方”史料，而且对这些史料的查寻、甄别和解读，在相当大的程度上又要依靠对地方历史的了解和地方生活经验的体会和把握，而不是简单地把“大历史”材料套用过来，作为分析“地方”史料的背景和“主线”就可以完成的。

有时候仔细想想，哪个朝代和时段的史料都会有一个有效性的问题。那么，民国史料之特殊性在哪里呢？笔者未必能说全，但认为有一点是非常明显的，那就是从20世纪50年代开始，有相当一批活着的人说“我经历过”“我见过”那个被史界称为“民国时期”的时段；到近些年，随着越来越多的老者辞世，以上的表述逐渐向“小时候我听说”或“听爷爷（爸爸）说过”转变。另外，从50年代后期开始出现的各级《文史资料》，到近年来各地越来越多的中、老年“有文化人”用各种体裁写“私史”（如回忆录、家族史、诗词集、掌故汇编等），以及在实地考察时常常听见诸如“在解放前”“在旧社会”之类的表述——换言之，有一个广泛存在于民间的口述史和文字记述的群众基础。对于从外部介入一个地方的研究者来说，这类史料的存在和价值，首先是正面的，不仅会有喜出望外、如获至宝的发现感，而且可以切身感受到当代地方社会的政治环境较以前为宽松，已经允许平头百姓把自己变成故事的主角。但如果对这些史料的生产、动机及文化背景等不加分析和解读，恐怕更加容易掉进陷阱，误入歧途。而且，迎面包围你的“七嘴八舌”，不仅会使人感到被描述的那个时段离现在很近，而且还容易造成那个时段“都是那样”的印象，形成一种思维定势。如果轻信不疑，那么这些史料的有效性就可能有问题，在某些情况下甚或不能使用。

笔者在前文中对星子县张氏 1946 年修谱动机及其后果的留意，在很大程度上得益于近年一个本科生对家乡的调查与研究。在她的家乡新余市白杨江流域，1947—1948 年间几乎村村械斗，旷日持久，动辄出动几百人，轻重机枪加上大炮，造成地方惨重损失，也留下当地“俗好械斗”的报道和口碑。表面上看是水利资源的争夺，但其主要的动因，实则因为县参议会选举，各姓都被一些地方政客视为拉票选举的对象，通过通谱、扩建同姓宗祠，家族势力纷纷被动员起来，对地方各种利益进行重新分配，械斗遂成为手段之一。而当时正可借用的人力和技术资源，是抗战胜利后国民党军队的一大批复员军人，他们在地方上无所事事，因为械斗的需要而逐渐形成职业性的（或可称商业性的）雇佣武装，介入地方厮杀，造成比单纯的乡土械斗大得多的人员伤亡和财产损失。现在看来，1946 年以后县参议会选举对各地家族力量的借用和整合，及其对地方社会生活的“搅动”，在 1945 年以前和 1949 年以后都不存在，对此必须做一种“短时段”的分析。又例如在江西一些县城之外的大（集）镇，经常可以听到“素有‘小上海’（或‘小南京’、‘小武汉’）之称”的说法，因而有学者遂认定其很早就是商业繁荣之处。而实际上此类“小××之称”的说法，可能非常晚近才出现，多数是在抗日战争爆发以后，一些原来并不繁荣的偏远集市由于外地难民和商业资本的流入，在短时期内形成的一种“战时繁荣”。对此，也必须做“短时段”的分析和理解，并且有可能看到 1946 年以后这些偏远集市又重归冷寂。

根据笔者对江西民国史料的掌握和初步研究，在此提出以下 5 个“短时段”的划分：

（1）1912—1926 年；（2）1927—1931 年；（3）1932—1938 年；（4）1939—1945 年；（5）1946—1949 年。

如此划分的具体原因拟另文详论，兹不赘述。[①] 从总体上说，民国时期的特点就是“多变”——近代以来中国的主流思维和追求都是“求变”，而到了民国，这种“变”就更为频繁。而越是到地方社会，我们越会明显看到每一个时段的变换都导致一批人物和势力的沉浮兴衰，在其身后则或多或少影响到一批族人和子孙的生活境遇发生变化，“故事”牵连的人们藤藤绊绊，错综复杂。因此，首先要搞清楚并比较其“短时段”如何“变”，如何与此前“不一样”，然后再进行更长时段的和其他因素的考察，对民国地方史料作更确切的把握和解释。

① 在此只就所以把1932—1938年划成一个“短时段”略作陈述：1931年一年之内，国民党政府军队三次“围剿”江西红军而失败，江西南部及周边山区县份的山地都为红色政权所控制，1931年11月终于在瑞金成立临时中央政府，形成赣南闽西中央根据地。而这片区域的民众主体主要是明末清初以来相继迁入的闽、广移民，在生存空间、经济生活内容、语言和文化习俗及其在地方社会政治格局中的地位等方面，都与处在盆地和平衍地区的土著人群不同。1931年底，江西安义人熊式辉正式就任江西省主席并兼民政厅长，很快提出发扬赣人治赣精神，实际上是在江西土著民众聚集地区进行了社会总动员，积极配合了国民党中央政府和军队的“剿匪”基本方略。从这个角度观察，不仅可以对红军1933年以后的第四次、第五次“反围剿”逐渐失败给出更为深刻的解释，而且可以把1934年前后的江西社会生活作连贯的考察而不是从中断开。参见梁洪生《“盆地结构”：支流流域、家族生存与革命——对青原区历史文化和革命的一种“结构化”解释》（《井冈山道路与马克思主义中国化——纪念井冈山革命根据地创建八十周年学术讨论会论文集》，中共党史出版社2008年版，第344—352页）；何友良《江西通史》民国卷第五章“七年内战与三年建设”第四节、第五节（江西人民出版社2008年版，第234—271页）。

国际化与地方化：近代闽南侨乡的社会文化变迁*

郑振满

一 前言

在近代中国侨乡的社会变迁中，海外移民一度发挥了主导作用。早在20世纪30年代，社会学家陈达已经指出，闽粤侨乡的生活方式与南洋华侨密切相关，海外移民促成了侨乡社会的现代化。① 陈达的研究主要关注侨汇收入对侨乡社会的影响，而近年的相关研究则较为关注海外移民与侨乡之间的社会文化联系。美国人类学家华琛（J. Watson）关于香港新界移民社区的研究，发现海外移民不仅利用原籍的社会文化资源在海外创业，而且在推动侨乡现代化的过程中，进一步巩固了乡土社会文化传统。② 美国历史学家孔飞力（Philip A. Kuhn）认为，到海外谋生是中国

---

* 本文原载《近代史研究》2010年第2期。本文曾在2005年北京大学主办的“北京论坛”、2008年哈佛大学主办的“中国地方史工作坊”、2009年《近代史研究》编辑部主办的“中国近代史研究三十年”和台湾成功大学主办的“闽南文化”等学术会议上交流，此次发表前又作了较大修改。谨借此机会，向历次会议主办者和论文评论者致谢！

① 陈达：《南洋华侨与闽粤社会》，商务印书馆1938年版；《浪迹十年》，（台北）文海出版社1981年版。

② James L. Watson, *Emigration and Chinese Lineage: the Mansin Hong Kong and London*, Berkeley: University of California Press, 1975; “Presidential Address: Virtual Kinship, Real Estate, and Diaspora Formation—The Man Lineage Revisited”, *Journal of Asian Studies*, Vol. 63, No. 4 (Nov 2004), pp. 893 – 910.

侨乡的传统生活方式，在侨乡与侨居地之间始终存在人员、经济与文化的交流渠道，研究中国近代史不可以忽视海外移民史。① 那么，近代中国的海外移民究竟如何影响侨乡的社会文化变迁，这是本文试图探讨的主要问题。

闽南是中国的主要侨乡之一，其华侨及侨眷总数约占全国1/3。根据福建省侨务办公室1990年的调查统计资料，福建全省的海外华侨、华人总数为740.4万人，归侨、侨眷总数为436.83万人，其中原籍闽南的厦门、泉州、漳州、莆田等市的海外华侨、华人约占84%。② 在闽南侨乡，有不少家族的海外族人超过了原籍族人，而留居原籍的族人又大多是归侨或侨眷。这种家族成员散居于世界各地的跨国生存状态，大致形成于晚清至民国时期。因此，研究近代闽南侨乡的社会文化变迁，必须充分重视海外因素的制约及影响。

关于闽南地区的海外移民及其与侨乡的历史联系，国内外学术界已有丰富的研究成果和资料积累。本文拟在前人的研究基础上，利用近年来收集的闽南地方文献及田野调查资料，从闽南华侨的跨国生存状态、侨乡社会权势的转移及侨乡社会文化的传承等角度，探讨近代闽南侨乡的国际化与地方化趋势。所谓国际化，是指闽南侨乡的社会经济中心不断外移，海外华侨成为闽南侨乡的地方精英，海外世界与闽南侨乡的联系日益密切。所谓地方化，是指闽南侨乡的政治权力中心不断下移，侨乡建设与地方公共事务受到了空前的重视，本地社会文化传统得到了更新和延续。笔者认为，在近代闽南侨乡的社会文化变迁过程中，国际化与地方化的趋势同时并存，相得益彰。深入研究这一历史过程，对于探讨全球化时代地方传统的发展前景，无疑具有理论意义和学术价值。

二 闽南华侨的跨国生存状态

就一般定义而言，华侨是指侨居于国外的中国人，因而自然也就形

---

① Philip A. Kuhn, "Why China Historians Should Study the Chinese Diaspora, and Vice-Versa", *Journal of Chinese Overseas* (Nov 2006), pp. 163 – 172; *Chinese Among Others: Emigration in Modern Times*? NUS. Press, 2008.

② 参见杨力、叶小敦《东南亚的福建人》，福建人民出版社1993年版，第4—5页。

成了跨国生存状态。不过，如果华侨世代定居于国外，与侨乡失去了联系，或是加入了外国的国籍，那就成了海外华人，不再维持跨国生存状态。本文的研究对象，主要是继续保持中国国籍、尚未在国外定居的闽南华侨。就其跨国生存状态而言，主要有两大特点：一是本人经常往返于国内外，在国外生活只是其毕生经历的一部分；二是其家人及亲属大多还在国内，侨乡才是他们安身立命的最终归宿。这种与侨乡保持密切联系的华侨，严格说来只是从晚清才开始出现。这是因为，晚清以前的中国政府，历来视侨居国外的中国民众为"海外弃民"，不承认其合法身份，甚至禁止其回国，使之无法与侨乡保持密切的联系。① 到了晚清时期，才允许国民自由出入境，承认海外华侨的合法身份。因此，晚清时期华侨政策的转向，对海外华侨的生存状态及其与侨乡之间的联系方式，都具有决定性的影响。

闽人自古"以海为田"，尤其注重海外贸易。早在宋元时期，已有不少福建海商因"通番"而"住番"，成为早期的海外侨民。不过，在当时的市舶司管理体制下，出海贸易的商民必须具结担保，限期往返，难以在海外形成长期聚居的移民社会。明清时期，由于私人海上贸易的发展，有不少闽南商人滞留于海外，在东南亚许多地区都形成了以闽南人为主体的移民社会，如马来亚的马六甲、槟榔屿、新加坡，爪哇岛的巴达维亚、三宝垄、泗水，吕宋岛的马尼拉，日本的长崎、广岛等地，都是海外闽南人的主要聚居地。然而，由于明清两朝都不允许海外侨民回国，使之无法与故乡保持正常的联系，只能在海外娶妻生子，成家立业，直至老死于海外。在闽南各地的族谱中，记录了大量历代殁葬于海外的族人。如近年新编的《安海志》，统计了当地 11 部族谱中的华侨资料，其中于清代客死南洋的多达285 人。南洋各地的华人义冢，大多也是创始于清代。② 19 世纪 20 年代新加坡开埠之初，从马六甲招致漳泉商人家族，其基本成员皆为在海峡殖民地出生的华侨后裔。清中叶以前，南洋华侨的主要聚居地大多已开始创建庙宇，创办学校，创立同乡会、宗亲会等

① 参见庄国土《中国封建政府的华侨政策》，厦门大学出版社 1989 年版。

② 《安海志》修编小组：《安海志》，1983 年版，第 144—152 页。

华侨社团，这些都是海外华人社会形成的主要标志。[①] 这说明，在归国无期的历史条件下，海外华人社会得到了相对独立的发展。

晚清时期，在西方列强的炮口下，清王朝被迫打开了国门，华侨与侨乡关系发生了根本的转变。1860 年，英法联军攻陷北京，逼迫清政府签订《北京条约》，其第五款规定："凡有华民，情甘出口，或在英（法）国所属各处，或在外洋别地承工，俱准将与英（法）民立约为凭，无论单身，或愿携带家属，一并赴通商各口，下英（法）船只，毫无禁阻。"[②] 1868 年，清政府又与美国签订《中美天津条约续增条款》，其第五款规定："大清国与大美国切念民人，前往各国，或愿常住入籍，或随时往来，总听其自便，不得禁阻为是。"[③] 根据上述条约，清政府终于放弃了对海外移民的限制，使华侨得以自由出入境。光绪十九年（1893），清政府议准驻英大臣薛福成的《请豁除海禁招徕华民疏》，明确宣布："嗣后良善商民，无论在洋久暂，婚娶生息，概准由使臣领事官给与护照，任其回国，治生置业，并听随时经商出洋，毋得仍前藉端讹索。"[④] 从此以后，清代禁止华侨出入境的海禁政策正式废除，海外华侨首次获得合法身份。

由于晚清对海外移民的开禁与通商口岸"契约华工"贸易的盛行，福建沿海地区出现了华侨出入境的高潮。据厦门海关资料统计，仅 1879—1889 年的 10 年间，从厦门口岸运出的"契约华工"就多达 415074 人次，其中约 80% 是运往英属的新加坡、马来亚及北婆罗洲等地。[⑤] 这种以劳务输出为主要特征的对外移民，一直持续至民国初期，使海外华侨的总量及构成都发生了巨大变化。到 20 世纪 30 年代末，福建华侨总数已达 200 多万人，其中约 70% 为第一代出洋的新华侨。[⑥] 但与此同

① 杨国桢等：《明清中国沿海社会与海外移民》，高等教育出版社 1997 年版，第 44 页。

② （清）文庆等纂辑：《筹办夷务始末》咸丰朝卷 7，上海古籍出版社 2008 年版，第 2506 页。

③ （清）文庆等纂辑：《筹办夷务始末》同治朝卷 7，中华书局 2008 年版，第 2794 页。

④ 《清实录》光绪朝卷 327，中华书局 1987 年版，第 201 页。

⑤ 厦门市志编纂委员会、《厦门海关志》编委会：《近代厦门社会经济概况》，鹭江出版社 1990 年版，第 436—437 页；戴一峰：《近代福建华侨出入国规模及其发展变化》，《华侨华人历史研究》1988 年第 2 期。

⑥ 参见郑林宽《福建华侨汇款》，福建省政府秘书处统计室 1940 年版，第 10—18 页。

时，海外移民归国的人数也不断增加。1882—1891 年的《厦门海关十年报告》指出："年复一年，成千上万贫困阶层的人移居国外，他们中有一定比例的人又回来了。"[①] 1902—1911 年的《厦门海关十年报告》指出："在我们回顾的这一时期内，厦门和海峡殖民地及荷属爪哇等地间的客运业兴盛不衰……那些到上述各地去寻求改善自己境况的人，虽然境况有所好转，但有 50% 的人最终还是回到了他们的家乡。"[②] 实际上，当时到海外谋生的闽南人大多是候鸟式移民，他们并未在海外成家立业，而是临时性地到海外打工，因而经常往返于海外与故乡之间。20 世纪 30 年代初期，由于东南亚地区受到世界经济危机的冲击，市场萧条，谋生不易，每年自海外归国的人数反而超过了出国人数。[③] 这不仅反映了华侨与侨乡之间的密切联系，而且反映了世界经济体系对侨乡社会的深刻影响。

晚清至民国时期出国谋生的福建华侨，大多是单身的青壮年男子，他们的家人一般都留在国内，而他们自己也期望有朝一日荣归故里。据 1930 年代末福建南安等 13 县的侨乡调查资料，在 37744 户华侨家庭中，全家出国的仅占 29%，而侨眷留在原籍的占 71%；在留居原籍的侨眷中，约 66% 为妇孺老弱之辈，其主要经济来源依赖于侨汇。[④] 20 世纪 30 年代初，社会学家陈达在闽粤侨乡开展社会调查，也得出了类似的结论。在他调查的 100 户华侨家庭中，平均每家 6.26 人，年收入侨汇 646.8 元，占全家总收入的 81.4%。[⑤] 他还指出，据当时的一位外国领事估计，"厦门的邻近有 80% 的家庭，依赖华侨汇款来维持生活的一部"。[⑥] 因此，从晚清以来，福建侨乡和海外华侨聚居地出现了大量专门经营侨汇的侨批局或民信局。据 1938 年福建省政府统计室的统计资料，南洋各地专门经营福建侨汇的民信局共有 464 家，其中马来西亚 131 家，新加坡 68 家，印度尼西亚 125 家，菲律宾 101 家，缅甸 18 家，越南 11 家，婆罗洲 7 家，泰国 3 家。这些民信局大致可以分为闽南、福州、兴化、闽西四帮，

① 《近代厦门社会经济概况》，第 270 页。

② 同上书，第 358 页。

③ 李国梁等：《华侨华人与中国革命和建设》，福建人民出版社 1993 年版，第 27 页。

④ 郑林宽：《福建华侨汇款》，第 45 页。

⑤ 陈达：《南洋华侨与闽粤社会》，第 298 页。

⑥ 同上书，第 86 页。

每帮各有收汇范围，在南洋设立总局，在福建各主要城市设立分局。至1936年，福建各地民信局共有126家，其中厦门为数最多，共有84家。①由于“侨批”是侨汇与书信的有机结合，集中反映了海外华侨与侨乡之间的社会经济联系与文化信息交流，目前已引起海内外学者的广泛关注，成为研究华侨跨国生存状态与侨乡社会变迁的最佳资料。

在近代闽南的归国华侨中，也有不少富商大贾。他们在海外经商致富后，大多回乡“买田、起厝、讨亲、造坟”，俗称“南洋钱，唐山福”。② 这里的所谓“唐山”，即中国祖籍地。可见当时的闽南华侨普遍认为，下南洋只是为了赚钱，回归乡里才能享福。据晚清《厦门海关贸易报告》记述，当时厦门市区的豪华住宅，主要是由海外华侨兴建的。1882—1891年间，在厦门口岸的邻近地区，“到处可以见到一些成功者的华丽住宅”③；1892—1901年间，“富有的中国人从马尼拉和台湾返回，随之建起了许多外国风格的楼房，以作他们的住宅”④；1902—1911年间，“在鼓浪屿，最好的大厦是属于那些有幸在西贡、海峡殖民地、马尼拉和台湾等地发迹的商人后裔所有。在厦门和远离市中心的地方的一些西式洋楼，也同样是那些在海外发了财的人所盖的”。⑤ 陈达在闽粤侨乡调查时，曾听一位华侨说：“买房（或建房）比存款可靠些，因在银行或商号存款，有时连本钱都被人侵蚀了，但房屋是永远摆在那里，人人看得见，拿不动的。”⑥ 由此可见，海外华侨回国购置房地产，实际上也是一种储蓄行为。

近代闽南华侨的家庭结构与婚姻形态，也深受跨国生存状态的影响，具有不同寻常的特点。由于华侨长年在海外谋生，侨乡家庭多为单亲家庭，即子女主要由母亲抚育，妻子是事实上的家长。有不少华侨出国时未婚，在海外积有余资，才回乡娶亲，而婚后不久又再次出国，与妻子长期分居。更有甚者，有的华侨娶亲时不在国内，由家人或水客代为安

① 转引自李国梁等《华侨华人与中国革命和建设》，第237页。

② 同上书，第243—244页。

③ 《近代厦门社会经济概况》，第270页。

④ 同上书，第336页。

⑤ 同上书，第359页。

⑥ 陈达：《南洋华侨与闽粤社会》，第120页。

排婚礼，新娘只能与公鸡或雨伞拜堂成亲。华侨婚姻与家庭的另一主要特色，是广泛流行“两头家”的习俗，即华侨在原籍和海外都有妻子，同时维持两个或更多的家庭。在原籍的妻子，主要负责养育子女，服侍公婆，处理乡族事务，而在海外的妻子，则主要负责照料丈夫生活起居，有时也成为丈夫经营事业的得力助手。在闽南侨乡族谱中，通常把“两头家”的婚姻形态记述为传统的多妻制，即以原籍的妻子为正妻，而以海外的妻子为侧室。而在实际上，闽南华侨的不同妻子及子女一般都分居海内外，有的终生难得一聚，因而不同于传统妻妾同堂的多妻制家庭。如晋江东石乡的华侨黄秀琅，早年去菲律宾谋生，发迹后在原籍、菲律宾、香港和厦门都置有产业。为了经营这些产业，他常年周游于海内外各地，而且在各地都娶妻成家。晚年回乡营造茔墓时，他把四位夫人的茔墓分置于自己的两侧，以示无大小之别。①

晚清至民国时期，由于华侨可以自由往返于海内外，遂使海外华侨与侨乡的联系日益密切，在社会、经济、文化等领域都形成了有机的整体，呈现出侨乡特有的跨国生存状态。对大多数闽南华侨而言，尽管他们的经济活动主要在海外，已经日益趋于“国际化”了，但他们的根却始终留在原籍，侨乡才是他们安身立命的最后归宿。因此，近代闽南华侨也特别关心侨乡建设，热衷于参与地方公共事务，逐渐由“海外弃民”演变为“地方精英”。

三　闽南侨乡的社会权势转移

本文的所谓“社会权势”，主要是指对地方社会的控制力与支配权。在中国传统社会中，社会权势主要表现为对各种地方公共事务的干预。闽南地区的传统地方精英，主要是获得科举功名或出任官职的士绅阶层，他们依托官僚政府，操纵乡族组织，对地方公共事务实行全面干预，构成了足以号令一方的社会权势。晚清至民国时期，由于旧式士绅阶层日益没落与新式知识精英离弃乡土，闽南华侨开始全面参与各种地方公共事务，逐渐形成了新型的社会权势集团。

① 参见黄秀琅（猷炳）《古檗山庄题咏集》，1917 年版。

闽南华侨对侨乡事务的参与，早在清初已见端倪，但当时华侨不能自由回国，只能为侨乡事务提供资助，自然也就难以形成社会权势。例如，厦门青礁慈济宫现存一通立于康熙三十六年（1697）的《吧国缘主碑记》，述及清初迁界时“庙成荒墟”，复界后乡人重建庙宇，“赖吧国甲必丹郭讳天榜、林讳应章诸君子捐资助之”。碑末注明：“甲必丹林讳应章、美锡甜马讳国章同议，将吧国三都大道光缘银（捐出），丑、寅二年共交银四百二十两。”[①] 当地原属海澄县三都，大道光（公）即青礁慈济宫的主神保生大帝。这说明，当时在荷属巴达维亚的海澄华侨中已有崇拜大道公的仪式团体，其首领即担任华人甲必丹、美锡甜的林、马等人。在此次建庙过程中，海外华侨只是作为“缘主”出现，而主持建庙的“首事”则是当地的颜氏士绅。与此同时，同安县文圃山龙池岩也在复界后重建，住持僧人专程前往海外各地，“募诸外国大檀越”。据说，当时巴达维亚的华侨“闻风协兴”，不仅捐款助建，还催促住持僧“速归”。在碑上题名的华侨，除巴达维亚的“檀越主”郭天榜等人之外，还有雪佛兰、美硕甘、安问、万丹等地的“缘首”。[②] 这一时期，海禁初开，华侨与侨乡之间的联系还较为密切。到康熙五十六年（1717）禁航南洋之后，不许华侨归国的禁令日益严厉，此类记载也就不多见了。

闽南华侨在侨乡政治舞台上的首次亮相，当属咸丰三年（1853）爆发的小刀会起义。小刀会为天地会的分支，清代主要活动于海外华侨社会中，晚清时期传回闽南侨乡。咸丰元年（1851），奉旨回乡督办团练的泉州籍御史陈庆镛，在《请办闽省会匪疏》中说：“窃惟福建漳州府属之龙溪、海澄等县民人，多往苏禄、息力、吕宋贸易，每就彼国娶妻生子，长成挈回。其人俗谓之‘土生子’，向在外洋敛钱，聚会成风，乃挟其故习，沿及漳州各属，以至厦门，结为小刀会，亦曰天地会。”[③] 闽南小刀会的创始人陈庆真，祖籍泉州同安县，出生于新加坡，后回乡经营洋货

---

① 郑振满、丁荷生：《福建宗教碑铭汇编》泉州府分册（下），福建人民出版社 2003 年版，第 1025—1026 页。

② 康熙三十五年《重兴龙池岩碑记》，郑振满、丁荷生：《福建宗教碑铭汇编》泉州府分册（下），第 1023—1024 页。

③ （清）陈庆镛：《请办闽省会匪疏》，《籀经堂类稿》卷 2，上海古籍出版社 2002 年版，第 493 页。

生意，往返于暹罗、广东等地。道光末年，陈庆真因生意亏本，受雇于厦门某洋行，遂纠集同乡 12 人组成小刀会，不久后又潜往同安、龙溪、海澄交界处发展会员。又有厦门人陈罄，“与同安县属白礁乡王泉，倡造谣言惑众，谓伊有神术，自可通天，能入会者免罪。于是石美、海沧、白礁各乡贩洋者，咸受其煽惑”。实际上，小刀会最初只是民间互助组织，“谓入会，则上至省城，下至广东，皆有资粮相助，免至乏食”，因而对贫民颇有号召力，“不数日间，入会者已近数万人”。① 清政府从一开始就对小刀会实施镇压，陈庆真等主要骨干被捕遇难，其余会员逃往闽南各地。太平天国定都南京后，闽南小刀会随之闻风而起，其主要领导人为海澄县归国华侨江源、江发兄弟和同安县侨属黄得美、黄位等人。黄得美的父亲早年侨居三宝垄，致富后回乡置有产业，但却被官吏勒索巨款，又强派为漳泉盐商，亏损达 80 万元。因此，黄得美早有谋反之心，入会后不断提供资助，积极推动武装起义，后被推举为起义军首领。闽南小刀会最盛时，曾攻占漳泉地区 11 县镇，并在厦门建立了政权，但半年之后就被镇压了。小刀会起义失败后，余部逃往南洋及台湾，其后人有的成为华侨富商。如印度尼西亚糖王黄仲涵的父亲，就曾任小刀会的军需官，后逃至爪哇，定居于三宝垄，由经商而致富。②

闽南小刀会作为华侨与侨属领导的反清起义，在中国近代史上具有特殊的象征意义。由于清政府长期歧视和压迫海外华侨，其结果是导致他们的强烈反抗，为自己培养了掘墓人。此后孙中山领导的反清革命运动，就是以南洋为主要策源地，以海外华侨为坚强后盾。据说，孙中山曾称华侨为“革命之母”，这可以说是他对毕生斗争经验的高度总结，但似乎并未得到学术界的充分重视。笔者认为，当我们论及中国近代政治革命的动力机制时，应该特别关注海外华侨的生存状态与革命意志。这是因为，海外华侨同时受到国内外的双重政治压迫，因而也就必然成为“反帝反封建”的急先锋。

晚清时期，洋务派官僚为了借助于海外华侨的经济实力，开始派员

---

① （清）陈庆镛：《请办闽省会匪疏》，《籀经堂类稿》卷 2，上海古籍出版社 2002 年版，第 493—494 页。

② 李国梁等：《华侨华人与中国革命和建设》，第 243—244 页。

巡视南洋各地，动员华侨报效祖国。光绪九年（1883），郑观应奉粤督岑毓英之命，率先前往暹罗、金边、西贡等地考察华埠社会，回国后写成《禀醇亲王为拟收服南洋藩属各岛华侨以固边圉事》，提出了利用华侨加强国防的建议。中法战争期间，闽督左宗棠、杨昌浚等，也曾委托暹罗侨商陈金钟在南洋劝办海防捐。光绪十二年（1886），王荣和等奉两广总督左宗棠之命，巡历南洋各部及澳大利亚新金山等地，回国后指出新加坡华商最为富有，经营南洋应以此地为重点。当时清政府已在新加坡设立领事馆，其主要职责是为清政府募集捐款。有些地方政府也派专人长驻新加坡，为本地募集华侨捐款。如光绪初年华北遭灾，山东巡抚派谢司马到新加坡劝捐；光绪十五年（1889）江南遭灾，两江总督派汪二尹为苏浙赈捐总局的代表，长驻新加坡筹办捐务。清末新政期间，又委派南洋富商张振勋为商务大臣，督办南洋华侨商会，劝诱华侨回国投资。①

为了使南洋劝捐富有实效，清政府还在海外大肆卖官鬻爵。中法战争期间，在南洋首开“海防新例”，准捐京官郎中以下、外官道台以下、武官游击以下的各类虚衔。据说，此例一开，当地“士民好义急公，输将恐后，核计指纳之项不下二百万”。② 光绪十三年（1887），《叻报》专门刊登了户部捐爵减价的消息，内称：“三品以上捐花翎二千两，四五品花翎捐银一千两，蓝翎需银五百两，均以实银上兑。”③ 此后，准捐范围越来越广，捐价也越开越低。这一做法对华侨富商颇有吸引力，有不少华侨因此而拥有绅士的头衔，满足了荣宗耀祖的心愿。如印度尼西亚富商黄仲涵，其父虽是反清的小刀会成员，生前还是捐了道员的头衔，而死后又由仲涵为之加捐了三品衔。因此，华侨富商对反清革命的态度并不积极，或是持观望态度。胡汉民曾说“南洋资本家不革命”，这也反映了晚清政府对海外华侨的政治影响力。当然，大多数华侨捐纳官爵只是为了自保，未必是真心效忠清王朝，或是决心与革命党人为敌。

清末为了鼓励华侨回国，专门在沿海各地设立“保商局”，为归国华侨服务。光绪二十五年（1899），闽浙总督许应骙奏请设立厦门保商局，

---

① 参见庄国土《中国封建政府的华侨政策》。

② 《叻报》，1888 年 4 月 11 日。

③ 《叻报》，1887 年 10 月 24 日。

清廷准其所请，诏曰：“闽民出洋者，多籍隶漳泉，以厦门为孔道。此项民人不忘故土，偶一归来，则关卡苛求，族邻诈扰，以致闻风裹足，殊非国家怀保小民之意。着准其于厦门设保商局，遴选公正绅董，妥为办理。凡有出洋回籍之人，均令赴局报名，即为之照料还乡。倘仍有各项扰累情事，准受害之人禀局，立予查办，以资保护，而慰商民。”① 此后，又谕令沿海各省推广福建之例，委任公正绅士办理此事。厦门保商局设立之后，由厦门海防道督办，由于所任非人，对往来侨商任意勒索，以至被称为“勒捐局”。光绪二十九年（1903），南洋闽商联名向商部上禀，“拟请奏派公正绅董驻扎厦门，办理保商局，务以联商情而苏民困”。② 商部接到投诉后，惩处了被指控的官员，但拒绝了侨商自选绅董驻厦的要求。当时商部正在筹设各地商务局，随之也就裁撤了保商局，其职能并入商务局。这一事件反映了闽南侨商保护自身权益的集体抗争能力，对此后闽侨联合干预侨乡事务具有深远影响。

晚清至民国时期，在海外华侨的大力捐助下，闽南侨乡出现了建设高潮。光绪二十三年（1897），印度尼西亚华侨黄志信捐资修建同安灌口至前场的官道，长达 5 里多，全部用石板铺设路面。光绪年间，永春县华侨李士祚捐资重修东关桥，其子李俊承于 1923 年又再次重修。民国初年，海澄县浮宫镇遭海潮侵蚀，印度尼西亚华侨郭美丞等捐黄金 200 两，购买万吨旧轮运石填海，筑成长坝，以阻海潮。这些大型的公共工程，原来照例是由官府或士绅发起修建的，自晚清以降则主要由华侨或侨眷主持修建，由此不难看出当地社会权势的转移。

在近代闽南的市政建设与交通运输、新式教育等公共事业中，海外华侨也发挥了主导作用。1920 年，厦门成立市政会，商请台湾归侨林尔嘉为会长、印度尼西亚归侨黄奕住为副会长，统筹市政建设工程。1937 年，厦门海外华侨公会在《呈福建省政府文》中说：“查厦岛自开辟马路，改良新市区，旅外华侨不惜以多年勤劳累积之金钱，返回投资，重金购买地皮，建筑新式房屋，繁荣市区，提高厦岛地位。虽政府提出有

① （清）王先谦、朱寿朋编：《东华续录》光绪朝卷 153，上海古籍出版社 2002 年版，第 138 页。

② （清）王先谦、朱寿朋编：《东华续录》光绪朝卷 184，第 416 页。

方，如非华侨热心桑梓，踊跃投资，则建设新厦门恐非易事。"[①] 闽南华侨对城乡交通运输的投资，始于1905年创办的漳厦铁路公司，当时共募集华侨投资200余万元，于1910年建成通车，全长28公里。1919年，漳州与泉州华侨分别组成始兴公司和泉安公司，开始投资于公路运输事业。1930年，据闽南汽车公司联合会报告，漳泉两地共有23家汽车公司，建成公路1691里，总投资400余万元。其中华侨投资所占比重，在泉州为70%，在漳州为50%。[②] 闽南华侨创办的新式学校，始自光绪元年（1875）厦门华侨曾广庇创办的龙山女子学堂，至清末已达40余所，民国时期更是遍及城乡各地。据1935年晋江县政府统计，全县年教育经费共47.4万元，县政府只提供3万元，其余44.4万元由华侨捐助，约占93.7%。[③] 太平洋战争爆发后，由于侨汇断绝，导致闽南侨乡的大多数学校都停办了。

近代闽南的慈善机构与救济事业，也大多是由华侨创办或赞助的。道光二十四年（1844）创办的晋江县安海养生堂，是近代闽南最早的育婴机构。安海养生堂的创始人倪子范是贡生，同时也是侨属。他首先从南洋募集捐款，然后在安海镇内购买了36间店铺和住宅，以所得租金为育婴堂经费。受其影响，晚清闽南各地都设立了由华侨资助的育婴堂。[④] 光绪三十一年（1905），晋江流域发生了罕见的大水灾，受灾范围波及晋江、南安、安溪三县。灾后设立的筹赈局，从一开始就以华侨为主要筹款对象。据《泉郡赈灾征信录》记载，当时议定的救灾方案宣称："拟函达中外各商埠筹集捐款也……此番灾区之广，灾黎之多，官款民捐既属杯水车薪，惟有函达中外各商埠筹集捐款，庶几众擎易举，相与有成。各埠商贾，每不忘所自，身虽远出，素重乡情，忠信旅涉波涛，礼义生于富足。"为了广泛募集华侨捐款，筹赈局还专门在海外报纸刊登广告。在《征信录》中有如下记载："一、开坭、怡报广告五天，去银二十二元四角；一、开坭、怡、香江上报费，去银五元八角。"海外华侨果然不负

① 《厦门市政府公报》第24期，1937年4月。

② 李国梁等：《华侨华人与中国革命和建设》，第394—397页。

③ 同上书，第552—563页。

④ 参见蒋楠《近代泉州的慈善事业与侨乡社会变迁》，硕士学位论文，厦门大学历史学系，2005年。

众望，先后共捐款 3 万余元，约占筹赈局募款总数的 80%。在此次赈灾活动中，委任蔡资深、黄猷炳等华侨富商为“办理绅董”，在海外各商埠也委任了一批“劝捐绅董”。此外，在事后发布的《泉郡赈灾奖叙录》中，还表彰了一批海外华侨社团和慈善机构，如槟榔屿平粜局、吕宋闽帮公所、怡朗闽帮公所、安南闽帮公所、大吡叻闽帮公所、小吡叻闽帮公所、新加坡天福宫、实叻平粜局等。[①] 这说明，在清末闽南侨乡的公益事业中，海外华侨已经开始担任主角。

创办于光绪二十年（1894）的泉州花桥善举公所，是近代闽南最著名的慈善机构。该公所前身为泉郡施药局，是由花桥慈济宫主办的慈善机构，改为善举公所后增设了“度岁”“恤嫠”等救济项目，民国时期又增设“养济”“平粜”“施棺”等项目，抗战时期专门设立“筹赈会”，曾连续施赈 15 次，惠及众多战时难民。公所的首任董事长为进士黄抟扶、次任董事长为举人陈仲瑾，他们都是清末民初泉州的著名士绅，但公所的主要经费来源及董事皆为南洋华侨。根据 1925 年的《泉州分给度岁覆实录》记载，当年所收捐款 12213. 5 元中，菲律宾各埠共捐 5342. 5 元，印度尼西亚各埠共捐 2264 元，安南各埠共捐 1367 元，新加坡捐 200 元，南洋救乡会捐 300 元，海外华侨捐款约占总数 80%。此外，公所下属施棺局的经费，历来都由新加坡董事会提供；抗战时筹赈会赈济华侨难民的经费，主要是由港菲平粜会提供。[②] 1949 年后，这一慈善机构仍继续存在，但先后改名为爱国赠药处和泉州市赠药处，其救济范围及规模都大为缩小。泉州花桥善举公所作为华侨资助的民办慈善机构，从清末一直延续至今，集中反映了闽南华侨参与侨乡公共事务的传统与特色。

在近代闽南侨乡的地方政局中，华侨、归侨及侨眷具有举足轻重的影响。辛亥革命前，已有不少闽南华侨参加了同盟会、光复会等反清组织，积极开展筹款活动，并派人回乡策划起义。闽南地区辛亥革命的主要领导人，都是从印度尼西亚、新加坡、缅甸等地归国的革命党人。1911 年年底，厦门辛亥革命的领导人王振邦在《光复厦门漳泉永纪略》中说：“振邦自科举停止，在丰州官立学校肄业一年，丁未夏出南洋，在

① 《泉郡赈灾征信录》卷 1，厦门图书馆藏。

② 《花桥善举公所 · 乙丑年全州分给度岁覆实录》，花桥赠药处义诊所董事会藏。

新嘉坡与汪精卫、田桐海二先生联盟革命。至己酉到爪哇泗水埠，适桐海先生来游斯土，即与蒋开远、杨邦超、邓寿南、蒋以芳、杨俊明组织书报社，设演说会，立为机关……及辛亥三月十六日，同杨杰、陈又让抵粤省起义不就，因思厦门为通商口岸，闽省海口之要辖也，故四月初七日回厦门。”这就是说，闽南革命党人先在海外设立领导机关，再到国内发动起义。在辛亥革命之前，厦门、泉州等地都设立了策划起义的秘密机关，而在武昌起义爆发后，“时有爪哇泗水书报社总理蒋君保和暨诸议员，佥举代表王少文、财政蒋以芳携带巨资抵香港，将助内地响应之需，先派杨启进、陈子山到厦门帮忙”。当时，福州省城尚未光复，也向闽南华侨求助。“九月初八日，福州同盟会友祁君喧自省来厦，与邦商及福州将欲响应，而艰于财政，奈何？在南洋诸华侨谓厦地为通商口岸，且关漳泉桑梓之邦，宜先光复，而后图及上下游诸府。祁喧谓福州为闽之领袖，一经光复而上下游诸府从焉……于是，将泗水汇到之款，九月十五日先拨二千元付祁喧带回助福州光复之用。九月十九日福州光复，越日再汇五千元，由祁君喧经手转交军政府。”在闽南地区，由于清政府的官吏大多已逃离或反正，革命党人的当务之急是筹集军饷，维护社会秩序的稳定。当时最复杂的是建官设治，经反复商议，“众谓厦门乃福建南部之区，光复之举由南洋华侨前来组织，议定名称为南部分府”。此后，厦门政权由省府派员接管，参加辛亥革命的华侨大多功成身退，但有不少仍留居国内，以各种不同方式参与侨乡事务。①

民国初年，袁世凯试图实行独裁统治，孙中山相继发动了二次革命和护法运动，闽南华侨也积极响应，支持广州军政府驱逐北洋军阀。1918 年年初，孙中山委任台湾归侨林祖密为闽南军司令，同时任命方声涛为征闽靖国军代总指挥、陈炯明为援闽粤军总司令。林祖密于 1915 年参加中国革命党，曾在厦门策划反袁起义，失败后转赴广州参加护法运动。受命回闽后，他先在厦门鼓浪屿组建了闽南军司令部，又在漳州文昌宫设立闽南军随营学校，派人赴漳州各地收编民军和土匪，很快就控制了华安、长泰、龙溪、南靖等县。1919 年，陈炯明为了扩

① 王振邦:《光复厦门漳泉永纪略》，泉州市政协文史资料研究委员会编:《泉州文史资料》第 9 辑，1981 年版，第 36—40 页。

张实力，强行将闽南军缴械改编，林祖密交涉无效，转而推动“全闽自治”运动。1920 年，林祖密在鼓浪屿和归侨黄奕住、林菽庄等倡导组织了“福建自治研究会”。与此同时，福建民军首领张贞、许卓然、秦望山等也发起组织了“福建自治促进会”，在厦门以“福建自治军”名义发表《自治宣言》，提出了“闽省自治”和“闽人治闽”的口号。于是，自治的呼声遍及海内外。福建省议员还拟定了《福建省实施自治方案》，闽南的南安、永春、德化、仙游等县则率先实行自治。然而，由于闽南民军各部山头林立，无法联合推翻北洋军阀的统治，自治运动也就无疾而终了。1922 年，福建督军李厚基下台，孙中山委任林森为福建省省长，遭到民军首领张贞等联名反对，孙中山函示：“惟福建省长一席，闽海外华侨同志多嘱望子超（林森字）。”张贞等只好作罢。[①] 这说明，当时即使是拥兵自重的地方实力派，也必须顾及海外华侨的政治态度。

20 世纪 20 年代，闽南民军相互倾轧，军纪败坏，严重扰乱了侨乡社会经济秩序。1924 年，菲律宾华侨李清泉、王泉笙等发起组织“南洋闽侨救乡会”，倡议海外华侨共同干预侨乡事务，改良地方政治。1925 年，在鼓浪屿召开各属华侨代表大会，共同商议救乡事宜。1928 年，菲律宾华侨向南京国民政府请愿，强烈要求“改革闽政”，尤其是“解散土匪式之军队，化兵为工”，其矛头直接指向由民军起家的地方军阀。当时泉州国民党元老许卓然也认为，必须清除闽南军阀陈国辉、高为国等，“以慰侨望”。由于南京国民政府未能及时采取有效措施，遂使海外华侨决定另寻解决办法。1931 年淞沪抗战后，福建华侨发起了请调十九路军入闽的运动。菲律宾华侨为此成立了“闽侨救乡会”，新加坡、马来亚等地华侨也随之响应，呼吁请十九路军入闽“拯救桑梓”，肃清匪患，刷新地方政治。1932 年 6 月，在香港召开了“福建海内外民众团体代表联席会议”，通过了欢迎十九路军入闽等救乡议案。会后，推举代表到广州拜见蔡廷锴等，面呈请愿书及救乡决议案，商定了十九路军入闽的有关事宜。十九路军入闽后，镇压了闽南军阀陈国辉、高为国等部，改组了福

① 林凡：《“闽南军事件”与林祖密遇害》，福建省政协、泉州市政协、漳州市政协文史资料委员会编：《闽南民军：福建民军史料选编》，福建人民出版社 2001 年版，第 1—7 页。

建地方政府，邀请海外华侨共同参政。1933 年 11 月，十九路军发动“闽变”，通电“反对卖国的南京政府”，宣布成立“中华共和国人民革命政府”。但为时不久，“闽变”失败，闽南华侨的“救乡”理想也就随之破灭了。[①]

在民国初期的政治动乱中，闽南华侨为了保境安民，大力支持侨乡的武装自卫组织，导致了社会控制权的不断下移。例如，泉州城郊的《树兜乡自卫小史》记载：“民国六年四月间，乡中就盛传永春方面有民军要开来，攻打泉州北军，乡中富裕侨户如蒋报企、蒋报察、蒋开远、蒋报笼等的眷属，相率迁居鼓浪屿，认为是‘万国租界地’，南北军不敢侵犯……因讨论决定创办冬防大社，有钱出钱，有力出力，由各房长出面向侨户筹募经费，常月捐每月募得一百多元。由蒋报团、蒋报才招集社丁，办理社务。”这种“冬防大社”主要是在本村组织巡逻与警戒，防范盗贼及土匪。1920 年，当地乡民与民军发生武装冲突，围歼了民军“汪连部”。为了抵御民军的报复，开始组建“联乡保卫团”。据说：“打汪连的消息传至厦门鼓浪屿，我乡合泰号蒋报察之侄以守，立即来泉州明新钱庄找蒋报企，协商正式成立乡团。当时报察财力与报企不相上下，彼此同意共同负责，各付五千元，合共一万元，作为乡团临时经费。以守又到城里找乡人蒋以麟，同回树兜筹办乡团事务。按地形组织，深坑一区，大下尾与都下一区，杏埔、田后、长福一区，延陵与下三乡傅一区，树兜至浮桥街一区，共组成五个区……各区各自选举负责人成立，总名定为‘晋南联乡保卫团’。”这一“乡团”地跨晋江、南安二县，实际上具有军事联盟的性质。由于这一联盟由树兜华侨发起组织，“总团部”设于树兜明新学校，“经费全部由树兜乡负责”。1923 年，“乡团停办”，树兜乡“仍办冬防大社”。1926 年 7 月，土匪进村绑票未遂，“乡人将冬防大社击退土匪，夺回蒋子俊兄弟事，函告旅泗同乡。泗水乡侨认为家乡情景如此，为保卫乡里安全计，必须长期办民团，方得无虑”。于是，“海外又再发动募捐，作为长期经费，乡中得此消息，自卫之心更强”。此后不久，北伐军入闽，发动乡村组织农民协会，树兜即以“社丁

① 参见王铭铭《逝去的繁荣：一座老城的历史人类学考察》，浙江人民出版社 1999 年版，第 345—349 页。

签名”为会员，而又改称冬防大社为“农民自卫军”。1927 年国共分裂后，农民自卫军改称“晋南民团”。1930 年，晋南民团围攻泉州驻军高为国部，“泗水乡侨怕再生事端，对民团经费不再支持，树兜民团也就无形解散了”。①

《树兜乡自卫小史》的作者蒋报捷，原是泉州著名侨乡树兜村明新学校的教员，后应邀担任晋南联乡保卫团的“财政”和晋南民团的“董事”兼“外交”。上文主要是他对亲身经历的追述，经后人整理而成。这一难得的口述史资料，生动地记述了民国时期闽南侨乡的社会动态，从中也不难看出华侨与侨眷在地方公共事务中的影响力和控制权。

四 闽南侨乡的社会文化传承

晚清至民国时期，中国知识界经历了“中国意识的危机”。从废除科举、提倡新学到新文化运动，新兴的知识精英无不以反传统为荣，乡土社会文化传统逐渐受到摒弃。然而，在海外华侨和侨乡社会中，乡土社会文化却被视为安身立命之本，不仅未受到冲击，反而得到了强化。这是因为，海外华侨大多来自社会底层，与乡土社会文化有着千丝万缕的联系。他们不同于旧式的士绅阶层与新式的知识精英，较少受到主流意识形态与国家认同的困扰，而又深受乡土社会文化传统的熏陶。海外华侨社团的组织形式，大多是植根于侨乡社会的同乡会与宗亲会，因而华侨对侨乡事务的参与，也大多是借助于各种既有的乡族组织。由于近代闽南华侨在侨乡社会中占据主导地位，遂使乡土社会文化免遭“现代化”的冲击，得到了持续不断的传承与更新。

在闽南各地的寺庙、祠堂等公共建筑中，至今仍可看到大量华侨捐资修建的碑记，其中大多立于晚清至民国时期。这说明，在海外华侨的大力支持下，近代闽南侨乡的社会文化传统得到了有效的保护。1937 年，莆田涵江车辂境华侨倡捐重修社庙仙宫堂，事后立碑记云：“恭惟本宫崇奉慈济真君、文武诸神，灵昭车辂，化及夷邦。但念众等食谋外

① 蒋报捷:《树兜乡自卫小史——创办冬防大队、乡团、民团的始末》，泉州市政协文史资料研究委员会编:《泉州文史资料》第 10 辑，1982 年版。

国，利涉重洋，常［蒙］呵护之恩，每荷帆幪之德……是以同心纠集乐捐，乃率乡人协力，兴工重葺，添新改换，略可壮观，幸已落成。”与此同时，又在碑末刊立禁约：“照得仙宫重地，首应严肃威仪，兹经全乡公议，列定宫禁刻碑。凡属宫阙内外，清洁共为保持；若逢早冬收成，禁止堆积谷物；附近左右邻舍，毋得填塞木藤；周围地土树木，切勿动掘伐蔡。如是观瞻可壮，附告俾众周知。各宜凛遵，合行须至碑者。”① 这一由海外华侨树立的碑记，集中反映了侨乡社会文化的地方特色与传承机制。

在闽南侨乡的族谱中，记载了大量华侨捐助公益事业的资料，其中大多与乡族事务有关。例如，1941 年续修的《永春鹏翔郑氏族谱》记载，十七世金亲，“为人老成持重，里有纷争，善为排解。侨居马来亚，经营实业，关怀桑梓，鼓吹教育、文化及公益、慈善等事业不遗余力，历任族校驻洋校董会主席。民国乙丑举募族校基金与丁丑重修谱牒，均赖君之策划，以底于成。现任家族会顾问”。十八世开炉，“为人慷慨，重公益，为族校在洋雪兰莪港口校产付托人。民国丁丑重修谱牒，捐资策划，颇为努力，膺家族会副主席”。十八世开杉，“同盟会会员，竭诚党国，热心教育，历任侨校总理及鹏翔小学校董，家族总会执监委员，对族谱重修甚见努力”。十九世有柞，“侨寓南洋槟城，历任钟灵学校协理，光华日报董事，永春会馆副会长、荥阳堂总理”。十九世成份，“鉴族校图书仪器缺少，慨捐多金为助。荣膺福建省政府咨议、国民革命军第五路军顾问，竭诚效忠党国。岁丁丑重修族谱，捐款四千元，并向族侨劝募，不遗余力，在侨界颇负声望。现任英属霹雳怡保福建公会会长、家族总会主席及鹏校董事长，充基金达一万元”。二十世应珏，“曾任总统府顾问、国民政府华侨委员会顾问及家族总会执委、鹏翔小学校董，捐助族谱经费六百元”。二十世天送，“国立杭州艺术专科学校毕业……岁丁丑旅居马亚，族侨建议重修谱志，赖君之力尤多。其关心桑梓，慷慨捐输，率能克承先志。现任驻洋鹏翔小学校董及家族总会主席”。二十二世维忠，“泉州私立培元中学旧制毕业，曾任鹏翔族校校长，历任家族总会驻

① 郑振满、丁荷生：《福建宗教碑铭汇编》兴化府分册，福建人民出版社 1995 年版，第 368—369 页。

洋通讯处执委兼文书”。[①] 如上所述，鹏翔郑氏在海内外都设有家族组织、家族学校及教育基金，而主要家族精英几乎都在海外。由于海外华侨无不热衷于乡族事务，这就为侨乡社会文化的传承提供了有力的保证。

在近代闽南侨乡社会文化的传承过程中，侨眷、水客与本土士绅也发挥了重要作用。如《永春鹏翔郑氏族谱》记载，十八世开炉“配林氏，热心桑梓，捐助谱牒经费一千元”；十八世兆弄“配林氏，诰赠安人，贤淑慈善为怀，年近期颐，寿辰捐助族校国币一千元”；十九世廷丙“配苏氏，热心谱务，捐款二千元”。[②] 又如，《郑母贞辉林安人墓志铭》记述：“太君虽不知书，而深明大义，居恒劝诸子致意于社会国家慈善公益。如在大羽自办高小国民学校，十年中费以万计；岛居两次捐筑商民学舍五千金，间或输捐中外各校者为数颇多。至若捐助留产医院、孤儿院、贫儿教养院，以及社团一切义举，或以千计，或以数百计……他如营祠庙、修筑桥路、民国廿六年九秩寿辰多量施赈白米，以至最近购机购债，救灾救国，均慨出巨资为群侨倡。”[③] 由于当时侨乡妇女大多主持家政，因而在乡族事务中的影响力也是不可忽视的。

所谓水客，主要经营侨批业，但由于常年往返海内外，在乡族事务中处于特殊地位。例如，石狮市永宁《金埭黄氏家谱》记载，十五世当赤，“往来垊邦，受人委托，以信相孚。垊族人每岁所捐祭费，君历年为先带来，以赴费用，祀典得以无旷。祖事有不敷者，君亦时与鸠捐。其尊祖敬宗之心，有出于情不能已者。后日维持祖宗之事，亦于君寄其任焉”[④]。永春县《桃源前溪周氏族谱》记载，十九世华（字联坠），“少年营商于南洋，比壮以欲兼顾家庭，改执邮传业，年可往回三、四次，获利比在洋尤丰……丙辰、己未间，乡中修谱，华收回捐款，视为应尽之义务，不取工资。仁房河婶孀居无子，华怜其苦节，向南洋叔侄代陈状况，为募金买一子，以为之嗣，乡里称之”[⑤]。另据永春县《儒林宋氏族

① 庄为玑、郑山玉主编：《泉州谱牒华侨史料与研究》上册，中国华侨出版社 1994 年版，第 115—194 页。

② 同上书，第 120、136、162 页。

③ 同上书，第 200—201 页。

④ 庄为玑、郑山玉主编：《泉州谱牒华侨史料与研究》下册，第 610 页。

⑤ 庄为玑、郑山玉主编：《泉州谱牒华侨史料与研究》上册，第 208 页。

谱》的《宋世勋先生事略》记载："先生营商南洋多年，交游甚广，信义昭著，乃改执邮传之业，累赀巨万。修祠宇，置祀业，遣子出洋留学，在乡兴办学校。倡修义龙坝长百余丈，因溪流湍急，五次始成，为街尾乡之屏障。儒林宋氏自元季由莆分支入永，仅于清初与莆田合修族谱一次，迄今又阅二百余年，先生倡议重修，亲赴南洋募捐，并董其事。其它如修桥造路，恤孤寡施穷等一切公益之事，亦无不慷慨捐资，毫无难色。"[①] 这些水客在海内外都有广泛的社会联系，对侨乡社会文化传承的作用也是不可替代的。

民国时期，闽南侨乡的传统士绅大多前往海外谋生，或是专门负责侨乡事务，成为海外华侨的代理人。例如，永春县《桃源前溪周氏族谱》记载，附贡生双喜，"少年入泮，具有干济才，迫于家计，往南洋谋生数年。自壮岁回归，族中事得其调济，虽纠纷无不了解，公由是以担当族事自任……与李牧树敏、王知事震丰最相得，尝举为禁烟局坐办，处理有方，成绩颇著。岁丙辰，族中有修谱之议，公集各房长商酌，举公代往南洋募捐，一方面在祠开局，分任各房读书人采辑历代昭穆、生卒，而公总董其事，虽未完备，而世次已昭然无缺"。州廪生永梭，"癸卯赴乡闱，留省从名儒谢叔元游。嗣以家计困难，改营商业。民国丙辰，乡中提议修谱，公举赴南洋募捐，事毕遂在洋营业。丙寅回梓，佐举人郑翘松纂修县志，并被举为永春华侨联合会正会长。丁卯、戊辰，任家族修谱主纂"。[②] 在海外华侨的支持下，这些士绅对乡族事务仍有较大的影响力，自然也有助于侨乡社会文化的传承。

近代闽南华侨在维护乡土文化的同时，也力求破除陋俗，与时俱进。1915 年，晋江县金井村华侨发起创设"围江新民村"，就是为了突破"风水"观念对侨乡建筑的束缚。据《围江建屋碑记》称："我国各处风俗殊异，即卑如吾乡，更为俗尚所拘囿，无开放之一日。故无论寻常之户，或富户之家，偶架数椽御风雨，偶筑层楼以栖迟，靡不为旁人触目而生心，任意以阻扰。借口夫高压迨伤，遏止于附近地脉。是诚惑方士之说，迷信堪舆，不觉挟全力以争锋，势成敌垒。非簿对于公堂，即械

① 庄为玑、郑山玉主编：《泉州谱牒华侨史料与研究》上册，第 222 页。

② 同上书，第 211、212 页。

斗于乡里。营一室而未成，已挥金乎累累；筑一楼而未就，遂铲地至平平……同人有见于此，惄焉心伤。爰邀乡中人众，团结一社，颜曰‘围江新民村’。阖会讨论慎重，再三订立规则，俾知率循。所有充费资挹注，划为本村教育公益之用，呈准官厅，示遵在案。从此除积弊于往昔，开便利于未来。庶他日者在地人众、归国侨胞，凡有架筑楼台，泯争端于雀角；营建屋宇，得长庆乎鸠安；共井同乡，亲仁笃爱；比户聚居，良好感情也。”① 1916 年，晋江县归侨黄秀烺营建家族茔域，据说也是为了破除“风水”陋俗。时人论曰：“闽俗重风水，恒有亲没数年，而宅兆未卜者。盖惑形家言，不惮停葬择圹，以希冀不可知之富贵。甚矣！其愚也。海通以来，泉漳人士多商于南洋，富而归者，营置田宅之外，益致力于造茔，以为报亲之道，宜尔。然往往以风水故，酿私斗，起讼狱，因而辱身荡产，视故国为畏途者有之……今先生一举，可使其子孙世世祭于斯，厝于斯。无形之中，以敬亲睦族者贻远谋，矫恶俗，其所化顾不大哉！”黄秀烺此举，据说是“慕西人族葬之制”，也有的论者比附为“《周官》所记族坟墓者”，在当时可谓好评如潮，被视为“移风易俗”的壮举。②

近代闽南侨乡的主要社会问题，是盛行以宗族组织或村社联盟为主体的乡族械斗。清末泉州士绅吴增在《泉俗激刺篇》中写道：“蔑天理，无人心，械斗祸最深。彼此同一乡，既分大小姓，又分强弱房、东西佛、乌白旗，纷纷名目何支离。械斗祸一起，杀伤数十里。死解尸，冢发骨，乡里毁成灰，田园掘成窟，伤心惨目有如是，不知悔祸不讲理。劝君快设小学堂，学堂不兴祸不止。”③ 民国时期，有不少闽南华侨致力于调解乡族矛盾，试图破除械斗的恶习。1936 年，晋江县池店旅菲高登同乡会为了禁止械斗，在村庙元帅府中立碑云：“本乡在昔理学代兴，文人辈出，乡党交游，绝无间言。不知至何时代，始有强、弱房之分，即今张、吴六社是也，动辄炮火相见。推厥原由，皆为无知乡顽，拘于成见，以

---

① 郑振满、丁荷生：《福建宗教碑铭汇编》泉州府分册（中），第 473—476 页。

② 杜翰：《古檗山庄图记》，郑振满、丁荷生：《福建宗教碑铭汇编》泉州府分册（中），第 489 页。

③ 泉州市民政局、泉州志编纂委员会办公室编：《泉州旧风俗资料汇编》，1985 年版，第 111 页。

致代远年深，此病未能蠲除……是以从事组织农会，集各姓之绅耆，促团结于实现。成立以来，人心皙向，从前恶习，消灭殆尽。咸谓废除前例，此其时矣。夫欲永久不蹈覆辙，必须宣誓。所以公请石狮城隍爷莅乡作证，俾乡人有所顾忌，以后不敢妄自开衅，此亦一种警戒之法。然是日也，和气之声喧腾里巷，不可谓非乡运重新之表现。苟能长此不渝，乡情益洽，谦恭敬让，则紫阳之雅化不能专美于前，邹鲁之淳风可以重见于今日矣。”此碑题为《废除强弱序》，而在碑末刻有誓言：“发生强弱，绝子灭孙！”[①] 由此可见，当时海外华侨为了破除乡族械斗的恶习，仍是借助于侨乡原有的信仰体系与仪式传统。

近代闽南侨乡的社会文化变迁，由于受到了海外华侨的深刻影响，因而也具有明显的国际化趋势。然而，由于海外华侨社会与原籍侨乡社会具有高度的同构性，因而在海外华侨参与侨乡事务的过程中，大多也是借助于原有的乡族组织，遂使乡土社会文化传统得到了强化和延续。换言之，这种以海外华侨和侨眷、水客、本土士绅为中介的国际化进程，为乡土社会文化传统注入了新的活力，使之具有更为鲜明的地方特色。

五 结语

自明清以来，由于私人海外贸易的发展，闽南地区的社会经济已经日益趋于“国际化”，到海外谋生成为本地居民世代相承的历史传统。然而，由于晚清以前的历代政府不允许华侨回归故乡，海外移民社会一度得到相对独立的发展，具有脱离本土社会的倾向。晚清至民国时期，由于允许国民自由出入境，海外华侨与侨乡的联系日益密切，促成了闽南华侨的跨国生存状态。

近代闽南侨乡的生计模式，主要依赖于来自海外的侨汇收入。无论是“两头家”的生活方式、侨汇业的发展，还是归侨和侨眷投资置产的热潮，都反映了闽南侨乡与海外世界的密切联系。然而，对于大多数闽南华侨而言，尽管他们的经济活动主要在海外，但他们的根却始终留在原籍，侨乡才是他们安身立命的最后归宿。因此，近代闽南华侨特别关

---

① 郑振满、丁荷生：《福建宗教碑铭汇编》泉州府分册（中），第563页。

注侨乡建设，热衷于参与地方公共事务，逐渐由“海外弃民”演变为“地方精英”。

在近代中国特殊的历史环境中，由于传统的士绅阶层日益没落，新式的知识精英离弃乡土，海外华侨开始登上了侨乡政治舞台，形成了新型的社会权势集团。从太平天国时期的闽南小刀会起义，到辛亥革命、护法运动、福建事变，闽南华侨都扮演了主要角色。民国初期的政治变革和社会动乱，促成了闽南侨乡的自治化和军事化，导致了社会控制权的下移。近代闽南华侨提出的各种“救乡”方案，实际上都是为了推进地方自治运动。

在近代闽南侨乡的现代化建设与地方公共事务中，海外华侨具有举足轻重的影响。由于海外华侨社会与原籍侨乡社会具有高度的同构性，闽南华侨参与侨乡事务也大多是借助于原有的乡族组织，遂使乡土社会文化传统得到了强化，在新的历史条件下不断延续与更新。在闽南侨乡社会文化的传承过程中，侨眷、水客与本土士绅作为海外移民的代理人，曾经发挥了重要的中介作用，其运作机制值得深入探讨。

如上所述，近代闽南侨乡的社会文化变迁，主要表现为国际化与地方化的同时并存。由于海外移民在侨乡事务中发挥了主导作用，近代闽南侨乡的国际联系日益密切，反而较少受到国内政治运动和主流意识形态的冲击。因此，在政治与经济日益全球化的今天，闽南的乡土社会文化传统仍然充满生机和活力。那么，究竟闽南的地方传统如何推进了国际化进程，而闽南的国际化进程又如何强化了地方传统？这无疑是更具挑战性的研究课题。由于篇幅的限制，本文只能论述近代闽南侨乡国际化与地方化的一般态势，至于二者之间的互动关系，还有待于今后更为深入的个案研究。

“声入心通”：清末切音字运动和“国语统一”思潮的纠结*

王东杰

语言文字是历史学家“日用而不知”之物，其在历史上的作用也因此常被忽视。实际上，至少对理解近代世界须臾不可离的民族主义来说，语言文字是不可忽略的。众多学者注意到，在欧洲，提升民众识字率和国语的建构都是民族国家成立的重头戏。当然，并不是每一个地区，语言文字在民族主义发展过程中都扮演着与在欧洲相似的角色，有些地区（如印度）的国语根本是外来的，但这也从另一个方向提示了“语言民族主义”的重要性。①

* 本文原载《近代史研究》2010 年第 5 期。本文系国家社科基金一般项目“中国近代国语运动研究”（08BZS033）的中期研究成果。张仲民、徐跃、陈默、翁若愚、张晓川等先生代为复制材料，谨致谢忱。

① 参考［美］本尼迪克特·安德森《想象的共同体》，吴叡人译，上海人民出版社 2005 年版，特别是第 5 章；［英］彼得·伯克：《语言的文化史》，李霄翔等译，北京大学出版社 2007 年版。需要指出的是，语言统一并不只是民族国家的特有问题。周锡瑞（Joseph W. Esherick）等注意到，在 15 世纪，语言已是西班牙“帝国得心应手的工具”。见 Joseph W. Esherick, Hasan Kayali, and Eric Van Young, “Introduction”, in Joseph W. Esherick, Hasan Kayali and Eric Van Young (eds.), *Empire to Nation: Historical Perspectives on the Making of the Modern World*, p. 3。而法国大革命的语言民族主义亦受到了此前天主教会统一语言观念的影响，见 David A. Bell, “Lingua, Populi, Lingua Dei: Language, Religion, and the Origins of French Revolutionary Nationalism”, *The American Historical Review*, Vol. 100, No. 5 (December, 1995), pp. 1403 – 1437。

相对于欧洲和北美，中国近代民族主义毋宁是后发现象。[①] 19 世纪末 20 世纪初，民众识字率和国语统一问题先后通过不同渠道引起了中国人的重视，并激发了一系列实践。问题是，西欧各国语言虽有差异，而均使用拼音文字，语言民族主义便主要体现在一种强势方言如何升格为国语及如何清理语言中外来影响等问题上，文字方面的争论并不怎么突出。为中国人所重视的另一个“文明国”日本虽号称与中国“同文同种”，却早有拼音形式的假名存在，因而尽管对于汉字存废也有过不小的争议，但矛盾的尖锐程度无法和中国相比。汉字主要是一种表意文字，与语音存在一定距离，语言和文字的问题互相交缠，使得近代中国面临的局势要复杂得多。

中国的语言统一与文字形式之争可以追溯到 19 世纪 90 年代初。其时一些中国读书人受到西人影响，认为汉字是一种象形文字，数目多，笔画繁，尤为重要的是，它不能直接反映口语状况，故而难以为人掌握，耽误了中国人对有用学问的学习。因此，欲图国家富强，首先要创造一种“我手写我口”的“切音字”。甲午战后，这一看法作为学战思想的组成部分，获得了越来越多的支持。庚子以后，鉴于政府救亡和改革均不成功，加上主权在民的观念广泛传播，思想界认识到救亡不能仅靠少数“人才”，而要依靠民众，尤其是“下流社会”。但民众的实际表现又使读书人感到忧虑，强调必须开发民智，才能使之成为真正的“国民”，而切音字作为塑造国民的重要手段更加受到重视，后来学者称之为“切音字运动”。[②]

---

① 近年有研究把近代中国国语追溯到中古时期佛教翻译及变文传统，见 Victor H. Mair, “Buddhism and the Rise of the Written Vernacular in East Asia：The Making of National Languages”, *The Journal of Asian Studies*, Vol. 53, No. 3（August, 1994）, pp. 707 - 751。这和一部分学者认为中国早就有民族主义的看法是一致的。不过，19 世纪末以后中国人开始“自觉”地向西人学习民族主义，恐怕才是更应注意的。

② “切音字”在清末或称“快字”“拼音字”“合声字”“简字”“串音字”“音标字”乃至“新字”等，名目众多。黎锦熙《国语运动史纲》（上海书店 1990 年版）以 1900 年为界，将之区分为“切音运动”和“简字运动”两个时期。倪海曙《中国拼音文字运动史简编》（上海，时代画报出版社 1948 年版）和《清末汉语拼音运动编年史》（上海人民出版社 1959 年版）则统称为“切音字运动”。考虑到“切音”二字更能代表其思想取径，且为了表述便利，本文取倪说。

由于强调文字应该直接反映声音，并刻意为不通官话的下层民众考虑，且也在无意中继承了传教士的做法，切音字运动兴起之初，出现了一大批拼写南方方言的切音字方案。这在一开始并未引起过多的质疑。但20世纪初，民族主义在中国迅速传播，统一国语以融洽民情、进而推动民众爱国热情的观念也流行开来，方音切音字被很多人认为不但无助于“言同音”，还破坏了“书同文”，因而受到激烈批评，但其支持者则强调方音切音字不但无阻反而有助于国语统一。另一方面，被诸多国语统一论者支持的官话音切音字也在一些地区遇到了类似的质疑，甚至直接影响到切音字本身的存在合理性。与官音切音字和方音切音字互相攻击同时，以象形为基础的汉字在历史上维持国家统一的作用也日益受到重视，“以文字统一语言”的思路受到越来越多的支持，切音字被罢黜了“字”的资格，成为一种标音符号。这都凸显出清末语言文字问题在民族主义观念映照下的错综歧出。

切音字运动一直被语言学家视为近代国语运动的发轫，给予了特别重视，黎锦熙、吴稚晖、罗常培、陈望道、倪海曙等人都曾做过讨论，尤以倪氏的论述最为详尽。[①] 唯这些论述虽多少注意到这一运动的社会指向，而重视严重不足。国语运动与“文学革命”的关联则历来受到文学史家的关注，近几年就有不少论著问世，切音字问题乃其中应有之义。在历史学界，早在20世纪40年代末就有一部讨论中国国语运动的专著问世，此后近60年中，又陆续出现了几篇论文，但至今仍处在“门庭冷落”的状态，对清末思想界围绕着切音字运动和语言统一关系

① 值得重视的研究除前揭黎锦熙、倪海曙著作外，还有方师铎《五十年来中国国语运动史》，（台北）国语日报1965年版；方祖燊《国语运动史》，台北，文史哲出版社1996年版；吴稚晖《三十五年来中国之音符运动》，《吴稚晖先生全集》第5卷，（台北）中国国民党中央委员会党史史料编纂委员会1969年版，第315—345页；罗常培《国音字母演进史》，商务印书馆1934年版；陈望道《中国拼音文字的演进》，《陈望道文集》第3卷，上海人民出版社1981年版等。

的争论做深度探讨的更是稀见。[①] 本文也只是一个初步研究的报告而已。

一 “言语文化”与切音字运动的兴起

19 世纪 90 年代，一批与西人来往密切的中国人对洋务运动以矿产、铁路、军械为富强之术的改革思路提出反对意见，强调国家的贫富弱强建立在人民识字率高下的基础上，这直接源自文字本身的难易程度，而后者又是由文字性质决定的。西洋各国使用的切音文字简单易学，汉字是象形文字，不易掌握。1896 年，一位谙熟英文的福建落第士子卢戆章比较了两种文字的差异：汉字有 214 部，切音字的字母仅数十个；汉字有几十种字体，切音字仅两种字体；汉字笔画多，切音字笔画简，且可连书；汉字总数有四万多，“虽曰有边读边，无边读上下，然音义多难准，逐字仍须口教”，切音字则只需将字母记熟，即可拼切成字，聪敏者不到一天即可学会，“至愚钝者亦不期月而能自读自切”。两相比较，“其难易不啻百千万倍也”。[②]

切音字易于识认，特别可以从日本的事例中看出来。“日语繁长”，日本人因“取华语之简便。故其言谈书籍，大半杂以汉语汉字”。然汉字既繁难如此，何以日本人学起来似要更加容易呢？因日本书的“汉字之

---

① 王尔敏：《中国近代知识普及运动与通俗文学之兴起》，《近代文化生态及其变迁》，百花洲文艺出版社 2002 年版；《中国近代知识普及化之自觉及国语运动》，《“中央研究院”近代史研究所集刊》第 11 期，1982 年 7 月；王风：《晚清拼音化与白话文催发的国语思潮》，《现代中国》第 1 辑，湖北教育出版社 2001 年版；刘进才：《语言运动与中国现代文学》第 2 章，中华书局 2007 年版；John De Francis, *Nationalism and Language Reform in China*, Princeton University Press, 1974（1950）；［日］村田雄二郎：《「文白」の彼方に——近代中国における国语问题》，《思想》1995 年第 7 期；罗志田：《国家与学术：清末民初关于“国学”的思想论争》第 4 章，生活·读书·新知三联书店 2003 年版；彭春凌：《以“一返方言”抵抗“汉字统一”与“万国新语”——章太炎关于语言文字问题的论争（1906—1911）》，《近代史研究》2008 年第 2 期；王东杰：《从文字变起：中西学战中的清末切音字运动》，《中山大学学报》2009 年第 1 期；李宇明：《清末文字改革家论语言统一》，《语言教学与研究》2003 年第 2 期；《清末文字改革家的方言观》，《方言》2002 年第 3 期。

② 卢戆章：《四续变通推原说》，上海《万国公报》第 85 册，1896 年 2 月，（台北）华文书局 1968 年影印本，第 15814 页。

旁，皆注日本之切音字。故初学虽不识汉字，然看旁边所注之切音字，则虽无师而能自读也。故其新闻书籍，虽妇人小子，莫不能读能晓。不但此也，凡天下列国之语言文字，亦可以切音字注其字音字义，亦不待先生口教，而已能学其大概。故切音字一种，不但为仿泰西学校、新闻纸、书库之原，亦为学习天下万国语言文字之助”①。

卢戆章提出切音字不像汉字那样需要逐字教授，虽无师而能自学，是切音字运动中一个广为流传的认知。力捷三 1902 年出版的著作就题为《无师自通切音官话字书》。卢氏 1906 年推出的《中国字母北京切音教科书》也在扉页注明：“阁下倘欲自己与父母兄弟姊妹妻妾子女亲戚朋友佣人以及四万万同胞念，日后则能无师自读各种切音书籍，兼能写信记账，又能无师自识汉字者，须读本土切音教科书籍。”1908 年《大公报》主笔刘孟扬出版《中国音标字书》，同样在扉页上标出“无师自通”四字。次年刘世恩《音韵记号》一书也号称“无师自通，兼识汉字”。②

切音字运动者之所以有此自信心，关键在于他们认为，切音字是一种“言文一致”的文字，能够直接反映口头语言的状况，说话与识字乃是一体之两面，易于掌握。蔡锡勇云：西字“音读虽殊，要皆以切音为主。寻常语言，加以配合贯穿之法，即为文字”。而中国“文字与语言各别，读书识字，兼习其文。记诵之功，多稽时日”，识字者自然不多。③不过，当时一个流行甚广的看法认为，中国并非自古就是言文分离的。卢戆章的同乡苏易说：“古者语言文字相去不远，故虽妇人小子，声入心通，不待甚学而解。今则去古已远，语言文字判若两途，宿儒犹难甚解矣”，遑论普通人?④ 王韬亦云：“古来为学之道无他，曰语言、文字。虽分两端，实由一贯。后世始歧语言、文字而二之。西土自小学以至成人，其所为文字者悉根于语言，诵于大庭广众之中，人人皆知，勿取隐晦，

① 卢戆章：《三续变通推原说》，上海《万国公报》第 82 册，1895 年 11 月，第 15609—15610 页。

② 以上除力捷三书外，均见倪海曙《清末汉语拼音运动编年史》影印书影，分别在第 143、178、204 页。

③ 蔡锡勇：《拼音快字·自序》，文字改革出版社 1956 年影印本，第 3 页。按此段与本文引用的其他一些资料均收入“本社”编《清末文字改革文集》，文字改革出版社 1958 年版。该书收录清末资料 70 余篇，常为学者征引，唯文字与原书时有出入，故本文尽量征引原书。

④ 苏易：《书同邑卢君切音字书后》，上海《万国公报》第 84 册，1896 年 1 月，第 15752 页。

勿尚艰深，犹有中国三代之遗焉。”① 切音字运动使中国分离已久的言文再次合一，学者“声入心通”，自“不待甚学”而能。

对于中西文字的难易问题，钱玄同的看法与切音字运动者不同。他在 1906 年表示：“中西文之难实相等，未必西文较易于中文。不过西文有二十六个字母，此中国所无耳。”但中文也有优长，于“同类之名词，类皆以其物之总名为偏旁，而右旁之字则取谐声”。故“睹其偏旁而可以知其为何类之物，睹其右旁之字而可读其音也”。西文则“字各为字，各不相侔”，难以会意。“惟中国音学久废”，若能重振，“则中文较之西文未见其为难也”。② 钱氏所云主要是形声字，偏旁即今日所谓形旁，右旁即声旁。按其思路，汉字有声有形，音义俱全，实颇先进，唯“音学”失传已久，故声音方面的长处没有发挥而已。不过，这仍是赞同汉字在“声音”方面失了分。

“声音”正是理解切音字运动文字观的关键。王炳耀提出：“夫人有音，本于天性也。有音即有言语，有言语然后有文字。言语之用达心意，而文字之用代言语耳。”虽文字“使言由目入，远可闻千古之语，近可听四方之言”，其用较言语为广，但毕竟是“代言语”而已。切音字“以音求字”，使声音“不由耳而由目，使目见者即明；犹以口宣言，使耳闻者即达。声入心通，别无难义也”。③ 沈学也说：“切音之道，实系天籁。机关开合，声即口出。”④ 刘孟扬的第一部切音字著作名《天籁痕》，亦取义于此。“天性”“天籁”正可互相发明。按中国过去一向重眼学而轻耳学，而切音字运动则认为，声音乃是首位的，文字不过是其“记号”，二者的主从关系被颠倒过来，文字优劣的判断标准也随之建立。⑤ 两位云南

① 王韬：《〈英语汇腋〉序》，《弢园文录外编》，上海书店出版社 2002 年版，第 256 页。

② 钱玄同：《钱玄同日记》第 1 册，1906 年 4 月 5 日，福建教育出版社 2002 年版，第 102 页。

③ 王炳耀：《拼音字谱·自序》，文字改革出版社 1956 年影印本，第 11、13 页。

④ 沈学（原文未署名）：《沈子新字书自叙》，《知新报》第 66 期，1898 年 9 月 26 日，上海社会科学院出版社 1996 年影印本，第 927 页。

⑤ 至迟在乾嘉时期已经有相当一批学者提出先有语言后有文字的观点，唯此与今人好说的“声音中心主义”不同，参考王东杰《从文字变起：中西学战中的清季切音字运动》，《中山大学学报》2009 年第 1 期。与此相类，日本学者柄谷行人注意到，法国学者雅克·德里达（Jacques Derrida）所谓语音中心主义乃是西洋形而上学问题的观点并不准确。日本的文言一致和废止汉字的讨论固然受到西人的影响，但 18 世纪已有了语音中心主义，“那是由佛教僧侣契仲那样的通晓梵文的学者们掀起的，当与‘西洋形而上学’没有任何关系”。见［日］柄谷行人《书写语言与民族主义》，《日本现代文学的起源》，赵京华译，生活·读书·新知三联书店 2003 年版，第 194 页。

留日学生杨琼、李文治就说，“中国文字不传谐声之法，非记诵无以识之”。欲革除此弊，应“改良文字，使文字悉统于声音”。他们特别提到，“以声音较文字，则文字末也，声音本也”。[①] 1905 年《南洋日日官报》上一篇文章也提出，“天下人之相语，本来有音无字。其有字，不过为将来识别起见。识别既多，不能不另作记号，此文字所由日繁也”[②]。

在此基础上，王炳耀所云“言由目入”“声入心通”二词便值得特别注意。前者可以说是切音字的原理，后者则是其效益。更重要的是，苏易和王炳耀不约而同使用了“声入心通”四字，正代表了切音字运动的共识。1908 年《中外日报》一篇反对切音为字的文章就指出：“所谓拼音得字，声入心通者，亦唯天地人物、眼前诸名物字则然耳。”其余如动词等，“则非讲贯不可”。作者还特意在文中加注云：“诸家造作简字者，皆侈言曾试教其家人妇子，莫不声入心通，数日而能读写，以是为易于推行之证。”[③] 则反对者亦注意到“声入心通”四字乃是理解切音字运动的主线。

另一方面，对于“声音”的注意也绝非切音字运动的独家特色。其时国内有一种“言语文化”兴盛的迹象，其中既包括演说、宣讲、戏曲等口头文化，也包括白话文和切音字这样以文言一致为目标的书面文化。自然，宣讲、戏曲、白话文等绝非清末才出现，唯此时其地位在思想界言说中被大幅度提升。这些言语文化的关注点均集中于不识字或识字不多的“下流社会”，目标乃是开民智[④]，而具体取径正可以“声入心通”四字概括之。1905 年，《大公报》一篇文章明确指出：“如今最于开通风气有力量的，就是演说。因为演说一道，对著众人发明真理，听的入在耳朵里，印在脑子上，可以永久不忘。日子长了，可以把人的心思见解变化过来。”[⑤] 正可视为声入心通的直译。

---

① 杨琼、李文治：《形声通》，文字改革出版社 1957 年影印本，第 23—24 页。

② 《记江宁省垣将办拼音官话学堂事》（佚名），《南洋日日官报》1905 年 9 月 6 日，第 1 版。

③ 《某氏通字平议》（佚名），《中外日报》1908 年 9 月 29 日，第 1 张第 2 版。

④ 有关研究参考李孝悌《清末的下层社会启蒙运动：1901—1911》，河北教育出版社 2001 年版；陈平原《有声的中国——“演说”与近现代中国文章变革》，王汎森等《中国近代思想史的转型时代》，（台北）联经出版事业有限公司 2007 年版，第 383—428 页。

⑤ 《敬告宣讲所主讲的诸公》（佚名），《大公报》1905 年 8 月 16 日，第 1 页。

声入心通四字所隐藏的假设是，声音才是进入民众心灵的最佳渠道。因此，在上述两类言语文化中，口头文化乃是核心。但另一方面，演说、宣讲等是面对面的交流形式，受制于特定的时空范围，且话语权操于讲说者之手，听众离不开讲说者，不能“无师自通”，显然是被动的。切音字运动者则是要向民众提供一种化被动为主动的“文字”，步子较演说迈得更大。他们反复强调只要掌握了切音之法，也就获得了自学的能力，相对地更倾向于以“下流社会”为本位。且就开民智这一总体目标而言，上引诸文的作者也只是强调以声教济文教之穷，使人民掌握基本的读写能力始终是更根本的追求。

但同样不可忽视的是，切音字、白话文既是以声音为本，也就必然受到口头文化的影响。这里边涉及的一个重要方面就是如何处理方言和方音问题。一般说来，在通用语言尚未广泛流通的情形下，要与“下流社会”民众“发生交涉”，势必要使用普通人民熟悉的方言。1906 年《南洋日日官报》一篇文章说：“大凡教人，总要学生心里真能明白，真能仿照先生所教而自为之”，这样，便“最好是本地人做先生”。[①] 教学如此，演说、宣讲一类何不然？切音字既然强调言文合一，则为方便普通民众接受起见，其所切合者自然以方音为佳。

在此思路指导下，其时出现了大量方音切音字方案。倪海曙《清末汉语拼音运动编年史》收录了一份《清末汉语拼音方案一览表》，列出 28 种方案。此表甚有用。唯表中所列吴敬恒“豆芽字母”和康有为方案均未见正式出版，仅据吴氏自述和梁启超所说，无旁证，恐难与其他各方案并列。另外，倪表又有章太炎方案（即《驳中国用万国新语说》），然其本为汉字标音所作，与切音字意在为下流社会提供一种特殊的“文字”（兼具汉字注音功能）的目的不尽相同。同时，据笔者现在掌握的资料，倪表仍有个别遗漏。故下拟以倪表为基础，并加以新发现资料，得 27 种，另列一简表，主要在标示各方案的拼音标准。

---

① 《白话演说学堂教课法》（佚名），《南洋日日官报》1906 年 1 月 12 日，第 1 版。

表 1　　清末切音字方案拼音标准一览表

方案名称	出版年代	著作	拼音标准
卢戆章方案（1）	1892	1.《一目了然初阶》；2.《新字初阶》	1. 厦门音；2. 漳州音；3. 泉州音
蔡锡勇方案	1896	《传音快字》	官话音
沈学方案	1896	《盛世元音》	吴音
力捷三方案（1）	1896	《闽腔快字》	福州音
王炳耀方案	1897	《拼音字谱》	粤音
蔡元培方案*	1898	《切音课本》	浙（绍兴）音
王照方案	1900	《官话合声字母》	官话音
田廷俊方案（1）	1901	《数目代字诀》	湖北音
力捷三方案（2）	1902	《无师自通切音官话字书》	官话音
陈虬方案	1903	1.《新字瓯文七音铎》；2.《瓯文音汇》	浙（温州）音
李元勋方案	1904	《代声术》	不详
刘孟扬方案（1）	1904	《天籁痕》	官话音
杨琼、李文治方案	1905	《形声通》	韵书（?）
劳乃宣方案	1905、1906	1.《增订合声简字谱》；2.《重订合声简字谱》；3.《简字全谱》；4.《简字谱录》	1. 南京音；2. 吴音；3. 闽广音
卢戆章方案（2）	1906	1.《中国切音字母北京切音教科书》；2.《中国字母北京切音合订》	1. 官话音；2. 泉州音；3. 漳州音；4. 福州音；5. 广州音
朱文熊方案	1906	《江苏新字母》	吴音
田廷俊方案（2）	1906	1.《拼音代字诀》；2.《正音新法》	湖北音
沈韶和方案	1906	《新编简字特别课本》	韵书（?）
贵翰香方案*	1907	不详	浙音
江亢虎方案	1908	《通字》	官话音*
刘孟扬方案（2）	1908	《中国音标字书》	官话音

续表

方案名称	出版年代	著作	拼音标准
马体乾方案	1908	《串音字标》	官话音
宋恕方案	1909	《宋平子新字》	浙（温州）音*
刘世恩方案	1909	《音韵记号》	官话音
黄虚白方案（1）	1909	《汉文音和简易识字法》	官话音
黄虚白方案（2）	1909	《拉丁文臆解》	官话音
郑东湖方案	1910	《切音字说明书》	韵书（?）

说明：1. 加＊者为笔者补录，余均据倪表。2. 蔡元培方案系蔡氏在张行孚《说文审音》的基础上折中乡音而成，见蔡元培《印行切音课本说明》，《蔡元培全集》第 1 卷，中华书局 1984 年版，第 81 页。3. 关于贵翰香方案，见《杭州惠兴女学校第二次纪念会纪事》，载贵氏 1907 年底在杭州惠兴女学校演讲"王氏北音缺漏之处及已所增添字母三字之理由"，殆系浙音（《中外日报》1908 年 1 月 2 日，第 2 张第 2 版）。4. 江亢虎方案拼音标准倪表原注"不详"，此据《江绍铨通字》，《时报》1908 年 9 月 18 日，第 1 版。5. 宋恕方案拼音标准倪表原注"不详"，此处所云温州音，据张尚芳先生的研究，见《宋平子新字》，《宋恕集》上册，中华书局 1993 年版，第 438 页。6. 杨琼、李文治方案倪表误系于 1906 年，此处改过。7. 倪表未提到的还有湖北潭渔隐的《拼音字书》（见后文），系为各地方音对音所作，此表不录。8. 韵书后的问号是倪书原有，倪先生或对此有疑虑，唯对本文关注的问题来说无关紧要。

这 27 种方案除了拼音标准不详的两种外，其余大略可分（南方）方音、官话音和韵书三类。这里所谓官话均指北方官话。①"韵书"类著作不以某一地语音为准，意在提供一套全国各地皆可通用的语音方案。就意在通用而言，其与官话方案取向相类，但这也就同时意味着它是可以拼写方音的。如郑东湖方案就号称"无论何省均可使用"②，杨琼、李文治方案更号称汉音、洋音皆备，"此可知中声之无所不含也"③，则已不仅仅是包囊中国，也涵括"万国"了。不过，这类方案和专门针对某一特

① 明清时期所谓官话有南北之别。学术界大都认为自明代以来的官话皆以北音为正，也有部分学者认为，清朝才开始出现南音渐弱、北音渐强的情形，北音成为正统更在 19 世纪中叶之后。还有学者强调，20 世纪初，"官话"一词才基本上特指"北京官话"而言。有关讨论参考张卫东《论近代汉语官话史下限》，收耿振生主编《近代官话语音研究》，语文出版社 2007 年版；李葆嘉《中国语言文化史》，江苏教育出版社 2003 年版，第 336—338 页。

② 郑东湖：《切音字说明书》，文字改革出版社 1957 年影印本，第 15 页。

③ 杨琼：《序》，杨琼、李文治：《形声通》，第 4 页。

定地区而制订的方言方案是不同的。

另一方面，所谓方音方案也不尽为拼切方音用。沈学书原为英文，题为 Universal System（《天下公字》），中文改题《盛世元音》，号称能“译天下音义”。[①] 可见他心中的理想并不限于一方，和杨琼等所言一致。事实上，对不少制订方音方案的人来说，这也仅只是推行切音字的一个步骤，其长远目标仍是全国通用（详下）。倪表之所以把这些方案归入方音类，主要是按照有关著作的拼音标准来定，基本是在操作层面上讲的。

抛开相对模糊的“韵书”方案，上表方音类方案占 12 种（卢戆章第二套方案虽有泉州、漳州、福州、广州音，但以北京音为主，未计入），几近一半。然动态地看，方音方案明显呈现走下坡路趋势：到 1906 年，方音切音字方案累计达 10 种，但在 1908—1910 年出版的 9 套方案中，方音方案仅有 1 种，官话音方案却陡增至 5 种（其中黄虚白的两套方案乃是一年之内出版的，排除其中 1 种还有 4 种），可谓后来居上。

方音方案和官话音方案的此消彼长，部分和切音字作者籍贯的变化有关。戊戌前切音字作者均为南方人，除了长期为官的蔡锡勇采用官话音外，其余均采方音标准。盖南方语言和官话系统差异较大，方音切音字是为便于南方地区民众识字而设。实际上，这也是历史上传教士制作拼音文字所针对的主要区域。庚子以后，北方人注意到这一问题者增多，王照、刘孟扬、马体乾是直隶人，黄虚白是河南人，他们的加入自然会使官话音方案陡增。

同时，也有一些官话音方案不出自北方人之手。其中特别值得注意的有二。一是福建人力捷三的第二套方案。据倪海曙，此方案是力氏在《闽腔快字》基础上修改而成的[②]，而后者又不过是蔡锡勇方案的闽音版。1896 年，力氏其时鉴于“闽俗土音，与正音迥不相侔，自形隔阂”，虽有蔡锡勇的“快字正音，惜闽人未获窥其堂奥”，故将蔡书按闽音重新改造。[③] 六年之后，力氏又把闽腔改造为官话，是颇值得关注的。另一值得注意的是卢戆章的第二套方案。此方案以北京官话音为主而附有泉州等

① 沈学：《盛世元音·原序》，文字改革出版社 1956 年影印本，第 7 页。

② 倪海曙：《清末汉语拼音运动编年史》，第 94 页。

③ 力捷三：《闽腔快字》，文字改革出版社 1956 年影印本，第 14、15 页。

方音版本，较之第一套纯方音方案已有了极大的改变。这些“改变”当然有可能只是出于“操作顺序”的考虑（即先推行方音版，再推行官音版），但恐怕更是和庚子以后国语统一思潮的涌现及北京官话地位的提升分不开的。

二 切音字运动与“语言统一”的提出

黎锦熙曾云，中国现代国语运动有两大口号：“当国语运动的第一期，那些运动家的宗旨，只在‘言文一致’，还不甚注意‘国语统一’。国语统一这个口号，乃是到了第二期才叫出来的。”① 黎氏所云国语运动的第一期划在 1900 年以前，第二期划在 1900—1911 年，合起来也就是本文所谓“切音字运动”时期。此说成立，然不够准确。切音字运动意在为下层社会提供一套识字工具（乃至“文字”），对言文一致的强调自是题中应有之义。但在庚子之前，切音字运动者也并非没有意识到国语统一的重要性，有的甚至根本即将此视为切音字运动的目标之一，只是彼时这一思想尚未成为“口号”而引起更多关注罢了。

卢戆章 1892 年出版的《一目了然初阶》是目前已知中国人公开刊行的第一套切音字著作。他在书中提议，“以切音字与汉字并列，各依其土腔乡谈，通行于十九省各府州县”。与此同时，“又当以一腔为主脑。十九省之中，除广、福、台外，其余十六省大概属官话，而官话之最通行者莫如南腔。若以南京话为通行之正字，为各省之正音，则十九省语言文字既从一律，文话皆相通，中国之大，犹如一家，非如向者之各守疆界，各操土音之对面无言也。而凡新报、告示、文件，以及著述书籍，一经发出，各省人等无不知悉，而官府吏民，亦可互相通晓，免费传供之枝节也”。② 则卢氏实际主张一面推行方音切音字，一面以南京官话为标准（这也同时意味着以南京话切音字为“正字”），统一全国语言。

1898 年，卢氏同乡林辂存上都察院请推广切音字书，也特别提到：

---

① 黎锦熙：《国语运动史纲》，第 10 页。

② 卢憨章：《中国第一快切音新字原序》，《一目了然初阶》，文字改革出版社 1956 年影印本，第 5—7 页。

“倘以卢憨章所创闽音字学新书，正以京师官音，颁行海内，则皇灵所及之地，无论蒙古、西藏、青海、伊黎，以及南洋数十岛，凡华民散居处所，不数年间书可同文，言可同音。而且妇孺皆能知书，文学因而大启，是即合四外为一心，联万方为一气也，岂不懿哉？”[①] 林、卢不同之处在于，卢氏认为南方官话通行最广，故应以南京音为“正音”；林氏则主张以北京官音为“正音”。在推行步骤上，卢戆章把推广方音切音字放在第一步，再求以“正音”统一国语，林辂存则主张先确立北京话为准的，再将切音字推向各处，毕“书同文”“言同音”之功于一役。

抛开这些差异，卢、林二氏均提出统一语言便于打破地域观念的重要性，林氏更明确提出“凡皇灵所及之地”乃至“华民散居处所”均应流行“京师官音”，则其目标不仅是要提升民众的知识水平，也要提升人们的国家认同，都昭示了通过语言构筑民族认同的要求。这里“言同音”一语尤值注意。按中国上层社会自来流通“雅言”“官话”一类标准语，且具有重要的象征意义。[②] 顾炎武说：“五方之语虽各不同，然使友天下之士而操一乡之音，亦君子所不取也……至于著书作文，尤忌俚俗。《公羊》多齐言，《淮南》多楚语，若《易》传、《论语》何尝有一字哉！……是则惟君子为能通天下之志，盖必自其发言始也。”[③] 顾氏明确针对“天下之士”，不涉“匹夫之贱”，故尤为强调文“忌俚俗”，恰和切音字运动目标相反；然其提出“通天下”当“自发言始”，与国语统一的思路具有明显的相似性。

大约甲午戊戌之际，另一位福建士人高凤谦也在致汪康年信中提出，“中国地大人众，而积弱至此”，主要就是因为“凡民识见污下，又无相亲相爱之意。故生齿日繁，而才士日少；壤土日辟，而畛域日分”。这又都可以归因于“字与言离”。因此，应“以天下之字使附于音，齐天下之

---

① 林辂存：《请用切音呈折》，收力捷三《闽腔快字》，第5—6页。

② 关于“雅言”，参考陈寅恪《从史事论切韵》《东晋南朝之吴语》，分载《金明馆丛稿初编》《金明馆丛稿二编》，生活·读书·新知三联书店2001年版；缪钺《北朝之鲜卑语》《六朝人之言谈》《周代之“雅言”》，分载《缪钺全集》第1卷上、下册及第2卷，河北教育出版社2004年版。

③ 顾炎武：《日知录》，黄汝成《日知录集释》本，岳麓书社1994年版，第1035页。下文“匹夫之贱”一词亦出自该书，第471页。

音使归于一”，庶“可以反三古之盛”。他对齐一语音的关注，与其个人经历有关。高氏自称“闽南鄙人，足不出户，于各省语言无所通晓”。一度出省，就发现“自出闽境，便为聋哑”。故于“回闽之后，深自怨艾，思稍涉猎京语。从朋辈中得《切音》一书，将其字母考究半日，略能上口。虽京语未通，而按字求音，颇复简易”。[①] 高氏并未明言拼音方案和推行语言统一的具体步骤等，然他同时注意到语言和文字两个方面，思路和卢戆章、林辂存都有类似之处。

不过，语言本身就具有方域性，切音字既以音为准，同样免不了“畛域日分”。沈学显然意识到了这一点。他假托“有曰”提出，切音字以语为准，便于彼此“熟悉其言”的人士的交流。汉字“虽写读难，而意义尚易判别”，故可通行东亚，以笔谈之。“用切音，虽欲求笔谈将不得。”但沈学根本认为此是“浅见”：“夫言语有方音，更有官话。方音宜一乡，官话宜一国。夫文字有元音，更有元义。元音切天下人音，元义切天下人义。元音元义，自可互用。文字之任，能载音载义已耳。”至于“通行与否，非文字之责也。安知无非常人出，括地球为一家，同文千古乎?”[②] 按“熟悉其言”实际正是方音切音字创制的考虑。然沈氏这里说的“非常人”显然就是他自己，则其所作既包“元音”，又蓄“元义”，虽其书只是吴音，原理却不为方域所限。唯细看其文，实不知其“元义”何所谓，又怎样“载”入“元音”中，则其解答有一半直是“写意”耳。

王炳耀也虑及切音字可能会带来“用文字十八省可通，拼切土音则彼此不达”的问题，但他认为，“中国土音各异”，恰“因所成之字，谐声者鲜”。若“以有义之字写土音，忽兼取义，忽独取音；若音不尽肖，则取其近音者代之；且有无音可取者，每自造一字，而所造之字亦各不同”，混杂不清，“似不若以有义之字归之文学，另立拼音之字拼写土音。二者分途而用，较为合宜。今用此拼音字，非不用文字，惟拼

① 《高凤谦致汪康年》，上海图书馆编：《汪康年师友书札》第 2 册，上海古籍出版社 1986 年版，第 1612—1613 页。他所说的《切音》未详究竟是何书，其下提到在《万国公报》见到“厦门卢君所撰《切音》书”的消息而未睹书，故此非卢著可知。又，原信未注明日期，此据文中提到其首次出省及《万国公报》等情形推知。

② 沈学（原文未署名）：《沈子新字书自叙》，第 928 页。

土音通行本省，后用北音成书。待铁路兴，各省学北音必易。斯时十八省如一省，斯诚一国也"。[①] 王氏并未解释何以字不谐声即会使方音各异，但他承认切音字独拼方音确有可能造成"彼此不达"，唯他认为解决此问题，须保留"有义之字"的地位，待各地交流密切，自会语言统一。

就事论事，沈学和王炳耀的解答都不算成功。事实上，虽然早期切音字运动已注意到语言统一的重要性，但整体上说，这一问题仍不及提高识字率来得紧迫。实际上，它们虽有关联但基本上仍是两个独立的问题。不考虑语言的统一，切音字运动仍可进行；抽离了后者，切音字运动也就不再成立了。另一方面，语言统一其时远未成为一股思潮，故尽管他们的言论已涉及普及识字和统一语言孰先孰后、切音字在统一语言的过程中扮演何种角色以及国语标准问题，但由于切磋者不多而得不到展开的机会。庚子以后，国语统一作为口号被正式提出，且迅速风行，这两大思想之间相互缠绕的关系也就逐渐凸显出来。

国语统一思想被中国人接受的过程，或可以吴汝纶的例子做一说明。1902 年，吴氏前往日本考察教育。6 月 30 日，他拜会了大学总长山川。山川告诉吴氏："凡国家之所以存立，以统一为第一要义。教育亦统一国家之一端，故欲谋国家之统一，当先谋教育之统一。"其中最要者有三：精神、制度、国语。并特别指出："国语似与教育无直接之关系。然语言者，所以代表思想，语言不齐，思想因此亦多窒碍，而教育之精神，亦必大受其影响。此事于他国无甚重要，以贵国今日之情形视之，则宜大加改良，而得一整齐划一之道，则教育始易着手。"[②] 从吴汝纶留下的考察记录看，这似是他第一次在日本接触到这一观念。

同时，吴汝纶也注意到言文一致对提升国民识字率的重要性。7 月 25 日，他致函国字改良部干事小岛一腾，感谢小岛赠《言文一致》一书，谓："吾国文字深邃，不能使妇孺通知，今学堂中均须研习外国公学，无

① 王炳耀：《拼音字谱·自序》，第 2 页。

② 吴汝纶：《东游丛录·大学总长山川谈片》，《吴汝纶全集》第 3 册，黄山书社 2002 年版，第 788—789 页。按原文无日期，此据吴汝纶壬寅五月二十五日日记，《吴汝纶全集》第 4 册，第 692 页。

暇讲求汉文。执事此书，大可携回敝国，与教育家商酌改用。”[①] 9 月 23 日，吴汝纶在致土屋伯毅信中再次提及：“某近颇筹思普通施教，不宜过高。国人王某，曾为省笔字……可以赅尽敝国之音，学之数日可明。拟以此法传之敝国，以为初级教育，庶几所谓九十九人者皆得识字知书，渐开智慧，是亦于来教之旨暗合者。”[②] 按此处所谓省笔字即王照的官话合声字母。其书第一版正是 1901 年在日本出版的，故吴氏很可能在那里见到了此书，而他与小岛一腾和土屋伯毅的交流无疑是一个重要的提示。值得注意的是，在这两封信中，吴氏对王照字母的看重，主要还是在其有利于普及教育一方面。至于统一语言一节，似尚无亲切体认。这一点，看他在几天后和日本著名的国语运动推行者伊泽修二的会面可知。

据现存笔录，伊泽提醒吴汝纶：“欲养成国民爱国心，须有以统一之。统一维何？语言是也。语言之不一，公同之不便，团体之多碍，种种为害，不可悉数。察贵国今日之时势，统一语言尤其亟亟者。”但吴氏对此颇表疑虑，说：“统一语言，诚哉其急。然学堂中科目已嫌多，复增一科，其如之何？”对此，伊泽修二果断表示：“宁弃他科而增国语。”他指出：“前世纪人犹不知国语为重。知其为重者，犹今世纪之新发明。为其足以助团体之凝结，增长爱国心也。”他以德国与奥匈帝国为例，表示一国语言统一即“强盛”，不统一则“紊乱”。吴汝纶听后表示：“语言之急宜统一，诚深切著明矣。敝国知之者少，尚视为不急之务，尤恐习之者大费时日也。”伊泽则云：“苟使朝廷剀切诰诫，以示语言统一之急，著为法令，谁不遵从！尊意‘大费时日’一节，正不必虑。”[③] 按吴汝纶日记壬寅九月七日（1902 年 10 月 8 日）条：“访伊泽修二……谆谆以国语一致为统一社会之要。且谓：‘外国语尚欲学，喑者尚教之言，安得畏难！’其言颇有英气。”[④] 殆即此次会晤也。如是，则吴汝纶向土屋伯毅提到王照字母的时间当在此之前。因此，吴氏对统一语言重要性的认识

① 吴汝纶：《答国字改良部干事小岛一腾》（壬寅六月二十一日），《吴汝纶全集》第 3 册，第 398 页。

② 吴汝纶：《答土屋伯毅》（壬寅八月二十二日），《吴汝纶全集》第 3 册，第 427 页。

③ 吴汝纶：《东游丛录 · 贵族院议员伊泽修二氏谈片》，《吴汝纶全集》第 3 册，第 797—798 页。

④ 吴汝纶：《日记》，《吴汝纶全集》第 4 册，第 714 页。

远不及对教育普及意义的认识来得那么迅捷。不过,伊泽的谈话显然很成功,吴氏在日记里对他的"英气"印象甚深,而这股"英气"也打动了吴,使其对此问题的意义有了更深入的体会。

就在与伊泽谈话四天之后,吴汝纶写信给主持学务的张百熙,云:"中国书文渊懿,幼童不能通晓,不似外国言文一致。若小学尽教国人,似宜为求捷速途径。近天津有省笔字书,自编修严范孙家传出……妇孺学之兼旬,即能自拼字画,彼此通书。此音尽是京城声口,尤可使天下语音一律。今教育名家,率谓一国之民,不可使语音参差不通,此为国民团体最要之义。日本学校必有国语读本,吾若效之,则省笔字不可不仿办矣。"① 这里已经触及教育普及和语言统一两个方面了,而对后者的强调至少不比前者为少。其中"国民团体最要之义"云云,则直是照搬了伊泽的原话,亦可见出这次谈话对吴氏的影响之大。

吴汝纶是个极留意时务的人,思想亦趋新。他说中国人对统一语言的重要性"知之者少,尚视为不急之务",至少反映了他所在的上流社会相当一部分实况。1902 年春,《外交报》发表了一位"英传教士利君"综论中国语文的演说,其中以大量篇幅谈到语言统一问题。如谓"中国语言,至为错杂,然通计民数,操官话者有四分之三"。而"中国将来铁路大通,彼此交涉更繁,焉有不尽人而操官话者乎?"② 不过,看《外交报》编者在文末所下按语可知,其主要强调的乃是"自尊国语"的重要性,对语言统一问题几乎毫未涉及,似正"视为不急之务"也。③

前引山川和伊泽对国语统一重要性的强调,均瞩目于其在团聚民心一面。而其时外人常谓中国民心涣散,无爱国观念;同时列强欲"瓜分"中国的消息不断爆出,国家分裂的危机感日盛,山川和伊泽所阐释的观念对中国思想界无疑极具吸引力。故这观念甫一传入就迅速普及开来,而基本的诠释方向与山川、伊泽所论是一样的(这不是说此观念由吴汝纶从日本传入,但吴氏在其中起到的推动作用是无可置疑的)。1904 年

① 吴汝纶:《与张尚书书》(壬寅九月十一日),《吴汝纶全集》第 3 册,第 435—436 页。

② 《论中国语言变易之究竟》(译自英国《西赖苏恩派尔报》),《外交报》壬寅年第 1 号,1902 年 3 月 4 日,第 14 页。

③ 按《外交报》是蔡元培、张元济等创办的,其时蔡氏已注意到国语统一的问题(详后),故这段按语似乎不出自蔡手。

《大公报》发表的一篇来稿就说：一国之中，法律、正朔、衣冠同，“则其人民之感情宜若彼此相吸集，相团结，相捍卫”，因“国民全体皆不能外此通例也”。中国则不然，“虽受之于中央政府者事事同一，而独其感情上南北分党，胡越不亲……呜呼，以人种相同、历史相同之民族，何其彼此乖违以至于此?”原因虽多，“而国语不能一致，殆亦最大之病原也”。作者特别指出：“我中国设一旦瓜分之祸见诸实行，则全部人民分隶于各国范围之内，于此再欲其结集同胞，以图恢复，则前此之休戚既漠不相关，后此之感情岂遂□合无间乎?”[①] 清楚提示着现实压力对国语统一运动的推动。

1910 年，北京拼音官话书社编辑员庆福等上书资政院，也说：“夫语言必须一致，理由至多。如各省常备军临有战事时抽调编制，审判员各省人互用及组织议院等事，必须语言一致。”然此“犹其小焉者也。关系最重者，其在感情乎不洽，何有团体”。举例来说，山东、山西俱邻直隶，“而山东人与畿辅人联合营业，农工商贾，无微不入。居处谈笑，如无省界”。山西人则不然。“推求其故，惟言语一小异一大异为之也。”又，“苏常淮徐同省也，而淮徐人对北省人情意较对苏常人反似加亲，以言语为之也。而各省胥视乎此矣。善乎，江益园之言曰：岂有合言语不通情意不达之部落而得为同胞者?”[②] 这样，“国语统一”也就担负起了使各各独立之“部落”成为“同胞”的使命。

官方对此也极为重视。1904 年颁布的《新定学务纲要》即云：“各国言语，全国皆归一致。故同国之人，其情易洽，实由小学堂及字样拼音始。中国民间各操土音，致一省之人彼此不能通语，办事动多扞格。兹拟以官音统一天下之语言，故自师范以及高等小学堂均于中国文一科内附入官话一门。”[③] 1909 年，学部再次以中国方言众多，“声气不易相通，感情无由联络”，且不利于教育普及为由，决定进一步推广国语。[④]

---

① 蘇观生：《论国语统一之关系及统一之法》，《大公报》1904 年 10 月 28 日，第 1 页；1904 年 10 月 29 日，第 2 页。

② 庆福等：《陈请资政院颁行官话简字说帖》，《清末文字改革文集》，第 125—126 页。

③ 《新定学务纲要》，《东方杂志》第 1 年第 4 期，1904 年 6 月，第 84 页。

④ 《教育普及自划一语言始》（佚名），《直隶教育杂志》己酉第 14 期，1909 年 9 月 28 日，第 87 页。

时人的相关阐述集中于国语对国民"感情"的作用，其思路同样是"声入心通"。1904 年，何凤华等上书袁世凯请推广王照字母，即云："夫国人所赖以相通相结者，语言也。言不类则心易疑，此涣散之本也。"[①] 1910 年，美国传教士丁义华（Edward Waite Thwing）在华演说也提出，中国要"联合"，"第一件当设法使国中的言语划一，以便交接来往。"盖"言为心之声，言语既然不同，彼此的心气怎能合一呢?"[②] 丁氏是个"中国通"，此处使用"言为心之声"作为"言语划一"的理由，与前引诸条立意相近。惟切音字运动所云相对更偏重于开民智，国语统一运动则更偏重于淑民情，其基本假设则是相同的。这样，声入心通便把时人关注的民智与民情两个层面联为一体，而现代国民的形象则是其核心。

切音字运动提倡言文一致，本也是要打破社会隔阂。王照云："今夫朝野一体，未易言也。国家与社会之关系、国家与个人之关系、社会与个人之关系、公德与私利之关系，以及人生必需之知识，其理非奥而其绪至繁，主治者欲使人人明其大略，非有自幼渐渍之术，不易收尺寸之效。"然中国的问题恰好在于，"通晓文义之人，百中无一。专有文人一格，高高在上"，遂使"文人与众人如两世界。举凡个人对于社会，对于国家，对于世界，与夫一己生活必不可少之知识，无由传习，政治家所云教民，皆属空谈"。汉字初造，本欲"便民用"，故"所命之音，必与当时语言无异"。正常的状态下，"语言代有变迁"，则"文亦随之"。而中国"文字不随语言，二者日趋日远。文字既不足当语言之符契，其口音即迁流愈速。"时间一长，遂使"异者不可复同，而同国渐如异域"。[③] 中国人的隔膜既有建立在是否"通晓文义"上的阶层区分，也有因语音流变造成的地域观念，王照显然是要将此二者一炉而冶。

前边讲过，统一语言的考虑原本就存在于切音字运动之中，唯地位

---

① 何凤华等：《十一月十一日上袁宫保禀》，收王照《官话合声字母》，文字改革出版社 1957 年影印本，第 77 页。

② 丁义华：《联合中国的法子》，《大公报》1910 年 5 月 26 日，第 2 张第 3 页。

③ 王照：《官话合声字母原序》，《小航文存》，沈云龙主编：《中国近代史料辑刊正编》(265)，（台北）文海出版社版（出版年份不详），第 77—80 页。按：《官话合声字母原序》有两个不同版本，一收《小航文存》，一收《官话合声字母》。

尚不及普及识字。王照则把二者并列齐观，吴汝纶更明确将其视为切音字运动的两大任务。这一形象也就在此后切音字运动中固定下来。1904年，直隶学务处就在何凤华等要求推广官话合声字母呈文的批复中说：“查字母之利，大端有二，一则可为教育普及之基，一则可为语言统一之助。”① 顾奎在1906年注意到，其时思想界喊得最响的四个口号是：“开通民智”“改良社会”“合一语言”“普及教育”。② 这四个口号至少有三个与语言文字直接有关，而两大目标均在焉。1906年，卢戆章出版北京官话版的切音字教科书，也说，切音字有两大益处，一为“统一语言，以结团体也”，二为“语言文字合一，以普及教育也”。③ 前引他在1892年所说虽也提到语言统一问题，但全文主旨还是着眼于普及识字，这里则不但把“统一语言”正式提为切音字目标之一，且列为首条，显然是根据了思想界的这一新“精神”。

国语统一观念的提出，使得北京官话地位大为提升。前引吴汝纶等人特别提到王照字母是“京城声口”，学部统一国语的政策也是以北京官话为准。这在相当程度上是由于官话本已是其时国内的通行语言，具有一定的基础，且有政治上的支持。前揭《大公报》论国语统一的文章说，中国人民各有方言，“孰肯舍己从人，曲为迁就?”好在其中“最通行者莫如说官话，况京师为一国之首都，而其地语言又为各省游宦者之所共习，此其普及之力较诸各省语言最易为功”。日本便以“东京语言为通行之语”，中国以官话统一国语，“殆亦师其成例也”。④ 杨琼、李文治亦云：“今欲托文字于音韵，务使全国同声，则不得不使之统一。”应“以直隶省直音为主，俾二十四行省皆折衷于此，固统一声音之要法耶”。⑤ 前已讲过，卢戆章最早是主张以南京官话统一全国语言的，后来却改用北京官话，大概正是受到这个普遍性意见的影响。

不过，国语统一口号的提出，也使得切音字运动隐伏的一些内部冲突呈现出来。吴汝纶和直隶学务处等强调切音字可以同时兼收普及教育

---

① 《直隶学务处复文》，收王照《官话合声字母》，第66页。

② 顾奎：《论今日亟宜多创浅易之白话日报》，《时报》1906年10月10日，第5版。

③ 卢憨章：《北京切音教科书》，文字改革出版社1957年影印本，第2页。

④ 謡观生：《论国语统一之关系及统一之法》，《大公报》1904年10月30日，第2页。

⑤ 杨琼、李文治：《形声通》，第74页。

和统一语音之功，是特指王照官话字母而言的，方音切音字却显然不能同时达到这一目标，也就不得不面临以何为先的选择。这原本也是卢戆章、王炳耀等人都遇到过的，但由于彼时国语统一的要求尚被视为不急之务，甚至切音字本身也只是引起了一小部分人士的关注，故此问题尚未明朗化。20 世纪初，随着切音字和国语统一都吸引大批参与者而真正成为一场“运动”，二者之间既有交集又有歧义的错落关系也逐渐展示出来，而引发了众多的争论。

三 一步到位与“两次办法”

1901 年 10 月，蔡元培提出，语言为“接续思想之记号”，文字“又语言之记号也”。因此，传播思想不能“越语言而径凭文字”。中国自“秦汉以来，治文字不治语言，文字画一而语言不画一”，言文分离，“于是识字之人少”。近来学界有切音字、白话报等做法，“思有以沟通之。然百里异言，又劳象译，所谓事倍而功半也”。他提议“于初级学堂立官话一科，则切音新字可行，而解经译报之属，通于全国矣”。[①]

其实，蔡元培自己就在 1898 年制订过一套绍兴音切音字方案，当时与此处思路显然不同。蔡的观点之所以有此变化，大约与他对中国统一问题的思考有关。查其 1901 年 9 月 26 日日记：“阅矢野文雄《日本文体文字新论》，言中国地势较欧洲尤难统一，而终能统一言语不同之各部者，以形字故也。又言卦画即太古之音字，以不适用，故不行。”[②] 按此思路，音字固有利于下层掌握，但中国分裂的危险岂不也在增加？如果由此导致国家分裂，则掌握了音字的民还是“国民”吗？蔡元培将此文大意采入日记，当受到刺激不小，他有关设官话一科的建议大约即是为了避开这一危险。自然，他在这里说的“切音新字”也已不再是方音方案。盖方音切音字本为不懂官话的人而作，现既然大家均已通习官话，则要之尚有何用？

---

① 蔡元培：《学堂教科论》，《蔡元培全集》第 1 卷，第 149 页。

② 蔡元培日记，转引自高平叔《蔡元培年谱长编》第 1 卷，人民教育出版社 1999 年版，第 218 页。

但矢野表彰的是形字，而蔡元培所云仍是切音字。蔡氏认为，就“世界开化之序”看来，文字确有自象形到谐声的过程。唯他同时也承认，中国“旧法寓义于形，足为别嫌明微之识”，故将来“当新旧并行，如日本然，虽有假名，仍不废汉文也”。[①] 然此构想仍不能使他完全满意。两年后，他以畅想未来的方式再次提及有关语言文字的设想：彼时“交通又便，语言又简，一国的语言统统画一了；那时候造了一种新字，又可拼音又可会意，一学就会；又用着言文一致的文体著书印报，记的是顶新的学理，顶美的风俗，无论那一国的人都欢喜看，又贪着文字的容易学，几乎没有一个人不学的”[②]。

这段话涉及三个层次。一是语言统一，二是通行新字，三是言文一致，可谓蔡元培语言文字理想的集大成。其中特别值得注意的是“又可拼音又可会意”的“新字”，这较之 1901 年所述又是一变，已不是汉字与切音字并行的局面，而是充分考虑到形字和声字的特长而冶为一炉的作品了。按蔡元培的这三个理想本来也在切音字运动者的论述中，不过，后者是以声通意，对形的问题顾及甚少，且更重后两条，而把语言统一放在一个相对次要的位置。蔡元培的理想则将此三层次完全打通，而以语言统一作为其间一以贯之的主线，盖如此才真能达到大同境界也。

这表明，国语统一的观念除了受到外来思想的影响并出自民族主义之要求外，也是切音字运动以声音为中心的文字观在实践过程中不得不面对的一个问题。1909 年就有人提出，“民智不开”，固由于言文分离，然而，“语言根于声音，声音万殊，语言即因之变化。中国声音，至为繁复，而其造成语言之规则，又各处不同”。同一字即有声音高下和意义的差别，加之“省自为语”，虽有拼音之法，“究竟将据何音以为根本”，也还是个问题。[③] 故如不统一语言而遽以言“统”文，所谓的言文一致只能是在地方层面上才有意义，而就全国而言，反而会使言与文的距离进一步扩大，甚至文与文分，越境即须“象译”，又何来声入心通？

---

① 蔡元培：《学堂教科论》，《蔡元培全集》第 1 卷，第 149 页。

② 蔡元培：《新年梦》，《蔡元培全集》第 1 卷，第 241 页。

③ 《论语言之必宜统一》（佚名），《盛京时报》1910 年 5 月 22 日，第 2 版。

事实上，这正是主张官话切音字的人们攻击其方音竞争者的一条重要理由。何凤华等即云，“中国近年虽有字母之作，率皆囿于方音，不可通用”。而王照字母不但“口中所能言之音，无不能达；且专以京音为主，便利通用”，真正做到言文一致而无弊。[①] 故只要推向全国，就可使人们在掌握切音字的同时，又学会一套“京城声口”，一举兼得“普及教育”和“统一语言”两大目标。值得注意的是，持这一看法的大多为北方人士，他们显然没有想到或想到了而未予以郑重考虑的是：王照方案是根据北京官音制订的，这套“衣服”能否适合其他方音之“体”，本身仍是一个未决的问题。

早在王照方案之前，蔡锡勇的官话音方案已经遇到过这样的问题了。前边讲过，蔡书出版后，其同乡力捷三就认为其不适用于福建地区而改造之。同样对蔡书有“不足”之感的还有谭嗣同。他在致汪康年的信中提到，自己作了一份《管音表》，以“为快字之辅”，其原理是以一地方音为单位，“以各处方音编列于后，无论何省人皆可与接谈。编某处之方音，即用某处人之耳。吾诵我之土音，令彼听之，彼以为适当彼之某声，则异同差数毕可得矣”。这样，不管是何处人相遇“一展卷即皆可效其音”，遂“可尽通中国各处之语言”，也只有这样，“而后快字之用乃日宏矣”。[②] 尽管具体解决方案与力捷三不同，但谭嗣同认为“快字”所用不宏，顾虑的自然也是方音问题。

谭嗣同设计的“尽通中国语言”的具体方法显然不是推广“京城声口”的方式，而是通过方音进行“互译”的方式。这和他大约同时在《仁学》一书中的讨论有可以互相发明之处。谭氏认为，地球各国“不易合一之故，由语言文字，万有不齐，越国即不相通，愚贱尤难遍晓。更苦中国之象形字，尤为之梗也。故尽改象形为谐声，各用土语，互译其意；朝授而夕解，彼作而此述；则地球之学，可合为一”[③]。此处所说虽然是以整个地球为范围，所谓土语亦指各国语言，但基本思路和他处理国内土语的意思差不多。因此，这里的意见也有助于阐明他对切音字的

① 何凤华等：《十一月十一日上袁宫保禀》，收王照《官话合声字母》，第76、78页。

② 《谭嗣同致汪康年》，《汪康年师友书札》第4册，第3240—3241页。

③ 谭嗣同：《仁学》，《谭嗣同全集》下册，中华书局1981年版，第352页。

看法：各国土语能够互译，正是建立在废除象形尽改谐声的基础上的，故“尽通方音”和切音字也是相辅相成的。

不过，谭嗣同的办法恐怕正是蔡元培所担心的“事倍而功半”。但谭、力二氏对于蔡锡勇方案的反应却是值得注意的。实际上，官话音切音字能否推向全国，首先有赖于官话本身是否普及。王照云，中国人“皆解京话。外此诸省之语，则各不相通。是京话推广最便，故曰官话。官者，公也。公用之话，自宜择其占幅员人数多者。”① 然则对于不通官话的人们来说，此是否即是公用之话，实际上还是可疑的；即使认可了这一点，也还有个学习的过程。这样，为了不通官话的人们能够迅速掌握一套文字工具起见，方音切音字仍是一可行的选项。

故即使在国语统一思潮兴起以后，仍有不少人坚持先通方音切音字再通官音切音字的思路。卢戆章虽然推出北京话切音字，并同意以之作为全国统一的语言标准，同时反复强调语言统一的作用：“中国之大，过于欧洲。欧洲分为数国，言语不一”，乃是情势所趋。“我大清国统一天下，岂容各省言语互异，不相闻问，不相交接”，而“由切音字书以统一语言，易如反掌”。不过，他设计的具体程序要复杂一些：“凡乡谈与通都市镇之言语可以相通者，饬该地方百姓，无论男女蒙小学堂，在地居民，务必全国男女老幼，均能习诵本土通都市镇之切音字教科书。”卢戆章并特意声明，此不包括“参杂穷乡僻壤土话之切音字书”。及至“本土切音已成，次及京音切音字书”。唯各高等小学堂以上学生“及文武官员、兵丁皂隶，凡国家所用之人，全国一律，学习京音官话之切音字书”。②

卢氏在这里主要增加了“公务人员”要直接学习京音切音字书一条，而对下层社会中的绝大多数仍主张分两步走。但切音字运动针对的对象本来就主要是后一部分人，故可以说其早期的思路仍基本上保留了下来。实际上，这并非卢氏一人的看法。在后期切音字运动中影响更大的劳乃宣也持同样主张。1905 年，正在时任两江总督周馥幕中的劳氏谋求在南方地区推行王照字母，而感到王书“专用京音，南方有不尽相同之处。

---

① 王照：《官话合声字母》，第 9 页。

② 卢戆章：《北京切音教科书》，第 2、3 页。

然所差无几，略加增改，即能相通”[①]。他甚至比卢戆章更为开放，允许加入“穷乡僻壤土话”之音：“各处方音，如偶有特别之音，为谱所未备者，不妨于谱外别增之。”不过，他也特别提示：“原谱不可轻动，乃不至于普通之用有所损碍。此变不离宗之要义也。”[②]

“轻动”原谱可能会“于普通之用有所损碍”，则此谱也就没有了意义。这种允许微调的做法其实和卢戆章宣布不得“参杂穷乡僻壤土话之切音字书”的考虑是一致的。换言之，相对于官音切音字来说，方音切音字试图更贴近地方，但“地方”也是可以再往下分的，一地于“通都大邑”之外，尚有“穷乡僻壤”，如果秉此原则，继续创制更为“方音”的文字，将是一件无休无止的工作，且亦失去了其作为交流工具的意义。劳乃宣指出，自己的改动是针对江宁、安徽人士而做，“所列母、韵于各处土音有阙有重……习者可听其阙与重，然不可不知其理，存其位。庶语音不同而不甚相远之处，彼此可以互通，不至专为一隅土音所囿”[③]。

方音切音字最终仍是要达成国语统一的目标，故其支持者力图在地方性和统一性之间保持适度的平衡。《江苏新字母》的作者朱文熊也有相近的考虑。他专门提到，中国方音虽多，仍有规则可寻，彼此学习并不困难。学来学去，也就“终至于国语统一”。江苏新字母“乃中国文字之改革，而先试之于江苏者也。江苏以苏州为省会之一，故以苏音为标准。他日国语统一之目的能达，则此字母及拼法虽可用，而表音上所著之国字，不得不更定矣”[④]。则朱文熊亦视之为文字改革和国语统一的脚手架而已。这里他提出因苏州为江苏省会之一，故以苏音为准，所虑与卢戆章、劳乃宣是一致的。

卢、劳、朱等人的方案中都包含着一个先实现区域性的方言互通，再推广至全国的考虑。用周馥的话（可能出自劳乃宣的手笔）说：添加字母，本是为了“学者以土音为阶梯，以官话为归宿”也。[⑤] 这是和其时

---

① 劳乃宣：《增订合声简字谱序》，《简字谱录》，文字改革出版社1957年影印本，第1—2页。

② 劳乃宣：《增订合声简字谱·杂识》，《简字谱录》，第65—66页。

③ 同上书，第57页。

④ 朱文熊：《江苏新字母》，文字改革出版社1957年影印本，第28页。

⑤ 周馥：《奏推广简字半日学堂片》，《大公报》1906年7月13日，第5页。

流行的地方自治思想从爱乡到爱国的思路是一致的。但随着“统一”意识的持续高涨，这种由地方走向全国的思路也遭到了强烈质疑。1906 年，上海《中外日报》在报道了江宁简字学堂开办的消息后，下案语曰：“中国方言不能画一，识者久以为忧。今改用拼音简字，乃随地增撰字母，是深虑语文之不分裂而极力制造之，俾愈远同文之治也。主持其事者其一念诸？按英文二十六字母，东文五十字母，实不闻有随地增减之说。今中国以遵王论，以举办之先后论，惟有强南以就北，正毋庸纷纷更变为也。”①

同文之治一向为中国人看重。劳乃宣读到评论后，非常郑重地致函《中外日报》解释自己的考虑。他表示，自己本也想过“强南以就北”，“及加以体察，始知此中有不能不分之界限，有不能不历之阶级”。他之所以要“以随地增撰通其变，而仍以有增无减统其同，正兢兢焉深惧其远于同文之治也”。所谓“不能不历之阶级”，亦即令南方民众先学方音切音字，再正以官话音。劳氏云，“夫文字简易与语言统一，皆为今日中国当务之急。然欲文字简易，不能遽求语言之统一。欲语言统一，则必先求文字之简易。至鲁至道，有不能一蹴几者”。切音字主音不主形，“欲人易识，必须令其读以口中本然之音。若与其口之音不同，则既须学字，又须学音，更觉难矣。假使以官话字母，强南人读以北音，其扞格必有甚于旧日主形之字者。故必各处之人，教以各处土音，然后易学易记”。其实，汉字“亦各处各以土音读之，不能皆用官音也。果能使天下之人，皆识土音简易之字，即不能官音，其益已大矣”②。

进一步，学会方言切音字，“再进而学官音，其易有倍蓰于常者。盖以此方人效彼方语，必求肖其音。已识主音之字，则有所凭借”。学会切音字之后，对拼音之法“已了然于胸矣，而官话母、韵、声之字与土音母、韵、声之字无异也，所异者音耳”，学习官话，不过“但变其音”，岂不易易？同时，方言字母“变不离宗”，所增者“皆北音所无也。而北音原谱亦有南音所无者，则仍之而不，以备学官话之用。待土音学成之

---

① 《述简字学堂办法》，《中外日报》1906 年 3 月 22 日，第 3 版。

② 劳乃宣：《论简字学堂办法事》，《中外日报》1906 年 4 月 27 日，第 3 版。

后，即用原谱以学官音，无待另起炉灶，自然事半而功倍”。[1]

基本的拼音原理本来各地一样，故只要得其原理，方音切音字并无害于且有助于学习官话。这是方音切音字支持者们的一个共识。1906 年，段春晖为田廷俊《拼音代字诀》做序，即云：“客有执《代字诀》而议之曰：南北异音，不能强同。此代字诀能行于南，未必能行于北。余闻之而疑。然余豫人也，于吴越燕皖各省，或肄业，或从戎，或游宦，多历年所矣。其各处语言，均能略悉。于是即各处之母音，拼各处之子音，盖一如田子所著，无不相符。”[2] 段氏认为方音切音字原理同样适于其他地方，和劳乃宣的意见一样。

在劳乃宣看来，《中外日报》所云实是杞忧，“盖所虑于增撰字母，因而语文愈加分裂者，恐所增之谱与原谱不能相通也。今有增无减，将北音全谱包括于中，相通而不相悖，不必强南以就北，自能引南以归北矣”。他表示，自己新定之谱，尚未包括闽广之音，“他日当乞诸闽、广人相与讲求而增之，以期包括吾华通国诸方之音，庶几易收统一之效”。他强调，“鄙人增益母、韵之意，在以土音为简易之阶，以官音为统一之的。增益愈多，包括愈广，统一愈全”。故“随地增撰母、韵、声音，非特无损于同文之治，且有益于同文之治也”。[3] 这样，《中外日报》的结论不但不能成立，且根本就被颠倒了过来。

按早在 1905 年，劳乃宣就曾指出：“外间不知简字之妙用者，有二说焉，亦不可以不辨。”其一即“以为增添六母一韵，南北语言从此隔阂。习简字本欲语言划一，今反两不相谋，岂非求简反繁耶?”可知此说早已有之，而劳氏也确是考虑已久。他做此选择，主要是由其关注的问题决定的。他虽云文字简易和语言统一皆急务，然他自己此时考虑最多的原是如何使不识字者有向学之心，而不是一举实现国语统一。他强调，“教育之道，莫妙于诱，莫不善于骇，开学校本欲诱之使来，何可骇之使退耶?”故最好的方案不是一步到位，而是“两次办法”：首先“莫若即

---

① 劳乃宣：《论简字学堂办法事》，《中外日报》1906 年 4 月 27 日，第 3 版。

② 段春晖：“序”，田廷俊：《拼音代字诀》，文字改革出版社 1957 年影印本，第 17—18 页。

③ 劳乃宣：《论简字学堂办法事》，《中外日报》1906 年 4 月 27 日，第 3—4 版。

其本音而迁就之，俾人人知简字之易学，知简字之诚可代语言，然后人人皆有变迁语言之思想”，而后可“率而导之于国语之途，则从之如流水，趋之如大道矣。此所以教育之道在于诱矣，此可躐等而进耶?”①

这一看法也被江宁简字半日学堂师范班的学生所接受。1907 年，曾受教于这一学堂的杨融怀读到有人提出简字为谋求教育普及之方，唯“南音不适用”一层，便投稿《时报》，表示反对。他说：“南音者，因各地土音随处而异。从语言入手，不得不各从土音而起，庶人人无畏难之心，易于上口。”等到南音熟悉之后，“复授以北音，庶人人无扞格之弊。阶级天然，未可以骤登也”。故以统一语言论，“学者入手，北人可径学北音，南人则须先学南音，后学北音”。和劳乃宣一样，他也强调：“若学南音而不学北音，下流社会亦足于用。”②

这一争论凸显出其时“国语统一”思想关于具体统一途径上的两大主张。劳乃宣、卢戆章等人都主张两步走的办法，而《中外日报》和吴汝纶、王照、何凤华等以及学部都主张一举实现文字简易和语言统一两大目标。在具体途径上，强调采取“强南以就北”的方法，而不考虑各地方言的不同。直隶学务处在批复何凤华等呈文时提到时有王仪型著《等韵便蒙》一书“历举各省之音”以痛批王照字母，而表示王照字母“但求合于京音，不能概各省之音。各省之音方力求与京音一律，以收全国合一之效……若执他省之音以相纠绳，是所谓适楚而北其辙也。”③

劳乃宣提出要制订一部囊括各地方音的总谱，似有其更深的考虑。看“包括愈广，统一愈全”一句可知，其所谓统一者，并不仅仅指用京音统一各地方音之谓，盖如此则不存在统一得“全不全”的问题。换言之，劳氏所云“一”，绝非仅指京音或官音，而是“包括吾华通国诸方之音”的“一”。不过，这和他所谓“以官音为统一之的”的意见也并不矛盾。他在后来说：“中国之言，其音至杂，京师之语为官音，而各处又各有其方音。为统一计，必主官音，而各处方音不备，外省用之又多不

① 劳乃宣：《江宁简字半日学堂师范班开学演说文》，《简字谱录》，第 210—212 页。

② 杨融怀：《读青田刘君论简字为识字捷法宜由军队试行书后》，《时报》1907 年 11 月 18 日，第 5 版。

③ 《直隶学务处复文》，收王照《官话合声字母》，第 28—29 页。

便。法当以官音为主，而各处方音亦必兼备，乃足为全国之用。”他特别指出，“中国等韵之学，于全国同文之域语音无所不统”。其在1907年所著“《简字全谱》即以等韵之理为本，用以括全国方音，而仍以京音为主”。[①] 显然，他不但认为京音切音字不便于方言区民众学习，且根本就认为语言统一也要考虑各省。

但劳乃宣显然未说服反对者。1906年，《中外日报》发表了一篇文章，对劳乃宣的意见逐条批驳。作者针对劳氏所云若“识土音简易之字，即不能官音，其益已大”一句提出：“国民识文字，有教育，于国家有大裨益者，以其能团结一体，共图富强也。”按照劳氏所说，则一国“不啻为无数小国”，识字尚有何意义？作者提出：“土音为人所固有，本不必学。所谓学成者，乃认识所以代表土音之字母也，与本人固有之原音，无所增减，故于学习官话一层，决无裨益。”而“南方之人本易习官话，非某君以土音教人之功效也”。且中国方言虽众，而能统一，正赖同文之力，若国中“有几种方音，必须造几种字母”，则“非但语言无统一之望，而且文字有分离之忧”，此岂“非国之大害乎”？识字本是为了“读书以广智识”，方音简字“仅能读本土人所著之书矣。如欲读他省他府人之书，则又须另费时日，而学其字母，习其音号，害乎利乎？”且“今此方之字，他方之人不能识，果何用乎？”是则“文字之效用，已失其半矣”。[②]

不过，作者并不反对造字母的方法。他认为：“倘不造切音字母，而仅于师范学堂及两等小学堂统设官话科，虽亦能统一语言，然读音漫无标准，官话教习又不可多得，其收效必迟缓。故通国切音字母不可少也。然造成字画后，即当通行全国，不得增减字数，不得改变音号。”同时，“语言中所常道，而为旧字所无之音，可以字母表之，而有拼法矣。然拼法必须通国一律，不得各处乱拼，至文字有分离之祸。”至于造字母的方法，作者也提出两种方案。一种是，“由精通言语学者，考察各省大都邑之方言之原音，综集诸原音，造成一种切音字母。原音兼采南北，而专

---

① 劳乃宣：《中国速记字谱序》，《桐乡劳先生（乃宣）遗稿》，沈云龙主编：《中国近代史料辑刊正编》（357），第231—232页。

② 《统一语言说》（佚名），《中外日报》1906年9月23、24日，均在第1版。

强此以就彼”。另一种是,“就通行最广之一种方言,采其原音,造为字母”,而令“全国从之”,“断不容增减一母一韵一声号,以凑各处之土音”。显然,作者也认可综集全国“原音”以新造一标准音的可能,但他强调,有一个基本原则是不能违背的,即“一国之中万不可有形音互异之文字”。①

1907 年,端方调任两江总督。《中外日报》在 5 月和 10 月先后两次报道端方有裁撤简字学堂之意。其一云,简字学堂“办法以土音为主,随时随地准照土音增添字母。推其极,非独言文不能合一,且区各省府州县之语言为无量种数,必至隔府之人睹面不能通一语,衡其流弊,实非浅鲜……现始为江督端午帅考查及此,决计将该学堂奏请裁撤,凡各处简字学堂均拟请一律停罢云”②。其二云:“江督端制军莅任以来,颇不以简字学堂办法为然。其后博访诹咨,始知该堂所授简字,专重南音,且随地增添字母,尤大戾统一言文之宗旨。现特决计将该学堂裁撤。”③这是否反映了端方本人的想法,资料未详,难以悬断,且此学堂实际到 1908 年仍在办,端方也曾亲临演说。④ 不过,这倒反映了《中外日报》一向的态度。

朱文熊也遇到了类似的质疑。他曾回忆说,1906 年,《江苏新字母》的广告登出后,就有人说:“江苏人造一种江苏字母,他省人也造一种他省字母,造了不少的字母出来,成何样子!”⑤ 不过,由于劳氏在南方推行简字最力,受到的批评也最多。庆福等就特别强调,“各省此项学堂皆应标名官话简字学堂,勿得专名简字学堂,致奉行不实者,或成不同语兼不同文之大病”。另一方面,说帖对方音切音字的“阶梯”作用仍表示认可:各省人民“耳中向无官话,故先以拼土语引之,是亦推行者之苦心”。但“若各地习官话简字者已占十分之二,其余未习官话简字者,耳

① 《统一语言说》(佚名),《中外日报》1906 年 9 月 24 日,第 1 版。事实上,即使对官话切音字,其时也有人担心会导致“一国之中通行两种文字”的危险,唯此牵涉过广,拟另文发之。

② 《江督议裁简字学堂》,《中外日报》1907 年 5 月 26 日,第 2 张第 2 版。

③ 《江南裁撤简字学堂》,《中外日报》1907 年 10 月 8 日,第 2 张第 2 版。

④ 端方:《江宁简字学堂高等小学开学演说文》,收劳乃宣《简字谱录》,第 257—259 页。

⑤ 《朱文熊致吴玉章函》,转引自倪海曙《清末汉语拼音运动编年史》,第 152 页。

中已先有官话之影响",则应"将土音字废而不用"。[①] "不得专名简字"等很明显是针对劳乃宣来的。说帖与《中外日报》文基本意思一致,代表了方音切音字反对者的共识(唯在更"建设"的层面上,二者的意见仍有不同)。

四 以文字统一语言

各方意见虽不同,但均认可官音切音字是统一国语的重要推动力。实际上,劳乃宣在与《中外日报》的论战中,一直处在守势。然双方的互相辩驳也提示出一个问题的存在:如果各地语言不同,则声音本身就是有待统一的对象,不管是"强南就北"还是"引南归北",都会有相当一部分人无法"声入心通"。因此,在切音字运动双方鏖战的同时,另一种见解也开始受到更多的关注,那就是把包括官话字母在内的切音字皆视为统一国语的障碍。

1908 年,四川省城劝学所教习蒲助孜呈文总督赵尔巽请推广官话合声字母。四川提学使司奉命审察此议。现存档案中有一份似出自办事人员之手的批文,虽认为此对"少数人"的备忘、交流"不无小补",但主要强调的还是"各省方音不一。现行王氏官话字母,以教北人则甚便,以教各省则不尽相宜。所以江宁、江苏等处于此官话字母必加添字母始能适用。川音虽与官话相近,究有不同,各府州县又各有别。今据此本以教川人,若必以正确官话教之,则教法繁重,川民必苦其难,而向学者少;且一时难得正确官话之教师。若仍就各地方音传授,则拼音非同文字,必有彼此不能相通之弊。是王氏拼音之法,于川省不能适用,亦不能有大益也"。只允其于劝学所师范生内"加添此课,作为随意科,以便将来转相传习,为音学、语学进步之基础"。[②]

如果把此批文放在前述有关方音切音字的争论中,则其立场是非常

---

① 庆福等:《陈请资政院颁行官话简字说帖》,第 126—127 页。

② 本段及以下四段未注出处者,均出自"署理四川提学使司呈详遵批传验蒲助孜暨详议简字拼音是否适用一案详册",中国第一历史档案馆藏,赵尔巽档案,提取号 87(缩微胶片),案卷号 470。

有趣的。作者一方面认为，以官话教授川民，人民“必苦其难”，和劳乃宣对官话字母的见解一致；另一方面也同时强调，以方音教之，人民“彼此不能相通”，有违“国语统一”之训，则又分明是《中外日报》批驳劳氏的口吻。作者既“左右逢源”，又将二者一齐推倒。批文以官话字母作为“少数人”的工具，也令人想起何凤华等人对官话字母的定性：中国“不患无上等教少数人之教育，所患者无教多数人之教育耳。何谓教少数人之教育？汉文、西文是也。何谓教多数人之教育，以语言代文字、以字母记语言是也”[①]。虽然两者所谓“少数人”并不相同，但对于切音字运动所追求的使“多数人”共喻的目标来说，这当然是一莫大的讽刺。然则批文的作者只部分地认可切音字的“文字”功能，而不认为其具有统一语言的能力。

但是，学政方旭并不同意这一看法。他指出：“语言与文字相表里。语言统一，文字不归简易，则教育仍未易普及。”王照字母“取准京音，似足与定章统一语言之宗旨相辅而行。至称若仍就各地方音传授，必有彼此不通之弊等语，殊不知定章特附设官话一门，正以民间多操土音，多所扞格。江宁等处于此项官话字母必加添字母，即能适用者，正于不易统一中，力求统一”，更何况“川音与官相近”乎？方旭指示“于省城试办一堂，以资模范，俾得辗转传习，定较江宁等处事半功倍”。二人均注意到江宁等处加添字母的做法，也都认为川音与官音相近，结论却南辕北辙。值得注意的是，在方旭看来，劳乃宣的做法正是“于不易统一中，力求统一”，在一定程度上表示了支持。但这更可能是针对前引批文引劳氏做法以反对字母的意见而发，盖方氏并未表示川省向江宁学习，而是要直接推行官话字母，则其意向可知。

赵尔巽则认为，那位办事人员的批文“无为无见”。他指出：“语言为文字代表。我国幅员辽阔，方音随地不同，非统一语言不足以传达文明，促进社会。”学部要求学堂设立官话一科，“以官话厘正方言，即以语言就合文字，将来推广学校，渐可统一言语”。至于切音字运动者常说的“有其言无其文”的现象“为数甚少”，本可忽略。故“中国统一官

① 何凤华等：《为恳祈宫保大人奏明颁行官话字母设普通国语学科以开民智而救大局事》，收王照《官话合声字母》，第 75—76 页。

话以文字为主”，意即用“同文之言，以易不同音之语，其奏效不难，而又可无流弊。此以音变音之法也。”至于王氏字母“用拼音之法，自为文字，则只能行于语言相同之地”，如“以此音教南人，南人虽得其所教之音，而仍不能以拼原来之语，则是北人所拼者一音，南人与南人所拼者又一音。音既不符，字亦随之而异，此因音为文之法，终于不可通也”。欧洲各国“多音其音，即各字其字。是因音成文者，文转因其原来之音而变”。中国“幸而为文字统一之国。若因语言不同，而用拼音以另成一种文字，则既足为汉文之障碍，而所谓官话者又不足以通行，其流弊可知矣”。

这里“语言为文字代表”一语值得注意，盖其与切音字运动的文字观恰好相反。这成为双方对切音字在国语统一运动中地位认知南辕北辙的一个基本原因。切音字运动认为，文字本是语言的记号，而汉字与语言则是两套系统，故文字既无法涵盖全部语言，且因缺乏准确的摹音工具，汉字读音常随地方转移，进一步推动了语言的分化。1907 年，有人发起改良文字会，就说：“窃思中国口音之素不统一，其理甚易明。因字以形成，非以音成故也。”同一字，出声部位不同，“而意遂变矣”。[①] 这和王照注意到的是一致的，而前引王炳耀所谓“中国土音各异”恰“因所成之字，谐声者鲜”，殆亦此意也。

就此而言，方言歧出的相当一部分责任亦要由言文分离承担，而国语统一也成为言文一致的一部分。这同时意味着切音字不仅是为下流社会识字甚至是为直接交流提供的一套工具，也是国语统一思潮不能不倚重的力量，而使其地位进一步得到提升。刘孟扬就说，中国文字原用反切法以定音，“然尝有某字注某某切而仍不知其读为何音者。且各地口音不同，所读之字亦往往各异”。如用切音字“注成京音，一则易于识字，一则各地读法亦可划一”。[②] 而汉字在注音方面确实显得无力。学部颁布官话读本的消息发布后，江谦就说：“课本既有语体，则与文殊。用音字拼合，则唇吻毕肖。若仍用形字，则各省读之仍为方音，虽有齐傅，不

---

① 华通斋：《改良文字会之缘起》，《直隶教育杂志》丁未年第 8 期，1907 年 6 月，第 110 页。

② 刘孟扬：《中国音标字书·弁言》，文字改革出版社 1957 年影印本，第 2 页。

敌众咻。方法既乖，效力全失。”① 程先甲等也认为，“但习国语而仍用汉字”是不对的：“盖国语者，声音也；简字者，国语之留声机器也。无简字则国语之音无所寄，有简字而后国语之音有所凭。”② 这样，两大“言语文化”再次成为互相声援的因素。

然而，赵尔巽所忧惧的也就在这里。按“以语言就合文字”，他自己也说是“以音变音”，则前一“音”当指读书音。他强调以“文字”统一语言，乃是因为欧洲的经验使他看到，一旦“因音成文”，则“文随音变”的脚步也就是挡不住的了，这样，中国势必如欧洲一样分崩离析。因此，中国“幸而为文字统一之国”是赵氏立说的关键所在。实际上，赵氏此前曾在盛京推行过官话字母，这里态度大变，恐与此考虑是直接相关的。显然，《中外日报》的逻辑再一次被运用，而结论却大相径庭：《中外日报》反对的是方音切音字，对官音切音字持肯定态度；但在赵尔巽看来，破坏“书同文”是“因音为文”的思路造成的，则官话字母与方音切音字实不过五十步与百步之差而已。

但赵尔巽也部分地冤枉了官话字母。按王照曾专门指出，“用此字母专拼白话，语言必归划一，宜取京话……而南人每藉口曰：京中亦多土话，不足当官话之用。殊不知京中市井俗鄙之语，亦吾京中士大夫所不道，无庸多虑也”③。则其所谓“京话”乃是“京中士大夫所道”，与“官话”同，实近书面语也（但这又和他为“妇孺”着想的立意产生了矛盾）。前揭“英教士利君”也注意到，“官话于文字相近，故中国能识字者，学官话为最易”。又其云科举“士子即操土音，至京亦能改习”，则其所言即北京官话也。④ 后来吴稚晖亦云，清末所谓官话，“就是我们口碑中习惯称为普通话或中州韵的”，它同时也是读书时所读之音。北京人说话是京音，读书依然“读官话”，“京音不过一种土话罢了”。⑤ 按吴

① 江谦：《质问学部分年筹办国语教育说帖》，《清末文字改革文集》，第116页。

② 程先甲等：《陈请资政院提议变通学部筹备清单官话传习所办法用简字教授官话说帖》，《清末文字改革文集》，第131页。

③ 王照：《官话合声字母》，第9页。

④ 《论中国语言变易之究竟》（佚名），《外交报》壬寅年第1号，1902年3月4日，第14页。

⑤ 吴稚晖：《答评国音字典例言》，《吴稚晖全集》第5卷，第207—208页。

稚晖对“京音”甚不以为然（详下），但也承认京人读书音仍是“官话”。不过，当时不少论述确实未刻意做此区分，吴汝纶云官话字母皆“京城声口”，便不免将二者混为一谈；赵尔巽所谓官话字母“只能行于语言相同之地”，盖亦把王照所谓“京话”当作了“京中市井俗鄙之语”。

这样看来，王照欲以官话统一语言和赵尔巽以文字统一官话的观点也绝非势不两立，而是有相通之处的。不过，二者在态度上仍有差异。盖王氏既拈出京话一名，在赵氏看来，仍有方隅之限，故“只能行于语言相同之地”。换言之，王氏心中的“官话”在赵尔巽的眼中也只是方言之一种。《中外日报》那篇《统一语言说》也明确提出统一国语的可能途径之一是采用“通行最广之一种方言”之切音字，其举例即是“王君小航之官话合声字母”。但既然官话也只是一种方言，哪怕其通行再广，也仍会面临是否有资格成为国语的问题。1910 年，钱玄同就说：“华人人名、地名译为西音，今多以英国拼法谐中国官音。此两非也。”盖英音固不能代表欧洲，“官音焉足以代表全国耶?”[①] 官话如果同样也是方言的话，则对于其他方言区的民众来说，官音切音字也不过是另一套与语言相异的文字而已，“声入”又如何“心通”?

显然，上述几种意见在正面主张上确有很大不同（然亦未矛盾到不可调和的程度），而具体思路又彼此纠结，有时同一理由被用来为两个南辕北辙的看法辩护，有时关怀相近者却成为针锋相对的两方，彼时思想界在语言文字问题上的见解纷纭，由此可见一斑。不过，在这些争论中，也有一个大体共同的取向：相当多数的论者都将破坏“书同文”作为用来攻击对手的武器，而被攻击者则避之唯恐不及，体现了其杀伤力之强大。显然，这和时人对“形字”在维持中国统一方面作用的肯定是分不开的。

其时和赵尔巽所持“以文字统一官话”的意见类似者还多。1906 年，宋教仁在日记中提出，“中国语言文字，在太古时或杂混不堪。自黄帝平定各酋长而建一帝国，则必行国语统一之法，故命仓颉作文字。自此一

① 钱玄同：《钱玄同日记》第 2 册，1910 年 1 月 12 日，第 954 页。

行，中国文字遂皆为单纯简秩之语言”，造成了汉语以单音字为主的特征。[①] 这正是典型的托古改制。稍后，一位留日学生也对钱玄同说，“今之语言，渐不典则，犹赖有文字以匡之。若弃文存语，是无皮之毛，无□不可附焉。”[②] 钱氏颇表赞同。这里所云虽与国语统一略有差异，但以文字导正语言的思路是一致的。

1909 年，一位湖北士人潭渔隐发表了《汉文拼音自序》。据此文可知，该书意在沟通各地之方音：“如鄂人与浙人相接，欲通浙省直客音，只先取五十母子，一一叩之，浙人据浙省方音读之，然后按生音表信口读去，顺天籁之自鸣，绝无诘曲之状。”其法与谭嗣同管音表相类。作者为此，一部分原因正是对官话字母“欲以都城首善之方音统一语言”的做法不以为然。他提出，应将“言与音”分为“二事”：“语言统一易，语音统一难。语言不通，彼此识字犹可以笔对谈，而语音囿于方隅，彼此各异，纵令勉强学似，终未若自然之为愈也。”[③] 不过，他又认为语音可以相通相转，只要掌握了通转的规律，“信口读去”，仍可是“顺天籁之自鸣”，唯这必须建立在自己熟知的方音基础上。

按此处所谓可以笔谈的语言，主要还是书面语。作者认为，汉字本来优越，不但“元与大清未灭汉文”，且安南等处均用汉字，“其文之同，并不在强方音之苟同，殆有莫之致而致者。且汉文之趋乎雅而避乎俗，大率常用之字不过数千，以文言道俗情，毫无不达。故鄙俚之语皆不屑道，由文而明，理有固然，亦势有必然也，岂好为其难，故意歧语言文字而二之哉?”汉字长处本来在“睹文即能见意，足见古人作字，原示人以浅近”，只要教授得法，学起来并不难。他也同意中国存在着一个语言文字由合而分的过程，但他强调那是因为“后世庠序久废而人不知学”之故，非汉字艰深也。[④] 汉字同文是跨越国界的，比较起来，“强方音之苟同”，已不是最重要的了。这实际意味着言文一致可由言以凑文达成，与宋教仁所谓仓颉作字以“行国语统一之法”的思路及钱玄同友人提出

---

① 宋教仁：《宋教仁日记》，1906 年 10 月 7 日，湖南人民出版社 1980 年版，第 266—267 页。

② 钱玄同:《钱玄同日记》第 2 册，1909 年 11 月 2 日，第 845 页。

③ 潭渔隐:《汉文拼音自序》,《时报》1909 年 7 月 6 日、6 月 26 日，均在第 1 版。

④ 潭渔隐:《汉文拼音自序》,《时报》1909 年 7 月 6 日，第 1 版。

用文字匡正语言以使之归于"典则"的看法都是一致的。

在上述诸说中，文字都被视为一个比语言更为重要且起到导正语言作用的因素。按这里所云"文字"是广义的，包含了语音层面的文字（书面语、读书音）在内。唯后者也是以狭义的文字为中心的，和切音字运动提出以声音为本文字为末的观点不啻背道而驰。实际上，一旦以不同地区人们的相互沟通为目标，汉字那"睹文即能见意"的优越性就立刻呈现出来。潭渔隐提出："同文者，同其形，同其义，其音决不能同。苟必是此而非彼，势不至背天籁以求同而不止。"[①] 但既然音之不同乃是"天籁"，便也同时意味着"声入"有时是不能"心通"的，而潭氏注意到的"以笔对谈"现象又表明"目入心通"的力量似乎更强。显然，文字重要性的凸显是和时人对文字分裂的担忧分不开的。因此，尽管江谦等人强调要统一国语就只能依赖切音字，但文字既然作为一种正面考量因素在民族主义论述中所占权重越来越大，抛开它讨论这一问题是不可能的。

简单说来，文字在国语统一运动中地位的提升经过了一个从官话切音字独大到切音字被剥夺文字的资格再到以文字统一语言成为官方政策的一个过程，而其中一个关键的转折点即是否允许增添方音切音字的讨论。尽管劳乃宣反复强调"两次办法"的必要性，但显然未被广泛接受。1910 年资政院成立后连续接到 6 件要求推广切音字的文件，都把国语统一作为核心论据。这些上书者中既有北方人，也有南方人，其中不乏在文中随处引用劳乃宣的话者，而要求推广的均为官话简字。其中，程先甲等说帖特别明言："简字之用，系以京音为主。教授国语，舍此别无捷法。"他们特别提到，江宁自设简字学堂开始，先后毕业数百人，"其颖异者，口操京音，与京城人无异"。[②] 江宁是劳乃宣方案的主要推行地区，但程氏等人在此却是以京音为号召，尤可看出官音方案已在切音字运动中占据了"话语霸权"地位（但同时也表明"两次办法"在实践中确有其效）。

---

① 潭渔隐：《汉文拼音自序》，《时报》1909 年 6 月 29 日，第 1 版。

② 程先甲等：《陈请资政院提议变通学部筹备清单官话传习所办法用简字教授官话说帖》，《清末文字改革文集》，第 131 页。

资政院接到这些说帖后，经过两次开会审查，由特任股员长严复起草了一份报告书，肯定了“简字便捷，妇孺易知”，且可“补汉字之缺”，故欲“谋国语教育，则不得不添造音标文字”。不过，报告也明确提出，应“规定”其之“用法”。具体有二：“一、范正汉文读音，二、拼合国语。汉文读音，各方互异。范正之法，于初等小学课本每课生字旁注音标。儿童已习音标，自娴正读。但令全国儿童读音渐趋一致，而统一之效可期。”[①]

同时，报告书也对切音字性质做了重要修正。切音字运动一般认为，切音字既是补助识汉字的工具，自身也是一种可以流通的文字。其表述非常模糊，时而称之为“字”，时而称为“字母”“记号”。较早注意到名称问题的是劳乃宣。1906 年，劳氏提出，“字母之称不能包括韵与声，似不赅备”，而应定其名为“简字”。[②] 显然，劳乃宣是想明确切音字作为一种“文字”的性质。但正是这一点使其反对者不安。前引赵尔巽说王照字母不能推行于四川的一个重要理由即其“自为文字”也。1908 年 5 月 21 日，学部主事许宝蘅听了劳乃宣谈简字之利，亦在日记里不无狐疑地说：“其言甚辩”，然“无论何国，决无一国之中并行两种文字者，此中是非殊难解决”。[③] 严复的报告书则正式提出，简字一名“似对繁体之形字而言之”，使人“疑形字六书之废而不用”；另一方面，其“性质既属之拼音”，简字之“名义不足以表见”，故应改名音标，“一以示为形字补助正音之用，一以示拼音性质，与六书形字之殊”。[④] 1911 年，由学部召集的中央教育会议议决“统一国语办法案”提出，在北京设立国语调查总会，审定“雅正通行之语词、语法、音韵”，并制订“音标”，在全国推行。[⑤] 音标之名显然采纳了严复意见。这一看法把切音字运动以声音为本文字为末的名分颠倒过来，切音字也因此退一步海阔天空，避免了破坏书同文的指责。

---

① 严复：《审查采用音标试办国语教育案报告书》，《清末文字改革文集》，第 134 页。

② 劳乃宣：《重订合声简字谱例言》，《简字谱录》，第 79 页。

③ 许宝蘅：《〈巢云簃日记〉选》，《近代史资料》总第 115 号，中国社会科学出版社 2007 年版，第 42—43 页。

④ 严复：《审查采用音标试办国语教育案报告书》，《清末文字改革文集》，第 134 页。

⑤ 《学部中央教育会议议决统一国语办法案》，《清末文字改革文集》，第 143 页。

在切音字被剥夺文字资格的同时，以文字统一国语的意见也进一步明朗化。1913 年，民国教育部召集各省代表组成“读音统一会”。会长吴稚晖介绍该会定名理由云：“普通得称为语，约含两种性质”，一指“说于口中，限于方隅之达意声响”，一指“写于纸上，别于文学之浅易文字”；其所谓音，对于前者称为“口音”，对于后者称为“读音”。二者“原互相关联。以广义言之，宜同时求其统一”。但在“进行程序上，遽从广义命名，含混其词，称为国语统一会，则读音口音，歧见纷起，无益于实在”，故“毋宁先从一部分之读音”做起，“将各有文字可凭之读音，讨论既定，而后即藉读音之势力，用以整齐随地变动、止有声响可凭之口音，则有执简御繁之效益矣”。① 按前此学界关于国语统一问题“歧见纷歧”，确有相当一部分源于命名的含混（如京话与官话之争）。吴稚晖提出以“有文字可凭之读音”统驭“止有声响可凭之口音”的主张，正可视为赵尔巽“以语言就合文字”的详解。

吴稚晖指出：“既此会注重于读音，当以文字为讨论之目的物。”但这也就同时意味着，“文字读音之长短清浊，决不能凭偏于方隅之口音，在一地而得其完全。故以地方音为标准，颇多缺憾”。实际上，“官音虽号称北音”，也“不能指定为北方某城某邑之音。因标准于地方，不惟长短清浊，惧失之偏；且每地皆有土俗鄙僿之音，有妨于雅正。若限地以取之，必有尽举敝僿俗音，连带采用之误，是实为将来语文合一之缺点”。读音统一会审定读音结束后，将“每字审定之音，命名之为国音”，盖“此为全国派人会议所公定，是为国有之音，非复北有南有京有省有县有。异日就国音而发近文之雅语，作为全国交通之媒介，即名之曰国语。国音生国语，名称亦可相承一线”。官音、正音、标准音、法定音、通用音诸名俱“不若国音之核实”。②

国语统一仍当以“将来语文合一”为目标，唯国音与国语都要避免“土俗鄙僿”，而归于“雅正”，并特意辨别官音非“北方某城某邑之音”，在在与赵尔巽的意见一致。按早在 1909 年，吴稚晖就云：“所谓官音，官者，言通用也，言雅正也。汉人之祖宗，税居于黄河两岸（引者

① 吴稚晖：《读音统一会进行程序》，《吴稚晖先生全集》第 5 卷，第 103 页。

② 同上书，第 105 页。

按：原文如此)。故汉音之初，近于北音，南人则杂有蛮苗之音。然北人亦未尝不杂胡羌之声。故以通用而言，即以今人南腔北调多数人通解之音为最当，其声和平，语近典则，即可以为雅正之据。”他并特别指出：“近日专以燕云之胡腔，认作官话，遂使北京之鞑子，学得几句擎鸟笼之京油子腔口，各往别国为官话教师，扬其狗叫之怪声，出我中国人之丑，吾为之心痛。”[①] 看所谓“北人未尝不杂胡羌之声”可知，吴稚晖实际认可北音保留了更多的“汉音”初期情状，然也刻意要在官音和京音之间做出区分（但实际上，吴氏倡导的做法在程序上和刘孟扬提出以切音字标注“京音”以划一各地汉字“读法”的建议是一致的)。

进一步，这里也揭示了言文一致的两条路线。在理论上，言文一致既可以是以言统文，亦可以是以文统言。切音字运动强调声音为文字之本，以言统文自是必然归趋。但这或可能造成国家分裂，已使蔡元培感到危险，故提出先统一“言”的主张，并在未来理想的文字中为“会意”留下了位子。赵尔巽则根本认为：“我国文字，不主音而主义。主音者字母虽简，拼音可以不穷；主义者字母既繁，不能以声统驭。”[②] 宋教仁等人的主张与此相类，均倾向于后一种方式。吴稚晖也在与章太炎辩论是否应用万国新语的文章里强调，中国人在采用万国新语之前，应有一过渡阶段，则语言文字之统一是也。“至夫统一之术，非有奇法殊能，特矫于天然之适宜。”汉字本来统一，“而言语则必有一种适宜之音字，附属于旧有之文字以为用，于是声音亦不得不齐一”。[③]

按吴稚晖这里使用“天然”一词讲声音，和沈学、王炳耀等使用的“天籁”“天性”等表述相类，而态度恰好反背。沈、王等认为，声音乃是天籁，故文字须趋于语言，才能声入心通。而吴氏认为，声音既天然不齐，则必以文字齐之而后可。按吴氏此论与章太炎一致。章氏云：“余闻风律不同，视五土之宜以分其刚柔侈敛，是故吹万不同，使其自已。前者唱喁，后者唱于，虽大巧莫能齐也。”不过，章氏正欲以此反驳无政

---

① 吴稚晖：《书神州日报东学西渐篇后》，《吴稚晖先生全集》第 5 卷，第 55 页。

② “署理四川提学使司呈详遵批传验蒲助孜暨详议简字拼音是否适用一案详册”，中国第一历史档案馆藏，赵尔巽档案，提取号 87（缩微胶片)，案卷号 470。

③ 吴稚晖：《书驳中国用万国新语说后》，《吴稚晖先生全集》第 5 卷，第 39 页。

府主义在中国使用万国新语的主张，而吴氏一方面承认在中国推行万国新语不是一蹴可就的，另一方面则反其意而用之，强调正因声音天然不齐，所以要“矫于天然”。（但章太炎也有类似的主张，他发明纽文、韵文，也是为“笺识字端，令本音画然可晓”。[①]）比较起来，潭渔隐亦主张“天籁”不同，与章、吴相近，但仅就“声音”而言，又不认为有特意“矫”之的必要。显然，在同一看法的基础上，各方意见彼此纠缠而又相互错落，其间层次和关系都异常复杂。

五 结论

切音字运动是在西人观念影响下产生的。他们认为西人富强主要是因为其国民识字率高，而这又源于其文字本身切音而成的特点，故思仿效之以为“下流社会”提供一套求知和交流的速成工具。与此同时，他们也接受了西人以声音为中心的文字观念，并和当时兴起的各种以开民智为目标的声音文化构成了彼此呼应的关系，强调声入心通的重要性。在此取向的作用下，产生了一大批用南方方言拼写的切音字方案。

进入20世纪后，随着民族主义观念在思想界越来越具影响力，国语统一对于淑民情的作用受到广泛重视，不但和教育普及一起成为切音字运动的两大目标，甚至有后来居上之势。作为这种观念的产物，方音切音字受到了严厉批评，被认为不但不利于统一语言，且有破坏书同文的危险。与此同时，被认为能够一举实现两大目标的官音切音字方案迅速增加。但同时，官话也被南方地区的一些人士视为方言，官音切音字同样面临无法声入心通的尴尬境地。

另一方面，随着人们对分裂担忧的加剧，书同文在维持中国统一方面的作用也日益获得关注。其最终结果是，在对切音字性质的认识方面，有学者提出剥夺其作为“字”的资格，使其成为附属于汉字的“音标”，真正成为声音的“记号”；在国语统一的具体程序上，以文字统一语言和由读音统驭口音的方案获得了官方的支持。1913年的读音统一会通过了

---

① 均见章太炎《驳中国用万国新语说》，《民报》第21号，1908年6月10日，中华书局2006年影印本，第3323、3336页。

一套注音字母，并最终被国民政府采用。这样，“言同音”必须有赖于“书同文”，切音字运动对于语言和文字关系的理论被颠倒了过来（当然，这已是充分考虑到“语言”的“文字”了）。不过，从整个中国近代语言文字改革的脉络中看，这一意见虽然为官方所认可，仍然不过是代表了一部分学者的看法而已，而故事也没有就此结束。事实上，在 20 世纪的大部分时间里，一直有人主张汉字拼音化的思路，这二者的关系也一直处在紧张状态。

清季外官改制的“地方”困扰*

关晓红

1906—1911 年的清末官制改革，效法日本试图移植西方近代宪政体制，但伴随宪政理论引入的地方官制与地方自治概念①，如“地方官”及“地方税”等，看似能够归类指称中国的固有事物，实则与清朝既有官制层级和规制运作难以对应，导致朝野舆论对总督、巡抚的去留、谘议局与督抚的权限、“国家税”与“地方税”的划分众说纷纭，改制过程曲折反复，举步维艰。直至清亡，官方颁行的正式法令规章里，直省始终没

---

* 本文原载《近代史研究》2010 年第 5 期。本文为教育部哲学社科重大攻关项目（05JZD00011）、全国优秀博士论文作者专项资金项目（200213）的部分研究成果，并为中央高校基本科研业务费专项基金资助。2008 年 5 月，作者曾据本文初稿在日本京都大学人文研究所狭间直树教授主持的研究会做报告，对狭间直树、石川祯浩、袁永泉、黄东兰、桑兵等教授提出的建议和意见，特别鸣谢！

① “地方自治（local self-government）是相对于中央集权而言，由地方上的民众进行自我管理、自我治理的地方统治形式，是基于分权原理而设计的一种地方政治制度。”地方自治的主要特点，即“本地方的人，用本地方的钱，办本地方的事”（郭冬梅：《日本近代地方自治制度的形成》，商务印书馆 2008 年版，第 1 页）。关于清末地方自治传入的情况，沈怀玉总结了西方地方自治观念在清末输入的渠道与方式（氏著：《清末西洋地自治思想的输入》，《“中央研究院”近代史研究所集刊》第 8 期，台北，1978 年）；马小泉厘清了甲午战前至新政时期地方自治思潮的形成与推广情况（氏著：《国家与社会——清末地方自治与宪政改革》，河南大学出版社 2001 年版）；近有学者将传教士介绍美国地方自治的时间确定为 19 世纪 30 年代末（汪太贤：《从治民到民治：清末地方自治思潮的萌生与变迁》，法律出版社 2009 年版，第 10—11 页）。1908 年 2 月，两江总督端方奏称：“臣等伏念地方自治之制，其名词译自日本，其经画始于欧美。”（《端方等为设局筹办江南地方自治折》，《中华民国史档案资料汇编》第 1 辑，江苏人民出版社 1979 年版，第 102 页）

有成为立宪政体中的“地方”层级，而在官制改革层面，督抚究竟是中央政务官抑或地方行政官，亦一直悬而未决。民国时期，关于省制问题争议不断，根源也在于此。

受到外来观念影响，学界用宪政理论的中央与地方观念看待中国固有的政治制度，似乎已天经地义[①]，故对清季“地方”概念及其指称的对象曾引发长达数年的困扰与激烈争议，几乎视而不见。尽管已有学人注意到清代督抚身份的两重性[②]，但相关研究成果还是较多套用“地方行政制度”的概念模式，通史则据以概述历代政制沿革，专论则用来讨论清代政制或清末官制改革，均将清季改制前后的外官制（包括省级行政建制），明确划归“地方”官制层级。[③] 这种将近代欧美、日本宪政体制的“地方”模式，对应比附中国政制的做法，虽然易被重构的知识系统教育出来的今人所接受，却与历史本相差距甚远。

有学者已注意到清代官制的“地方”与后来有别，尤其在省一级。1947 年出版的施养成《中国省行政制度》一书认为，由于 1907 年的直省官制未能全面实施，“故省于清代法律中终未成为地方行政区域”[④]。20 世纪 60 年代瞿同祖所撰《清代地方政府》，以州县官及其幕友、长随、家人为考察对象，其所谓“地方”是州县，并不包括督抚司道及知府等层级。2007 年，有人注意到督抚与部院、督抚与谘议局矛盾冲突的若干细节，认为“当时的地方官制改革方案尚未最终确定，督抚的职责权限多有模糊之处”[⑤]。不过，因咸同以后督抚势力大幅度扩张，被视为权力从中央下移到地方的表征，而督抚自然被视为“地方势力”的代表。这

---

① 用中央与地方的概念看待清朝政体，受日本影响最大，详情另文专论。

② 较具代表性的著述为：傅宗懋《清代总督巡抚制度之研究》，台北，政治大学 1963 年版；刘子扬《清代地方官制考》，紫禁城出版社 1994 年版；刘伟《晚清督抚政治——中央与地方关系研究》，湖北教育出版社 2003 年版；吴宗国主编《中国古代官僚政治制度研究》，北京大学出版社 2004 年版，第 498 页。

③ 学界迄今以中央、地方的对应概念指称民国以前历史的情况不胜枚举，即便本人此前的研究也未能免俗，恕不一一列出。

④ 该书还指出：“民国肇建，承认‘行省’为地方行政区域，以府、厅、州与县平行，为严格的二级制度。”（氏著：《中国省行政制度》，商务印书馆 1947 年版，第 51—55 页）其实，即使按照 1907 年直省官制通则的规定，直省也不是“地方”一级行政，详见本文后述。

⑤ 李振武：《督抚与清末预备立宪研究》，博士学位论文，中山大学历史系，2007 年，第 123 页。

样的看法已经普遍到几乎等同于公论，令人难以跳脱。

一旦用近代中央与地方的观念指称清代政体，且渐成约定俗成的常识，无形中便成为认识事物及研究历史的前提。即使一些对于观念制度的历史与时代意见之分辨，已有高度自觉的学人（如钱穆），也未能察觉用中央与地方的概念，解读中国政治制度史的似是而非。对于公众乃至一般学人，当本来倒上去形成的观念，顺下来完成重构史事的过程时，就由历史的认识变为历史的本事，再用这一套观念看待固有体制渊源流变，表面顺理成章之下，古今制度与人事本相愈加隔膜。①

事实上，自清季变制肇始便接受中央与地方的概念，且在公私文书中使用此类名词的朝野官绅，一旦随改制深入而必须面对中外观念体制的纠葛时，无不百般困惑。透过制度嬗变进程中观念制度不相凿枘引起的紊乱，可深究近代中国知识与制度变动的错综曲折，解读百年来制度兴革与历史文化的紧密联系。

一 "中央""地方"与内外官的不对称

清廷正式使用"中央"与"地方"的概念进行政体改制的讨论，肇始于1906年五大臣出洋回国的奏报。② 清季内外危机频至，朝野强烈震撼，统治者已意识到变法图存的必要与紧迫。而日本战胜俄国，使清廷颇感意外之余，开始倾心于君主立宪政体。随着科举停罢，官制变革成为当务之急，仿行宪政的改制，在五大臣出洋考察结束后正式提上议事日程。

丙午改制前的清代既有官制，以文武及内外划分为不同系列，与东西洋宪政体制的中央与地方官制划分并不对应。③ 1906 年 8 月 25 日，戴

---

① 用后来的观念解释原来已发生的历史事实，会不自觉地用后来的标准、后来知识的内涵，去阐述或解释此前发生的事实本身及用意，难以避免解释越详尽，可能离历史真相越远。就本文所探讨的问题而言，用近代地方官的观念看清代，便无法理解清朝设官立制之用意，以及他们的困惑、改制的取向与结果。

② 近代"中央"与"地方"观念传入中国，及其在朝野不同层面使用的进程情况相当复杂，另文详论。

③ 内官包括内阁、军机处及在京各部院监寺、顺天府。外官则有督抚司道、府厅州县官吏。但督抚身兼兵部尚书或侍郎、都察院右都御史或右副都御史之衔，其考核也属于内官的"京察"而非外官的"大计"。

鸿慈、端方等奏请改订全国官制以为立宪预备，提出改订全国现行官制的 8 条建议，拟按立宪政体模式，将清朝原有官制划分为中央与地方两部分，试图消除既往内外不分的弊病，改变满汉复职、尚侍并列、督抚与部院平行牵制的混杂结构，划清中央与地方权限，保障政令上通下达。该折对比各立宪国家政体，检讨本朝既有政制弊病："各部用其权以裁制督抚，若不量地方之情势，则善政几不得举行，督抚张其权而轻视各部，又破坏一部之机关，而政令几同于虚设，彼此之龃龉尚小，事机之贻误实多。"改革所应达到的目标："宜明定职权，划分限制"，疆吏与部院各有责司，不相推诿。①

戴鸿慈、端方所奏，正式提出仿行立宪政体，依据西方立宪国家的经验，参酌中国体制，规划了官制重组的基本方略。与外官改制联系最关键的部分，一是划分中央与地方之权限，二是"变通地方行政制度，以求内外贯注"。改变既往官署层级过多、辅佐官吏缺乏、未实行地方自治三大弊端。② 推崇地方自治，希望各省州县能以自治辅助官治。改制虽以立宪政体为目标，介绍了多国的政制情形，但总体倾向于采用日本的中央集权模式为蓝本。

值得注意的是，该折虽总体明确以中央与地方官制对应清朝原有的内外官制，但文本在涉及具体内容时，使用的概念却彼此混淆，相互矛盾。如变革地方官制的设想，注意到原外官层级太多，拟仿照普、法等国采用三级制，于"省中制置各司，宜略具中央政府之规范，并宜设一省议会，以拟国会。一切法律与国法不相违背者，可任其因地制宜，自行发布，然后能与地方利弊相应，而实收佐理之功"③。据此，省究竟为中央政府的外派，抑或地方政府的层级？其行政属性仍不免模糊。怎样才能与中央集权为主的改制取向适应，这给其后的政体改革带来不少困扰。

若按西方宪政中央与地方官制的体系，行省列入地方，则地方自治

---

① 故宫博物院明清档案部编：《清末筹备立宪档案史料》上册，中华书局 1979 年版，第 369—370 页。

② 《清末筹备立宪档案史料》上册，第 376 页。改制前外官制分督、抚—两司—守、巡道—府（直隶州）—州县不同层级。

③ 《清末筹备立宪档案史料》上册，第 377 页。

不应忽略行省。但该折在强调日本府县制优势时，以原有地方亲民之官与之对应，竟将地方自治定位在府县层级展开。① 同样矛盾的是，该折一方面已知现行制度中实行避籍，官员任职人地两殊的弊病，明确废除回避为实施地方自治的要项，“地方各官，不必更问籍贯，皆可简补，则不至视官如传舍矣”；另一方面在具体涉及改制办法时，仍将行省的督抚诸司排除于“地方”之外：“至其任用之法，则凡道府州县各班，皆可为地择人，分途并用”。考察政治诸大臣已注意到中国疆域辽阔，现行政制与立宪各国悬殊的事实，提醒当政注意：“盖中国行省与各国迥不相同，设使官制不良，则中央之运掉虽灵，外省之推行仍阻，于情势可谓之隔绝，与政俗可谓之悬殊。”②

由此可见，用近代西方宪政体制的中央与地方框架对应设置清朝官制，在州县乃至府一级尚有形似而实异的空间，到省一级势必左右为难，即便削足适履，也仍捉襟见肘。在如何采用西方宪政理论，对清朝体制进行改造，划分中央与地方的层级的问题上，统治集团内部存在不同看法。

1906 年 9 月 16 日，出使德国大臣杨晟条陈官制大纲，指出因中国版图辽阔，中央政府鞭长莫及，督抚应为“国家行政官”，总督与巡抚不并设、不兼辖，罢其原有兼衔，行省仍为“中央政府之分体”，督抚则为“国务大臣之一员”，只是级别降低一级，以别于各部主官。司道则须与中央各部职能对应，宜分四司，即民政兼巡警、学政，军政、财政兼商务，品级降于督抚一等，“四司上于各部之事，皆得径达”，但司与府不相统辖。“地方行政之官，以府为上级、县为下级，废厅州等名，一律改合两级之制。”杨晟的条陈与戴鸿慈、端方所奏方案，在省级官制的地位与归属方面分歧很大。戴鸿慈等人的初衷，是以外官制整体对应地方官制，只是具体划分不够清晰，省级尤为模糊。杨晟则将外官中的督抚、司道，作为中央与地方之间的一个特殊层级，即外派的“国家行政官”，

---

① 黄东兰教授认为：日本以德意志制度为蓝本所建立起来的近代地方自治制度，“兼具代表各地的地方团体和行政机关的双重性质”。氏著：《近代中国の地方自治与明治日本》，东京，汲古书院 2005 年版，第 42 页。

② 《清末筹备立宪档案史料》上册，第 377、379—381 页。

承接中央各部院职能机构，地方行政则改为府和县两级，取消州厅，明确将“行省”排除于“地方”之外。为了打消对“恐酿（督抚）专擅之忧”的担心，杨晟强调：“朝廷统治权大权既已足以统一其上，又使行省为中央政府之分体，督抚为国务大臣之一员，正所以固结中央政府联合之力。而诸司各府之自负本管责任，省会、府县会之公议是非，安所容此专擅之人，介于政府地方之间耶?”① 杨晟的建议更多考虑到维护国家统一与建设的需要，并希望以自治团体的监督，诸司各府职责的相对独立，形成对督抚的约束控制。

无独有偶，出使俄国大臣胡惟德奏《请颁行地方自治制度折》，亦要求为地方自治做好两方面准备，即“明定府县官吏职务权限”与“设立府县议事、参事会”，则各省也不在地方自治范畴。② 杨晟、胡惟德分别从官制与自治两个层面划清“行省”与“地方”的界限，一定程度上反映了中外政体在驻外使臣心目中的差异。

与两位驻外使节的认识迥异，以御史史履晋、蔡金台为代表的一些言官，对咸同以来督抚权力的膨胀极为不满，他们认为权限分明是域外政制的优长，套用立宪理论关于集权与分权的概念将清朝官制分为阁部、督抚和州县三级，前者为“奉君治官之官”，后二者为“由官及民之官”。要求通过改制罢督抚兼衔，将权力收归部院，强调：“故中央集权实为因时之要义，而兵财并治，尤在今日为要图。”③ 显然将督抚推到了“中央”的对立面。朝臣中类此不满情绪，以及借改制之机加强集权的取向，直接影响到部院的方针，为此后清廷与督抚的矛盾埋下伏笔。

1906 年 9 月，《申报》发表题为《论立宪制度利于政府而不利于地方官》的评论，强调因地方自治的展开，“立宪之制，不利于官诚是矣，但不利于外官，而于京官则无所损也；不利于地方州县官，而于政府大官则不特无损，而且有利也……即借百姓之耳目助政府大官，以箝制各

---

① 《清末筹备立宪档案史料》上册，第 398—401 页。

② 《出使俄国大臣胡惟德奏请颁行地方自治制度折》，《清末筹备立宪档案史料》下册，第 714—716 页。

③ 《御史蔡金台奏改革官制宜限制阁部督抚州县权限折》，《清末筹备立宪档案史料》上册，第 412—413 页。该折称督抚“始但为军务而设，后乃为地方之官”，所指“地方”，应为与“军务”相对的“民政”之意。

省之地方官吏。窃以为立宪之后，政府大臣办事之权力必十倍于往日也”。此处所指“地方官”明确为州县官。南书房翰林吴士鉴提出：地方分治，“如谓士民预政，积久或滋流弊，则就近有地方长官之监督，其上有行省大吏之监督，又其上有中央政府之监督”，也将地方长官、行省大吏与中央政府分为依次递进的三个层级。[①] 可见此时朝野观念里的外官与京官，很难对应西方宪政的中央与地方。

由此可知，清季官制改革引进近代宪政体制而借用旧词的汉语译名，其与中国职官设置本义往往不合，概念与指称的事物之间存在不小差异，转换过程更造成诸多名似实非的情形，使用看似相同的概念讨论事情时，因理解各异，歧义甚多，改制前尚未觉察，时人亦较少关注思考，一旦改制启动，因概念不同而形成取向各异的拉力，就会成为改制能否进入正轨的制约因素。

二 外官改制的“地方”考量

1906 年 11 月 5 日，厘定官制大臣向各省督抚发出通电，征求对所拟外官改制方案的意见。[②] 该电文有几点值得注意：（1）通篇未使用“中央官制”与“地方官制”的字眼，涉及相应概念，只用“京部官制”和“各省官制”来表达，这既与原来的内外官制不同，也与宪政官制有异。如此折中是否别有深意，有待探究。[③]（2）将现行外官制分为府厅州县与省城院司两部分，在府厅州县设地方审判厅、议事会和董事会，自治机构“均受地方官监督”。（3）强调行政、司法各有专职，提高办事效率。[④] 但并未涉及督抚司道与部院及清廷的关系。

由于通电提供的两套方案，对督抚司道权力未作改变，故各地督抚

---

① 《南书房翰林吴士鉴请试行地方分治折》，《清末筹备立宪档案史料》下册，第 713 页。

② 侯宜杰据档案整理发表了通电及督抚复电（《清末督抚答复厘定地方官制电稿》，《近代史资料》第 76 号，中国社会科学出版社 1989 年版，第 51—90 页），刘伟、李细珠等人关于清末新政的论著，引用了相关内容，唯关注点与本文有所不同。

③ 该电已流露出取法域外政制模式难以对应的困惑：“欧洲各国本土，鲜如中国之广，英之属地如加拿大、澳洲及美国各省，略如中国行省。其民政、财政等官，皆为总督僚属。”

④ 《厘定官制大臣致各省督抚电》，中国第一历史档案馆藏，宪政编查馆全宗，考察筹备宪政类，42 号。

复电普遍强调财匮人乏，对司法和行政分类反应强烈，多有驳斥，但在与部院行政权责部分则未见异议。

新政官制改革最终以内官制速变为先机在京师铺开，外官改制则因意见分歧而缓行。[①] 1907年1月，《盛京时报》发表评论表示失望。或许由于该报的日本背景，这一评论将外官制直称为“外省地方官制”[②]。与此相异，1907年6月，两广总督岑春煊的奏章提及“地方官”，仍指州县官。[③] 可见外官改制提上日程之时，中西概念差异已经导致朝野的理解有别。

1907年7月，奕劻等人综合各地督抚讨论官制草案的意见，奏陈《续订各直省官制情形折》，这是整个清季预备立宪期间，清廷唯一正式批准实施的外官改制方案。学人往往据此判定直省为地方官制的一级，实则大有重新检讨的余地。

《各直省官制通则》（以下简称《通则》）共34款，规定督抚衙门设置幕职分科治事、各省设三司两道、各府厅州县设置高等和初级审判厅、议事会和董事会，并酌设佐治各官。文中使用“地方”一词共15处[④]，关于督抚和直省的地位，《通则》前三条规定如下：

> 第一条　一省或数省设总督一员，总理该管地方外交军政，统辖该管地方文武官吏，并兼管所驻省分巡抚事，总理该省地方行政事宜。
>
> 第二条　每省设巡抚一员，总理地方行政，统辖文武官吏。惟于该省外交军政事宜，应商承本管总督办理，其并无总督兼辖者，即由该省巡抚自行核办。总督所驻省分，不另置巡抚，即以总督兼管该省巡抚事。
>
> 第三条　总督巡抚于各部咨行筹办事件，均有奉行之责。但督抚认为于地方情形窒碍难行者，得咨商各部酌量变通，或奏明请旨

---

① 李细珠：《张之洞与清末新政》，上海书店出版社2003年版，第308—314页。

② 《论议改地方官制事宜》，《盛京时报》1907年1月30日，第1张第4版。

③ 《各边拟设民官变通旧例由》，中国第一历史档案馆藏，军机录副全宗，第5745卷第33号。

④ 见《清末筹备立宪档案史料》上册，第506—510页。其中“地方情形”4处，“该管地方”2处，“地方行政”3处，“所属地方”3处，“地方官吏”1处，“管理地方”1处，“地方之事”1处。

办理。

孤立地看上述条文，极易解读为行省已确定为“地方行政”的最高层级，督抚即相应为地方最高行政长官。实则问题绝非如此简单，否则外官改制不会几度难产，而朝臣与督抚间亦不会在此后长达数年争执与纠缠。

因奕劻等清楚“司道以上各官，既与各国情形不同”，故《通则》虽多次使用“地方”一词，但实际仍多袭清制本意，即直省管辖府厅州县地方，但直省本身并非地方层级（《通则》名为直省官制而非地方官制，应注意到此节）；督抚职司“总理地方行政”，却并非地方官。

中国第一历史档案馆藏顺天府全宗内《地方官设佐治员并酌拟佐治员任用法说帖》，可与前文参证。[①]《通则》吸收了其中主要内容，如第28、29、30、32条，即分别采纳说帖意见，其“地方官”仍仅指府厅州县正印及佐贰官。

孤立地看《通则》，确易为其多处使用“地方”一词所迷惑，得出直省即地方、督抚司道即地方官的结论。可是，将前述宪政馆征询督抚外官改制意见的通电、地方官制说帖与其比对，则不难明白，《通则》的前提是将地方行政划分为府州县三级，所谓地方和地方官，并不包括直省和督抚司道，其所强调的是督抚对于“地方”管理的权力与责任，并不涉及直省与内阁、部院的关系。此后清廷颁布的多项涉及地方自治与地方行政的重要章程，均确定以府厅州县为地方层级。[②]

---

① 该说帖开宗明义：“谨按原电分地方官为三等，甲为府，乙为州，丙为县。今既议留知府，则直隶州以下制度未便遽改。至州厅县属下，各设佐贰分掌财赋、巡警、教育、监狱、农工商及庶务，各省电复大半以无财无费为词。”其时一些改制先行地区已设劝学、巡官、典狱等职，若州厅县佐贰分为总务长、主计员、警务长、劝学员、劝业员、典狱员六项，“许其兼摄，惟至少须设四员。是地方官于原有三项之外，仅添一项，所需公费，似尚易筹”。至于用人，则不拘官绅，无须避籍，自收得人之效。《地方官设佐治员并酌拟佐治员任用法说帖》，中国第一历史档案馆藏，顺天府全宗，职官官制类，卷1，026号。又见《东方杂志》第4年第8期，1907年10月2日，第423—424页，作者署为“编纂官制大臣泽公等”。

② 例如1910年2月6日《宪政编查馆奏复核府厅州县自治暨选举各章程折》、1910年12月2日资政院、学部奏准《地方学务章程》、宣统三年民政部会奏《行政司法分权声明地方官责任折》等。

《通则》颁布之后，各省官绅陆续游历日本考察官制，对中日官制对应尤其是“地方”含义的理解，与后来学人的判断截然相反：“日本的府县作为地方的上级行政机关，与中国的省具有同等地位，级别高于中国的州和县。然而，这一时期来日的中国州县地方官大都认为日本府县的地位与中国的州、县是同等的。比如，1908 年视察千叶县、静冈县的谢绍佐在其《东游分类志要》中记有：‘日本府、县知事的级别相等，如同中国的州县官一般治理各地方……日本的市町村长则好比中国城、乡的绅董。’……值得一提的是，龙氏（江苏省江都县知县龙曜枢）亦把日本府县知事的地位与中国知县的地位视作等同。”① 此外，1911 年 8 月《时事新报》关于外官制症结的长论，也指出 1907 年的《通则》，“不过为预备立宪一时暂行之章，原未期与真正立宪制度相符合。故此通则其所以优于旧制者，仅在划分司法、行政一事。其于根本之改革固未遑计及也。”认为《通则》关于督抚的职能规范及表述，与《大清会典》规制及“其在法律上之地位、权限并无差异”。②

概言之，1907 年颁布的《通则》，虽多次使用“地方”一词，但实际含义主要指府厅州县，并不包括直省及督抚司道的行政归属。而依据《通则》，督抚司道的既定权限未受削弱，与清廷及部院的关系也无明显改变，督抚对《通则》无异议即在情理之中。

前述考察政治大臣奏请改定全国官制，以及内外官改制初议时，已开始使用“中央”与“地方”的概念对应清朝的内外官。但用“中央”套京官，用“地方”装府厅州县官，表面看似无问题，直省和督抚司道能否称为“地方”和“地方官”，却遭遇相当的麻烦。此时《盛京时报》曾出现将直省督抚司道与州县并列，均视为地方官的议论。③ 不过其后的事态发展表明，此类议论若要落实为体制变革，所引起的反弹和权力角逐会异常激烈。

---

① 黄东兰：《近代中国の地方自治与明治日本》，第 183—185 页。

② 《外官制问题》（沣阳宪章稿），《时事新报》1911 年 8 月 5—9 日，第 1 张。

③ 《再论督抚州县宜久任》，《盛京时报》1907 年 3 月 19 日，附张第 1 版。

三 改制症结：直省归属的凸显

近代宪政体制的官治与自治相互依存、相辅相成。[①]《宪政编查馆奏核议城镇乡地方自治章程并另拟选举章程折》强调：“自治与官治，乃有合则双美离则两伤之势矣。”[②] 官制乃庶政之纲，官治的前提是确定官制、分清职责权限，但清季仿行宪政，官制改革尚未完成即尝试地方自治，两者互为影响制约，新旧知识与制度的矛盾亦逐渐暴露。

用“中央”与“地方”的对应概念指称行政体制及其职官，始于近代。古代汉语的“中央”多指方位，“地方”本义则有三，一是泛指统辖区域[③]；二是指代某地；三是专指州县。与此相应，州县官多被称为“地方官”[④]，督抚则为朝廷外派的管官之官。[⑤] 故地方官之称谓，中西概念形似而实异。

近代西方宪政体制下的地方官，多具有如下特征：一是官员由议会选举或任免；二是官员籍贯多在本地或附近地域，熟悉该地情况；三是行政受到当地民众监督，奖罚亦由当地议事会或参事会决定；四是除履

---

① 自治与官治在不同国家有不同特点。黄东兰认为：英国的特点是自治涵盖了官治；德国则是官治涵盖了自治。而在近代中国，“自治并不是与官治相抗衡，而是在官治涉及不到的领域对官治不足的补充”。氏著：《近代中国の地方自治与明治日本》，第40—42、70页。

② 《清末筹备立宪档案史料》下册，第725页。

③ 《史记·项羽本纪》（校点本第1册）：“项王出之国，使人徙义帝，曰：‘古之帝者地方千里，必居上游。”中华书局1982年版，第320页。

④ 明英宗时已有“地方官员”之说，与清代自顺治以来官方文书中“某某地方官”或“地方官员”含义相同，意为“管辖某区域的官员”，多指府州县官（《明英宗实录》，台北，中研院历史语言研究所1962年版）。清同治四年，山东巡抚阎敬铭奏称：“外省自道府以至佐杂等官……道则巡察数郡，府则表率一方，州县一官，则寄以地方，寄以百姓，寄以城池府库，寄以钱粮征收，责任尤重。”由此，道府也并非“地方”〔《道府州县四项无庸减成疏》，盛康：《皇朝经世文续编》卷21，吏治四，沈云龙主编：《中国近代史料丛刊正编》（833），（台北）文海出版社1972年版，第13页〕。

⑤ 雍正六年（1728）四月壬寅，诏曰：“地方官私征耗羡，难以裁革。惟在督抚审慎用之，不可以归公。若归公，则地方官又重复取民矣。”（《清史稿·世宗本纪》，中华书局1997年版，第138页）此则明确将督抚划于“地方官”之外。光绪二十一年（1895）三月，翰林院编修、国史、会典两馆总纂官冯煦奏：“应请饬下各督抚，凡地方之利病悉以州县主之，但令关白不必事事为之钳制，以兴革之当否为州县之优劣……”（冯煦：《蒿盦类稿》卷12，癸丑十月刻本，第4页）

行国家法律政令外，以维护本地公共安全与公益事业为主要职能；五是除交纳国家税外，地方财政相对独立，用于行政开支、公共事务及其管理。①

清朝的外官，督抚不必论，即使府厅州县官吏，也与宪政体制的地方官相左：（1）官员权力来自皇权，对上负责，对下管制，黜陟权由皇帝掌握。其主要职能是传达、贯彻朝廷政令，代表朝廷征收赋税并审理案件，故“刑名钱谷”为州县官的要务。其施政多以朝廷法令、皇帝谕旨为准绳，而非以当地民众意愿及所在地区公共利益为凭据。（2）实行避籍制，本地人不得为本地官，官员任职地与本人籍贯地相距最少 500 里。② 清制强化皇权并着重防范割据，特别忌讳官员久任而在任职地形成势力。因此不仅官员非本地籍贯，寄籍也不允许。清中期以后，大部分督抚及州县官员任职一地的时间多未超过三年。③（3）出于同样的考虑，督抚不设属官，由幕友胥吏相助；学政更是差而非实缺；府厅州县官纵有“牧民”与“亲民”之分，但不能“就地方之财办地方之事，取诸民者仍资以卫民”，很难对应近代宪政体制的地方行政官员。④

---

① 此处所指为基本特征，但因近代欧美与日本等立宪国家，宪政进程及发展阶段不一，同一国家在不同时期所表现的特点亦有较大区别，限于篇幅，另文详论。参见俵敬夫《地方自治法》，有斐阁株式会社，昭和四十年五月初版，1975 年 1 月第 3 版；山中永之佑监修《日本近代地方自治资料集成 2》（明治中期编），弘文堂版。

② 康熙四十二年（1703）始定回避 250 公里，至光绪三十四年（1908）改为 150 公里。参见魏秀梅《清代回避制度》，台北，“中研院”近代史研究所 1992 年版，第 9—12 页。

③ 魏秀梅认为嘉庆至光绪朝的 100 多年里，总督平均任职时间为 2—3 年，巡抚则为 1—2 年（氏著：《从量的观察探讨清季督抚的人事嬗递》，《“中央研究院”近代史研究所集刊》第 4 期上册，1973 年 5 月，第 274 页）。李细珠的研究则表明，清末新政时期总督任期 2 年以下者占总数的 83.2%，巡抚任期 2 年以下者占总数的 83.8%〔氏著：《清末新政时期地方督抚的群体结构与人事变迁》，《中国社会科学院近代史研究所青年学术论坛》（2005 年卷），社会科学文献出版社 2006 年版〕。

④ 日本学者织田万在 1906 年已意识到，用明治以后日本的体制系统来指称清朝的部院直省，并不完全契合，故特别提示：“清国之统治组织，大异乎近世国家之统治组织。政权集归于君主之一身，至其作用，则无何等区分。”“……抑地方长官者，与中央官厅互相独立，直隶皇帝则与中央官厅其间素无监督权之关系。”（氏著：《清国行政法》，据上海广智书局 1906 年译本，李秀清、王沛点校，中国政法大学出版社 2003 年版，第 6、149 页）服部宇之吉虽将督抚列入地方官，但也提示其与日本地方官概念的不同〔氏著：《支那研究》，东京明治出版社藏版，大正五年（1916）十二月发行，第 10—12 页〕，但并未引起其时当政及后来研究者的重视与反思。

对中外官制的差异，参与决策的清朝官员们不能说毫无认识，只是基于维护王朝统治的立场，所知停留表面，于内外官改制以及宪政进程须整体规划、有序进行，缺乏清晰认识，又不得不迁就现实利益，导致内外官改制不同步，外官制改革尚未完成，地方自治却已先行启动，各种矛盾不断激化，制约了改革的整体进程。

与外官改制的进展迟缓相比，京师改制在部院层面很快完成，新设11个部取代了隋唐以来的六部制行政架构，并进入规范建置、划清权限阶段。舆论对外官改制滞后十分不满，一些报刊发表评论，指陈外官改制的障碍及困难，力图促进。

1907年7月，《东方杂志》发表题为《论中国立宪之难》的评论，指出外官改制难在既得利益者的阻挠，尤其是无法被宪政体制的中央或地方安置的直省官员。① 同年12月，又有评论指出官员缺乏对“地方”的认同及归宿感，是清代官制弊病丛生、吏治腐败的重要原因：“欲宪政之实行，惟在使国民得预政权而已，欲使国民得预政权，惟在以国民任地方之官吏而已”②，将外官改制与地方自治及民众监督紧密联系起来。有意思的是，此文已将督抚作为“地方行政之最高官厅”，与中央政府对应。

1908年以后，使用宪政观念评议外官改制渐成多家报刊的取向。该年2月，《大公报》连篇转载日本报刊的评论，将外官制直呼为地方官制，明确指出：“其改革尚有一大矛盾者，即其地方官制是也。”而地方官制改革最关键的环节在直省，若统兵权于中央，缩小省界，“以今之分巡、分守各道之治域而定地方行政最大之区划，实中央集权之善策也”。否则，督抚具有双重身份，进退全凭己意，“一旦弃中央政府，而归于地方之巢窟，视中央之政令如弁髦，不几等于我国幕府之末路哉？”③

对于清廷而言，当时立宪政体可供选择的官制模式不外集权、分权

---

① 蛤笑：《论中国立宪之难》，《东方杂志》第4年第5期，1907年7月5日，第77—78页。

② 蛤笑：《书总核官制大臣改订外省官制折后》，《东方杂志》第4年第11期，1907年12月29日，第197页。

③ 《清国现势论》（续前），《大公报》1908年2月28、29日，第2—3版，“代论”。

两种，如何确定部院与督抚权限的原则，确是两难抉择。“君权不可侵损”，无疑是必须恪守的底线。[①] 两宫主政时期，改革进程基本遵循宁失之缓、勿操之切的方针。外官改制，督抚虽应邀派员入京参议，实际却为满大臣们把持而不能置词。[②] 主持改制的部院大臣及满洲亲贵，首先要确保君权与满人利益不被削弱，进而才会考虑官制设置及改革的推进程序。

慈禧在位期间，也曾听闻对改制所涉督抚、部院及君权关系的极端意见，大学士世续曾面奏：鉴唐代藩镇之弊，应速谋裁制疆臣重权，“以绝乱阶”，“两宫为之动容”。[③] 但老谋深算如慈禧，深知外官改制牵一发而动全身，各方利害牵扯复杂，因而在“速改”的奏章连番入奏时，明确指示主持官制局的奕劻：“此事利少弊多，决定暂从缓议，不必太急”，以便等待良机。故《直省官制通则》作为与督抚妥协的产物，仍避免触动疆臣的权限。[④] 随内官改制的快速推进，与直省行政重新理顺关系势在必行，不能不对现行体制结构及各方权限进行调整。

1908 年 6 月下旬，前工部员外郎刘桪注意到内外官制与东西洋体制无法对应，尤其是作为改制蓝本的日本官制，府县直属中央，不存在行省一级，“而今各省督抚，固与民政部尚书立于平等地位，势均力埒。倘抑其权位使相统属，则督抚之权太轻，地大事繁，恐难镇摄。若仍现今平等之制，则督抚之权太重，各治一方，省自为制，与联邦政体无异，恐难收中央统一之效。此行政机关最重大之问题，应请旨饬下廷臣集议筹决，此议一决，则宪政之大体确定，其他易于著手矣”[⑤]。特别奏陈应迅速确定各省督抚权限，弥补仿行日本制度无法对应内外官制的缺失。

其实，用立宪官制反观彼时清制，则必然得出督抚与部院平行，造成中央集权与地方分权进退失据的结论。而若按立宪官制强分上下，突

---

① 《余肇康致瞿鸿禨》，《瞿鸿禨朋僚书牍选（上）》，《近代史资料》第 108 号，中国社会科学出版社 2004 年版，第 21 页。

② 《会议官制余谈》，《盛京时报》1907 年 5 月 5 日，第 2 版。

③ 《世中堂奏请裁制疆臣》，《盛京时报》1907 年 8 月 8 日，第 2 版。

④ 《外省官制决计从缓改定》，《申报》1907 年 6 月 10 日，第 1 张第 2 版；《会议官制余谈》，《盛京时报》1907 年 5 月 5 日，第 2 版。

⑤ 《清末筹备立宪档案史料》，第 341 页。

出权限分明，则清制内外相维的立意与格局必须尽弃，地方割据的威胁难以避免。鱼和熊掌不可兼得，如何取舍至为关键，此后外官改制再三滞行均由于此。

刘椁位卑言轻，此奏未见清廷表态，而慈禧去世前未能解决这一问题，则为清末民初政局留下了莫大隐患。

四　化解之道：集权与分权的抉择

慈禧与光绪相继死后，1909 年春夏，随着预备立宪的推进，采用中央集权抑或地方分权模式，确立国家政体的问题亟待解决。尤其是逐年筹备事宜清单已分全国与各省预算决算为两事，而按照相关章程，谘议局有议决本省预算决算之权，又有议决本省单行章程规则增删修改之权。直省官制属性不定，则预算与法规的讨论难以操作。在此背景下，1909 年 6 月下旬，考察宪政大臣李家驹上奏《考察日本官制情形请速厘定内外官制折》，强调“夫预算与法规，皆地方与中央关系最要之端，即为直省官制准的所在”。认为立宪各国现行制度的中央集权、地方分权两种形式，“二者皆趋于极端，与中国国情不合”，故改制不宜盲目模仿，必须参酌国情，兼采各国体制予以变通。

李家驹提出：“中央官制，即我国之京师官制，至于直省官制，则所谓地方官制是也。”确立直省官制，必须从划分与确定政府与各省的行政权限、分别国家法令与各省法令、国家预算与各省预算三个主要方面着手，厘清中央与地方的关系，并通过设置直接官治、间接官治、地方官治与地方自治四个层级予以具体实施。这也是直省官制的准则所在。①

中央行政权限，首以军政、外交由政府直接管理；司法、编制财政预算等亦由中央政府所掌控，凡权力及于全国之事项（如版权、专卖特许、商标登录、大学校、大博览会之类，以及邮政、铁道、电信、度量

---

① 具体而言，“其一，中央政府制定法令，特设官吏，使行之于各地方者，是为直接官治事务。其二，中央政府制定法令，不须特设官吏，即使地方官吏行之者，是为间接官治事务。其三，地方官府制定法令，使地方官吏奉行之者，是为地方官治事务。其四，使地方自治体依国家法令行之者，凡法令，不问由中央政府制定或地方官府制定，皆为国家法令，惟不使官吏奉行而委诸自治体，是为地方自治事务”。

衡必须全国统一标准且以国税经营之者),均由直接官治统辖。

地方行政则有警察、卫生、教育、实业、善举五大类,其规模大者归中央,小者属地方。至于征兵、赋税、户籍之类,虽属直接官治,亦可委诸自治体行之。法律命令之关系,则以国家法律效力在各省法律之上,以收统一之效。其余不与国家法令抵触,又与各地发展相宜,属于地方寻常事项,则以省律斟酌定之。[①]

按照李家驹的设计,督抚及其官属的地位应由其所管事务分别而定。督抚仍是一身二任,兼管间接官治和地方官治事务,其所节制之官,府厅州县均为地方官,但行省并非地方,只是划分地方的区域,督抚及其官属亦非地方官,而是在一定区域内掌管地方行政和地方官之官。[②] 直省及其长官的这一复杂特性,在试图以宪政体制的中央、地方,取代内外官制分界的清季民初,长期困扰着行政建置及施政。

李家驹认为,各省谘议局相继成立后与督抚冲突不断,各省清理财政及预算难以操作,根源在于“官制不定,则内外行政事项无从分配,国家财政与地方财政即无从清厘。以我国财政向无中央与地方之分类,今欲就现在岁出入之款项名目区以别之,试问岁入项下,何者当为国税?何者当为地方税?岁出项下,何者属于中央行政费?何者属于地方行政费?既无官制以为标准,又不能凭臆为断,则所谓本省预算、决算者,将何从而议决之?”[③] 故呼吁速行厘定并提前试办内外官制,以杜绝流弊。

在清末宪政史上,李家驹折相当重要。此前因内外官改制未能同步配合,先行变制的京师部院相继订立多项章程规范与直省的行政关系,事实上已部分改变了与既往直省权限的格局[④],不同程度地侵夺削弱了督

① 据此,职官编制分为省务大臣及属官、中央特设官(专理直接官治事务)、地方官吏(“拟仿日本制度,府厅州县为同等地方官”,受督抚节制)、参事官(隶省务大臣之下)四种。

② 一般以为,既然李家驹明确说直省官制就是地方官制,督抚司道即应为地方官。但实际并非如此简单。例如道就是中央特设官,而非地方官。确定为“地方官吏”的,如前所述,只有府厅州县及其辅助官吏。督抚及其下属,并未标明为地方官。

③ 《李大臣考察日本国立宪官制折》,宪政编查馆编:《厘定官制参考折件汇存》,宣统三年印,第 1—14 页。另见《考察宪政大臣李家驹奏考察日本官制情形请速厘定内外官制折》,《东方杂志》第 6 年第 7 期,1909 年 8 月 10 日。两相比较,后者内容较略。或许外传时有所删节。

④ 如劝业道、巡警道、提法使、提学使等设置及相关任用考核章程。

抚权力。而各地谘议局设置后，又力图扩张绅权，对各省行政实施监督干预。督抚遭受上下挤压，大权旁落的担忧日益加剧。新旧体制并存互扰，导致各种矛盾交织，各项改革相互牵制。该折有针对性地提出解决问题的方略，将集权与分权相结合，试图寻找新旧体制的平衡点，继续发挥原来督抚“仰承朝命，内外相维，权衡至当”的作用，通过“直接官治”与“间接官治”的分层形式，确保君权专制下的大一统格局，并过渡到预备立宪后中央地方官制的新体系。

对于摄政王及宪政编查馆等主持宪政的决策者而言，李家驹折将困扰多时的督抚权位如何处置的难题端上桌面，调整督抚与部院关系等相关改制事宜，也有了可参考的具体思路。近有日本学者的研究发现，李家驹的这一套理论，源自有贺长雄的设计，其根据行政事务的分配方法，调整中央和地方权限的观点，对李家驹的观点以及宪政编查馆的官制改革方案，“产生了重大影响”。[①] 李家驹因此备受赏识，奉命协理资政院事务[②]，并被奕劻奏保为宪政馆提调[③]，成为摄政王主政时炙手可热的红人。

李家驹所奏主要以日本为取法对象，并通过达寿与伊藤博文、伊东已代治等协商选择，为清廷专门编译了一套介绍现行日本官制及宪法的书籍。[④] 其对日本政制不厌其详的推介与偏重，正是博得摄政王好感的重要因由。日本朝野有意识地鼓吹中央集权，不仅“出现了很多宣传中央集权化必要性的报道”，有贺长雄与大隈重信还通过向中国留学生及清末游历官绅的授课，强调中央集权的理论[⑤]，进而对清末宪政的决策产生实际影响。

宪政馆馆员杨度曾一语道破清廷执意师法日本的原因：德国、美国皆采用联邦制，当然排除在外。实行君主立宪的国家中，只有英国、普鲁士与日本三国可以参照，而三国“君权之轻重大异。英之民权最重，

---

① 曾田三郎：《清末民初的政治改革和日本早稻田大学》，《苏州科技学院学报》第 23 卷第 1 期，2006 年 2 月。

② 《用人亦当视乎舆论》，《大公报》1909 年 9 月 27 日，第 1 张第 4 版。

③ 《李家驹之入宪政馆》，《大公报》1909 年 10 月 1 日，第 1 张第 5 版。

④ 《厘定官制参考折件汇存》，第 1—14 页。

⑤ 曾田三郎：《清末民初的政治改革和日本早稻田大学》，《苏州科技学院学报》第 23 卷第 1 期，2006 年 2 月。

君权最轻；普鲁士次之；若夫日本，则直以君主大权而成钦定宪法者也”①。集权分权的分别之下，君权民权的孰轻孰重，才是选择的根本准则。

李家驹所提方案虽然试图用直接官治与间接官治的分别，缓和督抚的抵触情绪，实则使各部长官由昔日与督抚平行变为绝对上级，督抚失去中央政务官身份的屏障，其“总理地方行政”长官的地位权限势必受到挤压。

有消息说，政务处准备以既往所提出的各种建议为参考，“闻其议订外官制之宗旨，拟先将伸缩督抚权限一事早为决定，其余各事自易解决云”②。

与当朝执政偏重日本官制的取向不同，1910 年 1 月，上任不久的山东巡抚孙宝琦奏请行省官制以普鲁士为参照，因“普国每省有省长，代表内部，其职独尊，常与国务大臣互调。犹唐宋宰相之出领府州……权限分明，不相侵越。集权、分权最为适均”，可以解决困扰各方的直省问题。③ 只要厘清督抚与州县的职能权限，加重知府责任，使与司道平行，直接秉承督抚号令，废除州县回避之例，确定登用资格，严其选举，其余问题均可迎刃而解。“督抚本以钦差监临方面，改正官制又将纯以督抚代表中央政府，而司道平行并立，各有专任之职，无相统一之权，此其性质资格皆不适为分地而治之长官也。是集权必政府为主体，而督抚代表之，分权必以知府为主体，而督抚监督之，无疑义已。”该折忠告：改革不能“但凭理想，不察事实”，须从全局出发综合考虑，若一味“意为增损，安望其完全成立?”④

在看似相同的话语和取径下，孙宝琦的主旨却是试图确保督抚的既得权位不因改制而削弱。其大谈集权与分权，且将外官制直呼为地方官制，但涉及督抚的地位权限时，仍坚持其为中央政府代表与地方行政长

---

① 杨度:《宪法实行宜定宗旨敬陈管见折》,《厘定官制参考折件汇存》，第 2 页。

② 《改订外省官制之宗旨》,《大公报》1909 年 7 月 23 日，第 4 版。

③ 孙宝琦认为，化解割据隐忧必须兼采集权与分权，“一省之权寄于督抚，地方之政起于州县，二者实当并重。故集权、分权必以督抚为机轴，而归纳于中央。国政、民政必以州县为本根，而裁成于知府”。

④ 《厘定直省官制谨陈管见折》,《厘定官制参考折件汇存》，第 1—8 页。该折宣统元年十二月初九日奉朱批：宪政编查馆知道。

官的双重身份。如此，孙宝琦和李家驹试图折衷兼采集权与分权而成第三种模式的努力，尽管都以既有体制国情为考量，落实起来却各执一端。

正当政府内部关于集权、分权争得不亦乐乎之时，报馆敏感地发现，宣统元年以后朝局发生了明显变化，各部院借改制之机纷纷增设机构，并超越既往部院不得与司道直接沟通的藩篱，对直省相关事务的掌控日益加强。[①]《大公报》探悉：政务处会议外官制时，有人提议：“自督抚以下皆直接隶于该管各部……凡有何种奏折及何事商办，皆直接达于所管该部，不必向本省督抚禀商，而督抚亦不得从中干预。”但枢机“仍有不甚赞成者，谓必须电商各疆臣后方能决意入奏”。[②] 持重的中枢大老显然预感到，部院为集权而矫枉过正或操之过急的做法，会使得失衡的政治格局进一步紊乱。

陕甘总督升允曾质问当道：“夫此时何时也？非彼所谓立宪时代乎？君尚让权于民，而部臣则欲集权，而专制之孤上之势削旁之柄，此何理也？谅该部臣亦虑未及此，不过奉日本新名词为圭臬，而为其所误耳。”[③] 表达了疆臣对部院趁先行改制之机不断集权而破坏既有权力格局的强烈不满。

五　预备立宪的“地方”困扰

在内外官制改革因中央与地方相互纠结、集权与分权诸多困扰之时，各省谘议局陆续成立，并与督抚就权限问题迭有冲突。导致冲突的原因，既往研究多从官权与民权的对抗立论，对“地方”内涵认识差异引起的权限纠纷重视不够。其实，当时密切关注宪政进程的社会舆论，曾对此明确表达过意见。

1909 年 2 月，梁启超曾分析各地谘议局与督抚屡起冲突的现象，一

---

① “自袁张入军机后，中央之权乃稍重，近一二年，而中央集权之议，喧嚣于政界。于是各省提学使直辖于学部，昨岁更进而谋统一财政，乃由度支部派员往各省监理财政，又巡警道归民政部管辖，而海陆军则由军谘处海军处统掌，此皆最近之变局也。”《本国纪事：中央集权之进步》，《国风报》第 1 年第 1 期，1910 年 2 月 20 日，第 3—4 页。

② 《会议中央集权之办法》，《大公报》1910 年 3 月 11 日，第 1 张第 4 版。

③ 《补录开缺甘督升允痛诋新政折》（续），《申报》1909 年 8 月 1 日，第 4 张第 2 版。

针见血地指出，特殊国情导致我国难以清晰划分中央与地方："我国自元代设行省以来，行政区域本失诸太广，今制一省，其幅员盖远过封建时代之一侯封，而实可以比欧洲之一国……一有所兴革，其影响立即波及于中央及邻省；又往往非藉中央之倡导，邻省之协助，则其所兴革者万不能底于有成。故省务与国务之范围极相接近，而绝非东西各国地方与国务之关系所能比拟。则其每一涉议，而即牵及于全国之政治问题，固已事势所必至矣。"要想解决谘议局与督抚的冲突，只能从制度调整入手："谘议局权限与督抚同一范围，使我国督抚之地位而仅如各国地方上级团体之行政长官，则谘议局之议决权专限于地方行政事项而已。此丝毫无所容其疑义者。而无如今日之督抚，实带有各国国务大臣之性质，故与彼为缘之谘议局，遂不能不带有各国国会之性质，其投入于政治问题之涡中，实制度使然也……今欲为治本之计，则惟有速求国会之成立，举一切政治问题悉移于国会，一面缩小督抚权限，令其所辖者专属于地方行政事项，而谘议局之权限亦随而缩小，令其所议者亦专属于地方行政事项，此正当之办法也。"① 梁启超以速设国会，将督抚变成纯粹的地方官，使谘议局回归本位，为彻底泯灭纷争、摆脱困境的根本解决之道。可是开国会固然不易，要督抚牺牲既得利益更加困难。

无独有偶，1909 年 6 月，考察宪政大臣于式枚亦以普鲁士地方议会章程参证，奏陈谘议局章程内容有权限逾越、职责混淆等诸多弊端：既为地方议会，"立于一省行政唯一监督之地，又内外联络，国政民事皆入范围，征之各君主立宪国，无类此者"。针对宪政编查馆以谘议局为地方自治与中央集权之枢纽的提法，强调："夫中央政府总监督全国行政，无论上级下级国政自治，莫不奉行，此总监督权，即地方分治与中央集权之枢纽也。今以谘议局当之耶？将合地方之权归之资政院，则资政院既为中央国会，又为中央政府矣。将移督抚之权归之中央政府耶？则谘议局既为中央政府之分体，而又自合于中央国会，不受政府干涉，以卖中

① 沧江：《谘议局权限职务十论》，《国风报》第 1 年第 6 期，1910 年 4 月 10 日，"时评"，第 25—26、30—32 页。作者称：谘议局的权限范围，"以法理论之，则行省者，一方为地方自治团体，一方为国家行政区域。以地方自治团体之性质而有谘议局，则谘议局实为本团体之意思机关；以国家行政区域之性质而有谘议局，则谘议局实为行政官之辅助机关，而此两者皆与政治问题无关者也"。

央监督权，直民主联国中一国家之资格矣。”于式枚声称：“臣今所陈非一人之言，皆西国法学家之说，乃辩护西法，非诋訾西法也。”[①]

宪政编查馆议复时竭力辩解，强调谘议局“本非各国地方议会所得比拟”，各国地方行政除联邦各有议院外，凡本国地方皆直隶中央政府，与中国之部臣疆臣显分内外，地方行政可由督抚主持命令者截然不同：“中国地大政繁，久已分省而治，而督抚实立于一省行政最高之地位，求之各国，本鲜此制。督抚之权限既视各国地方行政长官为较广，则辅助行政机关之权限自应与之相称，而不能仅据各国之上级自治以为准则，谘议局之设，用意盖即在此。”[②] 宪政馆的议复表明，其拟定谘议局章程时并没有对应各国地方议会，于式枚以普鲁士地方议会为准则纠谬之说也就没有意义。这一答复或许以狡辩掩饰疏忽，抑或确在历史及国情现实前束手无策，故直省行政这种非驴非马的性质困扰，仍悬而未决。

1909 年以后，预备立宪九年筹备清单所列的国家行政与地方行政、国家税与地方税的划分问题，先后进入实施阶段。因“地方”含义不明而导致的纠纷与投诉接踵不断，令主持宪政事务的编查馆及政务处大臣们大为头痛。各省谘议局与督抚的冲突激增，起因之一，是关于各自的权责，彼此意见不一，症结仍在于行省是否属于地方，界限不清。谘议局试图对本省官吏及其所辖政务予以监督，而督抚动辄以国家行政为借口加以阻挠，双方因意见相左大起争端的情况屡见于报端。[③] 四川总督曾致电询问权限划分，宪政馆郑重申明，该馆厘定章程未出台之前，所议事件性质究竟属于国家行政或地方行政，统由督抚裁决。[④]

直省属性与地位的模糊，也给各省清理财政、编制预算带来困扰。宣统二年（1910）清理财政期间，行省是否属于地方，关系到税项如何

---

① 《考察宪政大臣于式枚奏各省谘议局章程权限与普国地方议会制度情形不符折》，《政治官报》第 663 号，1909 年 9 月 1 日，第 13—14 页。

② “惟其为中国特别制度，自不能与普国地方议会相等……臣等以为监督全省之行政以及一切之政权，实在督抚，而不在谘议局。”1909 年 8 月《宪政编查馆复议谘议局权限片》（陆军部档案），中国第二历史档案馆编：《中华民国史档案资料汇编》第 1 辑，江苏人民出版社 1979 年版，第 114—115 页。

③ 《化除各督抚与谘议局之争权》，《大公报》1910 年 4 月 11 日，第 1 张第 2 版。

④ 《宪政编查馆致各省督抚电》，《政治官报》第 749 号，1909 年 11 月 26 日，第 7—8 页。

划分。广西清理财政局干脆将“地方”界定不清所造成的困惑写进财政说明书：“地方之义意云者，即本章程所谓地方省饮、府厅州县饮、城镇乡饮之同题也。夫税项因主体发生，主体之地位不定，则税项之属甲属乙亦不能定。除府厅州县城镇乡性质较为明瞭外，其不无疑义者，即行省是否为地方团体是也。”行省是否属于“地方”，必须从其建置追溯用意。行省之制，肇于元沿于明而定于清。就官制论，“藩司之理财，臬司之提刑，皆为国家特派之员，任监督下级官厅之事。督抚杖节出使，实为政府化身。内则与各部平行，外则专制一方，威福自主，固与各国地方官不同。而升降予夺权操自上，亦与各联邦国之侯王有别。然考其所设施者，一省之政令皆国家之政令，一省之财政皆国家之财政。当此之时，与其谓省为地方之最上级，毋宁谓府厅州县为地方之最上级之近是。盖省之资格，隐含于国家资格之内而无以自明。”①

受国家税与地方税划分困扰的不止广西。宣统二年（1910），东三省财政监理官熊希龄上书总督，告以：“今奉省谘议局放弃责任，不为省税计，而为府厅州县计，殊龄等所不解也。”“夫部章、馆章所谓国税与地方税，国家行政与地方行政者，皆今日之新名词也。实则未设谘议局以前，民间只知有官而已。”“故（奉省）谘议局置省于地方之外，是真遗其大体而忘其巨害也。”② 可见时人对于直省性质的理解十分混乱，困扰甚深。

面对各方频频质询，宪政编查馆的提调也意识到，各省谘议局自成立以来，每因议决及交议各案与督抚互相争执，推厥原因，“多系为国家行政与地方行政未能详细区别所致”。若不赶筹办法，势必酿成冲突。因而准备由该馆斟酌划分权限，详细解释谘议局原章条款的相关内容。③ 1910 年 4 月 8 日，为解决“国家行政与地方行政界限不明”不断引起的争端，宪政编查馆奏呈《行政事务宜明定权限酌拟办法折》，称：“行政事务，何者应归中央直辖，何者应归地方管理，究其性质，本有专司，

① 《广西全省财政说明书》，经济学会 1914 年刊行，“总论”，第 66 页。

② 熊希龄对行省不被视为“地方”的观念追根溯源，认为“误于旧日区域之见”，根源于科举时代的学额分配及水利修缮，均以府州县为界限。《熊希龄先生遗稿》（5），上海书店出版社 1998 年版，第 4208—4209 页。

③ 《化除各督抚与谘议局之争权》，《大公报》1910 年 4 月 12 日，第 1 张第 2 版。

不容牵混。现制每有应归中央直辖之重要事务，而举以责诸地方，相沿日久，遂难分析，以致政令不齐，无从画一。上年各省谘议局开会，亦以界限不明之故，动辄有侵越之虞。迭经各督抚以国家行政与地方行政作何区别电询臣馆，亦因标准未定，不能详析指明。本年资政院召集在迩，若不先期详为规定，尤恐权限争执无已时矣。”且行政事类不分，财政亦无从清理。宪政馆主张行政定义须根据事务性质与执行机关而定，国家行政则以部院为统系，分为内务行政、外务行政、财政、军政、司法行政五大类。“其他事务，不在国家行政之列。”由于欧美中央集权之国，不须设地方官治；而地方分权之国则无须间接官治，以事分隶于地方，“惟是我国情形不同，纯然中央集权与纯然地方分权之制，均难适用。揆时度势，似以四级具备为宜”[①]。原奏及所附《行政纲目》，由宪政馆印刷 11 本，发给各部院讨论，按照国家行政的五类，“逐条核酌，如有尚须量为变通损益及事隶两部或数部者，由各该衙门分别会商，详细签注，限两月内咨复到馆”[②]。

宪政编查馆所奏，基本采纳了前述李家驹的方案，企图将困扰外官改制数年之久的国家行政与地方行政，按所涉事务类别与范围而非具体官员级别划分权限，并以朝廷政令颁行。所分直接官治、间接官治、地方官治、地方自治四级，既综合集权、分权模式所长以求平衡，又照应内外官制特点以便实施。宪政馆的这一努力恰好表明，清季改制前，确无近代意义的地方官与地方官制，但改制的目标与趋势，则想采用与中央对应的地方官制。

然而，宪政馆的方案只是提供讨论，尚未成为官方定章。1910 年 7 月 31 日上谕：“各省举行新政，就地筹款，如学堂、巡警诸务，原以本地方之财用，办本地方之公益，而地方自治，即以此为根基。惟一省之中，州县贫富不同，风气亦异，全在地方官酌量情形，量力办事。察吏司诸督抚，责成即在州县，为牧令者，必当勤于理事，通达民隐，凡涉地方行政，添筹捐款，应于事前剀切晓谕……驯至布散谣言，酿成事变。究其原始，仅由一二人之办理不善，而地方官实职其咎。试问任用此地

---

① 此处即指直接官治、间接官治、地方官治与地方自治四层级，参见上文。

② 中国第一历史档案馆藏，会议政务处全宗，第 705 卷第 6112 号。

方官者，督抚安所逃责耶?"① 则似乎在引入了地方自治与官治的内容后，谕旨仍明确州县为地方官，督抚的职责则为“察吏”和“任用此地方官者”。则“地方”所指，仍限于府州县。以内外官制对应“中央”与“地方”，绕了一个大圈，似乎又回到了原来的起点，只是解释不同而已。

最为关键的是，宪政馆据李家驹折所提出的划分原则，不能根本解决直省属性依旧模糊的困扰：京师部院无疑是直接官治，府厅州县则归于地方官治，而督抚既是行省最高行政长官，又要代表中央政府监督各省国家行政的执行，势必造成角色矛盾和利害冲突，非但不能理顺关系，反而留下隐患，使各方关系更趋紊乱。

果然，宪政编查馆明定行政权限的尝试并未奏效，1910 年 11 月初，各省谘议局联合会议决陈请资政院根据章程确定权限解释案：“征诸宪政馆与各省督抚覆电以为结论，则谘议局议决权限限于地方行政，所谓地方行政者，即地方办事，办事者即仅指教育、巡警、实业等项。比按之章程，本省某某事件，即本省督抚所得主持命令之事，若此权限纷扰，窒碍环生：（一）则散见之解释与议覆于大臣奏内解释两有龃龉也；（二）则地方行政本无确定范围，不足举为标准也；（三）则以地方行政为本省事件之注脚，非解释章程而适以破坏章程也……若使权限解释仍此两义张皇，进则有逾越权限之衍，又恐负采取舆论之意，转展不安”，要求尽快裁决。②

六 督抚去留的权衡

督抚制度是清制最有特色的内容之一，它与行省的划分及区域管理相配合，在维护大一统的疆域，乃至应对晚清内忧外患的变局中，都发挥了十分重要的作用。然而，由于近代东西洋立宪国家均没有与之对应的层级，如何在新制中安置督抚，确定其与内阁及中央各部院的关系，却令朝野均倍感困扰。

---

① 宣统二年六月二十五日上谕，见中国第一历史档案馆编《光绪宣统两朝上谕档》第 36 册，广西师范大学出版社 1996 年版，第 200—201 页。

② 《各省谘议局陈请资政院确定权限》，《时报》1910 年 11 月 7 日，第 2 版。

宪政馆奏定颁行的划分行政权限办法及纲目中，直接官治、地方自治两级，取自集权制，有蓝本可供参考，故规章拟订比较顺利。间接官治与地方官治两级，源于分权制，亦有章可循。但是，同时采用集权制与分权制，却前所未有，二者如何协调衔接，缺乏成例以资凭借和参考。因此，在新的改制模式中，督抚是否有必要保留，其地位权限如何划定，依然是决策者不得不面对的最大难题。

1910 年 4 月下旬，宪政馆试图划分权限的半月之后，东三省总督锡良奏陈《时局危急密陈管见折》，强调督抚制度既是宋以后我国历史发展的自然选择，又在本朝解除内忧外患中发挥过重要作用。他列举曾国藩、胡林翼、左宗棠等军功平乱，刘坤一、张之洞东南互保的事实，指出各边疆省份距京师数千里之遥，"若事事仰承部臣意指，必至拘掣痿废，坐误事机"。强调既有政制环环相扣："朝廷分寄事权于督抚，犹督抚分寄事权于州县。无州县，虽有督抚不能治一省，无督抚，虽有部臣不能治一国。督抚无权是无督抚也。"若破坏这一格局，"设有缓急，中央既耳目不及，外省又呼应不灵，为祸实大"。[①] 锡良以清廷自身安危为说词，劝告当道改变甚至放弃集权及裁抑督抚的做法，以确保大一统格局的稳定。

而在一些朝野人士看来，摆脱困扰最简便易行的方法之一，就是去掉督抚一级，相应调整道府州县的规制。1910 年 6 月中旬，宪政馆讨论外官制继续变动的方案时，汪荣宝主张裁督不裁抚，巡抚成为地方长官，将每省分为若干道，府州县并列直隶于道。另一种意见则以府州县直隶于省，分巡道不变。两种方案"辩论数四，还不得要领"[②]。

因集权之议而导致督抚地位的危殆，署两广总督袁树勋毫不讳言其反感，并以古代中央对应四方的概念，比附朝廷与督抚的关系须求平衡，强调督抚制度存在的合理及必要性，指斥中央集权的弊端及荒谬，要求维持寄权督抚的旧制。[③] 枢机们大多以此奏"似置政府于无权地位"，颇

① 宣统二年（1910）三月二十五日奉旨留中。中国科学院历史研究所第三所主编：《锡良遗稿·奏稿》第 2 册，中华书局 1959 年版，第 1126—1127 页。

② 《汪荣宝日记》，沈云龙主编：《近代中国史料丛刊三编》（622），（台北）文海出版社 1991 年版，第 529 页。

③ 《厘定官制参考折件汇存》，第 1—3 页。

为不满。①

改制取向方面，部院官员依据中央集权模式，主张督抚应成为单纯的地方行政长官，不兼中央政务官，且为部院的下属，才能权职分明，上下有序，而非如旧制与部院平行。守制督抚则试图证明，元代以来行省即非近代意义的“地方”，督抚皆为朝廷派出临御各地的代表，而非当地官吏。吉林巡抚陈昭常提醒当政者：“不辨明政务之系统，而欲以中央之权力支配各地方之官吏，在督抚固窃议其侵权，在中央亦实力有未逮。”② 袁树勋更举实例抗辩：“历年各省关系国家行政经费，如海陆军各项，无一非责之各省督抚。又地方偏灾或意外损失，并九年筹备种种新政各经费，无一非责之督抚，是中央集权而地方负责任也。天下事安有权之不属而能负责任者乎？”③

报馆以旁观者清的姿态介入外官改制的讨论，对督抚在新旧体制转换中的位置提供了不同见解。《新闻报》提出应以督抚为地方最高行政长官，因宪政馆所列行政纲要并没有解决这一问题，导致“中央行政机关与地方行政机关之关系，在我国政治编制中最为复杂之一部分，试于欧美立宪国中求一相当之模范，则皆枘凿而不相适”，建议仿奥制规范中央与地方关系。④

《大公报》则认为，内外官制变为中央与地方官制，新旧转承中“至难为”的角色，就是督抚。其难为在于设置与变化的特殊背景。“夫督抚之制，仿于前朝，且职务废置无定，本非为地方行政官而为监察地方行政官之官”，咸同战事频繁，督抚理财用人，其军政财权不断扩张。新政推行后部院官员“思以分督抚之肥，而中央集权之说又同时窜入于政府之脑海，于是向日督抚所拥有之广大无垠之特权，始逐渐为中央所干涉逡巡”，既然督抚地位如此尴尬，不如自请裁撤以存体面。⑤

《大公报》评论对外官改制困扰原因的分析，可谓一语中的。清廷和

① 《紧要新闻》，《盛京时报》1910年7月5日，第2版。

② 所谓“地方之官吏”，意指各地区官吏。《吉抚陈昭常奏请设立责任内阁折》，《大公报》1910年3月30日，第4版。

③ 《东方杂志》第7卷第7号，1910年8月29日，“奏牍”，第82页。

④ 《论中央行政地方行政机关之关系》，《新闻报》1910年9月19日，第1张。

⑤ 无妄：《论督抚宜自请裁撤》，《大公报》1910年11月3日，第3版，“言论”。

各部院借改制之机，加强所谓中央集权，旨在改变咸同以来督抚权力扩张的局面，只是所用中央与地方的概念倒看历史沿革，不免混淆事实。[①]清中叶前督抚的地位职能与明代并无本质区别，不过由临时变为常设而已。咸同之际，战时之需突破承平之制，朝廷给予参战区域的督抚以财政、用人等临时处置权，但就体制而言，督抚仍是“寄权”性质，清中叶后督抚调动频率加快，其原因恐与清廷防止督抚长期任职于一地，酿成割据之祸的担忧不无关系。

《国风报》的长篇评论，同样直指问题症结：“今制督抚所以独尊者，以其为国家政务官之资格，非以其为地方行政官之资格也。”改制后督抚地位变化，双重身份难以维系，倘若只保留地方行政官的权力，而丧失国家政务官的资格，又使昔日同僚的各部尚书级别高于督抚，难以政出令行。地方若有紧急情况须逐层上递耽搁时机，且对督抚的监督制约亦无从实施，“此实我国施行宪政前后之最大问题，非旦夕所能解决者也”，不如保持督抚特权适当变通，或先废直隶总督进行局部尝试。[②]

1910 年 12 月中旬，直隶总督陈夔龙奏呈《划分中央与地方行政权限并议各省分设六司留府裁县折》，指出：中国疆域广阔，交通不便，若采用府厅直隶中央的制度，许多问题无法及时处理，督抚恰是联结中央与地方的重要关节。在督抚权限方面，他主张：（1）“拟仿从前兼部院衔旧制，悉兼参预政务大臣衔，遇有阁议，由阁臣通告督抚，俾得陈述意见，以通各省之情，但不列于议决之数”。（2）属于国家行政事务部分，由内阁分任督抚办理，督抚但得咨达各部，仍由各部具奏；属于地方行政事务部分，则由督抚监督下级官厅执行，凡在范围以内之事，皆得自为规画，直行具奏，各部亦不得侵越。（3）各省分设六司，加大知府权限，使其直接隶属于督抚，裁去州县实缺，但留其治所为该地司法裁判厅，处理民事刑事纠纷。如此则“督抚上承内阁，下任地方，权限既明，政

---

① 岑春煊对将督抚视为“地方”官颇有异议，认为督抚设置本为中央集权的象征：“督抚者，外省最高之行政官，即政府之代表也……论者不揣其本，更托为中央集权之说，欲收一切财政、兵权，以为暗师日本削藩之议。不知中国幅员固非日本可比拟，且军兴以来，督抚之权似已稍重，然进止机宜悉秉庙谟，大难敉平，幸赖有此。中国政体早含有中央集权之习惯，天下更安有无四方而成中央者哉！”《清末筹备立宪档案史料》上册，第 500 页。

② 沧江：《外官制私议》：《国风报》第 1 年第 31 号，1910 年 12 月 12 日，第 9—25 页。

令不致枘凿”，法令利于推行。[①]

照此方案，督抚虽然接受“国家行政”与“地方行政”的划分，成为地方最高行政长官，对于国家行政部分的话语权减少，但处置与决断行省事务权则扩大，且保留直接奏事权，以免部院掣肘，咸同以来扩张的督抚权力恰可由此得到体制确认，可谓以退为进。

与陈夔龙的迂回策略相呼应，老谋深算的锡良再次具折陈情，针对外官改制尚无现成样板可供参照的困扰，主张“间接官治、地方官治二级皆为外省之事。地方官治本为督抚专责，各司分任，亦只直接督抚，无庸直接京部。间接官制及京部委任地方办理，若委任者各司，则各司权责反在督抚之上，必非体制所宜；若委任者督抚，则督抚一人负责，更无庸各司直接京部。”[②] 关于各司应否由督抚辟荐，督抚们意见分歧，既想拥有用人行政之实权，又害怕清廷猜忌。锡良则理直气壮地表态：“鄙意既定督抚为地方行政长官，则地方官治为督抚固有之责；间接官治为京部委任，督抚附加之责，既有其责，必有其权。中央对于各省只用督抚一人，各司皆由其指名请简，庶能指臂相维，至预定资格本有考试任用章程，不必列于官制也。”同理，府厅州县佐治员也应听由府厅州县主官自辟。[③]

继锡良之后，江西巡抚冯汝骙奏陈官制意见，亦不争国家政务官之名，但争地方行政长官之实：“今若定督抚为地方行政长官，置之于国务大臣监督之下……司道为督抚辅助机关，只宜直接督抚。”“凡一省行政得失，督抚对于中央完全负责……行省之制，督抚司道必如身使臂，如臂使指，始能相互维系，共策进行。”[④] 主要目标即在将间接官治的司道，及府厅州县各级地方官治，统统归属于拟改为地方最高行政长官的督抚。

据说宪政编查馆原已拟定了裁督留抚的方案，但徐世昌、那桐等审阅并“参酌各督抚之条陈，以（宪政馆）所拟办法于地方行政殊多阻碍，

---

① 《清末筹备立宪档案史料》下册，第 545—546 页。

② 《锡清帅对于外官制之伟划》，《盛京时报》1911 年 1 月 17 日，第 3 版。

③ 《锡清帅对于外官制之伟划》（续），《盛京时报》1911 年 1 月 18 日，第 3 版。

④ 《大清宣统政纪实录》卷 47，宣统二年十二月己亥，（台湾）华文书局 1964 年版，第 834—836 页。

且于预防流弊一层亦系治标而非治本”①，搁置了这一方案。此时锡良等人关于督抚在间接官治与地方官治两级权责的论述，实际上部分解决了协调的难题。这种借水行舟的妥协方式，以接受“地方长官”，失去原来部院兼衔（即相当于“中央政务官”）的代价，堂而皇之地将咸同以来督抚借战时之需逾越规制，选择与任命下属的权力合法化，将间接官治置于地方行政长官的控制之下，进一步扩大了督抚的行政权。

清制原设行省的初衷固如督抚们所述，可是正因为处置权重，所以只能居其名，不能有其实，以防拥兵自重，尾大不掉。而照上述改制建议办理，直省无异于大权在握的藩镇，内阁国务大臣能否指挥得动，全在督抚是否听命。不经意间完成了权势变动的乾坤转移，则实际效果恰与清廷通过改制强化中央集权的初衷相悖。然当局者迷，清廷当时正急于将原有职官对应“中央”和“地方”的框架，按预备立宪的进程完成官制配套，遑论其他。

七　第二次外官制讨论

陈夔龙、锡良等人的直接上书，各地报刊对督抚去留沸沸扬扬的议论，与1910年12月至次年1月，大部分督抚电函往还，试图谋求共同对策的活动相互衔接，形成了外官改制进程的第二次讨论，其范围涉及督抚权限划分、官制进一步改革的具体做法等内容。

关于总督属性、权限及存留问题，有三种意见：第一种由瑞澂提出，主旨是将现有行省划分为距京较近省、腹地、边地三等，以直隶先试行裁撤总督，设民政司直辖于中央，用十余年时间逐级试验推广，其实质是以渐撤总督确保集权体制。但朱家宝、张人骏等督抚并不赞同这一主张。②

第二种意见，锡良、张人骏、张鸣岐等皆主张督抚为地方行政长官者。其愿接受为地方长官的原因，不仅顾忌内阁若解散，身兼国务大臣

① 《外官制尚须更议》，《大公报》1911年1月1日，第4版。

② 钱永贤等整理：《庞鸿书讨论立宪电文》，《近代史资料》总第59号，中国社会科学出版社1985年版，第66、70—71页。

的督抚必须同时解职；更基于国家税与地方税划分迫在眉睫，如不将省列为地方，则日后经费无着落。但张人骏认为行省政务牵涉部章，中央与地方权限在实际问题上“很难清划”①。

两广总督张鸣岐提出，督抚“应作为地方之官，不宜列入国务大臣之内”。这样可名正言顺地支配地方税。② 他强调，现有地方自治章程只是府厅州县和城镇乡，倘若不在划分国家与地方税时将省级纳入地方范围，“界限不明，行政必受牵掣”。主张赋税与行政等级应成正比，希望联合各省与度支部会商。③ 陈昭常虽反对成为地方官，但也认为因省级地位特殊，经费没有预算，“此次不预留地步，将来必无从取挹……彼时取之国税而国家不应，取之地方而地方不应，拮据彷徨，必有更甚于今日者”④。

由于划分国家税、地方税，不仅与官制层级确定及督抚属性联系，且直接影响到督抚对全省财源的调拨掌控，故不少督抚虽赞成张鸣岐等级与比例的意图，但具体划分又有顾虑。李经羲认为，就滇省而言，不仅省至乡各级不能分级自顾，“即国家行政、地方行政亦难严立界限，分税支办”，所以主张暂不急于划分。程德全则认为，“税法只分国家、地方二级，国家税收入，由中央支配，地方税收入，由督抚支配”。湖广总督瑞澂附议这一观点。⑤

第三种意见仍坚持督抚的双重身份。吉林巡抚陈昭常主张：“鄙拟总督权责第一条，首定参与国务，即以总督一官，对于中央为国务大臣，对于地方为行政长官。”⑥ 其后，他又在致电浙江巡抚增韫时指出：内阁议政不能完全撇开督抚，可通过政务分类，让总督在不同情况下均有表达意见的机会，“实以总督一职，为中央地方之关键”，强调此举“无非求内外相维”。⑦ 可见无论是迫于现实的让步，抑或基于国情的坚持，在

① 《庞鸿书讨论立宪电文》，《近代史资料》总第 59 号，第 63、73、70、78、80 页。

② 《各督抚筹商官制电》，《国风报》第 1 年第 30 期，1910 年 12 月 2 日，“文牍”，第 25—27 页。

③ 《庞鸿书讨论立宪电文》，《近代史资料》总第 59 号，第 79—80 页。

④ 同上书，第 85 页。

⑤ 同上书，第 82—83 页。

⑥ 《各督抚筹商官制电》，《国风报》第 1 年第 30 期，“文牍”，第 24 页。

⑦ 《续录各督抚筹商官制电》，《国风报》第 1 年第 33 期，1911 年 1 月 1 日，“文牍”，第 19—20 页。

督抚身份属性认定的关键问题上，督抚群体意见仍有分歧。

在具体深入外官制改革的做法上，山东巡抚孙宝琦主张民政、度支划分为二，改清理财政局为审计局；东督锡良则对已试行的东三省官制有所反思：合署办公有利有弊，表面看事简费省，但在提高效率的同时，“疏略往往有之”，“东省前经奏陈，未尽照行。现司道仍各设衙署”，如果采用此制，则须简化公文程式，“又必有极大之公署房舍”，并非良策。[①]

与1907年的讨论相比，第二次外官制讨论不仅没有宪政馆提供的现成草案，甚至清廷的意图亦不明确，但讨论结果意义重大，直接关系部院、督抚和司道的权限划分，乃至整个官制的立意与格局，是新旧官制转换的枢纽。督抚们虽在具体问题上仍有分歧，但在维护自身权益及争取主动方面则达成共识。

此时清廷的犹豫彷徨、举棋未定，促使督抚们在个别表态收效不显后，联合向清廷施压，提出参与新制讨论，谋求实际权益的具体要求，以表明态度并促使事态有利于己。1911年1月8日（庚电），李经羲拟稿，锡良领衔，15位督抚联衔，提出了内外统筹，分内阁与各部、督抚、府厅州县为三级的方案。内阁与各部责在计划国务、统一政纲；督抚则秉承内阁计划，主决本省行政事务；督抚不任国务大臣，但司道“宜由督抚保荐，府厅州县之进退，决于督抚”；而作为第三级的府厅州县，则不相统属，只处置本属区事务。军事方面，防军权责专归督抚，新军则归中央，外交则关乎国权的部分由京部负责。[②] 在一片裁督声中，这一方案将李家驹奏折中官治与自治关系的四级形式，落实为实际行政机构设置的三级，凸显督抚承上启下作用的同时，放弃国务大臣的争议，回避了督抚属性的敏感问题，确保了督抚在新政体中的位置。

此次电奏几日后，金梁发表洋洋数万言的《官制议》，指出由于当道

---

① 《续录各督抚筹商官制电》，《国风报》第1年第33期，1911年1月1日，“文牍”，第17、21页。

② 《庞鸿书讨论立宪电文》，《近代史资料》总第59号，第75—77页。该折十二月初十日奉旨：“着该衙门知道，钦此。”

不愿借鉴美国、德国的联邦制，近代各国已实行中央集权的立宪国家，又没有中国的幅员辽阔及相当直省的行政层级，故“鄙议官制系主张中央集权，本不应有总督制度，惟以现在中国机关不完备，交通不便利，如以千数百州县直接政府，实有种种为难”，建议在坚持集权的前提下，基于现实暂维持督抚制，渐改为州县直属中央。① 此议实际承认了督抚联衔电奏方案的可行性。

军机处在“连接锡、李、瑞、张四督及孙、丁、增、宝各抚来电，皆系条拟新外官制一切问题”后，为防止新官制草案再遭非议，只得请督抚派员参与讨论。② 核定外官制草案的大臣，则由摄政王指定军机徐世昌担任。③

1911 年 3 月，第二次外官制方案开议不久，宪政馆便对外界透露：“各督所主持之政见与本馆尚多歧异，须再详加讨论”④，则双方分歧仍然难以调和。与此同时，督抚内部意见亦颇有分歧，一部分督抚仍不愿意接受“地方长官”的名衔，竭力维持原有格局。

黑龙江巡抚周树模曾两次致电各省督抚交换意见，以谋共识，期望督抚们联合一致，向清廷施压。1911 年 3、4 月间，周树模第一次致电各督抚，阐述因国家幅员过大，交通阻隔，不能采取直接官治：“故督抚必带京衔，纯属部院性质，为一省之长官，司道属于督抚，与属中央同。”⑤ 几天后，周树模再次致电各督抚，回顾元代设置省制的用意，强调督抚体制意在维系统一，不能轻易变更。“若督抚为地方官专管内务，是为一部之分支，非中央政府全体之分支，恐失一统之效。”⑥ 暗示那些以立宪政体相比附，主张中央集权，将督抚置于单纯地方行政官地位的改制主张，反而于统一大局有害。

督抚们的奏章屡屡提及的“内外相维”，是由宋、元朝军制延展而来

---

① 金梁：《官制议》（续），《大公报》1911 年 1 月 6 日，第 4 张。

② 《外官制争端之开幕》，《大公报》1911 年 1 月 10 日，第 2 张。

③ 《谕饬各军机分任编订新制》，《大公报》1911 年 1 月 2 日，第 2 张。

④ 《外官制尚难就绪》，《大公报》1911 年 3 月 13 日，第 2 张。

⑤ 《新抚商榷外官制通电（亦是争督抚权限者）》，《申报》1911 年 4 月 8 日，第 1 张第 3 版。该报 4 月 10 日更正为黑抚。

⑥ 《江抚商榷外官制二次通电》，《申报》1911 年 4 月 10 日，第 1 张第 4 版。

的规则①，着重于整个国家官僚体系的相互契合，不分畛域，浑然一体，内防内阁专权，外防割据分裂。但在凸显其对于维护巩固皇权一统不可或缺的作用时，有意无意回避了清制以防弊为主旨，官员遇事推诿之陋习，旨在强调督抚制存在的合法性与重要意义。

倘若将督抚们的激烈抗辩，一概视为维护既得利益的反应，似过于简单。清代督抚对外交往或对司道府州县官员讲话，均以“本部堂”或“本部院”自称，在推行宪政与处理纠纷时，也侧重国家政务官的立场。1910 年秋广西高等警察学堂招生，广西巡抚拟招部分外省籍学生，以弥补本省生源不足，该省谘议局以“本省之财政办本省之事业，其目的在谋本省之利益，非在谋他省之利益”为由，议决限制外省籍学生。而巡抚坚持以学堂经费来源为国家税，且广西籍在外省学堂学生人数，较外省籍在桂省人数多 1/4 的事实，反驳谘议局，声称：“宜力去省界之说，以矫社会习惯之失。”② 地方自治推广过程中，谘议局议员多维护本省利益，督抚们则往往以“国家政务官”自居，尊奉清廷旨意，顾及全国利益。1909 年至 1911 年，督抚多次联衔通电力争各种权利，但所争大多非地方本身权益，而是咸同以后朝廷逐渐放宽的督抚处置地方的权力。

受到后出的中央集权理论影响，丙午官制讨论期间，部院已出现集权的意向。民国时期军阀割据分裂的事实，则使既往研究在注意到咸同以来督抚权力扩展、部院权力相对削弱的同时，多认为是地方权力增长。这种判断实际基于两个并未落实的假定前提：一是行省已成为与中央对应的地方层级；二是揣测清末督抚都想占山为王、坐地称霸。这种观点忽略了清廷始终把握督抚黜陟权，避籍制度又使督抚及属官均对任职地区难有乡梓之情③，清中叶后督抚调动频繁，往往刚刚熟悉一地情况，就

---

① 《宋史・兵志一・禁军上・序》：“凡其制，为什长之法，阶级之辨，使之内外相维，上下相制，截然而不可犯者，是虽以矫累朝藩镇之弊，而其所惩者深矣。”中华书局 1977 年版，第 4570 页。又见《元史・兵志二・宿卫》：“元制，宿卫诸军在内，而镇戍诸军在外，内外相维，以制轻重之势，亦一代之良法哉。”中华书局 1976 年版，第 2523 页。但明清时皇帝多用于比喻内外官相互契合的作用。

② 《广西巡抚咨文》，《大公报》1910 年 11 月 6 日，第 3 张。

③ 两广总督张人骏到任近两年，在致儿子的家书中述及：“粤事繁难，新政络绎，无才无款，事事荆棘……无一事不掣手，真非一言可尽……但求早日离粤”，且多次表达愿为京官的祈望。张守中编：《张人骏家书日记》，中国文史出版社 1993 年版，第 138—139、123 页。

被易地调走。对督抚而言，占山为王，规制方面并无实际可能，晚清内忧外患迭起，即使慈禧光绪流亡辗转，也未见督抚反叛。入枢拜相才是他们最憧憬的目标与渴望的机会，是其仕途的顶点。持重如张之洞、骁悍如袁世凯，无论他们如何经营湖北、山东、直隶，清廷一声令下，也连忙入京履职。弗朗兹·迈克尔指出："只有在革命后，袁世凯才企图在他自己组织的基础上重建中央政府，把他所要求的中央权力加到他自己的军事和行政权力之上。"① 上述督抚反复申辩其为中央代表而非地方官的情况，值得深思。

当时主张或反对中央集权的朝臣疆吏，也都忽略了一个基本事实，皇权和部院，其实并非近代与地方相对而言的中央。"皇权天授"的绝对权力，使得行省的督抚，也不等同于地方官。改制前有评论曾指出："吾中国督抚之性质与各国之行政官有大相异者，谓其无权耶，有时其威力之大，虽立宪国之君主不能望也；谓其有权耶，而种种掣肘，往往一小事而不能自由，且掣肘者不必中央政府也，中而两司，下而州县，亦或有为督抚所不能左右者，若夫谕旨朝降印绶夕解，毫不能有自主之权者，更无论矣。"② 清代既有官制与西方立宪官制，两者制度立意截然不同③，用"中央"与"地方"对应内外官，比拟历史，附会中外，各取所需之外，难免各说各话，徒增困扰。

《国风报》的评论洞悉外官改制的症结，断言："盖以吾国现在之督抚，其性质实去各国国务大臣为近，而去各国地方长官为远也。故有欲模范各国之地方制度，以建设吾国省治之各机关者，吾知其无一而可也。有欲逡译日本之府县制而草定吾国之省制者，尤吾党所绝对排斥也。" 中日疆域大小悬殊，简单模仿，遗患无穷："今我国之州县，恰与日本之府

---

① 氏著：《19 世纪中国的地方主义》，《国外中国近代史研究》第 11 辑，中国社会科学出版社 1988 年版，第 41、50—51 页。

② 社说：《论满洲当为立宪独立国》（录五月二十日时报），《东方杂志》第 1 年第 6 期，1904 年 8 月 6 日，第 113 页。

③ 1902 年，两广总督陶模指陈清官制弊病："国朝设官，多沿明制。大小相维，上下相制，意在防弊，不主任事。或一事而有数官，互相钤〔钳〕制，互相推诿；或一官而兼数事，敷衍者愉快，认真者竭蹶"，建议改官制以一事权。《粤督陶图存四策折》，甘韩：《皇朝经世文新编续集》卷 1，沈云龙主编：《近代中国史料丛刊》（781），（台北）文海出版社 1972 年版，"通论中"，第 15 页。

县大小相近……惟府县以上之一级，我有而彼无，我自问能将此一级竟行废止耶？则一切模范日本或庶其可。今既不能，则必当于日本现制之外，另图一美备之制，以善此级之作用……问者曰：与其创此奇异之制度，以骇人听闻，何如仍谋所以减杀督抚之权限，使与日本之府县知事略相等，则省会之权限，亦可与日本之府县会略相等，为道不较顺乎？此其说太反于中国历史传来之习惯，为事实上所万难遽行。”① 改制新旧递嬗，中外历史有别，文化传统与制度变革互为表里，不能罔顾国情，削足适履地效仿外制。

其实，对于咸同后督抚权力实际扩张的程度，舆论意见不一。早在官制改革前的1904年，时论指出，督抚权限虽较前扩展不小，甚至部分突破定制，然尚未真正独霸一方，风光的表面下，处境多少还有些尴尬：“天下有居至高之位，而常懔于不测之威，握最重之权，而常有不如意之事者，则莫如今日之督抚是矣。各督抚虽沿明制，名为督理军务，然实兼财政、刑法、民事之权而有之。所辖区域，大者跨数千里，小者亦千余里。听命之官吏，尝千百人，人民之任其生杀予夺者，每过千万，责不可谓不重矣，权不可谓不大矣。然一事之来，虽至纤悉，尝若不能自主，而遇有兴革，或大事变，则尝苦掣肘，或得罪以去，并其已成之事而败坏之。若有权，若无权，此亦中国政界之一怪象矣。”② 在分权制衡的体制仍保持的情况下，清廷始终掌控着督抚的黜陟权，后者即使有谋逆之心，也难有非分之举。况督抚多为儒臣而鲜武将，叛臣贼子不仅风险过大，且遗臭万年。故晚清虽时逢乱世，国衰运舛，但慈禧孤儿寡母，竟可垂帘秉政数十年而未见安史故事。

前述超过总数大半的督抚屡次联衔通电，标志着改制引发的内部矛盾公开化。外官改制的取法走向与新政成败、政局稳定、清廷危亡紧密相连。第二次外官改制讨论的气氛相当紧张。《申报》探闻：新外官制方案“碍难实行者不胜枚举”，其中最重要的便是“中央政府与各地方行政权限尚须研究，分别详细核订”；内地与边地是否设置有别也颇费思量，

① 《论中央地方之权限及省议会之必要与其性质》，《国风报》第1年第32号，1910年11月22日，“论说”，第19—21页。

② 《论朝廷亦信任各督抚》，《时报》1904年11月18日，第2版。

"各省司道及府州县等地方官之任用，新章尚未妥订"。① 面对督抚的联合行动，当局更加谨慎地处理改制方案，以防进一步激化矛盾。有朝臣希望规避锋芒："宜防中央集权之弊……如尽夺督抚之权而归之中央政府，恐鞭长莫及，易出情形。"并以史为鉴："昔道光中承平日久，督抚调五百兵以上即应奏请，折件往来，动需时日，盗贼不能速剿，实由于此。终致洪、杨之乱，蔓延天下，前车不远，覆辙犹存。"② 溯古喻今，督抚权限成为一大难题。

考虑到现实形势，社会舆论以保留总督为前提，先后提出扩大行政区划，"尽废巡抚及道府厅州之制"③，以及裁去司道等不同改制方案④。而在政府有关会议中，前述直督陈夔龙、锡良两人的意见倍受重视，此时的考虑已不再纠缠于督抚司道的名实所属，"地方行政官仍照旧制，以府厅州县分治，免去分属制度，直接总督管辖"⑤。

八　制度变动与利益调整

在搁置了督抚去留的争议后，督抚权限问题又成为纠缠不休的结节，此问题关系内阁、部院、司道的权限定位，涉及各方利益调整，宪政编查馆颇感棘手，由于事关重大，"该馆各员拟即禀由宪政王大臣另订办法"⑥，干脆矛盾上交。

《顺天时报》以《新外官制之难题》，列举了由于既往督抚兼衔较多，外官改制不仅涉及中央与地方权限，还涉及军政与民政、司法与行政、内政外交关系等诸多方面的问题⑦，可见以立宪政体的中央与地方对应既往内外官制，实际需要对职官系统进行全盘规划整合，而非仅仅是改易名称。

此时内阁官制已在酝酿之中，内阁与各省督抚的关系权限，再度成

---

① 《京师近事》，《申报》1911 年 1 月 23 日，第 1 张第 3 版。

② 1911 年 2 月 5 日，《学部丞参上行走柯绍忞奏筹备立宪宜防大臣跋扈民众暴动组织政党等弊折》，《清末筹备立宪档案史料》上册，第 349 页。

③ 金梁：《官制议》，《大公报》1911 年 1 月 5 日，第 4 版。

④ 摘星：《锡良请裁督抚之问题》，《大公报》1911 年 2 月 7 日，第 3 版。

⑤ 《探志新外官制草案之概略》，《大公报》1911 年 2 月 14 日，第 2 版。

⑥ 《修订新外官制之三大碍难》，《大公报》1911 年 4 月 12 日，第 2 版。

⑦ 《新外官制之难题》，《顺天时报》1911 年 4 月 28 日，第 4 版。

为争夺焦点。据说宪政编查馆所提内阁制及外省官制，皆有限制督抚直接上奏之条。“锡、李、瑞、张、陈五督，以参预外官之权同起反对，谓我国总督万不能拟诸日本府县，若事事秉承中央各部命令，而无直接上奏之权，微论上下情形揆阻，且各部办事迂阔，缓不济急，若剥夺上奏权，是自束缚其手足也。前日联电该馆力争。闻该馆复电，拟改寻常事件由各部裁决，其重大事件则由内阁代奏，请旨定夺。”①

宪政编查馆对奉、直、江、鄂、粤五督联电的回复耐人寻味：“查历来各省遇有疑难事件，多请部示，部中遇有议驳事件，亦必奏闻，久成习惯。来电所陈督抚秉承内阁及所虑各节，具征卓见，拟俟厘定各部官制于草案内声明，各部对于各省，除寻常事件径行照章准驳外，凡事关重大者，统由部交阁议，奏明办理，则于督抚职权无所妨碍。至督抚政权，本与日本府州县不同，督抚既仍旧设立，自不能照日本府州县之制，所有外省官制应候酌拟时，再行随时知照。”② 名义上承认部院与督抚关系仍旧，其实剥夺了督抚的直接上奏权。

《申报》鉴于“中央与地方之权限，遂成上下互争之一大事实”，对喧嚣一时的中央集权说表示怀疑：“目前若减杀督抚之权，匪特证之于时势为不可，而骤欲以地方行政之实悉举而肩诸于中央之政府，而靳其克尽厥职，恐亦敬谢不敏焉矣。”“夫从中央政府以观督抚，其权力之所统摄，几若莫可比伦，就督抚以观中央政府，其权力之不完全，犹复不可思议。缘是种种之牵制，遂致施行之结果，往往不能如其所期，固由积渐使然，然非中央机关组织之不健，行政系统之不分明，亦何至于此哉?”③

据说内阁制方案宣布后，政府方面出现了一些松动迹象，某枢相建议：“旧日各省督抚均加有尚书侍郎衔，今官制既改，若将各省督抚屏之国务大臣之外，恐内外不能联络”，希望有所变通。④ 但其后内阁官制颁布，则未见采纳。

鉴于第二次外官改制方案迟迟不能出台，1911 年 5 月，军谘处第一

---

① 《五督抗争上奏权》，《申报》1911 年 5 月 4 日，第 1 张第 4、5 版。另见《五总督要求参预阁部官制原电》，《大公报》1911 年 5 月 16 日，第 6 版。

② 《宪政馆电复督抚权限》，《大公报》1911 年 5 月 25 日，第 2 版。

③ 帝民：《论中央与地方之权限问题》，《申报》1911 年 6 月 2 日，第 1 张第 3 版。

④ 《紧要新闻一》，《申报》1911 年 5 月 17 日，第 1 张第 4 版。

厅长卢静远奏《中央集权地方分权应因地制宜折》，提出过渡办法，即不必拘泥政制的整齐划一，因地制宜，在不同地区，采取不同模式。[①] 因所议边地都督权力过大，也未在阁议通过。[②] 然其建议的部分内容，实际成为民初各省采用的主要政权形式。

舆论对外官改制久议不决颇有微词，不少报刊希望集思广益，多提议案，以求化解疑难，推进改制，因而对外官改制的症结及思路，详加分析，不惜大量版面，连续登载长篇论说。《申报》称督抚地位与权限问题为“商订外官制之第一困难”，因其“既非各部大臣之属官，又无适当之机关以监督之”，无论专制政体还是立宪政体，纠察皆为“极难处置之事”。时局危殆，集权对地方无益，对人民有害。政府是否有能力集权，以及集权能否为地方及人民带来利益，皆为“改革外官制之第一疑问”。[③]

还有评论以洋洋数万言详论外官制渊源，诠释元制本意“固非欲分权与地方，特以领土过大，不能不区为行省”，而清制督抚兼御史、兵部尚书衔，“正欲利用此，以便与中央易生连属之关系，而行其集权中央之实也”。改制应仿奥地利，将中央集权与地方分权结合，革除督抚兼衔与上奏权，但拥有任免下属的权力；同时督抚应受地方议会而非中央政府监督。减掉知府一级。[④]《时事新报》则认为彻底解决症结的办法只能裁督抚，以布政使为一省之地方长官，直隶于中央。[⑤] 诸多方案令人眼花缭乱，故官场中传言：“外官制难于内官制数倍。”[⑥]

舆论所言切中要害。朝臣疆吏争来斗去，无论内官外官、中央地方、部院行省，都是以专制政体自上而下的权力来源为考量，所以集权也好，分权也罢，行省地位和督抚权限都是难解之结。而立宪的根本在于兴民权，主权在民，自下而上，民权兴则中央取决于民意，行省可以稳妥分治，督抚能够有效监督，各种矛盾迎刃而解，外官自可变成地方，中央不难驾驭各省。官员各方你来我往，争论激烈，其实都是坚持官权皇授，

---

① 《清末筹备立宪档案史料》上册，第 350—353 页。

② 《专电》，《时报》1911 年 8 月 6 日，第 2 张。

③ 《时评》，《申报》1911 年 6 月 9 日，第 1 张第 3 版。

④ 万：《论外官制》，《申报》1911 年 6 月 18、19、23、24、28 日，第 1 张第 3 版。

⑤ 《外官制问题》(沣阳宪章稿)，《时事新报》1911 年 8 月 5—9 日，第 1 张。

⑥ 《紧要时事 · 北京要闻二则》，《时事新报》1911 年 8 月 2 日，第 1 张。

不肯颠倒乾坤，在对民的根本态度上，统治集团内部立场高度一致，因而无法找到妥善的解决之方。

在立场不变的前提下，关于外官改制，清廷内部意见参差的情形一直持续。宪政馆提调多主集权，认为督抚应隶属各部，并取消其上奏权。[①] 另有督抚改为地方长官，则恐其权力太大，拟缩小区域改省为道的传闻。[②] 内阁成立后，法制院取代宪政馆，厘定新的内外官制草案，也“事事以中央集权为宗旨”，内阁总协理大臣徐世昌为此感到担忧和不满。[③] 据说徐世昌之所以有意见，皆因法制院草案“所主张大概腹地裁去总督，改为巡抚，仅于东三省、云贵、陕甘、四川存留四总督缺，其巡抚之下，提法使、提学使亦主张裁撤，藉以收中央集权之实”，而徐世昌“仍囿于旧日习惯，不以法制院主张为然”，准备对草案加以修改。[④]

1911 年 9 月初，《申报》探闻：“外官制之争点，在地方分权与中央集权，屡经开议不能决定。而与闻官制各总督之所电陈，暨其所派专员之所主张，其持论既不一致，因此遂生二现象：督抚不敢言明地方分权，而因缘历史上之关系，争督抚应同为国务大臣；又内阁总协理大臣暨各国务大臣，亦不敢公言中央集权，硬定督抚为地方长官。且有以督抚既为地方长官制，则司道各缺必加裁减，日后存记人员无可位置者。惟财政、外交、军政等等，如仍任督抚分其权责，则各部又成虚设。故每开阁议，其主张消减督抚之权，各部院率皆一致，惟总协理大臣不置可否。”面对部院集权的普遍要求，徐世昌左右为难，他深知一旦方案公布，督抚们必然强烈反弹，相比之下，拖延不决较仓促公布弊害要小。而督抚方面，虽然反对削权基调一致，具体方案也主张各异。[⑤]

1911 年 9 月中旬，两江总督张人骏专折奏陈外省官制意见，不赞成简单模仿中央集权和地方分权，因为中央集权的立宪国家面积小于中国，且交通便利；“至西国联邦制度，各邦自有政府，上国仅同盟主，纯乎地方分权，中国仿行之，将如唐末藩镇有尾大不掉之虞，是地方分权亦不

---

① 《督抚权限问题之确定》，《大公报》1911 年 7 月 23 日，第 3 版。
② 《中外要事·外官制中之督抚》，《新闻报》1911 年 7 月 27 日，第 1 张。
③ 《徐协理特为督抚争权》，《大公报》1911 年 7 月 27 日，第 2 版。
④ 《内外新官制最近闻》，《申报》1911 年 8 月 13 日，第 1 张第 2 版。
⑤ 《外官制纠缠不清》，《申报》1911 年 9 月 5 日，第 1 张第 3 版。

可行也”。他主张延续内外相维法则，新官制不要过多削减督抚权力，尤其强调督抚应保留奏事、军政和外交权；希望照 1907 年官制通则规定的督抚权责，否则“疆臣奏事不能直达必致贻误事机……将领不归督抚任用节制，一旦有事，缓不济急”。[①] 此折似已预见到将督抚硬定为地方长官，对国家统一格局的潜在隐患。

意见纷陈、压力齐聚之下，新的外官改制方案只能新旧兼济，折中妥协。记者们注意到：由于徐世昌的坚持及各省督抚特派员的参与，新外官制草案“其大纲之组织与现行制度无甚差异，定名为各省地方新官制，约分两级，督抚为上级，民政、交涉、度支、提学、劝业五司为附属，司法、军政为独立，均归督抚总其成。府州县为下级，直接属于督抚。除巡警、劝业两道裁改外，余尚无所变更”。其大纲文本还致电奉、直、江、滇、鄂五督参考酌核，如无修改，才决定发表。[②]

直至武昌起义爆发两天，《盛京时报》得到的消息仍是：“外官制问题现时虽不能解决，然闻与闻外官制人员所说，其重要部分大概业已决定，督抚对于中央权限，虽比昔时缩小，其对于地方之行政官，其权力则比昔时增大。缘外官制改定后，举凡民政使、度支使、提学使等等，皆由督抚奏保，请旨简放。”[③] 这份胎死腹中的方案文本，连几位总督均无缘得见。[④] 但从《时报》1911 年 9 月下旬连载，据说是法制院起草的《各省地方官官制草案》来看，督抚虽免去国家政务官名义，但却换取了地方行政长官的若干重要实权。[⑤]

---

① 刘锦藻撰：《清朝续文献通考》卷 115，浙江古籍出版社 2000 年版，第 8750 页。

② 《通电新外官制草略》，《盛京时报》1911 年 10 月 4 日，第 2 版。

③ 《外官制之大要》，《盛京时报》1911 年 10 月 12 日，第 2 版。

④ 两江总督张人骏对其他督抚询及“敝处未悉纲要，尊处有无所闻”，直隶总督亦称“内阁齐电敝处并未接到，不谂所论如何情形，顷已电询。”《要闻 · 关于外官制之片片》，《时报》1911 年 10 月 9 日，第 2 张。

⑤ 与通则相比，该方案最重要的变化：（1）明确督抚变为地方长官，但遇有特别事件时，可依敕令代表阁部大臣办理；（2）督抚受国务大臣委任（事务）时，对其负责；（3）督抚得依法令之所定监督本省议会；（4）民政、提学、度支、劝业、交涉五司，“各司使可由内外保荐，由阁（内阁）请简”；（5）府州县官员皆由督抚奏任，但府州县均直辖地方，不相统属。《申报》《时事新报》《神州日报》相近时间的不同报道，与《时报》的内容基本相同，但笔者认为，这份方案仍非征求督抚意见的最后文本，否则不会在报刊已登载半月后，各地督抚却未接到。《要件 · 各省地方官官制草案》（法制院起草），《时报》1911 年 9 月 23—25 日，第 4 张。

由于外官改制的最后方案始终没有正式出台，而可以借鉴的立宪国家规制，又没有与督抚司道对应的层级，因此迄于清亡，官制改革过程各部所订与省府州县相关的章程，在强调部院权责的同时，均未明确将督抚司道列为地方官。①

有人曾就地方自治章程排除省一级质询：“夫官治与自治，其性质绝不相蒙，而其道并行而不悖，此王大臣所能知也，而今乃阙之，其遗忘耶？其有意剥夺各行省之自治权耶？”② 其实，宪政编查馆将行省排除在地方自治范围之外，决非疏忽，而是有意为之。原因之一，立宪君主国家均无省级自治的成例可以借鉴；原因之二，行省过大，倘若实行自治，恐怕中央指挥不灵，甚至有割据分裂之虞。该馆行走杨度向摄政王建言：“地方自治仅可至府州县而止，绝不可以省为范围。”③

宣统三年，民政部会奏《行政司法分权声明地方官责任折》称：“查司法制度颁行未久，直省已设审判厅地方，往往有因地方官不明司法行政分权之故，于应负责任亦复诿卸……体察情形，非声明地方官应负责任不可……州县系地方印官，巡警归其管理，如果巡警得力，则地方官有执行警政之权。”④ 所指“地方官”，仍明确为州县官吏。

---

① 如学部颁布的《各省学务官制》，涉及地方学务的条款表述为：“地方学务，凡系按照定章复经督抚筹定举办者，提学使当督饬地方官切实举办。”第21条规定：“各厅州县均设劝学所……按定区域劝办小学……提学使务严督地方官限期速办，实力推行。”据此，提学使并非地方官，而是督饬地方官兴办学务的官员（《大清教育新法令》第1册，商务印书馆1906年编印，第13—16页）。1910年农工商部等会奏：“凡已设劝业道各省，遇有关于地方官员补署举劾等事，一律会详，以符督饬考察之实。”则劝业道也不在地方官之列（《本部会奏续订直省劝业道职掌事宜折》，《商务官报》第19期，1910年8月29日，第5页）。1910年2月奏准的《宪政编查馆奏复核府厅州县自治暨选举各章程折》，地方自治分为两级，城镇乡为下级自治机关，府厅州县为上级自治机关（宪政编查馆编：《府厅州县地方自治章程》，宣统二年印，奏折类，第1—3页）。1910年12月，资政院、学部奏准的《地方学务章程》，开宗明义地界定：“地方学务，由府厅州县及城镇乡自治职按照地方自治章程及关于学务之法令办理。府厅州县自治职对于地方学务应有之职权，在府厅州县自治职成立以前，由各府厅州县劝学所行之。”（多贺秋五郎编：《近代中国教育史资料清末编》，日本学术振兴会1973年版，第638页。这与民政部所拟地方自治章程相互配合）

② 《立宪九年预备案恭跋》，《国风报》第1年第1号，“时评”，第5页。

③ 杨度：《宪法实行宜定宗旨敬陈管见折》，《厘定官制参考折件汇存》，第6页。

④ 刘锦藻撰：《清朝续文献通考》卷133，浙江古籍出版社2000年版，第8937页。

九 结语

近代社会转型，新旧交替常常参合古今中外多重因素，概念与事物的指认，往往扑朔迷离，似是而非。清季朝野有识之士皆迫切希望通过改制进入文明国的先进行列，用夷变夏已不成问题。但如何取法纷繁复杂的外来新知与政制，如何认识渊源有自、独具特色的中国政体，及既往制度中所蕴含的历代治乱兴衰的知识总结，令人困惑。清末改制启动后，不同观念的混杂与不同利益的纠葛交织，使得这一进程更为错综复杂。

清季官制改革，原拟以东西洋立宪国政体为参照，将内外官改造为中央与地方官制，但内外与中央、地方并不对应[①]，尤其是直省督抚司道，很难安置妥当，于是有中央集权与地方分权两种模式的权衡取舍或兼容并济。相关各方因利益差别而态度分歧，对所涉中外历史和规制的解读各执一词，各种引经据典的意见、方案、说词，令人眼花缭乱。纷纷扰扰数年，始终悬而未决。

清代官制内外相维，分权制衡，维护皇权专制，防止割据分裂，成效显著。而东西立宪各国官制上下有序，权责分明，效率优越。由内外相维而改为上下有序，中西知识内涵不同，文化历史迥异，设官的立意与格局都必须改变，如何超越国情和体制障碍，优势互补，本来不易。朝臣一味以集权为事，利用制度与概念差异，促成有利于己的选择，督抚则在不停地争辩中力图维护既有权益，对清廷的离心力不断加大。

清季外官改制过程中督抚权限与地位的症结，以及围绕这一瓶颈展开的矛盾冲突，集中表现为统治集团内部不同利益群体的权力重组，但由此却在很大程度上模糊了近代政体转换的意义。“官制非单纯之事也，其关系盖甚繁且巨也，有政体上之关系，有地理上之关系，有人事上之关系。曷谓关系政体也？或立宪也，或专制也，或共和也。政体不同，

---

① 事实上，清季改制前，并没有真正近代意义的地方官与地方官制，但改制的目标及趋势，确想采用近代意义的地方官制，并以自治辅佐官治。

而官制亦随之而异。”[①] 被张之洞遗疏举荐材堪大用的于式枚，曾一语道破中西政体的本质区别：“臣遍考东西历史，参校同异，大抵中法皆定自上而下奉行，西法则定自下而上遵守。”[②] 确为洞悉本原的真知灼见。由皇朝体制改为君宪政体，尽管保留了君主的权力地位，在权力来源上，于皇权之外仍增加了至关重要的民（绅）权。即便清廷较日本更重君权，在中央集权层面官的权力可以说单一来自皇权，只受皇权的掌控，但是地方分权的部分则至少要受绅权的监督，而且依照地方自治的一般原则，势必过渡到本地人选本地人为官、办本地事的格局。督抚们正是有此顾忌，他们不仅要掌控司道和府厅州县的实权，而且坚持保留国家政务官的身份以及直接奏事的权力。

不过，民权或许可以有效地监督地方行政，却未必能够从根本上防止分裂割据。对于欧美等国行之有效的邦联制与联邦制，不仅朝臣疆吏不以为然，舆论也表示鄙夷，《时报》曾将其比附于藩镇，或忽必烈蒙古帝国及拿破仑时期的欧洲，结论是：“今后之中国，其主权不可以不统于一。今若为此，是导分裂之渐也”，断定此法“不可用也”。[③]

直省是否属于“地方”，不仅在官制层面受阻，相关联的分省意识在自治层面也屡屡引发争议。1906 年 12 月，有人在《申报》发表《论省界说足以亡国》，认为省界说缘于东京留学生，原以地方自治为依据，倡导爱国爱家乡，立意非不善，但其后频频出现学界争公款、学额，军界则争征兵之后先，筹饷之多寡，地缘相结，互相仇视，不独与它省相争，一省之内，府县亦相争不已。如此，“则省界之说为中国革新之阻力，彰彰明矣……不能合全力以御外侮，徒斤斤于省界之争，使长此不改，吾恐人心愈离，群力愈涣，外人得而趁其隙。一有祸乱，则同国之民，且自相戕贼”。该文警示省界之说，“与亡国有密切之关系也”。[④]

该文作者语气如此激烈，是因自欧榘甲、杨毓麟等人提倡各省独立

① 金梁：《官制议》，《大公报》1911 年 1 月 5 日，第 3 版。

② 《清史稿》卷 443，中华书局 1998 年版，第 3191 页。

③ 本馆论说：《再论满洲当为立宪独立国》，1904 年 7 月 3 日《时报》，第 1 张第 2 页。

④ 《申报》1906 年 12 月 8 日，第 2 版。作者署名“汉”，陈奇《刘师培年谱长编》断定为谱主。贵州人民出版社 2007 年版，第 174—175 页。

以来，地域意识虽有鼓动民气，发达民权之效，却也不断滋生流弊。[①] 1905 年年底，于右任目睹各省学界地域之争渐趋频繁，发表《致主持分省诸君子书》，表示：吾曹虽不同省而皆同国土，同宗教，同种族，“同种族则同伦，同宗教则同门，同国土则当同患难。举国四万万皆骨肉也，牵枝连叶有如此密切之关系，故前携后引齐上舞台则分也，而此挤彼排，处处下逐客之令，则窃有不敢谓然者”[②]。《民报》亦撰专文，在肯定省界之争为民气进步的象征的同时，反对过滥和无谓，希望将矛头指向统治者。[③] 进步人士批评意见的日益尖锐，反映出省界之分已经严重妨碍国民意识的形成，变成统一国家的潜在威胁。

清季政体改革，无论集权还是自治，主导取向是将既有内外官改为中央与地方官制。依据日本、德国的经验，近代地方自治必须具备两个基本前提，一是政治上的地方分权有法律依据；二是经济上有相对独立的地方财政，实行税收与预算。这两个条件，清季宪政均未完全形成。[④] 加上外官改制举棋不定，终清之世，直省和督抚也没有变成纯粹的地方和地方官。可是官制之外，咸同以后，行省地位日益重要，督抚多方逾越既有规制，并逐渐取得实际用人、财政、行政大权，加之手握部分兵权，对行省的控制力大为增强，部院官员欲借改革削弱其势、压抑其焰也在情理之中。清廷利用黜陟权频繁更调封疆大吏以防患于未然，故迄于清亡，因改制未最终定局，督抚亦尚未真正演化成一方诸侯，但权力随“地方”趋势的强化、改制过程纷纷扰扰的方案选择及集权、削权之举，无疑弱化了督抚对清廷的向心力。

武昌枪声响起，各省纷纷响应，清廷曾乞灵于固有体制，强调“内外相维，上下一心，共救危亡”[⑤]。但在官制改革中与部院争夺权力已心

---

① 早在 1903 年，留日学生为了由小团体而结大团体，鼓吹爱国必自爱乡始，发起成立各省同乡会，就引起地域不和，很快有人出来呼吁“非省界”，要求“拔省会之精华而建为统一会”，消除省界，注重国界。《非省界》，《浙江潮》第 3 期，1903 年 4 月 17 日。参见桑兵《清末新知识界的社团与活动》，生活·读书·新知三联书店 1995 年版，第 343 页。

② 《大公报》1905 年 12 月 3 日，第 2 版。

③ 思黄：《今日岂分省界之日耶》，《民报》第 1 号，1905 年 12 月 8 日，第 119—122 页。

④ 黄东兰：《近代中国の地方自治与明治日本》，第 161 页；郭冬梅：《日本近代地方自治制度的形成》，第 241 页。

⑤ 刘锦藻：《清朝续文献通考》，第 11521—11522 页。

灰意冷的各地督抚，因不断被否决的“中央政务官”身份，以及不断被迫强化的“地方官”意识，则托言保境安民，实际只求自保，不愿相维。

清季外官改制关于直省是否属于“地方”的争拗，以及集权与分权如何在省一级妥善结合而无碍统一，始终悬而未决，给民初政局带来莫大困扰。民初省制之争一度甚嚣尘上。① “一系主张废省官治而纯采省自治制，一系主张废省自治制而纯采省官治，立于极端的反对地位，颇不易于解决……其原因皆由中央政府重视地方，唯恐其权力过大耳。至暂仍现状，俟订宪法时解决。”② 康有为等人先后提出废省、裁省、改省为道的方案建议，并指清季改制未能解决督抚问题，“酿成各省都督自立之祸”，为“中国之大患”。③ 1916 年 1 月 5 日，蔡锷通电讨伐袁世凯、告誓全民四事中，亦将“划定中央地方权限，图各省民力之自由发展”作为其中重要内容。④ 同年 10 月底，宪法研究会发表《宪法研究会之省制另定宣言》，强调“省制为吾国最费讨论之问题”，“吾国之纠纷以省与中央之纠纷为一大端”，希望新政府速定省为地方，将省制确定为地方官制。⑤ 湖北、浙江、河南、四川、江西、吉林、黑龙江等省议会纷纷致电国会，要求省制加入宪法，因为“省制为全国统治之根本，省制如不能加入宪法，则将来省制一废，省议会即连带取消……破坏省制即所以破坏民国奠国之基”⑥。由此可见，省制讨论与民初政治关系匪浅，因“中央”与“地方”、集权与分权问题在行省层面迟迟未能妥善解决，对政局动荡不无影响。民初割据混战和联省自治的纷扰，似乎印证了清季有识之士的先见之明，因而坚持中央统一的一方往往更具正义性和政治优势。

数度争议与磨合调整，省制终成定制，观念与制度似乎浑然一体，

---

① 限于篇幅，另文详论。

② 《新省制案之千回百折》，《申报》1912 年 10 月 21 日，第 3 版。民初省制问题，牵涉甚多，另文详论。

③ 汤志钧编：《康有为政论集》（下），中华书局 1981 年版，第 746、749 页。

④ 刘达武等编：《蔡松坡（锷）先生遗集·年谱》，沈云龙主编：《近代中国史料丛刊》（757），（台北）文海出版社 1966 年版，第 17 页。

⑤ 季啸风等编：《中华民国史史料外编——前日本末次研究所资料》第 4 册，广西师范大学出版社 1996 年版，第 70—72 页。

⑥ 《公电》《特约电》，《民国日报》1916 年 10 月 5、11、12 日，第 2 版；《南京快信》，《民国日报》1916 年 11 月 6 日，第 3 版。

不复争议。只是当年争执不下的诸多因素，沉积到体制之中，迄今仍或多或少发生作用。而今人在一套“与国际接轨”的概念话语支配下，很难理解中国历代体制设置的用意与近代制度转型曾经历的困扰，即宪政体制内官治与自治关系的处理，及维护国家统一与发展之矛盾的两难抉择，而现行制度中因文化差异而生的历史积淀，仍将考验着执政者的智慧，并制约着国人对未来发展取向的思考选择。

译介再生中的本土文化和异域宗教：以天主、上帝的汉语译名为视角*

赵晓阳

翻译是建立在对不同语言之间假定存在对等关系的基础上的一种文化活动，在共同认可的等值关系的基础上，将一种文化的语言翻译成另一种文化的语言。近代中国的译介活动处于由传统到现代社会的转型过程中，欧洲语言作为主方语言，从某种意义上享有一种决定意义的特权，本土中国的任何翻译和引介活动都不再能够轻易地同西方外来语分离开来。如果一种文化语言不能服从于另一种文化语言的表述或诠释，翻译是否可能？如果东西方语言之间的翻译不能成立，那么跨越东西方的现代性便不能实现。

一般的专名，如柏拉图、伦敦、动物等，在从一种语言翻译为另一种语言时，困难基本上属于操作层面。基督宗教的最高存在“Deus”“God”这样的抽象名词，是历史长河中文化建构和宗教信仰凝聚的结晶，不存在于自然历史中，也不存在具体可目验或实证的客观所指。人类历史上的任何宗教，其主神名号都是凝聚了历史、文化、信仰、教义、政治、利益等中心价值的象征，其意义不仅涉及宗教教义和经典，而且还涉及更为广阔的文化语境。与其说它是一个有具体所指的专名，不如说

---

* 本文原载《近代史研究》2010 年第 5 期。本文系教育部人文社会科学重点研究基地重大研究项目“清代中西、中日文化关系史研究——以语言的交流互动为中心”（08JJD770090）和中国社会科学院近代史研究所重点课题“圣经中译与近代中国”的阶段性成果。

它是承纳历史、会聚信仰的象征，其终极意义是无法在所指和能指的二元关联中得以确立的，而是取决于这个专名被普遍言说且变化无限的文化语境，以及它赖以产生、流传、变异、被理解、被误解的整个文化系统。在不同层面的跨文化对话中，都潜伏着文化相遇中自我与他者的定位问题，也都渗透着宗教同化的论争和演变。

作为以传教为主要特征的世界性宗教，基督宗教几乎从一开始就越出民族的范围进行传教活动，想要使全世界各民族的异教徒皈依基督宗教的信仰和基督徒的生活方式。“巴别塔”不但象征着由于语言文化多样性而产生的对译介不可能性的征服和追求，对宗教者来讲也开创了历久弥新的弥赛亚式的追求，要将“Deus”“God”的话语传播给潜在的未来皈依者。而对于基督宗教以外的领地，常有一种缺乏根据的怀疑，所谓“自然宗教”的信仰者对于神圣性只有极其狭隘和低级的认知。那么，在基督宗教神启的绝对概念中，是否还给所谓“异教”遗留了宗教适应和转化的空间？具体到《圣经》在中国的翻译，在一神信仰本源语和多神信仰译体语之间到底存在着怎样的关系？中华本土文化将为、能为外来宗教文化提供怎样的借鉴和转化基础？

我们今天感知认识到的任何概念、词语、意义的存在，都来自历史上跨越语言的政治、文化、语境的相遇和巧合。这种联系一旦建立起来，文本的“可译性”意义和实践便建立了。由不同语言文化的接触而引发的跨文化和跨语际的联系和实践一旦建立，便面临着如何在本土文化背景下被认同的过程。在《圣经》中译过程中产生的新词语、新概念将在怎样的背景下兴起、代谢，并在本土文化中被认知及获得合法地位；如何建构中国基督宗教话语体系，并在本土文化中取得合法地位？本文以基督宗教的唯一尊神的中文名称为视角，探讨在翻译介绍过程中，外来宗教与中国文化之间的借鉴交融和排拒演变，以及再生新词语被本土社会认同的历程。

一　音意译与新释：景教和天主教的译名

基督宗教曾经四次进入中国，每次都涉及《圣经》翻译，其历史最早可溯至唐朝。作为基督宗教的唯一经典，《圣经》文本由不同时代、不同语言、不同人物历时千年写成，其中《旧约》是用希伯来文和亚兰文写成，《新约》是用希腊文写成。在基督宗教的传播过程中，又形成了不同语言对“唯一尊神”的不同译写称谓，拉丁文为 Deus，希伯来文为 Elohim，希腊文为 Theos，法文为 Dieu，德文为 Gott，英文为 God，等等。唐朝贞观九年（635），聂斯托利派叙利亚传教士阿罗本从波斯抵达长安传教译经。从明朝天启五年（1625）在西安附近出土的《大秦景教流行中国碑》可知，他们将世界的造物主翻译为“阿罗诃”[①]，学者们认为这是景教传教士根据叙利亚文“Elaha”或“Eloho”音译而成的。[②]“阿罗诃”一词是从佛经《妙法莲华经》中借用，指佛果。由于唐朝佛经翻译的极度兴盛，景教的《圣经》翻译大部分词汇均借用于佛教。随着唐朝末年景教的消失，“阿罗诃”这个译名没有得到更多的传播。

明朝晚期，天主教再次来到中国。在翻译《圣经》的过程中，传教士面临的重要问题是如何翻译基督宗教的唯一尊神。明朝万历十二年（1584），“欧罗巴人最初用华语写成之教义纲领”——《天主圣教实录》在华刊印[③]，意大利耶稣会士罗明坚（Michel Ruggieri）将“Deus”译为“天主”[④]，这是沿用了耶稣会远东教区视察员范礼安（Alexander Valignano）在日本天主教会中使用的译名[⑤]。范氏认为，在远东地区不宜采取以前在其他地区的直接传教法，而应先学习当地语文，并尽量熟悉当地社会的礼俗民意。[⑥] 学者一般认为，“天主”一词出于《史记·封禅书》

---

① 现存于西安碑林的《大秦景教流行中国碑》上镌刻的是“元真主**阿罗诃**”。朱谦之：《景教流行中国碑颂并序》（影印），《中国景教》，东方出版社 1993 年版，第 223 页。黑体字为笔者强调所加，下同。

② 朱谦之：《景教流行中国碑颂并序》，《中国景教》，第 164 页。

③ ［法］费赖之：《在华耶稣会士列传及书目》，冯承钧译，中华书局 1995 年版，第 29 页。

④ “惟以**天主**行实。原于西国。流布四方。”“一惟诚心奉敬**天主**。无有疑二。则**天主**必降之以福矣。”“**天主**制作天地人物章。”“今幸尊师传授**天主**经旨。引人为善。救拔灵魂升天堂。”“盖天地之先。本有一**天主**。”罗明坚：《天主圣教实录》，明崇祯年刻本，吴相湘编：《天主教东传文献续编》第 2 册（影印本），（台北）学生书局 1966 年版，第 759、760、763、765、766 页。

⑤ 戚印平：《“Deus”的汉语译词以及相关问题的考察》，《世界宗教研究》2003 年第 2 期。

⑥ Edward J. Malatesta, “Alessandro Valignano, Fan Li-An (1539—1606), Strategist of the Jesuit Mission in China”, *Review of Culture* (*Macao*), No. 21, 2nd Series, 1994, pp. 35 – 54，转引自李天纲《中国礼仪之争：历史文献和意义》，上海古籍出版社 1998 年版，第 291 页。

中所载“八神，一曰天主，祠天齐”。[①]

1603 年，意大利耶稣会士利玛窦（Mathieu Ricci）首次刊印了天主教教义纲领《天主实义》，第一个用“上帝”来翻译诠释了“Deus”。[②]《天主实义》是中国天主教最著名的文献，刊印多次，影响很大。书中用大量篇幅来论证佛教、道教和儒家与天主教的相似性后，认为在公元 1 世纪的圣经时代，中国人曾听说过基督福音书中所包含的真理，但或是由于使臣的错误，或是因为传教士所到国家对福音的敌意，结果中国人接受了错误的输入品，而不是中国人所要追求的真理。[③] 利玛窦力图让中国人及外国传教士相信，从中国历史的一开始，中国人就曾被“上帝”之光照亮过，对所崇拜的唯一尊神有某种了解的愿望和记载。[④] 天主教中的造物主“Deus”，就是中国古代经典中所记载的“上帝”。“天主何？上帝也。”[⑤]

为了建构汉语世界中的天主教宇宙唯一主宰论，利玛窦诉之于中国古代经典[⑥]，力图从中国先秦典籍的记载中，论证宇宙至尊只能出于一，中国古圣先贤所崇敬者乃是“上帝”[⑦]，而非苍天。中国经典已证明，中国古代圣哲早已认识到宇宙至尊为“上帝”，中国经典中的“上帝”，与西方所尊崇的宇宙唯一真神“天主”，名称虽异，实

① 徐宗泽：《中国天主教传教史概论》，上海书店 1990 年版，第 231—232 页。

② 经考证，利玛窦首次使用此词的时间应该为 1583 年 7 月至 8 月之间。［法］荣振华：《在华耶稣会士列传与书目补编》，耿昇译，中华书局 1995 年版，第 797 页。

③ ［法］金尼阁等：《利玛窦中国札记：传教士利玛窦神父的远征中国史》，何高济等译，广西师范大学出版社 2001 年版，第 106 页。

④ ［法］谢和耐：《中国文化与基督教的冲撞》，于硕等译，辽宁人民出版社 1989 年版，第 15—16 页。

⑤ ［意］利玛窦：《天主实义》上卷，明刻天学初函本，王美秀主编：《东传福音》第 2 册（影印本），黄山书社 2005 年版，第 1 页，引文重新标点。

⑥ 《天主实义》引用《孟子》23 次、《尚书》18 次、《论语》13 次、《诗经》11 次、《中庸》7 次、《易经》6 次、《大学》3 次、《礼记》2 次、《左传》2 次、《老子》1 次、《庄子》1 次。参见马爱德编《天主实义》，“附录”，Index of Chinese Classical Texts。转引自李天纲《中国礼仪之争：历史·文献和意义》，第 291 页。

⑦ “周颂曰执兢武王无兢维烈不显成康**上帝**是皇又曰于皇来牟将受厥明明昭**上帝**商颂云圣敬日跻昭假迟迟**上帝**是祗雅云维此文王小心翼翼昭事**上帝**”，“礼云五者备当**上帝**其飨”，“汤誓曰夏氏有罪予畏**上帝**不敢不正”。利玛窦：《天主实义》上卷，王美秀主编：《东传福音》第 2 册，第 20 页，原文无标点。

则同一也。“吾国天主，即华言上帝”，“吾天主，乃古经书所称上帝也”。[①]

天主教传教士认为，中国的佛教、道教和儒家的某些教义，其实就是西方基督宗教的变异形态，他们试图把中国的传统思想包纳进基督宗教神学体系，借用中国传统思想诠释基督宗教神学在中国的合法性早已存在。这也就是耶稣会士们创造的著名“中学西源说”。罗明坚、利玛窦等天主教传教士努力将儒家经典中的“天”和“上帝”均释作“天主”。类此融合天、儒的做法，引起了许多士大夫的兴趣，得到他们的认同，一些知识分子更进而领洗入教。如明末著名士大夫、天主教徒徐光启即是多年来被称道的例子。

1606 年和 1610 年，随着范礼安和利玛窦的去世，天主教会内部逐渐兴起了反对以“天主”或“上帝”对译“Deus”的声音。反对者认为，这些译名渗入了太多中国传统宗教概念，“上帝”一词极可能在中国人头脑中产生异教歧义，它使得异教徒们对“Deus”的数量、本性、能力、位格等所有方面都可能产生错误的认识和观点，“Deus”极可能会被异教徒误认为是儒家的上帝，而非天主教的至尊唯一之神，从而削弱了天主教的一神性。总之，儒家语言无法表达天主教的精神和理念。译名问题在天主教耶稣会内部引起了旷日持久的争论，并最终成为“中国礼仪之争”的重要内容。[②] 1628 年 1 月，在耶稣会士龙华民（Nicolas Longobardi）的主持下，在华耶稣会在嘉定召开会议，废除了此前的“上帝”“天”“陡斯”“上尊”“上天”等译名，保留了“天主”的译名。他们认为，造一个儒书中没有的“天主”，以示借用的是中国的语言，而不是儒家的概念。[③]

译名之争传达到了天主教罗马教廷。1704 年，罗马教宗克勉十一世谕旨，不准采用除“天主”以外的其他译名[④]，“天主”成为天主

---

① ［意］利玛窦：《天主实义》上卷，王美秀主编：《东传福音》第 2 册，第 20 页。

② 黄一农：《明末清初天主教的“帝天说”及其所引发的论争》，《国际汉学》第 8 辑，大象出版社 2003 年版，第 348—357 页。

③ 罗光：《教廷与中国使节史》，（台北）传记文学出版社 1983 年版，第 82—83 页。

④ Marshall Broomhall, *The Bible in China*, London: British and Foreign Bible Society, 1934, p. 422；徐宗泽：《中国天主教传教史概论》，第 231—232 页。

教对唯一尊神的钦定汉语译名。1742 年，罗马教宗本笃十四世再次严词谕旨，禁止称“天主”为“上帝”。[①] 从天主教内外的文献中，都可看出译名的变化。[②] 从此，中国天主教会使用“天主”来对译“Deus”，所奉行的宗教也被译为“天主教”，以区别于宗教改革后出现的基督教。1968 年，天主教唯一一本《圣经》全译本也以“天主”为译名。[③]

在两种文化交流的过程中，许多名词的译介往往受原有词语的语言特性和文化寓意的限制，翻译时极不易达到“信达雅”的程度，宗教专名的表达尤其敏感和困难。翻译专名在被译介的本土文化背景下被重新诠释，常会或多或少偏离原有词汇的含义，对偏离程度的判断与容忍，则无一绝对的标准。有关“Deus”的争执，表面上是涉及天主教最尊神专名的翻译，其实本质上关系到不同天主教传教修会在传教策略上的异同、不同传教修会之间的本位主义、各修会代表的不同国家间的利益冲突，以及传信部对保教权的制衡等多重因素。产生理解差异甚至偏误的原因也不仅仅在于词语词汇的本身，还在于身处不同传统背景的人们在解读这一词语时的概念定位和丰富联想。

当天主教传教士来到中国时，他们面对的是一个拥有强大文本和经

---

① 萧若瑟：《天主教传行中国考》，河北献县，张家庄天主堂印书馆 1937 年版，第 339 页；Irene Eber, *The Jewish Bishop and the Chinese Bible: S. I. J. Schereschewsky, 1831—1906*, Leiden, Boston: Brill, 1999, p. 202.

② 天主教内文献：“**天主**造世界。**天主**用土造了人的肉身。”涂宗亮校点：《古新圣经问答》，初刊于 1862 年，天津社会科学院出版社 1992 年版，第 10 页。“全能**天主**！我等因尔圣子耶稣救世之苦心，暨中华圣母同情之哀祷，恳求俯允尔忠仆上海徐保禄首等外虔奉圣教者。”马相伯：《求为徐上海列品诵》，方豪编：《马相伯先生文集》，上智编译馆 1947 年版，第 376 页。天主教外文献：“**陡斯**造天地万物，无始终形际……耶稣释略曰：耶稣，译言救世者，尊主**陡斯**，降生后之名也。”刘侗、于奕正：《帝京景物略》卷 4，初刊于 1635 年，北京古籍出版社 1980 年版，第 152 页，文献重新标点。“**天主**堂构于西洋利玛窦，自欧罗巴航海九万里入中国，崇奉**天主**。”吴长元：《宸垣记略》，初刊于 1788 年，北京古籍出版社 1982 年版，第 125 页，引文重新标点。

③ “21 她要生一个儿子，你要给他起名叫耶稣，因为他要把自己的民族，由他们的罪恶中拯救出来。22 这一切事的发生，是为应验上主藉先知所说的话：23 看，一位贞女，将怀孕生子，人将称他的名字为厄玛奴耳，意思是：**天主**与我们同在。”思高译本（旧新约 1968 年）：《玛窦福音》第 1 章第 21—23 节，《新约》，香港，香港思高圣经学会 1968 年版。

典传统的社会，因此无法像到美洲新大陆的天主教传教士那样随心所欲自行其是。信仰坚定的天主教传教士始终忧心概念译解中的偏误，但他们只能与这种环境相调适。而采用中国传统词汇译解天主教的相关概念，非常明显地昭示了他们的调适性传教策略，由此表明西方也有经典之作，力图通过这种方法使基督宗教的典籍与中国儒家和佛教的“经”处于同一位置。

16 世纪时天主教传教士已来到中国，但第一本完整的汉语《圣经》译本，却是二百余年后由基督教传教士所完成。在 16 世纪不要说中国这样的传教新区域，即便在欧洲，普通的天主教教士手中也没有一本《圣经》，人们基本上是通过弥撒书等才得以接近《圣经》。因此，明末清初的天主教传教士一直都停留在对《圣经》的诠释和《圣经》史实的叙述上，已有的翻译《圣经》的尝试，大多是按弥撒书或祈祷书的形式来编译的。但这些汉语天主教书籍的确开拓了汉语基督宗教的历史，奠定了基督宗教话语体系最基本和最重要的词语基础，创立了基督宗教翻译中神学词汇多用意译、人名地名多用音译的方式。这些汉译词语包括天主、圣母、玛利亚、耶稣、十字架、门徒、圣神、先知、宗徒、授洗、福音等沿用至今的基本词语。

二　移境与想象:基督教的译名

二百余年后，由于与天主教教义理念和传教方式不同，辅之机器工业中印刷术的巨大改进，使基督教成为多达 30 余种《圣经》汉语译本的实践者和成就者。《圣经》中译的巨大成绩和影响，是在基督教传教士不懈努力下取得的。作为因宗教改革而诞生的基督教，倡导用民族语言翻译《圣经》。信徒可以自由阅读《圣经》，与上帝直接建立联系，是基督教的最重要标志。

1822 年和 1823 年，中国历史上最早的两本《圣经》全译本——马礼逊译本和马士曼译本分别在马六甲和印度塞兰坡出版。二马译本重点参考了天主教巴黎外方教会传教士白日升（Jean Basset）的译本，白日升译本中将

"Deus" 译为 "神"①，也为英国传教士马士曼（John Marshman）② 和马礼逊（Robert Morrison）③ 所接受。除了将 "God" 译为 "神" 以外，马礼逊还使用其他译名，如真神、真活神、神天、神主或主神。1831 年后，他还用过神天上帝、天地主神、真神上帝、天帝、天皇等译名。④ 马礼逊之所以使用那么多不同译名，是因为始终找不到一个最恰当的译名，让中国人了解 "God" 为宇宙的唯一真神。在强大的儒教和佛教传统面前，他一直为中国人会将 "God" 误认为另一个菩萨而苦恼。⑤

与马礼逊一起翻译《圣经》的英国传教士米怜（William Milne），原来主张 "God" 翻译为 "神" 字，晚年则转而主张翻译为 "上帝"。1821 年，他列举了 9 条理由，说明 "上帝" 是相对而言较为合适翻译 "God" 的名词。他认为，在现成的中文词汇中，没有任何字义可以表达基督宗教的 "God" 一词的概念，只能从中文经典的现有名词中，力图找出可以激励人产生最高敬意的词来表示。"天主" 的译法无法展现 "God" 的一神性，在中国这样的异教国家，人们将宇宙主宰诉之于天、地、人三个层次，当中国人听到 "天主" 时，会很自然地将其列为天堂中诸多神祇之一。至于 "神" 字，又极容易被中国误认为是诸多神祇之一，都削弱了 "God" 的一神性。相比之下，"上帝" 一直在中国古代被用来表示最高存在，不但完全能表达出最高的崇敬之意，还可以单独表示至高性，同时，"上帝" 的字义也不会像 "神" 那样，被误认为诸多神祇中的一

① "此皆有之以成主已出而托先知之言道童贞将怀孕生子称名厄慢尔译言神偕我等"。白日升译本（1702 年后）:《四史攸编耶稣基利斯督福音之会编》（手写稿），原文无标点。白日升译本的 "四福音书" 部分为圣经福音合参本。

② "21 其将产一子、汝名之耶稣、因其将救厥民出伊等之诸罪也。22 夫此诸情得成、致验主以预知所言云。23 却童身者将受孕而生子、将名之以马奴耳、即译言、神偕我等。" 马士曼译本（旧新约 1822 年）:《使徒马宝传福音书》第 1 章第 21—23 节，1822 年印于印度塞兰坡。

③ "21 又其将生一子尔必名之耶稣、因其将救厥民出伊等之罪也。22 夫此诸情得成致验主以先知者而前所言、云、23 却童身者将受孕而生子、将名之以马奴耳、即是译言、神偕我们。" 马礼逊译本（旧新约 1823 年）:《圣马宝传福音书》第 1 章第 21—23 节，《救世我主耶稣新遗诏》，1823 年印于马六甲。

④ Walter H. Medhurst, "An Inquiry into Proper Mode of Rendering the Word God in Translating the Scared Scriptures into the Chinese Language", *Chinese Repository*, Vol. 17, July 1848, pp. 342 – 343.

⑤ Eliza A. Morrison ed, *Memoirs of the Life and Labours of Robert Morrison*, London: Longman, Orme, Brown, Green and Longmans, 1839, Vol. 1, p. 201.

个，不会对基督教的一神性产生误解。①

米怜的主张为英国传教士麦都思（Walter H. Medhurst）、德国传教士郭士立（Charles Gutzlaff）等人所接受，他们认为用“中国最古老经典中”使用的“上帝”翻译“God”，方能展现“God”唯一真神的地位，引发中国人对唯一尊神的崇拜。② 1833 年郭士立在游记中就已数次使用了“上帝”译名，并陈述了理由。③ 1835 年，以郭士立为首的四人小组在修订马礼逊译本时，将“神”改为“上帝”。④ 1839 年，郭士立再次修订了《救世主耶稣新遗诏书》（新约），仍然采用了“上帝”译名。⑤

1843 年，在华传教士成立了合作翻译《圣经》的“委办译本委员会”，工作难点之一是如何翻译宇宙主宰。当时有关“God”的译名起码有 14 种之多，也需要一个标准的用语。随着争论日趋激烈，在华传教士逐渐就“译名之争”按国籍分裂为两派。几乎所有的美国传教士主张用“神”为译名，而英国和德国传教士则坚持认为“上帝”才是最合适的词汇。⑥ 清末来华的基督教传教士继承了天主教传教士在这个

---

① William Milne, “Some Remarks on the Chinese Terms to Express the Deity”, *Chinese Repository*, Vol. 7, Oct. 1838, p. 314；该文原载 *The Indo-Chinese Gleaner*, No. 16, April 1821, pp. 97 – 105.

② Charles Gutzlaff, “Revision of the Chinese Version of the Bible”, *Chinese Repository*, Vol. 4, Jan. 1836, pp. 393 – 398; Walter H. Medhurst, “Reply to the Essay of Dr. Boone”, *Chinese Repository*, No. 17, Nov. 1848, p. 571.

③ Charles Gutzlaff, *Journals of Three Voyages along the Coast of China in 1831, 1832 and 1833*, London: Frederick Westley and A. H. Davis, 1834, p. 108, p. 115, pp. 278 – 279.

④ Alexander Wylie, *Memorials of Protestant Missionaries to the Chinese: Giving a List of Their Publications and Obituary Notice of the Deceased with Copies Indexes*, Shanghai: American Presbyterian Mission Press, 1867, p. 31. “21 其必生子、可称耶稣、因必将救民免罪、22 诸事得成、可应验上主以圣人所云、23 童女将怀孕生子、名称以马伽耳等语。此名译出意言、**上帝**与我共在也。”四人小组译本（新约 1837 年）：《马太传福音书》第 1 章第 21—23 节，《新遗诏书》，1837 年印于巴达维亚。

⑤ Alexander Wylie, *Memorials of Protestant Missionaries to the Chinese: Giving a List of Their Publications and Obituary Notice of the Deceased with Copies Indexes*, p. 62. “21 其必生子、可名称耶稣、因必将救民免罪。22 诸事得成、可应验上主以圣人所云、23 童女将怀孕生子、名称以马伽耳等语、此名译出、意以**上帝**与我共在也。”郭士立译本（新约 1839 年、旧约 1838 年）：《马太传福音书》第 1 章第 21—23 节，《救世主耶稣新遗诏书》，新嘉坡坚夏书院藏版，1839 年印。

⑥ Jost Oliver Zetzsche, *The Bible in China: the History of the Union Version or the Culmination of Protestant Missionary Bible Translation in China*, Sankt Augustin: Monumenta Serica Institute, 1999, pp. 82 – 84.

问题上的争论，并像天主教传教士已经做过的那样，在西方基督宗教的架构中诠释中国宗教传统和文化传统，致力于在中文词汇中找寻出可以表达的西方宗教词汇，使“译名之争”竟延续了长达 3 个世纪之久。

英国传教士认为，中国古代经典文献中的“上帝”很接近基督教思想体系中的“God”，是超越一切的“supreme ruler”，用中国人最崇拜的主神作为“God”的译名，符合基督宗教的历史传统。历史上希腊文和拉丁文中用来表达独一真神观念的“Theos”和“Deus”，实际上是源于当地人们对主神的称谓“Zeus”和“Dios”。[①]“帝”或“上帝”是中国人用来表示最高主宰、意志的概念，是最高的崇拜对象，而“神”则是附属于“上帝”的“某种东西”。为了使论战有力，在中文教师王韬的帮助下，麦都思不但系统整理了《大学》《孟子》等儒家经典，也考查了《三官妙经》《神仙通鉴》等民间宗教著作，寻找了大量的文字证据，论证“帝”在中国人的观念中，是用于表达“一切的主宰”的概念。[②]如此众多含有“上帝”概念的中国古代经典可以说明，基督教的“God”早在古代已经启示了中国人，中国人曾知晓基督教，儒家经典中甚至出现过类似基督教的信念，以及以“上帝”这一名称描述至高存在。若将“God”译成“神”，中国人会以汉语语境里的“神”的含义，将“God”视为低层次的神祇，成为中国传统多神信仰结构中的进一步补充和添加。英国汉学权威斯当东（George Thomas Stanuton）也表示，在中国语言里不可能存在一个传达“我们基督徒对‘God’字赋予的概念”的词汇。因此，在中国出现真正的基督教信仰之前，“God”的概念便要输入进去，他赞成“上帝”的用法，因它比任何其他中文词汇更接近西方所加诸于“God”字的意义。[③]

---

① Walter H. Medhurst, “An Inquiry into the Proper Mode of Rendering the Word God in Translating the Sacred Scriptures into the Chinese Language”, *Chinese Repository*, Vol. 17, March 1848, p. 107.

② Ibid., pp. 117 – 137.

③ Sir George Thomas Stanuton, *An Inquiry into the Proper Mode of Rendering the Word God in Translating the Sacred Scriptures into the Chinese Language with an Examination of the Various Opinions Which Have Prevailed on This Important Subject, Especially in Reference to Their Influence on the Diffusion of Christianity in China*, London: 1849, pp. 27, 42, 43. 转引自［以色列］伊爱莲《争论不休的译名问题》，伊爱莲等:《圣经与近代中国》，蔡锦图译，香港，汉语圣经协会 2003 年版，第 114 页。

对倡议“上帝”为译名的传教士来讲，认为只要信奉基督教的民族，在“God”面前即可平等。亚当的后代带着神圣真理迁徙到世界各地，形成各种民族，但由于时间久远，使得某些民族忘却了这些真理，然而从这些退化的民族中依然可以发现真理的遗迹，例如在中国经典里就可以发现中国人对造物主的崇拜。① 主张“上帝”为译名的传教士拥有的是一种旧约的信念，认为“God”曾启示全人类，甚至包括远在东方的中国人，而这也可以从中国早期历史遗存的文献中得到证明。现在唯一需要的是“重新唤醒”中国人对基督教的认识，而只有适应中国人原来的信仰认知模式，以“上帝”为译名才能重新建构中国人对“God”的认知模式。②

主张“神”为译名的美国传教士，对中国本土传统持鄙视和排斥的态度，认为传教的目的就是用基督教的真理取代中国传统的迷误，将东方异教徒从迷信中解放出来。他们认为，如何借用“异教思想”必须有一定的限度，超过限度在中国文化中寻找与基督教“God”相当的概念则是荒谬的，因为基督教信仰与异教思想存在根本的区别。《圣经》的启示仅仅独存于犹太—基督教的传统中，“God”的选民是预定的，在中国这样的异教国家的文化和语言里，是根本没有现存的词汇来表达“God”，只能努力在中文里寻找一个最接近、最合适的词汇来表达。天主教耶稣会士用“天”“上帝”“天主”来翻译“God”，削弱了基督教的一神性，削弱了抵抗多神论的基本力量，是完全不可取的。采用“上帝”这样的已有中文词语，可能会诱导皈信者去崇拜中国人熟悉的“上帝”，而不是西方的“God”。③“神”是表达中国人最高崇拜的无特指性名词，只有“神”字译名才能击溃中国人多神信仰结构，达到建构中国人唯一真神信仰的目的。④ 所采取的方式应该是在基督教概念的架构下，规范、发

---

① William Milne, *Retrospect of the First Yen Years of the Protestant Mission to China*, Malacca, 1820, pp. 3 – 4.

② Walter H. Medhurst, "Philosophical Opinions of Chu Futsz", *Chinese Repository*, Vol. 13, Oct. 1844, p. 552.

③ Walter M. Lowrie, "Remarks on the Words and Phrases Best Suited to Express the Names of God in Chinese", *Chinese Repository*, Vol. 15, Nov. 1846, p. 508.

④ William J. Boone, "An Essay on the Proper Rendering of the Words Elohim and Theos into the Chinese Language", *Chinese Repository*, Vol. 17, Jan. 1848, pp. 17 – 18.

挥、建构“神”的字义，将“God”一神信仰的意义镶嵌进“神”字里，通过人们使用具有通称特质的“神”字，改造中国人多神式的信仰结构。①

用“神”为译名的人认为，中国人一直迷信多神，其信奉的神明，包括天、帝、上帝等，只是多神偶像而已，与基督教对唯一主宰的信仰格格不入。而传教的当务之急就是把中国人从多神迷误和偶像崇拜中唤醒，鉴于此，就不能用中国本土固有神的名号翻译《圣经》中的“God”，因为那样就无法与其固有的偶像崇拜划清界限。只有以中国人对“神”的通称翻译“God”，才能形成《圣经》之中国读者的一神信仰。他们相信，“神”字可以变成合适的用语，需要为中国这样的异教国家引入一种全新的基督观念和信仰。

在英美传教士的多年设想和努力中，他们一直相信从中文里一定可以为“God”找到汉语译名，利用中国人的知识和认识，来求证自己选择的译名在中国语言文化中的合法性。一时之间，中国传统经典成为有用之物，对经史子集的探讨与诠释成为热门，英国传教士麦都思、美国传教士娄礼华（Walter M. Lowrie）等人的论文征引的中国文献都多达十种之多，都试图找到最有力的证据。他们带着基督教的视角和关怀来阅读中国经典，将汉语中的“神”与“上帝”诠释出具有基督教的含义，所解读出来的“神”和“上帝”，便成了中国传统文化完全没有的蕴含天启、神性、最高存在等基督教含义的载体。在为“God”寻求中文对应关系的过程中，英美传教士对“神”或“上帝”的解读，亦表现出了他们定位中国与西方权力支配关系的立场，以及大相径庭的两种传教策略和对待传教区域本土文化的态度。

长达十年的译名之争，并未能在基督教内确立“God”的中国名称，但却阻止了其他意见的产生。此后的基督教《圣经》译本在此问题上，

① E. C. Bridgman, “Revision of the Chinese Version of the Bible”, *Chinese Repository*, Vol. 15, April 1846, pp. 161 – 165.

基本上只有两种译名，“神”或“上帝”。直到百余年后的今天，此问题[①]

① 译名之争后，基督教圣经翻译还出现过影响较大的10种汉语译本，在唯一尊神的汉译问题上，除施约瑟浅文理译本外，其他译本都基本限定在了“上帝”和“神”之间。本文只引用影响较大的圣经全译本，未涉及仅有区域性影响的圣经方言汉字译本、圣经方言罗马字译本、圣经节译本和圣经少数民族文字译本。为保持文献的一致性，便于对照比较，不同译本的圣经文献均选用了《新约全书》的《马太福音》第1章第21—23节。“21彼将生子。可称其名耶稣。因其将救其民免于罪也。22凡此皆成。致验主托先知者所言云。23处女将怀孕生子。名称以马奴里。译言**神**偕我等也。”高德译本（新约1853年）：《马太福音传》第1章第21—23节，《圣经新遗诏全书》，宁波真神堂1853年版。“21彼将生子、尔必名之曰耶稣、以将救其民于其罪恶中、22凡此事得成、致应主托预言者所言云、23视哉、将有一处女、怀孕而生子、人必称其名曰以马内利、译即**神**偕同我侪。”裨治文译本（新约1855年、旧约1864年）：《马太传福音书》第1章第21—23节，《新约全书》，大美国圣经会1855年版。“21他必要生一个儿子、你可以给他起名叫耶稣、因为他要将他的百姓从罪恶里救出来、22这事成就便应验主托先知所说的话、23他说、童女将要怀孕生子、人将称他的名为以马内利、译出来就是**上帝**在我们中间的意思。”北京官话译本（新约1870年、旧约1878年）：《马太福音》第1章第21—23节，《新约全书》，京都东交民巷耶稣堂藏版，北京，京都美华书馆1872年版。“21彼将生子、当名之曰耶稣、因将救其民于罪恶中云、22凡此得成、乃为应主托先知所言曰、23童女将怀孕生子、人将称其名为以玛内利、译即**天主**偕我焉。”施约瑟浅文理译本（旧新约1898年）：《马太福音》第1章第21—23节，《新约全书》，东京，日本东京秀英罕舍1898年版。“21彼必生子、可名曰耶稣、因将救其民脱厥罪也。22斯事悉成、以应主借先知所言曰、23将有处女孕而生子、人称其名、曰以马内利、译即**上帝**偕我侪也。”和合深文理译本（新约1906年、旧约与浅文理合并1919年）：《马太福音》第1章第21—23节，《新约圣书》，大美国圣经会1906年版。“21彼将生子、尔可名之曰耶稣、因将救己民、出于其罪之中、22此事皆成、以应主昔托先知所言、23曰、童女将怀孕生子、人必称其名为伊马内利、译、即**上主**与我侪相偕也。”和合浅文理译本（新约1906年、旧约与深文理合并1919年）：《圣马太福音》第1章第21—23节，《新约圣经》，大美国圣经会1906年版。“21他将要生一个儿子。你要给他起名叫耶稣、因他要将自己的百姓从罪恶里救出来。22这一切的事成就、是要应验主藉先知所说的话、23说、必有童女、怀孕生子、人要称他的名为以马内利。（以马内利翻出来、就是**神**与我们同在）”和合官话译本（新约1906年、旧约1919年）：《马太福音》第1章第21—23节，《新约全书》，大美国圣经会1919年版。“21她必生个儿子，你要给他起名叫耶稣，因为他必拯救他的人民脱离他们的罪。22这全部的事发生，是要应验主藉神言人所说的话，说：23看吧，那童女必怀孕生子；人必给他起名叫‘以马内利’；以马内利翻译出来就是‘**上帝**与我们同在’。”吕振中译本（新约1946年、旧约1970年）：《按圣马太所记的佳音》第1章第21—23节，《吕译新约初稿》，燕京大学宗教学院1946年版。“21她将要生一个儿子，你要给他取名叫耶稣，因为他将拯救他的子民脱离他们的罪。22这一切事的发生是要应主藉着先知所说的话：23有童女将怀孕生子，他的名字要叫以马内利。‘以马内利’的意思就是‘**上帝**与我们同在’。”现代中文译本（新约1975年、旧约1979年）：《马太福音》第1章第21—23节，《新约全书》，台北，台湾圣经公会1979年版。“21她必生一个儿子，你要给他起名叫耶稣，因为他要把自己的子民从罪恶中拯救出来。22这整件事的发生，是要应验主借着先知所说的：23必有童女怀孕生子，他的名要叫以马内利。以马内利就是‘**神**与我们同在’的意思。”新译本（新约1976年、旧约1993年）：《马太福音》第1章第21—23节，《新约全书》，香港，香港圣经公会1976年版。

仍然没有最终统一结果。今天，历史上曾经出现过的几十种文言、白话、方言、汉字、罗马字的《圣经》译本都已不再使用了，中国基督教会唯一使用的和合官话译本仍然保存了“神”和“上帝”两种版本。可以说，“上帝”和“神”两个译名在某程度上已经被确立。近代西方一篇分析这场争议的文章，甚至表示了使用两个译名的积极意义，“神”的译名表达了“God”的内在性（divine immanence）的概念，而“上帝”译名则代表了“God”的超越性（transcendence）。① 西方人通过基督宗教的理念和关怀来诠释和理解中国文化和宗教的角度和思维再一次得到展现。

三 相遇与接受:中方视野中的译名

对基督教在中国的传播和信仰来讲，译名问题的意义也是颇为重大的。但争执不休、引经据典的外国传教士几乎都是从宗教信仰和自身利益的角度来考虑，从来没有仔细考虑过他们的传教对象——中国人会是如何理解、阐释“God”的译名，究竟是“神”或是“上帝”更能被中国人所认知、理解和接受呢？他们经年累月争论的声音，大概是很难被汉语世界的人听到的，甚至也很难引起汉语世界的兴趣和关注。从中国宗教文化来考察，中国古代没有发展出一神教信仰，“神”“帝”“上帝”“天主”等在字面上都不能表达基督宗教最根本的观念，也许汉语中根本就没有现成词汇可以表达这种概念。因此，传教士们想用一个简单的、不必借助阐释就可以直接传达基督宗教根本观念的汉语词汇的愿望，是难以实现的。

“传教士圣经话语”带来了新的概念和意义，也带来了新词语的输入。更重要的是，这些新词语是在什么样的历史条件下、如何进入中国语言和文化中，并在中国语言和文化的话语系统中，取得被中国人承认接受了的合法地位。

据笔者考察，在近代，基督教最早进入中国士人眼界并产生影响的

---

① G. W. Sheppard, “The Problem of Translating God into Chinese,” The Bible Translator 4, 1955, pp. 23 - 27，转引自 Jost Oliver Zetzsche, *The Bible in China: the History of the Union Version or the Culmination of Protestant Missionary Bible Translation in China*, p. 90。

著作是1842年刊印的魏源的名著《海国图志》中的《天主教考》，魏源使用了“上帝”“天神”“天主”等多个译名称谓。① 1846年广东名儒梁廷枏刊印《海国四说》，“四说”中的一说即是“耶稣教难入中国说”。梁廷枏非常深入地研读了当时还未进入中国大陆，主要阵地还在印度尼西亚、马来西亚、新加坡等地的基督教传教士的教义书和《圣经》译本及一些天主教的书籍，用儒家思想论述了基督教难以进入中国的原因。他的论述中也用名不一，“上帝”“天神”“天主”时常混用。② 米怜施洗的中国首位基督徒梁发刊印于1832年、1843年被洪秀全获得的《劝世良言》中，也有“神天”“神天上帝”“神父”“天父”“天”“上帝”等多达20余种译名。③

在“译名之争”之前，基督教传教士内部对“God”译名处于尚未统一、非常混乱的早期阶段。以1833年8月由外国传教士在广州创办的在中国大陆最早的杂志《东西洋考每月统记传》为例，对“God”的译名也是纷繁复杂，但逐渐由多样趋向于单一，“神天皇上帝”“神天”“神天上帝”“皇上帝”“上帝”等词，经常是并用的。④ 但越到后来就越常用“上帝”或“神天”这两个词，而“神天上帝”这个词也慢慢消失了。⑤

天主教和基督教传教士争论的结果，使译名基本限定在“天主”“神”“上帝”之间，这从中国文人士大夫或一般民众的各类“反洋教”的言论中也可以看得出。曾国藩在其著名的《讨粤匪檄》中，没有分清

① “**天主上帝**，开辟乾坤而生初人，男女各一。”“天为有始，**天主**为无始，有始生于无始，故称**天主**焉。”“夫不尊天地而尊**上帝**犹可言也，尊耶稣为**上帝**则不可信也。”“耶稣为**神子**，敬其子即敬天。”“《福音书》曰：元始有道，道即**上帝**，万物以道而造。”“**神天**曰：除我外，不可有别**神**也。”魏源：《天主教考》，《海国图志》卷27，初刊于1842年，《魏源全集》，岳麓书社2004年版，第809、811、813、815、816、817页，文献重新标点。

② “时气候正凉，**上帝**方来游于园。”“有始无终，故谓**天主**为天地万物之本。”“水涨地面，**上帝**浮水面以造万有。”“**天神**以告马利亚，使避于厄日多国，即麦西国，亦称以至比多。”梁廷枏：《耶稣教难入中国说》，《海国四说》，初刊于1846年，中华书局1993年版，第9、10、22页，文献重新标点。

③ 卢瑞钟：《太平天国的神权思想》，（台北）三民书局1985年版，第162页，转引自夏春涛《天国的陨落：太平天国宗教再研究》，中国人民大学出版社2006年版，第58页。

④ “亚大麦。当初**神天**。即**上帝**造化天地。及造世人。是亚大麦性乃本善。惟有恶鬼现如蛇样。”（1833年6月）黄时鉴整理：《东西洋考每月统记传》（影印本），中华书局1997年版，第4页。

⑤ 参见黄时鉴《〈东西洋考每月统纪传〉影印本导言》，《东西洋考每月统记传》，第14页。

太平天国信奉的是天主教或是基督教，统称其为“天主”。[①] 1859 年刊印的夏燮的名著《中西纪事》中，称其为“天主”“神”。[②] 在众多反洋教文献中，其称谓一般限定在“天主”“神”“上帝”之中，而其中“天主”和“上帝”出现的频率较高，“神”字相对较低。[③] 以当年流传甚广的江西巡抚沈葆桢呈送的《湖南合省公檄》为例，通篇多用“上帝”“天主”两个译名。太平天国干王洪仁玕主要接触的是英国传教士，他的《资政新篇》也用的是“上帝”。[④]

1839 年刊印的《圣经》郭士立译本因被太平天国采用和大量印刷，格外引起了当时社会和史家们的重视。太平天国的《圣经》刊印本所用的“上帝”译名[⑤]，随着他们所信仰的“上帝教”[⑥] 的发展，迅速突破原

---

① “粤匪窃外夷之绪，崇**天主**之教，自其为伪君伪相，下逮兵卒贱役。”曾国藩：《讨粤匪檄》，北京师范大学历史系中国近代史组编：《中国近代史资料选编》，中华书局 1977 年版，第 141 页。

② “亚细亚洲之西、曰如德亚国、西方**天主**降生之地也。**天主**何人、耶稣也、耶稣何以名、华言救世主也。”“耶稣以天为父、自称神子、厌世上仙、代众生受苦、以救万世、故其死也、西人以**天主**称之。”夏燮：《猾夏之渐篇》《西人教法异同考》，《中西纪事》卷 2，初刊于 1859 年，沈云龙主编：《近代中国史料丛刊》（106），（台北）文海出版社 1967 年版，第 1 页。

③ “天一而已，以主宰言之，则曰**上帝**，乃变其名曰**天主**，即耶稣以实之。”“即有之，而不问良莠，概登其中，**上帝**何启宠纳侮之甚耶?”《湖南合省公檄》（1861 年）。“其徒号其教曰**天主**，以耶稣为先天教主，造书曰书经，遍相引诱，自郡国至乡间皆建**天主**堂，供十字架。”饶州第一伤心人：《天主邪教集说》（1862 年）。“他是**天主**来降下，生身童女马利亚。”天下第一伤心人：《辟邪歌》（1862 年）。“厥后其徒遂创立邪教，名曰**天主**，其意以耶苏为**天主**。”《南阳绅民公呈》（1867 年 8 月 7 日）。王明伦选编：《反洋教书文揭帖选》，齐鲁书社 1984 年版，第 1、2、7、11、17 页，文献重新标点。

④ “**上帝**是实有，自天地万有而观，及基督降子，以示显身，指点圣神**上帝**之风亦为子，则合父子一脉之至亲，盖子亦是由父身中出也，岂不是一体一脉哉!”“数百年来，各君其邦，各子其民，皆以天父**上帝**、耶稣基督立教，而花旗之信行较实，英邦之智强颇著。”洪仁玕：《资政新篇》，《太平天国印书》下册，初刊于 1859 年，江苏人民出版社 1979 年版，第 681、682 页，文献重新标点。

⑤ “21 其必生子，可名称耶稣，因将其名救脱罪戾。22 诸事得成，可应验上主以先知之师所云，23 却童女将怀孕生子，名称以马倔耳等语，此名译出意以‘**上帝**与我共在’也。”太平天国刊印本：《马太传福音书》第 1 章第 21—23 节，《钦定前遗诏圣书》，初刊于 1860 年，罗尔纲、王庆成主编：《太平天国》第 2 卷，广西师范大学出版社 2004 年版，第 113 页，文献重新标点。

⑥ “于是各省拜会无不藉天主为名、即非天主教者亦假托之、粤西军兴则有冯云山洪秀泉杨秀清等其结金田拜**上帝**之会、谓**上帝**为天父、谓耶稣为救世主。”52 夏燮：《猾夏之渐篇》《西人教法异同考》，《中西纪事》卷 2，第 22 页。“伏思连年倡乱，蔓延数省，即由广西**上帝**会而起，**上帝**会乃**天主教**之别名。”《筹办夷务始末》（道光朝）第 11 卷，中华书局 1979 年版，第 413 页，文献重新标点。

有外国传教士和东南沿海极少数华人教徒的狭小范围，伴随着有清以来最大规模农民战争所能引起的社会震动和影响，使“上帝”译名得到了最为广泛的传播。

外国传教士为农民军信仰基督教而极度振奋，认为占世界1/3人口的中国人皈信基督教的时刻即将来临。1853年9月，英国圣经会发起了“百万新约送中国”运动，超乎期望的热情捐款足够英国圣经会在中国未来20年的经费支出。[①] 到1869年，经济实力最强的英国圣经会已经刊印了95万册《新约》或全本《圣经》，坚决主张译名“上帝”的麦都思等人翻译的“委办译本”[②]，就占了其中的75万册[③]，使委办译本在相当时期内成为印刷量最大、流行最广的《圣经》译本。在中国著名士人王韬的协助参与下，从中文的语言文字角度来考察，无论从汉字选词，还是文字流畅方面，委办译本的“中国化”程度在当时都是最高的。[④] 1877年7月21日，《万国公报》就基督唯一尊神应译为“上帝”还是“神”面向读者发起持续一年之久的讨论，从中亦可以看出，中国基督徒更多使用的是“上帝”译名的委办译本。[⑤]

在出现了《圣经》高德译本、裨治文译本、北京官话译本、施约

---

① Marshall Broomhall, *The Bible in China*, p. 76.

② “21 彼必生子、可名曰耶稣、以将救其民于罪恶中。22 如是、主托先知所言应矣、曰、23 处女孕而生子、人称其名以马内利、译即**上帝**偕我焉。”委办译本（新约1852年、旧约1854年）：《马太福音传》第1章第21—23节，《新约全书》，香港英华书院活板，1854年印。

③ Donald MacGillivray, *A Century of Protestant Missions in China 1807—1907*, Shanghai: American Presbyterian Mission Press, 1907, p. 558.

④ Patrick Hanan, “Chinese Christian Literature: The Writing Process”, Patrick Hanan edit, *Treasures of the Yenching*, *Seventy-fifth Anniversary of the Harvard-Yenching Library Exhibition Catalogue*, Cambridge: Harvard-Yenching Library, 2003, pp. 272 – 278.

⑤ “夫**上帝**之道，传自犹太。”“是万国皆为**上帝**所造，即万国同一**上帝**，同一造化主宰，又何有儒书所载之**上帝**造化主宰乎?”何玉泉：《天道合参》，初刊于《万国公报》第457卷，1877年9月27日；“虽犹太选民独尊**上帝**，而异邦父老岂乏真传?”“且保罗就异邦人之诗而即以证**上帝**为造物主，况华人之早称**上帝**为生民之**上帝**而不可称也乎?”英绍古：《谢陆佩先生启》，初刊于《万国公报》第473卷，1878年1月19日；李炽昌主编：《圣号论衡：晚清〈万国公报〉基督教“圣号论争”文献汇编》，上海古籍出版社2008年版，第25、26、101、102页，文献重新标点。

瑟浅文理译本的多年以后，1894 年慈禧太后 60 大寿，在华传教士还专门刊印了“上帝”译名的《圣经》委办译本大字本给她祝寿[①]，这说明委办译本是更容易被中国人所接受的译本。委办译本是对沿用至今的和合本《圣经》产生奠基性影响的译本，尤其是专名术语方面的奠基性没有任何译本能够代替，译名“上帝”得到了最大范围的传播。1908 年，英国圣经会高薪邀请极富翻译盛名的严复翻译《圣经》，他也采用了“上帝”译名[②]，“上帝”译名被接受程度可见一斑。

随着“上帝”译名被更多接受，当年坚持“神”译名的美国圣经会，也逐渐转向了刊印“上帝”译名的《圣经》译本。1894 年，美国圣经会出版了“上帝”版《圣经》38500 册，占 11. 6%；1908 年出版“上帝”版《圣经》299000 册，占 78. 9%；1913 年刊印“上帝”版《圣经》1708000 册，已达 99. 7%。[③]

20 世纪 20 年代，虽然基督教内还认为“God 的译法一直是个使人大伤脑筋的问题”[④]，但“上帝”译名的确已经被更广泛的接受了。1920 年出版的《圣经》中，文言译本“上帝”版占 98%，“神”版仅占 2%；白话译本“上帝”版占 89%，“神”版占 11%。[⑤]“上帝”译名已占绝大多数。

随着时间推移，“上帝”一词几乎成了基督教最常见通行的译名，无论在基督教内还是教外，“上帝”已经被更多的人用来表达基督教的信

---

① John R. Hykes, *The American Bible Society in China*, New York: American Bible Society, 1916, p. 24; Kenneth S. Latourette, *A History of Christian Mission in China*, New York: Macmillan, 1929, p. 266. 《新约全书》，上海美华书馆活版，美国圣经会 1894 年版。

② “上帝子基督耶稣，福音之始。如以赛亚先知所前载者曰：视之，吾遣使尔前，为尔导其先路……于是约翰至，行洗礼于野中。”李炽昌、李天纲：《关于严复翻译的〈马可福音〉》，中华文史论丛第 64 辑，上海古籍出版社 2000 年版，第 68 页。原手稿未刊印，英国剑桥大学藏。文献重新标点。

③ Jost Oliver Zetzsche, *The Bible in China: the History of the Union Version or the Culmination of Protestant Missionary Bible Translation in China*, p. 88.

④ ［美］司德敷等编：《中华归主：中国基督教事业统计（1901—1920）》下册，蔡咏春等译，中国社会科学出版社 1985 年版，第 1041 页。

⑤ 同上书，第 1041 页。

仰。晚清著名洋务派人士、基督徒王韬[①]和非基督徒郑观应[②]，著名作家、基督徒老舍[③]和非基督徒沈从文[④]，著名学者、非基督徒胡适[⑤]，中共党员、非基督徒陈独秀[⑥]和恽代英[⑦]，中共党员、曾经的基督教牧师浦化人[⑧]，国民党员、基督徒蒋介石[⑨]和冯玉祥[⑩]，等等，从这些不同政治信仰和宗教信仰的人群留下的文献中均可看出，他们全部都使用了

---

① “午刻，往讲堂听慕君说法。慕君以‘**上帝**’二字出自儒书，与西国方言不合。且各教进中国，其所以称天之主宰，称名各异，犹太古教为耶和华，景教为呵罗呵，挑筋教称为天，**天主教**为真主。明时，利玛窦等入中国，则为**天主**，而间称**上帝**。”“《圣经》曰：元始有道，道与**上帝**共在。道即**上帝**。此道之不可见者也。耶稣曰：我即真理，此道之有可见者也。”王韬：《王韬日记》，1858 年 9 月 19、27 日，中华书局 1987 年版，第 7、11 页。王韬不仅参与了委办译本的翻译，而且是最早对外国传教士的译名之争有文献记录的中国人。

② “新约载耶稣降生为**上帝**子，以福罪之说劝人为善。”郑观应：《传教》，《盛世危言》（14 卷本），初刊于 1895 年，夏东元编：《郑观应集》上册，上海人民出版社 1982 年版，第 410 页，文献重新标点。

③ “信基督教的人什么也不怕，**上帝**的势力比别的神都大得多。太岁？不行！太岁还敢跟**上帝**比劲儿？”老舍：《二马》，晨光出版公司 1948 年版，第 101 页。

④ “我们从人情中体会出来的道理是履行**上帝**的旨意最可靠，最捷近的路。因为人情是**上帝**亲手造的。”沈从文：《未央歌》，孔范今主编：《中国现代文学补遗书系》（小说卷 8），明天出版社 1990 年版，第 219 页。

⑤ “对于基督教我也有相当的敬重，但因为我个人的信仰不同，所以当时虽有许多朋友劝我加入基督教会，我始终不曾加入。近年来我对灵魂与**上帝**还是不相信，不过我对于旁人的宗教信仰是一样敬重的。”见胡适《基督教与中国文化》，《胡适全集》第 9 卷，第 171 页。胡适在美国留学时，多次参加过基督教会活动，所读《圣经》也是“上帝”版，参见《胡适全集》第 27 卷，安徽教育出版社 2003 年版，第 520 页。

⑥ “人类无罪，罪在创造者；由此可以看出**上帝**不是‘非全善’便是‘非全能’。我们终不能相信全善而又全能的**上帝**无端造出这样万恶的世界来。”陈独秀：《基督教与中国人》，初刊于 1920 年 2 月 1 日，《独秀文存》，安徽人民出版社 1987 年版，第 286 页。

⑦ “因如有**上帝**，则必应于正当生活中求之，与其与之为片段零落的辨难之境，亦何益乎？……余意祈祷、信**上帝**，乃基督徒之精华。”恽代英：《恽代英日记》，1918 年 7 月 8 日，中共中央党校出版社 1981 年版，第 430 页。

⑧ “自此每礼拜日之听道。亦多感触。自维**上帝**既是普世之父。慈悲无量。”浦化人：《半生之回顾》，青年协会书局 1921 年版，第 28 页。浦化人曾是基督教圣公会牧师，后任新华社社长、晋冀鲁豫最高法院院长、北京外国语学院院长。

⑨ “轻视目前羞辱。忍住十字架苦痛。耐心直向**上帝**所指示的正路。”（1935 年 11 月 24 日）“幸获**上帝**保佑。俾我夫妻得以相见。不胜感谢。”（1936 年 5 月 6 日）《蒋中正总统档案事略稿本》第 34 卷（影印本），台北“国史馆”2008 年版，第 472 页；第 36 卷，第 558 页。

⑩ “他们说：不要谢我们，请你谢谢**上帝**。“我的回答是：‘**上帝**即道、即真理、亦即科学。’我自信我是个科学的基督徒，毫无迷信观念。”冯玉祥：《我的生活》，黑龙江人民出版社 1983 年版，第 296、297 页。

"上帝"一词。

最可表明中国社会对"上帝"等《圣经》译名认同的是，在 20 世纪五六十年代大规模的翻译马恩列斯经典著作时，不但使用的是"上帝"译名，其他圣经人物也全部采用了和合官话译本的译名。[①] 由此可见，《圣经》翻译中创造的各种译名，如马太、挪亚方舟、福音、耶稣、洗礼、先知、圣经、犹太人、以色列、耶路撒冷、亚当、夏娃、埃及、约翰，等等，已经被中国世俗社会所广泛接受和运用。

四 余论

用中文为"Deus""God"译名，关系到人类历史上最古老悠久的两种文明之间最深层的对话，自我文化与他者文化的再定位，充满了文化交流和宗教同化和再生。有关"Deus""God"的汉文译名的争议史和接受史，记录了《圣经》如何跨越传统社会地理的边界，进入不同的社会文化概念世界，与相异的宗教文本与身份相互作用的历史。它包含了文化的可译性问题，以及将一种语言与文化的概念转化为另一种语言和文化时必然遇到的理解问题，这个转化的过程涉及原有的概念会在接受语言中被原样保留还是将有变化，如果变了，怎样变的问题。

《圣经》的文本本身预定了基督宗教的唯一尊神的名称不可能是唯一的。学者研究表明，传统上被认为浑然一体的《圣经》文本，由不同地区、不同时代和不同作者的口头传授与文献结合而成，《圣经》文本本身反映了各种文化对于神明的参差多端的理解和命名。《圣经》翻译者的一神论背景，使他们强烈地要用其自身的文化世界中的"对等的"或"想象的"词汇来翻译《圣经》。

近代翻译大家严复最著名的经典翻译观"信达雅"，将对"信"的

---

① 中共中央马克思恩格斯列宁斯大林著作编译局编：《文学作品和神话中的人物索引》《马克思恩格斯全集人名索引》，人民出版社 1979 年版，第 939—982 页。"无论我们同奥古斯丁和加尔文一起把这叫做**上帝**的永恒的意旨，或者像土耳其人一样叫做天数。"恩格斯：《自然辩证法》，《马克思恩格斯选集》第 3 卷，转引自《马克思恩格斯列宁斯大林论宗教》，中国社会科学出版社 1979 年版，第 47 页。

追求放在了首位。人类历史上所有翻译中的“信”的追求，都基于对不同文化之间“可译性”的认同。其实，语言之间的“互译性”完全是历史地、人为地“建构”起来的，是“虚拟对等”而不是“透明地互译”，且并非一次性能够完成的。① 基督宗教传入中国扩展了中国文化的概念空间。在这个扩展概念和文化再创造的过程中，转借原词并赋予新意，是近代文化转型过程很常见的现象。在新的概念框架下，在译介中，固有词汇被重新阐释，再生出中国式的新概念和新理念，力图创造出基督宗教概念的中西语言对等，创造出基督宗教的中国式话语体系。

从中文语境看，在长达300年译介、传播和接受的过程中，“上帝”译名同样具有强烈的颠覆性，“上帝”一词发生了根本的质的变化。“上帝”一词逐渐地被基督教化而失去了原有的本土宗教的内涵，当我们今天说到“上帝”时，想到的都是基督教的“上帝”。中国传统蕴含了关于“上帝”的悠久文献历史和口头传说，为《圣经》中的上帝赋予中文名字提供了文化转换的基础，超越了一般意义上的语言—翻译的维度。

“Deus”“God”的译介和接受过程是欧洲和中国语言文化之间观念和概念的可译性探讨的最佳实例。它也体现了外来观念在由传统向现代转型的过程中译源语本身具有的近现代意义，新内涵自身所具备的强势地位为转型社会带来的强大社会影响力，也为传统社会的急迫吸纳提供了思想和概念激励的想象空间，再生了宗教本身以外的意义。

---

① 黄兴涛:《“话语”分析与中国近代思想文化史研究》,《历史研究》2007年第2期。

“三次革命高潮”解析*

赵庆云

“三次革命高潮”曾经作为中国近代史学科诠释体系中提纲挈领的核心概念及基本标志，对中国近代史学科从教科书编纂到研究方法均产生了导向性的影响。此概念为研治中国近代史者耳熟能详，且已有诸多学者对之加以总结[①]，似难有进一步探究之价值。但“三次革命高潮”作为兼具学术性与意识形态性的概念，如何提出，有何内蕴，在20世纪50年代为何能得到较多认同，这些问题甚少论及，仍值得进一步探讨。还原其具体语境，从其发生发展的渊源脉络来理解把握，或可超越价值判断而获致了解之同情。

一 “三次革命高潮”之提出

在研治中国近代史的诸多学人中，胡绳应是最具理论意识的一位，他兼具哲学与史学之长[②]，其成名史学著作《帝国主义与中国政治》即以

---

* 本文原载《近代史研究》2010年第6期。

① 参见张海鹏《中国近代史的分期及“沉沦”与“上升”诸问题》，《近代史研究》1997年第4期；张亦工《中国近代史研究的规范问题》，《历史研究》1988年第3期；林华国《中国近代史研究中两种历史观的论争》，《近代历史纵横谈》，北京大学出版社2005年版；梁景和《中国近代史分期与基本线索论战述评》，《史学理论研究》2007年第2期。

② 胡绳最初以哲学而名，如1937年所作《新哲学的人生观》《哲学漫谈》，1938年著《辩证法唯物论入门》，1940年著《思想方法》等，均产生了较大影响。

分析之透辟而为人称道。由他归纳出“三次革命高潮”的诠释体系实非偶然。

1949 年，随着政治变革天翻地覆，中国近代史获得学科发展的强大动力，此前编纂的“单元式”或“专题式”的著作已无法满足教学科研之需要，建立和完善近代史学科体系成为史学界的当务之急。晚清民国以降，史学“科学化”是史家挥之不去的情结①，胡绳从近代史分期的角度切入，进行理论体系的建构，增强其科学性，无疑体现了现代历史哲学的影响。中国传统史学仅对历史做自然时间段落或政治纪年的分期，王朝更替常作为分期的标志。② 虽然也有“上古、中古、近古”“大同、小康”“公羊三世”等名目，对历史编纂之实际却极少发生影响。严格而论，中国理论性的历史分期观念是近代受西方历史哲学的影响而来，实则是历史进化发展观念及历史规律性观念的逻辑结果。所以中华人民共和国成立前中国马克思主义史家对于中国古代史分期问题倾注了相当大的热情，苏联史学界对于分期问题亦进行过长久讨论，至 1951 年 3 月才告一段落。③ 在这种历史分期观念下，对中国近代史的时限界定及其具体分割无疑取决于人们对其演进“规律”及“本质”的认定。

胡绳对中国近代史宏观体系的思考可以追溯至 1947 年在香港撰写的《帝国主义与中国政治》，此书初稿第二章曾发表于《大学》第 6 卷第 5 期（1947 年 10 月 1 日），在引言中胡绳提出对中国近代史阶段划分的初步构想：“满清时代雅〔鸦〕片战争以后中外政治关系的发展可以划分作三个阶段。第一阶段是从鸦片战争到外国人帮助满清打平太平天国，以年代计，就是由一八四零到一八六四年。从此以后到中日战争（一八九四年）为第二阶段，中日战争后又为第三阶段。”④

---

① 参见许冠三《新史学九十年》上册，香港中文大学 1986 年版，第ⅵ页；朱发建《中国近代史学“科学化”进程研究》，湖南师范大学出版社 2005 年版，第 4—6 页。

② 以朝代更替作为历史分期界标，至今仍有学者坚持。李良玉教授在《关于中国近代史的分期问题》（《福建论坛》2002 年第 1 期）一文中即强调，1912 年民国初创应成为分期界标。房德邻在《中国近代史的含义究竟是什么?》（“中国近代史研究三十年学术讨论会”论文，北京，2009 年）对此表示赞同。但在“中国近代史研究三十年学术讨论会”上，有学者提出，以 1912 年为界标，实质是放弃理论性分期而恢复以改朝换代分期。

③ 参见石父辑译《苏联历史分期问题讨论》，中华书局 1952 年版。

④ 胡绳：《同光之际满清朝臣的媚外课程》，《大学》第 6 卷第 5 期。

1948 年，胡绳在香港持恒函授学校任中国近代史导师，他以李平心著《中国近代史》为教材，但是在课程内容的设定上却并未按照选定教材的安排。简要摘录如下：

> Ⅰ 第一部分（一八四零——八六四）1. 鸦片战争时的国内政治情况与中外关系。2. 鸦片战争与鸦片战争后五口通商的纠纷。3. 太平天国（附及捻党与回民）。4. 条约问题与第二次鸦片战争及其影响。
>
> Ⅱ第二部分（一八六四——八九四）5. "中兴"与"洋务"运动。6. 中外关系的新情况（包括藩属的丧失与中法之战）。
>
> Ⅲ第三部分（一八九五——九一一）7. 中日战争及列强瓜分局面。8. 维新运动与戊戌政变。9. 义和团与八国联军。10. "立宪"与革命运动。
>
> Ⅳ第四部分（一九一一——一九一九）11. 辛亥革命与袁世凯之阴谋。12. 洪宪帝制与云南起义。13. 列强对中国民主革命之态度。14. 第一次世界战争与中国。①

此分期结构及各节小标题都迥异于李平心的《中国近代史》，其中蕴含着胡绳自己对近代史总体架构的思考。值得注意的是，此时胡绳均以 1864—1894 为近代史的第二阶段，这与 1954 年分期讨论中范文澜、孙守任的观点相同。

在 1948 年 7 月 12 日完成的《马克思主义与近代中国社会思想发展概观》一文中，胡绳对近代以来中国社会思想的激烈变化加以系统论述：太平天国的空想社会主义—封建地主阶级中的反对派的改良主义思想—资产阶级、小资产阶级领导下的革命思想，这是他所概括的近代中国社会思潮的演变历程，也是他梳理出的中国近代史的总体脉络。值得注意的是，胡绳在此勾勒的框架中并未提及义和团运动。

1951 年 3 月 1 日胡绳发表《帝国主义对中国的侵略》一文，以列强与中国封建统治势力的结合程度（即中国半殖民地化的程度）不断加深

---

① 《持恒函授学校课程设计》，《读书与出版》第 2 年第 10 期（1947 年 10 月 15 日）。

为线索进行分期：半殖民地的形成（1840—1860）；列强与中国封建统治势力的结合（1861—1894）；帝国主义在中国分割“势力范围”的斗争（1895—1904）；帝国主义破坏中国的资产阶级革命而使中国继续陷入半殖民地的深渊（1905—1919）。[①] 此文可以视为胡绳对“帝国主义侵华史”的总体思考。

1953 年年初，胡绳撰写《中国近代史提纲》初稿，用于给中共中央高级党校的学员讲中国近代史，“逐渐地对这段历史形成一些看法”[②]。这个提纲曾由学院印成小册子传到史学界。实际上，1954 年 2 月他那篇影响深远的《中国近代历史的分期问题》的基本思想在此已经大体形成，“三次革命高潮”之内涵在这个提纲中已然得到充分体现，只是在具体分期上存在着细微的差别。

如前所述，胡绳在向学界提出分期问题之前，已经对此作了相当长时间的酝酿，并曾构想过两种分期模式。第一种，以帝国主义的侵略的形态为分期标准，主要体现于《帝国主义与中国政治》及《帝国主义对中国的侵略》。在这种模式中，太平天国、戊戌维新、义和团运动都不再作为分期的界标，而鸦片战争、中日战争等涉外事件的重要性得以突显。他明确表示，这一模式是作为帝国主义侵华史的解释框架。另一模式则主要着眼于中国人民对列强侵略及国内封建压迫的反抗来进行分期，1953 年所作《中国近代史提纲》就充分体现了这一意蕴，至 1954 年写作《中国近代历史的分期问题》一文定型。

胡绳构建的诠释体系之标志是“三次革命高潮”概念。[③] 所谓革命高潮，“乃是社会力量的配备通过激烈的阶级斗争而充分地表露出来的时期”。胡绳定义的三次革命高潮为：第一，1851—1864 年的太平天国革命

---

① 胡绳：《帝国主义对中国的侵略》（1951 年 3 月 1 日），《学习》第 3 卷第 11 期。

② 胡绳：《从鸦片战争到五四运动 · 序言》，《胡绳全书》第 6 卷（上），人民出版社 1998 年版，第 24 页。

③ 胡绳在具体论述中用了“三次革命运动的高涨”一语，在文章末节归纳为“三次革命高潮”（胡绳：《中国近代历史的分期问题》，《历史研究》编辑部编：《中国近代史分期问题讨论集》，生活 · 读书 · 新知三联书店 1957 年版，第 11 页）。张海鹏认为“三次革命高潮”概念由孙守任首先概括提出，且“并非胡绳本意，只是后来相沿成习罢了”（《中国近代史的分期及“沉沦”与“上升”诸问题》，《张海鹏集》，中国社会科学出版社 2008 年版，第 57 页），似不确切。

运动，此时“中国社会内部还没有形成资本主义的生产关系，所以历史的推动力量仍只能是农民这一个阶级”；第二，甲午战争以后，以戊戌维新和义和团运动为标志，农民革命与资本主义思想虽然并存，但是彼此隔膜，互不相关；第三，辛亥革命，资产阶级革命派“为实行革命，在一定程度内进行了对工人、农民力量的发动。因此，历史发展的动力在这时期是集中到了资产阶级革命派手里。”①

胡绳首倡“五朵金花”之一的中国近代史分期讨论，“三次革命高潮”是其理论体系的核心概念，所本依的无疑是毛泽东的“两个过程论”。他的过人之处，在于将毛泽东从政治角度对中国近代史做出的论断进行学术阐释，并形成大体上能够自圆其说的体系，获得较为广泛的认同。实际上，“三次革命高潮”亦很难说是胡绳的独创，窃以为，他应直接受到张闻天编著的《中国现代革命运动史》（署名“中国现代革命史研究会”）的影响。首先，《中国现代革命运动史》以红军大学——抗日军政大学和中央党校、陕北公学讲课的讲稿为基础，由张闻天与助手编纂而成，1936 年已有油印本问世，1937 年延安解放社铅印出版，此后多次再版。此书为中共历史上第一本正式出版的革命史教本，有相当权威性。范文澜著《中国近代史》、胡绳著《帝国主义与中国政治》均曾参考此书。其次，如果略做文本对照分析，《中国现代革命运动史》第 1 讲：太平天国运动；第 2 讲：戊戌政变与义和团运动；第 3 讲：辛亥革命。鸦片战争、中日战争、中法战争等民族战争，以及列强对中国侵略的步步加深，均只作为革命运动的背景略加叙述。这种对近代史事的叙述编纂之处理与“三次革命高潮论”相当一致，尤其是将戊戌政变与义和团运动结合为一，二者如出一辙。

无须讳言，“革命高潮”一词具有相当强的意识形态属性，胡绳将之引入学术研究领域，成为中国近代史领域的重要学术概念。

二 “三次革命高潮”之取向

有学者注意到“三次革命高潮”与其所本依的毛泽东的“两个过程”

① 胡绳：《中国近代历史的分期问题》，《中国近代史分期问题讨论集》，第 7—11 页。

论[①]的内在矛盾之处。将二者作一对比，可以看出“三次高潮”说实际上淡化处理了 19 世纪三个重大涉外事件——鸦片战争、中法战争、甲午中日战争。“三次革命高潮”更多地呼应了“半封建”的一面，而较少涉及“半殖民地”因素，体现出以中国本土事件为核心的取向，与柯文所归纳的“中国中心观”的研究取向有契应之处。[②]

从接续学统的角度而论，注意到“三次革命高潮”与“中国中心观”在取向上具有共通性，自有其启发意义。但有两点必须注意：其一，由美国学者柯文归纳的“中国中心观”（China-Centered Approach）有其特定的指谓和语境，将“三次革命高潮”与之简单对应难免似是而非；其二，胡绳对其理论诠释体系之凸显中国本土因素的倾向有明确的理论自觉。事实上，1954—1957 年的分期讨论中，以西方侵略为主线还是以中国历史发展为主线来构建中国近代史解释框架，曾引起激烈论争。“三次革命高潮”是在政治与学术转型的时代背景下，由胡绳系统归纳而成，其提出并被广泛接受并非偶然，是具有深层社会思想基础的。

重视重大政治事件是 20 世纪 50 年代近代史研究者的共识，鸦片战争、太平天国、洋务运动、中法战争、中日战争、戊戌变法、义和团、辛亥革命，即所谓的“八大事件”[③] 作为学界公认的中国近代史之基本内容，当时无论怎样讨论中国近代历史的基本框架、基本线索、基本内容、

---

① 毛泽东的“两个过程”论的完整表述为“帝国主义和中国封建主义相结合，把中国变为半殖民地和殖民地的过程，也就是中国人民反抗帝国主义及其走狗的过程，从鸦片战争、太平天国运动、中法战争、中日战争、戊戌变法、义和团运动、辛亥革命、五四运动、五卅运动、北伐战争、土地革命战争，直至现在的抗日战争，都表现了中国人民不甘屈服于帝国主义及其走狗的顽强的反抗精神”。毛泽东：《中国革命和中国共产党》，《毛泽东选集》（一卷本），人民出版社 1968 年版，第 595 页。

② 罗志田：《发现在中国的历史》，《北京大学学报》2004 年第 5 期；《构建兼容并包的中国近代史学科体系》，《近代史研究》2007 年第 5 期；《文革前“十七年”中国史学的片断反思》，“中国近代史研究三十年学术研讨会”论文，北京，2009 年；《近三十年中国近代史研究的变与不变》，《社会科学研究》2008 年第 6 期。

③ “八大事件”具体所指亦有出入。按照毛泽东所列举，并无“洋务运动”，而“五四运动”通常纳入现代史范围，因此实际只有“七大事件”。而中国史学会主编的“中国近代史资料丛刊”则纳入了“洋务运动”，此资料丛刊影响极深远，姜涛所作《晚清政治史》（曾业英主编：《五十年来的中国近代史研究》，上海书店出版社 2000 年版，第 24 页）和张海鹏、龚云著《中国近代史研究》（福建人民出版社 2005 年版，第 281 页）均据此确定“八大事件”包括“洋务运动”。

基本走向，都不能脱离此“八大事件”。但是，如果将此“八大事件”等量齐观平均用力，则与建国前蒋廷黻、陈恭禄、范文澜等人以事件史为中心的编纂体例相似，在胡绳看来，这种结构模式无疑缺乏系统性，不能突出近代历史的本质与主流。

“三次革命高潮”实际上从阶级斗争角度突出了“八大事件”中表征着中国人民反抗过程的几次事件。这种突显中国本土因素的研究倾向，确乎与此前的中国近代史研究倾向颇有不同。为进行反帝爱国动员以救亡图存，1949 年前的中国近代史研究多以中外关系为论述中心，侵华史、外患史、国难史、近代外交史之类著述，粗略统计，著作不下 130 多部，文章 300 余篇。[①] 当时大学的课程设置中，中国近代史、中国近代外交史往往合而为一。蒋廷黻受美国人马士的《中华帝国对外关系史》一书影响，视外交史为“中国近代史的最重要方面”[②]，内政兴革仅为外交的反应，其《中国近代史》实际上可以看作“外交史大纲”[③]。金毓黻且认为，“近百年内，中国内政鲜有可述，对外关系，实居主位”[④]。

而唯物史观派学人李鼎声的《中国近代史》，作为中国近代史研究唯物史观学派的滥觞之作，诞生于“九· 一八”事变后民族矛盾成为中国社会主要矛盾之际，它是以帝国主义侵略进程为线索来条理史事的，着力突出了外患步步加深的“半殖民地”形成过程，对于同光年间的内政变革着墨固然不多，对人民群众反抗的一面亦未特别着重。[⑤] 即以胡绳而论，他虽力图兼顾列强侵略与人民反抗这“两个过程”，但《帝国主义与中国政治》仍以中西关系为研究对象，且偏重于“侵略”的一面。简而言之，中华人民共和国成立前中共方面史家的中国近代史著述，仍以近代以来的中外关系作为论述中心。

---

① 宫明编：《中国近代史研究述评》，中国人民大学出版社 1986 年版，第 137 页。

② 蒋廷黻：《清季外交史料序》，《蒋廷黻选集》第 3 册，（台北）传记文学出版社 1978 年版，第 439 页。

③ 王聿均：《蒋廷黻先生对中国近代史研究的倡导》，台北《近代中国史研究通讯》第 1 期（1986 年），第 22 页。

④ 金毓黻：《中国史学史》，河北教育出版社 2003 年版，第 346 页。

⑤ 当然，这里仅为相对而言。如果与陈恭禄、蒋廷黻的著作相较，李鼎声无疑更为重视下层民众的反抗斗争。如三元里人民抗英斗争，陈、蒋著作中均一笔带过，而李鼎声则以较多篇幅作了详细描述。

随着1949年真正意义的现代民族国家的建立，国人心底激荡着扬眉吐气的民族自豪感，突显“中国”在近代中国历史发展中的主体地位成为学人的潜在预设。谴责帝国主义侵略的罪恶退居次要，追溯近代以来人民革命斗争历程，构建革命的谱系，论证新政权的历史合法性，成为意识形态层面对中国近代史研究的首要要求，这一要求进而被有着浓厚“以史经世”情结的学人在某种程度内化为不言自明的共识。[①] 对于胡绳所著《帝国主义与中国政治》，中华人民共和国初即有评论，批评其正面论述近代中国革命思想发展的梗概仍嫌不够清晰，“使近代史中的革命思想的主流不够突出”[②]。1949年即着手编纂的“中国近代史资料丛刊”，着力挖掘人民反抗斗争的史料，对近代中外交涉、甚至列强划分势力范围等相关史料基本未予纳入。[③] 1958年5月，近代史所学人撰著《帝国主义侵华史》第一卷由科学出版社出版。一些人对此书进行了猛烈的抨击并予以全面否定，批判这是一本中华民族“挨打受气史”，解放了的中国人民需要的是“扬眉吐气史”，此书有严重的方向性错误云云。[④]

在1954—1957年学科体系的构建中，从近代中国内部寻求历史发展的根本因素，逐渐成为包括胡绳在内相当一批马克思主义史家的共同倾向，而且他们对此有着一定的理论自觉。在此有必要回到当时讨论的语境，分析论争者的种种考量，才能更准确地把握“三次革命高潮”论的内蕴。

首先，在1954—1957年的中国近代史分期问题讨论中有两种最具代表性的观点：一是胡绳的“三次革命高潮”论；另一种是范文澜、孙守任为代表的近代社会主要矛盾为标志的分期体系。胡绳在《中国近代历史的分期问题》一文中已然预先对孙守任后来提出的观点加以否定：“可

---

① 此处值得注意的是，因中华人民共和国成立之初的抗美援朝战事，“美国侵华史”一度成为中国近代史领域的研究重点，但是，到1954年胡绳提出“三次革命高潮”之时，“侵华史”研究的热度已有所减退。事实上，1966年前，《历史研究》发表有关“帝国主义侵华”的文章仅占2%，在各专题中居于末位。据姜涛《50年来的晚清政治史研究》，《近代史研究》1999年第5期。

② 戴文葆：《介绍〈帝国主义与中国政治〉》，《人民日报》1953年1月18日，第3版。

③ 戴逸对此提出批评，见《评〈中国近代史资料丛刊〉》，《人民日报》1959年4月11日，第7版。

④ 张振鹍：《回忆范老与帝国主义侵华史研究》，《近代史研究》1994年第1期。

否拿帝国主义的侵略的形态作划分时期的标准呢？例如说，拿西欧各国尚未进入帝国主义阶段时作一个时期，而在进入帝国主义后作为另一时期？……这样做是不恰当的。”他进一步申述了反对的理由：“诚然，在半殖民地半封建的中国，外国帝国主义的侵略对于中国社会历史进程起了很大的作用，但是当我们考察中国社会历史的发展时，不仅要注意外国势力怎样来侵略，而且更重要的是注意中华民族对于外国势力的侵略表现了怎样的反应。几乎只看到侵略的那一面，而看不到或不重视对侵略的反应这一面，正是历来资产阶级观点的近代史著作中的主要缺点之一。”① 在后来的《中国近代史绪论》中，他再次明确：有些著作“把中国近代史单纯地写成一部不断受帝国主义侵略的历史。它也骂帝国主义，说帝国主义不断欺侮中国，可是同时把中国人描写成是可怜的、卑屈的，逆来顺受、无可奈何的牺牲者。这种观点虽然反对帝国主义，痛恨帝国主义的侵略，但它完全忽视了中国人民的反抗斗争。”② 显然，在侵略—革命的整体关照中，胡绳此时更为强调中国人民反抗斗争的一面，而有意淡化处理了西方列强对近代中国历史发展的影响。这确实在一定程度上正与毛泽东的思路暗合。毛泽东所云“中国封建社会内的商品经济的发展，已经孕育着资本主义的萌芽，如果没有外国资本主义的影响，中国也将缓慢地发展到资本主义社会”③，即蕴含了在中国社会内部寻求中国近代历史的主导因素之意，体现出摆脱此前“冲击—反应”模式的努力。

孙守任则强调：“侵略与压迫如不存在，亦将没有反侵略反压迫的革命运动，二者实是辩证统一的两面，而以帝国主义和封建主义的侵略与压迫为存在的前提”，并指出：胡绳以鸦片战争为中国近代史开端，“也就无形承认了外国资本主义势力的开始入侵的重要意义”。④ 他同样以毛

---

① 胡绳：《中国近代历史的分期问题》，《胡绳全书》第 2 卷，第 156 页。

② 胡绳：《中国近代史绪论》，《胡绳全书》第 2 卷，第 218 页。

③ 《毛泽东选集》第 2 卷，人民出版社 1991 年版，第 626 页。

④ 孙守任：《中国近代历史的分期问题的商榷》，《历史研究》1954 年第 6 期。值得注意的是，来新夏提出以 1839 年的“禁烟运动”为中国近代史上限，虽然只是一年之差，似乎无关宏旨，但“表明中国人民是以英勇抗击侵略者为自己近代历史的开端。它表明中国近代史的光荣开始。”见来新夏《略论中国近代史开端的年代》，《天津日报》1957 年 3 月 22 日，“学术专刊”；《中国近代史分期问题讨论综述》，《文史知识》1984 年第 9 期。

泽东“两个过程论”为立论基础，但他的解读显然与胡绳有恰相对立的意味。他明确提出，帝国主义及其走狗使中国逐渐变为半殖民地并竭力保存其封建基础的过程在近代史中往往居于主导地位，“其中起决定作用的是外国侵略势力”，“外国侵略势力本身性质的变化及其对中国侵略性质的变化，引起了中国社会性质的深刻的变化”。他以“资本—帝国主义对中国侵略的性质、形势和深度的变化”为分期依据。值得注意的是，孙守任的分期体系无论从分期标准还是从具体分期断限来看，均与胡绳1951年3月1日发表的《帝国主义对中国的侵略》相当一致。与“三次革命高潮”体系相较，鸦片战争、中法战争、中日战争等几次中外民族战争在孙守任的解释体系中显然具有更多分量。[①] 范文澜与孙守任的基本思路及观点相当接近，他明确表示，“帝国主义拥有极大的优势，在民族战争成为主要矛盾时，它总是处于矛盾的主要面”，而“在国内战争成为主要矛盾时，封建主义也总是处于矛盾的主要面”[②]。事实上，范文澜是1949年后提倡帝国主义侵华史研究最力者。近代史研究所建所之初，他即注意物色有条件研究中外关系史的青年学子到所工作，1953年成立帝国主义侵华史组。在其着意经营下，侵华史组人材称盛。[③] 正因为有此认识倾向，范、孙二人均将甲午战争和《马关条约》作为中国近代史分期最重要的界标，在他们看来，甲午中日战争标志着列强侵略方式的根本转变。

耐人寻味的是，孙守任的观点受到金冲及、戴逸[④]、章开沅、黄一良等人批评；而以范文澜在学界的崇高地位，连续发表三篇关于分期问题的文章，应者寥寥，仅有李新赞同其意见[⑤]，其得力助手荣孟源、刘大年

---

① 孙守任：《中国近代历史的分期问题的商榷》，《历史研究》1954年第6期。

② 范文澜：《中国近代史的分期问题》，《中国近代史分期问题讨论集》，第102页。

③ 李瑚：《近代史所十年大事简记》（1951—1960），手稿；张振鹍：《回忆范老与帝国主义侵华史研究》，《近代史研究》1994年第1期；2008年1月15日采访张振鹍先生记录。

④ 对孙守任之能注意到中外民族战争的重要性，戴逸表示认同。但他将“两次鸦片战争、中法战争、中日战争等在封建统治者参加和领导下进行的民族战争”，视为“人民力量的表现”。参见戴逸《中国近代史的分期问题》，《历史研究》1956年第6期。

⑤ 李新在为《中国通史半殖民地半封建社会时代（下）教学大纲（初稿）》所写前言中明确表示，范文澜的分期意见“较为妥善”。详参李新《关于近代史分期的建议》，《中国近代史分期问题讨论集》，第155页。

均倾向于认同“三次革命高潮论”，近代史所集体编撰的《中国史稿》第4 册亦采用“三次高潮”体系。

其次，胡绳的“三次革命高潮”理论体系最终获得更多学者的认同[①]，自有其深刻的社会时代背景。胡绳则早在 1944 年 6 月发表的《是圣人还是骗子》一文中，已然明确提出：“历史上的真正主人和创造者并不是少数居于统治地位的英雄，而是广大的人民——尤其是直接从事生产劳动的人民。”[②] 1949 年 5 月，范文澜先后在北大作《谁是历史的主人》、在华北大学政治研究所作《再谈谁是历史的主人》的讲话，强调“劳动人民是历史的主人”。[③] 中华人民共和国成立之初，唯物史观学习如火如荼展开，阶级斗争观点及人民是历史的主人的观点已逐渐成为史学界的共识。翦伯赞明确提出：“把中国的历史贯穿在一条以人民群众为主体，以经济为主干，以阶级斗争为动力的主流上”[④]；“应该站在劳动人民的立场”，建立“以劳动人民为中心”的新史观，具体就是“研究劳动人民的生产的历史和阶级斗争的历史”。[⑤] 郭沫若指出：“首先要端正历史观点，站在人民本位的立场，从历史发展中阐发人民创造力的伟大，以鼓励从事建设事业的热情。”[⑥]

在这种思想背景下，胡绳一再强调：“中国近代史是以中国人民为主体的。它不是以外国帝国主义者为主体的历史”，“也不是某些反动人物的历史”[⑦]；“把人民的革命斗争看作是中国近代史的基本内容，就能比较容易地看清楚中国近代史中各种政治力量和社会现象”[⑧]。在他的“人民”的定义中包括民族资产阶级、城市小资产阶级、农民、工人。而清

---

① 1956 年高等师范文史教学大纲讨论会上关于中国近代史分期问题的讨论中，实际上主要是胡绳观点（三分法）与孙守任观点（四分法）的分歧。大多数学者基本接受胡绳的主张，并最终将之采入大纲定稿。1956 年综合大学教学大纲最后确定分为 4 个时期，只是将 1912—1919 作为旧、新民主主义革命的过渡，所本仍为“三次革命高潮”。

② 胡绳：《是圣人还是骗子》，《胡绳全书》第 1 卷，人民出版社 1998 年版，第 261 页。

③ 范文澜：《谁是历史的主人》，1949 年 5 月 29 日天津《进步日报》，第 4 版；《再谈谁是历史的主人》，《人民日报》1949 年 6 月 23 日，第 4 版。

④ 翦伯赞：《历史问题论丛》，人民出版社 1962 年版，第 48 页。

⑤ 翦伯赞：《怎样研究中国历史》，《新建设》第 3 卷第 2 期，1950 年 11 月。

⑥ 郭沫若：《精通烹调术，做出好宴席》，《新史学通讯》，1951 年 7 月 10 日，第 1 页。

⑦ 胡绳：《中国近代史绪论》，《胡绳全书》第 2 卷，第 221 页。

⑧ 同上书，第 230 页。

政府自身的兴革及其领导的几次中外民族战争，自然很难进入其关注的中心。孙守任强调列强侵略，黄一良的质问是："中国近代史的主要内容究竟应该是什么？究竟谁应该是中国近代历史的主角？"他还指出：资产阶级史家"往往把所谓落后国家的历史作为侵略国家的历史的陪衬物而附带地加以描画，所以，在侵略者的足迹没有到达以前，这些国家在历史上就似乎是不存在的，而当侵略者对这些国家作出了什么决定或采取了什么侵略步骤之后，它们的历史就发生了新的变化"①。不难看出，"三次革命高潮"突出了"人民"在中国近代历史发展中的决定作用，尤其突出了农民的革命作用，这成为它能够获得广泛认同的一个根本基础。②如邵循正所言：给予太平天国等中国人民的反抗斗争"以足够的地位和分量"，就可以阐明"一百多年来中国人民不屈不挠、再接再厉的英勇斗争"，"使读者清楚地看出在凶悍的国外帝国主义侵略势力和国内封建统治势力双重压迫之下，中国人民并不是一味挨打的。这样，读者就不会感到中国近代中只是漆黑一团，而是处处有使人志气奋发的生动斗争的局面和可歌可泣的史实。"③

教育部1956年8月颁发的师范学院历史系中国近代史试行教学大纲尽管基本上以胡绳"三次革命高潮"为框架，然而在1958年"史学革命"中，仍被批评为"客观主义"的"平列法"，"这种方法在标题和口头上也注意近代史上中国人民的反抗斗争。在大纲的内容分量以及讲述中，却把人民的反抗斗争和封建统治者的反动活动不分主次兼收并蓄地'客观'并列，其结果是把中国人民反帝反封建英勇斗争淹没在帝国主义和封建统治者相互勾结镇压人民的大量史实中。""据我们对大纲内容的初步统计，其中讲述帝国主义和封建统治者活动的内容占全文分量的44.2%，而讲述中国人民反抗斗争的内容却只占全文分量的31.2%。"如此一来，中国近代史成了"中国人民的'悲惨史'"，人们"不仅没有从近代八十年来人民反帝反封建的英勇斗争史中加强民族自豪感，相反的

---

① 黄一良：《评孙守任"中国近代历史的分期问题的商榷"一文》，1955年8月18日《光明日报》，第3版。

② 新民主主义革命主要通过动员广大农民为主要力量而获成功，在中共的革命意识形态中，农民受到极大的尊崇。

③ 邵循正：《略谈〈中国近代史稿〉第一卷》，《读书》1959年第2期。

是造成了一种悲观失望的印象”。[①]

第三，外因与内因的哲学关系也是当时学者考虑分期问题的一个重要依据。毛泽东指出：“唯物辩证法认为外因是变化的条件，内因是变化的根据，外因通过内因而起作用”[②]，这一哲学认知对参与论争的史家无疑有相当大的影响。几乎所有批评者都认为孙守任过于强调外力影响：金冲及认为孙守任“以外来因素的演变发展代替了内在历史规律的分析，而会得出错误的结论来”[③]；戴逸认为孙守任抛弃了毛泽东《矛盾论》中“关于外因内因相互关系的论点”，而“我们不能把外部矛盾和内部矛盾不加区别地等同看待”[④]；毛健予认为孙的观点“令人感到有强调外因论的浓厚的色彩”[⑤]；李荣华虽然提出以半殖民地半封建社会的形成、加深、崩溃为分期标志，对西方的因素比“三次革命高潮”稍多重视，但亦认为孙守任“强调了外因作用相对冲淡了内因的作用”[⑥]；章开沅指出：孙守任“忽视了外国资本主义的侵略必须通过中国社会内部的规律而发生作用”[⑦]。可见当时学者在外因内因的辨析下，在中国社会内部寻找历史发展的根本因素已然形成相当一致的倾向。实际上早在20世纪30年代的社会史论战中即有任曙、严灵峰、叶青等人鼓吹“外烁论”，强调“中国社会的发展完全是外来的原因决定的，完全是帝国主义的侵略造成的”[⑧]。如果强调近代以来西方列强的因素，则难以与“外烁论”彻底划清界限，这是50年代的学者们不能不特别留意的。到1958年“史学革命”兴起，中国近代史分期问题的论争被归结为“两条路线的尖锐斗争”，孙守任的分期观点被视为“厚帝国主义薄中国人民”的“外因决定论”，走上了

① 夏培源、邓裕仁、赖端中：《中国近代史教学大纲和教学中两条道路的斗争》，《科学与教育》1958年第4期，第38、39页。

② 《毛泽东选集》第1卷，人民出版社1952年版，第290—291页。

③ 金冲及：《对于中国近代历史分期问题的意见》，《历史研究》1955年第2期。

④ 戴逸：《中国近代史的分期问题》，《历史研究》1956年第6期。

⑤ 《中国近代史分期问题的讨论》，《历史研究》1957年第3期。

⑥ 同上。

⑦ 章开沅：《关于中国近代史分期问题》，《华中师范学院学报》1957年第1期。

⑧ 转引自艾思奇《民族解放与哲学》，《艾思奇全书》第2卷（1936—1940），人民出版社2006年版，第67页。

"客观上为帝国主义服务的资产阶级的道路"①。

概而言之，50年代的论争者均秉持"革命"史观，均以经典著作的论断为自己立论的理论支撑及批驳他人的理论武器，却因着眼点差异而致众说纷纭。近代中国的西方因素应置于什么样的位置这一问题，隐含于纷歧的论争之中。胡绳以"三次革命高潮"来审视中国近代史全局，把握近代史的本质和主流；突出人民群众的反抗斗争，将之作为中国近代史的根本推动力量。胡绳这一诠释框架得到较广泛的支持，在当时的时代背景下实有其必然性。突出人民群众作为历史的主体的地位，封建统治者与列强的矛盾被淡化处理是其中应有之义，二者结合的一面得到更多关注，由清朝统治者主导的几次对外民族战争自然难与太平天国、义和团相提并论；外因与内因的哲学辨析，使得外力的影响只能居于次要的地位。当然，突出与淡化均只是相对而言，就胡绳来说，他提出"三次革命高潮"的目的在于突出人民群众——尤其是农民——的斗争这个中国内部的因素，但并不妨碍在这个理论框架指导下"检阅和分析研究全部复杂的过程和各种复杂的问题（例如，在帝国主义和封建主义相结合的过程中也有矛盾）"②。而且，他认为帝国主义侵华史研究也应大力倡导，并撰写了研究提纲。③

历史学科作为"社会控制中介"课程，大都体现国家的主流意识形态，以"归化万民"的政治教化而协助社会秩序的建立。考察胡绳首倡分期讨论之初衷，主要还是解决当时迫在眉睫的中国近代史教科书编纂结构问题。历史教科书由政府审定、颁行，是国民历史观的重要来源，亦为学科发展成熟的重要标志。因当时中央令行禁止之权威，"三次革命高潮论"被综合大学、高等师范文史教学大纲采纳并在教科书中加以贯彻之后，中国近代史的解释体系日益定于一尊，进而对中国近代史研究方法与研究课题产生覆盖性影响。这可能在一定程度超出了胡绳最初的预料。但此时中国近代史作为新兴学科，整体研究水平尚低，对纷繁的

① 夏培源、邓裕仁、赖端中：《中国近代史教学大纲和教学中两条道路的斗争》，《科学与教育》1958年第4期，第37、38页。

② 胡绳：《谈党史研究工作》，《胡绳全书》第3卷（下），第551页。

③ 胡绳：《帝国主义对中国的侵略——1919年以前资本主义—帝国主义侵略中国的历史研究提纲》，《学习》第3卷第11期，1951年3月1日。

近代史事有所优先侧重，集中有限的研究力量重点突破，亦无可厚非。但是，所有理论构想似乎都难逃被僵化、教条化的宿命。从后来近代史学界的学术专题研究来看，绝大部分的研究著述均集中于“三次革命高潮”，近代史领域的三个专题学会分别为太平天国学会、义和团学会、辛亥革命学会。在现代学术体制里，学会对学术研究的引导与推动是显而易见的。在这种体制化的影响之下，其他史事，甚至包括第一次鸦片战争都未能获得应有的重视。① 据姜涛统计《历史研究》所载论文情况分析表，不难发现 50—60 年代学界对“三次革命高潮”（尤其是太平天国运动与辛亥革命）的热衷及对其他史事的相对忽视。② 即便范文澜大力支持的“帝国主义侵华史”，也因后来政治氛围日益“左”倾而成为批判的靶子，困难重重，难以为继。③ 为保护侵华史研究者，范氏在压力下约请柯安（李侃之笔名）撰写《帝国主义侵华史》第 1 卷之书评。此书评在肯定“侵华史”研究之意义的同时，亦不得不着眼侵略与反抗之“厚”“薄”而提出批评意见：“‘帝国主义侵华史’虽然对人民反抗帝国主义的斗争给了一定的注意，但是对这个问的阐述同全书的分量比起来，却是显得薄弱和无力的。”④ 1958 年“史学革命”后，戊戌维新、辛亥革命被日益贬低，太平天国、义和团运动被无限拔高。在“以阶级斗争为纲”的政治气候的影响和推动下，中国近代史内容日趋狭隘单调，解释日益单纯与绝对。

三 “民族”与“阶级”的内在紧张

大略而言，“阶级”观念在唯物史观派学人中有一个发展变化过程。

---

① 建国后“十七年”间，近代史学界召开了太平天国 100 周年和 110 周年、戊戌变法 60 周年、义和团 60 周年、辛亥革命 50 周年学术讨论会。而据近代史研究所 1961 年所编《关于近代史研究机构、人员、出版和学术活动的材料》（油印本，近代史所档案《历年工作计划等》）统计，“旧民主主义革命时期的论文中，太平天国革命、义和团运动和辛亥革命的文章最多，其次是鸦片战争和戊戌变法”。

② 姜涛：《50 年来的晚清政治史研究》，《近代史研究》1999 年第 5 期。《历史研究》刊载论文情况不能作为唯一依据，但将之视为学界热点转移的风向标则无大的问题。

③ 张振鹍：《回忆范老与帝国主义侵华史研究》，《近代史研究》1994 年第 1 期。

④ 柯安：《评〈帝国主义侵华史〉第一卷》，1958 年 12 月 3 日《人民日报》，第 7 版。

20 年代的李大钊将唯物史观介绍引入时，倡导为个体的人生修养而研究历史，阶级观念较淡薄；“大革命”失败后，阶级观念强化，现实中惨烈的阶级斗争亦投射于学术，历史研究的阶级动机逐渐突出。抗日战争爆发后，民族矛盾空前激化，民族主义史学成为主导，历史研究从为阶级过渡到为民族，从为革命过渡到为救亡。历史研究中的阶级动机暂时为救亡的硝烟所笼罩，但仍潜存于唯物史观派学人的著述之中。皖南事变后，一度被掩盖的阶级动机又迅速得到强化。直到建国后，由于最高领导层时时紧绷阶级斗争之弦，更提出“以阶级斗争为纲”，史学研究中阶级斗争也被强调得无以复加。

具体到党内史家个体而言，对“阶级”的强调程度又因人而异。在胡绳对于中国近代史的整体把握中，始终存在“民族”与“阶级”的内在紧张。近代以来的民族民主革命，民族矛盾与阶级矛盾并存且难分轩轾，胡绳的历史诠释框架对此采取了阶级矛盾优先于民族矛盾的策略。他所界定的“阶级斗争”着眼于阶级斗争与民族斗争的共性，两者同样都是产生于社会分裂为对抗阶级这样一个前提之下，民族问题从属于阶级问题。① 刘少奇的一句话可以作为这种认识的凭依：“把民族问题从阶级问题分开来看；把民族的斗争从阶级的斗争分开来看，乃是完全错误的，有害的，乃是地主资产阶级反动派的一种欺骗。”② 这在理论上似乎也可圆通，但中外民族斗争与国内阶级斗争，锋芒向内抑或向外毕竟有根本区别。

治史的阶级动机优先于民族动机，将阶级斗争置于民族斗争之上，此为胡绳近代史研究的一个基本特点，其“三次革命高潮论”将近代以来由清朝统治者主导的几次中外民族战争置于相对次要地位，即与他的这一认识倾向密切相关。

众所周知，胡绳与范文澜均为中国近代史研究领域的拓荒者，学界有所谓“范胡学派”之说③，实则胡绳与范文澜在“阶级”与“民族”

① 戴逸为避免混淆，称之为“广义概念的阶级斗争”。见戴逸《中国近代史的分期问题》，《历史研究》1956 年第 6 期。

② 刘少奇：《论国际主义与民族主义》，人民出版社 1951 年版，第 31 页。

③ 林华国：《中国近代史研究中两种历史观的论争》，《近代历史纵横谈》，北京大学出版社 2005 年版，第 17 页。

的处理上存在着显著差异。胡著《帝国主义与中国政治》与范著《中国近代史》，是中国近代史学科具有典范意义之作。二者均以“革命”为核心话语，以毛泽东“两个过程论”为指针，相似之处颇多，但二者之区别也不可忽视。范文澜在历史观点上受浙东学派潜移默化之影响，在其史著中带有较为浓厚的民族主义色彩，甚至有汉族中心主义的意味。他所著《中国近代史》对于社会各阶级相互关系的演变过程着墨不多，而将批判、揭露满族统治者置于首要地位；同时，范著《中国近代史》有着鲜明的民族立场，将“帝国主义与中华民族的矛盾”作为超越于“封建主义和人民大众的矛盾”之上的“最主要的矛盾”①，以相当大的篇幅细述资本主义、帝国主义自鸦片战争以来对中国的侵略史实，并予以深刻的揭露和抨击，“不但大书特书英法美日等国对中国的疯狂侵略，也振笔直书俄国对中国的疯狂侵略”②。列强对中国发动的历次中外民族战争成为其论述的中心，并被赋予了比中国内部的社会运动更重的叙述分量；尤可注意的是，范文澜对历史人物的评价始终以民族大义为尺度，因而对于统治阶级内部英勇反抗列强侵略的人物予以充分肯定。例如，他称裕谦为“满洲贵族中坚决主战的唯一人物”③，对于中法战争期间曾纪泽为维护国家权益所做的外交努力亦充分肯定。④ 认为杜文秀与英国侵略者勾结，是民族分裂主义者，而加以谴责。⑤ 而且，他对于戊戌变法这一改良主义运动救亡图存的意义多有强调，在他的论述中，康、梁等改良主义者也受到帝国主义的压迫，维新运动虽有其弱点，但亦具有反帝的意味。所有这些观点，皆根源于范文澜将中外民族矛盾置于国内阶级矛盾

---

① 范文澜：《中国近代史的分期问题》，《范文澜全集》第 10 卷，河北教育出版社 2002 年版，第 377 页。

② 刘大年：《范文澜历史论文选集·序言》，中国社会科学出版社 1979 年版，第 7—8 页。

③ 《中国近代史》上编第 1 分册，冀中新华书店 1947 年印行，第 41 页。按：裕谦本为蒙古镶黄旗人，范文澜后来予以修订。参见《范文澜全集》第 9 卷，河北教育出版社 2002 年版，第 36 页。

④ 《中国近代史》上编第 1 分册，第 196 页。

⑤ 对杜文秀的评价是当时近代史学界争论的焦点问题之一。吴乾主张杜文秀是回族英雄，农民起义领袖。马汝珩认为，杜文秀领导回民反清，应予肯定，后期依靠英国应否定。见近代史研究所编《关于近代史研究机构、人员、出版和学术活动的材料》[油印本，近代史所档案《历年工作计划（学术方面）》]。

之上这一思想倾向。

而胡绳在这一点上同范文澜存在显而易见的差异。胡绳的论述更加强调帝国主义与封建主义相互勾结以压迫中国人民，并着重揭示这种勾结的演进过程；而对他们之间矛盾的一面予以相对淡化处理。他对于统治阶级内部如曾纪泽、左宗棠全盘否定，认为康、梁等改良主义者的爱国思想"反而成了为侵略者辩护，自动向帝国主义者缴械"[①]，维新变法的积极意义也从其消弭人民群众的反抗斗争的角度被冲淡。不难看出，胡绳更为强调中外民族矛盾与国内阶级矛盾二位一体的性质，进而将阶级矛盾置于民族矛盾之上。胡绳认为，以往史家出于民族主义思想而常有意无意地造成一种错觉，"他们把帝国主义侵略中国的政策描写得这样单纯，以至把清政权写成是不断地受着帝国主义国家所欺凌侮弄的可怜的存在，这种描写是不合历史事实的错误观念"[②]。因而着力强调列强与清政府之相互勾结，并一概置于人民群众的对立面。在以阶级分敌我的简化而对立的思维定势之下，统治者阵营内所有人无不处于被贬斥之列。中华人民共和国成立后的一篇书评即认为此书有助于"肃清残余的资产阶级民族主义的思想"[③]。

其中，对于阿古柏叛乱的论述充分反映胡绳对于阶级矛盾的强调达到偏颇之程度。胡绳在1947年所作《专制与卖国》一文中写道："太平天国以后，各地人民和少数民族的反对满清专制统治的起义仍此伏彼起，一八七五年左宗棠出征新疆，向洋商借款五百万两为军费，以关税担保。这是帝国主义以借款来支持专制政府的'武力统一'政策而换取在中国的特权的第一声。"[④] 这种对阶级分析的过度使用在《帝国主义与中国政治》中得以继续。书中有两处提到阿古柏的叛乱。一处为"到了一八七七年左宗棠的军队又远征新疆的回民"，另一处为"又如对于新疆的回民起义，帝国主义者的态度也曾有过像在太平天国时期那样的变动——先对太平天国表同情，末后则反面相向。新疆回民领袖阿古柏已于一八六

---

① 《胡绳全书》第5卷，第234页。

② 胡绳：《帝国主义与中国政治》，（香港）生活书店1948年版，第57页。

③ 齐谷：《书评〈帝国主义与中国政治〉》，《大公报》1950年11月16日，第6版。

④ 胡绳：《专制和卖国》，《新文化》1947年第3卷第1、2期合刊，第20页。

七年在新疆西南部建立对满清统治独立的政权，起先英俄两国都表示承认，且与订约，但到了左宗棠已消灭了陕西甘肃的回变，准备远征新疆的时候，英俄都转而助满清了。他们发觉阿古柏胜利对他们并不有利。英国商人借军费给左，俄国也供给他的远征军以粮饷，这些对于左宗棠在新疆的胜利并不是不重要的。”①

1951 年、1952 年，东方出版社先后出版了马霄石著的《西北回族革命史》和郭应德著的《维吾尔史略》，受胡著影响，仍然将阿古柏当作“革命运动”和“民族解放运动”的领袖，而将左宗棠率师西征视为“不义战争”，由此引发了一场关于阿古柏政权性质的讨论。② 通过讨论，大多学者改变了以往的认识。而胡绳对此却不太以为然，《帝国主义与中国政治》1955 年 8 月③第 4 版中，他将后一处的分析删掉，将前一处改为“到了一八七七年左宗棠的军队又远征新疆，镇压了该地回族和其他各族人民的起义”④，这种修改处理有相当程度的保留。直到 1978 年 3 月他才在第 6 版完全删除了关于阿古柏的内容。与此相对应，范文澜的《中国近代史》初版时，对于镇压太平天国的左宗棠收复新疆只作客观叙述，并在叙述阿古柏时用“侵入”一词体现了其褒贬⑤，1955 年 9 月第 9 版⑥中更明确指出，“阿古柏是个侵入者，是英国侵略者的工具，是土耳其国王的臣仆，是南疆人民的公敌”，并且肯定了左宗棠收复新疆“阻遏了英国及其附庸土耳其的野心，挽救了祖国的一部分疆土和一部分人民，这个功绩是不可抹煞的”⑦。

胡绳一生思想随时代而嬗变，但其在阶级思维的主导下对于近代阶级矛盾、民族矛盾的偏颇认知，则始终一贯。1981 年出版的《从鸦片

---

① 胡绳：《帝国主义与中国政治》，第 53、56—57 页。

② 这一争论主要在《光明日报》史学副刊展开，代表文章有：洪源：《阿古柏政权的本质和清兵西征的意义》，1954 年 12 月 23 日《光明日报》，第 3 版；樊啸：《对于阿古柏这一人物评价的商榷》，1955 年 1 月 20 日《光明日报》，第 3 版；郭应德：《纠正我以前对阿古柏评价的错误看法》，1956 年 6 月 21 日《光明日报》，第 3 版。

③ 第 4 版序言作于 1954 年 4 月，此时修改已经完成。

④ 胡绳：《帝国主义与中国政治》，人民出版社 1955 年版，第 32 页。

⑤ 《中国近代史》上编第 1 分册，第 193—194 页。

⑥ 第 9 版说明作于 1954 年 8 月，此时修改业已完成。

⑦ 范文澜：《中国近代史》上册，人民出版社 1955 年版，第 224 页。

战争到五四运动》，且不论此时学界已有"四个阶梯论"的挑战，即便是对"三次革命高潮"持肯定态度者如刘大年，对此书也不乏批评。对于胡著论述中法战争的一节，刘大年批道："如此看来，似乎清政府主要只有投降的一面，而且投降得顺利没有什么阻碍。这不能说明为什么徐、唐、岑（按：即徐延旭、唐炯、岑毓英）等出关布防，而且战争还是打起来了。事实上存在两种势力的斗争，有民族矛盾。"对于胡著关于慈禧反对维新的原因分析，刘大年认为将之完全归结为光绪与慈禧的权力斗争"未免缩小了这场斗争的'救亡图存'的社会意义"，"权力斗争是亡国危机使之激化"。[①] 就基本观点之分歧而论，主要在于：刘大年认为胡著弱化了中外民族矛盾而突出了阶级矛盾，对封建统治者与列强的矛盾淡化处理是其偏失，在阶级分析中对封建统治者内部的矛盾分析亦显不够。

四 "三次革命高潮"之阐释弹性

胡绳的思想并不僵化，他晚年为回应时代挑战，对自己原有理论框架做了一定调整，受到学界称许。他明确表示，以现代化为主题来叙述中国近代历史不失为一种可行的思路。[②] 但耐人寻味的是，他直至 1997 年仍坚持认为，"三次革命高潮"体系的典范之作《从鸦片战争到五四运动》一书的"基本观点和总的体系""现在还不觉得有修改的必要"[③]。这固然表明，在胡绳的构想中，"革命"与"现代化"可以和平共存、互为补充；尤为重要的一点在于，"三次革命高潮"的理论架构本身对于中国近代史的叙述与解释，具有一定的弹性空间。

有学者尖锐指出，戊戌变法与义和团是两次风马牛不相及的运动，将之合并为第二次"革命高潮"难以成立。[④] 但笔者以为，这恰可能是胡

① 以上均为刘大年读书批注，刘潞先生提供。

② 《〈从鸦片战争到五四运动〉再版序言》，《胡绳全书》第 6 卷（上），人民出版社 1998 年版，第 8 页。

③ 同上书，第 1 页。

④ 赵矢元、李喜所：《评〈从鸦片战争到五四运动〉》，《东北师大学报》1982 年第 4 期。

绳“三次革命高潮”值得细心揣摩之处。应该承认，在20世纪50年代胡绳虽并未将“义和团运动”与“戊戌变法”等量齐观，但无疑在他的解释体系中有“戊戌变法”之位置，他特别申明“把第二次革命运动高涨仅看作1899—1900年的义和团的发动是不完全的”①。事实上，50年代，肯定戊戌变法的积极意义是近代史学界的主流意见。1958年为纪念戊戌变法60周年举行规模盛大的全国学术讨论会，范文澜、刘大年等学界头面人物均撰文称颂戊戌维新的思想启蒙作用。随着此后政治上日益“以阶级斗争为纲”，对“三次革命高潮”的理解日趋狭隘。戊戌变法事实上较少得到史家的关注，并作为“改良主义运动”而受到贬抑。刘大年在1964年中共中央高级党校的中国近代史讲座共5讲，第1讲绪论，“当中三次，讲三个革命高潮，一次着重讲太平天国，一次着重讲义和团运动，一次着重讲辛亥革命”，最后一次讲结论。② 仅在第3讲之“义和团运动的背景”中对戊戌变法作了简要的介绍。

正因为此，第二次“革命高潮”中“戊戌变法”这一组成部分经常被人有意无意地抹去。③ 耐人寻味的是，胡绳所著《从鸦片战争到五四运动》一书责任编辑邓卫中的一篇书评，亦将戊戌变法从第二次革命高潮中略过不提，兹摘录如下：

> 作者（按：指胡绳）不同意把“洋务运动—戊戌变法—辛亥革命”这条线索作为这个时期的历史的进步潮流，而坚持以太平天国、义和团、辛亥革命为主体来论述中国近代史。作者认为，在太平天国、义和团和辛亥革命时期，全国各地都有大规模的农民反抗斗争，正是这些以农民为主体的中国人民的反抗斗争，才把中国的民族民

① 胡绳：《中国近代历史的分期问题》，《历史研究》编辑部编：《中国近代史分期问题讨论集》，第8页。

② 刘大年：《中国近代史讲稿》（记录稿），中共中央高级党校教研室编，1964年5月。值得注意的是，可能是意识到其间的偏颇，刘大年用铅笔将第3讲“义和团运动”改为“戊戌变法与义和团运动”。

③ 例如胡滨《打破框框，开阔视野》（《文史哲》1983年第3期）、林增平《中国近代史研究反思》（《湖南师范大学社会科学学报》1988年第6期）、张海声《“三次革命高潮说”能不能成立》（《甘肃社会科学》1990年第4期）、步平《改革开放与中国近代史研究》（《近代史研究》2009年第5期）等文均作如是理解。

> 主革命推向了高潮，给予内外敌人以沉重的打击。作者认为，就连戊戌变法这场由社会上层演出的历史剧当中，“历史的真正主角其实既不是以康有为为首的维新派，也不是慈禧太后或光绪皇帝，而是成亿的被剥削、被压迫的，为求生存而斗争的贫苦劳动人民，其中主要是农民大众”。①

对“三次革命高潮”作如此解读，很难说完全背离20世纪50年代胡绳之本意。但新时期以来，学界对“三次革命高潮”的质疑渐起，且批评主要集中于其过分拔高了近代农民的作用而忽视了资产阶级的历史作用。如黎澍撰文指出：“那时对洋务运动是彻底否定的，对戊戌维新也是否定的，对辛亥革命虽然没有完全否定，但也是提出了‘立足于批’的基调。而太平天国起义和义和团，却作为两次革命高潮而给予完全的肯定，这实际上是把农民运动当成了近代史的主流。”② 在这种新的时代语境下，胡绳自然倾向于强调“资产阶级”领导的“戊戌变法”在其理论体系中所具有的“革命高潮”之地位。

邓卫中的书评引起王震关注，胡绳此书得王震推介而风靡全国。但也正是此书评引起胡绳的不满，为邓卫中始料未及。③ 苏双碧回忆：“胡绳看到后很不安，因为这涉及书的作者对戊戌变法的评价问题，是一个带有原则性的问题。胡绳让秘书把这个‘不安’告诉我，随后又亲自对我谈以此事。”苏双碧随后赶写了一篇书评，比较全面地谈了“三次革命高潮”的内涵④，特别强调“第二次革命高潮，则是由民族资产阶级上层

---

① 邓卫中：《爱国主义的生动教材——读胡绳新著〈从鸦片战争到五四运动〉》，《人民日报》1981年11月30日，第5版。

② 黎澍：《一九七九年的中国历史学》，《中国历史学年鉴》（1979年），生活·读书·新知三联书店1980年版，第10页。

③ 据笔者掌握资料，在苏双碧1982年2月7日发表书评之前，仅邓卫中（署名“晓登”）的《〈从鸦片战争到五四运动〉对一些问题具有独到见解》（《文汇报》1982年1月4日，第3版）、《爱国主义的生动教材——读胡绳新著〈从鸦片战争到五四运动〉》（1981年11月30日《人民日报》，第5版），以及陆仰渊之《史论交融，见解独到的近代史新著——〈从鸦片战争到五四运动〉简介》（《广西日报》1982年2月4日，第3版）已发表。比照内容，引起胡绳不安的书评当为邓卫中之作绝无疑义。而邓后来似乎一直未曾意识到此点。

④ 苏双碧：《和胡绳交往二三事》，《思慕集》，社会科学文献出版社2003年版，第119页。

领导的戊戌维新运动和农民阶级发起的义和团运动构成，表明了中国资产阶级已经登上政治舞台，并第一次向清王朝提出要分享政权的要求”①。此后，祁平撰文强调，胡著在立论时，是将农民和资产阶级这两种力量作为近代中国无产阶级登上历史舞台前的革命的主要力量，并未忽视资产阶级的历史作用。②

胡绳对邓卫中书评的反应可谓敏感，从中隐约折射出他的某种心迹。窃以为，将义和团运动与戊戌变法合而为第二次“革命高潮”，如此一来，近代史上四个被特别突出的历史事件，农民阶级与资产阶级各居其二，至少表面看来平分秋色，并无偏重。胡绳这一架构，一定程度上可以说为其解释体系预留了调整空间，从而可以通过有分寸的扬此抑彼而在一定程度上因应不同时代之挑战。20 世纪 50—70 年代，意识形态层面更强调农民阶级的正面历史作用，有意无意地突出义和团、淡化戊戌变法成为近代史学界的一种潜在趋向，这一趋向随着政治气氛左倾而愈益强化；80 年代以后学界开始反思以往之偏颇，此时胡绳强调在其理论体系中戊戌变法之地位，亦在情理之中。“三次革命高潮”体系所具有的阐释弹性，使其在时移势易之后，面对新的挑战时，仍具有一定包容性与解释力。

孟子云：“观水有术，必观其澜。”“三次革命高潮”从中国近代史这条不舍昼夜漩流着的长河之波澜壮阔处着眼，自有其意义。“三次革命高潮”当然远远无法涵盖近代史的丰富内容，与此前以事件为中心的架构相较，系统性固然加强，但阶级斗争色彩则更加浓郁；与意识形态绾合过于紧密，也必然影响甚至制约其学术性一面的充分展开。其本身存在的偏颇狭隘之处，在新时期以来受到尖锐批评。但不可否认，“三次革命高潮”曾经在中国近代史研究中发挥了切实作用，建国后“十七年”间中国近代史研究作为一门学科真正确立，并得到迅速发展，亦有赖于此一理论诠释体系的正面因素之发挥。对于这样一个影响学界数十年的关键概念，笔者无意对其做出价值衡估与评

① 苏双碧：《学术领域的可喜成果——读胡绳新著〈从鸦片战争到五四运动〉》，《光明日报》1982 年 2 月 7 日，第 3 版。

② 祁平：《一部具有重要学术价值的历史著作》，《社会科学研究》1982 年第 2 期。

断，本文所欲言者，仅仅是力图回归50年代的语境，寻绎此概念的提出与使用中的种种考量，以了解和认识当时学人思考的轨迹，揭示其所蕴含的社会思想内容。这对于理解中国近代史学科发展的脉络，不无启迪。

中共、粤系、蒋介石：1934年秋的博弈*

黄道炫

1934年中，中央苏区第五次反“围剿”面临困境后，中共中央经共产国际批准决定进行战略转移，并开始长征的准备。多年来，学术界围绕着中共中央长征准备及其初期行动的成败得失聚讼不已，早年批评多肯定少，近年论者开始更多注意到中共中央长征前所进行的准备工作，对其评价日趋客观。[①]，不过，如果只是以中国共产党本身就事论事，而未注意到这次牵涉甚广的战略行动之国际国内背景，不将其成败得失与国内外其他政治力量的动向联系考察，终不免难窥堂奥之叹。历史如棋局，回顾当年的那场生死博弈，我们或可发现，中国共产党其实只是场上的角力者之一。一批新公布的史料证实，在20世纪30年代诡谲多变的政治生态下，中国共产党的生存发展，和当时整体环境具有不可分割的联系，长征的准备及其进程乃是国内大棋局中的一个局部。

一

第五次反“围剿”开始后，红军很快陷入被动，战略态势十分不利。

---

* 本文原载《近代史研究》2011年第1期。

① 近年关于这一问题研究相对较深的论著主要有顾大全《试论中央红军长征前的准备工作及其失误》，《贵州社会科学》1990年第10期；袁征、谢庐明主编《长征起始阶段研究》，江西高校出版社1999年版；易凤林《试论中共中央长征前对中央苏区游击战争的部署与准备》，《党史文苑》2008年第7期。

1934 年 2 月，共产国际驻华代表埃韦特报告："江西和福建的形势很困难，我们近期的前景不妙。不带多余的悲观主义应该承认，包围圈越来越小，敌人兵力在接近向我地区突破的一些地方。"① 面对此一局面，共产国际和中共中央都在苦寻出路。李德回忆，1934 年 3 月，他曾提出以主力在中央苏区的"西南部或东南部突围"② 的设想。5 月，中共中央书记处在瑞金召开会议，提出在敌人逼近中央苏区腹地、内线作战不利的情况下，将主力撤离中央苏区。共产国际远东局代表埃韦特在给共产国际的报告中说明了中共中央关于下一步行动的两个建议："留在中央苏区，转入游击战，将其作为我们斗争的最重要方法。""否则我们只有保卫中央苏区到最后，同时准备将我们的主力撤到另一个战场。"埃韦特个人虽明显倾向撤离中央苏区，但他同时强调："只有在实行保卫的各种可能性都用尽之后并且在保存着我们大部分有生力量的情况下才应使用。"③

中共中央的撤离计划和共产国际一贯思路其实是契合的。早在 1931 年初，共产国际就指示："必须进行顽强的斗争，把赣南基本的最主要的根据地保持在我们手里。但考虑到军队的主要核心力量在敌人压迫下有暂时被迫撤退的可能性，我们认为，现在就采取措施在湘西南和黔桂交界地区筹建辅助区是适宜的。同时务必更加重视在鄂湘川交界地区建立第二个主要根据地。"④ 1933 年 3 月，共产国际又提出："在保卫苏区时，对于中央苏区来说特别重要的是保持红军的能动性，不要以巨大损失的代价把红军束缚在领土上。应该事先制定好可以退却的路线，做好准备，

---

① 《埃韦特给皮亚特尼茨基的信》（1934 年 2 月 13 日），《联共（布）、共产国际与中国苏维埃运动（1931—1937）》（以下简称《苏维埃运动》）第 14 卷，中共党史出版社 2007 年版，第 81 页。

② ［德］奥托·布劳恩：《中国纪事，1932—1939》，现代史料编刊社 1980 年版，第 112 页。李德 1939 年对这一问题的记述是："自 1934 年夏提出以后的行动问题时，革命军事委员会在我的影响下立即提出两个方针：一个是竭尽全力保卫苏区；另一个是疏散。"《布劳恩给共产国际执行委员会的书面报告》（1939 年 9 月 22 日），《苏维埃运动》第 15 卷，中共党史出版社 2007 年版，第 348 页。

③ 《埃韦特给皮亚特尼茨基的报告》（1934 年 6 月 2 日），《苏维埃运动》第 14 卷，第 128、129 页。

④ 《共产国际执行委员会政治书记处政治委员会给共产国际执行委员会远东局和中共中央的电报稿》（1931 年 1 月 11 日），《苏维埃运动》第 10 卷，中央文献出版社 1997 年版，第 23 页。

在人烟罕至的地方建立有粮食保证的基地，红军可以在那里隐蔽和等待更好的时机。”并强调：“要建立和具备几个新的根据地，使政府军难于同我们对抗。我们积极评价第 4 军主力向四川转移。我们认为，在四川、陕南，以及尽可能在新疆方向开辟苏维埃根据地具有很大意义。”① 在中央苏区面临大规模进攻时，共产国际强调建立新根据地及对红四方面军转移的肯定，意味深长，共产国际驻华代表埃韦特对此一度颇有疑虑，为消除其可能带来的负面影响，特电中央苏区解释共产国际的指示：“在我们看来，该电报是出于这样的考虑：万一敌人取得重大的胜利，我们必须保存和加强我军力量。而我方取得胜利时，我们应消灭敌人，必须时刻保持高度谨慎，使我军主力不受威胁。”② 虽然埃韦特试图淡化共产国际对转移的肯定，但其潜台词不可能不对中共中央未来的行动规划产生影响。正由于有此思想基础，当军事不利后，考虑转移就成为顺理成章之事。

得到中共中央有关报告后，1934 年 6 月 16 日，共产国际复电指出：“动员新的补充人员的过程证明，中央苏区的资源还没有枯竭。红军作战部队的抵抗能力、后方的情绪等，还没有引起人们的担心。如果说主力部队可能需要暂时撤离中央苏区，为其做准备是适宜的，那么这样做也只是为了撤出有生力量，使之免遭打击。”基本同意了中国共产党进行战略转移的计划。次日，共产国际再电中共中央，明确谈道：“我们建议发动福建战役，将其作为预防和吸引敌人，进而便于保存苏区或从那里撤离（如果不可避免这样做的话）。”③

中国共产党当时突围已成必然，各方对此了然于胸。1934 年 6 月初，共产国际远东局委员赖安认为：“如果中国其他地区的军政形势以及国际因素不会导致发生‘出人预料的’重大冲突，以后几个月在阶级力量对比和政治重新组合方面也不会导致发生重要变化的话，那么在最近的将

① 《共产国际执行委员会政治书记处给中共中央的电报》(1933 年 3 月 19—22 日)，《苏维埃运动》第 13 卷，第 353、354 页。

② 《埃韦特给共产国际执行委员会的报告》(1933 年 4 月 8 日)，《苏维埃运动》第 13 卷，第 393 页。

③ 《共产国际执行委员会政治书记处政治委员会给埃韦特和中共中央的电报》(1931 年 6 月 16 日)，《苏维埃运动》第 14 卷，第 144—146 页。

来，可能是秋天，中央苏区红军的主要力量将不得不放弃江西、寻找出路和在湘川方向寻找发展苏维埃运动的新的地区。”赖安在信中还透露了埃韦特等的想法：“在目前的情况下，预先决定了中央红军主力‘迟早’将不得不放弃中央苏区。换句话说，这些同志，特别是从去年12月起，一方面阐发了关于本阶段在中央苏区不可避免地要发生决战的失败主义‘理论’。而另一方面与此相联系，仍在考虑红军能否坚持到春季或夏季，而现在是到秋季的问题。”① 可见，撤离中央苏区的想法早在福建事变前后已成共产国际代表的议题。

红军即将展开的突围行动，其方向几乎不言自明。北面是国民政府核心区，向北无异于自寻绝路。东面濒临大海，也无出路，南面陈济棠虽不愿与红军作战，但保境欲望强烈，向南难免陷入粤方和宁方夹击之中，以此看来，向西几乎是唯一出路。1934年6月2日，埃韦特向共产国际报告中共突围计划时已经对行动方向有了明确交代：“虽然敌人从4军团1932年的远征时起学会了许多东西，虽然他们有比1932年更加强大的、我们必须克服的防线（赣江、赣湘边界和湖南湘江一线），虽然敌人在采取行动之初会拥有比1932年多得多的军队来组织追击，但对于我们的进一步推进来说反正都一样，恐怕我们也没有别的选择。”② 赣江、赣湘边界和湖南湘江一线，这是明显的西进四川路线，而这和共产国际一年前指出的西进川陕路线是完全一致的。8月，回到莫斯科的埃韦特在共产国际汇报工作时谈到湖南省的情况时也侧面提到中央红军的行动方向：“最近一个时期，特别是在中央苏区，为了与这个省建立联系和在那里组建党组织作出了很大努力。作出这种努力是出于打通湖南的迫切需要，并考虑到保住江西已不可能了。”③

1934年6月下旬，中共中央政治局召开会议，落实共产国际的有关指示，决定派出红六军团、红七军团分别往西、往北。④ 北上和西进计划在共产国际同意中央苏区突围的电文中有明确交代：“（1）为防备不得不离开，

---

① 《赖安给哈迪的信》，《苏维埃运动》第14卷，第132、134页。

② 《埃韦特给皮亚特尼茨基的报告》（1934年6月2日），《苏维埃运动》第14卷，第129页。

③ 《共产国际执行委员会政治书记处政治委员会会议第395号记录》（1934年8月15日），《苏维埃运动》第14卷，第188页。

④ 参见金冲及主编《毛泽东传》上，中央文献出版社1996年版，第327页。

要规定加强在赣江西岸的基地，同这些地区建立固定的作战联系，成立运粮队和为红军建立粮食储备等；（2）现在就用自己的一部分部队经福建向东北方向发起战役，以期最后这些部队成为将来闽浙皖赣边区苏区的骨干力量。”① 7、8月间，两路红军分头展开行动。红七军团北上，如朱德所指出的，“是准备退却，派先遣队去做个引子，不是要北上，而是要南下”②。湘赣苏区的红六军团西征，则是作为中央红军转移和西征的先遣队。两路部队，前者寄托的是调敌作用，后者则直接为主力红军转移探路。

同时，博古、李德、周恩来组成“三人团”负责筹划红军战略转移的有关事宜，一系列有关战略转移的计划、行动陆续展开。遵义会议决议提到，中革军委在“八九十三个月战略计划”中，已经“提出了这一问题，而且开始了退出苏区的直接准备”。③ 最初预定的突围时间是10月底11月初，李德谈到，之所以确定这一日期是因为“根据我们获得的情报，蒋介石企图在这期间集中力量发动新的进攻，突围的日期选择在这时，必然会使敌人扑个空”；“从华南地区的地理气候上来考虑，这也是行军和作战的最有利的时间”。④ 中国共产党叛将杨岳彬在给国民党方面的呈文中透露了中国共产党的这一意图：“今年四五月，赤党伪中央，已从匪军中，调出湘南籍之干部多名，潜回湘南各县，布置交通路线，并闻有从湘赣边匪区，抽调一部匪军，编为湘南游击队，窜扰湘南之说。”⑤

二

根据向西转移的方针，从1934年7、8月开始，红军已开始部署重要物资、资材的西运事宜。7月下旬，红十五师奉命开往福建方面，“到福

① 《共产国际执行委员会政治书记处政治委员会给埃韦特和中共中央的电报》（1934年6月16日），《苏维埃运动》第14卷，第143页。

② 《粟裕战争回忆录》，解放军出版社1988年版，第134页。

③ 《中央关于反对敌人五次“围剿”的总结的决议》，《中共中央文件选集》第10册，中共中央党校出版社1991年版，第466页。决议同时批评中革军委在“五六七三个月战略计划”中没有提出这一问题，应该说，这种批评显得牵强，因为“五六七三个月战略计划”制定根据李德的回忆在5月初，此时转移计划还未确定，中革军委不可能未卜先知。

④ ［德］奥托·布劳恩：《中国纪事，1932—1939》，第112页。

⑤ 《匪情实录》，赣粤闽湘鄂剿匪军东路总司令部：《东路月刊》1934年第3、4期合刊。

建搬运胜利品”[①]，此所谓胜利品，实际就是准备搬运的重要资材。7、8 月，红一军团主力开赴闽西掩护红九军团安全转运资材到赣南。8 月中旬，朱德电令红一、九军团，要求其在闽西苏区“确实掩护资材”[②] 西运。同时，中共中央秘密派出国家政治保卫局保卫大队到于都、登贤等红军预定集结地域，秘密侦察路线。中革军委则由副参谋长张云逸率领一个分队，潜往赣粤湘边界，侦察敌情和道路交通。

9 月前后起，为掩护撤退，前方红军作战以运动阻敌为目标。9 月 8 日，中革军委电示红三军团指挥员彭德怀、杨尚昆，要求其在 9 月底前“阻止敌人于石城以北”，“在执行这一任务时应最高度的节用有生兵力及物质资材。在战斗的间隙中除三分之一的值班部队外，主力应集结补充、整理训练，并加强部队的政治团结”。同时强调在石城地区的防御战应进行“运动防御”“不要准备石城的防御战斗，而应准备全部的撤退”。[③] 显然，中共中央此时已将保存有生力量随时准备撤退作为主要考虑。

突围方针确定后，中共中央加紧宣传和组织准备，这方面的材料，以往论著已多有提及，本文不拟赘述。中共中央的计划和行动，始终向共产国际通报并取得指示。9 月 17 日，博古致电共产国际，汇报中共中央的撤退部署：“中央和革命军事委员会根据我们的总计划决定从 10 月初集中主要力量在江西的西南部对广东的力量实施进攻战役。最终目的是向湖南南部和湘桂两省的边境地区撤退。全部准备工作将于 10 月 1 日前完成，我们的力量将在这之前转移并部署在计划实施战役的地方。”[④] 9 月 30 日，共产国际致电中共中央，表示：“考虑到这样一个情况，即今后只在江西进行防御战是不可能取得对南京军队的决定性胜利的，我们

---

① 《彭绍辉日记》，1934 年 7 月 24 日，解放军出版社 1988 年版，第 19 页。

② 《朱关于掩护资材西运的行动部署给一、九军团的指示》（1934 年 8 月 12 日），《中央苏区第五次反“围剿”》（江西党史资料第 21 辑）上册，中共江西省委党史资料征集委员会、中共江西省委党史研究室 1992 年编印，第 204 页。

③ 《朱关于三军团应阻石城以北敌人以保卫瑞金部署的指示》（1934 年 9 月 8 日），《中央苏区第五次反“围剿”》（江西党史资料第 21 辑）上册，第 216—217 页。

④ 《秦邦宪给共产国际执行委员会的电报》（1934 年 9 月 17 日），《苏维埃运动》第 14 卷，第 251 页。

同意你们将主力调往湖南的计划。”① 这意味着中国共产党的转移计划已得到共产国际的完全同意。10 月 8 日，中共中央给新成立的苏区中央分局发出训令，提出在国民党军不断深入苏区的形势下，“必须使红军主力突破敌人的封锁，深入敌人的后面去进攻敌人”②。突围计划完全明朗，突围已箭在弦上。

在前方进行阻击战时，红军主力部队纷纷撤往后方集中，只有地方部队继续留在前方阻敌。10 月 2 日，博古亲至红三军团，召集团以上干部会，彭绍辉日记记载，彭德怀在会上指出：“我军在北线迟滞敌人，争取时间的任务已完成。我军要向敌人反攻，主力须转移。”③ 这已经非常明确地传达出红军即将进行战略转移的信息，一些回忆录所说红军许多中、高级指挥员一直到长征开始仍不知将要进行战略转移的说法是站不住脚的。7 日，中共中央和中革军委命令红二十四师和地方武装接替中央红军主力的防御任务，主力集中瑞金、于都地区，准备执行新的任务。9 日，红军总政治部发布《关于准备长途行军与战斗的政治指令》，明确要求“加强部队的政治军事训练，发扬部队的攻击精神，准备突破敌人的封锁线，进行长途行军与战斗”④。

应该说，长征出发前，中共中央在物资、舆论、组织等各方面做了较为充足的准备。共产国际也尽力提供物资支持。7 月底，上海方面向共产国际报告：“我们又给苏区寄去 5 万墨西哥元。到 9 月中旬还需要寄 40 万墨西哥元……因为晚些时候，看来几乎没有机会了。”⑤ 9 月，国民党方面还发现共产国际派遣的人员在设法打通接济中共“军火用品”的出海口。⑥

① 《共产国际执行委员会政治书记处政治委员会给中共中央的电报》（1934 年 9 月 30 日），《苏维埃运动》第 14 卷，第 256 页。

② 《中国共产党中央委员会给中央分局的训令》，《红军长征档案史料选编》，学习出版社 1996 年版，第 3—4 页。

③ 《彭绍辉日记》，1934 年 10 月 2 日，第 36 页。

④ 《总政治部关于准备长途行军与战斗的政治指令》，《红军长征档案史料选编》，第 9—11 页。

⑤ 《中共上海中央局、盛忠亮和格伯特皮亚特尼茨基的电报》（1934 年 7 月 25 日），《苏维埃运动》第 14 卷，第 171 页。

⑥ 《蒋中正电蒋鼎文澳国籍罗白徒由上海搭船来厦预备由海口接济赤匪军火用品等》（1934 年 9 月 23 日），台北，“国史馆”藏（以下不注藏所），蒋中正文物档案，002060100087006。

为应付即将到来的长途行军，中共中央努力加强武器弹药、粮款筹集及兵员发展。耿飚回忆，出发前，“师部不断通知我们去领棉衣，领银元，领弹药，住院的轻伤员都提前归队……地图也换了新的，我一看，不是往常的作战区域，这说明，部队要向新的地域开进”①。李一氓长征开始前几天赶回瑞金时，看到人们物资准备很充分，“有些人不知在什么地方搞来的很不坏的雨衣，有的人还有很好的水壶，很好的饭盒，很新的油纸雨伞，五节的大电筒，这些都是行进所必需的”②。看到这些，人们没有理由忽视陈云当时的说法：“此次红军抛弃数年经营之闽赣区域而走入四川，显系有计划之行动。当去年退出江西以前，以我之目光观之，则红军已进行了充分准备。”③ 1939 年，当李德在共产国际遭到批评并接受了大部分指责时，仍然特别就长征问题作出辩解，强调：“在技术方面，我认为，远征的准备工作是好的，突破四道防线的计划也一样，比较容易的克服这些防线就证明了这一点。”④

一些论者及回忆录提到红军开始长征时，没有对进军方向及进军计划作出交代，对这些质疑，董必武当年的回答应有参考价值：“主力转移自然是由西向北前进，这是毫无疑问的。至于转移到什么地方，经过什么路线，走多少时候等问题，系军事上的秘密，不应猜测，而且有些问题要临时才能决定。如行军走哪条路，什么时候到达什么地方，有时定下了，还没有照着做，或做了一部分，忽因情况变了又有更改，这是在行军中经常遇到的，只要大的方向知道了，其余的也就可以不问。”⑤ 对于一场军事行动而言，必要的保密应该属于常识，将近一个月的准备动员事实上也是当时可能有的时间极限。

10 月中旬，中央红军开始实行战略转移。红军初期转移进展迅速，湘江战役前的两个月多一点时间内，红军从赣南西部转移到广西境内，

---

① 《耿飚回忆录》上，江苏人民出版社 1998 年版，第 169 页。

② 《李一氓回忆录》，人民出版社 2001 年版，第 161 页。

③ 廉臣（陈云）:《随军西行见闻录》,《中国工农红军第一方面军长征记》，人民出版社 1955 年版，第 5 页。

④ 《布劳恩给共产国际执行委员会的书面报告》（1939 年 9 月 22 日），《苏维埃运动》第 15 卷，第 349 页。

⑤ 董必武:《长征纪事》,《董必武选集》，人民出版社 1985 年版，第 16 页。

行军 3500 里，且几乎没有遭遇大的战斗。以红一军团为例，10 月共行军 11 天，计 860 里，平均每日 78.2 里。11 月行军 24 天，计 1530 里，平均每日 63.75 里。[①] 考虑到转移人员多达十余万人，进行的又是超远距离连续行军，此种速度应称神速。共产国际对此的评论是："运动的目的——使自己的部队与四川红军兵团部队会合——几乎在没有来自敌人方面任何干扰的情况下，完全实现了。"[②] 在 1935 年初，这一判断稍显乐观，但其对红军转移初期状况的描述并不夸张。无独有偶，当时供职于国民党中央党部的王子壮也在日记中写道："赤匪主力并未消灭，以不堪中央军之压迫相率西去，经赣州、大余等地而趋湘南，盖欲入川以会合徐向前之股匪也。复以何键为追剿总司令，然以何之兵不善战，恐难收阻止之效，据报告已骎骎西进。"[③] 骎骎西进，的确是红军初期快速转移的最好注脚。

不过，应该特别强调的是，红军初期转移的顺利，并不能如李德在前述答辩中用来反证中共中央准备的成功，虽然中共中央的准备工作不像曾被指责的那样仓促、零乱，尚属中规中矩，但也并无出奇之举。要实现初期堪称神速的转移速度，远非红军单方面所可决定，当红军实际处于被动撤退这样一种境地，向着一个没有群众基础的地域挺进时，更能够在实质上决定红军命运的，还是其对手方的动向。李宗仁就曾谈道："共军入湘之后，按当时情势，中央军本可利用粤汉铁路和湘江，水陆两路南下，截击共军，使其首尾不能相顾，而蒋先生却屯兵湘北，任共军西行。然后中央军缓缓南下，迫使共军入桂。"[④] 这样的说法虽属一家之言，但并非无稽之谈，事实上，正如毛泽东在论述红色政权为什么能够存在时强调的政治割据因素一样，长征初期的进程和国内政治力量间之诡谲互动有着无法忽视的关系。

---

① 《红军第一军团长征中经过的地点及里程一览表》，《中国工农红军第一方面军长征记》，第 423—425 页。遵义会议后的 1935 年 2 月，红军由于需要摆脱国民党军追兵，28 天内有 26 天在行军，计 1620 里，平均每天 62.3 里；3 月行军 24 天，计 1535 里，平均每天 64 里。可以看出，这时的行军速度和 1934 年 11 月相仿，慢于 1934 年 10 月。

② 《共产国际执行委员会东方书记处关于中国军事形势的通报材料》（1935 年 2 月 11 日），《苏维埃运动》第 14 卷，第 373 页。

③ 《王子壮日记》第 2 册，台北，"中研院"近代史研究所 2001 年版，第 165 页。

④ 《李宗仁回忆录》下，广西政协文史资料委员会 1981 年编印，第 626 页。

三

1934 年秋，红军的对手方主要有两大力量，首要的当然是南京蒋介石集团，另一力量则来自与南京保持半独立状态的两广方面。其中，后者和红军之间的关系一直是剪不断、理还乱。

在中央苏区发展壮大过程中，粤桂这样一支和南京政权处于游离状态力量的存在，发挥着相当微妙的作用。粤方陈济棠与桂系结成联盟，与胡汉民等元老互为奥援，在中原大战后成为南京政权最大的威胁。20 世纪 30 年代初，在内外面临威胁，自身实力尚不充实时，蒋介石对粤桂势力心存顾忌，而粤桂也对南京中央保持高度警惕，在此背景下，中央苏区的存在客观上为双方提供了一个缓冲区域，在相当程度上影响到双方在“剿共”问题上的真实态度。

粤方对“剿共”长期依违两可早已被人们所共知，出于国共两党各自的政治需要，南京中央则向被描绘为“剿共”的坚决实施者，但衡诸史实，未必尽然。陈诚曾提道：“广东一隅，为国防剿匪两大决策之先决问题，长此模棱两可，形成半独立之局势，国防剿匪，均被牵掣。”① 此中广东为“剿匪”先决问题之说，细细琢磨，其实意味深长。现有材料显示，蒋介石在 30 年代初的“剿共”态度也并不像他表面宣称的那样坚定不移。1932 年上海淞沪战事发生时，蒋曾有过在江西放弃“剿共”的设想，2 月中旬，他致电时任江西省主席熊式辉时表示：“如果局势紧张，或至不能不放弃剿匪计划亦未可知。前之所以不主张翼兄主赣省，即恐有此之一日而不忍明言也。今大势如此，倘不早有决心，不惟兵心动摇，且恐兵渐化匪，故拟主力撤至赣东者，以其尚可集团，亦可策应，比死钉在匪区或较胜一着也。”② 从蒋电文中提到不欲熊式辉主赣看，他的撤兵想法尚非一时冲动，其对江西局面心中早有谋算。事实上，蒋放弃江

① 《电呈十八军久战残破请准积极整顿并对广东问题敬陈所见》（1934 年 11 月 4 日），《陈诚先生书信集》上，台北，“国史馆”2007 年版，第 143—144 页。

② 《蒋中正电熊式辉朱绍良上海形势刻决定抵抗到底南昌与开封交通恐中断》（1932 年 2 月 16 日），蒋中正文物档案，002020200019005。

西的主张遭到赣籍的熊式辉强烈抵制，2 月 18 日，朱绍良、熊式辉在回电中提出："江西剿共计划早已放弃，现在部队只是防区，如将主力撤至赣东，并防区之计划而亦放弃之，恐我军反主为客，将被匪剿。虽众不足恃，牵制保守一隅亦不可得。"① 熊式辉等的反对，应在蒋的意料之中，对熊的回电，蒋批："前电主力集中赣东之原则决行。皓辰。"② 值得注意的是，原批文中还有"江西暂时放弃"字样，后抹去，应是避免过度刺激江西地方之故。20 日，蒋介石回电熊式辉等，坚持撤出主力部队的计划，强调："第十八军与第六第十第八十三各师决调赣东，如不得已时，赣江两岸只可放弃，仅守新淦与抚州以北地区，赣南赤匪决非现在军队所能剿清。"③ 此时，淞沪战事已近尾声，"赣南赤匪决非现在军队所能剿清"的说法，真实暴露出蒋在"剿共"问题上的消极态度。倒是熊式辉比他坚决得多，熊在回电中强硬坚持："抽调防区部队，坐视地方沦于匪手，职之立场决不能办。盖为人如此办理，其肉将不足为故乡父老食也。"④ 读至此，或可理解蒋介石为何不愿让熊做江西省主席，因为熊的地方立场很可能会与蒋的战略权衡发生冲突。当时刚刚取代粤系势力重新回到权力中心的蒋介石，选择在江西面对中共采取龟缩态度，既有对日本的顾虑、对中共的恐惧，陈诚前面提到的广东因素也很难不进入他的考量范围。正因如此，陈诚在 2 月 26 日明确告蒋："赣匪非短时日可平，而在此无决心无计划之状态下，更难言肃清……拟即集结所部于吉泰一带。不然诚恐一朝有变，仓皇无以应付。为钧座最后定国计，亦不必遭此无谓损失也。"⑤ 陈诚此语，可谓替蒋介石道出了个中奥妙。

随着时间的推移，蒋介石在中枢的地位逐渐稳固，南京中央对全国控制权不断加强，在"剿共"问题上渐趋积极，第五次"围剿"期间，已经有势在必得之意。而粤桂方面出于自身生存需要的考虑，

---

① 《朱绍良熊式辉电蒋中正》(1932 年 2 月 18 日)，蒋中正文物档案，002020200019006。

② 同上。

③ 《蒋中正电熊式辉朱绍良第十八军等决调赣东》(1932 年 2 月 20 日)，蒋中正文物档案，002020200019007。

④ 《熊式辉电蒋中正抽调防共部队使地方沦赤共手职决不能办》(1932 年 2 月 27 日)，蒋中正文物档案，002020200019008。

⑤ 《电呈为抗战剿匪敬陈末议》(1932 年 2 月 26 日)，《陈诚先生书信集》上，第 66 页。

仍把红军在江西的存在作为其与南京中央间的一道屏障。

对粤方的态度及其在中央苏区生存发展中的独特作用，中国共产党方面有清楚的了解。毛泽东在 1931 年就精辟地指出中共、南京、广东三方的特殊关系："依大局来看，过去所拟三军团去宜黄、崇仁，四军去寻乌、安远的计划，不但客观上帮助了蒋介石打击两广，为蒋介石所大愿，并且要很快引起两广的对共行动，乃由我们一身遮断两广反蒋视线，使之集注于我们自己，必然要促进蒋粤妥协对共的进程，我们不应如此蠢。"[①] 第五次反"围剿"之初，共产国际军事代表也分析到：广州"不管怎样他们知道，战胜红军者将会在军事方面丧失作战能力和被大大削弱。因此他们的基本任务是自己不和红军作战，至少在最初不和红军交手。晚些时候会出现更有利的机会。参加决战和以后同丧失战斗力的战胜者作战"[②]。因此，在共同战略利益驱使下，中国共产党与粤方之间一直保持接触。1933 年 11 月，共产国际代表报告："在中央苏区，广州政府代表已开始进行停战谈判。"[③] 此后，谈判断续进行，双方一直互有期待。

当红军开始准备撤离时，为减轻红军突围西进的阻力，谈判进一步加紧。潘汉年回忆："当我们的红军向中国西部推进时，广州的军阀们认为，如果蒋介石能消灭红军，那就会给他们造成很大的威胁。在他们看来，红军至今是南京军队和广州军队之间的屏障。我们曾派代表去进行谈判。第一次我们未能达成什么协议。第二次我们终究争取到广州同意进行谈判。"[④] 1934 年"八一"节前，双方通过谈判达成停战协议，并设立联络电台。9 月，朱德致信陈济棠，声明"红军粉碎五期进攻之决战，已决于 10 月间行之"，表示愿就停止双方作战、恢复贸易、政治开放、

---

① 《毛泽东致以栗、震林等同志信》（1931 年 6 月 28 日），《中央苏区第三次反"围剿"》（江西党史资料第 19 辑），中共江西省委党史资料征集委员会、中共江西省委党史研究室 1991 年编印，第 41 页。

② 《施特恩关于中国军事政治形势的报告》（1933 年 11 月 8 日），《苏维埃运动》第 13 卷，第 598 页。

③ 《埃韦特给皮亚特尼茨基的报告》（1933 年 11 月 22 日），《苏维埃运动》第 13 卷，第 625 页。

④ 《潘汉年在共产国际执行委员会书记处非常会议上的发言》（1935 年 10 月 15 日），《苏维埃运动》第 15 卷，第 54 页。

军事反蒋、代购军火等问题与粤军举行秘密谈判。[1] 14 日，博古向共产国际报告了双方的接触。[2] 共产国际对与粤方接触高度重视，指示中国共产党在谈判中主要应提出代购军火和取消封锁、恢复贸易，不应附加其他过高条件，以免“丧失利用广州人和南京人之间矛盾的机会”[3]。

中共中央的表态迅速得到粤方回应，10 月 6 日，中共代表和陈济棠代表在寻乌会谈，数日后达成就地停战、互通情报、解除封锁、互相通商和必要时可互相借道等 5 项协议。其中借道一条，言明红军有行动时事先将经过要点告诉陈济棠，陈部即后撤 20 公里让红军通过，红军保证不进入广东腹地。中国共产党和粤方成立的这一协议，为红军顺利突围转移准备了极为有利的条件。张闻天在《红色中华》上发表的文章明确指出：“近来国民党内部的某些军阀，愿意同我们在反蒋方面进行某些条件的妥协，我们显然是不会拒绝利用这种机会的。”[4] 长征开始后，中革军委告知红军各军团指挥官：“现我方正与广东谈判，让出我军西进道路，敌方已有某种允诺。故当粤军自愿的撤退时，我军应勿追击及俘其官兵；但这仅限于当其自愿撤退时，并绝不能因此而削弱警觉性及经常的战斗准备。”[5] 事实上，长征初期，红军之所以能顺利实现转移，与粤方放开道路直接相关，以致蒋介石痛责：“南路军只留一团兵力守赣州，其余撤至大余以西，任令匪部由赣州至大余空隙间偷窜，平时请饷请械要求倍至，而当此残匪肃清关头竟不能为国家民族稍加努力。”[6]

面对蒋介石的指责，陈济棠并不示弱。他在给蒋的回电中振振有词：南路军“防线延长，守兵稀薄，不克如北路军之重层配备，前后错综，应

---

① 朱德：《关于抗日反蒋问题给陈济棠的信》，《朱德选集》，人民出版社 1983 年版，第 18 页。

② 《秦邦宪给共产国际执行委员会的电报》(1934 年 9 月 14 日)，《苏维埃运动》第 14 卷，第 236 页。

③ 《共产国际执行委员会政治书记处政治委员会给中共中央的电报》(1934 年 9 月 23 日)，《苏维埃运动》第 14 卷，第 253 页。

④ 张闻天：《一切为了保卫苏维埃》，《红色中华》第 239 期，1934 年 9 月 29 日，第 1 页。

⑤ 《军委关于我方正与广东谈判让出西进道路，如粤军自愿撤退我军应勿追击的指示》(1934 年 10 月 26 日)，《红军长征档案史料选编》，第 18 页。

⑥ 《蒋中正电蒋伯诚赣南共军安全西窜请转托杨德昭代达陈济棠望兜剿》(1934 年 10 月 31 日)，蒋中正文物档案，002020200029004。

为天下所共见……本路军因年来感受兵力之不敷，防线之延长，迭经请命派兵接防，以至最近亲承复命派遣李罗各师来接赣南，迄未见如命而到。今以匪主力分窜责南路军以不事兜剿，事实俱在，不难覆按”①。陈的说法虽然不无推卸责任之处，但其所说南路空虚及希望蒋派兵接防赣州确非虚言，蒋在复电中也承认：“南路防广兵单，自是实情，中亦深为谅解。”② 不仅是南路，负责赣州一带防御的西路军其实也相当空虚，当红军开始长征西进时，“南康县周百里无国军”③，而赣州商会则向蒋介石报告：“沿江两岸数百里均无兵驻”④，形成“西路军之部署难以防堵”⑤ 之局。可见，红军主力能够顺利西进，粤军南撤开放路线固为助因，但蒋介石此前部署实已种下因果。陈的回应，相当程度上击中了蒋的要害。

其实，陈济棠的回应中还有一些不欲明言的潜台词，那就是当时人们议论较多的蒋驱共入粤入桂企图。李济琛曾向人谈道：“中央原欲驱共入两粤，以计不得逞，现改取军事长期包围式。”⑥ 李的担心当然不会为陈济棠、李宗仁、白崇禧等忽视，而蒋重北重东轻南的兵力部署也很难不令人产生这样的猜测。后来李宗仁就在回忆录中谈道：“就战略的原则来说，中央自应四方筑碉，重重围困，庶几使共军逃窜无路，整个就地消灭……但此次中央的战略部署却将缺口开向西南，压迫共军西窜。”⑦ 由于当事者的讳莫如深，可以直接证明这种企图的材料很难出现，但蒋方防粤、谋粤的用心还是常常可以见到的。1934 年 7 月，蒋在日记中提醒自己“以后每日以平粤计划与首都防御二者，列入注意栏内”⑧，平粤

---

① 《蒋伯诚电蒋中正转呈陈济棠电文》（1934 年 11 月 3 日），蒋中正文物档案，002080200190057。

② 《蒋中正电杨德昭蒋伯诚南路军防广兵单致为匪乘》（1934 年 11 月 5 日），蒋中正文物档案，002060100089005。

③ 《南康县商会等电蒋中正熊式辉南康县百里无国军请即派军驰镇》（1934 年 10 月 26 日），蒋中正文物档案，002090300082173。

④ 《赣县党部暨商会电蒋中正》（1934 年 10 月 25 日），蒋中正文物档案，002090300082174。

⑤ 《黄克鼎电蒋中正现已完成砻市经大龙大舸大坳背之碉堡》（1934 年 10 月 28 日），蒋中正文物档案，002090300084042。

⑥ 《陈其尤电蒋中正李济琛昨来港见胡汉民》（1935 年 1 月 6 日），蒋中正文物档案，002080200199168。

⑦ 《李宗仁回忆录》下，第 625—626 页。

⑧ 蒋介石日记（手稿），1934 年 7 月 10 日，斯坦福大学胡佛研究所档案馆藏，下同。

成为其日日讲的话题。陈诚也在1934年11月提出，对粤“应乘此时机，以较强硬之态度，促其听命，作进一步较彻底之解决，以除患肘腋。然后始可再言整军并剿川匪也”①。在此背景下，陈济棠当然不会全力堵截红军，以免引火烧身。

四

历史真是吊诡，当蒋介石义正词严痛责粤方放虎归山时，其实他本人在“围剿”最后阶段的作战中也是首鼠两端。对蒋的真实态度，共产国际代表有精当的观察：“蒋介石需要这样来同红军作战，使他在消灭红军之后不是太被削弱地出现在福建和广东的边界上。如果做不到这一点，那么同红军作战就不能达到他在军事上和政治上得到加强的目的。”在共产国际代表看来，蒋的碉堡战术既是其对付红军运动战的手段，还包含着他观测形势发展的战略考虑：“蒋介石比德国人更了解江西和在它之后的省份（福建、广东、湖南），因此他知道，突破不会给他带来太多的东西。他认为，根据各种预测，突破可以取得成功，但为此他要付出昂贵的代价。此外，红军最终是会被打散的，那时斗争就永不会结束。因此蒋介石想把红军置于包围圈内，看他们在碉堡包围情况下怎么办。”②

第五次“围剿”时，南京方面握有充分的主动权，正因如此，素喜在内斗中纵横捭阖的蒋介石，对“围剿”结局开放着各种可能性。抗战前夕，蒋与中国共产党谈判期间，曾在日记中写道：“政治胜利至七八分为止，必须让敌人一条出路，此围攻必缺之道乎。”③ 这在相当程度上传达出蒋的内在理路和处事方式，对观察蒋的种种作为不无参考意义，其对苏区封锁及进攻的部署，隐约可以窥测到如上复杂思虑。“围剿”期间，其在东南北三面展开对红军的围困，西面赣州方向力量始终空虚，没有布置有力部队，这固与赣州一带临近广东、湖南，牵涉政治地理的

---

① 《电呈十八军久战残破请准积极整顿并对广东问题敬陈所见》（1934年11月4日），《陈诚先生书信集》上，第143—144页。

② 《施特恩关于中国军事政治形势的报告》（1933年11月8日），《苏维埃运动》第13卷，第600、602页。

③ 蒋介石日记（手稿），1937年6月3日。

复杂形态相关，但蒋的无所作为仍让人印象深刻。随着“围剿”的深入，西线赣州方向地位日益重要，早在 1934 年 5 月 18 日，几乎与中共中央决定向西突围同时，蒋介石就强调：“赣南残匪，将必西窜。”① 8 月，国民党“围剿”军西路军总司令何键明确谈到，在合围完成状况下，红军一定会寻找出路，“如窜粤窜浙，均为事实上所不可能，一定只有下述两条路，一为窜闽，一为从粤湘接壤的地方窜入湖南，再图窜别的地方”②。9 月底，何键更进一步向蒋报告，据其得到的情报，中国共产党准备西进与湘黔部队合股，并建议“抽调三师驻扎赣州，原驻部队及南路军集合赣州、信丰、安远间，以防匪窜越赣水”③。10 月初，白崇禧也提醒蒋加强西路兵力，“宜驻良口、赣州、南康”④，以防止中国共产党主力西进。但是，何、白这些急如星火的建议在蒋这里并未得到认真回应，除象征性要求加强构筑碉堡工事外，缺乏有效的实际动作。

不仅是何键等，早在 1934 年 6 月，陈诚曾针对红军可能的突围提出建议：“我军部署应仍以有力一部深入匪巢，诱导其它各路前进，以达合围之目的。另以一部准备匪如西窜随时均可截击。故拟（一）以我三、五两路军主力之罗（卓英）、樊（崧甫）、汤（恩伯）三纵队，会取石城，威胁瑞金，匪必东援伪都，而忽视西面。此时即令周（浑元）纵队乘机袭取兴国，诱导南路军北取雩都。（二）第六路军就现地停止集结主力，策应各方，待机前进。（三）兴国附近地势险恶，道路崎岖，匪化最深，仅以现有之周纵队兵力进取兴国似嫌单薄，故拟请增调九十九师归周指挥，以厚实力。”⑤ 单从战场形势看，陈的建议切中要害，应属高明。对此，蒋介石的反应同样出人意料，他不仅没有按陈诚所说在西线增加兵力，反而在红军行将开始转移时指示：“欲促进战局之从早结束，则东

---

① 《蒋中正电陈济棠等赣南残共西窜组织西南两路参谋团着手设计构筑》（1934 年 5 月 18 日），蒋中正文物档案，2020002000036。

② 《何总司令在扩大纪念周中报告最近剿匪情况与修建飞机场的必要》，《西路军公报》第 14 期，1933 年 8 月 15 日，第 13 页。

③ 《贺国光电蒋中正转何键报赣匪企图西窜》（1934 年 9 月 29 日），蒋中正文物档案，002090300086050。

④ 《白崇禧电蒋中正何键》（1934 年 10 月 5 日），蒋中正文物档案，002090300096129。

⑤ 《电呈依据匪情拟进剿方略乞钧裁》（1934 年 6 月 14 日），《陈诚先生书信集》上，第 136—137 页。

路应增加兵力，如能将第四与八十九两师由汤（恩伯）带领东移，则东路即可单独向长汀、瑞金进展，一面北路军占领宁都与薛（岳）路会合后，即可由宁都与东路军由长汀会占瑞金，可免石城与长汀线之兵力与时间也。”① 对此，难明蒋介石机心的陈诚回电质疑：“为求歼匪于赣南计，我军重点应偏于西翼地区，使东路军不必急进，免迫匪西窜，如为减少部队调动之疲劳及免费时间计，汤纵队似可不必东调。”② 陈诚的质疑，恰恰反证出蒋介石西兵东调的用心，即将红军往西线逼迫，其战略目的极有可能指向的是逼走而不是围歼红军。

“围剿”最后阶段蒋的真实态度，在其日记中也可找到线索。9月6日，蒋日记中写道：“预定：一、进剿至石城、宁都与长汀一线，当可告一段落，以后即用少数部队迫近，与飞机轰炸当可了事。二、用政治方法招降收编，无妨乎。”③ 可见，此时其尚少对红军穷追猛打的腹案，倒是有一厢情愿的招安设想。蒋日记还显示，此时他对粤方和中国共产党的接触已有掌握，10月17日，日记“注意”栏第一条就是：“粤陈联匪已成乎，应制止之。”④ 从语气上看，他对粤、共接触应早有了解，情报掌握尚称迅捷。不过，蒋所谓制止并无下文，倒是此前几天，10月14日，他还在催促粤方向北开动，要求其“进取于都，以为我封锁线前进部队之据点”⑤。如果粤方果真向北开动，充当堵截红军西进的主力，蒋自然乐于见到，但衡诸宁、粤、共三方微妙关系，粤方出动概率几乎为零，而蒋也不会天真到对此真的寄予期待，所以对于粤方提出的索取津贴要求，他一改往常的慷慨态度，以“待其确实占领于都后照办”，将皮球踢了回去。⑥

---

① 《蒋中正电陈诚战局欲早结束东路应增加兵力》(1934年10月9日)，蒋中正文物档案，02020002000064。

② 《陈诚电蒋中正》(1934年10月15日)，蒋中正文物档案，002090300090032。

③ 蒋介石日记（手稿），1934年9月6日。

④ 蒋介石日记（手稿），1934年10月17日。

⑤ 《蒋中正总统档案·事略稿本》第28册，台北，“国史馆”2007年版，第275页。

⑥ 《蒋中正总统档案·事略稿本》第28册。与此相对照，蒋在军情紧急时，擅打银弹攻势，不等部队开拔就发放开拔费并不鲜见（参见金以林《从反叛到瓦解——石友三1931年反蒋失败的个案考察》，台北《近代中国》2004年第156期）。

蒋介石的所谓“放水”[①] 举动，当年窥破奥妙者或已有人在。11 月底，在政坛翻滚有年的何其巩上书蒋介石，提出：“赣匪之可虑，不在其窜逃，而在其守险负隅，旷日持久……赣匪倘能在赣川以东，合围而聚歼之，固为上策，否则有计划的网开一面，迫其出窜，然后在追剿中予以节节之击灭，似亦不失为上策中之中策也。”这或许是何揣测蒋介石心态的一种进言。何并针对西南三省谈道：“川滇黔三省，拥有七千万以上之人口，形险而地腴，煤盐油矿以及各种金属皆不缺乏，足为国防之最后支撑点。宜乘徐匪猖獗之时，或在赣匪西窜之时，力加经营。即钧座不能亲往，亦宜派遣忠义大员，统率重兵入川。”对何的上述看法，蒋批曰：“卓见甚是，当存参考。”[②] 以此为基础，1934 年底辞旧迎新之际，蒋瞻前顾后，在日记中将“追剿”红军、抗日准备与控制西南三者巧妙结合：“若为对倭计，以剿匪为掩护抗日之原则言之，避免内战，使倭无隙可乘，并可得众同情，乃仍以亲剿川、黔残匪以为经营西南根据地之张本，亦未始非策也。当再熟筹之！”[③] 这段话，和前述种种结合来看，的确意味深长。

从国民党方面作战计划看，在红军积极准备撤离的关键阶段，其最高指挥机关并没有实施围歼的严密计划。1934 年 9 月 29 日，时任南昌行营参谋长的贺国光向蒋报告：“综合各方情报判断，赣匪似有西窜企图，如能在沿赣江至信丰、安远之第一线及宁冈、桂东、汝城、仁北、曲江之第二线以东地区歼灭之固善，倘被窜逸，则以在沿湘江桂江之第三线封锁较为确实。李白何迭次来电同此主张。诚以此线利用河流天然形势南北连贯不易绕越防守极易。除湘江段已颁发西路补助金赶筑外，广西段据李白来电亦在进行中。”[④] 可见国民党军一开始就将围堵红军重点放

---

① 蒋纬国晚年在口述自传中谈及这段历史时称：“从整体来看，当时与其说是没有包围成功而被中共突围，不如说是我们放水。”刘凤翰整理：《蒋纬国口述自传》，中国大百科全书出版社 2008 年版，第 6 页。

② 《何其巩呈蒋中正抗日救国根本大计在于安定北方巩固中部经营西南之意见》（1934 年 11 月 25 日），蒋中正文物档案，002080200194043。

③ 蒋介石日记（手稿），1934 年 12 月 29 日。

④ 《贺国光电蒋中正据各方情报判断江西共军似有西窜企图请准拨款修筑湘赣桂边区碉堡封锁线》（1934 年 9 月 29 日），蒋中正文物档案，002090300083152。

在了湘江一线。[①] 更有意思的是，在红军主力已离开赣南但尚未远飏时，蒋甚至告诉部下："匪主力未窜过汝城桂东以西之前，我三路不必急取瑞金，而可先取雩都也。"[②] 蒋此举显然不能单从军事角度加以解释，其中含有很深的用心：既与其当时策动前方将领以"剿共"尚未完成呼吁推迟召开国民党五全大会相关，也不无担心占领瑞金刺激红军回返而暂时控兵不进的意图。

看到这些，我们不能不钦佩第五次反"围剿"开始之初共产国际驻华军事总顾问弗雷德对蒋动向的分析："要么他应该率领强大的部队由福建和赣江上游（向赣州方向）推进，出现在红军和闽赣两省军队之间，要么指望红军向赣西和湖南突破，停止在原地没有希望的斗争。这也会把他拖到湖南，他会在那里面临准备新战役的任务。"[③] 有理由相信，蒋当时选择了后者。正由于此，10 月中旬，当红军正紧锣密鼓地进行长征的最后准备时，蒋介石却从江西前线撤手西去，开始其被当时报章称为"万里长征"[④] 的一个多月西北、华北之行。在蒋看来，红军的西去，也许就像围棋里对手逃大龙一样，只要自身立于主动，大可顺水推舟、就势而为，所谓"赣匪一旦窜遁，则无论跟踪追剿之师，因地留戍之师，回防中部北部之师，控制西南一带之师，皆能左右逢源，不虞粘滞，从此大局可期永安"[⑤]。而此时蒋的西北、华北之行，当然不会和对日问题没有关系，也不会不落入背靠西北、正和日本相互提防的苏俄眼中。对于当时正和苏俄寻求更紧密关系的蒋介石而言，西北之行传达的意思，真令后世览史者有一言难尽之慨。

历史就是这样，在信誓旦旦的表态后面，其实还隐藏着历史人物很

---

① 1934 年 10 月 31 日，当中央红军还在湘赣边境时，蒋介石给前方陈济棠、何键、顾祝同的电令中就要求将其"聚歼于湘江以东地区"，也可作为正文的佐证。参见《蒋中正电各高级将领赣南共军已由赣州大庾间逃窜嘱各将士截追》（1934 年 10 月 31 日），蒋中正文物档案，002020200029001。

② 《蒋中正电熊式辉贺国光》（1934 年 11 月 3 日），蒋中正文物档案，002090300096148。

③ 《施特恩关于中国军事政治形势的报告》（1933 年 11 月 8 日），《苏维埃运动》第 13 卷，第 600—601 页。

④ 《蒋委员长出巡纪要》（下），《军政旬刊》第 39 期，1934 年 11 月 10 日，第 118 页。

⑤ 《何其巩呈蒋中正抗日救国根本大计在于安定北方巩固中部经营西南之意见》（1934 年 11 月 25 日），蒋中正文物档案，002080200194043。

深的心机和算计，虽然这些对知道结果的后人而言，也许只是机关算尽的笑柄，但当时却可能是影响着历史进程的逻辑力量。因此，我们看到了尚称周密的长征准备，却不能单纯以长征初期的顺利转移作为准备成功的佐证，因为在这些顺利后面，还有我们上面所说到的多方面的因由，这些乃至更多的复杂因素事实上也在相当程度上左右着长征的全过程。

神明的正统性与社、庙组织的地域性

——拜上帝会毁庙事件的社会史考察*

唐晓涛

一 引言

1844年，洪秀全与冯云山首次出游广西，在浔州府①贵县的赐谷村听闻当地有一座六乌（窠）庙，所供奉者为一对本地男女，据说两人和歌七天七夜，合欢而死，死后被当地乡民塑像入庙奉为神明，洪秀全因而题诗指斥六窠神为“妖魔”，此事被视为洪秀全首次在广西反偶像之举。1847年秋，洪秀全两次入桂，深入桂平紫荆山区，其时，经冯云山两年多努力传教，紫荆山区已形成拜上帝会组织，有众多会众，两个月后，洪秀全偕冯云山等会众，步行两天到达象州大樟乡甘王庙，洪秀全持棍在手，痛殴木偶像，口中历数其十大罪状，并亲书檄文指斥甘王神为“甘妖”，此举成为拜上帝会公开砸社毁庙之先河。

---

* 本文原载《近代史研究》2011年第3期。本文为国家社科基金项目“民间信仰与地域社会转型：太平天国历史根源的社会史考察”（08XZS009）、中华人民共和国香港特别行政区研究资助局项目“重构西江：明清帝国的建构与土著社会的演变”（CUHK1/06C）的前期研究成果，并获中国博士后基金资助（20080440797）。

① 明代浔州府下辖桂平县、平南县和贵县（即今广西桂平市、平南县和贵港市），清雍正年间增辖武宣县。

学界对洪秀全及拜上帝会众的毁庙举动多从拜上帝会提倡上帝为独一真神，反对偶像崇拜的角度作出阐释。① 夏春涛就认为洪秀全反偶像崇拜的强硬态度是在广州深受原教旨主义者罗孝全极力反对偶像崇拜思想的影响，并推断毁甘王庙是“从废止偶像崇拜这一教义出发的宗教行为，本身不带有任何政治象征意义”②。这些研究阐释了太平天国反偶像崇拜思想产生的一个重要渊源，不过，笔者以为，还有一个不能忽视的思考角度是当时浔州府具体的社会情况，即要考虑众多拜上帝会众对毁庙行为的接受度，特别不能忽略的是当时地方偶像崇拜背后所涉及的地缘权益问题。夏先生其实已经指出当地乡绅认为上帝会势力的坐大和捣毁偶像的举动都对维持地方教化和秩序构成了严重威胁，因而视上帝会为异己力量。③ 不过，他没有进一步深究地方乡绅将毁偶像行为视为对社会秩序的严重威胁背后所包含的组织制度上的根源，也没有对其时地方社会的民间信仰予以更多的关注。④

笔者近年来 17 次共 189 天深入浔州府（及象州部分地方）对当地的社、庙作调查。据此而进行的前期研究表明，在明清浔州府地方社会秩序形成过程中，地方社、庙系统往往通过推广国家祀典神明或赋予地方神明合法身份的方式使神明具有“正统性”⑤，并依赖“正统”神明来维

---

① 国内此方面的研究以夏春涛最具代表性，在其《太平天国宗教》（南京大学出版社 1992 年版）和《天国的陨落：太平天国宗教再研究》（中国人民大学出版社 2006 年版）两书中均表达了这一观点。另外可参见钟文典《太平天国起义与乡土宗教》（《广西师范大学学报》1988 年第 1 期）。

② 夏春涛：《天国的陨落：太平天国宗教再研究》，第 38、65—67 页。

③ 同上书，第 38 页。

④ 小岛晋治和史景迁（Jonathan D. Spence）在研究中关注到民间信仰与太平天国起事的关系。前者指出地方神灵的排他性与拜上帝会众选择上帝信仰之间有着因果关系，后者则试图经由洪秀全内心世界的经历与外在社会脉络的合拍去追索他毁庙行为的逻辑。不过，前者只是依据皮顿·查尔斯 19 世纪中叶在广东的调查资料作出猜测，后者也只是依据文献记载进行了较为宽泛的讨论。参见［日］小岛晋治《试论拜上帝教、拜上帝会与客家人的关系》（北京太平天国历史研究会编《太平天国史译丛》第 2 辑，中华书局 1983 年版，第 300—301 页）和［美］史景迁著，朱庆葆等译《太平天国》（台北，时报文化出版企业股份有限公司 2003 年版，第 9 页。该书另有上海远东出版社 2001 年译本《“天国之子”和他的世俗王朝：洪秀全与太平天国》）。

⑤ “正统”与“异端”其实并无固定界线。一因“正统”标签有多样性，人们在实际生活中会利用各种文化标签来表明自己为正统而指责他者为异端；二者，诚如孔飞力所言，团练与会党成员及组织本身往往会因应实际需要而互相转化，两者的界限因此而模糊。参见［英］孔飞力著，谢亮生等译《中华帝国晚期的叛乱及其敌人》（中国社会科学出版社 1990 年版，第 181—186 页）。

系既有的社会文化秩序。清中后期，以社、庙祭祀为中心形成了超宗族、超村落的地缘组织——村落联盟（local alliances）。村落联盟成为地方乡村整合的重要形式，更随着朝廷制度的变化，借用国家行政法规术语使自身存在合法化，它成为地方最主要的社会结构。① 在这样的社会秩序中，表达村社成员的地域资源分享等权益的方式即通过能否参加社、庙的庆典仪式来体现。因此，虽然社神、庙神人人可拜，名义上也称神明保佑所有虔诚信众，但事实上，神灵作为地域群体保护者的角色使其具有强烈的排他性，社、庙的仪式经常被利用来排拒那些未在本地落地生根的后来者及非定居者。②

下文即在概括清中后期浔州府地方民间信仰及村落联盟实况的基础上，以六乌庙和甘王庙为中心，细致阐析拜上帝会的建立与这些地方信仰及组织的关系，以更深入地理解拜上帝会众毁庙行为的逻辑，揭示太平天国起事的更复杂的地方社会背景。

二 神明的“正统性”与村落联盟对“异类”的排斥

明清以前，浔州府基本上是巫觋的天下。其后，国家在地方上大力推行正统化的礼仪与意识形态，重要的渠道是兴建学校，而更有效的途

---

① “村落联盟”是借用了科大卫（David Faure）的用词。科先生在 *The Structure of Chinese Rural Society Lineage and Village in the Eastern New Territories* 一书中将香港所见此类以神庙祭祀为中心的组织命名为“local alliances”（Hong Kong：Oxford University Press，1986，p. 100）。郑振满在《莆田平原的宗族与宗教：福建兴化府历代碑铭解析》（《历史人类学学刊》2006 年第 4 卷第 1 期）一文则将莆田平原此类组织（如“七境”）称为“超宗族和超村落的社会联盟”。关于浔州府村落联盟形成的具体阐析参见拙著《清代广西浔州府地区村落联盟的形成：兼论“拜上帝会”建立的地方社会背景》（《清史研究》2010 年第 3 期）。

② 有学者在研究 19 世纪广东乡村情况时曾指出，社、庙的排他性仪式常被利用来排拒新来者和商人［Luo Yixing，“Territorial Community at the Town of Lubao，Sanshui County，from the Ming Dynasty，” in David Faure and Helen Siu（eds.），*Down to Earth*：*The Territorial Bond in South China*，Standford：Standford University Press，1995，pp. 44 - 64］；客家人被本地人视为入侵者而被拒绝加入对地方神的崇拜，缺乏祖庙的客家人只有崇拜祖先来获得满足（皮顿·查尔斯的调查，转引自［日］小岛晋治《试论拜上帝教、拜上帝会与客家人的关系》，《太平天国史译丛》第 2 辑，第 300 页）。

径是对神明的塑造。[①] 从地方文献上看，官员们在浔郡推行教化时往往强调要利用“粤人重鬼神”的传统引导人们接受教化。[②] 地方上，乡民和士大夫们也通过推广国家祀典神明或吸收祀典神明的祭祀仪式对地方神明进行塑造，赋予其正统性的社会身份。在当地最受崇祀的三界神、甘王神、刘大姑神和李王神都有由地方神明而被赋予正统性社会身份的经过。

以甘王神为例。《钦定大清会典事例》在咸丰敕封甘王庙时记云：“神名佃，宋时象州人，殁封惠济感应侯，元加封孚应惠济圣公，前明进封王。”[③] 即谓甘王早在宋代就受到敕封，历元、明、清各朝，均为国家祀典神明。不过，仔细查勘文献，可以看到地方上有一个自明中期以来逐步将甘王由地方神塑造为国家正统神明的过程。最早与甘王相关的记载言其名为甘将军、甘佃，均只是有灵异能力的地方神[④]，《宋会要辑稿》和《明会典》等官方文献均未有甘王受封的记载。之后，自康熙《广西通志》始，此位地方神明裂变为甘将军（甘陆）与甘王（甘佃）二人，而甘将军也具有了协助朝廷平定南汉

① 由神明信仰而推行国家正统文化意识形态的问题，前辈学者已有深入讨论。早期最有影响者为华琛（James L. Watson），他在考察天后崇拜的 Standardizing the Gods: The Promotion of T'ien-hou（“Empress of Heaven”） a long the South China Coast, 960 – 1960 [in David Johnson, Andrew Nathan, and Evelyn Rawski（eds.）, *Popular Culture in Late Imperial China*, Berkeley: University of California Press, 1985, pp. 292 – 324] 一文中指出，国家通过敕封地方神而使国家权力与意识形态被贯彻到地方，地方庙宇也通过供奉朝廷认可的神明表明对国家权威的接受，从而使地方信仰纳入主流文化范畴之内。进一步的讨论参见《历史人类学学刊》2008 年 10 月第 6 卷第 1、2 期合刊中科大卫、刘志伟、贺喜、唐晓涛、谢晓辉和陈丽华的系列文章。

② 吕廷云（康熙二十四年平南知县）:《重修城隍庙碑》，光绪《平南县志》第 10 卷，“建置略・庙祠”，第 7 页。

③ 《钦定大清会典事例》第 446 卷，“礼部・群祀・直省御灾捍患诸神祠庙二”，《续修四库全书》第 805 册，上海古籍出版社 1995 年版，第 115 页。

④ 王象之:《舆地纪胜》第 105 卷，“象州・古迹”（四川大学出版社 2005 年版，第 6 册，第 3544—3545 页）上记云，“甘将军正庙，在阳寿县北七十里。公家富饶，务赈济，一夕梦一神人告之曰：‘汝处心公平，幽冥已录姓名。’公自是不治产业，公兄弟诮之，分其已分之田，责其自耕，公乃缚数茅人立于田旁，次日视之，插莳已毕，众皆神之。一日聚诸邻里曰：‘吾已厌于世矣！’即瞑目而去。”又，万历《广西通志》第 41 卷，“杂纪一・方外”（第 830 页）记云：“甘大将，象州人，名佃。家富，有窘乏告者，皆满其所欲而去。性特灵异，乡人决以祸福者，无不奇验。一日，聚邻里告曰：吾已厌世矣。因教众以修身事亲大节。言讫，即瞑目而逝。乡人因建庙设像祀之，屡著应验。”

的护国将军的正统身份，甘佃则变成自宋代就受敕封，历元、明而被加封为王的国家祀典神明。[①] 到乾隆《象州志》，则明确将甘陆和甘佃记为象州古车村人，并称二人为叔侄关系[②]，赋予了神明一个世俗的住所与身份，从而可以与现实生活中的具体人事联系起来。结合该地区自明至清以来逐渐被纳入国家体制的历史过程看，可以认为，甘大将的护国将军身份和甘王早在宋代就受封的记录很大程度上是读书人书写创造的结果，而读书人的创造后来也逐渐影响到乡民的认同，现今采集到的科仪唱本和民间口传故事中，都添加了甘王平定南汉被拜为护国将军以及辞官回乡受封为神的事迹。总之，自明至清，甘王神的正统形象被逐渐塑造起来，神明最终被固定为象州古车村人。这样的塑造非常成功，到了清后期，象州大樟乡甘王庙已被称为甘王“祖庙”，确立了其作为地方正统化标志的至尊地位。

三界神也经历了由水（蛇）神、地域保护神而成为国家祀典神明的过程，其身份也从“猺人祖公”被塑造为来自中原、协助朝廷将领平定瑶乱而后定居浔州府的冯氏宗族祖先[③]；李王则被称为率军剿瑶贼的将军；刘大姑更被附会为国家祀典神明天后娘娘。[④] 神明正统化的背后既反映了地方社会对于国家礼仪和意识形态的体认，其实也是乡民们通过使用国家认可的文化象征来合法化自己在地方上的政治、经济、文化权益的手段。

明清的浔州府有着异常复杂的族群互动，明代这里是“猺乱”核心区，明中期剿乱时从桂西调入大量“狼兵”屯驻，由明至清，狼兵与被称为“猺”“獞”的土著，及来自粤东的商人，惠潮及闽浙赣的移民等不断交错融合，形成了多族类混居的局面。这种状况使乡民们在塑造自己

---

① 康熙《广西通志》第 21 卷，“仙释”，第 16 页。

② 乾隆《象州志》第 4 卷，“迁谪附流寓、仙释”，第 41 页。《象州志》第 4 卷，“诗钞”（第 57 页）收录了吴从拭的《甘王庙碑歌》，与《象州志》所记甘陆、甘佃的故事相一致。故有可能在明代，地方上就有甘将军、甘王两个版本的故事，表明神明正统身份的塑造过程始于明代。

③ 具体的阐析参见拙文《三界神形象的演变与明清西江中游地域社会的转型》，《历史人类学学刊》2008 年第 6 卷第 1、2 期合刊。

④ 上述诸地方神明的正统化塑造情况详见拙文《礼仪与社会秩序：从大藤峡“猺乱”到太平天国》，博士学位论文，中山大学，2007 年，第 163—177 页。

社群所奉祀的神明为“正统”的同时，还常常对不属于己群的他者所奉祀的神明进行诋毁。令笔者印象深刻的例子是在桂平金田地区听到的阡陋神的两个故事版本。第一个版本是洞心乡东平庙庙缘首所讲述，言黄阡陋是金田镇蔡村阡陋庙的神明，曾与东平庙的主神李王爷争座，黄阡陋为抢先坐上神位而打死了自己的老母亲。① 第二个故事是奉祀以黄阡陋为主神的阡陋庙庙缘首讲述，称黄阡陋是本村人，很有法力，母亲死后由蚂蚁堆成坟埋葬，其本人也成神受到奉祀。② 两个故事中，奉祀阡陋神者所述的是有灵异法力的祖先成神故事，而非奉祀群体则改变了故事，黄阡陋成了不守礼义之道而打死老母亲的不孝子，这是一种标榜自己为正统而诋毁别人非正统的说辞。神明形象可视为族群身份的表达，人类学家华德英（Barbara E. Ward）早已指出，族群身份的认同，他者加诸的标签同局内人的自我认同之间存在明显的差别，在现实生活中，人们通常会强调自己的社群为“正统”（即自认为更接近文人意识形态模型），而将身边的他者视为“非正统”。③ 而不同群体间如此标榜自己，诋毁他者的背后其实伴随着群体间的利益和冲突。当这种冲突在清中后期变得日趋剧烈时，遂以社、庙祭祀为中心发展出超宗族、超村落的地域性组织——村落联盟。

村落联盟的形成与不同社群维护其地域内的资源占有权有紧密的联系。道光十年（1830），朝廷一道针对粤西浔州府等府“打众架”的谕令可作为一个证据，谕云：

> 粤西有种恶习，名曰打众架。多因乡民此村与彼村争占山场地亩，及竞扒龙舟，构结雠怨，互为报复。鸣锣会众，千百为群，齐持枪械，舍命凶斗，常有伤毙多命之事。有畏法不从者，群相凌虐，

① 东平庙莫缘首、徐仙姑讲述，笔者2005年11月15日调查笔记。

② 阡陋庙缘首吴婆婆、谢婆婆讲述，笔者2005年11月20日调查笔记。

③ 华德英认为，在人们的社会认知过程中会牵涉三套观念，一是我对我的社群的看法（Immediate Model，即自制模型）；二是我对我的社群所归属的社会的看法（Ideological Model，即意识形态模型）；三是我对周围社群的看法（Observers' Model，即观察者模型）。对中国人而言，意识形态模型即是对传统文人制度的构想，它提供了评估何谓中国方式的标准。参见 Barbara E. Ward，“Varieties of the Conscious Model：The Fishermen of South China”，in Michael Banton（ed.），*The Relevance of Models for Social Anthropology*，London：Tavistock，1965，pp. 113 – 138。

毁其家具，损其牲畜，把禁牧场，不许其人牧放，并不许其担水举火，必胁其同恶共济而后止。①

这里提到的冲突以村为单位，各村为了维护山场地亩及谷米产物等地域资源结成了对外联盟体，相互之间的冲突遂表现为“打众架”的形式，而支撑“打众架”的机制即是民间社会的地缘组织。这些组织通过各种方式加强甚至强迫同一地域内的成员服从和认同该组织，务求同心协力以维护对地域资源的独占性。以笔者的考察看，在桂平金田一带地区（即明清时期的宣一里和宣二里），这些地域组织即是以社、庙祭祀为中心而形成的村落联盟。

金田地区背倚紫荆山，面朝南渌江，土地平坦肥沃，清中后期形成了数量众多、以正统神明崇祀为中心的村落联盟，如崇祀李王的谷山庙、东平庙、上水庙、古到庙和赤峰庙，崇祀刘大姑的东升村、牛屎湾村、寻线村刘大姑庙，崇祀玉皇的盘石村万灵庙、胡村玉皇堂和江口登高庙，以及奉祀北帝的江口义烈宫等。不同联盟之间或合作或竞争，这种合作与竞争关系通过神与神的关系体现出来，比如，乡民称奉祀李王的五座庙为“五兄弟”，而称蔡村阡陋庙与东平庙的神明相互“打架”。这些庙宇关系在一定程度上反映了村落的社会状况和地方社会现实。比如，阡陋庙与东平庙神明争座打架的故事背后即是两个村落联盟间因米粮生产贸易利益竞争而引致的问题。从地理上看，桂平宣二里由罗蛟水分为左水与右水，东平庙处于左水，阡陋庙则处于右水。两流域均为米谷产地，由不同生产商（主体为各流域的强宗大族）控制，相互竞争，其中处于左水的王举村谢氏与处于右水的蔡村罗氏、王谟村刘氏家族间有明显对立。早在清初，王举村谢天佑通过在左水石板江开设良泗埠头垄断了米谷采购和征税。康熙十八年（1679），右水流域集团以王谟村刘万宣为首，借清廷之力取缔了良泗埠头，而依托右水蔡村江附近的新墟确立了宣二里新的市场中心。此后，左水流域虽然逐渐被整合进以新墟为中心的市场体系，但是，两者的竞争一直存在。清后期，右水流域以新墟三界庙为

① 《清实录》第 35 册《宣宗成皇帝实录》第 179 卷，道光十年十一月乙丑，中华书局 1986 年影印版，第 818—819 页。

中心整合为著名的安良约集团，虽号称包括整个宣二里，但集团的70人名单中并未见东平庙辖区的大族，事实上，左水以东平庙为中心形成了另一个村落联盟体系。①

村落联盟往往通过定期的仪式性活动如游神、打醮、放炮、酬神演戏等，来表明社区的整合范围和对地域的支配。一般情况下，参与此类仪式性活动的人群和村的范围，特别是游神经过的村子的路线图有严格规定，庙缘首和仙姑常说的一句话是“有例不减，无例不添”，即有份参加游神的村落是基本固定的，不能随便增减，村民对哪间庙是自己有份的也相当明确，一般是通过份子钱的征收而体现。

清中后期，浔州府的村落联盟还与保甲、乡约、团练组织合流，以官方行政组织的名义而成为乡村的实际管理机构，取得了“正统性”社会基层组织的地位。比如桂平崇姜里下里的六堡十三村是以宾山寺为中心的村落联盟，嘉庆三年（1798）通过创置保正义田、以义田租谷雇用保正的办法，将原由衙门里差操纵的保正任用权转移到寺庙首事们的手中，宾山寺遂接管了原由保甲组织承担的安排差役、维护地方治安及征收差粮等方面的职责。

由此，村落联盟一方面借用官方名义成为乡村的“正统”组织，另一方面又通过仪式性的活动强化内部的凝聚力，而对参与仪式活动的人员与村落范围的严格限定，在明确社区边界、划定“己群”界线的同时，即意味着对不符合认同的“他者”的排斥。道光年间，金田地区以新墟三界庙为中心的村落联盟在与官方组织合流，实施对“盗”“匪”等“异类”的排斥方面表现得特别典型。

新墟三界庙因地处宣二里市场中心而成为地区信仰中心。道光十四年（1834）三界神正式成为国家祀典神明，新墟三界庙遂宣称其为三界祖庙以明确其作为地方信仰和组织中心的地位。其时，以黄体正为首的地方乡绅在金田地区大举倡办社约、保甲、团练，尤以号称全里联约的安良约最为著名，这些社约和安良约具有地域组织的性质，以强化约内成员的认同和对盗匪“异类”的防堵为主要目的，有严厉的奖惩规约，

---

① 详见拙文《礼仪与社会秩序：从大藤峡“猺乱”到太平天国》，第101—102、295—296页。

明确提出要将不符合认同的恶党“攻之出社”①，亦即将其摒弃于村社组织和祭社仪式之外。而值得注意的是，地方乡绅们创办的社约与安良约虽有官方组织的名号，但其集结及管理的方式，很大程度上是依托社、庙一类祭祀地域组织来进行的。新墟三界庙即是乡绅们创办保甲、社约组织所依托的中心。道光年间的新墟三界庙碑上记载其时金田地方上有系列奉神、修庙、放炮等活动，将这些活动与社约组织的活动按时间排比，会看到两类事情虽看似不同，但其主导者多数情况下为同一群人，两者在时间、内容、形式和目的等各方面都有较大的共同性。比如黄体正在《答奉宪檄行联甲书》中记载 1835 年 12 月底他在请巡检司司主对保甲组织进行点甲之后，联合绅耆报明府县长官，以保甲组织攻击里中盗匪且将其擒拿在案②，而道光重修三界庙碑记上亦记载称，正是在 1836 年正月，乡民们欲对里中盗匪采取行动前有一个集中乡民到三界庙共“祷于神”的集体性仪式，而祷神之目的即为组织“上控”以消除盗匪。③ 两处记载时间及行动之相合，表明保甲乡约缉盗御匪的行动是依托三界神之信仰组织来实施的，正因为如此，黄体正声称擒灭诸盗是三界神“除害保民之功昭然”。④ 又如，道光二十二年（1842），地方巡司费有基在乡绅帮助下大办保甲⑤，而与此同时，三界庙也开始了重修，重修捐款题名碑上的首位捐款者即是费有基，安良约 70 名绅耆中包括黄体正、罗懿昭、许兆梁等十多人也以主持庙宇重修的缘首身份出现。

金田地区这些有着“正统”名号的村落联盟组织，在排拒盗匪“异类”时非常有效。⑥ 不过，如此一来，却进一步加剧了那些被界分

---

① 黄体正：《上陈观察书社约附》《安良约条目引》，《带江园杂著草》第 5 卷，光绪十八年（1892）刻本，第 14—18、19—23 页。

② 黄体正：《答奉宪檄行联甲书》，《带江园杂著草》第 5 卷，第 29—30 页。

③ 道光二十四年（1844）《重修宣里新墟三界祖庙碑记》，碑存桂平金田镇新墟三界庙内。

④ 同上。

⑤ 道光二十四年（1844）《永宁墟团练保甲社仓第一碑记》，碑存桂平金田新墟三界庙内。

⑥ 道光二十四年（1844）《永宁圩团练保甲社仓第二碑记第三碑记》（碑存桂平金田新墟三界庙内）称安良约是“久经奉行，确有成效”。

出“正统”组织之外的群体对既有社会秩序的不满，在地方上造成更严重的对立情绪。

道光后期有更多游民涌入浔州府，而天灾、人祸的加剧，也使更多民众游离于村社组织之外，这些不为村社容纳的力量遂另起炉灶，创建自己的组织和礼仪，对抗“正统”秩序。各地的会党组织蔚然兴起，其中一些在活动中还逐渐与村社力量相结合，得到被称为“米饭主”的地方力量的支持。会党组织力量的壮大及频繁的活动遂使其由边缘而成为不容忽视的地方力量。黄体正在《里中纪事八首》诗中提到安良约实施一段时间后出现“乡风大纷嚣”局面，乡民向他揭字求对云：“约号安良，今日如何安匪?”[①] 明显体现了村落联盟与“匪”组织的严重对立。而拜上帝会正是在这样的地方社会背景中迅速崛起并形成势力的诸多会党组织之一。[②] 正如李秀成在追叙金田起事原因时所说：“自道光二十七、八年（1847 年、1848 年）之上下，广西贼盗四起，扰乱城镇，各居户多有团练。团练与拜上帝之人两有分别。拜上帝人与拜上帝人一和［伙］，团练与团练一和［伙］，各争自气，各逞自强，因而逼起。”[③] 可以认为，拜上帝会由边缘而形成势力既是其时浔州府地方社会的形势使然，也是拜上帝会的领导者善于把握时机的结果，特别是冯云山独自一人在紫荆山中卓有成效的传教活动，奠定了拜上帝会组织最初的坚实基础，而洪秀全二次入桂后的组织宣传策略及实践终使拜上帝会异军突起，成为与正统组织对抗的强大力量。

---

① 黄体正：《里中纪事八首》，《带江园诗草》第 6 卷，第 31—32 页。

② 会党组织中有不少被称为“天地会”。不过，不少学者已注意到这些被称为“天地会”的组织多为非常松散、互助共济、非政治性的民间拜会团体（参见方之光、崔之清《广西天地会起义与太平天国的兴起》，《太平天国学刊》第 2 辑）。总体而言，会党组织的主要成分与拜上帝会一样，是村社中析出的被称为“游民”或“匪”的人群，并且与拜上帝会一样也有属于自己的“异端”信仰，也同样受到村落联盟的排斥。关于道光后期浔州府社会动荡及会党活动的研究，在“太平天国前夜的广西”一类视角下已有诸多成果，可参阅张英明《太平天国起义前夜广西局势的特点及其影响》，《江西师范大学学报》1997 年第 3 期；夏春涛《金田起义前夜的广西社会》，《福建论坛》2007 年第 5 期。

③ 罗尔纲：《李秀成自述原稿注》（增补本），中华书局 1982 年版，第 107 页。

三　拜上帝会“上帝”正统性的建构及其追随者

浔州府地方的民间信仰及村社组织的背景无形中为洪秀全与冯云山进入当地传教提供了可资利用的空间。洪秀全一方面通过贬抑当地正统神明为“妖”的方式来确立“上帝”神明的正统性；另一方面，正是在与地方上所谓的“正统性”的村落联盟组织的对抗中，洪、冯建立起属于自己的“正统”组织——拜上帝会。

细加考察时可以发现，洪秀全称为“妖”的六乌神和甘王庙均是地方上具有“正统”身份的神明，而洪秀全将其贬斥为“妖”，正与其树立“上帝”的“正统性”紧密相连。《太平天日》关于洪秀全题诗斥六乌之事记载如下：

> 主闻土人说此处有六窠妖庙，一男一女，甚灵。主问曰：“是夫妇乎?”土人曰：“非也。当初二人在此山和歌，苟合而死，后人传闻得道，故立像祭祀。”主曰：“有是哉，何凡间人愚且甚！他淫奔苟合，天所必诛，而得道，且问得何道乎?”乃悟广西淫乱，男女和歌，禽兽不如，皆由此等妖倡焉。故作诗以斥。①

此一记载表明，洪秀全之所以题诗斥责六乌神，乃因他由六乌神的传说领悟到广西土著之所以存在男女和歌、淫乱有如禽兽的婚姻习俗，应归咎于崇祀六乌此类偶像的信仰行为，其时洪秀全之针对者为土著不合礼法的习俗，更多是站在儒生的角度去考虑问题。不过，被洪秀全斥为“淫奔苟合，天所必诛”的行为，其实是浔州府土著瑶僮的婚姻习俗，地方志有如下记载：“桂平县狼猺杂处，多狡悍，语言鴂舌……男女喜讴歌唱和，好戏谑，其婚姻不知汉礼。”“贵县五山、九怀狼獞杂居……婚姻多索肉为聘，送迎以答歌为欢。”②“僮以春时男女踏歌野次相配偶，号为

---

① 《太平天日》，中国史学会主编：《中国近代史资料丛刊·太平天国》（以下简称《太平天国》）第 2 册，上海人民出版社、上海书店出版社 2000 年版，第 644 页。

② 雍正《广西通志》第 93 卷，“诸蛮·蛮疆分隶”，第 564—565 页。

认同年。”[①] 而对于被洪秀全斥为妖魔的六乌神，本地壮人其实有完全不同的看法，贵县庆丰乡当地村民关于六乌神的传说言：

> 赐谷村附近有一个六乌山，山上有一个六乌庙，供奉着一男一女的菩萨：男的叫林公，武乐（按：今属贵县东津乡）人，是一个失志秀才；女的叫覃奶，覃坤村（按：今庆丰乡东风村）人，很会唱歌，常在奇石、六乌山一带唱。一日，覃奶正在六乌山口唱歌，林公做牛贩从奇石圩回，两人相遇和歌，互相爱慕，和歌七天七夜，合欢而死，有蚂蚁运土来埋葬他们。当地的人传说他们得道成仙去了，就立庙供奉他们。[②]

在土著壮人看来，六乌神是一位本地邻家姑娘，因善歌而成仙，又是灵异非常的神明。笔者在当地壮村调查，听到壮人尊称其为“娘”“圣母”，人们讲述的六乌娘灵应故事的核心是称颂其成神后，在农忙时节看顾小孩，给小孩喂饭、换尿布，是位慈爱的娘娘。[③] 当地人还提到，在六乌庙诞期时，常有男男女女在对唱山歌[④]，说明六乌庙是壮人男女青年择偶的场合，对歌则为其择偶的方式。虽然从汉族人角度看，和歌择偶不合儒家礼法，但在以壮人为主体的贵县六乌山一带，此类习俗则是一种传统，是被认可的“正统”行为，并且，从当地人非常强调与六乌娘对歌者的“秀才”身份来看，他们显然意欲通过六乌娘与“秀才”这样一位代表“礼”的儒生的故事组合，来赋予不太名正言顺的神明以“正统性”。

洪秀全率众砸毁的甘王神像位于象州大樟乡甘王庙。据《太平天国起义记》记载，洪秀全毁庙时历数的甘王十大罪状，来自上帝会众所采集的甘王传说故事，该书记云：

---

① 金虞：《僮家诗并序》，收入同治《浔州府志》第4卷，“风俗”，第10页。

② 贵县庆丰乡丘亚华述，饶任坤、陈仁华编：《太平天国在广西调查资料全编》，广西人民出版社1989年版，第68页。

③ 笔者2007年12月27日田野笔记。

④ 贵县庆丰乡卢景华述，《太平天国在广西调查资料全编》，第68页。

拜上帝会教徒查探此偶像之历史，乃由民间报告云："甘王爷，本是象州居民，生时极信风水堪舆之说。曾有一风水先生为其择得一好穴，但同时谓如用血葬，全家必得大福。此人于是回家杀死其母而葬之于此穴中，藉谋自身及子孙之后福。彼又尝逼其姊与一下贱浪子通奸。彼又最爱听淫荡歌曲，此等歌曲在广西至为流行，男女互相对答，由此男女相交，虽素不相识者亦可通情。甘王爷有一次附灵于一少年身上令其走至州官轿前，停止舆夫进行，以偶像之名要求州官给与龙袍一袭，州官亦不敢拒其请。庙中司祝者亦怕在庙住宿；晨夕入庙点灯进香时必打锣鸣钹以防甘王爷出现。如有人敢以恶语加诸此偶像，必得肚痛之症。因此人人皆畏甘王爷之威也。"

洪秀全由上述故事归结出甘王第一、三、五、六、九、十罪分别为"杀母""恐吓上帝子女""逼其姊与浪子通奸""爱听男女淫词荡曲""向州官强求龙袍""身如邪鬼常行恶事"。①

笔者所得材料显示，甘王杀母的说法出自金秀瑶山。大樟乡甘王庙恰恰把持着金秀瑶山之西出口，庙以东为瑶山，以西为平原地带，甘王庙即是瑶山与山外的界限。大樟乡甘王庙管辖之地均为山外平原，明万历年间所撰《殿粤要纂》已将这些地方标注为"民村"②，甘王庙正处于"民""猺"分界线上。此分界线事实上是明中期以来这一带地区被纳入国家体制的写照。有份参与大樟甘王庙游神的村民现在大都自称"壮族"，该庙罗缘首言："当年大樟乡一带全是瑶人的地盘，我们到来后，一步步将瑶人赶走，赶进了大瑶山，现在金秀瑶山最偏的六巷乡门头、王桑村的瑶人本来是住在我们现住的六龙村、古楼一带。我们管这叫'占地盘'。甘王是壮族人民的领袖，甘王占那里，那里都是讲壮的，将不是讲壮的都赶走。瑶人被赶进山里

---

① 韩山文：《太平天国起义记》，简又文译，《太平天国》第6册，第859—860页。

② 杨芳编纂，范宏贵点校：《殿粤要纂》第1卷，"象州图说"，广西人民出版社1993年版，第130页。

了。”[①] 在这些拜甘王的壮人的讲述中，大樟乡周围原本为瑶人的地盘，后来是壮人将瑶人赶进了瑶山，而甘王正是带领壮人赶走瑶人，占领瑶人地盘的神明。

笔者的调查和研究表明，金秀瑶山里绝大部分村寨都不拜甘王，唯一的例外是花蓝瑶。而花蓝瑶之拜甘王也是金秀瑶山内部正统化神明崇祀推广的产物，时间是在清后期及民国年间，与坳瑶之拜刘大姑和茶山瑶之尊奉陈宏谋的时间大体相当，而这一时期正是清廷和民国广西政府开发瑶山，将其纳入国家秩序的时期。学者采集到的六巷乡门头、黄桑、下灵等花蓝瑶村寨的甘王科仪唱本中保留的甘王杀母以求富贵的情节[②]，所反映的应该是早期金秀瑶山与山外处于敌对状态时，花蓝瑶人对甘王的认识和态度。

而当我们从拜祀大樟乡甘王神群体的角度出发，会发现他们对神明的看法有着与金秀瑶人及拜上帝会众决然不同的认知和标签。首先，那些被洪秀全视为“罪状”的甘王所做之事，拜祭甘王的本地人就有着不同的评判。先看第五、六两罪，在《太平天日》中记为“细妹与同年共坐”“欢悦妇女唱邪歌”[③]，从前文分析可知，此两条所述其实正是广西土著称为“认同年”的和歌择偶的婚姻习俗，对土人而言，此类习俗非但不是罪，反而是受称许的行为。第三、九、十罪言甘王向州官索龙袍、甘王让庙祝害怕及对不敬者的惩处等，从土人的角度解释，则为甘王神力的表现，是受传颂的灵应故事。其次，洪秀全所斥甘王杀母的故事，在笔者于象州百丈村采集到的科仪书《甘王简史七唱》的唱词中，并无此情节。此科仪唱本称甘王是大樟乡古车村人，原名罗应，家贫，父早死，随母亲、妹妹一道靠替人放牛过活，罗应常在放牛时将衣服挂在棍头晾晒，一位地理先生因看到由破衣幻化的满山帅旗而知道

---

① 笔者2008年5月2日田野笔记。

② 中华舞蹈志编辑委员会编：《中华舞蹈志·广西卷》（学林出版社2004年版，第253页）一书记载称，学者在金秀作调查时发现只有六巷乡花蓝瑶村寨有跳甘王的仪式，而采集到的唱本则保留了甘佃杀母的情节。关于金秀瑶山神明正统化过程，参见唐晓涛《嘉道年间环大瑶山山区的族群与社会发展：兼论太平天国与客家》（“历史建构与地方社会：第二届历史人类学视野学术研讨会”论文，香港科技大学，2009年）。

③ 《太平天日》，《太平天国》第2册，第650页。

罗应有灵异潜能，故主动提出为罗应指点风水，而罗应之成神乃因在地理先生的指点下而得到好穴，其母亲之死亦纯为偶然，并无洪秀全所言杀母之罪。①

两相比对，奉祀甘王的人群讲述的是有灵异法力的祖先成神的故事，而金秀瑶人和拜上帝会众口中的甘王则成了打死老母亲的不孝子，这与前文所述黄阡陋的故事几乎如出一辙，显然是一种他者的诽谤，故事的背后其实是群体间的敌对和冲突。

以往的研究一般从拥护上帝为独一真神的角度解释洪秀全捣毁大樟乡甘王庙的举动，但并未深究为何在数量众多的神庙中，且在紫荆山内就有几座甘王庙的情况下洪秀全却舍近求远奔赴象州去砸毁大樟乡的甘王庙。事实上，这一行为与大樟乡甘王庙被视为地方乡村“正统”力量的坐标密切相关。其时在象州、浔州一带，甘王神是被正式列入国家祀典的神明，所受崇祀可谓无与伦比，象州“阖县祠庙，以祀甘陆、甘佃叔侄为最多，俗呼甘王庙……邑人对之，颇存敬畏。偶遇天时灾异，无不向神祈求，泥首许愿，尤以妇女为甚，深切诚恳，得未曾有”②。象州州城及各乡甘王庙数量众多，而桂平也有辖区占据浔州航道 2/3 的弩滩甘王庙，紫荆山则有山内规模最大的马河甘王庙以及各小支流奉祀的小甘王庙多处。这些甘王庙往往成为各村落联盟整合乡村、认同国家的标志。而在所有甘王庙中，大樟乡甘王庙则被奉为“祖庙”，洪秀全舍近求远，直奔象州，乃因其“祖庙”地位，正如《太平天国起义记》所言大樟乡甘王爷“其权力为人所共仰”。③ 当然，毁庙行动立竿见影，正如文

① 科仪书《甘王简史七唱》，由象州县大樟乡百丈村委小百丈村道师覃经杰（80 岁，壮族）收藏。他说，在甘王庙举行各种仪式时均用此书，不过，做仪式时用的是壮话本。覃师傅本人的科仪唱本均用壮话书写，此汉语唱本是他应地方文化部门要求翻译而成（笔者 2008 年 5 月 2 日田野笔记）。关于甘王葬母得法术的部分唱词如下：“先生看见我家贫，家贫如洗不如人。问我父亲葬未葬，若还未葬送丘坟……送你牛眠地一丘。此地就在花陈背，发富发贵出王侯……第一个坑出富贵，第二个坑出王侯，第三个坑出皇帝……先生送地给我们，好丑我们要领情……明天去挖第三穴，挖好回来挑父筋。回到家中母去世，就把此地葬母亲……我扛母亲前面走，妹妹拿锹在后跟。去到半路下大雨，冒雨冒风去到坑。去到二坑雷霹雳，慌忙丢娘在二坑。风又大来雨又大，不埋娘尸速转程。第二早晨去埋葬，蚂蚁成坟埋骨头。第三早晨去祭奠，金龟宝剑插坟头。金龟宝剑拿回屋，现出阴兵满屋头。”

② 民国《象县志》第 2 编“社会 · 风俗 · 迷信”。

③ 《太平天国起义记》，《太平天国》第 6 册，第 859 页。

献所载："此事发生后，秀全声誉大起，信徒之数加增更速。"①

如果说六乌庙事件还只是洪秀全在当地当时为了传教而采取的一种权变策略，那么，当冯云山在紫荆山这一集中了众多被排斥于村社之外的流动群体的地区进行了卓有成效的传教工作，吸收了大量会徒，形成一定组织力量之后，远跨象州，非常张扬地捣毁甘王庙的举动，则表明拜上帝会开始公开地挑战乡村的原有秩序。对所谓"正统"地方组织的神明的破坏，其实是在摧毁地方村社赖以维持社会秩序的文化象征以否认其地方权威，这正是洪、冯在浔、象、藤这一环大瑶山山区建构上帝权威的诸多举措的重要组成部分。那么，洪秀全是如何在这一地区建构上帝权威的呢？

学界一般认为，拜上帝会的源头为洪秀全所吸收的 19 世纪上半叶传入中国的基督新教，不过，这一外来文化在洪秀全的诠释中发生了变异。学界对此已多有讨论，温洽溢等将史景迁的最新研究概括为：洪秀全是立足于儒家思想与糅杂了释道的民间信仰之上，剪裁摘取基督教神学。②笔者深以为然，并认为，拜上帝会之所以会立足于民间信仰，是与其时浔州府地方的社会环境及洪秀全对其的准确把握联系在一起的，太平天国早期的纲领性文件《原道醒世训》和《原道觉世训》的写作与其时浔州府地方社会实况的密切关联可视为一个证明。

一般认为《原道醒世训》作于道光二十五年（1845），是洪秀全于贵县传教返乡后所写。③ 文中，洪秀全先是指出现实所存在的畛域之见，互相争斗，谓人心之爱憎均出于一己之私，故以此国而憎彼国，以此省此府此县而憎彼省彼府彼县，直至各乡各里各姓相憎，以致沦入相陵相夺相斗相杀的状况；之后，提出了天下一家，皇上帝为人间共父，天下皆兄弟姊妹的主张。换言之，他根据当时社会大量存在地域、群体利益冲

① 同上《太平天国起义记》，《太平天国》第 6 册，第 860 页。

② 温洽溢、吴家恒所撰《太平天国》编后记"忘步泉旁的史学家：史景迁的叙事史学与《圣经》的铨释循环"，收入史景迁《太平天国》，第 296 页。闵丽《太平天国的宗教信仰与道教关系研究》（博士学位论文，四川大学，2003 年）一文也将上帝教视为基督教的变异并有详细的阐析。

③ 王庆成：《金田起义前洪秀全等活动简表》，收入王庆成编注《天父天兄圣旨——新发现的太平天国珍贵文献史料》（以下简称《天父天兄圣旨》），辽宁人民出版社 1986 年版，第 190 页。

突的现实，提出皇上帝是泯除此疆彼界之私和尔吞我并之念、公平对待客家和本地的神明，所谓“真主为王事事公，客家本地总相同”。[①] 这些内容有很强的针对性，又是出游贵县之后所写，所提到的“此疆彼界”的争夺事实上与赐谷村一带地区包括“土”“来”矛盾在内的不同地缘、不同群体之间的冲突情形有着惊人的吻合，洪秀全深受贵县所见的影响是毋庸置疑的。所以，不难理解，洪秀全之“上帝”为什么会引起那些处于弱势、受到排挤的“来（客）人”的共鸣，因为对于身为后来者的“来（客）人”而言，最大之希望不外乎融入地方村社中以分享地域资源，不再受村社既定疆界之束缚和土人之侵凌，“上帝”由此而具有了存在之合理性。

《原道觉世训》的写作时间，王庆成推断是在洪秀全进入紫荆山与冯云山在当地传教后所写，与制定十款天条和入教仪式的时间相近。[②] 笔者深以为然。因为从此文的内容特别可见其与浔州府地方，尤其是紫荆山内社会实况之相合。其时，在紫荆山区，被洪秀全视为“异教”的民间信仰相当活跃，更以其“正统”神明的身份而成为维护既有村社秩序的力量。

相比于金田地区，紫荆山内虽然开发较晚，但在嘉道年间，山内小江水、三合水和花雷水三江流域[③]也分别形成了以庙宇为中心的村落联盟，马河甘王庙、大坪刘大姑庙和蒙冲三圣宫正是三大水系的村落联盟的中心。马河甘王庙建于乾隆年间，据称是有香炉自象州飞降其地而立庙，即被视为象州甘王祖庙之分香。同治十三年（1874）《重修紫荆马河镇灵宫甘古庙碑》云此庙“数十年来，辅正诛邪，无求不应，声灵之赫濯者久矣”[④]，可见此庙在当地是被视为维护“正统”社会秩序的工具。当地乡民言，旧时马河庙有专门委员会管理，有三年一届的游神、放炮

---

① 《王长次兄亲目亲耳共证福音书》，《太平天国》第 2 册，第 516 页。

② 《天父天兄圣旨》，第 159、191 页。

③ 紫荆三江指南边源于木山瑶寨的小江水（又名马河水）、北边的三合水（又名右水，由大广水和老合水汇合而成）、西边的花雷水（又名左水，由田心水和花雷水汇合而成），三条水汇合处即三江口（三江墟）。

④ 《重修紫荆马河镇灵宫甘古庙碑》，原碑位于桂平紫荆山马河庙内，此庙解放后因金田水库修建而被淹没，碑文内容收录于《太平天国在广西调查资料全编》，第 447—448 页。

仪式，游神范围包括小江下游的马河及三江街一带。[①] 大坪刘大姑庙位于三合水，始建年代无考，不过，乡民称，旧时从八月初一至初三，也有三年一次的巡游和抢炮，范围包括了三合水下游的八个村子。[②] 蒙冲三圣宫位于花雷水流域下游，此即后来被拜上帝会砸毁之雷庙。道光元年（1840）《始建三圣宫碑记》言：

> 吾乡蒙冲，先世祀有五谷诸神于扶由水口，雷王列神于木山之中。二庙均非形胜，兼之卑湿颓坏有年。余不敏，诸父老咸委经营……时嘉庆乙亥季冬而兴工，至丙子孟夏而落成。并建太庙三间，左谷神，右雷神，及原祀配享之神在焉。夫伏魔以助天，施开化以纠民，行三帝专司。其□声灵赫濯，四海景仰，乘此时合而祀之，是事无再举之劳，功有兼齐之逸……其中，始祀文武二帝，魁星朱衣之神亦在焉。迄今庙貌常新，感灵丕振，报赛神功，行见家家获福……是以为序。
>
> 总理王东城助钱贰千五百文经理曾开文助钱壹千肆百文（其余名单略）[③]

由此碑可知，在嘉庆二十年（1815），通过将扶由水口的五谷庙和木山的雷庙合建为三圣宫，蒙冲一带乡村整合为流域内的村落联盟。并且，两庙合祀后始奉文昌和关帝，表明了对国家正统的认同及彰显；而合建神庙的目的即是要“伏魔以助天，施开化以纠民”，俨然以维护地方社会秩序为己任。

紫荆山内更普遍的情形是以“社”作为社区整合的中心，这些“社”有明代“里社”的含义，不少“社”仍保留明初所定设土坛，坛而不屋，立石主，不设神像的形式，不过，从仪式所体现的功能看又都更类似于

① 笔者2006年3月5日田野笔记，对紫荆三江街刘福明、刘福贤兄弟的访谈记录。

② 笔者2006年3月4、5日田野笔记，对紫荆军营村蓝凤书、大坪刘大姑庙刘姓看守婆婆的访谈记录。

③ 道光元年《始建三圣宫碑记》，此即蒙冲雷庙碑。雷庙因被拜上帝会砸毁而闻名。据桂平市博物馆文物登记簿所载，此碑原立紫荆蒙冲村长田屯雷庙内。1976年运至金田营盘，1983年置于新建碑廊上。

庙，兼具祭祀地域组织及社区基层组织的性质。[①] 至今在山内，以“社”为单位可以清晰地划分出各社区的范围，仪式性活动也以社为中心进行。据花雷村两位雷姓老人言，该村的“自田社”原有一块“社牌”，上面写着该社所辖六屯每家户主的姓名，每年做社时，轮到谁的名字，就由谁主持杀猪、祭社、分社肉的仪式，每十年会组织一次打醮。[②] 显见“自田社”为小范围的村落联盟，此类小型村落联盟是紫荆山内的主要社会结构。乾隆二十九年（1764）桂平编制保甲，其时，紫荆山内的16个村落也被编入宣二里保甲册中，设有保正一名。[③] 虽然没有更多的材料直接说明社、庙组织与保甲组织的关联，不过，依照其时浔州府地方保甲团练组织与村落联盟的合流情况推测，或许山内也有类似情形。有旁证材料如下：其一，道光五年（1825）紫荆山添置哨卡，派狼兵及壮丁巡查，卡房就设于马河甘王庙中[④]；其二，道光二十七年（1847）王作新以冯云山传习异教迷惑乡民为名，“齐集乡民，捉获妖匪冯云山同至庙中，交保正曾祖光领下解官”[⑤]，即冯云山被抓捕解押的地点在雷庙中，表明雷庙有可能也是保正办公之所在。

庙宇神明、社公是“正统”的象征，参与社、庙祭祀仪式标志着拥有村社成员的身份并意味着可以分享村社的地域资源，不过，并非所有的紫荆山内的住民均可以参与社、庙的仪式性活动。山内有不少人被称为“流民”，只能住在临时搭建的棚中而不能建造房屋，以种蓝、烧炭为生；也有在山区地带四处游耕，随种随丢的山民；更有被称为“匪”而

---

① 关于“社”的研究，参见赵世瑜《明清华北的社与社火：关于地缘组织、仪式表演以及二者的关系》(《狂欢与日常：明清以来的庙会与民间社会》，生活·读书·新知三联书店2002年版)；郑振满《神庙祭典与社区发展模式》(《史林》1995年第1期)；陈春声《社神崇拜与社区地域关系：樟林三山国王的研究》(《中山大学史学集刊》1994年第2辑) 等。

② 笔者2009年1月30日田野笔记，自田社六屯是指六味冲、东门、沙梨、上巷、花雷、瓦窑六个小屯。

③ 乾隆《桂平县资治图志》第3卷，“大宣二里”，第437页。

④ 同治《浔州府志》第18卷，“经政志·兵器”，第26页。

⑤ 《广西巡抚邹鸣鹤奏遵旨严审失察冯云山案件官员折》(咸丰元年十一月初五日)，《广东地区太平天国史料选编》，广东人民出版社1986年版，第297页。

在山内抢掠作乱者。[1] 这些人并非此类村社组织的成员，因此被排斥于社、庙祭祀仪式之外。他们正是冯云山、洪秀全传教最基本的对象。

关于太平天国首事群体，前辈学者已多有讨论。[2] 他们对此群体身份材料的细致比勘及讨论使笔者获益良多，在此基础上，结合对浔州府社、庙组织的考察，笔者以为，考察这一首事群体时，应将其分为两类，一类是金田起事前加入拜上帝会的成员（代表者即为后来受封赏的“平在山勋旧”）；另一类则为金田起事时及起事后的参加者，此类成员中有相当部分原来并非拜上帝会成员，比如贵县来土械斗的失败者，太平军在浔、武、象、藤一带转战时自愿或被迫参加者。相较而言，前一类是最早信奉上帝并成为金田起事骨干的群体，也往往是带领后者加入起事的动员者，是为拜上帝会之核心，对其的考察应该在揭示太平天国的发生根源上更具关键性。

从《太平天国起义记》及《天兄下凡圣旨》此类太平天国早期文献记载可见，冯云山进入紫荆山后发展的最初 10 名教徒都是张家的雇工，其后传教的最基本对象则是包括杨秀清、萧朝贵、卢六、秦日纲和凌十八在内的在山区、矿区四处游走、烧炭种蓝挖矿的群体。虽然在现存文献中，除上述诸人外，关于此群体的数量和单个人的身份的明确记载不多见，不过，从已有的记载仍可对其作出大致说明。其一，据《天兄下凡圣旨》的详细记录，洪冯杨萧核心团体的活动一直以平在山（即鹏隘山）为中心，辗转于平南朋化山、贵县龙山等山区地带，因此而判断环

---

① 关于紫荆山的匪乱，广西省太平天国文史调查团著《太平天国起义调查报告》（生活·读书·新知三联书店 1956 年版，第 20—21 页）一书引据《大坪温氏族谱》十七世宏开公事迹项下有相关记载。

② 对起义者的总体概括可参看简又文《太平天国全史》（香港，简氏猛进书屋 1962 年版，第 131—163、200—211 页）；钟文典《太平天国开国史》（广西人民出版社 1992 年版，第 98—117 页）；王庆成《金田起义记——关于它的准备、实现和日期诸问题》（《太平天国的历史和思想》，中华书局 1985 年版，第 84—97、142—146 页）。国内学者多对参加者作阶级成分分析，认为参加者具有贫苦人民之阶级特性。还有学者分别对参加者中的矿工、瑶族、壮族群体进行阐析，参看梁任葆《太平天国和矿工》（广西太平天国史研究会编《太平天国史研究文选》，广西人民出版社 1981 年版，第 51—64 页）；黄现璠《太平天国革命中的壮族子弟》（广西太平天国史研究会编《太平天国史研究文选》，广西人民出版社 1981 年版，第 311—313 页）。菊池秀明则从非科举精英的角度加以概括［《廣西移民社會と太平天國（本文编）》，风响社 1998 年版，第 93—114 页］。

大瑶山山区中以耕山烧炭种蓝及采矿为业的山民和游民是拜上帝会的基本成分应是可信的。其二，反过来推测，正是因为烧炭种蓝者为其时拜上帝会之主体，所以大字不识而以烧炭种蓝为业的杨秀清、萧朝贵才能成为其代表，取得相应的领导地位并得到洪、冯之认可；另外，有会众被团练抓捕后，拜上帝会是通过“科炭钱”即向烧炭工敛钱的方式进行营救，也表明其时拜上帝会众的主体为烧炭工。再次，洪秀全入山后，拜上帝会的中心由大冲转移至更荒僻之高坑冲，固然是出于“择险固处所”之安全因素考虑，但另一重要原因，应该与拜上帝会众的主体多为在鹏隘山中耕山烧炭的群体相联系。鹏隘山区为地处马河水与花雷水之间的山区，群山陡峭，无河流及宜耕山地，在此人们唯事烧炭种蓝之业。乾隆年间这里还未成村落，道光年间洪、冯在其地活动时，仍然只有“××冲”的地名，未见有名为“村”的聚落。直至20世纪50年代地方学者进行调查时，原来杨秀清所居之东旺冲才有6户定居人家，当地人将毗连鹏隘山的十八山一些山冲称为炭窟冲，谓冲内有成百成千的炭窟。[①] 可以相信当年这些地方有着数量不菲、居住在临时搭建的茅棚中的耕山烧炭之人。

对于在环大瑶山山区耕山、烧炭、种蓝、采矿者的身份，一般文献将其称为“流民”或“客民”，以往的讨论多认为其主体为来自粤东之客家人，由此而推论太平天国为客家人的革命。[②] 而笔者的研究却表明，除了部分来自粤东等省外的流民之外，在这些山区中，主体居民一直是被称为“猺”“獞”“狼”的山民群体，透过文献所能看到的变化，只是自明清以后，作为“猺（蛮）”“民”分界线的朝廷设立之军事隘卡不断向山区推进，越来越多山民进入国家体制内。到清中后期，随着山区因应珠三角的原料需求得到大规模开发，更多瑶僮“狼”群体卷入新的经济

① 《太平天国起义调查报告》，第38页。

② 相关讨论参见罗尔纲《亨丁顿（Elisworth Huntinton）论客家人与太平天国史考察》（《国闻周报》1936年第13卷第19期）；［日］小岛晋治《试论拜上帝教、拜上帝会与客家人的关系》（《太平天国史译丛》第2辑）；张益贵《试论金田起义前广西的“土来斗争”》（《太平天国史研究文选》，第65—78页）；邢凤麟《论太平天国与土客问题》（《太平天国史论文集》，广东人民出版社、广西人民出版社1983年版，第459—483页）；王庆成《客家与太平天国起义》（《太平天国的文献和历史》，社会科学文献出版社1993年版，第368—378页）；夏春涛《客家人与太平天国农民运动》（《东南学术》1998年第5期）。

格局，其中一部分山民定居耕作，入籍纳税，建立宗祠，并通过社、庙祭祀仪式控制地域资源，确立了地方上的村社秩序。而为数不菲的山民依然在山区地带四处游耕，随种随丢，烧炭种蓝采矿成为他们重要的谋生手段，不少人成为拜上帝会成员，因此，断定拜上帝会主体为来自粤东之客家人是值得商榷的。①

另外，在早期的拜上帝会成员中，还有众多行踪不定的“自由职业者”，如陆川的赖九、博白的黄文金、高要的凌十八、象州的谭要等几位浔州府外拜上帝会基地的头目，他们或是走村串户的铁匠，或是游走山村的地理先生，或是越山过岭种蓝为业之人。《贼情汇纂》中所记为“广西老贼”者是最早的起义成员，其中称为广西老贼而封侯任爵并记录其相关身份特点的人数有43位，而此43人中，职业为木匠、舂米徒、小商贩、风水先生、游医、剧盗、乡勇、讼棍、塾师等“自由职业者”共20余人。② 这些被称为“剧贼”的太平军领导层的身份特点在一定程度上可视为太平天国早期参加者身份的写照。所以一位在南京太平天国政权下生活数年的清朝士子概括太平天国的成员时即谓“众贼非乡愚及偷窃即优伶、修足、剃头诸色”。③ 而这些“偷窃”及“自由职业者”，在很多情况下与“匪”几乎是同义词，这些人正是金田地区的安良约之类村社组织极端防范的对象。

四处游走，以烧炭、种蓝、采矿为生的这些“流民”和山民，以及行踪不定的自由职业者，加上那些被黄体正的“社约”之类正统组织处以“出社”惩罚的“恶类”，其共同的特征即是与地方村社组织的相对隔离。受“出社”惩处的人是被强行排除于村社之外，而上述耕山采矿诸人则因没有村社入住权而无份参与地方社、庙的祭祀仪式。所谓“入住权”即是在乡村成为村民的权利，这些权利包括在村中建房子、开发乡

① 详细论述参见拙文《嘉道年间环大瑶山山区的族群与社会发展：兼论太平天国与客家》，“历史建构与地方社会：第二届历史人类学视野学术研讨会”论文，香港科技大学，2009年。

② 《贼情汇纂·剧贼姓名》（收入《太平天国》第3册，第43—75页）名单共73人，其中广西起事者70人，包括不称“广西老贼”，但亦属于在广西参加太平天国的罗大纲及其兄罗琼树，广西泗城府张子朋（《太平天国起义调查报告》第88页称其为桂平吉岭人），洪秀全妻弟赖汉英。另有3人为广西以外较晚参加太平军的他省人。

③ 《金陵癸甲纪事略·粤逆名目略》，《太平天国》第4册，第669页。

村荒地等，是最先入住的太祖遗留给后世子孙最重要的权利。① 没有入住权就意味着不能分享村社的资源，也因此被排除在乡村的礼仪秩序之外。比如鹏隘山，地处马河庙与蒙冲三圣宫两村社系统之间，地理上接近三圣宫系统，但当时居于鹏隘山之东旺冲的杨秀清、古棚冲的萧朝贵和高坑冲的卢六都没有出现在创建三圣宫的捐款名单中，说明他们并不属于此庙宇系统。鹏隘山区其他在山上搭棚耕山的群体、龙山矿区的矿工以及众多游走不定的自由职业者的情况大体也与此相类。金秀瑶山的石牌资料则表明，道光年间，环大瑶山山区这些非定居的游耕山民和流民，除受到环山地带村社体制的排斥外，还同时受到金秀瑶山内定居的长毛瑶群体的石牌体制的排斥。② 因此，就一定程度言，这个群体可视为处于社、庙祭祀之外的"信仰真空"状态。这些人正是拜上帝会最初的、也是最中坚的力量。

上述人群在参加拜上帝会之后，积极传播拜上帝信仰，一些人在回到原来村社后，往往动员全家甚至全族、全村人加入上帝大家庭中，而这些全族全村参加拜上帝会者又有着"来（客）人"的突出特点。究其原因，盖因其作为后来者而被原有土人团体排斥于地方神明体系之外而希冀得到更强大之上帝神明的保护所致（详后）。早期成员中不能忽略的一部分是原来的村社成员，甚至有些是在地方上有相当经济基础的成员，包括北王韦昌辉、翼王石达开和豫王胡以晃等，而值得注意的是，这些富有经济基础的参加者往往都有着与地方村社组织或宗族组织的矛盾，

---

① "入住权"是表明地缘关系的概念，由科大卫最早提出（科大卫：《从香港新界乡村调查所见明清乡村社会的演变》，收入叶显恩主编《清代区域社会经济研究》，中华书局 1992 年版，第 483—484 页）。以种蓝烧炭为生的流民要取得村社入住权是比较艰难的，王作新先祖达瑞公的经历可作例证。据石人村《王氏族谱》收录的《达瑞公遗嘱》[撰修年代不明，同村王万宁藏，转引自菊池秀明《廣西移民社會と太平天國（本文编）》，第 485—486 页] 记载，早在乾隆十九年（1754）王达瑞就与长子入山种作，五年后，次子入山，第六年，家室到达并迁入花雷村，通过承纳雷姓山主税粮，订立帮纳粮米契约后取得了永佃权，王氏遂得以做屋定居下来。而此前长达六年，他们在山内的居作均为暂时和流动的，不能够起屋定居。

② 立于道光二十九年（1849）的金秀茶山瑶的《上下卜泉两村石牌》提到，嘉庆和道光年间，有"客人"和"猺人"反乱，因此上下卜泉两村与金秀四村共立石牌以对抗反乱（转引自《广西瑶族社会历史调查》第 1 册，广西人民出版社 1984 年版，第 51—52 页）。由石牌文可见，石牌体制内的村子也以社、庙祭祀来表明成员的权利，而被称为客人猺人者（即非定居的流民和山民）是无权参与社、庙祭祀的。

并且是处于劣势的失意者。[①] 此种在地域或宗族社会中的“无份”感，由此而带来心理上的耻辱及现实利益上的损害，以及另辟蹊径加入其他社会组织以使自己居于主导地位的渴求，正是他们参加拜上帝会的动机。当然，在处理具体的个人、事件和不同地点的材料时，我们会发现决定一个人或一户人家是否参加拜上帝会、决定砸毁哪座庙或社，背后可能存在更为复杂的矛盾冲突情形。比如，蒙冲雷庙（三圣宫）之被毁，固然是因其为标榜“伏魔”“纠民”以排斥无份者的神庙，不过，其所以成为斗争目标，与整合花雷水流域的两大势力即石人村王氏家族与大冲村曾氏家族间的矛盾冲突不无关系。文献记载曾玉珍一家为紫荆山最早入教者，玉珍之子云正为最积极的打雷庙者。曾家之加入拜上帝会的原因也许是出于对上帝之敬信，不过，从太平天国正式起事时曾家成员却鲜少成为起义追随者的事实[②]，结合其与王氏冲突的情况，让人不禁猜测，曾氏之积极入教、毁庙或许更因雷庙被王氏把持而曾氏受排斥之故。[③]

正是在体察当地存在的既有村社组织以社、庙神明为“正统”排斥“异类”的情形下，洪秀全写作了《原道觉世训》。在书中，洪秀全旗帜鲜明地提出“上帝”是世间唯一真神，宣称所有社、庙神明均为魔鬼邪神。而且，上帝比偶像邪神更强大，“肯拜上帝者，无灾无难；不拜上帝

---

① 钟文典在《太平军在永安》（生活·读书·新知三联书店1962年版，第147页）一书中提到此现象，谓韦昌辉与地主谢启发、蓝汝鉴为世仇；石达开与龙山地主周凤鸣为世仇；胡以晃与大鹏地主翁镇三为世仇。菊池秀明《廣西移民社會と太平天國（本文编）》第251、378—382页也有相关论述。

② 曾玉珍之子云正、堂弟玉璟、侄子观澜都是拜上帝会早期积极分子，但正式起事后，只有玉璟追随至永安，其他或未入伍或只随军出至江口墟即折回。传闻玉珍之叔开锦、族弟玉衍到了南京，但事迹无考。参见王庆成《金田起义记：关于它的准备、实现和日期诸问题》（《太平天国的历史和思想》，第82—84页）；《太平天国起义调查报告》，第38页。

③ 曾、王同为山内权势家族，王东城、曾开文分任三圣宫之总理、经理。不过，两家后因争购蒙冲田地结下深仇，至解放前还互不通婚（参见钟文典《太平天国开国史》，第66页）。而调查资料显示，王家科举顺利，曾家则未有生员身份者，表明王氏在村社更有影响力。调查中，村民称雷庙是石人村王东成倡建，冯云山打了雷庙，王作新气得七窍生烟，立即到官府去告他谋反（《太平天国在广西调查资料全编》，第40、100、109—113页）。而笔者在合水村采访时曾氏后裔更声言：“雷庙是姓王的做的。王武三和王武二去江西学过名师，做雷庙时，将庙对冲着蒙冲长田屯，对蒙冲村不利，所以后来就被毁了。”（笔者2009年1月19日田野笔记）明明是王、曾合建之庙，却变成了王氏单独承建，曾氏成了雷庙受害者。

者，蛇虎伤人”①。如前所言，从地方村社角度看，社、庙神明是村社既有之正统，且居于地方权力之主导。因此，洪秀全斥其为“异端”，实为建构“上帝”之正统，无疑切合了那些被排斥于主流社会的群体的心理需求。②

一个问题是，不能参与社、庙祭祀仪式的群体，他们如何表达自己的信仰，有没有自己的仪式活动？很难用直接的材料来回答，不过，有一个很好的考察角度，即地方原有的巫觋传统。虽然即使在自视为“正统”的村社祭祀仪式中仍不乏巫觋成分，不过可以相信，在没有或较少受士人文化影响的山区，巫觋传统会更活跃、更有影响力。后来成为太平天国施政形式的天父、天兄下凡仪式，即由当地的巫觋传统——“降僮”（跳鬼）仪式衍生而来。

“降僮”即是降托显圣的交感巫术，文献所载浔州府之神鬼托降仪式最早见于明代③，是地方土著最重要的请神仪式，不过，更多称为“跳鬼”。如光绪《浔州府志》言：“人有病，间不服药，延道士拜斗禳星，或召巫插花舞剑跳礫之，名曰‘跳鬼’。”民国《桂平县志》亦有记云：“女巫名鬼婆或名仙婆，谓能知人疾病及家室坟墓休咎，或招亡魂附其体，絮絮与人语。”④ 同治《浔州府志》则记载了一位刘姓巫师称其得道之先姑在大容山显灵托降其身而使“梧、浔、高、平诸郡，祈祷拜迎者踵相接”的情形。⑤ 上述皆为请仙跳鬼之托降。就调查所见，业此术者一

① 《李秀成自述》，太平天国历史博物馆编：《太平天国文书汇编》，中华书局1979年版，第481页。

② 邱昭惟在《太平天国及其政权正当性之建构》（硕士学位论文，台湾大学历史研究所，2004年，第42—44、55页）一文中提到毁庙与上帝权威建构的关系，指出，拜上帝会毁掉最灵验庙宇却毫发未伤，又借助降僮巩固了上帝的地位，遂使人们能突破传统的对祖先及多神的信仰而信奉一神。不过文中仅为概括性观点而没有述及地方信仰之实在情形。

③ 明正德年间任横州通判的王济在《君子堂日询手镜》（沈节甫辑：《纪录汇编》第163卷，（台北）商务印书馆1969年影印版，第21—22页）书中记载贵县冯都长为官军而请祖先神的情形称：“遂焚爇一香往营外望空数拜，乡语剌剌，饭顷，以手指画，若问答状，言讫，乃入云：‘无事，无事，吾祖宗俱在此矣，可速传令，子时蓐食，丑时起营，纵火依期。’”所描述者即为“降僮”仪式。一些著作如《太平天国在广西调查资料全编》（第115—116页）谓此仪式为客家人特有，很值得商榷。

④ 民国《桂平县志》卷31，“纪政·风俗”，台北，成文出版社1968年影印版，第1096页。

⑤ 谭猷：《辟祀刘大娘公启并序》，同治《浔州府志》卷31，“艺文”，第34页。

般无师傅传授，通常是在精神受打击或罹患疾病后宣称神明附身而成为仙姑或仙公，取得代神鬼传言之地位。《太平天国起义记》关于杨云娇的记载言："萧妻名杨云娇自言在丁酉年间，彼曾患大病，卧床如死去，其灵魂升天，即闻一老人对其言曰：'十年以后，将有一人来自东方，教汝如何拜上帝，汝当真心顺从。'"① 杨云娇即是通过患病而成为仙姑。同书记载托降情形时言："当众人下跪祈祷时，忽有人跌在地上不省人事，全身出汗。在此昏迷情状之下，其人似乎有神附体，口出劝戒，或责骂，或预说未来之事。其言常是模糊，听不清楚，或则为韵语。"② 显见，杨、萧之天父天兄下凡乃为跳鬼问仙之术。③

据载，杨、萧二人于道光二十八年（1848）三月三日、九月九日首次天父、天兄附体托降时，洪、冯均不在紫荆山，而与杨、萧二人托降同时，山内会众亦有不少人称有神灵附体，各各发号施令，因而造成内部紊乱。洪秀全于十月回到紫荆山后，对托降各"神"所言加以鉴别，最后认可了杨、萧二人所言为真。④ 而即使在洪秀全认可杨、萧之后直至金田起事前，仍有人以托降形式欲主导大局，《天兄下凡圣旨》记云：

> 庚戌年正月初二日，天兄于鸡鸣时劳心下凡。时在贵县……天王曰："天兄，降托一点口讲这妖宿，十分可恶。尔是小弟同胞天哥，要转奏天父拿稳大权，永不准妖魔作怪也。"……庚戌年二月二十八日，天兄劳心下凡，时在平山。天兄因谢享礼等乱言，当治以重辟，爰谕天王曰："秀全，谢享礼乱言么？"天王对曰："是也。"天兄曰："唤他来。"谢享礼至前跪伏。天兄厉声骂曰："谢享礼，尔敢乱言，难道尔走得朕子爷手段过么？"谢享礼声声求饶。天兄曰："饶不得。"乃发令打一千焉。⑤

---

① 《太平天国起义记》，《太平天国》第 6 册，第 857—858 页。

② 同上书，第 866 页。

③ 王庆成在 1980 年访问紫荆山时记录的降僮仪式中，僮子是由师傅传授的专业群体，降僮时不断在桌案上叩头，以其额头肿包大小分辨灵异度（《太平天国在广西调查资料全编》，第 114—116 页）。此与笔者所见之跳鬼问仙有所不同，而杨、萧之天父、天兄下凡似乎更类似于跳鬼问仙之情形。

④ 《〈天父圣旨〉〈天兄圣旨〉和太平天国历史》，收入《天父天兄圣旨》，第 129—189 页。

⑤ 《天父天兄圣旨》，第 32、43—44 页。

此两例都是在道光三十年（1850）初，其时在贵县有人以神附体的方式称扶持洪秀全，所以洪秀全提醒天兄要“拿稳大权”，而在平山上演托降的谢享礼则受到重责。同年夏季，象州李来得亦因托降而连续四次受杖责。①

《天父天兄圣旨》所载萧、杨二人的频繁下凡及其二人下凡同时，贵县、象州各地仍不断有人借神讲话，这一系列的事实表明，神明附体托降其实是当地至为常见的信仰形式。② 所以，在此巫觋主导的历史场景中，拜上帝会众之相信杨、萧所宣称的天父、天兄下凡事，洪秀全之承认两人代天父、天兄传言之权，是非常自然的。因此，解释拜上帝会吸纳民间巫术成分的原因，可以认为是由于冯云山被捕而引致的拜上帝会危乱关头，洪、冯不在紫荆山这一历史情境下的偶然，但其实更应该看作是其时紫荆山一带地区浓郁的巫觋现实环境下的必然。而这样的方式又很恰当地使洪、冯所宣讲的抽象理论得以进入现实的生活层面。因为对于参加拜上帝会的乡民而言，他们最关注的是经过一定仪式与施行符咒后，上帝灵不灵，能不能庇佑他们。而天父、天兄的降临则直接使上帝的灵验得到证实：首先是让他们实际体验到灵魂的“超升”③，实实在在地领略到皇上帝的灵异力量。其次，通过天父天兄下凡，证实了洪秀全作为天王次子下凡救难的神话。再次，神谕方式真实地解决了一些实际遇到的困难和问题。杨、萧二人常凭借惊人的洞察力，在把握实际情况后再以神谕方式指导拜上帝会众的行动，如在金田莫村时萧朝贵以天兄下凡“锁住李寿晖，指出反草通妖曾显芳”④，在永安之围中杨秀清以神降方式揭发叛徒周锡能并加以处置，此类举措卓有成效又令拜上帝会众惊心不已。由此而成功地树立起上帝权威，激起会众无比虔诚的信仰。

---

① 《天父天兄圣旨》，第 67—68 页。

② 此类仪式至今在浔州府仍触目可见。在各庙节庆期，一般均有仙姑仙公在场，笔者几次目睹跳鬼问仙之事。求仙问事仍为村民（尤其女性）的习惯。著名仙姑则拥有令人难以置信的影响，紫荆山花雷村的凌仙姑即为山内乃至桂平最著名仙姑，仅认她为“契妈”的契子就达 700 多位。笔者所见 2009 年正月初二至初五短短 4 天，前来其神案请安请仙或托人拜望的男女老少就有约 600 人（笔者 2009 年 1 月 30 日田野笔记）。

③ 萧朝贵常在天兄下凡时对在场者“超升”，王庆成认为此类超升有可能使用催眠术给人暗示，让人睡着。参见《天父天兄圣旨》，第 36、45、87、152 页。

④ 《天父天兄圣旨》，第 90 页。

小岛晋治曾推测，神灵的排他性与拜上帝会众最终选择信仰上帝有因果联系。他认为，在土客杂居地，宗庙和地方神是土人集团加强血缘、地缘观念的支柱，而较晚迁来的客家人被排除在此种关系之外，因此，出于心理上的反弹，客家人接受了“中国化了的洋上帝”，因为这个上帝将地方神斥作“妖魔”，本身又是超越出生地、村庄和姓氏的神明。① 不过，小岛先生只是依据皮顿·查尔斯 19 世纪中叶在广东的调查资料进行猜测，且将受排斥者统称为“客家人”。笔者的分析既为此猜测提供了较为具体的论证，又作出一些修正，即被社、庙神明排斥在外而加入拜上帝会的最初成员是包括了流民、山民和“匪”在内的非村社成员。此外，笔者以为，要理解拜上帝会的毁庙行为，有一个学界鲜少论及而又相当重要的方面也尚须进一步分析，即，社、庙除了在信仰上排斥不符合认同的“他者”之外，还以社、庙为中心形成了村社地域组织，从组织制度上强行将“他者”排斥在外。

四　“正统”与“异端”组织冲突下的拜上帝会毁庙行动

关于洪秀全最早发难的六乌庙，光绪《浔州府志》记云：“獞俗，每数年延师巫结花楼祀圣母，亲族男女数百千人，歌饮号叫剧戏，三四日夜乃毕，谓之作星。”② 而民国《桂平县志》在引述此段记载之后有按语云：“圣母不知何指，据邑中武平里诸獞所祀则为六乌娘，又名六乌婆，庙在六乌山，獞人每遇瘟疫则舁六乌娘巡游村市，热闹如今城北姜里之游甘王也。”③ 从上述记载可以明确，此座土（僮）人的庙宇，在祭祀六乌圣母时，有一系列喧闹仪式，包括请师巫做仪式，结花楼，演戏和对歌，大型巡游等，异常隆重。那么，这些祭祀仪式对于地方乡民而言，到底蕴含着怎样的社会意义？

---

① ［日］小岛晋治：《试论拜上帝教、拜上帝会与客家人的关系》，《太平天国史译丛》第 2 辑，第 300—301 页。

② 光绪《浔州府志》卷 54，“纪人·民俗”，第 12 页。

③ 民国《桂平县志》卷 31，“纪政·风俗”，第 1140—1141 页。

六乌山现辖贵港市庆丰乡，离村庄有相当路程，数次被毁的六乌庙于20世纪90年代得到重建。笔者从乡政府处了解到，庆丰乡仍是一个壮语、白话（粤方言）和客家话混杂地区，有着比较清楚的基本上以村为界的语言分布带。[①] 当笔者在六乌山下一带村庄调查时，非常震惊地发现，这座属于土（僮）人的六乌庙，讲客家话的“来人”是没份的！其游神及其宗教仪式活动也是排斥“来人”的，而被称为“来人”者也有自己的组织及仪式。

现今距六乌庙最近的村庄是牛蕴村，村民基本为壮人，互相交流时讲壮话，部分人能与笔者讲白话。在考察牛蕴村的社公安龙仪式时，主持仪式的覃姓道师和一位卢姓村民告诉笔者：六乌山的六乌娘娘旧时要“游驾”，“游驾”时，只有讲壮话和讲白话的人可以参加，讲嘛拐话（笔者按：即今被定义为客方言的客家话）的是绝对没份参加的。两人还兴致勃勃地念着当地流传的顺口溜，告诉笔者土人如何占据大村“欺负嘛拐佬”，在土来大械斗时如何驱赶“嘛拐佬”的情形。[②] 可见，以六乌庙为中心形成了一个神庙祭祀组织，这一祭祀组织通过最具有明确性的标示地域分界线的方式——巡境——来区分“己群”与“他群”，并以实际行动来实施对“他群”的排斥。

之后，笔者到了当年洪秀全逗留的赐谷村。村小学退休教师李基廷（操客家话）告诉笔者，赐谷村分上下两屯，下赐谷人讲客家话，上赐谷屯是讲壮话的壮人，问起六乌庙，他说：

> 我们从来不参加六乌庙的仪式，也肯定不去拜六乌庙，因为那

---

① 庆丰乡副乡长韦武力口述，笔者 2007 年 12 月 28 日田野笔记记载如下：沿着由东北向西南斜向走的二级路，近路段中间，围绕庆丰墟镇，分布着一条客家人居住带，包括墟镇北边的东碑、罗碑和新墟河的北岸基本上是客家人，有少数壮人；再往北的联塘村有 1/3 客家人，2/3 讲白话的，鹤林则 1/3 客家人，2/3 壮人；沿路往南的六松、大同也有少数讲客家话的，而大部分讲白话。

② “嘛拐”是客家话音，意为“什么”。覃、卢二人的原话有：“凡是在这里看得见竹头的地方，就不准嘛拐佬住。”顺口溜有：“嘛拐捞乜（‘乜’为白话，意为‘什么’），捞得多，比滴我（白话，意为‘给我一些’），捞得少，收（白话，意为‘留给’）你要”；“我们托锹铲嘛拐，嘛拐低头无出声”。描述的是讲壮话、白话的土人欺负“嘛拐佬”，不准其定居，强行索要其劳动成果，械斗时，土人拿锹打来人，来人无力反抗的情形（笔者 2007 年 12 月 27 日田野笔记）。

是壮人的。不过，我们讲客家话的人每三年会进行两次社公的安龙仪式。做社公安龙时，按人头收钱，有份的每人一元钱。写在名单上，上写户主，下注明几口人，几元钱。赐谷村的社公叫长安社，管近十个小村（屯），都是讲客家话的。这近十个村屯都有各自的“伯公”，每个或两三个村屯一个，叫做“土主”。

可见，这些操客家话的人自己也不认同壮人的庙宇，而有以“长安社”为中心的组织，也定期举行祭祀仪式，在举行仪式时也通过收份子钱、举行会饮等方式来凝结团体力量。在下赐谷村所属的长安社社公处，笔者见到旁边的土墙上还张贴着2007年农历十月长安社安龙仪式的捐款名单，从名单上看，这是包括了18个屯的联盟，集资方式是由各屯按人头征收份子钱。据说，每屯各有自己的“伯公”（即小社）①，长安总社正是整合了各个小社的村落联盟。或许，长安社的形成在某种程度上可能正是基于与六乌庙联盟的对抗。

毗连下赐谷村的上赐谷，居住着熊、莫、刘三姓讲壮话的人（共300多人），他们告诉笔者，他们上赐谷村与下赐谷不是同一个社公，他们的社公不属于长安社，也不参加长安社的安龙仪式，他们三姓人有自己的社公安龙仪式，并且会去拜六乌庙和参加六乌庙的“游驾”。② 总之，在这里，以六乌庙为中心形成的村落联盟和以长安社为中心形成的村落联盟是不同的利益团体。两个联盟之间，除了地缘利益的竞争之外，又有着非常清晰的由语言（族群）作为分界的标识。特别从熊、莫、刘三姓壮人居住在客人村庄却只参加六乌庙仪式的情况可以看出这里的地域组织有着鲜明的族群性。

而土人以六乌庙为中心举行如此喧闹的仪式正是为了表明对地域的支配权。赐谷村作为土来混居村，正处于土来斗争最激烈的地带，道光三十年（1850）贵县土来大械斗的中心大墟镇就位于庆丰乡南边。传说中，六乌神灵异非常，但是六乌神又是土人的神明，土人定期的祭典仪式表达的是对“来人”的排斥；被排斥于六乌庙仪式之外的“来人”也

---

① 笔者2007年12月28日田野笔记。

② 同上。

以各自的社为单位集合成以长安总社为中心的村落联盟，乡村社会的成员分处于两个不同的民间社会组织之中，社会最激烈的矛盾冲突就这样以信仰及社庙祭祀仪式冲突的形式表现出来。

洪秀全在土来混居之赐谷村居住一段时间后，肯定会了解到当地土来群体间的矛盾冲突，及领悟到“来人”在此地的无归属感与这座代表土人的信仰和利益的六乌庙的关联，并很快会体验到“来人”被排斥于六乌庙仪式之外而受到的感情及实际利益上的伤害。笔者以为，这些认识和体验才是洪秀全对六乌庙采取行动的深层原因。而且，洪秀全通过斥责六乌神不合“礼法”以贬抑其存在的正当性，此做法既巧妙又有效，一方面，“迷信的土人，哗然鼓噪，纷起反对，几闹出大事”。[①] 另一方面，据说，洪本人并未因此而罹祸，反而是六乌神像在不久后遭蚁毁，因此，洪秀全的行为可谓立竿见影，正如口碑资料所言：“洪秀全和会友回去安然无事，六乌婆一点也没奈何，从此以后群众就更加信任拜上帝会了。”[②]

再看大樟乡甘王庙，如前所言，洪秀全率会众远跨象州去毁庙的首要原因是其具有“正统”神明身份，且在象、浔一带据有甘王“祖庙”的地位。笔者在象州当地作调查时还注意到一个至关重要的原因，即大樟乡甘王庙是象、浔一带环大瑶山山区最重要的村落联盟中心之一，以其为中心的这个范围广大的村落联盟有例行的大规模甘王巡游仪式。百丈村的壮族道师覃经杰使用的科仪书《甘王简史七唱》的记载如下：

起得庙成就塑像……人民抬我去游乡。成为全县钦仰辈，四季轮流游八方。游过一里又一里，象县八里都游完。这村游了那村去，不分农闲和农忙。象县各村都游到，游完全县转回乡。出游人民心欢喜，统一轮流误农忙。为了农忙两不误，另起庙堂几个乡。多立庙堂多塑像，划分一像管一方。头像就在大樟庙，二像欧村建庙堂。三像就是在桐木，四像立庙在运江。五像象州立个庙，方便农闲游各乡。每年十月就开始，游到来年三月三。三月初三游完了，人民

① 简又文：《太平天国首义史》，商务印书馆 1946 年版，第 108 页。

② 黄兴昌述：《太平天国在广西调查资料全编》，第 68 页。

就转入农忙。①

这个村落联盟的范围非常大，包括了大樟、欧村、桐木、运江，甚至包括了象州城，是个区域性的大联盟。大樟乡甘王庙的宣传册子《甘王故乡传奇》提到以往甘王庙有被称为甘王团的组织，下面是资料摘录（其中的错别字照录不改）：

> 在大清乾隆年间，桂中壮族民众自发筹款清高级工程师在古车村旁筑有一座“甘王庙”……后遭洪水冲毁两进……到民国十九年才由龚八爹……等人岁启把甘王爹等神像进来今办谈坪，覃大芳菜园的茅草屋里。第二年到各村屯找到原来的民众组织三十六团头目人，发动本村自由捐资把庙建好起来……为何每年七月八日这天壮乡民都是不请自到大来敬奉和庆祝甘王节活动呢？这里主要是大樟、百丈、中平、寺村、罗秀、大乐的一代村庄在前唐、宋、元、明、清皇朝时群众每一个村屯都建有奉祀甘王团的组织，在七月廿八甘王诞辰日，各处团的头目人邀约本村屯人都来给甘王老爹做生辰。②

这里最值得关注的是奉祀甘王的“三十六团”“甘王团”组织。虽然上述引文并非当时文献，我们不能确切知道这些三十六团的组织具体在何时成立。不过，从道光后期广西的情况看，各地多有团练，而其时，保甲、团练组织在实际操作中往往依托地方上以庙为中心形成的村落联盟活动。笔者在象州旧县城址采集到一块清中后期的碑刻，其捐款人名单是以“头团会首……二团会首……”的方式排列的③，表明在象州确实有团练组织与庙宇组织合二为一，庙宇组织的会首即是团练组织头目的

---

① 《甘王简史七唱》（科仪书），象州县大樟乡百丈村委小百丈村道师覃经杰藏，笔者 2008 年 5 月 2 日采集。

② 大樟乡甘王庙资料《甘王故乡传奇》，作者为庙缘首秦德崇等人。据说此书采自老人口述，书中众多的错别字显见其口述之痕迹。此书言，大樟乡甘王庙原称大庙，原位于古车河岸之古车村，建于乾隆年间，后被洪水冲毁。庙于民国十九年由古车村迁至今六龙村之办谈坪。笔者 2008 年 5 月 2 日采集。

③ 此碑为残碑，碑存象州县旧县城址处。

情形。所以，与笔者在前文所举崇姜里宾山寺、新墟三界庙的情形相类，以大樟乡甘王庙为中心的村落联盟极有可能与当地的团练组织相重合，或者即是团练的指挥中心。此类情形，《贼情汇纂》有过很好的说明：

> 贼见庙宇即烧，神像即毁，其毁神像者亦欲以威劫人也。神祇在天，土偶本自无灵，贼党不知，乡愚亦不知，以为神且砍头折足，何况于人？神且不敢为祸，人何敢违？其烧庙宇者一则以威劫众，以火惊人，一则防乡民团练，以庙宇为公所，及官兵设伏于其中也。①

即谓，拜上帝会的毁庙，除了慑服人心，显示上帝威力外，还在于防止乡民团练将庙宇作为公所。这个理由非常重要，但是，却又常被以往的学者所忽略。正如前文所分析的浔州府地区的情况，规模宏大，信徒众多的庙宇既是区域的宗教中心，往往也成为区域村落联盟所在地，道光后期，广西大兴团练后，庙宇成为各社区的团练公所应系顺理成章之事。清中后期，这种以社、庙为乡村政治组织中心的情况其实在传统中国乡村社会，至少在华南地区，是比较普遍的现象。比如湖南宝庆知府魁联在要求府属各县兴办团练的示谕中就直接将“庙”与“都”“村”“甲”并列作为团练的基层组织单位之一②，而上述《贼情汇纂》所引言论亦采自湖北黄陂县人周固轩。③ 因此，谢兴尧所言“太平军的焚毁庙宇，打倒偶像，其目的盖一举而宗教、军事、政治均受其益”的提法是非常贴切的。④ 拜上帝会捣毁庙宇其实是在捣毁对手的组织指挥中心。

村落联盟借神庙来结盟，来表达对外来者，对“流民”，对“匪”的排斥，而作为被排除在村社之外的群体，往往也通过强行参与乡村社庙的祭典仪式表明其希图进入村社的决心。道光二十四年（1844）新墟三界庙在该地区厉行保甲、重修庙宇后举行了大型庆典，仪式之一为“抢

---

① 《贼情汇纂》，《太平天国》第 3 册，第 315—316 页。

② 魁联：《谕团练示》，葛士浚辑：《皇朝经世文续编》第 81 卷，沈云龙主编：《近代中国史料丛刊》（741），（台北）文海出版社 1973 年影印版，第 2083 页。

③ 《贼情汇纂》，《太平天国》第 3 册，第 40 页。

④ 谢兴尧：《太平天国的社会思想》，商务印书馆 1935 年版，第 27 页。

炮”，有可能包括了例行的游神，而参与抢炮、游神的村社组织成员是有固定范围的。[①] 此次庆典仪式昭示庙宇辖区及有份成员的用意非常明显。正因为如此，一群被排斥于地方信仰之外，黄体正称之为“匪”的人，不甘于受排斥，也聚集数百人，在“匪首”率领下，扛持枪炮，组织“炮会”前来进香，意欲通过参与庙宇庆典仪式表明自己对该地域的权益。当然，在黄体正笔下，最终的结果是“匪徒”的大炮击毙市内游人，引发混乱，村民于是愤而禀官严捕，歼灭渠魁，匪徒异类因“干神怒”而受到严惩。[②] 这样表述的用意非常明显，即表明三界神明对有份者的默佑，对无份者的惩戒。光绪《贵县志》也有贼寇参拜社神的记载，云：“（道光）二十九年……自嘉祥听招抚，大井头惯匪王亚壮、王兴福、王升高等遂袭其故智，挟制富户铺商，敛银守街，暗串巨匪卢亚相，统率贼船二十余只湾泊县前，派单开角，并声言打至招安方肯了事。亚相既去，又纠大墟岭尾贼首杨睿清以舞狮还愿为名，带率匪类七八十，手执炮械，直入县衙参拜福德土神，以示贼威。”[③] 此例中，“惯匪”和“贼”显示“贼威”的方式同样是以舞狮还愿为名，手执炮械，浩浩荡荡，跑到县衙去参拜福德土神。土地神是民间神明中最能界分“民”与“非民”，区分有份与无份者的标志性神明，县城中的土地神即为县中最大的“社公”，所护佑者为县中有入住权的村社之民，那些被称为“贼”“匪”者是无资格参与相关祭社仪式的。但是，贼匪们偏偏要以这样公开的宣誓性的仪式行为来示威，表明自己对此土地神也是“有份”的，以此来挑战地域社会对他们的排斥。当然，他们如此明目张胆的行为必然招致公愤，所以此事被当作与他们挟制富户铺商和派单开角一样具有同样性质的“恶行”记录下来。

总之，有份或无份参与社庙神明祭祀仪式的背后意味着能否参与地域资源的分享，因此，无论是乡民还是被称为“贼”“匪”者，无论是自视为“正统”的村落联盟还是被视为“异端”的会党组织，对于地方权

---

① 笔者2006年3月2日田野笔记记载，新墟南街96岁老人黄四伢和现任三界庙管理人练信东（75岁）说，农历三月二十八日是三界庙诞，以前有抢炮仪式，并且每隔三年三界爷出游一次，巡游整个新墟街。

② 道光二十四年（1844）《重修宣里新墟三界祖庙碑记》，碑存桂平金田镇新墟三界庙内。

③ 光绪《贵县志》第6卷，“纪事·寇略”，第6页。

益的争夺均通过参与社庙祭祀仪式而表达出来，无份者是借助武力，强行加入庆典仪式，有份者则对此怒而相向。随着拜上帝会众势力日益发展，其与村落联盟的冲突最终也直接以信仰冲突的形式展示出来，《太平天国起义记》通过洪仁玕的口述保存了一份难得的材料，记称在起义前的道光三十年（1850）双方所发生的冲突云：

> 拜上帝会教徒与人民第一次冲突是在金田发生。缘本地人所居某大村有人将拜上帝会教徒之牛抢去……教徒即抢去本地人牛一头或数头。卒之，彼此商议交换所抢之牲口，代表人乃会面商定此事。不料教徒之代表回归时，有本地人恃人多势强，竟向客家人开枪。客家人不甘，即行还击，追逐本地人回其本村。本地人以此意外之败为神不悦所致，乃摆会演戏，藉邀神宠，将偶像高置戏棚上。但在演戏之中恐慌屡起，因谣传拜上帝会教徒来攻，看戏者惊骇狂奔者数次。①

可以看到，本地人与拜上帝会众的斗争，背后是以神的威力大小为基础的。本地人失利，自认为是神不悦，没有发力协助，因此，为借助本地神明之神力以战胜教徒，遂摆会演戏娱神，以祈求本地神的帮助。显然，本地人在此特别时期摆会演戏，具有对内团结人心，对外向对手显示力量之用意。为此，他们特意将神明高置于戏棚之上（一般情况下，戏是演给神明看的，所以，戏棚正对着庙宇，神明安坐于庙中看戏）。不过，韩山文记称本地人演戏邀神相助没达到目的，反而在演戏之中因谣传拜上帝会教徒来攻而使看戏者惊骇狂奔数次。我们知道，上述本地人演戏弄巧成拙的情形是由拜上帝会众转述至洪仁玕再叙述于韩山文的，故应视为拜上帝会众的话语表达，言下之意，本地人的神明并不强大，而所暗示者则是上帝的威力远胜于本地人之偶像。可以相信，其时本地人和拜上帝会众作为敌对双方，在采取重大敌对行动前，应该都有类似集合会众祈祷或献祭于各自的保护神，以借神明之力而对抗敌方的仪式。拜上帝会众虽不似本地人般树立偶像，摆会演戏，但文献记载表明，他

---

① 韩山文：《太平天国起义记》，《太平天国》第 6 册，第 869—870 页。

们在拜会时亦有以水浇心的特别仪式，每天饭前、毁偶像前及与对手作战前更有特别祈祷，如“每日食饭，口念‘感谢上帝，有衣有食’二句，若毁打神庙，口念咒语‘恳祈天父上帝，念将妖魔诛灭，大发天威’三句”①。并且如前所言，与当地赛会拜神的普遍情形一致，拜上帝会亦采用了当地的跳鬼仪式，只不过降临的神明是天父上帝和天兄耶稣而已。这些仪式同样可坚定会众信心，团结其力量，使之相信能获得上帝护佑而去奋勇争胜。

至今在紫荆山内仍可窥见不同群体的利益冲突以信仰冲突的形式表现出来，笔者在调查中不时听到此类故事：“大坪村对面坪有个涂屋，在老合水那里立有一个麻风神，他们没有社，听说旧时涂屋有个涂太郎去找名师学法，到处去斗法，后来学得麻风神就立了庙，这个麻风神只有涂屋人拜，是涂屋人的祖先。我们这里的各处社公打醮时，都不许涂姓人参加，嫁过来的姓涂的也不许参加。”② 笔者后来发现，“麻风神”并非涂屋人自己对神明的称呼，因为“麻风神”即“不好的神，害人的神”，相当于骂人得了麻风病，极具贬义，事实上是那些排斥涂屋人，不许其参加社公打醮的人对涂屋人神明的蔑称。可见，至今在乡民的观念中，神人依然是一体的，他们相信神明归属于某些人，会保护这些人而排斥甚至伤害其他人，因此，对不利于“己群”的庙宇甚至不惜采取极端手段加以摧毁。③

洪、冯敢于大张旗鼓地毁社毁庙，是因为在环大瑶山区内有数量不菲的人群对毁庙毁社持热烈拥护态度，这些人因没份参与社、庙祭祀仪式及分享地域资源，所以，对甘王、社公之类的神明，非但不敬信，更

---

① 《李进富供词》，中国社会科学院近代史研究所近代史资料编辑室编：《太平天国文献史料集》（近代史资料专刊），中国社会科学出版社 1982 年版，第 19 页。笔者作了重新标点。

② 笔者 2009 年 1 月 20 日田野笔记，紫荆乡政府刘锦昌、元安村村长马旭年述。太平天国起事后曾以紫荆山茶地为驻营中心，《太平天国起义几个问题的调查》（《太平天国史研究文选》，第 275 页）一文记载老合水村人涂龙凤的口碑言，当时老合水村住满了太平军，涂家老屋摆了二十多台谷磨，全村人一起日夜帮太平军加工粮米，后来大部分居民也都随了军。结合看来，有可能涂姓之参加太平军与其在地方上被视为麻风神、不能参加祭社仪式等受排斥的境遇有关。

③ 笔者 2009 年 1 月 19 日田野笔记记载了紫荆乡合水村曾维基等人所述发生在 20 世纪 90 年代的当地毁庙事件：“三江街原来有座飞天庙，庙原来是藤县的，十五六年前，田心村的仙公李秀德说神托梦，号召起庙，就在三江街对上的半山上做了这个飞天庙。庙正对着对面村姓李和姓陈的，对他们不利，姓陈的一年死了十几个人，所以，没过多久，飞天庙就被姓李的给炸掉了。”

可能惧怕甚至仇视，他们正是毁庙行为的支撑力量。对比花县及珠三角的情况可以更清楚地加以说明。洪、冯所在花县的家乡都有村庙，附近亦有著名的盘古庙，洪秀全等人在 1844 年皈依基督教后，只是撤除了各自书塾中的孔子牌位和家中的灶君、门神；村里举行神明大巡游的元宵庆典，他们也只是推掉写诗颂神的任务；即使 1848 年洪、冯自紫荆山毁庙后回到花县住了不短时间，二人也没有公然去毁村庙社神。洪、冯最初出游传教的地点是在珠三角地区，结果追随者寥寥。笔者以为，重要的理由即是在花县和珠三角一带，社、庙神明是各村人人有份，当地并不类似环大瑶山区般存在着数量不菲被摒除于社、庙之外的群体，因而缺乏毁社毁庙行动的基本支撑力量。

而闵丽的研究指出，到了南京之后，道教的多神信仰事实上在太平军中重新流传，太平天国民众，包括其将领，重新信仰他们曾经打倒的神灵，并举行道教的各种仪式。① 由此，或许可以推测，中国乡村社会的多神信仰，宗教信仰上的功利性对拜上帝会众的巨大影响并非如此轻易就能抹杀殆尽，拜上帝会众之所以砸社毁庙，其实只是针对不属于他们，不能代表他们利益，将他们排斥于村社之外的神灵。而他们虔诚地信仰上帝，是因为上帝可以将这些邪神扫除，并且带给他们一个真正为他们所有的村社——一个“地上的小天堂”。

五　结语

概观全文，笔者以为，对于拜上帝会砸社毁庙事件的理解，应立足于事件发生地明清以来长时期的地方历史演变过程，正是在明清国家正统秩序在当地建立及与地方民间信仰互动的历史情境中，在矛盾日趋激烈的清中后期形成的村落联盟成为地方最主要的社会结构。不过，以往学者在考察太平天国发生的历史时却鲜少对地方民间信仰的实态进行剖析，更没有关注到此类祭祀性和地域性的民间组织。

通过本文的考察可见，在浔州府地方，既有的社会文化秩序是依赖于“正统”神明来维系的，对社坛神庙的控制权及仪式的参与权代表着

① 闵丽：《太平天国的宗教信仰与道教关系研究》。

村社成员的身份及地缘权益的分享，清中后期，村落联盟成为官方推行保甲、团练的依托并取得合法地位，以其文化上和组织上的“正统性”排斥了其他异己的社会势力。因此村落联盟成为社区之间，“土”与“来（客）”之间联合或对抗的依托，各联盟间、村落联盟与拜上帝会间因地缘利益引致的冲突也多表现为对社、庙及仪式的控制。而村落联盟对“异类”的排斥直接促成受排斥的社会势力以“异端”的信仰和祭祀仪式组成了拜上帝会这类“异端”组织。加入此类组织的“异类”，包括了环大瑶山山区众多以烧炭种蓝采矿为业的无份参与村落联盟祭祀仪式的流民和山民群体，被村落联盟“攻之出社”的“恶类”，以及被“祖庙”排斥在外的“来人”，还有无缘进入村落联盟领导层而倍感失意者。正是这些人奠定了拜上帝会的群众基础和毁庙行动的基本力量。而拜上帝会的传播，其建构上帝的正当性、与地方势力争夺地方权威的最有效方式，就是因应这些非主流群体的需求，摧毁村社既有秩序的“象征”即村落联盟的社、庙神明。拜上帝会的主张如此切合这些不被村社接纳或受到排挤的群体的实际生活处境，天父、天兄托降的仪式又使神谕得到活生生的实证，所有这些，既确立了上帝的权威，也摧毁了对手的正当性，加深了会众的认同感。这正是拜上帝会砸社毁庙的组织制度上的深层原因。

对于洪、冯而言，毁庙行动确实表达了其独一真神之信念，不过，对当地众多拜上帝会众而言，他们积极毁庙的根本动力，除了出于对唯一真神之信奉外，更可能在于社、庙神明的地域主义：因为这些社和神他们是没“份”的，社公和神明非但不保护他们，甚至损害他们的地缘权益。所以正是这些平日里最虔诚供奉神灵的普通乡民，做出了令人震惊的毁庙砸社行为。因此，笔者以为，拜上帝会众的毁庙行为不应仅视为纯粹的宗教行为，因为在当地，宗教本身并不纯粹。当然，认为毁庙为纯粹宗教行为的主旨在于驳斥某些学者将毁甘王庙视为洪秀全反清政治行为的观点。确实，若言其时洪秀全就立志推翻清朝是颇值得商榷的；不过，可以相信，洪、冯其时对于广大会众要求拥有自己的村社、获得地方入住权的意愿有着极其深切的体认，因而才有倡率会众去除阻碍他们进入村社的标志物的举动。洪秀全此举确有为拜上帝会众争取地域生存空间之深意，而太平天国建立“小天堂”的理想及实践正反映了起事者对于拥有自己“村社”的诉求。

最后想说明的是，因行文需要，笔者没有过多讨论贫富冲突与阶级矛盾的问题，不过，这并不意味着可以轻视此问题对太平天国的影响。应该说，正是清后期日益严重的贫富差别与阶级对抗导致了更多人从既有村社组织中离析出来，成为流民、匪盗，从而奠定了拜上帝会的群众基础。实际上，社、庙及宗族组织的成员因生活难以为继而信奉上帝，追随洪秀全进行革命者比比皆是。鉴于前辈学者对此问题的研究已相当深入，故不再妄加赘言，转而从民间信仰与村落联盟这一社会史的角度去揭示太平天国发生时地方社会历史之复杂面貌，冀以促进对太平天国更全面地研究。

“夷夏之辨”之解说传统的延续与更新

——以康有为、刘师培对《春秋繁露》两事的不同解读为例*

李　帆

从戊戌维新前后到辛亥革命之时，是近代中国政治、思想、学术变动最剧烈、纷争最多的时期之一。其中，民族国家认同问题因关涉中国的基本走向而受到各方面人士的注意，各种议论纷至沓来。在这一讨论中，中国固有的“夷夏之辨”命题发挥了关键作用，成为各派人士特别是学术、思想界关注的焦点，围绕“夷夏之辨”命题所进行的讨论，确也促进了当时的政治革新和思想更新。所以，这一问题非常值得关注。① 本文拟在以往研究基础上，从一个极小的个案入手，通过考察康有为、刘师培对《春秋繁露》中“晋伐鲜虞”和“邲之战”两事的不

* 本文原载《近代史研究》2011 年第 6 期。本文为教育部人文社会科学研究基金项目“刘师培与清代经学”（06JA770003）部分成果。

① 近年来，学界对清季民族国家认同讨论中“夷夏之辨”命题的表现、地位、作用以及康有为与刘师培之“董氏学”等问题已有所研究，如杨思信《文化民族主义与近代中国》（人民出版社 2003 年版）、王春霞《“排满”与民族主义》（社会科学文献出版社 2005 年版）、贾小叶《1840—1900 年间国人“夷夏之辨”观念的演变》（《中国近代史上的民族主义》，社会科学文献出版社 2007 年版）、李帆《西方近代民族观念和“华夷之辨”的交汇》（《北京师范大学学报》2008 年第 2 期）、曲洪波《刘师培与康有为“董氏学”研究之比较》（《徐州师范大学学报》2010 年第 4 期）等论著，都有直接或间接的探讨，但以宏观论述为主，相对缺少从个案入手的细致分析，尤其疏于对思想命题背后的学术资源的探究。

同解读，分析“夷夏之辨”解说传统在他们那里的延续与更新，力求由此对当时的民族国家认同问题有更清晰的认识；并希望由此出发，将政治思想的分析与对思想背后的学术资源的探讨结合起来，使思想史研究的蕴含更为丰富。

一

在《春秋繁露·楚庄王》中，董仲舒说：“《春秋》曰‘晋伐鲜虞’。奚恶乎晋而同夷狄也？曰：《春秋》尊礼而重信。信重于地，礼尊于身。何以知其然也？宋伯姬疑礼而死于火，齐桓公疑信而亏其地，《春秋》贤而举之，以为天下法，曰礼而信。礼无不答，施无不报，天之数也。”[①]“晋伐鲜虞”事见《春秋》昭公十二年经。鲜虞属白狄，但为姬姓，与晋侯同姓。晋本为中国（华夏）诸侯之一，经中通例提及时是要“连国称爵”的，这里单言一“晋”字，是予晋国与夷狄一体看待，表达了对晋伐鲜虞的不满。这种不满的出现，在董仲舒看来，是因晋之所为不合“尊礼而重信”的“《春秋》大义”，“礼而信”方为“天下法”，诸夏共遵之，否则就流于夷狄了。

在《春秋繁露·竹林》中，董仲舒说：“《春秋》之常辞也，不予夷狄而予中国为礼，至邲之战，偏然反之，何也？曰：《春秋》无通辞，从变而移。今晋变而为夷狄，楚变而为君子，故移其辞以从其事。夫庄王之舍郑，有可贵之美，晋人不知其善，而欲击之。所救已解，如挑与之战，此无善善之心，而轻救民之意也，是以贱之，而不使得与贤者为礼。”[②]“邲之战”事见《春秋》宣公十二年经。邲属郑地。宣公十二年，楚庄王伐郑，击败郑军，郑国君肉袒投降，庄王应允。此时，晋大夫荀林父率领救郑的军队到达，请与楚国作战，庄王命楚军迎战，在邲地击败晋军。董仲舒认为，《春秋》记事之通例是“礼”仅予中国（华夏）而不予夷狄，但记“邲之战”事，却偏偏相反，将“礼”予夷狄（楚）

---

① 董仲舒：《春秋繁露·楚庄王》，袁长江等校注：《董仲舒集》，学苑出版社 2003 年版，第 37—38 页。

② 董仲舒：《春秋繁露·竹林》，《董仲舒集》，第 60 页。

而非予中国（晋），这是因为楚不取郑地，“有可贵之美”，其行合“礼”，而晋之所为“无善善之心，而轻救民之意”，故“不使得与贤者为礼”。在《春秋繁露·观德》中，董仲舒再次表达此意：“《春秋》常辞，夷狄不得与中国为礼。至邲之战，夷狄反道，中国不得与夷狄为礼，避楚庄也。”①

对于《春秋繁露》所言“晋伐鲜虞”和“邲之战”两事，康有为在1897年刊行的《春秋董氏学》中有所评价。《春秋董氏学》“夷狄”条中，有署名弟子徐勤的按语，可以体现康有为的基本看法。文中引述《春秋繁露·楚庄王》中“晋伐鲜虞”的事例后，所加的按语指出了划分夷与夏的标准：“《春秋》之义，尊礼、重信，故能守乎礼、信则进之，违乎礼、信则黜之，其名号本无定也。‘晋伐鲜虞’与此相背，故拟诸夷狄。”② 即在康有为师徒看来，依据董仲舒的思想，区分“夷夏”的标准在于是否遵守“礼”和“信”。在这一标准下，背信弃义的晋国虽为华夏，但已堕落为“夷狄”。③《春秋董氏学》“夷狄”条在引述《春秋繁露·竹林》和《春秋繁露·观德》中“邲之战”的事例后，分别加按语说：“《春秋》无通辞之义，《公》、《穀》二传未有明文，惟董子发明之。后儒孙明复、胡安国之流不知此义，以为《春秋》之旨最严华夷之限，于是尊己则曰‘神明之俗’，薄人则曰‘禽兽之类’。苗、瑶、侗、僮之民，则外视之。边鄙辽远之地，则忍而割弃之。呜呼！背《春秋》之义，以自隘其道。孔教之不广，生民之涂炭，岂非诸儒之罪耶！若无董子，则华夏之限终莫能破，大同之治终末由至也。”④“泥后儒尊攘之说，则当亲者晋，不当亲者楚也，何德之足云？不知《春秋》之义，唯德是亲。中国而不德也，则夷狄之。夷狄

① 董仲舒：《春秋繁露·观德》，《董仲舒集》，第215页。

② 康有为：《春秋董氏学》，姜义华、张荣华编校：《康有为全集》第2集，中国人民大学出版社2007年版，第414页。

③ 在《春秋笔削大义微言考》中，康有为评论“晋伐鲜虞”时，又说：“不能拯中国之弱，乃自伐同姓，此野蛮之行，即以文明为敌，故以晋为狄也。能守礼信则为中国，违礼信则为夷狄，名号本无定也。”（《康有为全集》第6集，中国人民大学出版社2007年版，第257页）《春秋笔削大义微言考》是康有为1901年整理旧作而成，其中夷夏观方面的主张仍同于《春秋董氏学》，可见他在这一问题上的看法戊戌前后没有变化。

④ 康有为：《春秋董氏学》，《康有为全集》第2集，第414页。

而有德也，则中国之。无疆界之分、人我之相。”① 这两段按语集中批评了主张严“夷夏之防”的“后儒”们，如宋代大儒孙明复、胡安国等人，认为他们的主张其实未能真正理解《春秋》的夷夏观，而且在现实中造成严重后果，罪莫大焉。此外，康有为师徒强调，区分“夷夏”的标准在于“德”，“《春秋》之义，唯德是亲。中国而不德也，则夷狄之。夷狄而有德也，则中国之”。

综合来看，康有为通过阐发董仲舒思想所表达出来的夷夏观颇为明确，即以是否遵守“礼”“信”“德”作为准绳，遵之即为“夏”，不遵则为“夷”。依照当今的概念，这样的标准实为文化标准。依此标准，“夷”与“夏”其实是可变的，“夷”若按“礼”“信”“德”行事，可被视为“夏”；“夏”若违“礼”“信”“德”，则可视为“夷”。这样，“夷夏之辨”就成了“夷夏之变”。董仲舒乃西汉今文经学之宗师，康有为是清末以今文言政的大家，他们的主张，代表了今文学派在夷夏观方面的主流看法。

与康有为见解相异的是倾向于古文经学的刘师培。作为清季著名的革命派学者和民族主义者，1907 年前的刘师培致力于从中国传统的“夷夏之辨”中寻求思想资源，以利于“排满兴汉”，实现革命目标。② 为此，他极力宣扬《春秋》严“夷夏之防”的微言大义，说：“《公》、《穀》二传之旨，皆辨别内外，区析华戎。吾思丘明亲炙宣尼，备闻孔门之绪论，故《左传》一书，亦首严华夷之界。”③ 即《春秋》三传之旨皆为“严华夷之界”。

---

① 康有为：《春秋董氏学》，《康有为全集》第 2 集，第 415—416 页。另外，在《春秋笔削大义微言考》中，康有为又说：“后儒尊攘之说，则当亲者晋，不当亲者楚也，何德之足云？不知《春秋》之义，中国、夷狄之别，但视其德。中国而不德也，则夷狄之。夷狄而有德也，则中国之。无疆界之分、人我之相……后儒孙明复、胡安国之流不知此义，以为《春秋》之旨最严华夷之限，于是尊己则曰神明之胄，薄人则曰禽兽之类。苗、瑶、侗、僮之民，则外视之。边鄙辽远之地，则忍而割之。呜呼！背《春秋》之义，以自隘其道。孔教之不广，生民之涂炭，岂非诸儒之罪耶！若不知此义，则华夏之限终莫能破，大同之治终末由至也。”（《康有为全集》第 6 集，第 179 页）这段话显然是将《春秋董氏学》引述《春秋繁露 · 竹林》和《春秋繁露 · 观德》中“邲之战”的事例后分别所加按语，重新组合而成。

② 按：1907 年起刘师培在思想观念上转向无政府主义。

③ 刘师培：《读左札记》，钱玄同编：《刘申叔先生遗书》，江苏古籍出版社 1997 年影印版，第 293 页。

对于董仲舒及其《春秋繁露》，刘师培同样予以较高评价。在1905年发表的《两汉种族学发微论》中，他认为最能体现"夷夏之辨"精义的是《春秋公羊传》，"惟《公羊》大义，朗若日星"。于汉代最能传承这种思想并光大之的学者，当为董仲舒，"董子《繁露》，翼辅《麟经》，于晋伐鲜虞，则讥晋人之同狄；于晋败于邲，权许楚子之称贤。又谓《春秋》常辞，不予夷狄（见《竹林》篇）。则华夷大防，董子曷尝决其藩哉?"[①] 同样是以"晋伐鲜虞"和"邲之战"为例，谈董仲舒《春秋繁露》所反映的夷夏观，但所表达的见解与康有为截然不同，不讲遵守"礼""信""德"之为"夏"，强调的是"《春秋》常辞，不予夷狄"，认为董仲舒也是讲"华夷大防"的。在《西汉大儒董仲舒先生学术》一文中，刘师培亦谈及《春秋繁露·竹林》关于"邲之战"的议论，认为"夷狄乱华，是董子最伤心的事情"。"董子的宗旨，还是主张攘斥夷狄的，还是主张不共夷狄同化的。如若共夷狄同化，就连中国也带坏了，不可是中国顶大的羞辱么？后世的人，多以土地分华夷，说中国以外的人种，全是夷狄；夷狄进了中国，也同中国一般。所以，不晓得邦交的道理，也没有攘夷的宗旨，这真是不懂董子的学术了。"[②]

实际上，《春秋繁露·竹林》既讲"不予夷狄而予中国为礼"的"《春秋》常辞"，也讲"《春秋》无通辞，从变而移。今晋变而为夷狄，楚变而为君子，故移其辞以从其事"，而且强调的是后者，看重的是"从变而移"。刘师培仅强调"《春秋》常辞，不予夷狄"，将董仲舒文的宗旨，界定为"攘斥夷狄"，颇有断章取义之嫌，充分反映出他其实是借古人之言，表达自身的严"夷夏之防"的民族主义观念。

二

康有为、刘师培都是清季的经学大师，他们对《春秋繁露》中"邲之战"和"晋伐鲜虞"两事的理解，与他们的经学修为密切相关，体现

---

① 刘师培：《两汉学术发微论·两汉种族学发微论》，《刘申叔先生遗书》，第533页。

② 刘师培：《西汉大儒董仲舒先生学术》，万仕国辑校：《刘申叔遗书补遗》上册，广陵书社2008年版，第416、417页。

出经学系统里“夷夏之辨”之解说传统的延续与更新。为了充分说明这一问题，有必要梳理一下原始文献和康、刘以前的相关解说。

《春秋繁露》是解读《春秋》的著作，其所议之事无不关联《春秋》及其三传，所以首先需考察《春秋》三传对“邲之战”和“晋伐鲜虞”的记载。

在《春秋左传》中，对“邲之战”和“晋伐鲜虞”皆有客观记录。关于“邲之战”，记曰：“经：十有二年（鲁宣公十二年）……夏，六月，乙卯，晋荀林父帅师，及楚子战于邲。晋师败绩。”“传”则对“邲之战”过程进行了具体描述。[①] 关于“晋伐鲜虞”，《春秋左传》记曰：“经：十有二年（鲁昭公十二年）……冬，十月……晋伐鲜虞。”而其“传”则仅言“晋伐鲜虞，因肥之役也”。[②]

在《春秋公羊传》中，对“邲之战”有以下描述：“（鲁宣公十二年）夏，六月，乙卯，晋荀林父帅师，及楚子战于邲。晋师败绩。大夫不敌君，此其称名氏以敌楚子何？不与晋而与楚子为礼也。曷为不与晋而与楚子为礼也？庄王伐郑，胜乎皇门，放乎路衢，郑伯肉袒，左执茅旌，右执鸾刀，以逆庄王，曰：‘寡人无良，边垂之臣，以干天祸，是以使君王沛焉，辱到敝邑。君如矜此丧人，锡之不毛之地，使帅一二耋老而绥焉，请唯君王之命。’庄王曰：‘君之不令臣，交易为言，是以使寡人得见君之玉面而微至乎此！’庄王亲自手旌，左右撝军，退舍七里。”[③] 而“晋伐鲜虞”，《公羊》有经无传。

在《春秋穀梁传》中，对于“邲之战”的记载，同于《左传》之“经”。对于“晋伐鲜虞”，则曰：“冬，十月……楚子伐徐。晋伐鲜虞。其曰晋，狄之也。其狄之何也？不正其与夷狄交伐中国，故狄称之也。”[④]

董仲舒是西汉景帝时的《春秋》博士，主公羊学，他之解读《春秋》，自然取《公羊传》之微言大义并发挥之。与此同时，从他对“晋伐

---

① 杜预注，孔颖达疏：《春秋左传正义》第 23 卷，《十三经注疏》下册，中华书局 1980 年影印版，第 1878—1883 页。

② 同上书，第 2061、2064 页。

③ 何休解诂，徐彦疏：《春秋公羊传注疏》第 16 卷，《十三经注疏》下册，第 2284—2285 页。

④ 范宁集解，杨士勋疏：《春秋穀梁传注疏》第 17 卷，《十三经注疏》下册，第 2436 页。

鲜虞”的解读看，与《穀梁传》也不无关系。[①]《公羊传》对“邲之战”的描述，其核心在于说明“不与晋而与楚子为礼”的《春秋》微言大义；董仲舒则解说因邲之战时，“晋变而为夷狄，楚变而为君子”，故“不予夷狄而予中国为礼”的“《春秋》之常辞”，才“偏然反之”。《穀梁传》对“晋伐鲜虞”的记载，关键是要说明《春秋》仅曰“晋”，不“连国称爵”，是将晋与夷狄同等看待；董仲舒则有发挥，认为《春秋》将晋视同夷狄，是因“《春秋》尊礼而重信”，晋伐鲜虞，礼、信俱失，所以在这个意义上已等同于夷狄。

董仲舒之后，公羊学最主要的代表是东汉何休。在何休解诂、唐徐彦疏的《春秋公羊传注疏》中，也对“邲之战”和“晋伐鲜虞”作了阐发。前已言及，《公羊传》谈“邲之战”时说：“不与晋而与楚子为礼也。”对此，何休解诂曰：“不与晋而反与楚子为君臣之礼以恶晋。”就何休此解，徐彦疏云：“内诸夏以外夷狄，《春秋》之常。今叙晋于楚子之上，正是其例，而知其恶晋者。但楚庄德进行修，同于诸夏，讨陈之贼，不利其土，入郑皇门，而不取其地。既卓然有君子之信，宁得殊之？既不合殊，即是晋侯之匹。林父人臣，何得序于其上？既序人君之上，无臣子之礼明矣。臣而不臣，故知恶晋也。”[②] 对“晋伐鲜虞”，何休解诂曰：“谓之晋者，中国以无义故为夷狄所强。今楚行诈灭陈、蔡，诸夏惧。然去而与晋会于屈银，不因以大绥诸侯，先之以博爱，而先伐同姓，从亲亲起，欲以立威行霸，故狄之。”[③] 从何休之言可以看出，他在夷夏问题上的主张与董仲舒是一致的，也以是否遵“礼”“义”作为区分夷夏的标准。

同属今文系统的《穀梁传》的疏解者亦是抱有与董仲舒、何休相似的主张。在《春秋穀梁传注疏》中，对于“晋伐鲜虞”，晋人范宁注曰：“鲜虞姬姓，白狄也，地居中山，故曰中国。夷狄谓楚也。何休曰：春秋多与夷狄并伐，何以不狄也？郑君释之曰：晋不见因会以绥诸夏，而伐

---

① 有学者认为《公羊传》与《穀梁传》的联系极为紧密，是西汉时人“影射了《公羊》的牌子而为《穀梁传》”。参见顾颉刚《汉代学术史略》，东方出版社 1996 年版，第 62—63 页。

② 何休解诂，徐彦疏：《春秋公羊传注疏》第 16 卷，《十三经注疏》下册，第 2284 页。

③ 何休解诂，徐彦疏：《春秋公羊传注疏》第 22 卷，《十三经注疏》下册，第 2320 页。

同姓，贬之可也。狄之大重晋为厥慭之会，实谋救蔡，以八国之师而不救，楚终灭蔡。今又伐徐，晋不纠合诸侯以遂前志，舍而伐鲜虞，是楚而不如也，故狄称之焉。”① 此言所强调的仍是“中国”之晋其作为尚不如“夷狄”之楚，所以晋可称“狄”，亦即夷夏之位可互换。

上述今文学者对“邲之战”和“晋伐鲜虞”的解说，到清代仍为经学家所认同。如孔广森对《公羊传》所言“晋荀林父帅师，及楚子战于邲。晋师败绩。大夫不敌君，此其称名氏以敌楚子何？不与晋而与楚子为礼也”做了以下解读：“言不以晋人为直而善楚子为有礼也。林父录名氏反为不与晋者，庄王之师进以义退以仁，卓然君子之行。林父不度德力，轻取败衄，中国遂衰，故特出主名，专见其罪……董生言：《春秋》之用辞，已明者去之，未明者著之。今君臣常辞，城濮伯莒已明，故于此得变文以托别义。”② 对于“晋伐鲜虞”，孔广森评论道：“晋为诸夏盟主，楚剪覆姬宗，坐视不救，又效楚之尤，亦加兵于同姓，故称国狄之，《春秋》特于此责晋之甚者。初，楚人为申之会，请诸侯于晋，晋弗敢竞，楚由是大得志于中国，放乎灭陈、蔡者，晋君臣为之也。苏辙曰：楚灭陈、蔡，而晋不救，力诚不能，君子不罪也。能伐鲜虞，而不救陈、蔡，非力不足也，弃诸侯也，故以夷书之。”③ 这些议论，所强调的还是“礼”“义”“仁”“信”等“华夏”诸国本应遵守的信条，如若不遵，则“华夏”转而为“夷狄”，晋即因此而被视为夷狄。可见，今文学者一脉相承，始终坚守夷夏之别的文化标准，认为《春秋》大义在此。

作为清季今文学者的代表，康有为的夷夏观显然是延续了历代今文学者的主张，其对《春秋繁露》中“邲之战”和“晋伐鲜虞”的解说，无非是一个显例而已。他还曾明确说过：“夷夏之分，即文明野蛮之别。《春秋》之义，夷狄而行中国之道，则中国之，其许楚庄入郑是也。中国而为夷狄之行，则夷狄之，卫伐凡伯、晋伐鲜虞是也。惟德是辅，故董子曰：‘中国、夷狄无恒，随变而移。’由文明而野蛮，下乔木而入幽谷

① 范宁集解，杨士勋疏：《春秋穀梁传注疏》第 17 卷，《十三经注疏》下册，第 2436 页。

② 孔广森：《春秋公羊通义》第 7 卷，阮元、王先谦编：《清经解清经解续编》第 5 册，凤凰出版社 2005 年影印版，第 5849 页。

③ 孔广森：《春秋公羊通义》第 10 卷，《清经解清经解续编》第 5 册，第 5879 页。

也。由野蛮而文明，出幽谷而迁乔木也。滕文公行仁政，而各国志士负耒受廛，可知民心之归仁。今欧洲各国之人，多迁于美国，德、英欲极禁之而不可得，亦可见滕文公得民之盛矣。”[①] 这样的言论，清晰地表达出康有为继承先辈学说而又与时俱进的特点。

相对而言，《公羊传》《穀梁传》及其注疏对“邲之战”和“晋伐鲜虞”的解说较为完善，而《左传》除客观记录外，对此少有解说。在杜预注，孔颖达疏《春秋左传正义》“晋伐鲜虞”条下，疏云：“正义曰：十五年晋荀吴帅师伐鲜虞，定四年晋士鞅、卫孔圉帅师伐鲜虞，二者皆书将帅，此独不书将帅，知是史阙，或是告辞略史阙不得书，亦得言史阙文也。穀梁曰：其曰晋，狄之也，不正其与夷狄交伐中国，故狄称之也。贾、服取以为说。左氏无贬中国从夷狄之法，传曰：亡者侮之，乱者取之。又曰：间携二覆，昏乱霸王之器也。鲜虞夷狄也，近居中山，不式王命，不共诸夏，不事霸主，伐而取之，惟恐知力不足，焉有以夏讨夷，反狄中国？从此以后用师多矣，何以不常狄晋更复书其将也？杜以其言不通，故显而异之。”[②] 这段话表明，注疏者认为《左传》记载“晋伐鲜虞”一事不合其书常例，疑史有阙文，而且强调“左氏无贬中国从夷狄之法”，不赞成《穀梁传》“其曰晋，狄之也”的说法，显示出立异于今文经学的态度。

作为四代传经、长于左氏之学的学者，刘师培当然熟知左氏之传、注、疏，并极力从《左传》中寻求严“夷夏之防”的证据。他说：“左氏亲炙孔门，备闻宣尼之绪论，故《左传》一书，斥杞子之从夷，先晋人之有信，辨别华戎，大义凛然。及贾逵、服虔诠释传文，而进夏黜夷之谊，隐寓其中。天王天子，夷夏殊称，则华夷殊等，典礼不同，彰彰明矣。即外楚外吴，亦含屏斥夷蛮之旨……攘夷大义，咸赖贾、服而仅存。此左氏之微言也。”[③] 实际上，仅就“晋伐鲜虞”而言，贾逵、服虔所申言之夷夏观乃取《穀梁传》之说，并非遵《左传》之辞。而刘师培

---

① 康有为：《孟子微》，《康有为全集》第 5 集，中国人民大学出版社 2007 年版，第 496 页。

② 杜预注，孔颖达疏：《春秋左传正义》第 23 卷，《十三经注疏》下册，第 2061 页。

③ 刘师培：《两汉学术发微论·两汉种族学发微论》，《刘申叔先生遗书》，第 533 页。

看重贾、服之注，一个重要意图是强调古文经学家对阐发《左传》“攘夷大义”所起的作用，由此，某些细节甚至可以忽略。不仅如此，为了申言“夷夏之辨”，刘师培把今文学大师何休也塑造成严“夷夏之防”的学者，说：“邵公（何休字邵公）《解诂》，于内外之别诠释详明，而戎伐凡伯，排斥尤严。以中国为礼义之国，君子不使无礼义制治有礼义，则文物之邦，岂可屈从于蛮貉乎！推之贬邾娄为夷狄，美鲁庄之追戎。于吴会黄池，则嫉诸夏之事夷。于荆败蔡师，则愤华夷之入伐。驭外之心，至深且密。”① 这里仅是强调何休严于“内外之别”，“驭外之心，至深且密”，而于何休据“礼”“义”标准区分夷夏、故夷夏位置可变之说，却忽略不提，显然是出于自身论点的需要。

至于对“晋伐鲜虞”和“邲之战”的解说，认为董仲舒也是据此讲“华夷大防”，恐怕系刘师培的一个创造，属“夷夏之辨”解说传统的更新。因刘氏所传承之《左传》及其注疏并无此类说法，就连康有为所指斥的“以为《春秋》之旨最严华夷之限”的宋儒孙明复、胡安国，在谈及“晋伐鲜虞”时，亦是强调“天理”“信义”在区分夷夏时的作用②，而非由此大讲“华夷大防”。在“夷夏之辨”问题上，刘师培与孙明复、胡安国最为合拍，但刘氏解说“晋伐鲜虞”，与二人却不一致，这更可见出刘氏不依前人之创见。

三

围绕《春秋繁露》中“晋伐鲜虞”和“邲之战”两事，康有为、刘师培分别做出自己的解读，其不同主张的背后，自然有其传承的解经传统和所倾向的经学流派的因素。不过与此同时，两人所处的时代语境亦

① 刘师培：《两汉学术发微论 · 两汉种族学发微论》，《刘申叔先生遗书》，第 533—534 页。

② 在《春秋尊王发微》中，孙明复说：“直曰晋伐鲜虞者，楚灵不道，殄灭陈、蔡，晋为盟主，既不能救，其恶已甚。今又与楚交伐同姓，无复天理之存矣，故深恶之。”（《春秋尊王发微》第 10 卷，文渊阁四库全书本）；在《春秋传》中，胡安国说：晋伐鲜虞“是中国居而夷狄行也。人之所以为人，中国之所以为中国，信义而已矣。一失则为夷狄，再失则为禽兽”（《春秋传》第 25 卷，四部丛刊续编本）。

发挥了制约作用。

清季，维新保皇和“反满”革命共同构成政治上的一大景观，围绕此二者，不同立场的人们争执不休，而且政治主张往往关联着学术见解，经学纷争也就因此带有浓重的政治色彩。作为保皇派的领袖，康有为力主满汉一体，历代今文学者的夷夏观恰给他以学理上的支持；而作为革命派的骨干，1907 年前的刘师培是激进的民族主义者，“排满兴汉”是其首要政治目标，中国历史上的“夷夏之辨”自然成为其取法的资源。

自从清朝统治建立后，其合法性问题就一直备受关注。当时的汉族士大夫多以“夷夏之辨”为由，质疑或反抗其统治，而清廷也搬用历史上夷夏位置可变、“夷狄入中国则中国之”的证据，证明其统治的合法性，并采用或笼络、或镇压的各类手段来巩固这一合法性。“遗民不世袭”，渐渐地，士人与朝廷达成共识，不再对立，也不再对清廷以“夷狄”视之。鸦片战争前后，“夷”之称呼已主要是指来自西方的外国人。但到了戊戌变法失败后，随着“排满”革命风潮的兴起，革命党人心目中的“夷狄”再度成为满族人的指称。而坚守保皇立场者，则力证满族人已非夷狄，而是华夏一体化的成员了。在 1902 年发表的《答南北美洲诸华商论中国只可行立宪不能行革命书》中，康有为曾就此指出：“孔子《春秋》之义，中国而为夷狄则夷之，夷而有礼义则中国之。故晋伐鲜虞，恶其伐同姓则夷晋矣……国朝入关二百余年，合为一国，团为一体……所谓满、汉者，不过如土籍、客籍，籍贯之异耳。其教化文义，皆从周公、孔子；其礼乐典章，皆用汉、唐、宋、明，与元时不用中国之教化文字迥异。盖化为一国，无复有几微之别久矣。”① 与之相反，刘师培认为“夷夏之辨”是百世不易之理。在 1904 年的《致端方书》中，他说：“孔子有言，夷不乱华。而华夷之防，百世垂为定则，想亦尔之所悉闻也。自满洲肇乱，中原陆沉，衣冠化为涂炭，群邑荡为邱墟，呻吟虐政之中，屈服毡腥之壤，盖二百六十年于兹矣……光汉幼治《春秋》，即严夷夏之辨。垂髫以右，日读姜斋、亭林书，于中外大防，尤三致意。

① 康有为：《答南北美洲诸华商论中国只可行立宪不能行革命书》，《康有为全集》第 6 集，第 327 页。

窃念天下兴亡，匹夫有责；《春秋》大义，九世复仇。”① 其视满族人为“夷狄”，从事排满革命的立场十分鲜明。

与此同时，和保皇、革命等政治风潮相交织的，是思想学术领域西学东渐的浪潮一浪高过一浪，不断冲击着中国固有的思想学术。西方思想对当时学界冲击之大，使得学者们在处理思想学术问题时难免要倚之为利器。关于“夷夏之辨”的论争，实际就关联着来自西方的近代民族主义。

这一时期西方近代民族主义的核心是民族国家认同问题。对此大体有两种意见：一是以血统、种族为主划分民族，建立单一民族国家；二是以文化为主划分民族，建立多民族国家。前者与欧洲 19 世纪强调血缘关系的“族群民族”（Ethno-Nation）理念分不开。这一理念的传播，使得民族与国家应融为一体、建立单一民族国家的观念颇为盛行。德意志民族主义的先驱赫尔德说：“最自然的国家，莫过于具有一种民族特点的一个民族……把一百个民族硬捏在一起并由一百五十个省份组成的帝国，决不是个政体，而是一个怪物。”② 这实际主张的就是国家由单一民族组成，一民族一国家。这样的观念，在 20 世纪初的中国开始流传，对革命派知识分子产生较大影响。1903 年，《浙江潮》发表的《民族主义论》说得很直接：“合同种，异异种，以建一民族的国家，是曰民族主义。”③ 并主张“非民族的国家不得谓之国”。④ 后者在西方政治学界也颇有影响，19 世纪末 20 世纪初也传至中国。如伯伦知理的理论，认为文化因素（语言、文字、风俗等）比血统对一个民族的形成更重要，所以一些不同血统但文化相同的民族，可以联合在一起，建立多民族的国家。这样的理论，为梁启超等人所广泛接受。梁启超曾引用伯伦知理“同地、同血统、同面貌、同语言、同文字、同宗教、同风俗、同生计，而以语言、文字、风俗为最要焉”的“民族”界说，强调那些“国境大而民族小，境内含有数民族者”，大约存在四种发展趋势，其中第一种即为“谋联合国内多

---

① 刘光汉：《致端方书》，《刘申叔遗书补遗》上册，第 110 页。

② 转引自王缉思《民族与民族主义》，《欧洲》1993 年第 5 期，第 16 页。

③ 余一：《民族主义论》，《浙江潮》第 1 期，1903 年，第 3 页（文页）。

④ 余一：《民族主义论》，《浙江潮》第 2 期，1903 年，第 11 页（文页）。

数之民族而陶铸之，始成一新民族。在昔罗马帝国，及今之北美合众国，是其例也”[①]。并由此提出他的“大民族主义”，认为：“吾中国言民族者，当于小民族主义之外，更提倡大民族主义。小民族主义者何？汉族对于国内他族是也。大民族主义者何？合国内本部属部之诸族以对于国外之诸族是也。”[②] 实际上，“大民族主义”的建国主张，也就是建立多民族国家的主张。

西方近代民族主义的这两种不同趋向，自然反映到当时革命与保皇两派的政治论争中，刘师培和康有为也是各取所需。刘师培在一系列论著中阐发他的单一民族国家思想。他曾力证满族（人）不属中国，为“排满建国”的合理性辩护。在《辨满人非中国之臣民》一文中，他说：“满、汉二民族，当满族宅夏以前，不独非同种之人，亦且非同国之人，遗书具［俱］在，固可按也。”[③] 当然，他也深知满族统治者与普通满人的区别，所以强调排满是为夺取政权，即“今日之排满，在于排满人统治权。民族主义即与抗抵强权主义互相表里，固与前儒中外华夷之辨不同也。使统治之权不操于满族之手，则满人虽杂处中国，亦无所用其驱除”。[④] 也就是说，他所努力奋争者是推翻满族统治，建立汉族统治的国家，此即他的民族国家认同理念。为此他曾专门言道：“凡一族之人民，必有特立之性质……合数国而同一种族，则数国可并为一国（如德意志联邦是）；合数种族而为一国，则一国必分为数国（如土耳其各小国）。”[⑤] 很显然，他所认同的是以血统、种族之别为根基的民族主义，实际是种族民族主义。他还用此来强化“夷夏之辨”，说：“三代之人，无人不明种族之义。盖邦国既立，必有立国之本。中国之国本何在乎？则华夷二字而已。上迄三代，下迄近今，华夷二字，深中民心，如‘裔不

① 梁启超：《政治学大家伯伦知理之学说》，《饮冰室合集》文集之十三，中华书局 1989 年影印版，第 73—75 页。

② 同上书，第 75—76 页。

③ 韦裔（刘师培）：《辨满人非中国之臣民》，《民报》第 14 号，1907 年 6 月 8 日，第 1 页（文页）。

④ 韦裔（刘师培）：《辨满洲非中国之臣民》，《民报》第 18 号，1907 年 12 月 25 日，第 22 页（文页）。按：《辨满人非中国之臣民》连载于《民报》第 14、15、18 号，但自 15 号起，题目为《辨满洲非中国之臣民》，与 14 号标题有一字之异。

⑤ 刘师培：《中国民族志》，《刘申叔先生遗书》，第 623 页。

谋夏，夷不乱华’言于孔子，‘非我族类，其心必异’言于季文子，‘戎狄豺狼，不可厌也’言于管夷吾。故内夏外夷遂为中国立国之基。汉儒之言，亦即此意。日本倡攘夷之说，始知排外。中国倡攘夷之说，始知开边。”[①] 这段话表明，“夷夏之辨”为立国之本，讲求的是种族之分。

与刘师培相较，康有为对种族问题大多时候抱有较开明的态度，尽管有时也讲种族之别。1879 年，他“得《西国近事汇编》、李圭《环游地球新录》及西书数种览之。薄游香港，览西人宫室之瑰丽、道路之整洁、巡捕之严密，乃始知西人治国有法度，不得以古旧之夷狄视之。乃复阅《海国图志》、《瀛环志略》等书，购地球图，渐收西学之书，为讲西学之基矣”[②]。从此，他认为不能再对西方人“以古旧之夷狄”的传统观念看待。但在甲午战败后的 1895 年，他则警告说：“西人最严种族，雠视非类”，并以法国殖民越南和英国殖民印度为鉴，强调“吾神明之种族”必须及早为计，免蹈覆辙。[③] 在其影响下，弟子梁启超等人也在此时倡导过种族之论。戊戌变法失败后，他周游列国，了解了更多的西方政治、民族、国家学说，就很是不以种族之别为意了。他明确反对以种族区分中国与夷狄，说：“孔子之所谓中国、夷狄之别，犹今所谓文明、野蛮耳。故中国、夷狄无常辞，从变而移。当其有德，则夷狄谓之中国；当其无道，则中国亦谓之夷狄。将为进化计，非为人种计也。”[④] 即中国与夷狄，仅是进化程度之分，非为种族之别。所以，他反对一些革命党人排斥满族的单一民族国家论，主张“合满建国”，说：“满洲在明时则为春秋之楚，在今则为汉高之楚，纯为中国矣……满之与汉，虽非谓同母之兄弟，当亦比于同父异母之兄弟，犹为一家也……夫今日中国积弱，众强环视，苟汉之于满，割而为台湾，亡而为印度、波兰，则必不得政权平等自由之利，是则可忧也。”[⑤] 这样的论调，当然是为反对“排满”革命服务，但不能不说有其合理性的一面，与“大民族主义”相合。

---

① 刘师培：《两汉学术发微论·两汉种族学发微论》，《刘申叔先生遗书》，第 532 页。

② 康有为：《我史》，《康有为全集》第 5 集，第 63 页。

③ 康有为：《京师强学会序》，《康有为全集》第 2 集，第 89 页。

④ 康有为：《答南北美洲诸华商论中国只可行立宪不能行革命书》，《康有为全集》第 6 集，第 327 页。

⑤ 同上书，第 329 页。

正是出于上述差异，在解读《春秋繁露》“晋伐鲜虞”和“邲之战”时，康有为和刘师培的态度有所差别。康有为延续了以往今文学者的解说，其辞相合于西方近代民族国家认同的某些理论，具有文化民族主义色彩；刘师培的解说则较少依托经学传统，甚至有强为之解之嫌，但亦相合于西方近代民族国家认同的某些理论，具有种族民族主义色彩。这表明在“夷夏之辨”问题上，两人依托传统的程度不同，结合新知的方向亦不同。中国传统特别是经学传统错综复杂，两人又有不同的学派背景，加之西方新知亦是错综复杂，故对其各取一端，以之与本人的经学修为结合，自会得出相异的结论。

平心而论，中国固有的“夷夏之辨”虽也涉种族之别，但核心不是种族问题，而是文化问题。“夷夏之辨”最初出现时，人们主要是从族类差异来区别夷、夏的。所谓族类差异，既指人种之别，也包括地域、语言、习俗、生活方式等的差异，而且后者渐居主导。人们认为华夏诸国在经济、文化、道德等方面都高于、优于夷狄，华夏乃“礼仪之邦”，而夷狄则“被发左衽”、未臻开化。孔子虽也讲“内其国而外诸夏，内诸夏而外夷狄”，注重族类差异，但更强调“诸夏用夷礼则夷之，夷狄用诸夏礼则诸夏之”，即以礼（文化）来区分夷夏。孟子继承并发展了孔子的观点，提出“用夏变夷”，强调“吾闻用夏变夷者，未闻变于夷者也”，即只能用华夏文化改造夷，绝不可能以夷变夏。此种“夷夏之辨”，已超越种族、血统等因素，而视文化因素为最高认同符号，其所体现的是文化民族主义精神。就此而言，康有为对《春秋繁露》“晋伐鲜虞”和“邲之战”的解说应属正解。而刘师培的解说虽有新意，但于学理有亏，更多是出于现实应用目的。因为对于“夷夏之辨”关键不在种族而在文化，可以“用夏变夷”，刘氏并非全然没有认识。他曾指出，“用夏变夷”的提出，是因孔子认识到世界总有文明普及之日，“使无礼义者化为有礼义”，“特以声名文物非一国所得私，文明愈进则野蛮种族愈不能常保其生存”。但是目前“据此以荡华夷之界则殊不然”。① 也就是说，谈“夷夏之辨”时强调种族之别是时势所需，是“排满”斗争的需要，而文化上的“用夏变夷”是人类文明发展的长远目标，两相比照，刘师培更重

① 刘师培：《攘书·夷裔篇》，《刘申叔先生遗书》，第631—632页。

视眼前的政治目标，所以更强调种族之别。

进而言之，一向被视作“以经术作政论”，甚至被刘师培“开除”出学者队伍的康有为[①]，在“夷夏之辨”问题上倒是基本依遵今文学统，以正统今文家说作为自身思想观念的依托。而一直为学谨严、以“学术持平”“不主门户”理念治学的刘师培，却在这一问题上不那么谨遵学统，显示出更多的变通。这表明在学者那里，思想观念源于学术资源虽可作为一种通例，但并非任何时候任何情况下都适用，一旦出现特殊情形，则有变通的空间。对刘师培而言，坚守“夷夏之辨”立场，相符于“排满”革命的最高政治目标，所以就要在解说经典时做些更新，姑且“以经术作政论”。而康有为在“夷夏之辨”问题上的表达，虽合于学统、学理，但只是因为固有学术资源和他的现实理念乃至政治策略恰巧相符罢了。这仅是一个案，不能据此说他整体上摆脱了“以经术作政论”的为学理路。

---

① 刘师培大体不把康有为视作学者，他基本不与康氏讨论学术问题，其驳斥康说的文章多属政论，如《论孔子无改制之事》《论孔教与中国政治无涉》等；而且刘师培也不认为康有为是今文经学在学术上的传承人，他回顾清代今文经学演进历程的论著讲到同时代的王闿运、廖平等人，却根本不提康有为，如《近儒学术统系论》《近儒学案序》《南北学派不同论·南北考证学不同论》等都是如此。

从党权政治角度看孙中山晚年的司法思想与实践*

李在全

1919 年 5 月 20 日，孙中山与邵元冲曾有如下一段对话：

邵问：先生平日所治甚博，于政治、经济、社会、工业、法律诸籍，皆笃嗜无倦，毕竟以何者为专致？

孙答：余无所谓专也。

邵问：然则先生所治者究为何种学问耶？

孙答：余所治者乃革命之学问也。凡一切学术，有可以助余革命之知识及能力者，余皆用以为研究之原料，而组成余之“革命学”也。①

作为革命领袖，孙中山生平所思所虑，乃“革命之学问”，他对局部问题的思考总体上均服从于革命大局的现实需要，司法与法律问题自是其中一部分。缘此，考察孙中山晚年的司法思想，必须将其置于因时势

* 本文原载《近代史研究》2012 年第 1 期。本文系国家社会科学基金青年项目（09CFX008）、教育部人文社会科学基金青年项目（08JC820044）的阶段成果之一。本文的写作承蒙中国社会科学院近代史研究所诸多师友指点，谨此致谢。

① 《与邵元冲的谈话》（1919 年 5 月 20 日），中山大学历史系孙中山研究室等编：《孙中山全集》第 5 卷，中华书局 1985 年版，第 55 页。

变化的革命学说之中。①

在中国近代史上，孙中山的地位甚是尊崇，此缘于其（特别是晚年）思想和事功着实深刻影响了近代中国。孙中山一生之思想，并非一以贯之，而是变动不居的。1894 年“兴中会”创立之前的孙中山为改良主义者，此后变为革命者。大体而言，孙中山的革命生涯可以 1913 年“二次革命”及其失败为界限，分为两阶段：前一阶段，孙中山以在中国推行代议民主和政党政治为职志，思想中包含欧美式民主政治因素居多；后一阶段，他从民初革命失败总结出教训，即革命欲成功端赖一坚强有力之组织——革命党，顺此思路，形成孙中山晚年“以党治国”与“革命民权”的思想，此中包含苏俄因素颇多。

一　“以党治国”与“革命民权”

关于孙中山“以党治国”与“革命民权”思想，学界多认为其源头是 1906 年中国同盟会《军政府宣言》中所言革命程序分三期：军法之治、约法之治、宪法之治，其中第二期“约法之治”即后来“以党治国”之雏形。问题是，清末革命运动的起起伏伏，以及武昌起义的仓促成功，实际上打乱了孙中山原先设想的建国必须经过逐步开展的三期步骤。② 在辛亥革命前后，孙中山似乎并未仔细考虑革命党与国家建设之间的关系，即使有所考虑，也未能清晰。因此，在就任南京临时政府大总统的 1912

① 对孙中山司法思想的研究，学界已有一些成果问世，如乔从启《孙中山法律思想体系研究》，法律出版社 1992 年版，第 170—181 页；汪志国、章礼强《论孙中山的法治思想》，《现代法学》2003 年第 3 期，等等。这些成果多半是把孙中山司法思想作为一个整体进行探讨，甚少考虑到孙中山总体革命思想变化，尤其是晚年党权政治学说引入后对其司法思想的影响。必须说明的是，孙中山并非学院式的法学家，其专门论述司法、法律的文字不多，且很零散，所以本文更多的是从政治学说角度来考察其司法思想与实践。本文所言孙中山之晚年大体为 1913—1925 年，但重点是 1923—1925 年。

② 1923 年 7 月，孙中山就对徐谦说：“武昌之成功出于无意，成得太易太快。”[《复徐谦函》(1923 年 7 月 4 日)，中山大学历史系孙中山研究室等编：《孙中山全集》第 8 卷，中华书局 1986 年版，第 3 页] 1924 年 9 月，孙中山说道：辛亥革命后，“初未尝依豫定之程序以为建设也”，辛亥革命后国家混乱不堪的症结所在，“非由于《临时约法》之未善，乃由于未经军政、训政两时期，而即入于宪政”[《制定〈建国大纲〉宣言》(1924 年 9 月 24 日)，广东省社会科学院历史研究所等编：《孙中山全集》第 11 卷，中华书局 1986 年版，第 103 页]。

年前后，孙中山所发表的言论，基本是一套“天赋人权”思想，如1912年1月，他在《复女界共和协济会函》中即表明对“天赋人权”的推崇；2月，在《复五大洲华侨电》和《致陈炯明及广东各团体电》中，也宣称民国建立后，“以此完全民国，归诸全体四百兆人之手，我辈之义务告尽，而权利则享自由人权而已，其他非所问也”[①]。

实际上，如果将考察时段向前延伸，不难发现，从1906年至1911年，“天赋人权”及自由、平等、博爱等原则与口号，在孙中山思想和宣传中占据极重要的地位。他曾高声疾呼：“革命者乃神圣之事业、天赋之人权，而最美之名辞也”[②]；“吾人鉴于天赋人权之万难放弃，神圣义务之不容不尽，是用诉之武力，冀脱吾人及世世子孙万重羁轭”。[③] 可见，在清末民初岁月中，孙中山对“天赋人权”等学说的服膺。“天赋人权”主旨是讲求个人为核心的人权、自由、平等，它是近代西方民主运动的起点，也是西方共和民主制度的理论基础和原则精神，在西方近代政治法律学说和制度中占据基础性地位。

与此相适应，在国家政治建设方面，孙中山期待并努力在中国推行宪政共和、代议民主、政党政治等。

1912年7月，去职不久的孙中山在接受外国记者采访时，当被问到“一个政党政府是否构成共和政体的主要部分”问题时，他回答说：“中国与其他所有国家一样……政党总是存在的，而且政府的指导权也总是从此一党转移到彼一党的。”[④] 1913年1月，孙中山在上海国民党茶话会上发表演说，曰：“中华民国以人民为本位，而人民之凭藉则在政党。国家必有政党，一切政治始能发达。”政党之间相互竞争，“互相更迭，互相监督，而后政治始有进步”。他还呼吁当时中国头等大事，即研究制定一部好宪法，“中华民国必有好宪法，始能使国家前途发展，否则将陷国

---

① 《复女界共和协济会函》（1912年1月下半月）、《复五大洲华侨电》（1912年2月21日）、《致陈炯明及广东各团体电》（1912年2月21日），中国社会科学院近代史研究所中华民国史研究室等编：《孙中山全集》第2卷，中华书局1982年版，第52、111、112页。

② 《在旧金山丽蝉戏院的演说》（1910年2月28日），广东省社会科学院历史研究所等编：《孙中山全集》第1卷，中华书局1981年版，第442页。

③ 《对外宣言书》（1912年1月5日），《孙中山全集》第2卷，第8页。

④ 《中华民国》（1912年7月中下旬），《孙中山全集》第2卷，第393页。

家于危险之域”。①

两个月之后，孙中山又详细谈及其对政党政治、党争与政治进步的看法，他认为：中国四万万人，不可能人人都来管理政事，但“倘人人不问国事，于国家则极危险，故有政党可以代表民意。如无政党，于国家则更不堪问矣！所以有政党则可以一致不乱，无政党则积滞难行。各政党之中，若逢政策与自己党见不合之事，可以质问，可以发挥党见。逐日改革，则无积滞，无积滞即无变乱之祸患……是故立宪之国，时有党争，争之以公理法律，是为文明之争，图国事进步之争也，若无党争，势必积成乱，逼为无规则之行为耳”②。孙中山所言，即西式政党政治运行模式，言语之中，亦可见孙氏对其之推崇。

但是，随着军事强人袁世凯逐渐排斥政党政治、诉诸军事独裁、“二次革命”的爆发及其失败，孙中山深受刺激。在孙氏看来，“二次革命”的失败，革命队伍的混乱、纷争，是由于不适当地提倡个人自由平等造成的，由此，他改变了原先的个人权利信念，开始重新思考个人与整体的权利义务关系。孙中山认为：革命队伍每一分子，应首重义务、负责任、守纪律、肯牺牲，而非首先争取所谓的个人自由权利平等。同时，他也开始重新思考革命党与国家政权的关系。

1914 年 7 月，孙中山在日本东京主持召开中华革命党成立大会，正式打出中华革命党的旗号。他将革命程序定为军政、训政、宪政三时期，训政期间的工作既要扶植民权，也要提高党权，如《中华革命党总章》所言：一方面“以文明治理督率国民，建设地方自治”；另一方面“一切军国庶政，悉归本党负完全责任”。如果仔细比对 1914 年的《中华革命党总章》和 1906 年的《中国同盟会革命方略》，不难发现，不仅“约法之治”改为“训政”，而且政治权力主体也变化了，由军政府变成一个政党，规定“自革命军起义之日至宪法颁布”时期内，军政大权悉由中华革命党掌控，“力为其难，为同胞造无穷之幸福”。③ 说得很明白，这个独

① 《在上海国民党茶话会的演说》(1913 年 1 月 19 日)，中国社会科学院近代史研究所中华民国史研究室等编:《孙中山全集》第 3 卷，中华书局 1984 年版，第 4—5 页。

② 《在神户国民党交通部欢迎会的演说》(1913 年 3 月 13 日)，《孙中山全集》第 3 卷，第 44—45 页。

③ 《中华革命党总章》(1914 年 7 月 8 日)，《孙中山全集》第 3 卷，第 97 页。

掌全国政权的政党不是别的政党，正是孙中山领导下的中华革命党，此乃孙中山明确提出“党治”之始。与同盟会时代军政府宣言所标榜“约法之治”的语焉不详相比，中华革命党时期的“党治”“训政”已很明确了。

“约法之治”与“训政”，学界一般都关注两者一脉相承的连续性[①]，却很少考虑两者之间隐存着不连续因素。试举一例说明之，关于约法之治，规定：“每一县既解军法之后，军政府以地方自治权，归之其地之人民。地方议会议员及地方行政官，皆由人民选举。凡军政府对于地方人民之权利义务，及人民对于政府之权利义务，悉规定于约法，军政府与地方议会及人民，皆循守之。”这说明军政府与地方议会及人民，处于对等地位，并非“上对下”教化关系[②]，这基本上是“天赋人权”的民主思想。但是，至1914年中华革命党时期，孙中山在《中华革命党总章》中明文规定：“凡非党员在革命时期之内，不得有公民资格，必待宪法颁布之后，始能从宪法而获得之，宪法颁布以后，国民得一律平等。”言下之意，在革命期间，只有革命的人才拥有人权，不革命的人不享有人权。此语还包含一层不言自明的意思，即在非常的革命时期，可以“革命”与否为标准，来划分人的等次。这明显与“天赋人权”理念有别，从中不难窥见“约法之治”与“训政”在连续性之中蕴含着不连续性，或曰某种跳跃、断裂的因子。

在晚年孙中山看来，“天赋人权”，自由平等，有其积极作用，但缺陷也很明显：消极地理解平等原则，盲目地鼓吹“假平等”的主张，把现实存在的圣贤才智平庸愚劣八等不同天资的人，一律从上面摆齐，自诩已成平等之局；盲目地推崇平等的个人权利，刺激了个人追求权利的欲望，使得人类良好的道德精神荡然无存。[③] 因此，在革命时期，不是所

① 例如，蒋永敬先生在论及训政由来时，认为“训政源于约法之治”，认为1914年《中华革命党总章》中所言军政、训政、宪政三期与1906年《中国同盟会革命方略》中所言军法之治、约法之治、宪法之治三期“名异而实同”。见蒋永敬《南京国民政府初期实施训政的背景及挫折——军权、党权、民权的较量》，《近代史研究》1993年第5期。

② 朱浤源：《同盟会的革命理论：〈民报〉个案研究》，台北，“中研院”近代史研究所1995年版，第96—97页。

③ 《民权主义第三讲》（1924年），广东省社会科学院历史研究所等编：《孙中山全集》第9卷，中华书局1986年版，第283—299页。

有的人都具有人权，只有革命的人，即少数优秀分子组成革命政党以充当革命的中坚力量和实现三民主义理想的骨干分子，才具有人权，谓之“革命民权”。如果说，同盟会时期孙中山思想的主旨之一是天赋人权的话，那么，到中华革命党时期则转变为革命民权了。

孙中山这种“以党治国”“革命民权”思想，此后虽有起伏①，但基本延续下来，随着护法运动等革命斗争一而再、再而三地受挫，更趋强化。1919 年，孙中山在《建国方略》中进一步明确“以党治国”之主张：“民国之主人者，实等于初生之婴儿耳，革命党者即产此婴儿之母也。既产之矣，则当保养之，教育之，方尽革命之责也。”② 在 1923 年、1924 年国民党改组前后，又深受苏俄党治因素的影响，将苏俄的阶级、反帝等概念和内容融入自己的学说中。关于这点，我们不妨循一条线索来考察。1923 年 11 月 28 日，共产国际执行委员会主席团通过《关于中国民族解放运动和国民党问题的决议》，其中涉及国民党民权主义：

> 在资产阶级社会的条件下，民权主义可能蜕变为压迫劳动群众的制度和工具。因此，国民党在向群众灌输民权主义的原则和解释其含意时，应使其有利于中国劳动群众，即只有那些真正拥护反帝斗争纲领的分子和组织才能广泛享有这些权利和自由，而决不使那些在中国帮助外国帝国主义者或其走狗（中国军阀）的分子和组织享有这些自由。③

12 月 30 日，鲍罗廷在上海收到这一决议，后经鲍的运作，该决议实

---

① “二次革命”失败之后的孙中山虽有党治、训政思想，但并不稳定，孙本人对此也并非执意。这就不难理解，在袁世凯死后的 1916 年 7 月，孙中山决定中华革命党总部及各地支部“一切党务亦应停止”，他认为：“破坏既终，建设方始，革命名义，已不复存”，此后革命党人应把主要精力放在国会合法斗争，并制定一部良善宪法。《孙中山全集》第 3 卷，第 304、311—312、333、365、371 页。

② 《革命方略》（1917—1919 年）第 6 章，中山大学历史系孙中山研究室等编：《孙中山全集》第 6 卷，中华书局 1985 年版，第 211 页。

③ 中国社会科学院近代史研究所翻译室编译：《共产国际有关中国革命的文献资料(1919—1928 年)》第 1 辑，中国社会科学出版社 1981 年版，第 81—83 页。

际上成为1924年1月《国民党第一次全国代表大会宣言》的基本原则。①国民党“一大”明确宣称：

> 国民党之民权主义与所谓“天赋人权”者殊科，而唯求所以适合于现在中国革命之需要。盖民国之民权，唯民国之国民乃能享之，必不轻授此权于反对民国之人，使得借以破坏民国。详言之，则凡真正反对帝国主义之个人及团体，均得享有一切自由及权利；而凡卖国罔民以效忠于帝国主义及军阀者，无论其为团体或个人，皆不得享有此等自由及权利。②

1924年3月，孙中山在演讲民权主义时，讲到卢梭及其《民约论》，认为卢梭一生中最重要的民权思想著作是《民约论》，该书“立论的根据，是说人民的权利是生而自由平等的，个人都有天赋的权利，不过人民后来把天赋的权利放弃罢了”。换句话说，民权是天生出来的。接着，孙中山对此评论说：“就历史上进化的道理说，民权不是天生出来的，是时势和潮流所造就出来的。故推到进化的历史上，并没有卢梭所说的那种民权事实，这就是卢梭的言论没有根据。”③ 很明显，此时孙中山坚持的是革命民权，而非天赋人权。

通过这一整套的论述，孙中山基本完成了其建构民国政治学说从“主权在民”到“主权在党”、从“天赋人权”到“革命民权”的逻辑转

---

① 《鲍罗廷在中国的有关资料》，中国社会科学出版社1983年版，第295页。

② 荣孟源主编：《中国国民党历次代表大会及中央全会资料》（上），光明日报出版社1985年版，第17页。特别值得提及的是，这一否定“天赋人权”的国民党党义精神，在20世纪30年代，也被国民政府司法院院长居正援引，成为“党义决狱”“裁判党化”的法理依据。居正援之以解释郑继成刺杀张宗昌案件中，郑为何是无罪？因为张是军阀，为“反对民国之人”，不享受“民国之民权”，质言之，张“决不是国民政府法律所保护之人；他之生命决不是法律保护下之法益”。详见居正《司法党化问题》，《东方杂志》第32卷第10号，1935年5月。

③ 《民权主义第一讲》（1924年3月9日），《孙中山全集》第9卷，第264页。蒋介石在解释此义时也说：“总理所主张的民权，不能随便赋予不了解革命主义以及没有誓行革命主义决心的一切人，这并不是国家对于民权有所靳而不予，乃是为实现真正的民权而设定此必要之条件以为之保障，所以本党所主张的是‘革命民权’而不是‘天赋人权’……总理因为主张最充分最彻底的民权，所以不满意现行的欧美民权制度。”张其昀主编：《先总统蒋公全集》第1册，台北，中国文化大学出版部1984年版，第15—16页。

变。孙中山的“主权在党”思想主要体现在“以党治国”，这正是在“革命”的旗号下推进的。

综上所述，1914 年中华革命党成立时，孙中山明确提出党治理论，后来不断充实它，到 1923 年、1924 年改组中国国民党时，党治理论已经较为成熟，并在此后国民党理论家的不断阐发中日渐完备，成为国民党政权意识形态的核心部分。其要点包括：政权由中国国民党代表行使；政府由中国国民党产生并对其负责；中国国民党修正及解释重要法律；理论上，在训政时期全国只有一个合法的政党即中国国民党，不应有其他政党合法存在。1925 年 7 月，国民政府在广州成立，“党治”的字样第一次出现于法律之中。是年制定的《国民政府组织法》第一条就规定：“国民政府受中国国民党之指导及监督掌理全国政务。”此后，该法虽屡经修改，但此条文始终未变。

二　党权学说中的司法思想

孙中山司法思想是嵌在其整套政治学说中的，只有了解孙中山“以党治国”“革命民权”学说后，才能对其晚年的司法思想有较好把握。易言之，孙中山“以党治国”与“革命民权”学说是其司法思想的背景理论。据此学说，国家权力分为政权与治权两部分，即孙中山所言：“政治之中，包含有两个力量：一个是政权，一个是治权。这两个力量，一个是管理政府的力量，一个是政府自身的力量。”① 政权包括选举、罢免、创制、复决四权，属于国民；治权包括立法、行政、司法、考试、监察五权，属于政府。在训政时期，国民的政权由中国国民党领导国民行使，国民党这一工作是代替宪政时期国民大会的②；治权由政府执行，在训政

① 《民权主义第六讲》(1924 年 4 月 26 日)，《孙中山全集》第 9 卷，第 345 页。

② 按照国民党的理论，国民在宪政时期享有选举、罢免、创制、复决四种“政权”，由人民选举国民大会行使之。但在训政时期，这四种“政权”则不由人民自己行使，而由国民党代为行使。1928 年国民党《训政纲领》第一条即规定：“中华民国于训政期间，由中国国民党全国代表大会代表国民大会领导国民行使政权。”1931 年《训政时期约法》第 30 条意思与此相同。

时期，政府也由中国国民党产生。① 简言之，革命时期的政权与治权都由国民党行使，因此，作为治权之一的司法权理应掌控在国民党手中，这就奠定了国民党掌控司法在政治上的法理逻辑依据。

孙中山晚年司法思想明显不同于南京临时政府与北洋政府时期所宣扬的源于效法西方“天赋人权”、宪政法治、三权分立学说而来的主流司法理念。作为解决纠纷的司法，存在于人类社会的任何阶段、地域，但司法权作为一个问题被提出，则是近代的事，是与近代国家权力设置与制衡、三权分立、宪政法治等学说密切关联的。清季以降，“欧风美雨驰而东”，包括三权分立在内的理论与政体，均被引入中国，开始了一场宪政实验。与此相适应，一套以司法独立为主旨的西式司法理论开始“登陆”中国。1912 年南京《临时约法》即标榜司法独立，规定：“法院依法律审判民事诉讼及刑事诉讼”，“法官独立审判，不受上级官厅之干涉”。此制为北洋政府所延续，此后多部宪法也均有相同或相近的规定，如 1914 年“袁记约法”就规定：“法院依法律独立审判民事诉讼、刑事诉讼。”1923 年宪法也规定：“法官独立审判，无论何人，不得干涉之。”② 从这些根本大法可见，北洋时期国家对司法独立、司法超越党派政治的诉求（当然，司法实践如何是另一个问题）。但在晚年的孙中山看来，既然整个国家必须“以党治国”，那么司法领域也必须“以党治国”，司法“国民党化”自是必然。

关于司法权与其他治权的关系问题，孙中山思想与西方相关理论也有别。西方式的三权分立理论中，司法权与立法权、行政权是独立的、制衡的关系，司法独立由此而来，其背后是一整套的共和民主、宪政法治理念。在孙中山的治权理论中，五种治权的关系如何？司法权是否具有独立性质？

孙中山五权宪法理论中包含五权“分职”“分权”问题。关于“分

① 1925 年 7 月成立的国民政府，本源于中国国民党第一次全国代表大会产生，此次大会通过的《组织国民政府案》实为此后国民政府所由来。规定国民政府组织的《国民政府组织法》是由中国国民党中央执行委员会制定的，并且由其修正。这部法律无须经过普通法律所必须经过的立法程序，但有经国民政府公布之例。可见，国民政府的组织形式是由中国国民党来决定的。

② 夏新华、胡旭晟整理：《近代中国宪政历程：史料荟萃》，中国政法大学出版社 2004 年版，第 474、528 页。

职”“分权”问题，其共同点是都以划分若干相互独立的政府机构为基础，不同点在于，“分职”更多强调不同权力机关之间的分工合作，“分权”更多强调不同权力机关之间的牵制均衡。客观地说，孙中山所设计的五权之间，包含着机构分立，相互制约的“分权”意图，但他强调的是“分职”，正如他所言：“所谓宪法者，就是将政权分几部分，各司其事。”① 孙中山这种政府学说，有别于西方立宪主义主张通过政府内部的分权制衡消极地防止滥用权力的原则。从这个角度上讲，五种治权之间，相互独立、制衡不是其主旨所在，而更强调五种治权之间的统一和相互合作，以共同推进革命党（国民党）对社会的改造与整合。② 由此可知，在“以党治国”与“革命民权”理论中，司法权与其他治权的关系更多的是“分职”，而非“分权”；是分工合作，而非分权制衡。虽然，此后孙中山还不时言及“司法独立”之语，但与西式司法独立之本旨有很大的区别。

如果将孙中山这套学说放置于近代中国的时代语境中，也许能获致深解。近代中国的“内忧外患”——内部政治黑暗腐败，派系林立，外有强敌，国家不独立——总体性危机，客观上确实需要一个能积极改变中国现状的强有力政权，而西方那种通过民主选举投票产生政府以及立法、行政、司法相互分权制衡的做法，在通常情况下，对解决中国社会总体危机是无能为力的。正是基于对近代中国现实的关切，孙中山学说中的“政府”是一种改造中国社会的力量，推崇积极的增进效率的原则。基于这样的认识，孙中山提出“万能政府”理论。③ 为解决“万能政府”

① 《在广东省教育会的演说》（1921年4月4日），《孙中山全集》第5卷，第486页。

② 在很多孙中山“革命事业”的继任者看来，五权之间也更多的是“分职”，而非“分权”。居正就认为：“司法独立，原出于三权分立之思想。然自议会政治、政党政治施行以来，所谓三权分立之制度，早已由‘分权’而变为‘分职’，即由权力之对立而变为职务之分配。司法院制度在五权宪法之原则下也一样是分职而不是分权。”“司法独立在总理五权宪法学说中，并不是与其他政权成为权力的对立，而只是在同一政权支配下之职务分配。”后来，居正进一步指出：“五权政治的原则，亦非如欧美三权政治之着重于互相牵制，互相制衡，乃在使中央政府的五个治权机构，各于法律所赋予之职权内，充分发挥其政治效能，以达成管理众人之事的大目的，以建设一富强康乐之国家。”详见居正《司法院在国宪上之地位》，《中华法学杂志》1936年第1卷第3期；《宪法上之权与能》，《中华法学杂志》1944年第3卷第8期。

③ 即由“专门家”和“有能的人”组成“为人民谋幸福的万能政府”。见《民权主义第五讲》（1924年4月20日），《孙中山全集》第9卷，第321页。

理论与宪政原则中“有限政府”原则的冲突，孙中山提出“权能区分”理论。对于“万能政府”来说，“效率”是其生命①，因此，孙中山的五种治权中，虽有分权，但侧重强调职能上的分工，而淡化其有可能造成权力摩擦抵消的制衡意义。

关于孙中山“以党治国”“革命民权”学说，我们不妨借助当代法理学中的“公私”理论来参照考察，不难发现，孙中山和国民党“党治”学说中，较少存有西方式的为保障个体自由（私）而限制“公共权力”的思想逻辑，这与孙中山“整体本位”的社会历史观有关。近代西方法律观中首重个人权利，将其抬到极高地位，谓之“天赋人权”，整体的社会权利为无数个人权利的集合，个人权利为整个民主制度的基础与目的。与此不同，在个体与整体的关系上，孙中山强调二者的同一性，“个体自由”“个体权利”在孙中山理论学说中的地位比较模糊，尤其在其晚年，不再泛言个人的政治经济权利，而是强调社会整体的民权与民生；在权利与义务关系上，孙中山描绘了一幅“天下为公”的图景，整体的社会利益高于且包容个人利益，个人利益寓于整体利益之中，当二者冲突时，个人服从于整体，“小我”服从“大我”。因此，他反复告诫革命人士：“个人不可太过自由，国家要得完全自由。到了国家能够行动自由，中国便是强盛的国家。”② “革命的始意，本来是为人民在政治上争平等、自由。殊不知所争的是团体和外界的平等、自由，不是个人自己的平等、自由。中国现在革命，都是争个人的平等、自由，不是争团体的平等、自由。所以，每次革命，总是失败。”“大家要希望革命成功，便先要牺牲个人的自由。”③ 孙中山这种强调“整体性”观念以及“天下为公”思想中崇尚“公”、抑制“私”的取向，决定了其政治思想很难生成以个人

---

① “强有力的政府”，“所成就的功效也自然极大”，“这个国家岂不是驾乎各国之上的国家”。见《民权主义第六讲》（1924 年 4 月 26 日），《孙中山全集》第 9 卷，第 346 页。

② 《民权主义第二讲》（1924 年 3 月 16 日），《孙中山全集》第 9 卷，第 282 页。

③ 《在黄埔军官学校的告别演说》（1924 年 11 月 3 日），《孙中山全集》第 11 卷，第 269、271 页。

权利制约公权力的逻辑。[1] 从这个角度上讲，孙中山学说里包含着“独裁专制”因子，其后的历史实践也证明了这点。

孙中山晚年司法思想的变化与世界（主要是西方，也包括中国）近代法学思潮演变颇有关联。自文艺复兴以后，西方法学研究日渐繁荣，流派纷呈，但总体上讲，在 17、18 世纪，古典自然法学派居于主导地位。古典自然法是与古代、中世纪的自然法相对而言的，前者宣扬人的理性和人的权利，并依此提出“天赋人权”“社会契约”等主张；后者强调自然或宇宙的理性、神的理性与意志，强调人的义务。古典自然法思想在近代西方的启蒙与革命运动中，曾发挥了积极作用，并为近代西方的政治、法律、经济等制度的构建奠定理论基础。但进入 19 世纪之后，古典自然法学派渐趋衰落，各种新的法学流派应运而生：历史法学派强调法的历史传统和民族精神，重视习惯法研究，质疑普遍适用的制定法；功利主义法学派宣扬法的作用是实现“最大多数人的最大幸福”，把“功利”作为伦理和立法的最高原则；分析实证主义法学派质疑理性法或正义法的意义，注重对国家制定法结构与概念的研究；早期社会学法学派，侧重从生物、物种、心理现象等方面来解释作为社会现象的法律，等等。到了 20 世纪，逐渐形成社会学法学、分析实证法学、自然法学三大派鼎立的局面。三派研究的侧重点分别是法律的事实、形式、价值问题，因此相互区别。但三派的共同倾向也很明显，即强调整体的“社会利益”，讲求“社会利益与个人利益的结合”。简言之，西方近代法学思想经历了从宣扬天赋人权、个人本位到倡导整体利益、社会本位的演变过程。[2]

20 世纪初，西方这种强调整体利益、社会本位的法学思潮也波及中国。20 年代初，曾任北洋政府司法总长、修订法律馆总裁的江庸就指出：若把清末修订的《民商法草案》修正颁布试行，面临的问题之一，即该

---

① 扩张公权、抑制私权的思想在列宁学说中亦非常明显。例如，1923 年列宁在给制订“苏俄民事诉讼法典”人员的指示中，指出：“我们根本不承认‘私’的东西，在我们看来，在经济范围内的一切都是公法的，而不是私法的……因此要扩大国家对‘私法’关系的过问，扩大国家废除‘私人契约’的权利，对‘民事法律关系’不适用‘国法大全’（罗马法）而适用革命的法律意识。”［苏联］格·米·瓦里赫米托夫：《苏联国家与法的历史》（下），中国人民大学国家与法的历史教研室译，中国人民大学出版社 1956 年版，第 141 页。

② 关于西方法学思潮的演变，可参阅［美］E. 博登海默《法理学：法律哲学与法律方法》第 1 部分，邓正来译，中国政法大学出版社 1998 年版。

《草案》“仿于德日，偏重个人利益。现在社会情状变迁，非更进一步，以社会为本位，不足以应时势之需求”①。可见，在当时中国倡导社会本位的法学也颇成思潮。孙中山司法思想的变化多半受此思潮之影响，也强调整体利益和社会本位。

论述至此，孙中山“以党治国”“革命民权”学说中包含的司法思想逻辑就较为清晰了：人民拥有政权，治权由政府掌握，但在革命时期，政权、治权均由国民党代行，作为治权之一的司法权自然要掌控于国民党手中；五种治权之间主要不是分权制衡，而是职权分工的不同，这与整体本位倾向密切关联。

当然，孙中山倾力建构的“以党治国”“革命民权”学说，更多是用来论证他晚年建立国民党党治政权的缘由与合法性，并进行政体的总体规划。虽然，对司法具体该如何掌控在国民党手中，孙中山的阐释并不多，但1923年第三次在广州开府设政后，他已将上述思想付诸处理国民党与司法关系的实践过程中了。

三　司法“国民党化”之实践

1922年6月，广东护法政权因陈炯明叛乱而垮台。8月起，孙中山一面组织武装力量讨伐陈炯明，一面筹划“改进”国民党。1923年1月，讨陈联军占领广州，2月，孙中山离沪赴粤，3月在广州组建“中华民国陆海军大元帅大本营”，自任大元帅。② 此次设立的大本营与1920年在桂林设立北伐大本营的纯军事性质有所不同，其兼具军令统率和政府行政双重职能。

在1923年3、4月，即大元帅大本营组建之初，孙中山就设立了大理院为最高审判机关，同时兼管司法行政事务，他任命赵士北为大理院院长、卢兴原为总检察长。很快，又相继任命了一些司法官员，如陈融为

① 江庸：《五十年来中国之法制》，《五十年来之中国》第2编，申报馆1923年版，第7页（文页）。

② 孙中山原是非常国会选出的“中华民国大总统”，广州攻克后，孙本想再任“大总统”，但囿于多方的牵制，决定改设“大元帅大本营”。

广东高等审判厅厅长、黄镇磐为广东高等检察厅检察长、陆嗣曾为广州地方审判厅厅长、区玉书为广州地方检察厅检察长等。[①] 此时广东政局很不稳定，沈鸿英叛乱，陈炯明残部也一直存在，威胁着广州政权。与时局混乱相伴随的是，社会治安状况非常严峻，各地盗窃、匪患不断。鉴于此，6 月孙中山颁发临时军律，以清匪患。临时军律规定：第一，抢劫财物者，枪决；第二，冒充军队，及不知会警察，擅自拉夫者，枪决；第三，未奉长官命令，不知会警察，擅自逮捕商民，或入铺屋搜索者，枪决；第四，不经由兵站，擅自封用船渡者，枪决；第五，强占商民铺屋者，枪决；第六，掳人勒索及打单吓诈者，枪决。[②] 从中可见当时社会治安混乱之一斑，普通司法无以应对非常局面，只能采用非常举措，以军法应对了。

在此后一段时间内，孙中山为军事、财政等问题所困扰，加之相对于军政、财政而言，司法是权力的次要地带，这使他没有将主要时间、精力去考虑法制与司法问题。此时的国民党宣称在"改进"，但党务实未见发达，国民党和司法都依旧故我。但在 1923 年下半年，情况开始变化。

1923 年 7 月底，俄共中央政治局任命鲍罗廷为孙中山的政治顾问，10 月 6 日抵达广州。在很短时间内，孙中山决心仿效俄共组织形式，来改组国民党，他的联俄重心"由军事物质层面转向了政党组织层面"[③]，联俄容共政策开始实质性推展开来。随后，大批苏俄政治、军事顾问抵达广州，国民党改组紧锣密鼓地推进。1924 年 1 月召开国民党"一大"，广东国民党政权比此前稳固些许。孙中山开始在司法领域推行"以党治国"与"革命民权"了。

1924 年 4 月 1 日，孙中山下令免去大理院院长赵士北本兼各职，由吕志伊接任。[④] 赵士北为何被免职？一时间，人们颇感疑惑。当地报纸揭秘说：

---

① 《陆海军大元帅大本营公报》1923 年第 1 号，第 7、8 页；第 2 号，第 8、9 页；第 4 号，第 11 页；第 10 号，第 7 页。

② 《陆海军大元帅大本营公报》1923 年第 18 号，第 10—11 页。

③ 王奇生：《党员、党权与党争——1924—1949 年中国国民党的组织形态》，上海书店出版社 2003 年版，第 11 页。

④ 《陆海军大元帅大本营公报》1924 年第 10 号，第 9 页。

> 日前赵士北，对于中国国民党，有司法无党之语。该党以此事不仅是赵之个人问题，特将该项问题，提出于中央执行委员会第十八次会议讨论，当经决议，以党治国，党政府之下，除特别专门技术外，无论何种官吏，皆须入党，然后可以受党之指挥，而实行党纲。赵既不明此义，决难望其遵守本党之政纲以行事，应请元帅免去赵之本兼各职，此由大元帅核准。①

说得很明白，赵氏被免职是因其不明司法领域也必须“以党治国”。

以此为契机，孙中山决定改造法制与司法。4 月 11 日，孙中山指派古应芬、戴季陶、曹受坤等为委员②，设立大本营法制委员会，戴季陶任委员长。18 日，加派廖仲恺、吕志伊、林云陔、陈融为该会委员。25 日，该委员会正式开始办公。此后，孙中山又多次加派委员，5 月 14 日加派邵元冲、刘芦隐、黄季陆，7 月 8 日加派谢瀛洲，8 月 5 日加派陆嗣曾。③ 这些人几乎均是国民党要人，至少是法制与司法领域要人。孙中山在谈及组织法制委员会缘由时说：“现行法制多不适合现时社会情况及世界潮流，特设法制委员会，重新编订。”④ 他要求该会必须完成以下任务：第一，要把现在广东各机关的组织条例，全部拿来审查，整理行政系统，改善行政组织，以后关于审查这种案件的时候，应该要求各机关的人列席，求事实的明了和理论的贯彻；第二，要把一切现行的法律，全部拿来审订，与民国建国精神违背的地方都要改过，并且一方面要求适合于革命时期中的行使，另一方面要求适合于国家和人民的需要；第三，要审定法院编制和司法行政的组织，一个着眼在除弊，一个着眼在便民，能除弊方能确立司法的尊严，能便民方能完成司法效用，法制委员会要

---

① 《赵士北免职之真相》，广州《民国日报》1924 年 4 月 3 日，第 3 版。

② 《委派古应芬等职务令》（1924 年 4 月 11 日），广东省社会科学院历史研究所等编：《孙中山全集》第 10 卷，中华书局 1986 年版，第 54 页。

③ 《委派邵元冲等职务令》（1924 年 5 月 14 日）、《委派谢瀛洲职务令》（1924 年 7 月 8 日）、《委派陆嗣曾职务令》（1924 年 8 月 5 日），《孙中山全集》第 10 卷，第 189、380—381、493 页。

④ 《法制委员会组织成立》，广州《民国日报》1924 年 4 月 26 日，第 6 版。

抓紧制定考试的通则和法官律师考试的专则。①

在孙中山看来，中国必须根本改造，革命必须重新做起，法制领域自不例外。此过程中，他特别讲求既要“适合于革命时期中的行使”，又要求“适合于国家和人民的需要”，一方面要“除弊”，另一方面要“便民”，实际上，是按照国民党党治的要求，制订相应的法律法规。法制委员会后来拟定的《考试院组织条例》《考试条例》《考试条例施行细则》等，由大本营公布施行。曾任法制委员会委员的黄季陆后来回忆说：“（法制委员会）任务是要研究草定革命建国各项重要的立法，以预备统一全国之后建立政治的体制与规模。”②

如果说上述侧重立法方面，那么，司法领域的“国民党化”也紧锣密鼓地推进。1924 年 5、6 月，广东高等审判厅厅长陈融要求该厅及广州地方审判厅的全体职员入党③，在审检机构设立国民党党部，“法院同人所组织之国民党广州市第一区第十一区分部，假广东高等审判厅举行成立礼，会员计二百余人，来宾有廖仲凯、汪精卫、古应芬等……投票选举执行委员”④。摒弃“司法不党”，运动司法人员加入国民党成为不可逆转之势。当地报纸报道：“司法界向存司法无党之见解，故自民国改革以还，多未加入何党何派，地检厅厅长区玉书等，特发起法界加入国民党，法界同人亦认为目前最要之图，一致赞成，于是组织司法区分部，名为国民党广州市第一区第十一分部，经已成立……所有审检四厅职员，均一律入党云。”⑤ 时任广东高等审判厅候补推事的张泽溥也回忆说：“国民党向法院征求党员，广东高等审判厅发动司法人员入党……不久，法院的国民党区分部成立。”⑥

与此同时，在党权政治中推进司法建设的相关配套举措也陆续出台。

---

① 《法制改革之帅座政见》，广州《民国日报》1924 年 4 月 19 日，第 3 版。

② 黄季陆：《广州大本营法制委员会的回忆》，台北《传记文学》1965 年第 7 卷第 1 期。

③ 《华字日报》1924 年 5 月 29 日、6 月 3 日，转引自［日］深町英夫《近代广东的政党·社会·国家：中国国民党及其党国体制的形成过程》，社会科学文献出版社 2003 年版，第 228 页。

④ 《法院党部成立》，广州《民国日报》1924 年 7 月 14 日，第 7 版。

⑤ 《司法界加入国民党》，广州《民国日报》1924 年 7 月 25 日，第 6 版。

⑥ 张泽溥：《1924—1927 年司法服务杂记》，广州市政协学习和文史资料委员会编：《广州文史资料存稿选编》第 5 册，中国文史出版社 2008 年版，第 336 页。

例如，在遴选司法人员的考试中，明确加入党化元素，规定考试必须考察“三民主义”与“五权宪法”等国民党党义理论①，这是前所未有的。

1924年孙中山在广州创设广东法官学校，目的在于“养成一般深明党义、适合国情与世界潮流之司法人材，用以整顿司法，以为收回领事裁判权之预备”。法官学校课程就“根据此种需要而厘定”，除了开设实务学科，如民刑法、判例、证据法、审判实务、审判心理学、法医学等，还把《建国大纲》《三民主义》开设为主要科目，该校可以算是广州最早进行党义教育的学校了。② 鉴于当时国民党很注重农工运动，法官学校也根据这一形势需要，特设“工场法”一科。1926年，该校党员学生宣称：“实行党化教育，在广州方面，可算法官学校为始创”，学生中“已有十分之九”加入国民党，“每逢群众运动，法官学生均能热烈的参加，就是这个缘故，这种党化的成绩，想亦广州各校所未有”③。

在孙中山晚年，尤其是在“联俄容共”政策确定、国民党改组之后，已经开始将原本超越党派政治的司法纳入国民党党治政权之中。孙中山生前虽未明确提出“司法党化”之名，但司法党化已经展开了，处于滥觞状态④，这已成为国民党党治政权建设的组成部分。

当时，除了司法领域，很多领域均有“党化”运动，最著名的莫过于军队党化，如党军的组建；此外，如教育领域也大力开展党化运动。在很多人看来，现实的教育是“枯寂教育”，违背世界的新潮流，“我愿市校的先生们，概行入党，开发三民主义的真意，灌输于幼稚青年的脑海中，为国家造就无数优良的国民，担负这救国的责任”⑤。广州市教育

---

① 《公布〈考试条例〉及〈考试条例施行细则〉令》（1924年8月26日），《孙中山全集》第10卷，第583—599页。《考试条例》与《考试条例施行细则》规定了司法官考试、律师考试、法院书记官考试等。

② 《广东法官学校全体学生宣言》（1926年3月3日），台北，中国国民党党史馆藏，部12784。

③ 《广东法官学校全体国民党党员宣言》（1926年3月8日），台北，中国国民党党史馆藏，部12785。

④ 1926年8、9月之后，徐谦执掌国民政府司法大权，明确揭橥“司法党化”旗号。有学者认为司法党化始于1926年9月，也有学者认为始于1927年初（张国福：《中华民国法制简史》，北京大学出版社1986年版，第221—222页），实际上，在1924年司法党化就已开始付诸实践。

⑤ 《党教育》，广州《民国日报》1924年8月2日，第7版。

局及市立学校职员被要求一律入党。1925 年 8 月，广东省政府省务会议通过决议，要求各县行政、司法机关人员加入国民党，如果该县还未有国民党部组织，拟定如下两种办法："赶速派遣相当人员前往组织；先在行政、司法机关组织区分部直辖于中央，俟该县有党部时再拨归该县党部"，由广东民政厅转令各县遵办。① 国民党不仅尽量促使政府机关职员入党；而且将已经政治化的学生、工人吸收到党内，以在地域社会内部建立独自的权力结构及阶级秩序。② 国民党党治政权处于初建之中。

在孙中山把原本超越于党派政治之外的司法纳入国民党党国体制过程中，国民党内部的个别人士曾经对此有过不同意见，著名的反对者当属前面述及的大理院院长赵士北。但鉴于孙中山在国民党内当然的领袖地位，反对之声自然淹没于赞成、附和之声中，因此，呈现出来的主流声音，还是司法必须"国民党化"。

实际上，司法必须"国民党化"在某种程度上也为社会各界接受。明显的例证是，1924 年 4 月初，孙中山将主张"司法不党"的赵士北免职后，广州《民国日报》对此作了报道，报道中记者的几句按语颇值得琢磨："我国人往往误援司法独立之说，主张司法不党，殊不知司法独立云者，乃宪法上统治权分配问题，对于行政、立法两权而言，非对于党而言，观于国民党对于赵君之解释可了然矣。"③ 据笔者查证，该报创刊于 1923 年 6 月，1924 年 7 月由国民党广州特别市党部接管，10 月收归国民党中央宣传部。那么，1924 年 4 月的广州《民国日报》应还未被国民党完全掌控，可以说，还是有一定民间社会声音的。由此不难推知，在当时一些人看来，司法独立是相对于立法、行政而言，对国民党而言则未必需要独立。可见，司法"国民党化"并非孙中山的个别认识，而具有一定的社会基础。另外，从记者按语中，还可挖掘这样一个信息，即孙中山虽然强调司法必须"国民党化"，但并未将其与司法独立完全对立起来，从而根本否定司法独立。因此，在孙中山逝世后，广东革命政府

---

① 《广东省政府省务会议上中执会函》(1925 年 9 月 16 日)，台北，中国国民党党史馆藏，汉 12646。

② [日] 深町英夫：《近代广东的政党 · 社会 · 国家：中国国民党及其党国体制的形成过程》，第 228 页。

③ 《赵士北免职之真相》，广州《民国日报》1924 年 4 月 3 日，第 3 版。

不时还有“司法独立”之声。如1925年5月，广东革命政府总检察厅与地方检察厅发生纠纷，大本营派员查办，总检察厅检察长卢兴原称“检察官有绝对服从长官之义务”，有人就认为此言“与司法独立意旨相反”①。10月，广东派往北京参加全国律师大会的律师代表倪世清在言及各省县知事兼理司法问题时，就认为“殊失司法独立之精神”②。可见，在此时的党权政治之下，“司法独立”话语仍有存在的空间。

孙中山晚年的司法“国民党化”，最令人瞩目的措施是运动司法人员入党。如前所述，1924年5、6月，广东高等审判厅厅长陈融要求该厅及广州地方审判厅的全体职员入党；7月，广州地方检察厅长官区玉书等人运作广州“所有审检四厅职员，均一律入党”，在审检机构设立党部，名为国民党广州市第一区第十一分部，“会员计二百余人”。③ 1926年广东法官学校9/10的学生都加入了国民党。④ 显而易见，这是一种集体入党的方式，此等做法，只是把这些司法人员贴上“国民党员”的标签而已，实质上他们依然故我，没有真正“国民党化”，党化的实效可想而知。亲历此事的司法官就回忆说：法院的国民党区分部成立时，召开全体党员大会，请廖仲恺、汪精卫到会宣讲，“有部分人听了，对革命理论能大略领会，而无所认识，不感兴趣的人亦复不少”⑤。可知，效果不是很理想。实际上，这种“党化”做法，在孙中山生前曾多次发生，如先前孙中山让陈炯明所部集体加入国民党，试图造成一支“党军”，但最后这支“党军”背叛了孙中山。可见集体入党式的“党化”，多半流于形式。

1926年2月23日，国民党第二届中执会常委会第七次会议讨论法院特别党部选举违法案，从对该案审查中，也可大致推知司法“国民党化”

---

① 《法官互控案之大纠纷》，广州《民国日报》1925年5月22日，第7版。

② 《广东律师代表到沪》，广州《民国日报》1925年10月9日，第3版。

③ 《法院党部成立》《司法界加入国民党》，广州《民国日报》1924年7月14日，第7版；25日，第6版。

④ 《广东法官学校全体国民党党员宣言》（1926年3月8日），台北，中国国民党党史馆藏，部12785。该档案中，还附有一标语：“本校员生四百余人，均为国民党党员，可算为国中独一无二的党化学校。”此标语为党员学生反对当局解散该校而做，估计有所夸大，但该校大部分学生加入国民党应属事实。

⑤ 张泽溥：《1924—1927年司法服务杂记》，《广州文史资料存稿选编》第5册，中国文史出版社2008年版，第336页。

的效果。国民党中央监察委员会对此案的审查结果中提到：当时陈融、林云陔两人请准设立法院特别党部，虽经中央批准，但组织部未曾正式去函派该员等为筹备员；该特别党部成立日期未报告中央；法院四厅官吏、警役之入党名册未据报告；所属区分部成立与否，也未报告中央。[①]这表明，“党化”后组建的法院党部与中央党部几乎没有联系。在此情况下，国民党中央的各项政策方针自然难以在这些法院得到有效的落实与贯彻，司法“国民党化”基本流于形式。

以下一例，亦或多或少可说明司法“国民党化”的实效。在 1925 年至 1926 年的省港工人大罢工期间，罢工委员会自设会审处、拘留所，自行审判和监禁破坏罢工的人。据亲历者回忆，当时一些国民党右派势力就联合广东司法界的“反动势力”，指责罢工委员会“破坏法律、私设法庭”，广东部分司法人员对此还提出抗议；由检察厅、审判厅、公安局、罢工委员会组成特别法庭，审判捕获的破坏罢工“反革命分子”，但在审判过程中，一些广东司法人员就“玩弄法律条文”，处处要求“人证”“物证”，经常以“证据不足”为由，把破坏罢工的“反革命分子”判决无罪释放。[②] 这从反面说明，此时司法界不能满足革命人士（国民党左派、共产党人）的要求，司法还未“革命化”，也未彻底“国民党化”。虽然这些事例发生在孙中山逝世之后，但他在世时的司法“国民党化”实效，估计离此不远。

四　结语

司法与政治的关系，是一个纠葛难解、耐人寻味的论题。司法既是政治权力安排的产物，深受政治影响，又具有推展国家政治意志、维护社会秩序等功能。近代中国的大部分时间里，司法与政治均呈现出纠缠不清状态，尤其是在“革命”喧腾的 20 世纪 20 年代，司法几乎完全政

---

① 中国第二历史档案馆编：《中国国民党第一、二次全国代表大会会议史料》上，江苏古籍出版社 1986 年版，第 489 页。

② 中国人民政协全国委员会、广东省委员会、广州市委员会文史资料研究委员会合编：《孙中山三次在广东建立政权》，中国文史出版社 1986 年版，第 349—350 页。

治化了，实际上，这也是近代中国司法最大的问题之一。

晚清以降，西方的许多理念、制度渐次在中国展开，传统中国开始向现代民族国家转型，国家与社会、公域与私域逐渐分离。1912 年中华民国建立，确立了宪政法治的政治体制，既是对此前国家转型的阶段性肯定，也为此后现代国家的进一步发展提供了制度框架。但问题是原本被寄予厚望的宪政法治未能使中国政治步入正轨（当然，此未必是宪政法治本身的问题），反而导致政争迭起、武人专权、军阀混战、民不聊生，国人对此深感失望，非议之声四起，以致在 1923 年前后，宪政法治渐成退潮之势。① 作为宪政体制组成部分的司法独立原则与制度，处境与此基本相同，虽有些许赞誉之声，但淹没于对司法整体的诟病浪潮中。随着时局的变化，政体必须改造，司法必须革命，成为强势话语。

在宪政法治备受非议而呈现退潮之时，一股原先只有孙中山等少数“先知先觉”倡导的曲高和寡的“根本改造”主张，在 20 年代逐渐汇成革命狂潮。在苏俄党治政权的助推下，孙中山及其领导下的国民党政权，在广东逐渐站稳脚跟并不断壮大，“以党治国”“革命民权”理论付诸实践。这样，在经历了北洋时期短暂的宪政试验之后，一种全能主义党权政治在中国兴起了。② 它的兴起使得清末以降，特别是北洋时期试图建构现代宪政法治国家的努力方向为之一变，国家与社会、公域与私域逐渐分离的趋向也为之逆转，公权力得到空前的扩张。这种全能主义党权政治具体落实在司法领域，即北洋时期法统所确立的政治体制必须“革命”，司法独立、司法不党原则必须根本改造，司法必须纳入党权政治

---

① 20 世纪 20 年代中国宪政思想的退潮，不是短时间内骤然发生的，而有一个过程，大体说在 1919—1928 年间，不过笔者认为 1923 年是最为明显的转捩点。胡适后来就察觉到，以 1923 年为界标，中国现代思想可分为两个阶段，前一阶段是“维多利亚思想时代，从梁任公到新青年，多是侧重个人的解放”；后一阶段是“集团主义（Collectivism）时代，一九二三年以后，无论为民族主义运动，或共产革命运动，皆属于这个反个人主义的倾向”。曹伯言整理：《胡适日记全集》第 6 册，1933 年 12 月 22 日，（台北）联经出版事业股份有限公司 2004 年版，第 730 页。

② 在此，笔者借用邹谠教授的“全能主义”一词。邹谠认为研究中国政治用“全能主义”（totalism）比“极权主义”（totalitarianism）更为合适。“全能主义”基本特性是，“政治权力可以侵入社会的各个领域和个人生活的诸多方面，在原则上它不受法律、思想、道德（包括宗教）的限制”。详见邹谠《二十世纪中国政治——从宏观历史和微观行动的角度看》，（香港）牛津大学出版社 1994 年版，第 222—233 页。

之中。

孙中山“以党治国”“革命民权”学说是党权政治中推进司法建设的背景理论，党治政权的建立是实践司法“国民党化”的政治前提。按照国民党学说，革命时期的政权与治权都由国民党行使，作为治权之一的司法权自然要掌控在国民党手中，这就奠定了司法“国民党化”在政治上的法理逻辑。孙中山在世时，他就在探索党权政治中如何推进司法建设问题。

面对近代中国的总体性危机，现代中国的建构者们普遍认为要迅速改变权力分散、政治无序的状况，必须建立统一的强有力的政权，不再寄望于社会渐进的改良，而希望从改造政治入手，进行“一揽子”的根本解决，以高度集权的政治力实现对社会的整合，建构现代国家。在如此时代语境中，全能主义政治在中国的兴起，成为情势所趋，也赢得很多国人的认可与拥护。照此逻辑，司法自是不能游离于政治之外，而应将司法纳入政治之中，一方面利用政治资源来推进司法建设；另一方面也加强全能主义政治的统治力，让司法与行政、立法一样，成为改造社会、建构现代国家的重要力量（常态社会中的司法功能未必如此)。

囿于国民党党力、党势不足等原因，司法其实并未真正、彻底地“国民党化”，至少可以说效果并不理想。加之，在孙中山逝世后接踵而来的国民革命中，在群众运动高涨的革命年代里，一方面，“革命”民众的过激、过火行为处于失控状态，几乎变成民众暴力；另一方面，形形色色的“党权”容易造成对司法的任意干涉。所以，党权政治中司法建设的实践为党、政、军、民众团体等干涉司法提供了可能，也开辟了空间。虽然这些情形，孙中山生前未能看到，但此后国民革命中司法党化及其严重后果，正是导源于孙中山生前的党权政治学说。

张荫桓、翁同龢与戊戌年康有为进用之关系*

马忠文

无论从政治史还是思想史的层面，近十多年来学界对康、梁及戊戌变法的研究都是比较充分的。茅海建教授近年的相关研究，在史料的发掘、梳理和史实的辨析方面，尤有值得关注的贡献①；同时也出现了活跃的争鸣与讨论。② 总体而言，随着档案文献的深度利用，康、梁在政变后的“作伪”以及一些以讹传讹的陈说得到了进一步的澄清。当然，这并不影响对有关问题的重新审视。

目前学界对康有为取得光绪帝赏识和信任的过程似乎并无太多异议。一般认为，康氏戊戌年的骤然进用虽与高燮曾、徐致靖、李端棻等官员向清廷保荐有关，但是，户部尚书、军机大臣翁同龢的举荐更为关键。对此，

---

* 本文原载《近代史研究》2012 年第 1 期。本文系 2010 年 5 月提交中国社会科学院近代史研究所主办的第三届“近代中国与世界”国际学术讨论会的会议论文，承姜涛研究员、茅海建教授、桑兵教授、李细珠研究员提出宝贵的批评意见；在修改过程中又得到王汝丰、朱育礼两位先生的指教，特此一并致谢。

① 参见茅海建《戊戌变法史实考》，生活·读书·新知三联书店 2005 年版；《从甲午到戊戌——康有为〈我史〉鉴注》（以下简称《〈我史〉鉴注》），生活·读书·新知三联书店 2009 年版。多年来笔者与茅老师交流较多，屡受启发，兹再致谢忱。

② 其中茅海建、房德邻两位先生对乙未年康有为公车上书问题的讨论尤具代表性，参见茅海建《“公车上书”考证补》，《近代史研究》2005 年第 3、4 期；房德邻《康有为与公车上书——读〈“公车上书”考证补〉献疑》，《近代史研究》2007 年第 1、2 期；茅海建《史料的主观解读与史家的价值判断——复房德邻先生兼答贾小叶先生》，《近代史研究》2007 年第 5 期。

康、梁在政变后屡有申说，清廷上谕也言之凿凿；虽然翁氏在日记中极力否认，但大部分学者对其申辩并不同情（因日记曾有删改）。因此，翁同龢“荐康”说几乎得到学界的普遍认同。[①] 但是，另有说法认为，真正向光绪帝举荐康氏的并非翁氏，而是康有为的同乡、户部左侍郎、总理衙门大臣张荫桓（号樵野）；不能以政变后清廷有过张“非康党”的上谕，就忽视对张、康关系的研究。对此，何炳棣先生在 20 世纪 40 年代就撰文指出，“翁、康关系如何，先不论，荫桓之荐有为，则无可疑者”，“荫桓引有为戮力改革，实隐然为变法之领袖，非荫桓之先启沃君心，则变法之计不能遽入”。[②] 到了 90 年代，随着张氏戊戌日记稿本的披露，王贵忱、苏晨、李吉奎、范耀登等再次论及张荫桓与荐康的关系。[③] 然而，或因翁氏“荐康”说的长期影响，学界对此说很少有积极的反应。

康有为在戊戌年能够得到光绪帝的赏识，究竟得益于翁的举荐，还是张的推介，事关戊戌政局之机杼。这个问题值得重新考量。以往研究无论持翁氏“保康”之说，还是张氏“荐康”之论，大多以非此即彼的方式加以判断和理解，难免各持一端。笔者以为，欲厘清这桩扑朔迷离的近代公案，必须重新梳理甲午到戊戌期间康、张、翁三人之间的真实关系；需要考虑到当事人后来推诿责任、窜改毁弃文献、隐讳与夸大事实的各种倾向，以及政变前后清廷高层派系斗争的政治背景等因素。概言之，翁氏“荐康”说的兴起与张氏荐康史实的隐没不彰，除了康、梁“作伪”的因素，还要从政变前后复杂的政治斗争中去寻求答案。

---

① 目前出版的大部分近代史著作以及翁同龢、康有为的传记都持这种观点，兹不详举。

② 参见何炳棣《张荫桓事迹》，《清华学报》1943 年第 13 卷第 1 期。除了材料的局限，该文有关张、康关系的基本观点至今仍具有代表性和典型性。

③ 相关研究论著主要有：王贵忱《张荫桓其人其著》（《学术研究》1993 年第 6 期）、《张荫桓戊戌日记后记》（《新疆大学学报》1998 年第 3 期）；苏晨《张荫桓与戊戌变法之谜》（《东方文化》1994 年第 3 期）；范耀登《张荫桓与戊戌维新》（《汕头大学学报》1992 年第 4 期）；李吉奎《张荫桓与戊戌变法》（王晓秋主编：《戊戌维新与近代中国的改革——戊戌维新一百周年国际学术讨论会论文集》，社会科学文献出版社 2000 年版）；马忠文《张荫桓与戊戌维新》（王晓秋、尚小明主编：《戊戌维新与清末新政——晚清改革史研究》，北京大学出版社 1998 年版）。

“南海来京，主樵野”

长期以来，翁、康之间的密切关系早已为人们熟知，康氏自编年谱以及相关诗文中有着详细生动的描述，很少有人对此有所怀疑。其实，康氏的叙述多有夸张和虚构。[①] 相反，康、张关系这条重要线索，很早就中断了。这与康氏刻意隐瞒事实、混淆视听有直接关系。

20 世纪 30 年代，丁文江、赵丰田在编辑《梁任公先生年谱》时曾指出，“康之所以在没有被召见之前，就受知于光绪帝，一定是经过大僚的奏荐”。这个判断十分准确，符合清代官场政治运作的一般规则。他们认为，“当时康所结识的大僚中只有翁常熟和南海张樵野荫桓。据《南海先生自编年谱》所记，康与张的关系和往来还不及康与翁的十分之一，所以康之受知于光绪帝，决不是张的力量”。[②] 丁、赵这里否认张的作用、重申翁氏荐康是有背景的——在 1925 年出版的《翁文恭公日记》中，翁氏非但不承认“荐康”，且有诋毁康氏的言论，从而引发了学界的争议。显然，他们宁愿相信康氏的记载，认为翁奏荐康氏无须怀疑。

有意思的是，同时代的学者黄濬却对康年谱的有关记述产生了疑问，且做出了与丁、赵不同的解释：“或疑南海自编年谱中言常熟（翁同龢）者多于樵野，以为南海（按，指康有为）纯得常熟之力，此实大误。南海来京，主樵野，此事瘿公（罗惇曧）、孺博（麦孟华）皆言之。常熟负重望，又有知己感，故数言之，樵野结纳深，而为谋主，故不数言之也。”[③] 这样的解释似乎就是针对丁、赵的断言而发的。黄濬

---

① 笔者发现，几乎所有关于翁氏“荐康”的文献都是政变后形成的，其中又以康氏本人的记述为多。从文献形成与刊印的时间顺序可以看到，康有为对翁、康关系的描述，如同滚雪球一般，细节越来越生动，是一个不断塑造的过程，到民国时期达到顶峰。参见马忠文《翁同龢、康有为关系考论》（常熟市人民政府、中国史学会编：《戊戌变法与翁同龢》，中央文献出版社 2000 年版，第 224—253 页）。

② 参见丁文江、赵丰田编《梁启超年谱长编》，上海人民出版社 1983 年版，第 116—118 页。

③ 黄濬：《花随人圣盦摭忆》，上海古籍出版社 1983 年版，第 466 页。引文中括注的人名为引者所加。下同。

为闽人，民国初年与耆宿遗老多有往还，熟知清季掌故。他以康门弟子罗惇曧、麦孟华的话为依据，披露张荫桓才是康当年在京活动的“谋主”，二人关系极深，所以康氏对张、康交往极力隐饰。黄氏又写道：“以予所知，康南海之得进于德宗，实樵野所密荐，常熟诇知德宗意，始具折保康。”[①] 在他看来，康有为得以进用，与翁、张均有关系。翁虽“保康”，却在张氏“密荐”之后，似乎更肯定张荫桓所发挥的关键作用。这种观点与盛行的翁氏“荐康”说可谓大相径庭。

其实，康、张“交深情密”的事实不会因为康氏本人的刻意隐讳而隐没。乙未年与康氏同中进士的胡思敬在《戊戌履霜录》中写道：“（有为）进用之初唯张荫桓以同里，日与之游，常以总署密情相饷，二人称服泰西，私相褒重。尚书许应骙、副都御史杨颐以下，视之蔑如也。”又称：“有为之开保国会也，演说二十事，人莫能明，皆得之荫桓。二人表里为奸，有为尝单骑造荫桓门，密谈至夜分，往往止宿不去。”[②] 胡氏提到康与张交密而与其他粤籍京官疏远的情形，虽言辞之中有诋毁倾向，却非毫无根据。戊戌年五月许应骙、文悌先后揭发康氏“夤缘津要”、密结张荫桓的内幕，曾引起轩然大波（详见后文）。可见，康、张交密在戊戌年并非什么秘密。

康、张何时结识，现已很难考证。康有为于光绪八年（1882）首次来京参加顺天府乡试时，张尚非京官；光绪十四年（1888）康氏第二次来京参加顺天府乡试，延至次年秋冬间离京，此间张荫桓尚在驻美、日（西班牙）、秘三国钦差大臣任上。查张氏于光绪十一年（1885）六月奉命出使美国、西班牙、秘鲁三国公使，于次年二月自香港展轮，出洋前曾里居十多日；而光绪十五年（1889）十一月任满抵港后，次年二月才回京复命，其间又在乡度岁。[③] 看来，张、康建立联系当在南海本籍。光

---

① 黄氏又言：“吾闻当时樵野与康、梁，私人抵掌谈政治，辄昌言无忌，实为致死之由……樵野之死，乃于庚子夏义和团方炽时，京中突有密电致新疆当局，属阴置张荫桓于死地。相传此电乃西后授意者，南海曾述之。见于官文书者乃云，有密旨以张荫桓通俄，就地正法。和议成，始昭雪，复原官。”见《花随人圣盦摭忆》，第 466 页。

② 胡思敬：《戊戌履霜录》，《中国近代史资料丛刊·戊戌变法》（以下简称《戊戌变法》丛刊），神州国光社 1953 年版，第 1 册，第 375 页；第 4 册，第 82 页。

③ 参见任青、马忠文整理《张荫桓日记》，上海书店出版社 2004 年版，第 441 页。

绪十九年（1893）康有为中式广东本省乡试，而此时张荫桓已在京升任户部左侍郎兼总理衙门大臣，新科举人的身份无疑为康进一步密切与张的关系创造了有利条件。次年春康有为来京参加甲午会试，此时他与张的关系已经非同寻常。这在张荫桓甲午日记中留下了清晰记载：

> 二月二十九日：或言法源寺桃花尚盛，凌闰台遂约餐僧饭……座客有康长素。深入法海，谈禅不倦，不图城市中有此清凉世界。晚宿山舅寓庐，长素、闰台夜话将曙。
>
> 三月二十四日：申正返寓。康长素、梁小山、梁卓如已来，检埃及各图与观，诧叹欲绝。长素屡言谋国自强，而中外形势惜未透辟，席间不免呶呶，此才竟不易得，宜调护之。
>
> 四月十九日：返寓后，长素来谈，山舅在寓，相与抵掌。
>
> 四月二十七日：长素因山舅觥筵大醉，逾夕始醒。前日相过，询其拼醉之故，为诗调之，昨来寓，夜谈甚畅，酒力微矣。①

日记中提到的凌闰台（也作润台）即凌福彭，户部主事，粤籍人士；长素为康有为之号；山舅系张氏之舅李宗岱，字山农，山东道员；小山即梁庆桂（字小山），为广州行商梁氏族人；卓如即梁启超，此时二梁与康皆为参加会试而来。从张日记可以看出，甲午战争前康有为已经开始关注外部世界，在学习西方问题上，与张荫桓志趣十分相投。康还向张极力称许薛福成刚刚刊行的出使日记②，反映出其趋新的知识取向。不过，张氏对康却有所批评，认为他虽“屡言谋国自强”，然对中外形势的了解则不甚透辟；同时对康的才华十分欣赏，流露出坦然的爱才之心。难怪台湾学者黄彰健早在20世纪70年代看到该日记稿本时，便断定张荫桓属于“康党”无疑。③

不过，康氏年谱中却对张荫桓只字未提。年谱甲午年记：“二月十二

---

① 《张荫桓日记》，第465—466、472、478、480页。

② 同上书，第481页。

③ 参见黄彰健《戊戌变法史研究》，台北，“中研院”历史语言研究所专刊1970年版，第80页。

日与卓如同入京会试，寓盛祭酒伯熙邸……既而移居三条胡同金顶庙，与梁小山同寓。五月六日下车伤足，遂南归。六月，到粤。”[①] 康此次停留北京不到三个月时间，年谱中丝毫不提与张的往来，当属有意隐讳。康氏来京居住的寓所之一金顶庙（张日记作“金鼎庙”）系一座关帝庙，位于东华门外烧酒胡同，与锡拉胡同张荫桓的府宅仅一街之隔，到张宅十分便利。[②] 康氏租住金顶庙自然是为了参加考试与内城活动方便，但便于与张荫桓联络也是一个不可否认的因素，当时与张关系密切的粤籍人士多择居于此。[③]

甲午年康有为在与张荫桓往来密切的同时，与翁同龢也发生了联系。康、翁之间早在光绪十四年（1888）秋康有为来京参加顺天府乡试时，已有过联络。当时康以布衣身份，欲上书皇帝，请翁代递，但因种种原因未能遂愿。[④] 时隔六年，康氏来京参加会试，再次与翁发生联系。翁日记是年五月初二记：“看康长素（祖诒，广东举人，名士）《新学伪经考》，以为刘歆古文无一不伪，窜乱六经，而郑康成以下皆为所惑云云，真说经家之一野狐也，惊诧不已。”同月初五日又记：“答康长素，未见。”[⑤] 从日记的前后文判断，康氏欲拜谒翁氏，并先行投赠自己的著作，但遭到翁氏的拒绝。康年谱中未提及此事。当时应试举子向重臣赠送诗文著作，以示才华，谋求知遇，并不鲜见。康氏此科虽落第，但离京前向翁赠书，正是为了与翁建立有效的联系。当时张荫桓与翁氏同官同署，关系密切，康往见翁，可能是由张荫桓从中引见的，可惜这几天的张氏

---

① 楼宇烈整理：《康南海自编年谱（外二种）》，中华书局1992年版，第24页。康有为自订年谱有多种版本，本文均据此版本。

② 参见周育民《康有为寓所“金顶庙”考》，林克光等主编：《近代京华史迹》，中国人民大学出版社1985年版，第423—427页。

③ 戊戌年康有为在内城仍寓居此处。另外，政变前容闳（字纯斋）也居此，见楼宇烈整理《康南海自编年谱（外二种）》，第59页。

④ 参见汤志钧《康有为〈上清帝第一书〉新探——翁同龢摘抄手迹读后》，《学术月刊》2000年第7期；马忠文《1888年康有为在北京活动探微》，《浙江学刊》2002年第4期。

⑤ 陈义杰整理：《翁同龢日记》第5册，中华书局1997年版，第2696、2697页。

日记后被毁弃，已看不出任何痕迹。[①] 但是，翁不愿与康见面，说明他对康大有戒心，至少《新学伪经考》流露出的异端思想使他十分警惕。

说到这一年的翁、康关系，不能不提到言官参劾《新学伪经考》一案。甲午年七月，康有为回到广州后，就发生了给事中余联沅参奏《新学伪经考》一案。余联沅称康氏此书，诋毁前人，煽惑后进，与士习文教大有关系，请饬严禁。余折上，旨令两广总督李瀚章查办。张勇教授近年撰文对此事原委做了细致研究，认为这场风波起于乡里之争，成于贿赂请托，终因得到京内外友朋相助，在甲午战争前期台谏官员强势的背景下，李瀚章只得采取放宽处理的办法，饬其自行抽毁。[②] 据康年谱，事发后，由梁启超在京四处活动，当时为康说情的有翁同龢、张謇、沈曾植、曾广钧、盛昱、黄绍箕、文廷式等人。[③] 但是，翁同龢日记对此并无记载，张謇日记也无反应[④]，现在看到的始终是康、梁的一面之词。更让人难以理解的是，既然是粤籍人士因乡里构讼而导致贿买御史参劾，且以“悖乱圣教”的大题目出奏，居然没有见到粤籍大僚出面干预、调

① 张荫桓甲午日记的两册原稿现藏台北“中研院”近代史研究所图书馆，一册起自光绪二十年三月初一日，止于五月初一日；另一册起自七月初一日，止于七月二十五日。这两册日记原为康有为收藏，后由其家人捐献给台北“中研院”近代史研究所，原稿前有康氏题记云：“呜呼！此吾邑张樵野尚书甲午札记也。尚书既以戊戌党祸抄没戍新疆，庚子以谏用拳匪惨戮。此册经如（按，原稿如此）劫流于外，张君有榍以记中有誉我语，因赠我。中多记□□事，关涉颇大，若朝章国故尤夥，足与常熟日记参考。若夫生死患难文酒过从之感，追思萦欷。天游。”（详见任青、马忠文整理《张荫桓日记》，前言）可惜两册原稿都有残缺。从种种迹象看，似系康氏刻意毁弃者。据康年谱，康氏五月初六日离开北京，此前他不会不去张处辞别的，但现存稿本第一册五月初一日后的内容却被整齐裁去，并非自然损毁。贾小叶博士认为，这可能是张荫桓在政变后为避祸自毁的。但是，从日记中赞扬康氏的文字保存完好的情况看，似非张氏所自为。另外，康在年谱中称：“五月方在京师，有贵人问曰：国朝可百年乎？余答之以‘祸在眉睫，何言百年？’贵人甚谬之。”茅海建教授推测“贵人”可能是张荫桓（《〈我史〉笺注》，第53页）。揆诸当时张、康二人交往密切、无话不谈的情形，这个推断应当准确。而且，笔者以为，这些谈话可能也是被康氏撕去的五月初几天日记中的内容。将张赞誉他的话保留下来，而将批评他的内容予以毁灭，这非常符合康氏的性格。

② 参见张勇《也谈〈新学伪经考〉的影响——兼及戊戌时期的“学术之争”》，《近代史研究》1999年第3期。

③ 楼宇烈整理：《康南海自编年谱（外二种）》，第24页。此外，杨天石先生在台北“中研院”发现了一封甲午年八月梁启超致康有为信函的抄件，也提及相关情况。参见《梁启超为康有为弭祸——近世名人未刊函电过眼录》，《杨天石文存·晚清史事》，中国人民大学出版社2007年版，第70—75页。该文原载《光明日报》，2003年7月8日，史学版。

④ 参见《张謇全集》第6卷，江苏古籍出版社1994年版，第364—368页。

解，这在当时京城注重乡谊的社会氛围中是不合情理的。许应骙在戊戌年五月曾攻击康有为“屡次构讼，为众论所不容”①，说明他对此案原因是知情的，但对康并不同情。当时康氏与正途出身的粤籍大员李文田（字仲约）、许应骙（号筠庵）、杨颐（字蓉浦）关系皆不洽，他能够攀附上的粤籍高官，只有张荫桓一人。因此，案发后，张氏不可能袖手旁观。颇为蹊跷的是，余联沅劾康是七月初三日发生的事，而康氏后来所藏张荫桓甲午日记稿本中，恰恰七月初五日至初九日的内容又有大段残缺，系被完整撕去整页内容。笔者以为，这是康故意毁弃证据，其中可能有张在事发第一时间内设法为康“运动”、营救康氏的记载。②

光绪二十一年（1895）乙未春，康氏再次来京参加会试，仍寓金顶庙。四月榜发，得中进士。是年康、张交往的情况，康年谱依然不载。然相关情况可隐约见诸时人叙述。戊戌政变后，张之洞的幕僚梁鼎芬在《康有为事实》中披露说：

> 康有为既中进士，欲得状元，日求户部左侍郎张荫桓为之遍送关节于阅卷大臣，皆以其无行斥之；不得状元，尚欲得翰林，又托张荫桓送关节于阅卷大臣礼部右侍郎李公文田。康有为以为张与李系姻亲，己又与李同乡，谓必可入选，岂知李侍郎品学通正，深知其无行，不受张托，斥之尤力，遂不得入翰林。康有为恨之次骨，时与其徒党诋李侍郎甚，至端人皆恶之。③

科举考试中的请托现象在当时司空见惯，这里不乏政变后梁氏刻意丑化康有为的倾向，但是，张荫桓既然愿意为康的前程到处运动，说明二人私交实在不浅。叶德辉也披露说，康有为“通籍后，朝考卷不列高

① 许应骙：《明白回奏并请斥逐工部主事康有为折》，《戊戌变法》丛刊，第 2 册，第 481 页。

② 关于张荫桓甲午日记稿本缺损的情况，可参见上页注释①。

③ 见汤志钧《乘桴新获——从戊戌到辛亥》，江苏古籍出版社 1990 年版，第 66 页。这份材料系政变后张之洞授意梁鼎芬搜集并交给日本驻上海总领事小田切万寿之助，希望能在日本报纸发表以揭发康氏，故有贬康的倾向。参见孔祥吉《清人日记研究》，广东人民出版社 2008 年版，第 93—97 页。

等第者，卷为李约农侍郎签摘，同阅卷者或为请托，李持不可，后康有为刻朝考卷以辱李，李则将康在都钻营张荫桓之事，遍告于人，此湘粤京朝官所共知者"[①]。梁、叶所说应指同一件事情。既然张、康私交如此深厚，由此似可推断前一年《新学伪经考》毁版案中，张荫桓应该参与过营救康的行动，甚至是得力人物。

与梁、叶不同，康有为及其弟子则极力隐讳张氏请托之事，只是一味攻击李文田。徐勤公开撰文称康殿试、朝考"皆直言时事"，殿试徐树铭拟置第一，因李文田摘签而不能置前列；朝考因李摘卷中数字为误笔而置二等末。[②] 康年谱也称殿试徐树铭（澂园）本置第一，朝考翁常熟欲以拟元，均因李文田阻挠而未果。[③] 称殿试徐树铭欲置康于第一，恐不确。依照当时的惯例，殿试第一卷，通常是由读卷大臣中官秩最崇者提议的，科殿试读卷大臣中官位最高的是协办大学士徐桐，徐树铭科名虽早，但官阶不及徐桐之崇，怎会不遵惯例，提议康氏为第一?

至于朝考翁欲"拟元"之事，也无确据。此次会试翁氏奉派差事共有两次。第一次是四月十七日，被派贡士复试阅卷大臣；第二次即四月二十九日奉派朝考阅卷大臣。与翁同时阅卷的大臣有张之万、徐郙、廖寿恒、李文田、徐树铭、李端棻、杨颐等 12 人。翁日记二十九日记云："晨入，知派朝考阅卷。看折毕，至南书房分卷，极费力。阅数卷，又至小屋同坐。见起二刻余。电报三，封奏一。退后趋往南斋，余卷已正二刻阅毕。诸公尚有未完者。午初定甲乙，午正一刻始递上。饭未毕已下，并诗片，对诗片，颇迟，申初散。"[④] 这次朝考除三鼎甲外，定一等 60 名，二等 108 名，三等 125 名，康有为列于二等，未能成为翰林院庶吉士。从翁日记看，当时中日议和交涉接近尾声，翁氏一面处理军政事务，一面阅卷，疲于奔命，异常繁忙。日记中并未提到欲将康"拟元"且与李争执之事。况且，康氏之卷是分给李文田评阅的，阅卷官越俎代庖是科举考试中最犯忌讳的事情，翁氏似不会如此孟浪。

---

① 叶德辉：《翼教丛编》，上海书店出版社 1999 年版，第 165 页。

② 徐勤：《南海先生四上书杂记》，上海时务报馆代印本，夏晓虹编：《追忆康有为》，中国广播电视出版社 1997 年版，第 292—295 页。

③ 楼宇烈整理：《康南海自编年谱（外二种）》，第 27 页。

④ 《翁同龢日记》第 5 册，第 2805—2806 页。

另一方面，有迹象表明乙未年会试前后张荫桓为康氏考试之事曾经向翁通过关节。张氏政变后回忆说："康应乙未会试，本未入彀，常熟搜于落卷中得中式，有知己感。"① 查乙未年三月初六日简放的四位主考官（一正三副）依次是徐桐、启秀、李文田、唐景崧，翁同龢此科未掌文衡，怎会去"搜落卷"？张氏此说不可信，反倒说明他在此科考试中曾向翁推介过康。四月十二日贡士揭榜后，翁氏除关心其常熟同乡得中者外，在日记中提到"康祖诒亦中矣"②。可见，翁确实留意过康。但是，没有确凿证据说明，翁在朝考中有拔识康氏之意。

不过，张荫桓对康的引荐还是有成效的。是年闰五月初九日，翁在私宅接晤康有为，这是二人首次会晤，也是可以证实的唯一一次私人性质的会晤。是日翁记云："归时略早，饭后，李莼客先生来长谈，此君举世目为狂生，自余观之，盖策士也。"这是翁同龢对日记原稿挖补删改后的内容。研究证明，"李莼客"原应为"康有为（康祖诒）"。③ 称康为"策士"，这是翁日记中对康评价最正面的一次。康年谱也对这次会面有详细描述。④ 此时康已经以二甲进士分派工部主事。身为科场前辈，翁同龢接见一位新科进士在当时没有什么特别之处。但是，时值《马关条约》签订前后，康氏积极附和文廷式、张謇等翁门弟子发动公车上书、反对议和，这种政治倾向无疑得到了翁的欣赏，这是促成二人交谈融洽的主因。此外，五月十一日康有为《为安危大计乞及时变法呈》（后称《上清帝第三书》）由都察院代递御前，康提出"富国之法"六条，"养民之法"四条，翁视其为"策士"也在情理之中。谈话中翁对康的变法主张

---

① 王庆保、曹景郕：《驿舍探幽录》，《戊戌变法》丛刊，第 1 册，第 492 页。

② 《翁同龢日记》第 5 册，第 2801 页。

③ 金梁在 20 世纪 30 年代阅读《翁文恭公日记》时首先发现此处曾做过删改。他在《近世人物志》中加按语说："翁记似有重缮改易处，如李莼客卒于甲午十一月二十四日，而翁次年闰五月初九尚记李莼客来，初颇不解其故，继思翁自戊戌罢归，不无顾忌，甲乙数年，正直枢要，凡所记载，尤虑触讳，自取删缮，亦属常情，甲午之事，误入乙未，盖一时疏忽耳。"（见金梁辑《近世人物志》，北京图书馆出版社 2007 年版，第 8 页）孔祥吉先生与日本学者村田雄二郎教授，在翁万戈先生支持下，利用翁同龢日记原稿对删改挖补情况做了细致研究（详见《〈翁文恭公日记〉稿本与刊本之比较——兼论翁同龢对日记的删改》，《历史研究》2004 年第 3 期）。

④ 但所述多有夸张，参见楼宇烈整理《康南海自编年谱（外二种）》，第 33 页；马忠文《翁同龢、康有为关系考辨》，收入常熟市人民政府、中国史学会编《戊戌变法与翁同龢》，第 245 页。

自然有所询问，康认真建言献策，对翁也寄予过期望。据孔祥吉先生研究，在稍后王鹏运参劾徐用仪、将其驱逐出军机处的活动中，康氏积极参与，投翁氏之所好，而幕后隐约可见张荫桓的影子。① 可见，乙未五月后翁对康态度的变化与当时的朝局有关，不过，除了仅有的一次见面，此后并无直接联系。

在乙未年秋冬兴起的强学会（强学书局）活动中，康有为的地位与作用已见诸许多研究，但总体上看似乎评价过高。在政变后康、梁的话语体系中，康有为开强学会似与发动公车上书一样，较实情多有夸大，是康有为后来编织的另一个神话。② 当时的强学会事实上被军机大臣李鸿藻和翁同龢的门生所控制。康氏虽属士林翘楚，一时间因公车上书而声名鹊起，但相比于文廷式、沈曾植、陈炽、丁立钧、张孝谦等京官，他与翁、李既无师生关系，也无堂属之谊。在策划开会时，他无疑有“倡导”之功，不过，一旦有了成议，即使翁、李门生之间也开始了明争暗斗，康有为这位新科进士很快就被边缘化了。所以，没等强学会正式开张，他便黯然出京南下，投奔署理两江总督张之洞去了。

概言之，甲午、乙未年康有为在京与翁同龢的关系其实相当疏远；康氏虽有攀附帝师的热望，无奈翁氏对他始终“敬而远之”。即使张荫桓从中引介，也未改变翁氏对康的基本态度。倘就甲午后的政治派系而论，康有为充其量不过是张氏乡党而已。离开了这层关系，这两年康有为在京活动不易说清，戊戌年的政治活动更难说清。所以，黄濬所谓“南海来京，主樵野”“樵野结纳深，而为谋主”的断论，实为把握戊戌时期康氏政治活动的一把钥匙。

张、翁与高燮曾荐康的关系

康有为戊戌年在北京的活动是其一生中最重要的一段历史，与近代政治关系也最大。康氏自光绪二十一年（1895）八月南还，直到光绪二十三年（1897）十月再返北京，这两年间他主要在粤从事授学、办报活

① 参见孔祥吉《康有为变法奏议研究》，辽宁人民出版社 1988 年版，第 118—135 页。

② 对此问题，笔者将有另文讨论，兹不详说。

动。丁酉冬胶州湾事件前后，康氏再次经沪抵达北京。

茅海建教授在最新研究中强调，康有为此次北上的主要目的可能是代何廷光等港澳商人为巴西移民事宜到总理衙门疏通关系的，这是以往学界很少关注的一个重要细节。[①] 很明显，康氏此次北上是临时来京办事，并非要销假到部供职。只是抵达北京后，正值德国侵占胶州湾事件发生，京城内外群情激愤，才使他重新找到了两年前公车上书时的感觉，遂再次上书抗言，领袖群伦，成为京城中备受瞩目的活跃人物。从这层意义上说，康有为在戊戌年的脱颖而出，带有一定的偶然性。在商办巴西移民事宜搁浅、工部堂官拒绝代其条陈（《上清帝第五书》）的不利境遇中，康有为大显身手，策动给事中高燮曾上疏保举，历经周折，最终实现了上书皇帝的目的，由此开启了戊戌变法的历史序幕。在此过程中，张荫桓在幕后发挥了极为关键的作用，而且远远超过翁同龢。

康有为向工部递上条陈（《上清帝第五书》），请求代递的时间，约为十一月初。据康氏年谱，上书遭堂官拒绝后，他曾与杨锐、王鹏运、高燮曾（理臣）等商议对策。因上书无望，遂有南归的决定，并拜谒翁同龢，投书以告归。十一月十八日准备出发时，翁同龢忽然来留行。翌日，给事中高燮曾奏荐请召见，并加卿衔出洋，翁氏在光绪帝面前力称之，奉旨交总理衙门议。[②] 这是康有为对翁同龢如何举荐自己向世人所做的经典叙述，看上去似乎合情合理，其实掩盖了“谋主”张荫桓的幕后活动，有些情节并不可信。

茅海建先生据康年谱所述，认为康氏丁酉十月来京后多次与李鸿章（合肥）商议巴西移民事宜，并推测康“可能通过于式枚之介”得以与李鸿章建立了联系。[③] 笔者以为此说值得讨论。康与张荫桓同乡同里，早已建立起深厚的私谊，况且，张还是总署的实权人物，康此行无疑是奔张

---

① 参见茅海建《巴西招募华工与康有为移民巴西计划之初步考证》，《史林》2007 年第 5 期。

② 楼宇烈整理：《康南海自编年谱（外二种）》，第 34 页。

③ 参见茅海建《巴西招募华工与康有为移民巴西计划之初步考证》，《史林》2007 年第 5 期。

而来的，“屡与商议”者应是樵野，不可能是合肥。[1] 同样，对康氏上书活动全力支持的人也是张荫桓。

张氏政变后曾对押解官员谈起康的上书活动：“兹祸之起，康有为固非罪魁，实翁常熟酿成之……时欲上书，央我介绍，常熟允见，及康往而辞焉。余讶以问翁，翁应曰：此天下奇才也，吾无以位置之，是以不敢见。后竟奏荐朝廷，拟召见。”[2] 张氏此论难免有诿过的嫌疑，但是，也说明在康氏进用问题上，翁氏也绝非局外之人。张氏透露了一个重要的细节：张曾介绍康往见翁同龢。康欲见翁，尚需张氏从中介绍，表明翁、康之间确实比较隔膜，绝不像康年谱所说的那么亲近。年谱中记述被工部拒绝后与杨锐等京官商议上书对策事甚详，独不言经张荫桓介绍拜访翁氏这个环节，这是有意隐讳。张荫桓既称翁氏拒绝见康，后来又将康“奏荐朝廷，拟召见”，翁同龢的态度为何有如此大的转变？张氏并未做出解释，这正是我们所要研究的核心问题。

高氏疏荐是康有为变法活动中至关重要的环节。本来通过工部堂官代递条陈是康氏上书的常规途径，在这条路被切断的情况下，康氏调整了策略：一方面，在京、沪大量刊印散布《上清帝第五书》，扩大宣传，制造舆论，引起士林的关注与声援；另一方面争取一些京官的支持，另辟蹊径，运动言官上疏保荐。十一月十九日兵科给事中高燮曾附片举荐康有为，就是康氏积极运动的结果。在这份《请令主事康有为相机入弭兵会片》中，高氏云：

> 臣闻西洋有弭兵会，聚集之所在瑞士国，其大旨以排纷解难，修好息民为务，各国王公大臣及文士著有声望者，皆准入会。如两国因事争论，未经开战之先，可请会中人公断调处，立意甚善。臣见工部主事康有为，学问淹长，才气豪迈，熟谙西法，具有肝胆，若令相机入弭兵会

---

[1] 甲午后康、李之间似乎没有发生过什么私人联系。赵炳麟称：“鸿章自罢直督，以大学士居京师。上为其熟外交，命在总理衙门行走。康有为屡投刺鸿章言变法，鸿章勿为礼。及新政行，鸿章复嘲之。”（《光绪大事汇鉴》，《赵伯岩集》第9卷，1922年刊本，第25页）戊戌年六月，李鸿章致李经方家书中曾讥笑康氏变法主张为“窃东西洋皮毛”，可见对康确有讥讽（上海图书馆历史文献研究所编《历史文献》第8辑，上海古籍出版社2004年版，第104页）。

[2] 王庆保、曹景郕：《驿舍探幽录》，《戊戌变法》丛刊，第1册，第492页。

中，遇事维持，于将来中外交涉为难处，不无裨益。可否特予召对，观其所长，饬令总理各国事务衙门厚给资斧，以游历为名，照会各国使臣，用示郑重。现在时事艰难，日甚一日，外洋狡谋已露，正宜破格用人为自存计。所谓请自隗始者，不必待其自荐也。附片具陈，伏乞圣鉴，谨奏。①

观高氏此片，其主旨是请朝廷“破格用人”，“特予召对”康有为，并派其入瑞士弭兵会“遇事维持”，以消外患。该片与同时递上的《请密与德国订立盟约不必牵连教案折》及《李秉衡不宜废弃片》② 相辅相成，都是针对陷于困境中的中德胶州湾交涉而言的。现已证明，荐康之片实为康自己所拟，由杨锐介绍，交高氏递上者，系康氏按照京城里的潜规则——“买都老爷上折子”的结果。③ 入弭兵会不过是托词，“特予召对”才是康氏真正目的。此时康的目标已经不只是上书皇帝，而是要争取面圣建言。这反映出胶州湾危机时康有为急于进用的心态。

康年谱称，高燮曾疏荐前一日，翁同龢曾到南海会馆挽留即将出京的康氏。这个细节通常被视为翁氏“荐康”的重要表征。数年前孔祥吉、村田雄二郎两位先生通过对翁氏日记原稿的考察，发现十一月十八日这天的日记内容确有改动，原稿有半页被裁去，现在看到的是重新缮贴的。他们认为，这是翁氏在政变后为避祸对日记所做的删改，是为了隐去这天清晨到南海会馆访康的情节④；茅海建教授在最新研究中也重申此论，认为翁氏挽留康有为确有其事，为康氏政治活动之大转折。⑤ 笔者以为，这天翁氏到南海会馆挽留过康氏的说法不可信。

一个不可回避的问题是，康有为此时正在积极进取，怎会萌发南归

① 黄明同、吴熙钊主编：《康有为早期遗稿述评》，中山大学出版社 1988 年版，第 263 页。

② 《军机大臣奏为给事中高燮曾请密与德国订立盟约不必牵连教案等折及谕旨原折片恭呈慈览事》（光绪二十三年），录副奏折，03/5732/059，清史工程网：http：//124. 207. 8. 21/qing-history/text. jsp？SeqNo = 432892&dbid = LF，2011 年 10 月 22 日。

③ 参见马忠文《高燮曾疏荐康有为原因探析——兼论戊戌维新前后康、梁的政治贿赂策略与活动》，《学术交流》1998 年第 1 期。

④ 参见孔祥吉、村田雄二郎《〈翁文恭公日记〉稿本与刊本之比较——兼论翁同龢对日记的删改》，《历史研究》2004 年第 3 期。

⑤ 参见茅海建《〈我史〉鉴注》，第 221—224 页。

的念头，而恰恰又在贿买高氏疏荐之前？尽管康年谱将翁之“挽留”与次日高燮曾“奏荐”的发生描述得那么自然，暗示着一定的因果关系，但是，我们既得知康氏于幕后策划高燮曾疏荐的真相，自可判断此时他绝不会有南归的决定。因此，所谓翁氏前去挽留的情节自然是靠不住的。对此，台湾学者黄彰健曾指出，翁氏前去留康的情节是宣统三年在日本影印的《明夷阁诗集》所收《怀翁常熟去国》诗中首次披露的，而此诗系康在政变后补作。① 后来康有为也曾多次提及这个情节。可以断言，这个出典于“萧何月下追韩信”的感人故事，应是康氏政变后杜撰的。

相反，在高燮曾疏荐前夕康氏拜访翁被拒绝倒是确实发生过的事情。翁氏拒康，不仅有张荫桓提供的证据，翁同龢日记也有反映。政变后康有为逃亡香港，戊戌年八月二十一日在接受《中国邮报》（*China Mail*，又译《德臣西报》）记者的采访时称：“我由湖北人御史高燮曾所荐，翁同龢及礼部尚书李端棻亦留意于我，有谓翁守旧党，实非也，实翁、李二臣屡欲荐我在皇上左右以备顾问。”② 这篇谈话稍后被上海《新闻报》所转载，九月初四日翁氏在常熟家中看到报道，他在日记中写道：“《新闻报》等本皆谎谬，今日所刊康逆语，谓余论荐，尤奇，想我拒绝，欲计倾我耶?!”③ 这里的“想我拒绝”是与张荫桓提到的“及康往而辞焉”，均与高氏疏荐的语境相关，说的应是一回事。

康有为拜访翁氏遭拒的情节，现存翁氏日记不见记载。据孔祥吉、村田先生研究，这年十一月翁氏日记只有十八、十九日这两天有改动。④ 而康有为编造翁氏来访的故事，时间不早不晚，恰恰是在十八日这天，

---

① 康有为《怀翁常熟去国》一诗云：“胶州警惊圣人居，伏阙忧危数上书。已格九关空痛哭，但思吾党赋归欤？早携书剑将行马，忽枉轩裳特执裾。深惜追亡萧相国，天心存汉果何如？”诗前小注云：“胶变上书不达，思万木草堂学者，于十一月十九日（按，年谱记为十八日）束装将归。先是，常熟已力荐于上，至是闻吾决行，凌晨来南海馆，吾卧未起，排闼入汗漫舫，留行，遂不获归。及常熟见斥，吾又决行，公谓，上意拳拳，万不可行。感遇变法，且累知己，未知天意何如也。”（见《康有为遗稿·万木草堂诗集》，上海人民出版社 1996 年版，第 90 页）黄彰健经过考订，认为此诗系戊戌政变后补作（参见《戊戌变法史研究》，第 149 页）。

② 这里引用的是《申报》转载的康氏谈话内容，译文应与《新闻报》大致相同。

③ 陈义杰整理：《翁同龢日记》第 6 册，中华书局 1998 年版，第 3167 页。

④ 参见孔祥吉、［日］村田雄二郎《〈翁文恭公日记〉稿本与刊本之比较——兼论翁同龢对日记的删改》，《历史研究》2004 年第 3 期。

似非偶然，说明这天翁、康之间确实发生过联系。况且，康氏年谱中提到“既谒常熟，投以书告归”，稿本中也曾流露过对翁的一丝不满。[①] 看来，康氏在十八日这天往见翁氏遭拒的可能性非常大。

既然十八日翁氏访康之事纯属乌有，则翁氏重缮日记当另有其因。笔者以为，翁氏删改日记，重点非十八日这天的内容，似乎是十九日的内容。据翁万戈先生提供的翁日记原稿复印件，翁同龢重缮的半页文字，既有十八日的，也十九日的。现将重缮内容加下划线：

> 十八日。晴，风止，大寒。早入，外折一，见起三刻，明发，一李秉衡开缺，自请却未提；一裕禄授川督，裕长等调任。论胶事，上述慈谕看照会稿甚屈，以责诸臣不能整饬，坐致此辱。臣愧悔无他，因陈各国<u>合谋图我，德今日所允，后日即翻，此非口舌所能了也，词多激愤，同列讶之，余实不敢不倾吐也。散时尚早，小憩出城，赴总署发罗氏电，令洞察英德合谋状。南洋电。催信隆租船案，将船姑放。英德勾通情状已露，裕朗西电，英谋大连湾。窦使照会云，德有利益英当均沾特未揭破胶口耳。遣人告海靖，余等即往，伊推却云有要事不能候，然则变卦显然也。写荣侄信，小山信。贡物共三百三十四两，交立君。</u>
>
> <u>十九日。稍和。子密销假，步犹弱。电信二，许、杨。发电二，罗大臣。明一，王鹏运、高燮曾皆论胶事，片二。见起四刻，辰正散。张君与余同办一事，而忽合忽离，每至彼馆则偃卧谈笑，余所不喻也。未正赴总署，荫道午楼昌到，晤于署。陈名远递青溪</u>矿事说帖，到署求见，未见。晚归。高御史燮曾保康有为入瑞典弭兵会，交总署酌核办理。[②]

通过比较可以发现，十八日所记多为中德交涉事宜。当时，光绪帝转述慈禧对胶案交涉的不满，责备诸臣（主要指翁、张）不能整饬；翁

---

① 现藏中国国家博物馆的康有为《我史》（自编年谱）手稿“既谒常熟”旁原添“常熟烘谬”四字，后又删去。参见茅海建《〈我史〉鉴注》，第 221 页。笔者以为，康氏在此处添加文字的斟酌反复，流露出其内心的矛盾。“烘谬”一词意在指责，似是对访翁遭拒之事有感而发而最终又隐忍抹去。

② 翁同龢日记原稿复印件由翁万戈、翁以钧两位先生提供，特此致谢。

氏辩称各国合谋图我，与德谈判，旋议旋翻，实非口舌所能了，且语气激愤。十九日的记载则较为简单，从辰正散值到未正赴署，几个时辰没有任何记载。值得注意的是，“张君与余同办一事，而忽合忽离，每至彼馆则偃卧谈笑，余所不喻也”一句显得十分突兀，从语境上分析，前后并无关联，“到彼馆”一说更是无从谈起。相反，这句话与前一天军机召对奏报中德交涉情况时的语境倒是十分吻合。笔者以为，这句话，本应是翁氏在十八日汇报中德交涉情况时说的，责难张氏，多少有推脱责任的意味，故“同列讶之”。翁氏在重缮日记时，将原来十八日的这段内容后移到了十九日，用以弥补十九日删去的内容。可以断定，翁同龢删去的应是十九日军机大臣召见时他对高氏疏荐康有为建议积极促动的内容。

据军机处《随手登记档》，十九日高燮曾《请令主事康有为相机入弭兵会片》下注“随事递上，次日发下归箍”[1]，可知光绪帝这天一早见到高燮曾的折片后，并未直接批复，而是枢臣召见时复将高片带上，君臣共同商议后才令总署“酌核办理”的。[2] 交片谕旨称：“本日给事中高燮曾奏请令康有为相机入西洋弭兵会等语，军机大臣面奉谕旨：总理各国事务衙门酌核办理。钦此。相应传知贵衙门钦遵可也。”[3] 这天枢臣召对长达四刻之久，翁同龢身兼枢译，尤有发言权，并面奉谕旨传知总署“钦遵”。可见，翁氏对此事有所推动是肯定的。但并非出于主动。因为在军机见起前，光绪帝先召见了张荫桓。[4] 当时对德交涉已陷入僵局，君臣皆束手无策，派人参加弭兵会不失为一种可以尝试的办法。光绪帝在召见枢臣时令将高片交总署酌办，当与张氏奏言有直接关系。

翁同龢拒绝在私宅会晤康氏，却在公堂之上支持高燮曾荐康，这二者看起来矛盾，其实并不难理解。凭着丰富的官场经验，翁氏知道高燮曾疏荐是康操纵的，且有张荫桓的暗中支持，尤其是张氏在召对时对派员参加弭兵会已有铺陈，得到了皇帝的支持。既符合圣意，又迎合同僚，

---

① 军机处随手登记档，03/0293/2/1223/307，清史工程网：http：//124.207.8.21/qinghistory/text.jsp？SeqNo = 33076&dbid = ss，2011 年 10 月 22 日。

② 中国第一历史档案馆编：《光绪宣统两朝上谕档》第 23 册，广西师范大学出版社 1996 年版，第 325 页。

③ 同上。

④ 《京报（邸抄）》第 111 册，全国图书馆文献缩微复制中心 2003 年版，第 392 页。

且无徇私之嫌，这便是翁同龢在拒康后，仍然支持将高燮曾折片交总署处理的全部理由。翁氏此举与其说是支持康有为，不如说是支持张荫桓。如果推断不误的话，翁同龢十九日日记中删去的内容可能还有散值后向张荫桓通报消息的情形。政变后张氏称翁“竟（将康）奏荐朝廷，拟召见”，虽然有些夸大其词，但他们二人在支持高片交由总署办理方面彼此有过默契，应该无须怀疑。

总之，在高燮曾荐康一事上，张荫桓是真正的幕后操纵者。由言官疏荐康有为，并以参加弭兵会为名目，这样的谋划，不可能没有张的参与。高氏选择在十九日这天递折，也非偶然，这天是户部值日，张荫桓有可能被召见（事实上确实如此）。军机大臣翁同龢所做的不过是秉承上意，顺水推舟，对总署办理高氏折片表现出支持的姿态而已。而且，高氏折片与其他奏疏一样，当时还被进呈给慈禧御览。① 所以，很难说翁氏对高氏荐康的奏片有多么主动的支持。然而，当总署的酌核办理改变了康有为的政治命运，并成为引发政治风暴的导火索时，翁氏支持康氏的责任便凸显出来，这是翁事先无法预料到的，更何况他又参与了后来一系列进呈康书的活动。于是，删改十九日这天日记，便成为翁氏后来推脱责任的自然选择。

总署对高燮曾折片的特殊“办理”

康氏为高所拟附片，入弭兵会只是借口，核心目标是获得破格召见的机会，表达政见；而光绪帝的出发点则是考虑派人入弭兵会以解决中德纠纷，二者侧重点本不相同。高燮曾的折片交由总署办理后，拖了整整三个月才复奏。总署对高片的办理过程，康氏年谱有详细说明，但不可尽信。

康年谱称，高燮曾奏荐片上，翁氏在皇帝前力称之，奉旨交总理衙门议。而许应骙阻之于恭邸，翁氏再持之，恭邸乃谓“待臣等见之乃奏

① 《军机大臣奏为给事中高燮曾请密与德国订立盟约不必牵连教案等折及谕旨原折片恭呈慈览事》（光绪二十三年），录副奏折，03/5732/059，清史工程网：http：//124.207.8.21/qing-history/text.jsp？SeqNo=432892&dbid=LF，2011 年 10 月 22 日。

闻”，奉旨令王大臣问话。戊戌年正月初三日总署王大臣传见，问变法事宜。次日召见枢臣，翁氏又以康言入奏，光绪再命召见，恭邸谓请令其条陈所见，若可采取，乃令召见。于是，光绪帝乃令条陈所见，并进呈《日本变法考》《俄彼得变政记》等变法书籍。① 张氏在政变后对这段历史也有回忆：

> 时欲上书，央我介绍，常熟允见……后竟奏荐朝廷，拟召见。恭邸建议曰：额外主事保举召见，非例也，不可无已，先传至总理衙门一谈，果其言可用，破例亦可，否则作罢论。众曰：诺，此年前冬间事也。年节伊迩，各署多冗，无暇及此，今年正月初三日，庆邸率合肥、翁常熟及余，公见康于总署，语未终，余以有事去，不知作何究竟。未几，康上条陈，朝廷发交总署核议……而康自此获上矣。②

参照康、张的记述，可知总理衙门大臣中，许应骙对于“破格召见”一节明显反对，最后，由恭王出面调解，建议先传至总理衙门一谈，果其言可用，破例亦可，否则作罢。显然，传见康氏是总署大臣讨论高片时的折中办法，而不是恭王在军机召见时向光绪帝提出的建议；翁同龢即使“再持之”，也是在总署讨论时，而非枢臣召对时。康氏年谱中声称令总署传见是“奉旨”，这与事实不符。

康年谱称，初四日清晨召见枢臣时，“翁以吾言入奏，上命召见，恭邸谓请令其条陈所见，若可采取，乃令召见，上乃令条陈所见，并进呈《日本变法考》《俄彼得变政记》”。这些说法也与情理不符。初三日参加传见的五位总署大臣中只有翁同龢是枢臣，当时总署虽传见了康氏，尚未对此事做出可否，也没有对高折做出最后的处理结果，在此情况下，翁同龢怎会在次日军机召见时主动向皇帝汇报问话情况？这不符合处理公务的惯例。

---

① 楼宇烈整理：《康南海自编年谱（外二种）》，第34—37页。另外，梁启超在《戊戌政变记》中也有类似的描述，参见《戊戌变法》丛刊，第1册，第250—251页。

② 王庆保、曹景郕：《驿舍探幽录》，《戊戌变法》丛刊，第1册，第492页。

同样，康氏的变法条陈也是本人递到总署请求代递的，并非年谱中所说是光绪令其“条陈所见”。总署传见后，康氏在短短数日内，以总署谈话内容为基础，参诸未上达的《上清帝第五书》，草成一份统筹全局、尽变旧法的条陈《外衅危逼，分割洊至，宜及时发愤，大誓臣工，开制度新政局折》（后称《上清帝第六书》）。正月初八日，他将此折缮就后递到总理衙门，“恳请代为具奏”。显然，这是得到张荫桓允准的。据张氏日记，初七日晚，他与康有为、军机章京凌福彭（润台）、总署章京关以镛（咏琴）同桌聚饮，深夜才回寓。[①] 这次聚饮，应与康呈递《上清帝第六书》有关。

从20世纪80年代发现的《杰士上书汇录》所收该折的行文格式看，《上清帝第六书》采用的是司员请求堂官代呈的格式，条陈起首行文格式为：“具呈。工部主事康有为为外衅危迫……以存国祚，呈请代奏事。”结尾句为“伏惟代奏皇上圣鉴。谨呈”。这完全符合康有为当时的身份和清代公文惯例。[②] 但是，政变后康氏刊行的《戊戌奏稿》中，他将这件奏折改称为《应诏统筹全局折》，与年谱一样，自称是“奉旨”条陈所见，格式也改为有奏折权的官员上折的格式。该折起首行文改成：“奏为应诏陈言，乞统筹全局以救危立国，恭折仰祈圣鉴事。”结尾句改为：“伏乞皇上圣鉴。谨呈。”[③] 这种改动非同小可，康氏利用“奉旨”的障眼法，将总署大臣代递条陈、在职权范围内所做的积极推动作用巧妙掩盖起来了。

二月十九日，康有为《上清帝第六书》终于被总理衙门代呈，总署的代奏折云：

> 光绪二十三年十一月十九日准军机处钞交给事中高燮曾奏请令主事康有为相机入西洋弭兵会一片，军机大臣面奉谕旨，总理各国事务衙门酌核办理。钦此。臣等查原奏所称，西洋弭兵会立意虽善，然当两国争论将至开战，会中即有弭兵之论，并无弭兵之权。近日

① 《张荫桓日记》，第508页。

② 黄明同、吴熙钊主编：《康有为早期遗稿述评》，第263、271页。

③ 《戊戌变法》丛刊，第2册，第197、202页。

土希之战，不能先事弭兵，是其明证。该给事中所请令工部主事康有为相机入会一节，应毋庸议。惟既据该给事中奏称，该员学问淹长，熟谙西法。臣等当经传令到署面询，旋据该员呈递条陈，恳请代[①]奏，臣等公同阅看呈内所陈，语多切要，理合照录原呈，恭呈御览。伏乞皇上圣鉴。谨奏。

从时间上看，总署复奏已在高氏疏荐康有为整整三个月之后。之所以拖了三个月，除了拖沓低效的衙门办事效率，许应骙的阻挠应是主要因素。而且，此折可能是在无法继续拖延的情况下不得不递上的。[②] 这个奏折清楚地说明，将康传入总署问话与代奏条陈均非出自“圣裁”，而是总署大臣办理高氏折片时提出的两个议案。换言之，在《上清帝第六书》上达之前，光绪帝并不知道总署传见康氏之事，也不知道康将《上清帝第六书》递到总署请求代递之事。康年谱所谓“奉旨传见”和“奉旨条陈所见”都是为了混淆视听，掩盖内幕。

从上述代奏折看，总署对高片的“酌核办理”显得非同寻常。此时胶案谈判即将达成协议，高片中请派康入弭兵会的核心建议早在总署传见康氏之前已经被否决了[③]，“特予召见”也化为泡影，但总署却以高氏称康“学问淹长”“熟谙西法”为由，先将康传至总理衙门问话，听其阐述改革主张，然后又将其自行递至总署“恳请代奏”的条陈（《第六书》）代呈皇帝。如此看似节外生枝的“办理”，与高氏原片的旨趣已大相径庭。显然，总署在三个月之内，逐渐将事态的发展引向了非常有利于康氏的一面，给了康有为千载难逢的机会，使其通过合法途径达到了上书目的。这主要是张荫桓幕后推动的结果。

丁酉、戊戌之际入值总理衙门的王大臣是恭亲王奕䜣、庆亲王奕劻、大学士李鸿章、户部尚书翁同龢、兵部尚书荣禄、礼部尚书许应骙、左

① 黄明同、吴熙钊主编：《康有为早期遗稿述评》，第263页。

② 笔者推测，总署对高燮曾折片的回复之所以拖了三个月，可能与当时复奏时间不能超过三个月的硬性规定有关，可惜未见清代制度有过明确成文规定，姑存此论。

③ 据张元济戊戌年正月初二日致汪大燮、汪诒年信函中说：“弭兵会亦已罢论，惟高位者，颇能为所歆动耳。”（《汪康年师友书札》第2册，上海古籍出版社1986年版，第1723页）“高位者”主要指张荫桓而言。

都御史廖寿恒及张荫桓八人。张氏虽官居末秩，却因长期供职总署，且勇于任事，实际上成为总署的当家人物。曾任总署章京的李岳瑞评价说：“（张荫桓）生平作事不拘绳尺，且以流外官致身卿贰，辇下诸贵人尤疾之，以故毁多于誉。然干局实远出诸公之上。”① 张氏自称，恭亲王自甲午九月管理总理衙门之后，“遇事俯询”，对其甚是倚重②；时人称，翁同龢以枢臣兼值译署，“倚之直如左右手，凡事必咨而后行，每日手函往复，动至三五次”，更是服膺不已。③ 李鸿章外交声名虽远在张氏之上，但丙申年入值总署时，张在总署中已“揽权有年，不能复让”，“合肥往亦默坐不作一语，委蛇进退而已”。以致总署中形成“惟张樵野一人主政，余皆伴食”的局面。④ 凭借张氏在总署的优势地位，将事态引向有利于康有为的方面并不是件困难的事。最为巧妙的是，代呈《上清帝第六书》被作为“办理”高片的最后结果；对高片的复奏折同时又是代呈康氏条陈的代奏折，这使总理衙门代呈工部主事的条陈变得名正而言顺，真可谓匠心独运。毫无疑问，这些都是张、康精心策划的。

将康有为《上清帝第六书》作为办理高燮曾奏片的最终结果进呈御前，或许是翁同龢事先所未能料到的。但是，自从光绪帝将高片交由总署酌核办理之日起，翁同龢便与此事难脱干系。在甲午战后的朝局中，翁氏以帝师之尊，隐操政柄，办事干练的张荫桓则积极结纳，为翁出谋划策，成为“甲午至戊戌的幕后大人物”。⑤ 翁、张之间虽偶有分歧，但总体上保持着密切合作的态势，这在胶旅交涉前后的朝局中尤为明显。在张氏积极援引康有为的过程中，翁同龢不仅是知情者，在办理公务的层面，也是谨慎的支持者。以致戊戌年初就有张、翁引康变法的传言。⑥

---

① 李岳瑞：《春冰室野乘》，山西古籍出版社 1999 年版，第 137 页。

② 《张荫桓日记》，第 535 页。

③ 吴永口述、刘治襄记：《庚子西狩丛谈》，岳麓书社 1985 年版，第 21 页。

④ 王伯恭：《蜷庐随笔》（与《趋庭随笔》合刊），山西古籍出版社 1999 年版，第 27 页。

⑤ 黄濬：《花随人圣盦摭忆》，第 466 页。

⑥ 苏继祖《清廷戊戌朝变记》记云：“当康去冬来京上书时，守旧之大员于元旦密告恭邸曰：康有为所事，闻是翁、张所引，将树朋党以诱皇上变法者，急宜防备之。”这则记载属于事后追忆，可信性有待确证。不过，至少反映出张、翁行动的一致性引起一些同僚的注意，所指应为处理高折之事；所谓“守旧大员”可能指许应骙。见《戊戌变法》丛刊，第 1 册，第 332 页。

但是，翁、康之间从未有过私人交谊，戊戌年春更是如此。① 因此，就事实的层面来说，翁同龢没有荐过康，真正向皇帝密荐康氏的是张荫桓。

张荫桓“私以康有为进”

康氏年谱称戊戌年二月十九日《上清帝第六书》上达前翁同龢已向光绪帝举荐过康，而且皇帝屡欲“召见”康氏，这是不可能的。因为光绪帝对康氏及其政治主张的重视是看到《上清帝第六书》之后的事情，如果没有《上清帝第六书》先入为主，任何人的举荐恐怕都无法对皇帝产生有效的影响。光绪帝见到《上清帝第六书》，为康氏言辞所深深打动当即下旨令总署妥议具奏。此后，康有为越来越受到皇帝的赏识，并开始频繁进呈变法书籍。

根据清宫档案以及《杰士上书汇录》所收折片抄件，康氏《上清帝第六书》上达后，又陆续向总理衙门呈递新的变法条陈与书籍。二月二十日，也就是《上清帝第六书》呈递皇帝的第二天，康有为将早已抄缮好的《俄大彼得变政记》一书及《为译撰〈俄彼得变政记〉成书，可考由弱致强之故，呈请代奏折》（又称《上清帝第七书》）送到总署请求代递。二月二十七日又将《俄胁割旅大，覆亡在即，乞密联英日，坚拒勿许折》递至总署。三月初三日总理衙门将上述二折一书同时进呈皇帝。三月二十日康氏复将《日本变政记》《泰西新史揽要》《列国变通兴盛记》三书及《译撰〈日本变政考〉成书，乞采鉴变法以御侮图存折》《请照经济科例推行生童岁试片》交到总署。三月二十三日翁同龢在枢臣见起时，将此三种变法书籍及康氏折片一并呈到御前。②

---

① 钱仲联在《梦苕盦诗话》中说：“人谓公荐举南海，有才胜臣十倍之语，实不尽然。政变以前，金门姑丈在京师，公即诫以不可近南海，谓其心术不正。此事姑丈亲为予言之。外间所传，不免捕风捉影。今公日记俱在，可覆按也。”（转引自钱仲联主编《清诗纪事》第16册，江苏古籍出版社1989年版，第11312—11313页）钱仲联之祖母乃翁同龢之姊，其姑丈俞钟銮（字金门）又是翁的外甥，戊戌年春曾到京参加会试。这条口碑材料可信性极高，说明翁当时对康大有戒心。

② 康氏《自编年谱》中所记呈递条陈和变法书籍的具体时间多有误讹之处，以上均以档案材料为据。可参见孔祥吉《康有为变法奏章辑考》（北京图书馆出版社2008年版）及茅海建《〈我史〉鉴注》二书。

短短一个月中，康有为连续三次向总署递条陈和书籍，其数量一次比一次多，总署代呈一次比一次及时，基本上没有拖延。如果说《上清帝第六书》由总署以复奏高燮曾附片的形式递上还算名正言顺的话，后来这些书折由总署代呈则无正当的名目，显然违背了定制。康氏年谱中自称这些条陈和变法书籍都是“奉旨”而上的，可是，根据《杰士上书汇录》所收总署代奏折，均为其自行递至总署、“恳请代为具奏”者。①既是自行呈递，又怎能顺利到达御前？这与张荫桓的秘密活动有关。

张荫桓在戊戌年春朝局中的地位十分特殊，他对光绪帝的影响力似乎超过翁同龢。时论称“南海张侍郎曾使外洋，晓然于欧美富强之机，每为皇上讲述，上喜闻之，不时召见”，“启诱圣聪，多赖其力”。② 政变后梁启超也说：“（张）久游西国，皇上屡问以西法新政。”③ 王照称，“张荫桓蒙眷最隆，虽不入枢府，而朝夕不时得参密沕（按，原文如此），权在军机大臣以上”，“是时德宗亲信之臣，以张荫桓为第一”。④ 张氏对光绪帝的影响如此之大，以至于在接待德国亲王访华的礼仪安排等问题上，他完全听信于张荫桓，导致慈禧和军机大臣们的不满。⑤

据张荫桓日记，仅戊戌年正月至四月间，先后于正月初九、二十一、二十九日，二月初七日，三月初二、初十、十四、十七、十八、二十八日，闰三月初十、十二日，总计 12 次单独被光绪帝召见；仅三月就被单独召见 6 次，而康氏的变法书籍主要是在三月内进呈的。大学士徐桐在闰三月二十七日纠参张荫桓时，别有用心地指责张氏“屡蒙召对，于敷

---

① 从《杰士上书汇录》中所收康折抄本看，三月所上条陈，只有二十日递到总署的《译撰〈日本变政考〉成书，乞采鉴变法以御侮图存折》、《请照经济科例推行生童岁试片》采用了“工部主事康有为跪奏：为……恭折仰祈圣鉴事”的形式，这是具有奏事权的官员才可以采用的方式，按照制度，康氏属于违制。参见黄明同、吴熙钊主编《康有为早期遗稿述评》，第 262—278 页。

② 苏继祖：《清廷戊戌朝变记》，《戊戌变法》丛刊，第 1 册，第 331 页。

③ 梁启超：《戊戌政变记》，《戊戌变法》丛刊，第 1 册，第 283 页。

④ 王照：《礼部代递奏稿》按语，《戊戌变法》丛刊，第 2 册，第 356、355 页。

⑤ 参见《翁同龢日记》第 6 册，第 3115—3130 页；王庆保、曹景郕《驿舍探幽录》，《戊戌变法》丛刊，第 1 册，第 500—501 页。另，张荫桓戍边途中赋诗云：“外患交相乘，艰危迄朝暮……至尊重忧时，召对敢草草。渥荷圣恩深，益用滋嫉妒。秋严党祸起，势若拉枯槁。”见《豫弟藩侄自长崎兼程追送，豫弟南返，藩侄随戍，别于龙树寺，时戊戌九月朔日也》，《荷戈集》上卷，清宣统刻本。

陈时事必有耸动圣听之处”①，暗示有“蛊惑”皇帝的嫌疑。抛开守旧的倾向不言，徐桐的这一判断并非无因，康有为越来越受到皇帝赏识即与张氏屡蒙“独对”直接相关。

近人郭则沄在《十朝诗乘》中写道：“时德宗惩甲午之败，谋自强，张樵野密进康所著书，上惊赏，戊戌改制由此。”② 在《庚子诗鉴》亦云：“康有为初规变法，所著及封奏皆由张樵野侍郎代进。”③ 郭则沄之父郭曾炘（号春榆）戊戌年以礼部郎中充军机章京，故上述说法自属局内人之论。祁景颐《张樵野侍郎之与当时朝局》亦记云：“德宗立意维新……召见时（张）私有所陈，兼进新学书籍。如康南海之进身，外传翁文恭所保，其实由于侍郎密奏也。”④ 景颐为祁世长之孙、李鸿藻外孙，出身世家，久居京师，这番言论也不同于游谈无根的传闻野记。他明确肯定举荐康有为的不是翁同龢，而是张荫桓。苏继祖也提及南海张侍郎传递说帖之事。⑤ 时人魏元旷称：“康有为居京，日夜于侍郎张荫桓宅图之，张荫桓私以康有为进。”⑥ 一个“私”字可谓道尽玄机，也是后来张荫桓不见容于慈禧的根本原因。

查张荫桓戊戌日记，张氏在三月初二、初十、十四、十七、十八日，五次被单独召见，每次独对逾时。从张日记的简略记载看，君臣二人所谈主要是对俄、德交涉，以及德国亲王访华接待仪节诸事宜。不过，当

---

① 徐桐：《奏为特参户部侍郎张荫桓贪奸误国事》，录副奏折，03/5359/082，清史工程网：http：//124.207.8.21/qinghistory/text.jsp？SeqNo＝387475&dbid＝LF，2011 年 10 月 22 日。

② 郭则沄：《十朝诗乘》，收入张彭寅主编《民国诗话丛编》第 4 册，上海书店出版社 2002 年版，第 752 页。

③ 郭则沄《庚子诗鉴》诗又云：“穷塞逋臣尚抗章，曾规新法进康梁。头颅万里无人惜，只赚伶官泪数行。”所作诗注云：“康有为初规变法，所著及封奏皆由张樵野侍郎代进。樵野起自杂流，有干才，通时务，东朝亦深喜之，由是失宠。康、梁败，樵野亦谴戍新疆。朝野几忘之矣。拳乱作，忽具疏力言外衅之不可轻开，乞新抚联魁（误，应为饶应祺——引者）代奏，端、刚辈方窃柄，矫旨正法，其直谏不亚袁许，而人鲜知者。”见龙顾山人（郭则沄）《庚子诗鉴》，《中和》月刊第 2 卷第 1 期（1941 年 1 月），第 54—55 页。

④ 祁景颐：《䋎谷亭随笔》，原载民国年间《青鹤》杂志，收入章伯锋、顾亚主编《近代稗海》第 13 辑，四川人民出版社 1988 年版，第 124 页。

⑤ 苏继祖在《清廷戊戌朝变记》中写到，光绪帝与康有为之间“手谕不时下颁，说帖时有进呈，南海张侍郎曾代传递二三次，皆纸笔所不能达者……（张侍郎之得罪，此其一端）”。《戊戌变法》丛刊，第 1 册，第 335 页。

⑥ 魏元旷：《坚冰志》，《戊戌变法》丛刊，第 4 册，第 312 页。

时光绪帝正为康之主张所吸引，总署对《上清帝第六书》尚未复议，他们的话题不会不涉及康有为的，否则就无法解释张氏屡蒙召见与康氏频频上书、总署违例代呈之间存在的有机联系。例如，三月初二日张荫桓被召见，第二天总署即将康氏早已交来的书籍、条陈呈上；三月十七、十八日张氏连续两次被召见后，康有为即于三月二十日异乎寻常地将三部变法书籍和一折一片同时递至总署，三月二十三日翁同龢在枢臣召对时将其呈送皇帝。如果不是张氏在召见时的介绍，以及光绪帝的特意过问，康有为递至总署的书籍恐怕很难及时上达。将光绪帝过问后的进呈视为“奉旨”，似乎也不无理由，但是，这与一般所说的“奉旨”不同。康氏反复强调“奉旨”之说，正是为了掩盖张荫桓独对时推介的内情。无论如何，这是无法公之于众的秘密。此外，康氏在三月中旬后大规模通过总署向皇帝进书，可能与总署大臣许应骙生病请假有关。许氏于三月十四日请假十日，二十四日又续假五日，到二十八日才销假。① 因为没有阻挠，康氏的书折才得以通过总署顺利代达。

张荫桓向皇帝推荐康有为著作的情况，从《日本国志》一书进呈过程也能得到证明。戊戌年春被呈送光绪帝的第一部变法书籍并非康氏之著述，而是黄遵宪的《日本国志》。正月二十三日，翁同龢日记云：“上向臣索黄遵宪《日本国志》，臣对未洽，颇致诘难，并论外人入觐，将以舆马入禁门，上意谓可曲从，臣谓不待请而先予，恐亦非礼也。”二十四日又记：“是日以《日本国志》两部进呈。”② 深居紫禁城的皇帝突然宣取《日本国志》，似与张的进言有关。查正月二十一日张氏日记云：“蒙召对，问德亲王来华事，跪对两刻余。”③ 黄氏书籍应是这天被介绍给皇帝的，④ 当然，允诺外使觐见时“以舆马入禁门”也是张的建议。在年轻皇帝趋新若渴的时候，张氏在召对时先后推荐黄、康的新学著作，以这种特殊的形式实现了对二人的“密荐”。

在进呈变法书籍时，张、康二人似有精细的计划。张氏与黄、康均

---

① 《京报（邸抄）》第 115 册，第 279、489、577 页。

② 《翁同龢日记》第 6 册，第 3193 页。

③ 《张荫桓日记》，第 511 页。

④ 甲午战后张荫桓向光绪帝保荐黄遵宪之事，可参见马忠文《黄遵宪、张荫桓关系考论》，《学术研究》2002 年第 9 期。

主张仿效日本进行变法。康氏条陈、书籍及黄遵宪《日本国志》的进呈彼此相辅相成，十分强调学习日本的意义。康氏《上清帝第六书》明确提出，“愿皇上以俄大彼得之法为心法，以日本明治之政为治谱”，主张仿效日本进行彻底变法。在此书未上达前，张荫桓便以详述明治维新史的《日本国志》奏上，与康氏主张相呼应，大有为皇帝接受康氏主张做铺垫之意味。康在《上清帝第六书》中又称：“职译纂累年，成《日本变政考》一书，专明日本改政之次第。又有《大彼得变政记》，顷方缮写，若承垂采当以进呈。若西人所著之《泰西新史揽要》、《列国变通兴盛记》于俄、日二主之事，颇有发明。皇上若俯采远人，法此二国，诚令译署并进此书……”① 很明显，《第六书》还未递至御前，康有为已为进一步呈递书籍埋下了伏笔，并暗示令译署进呈。后来《日本变政考》等书也确由此途径实现上达。

在张荫桓暗中向皇帝积极推介康氏的过程中，翁同龢对张、康的密切合作完全知情，并非局外人。因为身兼枢、译，翁氏不可推卸地成为奉命宣取康氏书籍的传旨者与代呈者。开始，翁不仅代转了《日本国志》，也多次代转了康有为的条陈和书籍，这些活动均属办理公务，翁氏并未推辞。然而，到了四月初，朝局动荡，翁同龢、张荫桓因内政外交危机受到中外官员的严厉参劾；特别是光绪帝受张荫桓、康有为影响表现出的改革倾向引起慈禧不满时，一生沉浮宦海的翁同龢开始退缩自保，主动疏远张、康，甚至更不惜冒犯皇帝，拒绝代呈康书。

四月初七、初八日光绪帝在枢臣见起时，连续两次令翁向康有为索书（第二次进呈《日本变政考》）②，但遭到翁的拒绝。翁氏日记云：

初七日：上命臣索康有为所进书，令再写一份递进。臣对：与康不往来。上问：何也？对以此人居心叵测。曰：前此何以不说？对：臣近见其《孔子改制考》知之。

初八日：上又问康书，臣对如昨，上发怒诘责。臣对：传总署

① 黄明同、吴熙钊主编：《康有为早期遗稿述评》，第268页。

② 关于戊戌年《日本变政考》的呈递情况，参见王晓秋《近代中日启示录》，北京出版社1987年版，第194—198页。

令进，上不允，必欲臣诣张荫桓传知，臣曰：张某日日进见，何不面谕？上仍不允，退乃传知张君，张正在园寓也。[①]

翁氏以“与康不往来”为由，两次拒绝向康索书，并提议“传总署令进”，试图与张、康划清界限。在皇帝坚持下，始允诺传知张荫桓，由张转告康有为。翁氏这里已经暗示出张与进呈康氏书籍之间的神秘关系了。[②] 四月二十四日，光绪帝欲于宫中接见外国使臣，翁以为不可，遭到皇帝诘责。光绪帝又以张荫桓被劾，疑翁、张有隙，欲翁推重力保张氏，不料，翁同龢“据理力陈，不敢阿附”。[③] 翁的态度令光绪帝大为失望。有论者以为几天后翁氏开缺出于光绪帝之意，与此多少也有关联。

翁氏开缺后，光绪又令军机大臣兼总署大臣廖寿恒专门负责向康传话并转呈书籍与条陈，京中讥其为“廖苏拉”。[④] 康年谱记云：“甚至有谓康狗者。廖避之。”[⑤] 其实，廖、翁均为奉旨办理公务，并不牵涉政见新旧及私人交谊。后来翁同龢删改日记时，对于屡次代呈康书的情况，未有丝毫改动，即为明证。然而，在不明就里的局外人看来，频繁转递康氏书籍，不啻是支持康氏的力证。

在两三个月的时间里，康有为通过张荫桓，牢牢把握住了光绪帝的思想动态，不断进呈变法书籍和条陈，建言献策，逐步赢得了年轻皇帝的信任。同时，又联络其他官员上书言事，营造变法声势。四月十八日，在康有为策划下，御史杨深秀上疏请定国是而明赏罚，称“非明降谕旨，著定国是，宣布维新之意，痛斥守旧之弊，无以定趋向而革旧俗”[⑥]。四月二十日，康又代内阁学士徐致靖草折，再次请明定国是，大意与杨折同。二十三日经慈禧太后同意，光绪帝终于宣布明定国是，实行变法。

---

① 《翁同龢日记》第 6 册，第 3128 页。

② 翁氏自订年谱又补充说：“越日，荫桓以康书原稿送枢直代递，不知书中何所言也。”见翁开庆整理，朱育礼点校《翁同龢自订年谱》，《近代史资料》第 86 号，第 54 页。

③ 《翁同龢日记》第 6 册，第 31 页。

④ 苏继祖：《清廷戊戌朝变记》，《戊戌变法》丛刊，第 1 册，第 335 页。

⑤ 楼宇烈整理：《康南海自编年谱（外二种）》，第 50 页。其实，康于四月二十八日被召见后授总理衙门章京，总署大臣代其转呈条陈和书籍已符规制。

⑥ 《山东道监察御史杨深秀折》，国家档案局明清档案馆编：《戊戌变法档案史料》，中华书局 1959 年版，第 2 页。

二十五日，徐致靖再次上疏，奏请召见康有为、黄遵宪、谭嗣同、张元济、梁启超等人。疏上，光绪帝谕令在京的康有为、张元济预备召见。至此，康有为与张荫桓煞费苦心的政治运作，在几个月内终于结出了累累硕果。

对于“徐学士荐备顾问”之事，康氏在年谱中表示出乎意料①，这是故作姿态。梁鼎芬在政变后揭露徐氏保荐是康幕后策划的产物，保折由康、梁二人所拟。② 张荫桓也披露，杨深秀、宋伯鲁、徐致靖均受康氏重金馈赠而支持其政治活动。③ 这种非局内人无法洞悉的秘辛，恐怕不能说是张氏无端编造的，正说明张荫桓也是参与核心机密的“康党”主要人物。金钱操纵下的政治活动在清季官场并不鲜见，不过，也不能因为牵涉变法就对其视而不见。

总之，在当时等级森严的专制体制下，康有为这位资历甚浅的额外六品主事，终于冲破种种阻隔，得到皇帝的格外赏识，这在清代历史上可谓绝无仅有，故时人感叹“以小臣而受殊知，实古今未有之奇遇也”④。康氏在短时间内迅速“发达”起来，完全是因为在张荫桓引领下，沿着“秘密”捷径，走入光绪帝的视线之内。对此，清史专家萧一山曾言：“有为受知于帝由于同龢，其向用变法则由于荫桓，所谓徐致靖、杨深秀、高燮曾、李端棻等推荐，皆系官样文章，其奏疏全出梁任公手，观《梁任公先生年谱稿》可以知之。惟诸当事人所亲记，如翁，如康，如梁，均只言其一面，实际暗中为之运用者，皆张荫桓，而荫桓之名竟不彰，殊可惜耳。”⑤ 其实，“受知于帝”和“向用变法”是很难分开的，这是前贤面对疑案难得定见，不得不做的调和之论。近人叶恭绰也称：

---

① 楼宇烈整理：《康南海自编年谱（外二种）》，第 41 页。

② 梁鼎芬：《康有为事实》，见汤志钧《乘桴新获——从戊戌到辛亥》，第 66 页。

③ 张氏回忆说：“康本叛贼孙文党，挈多金走京师，密结京僚图不轨。康实寒素，所有皆孙文资。侍读学士徐致靖折保酬四千金，宋伯鲁、杨深秀等月资以三百金。”（见王庆保、曹景郕《驿舍探幽录》，《戊戌变法》丛刊，第 1 册，第 492 页）胡思敬《戊戌履霜录》也云：“康有为初未进用，所拟变法章奏，未由上达，皆怂恿伯鲁言之，或传其受有为贿，莫能明也。”（见《戊戌变法》丛刊，第 4 册，第 88 页）

④ 引自佚名密札，参见孔祥吉《百日维新密札考释》，《戊戌维新运动新探》，湖南人民出版社 1988 年版，第 79—80 页。

⑤ 参见萧一山《清代通史》第 4 册，中华书局 1987 年影印版，第 2102 页。

"康长素之出，实由樵野荐之于翁叔平，翁荐之于光绪，故戊戌变政，樵野实其原动。"① 或囿于成见，萧、叶均不能摆脱翁氏"荐康"说的影响，但他们对张荫桓在变法中"实际暗中为之运用"的"原动"作用予以了充分的估量，这是符合历史实际的。

戊戌五月后张、康关系的疏远

戊戌四月前，张氏对康有为的政治活动予以了全力支持。当时，康、梁联络朝臣，在北京开保国会，宣传变法。第一次大会借用粤东会馆开会，便得到张荫桓的允诺。保国会期间，驻日公使裕庚突然致函总理衙门，密告康氏弟子徐勤及汪康年等人与革命党人孙中山有交通之事，康、梁闻讯惊慌失措，慌乱之中停止了开会活动。张荫桓则利用职权将裕庚密告之事压住不发，冒险保护康、梁等人，避免了一场大狱的发生。②

然而，随着朝局的剧烈动荡，张、康关系也开始出现微妙变化。先是，因中德胶州湾交涉、中俄旅大交涉以及英德续借款等问题，直接负责谈判的翁同龢、张荫桓频遭朝野激烈的抨击。③ 四月二十七日翁被开缺后，张荫桓便成为众矢之的。五月初，康有为策划御史杨深秀、宋伯鲁参劾礼部尚书许应骙事件，终于引发了一场不小的政治风波。一直在幕后密切关注局势的慈禧太后与光绪帝因张荫桓产生了一次激烈冲突。

戊戌年春礼部尚书许应骙不仅反对破格召见康有为及总署代递康氏条陈，还极力阻止康、梁开保国会。康被召见后，奉命在总理衙门章京上行走，并被授以专折奏事之权，这些格外恩遇使他深受鼓舞。五月初二日，康氏授意杨、宋纠弹许应骙"守旧迂谬，阻挠新政"，建议将许

---

① 叶恭绰《读张樵野铁画楼集》诗序说："康长素之出，实由樵野荐之于翁叔平，翁荐之于光绪，故戊戌变政，樵野实其原动，西太后欲杀之久矣。庚子乱命，与害珍妃同一笔法，事类袁绍之杀田丰。盖自耻失败而永图灭口，且杜翻案耳。樵野之起，不由科第，而才华显露，众多侧目；至其亲家李芍农亦与不谐，故受祸虽烈，而称之者稀，尚不克比于许景澄、徐用仪，亦可伤矣。阮季湖前觅得樵野遗集寄京，偶题此什，以抒所感，亦论近世史者所宜知也。"见《遐庵诗乙稿》，20 世纪 50 年代铅印本。

② 参见马忠文《戊戌保国会解散原因新探——汪大燮致汪康年函札考》，《东北师大学报》1995 年第 4 期。

③ 参见舒文《翁同龢开缺原因新探》，《清华大学学报》1998 年第 1 期。

“以三四品京堂降调，退出总理衙门行走”，“解去部职，以为守旧误国者戒”。[①] 虽然奏疏中不乏对其思想守旧的抨击，但也有挟私报复的动机。杨、宋疏上，光绪帝震怒，令许明白回奏。五月初四日，许应骙在复奏中对杨、宋的指责拒不承认，并暗示康氏于幕后指使；进而抨击康“少即无行，迨通籍旋里，屡次构讼，为众论所不容。始行晋京，意图侥幸。终日联络台谏，夤缘要津，托词西学，以耸观听。”“嗣又在臣省会馆私行立会，聚众至二百余人，臣恐其滋事，复为禁止，此臣修怨于康有为之所由来也。”许氏揭露康氏被召对后“即以大用自负，向乡人扬言”，并称：“今康有为逞厥横议，广通声气，袭西报之陈说，轻中朝之典章，其建言既不可行，其居心尤不可问。若非罢斥驱逐回籍，将久居总署，必刺探机密，漏言生事；长驻京邸，必勾结朋党，快意排挤，摇惑人心，混淆国事，关系非浅。”[②] 他对康的回击也是针锋相对，毫不示弱。没有直接材料表明纠参许应骙幕后有张荫桓的参与，但参许事件以及光绪帝对许的严厉态度，激怒了最高当权者慈禧太后。

五月初三日，御史胡孚宸发难，纠参张荫桓在筹办英德续借款一事中受巨贿，与翁“平分”，要求严惩。在许应骙被责令明白回奏的次日，发生言官对张氏的严参，并非偶然。这是张氏政敌有预谋的一次反击。一直对张荫桓“蛊惑”皇帝不满的慈禧，不失时机，于五月初五日清晨下懿旨，令步军统领衙门左翼总兵英年预备查抄张荫桓府宅，将其拿交刑部治罪。[③] 旋因奕劻、立山、崇礼等权贵从中缓颊，事态才有所转机。[④] 慈禧以张荫桓遇事专擅，令光绪帝明日叫起，严加申饬，使知警戒。太

① 《掌山东道监察御史宋伯鲁等折》，国家档案局明清档案馆编：《戊戌变法档案史料》，第5—6页。

② 许应骙：《明白回奏并请斥逐工部主事康有为折》，《戊戌变法》丛刊，第2册，第480—482页。

③ 参见王庆保、曹景郕《驿舍探幽录》，《戊戌变法》丛刊，第1册，第494页。

④ 此次查抄之命得以收回可能与张荫桓用金钱疏通关节有直接关系。据李符曾（应为杨锐）致张之洞密函言：“（五月）初四，胡公度侍御奏劾张荫桓，有借款得赂二百余万，七口改归税司经管，有私改合同事。又议增赫德薪水，每年骤至百廿万等语。慈圣大怒。次日面谕英年查抄，拿问。崇礼故缓之。旋有立山出为恳求，其事遂解。闻廖仲山亦苦求于上前，尚未允。立一人最得力也。”（见孔祥吉《戊戌维新运动新探》，第80页）据《张荫桓日记》五月二十四日记：“访豫甫（立山），承谕慈圣保全之意，为之感激。”（第543页）显然，时人所言张氏纳银免祸是有根据的，内务府大臣立山在此事中起了关键作用。

后对张氏的惩戒，毋宁说是对光绪帝信任张荫桓发出的严重警告。初六日，光绪帝召见枢臣和张荫桓时，令张氏阅览了所有参劾他的奏折，非但没有责备张氏，反而斥责枢臣“什么事不管，问起来绝不知道，推给一个人挨骂”，并传谕“张荫桓不必忧虑”。① 慈禧对张的严厉态度，多少是针对光绪帝苛责许应骙、袒护康有为一事而发，她对张荫桓与康的密切关系也不会毫无所知。因此，两宫对许、张的态度，实际上折射出他们对康的不同态度。虽然查抄事件因为张氏的私下活动而作罢，但风波并未就此结束。

五月二十日，御史文悌又上折弹劾杨深秀、宋伯鲁联名庇党，“诬参朝廷大臣”，为许应骙抱打不平。文悌称赞许“珍惜名器，物色通才”，“立身行事，自有本末”，深合大臣之体；攻击康有为“胆大妄为，不安本分”，立保国会“聚集匪徒，招诱党羽”，“暗营保荐以邀登进”；又称康“行踪诡秘，恒于深夜至锡拉胡同张大人处住宿，盖户部侍郎张荫桓与康有为同县同乡，交深情密，是则许应骙言其‘夤缘要津’，亦属有因”。故许应骙所论康有为各节“皆非揣测之辞，概可信也”。② 文悌揭发康有为“暗营保荐以邀登进”、结张荫桓为奥援，许应骙并非不知道，而是不便挑明。光绪帝并非不知张、康之间的关系，而是此时已不能容忍任何人对康的抨击。他断定此奏系“受人唆使”，指责文悌欲开台谏结党互攻之习，盛怒之下取消其御史资格，令其回原衙门行走。③ 对文悌的严惩，再一次表明光绪帝坚决袒护张、康的鲜明态度。至此，两宫的分歧已难弥合。

文悌弹章在朝野影响甚大。六月十八日，皮锡瑞在长沙从《时务日报》看到文悌参劾康之折稿，知“康工部得志，乃张樵野主持”。次日，又与友朋谈论此事，对康与文悌皆有评论。皮氏日记云：

---

① 《张荫桓日记》，第 540 页。

② 文悌：《严参康有为折稿》（光绪二十四年五月二十日），《戊戌变法》丛刊，第 2 册，第 482—489 页。

③ 中国第一历史档案馆编：《光绪宣统两朝上谕档》第 24 册，第 233 页。据赵炳麟称，文悌被责令回原衙门行走，不啻废弃，遂授徒于龙树寺楼上。“大学士徐桐重誉之，曰：仲恭（悌字）天下正气也。”可见守旧大员对文悌的声援和支持。见《光绪大事汇鉴》，《赵伯岩集》第 9 卷，第 19 页。

《时务日报》刊文悌参康有为疏，讦发阴私，非奏疏体，孔子改制亦非满人所知，谓讲学不应昌言国亡及申民权、去跪拜之类，所见尤陋！惟言其（康）好利、好钻营、钻张樵野之类，当属有因。观古来能干大事之才，多不矜细行，欲图进用，不得不托足权门，必苛绳之，三代以下无完人矣。特不知南海（康）果能任大事否耳？[①]

文悌劾康事件后，张、康之间的私密关系已经被彻底暴露出来。康氏激进主张所招致的守旧势力猛烈攻击，以及一些官员对张的屡次参劾，使张荫桓承受了巨大的压力，不得不格外韬晦。就连与康有嫌隙的同僚许应骙也劝其“自为计”，这让张氏大为感动。[②] 五月，光绪帝催议康有为《第六书》，张荫桓已显得无能为力了。五月十四日总署递上《遵旨议覆康有为条陈折》，对康氏主张全盘否定。[③] 光绪帝对此大为不满。据梁启超说：“皇上召张荫桓，切责之，谓汝等尽驳康某之奏，汝等欲一事不办乎？”[④] 据张日记，五月十六日在颐和园受到皇帝召见，跪对三刻[⑤]，向张表达不满应在这天。张荫桓显然很快将这一情况反馈给了康、梁。是日总署被责令对康折“另行妥议具奏”。[⑥] 直到五月二十五日，总理衙门才上折称因“事关重要”，请派王大臣会同总署议奏。光绪帝再以朱谕令军机大臣与总理各国事务衙门王大臣“切实筹议具奏，毋得空言搪塞”。[⑦] 在对康折的讨论中，张荫桓只是对其中将造币交督办官银行大臣盛宣怀及总署选派司员游历两条提出了不同意见，后来也未能被采纳。[⑧] 六月十五日枢译会奏折上达，对设立制度局等主张全行驳斥，只同意建

---

① 皮锡瑞：《师伏堂日记》第3册，国家图书馆出版社2009年版，第260—261页。

② 《张荫桓日记》，第5页。

③ 国家档案局明清档案馆编：《戊戌变法档案史料》，第7—8页。

④ 《戊戌变法》丛刊，第1册，第252页。康年谱也提及此事，见楼宇烈整理《康南海自编年谱（外二种）》，第50页。

⑤ 《张荫桓日记》，第542页。

⑥ 中国第一历史档案馆编：《光绪宣统两朝上谕档》第24册，第229页。

⑦ 《清德宗实录》，光绪二十四年五月丁丑，《清实录》第57册，中华书局1987年版，第508页。

⑧ 《张荫桓日记》，第547—548页。

立铁路矿务总局。光绪帝甚是无奈，只得谕令王文韶、张荫桓二人主持该局。至此，康氏精心设计的以建立制度局为核心的改革方案，最后被消解成为建立一个由张荫桓参与管理的路矿总局。康氏欲进入权力核心的计划就此彻底破灭。

因右额疮患，自六月初六日起，张荫桓便杜门休息。随后几次具疏请假，直到七月初五日才销假。居家养病期间，总署总办与廖寿恒、王文韶等同僚频频造访，商议公事，并屡次“促其销假”。张氏销假当天，立即受到光绪帝召见，咨询各事。张氏奏言“鄂督《劝学篇·明纲》篇中述西俗婚配一段，若删去则成善本，请颁行天下，俾得家喻户晓，裨益良多”[①]。光绪帝极表赞同，稍后又将《劝学篇》中所删大小字用红签粘出，令军机大臣廖寿恒送到张宅饬观。次日在上谕中明令删去此有关西俗婚配的内容，其余照原文排印，由总署印制 300 部。[②] 光绪帝对张荫桓超乎寻常的信任并未因其身处逆境而有丝毫的减弱，但张氏与康有为的关系则大大疏远了。

有关戊戌七月张、康关系的直接文献很少。据政变后蔡金台致李盛铎信中称，七月张荫桓曾反对康氏充任伊藤博文来华访问的迎送使，并反对光绪帝派康到日本坐探变法。[③] 当时，张自保不暇，在总署讨论公务时反对康氏任差，是完全有可能的。对此，张荫桓本人也有所透露。他在政变后说：“日本致仕相伊藤来华，李端棻保康为迎送使，实康折稿，奏入留中，由是康颇惊皇。”[④] 张氏虽未言折稿因何故留中，但他是知道内情的。张荫桓又说：

> 七月间，皇上有朱笔谕条，令我向日使言中国拟派头等钦差驻日本。又拟派康有为赴日坐探变法事宜，我恐日廷不允接待，即至总署与廖仲山言谕。正谈叙间，又奉皇上墨谕，内言告知日本，此后往来公牍，可将日皇徽号全行书写。我即往拜日本使臣，将先奉

① 《张荫桓日记》，第 554—555 页。
② 中国第一历史档案馆编：《光绪宣统两朝上谕档》第 24 册，第 312 页。
③ 邓之诚：《骨董琐记全编》，北京出版社 1996 年版，第 603 页。
④ 王庆保、曹景郕：《驿舍探幽录》，《戊戌变法》丛刊，第 1 册，第 492 页。

朱谕隐起，仅将墨笔谕宣示，因向该使臣谈及中朝欲遣头等钦使之意，日使喜甚，允电日廷政府，念余日并未见有回电，竟作罢论。[①]

孔祥吉、村田雄二郎利用日本外务省所藏档案进行研究后发现，张的上述回忆可从日本公使林权助给外务省的报告中得到印证。事情发生于七月十九日，张荫桓与王文韶（非廖寿恒，此处系张误忆）抵达日本使馆后，只传达了光绪帝赠送天皇头等第一宝星、将黄遵宪从公使升格为大使的愿望，并未将皇帝“拟派康有为赴日，坐探变法事宜”的意愿告知日本方面。[②] 张荫桓这样做显然是不遵圣意，但是，迫于当时的形势以及慎重外交的考量，他仍然反对将康派往日本。

七月下旬，康氏与参劾礼部六堂官而被擢为四品京堂的王照关系日渐密切。据王照后来说，康有为“尊君权”“去太后”，视慈禧为“万不可造就之物”的看法，都是受了张荫桓的影响。[③] 七月二十六日，王照上折参劾张荫桓滥保革员张上达，康闻之，以为张是皇上亲信，前来劝阻。[④] 但也有传闻说王照劾张是康有为授意者，意在倾陷张氏[⑤]，甚至有传言说王照参折系张荫桓授意，“冀泯交通迹”。[⑥] 当时谣言盛行，孰是孰非，往往很难定论。但有一点可以肯定，百日维新后期张、康已经比较疏远。从张氏斥责康有为“疯痰”的口气看，康氏铤而走险，借光绪帝传出的密诏令谭嗣同夜访袁世凯，密谋兵围颐和园的计划与张荫桓恐怕没有直接关系。这种鲁莽举动绝不是久宦官场的张荫桓所能赞同的。但是，新旧斗争的格局中，他们的政治命运早已无法分开了。

---

① 王庆保、曹景郕：《驿舍探幽录》，《戊戌变法》丛刊，第1册，第503页。

② 参见孔祥吉、［日］村田雄二郎《罕为人知的中日结盟及其他——晚清中日关系史新探》，巴蜀书社2004年版，第68—73页。

③ 王照：《关于戊戌政变之新史料》，《戊戌变法》丛刊，第4册，第331页；《方家园杂咏二十首并纪事（选录）》，《戊戌变法》丛刊，第4册，第359页。

④ 王照：《劾张荫桓奏稿（节录）》之按语，《戊戌变法》丛刊，第2册，第356页。

⑤ 胡思敬在《戊戌履霜录》称：“有为初曲意事之，后既贵幸用事，乃更相倾陷，王照劾荫桓滥保革员疏，即有为代草。”这种解释未必中肯，但张、康关系出现裂痕已被局外人察觉到。见《戊戌变法》丛刊，第4册，第82页。

⑥ 王庆保、曹景郕：《驿舍探幽录》，《戊戌变法》丛刊，第1册，第495页。按，此处原文标点有误。

张"非康党"与翁氏"荐康"

张荫桓本来是不折不扣的"康党"人物，但是，政变后却戴上了"非康党"的帽子；而已经开缺在籍的翁同龢，却在政变发生两个月后，被拉入"康党"，遭到革职编管的严厉处分。张、翁的境遇如此不同，原因并不简单，其背后呈现的是各种政治势力角逐的复杂局势，其中也有外交原因。

八月初六日政变发生后，慈禧下旨捉拿康有为、康广仁兄弟。当时步军统领崇礼怀疑张荫桓素与康往还，或有匿藏情事，便派官弁先到东华门外锡拉胡同张氏府宅四处搜求，以致人们误以为要抄张荫桓家。[①] 惊恐之下，张氏急忙焚毁与康交往的证据，乃至涂改、毁弃日记。[②] 初七日，慈禧获悉袁世凯告密的消息，气急败坏，密旨搜拿军机四卿和其他与康有关的官员。初八日清晨，张被邀至提督衙门受到监视。次日与徐致靖、杨锐、谭嗣同等九人同时被革职，拿交刑部。[③] 当时被捕者无不与康有为之案有关。

可是，十一日清廷却突然发布上谕称："张荫桓虽屡经被人参奏，声名甚劣，惟尚非康有为之党，著刑部暂行看管，听候谕旨。"[④] 该谕以"非康党"为由，将张从康案中剔出，另案处理，这其中大有蹊跷。原来，这是英、日驻华外交官闻听要处死张荫桓，向清廷提出抗议和交涉的结果。

英国公使窦纳乐在八月初十日午后得到消息说，张荫桓将于当晚或

---

① 《申报》，光绪二十四年八月十七日，《戊戌变法》丛刊，第3册，第427—428页。

② 胡思敬：《戊戌履霜录》，《戊戌变法》丛刊，第4册，第82页。张荫桓《戊戌日记》有多处涂抹，使人无法辨识原文。如四月二十八日康有为召见这一天的日记就有涂抹；六月初九日、十八日、二十四日、二十九日的日记也有涂抹。经王贵忱先生仔细辨认，六月二十九日的内容复原后是这样的："润台、长素先后来。长素健谈不辍。筠丈（许应骙——引者注）适至，规避不及，颇难……"（详见王贵忱整理《张荫桓戊戌日记手稿》，（澳门）尚志书社1999年版，此书为日记原稿影印本。遗憾的是，2004年笔者收入整理本时，因一时疏忽，未能将注释中的这段文字收入。）

③ 《清德宗实录》，光绪二十四年八月庚寅，《清实录》第57册，第600页。

④ 中国第一历史档案馆编：《光绪宣统两朝上谕档》第24册，第434页。

翌日凌晨被处死，立即致函日本驻华公使林权助，希望他尽快设法营救。当时退职的日本前首相伊藤博文正在北京游历，林权助与伊藤商议后，深夜赶往贤良寺李鸿章的住所拜访，声称如果张氏被杀，会引起“列国干涉”，并说这是伊藤的担心，希望李援手相救。林权助建议李鸿章写信给荣禄，以确保次日一早军机大臣见起时把这个信息传达给慈禧太后。[①]同时，窦纳乐又致函李鸿章，指出“西方各国认为这种突然的处刑带有恐怖的色彩，同时匆忙秘密地处决像张荫桓这样在西方各国很闻名的高级官员，将引起很坏的结果”[②]。英、日采取一致行动营救张氏，与其甲午后对外交涉中的亲英、亲日倾向是有关的。虽然一贯亲俄的李鸿章在甲午后的外交决策中与张时有矛盾，但是，为顾及邦交，仍不计前嫌，致函荣禄劝说慈禧将张从轻发落。[③] 军机大臣中还有人以张氏曾反对康充任伊藤访华的迎送使以及反对派康到日本坐探变法的例证，为张讲情。[④]慈禧显然接受了荣禄等人的建议。当时，也只有将张从康案中剥离出来，才能与谭嗣同、杨锐等其他“新党”人物区别办理。可见，张“非康党”的上谕实为清廷受到外交压力后的一种表态，是一种迫不得已的抉择，然局外人并不知此内情。

八月十三日，国子监司业贻谷上折抗辩说：“张荫桓与康有为往来最密，通国皆知。康有为时宿其家，无异家人父子，数月以来种种悖迹，张荫桓实与康有为同恶相济。”[⑤] 他坚定地认为张就是“康党”分子，要求将其严惩，这显然是针对张“非康党”的谕旨而发的。十四日，清廷公布谭嗣同等“谋围颐和园，劫制皇太后”，“陷害朕躬”的“罪状”；同时发布上谕，将张荫桓发配新疆，罪名是“居心巧诈，行踪诡秘，趋炎附势，反复无常”。[⑥] 张荫桓的门人以为，这 16 个字的罪名“空无所

---

① 参见林权助撰，张雁深、张绿子译《戊戌政变的当时》，《戊戌变法》丛刊，第 3 册，第 575—578 页。

② 王崇武译：《戊戌政变旁记》，《戊戌变法》丛刊，第 3 册，第 541 页。

③ 参见王树槐《外人与戊戌变法》，上海书店出版社 1998 年版，第 191—198 页。

④ 据戊戌九月蔡金台致李盛铎原函称，荣禄力陈“张某不无微劳”，“后伊藤来，李苾园举康为接待使，亦为张所阻。谕旨所以谓张非康党，其能保首领者，即此二事也”。见邓之诚《骨董琐记全编》，第 603 页。

⑤ 国家档案局明清档案馆编：《戊戌变法档案史料》，第 469 页。

⑥ 中国第一历史档案馆编：《光绪宣统两朝上谕档》第 24 册，第 434 页。

指，殆如‘莫须有’三字狱，不足服天下后世”①，其中大有袒护乃师的意思。但是，对清廷而言，欲将张排除在康案之外，舍此空洞的罪名也别无善法。

由于外人的干涉，张荫桓不仅暂时保住了性命，还获得了“非康党”的官方结论。这对他洗刷与康的私密关系十分有利。在西行途中，当押解官员询问“谕旨谓大人尚非康有为之党，康与大人同县同乡，康入总署，想常进见，康之逆谋，亦曾微露其机否?”张氏答曰：“康有为何足齿数，如此妄作，何异疯痰?谕旨谓我尚非康党，我罪爰从未［末］减，其实我岂屑党彼哉?既云我非康党，何以仍有此严谴，殊不可解。言罢长叹。”② 张荫桓表现出“委屈”不过是一种姿态而已。

张“非康党”的上谕也为流亡海外的康有为摆脱尴尬境遇带来了转机。尽管变法后期张、康之间已经出现分歧，但是文悌揭露康氏钻营张荫桓之事盛传于京城，令康处境尴尬，百口难辩。至此，康有为终于可以公开否认与张的关系了。他在八月二十一日首次就政变内幕接受《中国邮报》记者采访时宣称，在维新计划中，张荫桓与他没有什么联系；张荫桓是赞助改革的，但是并没有起积极的推动改革的作用。③ 对于文悌参劾康密结张荫桓并夜宿锡拉胡同张宅之事，康氏辩解说：“吾累年来京，皆寓金顶庙，入城多宿于是……文悌心术诡诈，彼留吾谈而询吾仆从，曾访樵野，即以为吾宿樵野所，樵野无端被祸，实文悌妄指为之。”④ 又称：“张樵野之万里军流，亦为吾夜宿一言。”⑤ 其实，这样的解释实在缺乏说服力。

为了搪塞舆论，康有为还煞有介事地抛出了翁同龢“荐康”的说法。九月初二日上海《申报》转引了康氏八月二十一日在香港的问答：

> 我由湖北人御史高燮曾所荐，翁同龢及礼部尚书李端棻亦留意

---

① 王庆保、曹景郕：《驿舍探幽录》，《戊戌变法》丛刊，第 1 册，第 495 页。

② 同上书，第 505 页。

③ 《中国的危机》，《字林西报周刊》，1898 年 10 月 7 日，《戊戌变法》丛刊，第 3 册，第 510 页。这是英文版康有为谈话的直接译本。

④ 楼宇烈整理：《康南海自编年谱（外二种）》，第 46 页。

⑤ 同上书，第 64 页。

于我，有谓翁守旧党，实非也，实翁、李二臣屡欲荐我在皇上左右以备顾问。我自蒙召见，即奉旨在总署行走。西历今正三号，曾与总署王大臣会议，各大臣皆以客礼相待，会议三点钟久……会议翌日，恭王及翁师傅将所议具奏，虽闻恭王深赞我才，然当时所议亦不以为然，盖谓祖宗成法不宜骤变，惟翁则深韪其议。后蒙皇上许我具奏条陈政治，我即奏请皇上将中国旧习及祖宗成法变更，并劝皇上效法日本及俄先皇彼德，又请谕饬各大臣到宗庙矢誓力图变政……并请设十二局以分理庶务，此疏既上，闻皇心甚为嘉纳，允如所请，发交总署会议。

此时的李端棻已因“滥保匪人”被革职发配新疆，而翁同龢“举荐”之说则是首次被披露。康氏抛出此论，既有借翁氏之名掩盖张氏暗中举荐内幕以敷衍舆论的意图；同时也有攀附翁氏，借其清望唤起士林支持保皇活动的目的。这篇采访谈话很快被上海、天津、台北等地的中文报纸转载，不仅翁本人看到了，在士林中也广为传播。

九月初七、初八日天津《国闻报》连载《德臣西报访事在香港与康有为问答语》。[①] 九月十四日，署礼部右侍郎准良上折，指斥《国闻报》“述康逆问答之词，以肆其指斥之意，吠声吠影，丧心病狂，稍具天良，不忍闻述”，请求严厉查办。[②] 当日上谕令直隶总督裕禄密查明确，设法严禁。[③] 正是在康氏谈话四处传播的背景下，翁氏“荐康”说喧嚣尘上，翁氏政敌乘机推波助澜，巧妙利用，将翁罗织于康案，遂有戊戌十月追究翁氏“滥保匪人”之事。

十月二十一日，清廷颁布明发上谕，称：“翁同龢授读以来，辅导无方，从未将经史大义剀切敷陈，但以怡情适性之书画古玩等物不时陈说。往往巧借事端，刺探朕意……今春力陈变法，密保康有为，谓其才胜伊百倍，意在举国以听……是翁同龢滥保匪人，已属罪无可逭……著即行

---

① 参见姚福申《天津〈国闻报〉若干史实辨析》，《新闻与传播研究》1990年第3期。

② 国家档案局明清档案馆编：《戊戌变法档案史料》，第482页。

③ 《清德宗实录》，光绪二十四年九月甲子，《清实录》第57册，第637—638页。

革职，永不叙用，交地方官严加管束。”[①] 这道谕旨出自刚毅之手，“先一日，刚毅独对，褫职编管皆其所请”[②]。

当时很多人都认为翁氏的“荐康”之罪在莫须有间。据张謇所闻，翁案系“刚毅、许应骙承太后意旨，周内翁尚书于康、梁狱，故重有革职永不叙用，交地方县官编管之谕旨”[③]。军机大臣荣禄和王文韶都对刚毅的做法有异议。[④] 两江总督刘坤一也认为将翁革职，属于“康有为案中诖误”，称翁氏与陈宝箴均为“四海九州所共尊为山斗，倚为柱石者，何以贤愚杂糅至此？若力保康有为以至波及，闻翁中堂造膝陈词，亦是抑扬之语”[⑤]。本来，“康有为之才胜臣百倍（十倍）”之语是戊戌年四月翁同龢在与光绪帝的对答中所说的，随后还有“然其心叵测”一句，这种肯定康氏才华而诋其心术的看法，实质上是对康的否定，当时孙家鼐、陈宝箴对康也有类似评语。不料，刚毅却断章取义将“胜臣百倍”语作为“荐康”的证据。[⑥] 可见，翁同龢革职是刚毅等人利用康氏在海外散布翁氏“荐康”说造成的舆论氛围乘机倾陷翁氏的结果。同日，与翁关系密切的开缺湖南巡抚吴大澂也遭革职。[⑦] 这两起事件同时发生，正好说明翁氏革职是甲午后清廷内部的派系斗争的延续，“荐康”不过是个借口而已。

清廷对翁氏“力陈变法，密保康有为”的定论，对于康、梁展开保皇活动带来了意想不到的效果。在稍后《清议报》发表的《戊戌政变记》中，梁启超全面阐述变法与党争的关系，明确将翁说成是促成光绪帝赏识康有为的关键人物。他将上谕中“密保康有为，有其才胜臣百倍之语，意在举国以听”之句，删改为“翁同龢复面于上，谓有为之才，过臣百

---

① 《清德宗实录》，光绪二十四年十月辛丑，《清实录》第 57 册，第 674 页。

② 翁斌孙：《翁同龢列传》，转引自谢俊美《关于翁同龢开缺的三件史料》，《近代史研究》1992 年第 3 期。

③ 《张謇年谱》，《戊戌变法》丛刊，第 4 册，第 199 页。

④ 参见陈夔龙《梦蕉亭杂记》，《戊戌变法》丛刊，第 1 册，第 483 页；唐文治：《茹经堂文集》，《戊戌变法》丛刊，第 4 册，第 252 页。

⑤ 刘坤一：《复欧阳润生》，《刘坤一书牍》，《戊戌变法》丛刊，第 2 册，第 633 页。

⑥ 参见马忠文《翁同龢“荐康”说质疑——从“康有为之才胜臣百倍”说起》，《史林》1999 年第 3 期。

⑦ 《清德宗实录》，光绪二十四年十月辛丑，《清实录》第 57 册，第 674 页。

倍，请皇上举国以听”，添作翁氏“荐康”的细节。[①] 康、梁与刚毅一唱一和，既有当事人的公开指认，又有朝廷的官方定论，使翁同龢“荐康”的说法迅速传播开来，并深深影响了人们的历史判断。即使像宋恕这样的同时代人，也对翁的“荐康”深信不疑，甚至为昔日批评翁氏守旧的言论而感到歉疚。[②]

光绪二十五年（1899）十一月十八日清廷再下谕旨严缉康、梁，语涉翁同龢。谕云：“朕自冲龄入承大统，笃荷皇太后恩勤教育垂三十年。自甲午以来，时事艰难，益贫益弱，宵旰焦思，恐负慈闱会托之重，思缵列圣神武之谟。每冀得人以资振作。而翁同龢极荐康有为，并有‘其才胜臣百倍’之语。孰意康有为密纠邪党，阴构逆谋，几陷朕躬于不孝；并倡为‘保中国不保大清’之谋，遂有改君主为民主之计……”[③] 这里将翁之举荐与康、梁“阴构逆谋，几陷朕躬于不孝”之事相提并论，用意明显。二十一日翁氏从报章见到此谕，大有感慨。他在日记中写道：“《新闻报》纪十八日谕旨，严拿康、梁二逆，并及康逆为翁同龢极荐，有‘其才百倍于臣’之语。伏读悚惕！窃念康逆进身之日，已在微臣去国之后，且屡陈此人居心叵测，不敢与往来。上索其书至再至三，卒传旨由张荫桓转索，送至军机处同僚公封递上，不知书中所言如何也。厥后臣若在列，必不任此逆猖狂至此！而转因此获罪，唯有自艾而已。”[④] 翁氏在日记中再次以委婉的方式否认了上谕的指责，强调自己代呈康氏变法书籍只是履行公务，并暗示张荫桓与康氏进用的神秘关系。这种谨慎的辩白，比起康、梁在海外报章上连篇累牍宣扬翁氏“荐康”的声势，

---

① 见《戊戌变法》丛刊，第1册，第250—251页。

② 宋恕在1899年6月给孙仲恺的信中说：“翁常熟甲午年以前全不解时务，乙未年后，合肥（按，指李鸿章）入京，常熟虚心请教，遂一变前之愚昧，甚服合肥。近又力荐南海（康有为），以此为诸权臣所怒，内外夹攻，加以重处。由近日论之，常熟竟不失为正人君子，弟昔年之薄之，实为误薄，当削改之矣。”（见胡珠生编《宋恕集》下册，中华书局1993年版，第691页）宋恕对翁氏看法的改变，与上谕的影响当有很大关系。其实，与现在通行的说法有异，清季不少私家记述都视翁为守旧人物。民国时期的学者陈鍫就将翁列入守旧阵营予以研究，详见《戊戌政变时反变法人物之政治思想》，《燕京学报》第25期，民国二十八年（1936）六月，第59—106页。

③ 《清德宗实录》，光绪二十五年十一月壬戌，《清实录》第57册，第997页。

④ 《翁同龢日记》第6册，第3241页。

实在微不足道。

对于张、翁与康氏进用关系的认识，台湾学者高阳可谓独具慧眼。在高阳看来，翁同龢是醇谨之士，与康有为气味本不相投，无可交往；且翁氏居官，素持明哲保身之道，故翁不可能“荐康”，荐康的只有张荫桓。然则，翁同龢“荐康”之说何来？有两点原因：“一则是后党如荣禄等人，有意散播流言，因康有为与张荫桓同乡交密，而翁倚张为左右手，故此种流言，易为人所信。再则康有为刻意攀附翁同龢以自高身价，其《自编年谱》中，虚构与翁交往的情形，实不值一哂。”① 高阳注意到了康、张、翁三人之间的关系，并提出所谓翁氏“荐康”说与政敌陷害有关，这样的史识恐不能以小说家言待之。可惜，他的判断并未引起史学家的足够重视。

结 语

到底怎样认识和评估康有为在戊戌变法中的实际影响，学界是存在分歧的。事实上，当我们从思想史的层面着力分析康有为改革思想和政治主张的时代意义时，可能忽略了这样一个问题：无论康有为在当时士林中曾有过多大的影响，无论其政治主张多么犀利和切中时弊，但是在政治运作的层面，他是很无奈的。身为额外主事，康氏职位卑微，根本无法与宋神宗变法时的宰辅王安石相比②；因而如何取得光绪帝信任、迅速进入核心决策层便成为康有为孜孜以求的首要目标，甚至是他在京活

---

① 参见高阳《翁同龢传》，中国友谊出版社 1999 年版，第 280—281、307 页。高阳还撰有《康有为“十疑”诗注》，称“康有为《自编年谱》一再强调翁同龢以国士相待的知遇之恩，其实为子虚乌有之事。翁同龢日记晚年虽有删改，但以翁同龢之笃于孝悌忠义，康有为之卖弟、卖友，以‘康圣人’自居，而有少正卯之实，气味不投，理所必然。证以同时人的记载，如叶昌炽《缘督庐日记》等，可知康有为于翁，乃是谬托知己。”（见《高阳杂文》，海南出版社 1997 年版，第 137 页）高阳以文学家之笔触论事，所言不免带有意气，但论点大体符合实际。

② 邝兆江曾撰文对于康有为作为戊戌变法核心人物历史形象进行了重新评估，认为康门弟子徐勤在《戊戌奏稿》序言中将康比拟成王安石，将戊戌变法比拟成熙宁新政并不恰当，康在戊戌新政中的地位与作用并不像康氏自诩的那么大，康氏地位的提升与政变后各国政府出面干涉与营救活动有关。(参见邝兆江《戊戌政变前后的康有为》，《历史研究》1996 年第 5 期）对此，有学者提出异议，由此展开了讨论（参见汪荣祖《也论戊戌政变前后的康有为》，《历史研究》1999 年第 2 期；房德邻《论维新运动领袖康有为》，《清史研究》2002 年第 1 期）。

动的重心所在。为此，他不得不密结张荫桓，精心策划，煞费苦心，寻找终南捷径。可见，澄清康氏进用内幕是研究戊戌变法史的一条重要线索。

由于康氏骤然进用是沿着非正常途径实现的，以致被视为“钻营”“侥进”，当事人掩盖内情并不意外。当戊戌年五月许应骙、文悌将张荫桓援引康氏之事揭破时，张、康不得不设法应对。从实际情况看，在援引康氏过程上，张氏始终欲借重翁同龢，共担责任，并得到光绪的认可，不料后来遭到翁的拒斥。因此，政变后张、康二人异口同声，将荐康的责任推给翁氏不是偶然的，何况因英、日外交干预而产生的张“非康党”上谕，为他们掩盖真相提供了千载难逢的良机。当翁氏“荐康”说传开后，刚毅等人又乘机罗织，将翁打入康案。在这场各种力量介入的政治斗争中，康、梁与刚毅、许应骙等人各得其所，张荫桓也得以暂避风险，只有开缺在籍、为慈禧所仇视的翁同龢再遭打击，成为这场博弈的牺牲品。然而，历史的辩证法却再次显示了它的神奇：当真正的荐康者悄无声息地被淹没在茫茫历史中的时候，“维新第一导师”的桂冠却为翁氏赢得了后世的普遍敬仰。这大概是时人与今人所始料未及的。

战后之疫：1944—1947年滇西鼠疫研究[*]

曹树基

一 引言

台湾学者陈淑芬著《战后之疫：台湾的公共卫生问题与建制（1945—1954）》，论及日本殖民政权垮台之后，台湾公共卫生与管理陷入空前危机。国民党接收政权，缺乏现代国家管理之经验，使得战后之疫成为当时台湾面临最严重的问题之一。[①]在云南省档案馆，我读到一批刚刚开放不久的公共卫生档案，得知抗战后滇西南地区也经历过一场"战后之疫"。抗战时期中国军队以怒江为屏障，在滇西南地区与日军进行殊死搏杀，战争持续数年之久。1944年9月14日，日军战败，腾冲光复。然而滇西南战区人民还未及享受和平，却不料鼠疫流行，腾冲、保山遂成为战后防疫之前线。

1944年10月底，国民政府调集大批训练有素的鼠疫防治专家和公共卫生专家，奔赴滇西南地区，灭鼠防疫。云南省档案馆除保留了他们大量的工作记录外，还留下这些专业人员撰写的公共卫生调查报告。从中

* 本文原载《近代史研究》2012年第2期。本文得到教育部人文社会科学重大项目"东京审判若干重大问题研究"（11JZD012）资助。

① 陈淑芬：《战后之疫：台湾的公共卫生问题与建制（1945—1954）》，（台北）稻乡出版社2000年版。

可知，当时的调查人员，皆将此次疫情的起源，溯于缅甸境内。认为疫情由缅入境后，由南向北，由西向东，蔓延而至滇西南各地。然而，在 20 世纪 50 年代的疫情调查中，这一说法并没有得到认同。但关于此次鼠疫的疫源地，20 世纪 50 年代的调查人员语焉不详。[①]近些年来，一批抗日战争的研究者，开始将此次疫情与日军的细菌战相联系。[②]鉴于此，本次疫情实有重加讨论之必要。

需要特别指出的是，滇西南鼠疫疫情自 1953 年沉寂以后，1982 年旧地复发，且沿着与 20 世纪 40 年代相同的路线，向北向东扩散；2000 年以后，蔓延至滇东南乃至滇中地区。具体疫点，参见图 4。而在滇西南地区，若将疫情的发生与传播途径进行比较，可以发现，两个年代的情况几乎完全相同。只不过，1982 年以后发生的鼠疫疫情，已被证明为散在鼠疫各自然疫源地的疫情复发，少有人为传播的因素。这样一来，人们不禁要问，1944 年滇西南的战后之疫，究竟是自然发生，还是人为传播?

鉴于此，尽管本文借用“战后之疫”一词，却并不是比较滇西南的“战后之疫”与台湾的“战后之疫”。作为 1946 年滇西南的“战后之疫”最好的参照系，反而是 1982 年的滇西的鼠疫复燃。

以怒江为界，将此次疫情分为腾冲疫区与保山疫区，分别论述如下。

二　腾冲疫区的流行病学调查

严格地讲，滇西南的疫情并不是战后开始的。抗战期间，甚至更早，疫情就已经在当地开始流行。1944 年 12 月 23 日，云南省防疫处向上级汇报腾冲疫情，名为《云南鼠疫情况初步报告》。为了便于区别，本文将此报告称为《1944 年底云南鼠疫情况初步报告》。[③] 1945 年 1 月 20 日，云南省防疫处又向上级呈交一份报告，名为《滇西鼠疫防治报告》，其主要

① 中国医学科学院流行病学微生物学研究所编：《中国鼠疫流行史》上册，1981 年内部印行，第 749—930 页。

② 陈祖梁：《侵华日军滇西细菌战实录》，《观察与思考》1999 年第 5 期；谢本书：《日军在滇西的细菌战》，《湖南文理学院学报》2004 年第 1 期；张华：《侵华日军云南腾冲鼠疫细菌战研究》，《湖南文理学院学报》2009 年第 3 期。

③ 《云南鼠疫情况初步报告》，云南省档案馆藏，21/3/204，以下径引。

内容虽与上一份报告相似，但仍有不同。为了方便叙述，本文将此报告称为《1945 年初滇西鼠疫防治报告》。①

(一) 疫源地

《1944 年底云南鼠疫情况初步报告》称："据地方乡绅所告，约于一八九四年至九六年间，时值世界性鼠疫之大流行，滇西盈江、八莫、南甸、龙川、龙陵、保山等处六边鼠疫光顾，得病者二万人。"其实，地方乡绅并不知道"世界性鼠疫大流行"这一概念，更不知道云南本来就是所谓"世界性鼠疫大流行"的疫源地。关于这一问题，可以参见我与李玉尚的相关研究。②此题搁置不论，我们有兴趣的是疫情发生的时间及来源。同一报告继续写道："省卫生处李医师曾南至大龙川调查，据谓于一九四三年九至十月间大龙川即已发生鼠疫，实际得病人数无可稽考，一九四四年二至五月间据此已死 148 人，龙川距缅甸边界约二日行程，人口约一千户，当地土人言，缅甸边境每年皆有鼠疫发生。"

从地图上看，大龙川即今陇川县城，距离缅甸有约 70 公里，恰好为步行 2 天的路程。1943 年 9—10 月，大龙川发生人间鼠疫疫情。关于缅甸疫情，只有土人传说，并无确实证据。

《1945 年初滇西鼠疫防治报告》称："缅为亚南鼠疫区，世所共认。滇西腾、龙一带，接壤缅甸，辗转传入，为时已久。据当地乡老谈，约在七十年前，由缅甸八莫至龙川、盈江一带，经南甸而腾冲，此症曾经流行；又四十年前，保山、芒市、龙陵曾经大流行，死亡人数约在数千人以上；三十年前，缅境复又大作，并染及滇境之盈江，死亡人数约在数千。十年前，八关一带，尚在不断流行中。"

盈江即今盈江县城，南甸为今梁河县城，芒市即今潞西县城，龙陵即今龙陵县城。疫情由南向北，线路清晰。虽然关于 40 年前，亦即 1914 年前后之疫情，并未说明自缅甸传入，但从报告之上下文意来看，却是不言自明。加上 30 年前与 10 年前缅甸传入之疫，缅甸疫情来华，几乎是

① 《滇西鼠疫防治报告》，云南省档案馆藏，21/3/204，以下径引。

② 曹树基、李玉尚：《鼠疫：战争与和平——1320—1960 年中国的环境与社会变迁》，山东画报出版社 2006 年版，第 417—444 页。

一个没有间断的过程。

缅甸之疫究竟从何处入华，遂成为一个问题。《1945 年初滇西鼠疫防治报告》有文如下：

> 据本处派往防疫之李技正至龙川调查结果，谓民国 32 年四五月间，位其西北二三十里处之户撒、那撒二地，即已流行。该地未流行之先，铁壁关一带，早已发现（调查时该处仍有敌人，未能深入，仅止于龙川，以至所言，系由龙川土司及乡老口中得之），及至同年八九月间，龙川附近即发生死鼠三四千头，10 月间发现病例，至 33 年 5 月始患者达 250 余人，死亡确数为 148 例。

查谭其骧主编《中国历史地图集》第 8 册《清时期》云南图册，在今天陇川县城西北，有户撒司与腊撒司，腊撒司亦即“那撒”；铁壁关则位于腊撒西面约 15 公里中缅边境处。《1945 年初滇西鼠疫防治报告》将云南境内的疫情，提前至 1943 年四五月间，地点也从大龙川，改至龙川西北二三十里处的户撒与那撒两地，继而又将离户撒、那撒更远的铁壁关一带，当作更早的疫源地。此时中日两军正在对垒，调查不能进行。该报告又说：“缅属南坎医院院长报告，自一九二八年以来，缅境掸族地带，即有瘟疫记载，但南坎瑞丽河南岸边境地带，发生瘟疫，在二十世纪中，尚以一九四零年为第一次，据调查所得，首先发现之地为勐卯（属瑞丽）。”

《1945 年初滇西鼠疫防治报告》将最初疫情定于南坎、勐卯一带。南坎位于瑞丽江以南，清代属中国，此时为缅属。勐卯地处瑞丽江北，为中国瑞丽县所辖。由此可知，20 世纪 40 年代的疫情，首发之地就是在中缅边界。经防治后，虽已平息，但同一报告指出：“事后据卫生署派驻是地之医疗大队报告，虽偶有发生，然皆未流行，是该地之鼠疫已成散开性，故此次腾冲一带鼠疫之流行，当有其因果关系也。”很明显，这是一个带有推测性质的结论。

（二）传播路线

龙川江源自腾冲以北之高黎贡山，东北—西南流向，经今腾冲、龙陵、陇川、畹町、瑞丽，从南坎出中国境后称为瑞丽江。在龙川江以西 70 公里处，有槟榔江亦为东北—西南流向，经今盈江县城后，称为大盈江，于铁壁关以北入缅甸。大盈江与龙川江几乎是平行的流向，形成两江之间巨大而宽阔的走廊，是滇缅之间最主要的商道。基于此，鼠疫经此商道北上的观念就自然而然地形成了。《1945 年初滇西鼠疫防治报告》称：

> 本处防疫队至腾冲后，始患南甸一带鼠疫最为猖獗，据调查所得，自腾冲外围之甘蔗寨沿大盈江河谷，南甸属之罗卜司庄各村寨以至龙川，迄缅甸边境之铁壁关，绵长六七百里，均为疫区，其传染来源，系由滇缅边境，逐渐向北蔓延，然其发源，是否由于二十九年瑞丽鼠疫之余毒，抑经由缅境传入则不得而知。

腾冲外围之甘蔗寨，地处腾冲之南，梁河至腾冲的大路上，此不讨论。"南甸属之罗卜司庄"，是一个片村名，包括大小几十个村寨，位于今梁河县城西南，梁河至陇川之大路上。关于各疫点疫情之传播，《1944 年底云南鼠疫情况初步报告》说得非常详细：

> 大龙川北约二日行程之罗卜司庄，自去年七至九月间发生鼠疫，在此两地间尚无报告有鼠疫发生，惟在杉木龙有一未证实病例。发现此次疫情之起源，谓系一商人于本年六月下旬自大龙川返罗卜司庄一小村名芒东，忽染鼠疫数日即病死。在此村内第一病例发现前一月，村中发现死鼠，于七、八两月中即发现 50 病例，死去 35 人。七月初小红坡一妇人去蛮（芒）东遂染疾，后于七八两月中小红坡遂后发现 23 病例，在病人发现一月前村中已先发现死鼠。

此报告所涉各地名，可以从地图上加以标识。芒东，即今日梁河县城西南 22 公里处之芒东镇。从陇川县城至芒东，直线距离 60 余公里，约为 2 日行程，与上文记载相合，据此可以断定罗卜司片村的位置，是以芒东为中心的。小红坡村也是罗卜司庄所属自然村之一，位于今梁河县勐养镇东北之芒回村。杉木龙实为"杉木笼"，今属陇川县北之护国乡，与勐养镇为邻。各地名之空间关系，详见图 1。

图 1 1943 年罗卜司地方鼠疫疫情

然而，上述报告有关鼠疫流行病学调查，存在问题。在《1944 年底云南鼠疫情况初步报告》中，大龙川之疫情发生于 1943 年 9—10 月；在《1945 年初滇西鼠疫防治报告》中，大龙川之鼠间鼠疫与人间鼠疫，相继发生于 1943 年 8—10 月。此一部分两份报告所述基本相同。然而，《1944 年底云南鼠疫情况初步报告》接着称，1943 年 7—9 月，地处大龙川以北两日行程的芒东村已有鼠疫发生，其疫情发生早于大龙川。其疫源是 1943 年 6 月下旬一商人从大龙川带来。但是，我们又注意到在芒东村和小红坡村的第一个病例出现前一个月，两村中均发现死鼠。鼠间鼠疫在前，人间鼠疫在后。由此可以判断，芒东村和小红坡村的人间鼠疫当由两地鼠间鼠疫所引起。

《1945 年初滇西鼠疫防治报告》"杉木笼"村的疫情。其文曰："龙川北约二日行程之罗卜司庄，自 33 年 7 月至 9 月亦发生鼠疫，在此二地间，除杉木笼外，尚无有鼠疫发生之报告。据谓 32 年间杉木笼即有死鼠及病例发生；至 33 年 10 月间，又复死鼠百余头，病例 5；当 12 月 3 日本处防疫队至该地时，发现一未证实病例，经治疗痊愈。”

由此可知，1943 年杉木笼村已存在死鼠与疑似病例；1944 年，又出现死鼠百余头，病例 5 人，可能已经死亡；而 1945 年底之“一未证实病例”，实际上是防疫队治疗痊愈之病例。1943 年，杉木笼村的死鼠及人间病例给我们强烈暗示，即本次鼠疫疫情的起源可能由龙川、罗卜司及杉木笼一带鼠间鼠疫疫情所引发。

依上述引文，罗卜司庄一带的疫情发生及流行应该重新进行描写：其一，芒东疫情：1943 年 5 月间，芒东村出现大量死鼠，表明鼠间鼠疫正在流行；6 月底，一名来自大龙川的商人在芒东村染疫后数日而死；7—8 月间，芒东人间鼠疫大流行，共有 35 人病死。其二，小红坡村疫情：1943 年 6 月，小红坡村鼠间鼠疫流行；7 月初，小红坡村一名妇女染疫而死，此后该村出现 23 个病例。其三，杉木笼村疫情：1943 年鼠间鼠疫流行并引发人间鼠疫，1944 年 10 月出现鼠间鼠疫并人间鼠疫。从中可以发现，这三个疫点有一个共同的特征，即鼠间鼠疫在前，人间鼠疫在后。另外，疫情的发生，先芒东，后小红坡，再杉木笼，由西向东，由北至南，与缅甸疫情传入的方向相反。

据《1944 年底云南鼠疫情况初步报告》，罗卜司庄所属有 48 个村位于山谷中，“为去腾冲大道所经之地”，其中有 9 个村发现鼠疫；位于山丘之 4 个村，也有 1 个村发现鼠疫。各村病例及死亡数均有报道，此不赘引。该报告又称：“罗卜司庄以北之杞木寨于去年七八月间发现病例 20 人，死亡 11 人，并有死鼠发现；惟梁河一村始终未有死鼠及病人发现；遮岛一处为商旅聚居之地，于是 12 月间发现病例 6 人，死亡 3 人；南甸则于 11 至 12 月间疫情极烈。”

上述引文表明，至 1943 年 7—8 月间，罗卜司庄北部染疫；而至 12 月间，梁河染疫，南甸染疫。依此引文叙述方式，可知杞木寨、罗卜司庄、梁河以及南甸，皆为不同之自然村或镇。细细推敲，则颇多令人迷惑之处。杞木寨位于梁河县城南，罗卜司庄北；遮岛镇为今梁河县城；原南甸土司衙门，坐落在梁河县城内，属于遮岛镇之一部分，即今遮岛镇之南甸街。而据《1945 年初滇西鼠疫防治报告》称：“南甸位于腾城之南四十五公里，约有人口一千，自南甸以下有一河谷沿柳树河而下，长约一百公里，居民约十万，分住七十余村，皆为南甸属地。”作为自然村或镇的南甸与作为行政区或片村村名的南甸是不同的。上述引文中，“南甸则于 11 至 12 月间疫情极烈”，指的应是作为区域的南甸。

《1945 年初滇西鼠疫防治报告》还说：“印泉镇（即九保）在南甸之北六里，亦位于通腾冲大道上，与南甸同时发生鼠疫。当防疫队十一月十二日到达该镇时，已死鼠三四十头，经解剖一头证明属实。后因该队离开该镇往罗卜司庄时，公谊救护队曾以碳酸氢，毒杀鼠类，致死鼠数突增，连前共死万余头。继即病例连续发现，月余间达 102 人。至十二月初旬，在腾冲西北约廿余里处之两伞及明朗二村，亦相继发现死鼠 30 余头。本年一月春南甸之北约十里处之新村沙坝，亦有死鼠发现，经取死鼠脾脏作玻片□□，皆发现有与鼠疫菌形态相似之细菌，惟二地迄今皆无病例发现。”两伞村具体方位不明，但明朗村位于腾冲西南城郊的公路旁，与甘蔗寨毗邻。这一记载表明，1944 年底及 1945 年初，疫情传至腾冲城之南部地区。

于是，《1945 年初滇西鼠疫防治报告》称：“由以往滇西鼠疫史，及此次疫区各地疫病发生之日期观察，可知此次南甸一带鼠疫之发生，系由滇缅边界之鼠疫，循道腾冲大道，而逐渐向北传播所致无疑。”关于其具体传播途径，该报告则称：“查腺鼠疫之传染，系以鼠蚤为媒介。而由一地传染他地，则常因大量粮食及货物中携带疫鼠及死鼠，藉舟车而传染。惟此次疫区，系自足自给之地，少有大量货运流通，平常食粮、货物之运输，均藉托运或人力，故因携带疫鼠而传染之机会颇少。据观察，此次滇西鼠疫由甲地传染至乙地，由于赶街子所致，机会较多，因斯时人畜汇集，食品罗列。如此次疫区各村，皆曾互赶街子，凡未赶疫区街子各村寨均未传染，更可□一证明。”

虽然《1945 年初滇西鼠疫防治报告》认为商业货运与赶街子之人员流动，引发疫情传播。然而，从瑞丽边境至腾冲只有 150 公里的行程，疫情传播却从 1940 年至 1945 年初，整整花费 4—5 年时间。即便从 1943 年 7 月间芒东的疫情为起点计算，此后一年左右的时间里，疫情也只在罗卜司庄境内展开，并未外传。直到 1944 年底及 1945 年初，才传播至腾冲之南。很显然，如此缓慢的疫情传播，与商业货运及赶街子无关，更像是各地鼠间鼠疫流行，再引发各疫源地人间鼠疫流行。也就是说，1943 年 5—6 月罗卜司庄一带开始的鼠间鼠疫流行，与同年 6—7 月及以后的人间鼠疫流行，存在密切的因果关系。由芒东向北、向南的传播，时间上的序列虽然清晰可辨，但却没有证据说明一个疫点与另外一个疫点之间，存在明显的人为传播的途径。

三　保山疫区的流行病学调查

1946 年 7 月 3 日，云南省卫生处滇西鼠疫防治第三队抵达保山时，县城内鼠疫已经开始流行，且于 6 月 29 日时已出现鼠疫患者一名，并已经死去。滇西鼠疫防治第三队的一份鼠疫防治报告称，保山县属人和镇地方，“因鼠疫而死者已达三十余人之多，于是人心惶惶，群众谈虎色变，均感大难即将临头，不可终日之势”①。

（一）疫源地

保山平原东界怒江，西界澜沧江，为中印公路必经之枢纽。县境除保山平原外，还有其他几个稍小的盆地。因平原广阔，土地肥沃，保山物产丰富，商业发达，人烟稠密，“人民多数除农耕外，多业商营，畜马帮之家甚多，多往来于边夷及缅甸一带”。滇西鼠疫防治第三队的医生们在上述防治报告中认为，这里具备“适于传染病之条件”。②

然而，保山之鼠疫流行史并非始于 1946 年。据 20 世纪 50 年代的调查，1861 年关家寨已有鼠疫流行，病例 70 人，死亡 70 人。关家寨位于保山县境中南部。1881 年，其北边毗邻之南邵屯、北邵屯、邱家湾、辛街、东村、西村、南村、北村、汉庄和蒲漂等村染疫，病例 90 人，死亡 84 人。1882—1896 年，疫情在关家寨以北的县境北部流行，规模不大，其中只有 1886 年例外，城关镇南北几个村庄如横沟、水源、沙坝、上美、西村等发生疫情，病例 102 人，全部死亡。1897 年以后，无论是疫村数量还是染病及死亡人口，都表明疫情趋于严重。③

---

① 《云南省卫生处滇西鼠疫防治第三队工作报告》（1946 年），云南省档案馆藏，21/3/233。

② 《云南省卫生处滇西鼠疫防治第三队工作报告》（1946 年），云南省档案馆藏，21/3/233。

③ 《中国鼠疫流行史》上册，第 802—803 页。

然而，据 1946 年滇西鼠疫防治第三队调查，1886 年夏，保山县鼠疫的中心并不是在县城南北，而在施甸坝子，疫死人口以施甸坝子最为严重。报告引目睹此次鼠疫流行者的话说："死人之多，胜过刀兵，初死者尚有棺木装殓，用人抬埋，后即无棺木，用马驼尸，再后全无人照管，任其置尸室内，阴森污臭，难以言状，绝口之家，到处皆是。"直至 1908 年，施甸坝子一直是鼠疫流行区。①

据此可以肯定，保山县境本身就是鼠疫自然疫源地。鼠疫的流行，来自境内的鼠间鼠疫，并不需要从外面传入。然而，1946 年的防疫队员并不这样认为，他们努力追踪疫情之由来。

1946 年 2—3 月间，保山县施甸坝子鼠疫流行。首先发生死鼠的地点，位于施甸坝子人和镇东北 2 里许的老关庙村。发现死鼠后 20 几天，出现鼠疫患者，前后 20 多天，死亡 17 人，其中一家死绝。关于传染来源，其中较可靠之说有三：其一，有要猴戏中川人，从芒市（今潞西市）来老关庙，不久即发病而死，死后不久，该村中即发现鼠疫。其二，老关庙往芒市一带经商之人甚多，其中一人，由芒市回家时已染病。其三，相传有人见大批走鼠，成群结队，由怒江以西渡江至东岸，施甸距江不远，可能由此迁徙之鼠族传带而来。②

上述三个鼠疫传染来源说的前两个说法，似乎不存在逻辑上的问题。来自芒市的要猴人及商人，沿着芒市—龙陵—保山公路，在施甸西境过怒江大桥后，折向东南，再沿施甸河向东北，过河后抵人和镇。患者在人和镇北老关庙发病死亡。然而，据 20 世纪 50 年代调查，潞西县鼠疫疫区几乎全部分布在今县城以南③，距离施甸的直线距离超过 70 公里。两三天的路程，正是在鼠疫的潜伏期内。但是，来自芒市之南的鼠疫，在向北传播的途中，首先要穿越龙陵，再渡过怒江。1946 年 7 月 5 日的一份报告称："查滇西发现鼠疫区域除上引腾冲、芒市及保山外，据昨日报

① 《云南省卫生处滇西鼠疫防治第三队工作报告》（1946 年），云南省档案馆藏，21/3/233。

② 《云南省卫生处滇西鼠疫防治第三队工作报告》（1946 年），云南省档案馆藏，21/3/233。

③ 《中国鼠疫流行史》上册，第 824 页。

载，龙陵亦发现，滇西鼠疫形势严重。”①

从时间上考察，1946 年 2—3 月施甸疫情已经暴发，而龙陵疫情的发生迟至 7 月。来自芒市的疫情在穿越龙陵北上后，再回过头来引发龙陵本地的疫情，这显然是说不通的。要知道，龙陵距离芒市，只有 15 公里的路程。②当然，也存在另一种可能，即疫情不从龙陵县穿越，而是如防疫队员的道听途说，一群疫鼠从某个偏僻角落渡过怒江，抵达施甸。然而，从地形上看，如果疫鼠从施甸之西渡过怒江，需要渡过施甸河；如果从施甸之西南渡过怒江，则要翻越重重大山。这里又引发一个生态学上的难题，疫鼠何以要作如此长距离的迁徙?

事实上，芒市疫情的发生晚于施甸。据潞西设治局卫生院报告，“该项疫情计芒市发现 16 例，死亡 4 例；遮放 22 例，死亡达 15 例；蒙安 8 例，死亡达 4 例，未经注明发现日期。据推测芒市所发现者约在三月，遮放及蒙安所发现者约在六月。及三十五年，潞西设治局共发现患者 40 例，死亡 23 例”。③ 50 年代调查员将芒市疫情发生时间定为 3 月。这样一来，将 1946 年 2—3 月施甸坝子关帝庙疫情说成是自芒市传来，是很难站得住脚的。

滇西鼠疫防治队的医生称：“老关庙鼠疫之流行，均经二十余日，即告停止；一月后，人和镇（人和桥）街上又发现死鼠二十余，之后，镇上乞丐数人，群集草棚内居住，相继病死；继之居民亦发现鼠疫患者，且日有死亡，至是方为地方当局注意且向有关机关报告。六月以后，人和镇附近村落，如瓦房村、砂沟、热水塘、三岔河、张家村、杨家村、施甸镇，甚至远距人和镇北三十里之田旺镇，均发现大批死鼠，经严加防治之后，除三岔河于七月二十日发现患者两人外，其余各地截止八月

---

① 《民国三十五年滇西鼠疫防治工作报告等文件》，云南省档案馆藏，21/3/180。

② 1946 年 7 月 22 日《观察报》称：“此次滇西鼠疫，首先发现于芒市，四月下旬，蔓延于龙陵属之年达乡猛罗坝、马驴塘、龙山镇四甲楂子树、怒江乡岩子寺，全村死亡者二处，统计五百二十三人。”其他报刊也有相似报道。9 月 4 日，龙陵县政府向上级呈文，称：“据检查结果，并未见鼠疫发生，仅有肠胃及流感症状。”云南省档案馆，21/3/179。从 20 世纪 50 年代的调查来看，新闻媒体有关龙陵县鼠疫疫情的报道是错误的。

③ 《滇西各地区关于鼠疫疫情表、鼠疫药物、药械经费、防疫队等有关文件》（1946 年），云南省档案馆藏，21/3/230。

二十日止，均未发现鼠疫患者。”[①]

由上述诸报告看，几乎所有的疫点，都是鼠间鼠疫在先，人间鼠疫在后。1946 年 6 月 29 日，孟广义的病案从反面也证明这一点。孟氏长年在芒市经商，5 月从芒市回人和镇居住，因人和镇鼠疫流行，遂迁入保山城内。孟氏“入城不久即发病，可知其已先在人和镇染疫无疑”。孟氏病死，防疫队员“按照鼠疫防治原则处理后，即未继续发现（死鼠）。于该户附近，事先并未发现死鼠”。[②]这一调查证明，即便患者孟广义携带疫蚤进入保山县城，也未必一定会导致保山县城中的鼠间鼠疫流行。

同一报告继续称：“7 月 19 日，距保山县城仅十五公里之辛街（在旧滇缅公路侧），又发现鼠疫。经调查，该镇二日前即发现多数死鼠，自 19 日至 25 日先后共发现患者十人。经从严防治后，自 25 日起，即无新病例，患者经悉心治疗后，死去三人，其余完全治愈。”可见，也是鼠间鼠疫在先，人间鼠疫在后。

所以，该报告在叙述人和镇防疫过程时，特别强调“每日分数小组普遍施行与防治注射，先由镇内而及镇外村庄，所有附近发现死鼠之村落均一一普遍预防注射”。在三岔河防治时，“职队因三岔河死鼠特多，深恐该村即将有死鼠发现，即全队移驻该村工作，严密监视，终于七月十九日段姓屋内，同屋同时发现患者二人”。[③]仍是先有死鼠，后有病人。

（二）传播路线

前引滇西鼠疫防治第三队报告称：“除三岔河于七月二十日发现患者两人外，其余各地截止八月二十日止，均未发现鼠疫患者。”[④]据保山县卫生院院长呈报的 1946 年 6—10 月底保山县各疫点的鼠疫疫情状况，8 月 20 日之后保山县的疫情并没有停止，详见表 1。

---

① 《云南省卫生处滇西鼠疫防治第三队工作报告》（1946 年），云南省档案馆藏，21/3/233。

② 同上。

③ 《云南省卫生处滇西鼠疫防治第三队工作报告》（1946 年），云南省档案馆藏，21/3/233。

④ 同上。

表 1　　1946 年 6 月 26 日至 10 月 31 日保山县鼠疫疫情

地点	发现日期	病例	死亡	治愈	现有病人
人和桥	6 月 26 日	30	21	9	
城区	6 月 30 日	1	1		
辛街	7 月 20 日	20	9	11	
三岔河	7 月 21 日	15	4	11	
张家村	8 月 19 日	16	7	9	
瓦房街	8 月 22 日	30	3	27	
热水塘	8 月 22 日	7	2	5	
杨赵村	8 月 25 日	29	2	27	
西坪村	8 月 26 日	5	4	1	
施甸	9 月 1 日	34	4	29	1
沙沟	9 月 5 日	3		3	
角里村	9 月 22 日	3		3	
打麦场	10 月 8 日	3	3		
白龙水	10 月 13 日	7		6	1
永平村	10 月 24 日	2		2	
段家坡	10 月 17 日	1			1
英村	10 月 17 日	1			1
合计		207	60	143	4

资料来源:《云南省保山县政府公函》(社防字第 13631 号,1946 年 11 月 4 日发),云南省档案馆藏,21/3/162。

保山县城内孟广义因染疫死亡引起政府的高度重视。7 月初,云南省政府主席卢汉指示:“拟请暂禁昆关一带与救疫无关之车辆来保(山),并在霁虹、功果两地设站检疫,以免疫渡澜沧,更难扑灭……并商请驻军将疫区附近断绝交通,举行全境大扫除,不致再有蔓延。”①云南省政府出动军队,采取了最严厉的封锁措施。

① 《卢汉电文》,云南省档案馆藏,21/3/180。

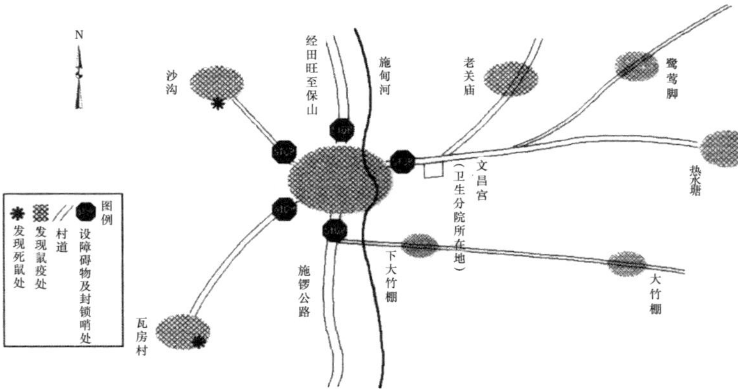

图 2　保山县人和镇封锁设计略图

县境内部的封锁也相当严厉。滇西鼠疫防治队在 1946 年 7 月初抵达保山后，开始对人和镇实施全面封锁。图 2 表明，人和镇进出的所有道路都被严密封锁。

在辛街，7 月 19 日发现鼠疫患者后，先由卫生院就近派人前往防治，但至 7 月 25 日，患者已增至 10 人，不得已而实行道路封锁，“即行通知执行派兵照此设计之地面实行封锁，并会同警局及乡长保长，严行普遍预防注射，通知救济股前往实施救济，患者仍旧隔离治疗，除其中三人病势严重，不治死去外，其余七人均完全治愈……又封锁期间，范围增加至一华里，该村农田（在封锁范围）以外，以便农民仍旧继续工作。又于公路两端路口各设一警牌：‘鼠疫之区，禁止通行’，以警告行人，封锁至八月十日方行解放”①。

在表 1 中，辛街患者为 20 人。这说明，封锁之后，辛街仍有疫情流行。其实，直到当年 10 月，甚至到 1947 年，保山的鼠疫疫情始终困扰着地方行政当局。究其原因，并非封锁不力，而在于遍地开花的鼠间鼠疫不断地引发人间鼠疫。在此情况下，全民卫生运动与血清注射，成为控制鼠疫的最好方法。限于篇幅，本文不予展开。

就道路封锁的问题而言，以保山县属施甸疫区为例，以疫情初起之

① 《辛街方面鼠疫之防治工作》（1946 年），云南省档案馆藏，21/3/233。

老关庙为起点，疫情逐步南下，攻陷一村又一村。每一个陷落的村庄，都成为封锁的对象，又都成为下一个疫村的疫源。详见图 3。

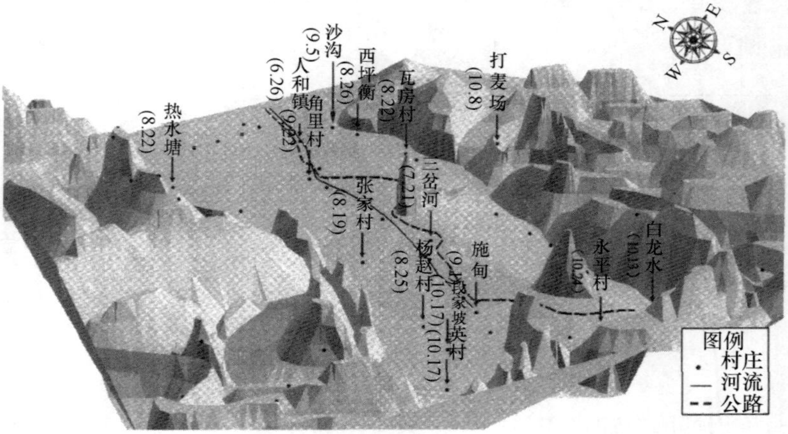

图 3　保山县属施甸鼠疫疫区分布

有趣的是，所有的疫村几乎都分布在施甸的平坝上，山地上的村庄基本不受干扰。这令我们猜想疫村之所以封锁不能成功，是因为无论如何封锁，人类很难封锁疫鼠的活动。而平原地区的疫鼠，没有与山地鼠类交流的习惯。即便没有封锁，两种鼠类也不会交集。因此，山上的村庄能在鼠疫流行中得以幸免。由此看来，1946 年滇西人间鼠疫的流行，乃由当地家鼠间的鼠疫流行所引致。

四　余论

1946 年 9 月 14 日，云南省参议会召开会议，讨论保山疫情的外扩。有文称：“兹鉴于保山鼠疫已越过澜沧江，传至剑川弥沙井。昨接八月十八日来讯，自七月下旬至八月中旬二十余日间，弥沙井居民百余户中已经患鼠疫死亡十余人，其死亡率之大而且速，较之保山芒市各处情形尤甚，倘不速予扑灭，其流毒不知伊于胡底。”①

① 《云南省参议会 35 年 9 月 14 日秘总字第 257 号》，云南省档案馆藏，21/3/162。

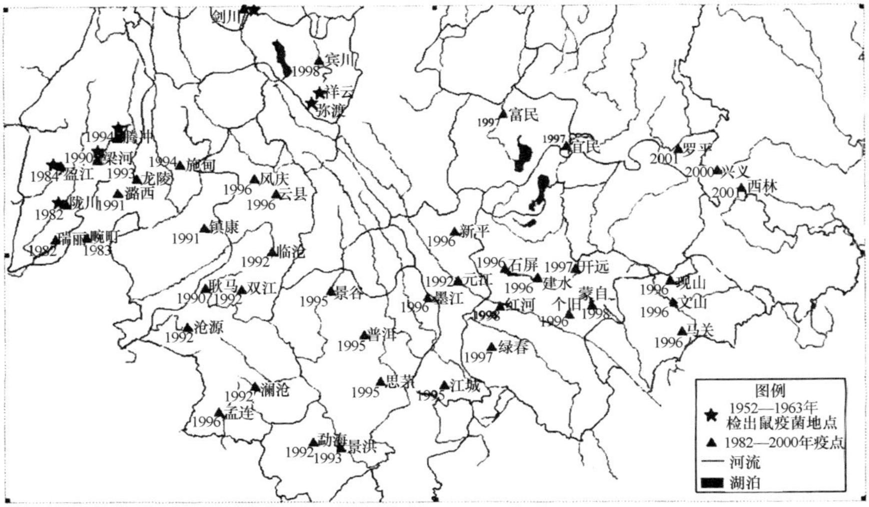

图 4 云南省 20 世纪 50—60 年代检出鼠疫疫鼠地区与 1982—2000 年鼠疫流行地区

资料来源：（1）曹树基、李玉尚：《鼠疫：战争与和平——中国的环境与社会变迁（1230—1960 年）》，第 422 页。（2）《中国鼠疫流行史》上册，第 761 页。

然而，这一观点却是完全错误的。保山与剑川相距甚远，除了大江所隔，还有永平县、云龙县，疫情不可能呈现如此长距离的跳跃式传播。从图 4 所标出的“检出鼠疫疫鼠”地区看，剑川的鼠疫疫情应当源于当地，而非外来。①

上述的错误观念，来源于以下事实：1946 年的疫情确实曾借助公路交通，从疫区向外作大范围的扩散。1949 年，昆明至保山公路沿线，已经形成多个疫区。其中下关、大理一带，尤为集中。如果再不采取果断措施，疫情很快将波及省城昆明。然而，在 20 世纪 40 年代，剑川与大理间还没有公路相连。即使在今天，两地间的交通仍不很便利。因而，在当时条件下保山疫情借助公路交通传入剑川，几乎是不可能的。

所谓“检出鼠疫疫鼠”，指的是这一类区域，鼠间鼠疫一直都在流行。随着鼠口密度的增加，鼠间鼠疫的流行有扩大的趋势，往往形成暴发式流行。鼠间鼠疫的流行会造成鼠类的大量死亡，从而造成种群密度

① 方喜业主编：《中国鼠疫自然疫源地》，人民卫生出版社 1990 年版，第 238 页。

的降低，弱毒形态的鼠疫杆菌在某些鼠类身上保留了下来，从而为新一轮的暴发进行准备。这类地区，称为鼠疫自然疫源地。

从 1982—2000 年云南鼠疫的流行史可知，云南中南部的大部分地区为鼠疫自然疫源地。而滇西和剑川，为云南最顽固且最活跃的鼠疫自然疫源地。两地的鼠疫疫情，均来自本地。正因如此，从 1982 年开始，滇西南再次成为云南鼠疫的发生地。至于此次云南鼠疫疫情再度暴发，为何是 1982 年而不是其他年份，可能与这一时期的温度、湿度及其他一些我们尚未知晓的因素变化有关。1947 年，云南省下关市卫生院院长张鹏飞说："不幸今年入夏以来，雨季降临，淫雨缠绵，气湿气温，适宜鼠疫杆菌及鼠蚤之繁殖，保山过去若断若续之鼠疫遂益猖獗。"①其实，每年雨季的温度与湿度均适宜鼠疫杆菌及鼠蚤之繁殖，不独 1947 年。我们要问的是，何以从 1946 年或从 1982 年开始，滇西南会出现全面的疫情暴发。这是一个相当有趣的课题，留待于将来的解决。

回到本文的主题上来。在 20 世纪 40 年代，由于缺乏"鼠疫自然疫源地"的相关知识，参加鼠疫流行病学调查的公共卫生专家，均将鼠疫疫源地追溯于缅甸境内，并将中国境内的疫情起伏，视为由南向北的流行。不仅如此，还有人将 20 世纪 40 年代滇西南的鼠疫疫情，视作日军细菌战的一部分。一份 1945 年 6 月 29 日美国盟军的报告称：

> 1894—1896 年世界鼠疫大流行之后，腾冲地区 50 年没有发生鼠疫。日军的细菌作战从滇缅边境开始，沿滇缅公路从龙川、罗卜司庄到南甸，逐渐蔓延到腾冲县全境。缅甸边境的鼠疫 1943 年 9 月传染到离边境只有两天路程的大龙川，当时的云南省卫生处李医师（Dr. Y. C. Li）发现了该地鼠疫流行，可惜没有实际数据记录。1944 年 2 月至 5 月，大龙川上报死亡病例 148 人，1944 年 7 月鼠疫传至罗卜司庄。在人间鼠疫之前，有很多死鼠发现，说明在人间

① 张鹏飞：《呈请成立检查站预防鼠疫由》（1947 年），云南省档案馆藏，21/3/232。

> 鼠疫流行之前鼠间鼠疫流行，从而证实了腾冲鼠疫是人工流行的鼠疫。①

很显然，盟军的报告即本文上引诸文献。依据中国防疫专家的报告，盟军方面作出了疫情起于日军细菌战的大胆假设，并将人间鼠疫流行之前的鼠间鼠疫流行，解释为“人工鼠疫”，即利用人力撒播鼠疫杆菌导致的鼠疫传播。然而，中国的鼠疫防治专家并没有将滇西南疫情与日军细菌战直接联系起来，但他们一再强调的人间鼠疫之前的鼠间鼠疫，似乎与盟军方面观点的形成存在某种因果关系。

在 20 世纪 50 年代中期苏联的鼠疫学家形成鼠疫自然疫源地理论之前，人们对于一个地区鼠疫疫情的寂灭与复活，相当不解。因此，将鼠疫疫情归因于境外缅甸或日军细菌战，就顺理成章了。当时的调查员，为了使其调查符合这一预设的主题，不惜强解调查资料。这一缺失，为近年来鼠疫史研究中民族主义思潮的崛起，埋下了伏笔。

---

① China: Plague Outbread in Aera South of Tengchung, Southeast Yunan: June 1944—January 1945. Record Group 112, Entry 295A, Box 11, National Archives. 转引自张华《侵华日军云南腾冲鼠疫细菌战研究》，《湖南文理学院学报》2009 年第 3 期。

清代存留养亲与农村家庭养老*

周祖文

犯罪存留养亲作为传统中国法律的一项特殊制度，主要是为了解决徒、流及死刑犯的犯亲老疾无人侍养问题。在存留养亲之下，即使死罪犯人也能获得免刑，奉养年老有疾的父母、祖父母。正如《刑案汇览》所言："查犯罪存留养亲，原系法外之仁，非为凶犯开幸免之门，实以慰犯亲衰暮之景。"① 从北魏到清末，存留养亲制度存续长达1400余年。② 有清一代，犯罪存留养亲的适用最为完善和广泛。《大清律例》规定："凡死罪非常赦所不原者，而祖父母、父母老疾应侍，家无以次成丁者，开具所犯罪名奏闻，取自上裁。若犯徒流者，止杖一百，余罪收赎，存留养亲。"③ 从律例条文和实际案例来看，清代存留养亲的适用须同时具备四个要件：一是犯亲老、疾，或者孀妇守节20年。犯人的父母，以及祖父母，曾、高祖父母中有一方年满70岁、病笃无自理能力，或者犯人

---

* 本文原载《近代史研究》2012年第2期。

① 祝庆祺等编：《刑案汇览三编》（一），北京古籍出版社2004年版，第39页。

② 对"存留养亲"的起始时间，公认的说法是始于北魏太和十二年（488），直到清末司法近代化时废止。《魏书·刑罚志》称："太和十二年诏：犯死罪，若父母、祖父母年老，更无成人子孙，又无期亲者，仰案后列奏以待报，著之令格。"唐律有"犯死罪非十恶，而祖父母、父母老疾应侍，家无期亲成丁者，上请"的规定，《宋刑统》因之。《元史·刑法志》载有"犯死罪，有亲年七十以上，无兼丁侍养者，许陈情奏裁"的条令。明清两代沿袭之。

③ 田涛、郑秦点校：《大清律例》第4卷，"名例律上"，法律出版社1999年版，第99—100页。

之母是守节已逾 20 年的寡妇。[①] 二是丁单。犯人必须是家庭中唯一年满 16 岁以上的成丁。三是孝亲。犯人须有孝亲的动机与行为，否则不能存留养亲。四是犯人与被害人的对等原则。被害人须不是亲老丁单，犯人才能存留养亲，如被害人亲老丁单，则犯人亦不能适用存留养亲。

就管见所及，学界对存留养亲的研究较少。虽然清人薛允升、沈家本等对存留养亲作过深入的研究，但进入民国之后，对于存留养亲鲜有涉及，即使有所涉及也是点到即止。例如，瞿同祖在《中国法律与中国社会》中于存留养亲一笔带过，并没有深入探讨。[②] 2000 年之后，学界关于存留养亲的研究开始出现，但数量很少。[③] 笔者关注清代存留养亲，不是猎奇，而是希望能从存留养亲案件的具体实践形态中开掘出小农家庭经济的一些面相，同时，从存留养亲材料中管窥清代农村家庭养老问题也不失为一个新的视角。相对而言，有关存留养亲的现有研究主要集中在法律史领域，对制度源起、流变、程序及利弊的探讨居多，其所利用的史料也主要来自《刑案汇览》。本文则利用乾嘉刑科题本材料，主要是嘉庆朝的材料[④]，从存留养亲的视角考察清代农村家庭养老问题。

一 存留养亲案件中的老人

《清嘉庆朝刑科题本社会史料辑刊》收录清嘉庆朝刑案 1665 件，其中关于存留养亲的案件计 75 件，不到 5%。这一低比例有偶然的因素，但细究起来，也有其必然性。前述清代存留养亲的几个要件中，最

---

① 道光十三年（1833）之后，孀妇守节甫届 20 年即可声请存留养亲，不必逾 20 年。

② 瞿同祖：《中国法律与中国社会》，《瞿同祖法学论著集》，中国政法大学出版社 1998 年版，第 70—73 页。

③ 相关的研究参见吴建璠《清代的犯罪存留养亲》，《法学研究》2001 年第 5 期；刘希烈《论存留养亲制度在中国封建社会存在的合理性》，《当代法学》2005 年第 3 期；孙艳君《论清代的存留养亲制度》，《中北大学学报》2006 年第 4 期；孙家红《视野放宽：对清代秋审和朝审结果的新考察》，《清史研究》2007 年第 3 期。

④ 南开大学历史学院暨中国社会史研究中心、中国第一历史档案馆编：《清嘉庆朝刑科题本社会史料辑刊》（第 1—3 册），天津古籍出版社 2008 年版。以下引注该书，只在正文中标明页码，不再作注。

主要的是亲老，即犯亲需年满70岁。在传统社会的生活水平之下，对于收获微薄、生活困窘的农村家庭而言，要活到古来稀的年龄并非易事，因此这一条件实际上是相当严苛的。李中清等学者从东北辽宁的官庄佃户档案中发现，清代男性60岁被划至“退”的行列，65岁被划至“老”的行列，在这个年龄，老人依靠早年积蓄、子女和亲属过日子。[①]不过，刑部似乎认为，农业劳动者在70岁前可以谋生养活自己。在《刑案汇览》的两个案件中，一个犯人的父亲68岁，另一个犯人的父亲69岁，刑部认为“二案其父均年未及七十，尚可谋生”。[②]当然，存留养亲是一种“法外施仁”，准入门槛抬高到70岁也是可以理解的。无论如何，清代法律规定70岁为“老”，在此年龄之上，国家才承认农村家庭的养老问题。

从题本中看，75户家庭都生活于农村。最多的是自耕农和佃农，他们业农种地，有时打点短工，短的5天，得工钱300文（第990页），长的5个月，给人开荒，得工钱2400文（第418页）；也有几个小地主家庭，家有几亩田地出租，其中一名监生，佃农陆续拖欠他租谷7石有零（第1346页）；有几两银借贷生息，最大的一笔是银30两，一年可收利谷6石（第536页）。此外还有一些小本经营的小业主，开杂货铺、茶铺、豆腐房、铁匠铺和纸坊等，稍有资本的雇一个帮工，另一些则完全由家庭成员打理。另外还有一些出卖劳动力做工度日的长工，一些凭一技糊口的手艺人，如泥瓦匠、裁缝等。就涉案金额而言，标的都不大，一名承袭其兄因军功而获得世职的云骑尉因为1000京钱大打出手（第37页），一名监生因为欠饼店1500文钱又无钱归还而与店主起纷争（第1234页）；其中，金额最大的是银30两，最小的是钱80文（第922页），其余都在钱数百文至三四千文之间。在75个存留养亲案件中，犯亲亲老家庭61户（见表1和表2）。

---

① ［瑞典］托米·本特森、［美］康文林、［美］李中清：《压力下的生活：1700—1900年欧洲与亚洲的死亡率和生活水平》，李霞、李恭忠译，史建云审校，社会科学文献出版社2007年版，第61页。

② 祝庆祺等编：《刑案汇览三编》（一），第46—47页。

表 1　　农村家庭亲老类型

家庭类型	母老	父老	父母老	祖父母老	合计
家庭数	37	18	5	1	61

资料来源：南开大学历史学院暨中国社会史研究中心、中国第一历史档案馆编：《清嘉庆朝刑科题本社会史料辑刊》（第 1—3 册），天津古籍出版社 2008 年版，以下表格来源相同，不再一一注明。

表 2　　农村家庭中 70 岁以上老人　　（单位：人）

年龄组	男	女	合计	年龄组	男	女	合计
70—74	10	23	33	85—89	1	1	2
75—79	9	11	20	90—95		1	1
80—84	4	7	11	合计	24	43	67

从表 1 和表 2 看，农村家庭老人以女性居多，约占 2/3，男性约占 1/3。在年龄上，70—79 岁的老人约占总数的 4/5，80 岁以上的老人约占 1/5。年龄最大的老人是一位女性，95 岁（第 1700 页）。

除亲老之外，犯亲笃疾的家庭 2 户，孀妇守节 20 年的家庭 12 户。清代法律对犯亲笃疾的界定比较严格。有一个家庭以犯人之兄“患瘫病，已成残废”声请犯人存留养亲，刑部驳回称：“历年办过成案，有弟犯死罪，因兄系笃疾，原情准照独子留养之案。必其兄或双目俱瞽，或手足断折，实系已成笃疾，始准衡情办理。遍查并无因凶犯之兄残废，将凶犯留养成案”，“所患瘫病，仅止残废，并无成笃字样，将来医治，或可就痊，非笃疾可比，似未便率行准其留养”。① 事实上，嘉庆朝刑科题本中 2 个犯亲笃疾的案件都是犯亲双目失明而丧失劳动能力，一例是 53 岁的母亲“双目俱瞽”（第 867 页），一例是 60 岁的父亲“双目失明”（第 1288 页）。

在孀妇守节 20 年的 12 例中，除 12 例其母已满 70 岁以上之外，其余都未满 70 岁，年龄最小的是 42 岁（见表 3）。

① 祝庆祺等编：《刑案汇览三编》（一），第 42 页。

表 3　　嫠妇守节年数与年龄　　（单位：岁）

序号	年龄	守节年数	开始守节年龄	序号	年龄	守节年数	开始守节年龄
1		逾 20		7	69	24	45
2	67	逾 20		8		24	
3	42	22	20	9	64	25	39
4	46	23	23	10	64	25	39
5	64	23	41	11	60	30	30
6	63	24	39	12	72	35	37

从表 3 中看，开始守节年龄有两例在 20 岁出头，大多数则在 40 岁之前。对于前者来说，孩子肯定尚在幼小，一个妇女独自一人要抚育遗孤长大成人，历经 20 载，其中艰辛，不难想象。对于后者来说，孩子年龄也不一定很大。我们认为前者和后者守节的年龄虽然相差很大，但其守节时孩子年龄差距可能并没有表面上看上去这么大。我们以这 75 户家庭中有确切母子年龄的 34 名家庭妇女来证实这一观点（见表 4）。

表 4　　妇女生育年龄举例　　（单位：岁）

序号	母亲年龄	独子年龄	生育年龄	序号	母亲年龄	独子年龄	生育年龄
1	42	27	15	18	69	35	34
2	46	25	21	19	74	40	34
3	67	42	25	20	75	41	34
4	80	55	25	21	70	36	34
5	71	44	27	22	74	40	34
6	51	24	27	23	64	30	34
7	71	44	27	24	71	37	34
8	52	23	29	25	75	40	35
9	80	51	29	26	71	35	36
10	72	43	29	27	74	37	37
11	84	55	29	28	78	41	37
12	75	45	30	29	71	33	38
13	69	39	30	30	80	38	42

续表

序号	母亲年龄	独子年龄	生育年龄	序号	母亲年龄	独子年龄	生育年龄
14	64	34	30	31	81	39	42
15	85	53	32	32	71	29	42
16	74	42	32	33	76	34	42
17	77	44	33	34	69	26	43
				平均			32.5

就表4的数据来看，独子出生时母亲年龄的中位数是33.5岁，平均数是32.5岁。乍一看，这两个数据都明显偏大。我们推测，存留养亲案件中，最主要的条件是亲老丁单，因为丁是男子，所以人犯供词就有可能略去女儿不提，专提儿子。因此表4中所谓的独子，应该是不包括女儿在内的。如此，则上述中位数和平均数还是在可接受范围内的。根据这两个数据，我们大致上可以假设：当一个妇女在40岁之前守节时，独子的平均年龄是7—8岁。她必须以一人之力抚养大约10年，才能把孩子抚育成人，此时她接近50岁，开始步入老年了。如果她还有女儿，那么困难之大远非含辛茹苦四字所能涵盖。在这个意义上，清代法律将孀妇守节20年作为存留养亲的要件，而不必等孀妇到70岁垂垂老矣才法外施仁。按照刑部的表达，孀妇守节满20年，其独子就可以存留养亲，“盖嘉其守贞抚孤之志”。[①] 当孀妇守节20年后，万一其独子触犯法律，也许她能依凭存留养亲，用守节数十载之艰苦卓绝来换取其子一命，从而老有所养，以免桑榆暮景茕独无依之苦。

二 农村家庭养老的空间形态

传统社会的农民向来被认为安土重迁。但重迁并不是说不迁，事实上，刑科题本中流动人口的现象绝非少见。当然，不排除流动人口也许更容易牵扯到命案之中，从而更频繁地出现在题本中的可能。题本将流

① 祝庆祺等编：《刑案汇览三编》（一），第47页。

动人口称为“客民”。[①] 客民从原籍到异地，为了生计背井离乡，造成亲子在空间上分隔的形态。不过，空间上的分隔似乎无碍于家庭养老。表 5 反映了存留养亲案件中关于流动人口的养亲方式。

表 5　　　存留养亲案例中流动人口养亲的空间形态举例

序号	原籍地	寄居地	生计	养亲空间形态
1	浙江兰溪县	浙江龙游县	泥瓦匠	寄钱养母，并非忘亲
2	浙江鄞县	浙江山阴县	手艺营生	
3	安徽泗州	江苏清河县	做工度日	
4	湖北麻城县	湖北竹溪县	伙开油坊	常寄银钱回家养赡母亲
5	湖北麻城县	安徽霍邱县	铁匠，铁匠铺帮伙	
6	湖北潜江县	湖北东湖县	挑脚营生	
7	山西太谷县	直隶蓟州	开酒店生理	常寄钱养赡母亲
8	山西平遥县	京城	开茶铺生理	
9	山西徐沟县	河南祥符县	铺内帮工	
10	山西祁县	奉天辽阳州	开铺生理	常寄银钱养赡母亲
11	陕西渭南县	陕西留坝厅	裁缝生理	常寄银钱养赡母亲
12	陕西长安县	陕西凤翔县	开纸坊生理	
13	陕西盛宁县	陕西安康县	佣工，开茶铺生理	
14	山东恩县	直隶故城县	做卖包子生理	
15	山东招远县	直隶平泉州	做工度日	银钱常寄回家给母亲使用
16	山东乐陵县	直隶朝阳县	做工度日	时常带回银钱养赡父亲
17	山东章邱县	直隶平泉州	租种地亩	
18	直隶临榆县	奉天开原县	行医卖药为生	寄回银钱养赡母亲
19	直隶宣化县	直隶怀来县	伙开煤窑生理	
20	福建南安县	福建淡水厅	宰卖猪肉生理	
21	广东河源县	广西郁林州	开铁匠店	常寄银回家赡养

在表 5 中，有许多信息值得我们去分析。第一，人口流动的区域化特性明显，其流动方向基本上都在各个经济区域空间之内。山西、山东、

① 刑科题本中对于流动人口称“客民”的最多，还有一处称“寓民”（第 875 页），有一处称“流民”（第 855 页），三种称呼实际上是一样的。

直隶等华北省份之间的内部流动以及从华北向东北的流动最为显著，长江中下游之间、两广之间的流动也相当清晰。此外还有一些省内的流动，这些流动基本上是在邻县之间，距离并不远。第二，流动人口的职业和生计基本上是从事二、三产业，很少从事农业，只有一例明确是租种土地，另外“做工度日”则不明确是否从事农业，在二、三产业中，又以开店经商和泥瓦匠、铁匠、裁缝等传统手艺营生为主。第三，最重要的是养亲方式，因为远离家乡到外地谋生，回家极为不便也不经济，因此，流动人口养亲的空间形态基本上都是“寄回银钱养赡”，只有一例是“带回银钱养赡”。一言以蔽之，农村家庭养老并不一定是同居的，还有一些家庭养老在空间形态上远隔千里，关山阻隔，但家庭养老依然跨越遥远的空间，顽强地存在着。

以往的研究在触及中国传统社会家庭结构时，比较强调同居共财这一特点。例如，孙本文认为传统社会的家庭限于同居共财的亲属。[①] 瞿同祖认为家庭应指同居的共同生活的亲属团体，通常只包括两三个世代的人口，尤其耕作的人家，因农地亩数的限制，家庭只包括父母及其子女。[②] 同居是强调家庭在空间上的聚合形态，共财则强调家庭在经济上的共享关系。但是，刑科题本中的农村家庭养老的空间形态提示人们注意，家庭在空间上的聚合并不是必要的，即使在空间上相隔很远的距离，仍然可以处在同一个家庭之内。换句话说，传统社会家庭在空间上的形态是多样化的，并不是只有同居这样一种空间形态。

清代的司法实践也注意到了农村家庭养老有别于同居的空间形态。在处理存留养亲的案例中，刑部和各省督抚特别强调犯人在行为动机上有没有“忘亲”，有没有“寄银钱养赡”的孝亲行为，将其作为是否将犯人存留养亲的一个要件。刑科题本中关于“寄银钱养赡”的供词，是司法部门和犯人共谋式的表达：犯人为求宽大处理，迫切地要表达其孝亲的动机和行为，而司法部门为判决案件所需，也对孝亲动机和行为最为关切。而双方的共谋行为都根源于当时社会互享观念中对于家庭养老空间形态上的共识，即，农村家庭出于生计的需要，不得不在空间上进行

① 孙本文：《现代中国社会问题》，商务印书馆 1947 年版，第 71 页。
② 瞿同祖：《中国法律与中国社会》，《瞿同祖法学论著集》，第 3 页。

流动，但空间上的阻隔并不影响其养亲。这样的例子并不少见。湖北潜江人苏昌周“在原籍没有工做，来到东湖县挑脚营生，赚钱寄回赡养母亲”（第 1870 页）；湖北麻城杨之春兄弟三人，长兄次兄随父在竹溪地方与人伙开油坊为生，杨本人随母居原籍，后来父兄先后病故，母子二人生计受到影响，杨之春于是接替父兄到竹溪经营油坊（第 1461 页）。以上两例都是为了维持生计赚钱养母，当事人才背井离乡，在空间上远离年老的母亲，养亲方式变为寄银钱回家养赡。推而广之，实际上大部分农村家庭在空间上的流动都是为了维持生计，并因此得以赡养年老的父母。

毋庸置疑，空间上的阻隔会对养亲效果产生负面影响。对于动机上忘亲不孝，行动中没有孝亲行为的人犯，刑部则否决其存留养亲的资格。例如，山东清平县民庞如祥自幼随父至吉林宁古塔张家沟种地，其母刘氏仍在原籍，其父故去后，庞对其母不闻不问，“不知有无”，遑论寄银钱回家养母。庞犯以命案入罪，刑部认为，“庞如祥虽供母老丁单，该犯外出十年有余，并未回家探望，亦未寄资养赡，实系忘亲不孝，伊母现在有无之处，毋庸查办”（第 884 页）。犯人既然不奉养年老的母亲，也就没有必要存留以养亲了。

三　家庭养老背后的争议与表达

庞如祥案只是清代司法部门否决适用存留养亲案例中较为简单明晰的一个特例。实际上，关于存留养亲的律例条文以及成案非常复杂。各省督抚在处理此类案件时常常适用相关律例有误，面临被刑部批驳的尴尬。即便是刑部，面对复杂情势，有时也不免首鼠两端，莫衷一是。究其原因，固然是由于法律乃平衡之术，既要寻求命案两造当事人之间的平衡，也要探究情、理、法之间的平衡，而更深层的问题是，存留养亲的复杂源于传统社会家庭的复杂性。费孝通认为传统中国家庭是一个“扩大的家庭”，大多情况下儿子在结婚后并不和父母分居，因而把家庭扩大了。[①] 孙本文指出，家庭的扩充是宗族，宗族的扩充成为家族；家庭

① 费孝通：《江村经济——中国农民的生活》，江苏人民出版社 1986 年版，第 21 页。

与宗族、家族纠结在一起。[①] 基于法律的平衡性和传统社会家庭的复杂性，存留养亲案件涉及的各方出于各自的诉求努力在复杂的情境中发幽掘隐：犯人求生本能，家庭与家族利益，以及司法部门所欲维系的社会秩序之间的紧张关系，充斥于题本的字里行间。

存留养亲的基本要件是亲老丁单。丁单与否，有时是显见的，犯人自己对于是否丁单也不存在疑义。例如广东吴川县民吴汝幅因欠钱打死宋陇源案（第1700页），及浙江诸暨县民孟见仁因债务殴伤无服族叔身死案（第98页），犯人与司法部门之间的表达并无不同，不存在争议。在有些案例中，丁单与否虽然也是清楚的，但犯人的供述和表达是选择性的。在广东长乐县民李财新因找价事致死郑开宾案（第655页）中，李称其父82岁，兄二人俱物故，现止其一子，希冀能以丁单留养；但广东巡抚则指出犯父有孙二人，俱已成丁，不应留养。显然，双方在丁单与否问题上存在争议，并因此而选择了不同的表达。

更多情况下，丁单与否则不是那么显白，而是隐秘地潜藏在家庭、宗族与家族盘根错节的关系之中。在江西武宁县民洪大衍因讨押山利钱被周逢云打死案（第518页）中，周以自幼出继胞伯为子，继父年72岁，继母年53岁，娶妻洪氏，尚未生子的供词营造亲老丁单的表象。这一表象的基础是以家庭为依据的。不过，江西巡抚超越家庭之上，从宗族的角度提出，周既是继子，若其宗族中仍有可过继给其继父者，那么周就失去丁单的依凭；果不其然，同族之中另有可继之人，周之继父的养老并不成问题，周于是失去存留养亲的资格。与此类似的还有福建台湾府淡水厅客民李葵因索欠肉钱打死杨表案（第499页）。李亦是继子，继母83岁，本生父母俱故，李并无妻、子，孤身一人奉养年已八旬的继母，这一叙事可谓感人之至。但刑部不为所动，指出该犯本生父母俱故，并无子嗣，律应归宗。按刑部意见，李归宗之后，即不属于其继母家庭，毋庸留养，其继母另择立继，奉养终老。

以上两例，犯人作为继子声请留养都处于不利地位。继子是在继父同宗辈分相当的男子之中择继的，只要同宗之中另有适合过继者，继子的丁单身份就岌岌可危。显然，清代法律在此强调的是对于受害人的救

---

① 孙本文：《现代中国社会问题》，第71页。

济：只要犯亲的养老问题另有人选，那么犯人作为继子的丁单抗辩就不足为凭。丁单与否的考量从家庭范围延展到宗族范围内，家庭或被置换，或被悬置，宗族被推上前台。一般认为，宗族的利益不同于家庭，在很多方面，宗族的利益诉求与清代法律的追求是互洽的。譬如，对于收继异姓之子，法律是禁止的，宗族的族规、家训同样是禁止的，两者所明确表达出来的利益是一致的。[①] 宗族出于维护其经济利益的需要，天然反对异姓的财产继承地位，与法律不谋而合。

在山东德州回民马文德因出卖房屋事致死堂弟马文奎案（第 1525 页）中，马文德之母 77 岁，马本人并无兄弟，前妻生一子马功，27 岁，过继于小功服兄为子，马续娶之妻没生子女，带有其前夫所生一子对年，才 14 岁，并未成丁，因此声请存留养亲。刑部认为，对年是异姓之子，法律不予承认，马功系属独子，独子不准出继，按照律例，已经成丁的马功应该归宗奉养祖母，马文德不准留养。此处双方的争议之处在于异姓之子的法律地位：马文德认为对年是家庭中合法一员，则马功不属独子，也就可以出继；马功出继且对年未成丁，则马文德本人是家中的单丁，理应存留养亲；刑部看法，则截然不同，驳回了留养的声请，又一次站在宗族的立场之上。

刑部的批驳是根据乞养异姓之子不得留养的定例。陕西盩厔县民高改生因索欠并被辱伊妻致死邻村段六案（第 600 页），就直接适用了这一定例。高本姓谭，自幼抱与高心玉为义子，继父已故，继母 74 岁，没有弟兄，声请留养。刑部认为，高改生系高蔡氏故夫抱养谭姓之子，查乞养异姓之子，例无留养之条，毋庸留养，仍令高蔡氏于本宗择立昭穆相当之人承继。

在以上诸案中，刑部一直强调在宗族范围内对犯人的继子身份加以考量，否定异姓之子的法律地位，压抑犯人及其家庭的利益。这正是法律平衡之处，存留养亲既要使犯亲老有所养，又不能让犯人逃避法律制裁，以维持社会秩序。正如《刑案汇览》中所言："惟念死罪人犯例得存留养亲者，原以其亲之茕独无依，特加矜恤，乃朝廷锡类推仁之典，并

① ［美］安·沃特纳：《烟火接续：明清的收继与亲族关系》，曹南来译，侯旭东校，浙江人民出版社 1999 年版，第 53 页。

非为正犯故从宽宥也。”①

存留养亲考虑的是犯亲养老，问题在于，受害人父母同样也有养老的问题。受害人父母是法律应该救济的一方，如果他们面临痛失其子而陷于老无所养的境地，而犯亲却因犯人存留养亲而得子奉养，这是社会秩序所无法接受的。因此，对于受害人也是亲老丁单的案件，犯人不得适用存留养亲。在嘉庆朝刑科题本中，有 6 件案例因为受害人亲老丁单而否决了犯人存留养亲的声请。值得注意的是，对于受害人继子丁单的处理，也遵循了从宗族范围界定而悬置家庭的原则；对于异姓抱养，刑部也持否定态度。前者出现在安徽阜阳民李盘希因索欠打死妻弟郭志先案（第 417 页）。刑部认为，虽然犯人亲老丁单，但被杀之郭志先亦系独子，并承祀三房，现有继母郭肖氏年届 70 岁，通族并无昭穆相当可以另继之人，郭志先虽有一子，年甫 4 岁尚未成丁，因此不准李盘希留养。后者出现在陕西宜川县民白尚志因索讨欠租殴毙佃户王裕德案（第 1346 页）中，犯人也是亲老丁单，不过受害人王裕德有父年 80 岁，系独子，仅有抱养异姓子王双管，并无以次成丁。刑部不承认王双管的法律地位，仍视王裕德为亲老丁单，白尚志于是失去存留养亲的资格。

清代存留养亲的制度逻辑在于当时的养老问题几乎都由家庭来承担这一事实，其犯亲老疾或孀妇守节 20 年、丁单、孝亲，以及对等原则等四个要件，都是紧紧围绕家庭养老而展开。这一特性在清朝少有变化，嘉庆以降直至清末法律转型而废除存留养亲之时一直都是如此。甚至时至今日，农村家庭依然是养老这一社会问题的最重要承担者。在此意义上，本文依据嘉庆时期史料所作的讨论就不再仅仅局限于嘉庆时期，对于嘉庆之后的晚清时期也大致适用。现阶段，中国已经步入了老龄社会，养老作为社会问题日益凸显，发掘传统小农经济在养老问题上的新面相，对于现实社会中的养老问题，无疑是有所助益的。

---

① 祝庆祺等编：《刑案汇览三编》（一），第 43 页。

农民何以支持与参加中共革命？*

李金铮

中华人民共和国领导的革命战争为什么会取得成功？但有一点是大家都认同的，这就是，农民的支持与参加是中共革命胜利的主要保证。没有这一条件，一切都不会发生，一切也无从谈起。1944 年，地方实力派阎锡山曾感慨："今天共产主义者之所以能够拥有如此强大的武力是因为有这么多的追随他们。"① 20 世纪 70 年代以后，法国学者毕仰高认为："农民的参与是中共革命胜利的基本保证。"② 美国学者赛尔登也指出："如果说城市各阶级的立场往往决定着其他地方革命的结果；那么，农民的支持，或者更确切地说，农民和城乡知识分子的联盟则在中国革命中具有决定性意义。"③

时至今日，问题的关键已经不是农民是否支持与参加中共革命，而

---

* 本文原载《近代史研究》2012 年第 4 期。本文为国家社科基金项目"中共革命与乡村社会：1937—1949 年的华北根据地、解放区"（07BDJ008）阶段性成果。

① Katheen Hartford and Steven M. Goldstein, *Single Spark: China's Revolutions*, New York: M. E. Sharp and the East Asian Institute of Columbia University, 1989, p. 4.

② Bianco Lucien, *Origin of the Chinese revolution, 1915 - 1949*, Stanford: Stanford University Press, 1971, p. 205.

③ ［美］马克·塞尔登：《他们为什么获胜？——对中共与农民关系的反思》，南开大学历史系编：《中外学者论抗日根据地》，档案出版社 1993 年版，第 606—607 页。

是为什么？[①] 不过，曾有一些人对此的确表示难以理解。著名哲学家、乡村建设实践家梁漱溟说：中国农民散漫非常，只有个人，不成阶级。将如何期望他们革命？将如何依以为基础呢？在革命家想象他是“绝对革命”，其实他是与革命无缘的！一切劳苦群众但有工可作，有地可耕，不拘如何劳苦，均不存破坏现状之想，除非他们失业流落，或荒唐嗜赌，或少数例外者。然即至于此，仍未见得“绝对革命”。[②] 国外有的学者也有同样的怀疑，在他们看来，按照革命的一般逻辑，农民不可能成为革命的主体，“因为无论从藐视农民而瞩目于无产阶级革命的马克思主义理论来说，还是就人们关于中国农民心胸狭窄、家族观念和家乡观念严重、自私自利、蒙昧迷信的一般观念而言”，农民害怕革命、不敢革命，或者说“不是造成革命的材料”[③]。然而，事实上，中国农民恰恰参加了革命运动，于是他们感到特别惊奇“中国革命的结果都太出人意料了”[④]。也正因为这一似乎矛盾的现象，才极大地激发了学者们探究中共革命史的兴趣。人们不禁要问，这一切究竟是为什么？本文之主旨，一是梳理以往成果关于这一问题研究的发展脉络，尤其是理清各方论争的焦点所在，为今后的相关研究提供一个具有重要理论意义的问题意识和对话的起点；二是期望能为当今中国共产党领导下的国家政权与乡村社会的和谐建设提供一些参考。

---

① 需说明，尽管中共革命的胜利取决于农民的支持和参加，但并非意味着所有的农民都会支持和参加革命。真正参加革命的，与广大农民相比，究属少数。所谓“参加革命”，就是在中共革命过程中农民参加中国共产党正规军队、游击队，或者没有参加以上革命队伍，但在乡村中加入共产党，领导农民闹革命者，都可称为参加革命，这一部分农民显然是中共革命的核心力量。所谓“支持革命”，与参加革命既有密切联系乃至重合，但又不全是一个概念。凡是赞成和拥护中国共产党及其革命的，都应该算支持革命。但值得注意的是，农民支持革命并不一定参加革命，而参加革命又不一定拥护革命。

② 梁漱溟：《我们政治上的第二个不通的路》（1932 年 4 月），中国文化书院学术委员会编：《梁漱溟全集》第 4 卷，山东人民出版社 1992 年版，第 272—273 页。

③ ［美］范力沛：《西方学者对抗日根据地的研究》，南开大学历史系编：《中国抗日根据地史国际学术讨论会论文集》，档案出版社 1985 年版，第 97 页。

④ ［美］马克·塞尔登：《他们为什么获胜？——对中共与农民关系的反思》，南开大学历史系编：《中外学者论抗日根据地》，第 607 页。

一　土地集中、家庭贫困与农民革命

土地分配不均、家庭贫困与农民革命之间存在着必然联系，是中国大陆学界最为传统的解释，也是传统革命史观的基本体现。

早在革命战争年代，一些马克思主义学者和中共革命领导人就对此作过阐述。著名学者陈翰笙，是持此观点的代表性人物。在 20 世纪二三十年代，他曾主持大量的农村社会调查，目的是论证农村经济的全面崩溃、根本原因和中国所应走的道路。换句话说，即证明中国社会的半殖民地半封建性质以及土地革命的必然性，为中共革命理论和革命政策提供事实依据。即便到抗日战争时期，他仍然指出：中共抗日根据地存在的基础是土地分配不均和农民贫困。华北许多游击区域，它的力量不是建筑在革命的农民身上吗？华北的自耕农和华中华南的佃农，是一样的贫穷，一样的受压迫。所以，他们的革命情绪是没有两样的。在半封建半殖民地的社会里，佃农和自耕农的经济地位没有多大分别。北方自耕农和南方的佃户，在经济上既是同处低落的地位，他们对于革命的要求是没有分别的。现在中国农民不论南北，多武装地加入了民族革命战争，就表现了全国农民迫切地要脱离半殖民地半封建的痛苦。[①] 总之，土地集中、农民贫困与农民革命之间有着天然的内在联系。中共革命领导人刘少奇，从土地改革的角度作出类似的解释。1947 年 9 月，他在中共中央全国土地会议上报告指出：实行彻底平分土地的政策，直接的目的就是广大农民的利益。只有发动群众，彻底进行土地改革，才能战胜蒋介石。我们解放区有一万万五千万人口，蒋介石管区有三万万多人口，比我们多，但蒋介石那里农民没有翻身，在反对他，在他的脚下安了“磙子”。我们这里农民翻了身，我们脚跟站得更稳了。这样，就将使我们与蒋介石的力量对比发生根本的变化。我们有一万万五千万人，群众自动参战，人力、财力、物力是无穷的。中央苏区过去只有二百多万人口，几个县

---

① 孙晓村：《中国农村经济研究会与农村复兴委员会》，全国政协文史资料研究委员会编：《文史资料选辑》第 84 辑，中国文史出版社 1986 年版，第 31 页；陈翰笙：《三十年来的中国农村》（1941 年 1 月），《陈翰笙文集》，复旦大学出版社 1985 年版，第 128 页。

的土地改革搞彻底了，支持了多年战争，抵住了蒋介石，直到现在还在那里搞。土地改革搞彻底，群众发动好，力量是无穷的。[①]

中华人民共和国成立迄今，最具统治力的意见，依然是土地分配不均和土地改革是农民支持中共革命的基本原因。著名马克思主义学者胡绳主编的《中国共产党的七十年》，集中反映了这一观点。书中指出：农民是最讲究实际的，他们最关心的是关系到自身根本利益的土地问题。获得土地，是贫苦农民祖祖辈辈多年来的梦想。在中国的民主革命中，没有武装斗争的胜利和坚持，谈不上进行有效的土地革命；而没有土地革命，没有广大农民的全力支持，武装斗争也会归于失败。在土地革命战争时期，中国共产党领导农民进行土地革命，使他们迅速地分清了国共两党和两个政权的优劣，极大地调动了他们支援革命战争、保卫和建设革命根据地的积极性。作为小生产者的农民，自然是有弱点的，目光比较狭窄，行动比较散漫，因而有一个需要教育和改造的问题，但他们中间蕴藏着反帝反封建的巨大积极性是许多其他社会力量难以比拟的。大革命失败后，尽管民族资产阶级一度退出革命，城市小资产阶级表现出很大的动摇性，中国革命仍然能坚持下来并不可遏止地得到发展，关键就在于中国共产党紧紧依靠占全国人口绝大多数的农民，深入地开展土地革命。在抗日战争时期，为了开展敌后抗战，发动和组织农民抗战，同时为了改善他们的物质生活，中共中央决定实行减租减息政策，同时也适当地保证佃权。经过减租减息，农民不仅得到了经济实惠，而且增强了自己的政治优势，大大提高了农业生产积极性。在解放战争时期，解放军转入战略进攻的新形势，要求解放区更加普遍深入地开展土地制度改革的运动，以便进一步调动广大农民的革命和生产的积极性，使正在胜利发展的解放战争获得源源不断的人力物力的支持。在如此广阔的范围内进行土地制度改革，是中国几千年历史上一次翻天覆地的社会大变革。经过土改运动，到 1948 年秋，在 1 亿人口的解放区消灭了封建的生产关系。广大农民在政治和经济上翻身以后，政治觉悟和组织程度空前提高。在“参军保田”的口号下，大批青壮年农民潮水般涌入人民军

---

① 刘少奇：《在全国土地会议上的结论》（1947 年 9 月），《刘少奇选集》上，人民出版社 1981 年版，第 394—395 页。

队。各地农民不仅将粮食、被服等送上前线，而且组成运输队、担架队、破路队等随军组织，担负战地勤务。他们还广泛建立与加强民兵组织，配合解放军作战，保卫解放区。人民解放战争获得了足以保证争取胜利的取之不竭的人力、物力的源泉。①

由上可见，中共革命的传统解释主要有两个方面：一方面是农民在土地分配不均和家庭贫困的压迫下，具有天然的革命性，此即所谓社会经济结构决定论；另一方面是中国共产党针对农民的这一状况实行相应的社会经济改革，直接带动了农民支持和参加革命。问题是，土地分配不均、家庭贫困、土地改革与农民革命之间，一定存在着天然逻辑关系吗?

美国学者较早提出不同解释。他们认为，土地分配不均和土地改革不是农民支持中共革命的唯一或主要原因。如中共革命史学者霍夫海因茨指出，土地分配的不平等程度、佃户比例、各种租佃矛盾等结构性条件，与中共成败之间没有重要的关系，或只有非常无关紧要的关系。在有成就的农民组织和高地租率之间，关系不大。譬如，在佃租最高的广东珠江三角洲地区，开展农民运动最为困难，因为那里的士绅统治特别牢固，有钱人得到稳妥的保护。②

美籍华裔学者黄宗智，也是持此观点的代表人物。他主修中国近代农村社会经济史和法律社会史，在对华北和长江三角洲农村社会经济史的研究中，涉及农民群众与中共革命的关系问题。通过南北两个地区的比较，他发现长江三角洲的阶级分化要比华北地区大，租佃率也高得多，按照革命的理论预言，共产党组织在长江三角洲应比在华北更受欢迎。然而，事实却与之相反，共产主义运动在长江三角洲远不如在华北平原成功。究其原因，与该地区社会分化主要存在于村民与城市地主之间，而不是村民与村民之间有关。尽管其商品化程度较高，但村社内部比华

---

① 胡绳主编：《中国共产党的七十年》，中共党史出版社 1991 年版，第 92、99、170、240—242 页。

② Roy M. Hofheiz, *The Peasant Movement and Rural Revolution*: *Chinese Communists in the Countryside*, *1923 - 1927*, Harvard: Ph. D. diss, 1966, p. 191, 转引自［美］魏斐德著，梁禾主编《讲述中国历史》下，东方出版社 2008 年版，第 774 页；邹谠：《中国革命再阐释》，香港牛津大学出版社 2002 年版，第 120—121 页。

北还要均匀，所以对共产党的组织活动不易接受。①

如果说黄宗智只是提出了这一现象和基本看法，他的博士生刘昶则对此进行了专门探讨，学术见解可谓一脉相承。刘昶指出，在土地革命战争时期，中国共产党成功地建立了江西根据地，以及湖南、湖北、四川、安徽等根据地，但在江南地区从未成功地建立根据地。问题是，江南地区有全国最发达的租佃关系，70%以上的农民为佃农；又有全国最高的城居地主率。自清中叶以来，城居地主和佃农之间围绕收租问题而展开的阶级斗争超越了村庄社区的界限，支配了地方政治。这种经典意义的阶级斗争，在全国是绝无仅有的。这样的阶级结构似乎将有利于中共所倡导的农民革命，但事实并非如此。从1927—1930年，中国共产党在这一地区组织了多次不成功的农民暴动，他们很快发现要在江南农民中发动抗租斗争非常容易，但要推动农民超越这一斗争，投入以推翻现存秩序为目标的革命中却十分困难。不仅如此，共产党人还面临着一个十分严峻的困难，那就是他们无法从江南农村获得持续稳定的人力和物资的支持。一方面，他们无法招募到农民来组织自己的武装，因为江南地区高度商业化的经济使农民有更多的谋生机会，当兵吃饷对他们并没有吸引力。另一方面，共产党人无法在乡村征到粮饷，因为大多数农民是佃农，他们对国家没有纳税的义务。地主和剩余的粮食都集中在城镇，城镇是政府控制的中心，共产党对此力所未及，他们在组织发动起义的初期通常无法夺取城镇的物资来供应自己。可以理解，没有稳定可靠的人力和物资支持是造成共产党这一时期在江南反复受挫、失败的一个主要因素。在抗日战争时期，情况亦是如此。抗日战争爆发后，中国共产党也想在江南地区努力迅速抓住这个机会，它所领导的新四军在南京沦陷后的4个月就进入江南并建立了第一个抗日根据地——茅山根据地。此后，在江南的不同地区建立和扩张了他们的游击根据地，归并为苏南根据地。但抗日战争并未改变江南农村的经济社会结构，也没有改变江南农民对当兵的看法。共产党人仍然很难招募到当地农民来参军，因此无法扩大他们的力量。基于此，加之其他政治、军事的因素，中国共产

---

① ［美］黄宗智：《长江三角洲小农家庭与乡村发展》，程洪、李荣昌、卢汉超译，中华书局1992年版，第315页。

党决定把华中主要的抗日根据地放在苏北而不是江南。从地理和社会经济的角度来说，苏北是华北平原的一部分。与江南相比，苏北在战略上更为安全，因为它远离日寇占领的主要城市，共产党还可以在这里找到一个更为有利的生存环境。虽然苏北比苏南要贫穷得多，但由于在当地贫苦农民中很容易征募到兵员，所以在建设根据地和扩张力量时并未遇到严重困难。①

周锡瑞也发现，土地分配与革命运动没有必然联系。周氏曾以研究义和团运动、辛亥时期的两湖革命而知名，后来也研究过陕甘宁边区，从而构成其革命史研究的系列成果。通过对陕甘宁边区的实地调查和研究，他认为，地主的剥削并没有直接导致革命。不仅如此，革命运动的发展与地主拥有土地的面积还成反比。如无定河一带，地主占有土地最多，米脂、绥德尤其显著，但抗战以前，革命运动在这一带的发展却微乎其微。即使是 1940 年以后，王震的部队赶走了米脂和绥德的国民党势力，共产党在地主势力占统治地位的村庄仍没什么影响。虽然那里的党员大部分是抗战期间入党的，但身份是秘密的，直到 1947 年以后才公开，但还不是所有的人都敢露面。②

美国学者胡素珊甚至认为，中国共产党进行土改之后，农民更不愿意参加革命了。一些干部抱怨，土改以后征兵甚至比土改之前还难，农民只想留在家里享受斗争成果，特别是因为这一成果中还包括了一块土地。③

继美国学者之后，近些年来，随着改革开放和中外交流的日益扩大，一些大陆学者也开始重新审视中共革命史，进而颠覆了传统解释。其中，以王奇生、黄道炫的研究较为引人注目。

王奇生以大革命结束后的广东地区为例，认为地主的压迫剥削与农民参加革命并不构成必然关联。参加革命踊跃的乡村往往是一些偏僻的小乡

---

① Chang Liu, *Peasants and Revolution in Rural China*: *Rural Political Change in the North China Piain and the Yangzi Delta*, *1850 - 1949* (Routledge, 2007), pp. 91 - 113, 165 - 190；刘昶：《在江南干革命：共产党与江南农村，1927—1945》，《中国乡村研究》第一辑，商务印书馆 2003 年版，第 113、118、133 页。

② [美] 周锡瑞：《从农村调查看陕北早期革命史》，南开大学历史系编：《中外学者论抗日根据地》，第 542 页。

③ [美] 胡素珊：《中国的内战——1945—1949 年的政治斗争》，王海良等译，中国青年出版社 1997 年版，第 340 页。

村，这些乡村自耕农居多，一般没有或少有豪强地主，中国共产党组织力量容易渗透进去；而一些地主势力占统治地位的大乡村，中国共产党势力不易打入，农民多受族长、耆老等豪绅地主的控制，革命运动不易开展。①

黄道炫以土地革命时期的苏区为例，也提出土地分配与农民革命没有必然联系。他说，当人们习惯地将地主、富农占地比例加以夸大的时候，实际上就预设了这样一个前提，即土地革命的可能和土地集中程度是成正比的。但东南地区的土地集中程度并不像许多论著认为的那样严重，最具影响的中央苏区所在地闽、赣两省更属于土地分散区域，而且根据江西的调查，苏区、游击区和白区各村庄土地占有也与土地革命呈现负相关状态，即苏区土地集中程度是最低的。有关研究将土地革命和土地集中必然联系的习惯做法，在这里并没有得到充足的证据支持。其实，中国农村中大地主无论是地理距离还是心理距离都和普通农民差距较大，其对佃农的压榨程度往往相对较轻，恰恰是中小地主在与佃农及普通农民的密切接触中，易产生利益冲突。所以，把土地集中看作土地革命主要成因的观念似乎并不具有充足的说服力。不仅如此，黄道炫还强调，贫困与农民支持中共革命之间也没有必然的逻辑性。他说，从贯穿中国长历史的角度看，贫穷确实是农民屡屡寻求变局的一个基础性原因，20 世纪初以来随着人口增加、外国资本入侵、政治力量榨取形成的农村贫困的趋势，尤其使农民革命具有更多的可能性。不过，贫穷是革命的温床，但贫穷并不一定意味着革命，何况作为土地革命集中地区，东南乃至赣南闽西和中国西北乃至北方广大地区比，生存环境也不能算是很恶劣的。因此，虽然东南地区存在土地占有不平衡、地主与农民间关系紧张、农民日益窘困等种种导致土地革命的因素，但和中国其他地区比，这里并不具有特殊性，上述因素尚不足以说明何以正是在这一地区形成苏维埃革命的巨大声势。②

其他学者如黄琨、王友明、陈耀煌等，也分别提出了大致类似的意

① 王奇生：《党员、党组织与乡村社会：广东的中共地下党》，《近代史研究》2002 年第 5 期。

② 黄道炫：《一九二〇——九四〇年代中国东南地区的土地占有——兼谈地主、农民与土地革命》，《历史研究》2005 年第 1 期。

见。黄琨以苏区革命根据地为例，认为土地集中、家庭贫困与农民革命并无必然联系。他指出，在“愈穷愈革命”的意识形态中，贫穷的农民毫无疑义是中国共产党忠实而又坚强的后盾。不过，事实上，贫困并不是农民参加革命的唯一理由，否则无法解释为什么只有一部分农民参加了革命。因为经济地位同参加革命之间并不形成固定的关联，破产的农民并非只有革命这一条道路可以选择，很多人就加入了土匪的行列；相反，富裕农民出于多种目的，对革命也并非完全排斥。革命农民固然出于对物质利益的渴求，但传统的价值判断和道义准则仍在考虑之列，革命所面临的风险也常使他们迈不出革命的脚步。只有当革命的口号与农民的个体生存感受产生共振，并且革命的组织能够提供给农民所需要的安全感时，才能吸引他们加入。正是农民会从自身的生存性感受出发，各地的土地占有、赋税收取情况的差异会造成同类型的革命运动在各地的不同遭遇。如果仅仅认为土地革命的开展使贫苦农民得到土地是共产党获得农民支持的原因，就忽视了事情的复杂性。不仅如此，在自耕农占据优势的地区，由于苛捐杂税繁重，自耕农更倾向于革命，革命组织发展很快。虽然不必得出自耕农是最积极的革命者的论断，但“怨恨心理”的确在参加革命者的动机里起着重要作用，构成了他们参加革命的原始动机。尤其是捐税，不仅给贫苦农民带来痛苦，对于富农、自耕农甚至中小地主亦是同样，而后者的态度也是倾向革命的。在他们看来，减低租税就意味着革命的成功。尽管怨恨心态并不能使农民直接走向革命，但当革命的目标指向与其吻合并在他们认为许可的情况下，他们就会是革命的拥护者或是参加者，革命这种形式提供了他们解除以往的无能感、进行报复的重要平台。①

台湾学者陈耀煌以大别山区鄂豫皖根据地为例，认为困苦的环境固然有助于中共农村根据地的建立，但中共农村根据地所以在某一地区建立，并不必然意味着该地农民生活困苦，两者之间并非总是互为因果的。中国农村中存在着各式各样的矛盾，有阶级矛盾、外来军队与当地群众之间的矛盾、宗族间的矛盾等。不同地区的人民有不一样的感受，有的

---

① 黄琨：《从暴动到乡村割据：1927—1929——中国共产党革命根据地是怎样建立起来的》，上海社会科学院出版社 2006 年版，“摘要”第 2 页，“前言”第 1、7 页，正文第 45 页。

人可能对阶级压迫感受较深，有的人则对苛捐杂税等政治压迫感受较深。在大别山地区，鄂豫皖苏区的建立并不代表这一地区就存在着严重的阶级矛盾，复杂的环境使得中国共产党不可能仅仅以土地革命的口号就能动员农民为其所用。回乡策动农民暴动的党员，大多是借由地方精英的地位及关系来动员农民群众，并不曾向农民进行土地革命或政治的宣传。下层农民群众之所以参加暴动，并不代表他们对共产党或土地革命政策有任何的信仰或认识。①

与南方相比，华北农村是自耕农集中的地区。王友明对中国共产党在山东莒南县的土地改革进行深入研究，也认为土地改革对农民支持革命未起到什么作用。他说，传统党史编纂中，认为农民得到了土地，翻了身，自然就有了参军支前的要求，在土改与参军之间建立了直接的联系。但大量材料显示，事实并非如此简单。从参军动机上看不出因实行了减租减息、分配了土地就产生了拥军支前、参军参战的要求。也正因为如此，才使党组织将参军支前工作经常列入中心工作范围，动用各方面的力量，甚至包括地主、富农等所谓“上层”力量，全方位动员，以达到完成参军任务的目的。当然，他并非否认土改对参军支前的作用，只是认为农民分到土地之后，并不是积极主动地参军支前，而是通过党的各级组织以及在减租减息和土改过程中建立并逐步得到强化的各种组织细密的组织动员而实现的。②

那么，到底是哪些动力促使农民支持和参加中共革命呢？以下解释提供了认识这一问题的多面性。

二　社会经济改革与农民革命

尽管上述学者认为土地分配、家庭贫困与农民革命没有必然联系，也就是说，农民革命不具有天然性，不过大多数学者仍都承认，中国共

① 陈耀煌：《共产党·地方精英·农民——鄂豫皖苏区的共产革命》，台北，政治大学历史学系，1992 年，第 27、53、187 页。

② 王友明：《解放区土地改革研究：1941—1948——以山东莒南县为个案》，上海社会科学院出版社 2006 年版，第 109、114 页。

产党进行社会经济改革，给农民看得见的物质利益，是农民支持中共革命的重要原因。所谓社会经济改革，既指土地改革，也涉及减租减息、减轻赋税等措施，还包括给农民必要的社会尊重和社会地位。可见，这些学者的看法，既与中国共产党传统解释有矛盾的一面，又有一致之处，但对社会经济改革的解读视角又有所不同。

其实，早在革命年代，中共革命领袖以及国外记者就提出了这一观点。

毛泽东在1934年1月江西瑞金第二次全国工农代表大会上报告指出："要得到群众的拥护么？要群众拿出他们的全力放到战线上去么？那末，就得和群众在一起，就得去发动群众的积极性，就得关心群众的痛痒，就得真心实意地为群众谋利益，解决群众的生产和生活的问题，盐的问题，米的问题，房子的问题，衣的问题，生小孩子的问题，解决群众的一切问题。我们是这样做了么，广大群众就必定拥护我们，把革命当作他们的生命，把革命当作他们无上光荣的旗帜。国民党要来进攻红色区域，广大群众就要用生命同国民党决斗。这是无疑的。"①

美国著名记者斯诺1936年访问延安和陕甘宁边区，明确提出了这样的观点：中共的社会经济政纲是革命政党与那些因为赤贫而将土地、粮食和生存放在首位的农民建立起密切关系的关键。美国外交官谢伟思1944年访问延安后也认为，农民支持中共的基础在于中共的社会经济政纲具有民主性，就是照顾大多数人的利益。农民愿意与中共军队一起战斗，因为他们认定共产党是为了他们的利益而战。②

抗战后期和国共决战时期，哈里森·弗曼、根德·斯坦、白修德和安那莉·雅科比所写的关于共产主义运动的著作，认为中国共产党成功动员农民的关键在于他们在农民中间推行民主。白修德和雅科比说对于世世代代被整天役使、欺诈、殴打的农民，如果你将他们当人看，征求他们的意见，让他们选举地方政府，让他们自己组织警察和宪兵，自己

---

① 毛泽东：《关心群众生活，注意工作方法》（1934年1月），《毛泽东选集》，人民出版社1969年版，第124—125页。

② ［美］马克·塞尔登：《他们为什么获胜？——对中共与农民关系的反思》，南开大学历史系编：《中外学者论抗日根据地》，第608页。

来决定税额，自己投票来减租减息，如果这些事情你都做了，农民们便有了战斗目标，而且他们会为了保护这些权益而与任何敌人作战，无论是日本人还是中国人。①

如果说斯诺和谢伟思等人的观点还只是亲身经历者的看法，而到20世纪70年代以后，不少外国学者也倾向于社会经济改革的解释，不过其分析视角与中国共产党传统解释有所不同。也就是说，他们虽然否认土地分配等社会经济结构与农民革命之间存在着天然联系，但又认为中国共产党社会经济改革对动员农民革命起了重要作用。这种看法在西方学者看来，属于“社会交换理论”，内含道德经济论和理性经济论两个方面，总之就是通过给农民最急迫的实在利益换取他们的广泛支持。

美国著名政治学家、革命史专家斯考切波对法国、俄国和中国革命进行了比较研究，认为在这几个国家的革命中，农民的目标与先前农民在起义或暴动中的目标并没有什么内在的差异。参与这些革命的农民，并没有转向追求建立全国性新社会的激进愿望，也没有成为全国性的有组织的自发的阶级。相反，他们所奋斗的是一些具体的目标——通常都涉及获得更多的土地，或者是摆脱那些索取其剩余财产的特权。农民是在既有的经济和政治环境中来认识自身的，因此他们在这种环境中所提出的这些目标完全是可以理解的。在中国，农民被中国共产党重新组织起来，然而即使到那时候，中国的农民所追求的还是具体的、直接的目标，这些目标与他们在历史上的暴动和起义活动中所追求的目标并无二致。如果共产党没有表现出是为农民利益而斗争，并且采取符合农民习惯的地区主义方式而行事的话，农民是不会情愿、更不会坚定地为红军提供这种支持。②

另一美国政治学者汤森指出，中国共产党提出了比较传统的农民经济要求和社会正义观念，共产党人对社会和经济变革的承诺，特别是他们所许诺的土地改革，是该党历史上许多时期获得大众支持和吸引他们

① ［美］白修德、安那莉·雅科比等：《中国雷鸣》，转引自［美］马克·塞尔登《他们为什么获胜？——对中共与农民关系的反思》，南开大学历史系编：《中外学者论抗日根据地》，第608页。

② ［美］斯考切波：《国家与社会革命——对法国、俄国和中国的比较分析》，何俊志等译，上海人民出版社2007年版，第143—144、304—305页。

加入革命的一个根源。①

美国历史学者卡特福特以晋察冀抗日根据地为例认为，中国共产党获得了少数农民的支持和多数农民的顺从。社会改革，特别是减租减息和统一累进税政策，是农民参加群众组织和中国共产党政权活动的根本原因。边区的征税、征兵和对乡村的控制，都有赖于社会经济改革政策的实行。②

另一美国历史学者范力沛的解释更加详细。他认为，在中共抗日根据地，共产党人经受住了日本的治安强化和残酷镇压时，大部分观察家将其归功于群众动员和民众支持，并将这种支持追溯到由侵略者暴行激起的抗日民族主义或社会经济改革和“群众路线”。无疑这两种因素都起了某种作用。不过，实际上日本人的暴行，使民众变得冷漠，甚至与他们合作，削弱了对中国共产党的支持。对于社会经济改革和群众路线，也要看到，必须给农民看得见的实际利益，又不承担过多风险，才能组织起来。比如，中国共产党每到一处都设法缓解农民对服兵役怀有怨恨与不信任，使每个人都熟悉年轻人在田间劳动而于必要时保卫家园的观念。特别是，如果他们的家庭得到某些减税优待，庄稼有人帮助照料，并被给予对子弟兵做出贡献的光荣。范力沛还强调，因为毛泽东等中共领导人相信，只要党有机会坚持在那里活动，原则上根据地可以在任何地方建立，乡村中每个地方都不乏悲惨与不公，足以激起革命性的变革。如果说租佃率在华北地区相当低，减租政策的吸引力有限，还有其他的问题、其他的剥削形式可以代替。事实表明，最成功的根据地位于较为贫穷的地区，或者就在传统的匪区。③

还有学者认为，赋税压迫和赋税改革与农民支持革命有密切的联系。显然，这也是社会经济改革的一部分，只是被更加强调和突出罢了。

日本学者片冈彻男、马场毅认为，普通的贫雇农缺少民族意识。比

---

① ［美］汤森：《中共政治》，顾速等译，江苏人民出版社 2003 年版，第 12 页。

② Kathleen Hartford, *Step by Step: Reform, Resistance and Revolution in the Chin-Ch'a-Chi Border Region, 1937 - 1945*, Stanford: Stanford Universty, Ph. D. Dissertation, 1980, pp. 56, 129, 139, 405 - 415.

③ ［美］费正清等编：《剑桥中华民国史》下，杨品泉等译，中国社会科学出版社 1998 年版，第 715、744—747、770 页。

如对日本打垮韩复榘，普通农民就可能幻想，可能不再征收赋税、强制劳动；对日本侵略直接或间接地威胁了农村统治者地主的安全，也心中窃喜。中国共产党对农民的吸引力不只在于抗日爱国，而且是社会经济方面的改良，例如累进税给贫雇农和中农很多好处，这是中国共产党得人心的基础。①

美国学者马克·塞尔登认为，中国革命的动力在于被剥削的农民群众，农民阶级是通过社会经济改革发生革命转变的。不仅如此，相比而言，赋税改革比减租减息更为重要，赋税改革是联结中国共产党和农民的纽带。因为，第一，华北和华中大部分根据地的地租率本来就低，大多数家庭并未受到减租的影响；第二，农民长期以来义愤最大的是人头税；第三，中国共产党在激烈争夺的地区，包括在日本占领过的地区所建立的根据地，从未成功地实行土地改革，而赋税改革则广泛地实施了。由此看来，收入差别的缩小幅度比拥有财产的缩小幅度要大得多。由于对赤贫的人免除了全部赋税，对相对贫困的大部分家庭减轻了赋税负担，这种赋税改革便成为联结中国共产党和农民的纽带。②

另一位美国学者撒克斯顿，先是以太行山区为例，认为农民对民族救国宣传并不感兴趣，抗日和推翻国民党都不能自动导致农民支持中国共产党。如果不是从地主那里恢复农民的生存条件，如果不是迫使地主对农民减轻剥削，缓解农民的饥饿，中国共产党就不可能获得农民的支持。③ 后来他又以冀鲁豫边区为例，认为地主剥削和阶级不平等造成了农民的苦难，共产党通过减轻社会苦难和农民疾苦的政纲赢得民众，这两种解释都无助于解释共产党的力量在华北落后平原的冀鲁豫交界地区的兴起和发展。它们都没有考虑第二次世界大战前中央政府在农村的变幻

---

① ［日］片冈彻男：《中国的抗日与革命：共产党和第二次统一战线》，转引自周锡瑞《从农村调查看陕北早期革命史》，南开大学历史系编《中外学者论抗日根据地》，第 537 页；［日］马场毅：《抗日根据地的形成与农民》，南开大学历史系编：《中外学者论抗日根据地》，第 96—99 页。

② ［美］马克·塞尔登：《他们为什么获胜？——对中共与农民关系的反思》，南开大学历史系编：《中外学者论抗日根据地》，第 612 页。

③ Ralph A. Thaxton, "On Peasant Revolution and National Pesistance: Toward a Theory of Peasant Mobilization and Revolutionary War with Special Reference to Modern China," *World Politics*, Vol. 30, No. 1 (1977), pp. 30 – 32, 55 – 57.

无穷的税收政策是导致民众反叛的因素之一，没有论证民众反对蒋介石苛捐杂税的内战和共产党领导下的反抗日本的国际战争这两者之间的关系。在日本侵略这一地区的前10年中，中央政府财政部辖下的盐警企图对盐业市场实行垄断并压制农民制造土盐，激起农民造反，1934年后是国民党政府的行为而非共产党的宣传造成农民的反叛。他们通过集体反抗斗争迫使国民党县官承认他们制盐的权利。在第二次世界大战期间，共产党充分利用了这一有利形势，一方面共产党重申他们维护农民制盐和卖盐的权利，八路军设立制度确定这一权利；另一方面，利用战争紧急状态，用较好的武器武装起盐农来反抗日本侵略者。共产党能够在政治上获得民众的支持，在很大程度上是由于他们有能力与那些长期以来反抗蒋介石政府税警的村民联合起来。而制盐农民也明白，如果大战结束国民党税警重新回来压制他们生产土盐，压迫他们的市场经济，他们能够用这些武器来对付国民党政权，维护他们的市场。①

相比而言，大陆学者对社会经济改革与农民革命的联系的学术研究，反而较少，也可能认为这是理所当然，无须论证。管见所及，只有黄道炫的研究较为深入。尽管他不认为土地分配、家庭贫困与农民革命有着必然关系，但同时又指出，在中央苏区，要厘清中国农村土地革命的动力，理解农民对土地的渴望仍具有重要意义。在土地分配存在着相当不平衡的情况下，作为基本的生存要素，拥有更多的可以自主的土地是农民衷心的期盼。所以，当土地革命广泛开展后，没收地主土地在农民中平分，对农民具有极大的吸引力，对土地的渴望是农民理解、接受、走向革命最直接的利益驱动。农民作为被“发动”的革命者，其阶级意识和自觉的阶级对立是在中国共产党领导的土地革命中逐渐发展起来的。此外，黄道炫还从社会平等、尊严等角度，提出新的解释。他认为，苏维埃革命为农民提供的平等、权利、尊严，也是农民投身革命不可忽视的政治、心理原因。苏维埃革命前后农民的精神状态变化，当时多有反

① Ralph A. Thaxton, *Salt of the Earth: The Political Origins of Peasant Protest and Communist Revolution in China*, Berkeley and Los Angeles: University of California Press, 1997, pp. 319 - 329; [美] 撒克斯顿:《1931—1945 年冀鲁豫边区的民众起义和共产党政权》，南开大学历史系编:《中外学者论抗日根据地》，第 600—603 页。

映。这种状况和苏维埃革命为普通农民提供的政治训练、社会角色、活动空间及社会政治地位流动直接相关。资料显示，当时中国共产党在各个群体中受到拥护的程度由高到低排列大致是：妇女、少儿、青年、中年、老年，而这恰恰和苏维埃革命前后权利、地位发生变化的大小是一致的。千百年来一直被忽视的普通农民第一次走入社会政治活动中并成为主导者，其产生的影响、震动绝非寻常。[①]

三 民族主义与农民革命

与中共革命的另两个历史阶段——土地革命战争和解放战争时期不同，抗日战争是全中国的民族抗战，中共革命作为整个战争的重要组成部分，具有民族革命的性质。也正因如此，民族主义与农民革命到底是什么关系，一直是中共革命史研究中有争议的问题。

有关争论，主要发生在美国学者之间。早在 1940 年，曾任燕京大学教师的美国人乔治·泰勒，在对中共华北游击队亲身观察后认为，日本侵略为中国共产党在农村掀起全国性运动提供了空间。从这一意义上说，中国共产党与农民关系的关键是战争引起的民族主义而不是中国共产党的社会经济纲领。[②] 这一观点与前述同一时期美国外交官谢伟思的观察显然有别。

到 20 世纪 60 年代初，美国学者詹姆斯·约翰逊对此进行了深入的学术研究。他认为，中日战争爆发之前，经济剥削、军阀战争、自然灾害等不足以催生农民群众运动。在第一次国共内战时期，中国共产党的土地革命遭到失败，失去了民众的支持。因为当中共游击战争仅在贫农和佃农中间有吸引力，而疏远了中农、富农和地主时，它是很难稳固的。但日本侵华战争爆发后，民族矛盾突出，中国共产党停止了“激进”的土地革命主张，改为减租减息政策，鼓励所有爱国的人民进行抗日，结

---

① 黄道炫：《一九二〇—一九四〇年代中国东南地区的土地占有——兼谈地主、农民与土地革命》，《历史研究》2005 年第 1 期。

② ［美］马克·塞尔登：《他们为什么获胜？——对中共与农民关系的反思》，南开大学历史系编《中外学者论抗日根据地》，第 608 页。

果获得了民众的广泛支持。也就是说，在抗日根据地，是日本侵略动员了北方农民，农民支持中国共产党革命、支持游击战，主要取决于他们对敌人的仇恨。共产党是依靠农民的爱国主义精神，赢得了普遍的拥护，夺取了政权，而与中国共产党领导建立共产主义、民族国家的目标以及推行社会革命无关。总之，在约翰逊看来，民族主义比激进主义更有号召力，如果没有日本侵略带来的暴行和剥削，中共将与江西和其他老根据地一样遭到失败。共产党起来掌权应理解为一种民族主义运动。①

约翰逊的研究一经发表，立即引起学术界的强烈反响。对日本暴行是否导致了中国农民的民族爱国主义，赞同者有之，批评者更多。而在前节所述中，支持社会经济改革与农民革命关系密切看法的学者，几乎都对民族主义与农民革命的关系表示了质疑。

实际上，最先对约翰逊的观点提出批评的是唐纳德·纪林，并引发了关于中国共产主义胜利根源的大辩论。与约翰逊相反，唐纳德·纪林以山西为例指出，在日本大规模侵华之前，中国共产党就因为增加了群众的社会经济利益，而获得了他们的支持。日本侵华之后，中共力量的扩大也不是农民民族主义，而同样是社会经济改革的结果。当日军进攻山西时，抗日主力不是中国共产党，而是阎锡山军队和中央军。如果农民渴望打败日本，理应拥护阎军和中央军。然而，事实上，在晋北战斗中，因为工钱高，农民还为日军挖掘战壕，修筑工事。在临近前线的地方，村民甚至躲避中国军队，拒绝卖给他们食物，对伤病员不予理睬。他们甚至认为，中日战争不过是另一场军阀之间的争夺。尤其是阎军南撤时，到处掠夺，糟蹋百姓，以至于农民对他们的畏惧比日军有过之而无不及。相比而言，中共部队却受到普通农民的欢迎，但主要不是因为抗日，而是中国共产党实行了彻底的社会经济改革，农民得到了好处。②

---

① Chalmers A. Johnson, *Peasants Nationalism and Communist Power: the Emergence of Revolutionary China, 1937 – 1945*, Stanford University Press, 1962, pp. 657 – 658；[美] 范力沛：《西方学者对抗日根据地的研究》，南开大学历史系编：《中国抗日根据地史国际学术讨论会论文集》，第 96 页。

② Gillin Donald, "Peasant Nationalism in the History of Chinese Communism", *Journal of Asian Studies*, Vol. 23, No. 2 (1964), pp. 277, 280 – 288; Chalmers A. Johnson, "Peasant Nationalism Revisited: The Biography of a Book", *China Quarterly*, No. 72 (1977), p. 780.

卡特福特和马克·塞尔登的看法，也颇有针对性。卡特福特认为，日本侵略初期，对中国共产党政权和政策的最早支持几乎全是来自农村上层和底层。农村上层比其他阶层更具有民族主义激情，起来抵抗日本侵略者的大都是大学生、中学生和其他知识分子，或者是地主、小资本家和富农。他们的文化程度较高，在日本人的侵略中损失较大。虽然这些人并不是革命事业可靠的、无私的战士，但由于在初期不易得到农民的支持，中国共产党别无选择，只好大量吸收他们。所以，中共抗战初期发动农民运动是非常困难的。在农村社会的另一端，游民、流氓或其他粗野之徒也比较容易被动员起来反对外来的侵略军或地方的当权者。而其他多数人即一般群众，则抱着“等着瞧”的立场。百团大战引来的日本大“扫荡”，使晋察冀边区的多数村民疏离了中共队伍。也就是，它一方面直接地将农民从中共运动中吓跑；另一方面也间接地削弱了农民对边区政府的信心，不仅包括农民对于八路军和民兵有能力抵抗日军的信心，还有农民对于中共社会改革纲领的信心。由此，中共社会经济改革政策的实施，变得相当困难。①

马克·塞尔登也认为，约翰逊的“民族主义”理论存在着无法理解的缺陷。首先，这一理论以社会动员来定义的民族主义在1942—1943年几乎难以想象，因为这两年，华北根据地的人口从4400万人降至2500万人，八路军从40万人降至30万人，90%的平原根据地落入日本人手中。可见，日军的进攻远没有起到动员民众的作用，而是使广大民众脱离抗战队伍，甚至还迁怒于抵抗运动、指斥抗战激怒了敌人。另外，如果说“农民民族主义”是决定性因素，那么，在日本侵略造成的“战时无政府状态”中，为什么得益者不是国民党而是共产党？战争爆发的时候国民党毕竟处于统治地位，得到国际承认。像在美国、英国和德国那样，居于统治地位的政党是很便于从战时民族主义中获益的，中国却没有这种优越性。所以，约翰逊解释不了为什么是共产党而非国民党成功地建立

① Katheen Hartford, “Repression and Communist Success: the Case of Jin-Ji, 1938 - 1943”, in Katheen Hartford and Steven M. Goldstein (eds.), *Single Spark: China's Revolutions*, New York: M. E. Sharp and the East Asian Institute of Columbia University, 1989, pp. 94 - 95, 100 - 112; ［法］毕仰高：《抗日根据地中农民对中共动员政策的反应：一些西方的观点》，南开大学历史系编《中外学者论抗日根据地》，第643—644、647页。

了后方根据地。[①]

在美国芝加哥大学获得政治学博士学位的华裔学者何高潮，对约翰逊的观点也做了评论。他认为，约翰逊试图从“民族主义”和“权力真空”的角度出发，去解释中国共产党在抗日战争时期成功地发动农民运动的根本所在。这种解释的确抓住了当时社会历史条件的两个重要方面，比起那种把革命作为一种社会病态去理解的“自然历史”学派要更为贴切于历史真实。但是，问题在于，对具体社会历史条件的把握并不能代替对人们在历史过程中的行为分析。同样的社会条件下往往会同时存在着并非唯一的行为选择。人的主观能动性以及在此基础上的行为选择互动性，常常使历史在看起来非常简单的结构性条件下，演变出令人眼花缭乱的复杂过程。约翰逊的解释正是在相当大的程度上忽略了这种主观能动性和策略互动性。因此，它并不能帮助我们了解，在同样的权力真空和农民的反日民族主义的条件下，为什么是中国共产党而不是其他政治力量能成功地把农民动员起来，不仅去从事抗日活动，而且去参与广泛的社会革命性变革。实际上，如何把农民对日军侵略的仇视上升到民族主义的高度，并把它变成对一种特定政治力量的支持，是一个并非简单的过程。即使我们把农民对日军的仇视简单地等同于农民民族主义，我们也只能解释农民与中国共产党在反日问题上的同仇敌忾，但却不能解释他们以及他们与地主等其他乡村势力之间在社会革命过程中的复杂关系。[②]

比较而言，中国大陆学者对此关注很少。只有两位学者对此作了较多的分析。刘一皋认为，从华北事变前后的农民动员结果来看，当对生存的直接威胁到来之前，单纯的民族主义的号召在农村要受到多种条件的制约，并无一呼百应的效果。抗战初期，华北农民的自发反抗和响应动员积极参战的英雄事迹，固然可歌可泣，但是抱怨民众动员水平低、政府军队军纪败坏和土匪的趁火打劫，使得日军未遇到多少抵抗便长驱

---

① ［美］马克·塞尔登：《他们为什么获胜？——对中共与农民关系的反思》，南开大学历史系编：《中外学者论抗日根据地》，第 610—611 页；［美］马克·塞尔登：《革命中的中国：延安道路》，魏晓明、冯崇义译，社会科学文献出版社 2002 年版，第 281—284 页。

② 何高潮：《地主·农民·共产党：社会博弈论的分析》，香港牛津大学出版社 1997 年版，第 8—9 页。

直入的事例，也许更多。民族主义是一种强烈而且稳定的文化情感，在严重的外来压力下，可以成为政治动员的有效手段和宣传口号，但不是组织动员群众的重要内容。整体而言，农民在国家政治、经济、文化生活中处于弱势地位，是社会上的弱势集团，农民只有在一定条件下才能响应外部动员，结成有效的组织联系，不畏牺牲奋起反抗，成为社会变迁中决定性的力量。也就是说，当战时条件一旦具备，民族主义号召的动员才释放出难以估量的巨大威力，他才成为整个战时乃至战后各种政治、经济群众运动重要武器。具体来说，就是当共产党领导的八路军和根据地政权成为华北敌后的国家象征，农村社会有了新的力量基点，民族主义口号才变得坚实有力。战时社会改革是在民族战争过程中进行的，使得中国社会变迁以及对于民主的认识，也不可避免地具有强烈的民族主义色彩。他还指出，尽管农民中可以产生自发的民族主义的反抗，但都只能分散地发生于局部区域，规模小，且难以持久，只有外部力量的有效发动，农民才能在抗战中发挥巨大的作用。①

著名历史学家魏宏运的看法有所不同。尽管他也认为有些农民麻木不仁，乃至做了汉奸，但对大多数农民的民族爱国主义情感给予高度肯定。他说，抗战开始后，农民一盘散沙，不关心战争的不乏其人。一些农民害怕参军或参军后开了小差，需要做说服动员工作。但这只是问题的一个方面，更重要的是农民认识到客观现实，特别是日军残暴的铁蹄踏上自己的乡土、野蛮本性暴露无遗时，农民怒火满腔，加之抗战勇士壮烈牺牲和无辜民众惨遭涂炭，更激起了他们的民族意识和爱国热情。国破家亡，这是再浅显不过的道理。农民因此很快认识到，抵抗是唯一的出路，引颈待毙不如拼个你死我活。所以，假如说，农民对战争漠不关心，是与事实不符的。被战争激怒的广大农民，作为中国人其情感是无法抑制的。他们对战争并不是持消极态度，沉默不言，而是表现了自己鲜明的立场。战争教育了农民，使他们产生了忘我无私的思想。以上可以说代表了农民的总体意识。如果要问，华北农民想的是什么，可以肯定地回答，想的是国家和民族的解放，想的是自己及其家人的生存和

---

① 刘一皋：《农民动员与社会变迁——华北事变前后之农村社会分析》，中国现代史学会编：《二十世纪中国社会史研究》，当代世界出版社 1998 年版，第 113、124—126 页。

自由。但是不是每个人都这样呢?当然不是,麻木不仁的人有没有?有的,甚至还有当顺民的思想。但这只是个别的。为什么有些农民没有民族气节,充当了日本的汉奸?主要是这些人经不起金钱的诱惑,以至受日军的驱使。①

四 中共动员与农民革命

也许可以这样说,无论是土地分配不均、苛捐杂税繁重,还是土地改革和减轻赋税等社会经济改革,以及民族主义情感的上升,都可能对农民支持和参加中共革命起了一定的或重要的作用,或者至少是一个辅助性因素。与此同时,还有学者强调中共动员和组织工作的重要性,认为以上因素之所以能够发挥作用,与此有密切的关系。

美国学者霍夫海因茨指出,在大多数情况下,社会生态和接纳共产主义诉求之间并不存在明显的相互关系。相反,革命在一些地方的极大成功,只是由于共产党碰巧在那些地方建立了组织。或者也可以说,革命成功的条件基本是人们行动的产物,而不是社会结构、经济或人口的确定不移的事实。② 也就是说,中国共产党在这些地区的动员是最重要的原因。

美籍华裔政治学者邹谠,在霍夫海因茨的基础上进一步指出:我们可以在史实、事件、事变、巧合等中间,发现结构结束与人的选择之间的关系;中国共产主义运动可以描述在既定社会经济结构下人的选择范围。这种关于人的选择和行动的理论,或许要比在结构决定论或彻底的主观决定论基础上所引申出来的历史视野更为有利。邹氏将此称为“结构约束范围内的人的选择”,并进一步指出,中共革命并不是自发的,它是在极端不利的条件下制造出来的。中国共产党的胜利在相当大的程度上取决于其灵活的战斗策略。除非行动者认识到现存社会经济结构对他

① 魏宏运:《抗战第一年的华北农民》,《抗日战争研究》1993 年第 1 期。

② Roy M. Hofheinz, “The Ecology of Chinese Communisit Success: Rural Influence Patterns, 1923 - 1945”, in A. Doak Barnett (ed.), *Chinese Communist Politics in Action*, Settle and London: University of Washington Press, 1969, pp. 73 - 74.

的选择具有结构性的约束，并使自己的选择与这种约束相适应，他将不可能取得胜利。[1] 这就是说，尽管社会经济基础有助于革命的发生，但如果不是中国共产党进行主动选择和行动，也不可能成功。

台湾学者陈永发，对中共华中、华东抗日根据地有深入的研究。他认为，发动农民并非约翰逊所说的民族主义那样自然而然和简单。在日本绥靖区，不存在什么农民民族主义。有时农民甚至将新四军当作土匪，有时将日本军队当作前来恢复秩序的力量表示欢迎。应该说，中共推行的社会经济纲领、再分配政策符合农民的利益，对发动农民抗战发挥了作用。不过，就总体而言，中国共产党在抗战时期的农村运动，主要取决于对农民的操纵和对地主的镇压。他从“斗争”以及对斗争操纵的角度，来解释中共农民运动的成败。中共不仅与作为革命对象的地主之间有矛盾，而且与所依靠的主要革命力量——农民之间，在利益权衡、目标设立、行为规范等方面也存在着各种矛盾。[2]

澳大利亚学者古德曼指出，越来越多的证据表明，党对军队和政权的掌握是至关重要的。抗日根据地的建立，自上而下依靠军事和政治的支持，至少比社会变革重要。一般来说，每个根据地都有一个明显的方式，建立政治秩序和制度优先于对社会变革做的尝试。[3] 他还通过对太行边区黎城县离卦道暴动的研究认为，中国共产党并不能为所欲为，即便在其统治最为稳固、集中了大量干部和积极分子的地区，也有对中共领导与组织的挑战。基于民族主义的民众支持是不可靠的，日本人的残暴行为扩大了中国共产党与民众的距离。中国共产党必须尽最大努力，才能使其政策得以实施，并得到政治与军事的极大支持。[4]

中国大陆也有少数学者对此进行了阐述。中国苏区史专家何友良指

---

① 邹谠：《中国革命再阐释》，第 122、124、145 页。

② Yongfa Chen, *Making Revolution*: *The Communist Movment in Eastern and Central China*, *1937 – 1945*, Berkely and Los Angeles: University of California Press, 1986, pp. 99, 513 – 514；周锡瑞：《从农村调查看陕北早期革命史》，南开大学历史系编：《中外学者论抗日根据地》，第 537 页；[美] 费正清等编：《剑桥中华民国史》下，第 734 页。

③ [澳] 古德曼《中国革命中的抗日根据地社会变迁》，田酉如等译，中央文献出版社 2003 年版，第 5 页。

④ David S. G. Goodman, “The Licheng rebellion of 1941,” *Modern China*, Vol. 21, No. 1 (1997), pp. 216 – 217, 240.

出，农民的奋起、革命的发生，除了贫困的社会根源之外尚需另一个必备的条件，即有先进的个人和组织、新的思想理论来揭露社会的腐败、人民的困苦和规划革命的道路。没有这个条件，革命不可能成为现实运动，农民也很难相率奋起。这也可以解释为，在中国的任何地方都充满了贫困和压迫、不满和疏离，为什么苏维埃革命运动仅在一部分地区发生而未成为全国性运动，为什么苏维埃革命的发生地并不全是或多半不是全国最贫困的地区。从根本上说，农民群众的热情投身于社会变革斗争，是中国共产党广泛深入动员的结果。动员给他们输入了新思想，使他们产生了新认识，进而影响或改变了他们的眼光与行为。动员和争取农民的基本做法，是让理论宣传深入下层群众，以消灭地主武装等实际斗争“抢取”群众，以及用动员起来的群众力量去影响尚未觉悟的群众。除了地方党用抗租抗债抗捐抗税来发动斗争，组织游击队来武装群众，大量动员工作由主力红军来做。正是通过先进政党的教育灌输，苏区农民在世界观、人生观和价值观上确实发生了新的变化。他们广泛接受新知识，普遍具有相当高的政治水平；思想倾向明确，敢爱敢恨，爱憎分明；阶级观念增强，对外具有追求阶级解放、维护阶级利益的强烈意愿和自觉，能够以阶级观点认识和对待敌方的进攻和宣传，对内对地主、富农等剥削阶级斗争坚决，乃至发生对人身过分打击的错误。①

陈德军以赣东北根据地为例指出，在农民和革命精英之间，有关权利和道义的革命性认知在程度和时间上存在着很大的不平衡。因此，在其合理性尚未成为农民自身认知的一部分的情况下，革命运动发生与维持，或者说一个村庄革命场域的形成，就基本上系于作为倡导者的革命知识分子身上。处身于一定社会经济条件下的农民，与处身于革命之中的农民之间需要一些过渡的途径才能连接起来，革命本身不会“不胫而走”。从某种角度来说，与其以经济生活水平来解释革命在某一地方的发生、发展，倒不如从社会的分裂、散沙化的程度来寻找理解革命及其表现形态的线索更为合适。在赣东北这片相对独立的区域里，农民组织起来开始采取革命行动的情形，往往首先发生在那些地势偏僻、民情散漫

---

① 何友良：《中国苏维埃区域社会变动史》，当代中国出版社 1996 年版，第 53—55、147—154 页。

的村落。[①]

有些学者还指出，在动员农民参加革命的过程中，或多或少发生了一些强迫现象。王奇生指出，大革命结束后，中共中央为了恢复和壮大党员的力量，指示各地党组织大力发展党员，给各省市委下达任务指标，以期快速扩大党组织。在此情况下，基层党组织为了完成任务，采取“拉夫式”地吸收党员，滥收滥拉。[②]

黄琨指出，在苏区，1927—1928 年，由于中国共产党急于发展组织进行暴动，下达发展党员指标。有的地方为了完成任务，滥拉滥收，造成党员素质下降。为了执行上级党组织的暴动命令并表示自己不是机会主义，就命令群众去干，当命令不动时就哄骗群众，甚至有的地方还威胁迫使群众参加暴动。[③]

黄道炫认为，苏区中央不切实际，片面追求扩红高指标，而苏区人力有限，许多地区出现强迫现象，甚至不去当红军就封房子。随着反“围剿”战争的进行，苏区不断压缩，人力供应更为困难，而中央仍一味地要求扩充主力红军，1934 年 9 月面对苏区日益缩小、人力已基本耗竭的状况，仍提出一个月扩充 3 万红军的指标。基层为了完成任务，除了强迫命令之外，不可能有其他办法，这就更加剧了群众的对立情绪，逃跑现象有增无减，甚至反水当土匪。[④] 张鸣还指出，中共中央在苏区曾有所谓“烧杀政策”，即用烧杀使农民变成赤贫，然后驱使他们参加革命。扩红之时，还经常出现捆人上送的现象。[⑤]

笔者指导的博士生齐小林，对 1937—1949 年中国共产党在华北革命过程中的士兵问题进行了深入的研究，揭示了农民参军尤其是中共动员

---

① 陈德军：《乡村社会中的革命：以赣东北根据地为研究中心（1924—1934）》，上海大学出版社 2004 年版，第 42—43、111—115 页。

② 王奇生：《党员、党组织与乡村社会：广东的中共地下党》，《近代史研究》2002 年第 5 期。

③ 黄琨：《从暴动到乡村割据：1927—1929——中国共产党革命根据地是怎样建立起来的》。

④ 黄道炫：《逃跑与回流：苏区群众对中共施政方针的回应》，《社会科学研究》2005 年第 6 期。

⑤ 张鸣：《红色的个案——苏维埃乡村追求》，《乡村社会权力和文化结构的变迁（1903—1953）》，广西人民出版社 2001 年版，第 137、157 页。

与农民参军关系的真相。他认为，农民对中共动员参军顾虑重重，譬如担心死亡，担心家庭的生产生活水平下降，担心婚姻不稳定，担心时局变化，害怕“变天”等。于是，他们想尽各种办法进行规避乃至对抗，如躲藏、逃跑、装病乃至自残等。在此过程中，革命动员的力量非常之大。譬如，充分利用村政权的党政系统进行征兵动员，其间发生隐瞒欺骗、强迫拉兵的现象是很严重的。①

前述王友明对山东解放区的研究，已经表明中共动员对于农民参加革命的重要性，不再赘述。

五　农民参加革命的多重动机

关于农民支持与参加中共革命的原因，以上解释基本上代表了迄今学术界的认识水平。也可能还有其他各种各样的看法，不再赘述。应当说，诸家说法都不那么单一和纯粹，甚至有交错，但可以肯定，它揭示了问题的一个主要方面。这些解释也各有道理，但必须强调的是，历史事实远比结论复杂得多，多种因素的凑合也许才能揭示问题的真相。当然，在历史研究或所有社会现象研究中，不能否认探讨最重要或较为重要原因的必要性，此为历史研究的辩证逻辑。

问题还不在于此，以上各种说法的缺陷，恐怕主要是研究者大多是从自上而下的视野分析农民革命及其原因，缺乏农村和农民本身的声音，尤其是缺乏对农民个体或群体感受的关怀。事实上，讨论农民支持和参加中共革命，理应首先对农民主体的心态和行为进行实证研究，否则理论和逻辑性再强，也难以服人。以往之所以陷入无休止的争论，症结就在于它们展示的农民是笼统的、模糊的，而非具体的、鲜活的农民。在所有问题中，最为关键的是，在同一外部条件比如中共经济政策、社会动员、外国侵略，或同一社会经济基础比如土地分配不均、生活贫困之下，为什么有的农民参加了革命，有的农民却没有？那么，不同的农民究竟是受哪些因素的刺激才参加了革命呢？

---

① 齐小林：《中共士兵、革命政权与华北乡村（1937—1949）》，博士学位论文，南开大学，2011 年。

应当说，在个别历史学者的研究中，对此问题已多少有所涉及。

在陕甘宁边区，周锡瑞认为，陕北农民的生活极端贫穷，他们抱着改变生活的愿望而投身到共产党领导的斗争中来。当土匪或当红军，都是逃避苦难的出路。参军的动机不是千篇一律的，中国共产党的土地改革显然具有极大的感召力，但很多人说他们当初参加革命是因为家庭或个人方面的原因。有人是因为失去生母，觉得受到后母虐待。也有人说他跟几个同伴参加红军是为了赶时髦，因为游击队常路过他们村，游击队的生活令村里的年轻人觉得很带劲，也很风光。还有人说，他们参加革命是因为觉得反正待在家里也是挨饿，倒不如参加游击队。游击队经常袭击地主，可以吃得很好。最后，也有人是因为具有一技之长而特别成为中国共产党的发展对象，共产党也需要会说、会写、会抢的人。大部分农民党员没有文化，他们都承认，入党时对社会主义和马列主义一无所知。一般说来，共产党在他们眼里只是穷人党，红军是穷人的军队，并会给穷人带来新生活，这所谓新生活大概就是“楼上楼下，电灯电话”。农民并不懂这些事，这些乌托邦幻想都是有文化的党员讲给他们的。总之，检查一下最初参加革命的那些农民的生活经历和动机，就会发现许多人参加红军并不是阶级斗争的表现，更谈不上民族主义。这些民众总动员和政治参与也不沾边。我们看到的不过是追求个人权力的欲望。这些人在家庭中和村子里都无权无势，对他们来说参加红军是一个机会，可以使自己成为一个“很厉害”的组织的一部分，他们当中那些有一定能力或受过一定教育的后来成为干部。对另外大部分的人来说，参加革命意味着不再受别人的欺负，可以活得扬眉吐气。这正符合年轻人的心理愿望。①

在广东地区，大革命结束后，仍有不少农民加入共产党组织。王奇生认为，普通农民加入中共的情形比较复杂。大革命时期农运基础较好的地区，农民对中国共产党已有一些粗浅的认知，认为共产党是“穷人的党”。但总体而言，当时广东农民对中国共产党的认知程度相当低。不少农民党员分不清农会与共产党的区别，以为农会便是共产党。入党如

---

① 周锡瑞：《从农村调查看陕北早期革命史》，南开大学历史系编：《中外学者论抗日根据地》，第542—545页。

同大革命时期入农会一样随便，相当一部分农民加入共产党是一种盲目行为。还有部分怀有入党谋生的动机，亦即出于个人生存需要而投身革命。[①] 在苏区革命根据地，黄琨指出，农民参加革命与具有革命观念不能等同。革命运动并非只是具有革命观念的群众的集合，许多人怀着不同的目的参加革命运动，有的为减租税获田地，有的为泄私愤及宗族间的冲突，更有的为乘机获得财物或在从众心态之下加入。方志敏领导群众攻打张姓劣绅时，应召到的群众只有 300 多人，但沿途临时加入的就有 3000 多人。[②]

以上学者的看法，应该说均有比较充分的历史依据。事实上，当中国共产党领导的革命战争正在进行之时，就已有人注意到了这一问题。

大革命结束后的广东，据南雄县委报告，1928 年 2 月，一些村庄要求全村加入共产党，原因是上年早稻不熟，许多村庄粮食恐慌。而加入共产党可以暴动“吃大户”，在短期内解决吃饭问题。不过，后来这些农民由于受到地主的诱惑而又反动。海丰苏维埃初建时，因党员分得的土地比普通农民多 1 倍，于是农民为了分双份田而纷纷要求入党。[③]

抗战时期，刘少奇 1939 年 7 月在延安马克思列宁学院演讲《论共产党员的修养》，对农民入党动机有深刻的论述。他指出：加入党的人是带着各色不同的目的和动机而来的。很多党员是为了实现共产主义，为了无产阶级和人类解放的伟大目的加入共产党。但是，另外一些人，却是为了其他的原因和目的入党。比如，过去有些农民出身的同志，以为“打土豪、分田地”就是共产主义。真正的共产主义，他们在入党时是不懂得的。另外，还有些人主要是在社会上找不到出路——没有职业、没有工作、没有书读，或者要摆脱家庭束缚和包办婚姻等，而到共产党里找出路。甚至还有个别的人是为了依靠共产党减轻捐税，为了将来能够

---

① 王奇生：《党员、党组织与乡村社会：广东的中共地下党》，《近代史研究》2002 年第 5 期。

② 黄琨：《从暴动到乡村割据：1927—1929——中国共产党革命根据地是怎样建立起来的》，第 28—29 页。

③ 转引自王奇生《党员、党组织与乡村社会：广东的中共地下党》，《近代史研究》2002 年第 5 期。

“吃得开”，以及被亲戚朋友带进来的，等等。①

在山东抗日根据地滨海区，有一份组织工作总结对新党员的入党动机作了分析：第一，解决生活问题。富裕的为少拿给养，贫苦的为了可以吃给养。第二，得到其他好处。有的以为可以免去拔兵，有的为了抗战后可以做官，也有的为了打官司得便宜，有的为了可以共产共个老婆。第三，私人面子。不好意思不参加，父兄参加自己也参加。第四，封建思想。参加了会门，当了南海大士的徒弟，和某人拜了把子等。第五，挂名就算了。如发展时谈话，你参加后可以做官，“我是庄户人不想做官”，你参加后可以想法得点东西，“我家够吃不想得到什么东西”，“反正你参加了没什么，挂个名就算了”，“那样就可以加入”。第六，作挡箭板。“参加共产党可没有人说咱当汉奸了”，“参加后可没有来捐的了”，“没有人敢欺的了”，有的因为给他父亲报仇，有的是“干上了，做小买卖公平，八路军不查，查着时露示露示就送到门上来了”。第七，有的为了“国民党四产（私），共产党五产（无），比人家多一产”，有的为了“谁加纳多少给养，办个什么事都得商量咱”。第八，婚姻问题（女）。如有的受丈夫压迫另找丈夫，有的怕丈夫遗弃，有的受压迫另找出路而入党。这些人的入党动机是一般的，当然也有少数正确的入党动机，但也有更坏的入党动机。②

同样是山东滨海区，在莒南县，有一份县委对参军对象的动机的分类，目的是在动员农民参军时，作为领导的参考。参军对象的动机有以下几类：甲．快胜利了。这是一般的动机，占大多数。乙．快“实行”翻身了，不受压迫，打倒大肚子。这是一般党员和工人的动机。丙．八路军生活好。丁．为了学习进步。这是一般青年的动机。戊、老六团武器好。这也是青年，尤其是慰问团员的动机。己．抗战后找个好老婆。这是没老婆或夫妻不和的参军动机。庚．家庭压迫，如兄弟父母叔伯等等压迫。辛．升官。中农成分及少数英雄思想较浓厚的村干部，都有这

① 刘少奇：《论共产党员的修养》（1939 年 7 月），《刘少奇选集》上卷，人民出版社 1981 年版，第 137 页。

② 《滨海区五年组织工作总结》，临沂市档案馆藏，3/1/4，转引自王友明《解放区土地改革研究：1941—1948——以山东莒南县为个案》，第 93—94 页。

种动机。壬．报仇或怕斗争。这是个别的。①

美国人韩丁的名著《翻身》，记载了他1948年4月亲自参加的晋冀鲁豫边区张庄的整党运动。村支部有28个党员，在过关会上，党员们讲了入党动机问题。其中，想争取平等权利、言论自由的，10人；因为翻了身而拥护党的，3人；想为人民服务的，2人；想打倒地主的，1人；想当干部的，4人；想掩盖缺点的，4人；想在党的保护下躲避财产没收的，1人；不知道是为什么的，1人；由于在县里坐牢情况不明的，2人。②

由以上材料可见，农民支持与参加革命的动机是十分复杂的，很难用一条或几条理论解释和概括。也就是说，究竟土地分配、家庭贫困、社会经济改革以及民族主义、动员农民等，在农民支持或参加中共革命的行动中起了什么作用，仍需要做大量的农民个体与群体的实证研究。只有在此基础上，方可真正还原农民的革命动机，也才有利于解释中共革命胜利的原因。

最后，笔者还想表明，在对中共革命与乡村农民关系的研究中，较早掀起争论的多是国外学者尤其是美国学者。究其原因，当然与美国陷入国共两党斗争的进程有关，战争的结局迫使他们特别关注中共革命的胜利及其原因。但近些年来，由于“革命似乎对目前的中国已经不那么重要了，探求革命的社会起源对于那里想理解过去的人们仿佛也就不那么重要了”。于是“革命已经被搬离中心舞台，历史研究的关注点就基本从农村转向了城市”。对此，周锡瑞怀疑“我们是否走过了头。在使革命脱离中心的过程中，我们不应该根本忘掉它”③。在中国大陆学术界，20世纪五六十年代因为新政权刚刚建立，中共革命史领域可谓炙手可热，但囿于政治形势的约束，解释单一，争论很少，更不可能参与国际性的

---

① 《滨海区莒南县委关于拥军参军工作具体总结》，莒南县档案馆编：《无私奉献的人们——莒南县战时拥军参军档案资料选编》，1991年印，第80—81页；转引自王友明《解放区土地改革研究：1941—1948——以山东莒南县为个案》，第113—114页。

② ［美］韩丁：《翻身——中国一个村压的革命纪实》，韩琼等译，北京出版社1980年版，第420—421页。

③ 周锡瑞：《把社会、经济、政治放回二十世纪中国史》，《中国学术》第1辑，商务印书馆2000年版，第201—204页。

讨论。改革开放以来，由于社会经济建设的战略转变，中共革命史乃至整个中国近代革命史的研究都由热变冷。而今，似乎又趋于热闹起来。之所以如此，既与中国近代史研究对象的转换有关，也与中国当代社会的危机有关，人们总是想从历史中寻求经验和智慧。在相关解释上，也已经由单一转向多元化。应该说，这是学术发展的标志。与此同时，也必须承认，我们的许多研究并未进行很好的学术史梳理，没有建立在以往研究的基础之上。譬如，20世纪六七十年代国外学者的研究，现在看来仍颇具启发价值，而我们的研究却很少与之进行对话，由此淡化了问题意识，降低了学术价值。当然，中外交流应该是双向的、互动的，国外学者也不能忽视中国学者的成果，毕竟我们的研究已和过去不可同日而语。

历史研究几乎是个无止境的建构和解释过程。也正因为如此，学界经常有人引用胡适说过的一句话，“历史是个任人打扮的小姑娘”，以此表明后人对历史现象随意解释，无所适从。现在，有人考证胡适没说过这句话。其实，问题不在于是否说过，而是它已经约定俗成，成为讽刺历史研究的口头禅。我倒以为，小姑娘是应当允许打扮的，只是看谁打扮得更加漂亮，更加符合小姑娘的形象。其实，再怎么打扮，她还是个小姑娘，而不可能变成别的。历史也是如此，它如同小姑娘一样，是一种客观存在，只是解释不同罢了。应当允许不同的解释，而非遵从一种声音，否则由政府发布一个指令就解决了，但那是历史研究吗？可以相信，历史越辩越明，历史研究总是朝着符合历史真相的方向前进。

清帝逊位与民国初年统治合法性的阙失

——兼谈清末民初改制言论中传统因素的作用*

杨念群

一 引言："正统性"危机的发生与"合法性"建立的困境

从革命史叙事的角度观察，辛亥革命导致清朝灭亡与民国肇建完全是一种历史必然性的演进过程，"革命"成功摧毁王权，结束千年帝制的行动本身及其破坏性后果就已天然证成了民国立国的历史合理性。近年来法学界却出现了不同的声音，一部分法学家认为，"革命"本身并无法证成清朝灭亡与民国肇建之间发生的权利转移具有不证自明的替代关系，只有经过清帝逊位的正当程序才避免了因革命战乱导致的无序糜烂局面，为中国现代民主宪政制度的建立奠定了基础，故而是一场类似于英国版的"光荣革命"。①

本文不打算纠缠于"革命"与"逊位"到底哪一种行动决定了国体

---

* 本文原载《近代史研究》2012年第5期。本文的研究得到了中国人民大学985工程新时期经费的资助。本文的初稿曾于2012年5月9日在中国人民大学清史研究所学术工作坊宣读，感谢评议人黄兴涛教授及本所同人富有启发性的评论！

① 比较有代表性的观点可以参见高全喜《立宪时刻：论清帝逊位诏书》，广西师范大学出版社2011年版；章永乐《旧邦新造：1911—1917》，北京大学出版社2011年版。

更替性质的争论，而是想另辟一个论题，即拟从民国肇建过程中出现了“合法性阙失”这一现象入手，重新审视传统因素在清末民初转型过程中所表现出的复杂意义。[①]

按常理而观，民国肇建理应是清朝“正统性”丧失所造成的直接后果，但清朝失去其统治威权并非简单地就能推论出民国毋庸置疑地已具备了统治合法性，“正统性”与“合法性”应该分属两个相关的题域，不可混为一谈，而以往的革命史叙事并没有对两者做出区分。本文首先拟对这两个概念做一点分疏辨证，以作为后文讨论的基础。

首先需要对“正统性”的成立缘由及其发生危机的原因略作辨析。一个王朝“正统性”的确立与王权对政治—社会与文化—道德的整合能力有关。辛亥革命发生之前，经过西方的冲击，清朝固有的传统秩序已经趋于凋零瓦解，革命只是给予其致命的一击。故整体意义上社会政治和文化道德的解体，不仅仅是清朝王位垮塌所直接造成的，而是历史长期酝酿积累的结果，正统性危机的产生亦是由复杂的合力作用所致。[②]

“正统性危机”在其他文明转型的过程中也曾发生过，因为每个文化架构都有一个神圣的核心，这个神圣核心往往起着高度统摄各类政治、文化和社会因素的作用，它能使这些因素各归其位，产生综合的影响力，其社会成员也能通过此核心认清自身的地位，获得某种认同感。人类学家又称此“文化架构”为“主导性虚构”（master fiction）。这种威权背后的文化架构被认为是永恒不朽的“传统”，其合理性根本无须自觉特意地加以论证，也是“正统性”得以成立的核心意义之所在。如果置于中国历史中观察，所谓“主导性虚构”大意是指传统王权在整体上具有凝聚和维系政治、社会与文化的关键作用，而不单单指作为整合符号的王位本身。

“合法性”与“正统性”的区别在于，人们不再依赖“主导性虚构”

---

① 王汎森曾经注意到中国近代思想转变中传统因素所起的作用，并探讨了近代中国自我人格与心态之塑造过程中，传统思想资源所扮演的角色。但他主要关注的是理学与心学在近代复兴的问题，而我的关注点则聚焦在清末民初知识人对民国政权合法性的讨论及其与清朝“正统性”的关系。参见王汎森《中国近代思想中的传统因素——兼论思想的本质与思想的功能》，《中国近代思想与学术的谱系》，（台北）联经出版公司2003年版，第133—159页。

② 关于“普遍王权”对整合中国政治、社会和文化功能的讨论，可参见林毓生《中国意识的危机：“五四”时期激烈的反传统主义》，贵州人民出版社1988年版，第23页。

来寻究生活的意义。在新的政治体制下，人们通过构造新型的法律纽带联系在一起，大多相信政府是按照正规的程序制定和使用法律的，相信单凭法制的力量就能安排好社会秩序，实现美好的生活。这种信念已超越传统意义上对君主威权和文化原则的信任。与之相对照，那些在现代法律制度之外难以界定和规范的传统处事原则因此渐渐失去了作用。

“革命”的发生往往正是从质疑文化架构的有效性开始，例如法国大革命向旧制度发动攻击时，就首先对王权所拥有的统合政治、社会与文化的能力发起挑战。但法国大革命也同时造成一种困境，即当激进派反对传统的威权模式，揭露旧制度下的“主导性虚构”中的虚构性，并将其尽情展现时，却同时在社会和政治空间里诱发造成了可怕的真空状态。真空的出现必然会导致如下疑问的提出，那就是社会的新核心在哪里？如何表现这个核心？是不是应该产生一个并非神圣的新核心？新政治威权和民主制度需要新的“主导性虚构”，但其基础应该置于何处仍难确定。① 与法国大革命相似，辛亥革命推翻清朝统治后也出现过类似的“真空”状态，如果换一种说法就是新政权出现了“合法性阙失”，它与传统王朝的倒塌所引起的“正统性危机”相联系，构成一种相互衔接的连续性历史过程，却又有本质的差异。

谈到“合法性阙失”，有必要首先厘清这个概念与“合法性危机”之间的区别。一般社会科学讨论“危机”时总是认为，当一个社会系统所提供的解决问题的可能性不足以维持该系统继续存在时，危机就发生了，危机被看作系统整合的持续失调，表现为社会制度的解体。按此标准衡量，清朝末年的统治趋于紊乱崩解的状态，也可以视为发生了“危机”，我称之为“正统性危机”。辛亥革命的成功摧毁了清朝的统治，在表面上终止了其“正统性危机”的延续，但这并不意味着民国政府会自然而然地进入正常的秩序重建之中，而不会出现任何问题，只不过其出现问题的程度是否严重到可以用“危机”来加以界定则颇有疑问，这也是本文慎用“合法性危机”来理解民初政治运作的原因。

一般而言，对“合法性危机”的一个比较正规的解释是，僵化的社

---

① ［美］林·亨特:《法国大革命中的政治、文化和阶级》，汪珍珠译，华东师范大学出版社 2011 年版，第 108 页。

会文化系统无法通权达变，调整职能，以满足行政管理系统的需求。[①] 这个对“合法性危机”的定义是对资本主义体系已经进入成熟阶段的判断，比较适用于西方晚期资本主义发展状况，而不适用于探究刚刚处于民主建设起步阶段的民国初年历史状况。故我更倾向于借助“合法性阙失”这个术语来观察民初的政治状况，以区别于描述资本主义成熟期的“合法性危机”这个术语，也想借此说明民初统治所出现的合法性问题远未达到全面发生“危机”的程度。

尽管如此，我仍然认为，如果按西方民主政体的标准加以衡量，民初的合法性统治虽仅处于胚胎阶段，但其暴露的一些迹象却与“合法性危机”所发生的机制有些许类似的地方，比如“合法性危机”发生的原因往往根源于宪政制度运转过程中不尊重传统因素的制约作用而只认可法律的约束力。因此，要克服“合法性危机”就必须既让人们相信法律制度是合法的，政权可以按照正规程序制订和使用法律，但又要防止人们把合法性信念过度缩窄为对法制程序的尊崇，似乎只要做出决策的方式合法就行了，而丝毫不顾及第二个条件，即建立规范制度必须具备充分的根据。[②]

就清帝逊位前后的形势而言，民国政府迫切地需要汲取西方的宪政规则建立起自身民主制度的合法性，却相对忽视了如何有针对性地汲取清朝遗留的“传统”以作为宪政改革的辅助因素。[③] 从这一点观察，民国

---

① ［德］尤尔根·哈贝马斯：《合法性危机》，陈学明译，（台北）时报文化出版有限公司1994年版，第99页。

② 同上书，第129页。

③ 马克斯·韦伯曾经指出，政治要具有正当性大致须符合三种理想类型的支配，即“传统型”“卡里斯玛型”（个人魅力型）和现代“法规型”。但这三种类型不是呈纯粹形态出现的，而往往可能相互渗透和交叉（见［德］马克斯·韦伯《学术与政治》，钱永祥等译，广西师范大学出版社2004年版，第198—199页）。通常对一种秩序的默认，除了决定于形形色色的利益主体外，只要不是全盘更新了规章，还取决于对传统的忠诚和对合法性的信仰这两个因素的混合。当然，在多数情况下，行动者服从秩序的时候并不会意识到在多大程度上是出于习俗、惯例还是法律（见［德］马克斯·韦伯《经济与社会》第1卷，阎克文译，上海人民出版社2010年版，第129页）。有政治学家意识到，在过渡时期，如果那些主要保守团体的符号和地位没有受到威胁，民主反而容易更有把握地加以贯彻。有一个奇怪的事实是，欧洲和英语系的12个稳定民主国家，有10个是君主政体。由此看来，合法性的一个主要来源在于，在新的组织和制度逐渐产生的过渡时期，应该保持重要的传统一体化组织机构和制度的连续性（见［美］李普塞特《政治人：政治的社会基础》，张绍宗译，上海世纪出版集团2011年版，第48—49页）。

初年对传统的漠视和对法律制度的执着追求，似乎很适合用“合法性危机”这个术语加以解释。但民初毕竟刚刚建立起新的统治格局，因此只能说是在建立“合法性”过程中出现了一些弊端，而不宜用发生全面“危机”对此进行描述。我的理解是，一个新生政权如果对法律的过度依赖没有一个合理的传统政教关系做支撑，就很难具有真正的“合法性”。由此推知，“合法性”的建立可能还需部分汲取清王朝中残存的“正统性”成分，作为建立新型政治秩序的基础，否则就会出现统治合法性的阙失状况。因此，如何有效地继承清朝遗留下来的某些“正统性”因素，就有可能成为民初建立其统治合法性的关键步骤。

毫无疑问，所谓“正统性”不是单纯指涉某种具体的政治权威或是对政治体制某一特殊面貌的描述，而是基于官僚、士人与民众对清朝君权具有统合维系政治、社会与文化能力的信任。在我看来，要确认王朝统治“正统性”的成立必须具备两个核心条件：一是具有“大一统”的疆域观和与之相对应的治理格局；二是建立在有别于西方意识形态基础上的“政教观”和道德实践秩序。从第一点来看，清朝实际控制着有史以来最为广阔的疆域领土，其成就远超历代，当然可以作为其确认自身“正统性”的一大要素。从第二点观察，中国古代王权均认为，政治的合理运转出于一种“教化”秩序的得体安排而非单纯的强制治理，由君王到民众均要受到道德善行的训练，并落实到具体的社会管理之中，“政教”联动关系的实施主要由士阶层担当贯彻，在制度层面上则由科举制度的有效运行加以实现。从此角度而言，“政教观”的确认及其实践乃是清朝拥有“正统性”的道德与制度基础。

随着西方势力的逐步深入，清朝“大一统”格局遭到蚕食，而西方教育体系的引进则直接导致科举制最终走向消亡。由于新教育的实施和普及，士绅阶层渐趋分化瓦解，支持王权“正统性”的要素纷纷分崩离析，政治社会空间里出现了可怕的真空状态。与之相对应的是，辛亥革命以后新型政权的建立基础是按照西方宪政制度的设计刻意加以安排的，民国政权的主导者认为，只要按照法制信念做出决策，就能天然获得政权的“合法性”。这种思路并没有意识到，新政府同样需要一个“主导性虚构”，即需要通过对清朝“大一统”疆域观和“政教”关系的反思与继承，重建新生政权的政治—社会和文化—道德的整合能力。

如果进一步引申，民初出现的“合法性阙失”与“正统性危机”的区别乃是在于，清朝“正统性”的证成既依赖于“大一统”疆域的完整维系，也依赖于政教关系对政治权威的有效支持，而这两大要素恰恰是由作为“主导性虚构”的君王加以凝聚和实施的。因为清帝作为统治广大疆域中众多民族的共主形象，具有以往汉族君主无法具备的统合多民族群体的象征意义和治理能力。当然，这套系统发生危机，是因为建立在原有科举制基础上的政教关系不适应现代科学教育和职业训练的要求，而民国在构造其自身合法性的过程中，则恰恰没有充分注意到如何合理汲取清朝“正统性”的两个核心要素中的有益成分。民国党人既没有考虑如何解决清帝作为多民族共主形象的作用被消解后所遗留的疆域与民族问题，也没有考虑如何解决政教关系解体后所产生的道德文化真空问题。

早期革命党人曾以传统的“夷夏之辨”论述作为反抗清朝统治的思想武器，对是否继承清朝“大一统”疆域观态度十分暧昧。民国初建时，舆论界又长期徘徊于是采纳西方“联邦论”还是“民族自觉论”的争辩之中，直到20世纪20年代以后才出现重归“大一统”疆域观的迹象。而在摧毁了清朝“正统性”的第二块基石“政教观”以及相应的道德秩序之后，民国政府仅仅迷恋于宪政与法律制度的建设，而并没有考虑即便是区分于旧王朝的政教系统，新政权的建立也无法忽视道德基础的传承与复兴，因为西式的宪政与法律制度并不能单纯取代以往的政教关系而自动转变为新正统的源泉。

本文拟从三个方面探讨清朝统治崩溃后，民国肇建时期出现“合法性阙失”的原因及其应对策略。

二 清帝逊位前后有关统治合法性阙失的议论

清帝逊位以后随即进入民国肇建时期，各个阶层对此剧变虽反应不一，总体感觉是都处于一种亢奋而又激情四射的状态，纷纷期待着万象更新局面的出现。与此同时，各个群体包括清末遗老、立宪派、革命党及地方士绅、学堂学子纷纷发表对鼎革之际国体变更的看法。

这些群体虽政见不同，大体上均默认辛亥革命虽是突发事件，但其演变之大趋势已根本无法逆转。然而出人意料的是，除了若干遗老发表不满之议外，与其立场迥异的立宪党人或完全站在其对立面的革命党人也不断群起抨击民国政局的弊端，甚至这类议论最终有融汇共鸣达于合流的趋势。

就革命党自身品质而言，立国之初确实在思想和行动上都没有做好建设新型国家的准备，全身心还包裹在革命浪漫氛围熏陶下的澎湃激情之中。胡汉民有一段话颇有自省的含义，他曾慨叹革命书生感染了政治浪漫主义的幼稚病，说“党人本多浪漫，又侈言平等自由，纪律服从，非所重视，只求大节不逾，不容一一规以绳墨。其甚者乃予智自雄，以讦为直”①。这还仅是一段革命党人的自我警醒。而身为立宪党阵营的梁启超更看出了仅凭“革命”的狂热心态对建立新体制的危害。任公认为，大家争说“革命”，“循此递演，必将三革、四革之期日，愈拍愈急；大革、小革之范围，愈推愈广。地载中国之土，只以供革命之广场；天生中国之人，只以作革命之器械”。如果“革命”变成了一种习惯性的持续癫狂状态，肯定无利于实际政治的革新。他质疑那些奢谈革命之人：“公等为革命而革命耶，抑别有所为而革命耶?”如果把“革命”当作形式话语反复使用，却忘记了革命的目的和真义，那就枉费了民国肇建付出的代价。任公由此得出结论说：“革命只能产出革命，决不能产出改良政治，改良政治，自有其涂辙，据国家正当之机关，以时消息其权限，使自专者无所得逞。”②

可以看出，任公抨击革命党的政治浪漫主义时，仍希图以西方标准来确立民国的统治合法性，即仅从单纯的宪政建设角度重建政治秩序，而尚未考虑汲取清朝“正统性”的内容来作为民主政治的补充滋养。但他又模糊意识到，民国政权缺乏一种真正令人信服的威慑力和统合体制。他把辛亥年的“革命”与历朝历代的“革命”做了一番比较，认为专制

① 《胡汉民自传》，(台北) 传记文学出版社 1982 年版，第 57 页。

② 梁启超：《革命相续之原理及其恶果》，李华兴等编：《梁启超选集》，上海人民出版社 1984 年版，第 639、640 页。最近有学者撰文提到“革命”作为话语被频繁使用，最终却沦落为造反、起义、暴动甚至权力、利益之攘夺的另一种表述。参见王先明《从风潮到传统：辛亥革命与“革命”话语的时代性转折》，《学术研究》2011 年第 7 期。

国革命后往往不过是变更姓氏，易姓而治，循环更替，但有规可循，如果从专制走向共和，却是无规可恃。道理在于，无论何种“革命”，都面临“正纪纲”的问题，纪纲一立，才能做到令出必行。君主国自有其明确纪纲，数千年全恃君主一人尊严，为凡百纪纲所从出。但民国肇建之后，却没有现成的模式可资利用，而舶自西方的一些政党政治的空洞原则，未必切于实用。他表示“畴昔所资为上下相维之具者，举深藏不敢复用，抑势亦不可复用；而新纪纲无道以骤立，强立焉而不足以为威重，夫此更何复一政之能施者”①。这段话典型地透露出任公对民初政局因为缺乏一种能凝聚各方势力的“主导性虚构”，而可能出现合法性阙失的焦虑心境。

我们可以再看一段立宪派当年的论争对手章太炎对民初政局的观感。章太炎认为，南北议和之后，“种族革命”完成，“政治革命”却远未结束。在他的眼里，“所谓政治革命者，非谓政体形式之变迁，易君主为民主，改专制为立宪也；亦非以今为假共和而欲有所改更也。民之所望在实利，不在空权，士之所希在善政，不在徒法”。这段话很明确地指出民国初建不应只具有一种尊重法律的空洞承诺，而没有更深层的具体动作。章太炎的观察是，“立宪党”和“革命党”首尾相续，都要承担政事陷于糜烂的责任，因为“立宪党成立以后，政以贿成，百度废弛，具文空罣，有若蛛丝，视戊戌、庚子以前转甚”。可是到了民国，情况同样未见好转，甚至比清朝还要糟糕：“至于新朝，蒙清余烈，政界之泯纷贪黩，又甚于清世。”章氏甚至认为“革命党”沾染上了立宪党的毛病：“然则暴乱者，革命党之病也，贪险者，立宪党之本能也，变暴乱之形，而顺贪险之迹者，革命党被传染于立宪党之新病也。”② 革命与立宪两党在政事上的盲目激进之举措，乃是民初政治缺少合法性支持的重要根源。章氏的这番议论虽有抨击 1912 年 11 月签订《俄蒙协约》的具体背景，仍可大体视为对民国肇建时期整体政局的看法。

至于对民国政客的批评，章太炎更是与时人的普遍观点无异，比如

---

① 梁启超：《革命相续之原理及其恶果》，《梁启超选集》，第 637 页。

② 章太炎：《发起根本改革团意见书》，朱维铮、姜义华编注：《章太炎选集》，上海人民出版社 1981 年版，第 537、538 页。

他说:“夫不言政治改革,而徒较计于阁员进退之间,以丧失官能之当轴,问党见纷纶之议员,去一鸡来一鹜耳。”再看下面这句:“以邀宴奔走为能,以秘密运动为美,各部衙门,贿赂公行……求一位置,馈银千两者,数有见者。”① 再如那素持最激进观点的党人陈独秀,也不禁一反常态地感慨“殉清”自尽的遗老梁济的境遇,声称只因为这民国世道充满了满嘴道德朝秦暮楚般冯道式的“圆通派”政客,其人格龌龊,远不如梁济这几根老骨头那般有分量:他的死是让世人看看,主张革新的人,是一种什么浅薄小儿!②

为了进一步证明对民国局势的不满决非个别现象,我们还可举一个早年参加革命,却又与民国政治若即若离之人的话为佐证。李平书早年入张之洞幕,在江南制造局任职数年,曾参与上海光复,但始终未介入民初政党的核心活动,属革命的边缘人物。他在陈述自身不赞成政党政治的理由时表示:“政客托词共和国不可无政党,遂创立共和党,由江浙而各省”;袁世凯当上总统后“利用党人推行于北京,于是民党觑破其隐,立国民党以相抵制,而政客之祸,至于今日,愈演愈烈,皆由当日共和党魁所种之因,成此莫大之恶果,可为痛心”。民国十一年(1921),李平书记述入京观感时,更是发出民国政局劣于清末的感叹:“自表观之,道路、警察、电灯、自来水、车辆无不改良,而中央公园尤为特色。惟政务之敷衍,官僚之泄沓,更甚于清季。纲纪日弛,道德日丧,管子曰:‘四维不张,国乃灭亡’,可勿惧哉!”③ 以上判断是作为《且顽七十岁自叙》的结尾道出的,可以代表他对民国政局的总体性评价。

无独有偶,民国初年一位留日归国学生也曾发出了类似的感叹。这位留学生在民国元年(1912)二月二十八日的日记中称:“革命尚未成功,人人眩于目前之安,不肯从根本打算,争权竞位,意气横天,国家利害反置之度外。”三月三十日又说:“至沪上,则见所谓志士者,莫不花天酒地,利海名场,终日昏昏,几忘国家大计,个人本分,不胜诧

① 章太炎:《发起根本改革团意见书》,《章太炎选集》,第 538 页。

② 陈独秀:《对于梁巨川先生自杀之感想》,《新青年》1918 年第 6 卷第 1 号。

③ 李平书:《且顽七十岁自叙》,章开沅等编:《辛亥革命史资料新编》第 2 卷,湖北人民出版社 2006 年版,第 146、149 页。

异。”等他回到湖南地界，发现“湘人之意见冲突，权利竞争，较沪上为尤烈”。①

民初在清华学堂读书的吴宓同样也对民国官场之丑态备极批评，说那些政界官僚“惟敛资财，积玩好，黄金满籯，坐贻子孙。即以贪黩去职，声名污丧，而作官营业之收场，总算发利市矣”；就是在赋闲的时光里，也照样“处闲曹，备咨询，或以文学侍从，则又以蛰居守静为主义，尸位素餐，取法黄老，声色狗马，日劳其体而眩其心。至于责任之不容已，事务之无可懈置者，虽迫而强之，不顾也”。他悲叹在上者流品如此，必然是“政刑不能胥举，群治终于腐败”，甚至觉得民初专制情形甚于晚清，断言“共和以后，其专制横恣情形，比之前清末造，过之倍蓰”。② 因为十余年前的中国虽处黑暗之中，却如睡狮才醒，维新之机萌动活跃，有一日千里之势。可民初却是“百端颓废，人心日坏，天意难测。民生憔悴，达于极点。盗匪遍地，政刑失平。而人之对于身家，亦多抱消极主义，萧条艰窘，触处皆然，而风俗之侈靡浮荡，仍日甚一日”③，还不如清末政局那般充满活力和希望。即使是普通的乡绅也对民初世道人心的败乱摇首慨叹不已，山西太谷县的一位乡绅就说民国之绅士多系钻营奔竞之绅士，非是劣衿、土棍，即为败商、村蠹，而够绅士资格者各县皆寥寥无几。④

对民初政治的失望情绪如瘟疫般到处弥漫，最终导致一些热心政治的党人对政党政治失去了兴趣。即以政治名人梁任公为例，他曾乐观地宣称，中国既已转成共和立宪政体，“虽有贤至，虽有枭桀，亦岂能蔑弃政党而独为治者?”据我的理解，任公坚信政党政治只要运作成功就能有效制约个人野心的膨胀和威权的独大，办法是以各党少数健全党员为中坚力量，通过他们熏染陶铸多数党员，就能达于先进国家的境地。结论自然是“萃群策以改造政党，其或视他业为易有济也”。⑤ 可是仅仅过了三年，任公对政党政治的参与热情即已荡然无存。他在《五年来之教训》

---

① 黄尊三：《留学、归国日记》，《辛亥革命史资料新编》第2卷，第265、268页。

② 《吴宓日记：1910—1915》，生活·读书·新知三联书店1998年版，第379、485页。

③ 同上书，第514页。

④ 刘大鹏：《退想斋日记》，山西人民出版社1990年版，第336页。

⑤ 梁启超：《敬告政党及政党员》，《梁启超选集》，第632页。

一文中表示，确定国体对于政治运作而言虽然重要，却并非意味着政治就能进入良性运行的轨道。

他反思说，五年前变更国体是为了克服以往政治的弊端，经过这几年的实验，团体翻覆飘摇，政治之敝并未消除，反而更添新敝，与最初期待无一相互呼应。原因就在于身任国事者多以权术而谋私利。任公承认出于党派本位的利益考量，略存谋私之心可以理解，却不可膨胀到置于国家利害之上，“夫苟以党派利害置于国家利害之上，非党派中之各个人欲遂其私者不至此，果尔，则亦纯乎私已耳。惟营私，故不得不乞灵于权术，然权术之为用，乃适所以自穷”①。任公发表这一段议论的背景当然与袁世凯篡国复辟有关，却也真实反映出对民初政治合法性出现总体性阙失的反思态度，于是逼出了一番自白与检讨的文字。任公自称1915 年以前的 20 年政治生涯“惟好攘臂扼腕以谭政治，政治谭以外，虽非无言论，然匣剑帷灯，意固有所属，凡归于政治而已”，结果却落得个“败绩失据”的下场。②

经过深思苦想之后，任公意识到不但民初绝没有容纳政治团体活动的健康空间，就是中国人自身也缺乏组织政治团体之资格。他最后发现，要实现上层的合理政治运作，必须从基层组织开始着手改造，于是其政论中开始出现“社会”一词，以作为政治变化的基础。他说：“吾深觉政治之基础恒在社会，欲应用健全之政论，则于论政以前更当有事焉。而不然者，则其政论徒供刺激感情之用，或为剽窃干禄之资。”③ 这就涉及是否要恢复上下层相依相偎的政教关系的重构问题，我们在第四节中将予以详细讨论。

在清末遗老中，有相似议论者更是所在多有。一些遗老就认为，即使共和是历史演进的大势所趋，也并不能完全证明清朝“正统性”会随之彻底失效，而民国就自然而然地建立起自身的“合法性”。如章梫就认为，对什么是“共和”大家均是一知半解，“其于共和二字之名义，固未尝深考也。行之三年，变故迭出，民不聊生，上自士大夫，下至乡曲之

① 梁启超：《五年来之教训》，《梁启超选集》，第 706 页。

② 梁启超：《吾今后所以报国者》，《梁启超选集》，第 643 页。

③ 同上书，第 645 页。

妇孺，心目之中，皆知如此必不能立国”[①]。郑孝胥把这层意思表达得更加明白，他认为清朝从政府层面的执政固然有失，却并非暴虐到应该被彻底推翻的地步。他在 1911 年的日记里就说：“政府之失，在于纪纲不振，苟安偷活，若毒痈天下，暴虐苛政，则未之闻也。故今日犹是改革行政之时代，未遽为覆灭宗祀之时代。”[②] 这表面上是为皇权的延续寻找一个恰当的理由，但从“正统性”的维系角度进行解读，也未尝不可视为一个有历史感觉的视角。后面他又对民初政党的格局做了一点预测，说：“使革党得志，推翻满洲，亦未必能强中国，何则？扰乱易而整理难，且政党未成、民心无主故也。”[③] 这段话如果从民初建立“合法性”的艰难曲折而言也的确是切中肯綮之语。从这一角度观察，同为遗老的严复则表达得比较含蓄，当有人问及严复为什么以往素主新学，却甘居于腐败的清廷之下受其统治时，他回答说：“尝读柳子厚《伊尹五就桀赞》，况今日政府未必如桀，革党未必如汤，吾何能遽去哉！”[④] 意思是对民国革命党仿效实施汤武革命到底是否拥有合法性表示怀疑。

一般人认为清末遗老都是一帮顽固守旧的刻板冬烘先生，但前人研究已论及，其实一些遗老当年多是与时俱进的人物。如梁济在 1898 年戊戌变法时期不但草拟条陈支持维新，而且为开化社会，表示不惜把钱赔干净也要支持彭诒孙办《启蒙画报》《京话日报》和《中华报》，以培植民众的维新意识。梁济投水自尽后，其子梁漱溟曾向舆论界提示说：“那里知道二十年前，我父亲也是受人指而目之为新思想家的呀？”[⑤] 另一位遗老郑孝胥也有同样的经历。[⑥] 劳乃宣也曾严厉批评光绪间的一些保守官僚“苟涉乎新者，一切罢之”，终酿成义和拳大乱，国几于亡的惨象，慨

---

① 章梫：《劳山人正续共和正解跋》，《一山文存》第 10 卷，上海刘承干嘉业堂 1918 年刻本，第 7 页。

② 《郑孝胥日记》第 3 册，中华书局 1993 年版，第 1352 页。

③ 同上书，第 1353 页。

④ 同上书，第 1373 页。

⑤ 黄曙辉编校：《梁巨川遗书》，华东师范大学出版社 2003 年版，第 304 页。

⑥ 参见周明之《近代中国的文化危机：清遗老的精神世界》，山东大学出版社 2009 年版，第 11 页。

叹“偏于守旧之害，即如彼矣”。[①] 还有一点可以证明梁济并不保守的例子是他完全认同清朝“正统性”以禅让的方式向民国“合法性”的转移。比如他明确指出：“中华改为民主共和，系由清廷禅授而来，此寰球各国所共闻，千百年历史上不能磨灭者也。”[②] 故凡是违逆禅授的行为如袁世凯与张勋的复辟，都是他所坚决反对的，可见梁济对民国具有传承清朝统治合法性的资格并非持抵拒心理。

关键在于，清廷禅授之后，民国未必就已无可争议地具备了天然合法性，还要看其具体的政治表现如何。故有以下议论：“谓非清国已就覆亡，而能以真正共和之心治民国，则清朝不虚此和平揖让之心；不以真正共和之心治民国，则清朝即亡于权奸乱民之手。换言之，即因禅让而民得安，则千古美谈，自与前代亡国有异。徒禅让而民不安，则一朝代谢，谓非亡国而何?”[③] 梁济甚至说得更直白：“清国已亡，无须恋惜”，但民国不可辜负清朝的禅让之心，否则“民国未亡，若不重此立国之道，促使其国不国，岂不大可痛乎?”[④]

可是民初政客的表现却让他大失所望，在梁济看来，道德堕落，世教陵夷通常发生在亡国末季，开国时代应该万象更新，开国之人也不敢露骨地肆行不义，而民国初年却到处都是反道败德之事。即使政客给自己找个理由说是以杂霸权谋之术治国，那也是在枭雄豪杰初起时所采用的策略，自执国柄以后就要尊敬儒修，崇尚德礼，而不能一味延续矫饰诈伪的治国风格，“万不能离乎天理民彝，五常八德诸大事，故一旦身居高地，手操一国风化之原，则顿改其杂霸权谋，不忍不激发天良，从根本上着想也”[⑤]。这在民初民主建国的风气下看上去有些不着边际的酸腐书生之论，其实是坚称民国即使采民主政治的思路也不可轻易忽视前朝“正统性”所拥有的制约力量。从后来民国政局的演变中观察，此论貌似迂腐无用，实则有其深刻的建设意义在里面。至少彰显出了民初政党一

---

① 劳乃宣：《论古今新旧》，《桐乡劳先生遗稿》第 1 卷，1927 年桐乡卢氏校勘本，第 27 页。

② 《梁巨川遗书》，第 53 页。

③ 同上书，第 54 页。

④ 同上书，第 66 页。

⑤ 同上书，第 78 页。

味从狭义宪政上理解追求统治合法性的阙失。

辛亥年，在呈送民政部长官代递的一份疏稿中，梁济曾抨击民初政治弊端：“吾国今日之要害，是人敝也，非法敝也。夫法敝而国不治者，可于制度条文上斟酌损益，曲尽因时制宜之妙；人敝而国不治者，非从品行心术上认真砥砺，使天下回心向善，断无扶衰救弊之可言也。”[①] 这种“以义为本位”而非“以清为本位”的考量显然不是简单地用“殉清”断语所能解释清楚的。“以义为本位”的道德构想在现代政治中难以容身，因为无法通过制度化的尺度加以衡量和安置，现代政治更擅长在法律体系中裁量个人的进退得失。

在梁济看来，一旦现代政治合法性必须被缩窄到法律制定和执行的程序决策之中予以定位时，将很容易造成“法敝”。因为人们会曲解法意，甚至故意钻法律的空子，以致造成“奸暴之人颇喜新法从宽，而良懦之民更失保障，亦相率为非。齐说这样年头不必有良心，不能顾脸面，明盗暗娼，悍然不顾”[②]。法律缺乏文化因素的支撑同样会失去约束力，而民初统治合法性的阙失也恰恰是因为民国的核心政权缺乏以往正统性资源的熏染与润泽。

三 从“种族论”到“同化论”：向“大一统”政治理念的复归

如前所述，清朝建立“正统性”的两个关键支柱之一是“大一统”的治理观念及其实践经验。从观念层面而言，“大一统”是指中国境内多民族经过漫长历史演变混融于一个共同体之中；从具体的实践形态观察，“大一统”则指王权如何合理有效地规划和维系不同民族在广大疆域中的各自位置。“大一统”不仅是一种理念，还是一套复杂的政治治理技术。其中“君权”起着凝聚“大一统”格局的象征符号作用，即扮演着“主导性虚构”的核心角色。清朝帝王既是沿袭了传统华夏的统治秩序和象征系统，从关外“戎狄”升格为统摄汉族人江山的皇帝，又保持了关外

① 《梁巨川遗书》，第163页。

② 同上书，第79页。

满人的可汗制，用以控制八旗和满族民众；同时还冠有“转轮圣王”的称号，意味着自己是世俗世界和精神世界的双重主宰，时间、灵魂、肉身都围绕圣王转世轮回。他手中转动的法轮代表着帝国的武力扩张、历史更迭和时代终结。这种形象区别于周朝以来汉族人赖以构建政治体系的“王道”，具有遥控蒙藏地区的象征意涵。① 显然这套多维形象系统具有比以往汉族帝王更加广泛的普遍象征意义。因此，在清帝逊位之后，如何合理地处理以“大一统”理念和实践为治理资源的“正统性”遗产，立刻成为新生民国面临的最大挑战。

平心而论，民国肇建之初，革命党人还没有从革命的激情余温中清醒过来，大多抱有只依循西方道路即可顺利创建新型宪政体制的浪漫玄思，不仅对西方政治的运作机制认识模糊，而且对如何安置现代政治与传统王道体制的关系缺乏理性的观察。在创建民国的过程中，革命党人否定清朝“正统”延续的合理性的思想资源主要借助于宋明以来盛行的“夷夏之辨”种族论。这套思想论述实际上反向跨越了清朝业已形成并有效发挥作用的“大一统”历史观，尽管在短时期内起到了强大的舆论动员效果，却潜藏着一个致命的危险，那就是借助传统的“夷夏之辨”种族论作为否定满族人统治中国的“正统性”之后，也就等于自动瓦解了对清朝多民族共同体治理格局的有效认同，以致民国肇建时期作为新生国体基础的疆域版图陷于分崩离析之时，革命党人所标榜的种族革命话语也随即遭到了质疑和否弃。

当民初各派党人忙于奔走争辩如何建构民国上层政党政治的基本框架时，他们只是关心各自的政党运作与西方设定的民主程序是否合轨合辙，根本无暇顾及在“大一统”格局崩解之后的疆域如何重新规划界定的问题。党人行径屡遭时人诟病，大多与此有关，同时这套论述也可以看作是造成民国初年统治合法性阙失的重要原因之一。关于党人素持的“夷夏之辨”种族论遭到批评的约略情况，可以举一个例子加以说明。1913 年，清末官僚升允起兵反叛，他在檄文中就明确指出民国党人狭隘种族论的偏颇，其中说：“尝考《左传》《太史公》及诸载籍，并称中夏，夷狄皆皇帝之裔，是种之同而无所谓中外者也。乃今名号时效之，

① 参见［美］柯娇燕《中国皇权的多维性》，刘凤云、刘文鹏编：《清朝的国家认同：“新清史”的研究与争鸣》，中国人民大学出版社 2010 年版，第 68—69 页。

衣冠时袭之，正朔时奉之，婚姻时通之，而曰‘吾推倒君权，将以排外而保种。’何其懵无所知而颜之厚如此也。”① 这段文字明显提到了君权作为“主导性虚构”发挥凝聚作用的重要性，与立宪派一直坚持的“虚君共和”的观点颇为接近。以至于后来逼使革命党人重新建构起了一套非汉民族也同是黄帝子孙的文化论述。②

晚清遗老郑孝胥也对民国政府放弃“大一统”政治理念却缺乏疆域通盘治理规划的做法大加抨击，他在日记中表示：“中国国土太大，自政府以至国民，于保国之法素不研究，边远之地尤属茫昧……察其所以至此者，由人事废弛太甚。万里之外，名为领土，实则皆在若亡若存之间。加以强邻迫处，日近一日，渐使天然之形势变迁而成新局。昔之属于中国，今可谓之属于他国。盖主客之形已易，攻守之势亦殊故也。”③ 在《觇国谈二》一文中，郑孝胥则批评：“守旧者喜持迂阔无涯涘之论，轻诋一切而无实行之策，趋新者稍窥他国政治而不能贯串，袭其现行之稿本辄欲仿行于国中。二者虽有一虚一实之殊，然于下手施行之真际，实皆茫然无睹则一也。”④ 尤可注意者，郑孝胥把自己刻意划出了保守的行列，与后人给他贴上的标签有异。从他发出如此切中肯綮的判断而言，这种身份的自我撇清也许不无道理。

众所周知，革命党人贱视满族人的思想大多来源于宋明形成的夷夏之辨种族论，表面而言，其激烈程度几可与明代遗民在清初的反清言论等而观之，比如以下言论就直接套用自明末遗民：“南风不竞，恐残山

---

① 《郑孝胥日记》第3册，第1470页。

② 在民初的历史教科书中，在记述中国历史起源时，也开始把“黄帝”当作中华民族最初的共同始祖加以描述。如有一本教科书就称“黄帝者，建设国家之初祖也。黄帝以前，民族结部落以戴酋长，无所谓政治。”经过黄帝四处征伐，才构成统一之帝国。“且营国邑，经田土，创历法，定管制，造冕服、宫室，及货币、舟车”。中华民族才由部落生活，进而为君主政治，文物典章至是粗备。参见王凤岐编《实用历史教科书》（高等小学校用，春季始业学生用）第1册，商务印书馆1915年版，第2—3页。关于黄帝在教科书中的形象变化，可参见孙江《连续性与断裂——清末民初历史教科书中的黄帝叙述》，王笛主编：《新社会史：时间·空间·书写》，浙江人民出版社2006年版。

③ 《郑孝胥日记》第3册，第1501页。

④ 同上。

剩水之无多；东门可芜，有秋菊春兰之未沫。"[①]"残山剩水"即为明末遗民对满族人染指汉族人江山表达愤懑情绪的特定隐喻意象。[②]甚至出于刺激煽情的考虑，党人在词语选择的粗鄙方面更加露骨和不加掩饰。这方面的例子不胜枚举，兹仅举两例为证，第一个例子是邹容在《革命军》中认为："吾同胞今日之所谓朝廷，所谓政府，所谓皇帝者，即吾畴昔之所谓曰夷、曰蛮、曰戎、曰狄、曰匈奴、曰鞑靼。其部落居于山海关之外，本与我黄帝神明之子孙不同种族者也。"[③]邹容的表述有两点值得辨析，一是他使用了几乎与明代遗民相同的鄙视非汉人族群的语言；二是他头脑里"中国"的范围与明代的疆域基本相同，即不承认关外属中国之地，这与清朝形成的"大一统"历史观是截然对立的。在另一篇革命檄文《讨满洲檄》中不但出现了"逆胡""虏"等侮辱性称呼，更有"东胡群兽，盗我息壤"[④]这类把满族人等同于禽兽的描述。

尽管如此，在革命党人类似明末遗民的反满言论背后，仍染有近代民族主义的色彩，甚至杂糅了不少西方优生学意义上的民族论述。如《释仇满》一文就认为以蛮、羌、貉、狄，乃犬、羊、狼、鹿之遗种，相互不可同群的说法是落后的言论，这些族群不过是进化程度不同，并无贵种贱种之别。[⑤]又如陈天华的观点就带有明显的优生论腔调："盖政治公例，以多数优等之族，统治少数之劣等族者为顺，以少数之劣等族，统治多数之优等族者为逆故也。"[⑥]杨笃生更是把排满与排外看作一体之两面，展示了近代民族主义理念的双重政治意向。他说："内部之吸集力与外部之刺激力相触而生者也，以排满与排外二重之刺激力，进入于汉

---

① 杨笃生：《新湖南》，张枬、王忍之编：《辛亥革命前十年间时论选集》第 1 卷下册，生活·读书·新知三联书店 1960 年版，第 647 页。

② 参见杨念群《何处是江南？清朝正统观的确立与士人精神世界的变异》，生活·读书·新知三联书店 2010 年版，第 20—58 页。

③ 邹容：《革命军》，《辛亥革命前十年间时论选集》第 1 卷下册，第 662 页。

④ 军政府：《讨满洲檄》，张枬、王忍之编：《辛亥革命前十年间时论选集》第 2 卷下册，生活·读书·新知三联书店 1963 年版，第 713 页。

⑤ 《释仇满》，《辛亥革命前十年间时论选集》第 1 卷下册，第 679 页。

⑥ 陈天华：《绝命书》，张枬、王忍之编：《辛亥革命前十年间时论选集》第 2 卷上册，生活·读书·新知三联书店 1963 年版，第 155 页。

种之心目”，汉种经过自我力量的凝聚，再通过对非汉民族的提携，而后能集权于亚洲中央政府，以抗御白祸。①

然而，无论革命党人的种族论变换了多少装饰花样，使得反满思潮具有了区别于明末清初的理论样态，但关键的内核思维却是否认“大一统”疆域之内多民族具有各自的合理位置，同时也间接否定了中央政府对“大一统”疆域的统治权。章太炎心目中的中华民国之疆域甚至仍是明代的旧疆范围，比清朝疆域面积缩窄了许多。他举例说：“中国以先汉郡县为界，而其民谓之华民，若专以先汉郡县为界者，则蒙古回部西藏之域，不隶职方，其经营诚宜稍后。”至于当论及中华民国经营疆域的次第时，章太炎做出了如下的断语：“西藏、回部、蒙古三荒服，则任其去来也。”结论则是：“今者中华民国，虑未能复先汉之旧疆，要以明时直隶为根本。”② 即中华民国基本的疆域版图应以明代为准，至多恢复到汉朝的规模。在1903年孙中山的心目中，“支那”疆域也只包括汉族所占的18个省，在《支那保全分割合论》中，他基本上仍是按明朝的地理格局理解中国疆域：“近世五六百年，十八省土地几如金瓯之固，从无分裂之虞。”③ 完全把属于前代藩部的蒙藏地区排除在外。④ 正因为革命党人忽视对清朝多民族疆域“正统性”的继承，才使得中华民国在其肇建时期即遭遇到合法性统治阙失的巨大困境，其问题已严重到党人是否要承担分裂中国版图的历史罪责的程度。

与革命党的“种族论”不同，其论敌对手立宪派则素来主张淡化满族人与汉族人的种族界限，而强调文化的力量对种族色彩的塑造，故可

---

① 杨笃生：《新湖南》，《辛亥革命前十年间时论选集》第1卷下册，第614页。

② 章太炎（章炳麟）：《中华民国解》，《辛亥革命前十年间时论选集》第2卷下册，第738页。

③ 广东省社会科学院历史研究所等合编：《孙中山全集》第1卷，中华书局1981年版，第223页。

④ 有学者认为，孙中山所领导的革命诸派，对藩部要从“中国”离合并没持有太大的关心是理所当然的。他们的出生地大半都在南方诸省，活动的地点也都是与藩部远离的沿海、沿江诸省。他们对清朝首都北京持有否定的印象。因此，对他们来说，与清朝有“羁縻”政治关系的藩部，当然不会给他们以现实感。参见［日］村田雄二郎《孙中山与辛亥革命时期的“五族共和论”》，《广东社会科学》2004年第5期。

称之为“同化论”。[①]“同化论”表面上与“种族论”相对立，实则仍是“夷夏之辨”历史观的一个变种，甚至没有超过雍正帝在《大义觉迷录》中对清代疆域的拓展与多民族共存之道的认知水平，只不过其表面包装了一层西方舶来的理论外壳。[②] 如杨度在《中国新报叙》中就认为五族之中，已进入国家社会，而有国民资格者，只有汉族人。满蒙回藏四族，还处于宗法社会的阶段，“或为游牧之种人，或为耕稼之族人，而于国民之资格，犹不完全”。这个层级划分的依据完全出自西人甄克斯的社会进化理论。甄克斯把人类社会划分成蛮夷社会（无主义）、宗法社会（民族主义）和军国社会（国家主义）三个递进阶段。

与革命党人的最大分歧在于，杨度虽承认满蒙回藏诸族之文化，不能马上进化到汉族人的水准，却坚持诸族一旦脱离清帝国的疆域版图而自立出去，诸族各立一小国，而“文化”程度不济，就有可能为西方势力所瓜分侵蚀。故他认为，现有的清帝国疆域版图仍应该沿袭满族人的基本治理框架，他的结论是：“是非谓满人为君主，则可以统制之，汉人为君主，则不能统制之也。”[③] 其意是说只有满族人君主作为多维统治象征才能聚拢多民族于一统疆域之内，汉族君主因过度囿于“种族论”的狭隘视野，很难具备类似满族人君主那样统摄多民族共同体的能力；以汉人群体为主的革命党过度热衷于用种族区隔论作为反满之利器，排斥清朝藩部于未来民国疆域的规划之外，必然会导致国家分裂。有鉴于此，杨度认为“国体”的讨论乃并非重要的议题，“政体”采立宪政治的形式

---

① 关于“同化论”的观点，可以参见王春霞《“排满”与民族主义》，社会科学文献出版社 2005 年版，第 196—197 页。黄兴涛则认为，梁启超从“中华民族”多元一体的角度较早阐述了多民族共存与疆域形成之间的复杂关系。关于近代“中华民族”观念形成的详细梳理辨析，可参见黄兴涛《民族自觉与符号认同——“中华民族”观念萌生与确立的历史考察》，《中国社会科学评论》2002 年第 1 卷第 1 期。

② 雍正皇帝已初步建立起满汉一体的论说体系，在与曾静的辩论中，他强调无论何种族群入主大统都是合理的，关键在于其是否具有道德。比如他说：“惟有德乃能顺天，天之所与又岂因何地之人而有所区别乎!”［《大义觉迷录》第 1 卷，沈云龙主编：《近代中国史料丛刊》(36)，台北，文海出版社 1966 年版，第 2 页］说明他基本接受了早期儒教思想中有关种族与文化关系的论述，只不过雍正帝作为满族人并不承认汉族人拥有更高级的文化和同化满族人的能力，这与近代知识人所持有的“同化说”有异。

③ 杨度：《中国新报叙》，刘晴波主编：《杨度集》，湖南人民出版社 1986 年版，第 208—212 页。

才是最重要的步骤。按现在的观点看，在“国体”意义上保留皇帝位置的动议颇类似于现代社会科学对君主作为“主导性虚构”意义的诠释路径。

如略加申论，杨度的观点虽借助甄克斯的进化观，却并非完全跃出了“夷夏之辨”的旧窠臼，只不过比革命党人更少过度凸显“种族”区隔的意义，而强调“文化”的同化力量。如他认为，中华的“华”字应该从文化上加以定义。在《金铁主义说》一文中，杨度的释读颇为明确：

> 中国云者，以中外别地域之远近也。中华云者，以华夷别文化之高下也。即此以言，则中华之名词，不仅非一地域之国名，亦且非一血统之种名，乃为一文化之族名。故春秋之义，无论同姓之鲁、卫，异姓之齐、宋，非种之楚、越，中国可以退为夷狄，夷狄可以进为中国，专以礼教为标准，而无亲疏之别。其后经数千年混杂数千百人种，而其称中华如故。以此推之，华之所以为华，以文化言，不以血统言，可决知也。故欲知中华民族为何等民族，则于其民族命名之顷，而已含定义于其中。以西人学说拟之，实采合于文化说，而背于血统说。[①]

杨度的这番议论是较为符合近代中华民族形成的大致走向的，特别是融合而非决然拒斥清季“大一统”历史观，只是在字面考证上并不严谨，故被擅长国学的章太炎抓住予以辩驳。章氏称：“华之花为原字，以花为名，其以之形容文化之美，而非以之状态血统之奇，以可于假借会意而得之也。”[②] 章太炎以字义训诂驳斥杨度之论，乃至讥其言论为“奢阔”，未尝无学理之据，但在革命党与立宪派辨析“种族”还是“文化”因素决定民族交融大走向的缠斗格局中，却未免显得强词以逞，处处落于下风。如章氏仍坚守《春秋》历史书写原意，贱视夷狄为非人，更是拘泥之语，显示出革命党人思维的狭隘性。

从整体氛围而言，清末民初持“同化论”者大有人在。如梁启超就

---

① 杨度：《金铁主义说》，《杨度集》，第 374 页。

② 章太炎（章炳麟）：《中华民国解》，《辛亥革命前十年间时论选集》第 2 卷下册，第 735 页。

从语言、居地、宗教、血缘等方面观察，得出“彼满洲人实已同化于汉人，而有构成一混同民族之资格也”这样的结论。又说：“吾所主张，则谓满洲与我，不能谓为纯粹的异民族也。”① 《东方杂志》曾发表一篇名为《息争篇》的文章，其观点与任公相近，其中说道：“吾族最富于同化外族之能力，而未尝终为外族所胜。本朝龙兴辽沈，提兵入关，二百年来风俗习惯，几已同化。虽满汉两族之等差，未尽平等，然影响所及，亦已微矣。”② 由此可见当时舆论之一斑。

如果略做一点概括，种族论和同化论发生争议的关键并非表现在民族主义意义上的“反满”和“容满”的表层问题，也并非聚焦于“君权”还是“民主”的国体之争就能予以解释，其最重要的后果在于是否仍然承认清朝传承下来的“大一统”疆域格局的有效性，应否保留君主之位也须在这个大的问题意识范围内予以观察。如果坚持“种族论”的狭隘民族主义论述，革命党人就会冒丢失大片国土而成为民族罪人的风险，中华民国立国的合法性也会随之荡然无存。

对于“仇满”口号带来的种族论困境，革命党人并非没有觉察，因此在舆论宣传的策略上也逐渐有所调整。如早在“苏报案”发生后，即有人指出满族人因为已同化为汉族人，之所以拥有“满人”这个称呼“则亦政略上占有特权之一记号焉耳”。“故近曰纷纷仇满之论，皆政略之争，而非种族之争也。”③ 这就等于默认“同化论”亦有道理，只不过出于革命的策略考虑而不得不以“仇满”的激烈排外姿态为制造舆论的手段。

随着局势的演进，革命党人也不得不吸取和应对立宪党人的“同化论”思想，以作为改制立国的资源。本文所关心的焦点问题是，清帝逊位以后，民国肇建初期确立新的统治主体即“人民主权”的原则时，革命党人是如何面对清朝的“正统性”思想遗产的。这一时期的历史恰恰说明，如果革命党人不放弃革命时期的一些激进政治表述，就很难确立

---

① 梁启超：《申论种族革命与政治革命之得失》，《辛亥革命前十年间时论选集》第 2 卷上册，第 226、230 页。

② 蛤笑：《息争篇》，《辛亥革命前十年间时论选集》第 2 卷上册，第 628 页。

③ 《释仇满》，《辛亥革命前十年间时论选集》第 1 卷下册，第 678 页。

自身的统治合法性。归纳起来，新政府大体上必须面对三个现实困境：一是“人民主体”的范围如何界定？二是作为统治主体的“人民”居住分布的空间到底如何界定？三是“人民”替代君主掌权后是否同样具有凝聚政治社会文化的象征力量？

关于“人民”具有统治主体性的论述，孙中山在早期文章《支那保全分割合论》中就曾初步加以说明：“惟有听之支那国民，因其势顺其情而自立之，再造一新支那而已。”① 民国成立后，孙中山在《临时大总统宣言书》中则有明确的解释：“国家之本，在于人民。合汉、满、蒙、回、藏诸地方为一国，即合汉、满、蒙、回、藏诸族为一人。”② 此段话有两点须略加解读。一是各民族意义上的“人民”从民为邦本的被动客体，转成了执掌国家主权的主体，但合五族为一人是有条件的，那就是承认汉族人在文化上的优势地位和“同化”能力，这明显接受了立宪派的“同化论”思想。从地域上看，合五族为一国的定义就很明确，那就是以 19 世纪以前完成省制规划的汉族人居住地和蒙、藏、回人及维吾尔人居住的边疆地区合而观之，疆域面积相当于汉族人居住的本部与少数民族所属藩部的总和，基本上恢复到了清朝“大一统”时期统治版图的规模。

尽管如此，“人民主体论”仍有若干疑问需要解决：首先，既然就具体形态而言“人民”反映出的都是活生生的族群关系，那么，民国是应该赋予“人民”完全的民族自决权呢，还是中央集权体制下有限的自治权利？或者是走一条中间路线如“联邦制”等折中方案？第二，“人民”取代君主成为统治主体后，似乎并不具备清朝君主统摄蒙藏等边远民族地区的多维象征能力，或者说缺乏“主导性虚构”的整合力量。政党代议制似乎是个解决办法，但民初政党缺乏监督机制，遂成为政客角逐谋利的工具。革命党在回答以上问题时有一个曲折演变的过程，其间不断出现摇摆和调整，如孙中山早年即把“人民主权”理解为恢复三代之治，“立尊长所以判曲直，置乡兵所以御盗贼，其他一切共通之利害，皆人民自议之而自理之”。但随之他又认定“共和”就是中央政府驾

---

① 广东省社会科学院历史研究所等编：《孙中山全集》第 1 卷，第 224 页。

② 中国社会科学院近代史研究所中华民国史研究室等编：《孙中山全集》第 2 卷，中华书局 1982 年版，第 2 页。

驭下的联邦制。[①] 日本人松本真澄曾指出，在孙中山等革命党人的眼里，民国成立之际，中国的范围扩大至汉满蒙回藏之地，反满民族论过渡到五族共和论，再到同化汉族人以外四族为汉族人的“同化论”“单一民族论”，晚年还提出“弱小民族自觉、自治论”的说法，孙中山在国家建设和谋求国际地位等方面与威尔逊的民族自决论相一致，在反对帝国主义方面与列宁的民族自决论相一致。但孙中山在构建中华民族观时对威尔逊与列宁的民族自决论进行了取舍，摒弃了其中的联邦制构想和分离权等内容，新增加了道德的、王道的、亚洲世界主义、反白色人种等与儒教和地区特定历史情境有关的要素。[②]

孙中山等革命党人尽管并没有完全解决“人民主权”如何替代君主的统治象征性来源问题，但在如何延续清朝疆域的“大一统”格局之正统性方面却做出了合理的抉择，对建立多民族共同体认识的逐渐统一适当缓解了民国肇建时期所面临的合法性阙失的困局。

四　民初思想界对重构传统“政教”关系的再思考

本节拟初步讨论构成清朝统治“正统性”的第二个关键性支柱“政教”关系的崩解及其后续影响。“政教”关系自宋以后成为历代王朝赖以构建“正统性”的手段，经过漫长的历史演变，至清代已臻成熟。传统中国对所谓“政”（政治）与“教”（教化）的认知与西方的“政教关系”完全不同。中国历史上不存在类似西方那样的“宗教”与世俗王权相互对抗渗透的关系格局。“政”的含义不是指单纯的政府行政职能，还包括思想训导、规范行为等内容，调控的对象上自帝王下至民众。“教”也异于西方宗教威权的思想统摄，也不单指教书育人，其含义是灌输关于社会秩序的道德标准。传统中国并

① 《孙逸仙与白浪庵滔天之革命谈》，《辛亥革命前十年间时论选集》第 1 卷下册，第 750 页。

② ［日］松本真澄：《中国民族政策之研究：以清末至 1945 年的“民族论”为中心》，鲁忠慧译，民族出版社 2003 年版，第 6、105 页。

不存在意识形态这个现代词汇，与之接近的“政教”关系的理想状态是通过道德意识的训练和实施划分和安置知识阶层，如按科举标准来确认各级官僚和地方士绅在不同场域中的位置。在如此安排之下，道德与政治往往发生互渗纠葛的关系，使传统王朝不可能在空间意义上形成上下决然对立的冲突状态，如西式的“公共领域”和“市民社会”的规划原则。

钱穆曾说，西方社会有阶级无流品，中国社会则有流品无阶级，这是中西社会结构的一大区别。譬如教书人是一种行业，在衙门里办公做师爷的也是一种行业，但行业与行业之间却是显分清浊高下。① 流品高低遂与制度建构形成的地位等差有关，但更多的是渗透到日常生活中变成一种道德品评的依据，构成了一种无意识的感觉结构。这也是王朝获取“合法性”资源的文化心理基础。晚清各种改革的实施不仅触及物质层面，同时也触及了政教关系与流品观念的变化，特别是科举制的取缔和崩毁，在其中起着至为关键的作用。

以往学界讨论科举制的废除均从考试制度和教育体制的更迭入手进行分析，往往变成了教育史专门研究中的一个子项。其实在我看来，“科举制”实际上是一个在不同社会层面分配多元社会角色以承担“政教”职责的系统，远比其担负的教育和考试功能更加复杂和重要。比如朝廷会根据考试水准，授予进士、举人和秀才头衔，他们在中央阁部、中层官府和基层社会组织中分别担负着各自的政教责任。少数学者已初步意识到科举制的多样性作用，如余英时先生就认为，科举不是一个单纯的考试制度，它一直在发挥着无形的统合功能，将文化、社会、经济诸领域与政治权力的结构紧密地联系了起来，形成一个多面互动的整体。② 也有学者认为，科举制废除的一个社会政治后果即是导致了传统“四民社会”的解体。③

---

① 钱穆：《中国历代政治之得失》，生活·读书·新知三联书店 2001 年版，第 143 页。

② 余英时：《中国文化史通释》，生活·读书·新知三联书店 2012 年版，第 205 页。

③ 罗志田：《科举制的废除与四民社会的解体：一个内地乡绅眼中的近代社会变迁》，《权势转移：近代中国的思想、社会与学术》，湖北人民出版社 1999 年版，第 161—190 页。关于科举制废除前后地方学务的变化情况，可参看沈洁《废科举后清末乡村学务中的权势转移》，《史学月刊》2004 年第 9 期。

其实，科举制崩解转为新式学堂教育以后，清末民初的知识人也并非总是把它狭义地理解为考试制度的改变，而是一种整体政教功能的变化。如王国维就曾发表意见说："虽然，学堂立矣，办之数年，又未见其效也，则哗然谓科举犹在，以此为梗。故策论之用，不及五年，而自唐宋以来之制科又废，意欲上之取人，下之进身，一切皆由学堂。不佞尝谓此事乃吾国数千年中莫大之举动，言其重要，直无异古之废封建，开阡陌。"王国维意识到，科举制不仅是考试渠道还是进身之阶，隐含着复杂的政教职能，但改为学堂教育之后，是否能重启如科举那样复杂的社会协调作用则是难以预料的。故他才说："造因如此，结果何如，非吾党浅学微识者所敢妄道。"①

科举制的塌毁是个渐进的过程，一些地方士绅如山西刘大鹏就曾记录山西先减去晋阳书院的膏火，以后一些费用又被挪用到普设西式学堂之中，引起肄业诸生罢课的事件。② 进入 20 世纪后，不但岁考经常变换地点，岁考人数也是逐年递减。1904 年，参加岁考的人数从上年的 23 人减至 18 人。新设学堂作为"新政"的一部分，学堂经费一部分是靠公款维持，不足的部分往往靠搜刮民财予以补充，很容易导致"不肖官吏藉此渔利，所以民变之害至。学堂学生非但欺虐平民，而且凌侮君父"的局面。1907 年太古县立学堂，就在本处起派学捐，"人民嗟怨，无所控告"。刘大鹏还谈及与东里乡育英学堂教习杨谟显议论时事，杨氏居然认为加征加赋不是引起民变的原因，反而是"民之不仁"，刘大鹏对这种"维新之论"大感惊骇，不由感叹："民间最恶学堂，乃今之设学堂，更为紧逼，则是好人之所恶，恶人之所好。"③

我们注意到，刘大鹏抨击学堂之设并非仅从考试或教育层面入手，而是叹惋政教体系之间相互支撑关系的崩解。因为学堂教育逐步剔除了科举系统中的修身修心等道德教化内容，而施之以较为纯粹的科学培训程序，故培养出的人才多趋近于技术人员，即使能为官府输送人才，也

---

① 王国维：《论教育与国家之关系》，《辛亥革命前十年间时论选集》第 2 卷上册，第 367 页。

② 刘大鹏：《退想斋日记》，第 58 页。

③ 同上书，第 180 页。

属技术官僚。[1] 刘大鹏的看法十分明确："古人有言：师道立则善人多。今之为师者，以算学教人，以洋人之学为训，其得善人能多焉？否焉？洋人之学专讲利，与吾学大背，趋之若鹜，不知是非，亦良可慨也已。"[2]"政教关系"中的"教化"一层失去维系的理由后，教育变成了训练谋利技巧的基地，如此下去必然导致道德教化体系的解体。故他才有如下感叹："看得眼前一切，均属空虚，无一可以垂之永久，惟所积之德庶可与天地相始终。但德不易积，非有实在功夫则不能也。"[3]

关于学堂教育目的狭窄和缺乏德性支撑的看法，不只流行于地方绅士之间，如果觉得以上所引言论仍限于地方见识不广的人士，有迂腐之气，那么下面的看法应可多少证明，在新式学堂内部的一些有识之士也有同感。此处可举一例，民初吴宓正在清华学堂念书，作为新式学堂的学生却对清华教育体制专门培养技术人才的路线大加抨击，说清华"专务养成外国语娴习之奴隶人才。科学浅显已极，国文尤鄙视不道"。教育的目的似乎也是培养毫无道德修养和廉耻之心的诡诈权谋之徒，"而在上位者，其对待学生，略无亲爱之感情，肆行权术。必使其人之名誉心，与自尊自重之心，扫地都尽，然后可得奖饰。是以巧媚伪饰之人，奔走张扬，而当局又复刚愎自用，或评以'小有才，未获君子之大道'，极为确当"。特别是有些学生居然以袁世凯自期，"效颦之行，令人齿冷"。吴宓的结论是清华作为"中国首都第一良校，是真大可痛哭者矣"。[4]

此处引述这段吴宓评论中国教育的言论，其寓意并不仅在于其与刘大鹏等乡绅的言论趋于一致，更在于他从政教关系解体与如何重建的角度发表了自己的想法，特别是吴宓认为，如果政教关系无法重建起以往

---

① 清末逐渐在官场中引进西式教育，在各省均普遍设立课吏馆，作为"开官智"的机构，后又改为"法政学堂"，更进一步明确了对官僚进行技术训练的宗旨。课吏馆和法政学堂中的课程设置主要以灌输西方法律与经济思想为主。人伦道德教育被置于非常次要的位置。如1907年法政学堂3年的课表中，人伦道德课程在每周的36课时中只占2小时，其余均为"法学通论""行政法""刑法""商法""国际公法"等课程。到1910年，"人伦道德"课时更被减至每周1个小时，完全形同虚设。参见徐保安《清末地方官员学堂教育述论》，《近代史研究》2008年第1期。

② 刘大鹏：《退想斋日记》，第144页。

③ 同上书，第146页。

④ 《吴宓日记：1910—1915》，第495页。

的平衡关系，就可能危及政府统治的合法性。如他说如果教育不能提高国民全体的智识与道德，把社会教育与精神教育结合起来，促成民智开明，民德淬发的局面，那么“虽有良法美意，更得人而理，亦无救于危亡”。理由是时人功利心过重，均指望从教育中获得谋官发财的路径，遂致使“社会教育，与文章学问，则嫌其冷淡空疏，谓非能者之事，迄今尤绝响也”。① 表面上用的是新式语言，其实仍谈的是如何安置政教关系的老问题。

政教关系系统还有一项功能是分层培养道德之士，并予以恰当的分配。一部分输送官僚系统，成为中上层技术治理人员，另一部分则沉潜到基层，成为能够自我规训并教化民众的士绅阶层，担负起维系地方政治秩序的责任，故亦有类似于“地方自治”的性质。但学堂教育训练却抽去了道德教化的底面，而以纯粹培养技术管理人员为目标，使得近代推行的“地方自治”完全是一种行政化的行为模式，而不具备传统政教体系的治理含义，这样推行的自治难逃百弊丛生的恶果。

清末民初对“自治”的想象，与传统政教关系制约下的自治状态有相当大的距离。民初知识人往往把“自治”理解为补充“官治”的一种地方行政机关，以地方人治地方事，从而间接达到国家行政管理之目的。熊范舆曾解释道：“地方自治者，受政府所监督之机关，而非得监督政府者也。”②《政闻社宣言书》中也表达了相近的意思：“地方团体自治者，国家一种之政治机关也……就他方面观之，使人民在小团体中，为政治之练习，能唤起其对于政治之兴味，而养成其行于政治上之良习惯。”③ 又如一位笔名攻法子的作者有如下议论：“自治之精神，在以国家之公务为地方生存之目的，而以地方之力行之。故自治体者，由地方而言则为地方之行政机关，由国家而言则仍为国家行政机关之一部分也。”④“自治精神”被理解为一种国家行政能力在地方上的表现，却没有任何地方涉及道德教化在培养自治精神方面所应承担的作用，这完全是一种现代的

① 《吴宓日记：1910—1915》，第495页。

② 熊范舆：《国会与地方自治》，《辛亥革命前十年间时论选集》第2卷上册，第879页。

③ 《政闻社宣言书》，《辛亥革命前十年间时论选集》第2卷上册，第1062页。

④ 攻法子：《敬告我乡人》，《辛亥革命前十年间时论选集》第1卷下册，第497—502页。

政治思维。攻法子也认可士绅就是古代自治的主体，但又认为他们只有“自然人”之资格，而无“法人”之资格，而且不是政治机关中人，故不具自治体的形态，只有组织进入“地方机关”才能使其具备此资格。

正是因为现代政治机构筛选基层治理技术人员的标准并不包括教化能力这个传统部分，造成基层管理人员只具单一行政能力，最终诱使大量道德低下的人群得以合法进入士绅的行列。刘大鹏就曾对此现象深感忧虑，他说：“身为绅士而存所在不思为地方除害，俾乡村人民受其福利，乃藉势为恶，婿官殃民，欺贫谄富，则不得为公正绅士矣。民国以来凡为绅士者非劣衿败商，即痞棍恶徒以充，若辈毫无地方观念，亦无国计民生之思想，故婿官殃民之事到处皆然。”[①] 换言之，正是政教关系的崩解致使基层绅士群体发生变质，最终造成了民初基层统治合法性阙失的局面。

对政教关系崩解的忧思比较集中地体现在遗老的言论中，如在梁济看来，虽然清朝的“正统性”随着清帝逊位而逐渐解纽，但是其中遗留下来的一些基本价值要素却非清朝所独有，甚至不是某朝某代所能独占。比如正义、真诚、良心、公道等价值都是“天理民彝，为圣道所从出者，是吾国固有之性”，梁济把它们概括为延绵不绝的“国性”，这些组成“国性”的价值要素属于软性的文化层面，往往与现代法规戒律的硬性实施不在同一个层面上，甚至无法明显衡量遵守和执行的情况，但却是历代立国之根本。这些议论貌似迂腐空疏，很容易被视为一个道德保守主义含混性的实例[②]，其实情况远为复杂。梁济所说的“国性”的具体体现绝非是一种思想上的单一形态或仅为一种空谈式的宣示，而是一套精密复杂的制度运作体系，这套体系把政治治理（政）、思想教化（教）与经济举措（养）紧密联系在一起，构成一个联动系统。

中国式的“教养观”负责教化与经济运营的关系，“政教观”则为政治运作提供道德支持，两者合而观之即可称为“政教体系”。政教体系由帝王、官员及地方士绅携手运作才能见效。清代实施的是督抚制度，乾

---

① 刘大鹏：《退想斋日记》，第 322 页。

② 林毓生：《论梁巨川先生的自杀——一个道德保守主义含混性的实例》，《中国传统的创造性转化》，生活·读书·新知三联书店 1999 年版，第 205—226 页。

隆朝以后督抚一层逐渐形成了一个“学者型官僚”阶层，乾隆帝曾屡下谕旨，直接以“教养”的名义督促官僚实施教化，“教养观”经由政治程序确认后成为清朝“正统性”确立的一个重要基础。[①]“教养观”与“政教观”合一而观，其中一个基本预设是“教化”与“政治”“经济”构成相辅相成的紧密关系，一旦三者分离就会导致危机的发生，引发一连串礼教秩序的变动。乾隆帝多次申谕三者必须保持联动状态，对官僚自身的道德修养要求很高，故成为官僚执事的仪轨。随着清帝逊位，帝王、官僚与士绅构成的“政”“教”“养”连动体系趋于解体，其最大后果就是，“政”“教”“养”三者被截然分开，各司其职，相互缺乏关联。科举制瓦解后，学堂教育主要注重谋生手段的培养，即相当于传统政教框架下“养”的一面，中层官僚与底层士绅难以确认具体的教化责任和身份。

正是因为清末民初的变动使“政”与“教”、“教”与“养”的有序链条脱节失控，道德秩序无法在制度层面加以合理安置，才一步步逼使梁济这类清末遗老陷于绝望。因为现代教育只注重给学生灌输知识，却并未建立起“新道德”的认知体系，同时又经过一波波的激进运动不断摧毁旧道德的基本认知框架，导致知识阶层的痞化。梁济曾发现，新“智识”的增加往往限于口说，对实际行动的效果未必有所增益，对公益事业也未必有利，反而可能变成谋利的渊薮。维新运动中出现的新名词如义务、团体、公益、改良一旦不用于“矫风正俗”，就会成为攘利沽名的手段。自强学说也常提优胜、劣败、冒险、进取，却不用于国际竞争，只用于追逐个人权益。[②] 结论自然是：“论其智识，固不可谓不较从前增

---

① 杨念群：《清朝帝王的“教养观”与“学者型官僚”的基层治理模式——从地方官对乾隆帝一份谕旨的执行力说起》，杨念群主编：《新史学（第 5 卷）：清史研究的新境》，中华书局 2011 年版，第 105—145 页。

② 关于“道德”的内涵和标准问题，民国初期的一些有识青年思想中的确出现了相当大的分歧。比如青年毛泽东与早年好友萧瑜之间就曾发生过一次争论。毛泽东认为，“群育”比美育更重要，假定国家弱的话，讲美学又有什么用呢？首要的事是克服我们的敌人！与美学教育又有何关系呢？萧瑜则认为，在古代的诗歌、经典和音乐中，德性的完美是最着重的。毛泽东则反驳说，假定民族衰弱的话，德性完美又有何用？最要紧的事是强盛起来。一个人要能够以力量征服别人，能征服别人即表示这个人有德性，这就基本否定了蔡元培以美育代宗教的观点。参见萧瑜《毛泽东和我的游学经历》，刘统编注《早年毛泽东：传记、史料与回忆》，生活·读书·新知三联书店 2011 年版，第 322 页。毛泽东与萧瑜的分歧基本上是现代实用哲学加民族主义与日趋没落的道德教化思想之间的交锋，实用哲学明显占据上风。

益也，而智识自智识，行为自行为，此非新智识之为害也，无旧道德以植其基，故新智识不能附丽以行，则心术不正之咎也。”①

在梁济看来，“道德”必须作为“智识”发扬的基础，否则政权就会出现合法性危机，解决危机的思路仍旧是一种传统的“教养观”做底色。具体步骤仍走先修“君德”，次修“官德”，再延伸到民德的更新之路。②理由是地方上搞自治运动，往往限于筹款纳捐，甚至流于打扫街道，张挂路灯的琐事，而忽略教育本身。要使子弟受到良好的教育必须从督促父兄做起，而父兄教育推本穷源须由官长代为治理，官长凭仗国家名义，有先知先觉的能力，可以导以德礼，震以威灵，消弭忿争仇害之风，隐收和平改革之效。③ 民就像头发，官就像梳子，“梳理壅塞”之法无外乎是摄政王监国亲临部院演说，学部派人衔命赴各省派察学务，负责发掘乡间兴办实业教育的人才，奖以官职，以“田间朴诚办事之人”，取代“官场卑鄙巧伪之人和滑绅乡愿”，这属于“言教”。“身教”则是官员“以品节忠诚相砥砺，处处示人以可欲可敬之实修”。“凡为疆吏县吏者，虽非躬任学务，亦应与民息息相通，当知倾身下士以扶危救亡，勿以与民交会为亵尊失体”。④ 这一思路与当年乾隆帝督责陈宏谋等封疆大吏寻访民间化民成俗的“教养观”是完全一致的。清帝逊位后，帝制虽寝，梁济等遗老奉行传统“教养观”的思路并未有根本的改变，如他批评袁世凯“务以诈率人，奖励奸恶，灭绝天理，至于无存，使圣道一亡，万年不复，是不但亡自身，而真正亡中国”。⑤

我们现在讨论遗老的“政教观”“教养观”，颇觉其有冬烘先生的迂阔之处，但从其抨击道德无法在政教系统中获得妥帖安置，从而引发民国初年合法性阙失的言论却又是发人深省的警世之论。即以民初政况而言，现代教育之发展，以推行训练拥有新智识为唯一目标，旧道德在学堂教育中无法定位而渐遭遗弃。“新道德”纯以是否符合富国强兵的现实目标为旨归，遂促使“政”“教”“养”连锁功能系统趋于分离，民初官

---

① 《梁巨川遗书》，第 170 页。
② 同上书，第 182 页。
③ 同上书，第 129 页。
④ 同上书，第 181 页。
⑤ 同上书，第 242 页。

场普遍出现遗老所说的言行脱序，奸猾圆融之人大行其道的现象，即与此三者的脱节失序无法相互整合的情形有关。如何脱此困境，一直是近百年来思想界不断探索的一个课题，当然不能强求民国遗老给出一份令人满意的标准答案。

五 结语

民国肇建的目的是砸烂一个旧世界，同时革命党人也乐观地认为，新世界可以自然地在旧有废墟上建立起来，或者说不付任何代价就可与旧有王朝的“正统性”决裂，而顺利获取新政权的统治合法性。一些后现代论者则热衷于打捞记忆碎片，恢复被湮没的历史声音，比如有学者批评孙中山等革命党人向“大一统”思想的复归是对地方自治思想和“联邦制”构想的压抑。[①] 其实，现代中国的建国之路，其独特性就在于一方面面对西方国家的长期压迫，采取了普遍意义上的民族国家的构建形式，但对内又采取了多民族共存于一个统一体之内的传统凝聚方式，而没有盲目跟随西方民族国家的普遍建构准则，裂变成民族自决的多元并立形式。这说明，民初政治家最终汲取了作为传统王朝“正统性”支柱之一的“大一统”思想的精华，从而在疆域设定和治理方面达成了一个内外平衡的格局，为民国统治的合法性奠定了一个较为坚实的传统基础。这恰恰证明，建立新政府的合法性不但不应与传统的“正统性”因素决裂，反而应吸收其合理要素，而维持一种历史演进的连续性态势。

但另一个相反的例子却是，民国肇建几乎毫无保留地沿袭了清末以来的改革派促成传统“政教”体制崩解的破坏性思路。科举制不但是一条考试进阶之路，更是在不同层次配置政教治理人才的身份分配制度，它使得经过科举选拔的精英得以相对均匀地分布于各个社会层面，上到官僚下至士绅往往能够促成政治治理、经济举措与思想教化之间发生有机的连动关系，这一点恰恰被以往的研究者所忽略。新式学堂的训练主要是引进西方的教育内容，培养出来的学生也大多擅长于西方的各项技

---

① 参见［美］杜赞奇《从民族国家拯救历史：民族主义话语与中国现代史研究》，王宪明等译，社会科学文献出版社 2003 年版，第 168—195 页。

术能力，对人才质量的评价也基本依循西式之标准，与传统的政教体制的教育目标完全异质，且教育手段与传统人格教化的方略完全脱节。这套体制对道德人格的塑造没有系统的安排，无法顾及从政人员的道德素质训练，遂造成民初政局紊乱、政客各谋私利的局面，最终导致合法性阙失现象的发生。民初遗老重建道德的呼吁虽有迂腐不合时宜之嫌，但其对政教关系的再思考仍发挥着“无用之用”的警醒作用，值得我们珍视。